BEITRÄGE ZUR ÖKUMENISCHEN THEOLOGIE 23

MÜNCHENER UNIVERSITÄTSSCHRIFTEN
KATHOLISCH-THEOLOGISCHE FAKULTÄT

BEITRÄGE ZUR ÖKUMENISCHEN THEOLOGIE
BEGRÜNDET VON HEINRICH FRIES
HERAUSGEGEBEN VON HEINRICH DÖRING

Band 23

1992

FERDINAND SCHÖNINGH
PADERBORN · MÜNCHEN · WIEN · ZÜRICH

PERRY SCHMIDT-LEUKEL

„Den Löwen brüllen hören"

Zur Hermeneutik eines christlichen Verständnisses
der buddhistischen Heilsbotschaft

1992

FERDINAND SCHÖNINGH
PADERBORN · MÜNCHEN · WIEN · ZÜRICH

Gedruckt mit Unterstützung aus den Mitteln
der Münchener Universitäts-Schriften
und der Missio München

Die Deutsche Bibliothek – CIP-Einheitsaufnahme

Schmidt-Leukel, Perry:
„Den Löwen brüllen hören": Zur Hermeneutik eines
christlichen Verständnisses der buddhistischen Heilsbotschaft /
Perry Schmidt-Leukel. – Paderborn; München; Wien; Zürich:
Schöningh, 1992
   (Beiträge zur ökumenischen Theologie; Bd. 23) (Münchener
Universitätsschriften: Katholisch-Theologische Fakultät)
Zugl.: München, Univ., Diss., 1989/90
ISBN 3-506-70773-6
NE: 1. GT

© 1992 Ferdinand Schöningh, Paderborn.
(Verlag Ferdinand Schöningh GmbH, Jühenplatz 1, D 4790 Paderborn)

Alle Rechte vorbehalten. Dieses Werk sowie einzelne Teile desselben sind urheberrechtlich geschützt. Jede Verwertung in anderen als den gesetzlich zugelassenen Fällen ist ohne vorherige schriftliche Zustimmung des Verlages nicht zulässig.

Printed in Germany. Herstellung: Ferdinand Schöningh, Paderborn

ISBN 3-506-70773-6

Vorwort des Herausgebers

Als Heinrich Fries die Reihe "Beiträge zur ökumenischen Theologie" begründete, steuerte die innerchristliche Ökumene mit dem Eintritt der römisch-katholischen Kirche in diese Bewegung einem Höhepunkt zu. Inzwischen bahnt sich eine neue, entscheidende Wende mit aller Macht an, entstanden von jenen ökumenischen Herausforderungen her, die mit dem religiösen Pluralismus unserer Tage gegeben sind. Das führt dazu, daß man am Dialog mit den großen Weltreligionen nicht mehr vorbei kann. Unbestritten ist, daß die Einstellungen des Christentums gegenüber den Weltreligionen durchweg noch dem vor-ökumenischen Zeitalter entstammen. Das Christentum muß folglich auch auf diesem Feld dialogfähig werden und in seinem Dialogangebot deutlich werden lassen, daß es der Wahrheit Gottes mehr vertraut als der eigenen (verabsolutierten) Vertretung dieses Angebots, ja daß dieser Dialog mit den Religionen kein Mittel zum vorherbestimmten Zweck ist, sondern letztendlich der im Grunde selbstverständliche Ausdruck des Lebens in der Liebe und des Wunsches nach Gemeinschaft. Die Geschichte der ökumenischen Bewegung hat im übrigen gezeigt, daß gerade die Überzeugung der Missionare, die Spaltung der Kirche beeinträchtige die Effektivität des Missionsauftrags, den entscheidenden Anstoß zum ökumenischen Einigungsprozeß der Gegenwart gab. So kann es eigentlich nicht überraschen, daß im gleichen Kontext mittlerweile auch das Verständnis des interreligiösen Dialogs als ein gemeinsames Anliegen der christlichen Kirchen zu wachsen beginnt.

Ohne das Anliegen der innerchristlichen ökumenischen Bewegung in dieser theologischen Reihe aus den Augen zu verlieren – darin sind wir schon Heinrich Fries, dem nunmehr achtzigjährigen Begründer verpflichtet –, sollen fortan darüber hinaus auch die Fragen der sog. "großen Ökumene" in ihr ihren Ort haben. Dieser angestrebte interreligiöse Dialog wird auf der Suche danach, wie groß die Einheit ist, die unter den Angehörigen verschiedener Religionen besteht, zunächst um ein besseres Verstehen der religiösen Auffassungen und Intentionen bemüht sein. Die Christen werden also mehr noch als bisher in ökumenischer Gemeinsamkeit prüfen und mit ihren Dialogpartnern diskutieren, inwieweit es sich bei den zutage tretenden Differenzen um unversöhnliche Trennungslinien handelt, oder ob nicht gerade in all dem Fremden und Neuen, dessen sie gewahr werden, ein Reichtum an gottgegebener Einsicht begegnet. Sie werden bereit sein und darauf hoffen, in diesem Dialog auch über die Wahrheit Gottes selbst hinzuzulernen. So werden sie zwangsläufig die bisherigen Auffassungen – auch hinsichtlich der für die innerchristliche Ökumene relevanten Fragen – in einem neuen Licht sehen.

Die in diesem Sinn von Perry Schmidt-Leukel vorgelegte Arbeit zum christlich-buddhistischen Dialog ist zweifellos ein gelungenes Beispiel dieses großen Bemühens, von dem man nur wünschen kann, daß es noch viele Nachfolger finden möge.

Heinrich Döring

Vorwort

Die vorliegende Studie wurde im Winter 1999/90 von der Katholisch-Theologischen Fakultät der Ludwig-Maximilians-Universität München als Dissertation angenommen. Entstanden ist sie in den Jahren 1984 – 1989: ein langer Zeitraum, in dem mich gelegentlich die Sorge befiel, sie würde nie fertig werden. Daß ich sie so schreiben und schließlich auch beenden konnte, ist nicht allein mein Verdienst. Allen voran schulde ich hierfür meinem Lehrer, Herrn Professor Dr. Heinrich Döring, Dank, der diese Studie von Anfang an betreut und mich immer wieder in ihrer Durchführung ermutigt hat. Ihm sei an dieser Stelle zugleich für die Aufnahme der Arbeit in die Reihe "Beiträge zur ökumenischen Theologie" und sein Vorwort gedankt. Danken möchte ich auch Herrn Professor Dr. Horst Bürkle, der das Korreferat erstellte und mich während meiner Studienzeit stets hilfreich unterstützte. Dem Cusanus-Werk danke ich für die großzügige Gewährung eines Doktoranden-Stipendiums – eine Hilfe, ohne die diese Untersuchung wohl undurchführbar gewesen wäre. Für die finanzielle Beteiligung an den Druckkosten danke ich der Universität München und der Missio München.

Gegenüber meinen buddhistischen und christlichen Freunden empfinde ich Dankbarkeit dafür, daß sie mir durch ihre Gesprächsbereitschaft immer wieder neue Gedankenanstöße gaben und mir zur besseren Klärung meines Anliegens verhalfen. Zuviele sind es, um sie hier alle namentlich zu nennen. Besonders erwähnen möchte ich jedoch die zahlreichen Erörterungen, die ich mit Thomas Hausmanninger und Armin Kreiner führen konnte. Obwohl beide in ganz anderen Bereichen der Theologie arbeiteten, hatten sie für meine Überlegungen zur Buddhismus-Interpretation immer ein offenes Ohr, einen offenen Geist und ein offenes Herz. Schließlich aber danke ich von ganzem Herzen meiner Frau Doris, die zur Fertigstellung dieser Arbeit in einer Weise beigetragen hat, wie es nur echten Lebenspartnern möglich ist.

München, Sommer 1991

Perry Schmidt-Leukel

*Diese Arbeit ist dem Andenken an
Father Michael Rodrigo O.M.I.
(30.6.1927 - 10.11.1987)
gewidmet,
der in der Botschaft Jesu Christi und Gautama Buddhas
den Ruf zu selbstloser Liebe vernahm
und ihm bis zum Opfer seines Lebens folgte.*

INHALT

EINLEITUNG		1
1.	Problemstellung	1
2.	Methode und Durchführung	4
I. KAPITEL: CHRISTLICH-BUDDHISTISCHER RELIGIONSVERGLEICH		9
1.	Fremdheit und Vertrautheit: Die Anfänge der westlichen Buddhismusforschung	9
1.1	Text- und Umfeldforschung	10
1.2	Frühe Interpretationsversuche	13
2.	Die Frage historischer Abhängigkeiten	21
2.1	Buddhistische Einflüsse auf das Neue Testament	21
2.2	Buddhistische Einflüsse auf das Christentum über das Neue Testament hinaus	29
2.3	Christliche Einflüsse auf den Buddhismus	32
2.4	Der hermeneutische Ertrag der Forschungsergebnisse	33
3.	Apologetischer Religionsvergleich	36
3.1	Die apologetische Ausgangssituation	37
3.2	Religionscharakter: Der Vorwurf des Atheismus und des Materialismus	43
3.3	Unheil und Heil: Der Vorwurf des Pessimismus und des Nihilismus	52
3.4	Wege zum Heil: Der Vorwurf der Selbsterlösung und des Heilsindividualismus	57
3.5	Weltverhältnis: Der Vorwurf des Passivismus und der Kulturfeindlichkeit	62
3.6	Die Problematik des apologetischen Religionsvergleichs	65

4.	Phänomenologischer Religionsvergleich	69
4.1	Der Ansatz der phänomenologischen Religionsvergleiche	69
4.2	Religionscharakter: Das Paradigma der "Erlösungsreligion"	73
4.3	Unheil und Heil: Ontologisch oder existentiell bestimmte Heilsordnung	77
4.4	Wege zum Heil: Entpersonalisierung und Individualismus oder Befreiung von Egozentrik zu universaler Solidarität	85
4.5	Weltverhältnis: Weltflucht oder Freiheit für die Welt	98
4.6	Die Problematik des phänomenologischen Religionsvergleichs	106

5.	Vom Religionsvergleich zum interreligiösen Dialog	117
5.1	Auswirkungen der Religionsbegegnung auf das Selbstverständnis der Religionswissenschaft	117
5.2	Existentielle Herausforderung als hermeneutisches Prinzip (J. Cahill)	128
5.3	Religionsgeschichte als Welt-Theologie (W. C. Smith)	132
5.4	Zusammenfassung und Ausblick	136

II. KAPITEL: CHRISTLICH-BUDDHISTISCHER DIALOG ... 142

1.	Hermeneutische Aspekte der theologischen Begründungsfelder des interreligiösen Dialogs	142
1.1	Der interreligiöse Dialog und seine säkulare Notwendigkeit	142
1.2	Der interreligiöse Dialog und die Missionen	149
1.3	Der interreligiöse Dialog und das Reden Gottes	160

2.	Dialog mit dem Theravâda-Buddhismus	172
2.1	Dokrinäre Divergenzen und funktionale Konvergenzen (W. King)	172
2.2	Translationale Korrelation auf der Basis existenzanalytischer Konvergenzen (L. de Silva)	185
2.3	Konvergenzen religiöser Vermittlungsdynamik (D. Swearer)	203
2.4	Existentiell-psychologische Konvergenzen anthropozentrischer Zielsetzungen (A. Fernando)	213
2.5	Idiomatische Komplementarität im Kontext soteriologischer Konvergenzen (A. Pieris)	222

3.	Dialog mit dem Mahâyâna-Buddhismus	232
3.1	Konvergenzen und Relevanz kontemplativer Erfahrung (Th. Merton / H. Enomiya-Lassalle / W. Johnston)	232
3.1.1	Thomas Merton	232
3.1.2	Hugo Enomiya-Lassalle	240
3.1.3	William Johnston	248
3.2	Das Problem der Personalität im Spannungsfeld von Lehre und Erfahrung (H. Dumoulin)	257
3.3	Der mystagogische Vermittlungscharakter buddhistischer Lehre (H. Waldenfels)	267
3.4	Symbolik und Logik des Glaubens (F. Buri / K. Otte)	283
3.4.1	Fritz Buri	283
3.4.2	Klaus Otte	297
3.5	Logik und Struktur des Existenzvollzugs (M. Shimizu / K. Takizawa)	307
3.5.1	Masumi Shimizu	307
3.5.2	Katsumi Takizawa	313

4.	Die hermeneutische Problematik des christlich-buddhistischen Dialogs	326
4.1	Das Buddhismusbild in Dialog und Religionsvergleich	327
4.2	Die Berücksichtigung der Dimension der Erfahrung und der Vermittlungsdynamik der Lehre	334
4.3	Theologische Lernbereitschaft und die Gottesfrage	350
4.3.1	Modelle theologischer Lernbereitschaft	350
4.3.2	Theologische Lernbereitschaft und die Funktionen des Gottesbegriffs	361

III. KAPITEL: CHRISTLICH-BUDDHISTISCHE HERMENEUTIK		372
1.	Der hermeneutische Ansatz bei den menschlichen Grunderfahrungen	373
1.1	Zur prinzipiellen Möglichkeit interreligiöser Hermeneutik: ein "negativer" Zugang	373
1.2	Die Frage nach dem Referenzrahmen interreligiöser Hermeneutik	398
1.3	Begriff und Kontext	405
1.4	Sprache, Wahrheit und Verhalten	411

1.5	Die Erfahrung des Absoluten...	426
1.6	Menschliche Grunderfahrungen und menschliches Selbstverständnis...	434
1.7	Unheilsdeutung, Heilsvermittlung und Transzendenzverständnis...	442
1.8	Traditionsimmanente und interreligiöse Hermeneutik................	449
2.	**Die Konstitution der Heilsbotschaft im Pâli-Buddhismus**...........	457
2.1	Vergänglichkeitserfahrung und buddhistische Deutung der Unheilssituation..	457
2.1.1	Die Widersprüchlichkeit unerlöster Existenz............................	457
2.1.2	Der unbefriedigende Charakter des Vergänglichen...................	464
2.1.3	Zusammenfassung..	476
2.2	Freiheit und Liebe angesichts der Überwindung von Sterblichkeit...	477
2.2.1	Nirvâna als Freiheit...	477
2.2.1.1	Freiheit von Anhaftung und Ich-Identifikation als Freiheit vom Tod..	477
2.2.1.2	Freiheit von Karma..	486
2.2.1.3	Zusammenfassung..	492
2.2.2	Intersubjektive Bezogenheit und buddhistische Ethik.............	493
2.2.2.1	Ethik als Überwindung der leiderzeugenden Faktoren.............	493
2.2.2.2	Kollektive Aspekte der Leidverursachung und Leidbeseitigung..	497
2.2.2.3	Zusammenfassung..	505
2.3	Die Vermittlung des Heilszieles..	506
2.4	Zusammenfassung..	520
3.	**Die logische Explikation der Heilsbotschaft im indischen Mahâyâna**..	522
3.1	Logik des Todes und des Todlosen...	522
3.1.1	Die Destruktion der "Vielheitswelt" (prapañca).......................	522
3.1.2	Absolute Transzendenz und die Transzendierung des begrifflich verfaßten Wirklichkeitszugangs..................................	532
3.2	Logik der Vermittlung..	539
3.2.1	"Leerheit" und die performativ unersetzliche Vorläufigkeit der buddhistischen Lehre...	539

3.2.2	"Doppelte Wahrheit" und "geschicktes Mittel" als Prinzipien traditionsimmanent-hermeneutischer Deutung des Wesens der heilsvermittelnden Lehre..	545
3.3	Erkenntnistheoretische und ethische Konnotationen...............	552
3.3.1	Die Frage nach den heilseffektiven Erkenntnismitteln bei Dhamakîrti...	552
3.3.2	"Leerheit" zwischen erkenntnistheoretischem Idealismus und negativer Dialektik...	559
3.3.3	Das Bodhisattva-Ideal – ethisches Korrelat der "Leerheit".....	562
3.4	Zusammenfassung..	568
4.	**Die spirituelle Explikation der Heilsbotschaft in Zen- und Jôdo-Shin-Buddhismus**..	572
4.1	Hui-neng und die Freiheit...	572
4.1.1	Die "besondere Überlieferung": Distanz zur Tradition als Traditionstreue...	574
4.1.2	Die "ursprüngliche" bzw. "eigene Natur": Quelle der Tradition und "eigentlicher Sinn" der Lehre..	580
4.1.3	Die "ursprüngliche" bzw. "eigene Natur": Identität von "Sammlung" und "Weisheit" in anhaftungsloser Freiheit..........	584
4.1.4	"Nicht-Denken": Anhaftunglosigkeit als Freiheit vom dualistischen Denken...	586
4.1.5	Unmittelbarkeit und Transzendentalität der Freiheit...............	594
4.1.5	Zusammenfassung..	603
4.2	Shinran Shonin und die Liebe...	605
4.2.1	Das "Ur-Gelübde" als das "Eine Fahrzeug": Shinrans Taditionsverständnis..	605
4.2.2	Die Offenbarung des Wesens der "Weisheit" als Liebe und Mitleid...	609
4.2.3	Die Überwindung des Liebe-losen "Ich"................................	617
4.2.4	Transzendentalität und Unmittelbarkeit des auf Liebe aufruhenden und Liebe verwirklichenden Vertrauens (shinjin)........	625
4.2.5	Die Konkretion der Heilsvermittlung in "shinjin" als Haltung spirituell fruchtbarer Spannung..	633
4.2.5.1	Differenz und Einheit der Stufe des "Nicht-mehr-Zurückfallens" und der vollkommenen Erleuchtung........................	633
4.2.5.2	Das Problem des Determinismus..	642
4.2.5.3	Das "Nembutsu"...	644
4.2.5.4	Gläubiges "Hören" als Prinzip der Schrifthermeneutik...........	647
4.2.6	Zusammenfassung..	651

5.	**Einheitsmomente der buddhistischen Heilsbotschaft**............	655
5.1	Auf der Ebene der Anknüpfung an die menschlichen Grunderfahrungen..	655
5.2	Auf der Ebene des Verständnisses der Vermittlungsfunktion der Lehre..	662
5.3	Auf der Ebene des Transzendenzverständnisses..................	670
6.	**Religionstheologische Chancen des hermeneutischen Ansatzes bei den menschlichen Grunderfahrungen**...............	675
6.1	Resonanz und Herausforderung..	675
6.2	Die Heilsfrage...	684
6.3	Die Offenbarungs- und die Wahrheitsfrage...........................	692
6.3.1	Kriteriologisch..	692
6.3.2	Inhaltlich...	703

LITERATURVERZEICHNIS

A.	Übersetzungen und Anthologien buddhistischer Quellentexte...	718
B.	Dokumentationen, Monographien, Aufsätze............................	725

NAMENREGISTER.. 749

SACHREGISTER... 756

ID
EINLEITUNG

1. PROBLEMSTELLUNG

"Der Löwe, ihr Mönche, der König der Tiere, tritt des Abends aus seiner Höhle heraus. Aus der Höhle herausgetreten, springt er empor. Emporgesprungen, späht er nach allen vier Seiten. Nachdem er nach allen vier Seiten gespäht hat, stößt er dreimal sein Löwengebrüll aus. Hat er dreimal sein Löwengebrüll ausgestoßen, dann zieht er auf Beute aus. Versetzt er nun seinen Schlag, sei es einem Elefanten, Büffel, Rind oder Panther oder auch einem kleinen Tiere, ja selbst einem Hasen oder einer Katze, so trifft er eben gründlich, nicht oberflächlich. Und warum? Damit er seiner Würde nicht verlustig gehe.
Der Löwe, ihr Mönche, ist eine Bezeichnung des Vollendeten, Heiligen, vollkommen Erleuchteten. Daß nämlich der Vollendete einer Versammlung die Lehre kündet, das gilt als sein Löwenruf. Weist aber der Vollendete die Lehre, sei es den Mönchen, Nonnen, Laienjüngern oder Laienjüngerinnen, ja selbst Futterknechten oder Vogelstellern, so weist der Vollendete eben gründlich die Lehre, nicht oberflächlich. Und warum? Weil der Vollendete eben die Lehre würdigt, die Lehre hochhält."[1]

In eindrucksvoller Weise spiegelt dieses Gleichnis die buddhistische Überzeugung von der Kraft der Verkündigung Buddhas wieder. Daß der Buddhismus bis heute eine starke und vitale Tradition ist, verdankt sich den Menschen, die sich von der "Tatze des Löwen" getroffen erlebten und das "Löwengebrüll" durch ihr Zeugnis nicht mehr verstummen ließen. Heute begegnen Menschen aus dieser Tradition in einem nie zuvor erreichten Ausmaß denen, die einen anderen Ruf vernahmen, das "Folge mir nach!" des Mannes aus Nazareth, und die ebenfalls seither nicht aufhören, sein Wort weiterzureichen. In dieser Begegnung ist es das Naheliegendste, den jeweiligen Ruf aneinander auszurichten – und *wenn* beide Seiten etwas von der Kraft verspüren, die im Ruf des jeweils anderen liegt, indem sie sich von ihm betreffen lassen, dann ist dies der Anfang eines echten Dialogs. Damit meine ich, daß es ohne das Vernehmen des jeweiligen Rufs, aus dem beide Seiten leben – und zwar als eines *Rufs*, d.h. in seinem herausfordernden und treffenden Charakter –, keinen Dialog gibt. Oder anders gesagt, die Fragen interreligiöser Hermeneutik sind für das Werden des interreligiösen Dialogs von konstitutiver Bedeutung.

---
[1] Anguttara-Nikâya V, 99: Nyanaponika, Die Lehrreden des Buddha aus der Angereihten Sammlung, Bd. III, Freiburg i. Br. 1984, 78.

Folgt man dem so skizzierten Einstieg in die Sicht der hermeneutischen Problematik interreligiösen Dialogs, dann lassen sich grob *zwei hermeneutisch relevante Ebenen* in diesem Dialog unterscheiden: 1. die Bemühung, den in der eigenen Tradition vernommenen Ruf an den anderen auf eine ihm verstehbare Weise weiterzugeben, und 2. die Bemühung, den Ruf, den der Partner weiterreicht, verstehend zu vernehmen. Und da *beide* Ebenen für *beide* Partner des Dialogs bedeutsam sind, ergeben sich vier hermeneutische Problemkreise. Auf einen von ihnen konzentriert sich diese Untersuchung: auf das Bemühen des Christen, die vom Buddhisten weitergereichte Botschaft zu verstehen, also auf das christliche Hören des "Löwengebrülls". Dabei wird keineswegs übersehen, daß im Dialog auch die anderen Problemkreise von eminenter Bedeutung sind. Doch den Ruf des Löwen zu hören und so zu verstehen, daß er wirklich als Ruf trifft, scheint mir letztlich auch die Vorraussetzung dafür zu sein, den Ruf des Nazareners so weiterzugeben, daß dieser ebenfalls in all seiner Kraft vernommen werden kann.

Allerdings wäre die Intention dieser Untersuchung mißverstanden, wollte man sie nur als eine propädeutische Unternehmung für die Entwicklung der geeignetesten Verkündigungsformen gegenüber Buddhisten sehen. Wenn beim Hören des anderen die Gedanken ganz auf das Eigene fixiert sind, kann der Ruf des Löwen gar nicht erst vernommen werden. Wo aber sein Brüllen gehört wird, läßt sich die Reaktion nicht mehr planen. Andererseits wäre jedoch der Löwenruf ebenso überhört, wo das Eigene so aus dem Blick gerät, daß es von diesem Ruf nicht mehr betroffen werden kann. Die "Tatze des Löwen" trifft jedes Tier in seiner Eigenart, sagt das Gleichnis. Und daher sucht diese Studie einen Weg, der die *beiden hermeneutischen Sackgassen* vermeidet: eine Fixierung auf das Eigene, die kein Verständnis des anderen mehr ermöglicht, und eine Distanzierung vom Eigenen, die den Ruf des anderen in einem Vakuum verhallen läßt. In dieser Doppelseitigkeit verfolgt sie somit die Frage: Wie können wir *als Christen* die Botschaft der *Buddhisten* verstehen?

Im Gebundensein an das Eigene, Vertraute, liegen viele Hindernisse, die das andere in dessen Eigenart erst gar nicht verstehen lassen. Dies kann durchaus in unbeabsichtigter und nicht leicht zu entdeckender Selbstverständlichkeit geschehen: Wir sehen einen Araber ein Buch lesen und erkennen auf Anhieb, daß er, im Gegensatz zu uns, offensichtlich sein Buch von hinten nach vorne ließt. Aber wie sieht er selbst die Sache? Ist er nicht der Meinung, daß er seine Lektüre durchaus vorne, wir hingegen sie von hinten beginnen?[2] Nicht selten resultieren bisherige christliche Mißverständnisse der buddhistischen Botschaft aus einer Übertragung der eigenen Perspektive auf das Selbstverständnis des anderen von der Art, wie sie dieses Beispiel verdeutlicht. Aber den anderen so zu verstehen versuchen, wie er sich selbst versteht, kann mit Recht als die "Goldene Regel" eines

---

[2] Dieses Beispiel verdanke ich: E. Holenstein, Menschliches Selbstverständnis, Frankfurt a. M. 1985, 201 Anm. 58.

hermeneutischen Ethos bezeichnet werden.³ Wenn es aber Ziel der Verstehensbemühung ist, den anderen wirklich in seinem Selbstverständnis zu erfassen, muß ich mich dann aus meiner Haut heraus in die seine begeben? Darf ich dies als Christ überhaupt? Wäre dies nicht Verrat an dem mich umfassend und keineswegs nur temporär oder teilweise in die Nachfolge fordernden Ruf Jesu? Und wen würde dann der zu vernehmende Löwenruf noch treffen, wenn ich mich, um ihn zu vernehmen, aller Identität zu entkleiden hätte?

Michael von Brück hat aus einem klarsichtigen Resümee zum Stand des christlich-buddhistischen Dialogs die wünschenswerte Prognose abgeleitet: "Für die nächste Zukunft dürfte das Schwergewicht auf hermeneutischen Fragen liegen."⁴ Dahinter steht die Einsicht, daß trotz eines seit nunmehr einenhalb Jahrhunderten ständig wachsenden christlichen Kenntnisstandes über den Buddhismus immer noch gilt: "Beide Religionen benutzen Begriffe, z.B. Gott und Nirvâna, deren jeweilige Konnotationen noch keineswegs zureichend verstanden sind und daher immer wieder zu Mißverständnissen geführt haben. Die abendländische Buddhismusrezeption hat zeitweise viel eher die Spiegelung der eigenen geistigen Verfassung ausgedrückt, als sie den Buddhismus sachgemäß verstanden hätte."⁵ Angesichts dieser Situation will die vorliegende Untersuchung etwas mehr Licht in die hermeneutischen Abläufe bringen, die den Prozeß eines christlichen Verständnisses der buddhistischen Botschaft geprägt haben, und zugleich einen Vorschlag unterbreiten, wie ohne christlichen Identitätsverlust ein "sachgemäßes" Verständnis dieser Botschaft besser zu erreichen ist.

"Sachgemäß" muß nach meiner Überzeugung allerdings mehr bedeuten als korrekte religionswissenschaftliche Information. Über diese hinaus erscheint mir allein jenes Verständnis "sachgemäß", bei dem die Gewalt und Stärke erkennbar wird, die zu dem Vergleich der buddhistischen Botschaft mit dem Ruf des Löwen nötigt. Und als "Ruf" ist sie nur dann sachgemäß verstanden, wenn der Christ sie als Ruf *an ihn* hört, d.h. wenn deutlich wird, was sie für ihn als Christen, als den in der Nachfolge Jesu Stehenden, bedeutet. Hat man sich bislang auf christlicher Seite der buddhistischen Botschaft so gestellt, daß sie als dieser "Löwenruf" vernommen wurde? Hat man sie so zu verstehen versucht, daß man dabei von der "Tatze des Löwen" getroffen wurde? Wer dies für sich verneinen muß, der hat sie bislang wohl nicht so verstanden, wie sie gemeint ist. Ein solches Verständnis aber will diese Untersuchung befördern.

---

3   Vgl. z.B. R. Panikkar, The Intra-Religious Dialogue, New York 1978, 30.
4   M. von Brück, Müssen Wahrheiten sich ausschließen? Christlich-buddhistische Begegnung und Annäherung, in: Lutherische Monatshefte 12 (1988), 554-557, hier 556.
5   Ebd.

2. METHODE UND DURCHFÜHRUNG

In den beiden ersten Kapiteln geht diese Untersuchung *analytisch* vor, d.h., daß hier konkrete *Buddhismusinterpretationen* auf die in ihnen wirksamen hermeneutischen Voraussetzungen und Maßgaben hin analysiert werden. Das untersuchte Material ist dabei nach zwei methodisch unterschiedlichen Rahmenvorgaben der Buddhismusinterpretationen eingeteilt: a) die des *Religionsvergleichs* und b) die des *interreligiösen Dialogs*. Da es sich um eine Unterscheidung von *Rahmenvorgaben* handelt, ist dies nicht so zu verstehen, als würde sich diese Unterscheidung immer und in jedem Fall bis ins Detail auswirken. In den primär dialogischen Interpretationsansätzen wird natürlich auch verglichen und in den primär vergleichenden Ansätzen finden sich explizit oder implizit auch dialogische Elemente.

Das *erste Kapitel* beginnt im *ersten Abschnitt* mit einem knappen Rückblick auf jene Interpretationsschwierigkeiten, die innerhalb vergleichender Vorgehensweisen bei den Anfängen der westlichen Buddhismusforschung zutage traten und so dem hermeneutischen Problembewußtsein erste Konturen verliehen haben. Der *zweite Abschnitt* befaßt sich, ebenfalls nur kurz, mit einer Sonderrichtung der vergleichenden Religionsforschung, der Frage nach eventuellen historischen Abhängigkeiten, und bemüht sich um eine Auswertung ihrer Ergebnisse für die zwischen beiden Religionen bestehenden hermeneutischen Ausgangsbedingungen.

Der Schwerpunkt des ersten Kapitels liegt in der dann folgenden hermeneutischen Analyse der Buddhismusinterpretation in zumeist breit angelegten systematischen Religionsvergleichen. So wird im *dritten Abschnitt* anhand einiger Beispiele apologetisch orientierter Vergleiche untersucht und dargestellt, aufgrund welcher hermeneutischer Mechanismen sich vom christlichen Interpretationshorizont aus ein bis heute weit verbreitetes und mit stereotypen Vorwürfen verbundenes Zerrbild des Buddhismus entwickelte. In dieser Hinsicht kommt dem Gottesgedanken eine besondere Bedeutung zu, da man der zumeist als Atheismus interpretierten Abwesenheit des Gottesbegriffs im Buddhismus fälschlicherweise die gleiche systembestimmende Zentralität zudachte, die für das Vorkommen des Gottesbegriffs im Christentum zweifellos zutrifft.

Im *vierten Abschnitt* wird gezeigt, daß auch in solchen Religionsvergleichen, die sich ausdrücklich der religionsphänomenologischen Epoche verpflichten, der weltanschauliche Hintergrund des Autors für die Buddhismusinterpretation weitgehend ausschlaggebend bleibt, so daß das Buddhismusbild in den von westlichen Autoren stammenden Vergleichen tendenziell eindeutig – und oft mit nur wenigen Abstrichen – dem Zerrbild der apologetischen Vergleiche entspricht, während sich das Buddhismusbild in den Religionsvergleichen östlicher Autoren zumeist als diametral verschieden darstellt. Daraus ergibt sich, daß die hermeneutischen Probleme nicht einfach durch einen Verzicht auf den theologischen Ansatz gelöst werden können. Eine zusammenfassende

Analyse der in den apologetischen und phänomenologischen Religionsvergleichen wirksamen hermeneutischen Mechanismen und ihrer Problematik wird jeweils im Anschluß an die Einzelanalysen (I. Kapitel, 3.6 und 4.6) gegeben.

Das Kapitel schließt im *fünften Abschnitt* mit einer wiederum knapp gehaltenen Darstellung der Grundlagendiskussion in der neueren Religionswissenschaft, insofern sie gerade jenen Punkt betrifft, der sich in der Analyse der Vergleiche als der hermeneutisch neuralgische herausgestellt hat: die Frage nach der Effektivität, Möglichkeit und Notwendigkeit der Epoche bei der Vermeidung solcher Verzerrungen in der Interpretation anderer Religionen, die aus der Übertragung der vom eigenen weltanschaulichen bzw. religiösen Hintergrund geprägten Interpretamente resultieren. Diese Frage stellt sich angesichts einer möglichen Alternative zur klassischen religionsvergleichenden Vorgehensweise, nämlich einer weitaus stärker als bisher sich dialogisch verstehenden und entsprechend arbeitenden Religionswissenschaft, in der das weltanschaulich/theologische Element nicht länger ausgeklammert bleibt, sondern hermeneutisch einbezogen wird.

Im *ersten Abschnitt* des *zweiten Kapitels* wird zunächst – in einer gewissen Parallele zu der im letzten Abschnitt des ersten Kapitels aufgezeigten Diskussion innerhalb der Religionswissenschaft – die Diskussion theologischer Begründungsfelder des interreligiösen Dialogs nachgezeichnet, wobei besonders auf deren Implikationen für die Entwicklung einer interreligiösen Hermeneutik geachtet wird. Dabei ergibt sich die aporetisch erscheinende Situation, daß von christlicher Seite her der interreligiöse Dialog theologisch dann seine größte Bedeutung gewinnt, wenn sich die Aussagen anderer Religionen in positiver Weise mit dem christlichen Gottesgedanken verbinden lassen, dieser sich aber gerade im Hinblick auf den Buddhismus hermeneutisch als besonders problemträchtig erweist.

Im Anschluß an diese in die spezifische hermeneutische Problematik des Dialogs einführenden Beobachtungen werden im *zweiten* und *dritten Abschnitt* christliche Ansätze zum Dialog mit dem Theravāda- und Mahāyāna-Buddhismus vorgestellt. Dabei werden ihre konkreten Buddhismusinterpretationen wiederum auf die in ihnen wirksamen hermeneutischen Vorgehensweisen hin analysiert und zugleich danach befragt, wie sich der jeweils eingeschlagene hermeneutische Weg auf die angezielte dialogische Korrelation von Christentum und Buddhismus auswirkt. Obwohl mit den hier analysierten vierzehn Autoren keineswegs das gesamte Spektrum christlicher Ansätze zum Dialog mit dem Buddhismus erfaßt ist, dürfte damit jedoch eine hinreichend breite Materialbasis gegeben sein, um eine gewisse Zwischenbilanz des christlich-buddhistischen Dialogs zu erstellen.

Zumindest hinsichtlich der hermeneutisch relevanten Aspekte wird ein solches Resümee in einer synchronen Zusammenschau der untersuchten Ansätze im *vierten Abschnitt* gezogen. Ausgehend von den inhaltlichen Veränderungen im Buddhismusbild, die sich gegenüber den religionsvergleichenden Ansätzen in den dialogischen ergeben haben, wird (jenseits der Bedeutung des konkreten Austauschs mit Buddhisten) der entscheidende hermeneutische Grund für diese Veränderungen in der Berücksichtigung des Konzepts der Erfahrung ausgemacht. Die hermeneutische Stellung des Erfahrungskonzepts in den jeweiligen Dialogansätzen a) hinsichtlich der Interpretation der buddhistischen Lehre und b) hinsichtlich ihrer Korrelation mit der christlichen Lehre wird systematisiert und kritisiert, so daß aufgrund dieser Analysen schließlich ein Zwischenergebnis für die Konstruktion einer christlich-buddhistischen Hermeneutik festgehalten werden kann (S. 349). Um diesem eine deutlichere theologische Einordnung zu geben und seine Fruchtbarkeit für eine dialogische Offenheit zu reflektieren, werden die untersuchten Ansätze je nach der hermeneutischen Stellung, die sie dem Erfahrungskonzept zumessen, nochmals daraufhin systematisiert, wie sie – vermittelt über die Erfahrung – den Gottesbegriff zum Buddhismus in bezug setzen und ob sich der Gottesgedanke dabei einer dialogischen Lernbereitschaft als förderlich oder hinderlich erweist.

Die auf der Basis der Analysen des christlich-buddhistischen Religionsvergleiches und des christlich-buddhistischen Dialogs am Ende des zweiten Kapitels in kritischer Zusammenschau gewonnenen Optionen für die Entwicklung einer christlich-buddhistischen Hermeneutik werden im *dritten Kapitel*, das im Unterschied zu den beiden vorangegangenen Kapiteln eher einen *synthetischen* Charakter hat, systematisch entfaltet und in ihrer Applikabilität demonstriert.

Im *ersten Abschnitt* des dritten Kapitels lege ich in kritischer Diskussion meine zentrale These dar, wonach sich der Bereich menschlicher Grunderfahrungen im Hinblick auf die Entwicklung einer christlich-buddhistischen Hermeneutik als der geeignetste Referenzrahmen erweist. Nachdem in den Unterpunkten 1.1 – 1.5 zunächst grundsätzliche Bestreitungen der Möglichkeit interreligiöser Hermeneutik und daraufhin andere Bestimmungen des für eine christlich-buddhistische Hermeneutik erforderlichen Referenzrahmens abgewiesen werden, expliziere ich in den Unterpunkten 1.6 – 1.8 die elementaren Aspekte des von mir vorgeschlagenen hermeneutischen Ansatzes bei den menschlichen Grunderfahrungen.

Im Anschluß an diesen systematischen Block wende ich den so entworfenen und vorgestellten Ansatz zur Interpretation der buddhistischen Lehre auf vier Phasen bzw. Richtungen ihrer Tradition an: im *zweiten Abschnitt* auf die Konstitution der Grundzüge der buddhistischen Heilsbotschaft im Pâli-Buddhismus, im *dritten Abschnitt* auf ihre logische Explikation im indischen Mahâyâna-Buddhismus, mit besonderer Berücksichtigung Nâgârjunas, und im *vierten Abschnitt* auf ihre spirituelle Explikation a) im chinesischen Zen- bzw. Ch'an-Buddhismus und b) im japanischen Jôdo-Shin-Buddhismus Shinran Shônins.

Der *fünfte Abschnitt* versucht dann die wichtigsten Züge der vorgelegten Interpretationen so zu bündeln, daß es möglich wird, wesentliche Momente einer inneren Einheit in jenen Phasen der buddhistischen Tradition bzw. in ihren traditionsimmanenten hermeneutischen Bezugnahmen zu erkennen. Sowohl dieser Abschnitt als auch die im Anschluß an die Einzelinterpretationen jeweils gegebenen Zusammenfassungen (476f, 492, 505, 520ff, 568ff, 603f, 651ff) ermöglichen eine erste, rasche Orientierung über die Grundzüge jener Buddhismusinterpretation, die sich m.E. aus der Anwendung des hermeneutischen Ansatzes bei den menschlichen Grunderfahrungen ergibt.

Während also in den beiden ersten Kapiteln gemäß der dort angewandten analytischen Methode vorgegebene Buddhismusinterpretationen nach ihren hermeneutischen Implikationen befragt werden, wird im größten Teil des dritten Kapitels in umgekehrter Weise von einer reflexiv geklärten Hermeneutik her eine konkrete Buddhismusinterpretation entworfen. Obwohl ich, wie bereits gesagt, diesen Teil durchaus im Sinne einer Demonstration der Applikabilität des vorgeschlagenen hermeneutischen Ansatzes verstehe, wird damit freilich nicht beansprucht, daß eine christliche Buddhismusinterpretation, die hermeneutisch bei den menschlichen Grunderfahrungen ansetzt, in allen interpretativen Fragen notwendig den hier vorgelegten Auffassungen entsprechen müßte. Die z.T. recht detaillierten Einzelinterpretationen verdanken sich und folgen dem hermeneutischen Grundmodell, aber sie stellen weder das einzig mögliche Resultat seiner Anwendung dar, noch sind sie ausschließlich von ihm abhängig. Es wäre daher mein Wunsch, den Wert des vorgeschlagenen Ansatzes nicht allein danach zu beurteilen, wieviele Fehler mir bei seiner Anwendung unterlaufen sein mögen.

Im *sechsten Abschnitt* wird zum Beschluß dieser Untersuchung in wenigen Zügen skizziert, wo ich die besonderen Chancen des hermeneutischen Ansatzes bei den menschlichen Grunderfahrungen hinsichtlich einer religionstheologischen Evaluation im Rahmen der Begegnung mit der buddhistischen Heilsbotschaft sehe. Wie dort ausgeführt, halte ich diesen Ansatz dann für besonders fruchtbar, wenn er im Rahmen einer christologisch orientierten Religionstheologie zur Anwendung gebracht wird.

Die im dritten Kapitel vorgelegten Buddhismusinterpretationen orientieren sich ausschließlich an *textlichem* Material, was noch einige erläuternde und ergänzende Bemerkungen erforderlich macht. Zunächst ist hierzu zu sagen, daß meine Interpretationen hinsichtlich der chinesischen und japanischen Quellen in besonders starkem Maße von den benutzen Übersetzungen abhängig sind. Leider stehen mir nicht jene philologischen Fähigkeiten und Kenntnisse zur Verfügung, die eine Bereicherung dieser Arbeit um die gerade in hermeneutischen Fragen oft so wichtige Disskussion der wirklichkeitskonstitutiven Relevanz der dem sino-japanischen Raum spezifischen Sprachorganisationen erlaubt hätte.

Weiterhin ist festzuhalten, daß ich durchaus der in jüngerer Zeit häufiger vorgebrachten Auffassung zustimme, wonach sich interreligiöse Interpretationen nicht allein auf Textinterpretationen beschränken sollten. Aber im Sinne dieser Maxime beabsichtigt meine Untersuchung auch keineswegs eine Darlegung z.B. der religiösen Situation des alten Indiens oder des mittelalterlichen Japans, sondern konzentriert sich auf die buddhistische Botschaft. Für die Tradition und die traditionsimmanente Weiterentwicklung einer religiösen *Botschaft* kommt Texten jedoch eine herausragende Bedeutung zu, weil das Medium des fixierten Textes jener gewissen Widerständigkeit der Botschaft entspricht, wonach die Botschaft ihrem Hörer durchaus herausfordernd gegenübertritt und damit nicht allein in seiner Beliebigkeit steht. Dies gilt auch im Buddhismus, wie es z.B. schlagend aus jener Bemerkung des Mahâvamsa hervorgeht, die den Übergang von der zunächst lange gepflegten rein mündlichen zur schriftlichen Tradition mit der Notwendigkeit erklärt, die buddhistische Lehre vor ihrer Verfälschung zu schützen.[6]

Damit soll nun keineswegs negiert werden, daß nicht auch aus der Verschriftlichung einer Botschaft ihrem rechten Verständnis Gefahren erwachsen können. Gerade innerhalb der buddhistischen Tradition, die alles andere als arm an "heiligen Schriften" ist, hat man doch immer wieder auch deutlich auf die Begrenztheit von Texten im Rahmen lebendiger Heilsvermittlung und -erfahrung hingewiesen – und zwar häufig *in* den Texten selbst! Welchen Sinn aber hat es dann, sich soviel mit Texten abzugeben? In dem aus dem 16. Jhd. stammenden chinesischen Roman "Hsi-yü chi" wird diese Frage auf satirische und zugleich tiefgründige Weise thematisiert. Der Roman kreist um die Erlebnisse des chinesischen buddhistischen Mönch und Gelehrten Hsüan-Tsang, der im 7. Jhd. nach Indien zog, um weitere der als unendlich kostbar angesehenen buddhistischen Schriften nach China zu holen. Nach dem "Hsi-yü chi" erhält Hsüan-Tsang nach langer und gefahrvoller Reise die gewünschten Manuskripte auf Anweisung des Buddha selbst. Doch muß Hsüan-Tsang feststellen, daß ihn die ranghöchsten Mönche Buddhas betrogen und ihm nur unbeschriebene Rollen eingepackt haben. Als er sich daraufhin bei Buddha beschwert, antwortet dieser: "In der Tat ... sind solche leeren Rollen die eigentlichen wahren Schriften. Doch weiß ich wohl, die Menschen in China sind zu töricht und unwissend, dies zu glauben; so bleibt nichts übrig als ihnen Kopien mit etwelcher Schrift darauf zu geben."[7]

---

[6] "Monks of great wisdom conveyed sutras and commentaries on them by oral recitation, but seeing people stray (from the true Law), the monks met and recorded the sutras and commentaries in writing to preserve the Law forever." K. Mizuno, Buddhist Sutras. Origin, Development, Transmission, Tokyo 1982, 161.
[7] Wu Ch'êng-ên, Monkeys Pilgerfahrt, München 1983, 395.

I. KAPITEL

CHRISTLICH—BUDDHISTISCHER RELIGIONSVERGLEICH

1. FREMDHEIT UND VERTRAUTHEIT: DIE ANFÄNGE DER WESTLICHEN BUDDHISMUSFORSCHUNG

"Quelques récits curieux, quelques détails extérieurs, quelques descriptions de la vie des bonzes et des lamas, c'était donc à peu près tout. La grande religion d'Orient n'apparaissait pas dans son individualité; elle n'était même pas nommée. De ses doctrines, autant dire qu'on ne savait rien."[1] So faßt Henri de Lubac, in dessen Studie "La rencontre du bouddhisme et du l'occident" sich das meiste Material über die spärlichen frühen Begegnungen zwischen Abendland und Buddhismus findet, den europäischen Wissensstand am Ende des 14. Jahrhunderts zusammen. Und dies sollte im wesentlichen bis zum Beginn des 19. Jahrhunderts so bleiben. Zwar ist es gerechtfertigt, mit dem Beginn der Neuzeit von einer neuen Phase des Zuwachses an Kenntnissen über den Buddhismus zu sprechen, die im Rahmen der Entfaltung von Entdeckungs-, Eroberungs- und Handelsschiffahrt vor allem durch Missionarsberichte vermittelt wurden, doch scheiterte eine durchbrechende Kenntnisnahme des Buddhismus auch in dieser Periode insbesondere daran, daß keine originalen Schriften des Buddhismus in den Westen gelangten. Denn es ist fraglos richtig, wenn de Jong urteilt: "A religion like Buddhism which is based upon principles which are very different from the guiding principles of Christianity cannot be understood without a thorough study of its scriptures."[2] Paul Deussen, der zur zweiten Generation der Pioniere wissenschaftlichen Studiums indischer religiöser Traditionen gehörte, verglich die europäische Entdeckung des indischen Geistes "mit der erdachten Situation, uns würden plötzlich die Vorstellungen der Bewohner eines fremden Sterns bekannt"[3], und hat mit diesem Bild wohl am schärfsten dem Bewußtsein eines gewaltigen hermeneutischen Problems Ausdruck verliehen, vor das man sich bei der Begegnung mit dem Buddhismus gestellt sah.

---

[1] H. de Lubac, La rencontre du bouddhisme et de l'occident, Paris 1952, 47. Zu den Angaben in diesem Abschnitt vergleiche neben der Arbeit de Lubacs den ausführlichen Überblick von J. W. de Jong, A Brief History of Buddhist Studies in Europe and America, in: The Eastern Buddhist VII (1974), Heft 1: 55-106 u. Heft 2: 49-82, sowie die Studie von G. R. Welbon, The Buddhist Nirvâna and its Western Interpreters, Chicago 1968. Ein kurz gefaßter, instruktiver Überblick findet sich auch bei: A. Bareau, Der indische Buddhismus, in: Ch. M. Schröder (Hg), Die Religionen Indiens, Bd. III (Die Religionen der Menschheit, Bd. 13), Stuttgart 1964, 198-204.
[2] De Jong, A Brief History... a.a.O. Heft 1, 64.
[3] G. Lanczkowski, Begegnung und Wandel der Religionen, Düsseldorf-Köln 1971, 13.

1.1 Text- und Umfeldforschung

Die erste größere Übermittlung buddhistischer Schriften nach Europa geschah durch den Engländer B. H. Hodgson (1800-1894). In britischen Diensten sammelte er in Nordindien und Nepal buddhistische Texte der Mahâyâna-Tradition. 1837 erhielt die Societé Asiatique von ihm 88 Manuskripte. Der französische Gelehrte E. Burnouf (1801-1852) machte sich sogleich an ihre Übersetzung und stellte bereits 1839 eine französische Übersetzung des Saddharmapundarîka fertig, die jedoch erst posthum 1852 erschien. 1844 veröffentlichte er seine "Introduction à l'histoire du Buddhisme indien", die erste wissenschaftliche Darstellung des Buddhismus im Westen. In der Folgezeit erschienen eine Reihe weiterer wichtiger Werke über den Buddhismus, die sich jedoch alle überwiegend auf mahâyânistische Texte in Sanskrit und Tibetisch stützten. Nur vereinzelt waren Pâli-Texte der theravâdischen Tradition bekannt, so daß dem Westen zunächst vor allem mahâyânistische Teile der buddhistischen Tradition zugänglich wurden.

Dies änderte sich jedoch durchschlagend in den 70er Jahren des 19. Jahrhunderts. Seit Anfang des 19. Jahrhunderts übte England die Oberherrschaft über Ceylon aus und seit der Mitte des Jahrhunderts über Burma. Aus der dortigen Theravâda-Tradition gelangten durch die Arbeit englischer Forscher mehr und mehr Pâli-Texte nach Europa, die bald veröffentlicht, sowie nach und nach auch übersetzt wurden, wozu besonders die 1881 von T. W. Rhys Davids (1843-1922) in London gegründete Pâli-Text-Society beitrug. Während dieser Zeit wurden jedoch auch weitere bedeutende Mahâyâna-Schriften veröffentlicht.

Im Zuge der aufblühenden historisch-kritischen Exegese des Neuen Testaments mit ihrem ideologisch geprägten Interesse am Ursprünglichen als dem Eigentlichen, lösten die Unterschiede zwischen den Texten der Mahâyâna- und der Theravâda-Tradition eifrige Untersuchungen bezüglich des Alters und der historischen Zuordnung der Texte aus. Vielfach war man geneigt, die mehr nüchternen und weniger mythologischen Texte innerhalb des Pâli-Kanons für die älteren und ursprünglicheren zu halten.[4] Bereits 1877 erklärte T. W. Rhys Davids die Pâli-Texte für älter und zuverlässiger als die Sanskrit-Quellen - ein Trend, der nicht geringe inhaltliche Konsequenzen hatte. Durch die stark legendarische Fassung der Buddha-Vita im Mahâyâna-Schrifttum waren z.B. Zweifel an der Historizität des Buddha aufgekommen, und H. Kern (1833-1917) vertrat die extreme Auffassung, daß es sich bei der Buddha-Legende nur um die spezielle Fassung eines kosmologischen Sonnenmythos handle. T. W. Rhys Davids hielt es dagegen für möglich, aus den Pâli-Texten die historische Basis der Buddha-Vita zu schöpfen. Archäologische Forschungen, die zur Entdeckung der Ashoka Inschriften

---

[4] Vgl. De Jong, a.a.O. Heft 1, 78 und Welbon, a.a.O. 120ff.

und der Identifikation historischer Stätten aus der Buddha-Vita führten, ließen die radikale These Kerns zusammenbrechen.[5]

Die Auffassungen Rhys Davids' fanden, was die Ursprünglichkeit der Pâli-Texte betraf, einen gewichtigen Vertreter in H. Oldenberg (1854-1920), dessen bedeutendes und bis in die Gegenwart enorm einflußreiches Werk, "Buddha. Sein Leben, seine Lehre, seine Gemeinde", 1881 in erster Auflage erschien. Oldenberg entwickelte stilistische Kriterien, die der Unterscheidung des Alters verschiedener Textteile innerhalb gleicher Sammlungen dienen sollten. Schon 1869 hatte M. Müller (1823-1900) die Aufgabe betont, mittels zuverlässiger Kriterien zwischen den ursprünglichen Lehren Buddhas und ihren späteren Systematisierungen und Weiterbildungen zu unterscheiden, die er vor allem in dem für jünger gehaltenen dritten Teil des Pâli-Kanons, dem Abhidhamma, erblickte. Dagegen vertrat J. D'Alwis (1823-1878) die ursprüngliche Einheit aller drei Teile des Kanons, in denen gleichermaßen altes Buddha-Wort mit jüngeren Interpolationen gemischt sei. Frau C. A. F. Rhys Davids (1858-1942) hielt ihrerseits den ganzen Pâli-Kanon für das Produkt der jüngeren, bereits weit ausgebildeten, Mönchsgemeinschaft, in dem sich nur noch vereinzelte Spuren der ursprünglichen Lehre Buddha fänden. Gegen den Trend der Zeit, vor allem im Pâli-Kanon nach den ältesten Zeugnissen buddhistischer Lehre zu suchen, stellte sich L. de La Vallée Poussin (1869-1938). Er wies darauf hin, daß der Pâli-Kanon die Sammlung nur einer der zahlreichen alten buddhistischen Schulen darstellt, und daß daher alle verfügbaren Textquellen zur Klärung der Frage nach dem Ursprünglichen herangezogen werden müssen. In der Tat haben später die textvergleichenden und formgeschichtlichen Untersuchungen E. Waldschmidts ergeben, daß die Pâli-Texte nicht in jedem Fall die älteste Überlieferung gewahrt haben.[6] Der inzwischen weitgehend erreichte Konsens, daß es sich beim Pâli um einen ursprünglich nordwestindischen Dialekt handelt, läßt, da Buddha im nordöstlichen Magadha lebte, auch die ältesten Schichten des Pâli-Kanons bereits als Übersetzungen erscheinen. Andererseits haben die Nachweise von "Magadhismen" im Pâli-Kanon wiederum wenigstens

---

[5] Ein weiteres Beispiel dafür, wie die Erforschung der historischen Zusammenhänge unmittelbar Fragen der Interpretation tangiert, ist die Diskussion um die hînayânistische Dharma-Theorie, in der die nur augenblickliche Existenz aller Daseinspartikel (Dharmas) vertreten wird. Th. Stcherbatsky (1866-1942) kam durch das Studium tibetischer Überlieferungen zu der Überzeugung, daß die dort bezeugte mahâyânistische Sicht der Entwicklung buddhistischen Gedankengutes zuverlässig sei und betrachtete daher die Dharma-Theorie als eine bereits in den ältesten buddhistischen Lehren implizierte zentrale Konzeption, von der her diese zu interpretieren seien. Dagegen protestierte bald C. A. F. Rhys Davids, und E. Frauwallner vermochte "darin nur einen unhaltbaren groben Anachronismus (zu) sehen" (E. Frauwallner, Geschichte der indischen Philosophie, Bd. I, Salzburg 1953, 464). Dagegen hat H. v. Glasenapp die Auffassung Stcherbatskys befürwortet.
[6] Vgl. z.B. Waldschmidts Untersuchungen zum Mahâparinirvâna-Sûtra: E. Waldschmidt, Die Überlieferung vom Lebensende des Buddha, Göttingen 1944 u. 1948.

für einige Teile eindrucksvoll seine Nähe zu den ältesten buddhistischen Traditionen bestätigt.[7]

Einen besonderen Zweig der historischen Forschung bildet die Frage nach der Einordnung des Buddhismus in das altindische Umfeld. 1856 meinte A. Weber (1825-1901), die frühe buddhistische Bewegung vor allem als Oppositionsbewegung gegen die brahmanische Gesellschaftsordnung verstehen zu können. Durch Oldenbergs Feststellung bedeutender Ähnlichkeiten zwischen Passagen aus den Upanishaden und dem Pâli-Kanon erlangte die Frage nach den Beziehungen zwischen Buddhismus und Brahmanismus ab 1881 ein gewaltiges Interesse, ohne daß man jedoch zu klaren Ergebnissen kam.[8] Ebenso heftig wurde die Frage der Beziehungen zwischen Buddhismus und Shamkhya diskutiert. Während Oldenberg zunächst jede Abhängigkeit negierte – später modifizierte er jedoch diese Position –, nahmen H. Jacobi (1850-1937) und R. Garbe (1857-1927) Einflüsse des Shamkhya auf den ursprünglichen Buddhismus an. La Vallée Poussin verwarf diese Auffassung und hielt statt dessen den ursprünglichen Buddhismus für einen Zweig des Yoga, dem philosophische oder religiöse Erörterungen eigentlich fremd seien, obwohl er sich leicht mit ihnen verbinden könne.[9] Ein wichtiges Detailergebnis dieser Umfeldforschungen bestand z.B. in der Entdeckung, daß das Bild vom Verlöschen der Flamme, mit dem die buddhistischen Texte häufig das "Verlöschen" ("nirvâna") des Vollendeten umschreiben, und auf das sich immer wieder ein Teil der Argumentation stützte, die den Buddhismus im Sinne eines Nihilismus interpretierte, sich auch in anderen indischen Texten findet. Dort aber zeigt sich deutlich die Vorstellung, daß Feuer beim Verlöschen nicht vernichtet werde, sondern in einen anderen, unsichtbaren Seinsmodus übergehe.[10]

Was de Jong für die weitere Zukunft der wissenschaftlichen Buddhismusforschung schreibt, läßt sich ebenso gut als ein Resümee der Aufgabenstellung lesen, wie sie sich bereits in den Anfängen der Forschung gezeigt hat: "Buddhist studies, of course, embrace much more than philology but philology is of basic importance. Once texts have been properly edited, interpreted and translated it will become possible to study the development of religious and philosophical ideas... Moreover, Buddhist monuments show another important aspect of Buddhism. The great wealth of literary and archeological sources for the study of Buddhism in India will occupy many

---

[7] Vgl. H. Bechert / G. v. Simson (Hg), Einführung in die Indologie, Darmstadt 1979, 26 u. 69. Nach D. Schlingloff bestätigen die bisherigen Forschungen zum Bestand des Ur-Kanons überwiegend die Authentizität des Pâli-Kanons (vgl. D. Schlingloff, Die Religion des Buddhismus, Bd. I, Berlin 1962, 9ff).

[8] Für den heutigen Stand in dieser Frage siehe vor allem E. Frauwallner, Geschichte der indischen Philosophie, Bd. I, a.a.O. 235ff.

[9] Vgl. Welbon, a.a.O. 280f.

[10] In die Diskussion eingebracht wurde dieser Aspekt von E. Senart, A. B. Keith, L. Renon und J. Filliozat (vgl. Welbon, a.a.O. 225f und Frauwallner, a.a.O. 225f).

scholars for centuries to come. However, this mass of material must not make us forget that the Indian Buddhism cannot be studied in isolation from its context. It is necessary to study Vedic and Brahmanical literature, Jainism and other Indian religions, Dharmashâstras, etc."[11] An der hier geforderten Akkuratesse kann freilich auch die theologische Suche nach einem Verständnis der buddhistischen Botschaft nicht vorbeisehen und muß daher in engem Rekurs auf das philologisch und religionsgeschichtlich bisher bereits erarbeitete und weiterhin zu erforschende Datenmaterial durchgeführt werden. Andererseits läßt sich das Studium der "religiösen und philosophischen Ideen" nicht so glatt von der historisch/philologischen Aufgabe trennen. Daß de Jong Interpretation in einem Atemzug mit Übersetzung nennt, verdeutlicht dieses Problem und entspricht durchaus der faktischen Situation in den Anfängen der westlichen Buddhismusforschung. Denn neben der Masse des zu bewältigenden Materials, das ja erst allmählich in seiner Fülle bekannt wurde (und auch heute noch bei weitem nicht vollständig gesichtet ist), kreierten besonders die *Fremdheit* zentraler buddhistischer Konzepte, wie "nirvâna", "anâtman", "shûnyatâ", usw., sowie der buddhistischen Denkweise, die sich ihrer bediente, das eigentliche hermeneutische Problem. Hinter den genannten Einzelfeldern der Forschung zeigt sich immer wieder das Bemühen, Plausibilität und Kohärenz in die fremde Gedankenwelt des Buddhismus zu bringen. "Fremdheit" bezeichnet eine Kategorie des Verhältnisses, und in der Tat war die westliche Buddhismusforschung von Anfang an mit dem hermeneutischen Ansatzpunkt verbunden, sich die fremde buddhistische Gedankenwelt durch ihren *vergleichenden Rückbezug* auf die vertraute des Abendlandes zu erschließen. Dabei beeinflußten die verschiedenen weltanschaulichen Strömungen im Europa des 19. Jahrhunderts (besonders die von der Aufklärung gestellte Frage nach dem Wesen der Religion, die materialistischen, nihilistischen und antichristlichen Positionen) das Ringen um die Buddhismusinterpretation ebenso, wie die orthodoxe christliche Reaktion.

1.2 Frühe Interpretationsversuche

Der Pionier westlicher Buddhismusforschung, E. Burnouf, hatte die interpretative Aufgabe so formuliert: "It is India, with its philosophy and myths, its literature and laws, that we study in its language. It is more than India,..., it is a page from the origins of the world, of the primitive history of the human spirit, that we shall try to decipher together... It is our profound condition that the study of words without the study of ideas is – if possible – useless and frivolous;..."[12] Zwei Zeitgenossen und Freunde Burnoufs machten mit ihren Interpretationen des Buddhismus bald die Bandbreite deutlich, innerhalb derer diese sich bewegten.

---

[11] De Jong, a.a.O. Heft 2, 81.
[12] Zitiert nach Welbon, a.a.O. 57f Anm. 17.

J. Barthélemy Saint-Hilaire leitete sein 1860 veröffentlichtes Buch "Le Bouddha et sa religion" mit den Sätzen ein: "In publishing this work on Buddhism, I have but one purpose in view: that of bringing out in striking contrast the beneficial truths and the greatness of our spiritualistic beliefs. Nurtured in an admirable philosophy and religion, we do not seek to know their value, and we remain ignorant of the great debt we owe to them... I believe that the study of Buddhism... will show how a religion which has at the present day more adherents than any other on the surface of the globe[13], has contributed so little to the happiness of mankind; and we shall find in the strange and deplorable doctrines which it professes, the explanation of its powerlessness for good."[14] Barthélemy Saint-Hilaire vermochte in den Lehren des Buddhismus nichts anderes als reinen Nihilismus zu erblicken, der aus der Leugnung Gottes und der Seele entspringe und das Ziel einer völligen Auslöschung anstrebe.

Auf Barthélemy Saint-Hilaires Auffassung, die dieser ab 1839 in verschiedenen Artikeln vertreten hatte, antwortete 1855 J. Mohl mit der direkten Gegenposition: "who could believe for an instant that the absolute nothing could be the goal of any religion, let alone of a religion like Buddhism, which preaches above all the purification of the soul, battle against the passions, and the abandonment of the things of this world in order to rise a higher degree of spiritual perfection? How can one believe that nirvâna could be anything other than the goal common to all mysticism: reunion of the soul with God. It is a union of which they all speak – whether Christians, Muslims, or Hindus – in terms drawn from the things of this world..."[15]

Barthélemy Saint-Hilaire und Mohl waren sich beide einig in der Ablehnung von Materialismus und Nihilismus. Die Divergenzen in ihrer Buddhismusinterpretation orientieren sich – charakteristisch für diese Phase – an der Frage, ob man bei dieser Frontstellung im Buddhismus einen Gegner oder einen Verbündeten zu sehen habe. Der Streit vollzog sich in einer Situation, in der sich anti-christlich ausgerichtete Organisationen, wie die "Nationalist Secular Society", für vergleichende Religionswissenschaft engagierten[16], und in der mehrere religionsphilosophische Positionen nicht mehr bereit waren, das Christentum als die absolute Religion anzusehen.[17] Die religi-

---

[13] Bis Ende des 19. Jahrhunderts ging man vielfach von der irrtümlichen Vorstellung aus, daß die Zahl der Buddhisten weit größer als die der Christen sei (vgl. J. May, Vom Vergleich zur Verständigung, in: ZMR 66 [1982] 58).
[14] Zitiert nach Welbon, a.a.O. 68f.
[15] Zitiert nach Welbon, ebd. 70.
[16] Vgl. A. Pieris, Western Christianity and Asian Buddhism. A Theological Reading of Historical Encounters, in: Dialogue (NS), vol. VII (1980) 68.
[17] Welbon schreibt über die Motivationslage bei Barthélemy Saint-Hilaire: "Classical Greek and Christian traditions, he believed, had sanctified and fructified human life. From his point of view, all Indian thought denied the values fostered and supported by Christianity and the phi-

onsphilosophische Frage nach dem Wesen von Religion und ihrem Zusammenhang mit der menschlichen Natur beeinflußte erheblich die Debatte um das rechte Verständnis des Buddhismus. Die anscheinend überwältigende Zahl der Anhänger Buddhas verschärfte deutlich die Problemstellung - nach der vereinfachenden, aber verlockenden Gleichung: je mehr, desto natürlicher.

A. Franck, der die Argumentation Mohls durch den Hinweis auf die verneinende Redeweise vom Absoluten (via negativa) in verschiedenen nicht-nihilistischen Traditionen des Abendlands unterstützte[18], argumentierte darüber hinaus mit dem Wesen der menschlichen Natur: "The human genre constitutes one and the same family, in which all members are endowed with the same reason, illumined by the same consciousness, and have the same notions of the just and the unjust, of being and nothingness. I cannot admit that three hundred million people live in the hope of their future annihilation and know no other religion than this. No nation, no human race could be reduced to this horrible condition. Otherwise there would have to be, not varieties of the human species, but several humanities with differing faculties, intelligences, and natures."[19] Dagegen wandte Barthélemy Saint-Hilaire ein, daß man den Buddhismus aus dem Kontext des indischen Denkens heraus zu verstehen habe, speziell der Lehre von der Leidhaftigkeit allen Daseins und dem Wiedergeburtenkreislauf. Unter diesen Voraussetzungen sei es durchaus plausibel, daß der Mensch danach strebe, dem Dasein um jeden Preis zu entrinnen. Da der Buddhismus aber klar die Existenz Gottes und der Seele leugne, scheide für ihn die upanishadische Lösung der mystischen Unio von Atman und Brahman aus, und die völlige Vernichtung bleibe der einzige Ausweg.[20] Von J. B. Obry wurde jedoch darauf hingewiesen, daß - wie eine Fülle von Textstellen deutlich belege - die Inder keineswegs in toto das Leben haßten, und zudem die vermeintliche Leugnung der Seele durch Buddha ja gerade der Lehre von der Wiedergeburt widerspreche.[21] Obry verstand seinerseits die buddhistische Erlösungsvorstellung ebenfalls i. S. der Mystik und hob die hohen moralischen Qualitäten der Lehre Buddhas hervor, deren Parallelität zur christlichen Ethik immer wieder das Interesse der Forscher erweckte. Barthélemy Saint-Hilaire hielt diese freilich für rein äußerlich.[22] Im Unterschied zu Barthélemy

---

losophies of the ancient Greece. He wrote on Buddhism at length because there were points at issue - in a lively, non-academic sense. Barthélemy Saint-Hilaire was not reacting merely to the challenges posed by a newly discovered, alien life view. At the same time - and, one must presume, independently - he was well aware that nihilism, atheism, and the denial of the traditional accepted 'goods' were announcing themselves through various revolutionary spokesman in his own society." Welbon, a.a.O. 76f.

[18] Vgl. ebd. 77f.
[19] Zitiert nach Welbon, ebd. 77.
[20] Vgl. ebd. 72ff.
[21] Vgl. ebd. 83ff.
[22] Vgl. ebd. 82 Anm. 75.

Saint-Hilaire nannte Obry als Gründe für das Buddhismusstudium: 1. den Umstand, daß der Buddhismus eine lebendige Religion sei, 2. die Ähnlichkeiten mit christlichen Konzepten, die, wie er im Anschluß an A. Weber meinte, so frappierend seien, daß man eventuelle historische Abhängigkeiten zu erforschen habe, und 3. die universale Bedeutung der Frage nach der Bestimmung des Menschen, zu deren Klärung auch die Antworten des Buddhismus heranzuziehen seien.

Obrys Entgegnung konnte freilich die Position Barthélemy Saint-Hilaires nicht entkräften, vielmehr bereicherte sie die Interpretationsprobleme um eine weitere Schwierigkeit, die Frage nämlich, wie die beiden buddhistischen Lehren der Wiedergeburt und des Nicht-Ich (p.: anattā; skt.: anâtman), verstanden als Leugnung der Seele, zu verbinden seien. Barthélemy Saint-Hilaires Hinweis auf die Bedeutung des indischen Kontextes für die Buddhismusinterpretation markierte jedoch einen deutlichen Fortschritt, indem er die hermeneutische Gefahr anzeigte, bei einer Argumentation mit dem Wesen der menschlichen Natur allzuleicht dessen spezifisch abendländisch-neuzeitliche Verfaßtheit zu verallgemeinern. P. E. Foucaux versuchte einen Schritt weiterzukommen, indem er die Erwägungen zu einer eventuellen Lehrentwicklung im Buddhismus einbrachte. Die Vorstellung der Wiedergeburt, die nach seiner Meinung zwangsläufig einen Träger, eine Seele, voraussetzen müsse, lasse sich insbesondere nicht mit den damals von allen Forschern für eindeutig nihilistisch gehaltenen Spekulationen des Mahâyâna (insbesondere Nâgârjunas) über die "Leere" (shûnyatâ) vereinbaren. Doch könne man letztere eben als eine weitaus spätere Entwicklung innerhalb des Buddhismus erklären.[23] Max Müller schloß sich nach seiner Übersetzung des pâli-kanonischen Dhammapada der Auffassung Foucaux' an. Zuvor hatte er den Widerspruch zwischen Wiedergeburts- und Nicht-Ich-Lehre für unlösbar gehalten und ihn durch den Hinweis darauf umgehen wollen, daß nicht Metaphysik im eigentlichen Interesse des Buddhismus läge, sondern Moral und Ethik. Den moralischen Kodex des Buddhismus beurteilte er dabei als "one of the most perfect which the world has ever seen".[24] Mit dieser seiner früheren Interpretation entsprach Müller nach der Meinung Welbons ganz der Ritschlianischen, antimetaphysischen Linie der Aufklärung, deren Tendenz zur Reduktion von Religion auf Moral den Buddhismus in einem modernen, günstigen Licht erscheinen ließ, durchaus der Natur des Menschen und dem Wesen von Religion, wie von der Aufklärung gesehen, angemessen.[25]

Gegen die Unterscheidung eines nicht-nihilistischen frühen Buddhismus von späteren nihilistischen Formen protestierte der ceylonesische Gelehrte und Missionar J. D'Alwis. Mit Berufung auf die lebendige buddhistische Tradition Ceylons betonte er die Einheit aller Teile des Pâli-Kanons (inklusive des für jünger erachteten Abhidhamma, den Müller bereits als Abweichung von der ursprünglichen Lehre ansah). Daher müsse der Buddhismus des Pâli-

---

[23] Vgl. ebd. 89ff.
[24] Zitiert nach Welbon, ebd. 117.
[25] Vgl. ebd. 118.

Kanons als innere Einheit behandelt werden, die im ganzen nihilistisch geprägt sei. Zwar gebe es in Ceylon Buddhisten, die eine Art von Gottesglauben besäßen, doch handle es sich dabei um nur nominelle Buddhisten, die nicht repräsentativ für die authentische Lehre seien.[26] Ihre Existenz belege jedoch, daß der menschlichen Natur eine verborgene Ahnung von Gott und der unsterblichen Seele inhäriere. Es sei somit keineswegs der Fall, daß ein großer Teil der Menschheit nach Vernichtung strebe, im Gegenteil, die Lehre Buddhas gehe gegen das eigentliche Streben der menschlichen Natur, und Buddha sei sich dieser Tatsache auch voll bewußt gewesen. R. C. Childers, der selber längere Zeit in Ceylon gelebt hatte, lehnte den erneuten Rückgriff auf eine christlich bestimmte menschliche Natur als kulturgebunden ab: "Although expressions like 'extinction is bliss' may sound strange and ridiculous to us, who have from our earliest infancy been taught that bliss consists in eternal life, to a Buddhist, who has always been taught that existence is an evil, they appear perfectly natural and familiar: this is a mere question of education and association; the words 'extinction is bliss' convey to the mind of a Buddhist the same feeling of enthusiastic longing, the same consciousness of sublime truths, that the words 'eternal life is bliss' convey to the Christians."[27]

Für die frühe westliche Interpretation des Buddhismus war es charakteristisch, daß sie sich überwiegend auf Texte bezog, deren Bekanntwerden zudem nach dem unsystematischen Zufallsprinzip verlief. Es fehlte weitgehend die unmittelbare Begegnung mit Vertretern lebendiger buddhistischer Traditionen, was für lange Zeit kaum verändert blieb.[28] Zwar gewann mit D'Alwis und Childers die lebendige Tradition des Buddhismus an hermeneutischer Bedeutung, doch diese selbst kam nicht unmittelbar zu Wort. Die Fragen blieben somit kontrovers. Darüber hinaus bestand eines der Hauptprobleme der westlichen Interpreten darin, daß sie ausschließlich auf solche Interpretationsraster zurückgreifen mußten, wie sie in der vertrauten westlichen Tradition vorlagen. Auch hierin markiert die kulturrelativistische Position Childers einen gewissen Einschnitt, da mit ihr nicht nur die In-

---

[26] Vgl. ebd. 132ff.
[27] Zitiert nach Welbon, ebd. 153.
[28] So schreibt z.B. noch H. W. Schumann über seine indologischen Lehrer W. Kirfel und P. Hacker: "Wie die meisten älteren Indologen hatte Kirfel Indien nie besucht... Anspielungen auf den Informationswert einer solchen Reise wehrte er ab durch Wiedergabe der Erfahrungen seines Lehrers Hermann Jacobi, der, angetan mit Gehrock, Vatermörder und Strohhut, den Jambudvîpa besichtigte, vor allem bei den Jainas herzliche Aufnahme gefunden, aber seinen täglichen Rotwein vermißt hatte, weswegen er rasch nach Bonn zurückgekehrt war." P. Hacker "... erklärte, die Indologie sei eine Textwissenschaft, Indien zu besuchen sei ein Abenteuer, das einen Indologen nicht fördere, und Indienstudien ließen sich besser in den gut bestückten und kühlen Bibliotheken des Westens betreiben. Eine ähnliche Haltung nahm Kirfel ein, der meinte: 'Was wollen Sie denn in Indien? Da ist es warm, da ist es schmutzig, und die Leute haben keine Ahnung!'" H. W. Schumann, Samkhâra im frühen Buddhismus, 2. Aufl. Bonn 1982, I u. IV.

halte westlicher Interpretation, sondern die westlichen Interpretationsraster selbst hinterfragbar wurden. Mit großer Selbstverständlichkeit hatte man gewohnte Verständniskategorien wie Religion, Metaphysik und Moral auf den Buddhismus angewandt. Wie D. Brear in seiner Studie deutlich zeigen konnte, kam es jedoch gerade dort zu den größten Mißverständnissen, wo sich das vorfindliche Material scheinbar problemlos in diese Kategorien einpassen ließ.[29] Wo immer der Textbefund sich einer solchen Einordnung widersetzte, wurde dies in aller Regel weniger als Defizienz der Interpretationsraster erkannt, als vielmehr i. S. einer Defizienz des Buddhismus und nicht selten "orientalischer Mentalität" schlechthin gedeutet. So wirkten die westlichen Interpretationsvorgaben lange als resistente Filter, die nur ein verzerrtes Verständnis ermöglichten: "...it is possible not only to identify the cultural presuppositions, but also... to see the manner in which they both governed the way in which Buddhism was understood, and even exercised a limiting and controlling function, whereby only those elements of Buddhism which were, or which seemed to be, consonant with them, were brought forward for consideration."[30] Fortschritte im Verständnis des Buddhismus konnten nur in dem Maße erzielt werden, wie man sich jener Problematik bewußt zu werden begann.

Einen frühen Meilenstein in dieser Richtung setzte bereits Oldenberg, der über die Kategorie "Religion" im Hinblick auf den Buddhismus schrieb: "Nicht wir sollen entdecken wollen, was in einem Glauben das Wesentliche ist. Dies zu bestimmen sollen wir den Bekennern eines jeden Glaubens selbst überlassen, und die geschichtliche Forschung soll aufzeigen, wie sie es bestimmt haben... Vielleicht läßt sich dort verstehen, was hier schwer zu verstehen wäre; und sollten wir einen Punkt erreichen, der für uns das Ende des Verstehens bezeichnete, müßten wir doch auch das Unverstandene gelten lassen und der Zukunft warten, die uns der Lösung des Rätsels näher führen mag."[31] Trotz dieser frühen Einsicht zeichnet sich jedoch erst heute im Rahmen der durch den Dialog möglich gewordenen Selbstdefinition von Buddhisten eine Überwindung jener Verzerrungen ab, die aus der vom Filter des westlichen Religionsbegriff geleiteten Fragestellung, ob der Buddhismus eine Religion sei oder nicht, erwuchsen und sich z.B. in der Auseinandersetzung um eine mystische (religiöse) oder nihilistische (nichtreligiöse) Interpretation niederschlugen.

Die Frage nach der Vereinbarkeit von Wiedergeburts- und Nicht-Ich-Lehre ließ den Buddhismus als metaphysisch unsinnig erscheinen. Die Adäquatheit der Kategorie "Metaphysik" für die buddhistischen Lehren wurde bereits

---

[29] "...the more certain commentators were that they understood the nature of their data, the less justice they in fact did to it." D. Brear, Early Assumptions in Western Buddhist Studies, in: Religion, vol. V, part II (1975) 137.
[30] D. Brear, ebd. 152.
[31] H. Oldenberg, Buddha. Sein Leben, seine Lehre, seine Gemeinde, von H. v. Glasenapp hg. Neuauflage, Stuttgart ohne Datum, 282 u. 284. Zur methodologischen Wertung dieser Prinzipien vgl. Welbon, a.a.O., 197f.

1898 von A. O. Lovejoy bestritten: "Buddhism... is essentially a system of a spiritual discipline based, not upon a metaphysic, but upon a psychology of sensation. It is this, of course, which sharply differentiates it from the other important Hindu philosophies, which are highly metaphysical. It seems difficult for European expounders of Buddhism to keep this distinction steadily in mind. There is a tendency to assimilate the doctrine to the type of the metaphysical systems."[32] Mehr als fünfzig Jahre später konnte E. Frauwallner dieses Urteil bestätigen[33] und A. Pieris darauf hinweisen, wie wenig diese Eigenart des Buddhismus in den gängigen Kategorien des Abendlandes zu greifen war.[34] Typisch für die Filterfunktion der Kategorie "Metaphysik" war z.B. die anfänglich weitgehende Ausblendung der Bedeutung meditativer Praxis im buddhistischen Heilsweg und ihres Zusammenhangs mit seinen Lehren. Die Alternative: Moral statt Metaphysik, verfehlte ihrerseits die integrale Einbindung buddhistischer Ethik im Gesamt des Heilsweges. So verbarg sich den frühen Interpreten jener genuine Zusammenhang des Erkenntnis- (p.: paññā), Sittlichkeits- (p.: sîla) und Sammlungsprinzips (p.: samâdhi) innerhalb der einen buddhistischen Kategorie des "Edlen Achtfachen Pfades".

Die ersten Anzeichen einer größeren hermeneutischen Sensibilität entwikkelten sich fast parallel zu den Anfängen der Ausbreitung des Buddhismus im Westen. Westliche Bekenntnisse zum Buddhismus gab es seit Ende des 19. Jahrhunderts. Unter den Indologen, die sich persönlich zum Buddhismus bekannten, sind besonders K. E. Neumann und K. Seidenstücker zu nennen. 1901 trat der Engländer Allen Bennett Mc Gregor als erster Europäer in den buddhistischen Mönchsorden ein und gründete 1903 in Rangoon die als Mis-

---

[32] Zitiert nach Welbon, ebd. 219.
[33] "Was aber der ganzen Ausgestaltung der Erlösungslehre vor allem ihr besonderes Gepräge verleiht und worin sie weit über alle anderen (indischen) Lehren hinausgeht, ist das, daß in dem Streben, das entscheidende Geschehen möglichst genau zu erfassen, nicht nur die beteiligten Dinge und Organe, sondern auch die einzelnen Vorgänge und besonders auch das psychische Geschehen berücksichtigt wird. Es wird nicht nur von den Objekten, den Sinnesorganen und dem Erkennen gesprochen, sondern auch von ihrer Berührung (sparshah), von den dadurch hervorgerufenen Empfindungen (vedanâh), von Wohlgefallen (chandah) und Begehren (kâmah), von Willensregungen (samskârâh) und Bewußtsein (samjñâ). Und dadurch wird alles lebendiger und vielfach klarer. Und gleichzeitig ist es auch ein tüchtiges Stück Psychologie, das damit für das philosophische Denken gewonnen wird. So gesehen stellt sich also die Verkündigung des Buddha in einem ganz anderen Licht dar. Sie geht neue Wege und schafft neue fruchtbare Gedanken." E. Frauwallner, Geschichte der indischen Philosophie, a.a.O. 242.
[34] "The profound insights into the deepest zones of the mind and its operations which Buddhism unfolds, did not come within the ambit of Greek philosophy, much less of Cartesianism." A. Pieris, Western Christianity... a.a.O. 67.

sionsorganisation gedachte "International Buddhist Society".[35] Damit war der Buddhismus nicht länger bloßes akademisches Studienobjekt; er zeigte seine Lebenskraft und Eigenständigkeit plötzlich inmitten des Abendlandes. Zugleich wurde damit aber auch das für die nicht-buddhistischen Interpreten vielleicht größte hermeneutische Problem deutlich, das L. de La Vallée Poussin 1916 so umschrieb: "... we look at the Buddhist doctrines from the outside. Whereas Nirvâna is for us a mere object of archaeological interest, it is for Buddhists of paramount practical importance. Our task is to study what Nirvâna may be; the task of the Buddhist is to reach Nirvâna."[36] Es ist zugleich, wie sich im weiteren Verlauf dieser Untersuchung noch deutlicher zeigen wird, die Umschreibung der zentralen Problematik eines christlichen Verständnisses der buddhistischen Heilsbotschaft.

Ehe dem Niederschlag dieses Problems in den apologetischen Religionsvergleichen nachzugehen sein wird, soll zunächst jedoch noch ein bereits in den 80er Jahren des 19. Jahrhunderts anhebender Spezialbereich der westlichen Buddhismusforschung besprochen werden: die Frage nach eventuellen historischen Abhängigkeiten zwischen Christentum und Buddhismus. Diese Forschungsrichtung stellt nicht nur einen nicht zu übergehenden Teil der Gesamtthematik des christlich-buddhistischen Religionsvergleichs dar, es kommt ihr darüber hinaus vielmehr eine besondere Relevanz für die Suche nach hermeneutischen Ansatzpunkten zwischen Christentum und Buddhismus zu. Hat das Christentum von Anfang an bereits buddhistische Elemente in sich getragen? Verdanken sich umgekehrt die Neuerungen des Mahâyâna-Buddhismus eventuell christlichen Impulsen? Gibt es ein hermeneutisch tragfähiges, gemeinsames historisches Erbe?

---

[35] Zu den Anfängen und Ausbreitungen des Buddhismus in Deutschland vgl. K. J. Notz, Der Buddhismus in Deutschland in seinen Selbstdarstellungen, Frankfurt a. M. 1984.
[36] Zitiert nach Welbon, a.a.O. 273.

2. DIE FRAGE HISTORISCHER ABHÄNGIGKEITEN

2.1 Buddhistische Einflüsse auf das Neue Testament

Dem höheren Alter des Buddhismus entsprechend zielte die Hauptstoßrichtung der Forschung nach historischen Abhängigkeiten auf die Klärung eventueller buddhistischer Einflüsse auf das frühe Christentum. Im Rahmen der Begeisterung des 19. Jahrhunderts für die historisch-kritische Analyse des Neuen Testaments provozierte die Vielzahl von neuentdeckten Parallelen in buddhistischen und neutestamentlichen Schriften eine Flut von unterschiedlichen Beeinflussungshypothesen, die nicht immer frei von ideologischem Interesse waren.[1] Einen streng an historisch-kritischen Maßstäben orientierten Versuch der Zusammenfassung bot erstmals R. Seydel.[2] Er listete nicht weniger als 51 Parallelen auf und zog den Schluß, daß den Evangelien eine buddhistisch gefärbte, aber verlorengegangene, schriftliche Quelle zugrunde gelegen habe. G. A. van den Bergh van Eysinga verschärfte die kritischen Regeln Seydels, prüfte die Parallelen erneut und kam zu dem Ergebnis, daß von 11 besonders auffälligen Parallelen mindestens 6 als höchst wahrscheinlich buddhistisch beeinflußt anzusehen seien.[3] Aufgrund dieses eher geringen Befundes lehnte er die ältere These eines buddhistischen Einflusses auf den historischen Jesus selbst genauso ab wie die These Seydels von einer buddhistisch beeinflußten schriftlichen Evangelienquelle. Dagegen meinte van den Bergh van Eysinga, daß in gnostischen Kreisen vereinzelte buddhistische Ideen und Legenden kursierten, die auf mündlichem Wege Eingang in die frühchristliche Überlieferung fanden, ohne jedoch auf zentrale Inhalte des Christentums eingewirkt zu haben: "...bei dem Einfluß, wie ich ihn meine, werden nur legendarische Züge aus der Fremde, so gut und so schlecht dies geht, für das Evangelium Jesu Christi zurecht gemacht."[4]

---

[1] Eine bibliographische Übersicht über die älteren Forschungsbeiträge enthält: E. Benz / M. Nambara (Hg), Das Christentum und die Nichtchristlichen Hochreligionen, Leiden-Köln 1960, 53ff. Eine Systematisierung der verschiedenen älteren Entlehnungshypothesen gibt J. Aufhauser, Buddha und Jesus in ihren Paralleltexten, Bonn 1926.
[2] R. Seydel, Das Evangelium von Jesus in seinen Verhältnissen zu Buddha-Sage und Buddha-Lehre, Leipzig 1882, und ders., Die Buddha-Legende und das Leben Jesu nach den Evangelien, Leipzig 1884.
[3] Bei diesen sechs neutestamentlichen Stellen handelt es sich um:
   1. die Simeon Weissagung
   2. die Versuchungsgeschichten
   3. die Seligpreisung der Mutter Jesu
   4. das Scherflein der Witwe
   5. den Wasserwandel Petri
   6. das Wort vom Weltenbrand im 2. Petrus-Brief.
   Vgl. G. A. van den Bergh van Eysingha, Indische Einflüsse auf Evangelische Erzählungen, Göttingen 1901; 2. verm. Aufl. Göttingen 1909.
[4] Van den Bergh van Eysinga, 2. Aufl., a.a.O. 111.

1914 legte Richard Garbe seine ausführliche Studie zu dieser Frage vor.[5] Gegen die These Seydels führte er ins Feld, daß diese zwingend allein durch die Auffindung bzw. Identifikation des "missing link", d.h. der von Seydel vermuteten Quelle, zu belegen sei. Die Erwartung einer solchen Entdeckung hielt Garbe jedoch für "eine etwas sanguinische Hoffnung".[6] In Auseinandersetzung mit van den Bergh van Eysinga reduzierte Garbe die Zahl der von diesem als höchst wahrscheinlich buddhistisch beeinflußten neutestamentlichen Stellen auf nur mehr drei (1. Simeon-Weissagung, 2. Versuchungsgeschichten, 3. Wasserwandel Petri)[7], fügte jedoch selbst zwei weitere hinzu (4. Brotwunder, 5. der Ausdruck "Rad der Geburten" in Jak. 3,6). Bei diesen fünf Stellen, so Garbe, sei ein buddhistischer Einfluß "nicht zu leugnen".[8] Damit aber ist nach Garbe ein buddhistischer Einfluß auch auf andere Stellen des Neuen Testament prinzipiell nicht auszuschließen, jedoch dort nicht zu beweisen. Buddhistische Einflüsse auf die neutestamentlichen Apokryphen lägen hingegen "auf der Hand", vermittelt durch die gnostischen Sekten.[9] Im Unterschied zu van den Bergh van Eysinga hielt es Garbe hinsichtlich der Einflüsse im Neuen Testament für wahrscheinlicher, diese nicht gnostisch vermittelt zu deuten, sondern, da es sich dabei primär um Wundererzählungen handle, die Vermittlung im Zuge des blühenden indisch-römischen Handelsverkehrs Kaufleuten zuzuschreiben, die in der Regel ohnehin mehr Interesse an wundersamen Erzählungen als an religiösen Lehren besäßen.[10] Mit van den Bergh van Eysinga stimmte Garbe darin überein, daß buddhistische Einflüsse zentrale christliche Glaubensvorstellungen nicht geprägt haben.[11] Durch die sorgfältige Arbeit Garbes wurde die Diskussion in der Folgezeit bedeutend ruhiger, man konnte sie in gewisser Weise als mit seinem Ergebnis abgeschlossen betrachten.[12]

In jüngster Zeit hat jedoch der kanadische Religionswissenschafter R. C. Amore erneut die Hypothese eines umfassenden und weitreichenden buddhistischen Einflusses auf das Neue Testament vertreten.[13] Nach seiner Meinung zeigt die Quelle Q den stärksten buddhistischen Einfluß, wobei er jedoch gegen den weitverbreiteten exegetischen Common-Sense vertritt, daß

---

[5] R. Garbe, Indien und das Christentum. Eine Untersuchung religionsgeschichtlicher Zusammenhänge, Tübingen 1914.
[6] Ebd. 30f.
[7] Vgl. oben S. 21, Anm. 3.
[8] Garbe, a.a.O. 47.
[9] Vgl. ebd. 17 Anm. 2 und ebd. 71.
[10] Vgl. ebd. 22ff.
[11] Vgl. ebd. 191.
[12] Ein vereinzeltes Fortleben im apologetischen Kontext bezeugt der Aufsatz von W. Bieder, Jesus Christus und der Zauber des Buddhismus, in: Ev. Missionsmagazin, Neue Folge 104 (1960) 109-118. Bieder nimmt zu fünf Parallelen Stellung (Simeon-Weissagung, Wasserwandel Petri, Scherflein der Witwe, Brotwunder, Versuchungsgeschichten), übergeht dabei jedoch die Frage historischer Abhängigkeiten und konzentriert sich vielmehr auf die apologetische Auswertung der kontextuell bedingten, jeweils unterschiedlichen Aussageabsicht.
[13] R. C. Amore, Two Masters, one Message, Abingdon: Nashville 1978.

der Umfang von Q möglicherweise größer gewesen sei als das, was sich aus den Gemeinsamkeiten von Lukas und Matthäus eruieren lasse. Amore hält dafür, daß deren jeweiliges Sondergut (besonders die Kindheitsgeschichte bei Lukas) wenigstens teilweise ebenfalls aus Q stammen könne.[14] Zwar vermag auch Amore Garbes Forderung nach der Identifikation des "missing link" nicht vollständig zu erfüllen, bemüht sich jedoch, worin denn auch das eigentlich Neue seiner Hypothese liegt, vermittels seiner Thesen zur Quelle Q an dieses heranzukommen. Die auffallenden Parallelen der Kindheitsgeschichte (Amore fügt der Simeon Weissagung in Übereinstimmung mit älteren Annahmen als Parallelen die nicht-sexuelle Empfängnis und das Präexistenz-Motiv hinzu) seien gemeinsam mit der Versuchungsgeschichte auf die Buddha-Legende, wie sie etwa geschlossen in Nidânakathâ[15] und in Einzelelementen in vielen verstreuten anderen buddhistischen Texten vorliege, zurückzuführen und folge in ihrer Struktur dem indischen Avatâr-Schema. Die besonders von ethischen Perspektiven geprägten Logien aus der lukanischen Feldrede und aus Lukas 12 zeigen nach Amore verblüffende Übereinstimmungen mit Spruchgut aus dem Dhammapada (skt.: Dharmapada), einer alten buddhistischen Spruchsammlung. Die stärksten Parallelen fänden sich im sogenannten Gândhârî-Dharmapada, das von der Schule der Dharmaguptaka in ihrer Westmission (Zentralasien, Ostiran!) verwendet wurde.[16] Von dieser Schrift liegt eine fragmentarische Fassung in Gândhârî-Sprache und Kharosthî-Schrift vor. Gândhârî wurde in Nordwest-Indien, also in einer Gegend gesprochen, durch die die Seidenstraße verlief; Kharosthî ist mit dem Aramäischen verwandt. Amore verweist darauf, daß die Landroute des westlichen Teils der Seidenstraße durch Palästina verlief und die Anwesenheit von Parthern (Iran!) in Palästina z. Zt. Jesu durch das Neue Testament selbst belegt ist.

Amore diskutiert vier mögliche Kanäle buddhistischen Einflusses auf das Neue Testament:
1. Der buddhistische Einfluß kam ausschließlich über die Quelle Q. Dies besage nicht, daß Q die entsprechenden buddhistischen Texte (Buddha-Legende und Dharmapada) vollständig enthalten habe, aber, eventuell ohne um die genaue Herkunft zu wissen, Material aus ihnen entlehnte.
2. Es gab über Q hinaus weiteren buddhistischen Einfluß auf neutestamentliche Schriften.[17]

---

[14] Vgl. ebd. 152. Die dichteste Konzentration buddhistischen Einflusses sieht Amore in Lukas 2; 6 und 12.
[15] Eine wohl in nachchristlicher(!) Zeit niedergelegte Fassung der Buddha-Legende der pâli-kanonischen Kommentarliteratur, die jedoch auf ältere Vorbilder zurückgehen könnte, da Fragmente der Buddha-Legende schon aus vorchristlicher Zeit vorliegen, und die buddhistischen Schulen der älteren Zeit vor allem die mündliche Tradition pflegten.
[16] Zum Gândhârî-Dharmapada siehe auch: H. Bechert / G. v. Simson (Hg). Einführung in die Indologie, Darmstadt 1979, 72.
[17] Amore hält jedoch die Markus-Parallelen (Brotwunder, Wasserwandel Jesu, Scherflein der Witwe) für nicht überzeugend (vgl. Amore, a.a.O. 165ff). Äußerst skeptisch zeigt sich Amore auch gegenüber den Thesen

3. Q hat echte Jesus-Worte bewahrt, weshalb Jesus selbst als der Mittler des buddhistischen Gedankengutes anzusehen sei. Er könne durch den Kontakt mit Reisenden von buddhistischen Lehren erfahren haben, von denen er dann einige Bildworte und Weisheitssprüche übernommen habe. Auch der Lebensstil Jesu besitze kein hebräisches Vorbild, sei aber der in Indien weit verbreiteten Form des asketischen Wanderlehrers ähnlich.[18] Mit dieser Möglichkeit allein wären jedoch die Einflüsse auf die Kindheitsgeschichte nicht erklärt, so daß Amore für eine vierte, umfassende Möglichkeit optiert:
4. Es gab einen anhaltenden buddhistischen Einfluß in Palästina sowohl z. Zt. Jesu, wie auch über dessen unmittelbare Lebensdauer hinaus.

Amore selbst stellt die für die hermeneutische Thematik wichtige Frage, was es für das Verständnis des historischen Jesus und der frühchristlichen Theologie bedeute, wenn es tatsächlich einen buddhistischen Einfluß in dem von ihm angenommen Umfang gegeben habe. Nach Amore wären daraus zwei Konsequenzen zu ziehen:
1. "Jesus drew upon Buddhist as well as Jewish concepts and images in presenting his own teaching, which was not identical with traditional Judaism or with Buddhism. By this means the Buddhist ideal of nonviolence, the concept of treasures in heaven, the quest for a pure mind, and other Buddhist teachings came into Christian tradition."[19]
2. "The Buddhist presence continued after Jesus' death and influenced some of the early Christian communities to interpret the career of Jesus along the lines of a god-come-down (avatar). The doctrines of the preexistence of Jesus, the stories about his birth and infancy, and the belief in his return to heaven followed the Buddhist model. This avatar pattern was combined with other interpretations of Jesus derived from Jewish expectations: Messiah, Son of Man, Descendant of David, and so forth. I suggest that the Buddhist avatar model helped Christianity transform the Jewish messiah concept into a savior figure that was understandable to the gentiles."[20]

---

von J. E. Bruns, der das Johannesevangelium für stark buddhistisch (frühestes Mahâyâna) beeinflußt hält: "...is there in John any equivalent to 'the thought of enlightenment' or to the Bodhisattva path – two central motifs in the early Mahâyâna scriptures? Is there in John any reference to the six perfections of Buddhist thought? And more importantly, why was a shift made from the Mahâyâna Buddhist emphasis on the perfection of wisdom to John's emphasis on perfection of love?" (ebd. 171). Als weitere Schwächen von Bruns' These kommen die Umstände hinzu, daß die Parallelen auf die er sich bezieht nicht textlicher, sondern rein spekulativer Art sind, und die Möglichkeit einer Überlieferung mahâyânistischer Ideen historisch äußerst unwahrscheinlich ist, da das Mahâyâna sich ungefähr gleichzeitig mit dem Christentum entwickelt. Die Arbeit von J. E. Bruns, The Christian Buddhism of St. John. New Insights into the Forth Gospel, New York 1971, konnte von mir jedoch leider nicht eingesehen werden.

[18] Vgl. Amore, a.a.O. 116f.
[19] Ebd. 185.
[20] Ebd. 185.

Mit J. May wird man wohl urteilen müssen, daß es bei diesen Thesen Amores nicht mehr nur um den peripheren Einfluß geht, wie ihn van den Bergh van Eysinga und Garbe annahmen, sondern "...um zentrale Inhalte der Botschaft Jesu, die... nicht aus hebräisch-jüdischen sondern wenn überhaupt nur aus indisch-buddhistischen Quellen zu erklären sind."[21] Daher erfordern sie eine kritische Prüfung, zu der ich mich z.T. auf die ebenfalls neu erschienene Untersuchung buddhistischer Einflüsse im Neuen Testament von Norbert Klatt[22], sowie auf einige wichtige Beobachtungen Amores selbst stütze.

Klatt hat die Regeln zur Untersuchung historischer Abhängigkeiten erneut verbessert, wobei er neben der historisch-kritischen Methode dem literargeschichtlichen Vergleich besonderes Gewicht zumißt. Zur Terminologie schlägt er vor, von "Parallelen" dann zu reden, wenn keine Entlehnung nachzuweisen ist, bei definitiven Entlehnungen jedoch von "Varianten" zu sprechen. Des weiteren unterscheidet er zwischen "Motiv" und "Struktur" (Komposition) einer Erzählung. Nach dem von ihm aufgestellten Regelwerk liegen Varianten (also als gesichert anzusehende Entlehnungen) nur vor, wenn
- Motiv und Struktur übereinstimmen und sich nicht auf einen älteren Text der gleichen Kultur zurückführen lassen, aber eindeutig auf den einer anderen;
- nur das Motiv übereinstimmt, das sich ebenfalls nicht auf einen älteren Text der gleichen Kultur, aber eindeutig auf einen der fremden zurückführen läßt;
- nur das Motiv übereinstimmt, dieses zwar auf einen älteren Text derselben Kultur zurückführbar ist, aber die Struktur eine Intention des Verfassers zeigt, die nicht auf die eigene Kultur, wohl aber eindeutig auf eine andere zurückführbar ist.[23]

Klatt untersucht mit seinem Regelwerk vier neutestamentliche Erzählmotive: Jungfrauengeburt, Simeon-Weissagung, Versuchungsgeschichte und Wasserwandel (Jesu und Petri). Er kommt zu dem Ergebnis, daß in den ersten drei Fällen "variable Parallelen" vorliegen, bei denen gegenüber buddhistischen Stoffen zwar gleiche Motive, jedoch unterschiedliche Strukturen vorliegen und die Intention des Verfassers autochton erklärbar, somit also hier keine Entlehnung nachweisbar sei.[24] Dagegen handle es sich bei den Wasserwandelgeschichten um "invariable Varianten", in denen Motiv und Struktur übereinstimmen und sich nicht auf einen älteren Text der gleichen Kultur zurückführen lassen, jedoch eindeutig auf buddhistische Vorbilder. Daher

---

[21] J. May, Vom Vergleich zur Verständigung, a.a.O. 60.
[22] N. Klatt, Literarkritische Beiträge zum Problem christlich-buddhistischer Parallelen (Arbeitsmaterialien zur Religionsgeschichte, Bd. 8, hg. v. H. J. Klimkeit), Köln 1982.
[23] Vgl. ebd. 29-48.
[24] Damit fallen auch zwei der von Garbe als sicher angenommenen Fälle weg.

müsse man in diesem Fall "eine Abhängigkeit von buddhistischen Quellen postulieren".[25] Mag auch die Argumentation Klatts in diesem Fall vielleicht nicht jeden zwingend überzeugen[26], so kann er doch mit Recht darauf verweisen, daß auch M. Dibelius eine buddhistische Urgestalt der Geschichte vom Wasserwandel Petri für nicht ausgeschlossen hielt.[27] In jedem Fall aber würde angesichts der Untersuchungen Klatts die Qualität eines buddhistischen Einflusses auf das Neue Testament das bereits von Garbe konstatierte Niveau nicht überschreiten.

Die Untersuchungen Klatts besitzen einiges Gewicht für die Thesen Amores, da nach Klatt ein buddhistischer Einfluß auf die Kindheits- und Versuchungsgeschichte weder nachweisbar noch naheliegend ist. Damit aber stürzt jener Teil der Thesen Amores, der vermittels der Buddha-Legende eine Einwirkung des indischen Avatâr-Schemas auf die Christologie nahelegt. Über Klatts Analysen hinaus sprechen auch andere Argumente gegen diese These. Schon immer wurde geltend gemacht, daß die schriftliche Fassung der Buddha-Legende im Nidânakathâ jünger sei als das Neue Testament. Das Gegenargument lautete, daß sich die Einzelstücke der Buddha-Legende verstreut auch in älteren buddhistischen Texten finden und daher die Quelle für den Einfluß auf das Neue Testament weit älter als die schriftliche Nidânakathâ-Fassung sein könne. Nun ist aber nicht nur die Interpretation von Nidânakathâ i.S. des Avatâr-Schemas fragwürdig, sondern es fehlen gerade in den älteren Formen der Buddha-Legende jene Züge, die sie überhaupt in die Nähe des Avatâr-Schemas rücken könnten. Zwar findet sich in ihnen das "Präexistenz-Motiv", doch ist es im buddhistischen Kontext eher ein "Aufstiegs-" denn ein "Abstiegs-Motiv", wie es für das Avatâr-Modell erforderlich wäre. Das noch nicht zum Buddha gewordene Wesen verbrachte nach der Legende seine vorletzte Existenz in den Himmelswelten, um dann menschliche Geburt zu erreichen, da allein in menschlicher Geburt die Verwirklichung des Nirvânas zu Lebzeiten möglich ist. Die Erlangung der Buddhaschaft ist nur in menschlicher Existenz möglich, weshalb die Wiedergeburt als Mensch denn auch als besser angesehen wird als die in einer Himmelswelt. Die Himmelsbewohner gelten als sterbliche, in den Wiedergeburtenkreislauf eingebundene Wesen. Der Eintritt des zukünftigen Buddhas in die menschliche Existenz vollzieht sich, worauf auch Klatt verweist, als durchaus normaler Wiedergeburtsprozeß im Rahmen der Upapâta-Vorstellung, d.h. des Eintritts in ein neues Dasein ohne geschlechtliche Zeugung.[28] Erst spätere Fassungen der Buddha-Legende bringen hier doketistische Züge ein, denen eine gewisse Nähe zum Avatâr-Modell zugesprochen werden könnte. Sie kommen aber für einen Einfluß auf das Neue Testament wegen ihres

---

[25] Klatt, a.a.O. 199.
[26] Das gilt besonders für seine Ablehnung der griechischen Fassung von Hiob 9,8b als alttestamentlicher Hintergrund, wie auch für seine m.E. unzureichende Gewichtung hellenistischer Parallelen.
[27] Vgl. M. Dibelius, Die Formgeschichte der Evangelien, Tübingen[6] 1971, 113.
[28] Vgl. Klatt, a.a.O. 76.

jüngeren Alters nicht mehr in Frage. Was in den älteren Fassungen zudem völlig fehlt, ist das Motiv einer "Rückkehr", das für das Avatâr-Schema ebenfalls unverzichtbar ist. Buddha verbleibt nach seinem Tod in jenem geheimnisvollen Zustand des Nirvânas und geht keineswegs zurück in die Himmelswelt, die er vor seiner letzten Existenz bewohnte. Zwischen dieser als einem Teilbereich samsârischer Existenz und dem Nirvâna liegt der höchstmögliche qualitative Unterschied schlechthin. Daher kann die Himmelfahrt Jesu nicht, wie Amore meint, auf die Buddha-Legende zurückgeführt werden. Was die Präexistenz Jesu betrifft, so übersieht Amore, daß diese Auffassung im Neuen Testament nicht mit den Kindheitsgeschichten verbunden ist, sondern geradezu als deren Gegenthese aufgefaßt werden kann.[29] M. E. läßt sich daher Amores These von der Wirksamkeit des Avatâr-Schemas in der frühen Christologie nicht aufrechterhalten.

War es ohnehin schon eine schwache Hypothese, daß die Kindheitsgeschichte zu Q gehört, so wird durch dieses im Anschluß an Klatt gewonnene Ergebnis auch die These Amores, daß Q besonders buddhistisch beeinflußt sei, insgesamt unwahrscheinlicher, denn Amore selbst gesteht: "The argument for Buddhist influence is based upon the large number of New Testament passages with Buddhist parallels, not upon indisputable proof of any one of them. The argument is one of probability rather than certainty."[30] Klatts Kriterien sind im Hinblick auf erzählerisches Material entwickelt und lassen sich daher weniger für die Beurteilung paralleler Spruchgutes verwenden. Da im Rahmen dieser Untersuchung hierfür geeignetere Kriterien nicht entwickelt werden können, muß die Frage eines möglichen buddhistischen Einflusses durch das Gândhârî-Dharmapada auf einige Logien in Q hier offen bleiben. Für die diese Untersuchung leitende hermeneutische Problematik ist es jedoch aufschlußreich zu sehen, welche Tragweite Amore selbst diesem hypothetischen Einfluß konkret einräumt.

Als eine besonders starke Parallele zu Lukas 6, 27-30 gibt Amore Gândhârî-Dharmapada 280f an:
"Conquer anger by non-anger, conquer evil by good.
Conquer stinginess by gifts, conquer lies by truth.
Speak the truth, do not yield to anger, give if you are asked;
by these three steps you will come near the gods."[31]
An dieser Stelle sind die drei Bereiche karmisch heilsamen bzw. unheilsamen Wirkens angesprochen: Gesinnung, Rede und Taten. Es ist auffallend, daß der Bereich der "Rede" in der lukanischen Parallele völlig fehlt, obwohl es für einen eventuellen Redaktor keinen Grund gegeben hätte, ihn zu streichen. Amore aber nimmt hier bewußte Redaktion an! Zudem unterscheidet sich die Komposition der Lukas-Stelle völlig von der Dharmapada-Parallele. Mit Bezug auf Lk. 6, 35 bemerkt Amore: "The adaptation of the sayings to the monotheistic setting is apparent in the concluding appeal to become

---
[29] Vgl. ebd. 52.
[30] Amore, a.a.O. 178.
[31] Ebd. 62.

'sons of the Most High', as opposed to the Buddhist wording, 'though wilt attain the world of the gods'."[32] Eine ähnliche Beobachtung macht Amore auch bei der Parallele von Mt. 7, 1-5 (Verbot zu richten, Wort vom Splitter und Balken), Lk. 6, 37f (Verbot zu richten) und Gândhârî-Dharmapada 271f:
"Investigate not the faults in others, nor what others do or do not,
but investigate your own just and unjust deeds.
The fault of another is easy to see,
but that of oneself is difficult to see.
A person winnows the faults of another like chaff,
but conceals his own sin like a cheating gambler."[33]
Amore bemerkt hier wiederum das unterschiedliche, theistische Gepräge der neutestamentlichen Aussagen: "...the Christian passage adds a new twist to the saying with the words 'that you be not judged, and the measure you give will be the measure you get'."[34]
So spricht Amore zusammenfassend davon, daß die buddhistischen Passagen mit den eschatologischen Logien in Q "vermischt" worden seien, daß buddhistische Logien und Bilder "kreativ" umgeformt und "geschickt" benutzt wurden, um jüdische Anliegen zu verdeutlichen.[35] Er sieht darin ein Argument für die Annahme, Jesus selbst sei der kreative Umgestalter und Mittler des buddhistischen Einflusses gewesen. Reicht aber der Textbefund wirklich für eine solch weitreichende These noch aus? Muß man eine Mischung von buddhistischen und jüdisch-eschatologischen Gedanken postulieren, wenn die fraglichen Aussagen sich entweder vom jüdischen Hintergrund her erklären lassen[36] oder aber aus der Kreativität und Intention Jesu heraus, die ja auch Amore aufgrund der "Umformungen" voraussetzen muß? M. E. reicht die von Amore vorgelegte Beweislage nicht aus, um einen buddhistischen Einfluß auf Q zu postulieren, er kann jedoch in dem begrenzten Rahmen der hier möglichen Stellungnahme auch nicht mit Sicherheit ausgeschlossen werden. Selbst wenn man ihn aber annimmt - und dieses Ergebnis ist hermeneutisch bedeutsam -, dann wurde buddhistisches Spruchgut nur selektiv und mit deutlichen Umformungen aufgenommen, und

---

[32] Ebd. 141.
[33] Ebd. 67.
[34] Ebd. 142.
[35] Vgl. ebd. 184.
[36] Dies gilt besonders für das aus der Psalmenliteratur gut bekannte Motiv der "Reinheit des Herzens", das Amore für buddhistisch entlehnt hält, und das sich überdies keineswegs nur in Q findet. Auch das Bild vom Schatz im Himmel kann als eschatologische Ausweitung des alttestamentlichen Lohngedankens verstanden werden, ohne daß man wie Amore eine Entlehnung aus der buddhistischen Karma-Lehre anzunehmen hätte. Was aber ist mit dem Argument des "indischen" Lebensstils Jesu? Amore schreibt: "The nature of his teaching is Jewish, and the nature of his healing seems folk-Jewish (at least it does not seem Indian); but as a homeless wandering teacher Jesus followed a pattern like that of Indian holy men." (Amore, a.a.O. 116). Läßt sich aber der wandernde Lebensstil Jesu nicht mühelos aus seinem Sendungsbewußtsein einerseits und den konkreten, von den Evangelien z.T. benannten Umständen andererseits, die ihn zum Weiterziehen veranlaßten, erklären?

zwar nur insoweit es mit der Intention Jesu oder der neutestamentlichen Verfasser übereinstimmte! Der Begründungszusammenhang, in dem solche Logien dann jeweils stehen, ist, wie aus den von Amore selbst genannten Beispielen ersichtlich, in jedem Fall völlig unterschiedlich.

Zieht man dieses Ergebnis in Betracht, so läßt sich die Auffassung, daß zentrale Inhalte der frühen Christologie und der Botschaft Jesu nur aus indisch-buddhistischen Quellen erklärbar seien, nicht aufrechterhalten.

2.2 Buddhistische Einflüsse auf das Christentum über das Neue Testament hinaus

Neben der Frage nach buddhistischen Entlehnungen im Neuen Testament, gehört die Hypothese eines buddhistischen oder zumindest indischen Einflusses auf den Neuplatonismus und durch diesen vermittelt auf die christliche Mystik zu den am stärksten diskutierten Fragen. In einer sorgfältigen begriffsgeschichtlichen Studie hat Minoru Nambara vertreten, daß sich in der Tradition der christlichen Mystik zwei deutlich verschiedene Konzeptionen des "Nichts" verfolgen lassen.[37] Die eine Konzeption bleibe am westlichen Seinsdenken orientiert und verwende den Begriff des "Nichts" im Rahmen der negativen Theologie als Kategorie zur Beschreibung "der absoluten Andersheit des göttlichen Seins"[38] vermittels der Subtraktion aller am geschöpflichen Sein gewonnenen Attribute. Die andere Konzeption hingegen verstehe das "absolute Nichts" als eine Kategorie, die die Dualität von Nichtsein und Sein transzendiere. Während sich die Tradition der ersten Konzeption auf Philo zurückführen und damit aus jüdischem und hellenistischem Denken erklären lasse, breche mit der zweiten Konzeption die Tradition einer Denkweise ins Abendland ein, die "weder auf christlichem noch auf griechischem Boden möglich" war.[39] Sie werde zum ersten Mal bei dem Gnostiker Basilides im 2. Jhd. faßbar. Das System des Basilides aber sei, Nambara verweist darauf, nach Ansicht Garbes "vollkommen vom Buddhismus durchtränkt".[40] Stärker ausgearbeitet und weitaus einflußreicher finde sich diese Konzeption des "absoluten Nichts" dann bei Plotin wieder. Durch Plotin sei, so Nambara, "die seltsame Fremdheit einer unbekannten Welt" in das abendländische Denken eingebracht worden, die in der Negation des Seins selbst bestehe und eine enge Verwandtschaft mit dem Buddhismus verrate.[41]

---

[37] Vgl. M. Nambara, Die Idee des absoluten Nichts in der deutschen Mystik und seine Entsprechungen im Buddhismus, in: Archiv für Begriffsgeschichte. Bd. IV, Bonn 1960, 143-277.
[38] Vgl. ebd. 276.
[39] Ebd. 146.
[40] Ebd. 160 Anm. 9 und Garbe, a.a.O. 72.
[41] Vgl. Nambara, a.a.O. 172ff.

Nach Nambara war der Neuplatonismus "die wichtigste außerkirchliche bzw. nichtchristliche Geistesmacht, die auf die alte Kirche einwirkte. Auf dem christlichen Boden formte er die mystische Theologie, die wegen ihrer Verwandtschaft mit einem fremden nichtchristlichen Denken immer wieder der Häresie verdächtigt wurde. Außer Dionysius Areopagita, der als Schüler des Apostels Paulus galt, gerieten fast alle Mystiker, die neuplatonisches Gedankengut übernahmen und weiterbauten, wie etwa Scotus Eriugena, Meister Eckhart, Nikolaus Cusanus, in den Verdacht der Häresie."[42] Für Nambara läßt sich dies plausibel erklären, denn "...in der Spekulation über das absolute Nichts (steht) nicht Nichts als das 'Andere' dem Sein gegenüber, sondern es wird die Auflösung alles Besonderen ins schlechthin Allgemeine vollzogen. Dadurch wird aber die für christliches Denken fundamentale Unterscheidung von Schöpfer und Geschöpf sowie die Grundvoraussetzung eines personalistischen Gottesglaubens aufgehoben."[43]

Ob Plotin selbst buddhistische Vorstellungen bekannt waren, ist auch nach Nambara bislang nicht als zweifelsfrei geklärt anzusehen. "Doch sind wohl im Bezug auf das absolute Nichts, das doch nicht ganz europäischen Ursprungs zu sein scheint, einige unverkennbare *sachliche* Analogien zwischen Buddhismus und der abendländischen Mystik nachzuweisen."[44] So wäre es "immerhin denkbar, daß einige Mystiker der Idee des Nichts in einer in ihren Wurzeln östlichen Tradition folgten, ohne sich darüber im Klaren zu sein, um einen wie fremdartigen Gedanken es sich hier handelte."[45]

Das Thema "Orientalisches bei Plotin" ist in der Neuplatonismus-Forschung keineswegs neu.[46] Neben den erstaunlichen inhaltlichen Analogien zu buddhistischem und upanishadischem Gedankengut, waren es vor allem die beiden folgenden Umstände, die den Verdacht eines indischen Einflusses nährten: Zum einen berichtet Porphyrius in seiner Vita Plotinii (3, 15-17), daß Plotin schon unter Ammonios Sakkas den Entschluß faßte, "auch die bei den Persern und bei den Indern gebräuchliche und angesehene Philosophie kennenzulernen"[47], und sich zu diesem Zweck später dem Feldzug Gordians III. anschloß, der jedoch in Mesopotamien stecken blieb, worauf Plotin wieder zurückkehren mußte. Zum anderen ist es die rätselhafte Herkunft von Plotins Lehrer Ammonios Sakkas, die zu Spekulationen Anlaß gab. Ernst Benz hielt die indische Herkunft des Ammonios für ausgemacht und bezog in Abhängigkeit von E. Seeberg und H. Lüders "Sakkas" auf "Shakya", das Geschlecht, aus dem Buddha stammte. Dagegen hat sich jedoch vielfach Widerspruch erhoben, insbesondere durch H. Dörrie.[48] Schlette resümiert zu den bisherigen Forschungen: "Einflüsse indischen Denkens auf Plotin sind mög-

---

[42] Ebd. 142.
[43] Ebd. 276.
[44] Ebd. 276.
[45] Ebd. 277.
[46] Eine Zusammenstellung und kritische Würdigung der Argumente bietet H. R. Schlette, Indisches bei Plotin, in: ders., Aporie und Glaube, München 1970, 125-151.
[47] R. Harder, Plotins Schriften, Bd. Vc Anhang, Hamburg 1958, 7.
[48] Vgl. hierzu Schlette, a.a.O. 133f.

lich, jedoch bislang nicht nachgewiesen..."[49] Schenkt man allerdings Porphyrius Glauben, dann hatte Plotin schon in Alexandrien zumindest soviel Kenntnis von und Interesse an indischer Philosophie, daß er für ihr intensiveres Studium bereit war, das doch nicht geringe Wagnis und die Strapazen auf sich zu nehmen, die die Begleitung eines Feldzuges mit sich brachte. Durch eine Bemerkung bei Clemens von Alexandrien ist indes für den Beginn des 3. Jhd. belegt, daß man in Alexandrien um die Existenz des Buddhismus wußte.[50]

Buddhistische Einflüsse werden darüber hinaus auch auf vereinzelte christlich-kultische Praktiken[51], auf die Entstehung des Möchtums[52] und einige Heiligenlegenden[53] diskutiert. Im Gegensatz zu allen bisher besprochenen Fällen ist die buddhistische Herkunft der Legende von Barlaam und Josaphat bzw. Joasaph einwandfrei belegt. Sie stellt nichts anderes dar, als die christianisierte Fassung der Buddha-Legende selbst, mit den Motiven der Asita-Weissagung, der Jugendzeit des Prinzen, den vier Ausfahrten, dem Asketenleben. Ihre christliche Gestalt geht auf einen arabischen Text, dieser auf einen mittelpersischen und jener schließlich auf ein indisches Original zurück. Hinter "Josaphat" verbirgt sich das Wort "Bodhisattva" (der werdende Buddha, wörtl.: "Erleuchtungswesen"). Diese Legende erreichte im christlichen Abendland große Popularität und stellt einen der bedeutendsten Stoffe mittelalterlicher Erbauungsliteratur dar. Ihre beiden Zentralgestalten wurden 1583 als Heilige in das Martyrologium Romanum aufgenommen.[54] Man wird wohl A. Pieris zustimmen dürfen, daß sich in dieser breiten Rezeption der christianisierten Buddha-Legende auch eine Anerkennung der tiefen Spiritualität dieses Stoffes ausdrückt,[55] zumal sich in ihm ein Zentralmotiv buddhistischer Spiritualität, der Zusammenhang von Vergänglichkeit und Leid, erhalten hatte.

---

[49] Ebd. 136.
[50] Vgl. H. de Lubac, La Rencontre... a.a.O. 19f.
[51] So kann z.B. nach Garbe "über die buddhistische Herkunft des Rosenkranzes... kein ernstlicher Zweifel mehr bestehen." Garbe, a.a.O., 123.
[52] Vgl. dazu Garbe, a.a.O. 119ff.
[53] So etwa bei der Christopherus- und Eustachius-Legende, in denen Einflüsse aus dem Erzählgut der buddhistischen Jâtakas vermutet werden. Ein Beispiel umfassender Einwirkung indischer Erzählungen im christlichen Umfeld ist das "Directorium vitae humanae alias parabola antiquorum sapientum" des Johann von Capua, dem eine hebräische Bearbeitung des indischen Pancatantra zugrunde liegt. Vgl.: F. Geissler, Beispiele der alten Weisen (Deutsche Akademie der Wissenschaften zu Berlin. Institut für Orientforschung, Nr. 52), Berlin 1960.
[54] Vgl. den Artikel "Barlaam und Josaphat" in: Kindlers Literatur Lexikon, München 1974, Bd. IV, 1372ff. Dort auch reiche Literaturangaben.
[55] Vgl. A. Pieris, Western Christianity...a.a.O. 61f.

2.3 Christliche Einflüsse auf den Buddhismus

Ungleich schwieriger und zumeist erheblich spekulativer ist die Forschungslage im umgekehrten Bereich des christlichen Einflusses auf den dafür allein in Frage kommenden Mahâyâna-Buddhismus, was nicht nur an der Fülle des zu untersuchenden Materials, sondern vor allem an der schwierigen Datierung mahâyânistischer Texte liegt.[56] Vor Garbe trieben die Spekulationen in dieser Frage besonders viele Blüten, denen er bereits entgegenhielt, daß sich die zentralen Ideen des Mahâyâna durchaus plausibel auf dem Hintergrund des älteren Buddhismus und allgemein indischer Tendenzen erklären lassen, ohne hierfür christliche Einflüsse zu bemühen.[57]

Unbestrittene Tatsache ist jedoch, daß sich im zentralasiatischen Raum Zoroastrismus, Manichäismus, nestorianisches Christentum und Buddhismus begegneten.[58] Die buddhistischen Elemente im Manichäismus sind vielfach belegt, und auch sonst gibt es eine Reihe von Zeugnissen für die wechselseitige Übernahme von Begriffen und Symbolen unter den genannten Traditionen im innerasiatischen Raum. Ein christlicher Einfluß auf die *Entstehung* zentraler mahâyânistischer Lehren oder Texte, wie etwa der häufig diskutierte Fall des "Gleichnisses vom verlorenen Sohn" im Saddharmapundarîka-Sûtra (Lotos-Sûtra), konnte bislang jedoch nicht mit Sicherheit erwiesen werden. Im Rahmen des Möglichen liegt eine "katalysatorische Wirkung iranisch-hellenistischer, vor allem gnostischer Ideen"[59] auf die *Ausgestaltung* mahâyânistischer Vorstellungen, indem man angesichts des fremdkulturellen Einflusses besonders auf jene Elemente der eigenen Tradition

---

[56] Meist sind durch das Vorliegen chinesischer Übersetzungen nur "nicht später als"-Datierungen möglich.

[57] Damit wies Garbe vor allem die ausufernden Annahmen J. Dahlmanns zurück, der alles Wesentliche am Mahâyâna als christliche Entlehnung ansah; vgl. Garbe, a.a.O. 160ff.

[58] Vgl. dazu besonders die sorgfältigen Forschungen und behutsamen Schlußfolgerungen H. J. Klimkeits:
H. J. Klimkeit, Manichäische und buddhistische Beichtformeln aus Turfan. Beobachtungen zur Beziehung zwischen Gnosis und Mahâyâna, in: ZRGG 29 (1977) 194-228.
Ders., Das Kreuzsymbol in der zentralasiatischen Religionsbegegnung, in: G. Stephenson (Hg), Leben und Tod in den Religionen. Symbol und Wirklichkeit, Darmstadt 1980, 61-80.
Ders., Christentum und Buddhismus in der innerasiatischen Religionsbegegnung, in: ZRGG 33 (1981) 208-220.
Ders., Gottes- und Selbsterfahrung in der gnostisch-buddhistischen Religionsbegegnung Zentralasiens, in: ZRGG 35 (1983) 236-247.
Ders., Buddha als Vater, in: H. Waldenfels / Th. Immoos (Hg), Fernöstliche Weisheit und christlicher Glaube (Festschrift für H. Dumoulin), Mainz 1985, 235-259.
Zur nestorianisch-buddhistischen Begegnung siehe ferner:
P. Y. Saeki, The Nestorian Documents and Relics in China, Tokyo² 1951.
D. Scott, Christian Responses to Buddhism in Pre-Medieval Times, in: Numen 32 (1985) 88-100.

[59] Klimkeit, Buddha als Vater, a.a.O., 257.

zurückgriff, die diesem entgegenkamen. Wie weit eine solche katalysatorische Wirkung jedoch reichte bleibt völlig fraglich.

Auch E. Conze, der häufiger zu Parallelen zwischen gnostischem und mahâyânistischem Gedankengut Stellung genommen hat[60], und gerne als Zeuge für einen starken christlich-gnostischen Einfluß auf den Buddhismus in Anspruch genommen wird, wagte es nur in wenigen Fällen direkte Entlehnungen zu postulieren.[61] In einem seiner späteren Aufsätze wandte er sich gar polemisch gegen vorschnelle Entlehnungshypothesen.[62] Um überhaupt etwas klarere Urteile fällen zu können, wird man weitere Texterschließungen abwarten müssen. M.E. scheint es jedoch aufgrund des Garbeschen Arguments ausgeschlossen, den Mahâyâna-Buddhismus in erster Linie als ein uneheliches Kind gnostisch-christlicher und altbuddhistischer Begegnung zu verstehen.

2.4 Der hermeneutische Ertrag der Forschungsergebnisse

Nach N. Klatt können "Übernahmen fremdreligiöser Ideen... eine Schwäche anzeigen, wenn eine Religion nicht aus ihrer eigenen Lebensmitte eine Krisensituation bewältigen kann; sie können aber auch - zumal bei Wundergeschichten - apologetische Elemente nach außen sein, die glaubhaft machen sollen, daß der eigene Religionsstifter anderen Wundertätern zumindest gleichwertig ist; darüber hinaus können fremde Vorstellungen auch zu Missionszwecken assimiliert sein, die jedoch im eigenen Religionssystem von untergeordneter Bedeutung bleiben."[63] Diese Alternativen ließen sich sicherlich noch erweitern, insbesondere um den Aspekt, daß Übernahme nicht nur Schwäche, sondern auch Achtung vor dem Wert einer fremden Einsicht ausdrücken kann - eine Haltung, die eher ein Zeichen von Stärke als von Schwäche wäre. Um entscheiden zu können, welche dieser Alternativen bei den hier diskutierten Einflüssen bzw. Einflußmöglichkeiten vorliegt, wäre über die zumeist fehlenden Beweise hinaus auch die Rekonstruktion der konkreten Situation beizubringen, in der sie sich ereigneten. In diesem Sinne stellt J. May zutreffend fest, daß die bisherigen Textvergleiche sich allein auf semantischer Basis bewegen (eine gewisse Ausnahme davon bilden allerdings die Forschungen Klimkeits). Erst eine Erweiterung der histori-

---

[60] Diese Parallelen hat er nochmals zusammengestellt in: E. Conze, Buddhism and Gnosis, in: ders., Further Buddhist Studies, London 1975, 15-32.
[61] So z.B. im Falle einer häretischen Sonderlehre der Icchantikas. Vgl. E. Conze, Thirty Years of Buddhist Studies, London 1967, 56.
[62] "If on a wet February day in Dorset you had a German, a Frenchman, a Chinaman, an Indonesian, an American, a Hindu and a Negro all saying, 'It rains', then this would not be due to cultural borrowings, or things of that kind, but the simple fact that it *does* rain, as everyone knows who lives in Dorset in February." E. Conze, Buddhist Prajñā and Greek Sophia, in: Religion, vol. 5 (1975) 165.
[63] Klatt, a.a.O. 16.

schen Fragestellung um "die pragmatische Komponente der jeweiligen Entstehungssituation, literarischen Kontexte und Kommunikationsabsichten (der verschiedenen Redakteure und der Religionsstifter)... könnte sie mit der systematischen Frage der Systemvergleiche besser vermitteln."[64] Unter solchen Umständen könnte sich die Verifikation einer historischen Beeinflussung in der Tat, wie May meint, als "für den Dialog äußerst wichtig" erweisen.[65] Doch die Erwartung einer solchen Erhellung ist angesichts der derzeitigen Quellen- und Beweislage illusorisch. Ohne die Entdeckung und Auswertung neuer Quellen ist mit einem solchen Fortschritt nicht zu rechnen. Aber auch für diesen Fall wäre doch die mögliche Reich- und Tragweite eines wechselseitigen Einflusses von vornherein eng begrenzt. Die Gestalt der für eine solche Möglichkeit überhaupt in Betracht kommenden Bereiche macht schon beim jetzigen Forschungsstand deutlich, daß bestenfalls mit interessanten Modellfällen zwischenreligiöser Interaktion zu rechnen wäre, wechselseitige Einflüsse, die maßgeblich formprägend gewirkt hätten, jedoch auszuschließen sind. Die Abhängigkeit des frühen Christentums vom jüdischen und hellenistischen Denken ist in jedem Fall ungleich viel größer, als es sich auf seriöser Basis für einen buddhistischen Einfluß vermuten ließe. Ähnliches gilt entsprechend für christlichen Einfluß auf den Mahâyâna-Buddhismus.[66]

Anders scheint es sich allein in der Frage der christlichen Mystik darzustellen. Nachdem die Bedeutung der neuplatonischen Philosophie für die christliche Mystik unbestritten ist, wäre, wenn sich eine östliche Herkunft plotinischen Gedankengutes sicher nachweisen und Nambaras Unterscheidung von zwei Traditionen der "Nichts"-Konzeption innerhalb der christlichen Mystik bewahrheiten ließe, der seit Beginn der westlichen Buddhismusforschung und inzwischen auch innerhalb des christlich-buddhistischen Dialogs immer wieder gezogene Vergleich von Buddhismus und christlicher Mystik in der Tat zumindest teilweise darauf zurückzuführen, daß hier ein hermeneutisch nicht unwesentliches gemeinsames Erbe vorliegt. Für diesen Fall käme der Frage Mays nach dem diese Übernahme ermöglichenden Kontext außerordentliche Bedeutung zu. Nambara selbst hat darauf aufmerksam gemacht, daß eine systematische Erörterung dieser Thematik sich vor allem damit zu befassen habe, "wieweit der personalistische Gottesbegriff neben der Seinskonzeption auf die abendländische Nichts-Spekulation eingewirkt hat. Denn der Gedanke des absoluten Nichts schließt die Begegnung mit dem Absoluten ein; diese vollzieht sich aber im Buddhismus, der einen persönlichen Gott nicht kennt und infolgedessen auch keine Anthropologie der Person wie das Christentum entwickelt hat, auf eine völlig andere Weise."[67] Erst mit einer

---

[64] May, Vom Vergleich... a.a.O. 62f.
[65] Ebd. 62.
[66] Hier sei nochmals an das Fazit Garbes erinnert: "Wie wir gesehen haben, sind christliche Einwirkungen auf die Entwicklung des Buddhismus auf nebensächliche Erzeugnisse einer späteren Zeit beschränkt; genau wie umgekehrt buddhistische Einflüsse auf das Christentum nur in sein Wesen nicht berührenden Punkten nachzuweisen sind..." (Garbe, a.a.O. 191).
[67] Nambara, a.a.O. 277.

solchen kontextuellen Berücksichtigung des spezifischen Ortes, den die Mystik innerhalb des Christentums einnimmt, aber würde sich zeigen, inwieweit der Konzeption des "absoluten Nichts" ein quasi parasitäres und zersetzendes Dasein innerhalb der christlichen Tradition eignet, oder ob nicht gerade das nicht-hellenistische jüdisch-personalistische Erbe ihr, entgegen der Vermutung Nambaras, eine Heimat geben konnte, m.a.W. hermeneutisch hängt diese Frage an der Interpretation des Personbegriffs im Zusammenhang mit der Erfahrung des Absoluten. So wird deutlich, daß die Frage eines buddhistischen Einflusses auf die christliche Mystik nicht die Konstitution der ursprünglichen christlichen Tradition betrifft, sondern vielmehr die Art der Bezugnahme letzterer auf einen solchen eventuellen Einfluß.

Der gewichtigste hermeneutische Ertrag der Forschungsergebnisse hinsichtlich wechselseitiger Beeinflussungen besteht somit darin, daß das Fehlen historischer Abhängigkeiten in den zentralen Vorstellungen von Christentum und Buddhismus für das Bemühen um ein christliches Verständnis der buddhistischen Heilsbotschaft eine völlig andere Situation bedingt, als dies etwa beim interreligiösen Verstehensprozeß zwischen den abrahamitischen Religionen der Fall ist. Dies hat erhebliche Konsequenzen sowohl hinsichtlich der Suche nach Ansatzpunkten eines christlich-buddhistischen Dialogs als auch für die Konditionen christlich-buddhistischer Religionsvergleiche. Es fehlen gemeinsame begriffliche Konzepte, die von vornherein ein gewisses Maß an verbindenden Kerngedanken voraussetzen ließen. Jedes Konzept muß aus dem je eigenen systematischen und historischen Zusammenhang heraus eruiert werden. Für eine phänomenologische Vergleichbarkeit läßt dies von vornherein eher Disparatheit erwarten, größere Ähnlichkeiten wären erstaunlich und bedürften einer umso exakteren Prüfung der Frage, ob sie nicht erst das Produkt reduktionistischer Kontextvernachlässigung oder unzulässiger Kontextübertragung sind. Dies gilt umgekehrt ebenso für allzu glatte Kontrastierungen! Als hermeneutische Brücken zum christlichen Verständnis des Buddhismus scheiden historische Abhängigkeiten jedenfalls aus!

3. APOLOGETISCHER RELIGIONSVERGLEICH

Wie gezeigt, griffen die frühen europäischen Interpreten des Buddhismus in ihren Bemühungen, dessen Fremdheit zu entschlüsseln, zunächst unreflektiert auf vertraute abendländische Kategorien zurück, wobei ihre inhaltlichen Optionen von den religionsphilosophischen Positionen und geistesgeschichtlichen Auseinandersetzungen im Europa des 19. Jahrhunders geprägt waren. Was den Filter dieser hermeneutischen Voraussetzungen passierte, erweckte zum einen den Eindruck großer Übereinstimmung mit den aktuellen nihilistischen und antichristlichen Strömungen jener Zeit, zum anderen aber auch die dazu in Spannung stehende Empfindung starker Ähnlichkeit mit neutestamentlichem und christlich-mystischem Traditionsgut. Die dadurch ausgelöste Forschung nach historischen Abhängigkeiten hat jedoch bis in die Gegenwart hinein nichts erbracht, was als historische Basis i. S. eines gemeinsamen Erbes die hermeneutische Aufgabe erleichtern könnte. Statt dessen ist diese durch das Fehlen eines beiden Traditionen gemeinsamen Reservoirs an zentraler religiöser Begrifflichkeit deutlich erschwert. Gegenüber den eher diffusen und willkürlichen vergleichenden Rückbezügen der interpretativen Anfangsphase bewirkte die Forschung nach historischen Abhängigkeiten einen konkreteren und gezielteren Rückgriff auf christliche Inhalte im Vergleich mit buddhistischen. Der im Mittelpunkt dieser Forschungsrichtung stehende punktuelle Vergleich paralleler Erzählmotive, Bilder und Spruchweisheiten in den Quellentexten beider Traditionen drängte bald zu einer umfassenderen Berücksichtigung der jeweiligen systematischen Zusammenhänge. Das Aufblühen der vergleichenden Religionswissenschaft produzierte somit seit dem Ende des 19. Jahrhunderts eine ganze Reihe von mehr oder weniger ausführlich angelegten christlich-buddhistischen Systemvergleichen. Durch die systematische Gestalt der Vergleiche von Christentum und Buddhismus versuchte man sich ein klareres und methodisch abgesichertes Verständnis des Buddhismus zu verschaffen. Ihre Entstehung fällt zeitlich zusammen mit den Anfängen einer bis zu Konversionen reichenden Rezeption buddhistischen Gedankengutes im Abendland. Während gleichzeitig damit bei einigen Buddhismusforschern erste Anzeichen einer hermeneutischen Sensibilität für die Fremdheit des Buddhismus aufkeimten und zu vereinzelten Infragestellungen der westlichen Interpretationsraster führten, mobilisierte die Vitalität buddhistischen Gedankengutes den christlich-apologetischen Abwehrkampf. Im folgenden sollen zunächst einige jener apologetischen Religionsvergleiche auf ihre Buddhismus-Interpretation und die entsprechenden hermeneutischen Vorgaben hin untersucht werden, worauf im nächsten Abschnitt die gleichen Fragen an jene Religionsvergleiche zu stellen sein werden, die für sich eine weltanschauliche Neutralität beanspruchen und ihr methodologisch zu entsprechen suchen.[1] Beide haben in

---

[1] Allerdings ist diese Unterscheidung nicht immer glatt durchführbar. Ich habe alle die Vergleiche der apologetischen Gruppe zugerechnet, in denen offen versucht wird, die Überlegenheit des Christentums zu demonstrieren, auch wenn in ihnen Unparteilichkeit behauptet wird (welcher, auch noch so polemisch vorgehende Apologet wird denn auch von

einem kaum zu überschätzenden Ausmaß die westlich-christliche Buddhismusinterpretation bis in die unmittelbare Gegenwart hinein geprägt. Erst durch die Freilegung der in ihnen enthaltenen hermeneutischen Engführungen kann der Weg für die Suche nach einem geeigneteren, jene Engführungen vermeidenden, hermeneutischen Ansatz gebahnt werden.

3.1 Die apologetische Ausgangssituation

In den Reigen der ohnehin mannigfachen apologetischen Abwehrkämpfe des 19. und frühen 20. Jahrhunderts reihte sich mit dem Buddhismus ein neuer vermeintlicher Rivale ein, den es in den Augen der Apologeten durchaus ernstzunehmen galt. Bereits im Jahre 1903 hielt es R. Falke nicht mehr für möglich, "alle Kanäle aufzudecken, in denen der buddhistische Geistesstrom durch das europäische und amerikanische Geistesleben rinnt." Da, so Falke, "dem Christentum vom Buddhismus her eine bedeutende Gefahr droht", forderte er, "daß in apologetischer Weise mehr als bisher geschehen muß, um die weitere Durchsetzung unserer christlichen Kultur von der nihilistischen Lehre des indischen Asketen zu verhindern..."[2] Nach Falke finde der Buddhismus in Deutschland einen fruchtbaren Nährboden vor, der, befördert von der historisch-kritischen Exegese, durch Atheismus, Determinismus, Materialismus, positivistische Ethik und eine eigentümliche Verbindung von moderner Selbstüberschätzung des Menschen mit zunehmendem wissenschaftlichem Pessimismus (so also schon am Anfang dieses Jahrhunderts!) bereitet sei. Auffallend an dieser Zusammenstellung Falkes ist, *daß sie bereits all das enthält, was man im Zuge der apologetischen Religionsvergleiche der buddhistischen Lehre vorgeworfen hat*, Falke diese Charakteristika also

---

sich zugeben, daß er nicht um eine vorurteilsfreie Wertung bemüht sei?). Andererseits gibt es vor allem unter den älteren Vergleichen, obwohl sie sich zu methodologischer Objektivität und Neutralität bekennen, solche, die eine große Nähe zum apologetischen Anliegen verraten. Ich habe sie dann dennoch zur phänomenologischen Gruppe gerechnet, wenn sie sich zumindest weitgehend an die phänomenologischen Methodenvorgaben halten.

[2] R. Falke, Der Buddhismus in unserem modernen deutschen Geistesleben, Halle a. S. 1903, 1.
Zu den Anfängen der buddhistischen Bewegung im Abendland und ihrem Einfluß vgl. neben der oben S. 20 Anm. 35 genannten Studie von K. J. Notz auch: H. v. Glasenapp, Das Indienbild der deutschen Denker, Stuttgart 1960; Ch. Humphreys, Sixty Years of Buddhism in England (1907-1967). A History and Survey, London 1968; ders., Both Sides of the Circle. The Authobiography of Christmas Humphreys, London 1978.
Zu der durch die stärkere Präsenz asiatischer Buddhisten anders verlaufenen Entwicklung in den Vereinigten Staaten siehe: T. Kushima, Buddhism in America. The Social Organisation of an Ethnic Religious Institution, London 1977; E. McCloy Layman, Buddhism in America, Chicago[2] 1978.
Einen instruktiven zusammenfassenden Überblick gibt: E. Benz, Buddhismus in der westlichen Welt, in: H. Dumoulin (Hg), Buddhismus der Gegenwart, Freiburg 1970, 188-204.

schon in der unabhängig vom Buddhismus gewachsenen geistigen Situation des 19. Jahrhunderts gegeben sieht! Nicht der Buddhismus hat nach seiner Meinung diese Situation geschaffen, sondern sie liegt ihm als Nährboden voraus. Freilich - und dies wird mit jener Bemerkung ebenso deutlich - sieht er den Buddhismus in einer inneren Entsprechung zu dieser Situation, hält ihre Charakteristika auch für die seinen.³ So setzt die von ihm geforderte verstärkte Apologetik in der Auseinandersetzung mit dem Buddhismus eigentlich nur den Kampf gegen die wirklichen oder vermeintlichen antichristlichen Strömungen des 19. Jahrhunderts fort. Dies aber ist, wie im weiteren deutlich werden wird, das zentrale Charakteristikum der apologetischen Ausgangssituation. Nicht der Buddhismus ist der eigentlich angezielte Gegner, sondern jene abendländischen Strömungen, in deren Licht man ihn sah und die man durch ihn bestenfalls befördert glaubte.

Wo man den Hauptgegner ortete, in dessen Bekämpfung die anti-buddhistische Apologetik eingeordnet wurde, erhellt aus der abschließenden Bemerkung eines apologetischen Vergleichs von Oberkirchenrat Ernst Haack: "Sie erinnern sich vielleicht der bekannten Zeichnung, welche unser Kaiser vor zwei Jahren entwarf mit der Unterschrift: 'Völker Europas wahrt eure heiligsten Güter' und in welcher er auf die Gefahr hinwies, die uns aus dem Osten droht. Auf dieser Skizze standen die allegorischen Gestalten der europäischen Hauptkulturvölker gegen die heranstürmenden Scharen des Antichrists, der seinerseits die Gestalt Buddhas trug. Im übrigen mit der Tendenz des Bildes einverstanden, darf ich wohl in aller Bescheidenheit dagegen die Ansicht aussprechen, daß der Antichrist, in welchem sich alles, was die widerchristliche Welt an imponierender Intelligenz, verführerischer Lust, brutaler Macht aufzubieten vermag, verkörpert, um den Entscheidungskampf gegen Christum und seine Kirche zu führen, wohl nicht aus dem mehr passiv angelegten, grübelnden Osten kommen und ein Sohn Sakyamunis sein wird, sondern ein Kind des Abfalls in der Mitte der alten abendländischen Christenheit."⁴ Für Haack ist der Abfall vom Christentum eine typische kulturelle Dekadenzerscheinung. Wie einst im Römischen Reich halte man in Richtung Orient Ausschau nach "Surrogaten für die verlorene Religion".⁵ "Des Christentums überdrüssig, vom lebendigen Gottesglauben verlassen, wirft man sich dem aus Ceylon importierten atheistischen Pessimismus Buddhas in die Arme, dem die pessimistische Philosophie eines Schopenhauer und von Hartmann vorgearbeitet hat und ähnlich sieht wie ein Ei dem anderen."⁶ Daher sei die Alternative, Buddha oder Christus, "leider keineswegs mehr eine bloß theoretische Frage der vergleichenden Religionsgeschichte, welche nur die Gelehrten beschäftigte. Die moderne Kulturentwicklung hat ihr vielmehr eine praktische Spitze und allgemeine Bedeutung gegeben... Man ist allen Ernstes geneigt, im Buddhismus eine religiöse Offenbarung des

---

3   Damit entspricht er einer Interpretationstradition die schon bei Barthèlemy Saint-Hilaire greifbar war, vgl. oben S. 14ff.
4   E. Haack, Christus oder Buddha?, Schwerin i. M. 1898, 23.
5   Ebd. 7f. Spengler hat dieses Motiv später übernommen.
6   Ebd. 8.

Menschengeistes zu sehen, welche geeignet ist, das Christentum neu zu befruchten, ja, es zu ersetzen und sich an dem modernen Kulturmenschen, der in dem Evangelium von Christo nicht mehr seine Rechnung findet, als eine erlösende Wahrheit zu erweisen."[7] Für Haack geht es demnach nicht nur um eine apologetische Abwehr jener Auffassung, die im Buddhismus eine Alternativreligion zum Christentum erblickte, sondern für ihn sind auch alle Versuche abzulehnen, die gewisse positive Affinitäten des Buddhismus zum Christentum aufzeigen: "Auf keinen Fall erträgt Jesus Christus, der Heilige Gottes, eine Zusammenstellung mit Siddharta Gautama von Kapilavastu. Letzterer ist mit seiner Lehre vom Leiden auch keine positive Vorbereitung auf die Erlösung durch Christum, geschweige daß er selber den Menschen erlösen könnte. Vielmehr bleibt es bei der Alternative: Christus oder Buddha, und bei der Exclusive des Apostels: Es ist in keinem anderen Heil..."[8] Die gleiche radikale Position in dieser Frage nahmen E. Hardy[9] und Sir M. Monier-Williams[10] ein. Da sich in ihr allerdings auch eine innerchristliche Stoßrichtung gegen liberale theologische Kreise kundtut, ist es verständlich, daß nicht alle Apologeten bereit waren, in ihrer Ablehnung des Buddhismus so weit zu gehen.

Der Theologe und Religionswissenschaftler A. Bertholet z.B. schließt seinen Vergleich mit einem Wort von Julius Hart ab: "Bewundert diesen asiatischen Geist, bewundert ihn und laßt ihn tot sein!", was Bertholet dann mit der eigenen Bemerkung ergänzt: "Und suchen wir alle das Leben, wo es zu finden ist, da wo eine persönliche Geschichte pulsiert zwischen der Seele des Menschen und einem lebendigen Gott!"[11] Bertholet grenzt sich gegen eine Form der Dogmatik ab, die a priori alle außerbiblischen Religionen als falsch beurteile. Dagegen müsse die "moderne Religionswissenschaft" zunächst unbefangen prüfen und habe nicht dogmatische, sondern historische Urteile zu fällen; "...sie denkt von Gott sicherlich nicht geringer, wenn

---

[7] Ebd. 5.
[8] Ebd. 23f.
[9] "Beide sind Antipoden, und jeder Versuch, da und dort auszugleichen oder zu versöhnen, muß daher notwendig fehlschlagen." E. Hardy, Der Buddhismus nach älteren Pâli-Werken (neu aufgelegt und bearbeitet von R. Schmidt), Münster i. W. 1919, 198 (Alle folgenden Zitate sind dieser Auflage entnommen). Die erste Auflage von Hardys Studie erschien bereits 1890 und hatte Haack als Vorlage gedient.
[10] Vgl. M. Monier-Williams, Buddhism, in its Connexion with Brâhmanism and Hinduism, and in its Contrast with Christianity, London² 1890, 552.
[11] A. Bertholet, Buddhismus und Christentum, Tübingen-Leipzig 1902, 56. Ähnlich auch O. Wecker: "Buddha war ein Großer; Marco Polo hat es in seiner naiven Sprache so ausgedrückt: si Buddha fuisset Christianus, fuisset apud Deum maximus factus! (Wenn Buddha ein Christ gewesen wäre, wäre er bei Gott sehr hoch erhoben worden). Aber größer war Jesus, und Jesus, nicht Buddha, wird das Menschheitsideal bleiben. Bewundern mögen wir den Buddha; nachfolgen können wir nur dem anderen..." O. Wecker, W. Koch, Christentum und Weltreligionen, Rottenburg a. N. 1910, 34. Dagegen hat Monier-Williams seinen Vergleich als ein imaginäres Streitgespräch mit den "admirers of Buddhism" angelegt.

sie in außerchristlichen Religionen nicht von vornherein nur Irrtümer zu finden erwartet und im übrigen der Zuversicht ist, daß es die allen Irrtümern anhaftenden Partikel der Wahrheit sind, von denen überhaupt das Geistige lebt."[12] Doch auch Bertholet hat als Adressaten seines Vergleichs diejenigen abendländischen "Freunde" des Buddhismus im Auge, "die in ihm das Heil der Welt glaubten aufgehen zu sehen."[13] Wie Haack hält auch er dies für eine dem Untergang des römischen Reiches vergleichbare Dekadenzerscheinung, geprägt von Überdruß und "trotzigem Behagen in Gedanken an eine Selbsterlösung, ohne Himmel und Heiland."[14]

Noch weiter als Bertholet war in seinem Ansatz bereits A. Scott gegangen.[15] Im einleitenden Kapitel seines Vergleichs verteidigt er wie Bertholet die "neue Religionswissenschaft" und das religionsvergleichende Studium gegen dogmatische Verdächtigungen. Durch die sorgfältige Analyse und den Vergleich aller Glaubensvorstellungen (beliefs) der Menschheit könnten Unterschiede und Gemeinsamkeiten herausgestellt werden. Das Ziel dieser Wissenschaft bestehe in der Suche nach dem wahren Wesen, dem Ursprung und dem Zweck von Religion. Das Christentum habe jedoch keinen Grund diese neue Wissenschaft zu fürchten. Sie sei vielmehr hilfreich sowohl für die Demonstration seiner Vorrangstellung, als auch für seine missionarische Verbreitung. Und dann klingt Scott erstaunlich modern: "It may modify considerably our theology, but it will strengthen our fundamental beliefs."[16] Teile der Wahrheit fänden sich in allen Religionen, und was den Buddhismus betreffe, so könnten durch ihn einige in Vergessenheit geratene universelle Wahrheiten wieder deutlicher werden, ja, "even Christians may have something to learn from Buddhists."[17] Bald expliziert Scott jedoch seine apologetische Absicht: Der Buddhismus dränge sich gegenwärtig unübersehbar als eine Alternative zum Christentum auf, es seien bereits einzelne Konversionen zu vermelden, und der zeitgenössische Agnostizismus und sentimentale Pessimismus lieferten einen fruchtbaren Boden für die Keime des Buddhismus.[18] Unmißverständlich macht Scott denn auch klar, wie er die Vorrangstellung des Christentums gegenüber dem Buddhismus konkret einschätzt: "Christianity seems to be superior to it, not in the sense that the infant is superior to the embryo, but as man is superior to the animal..."[19] Scotts umfangreiche Arbeit erweist sich in dieser Hinsicht als eine der zwiespältigsten unter den apologetischen Vergleichen. Im krassen Gegensatz zu den einleitenden Sätzen steht die Art und Weise, in der er den Buddhismus behandelt. Wie noch zu zeigen ist, überschreitet er nachweislich die Grenzen wissenschaftlicher Redlichkeit. Vergeblich sucht man nach den anfangs an-

---

[12] Bertholet, a.a.O. 1.
[13] Ebd. 52.
[14] Ebd. 52ff; wiederum ähnlich auch O. Wecker, a.a.O. 17.
[15] A. Scott, Buddhism and Christianity. A Parallel and a Contrast, 1890 (hier zitiert nach dem Neudruck: Port Washington, N. Y., London 1971).
[16] Ebd. 6.
[17] Ebd. Vf.
[18] Vgl. ebd. 13ff.
[19] Ebd. 41.

gedeuteten Wahrheiten des Buddhismus, von denen sogar Christen lernen könnten. Neben einer eingeschränkten Sympathie für die buddhistische Moral, finden sich hierzu ausdrücklich nur die Bemerkungen, daß die buddhistischen Mönche sauberer seien als einige christliche, daß ihre Beichtpraxis der der römisch-katholischen Kirche vorzuziehen sei, und sie die unter einigen Christen verbreitete Schmerzensaskese verwerfen.[20]

Wenn es also auch unterschiedliche Auffassungen der einzelnen Apologeten darüber gab, ob und inwieweit gewisse Momente des Buddhismus dem Christentum entgegenkämen oder zumindest einige bewunderswerte Züge enthielten, so waren sich doch alle einig in der Abwehr jener nichtchristlichen Strömungen des 19. Jahrhunderts wie Atheismus, Materialismus, Nihilismus, Pessimismus usw., die sie als den verwandten Nährboden einer eventuellen Ausbreitung des Buddhismus im Westen ansahen. Daraus erklärt es sich, daß trotz des erheblichen apologetischen Interesses die Vergleiche von Christentum und Buddhismus kaum in der Art argumentativer Auseinandersetzung mit oder Widerlegung von buddhistischen Positionen durchgeführt wurden. Man begnügte sich vielmehr weitgehend damit, den gewünschten Kontrast zwischen beiden Religionen herauszustellen und im Buddhismus die Existenz genau jener Positionen aufzuzeigen, gegen die sich die apologetische Intention richtete. Eine inhaltlich argumentative Auseinandersetzung mit dem Buddhismus erschien dann nicht mehr nötig, da diese ja bereits von der Apologetik gegenüber den entsprechenden genuin abendländischen Positionen geleistet wurde. Es reichte somit meistens aus, die Erörterung nur soweit zu führen, bis die angezielte Etikettierung als Atheismus, Materialismus, Nihilismus, Pessimismus usw. gerechtfertigt erschien; was man davon zu denken und dazu zu sagen habe, war und wurde an anderer Stelle gedacht und gesagt.

Gegen diese einseitige Vorgehensweise setzte sich massiv der erste breiter angelegte gegenapologetische Religionsvergleich aus der Feder eines deutschen Buddhisten zur Wehr.[21] Georg Grimm verlangte, daß der Vergleich von Christentum und Buddhismus unter der wissenschaftlichen Prüfung ihrer jeweiligen Wahrheitsansprüche durchgeführt werden müsse.[22] Nach Meinung

---

[20] Vgl. ebd. 293ff.
[21] G. Grimm, Buddha und Christus, Leipzig 1928. Grimms Werke verraten überall seine gute Vertrautheit mit der rationalistischen Theologie des I. Vatikanums. 1868 geboren, hatte er zunächst katholische Theologie studiert, wechselte jedoch aus persönlichen Glaubensschwierigkeiten vor der Priesterweihe zur Juristik. Vorbereitet durch die Philosophie Schopenhauers bekannte er sich schließlich zum Buddhismus. 1915 erschien sein ebenso verbreitetes wie monumentales Hauptwerk: "Die Lehre des Buddho. Die Religion der Vernunft" (später im Untertitel erweitert um "und der Meditation"). Gemeinsam mit dem zum Buddhismus konvertierten Indologen Karl Seidenstücker gründete er 1921 eine buddhistische Gemeinschaft, die bis heute als "Altbuddhistische Gemeinde" fortbesteht (vgl.: M. Hoppe, Georg Grimm. Sonderdruck der Zeitschrift Yāna, Utting 1973).
[22] Vgl. Grimm, Buddha und Christus, a.a.O. IX.

Grimms entstamme die Lehre Buddhas "schärfster nüchterner Reflexion" und verdiene die gleiche rationale Prüfung wie etwa der Lehrsatz des Pythagoras.[23] Das Christentum halte seine eigenen Glaubenssätze zwar nicht alle für rein rational deduzierbar, da es jedoch für sie beanspruche, daß sie nicht vernunftwidrig sein dürften, sieht Grimm eine solche Vergleichsgrundlage als für beide Religionen angemessen und gerechtfertigt an.[24]

Diese rationalistische Perspektive Grimms führte jedoch zwangsläufig dazu, daß in seinem Religionsvergleich grundlegende Züge sowohl des buddhistischen als auch des christlichen Selbstverständnisses ausgespart blieben. H. W. Schomerus warf Grimm daher drei Jahre später in seinem Religionsvergleich vor, ein "Zerrbild" des Christentums gezeichnet zu haben. Er, Schomerus, dagegen habe sich "bei jedem Satz" bemüht, "den Buddhismus richtig darzustellen und gerecht zu beurteilen, und zwar nicht nur aus Achtung vor der Pflicht des Wissenschaftlers zur unparteiischen Gerechtigkeit, sondern auch aus der Überzeugung heraus, daß man dem Christentum durch nichts mehr schaden kann als durch eine ungerechte Beurteilung seiner Konkurrenten und Gegner. Das Christentum steht zu hoch, als daß es nötig hätte, daß seine Anhänger es durch ungerechte Parteilichkeit anderen Religionen, auch dem Buddhismus gegenüber, stützen müßten."[25] Daß aber weder Grimm noch Schomerus auf grobe Polemik verzichteten, belegen Aussagen wie die von Grimm, Jesus, den Grimm ansonsten eher wohlwollend behandelt, sei das "Opfer der großen Wahnvorstellung seines Volkes geworden" (gemeint ist das messianische Selbstverständnis Jesu),[26] oder die von Schomerus, der Buddha eine "fast satanische Leidenschaftlichkeit" und einen "wahren Fanatismus" (im Hinblick auf dessen Leidenslehre) zuschreibt.[27] Schomerus will mit seinem Vergleich ebenfalls einen Beitrag zu dem "Kampf" leisten, der zwischen Buddha und Christus "entbrannt" sei, und dem man als denkender Mensch und Christ nicht gleichgültig zusehen dürfe: "Christus ist in das alte Herrschaftsgebiet Buddhas eingedrungen, und Buddha möchte Christum aus seinem Herrschaftsgebiet verdrängen."[28] Schomerus versucht den Nachweis zu führen, daß "Christi Weg... der sicherere, wenn auch nicht der leichtere, und dann weiter auch der uns Menschen als Persönlichkeit mehr gerecht werdende, weil der sittlich wertvollere" ist.[29] Bei dem Weg Buddhas handle es sich um einen von diesem selbst "erdachten", dem "jede objektive Grundlage" fehle.[30] Das Attribut "erdacht" ist dabei wohl, wie auch das folgende Zitat, indirekt gegen den methodologischen Vorstoß Grimms gerichtet, denn, so Schomerus, "wer nur Theorien das entscheidende Wort über die wichtigsten Fragen des Lebens einräumt, der mag sich für Buddhas Weg und

---

[23] Vgl. ebd. 4f.
[24] Vgl. ebd. 13.
[25] H. W. Schomerus, Buddha und Christus. Ein Vergleich zweier großer Weltreligionen, Halle-Saale 1931, IIIf.
[26] Vgl. Grimm, Buddha und Christus, a.a.O. 167.
[27] Vgl. Schomerus, Buddha und Christus, a.a.O. 50f.
[28] Ebd. 2.
[29] Ebd. 91.
[30] Ebd. 84.

Ziel entscheiden können."³¹ Der Glaube an Christus aber stütze sich auf ein objektives historisches Ereignis, den Kreuzestod Jesu, und verbinde das objektive Geschehen mit dem subjektiven Erlebnis und Eingeständnis der Schuld.³² Schomerus, der hier unter dem Druck der Grimmschen Herausforderung den Bereich der Glaubenserfahrung argumentativ ins Spiel bringt, reflektiert nicht auf eine etwaige analoge Bedeutung, die dem Ereignis der Erleuchtung Buddhas für das subjektive Vertrauen des Buddhisten in die Möglichkeit der Erlösung zukommt. Doch gerät mit dieser Parade von Schomerus der apologetische Ansatz notwendig an seine Grenzen, da eine Widerlegung auf dieser Ebene nicht mehr durchführbar ist.³³

3.2 Religionscharakter: Der Vorwurf des Atheismus und des Materialismus

Der abendländische Atheismus war von seinem Selbstverständnis her immer dezidiert nicht-religiös oder direkt anti-religiös. So schien es den Apologeten ein Unding, daß der vermeintliche Atheismus Buddhas die Gestalt einer Religion, ja sogar einer Weltreligion haben sollte. Alle apologetischen Religionsvergleiche behandeln daher die Frage, ob der Buddhismus als Religion aufzufassen sei, und wenn ja, welche religiösen Merkmale ihm trotz seines Atheismus noch zukämen. Der Atheismus Buddhas selbst steht für die christlichen Apologeten unbestreitbar fest.

Nach Monier-Williams ist es zwar schwierig, "Religion" zu definieren, doch sei es gerechtfertigt zu verlangen, daß ein System um "Religion" zu sein, mindestens folgende vier Postulate vertreten müsse:
1. die Existenz eines ewigen und personalen Schöpfergottes,
2. die Unsterblichkeit der menschlichen Seele,
3. die Wirklichkeit einer zukünftigen, unsichtbaren Welt,
4. ein eingeborenes Gefühl der Abhängigkeit von einem personalen Gott.
Zusätzlich müßten daraus wenigstens noch vier Folgerungen gezogen sein, nämlich:
1. das Wesen Gottes muß dem Menschen geoffenbart werden,
2. das Wesen des Menschen muß diesem geoffenbart werden (was er ist; wozu er geschaffen wurde; warum er versucht wird; was seine Heilssituation ist),

---
31 Ebd. 91.
32 Vgl. ebd. 84ff.
33 Obwohl Schomerus' Vergleich der chronologisch letzte unter den hier behandelten apologetischen Religionsvergleichen ist und sich in ihm auch das logische Ende des apologetischen Vergleichens andeutet, heißt dies keineswegs, daß das Genre selbst erloschen wäre, wie dies etwa die neueren Arbeiten des Buddhisten H. Titschack (Christentum – Buddhismus. Ein Gegensatz, Wien 1980) und der christlichen Theologen G. Siegmund (Buddhismus und Christentum. Vorbereitung eines Dialogs, Sankt Augustin² 1983) und H. van Straelen (Selbstfindung oder Hingabe. Zen und das Licht der christlichen Mystik, Abensberg 1983) in trauriger Weise vor Augen führen.

3. ein Weg oder Plan zur Kommunikation mit Gott und zur Erlösung des Menschen muß geoffenbart werden,
4. die Religion muß sich in ihrer erneuernden Wirkung erweisen.[34]

Da der Buddhismus sich weigere, die Existenz eines personalen Schöpfergottes, die Existenz der unsterblichen Seele, die menschliche Abhängigkeit von Gott und eine übernatürliche Offenbarung anzuerkennen, könne er nicht beanspruchen, eine Religion zu sein. Auch finde sich in ihm "no real clergy; no real prayer; no real worship. It had no true idea of sin, or the need of pardon..."[35] Buddhas Erleuchtung gebe weder Auskunft über Gott, noch über die Sünde oder ihren Ursprung. Im Gegenteil, Buddha erkläre sich diesbezüglich ausdrücklich als Agnostiker.[36] Auch habe der Buddhismus nie beansprucht, ein exklusives System zu sein, wohingegen "a Christian, on the other hand, holds as a cardinal doctrine of his religion, that there is only one Name under heaven given among men, whereby any human being can be saved."[37] Der fundamentale Unterschied zwischen Christentum und Buddhismus besteht für Monier-Williams folglich darin: "That Christianity is a religion, whereas Buddhism, at least in its earliest and truest form, is no religion at all, but a mere system of morality and philosophy founded on a pessimistic theory of life."[38] In den späteren Entwicklungsformen des Buddhismus hätten sich jedoch theistische und polytheistische Züge herausgebildet, so daß diese eher als "Religionen", wenn auch als "falsche", angesprochen werden könnten.[39] Auch für Haack ist "der ursprüngliche Buddhismus überhaupt nicht als eine Religion, sondern als eine pessimistische, ja, im Grunde atheistische Moralphilosophie anzusehen."[40] Erst in seinen späteren Formen habe sich der Buddhismus mit dem jeweiligen Volksglauben der Länder, in die er vordrang, verbunden und daher mannigfache Religionsformen angenommen.[41]

Diese für die apologetischen Vergleiche typische Argumentationsstruktur bot eine Lösung des Problems an, wie ein Atheismus als Weltreligion erscheinen könne, indem nämlich die Weltreligion "Buddhismus" nicht mehr mit dem ursprünglichen Atheismus Buddhas gleichzusetzen sei. Die Anziehungskraft dieser "Lösung" war offensichtlich so stark, daß sie auch von jenen Apologeten übernommen wurde, die bereit waren, schon dem frühen Buddhismus gewisse religiöse Züge zuzusprechen. So schreibt z.B. O. Wecker: "...die Geschichte des Buddhismus hat das Gericht über seinen Atheismus gehalten; sie haben sich nicht stark genug gefühlt zur Selbsterlösung, sie haben es nicht ausgehalten in ihrer Einsamkeit ohne Gott, und so haben sie den

---

[34] Vgl. Monier-Williams, a.a.O. 538f.
[35] Ebd. 539.
[36] Vgl. ebd. 544.
[37] Ebd. 553.
[38] Ebd. 537.
[39] Ebd. 540f.
[40] Haack, a.a.O. 17.
[41] Vgl. ebd. 8.

Buddha aus einem Lehrer der Erlösung zum Erlöser, zum Gott gemacht."[42] Da es aber der ältere Buddhismus war, den man mit der eigentlichen Zielgruppe der Apologeten, den nichtchristlichen Philosophien des Westens, in Verbindung brachte, und sich auch das Interesse der frühen buddhistischen Bewegung in Europa hauptsächlich auf den älteren Buddhismus konzentrierte, beschäftigten sich die apologetischen Religionsvergleiche kaum anders mit dem Mahâyâna-Buddhismus als in jener Weise, daß sie ihn als Gegenargument gegen den älteren, verstanden als den eingentlichen, Buddhismus heranzogen. Damit waren von vornherein und nachhaltig die Weichen westlicher Buddhismusinterpretation so gestellt, daß eine Berücksichtigung des Verbindenden zwischen der älteren und der mahâyânistischen buddhistischen Tradition ausgeblendet wurde!

Zu denen, die auch dem älteren Buddhismus gewisse religiöse Züge zugestanden, gehörte Scott. Doch auch für ihn steht fest, daß Buddha ein Atheist und Materialist war.[43] Mit großer Ausführlichkeit geht Scott auf die religiöse Vorgeschichte von Buddhismus und Christentum ein und bemerkt dabei, daß das von Buddha abgelehnte vorbuddhistische "Brahman" niemals dasselbe bedeutet habe, wie der Gottesbegriff des Judentums oder der Antike.[44] Bezeichnend für die Zwiespältigkeit seines Werkes ist jedoch, daß er dieses Ergebnis nicht für sein Urteil über den Atheismus Buddhas in Anschlag bringt. Einen religiösen Zug erblickt Scott bei Buddha trotz des ihm bescheinigten Atheismus vielmehr darin, daß dieser in seiner Ethik jenes Sittengesetz fast richtig gelesen habe, das der Schöpfer den Menschen ins Herz schrieb. Auch der alte Buddhismus könne daher insofern eine Religion genannt werden, als in dem ihm bewußten Gefühl absoluter sittlicher Verantwortung eine implizite Bejahung Gottes, des Urhebers des Sittengesetzes, gegeben sei. So setze sich das Wirken Gottes unter allen Völkern sogar noch in der eigentlich atheistischen Position des Buddhismus durch.[45] Haack freilich warnte in seinen innerchristlichen Spitzen vor "den Kreisen, denen alle Religion in Moral aufgeht" und weist, wie Monier-Williams, darauf hin, daß es Moral auch außerhalb von Religion gebe.[46]

Bertholet, der in Anlehnung an Augustinus, das Christentum als "eine bestimmte Geschichte der Seele mit Gott" versteht[47], hält angesichts der Leugnung von Gott und Seele durch Buddha die Frage, ob der Buddhismus den Anspruch erheben dürfe, eine Religion zu sein, für sehr berechtigt. Ihre Beantwortung aber läßt er in der Schwebe und spricht davon, daß der Buddhismus "die Religion zum Experiment des Menschen mit sich selber macht." Doch gerade darin offenbare sich sowohl sein ungeschichtlicher, als auch eminent unpersönlicher Charakter, da "alles Persönliche verlangt...

---

[42] Wecker, a.a.O. 29.
[43] Vgl. Scott, a.a.O. 203ff.
[44] Vgl. ebd. 94.
[45] Vgl. ebd. 50ff, 208f u. 223.
[46] Haack, a.a.O., 9; vgl. Monier-Williams, a.a.O. 537.
[47] Bertholet, a.a.O. 18.

über sich selbst hinauszukommen, ...nach Ergänzung mit anderen persönlichen Wesen (drängt)... Der Buddhismus ist die große Religion des Alleinseins geworden."[48] Wie auch Wecker spricht Bertholet den Buddhismus schließlich als "Erlösungsreligion" an, aber eben i.S. einer Selbsterlösung.

Für Grimm kreisen alle Religionen um die beiden zentralen Themen: Gott und Unsterblichkeit. Nach seiner Meinung habe Buddha beide Wirklichkeiten nicht geleugnet, sondern mit logischer Präzision ihren radikal transzendenten Charakter demonstriert. Das wahre "Ich" sei der dunkle Fleck auf der Netzhaut des Erkennens; phänomenal nicht erfahrbar, sei es nur reflexiv zu erschließen. Der vergängliche und leidbringende Charakter alles erkennbaren Seins setze ein davon verschiedenes unerkanntes und unvergängliches Subjekt voraus. Ähnlich könne Gott in gewisser Weise als "Weltgrund" bezeichnet werden, die Idee eines Schöpfers, der einen kausalen Anfang setzt, sei hingegen wegen ihrer unlösbaren logischen Aporien abzulehnen. Allerdings handle es sich bei der mystischen Vorstellung von Gott als dem "Weltgrund" noch nicht um die exakteste Fassung des Gottesbegriffs. Erst das buddhistische Nirvâna, verstanden als der "Bereich, in welchem alles Erkennbare erloschen ist", nicht im nihilistischen Sinne, sondern als erlösende Rückkehr in das eigene transzendent Wesenhafte, sei die logisch beste Fassung des Gottesbegriffs.[49] Dementsprechend kritisiert Grimm die anthropomorphen Gottesvorstellungen des Christentums, hält jedoch dafür, daß der Christ im Christentum seiner Mystiker "den Steg finden (könne), der zur Lehre des Buddha hinüberführt."[50] Gegen Grimm vertritt Schomerus, daß man sich einen konsequenteren Atheisten als Buddha gar nicht denken könne. "Gott ist ihm so sehr ein Nichts, daß er sich nicht einmal die Mühe gibt, sich irgendwie mit ihm zu befassen, seine Existenz zu bestreiten oder sein Nichtdasein zu beweisen."[51] Der Mensch werde in ein bloßes Zeitkontinuum einzelner Bewußtseinsmomente aufgelöst, Seele und Personalität seien definitv geleugnet.[52] Auch an dieser Stelle zeigt sich, wie mit Grimm und Schomerus das apologetische Verfahren mit seiner demonstrativen Absicht an seine Grenzen stößt, da der Vergleich vollständig auf die offenen Fragen der Interpretation zurückgeworfen wird. Ist für Grimm die Negation des "Ich"-Charakters der phänomenalen Prozesse Ausdruck transzendentaler Einsicht, so ist das gleiche für Schomerus Ausdruck materialistischer Auflösung. Ist für Grimm das Schweigen Buddhas Ausdruck tiefster Gotteserkenntnis, so ist es für Schomerus konsequentester Atheismus. Bezeichnend dafür, wie unhinterfragt der Atheismusvorwurf auf Seiten der christlichen Apologeten war, ist dabei, daß Schomerus - deutlich über die von Scott bereits in dieser Richtung geäußerten Beobachtungen hinausgehend - die explizite Feststellung trifft, Buddha habe nicht die Existenz Gottes bestritten (was ja zumindest hinsichtlich des jüdisch-christlichen Gottesbegriffs schon aus

---

[48] Ebd. 19f.
[49] Grimm, Buddha und Christus, a.a.O. 97.
[50] Ebd. 210.
[51] Schomerus, a.a.O. 25.
[52] Vgl. ebd. 31f.

historischen Gründen zutrifft), und genau darin den Atheismus Buddhas ausgedrückt sieht!

Wie schon bei den Anfängen westlicher Buddhismusinterpretation, zeigt sich also auch bei den apologetischen Religionsvergleichen, daß man den Buddhismus im Rahmen einer im christlichen Kontext entwickelten Religionsphilosophie zu verstehen versuchte. Einige der Apologeten betrachten ihn dabei überhaupt nicht als "Religion", sondern als reine "Philosophie", womit sie ihrer Buddhismusinterpretation das typisch abendländische Paradigma einer Dichotomie von Religion und Philosophie zugrunde legen, die es im Bereich des Buddhismus so nie gegeben hat.[53] Andere sehen in ihm eine defiziente Religionsform und bestimmen die verbleibenden religiösen Züge nach deren vermeintlichen Analogien zum Christentum. So wird gerade in dem Streit um den Religionscharakter des Buddhismus überdeutlich, wie die Buddhismusinterpretation der Apologeten gänzlich vom westlichen, traditionell vorgegebenen Bezugsrahmen vorbestimmt war. Seine Filterfunktion verhinderte dabei die Wahrnehmung des buddhistischen Kontextes, was wiederum eine eigentliche Auseinandersetzung mit dem in diesem gegebenen buddhistischen Selbstverständnis verunmöglichte. So setzte sich mit den ersten Systemvergleichen die in den Anfängen westlicher Buddhismusinterpretation festgestellte Tendenz fort und verfestigte sich. R. Panikkar hat diesen Vorgang auf die Formel gebracht: "The philosophy of *one* religion became the Philosophy of Religion".[54]

Dieser Struktur entsprechen auch die zur Diskussion des Religionscharakters herangezogenen Vergleiche der Stellung der Stifter im vermeintlich jeweiligen System, wobei der buddhistische Kontext eben bereits der christlich verzerrte ist. Das vorgegebene Muster abendländischer Religionsphilosophie erlaubte bei dem als sicher angenommenen Atheismus Buddhas nichts anderes, als in der Gestalt Buddhas *nur* einen Philosophen zu sehen. Auch einige an sich richtige Beobachtungen der apologetischen Vergleiche geraten dadurch in eine schiefe Perspektive, daß sie dieser Argumentation dienen sollen.[55] Folgende Gegenüberstellungen sind dabei charakteristisch: Während Christus der Sohn Gottes ist, und sein Leben und seine Lehre Offenbarung sind, verkündet Buddha nur eine Weisheitslehre, die jeder in sich selber

---

[53] Vgl. dazu auch: J. v. Bragt, Begegnung von Ost und West, in: H. Waldenfels/Th. Immoos (Hg), Fernöstliche Weisheit und christlicher Glaube, Festgabe für Heinrich Dumoulin S. J., Mainz 1985, 268-288.
[54] Zitiert nach A. Pieris, Western Christianity... a.a.O. 50f.
[55] Ein recht krasses Beispiel dafür, wie richtige Beobachtungen durch die jeweilige Vergleichsperspektive verzerrt werden können, findet sich bei Monier-Williams (a.a.O. 560), der sich überhaupt ausgiebig des Vergleichs reiner Homologien befleißigt. Monier-Williams stellt dort richtig fest, daß man nach buddhistischer Auffassung wieder aus dem Himmel in eine andere Existenz zurückkehren könne, kontrastiert diese Feststellung jedoch dann verzerrend damit, daß dies nach christlicher Auffassung unmöglich sei.

finden kann, versteht sich nur als "Wegweiser" zur Erlösung.[56] Buddhas Lehre ist intellektuell und wendet sich ausschließlich an die Weisen.[57] Die biblischen Schriften erheben Offenbarungsanspruch, nicht so die heiligen Schriften des Buddhismus.[58] Die Lehre Buddhas wird nach seinen eigenen Worten einst vergehen, die Lehre Christi bleibt ewig.[59] Die Person Buddhas tritt hinter die Lehre zurück und ist für den buddhistischen Erlösungsweg ohne jede Bedeutung, die Person Christi dagegen ist das Zentrum der christlichen Lehre.[60] Der Buddhismus kennt viele Buddhas, jeder kann zu einem Buddha werden, die Person Christi ist einzigartig.[61] Die Historizität der Wunder Christi ist glaubwürdiger bezeugt als die der Wunder Buddhas.[62] "In Buddha we have a historical personage, who can be thoroughly accounted for as the product and outgrowth of his past, and his environment; in Christ we have one whom no philosophy of history has ever explained."[63] Zu Buddha gibt es nach dessen Tod keine Verbindung mehr, Christus ist als Auferstandener gegenwärtig.[64]

---

[56] Vgl. Hardy, a.a.O. 195ff; Monier-Williams, a.a.O 544f u. 555; Schomerus, a.a.O. 14-21.

[57] So z.B. Scott, a.a.O. 194. Gegen eigenes besseres Wissen unterlegt Scott hier dem Begriff des "Weisen" einen einseitig intellektuellen Sinn. An anderer Stelle weist er zutreffend darauf hin, daß das buddhistische Verständnis der "Freiheit von Unwissenheit" keinen rein intellektuellen Zustand beschreibe (ebd. 219). Scott behauptet ferner, Buddha habe seine Lehre keineswegs den Menschen aller Kasten mitgeteilt (ebd. 194), obwohl zu dem von Scott benutzten Quellenmaterial auch der Band XI der Sacred Books of the East gehörte, der u. a. das Tevijja-Sutta enthält. Dort aber heißt es - und man muß annehmen, daß Scott dies gelesen hatte - : "A householder (gahapati), or one of his children, *or a man of inferior birth in any class*, listens to that truth..." (S. 187 der Neuausgabe, Motilal Banarsidass 1973; Hervorhebung von mir)!

[58] Vgl. Monier-Williams, a.a.O. 557. Ein Argument, das Grimm gerade gegen das Christentum verwendet. Nach Grimm werde die ganze Autorität der Bibel als Offenbarungsquelle hinfällig, wenn sich auch nur ein einziger Bericht als unhaltbar herausstelle. Hinter dieser Argumentation steht freilich ein plattes und einseitig extrinsezistisches Offenbarungsmodell, wie es jedoch in der älteren katholischen Schultheologie, mit der Grimm vertraut war, durchaus so anzutreffen ist (vgl. Grimm, a.a.O. 175f).

[59] Vgl. Monier-Williams, a.a.O. 556f.

[60] Vgl. Bertholet, a.a.O. 8 u. Scott, a.a.O. 157. Für den Versuch, diesen auch heute noch häufig geäußerten Unterschied etwas zu korrigieren, vgl.: P. Schmidt-Leukel, Zur Funktion der Gleichnisrede bei Buddha und Jesus, in: MThZ 37 (1986) 116-133.

[61] Vgl. Monier-Williams, a.a.O. 557 u. Hardy, a.a.O. 188.

[62] Vgl. Hardy, a.a.O. 194.

[63] Scott, a.a.O. 190f. An anderer Stelle vermerkt Scott, daß die Geschichte des Buddhismus noch längst nicht exakt erforscht sei und es keine gesicherte Basis für die Klärung gebe, was der ursprüngliche Buddhismus war (ebd. 59f u. 72). Doch auch diese Feststellung wird von ihm für den Vergleich nicht berücksichtigt. Grimm versucht umgekehrt unter Einbeziehung der historisch-kritischen Evangelienforschung die Messiasvorstellung Jesu als einen historisch verständlichen Irrtum zu erklären.

[64] Vgl. Schomerus, a.a.O. 19ff.

Deutliche Schwierigkeiten bereitete den Apologeten die Einordnung der Erleuchtung Buddhas. Wie Hardy bemerkt, hat das Leben Jesu "dem Ringen nach der 'erleuchtenden Erkenntnis' (bodhi), welches in Buddhas Leben von entscheidender Wichtigkeit ist, ...nichts Gleiches oder Ähnliches zur Seite zu stellen."[65] Hardy versteht unter der Erleuchtung "eine auf dem Weg der Innenerfahrung intuitiv ohne Beweisgründe und ohne Überlieferung gewonnene Erkenntnis."[66] Für Bertholet handelt es sich bei dererlei Erfahrungen um "Zustände, in denen sich selbst das eigene Denken schließlich in geistige Luftleere verflüchtigen muß... Es sind am Ende pathologische Zustände der Autohypnose, die uns auf das tiefere Niveau der Naturreligion zurückweisen."[67] Die lehrmäßige Autorität Buddhas entspringe jedenfalls – und darauf kam es den Apologeten an – nicht göttlicher Sendung, sondern einer wie auch immer gearteten Selbstermächtigung.[68] Obwohl ihnen die Bedeutsamkeit der Erleuchtung innerhalb des Buddhismus nicht entging, begnügten sie sich mit der Feststellung dessen, was sie aus christlicher Sicht eben nicht war: Offenbarung oder Sendungserlebnis. Darüber hinaus erfüllte die Erleuchtungserfahrung für die Apologeten eine wichtige Funktion hinsichtlich der Stellen, an denen sich die buddhistischen Aussagen ihrer Einordnung in die westlichen Interpretationsraster sperrten: Wo es aufgrund der unpassenden westlichen Kategorien zu Ungereimtheiten kam, wurden diese auf den verdächtigen und zweifelhaften Charakter, den Versenkungserfahrungen in den Augen der Apologeten besaßen, zurückgeführt. So verhinderte diese "Erklärung" eine kritische Überprüfung der Interpretationskategorien.

Nach dem vorgegebenen religionsphilosophischen Grundmuster hatte der Atheismus Buddhas zwangsläufig zum Materialismus zu führen.[69] "Das Christentum hat zum Ausgangspunkt aller seiner Lehren und Vorschriften den Glauben an den persönlichen Gott, den Schöpfer aller sichtbaren und unsichtbaren Dinge. Der Buddhismus kennt keinen Gott, keinen Schöpfer aller Dinge."[70] Die Logik des apologetischen Vergleichs – *und darin enthüllt sich eine seiner zentralsten hermeneutischen Engführungen* – zieht aus dieser Feststellung den impliziten Schluß, daß ebenso, wie im Christentum der Gottesidee die alles weitere tragende und prägende Stellung zukomme, *dem als Leugnung (Atheismus!) verstandenen Fehlen dieser Gottesidee im Buddhismus die gleiche Trag- und Prägekraft eigne!* Dieser entscheidende Fehlschluß wurde dadurch ermöglicht, daß man den Buddhismus in westliche Religionsphilosophie einordnete. Aus dieser waren die grundsätzlichen Strukturen entlehnt, nach denen man den inneren Aufbau des Buddhismus

---
[65] Hardy, a.a.O. 198.
[66] Ebd. 196.
[67] Bertholet, a.a.O. 30. Ähnlich auch Wecker: "...intensive Konzentration des Denkens und Fühlens, die dann übergeht in die pathologischen Zustände der Ekstase und Visionen..." (Wecker, a.a.O. 28).
[68] Vgl. Monier-Williams, a.a.O. 553f u. Scott, a.a.O. 151.
[69] Scott (203ff) und Hardy (197) sprechen offen von Materialismus, Schomerus (34) redet von "seelenlosem Mechanismus".
[70] Hardy, a.a.O. 195; vgl. die ähnliche Formulierung bei Schomerus, a.a.O. 25.

deutete. Das Christentum fungierte nicht nur als der eine Teil des Vergleichspaares, sondern es stellte auch die Skala des Vergleichs dar. Da die Reflexion auf eventuelle strukturelle Unterschiede zwischen Christentum und Buddhismus entfiel, mußte der Buddhismus angesichts des Fehlens der Gottesidee eben im Sinne der christlich bestimmten Vergleichsskala als defizientes Christentum oder aber als ein nach Maßgabe des tatsächlich im Gegenzug zum Christentum entwickelten (und darin sein Spiegelbild bleibenden) westlichen Atheismus verstanden werden. An die (Leer-)Stelle Gottes trete im Buddhismus das mechanistische Kausalgesetz. "Ein Gott, der mit der Welt handelt und ihrem Dasein einen Zweck gibt, ist nicht vorhanden. Das Geschehen der Welt spielt sich mechanisch ab aufgrund des Kausalitätsgesetzes. Auch das Leben der Menschen ist diesem Kausalitätsgesetz völlig unterworfen."[71]

Hier aber kam es zu einer augenfälligen Diskrepanz zwischen dem angelegten Interpretationsraster und den vorgefundenen buddhistischen Aussagen, denn dem Materialismus Buddhas schien die von ihm gelehrte Wiedergeburt zu widersprechen: "...wenn es keine bleibende Seele gibt, was ist es dann, was zur ewigen Wanderung von Geburt zu Geburt verdammt ist?"[72] Während Buddhas Ablehnung metaphysischer Fragen durchaus in das Schema des Materialismus zu passen schien, stellte die von ihm verkündete Wiedergeburtslehre für die meisten Apologeten "ein ganz gewaltiges Stück Metaphysik"[73] dar. Nach Bertholet ist es eines der großen "Rätsel" des Buddhismus, daß die Wiedergeburtslehre "nun einmal die unverrückbare metaphysische Basis, auf die sich die Spekulation des Buddhismus aufbaut", ist, und gleichzeitig eben "diese Spekulation... die substantielle Seele (leugnet)."[74] Nach Wecker ist Buddhas Lehre hier nun "trotz aller Ablehnung der Philosophie... doch wieder Philosophie..."[75] Scott betont, daß Buddha die Wiedergeburt nicht als eine metaphysische, sondern moralische Notwendigkeit gelehrt habe[76], doch das die Wiedergeburt regelnde Karma-Gesetz sei "unscientific", "unphilosophic", "a psychological absurdity".[77] Scott führt dies auf das Wirken Gottes zurück, das den Menschen nötige eine moralische Verantwortung für seine Taten anzuerkennen, was dann aber eben nicht mehr in die Systemzwänge des buddhistischen Atheismus und Materialismus passe.[78]

---

[71] Schomerus, a.a.O. 41; vgl. auch Haack, a.a.O. 17.
[72] Wecker, a.a.O. 26; ähnlich Bertholet, a.a.O. 15ff.
[73] Vgl. z.B. Bertholet, a.a.O. 14ff.
[74] Ebd. 18. Es zeigt immerhin die wissenschaftliche Redlichkeit Bertholets, daß er nicht nur von "Inkonsequenzen", sondern auch von "Rätseln" spricht und damit zumindest die Möglichkeit zukünftiger Klärung offen läßt.
[75] Wecker, a.a.O. 29.
[76] Scott, a.a.O. 203.
[77] Ebd. 207.
[78] Vgl. ebd. 208.

Eine weitere Ungereimtheit konstatieren die Apologeten in den buddhistischen Aussagen zum Nirvâna. "Wir wissen heute, daß der Buddha selber über die Frage, ob das Nirvâna ein Sein oder ein Nichtsein sei, nichts gelehrt habe. Aber sein Schweigen spricht hier im Grunde laut genug, auch wenn man nicht urteilen müßte, daß die ganze Konsequenz seiner Lehre nach der negativen Seite hin drängt..."[79] Diese Aussage Bertholets verrät wiederum die typische Denkweise der Apologeten. Die buddhistische Lehre, wie sie sie von ihren westlichen Voraussetzungen her (daß eben aus Atheismus Materialismus resultiert) sahen, konnte keine andere Konsequenz haben, als letztlich die Vernichtung zu lehren, auch wenn eine Reihe von Aussagen in den buddhistischen Texten selbst dagegen sprachen. Hardy vertritt definitiv, daß das Nirvâna Vernichtung bedeute[80], Monier-Williams spricht von der Anihilisation des wahren Selbst[81]. Positive Aussagen über das Nirvâna werden häufig als spätere Entwicklungen gedeutet, in denen sich die menschliche Natur gegen die buddhistische Theorie durchgesetzt habe.[82] Schomerus etwa führt mehrere dieser eindeutig positiven Aussagen über das Nirvâna an[83], urteilt dann aber in einer Weise, die von unverhohlenem, renitentem Festhalten an den fragwürdig werdenden abendländischen Interpretamenten zeugt: "Für Buddha und erst recht für seine Anhänger hat das Nirvâna stets auch einen positiven Inhalt gehabt. Von unserem Standpunkt aus dürfen wir aber zweifellos das Nirvâna als einen Zustand des Nichts ansehen, denn das, was der Buddhist Positives in ihm sieht, ist für unser Empfinden schwerlich etwas Positives."[84] Dem Abendländer, der hier "folgerichtiger denke", müsse das Nirvâna als "ewiger Tod" erscheinen.[85] Man kann in dieser Bemerkung von Schomerus das apologetische Pendant zu dem oben bereits erwähnten Zitat de La Vallée Poussins sehen: "...we look at the Buddhist doctrines from the outside. Whereas Nirvâna is for us a mere object of archaeological interest, it is for Buddhists of paramount practical importance. Our task is to study what Nirvâna may be; the task of the Buddhist is to reach Nirvâna."[86] Was bei de La Vallée Poussin jedoch als Anzeichen hermeneutischer Sensibilität erscheinen mag, wird bei Schomerus zum Zeichen gewaltsamer Verschließung. Daß das Nirvâna für den abendländischen Christen nichts Erstrebenswertes sein kann, ist so sakrosankt, daß eine weitere Verstehensbemühung um den eventuellen Wert des mit dem Nirvâna Gemeinten abgebrochen wird.

Die apologetischen Religionsvergleiche erweisen sich in ihrem Begriff von Religion und der Applikation des mit diesem verbundenen Interpretationsrasters auf den Buddhismus so festgelegt, daß weder die Erleuchtung Buddhas noch dessen spezifische Lehrhaltung, noch seine Verkündigung über das

---

[79] Bertholet, a.a.O. 50.
[80] Vgl. Hardy, a.a.O. 197.
[81] Vgl. Monier-Williams, a.a.O. 143 u. 559.
[82] Vgl. Bertholet, a.a.O. 52; Haack, a.a.O. 20; Schomerus, a.a.O. 57.
[83] Vgl. Schomerus, a.a.O. 54ff.
[84] Ebd. 58.
[85] Vgl. ebd. 57f.
[86] Zitiert nach Welbon, a.a.O. 273; vgl. oben S. 20.

Nirvâna, ihnen in irgendeiner Weise zu einem Verständnis der religiösen Eigenart des Buddhismus verhelfen konnten. Das Fehlen eines Gottesbegriffs, wie er aus dem jüdisch-christlich-islamischen Umfeld bekannt war, wurde als Leugnung Gottes (Atheismus) interpretiert, was vor allem dadurch verursacht sein dürfte, daß der eigentlich angezielte Gegner der Apologeten die wirklich in Frontstellung zum Christentum entstandenen atheistischen Strömungen des Abendlandes waren. Dies gab den zentralen Ausschlag für den Vergleich weiterer christlicher und buddhistischer Lehren. Ausgehend von der Zentralität der Gottesidee, die ihr in der westlichen Religionsphilosophie zukam, wurde durch die unkritische Übertragung dieser Religionsphilosophie auf den Buddhismus seiner vermeintlichen Gottesleugnung eine analoge Zentralität für die Plausibilität seiner Lehren unterstellt. Diese mußten folglich als Konsequenzen seines Atheismus verstanden werden. Was sich dieser Logik widersetzte, stellte nicht den Verständnishorizont der Apologeten, sondern die Stringenz des Buddhismus in Frage.

3.3 Unheil und Heil: Der Vorwurf des Pessimismus und des Nihilismus

Die gleiche Einmütigkeit, die sich bei den Apologeten in dem Atheismusvorwurf findet, herrscht bei ihrer Beurteilung der buddhistischen Unheilsvorstellung. "Alles Dasein ist Leiden", so lautet nach ihrer übereinstimmenden Überzeugung die Botschaft Buddhas. Und wenn alles Dasein Leiden ist, dann kann die Erlösung vom Leiden nur in der Erlösung vom Dasein bestehen. "Nichtsein ist besser als Sein, es ist das 'Ziel, aufs innigste zu wünschen'. Ganz natürlich. Wenn das Grundübel das individuelle Dasein ist, wie alle Inder glauben, so muß das höchste Gut das Aufhören des Daseins sein."[87] Da Buddha die pantheistische Erlösungslehre des Brahmanismus abgelehnt habe, bleibe gar nichts anderes übrig als eine nihilistische Interpretation des von ihm angestrebten Heilszieles. "Wir leiden, weil wir leben. Leiden und Leben sind ihm zwei sich deckende Begriffe. Wir können auch sagen, daß sich bei Buddha alles um die Frage dreht: Wie kann der Mensch vom Dasein befreit werden?"[88]

Nur knapp fällt die Darstellung aus, die die Apologeten von der Begründung dieser Gleichung geben. Nach Haack ist die Wiedergeburt, ausgelöst durch den "Durst nach physischer Existenz", der Grund für die Leidhaftigkeit allen Daseins.[89] In gleicher Weise urteilen Monier-Williams, Hardy und Scott, der sich ausdrücklich auf Barthélemy Saint-Hilaire beruft.[90] Wecker, Bertholet und Schomerus versuchen zu präzisieren. Wecker stellt die rhetorisch, polemische Frage: "Wovon bringt Buddha die Erlösung? Von Wiedergeburt, Alter, Krankheit, Tod, vom *physischen Übel*, von Zuständen. Aber gibt

---

[87] Hardy, a.a.O. 197.
[88] Schomerus, a.a.O. 26; ähnlich auch: Haack, a.a.O. 13, Scott, a.a.O. 196, Bertholet, a.a.O. 22, Monier-Williams, a.a.O. 545.
[89] Haack, a.a.O. 13.
[90] Vgl. Monier-Williams, a.a.O. 545, Hardy, a.a.O. 196, Scott, a.a.O. 197.

es denn nicht noch ein tieferes, ein drückenderes Übel, das auf Millionen von anderen lastet, die nicht mit dem indischen Pessimismus in die Welt schauen, das *ethische Übel*, die Sünde, von der Christus uns Erlösung bietet? Ist jene buddhistische Auffassung der physischen Leiden als der höchsten Übel sittlich tief?"[91] Nach Bertholet resultiert die Bestimmung des Physischen als des eigentlich Leidhaften aus der indischen Grundstimmung, die das absolute Brahman im Gegensatz zum Wechsel und Wandel der Erscheinungen verstehe.[92] Nach Schomerus, der in diesem Punkt die gleiche Auffassung wie Bertholet vertritt, kommt die Wiedergeburt lediglich als verstärkendes Moment zu dem wegen seiner Wechselhaftigkeit an sich schon leidhaften Charakter des Daseins hinzu.[93]

Die den existentiellen Zug der buddhistischen Leidenslehre verfehlende Bestimmung des Leidens als eines physischen oder metaphysischen (Wiedergeburt) durch die Apologeten, deckt sich mit ihrer Erklärung des "Durstes" (p.: tanhâ, skt.: trsnâ) als Leidensursache. Im Sinne Schopenhauers verstehen sie ihn als "Wille zum Leben", "Durst nach Sein", "Durst nach physischer Existenz". Nach Scott ist "tanhâ" "not lust in the Christian sense, but the natural innocent love of life."[94] Für Wecker zeigt sich in der Frage der Leidensursache "die ganze metaphysische Armut des Buddhismus", da die mit dem Leiden gleichgesetzte physische Existenz auf etwas als ihre Ursache zurückgeführt werde, das diese selbst voraussetze.[95]

Wie das Unheil und seine Ursache so wird von den Apologeten auch die Erlösung, das Nirvâna, rein physisch als Vernichtung oder metaphysisch als ein der Vernichtung ähnlicher Zustand (den "man mit dem in der Narkose vergleichen kann"[96]) interpretiert. Wird das Nirvâna von den buddhistischen Texten positiv als Glück geschildert, so verrät sich nach Bertholet darin "ein unbewußt kraftvoller Ausdruck eines guten Stücks Willen zum Leben, der unüberwunden geblieben ist, weil er unüberwindbar ist."[97] Unter der von den Apologeten einhellig vorausgesetzten Interpretation der buddhistischen Leidenslehre i. S. eines radikalen Daseinspessimismus, kann und darf es eben kein positives Glück geben. So behauptet Schomerus gegen allen, z.T. von ihm selbst wiedergegebenen Textbefund von Buddha: "Daß es wirklich ein Glück oder irgendetwas Freudiges, das so genannt zu werden verdient gibt, leugnet er."[98]

---

[91] Wecker, a.a.O. 29. Ähnlich formuliert Bertholet: "Aber Greisenalter, Krankheit und Tod sind Zustände des Menschen, nicht menschliches Tun, sind Leiden und Übel dieser Welt, nicht das Böse, sind kurz gesagt ein Physisches, kein Ethisches." Bertholet, a.a.O. 9.
[92] Bertholet, a.a.O. 10.
[93] Vgl. Schomerus, a.a.O. 44ff.
[94] Scott, a.a.O. 217.
[95] Wecker, a.a.O. 26.
[96] Schomerus, a.a.O. 57.
[97] Bertholet, a.a.O. 52.
[98] Schomerus, a.a.O. 47.

Gegen die nihilistische Interpretation des Nirvâna stand die vom Buddhismus gelehrte Möglichkeit, das Nirvâna bereits zu Lebzeiten zu verwirklichen. Nach Hardy ist damit jedoch lediglich ein Zustand gemeint, in dem der Wille zum Leben verneint wird[99], nach Monier-Williams handelt es sich um die Erlangung eines Zustands von "indifference and apathy"[100], für Haack um "die stumpfe Resignation eines erstorbenen Herzens"[101]. Scott und Wecker sehen das zu Lebzeiten verwirklichte Nirvâna positiver als "the peace which ensues when all passion has been subdued"[102] und "den seligen Frieden, wo aller Sturm des Herzens sich legt und freudige Zuversicht über die Seele kommt."[103] Aber auch sie ringen sich nicht zu dem durch, als was es die buddhistischen Texte schildern, *das Aufhören des Unheilszustandes im Leben des Erleuchteten*, da dies durch die Prämisse, daß alles Leben Leiden sei, und durch die Interpretation der mit "Leiden" übersetzten buddhistischen Unheilsvorstellung (dukkha) als physischer ausgeschlossen war.

Im Gegensatz zum Buddhismus gelte im Christentum die Erlösung einem sittlichen Übel, der Sünde. Weil das Christentum um den persönlichen Gott und die Personalität des Menschen wisse, gewinne das Unheil eine völlig andere Qualität, die es weit über das physische Leid hinaushebe. Vom persönlichen Schöpfergott ist das Leben gegeben, durch die Sünde des Menschen ist es beeinträchtigt, in der Erlösung wird es neu ergriffen. Erlösung vom Leiden kenne das Christentum nur, sofern "das Leiden Strafe der Sünde ist".[104] Der Christ vermag das Leiden wegen seines Strafcharakters nicht nur als ein Übel zu betrachten, es kann ihm vielmehr positiv zur inneren Reife dienen.[105] Im und durch das Leiden kann der Christ zur Vervollkommnung finden.[106] Christus selbst hat als der größte Leidende die Ursache des Leidens, die Sünde, beseitigt.[107] Durch die Vergebung der Sünde als einer persönlich verantworteten Schuld gegenüber dem personalen Gott, findet der Mensch zum Spender des Lebens zurück, was allein die Kraft gibt, das irdische Leid zu tragen und dieses sinnvoll werden läßt. "In Christus haben wir einen Führer vom Tod zum Leben, in Buddha vom Leben zu dem dem Tode ähnlichen Nirvâna."[108] Der Begriff des Lebens erhalte seinen Vollsinn erst vom Schöpfer des Lebens, und erst in der personalen Beziehung zu ihm werde es ergriffen. Daher könne nur der Christ sich von jeder Unterschätzung und

---

[99] Hardy, a.a.O. 197.
[100] Monier-Williams, a.a.O. 560.
[101] Haack, a.a.O. 21.
[102] Scott, a.a.O. 214.
[103] Wecker, a.a.O. 27.
[104] Hardy, a.a.O. 196. Bei dieser Zusammenstellung verzichte ich darauf, die einzelnen theologischen Positionen der Apologeten näher zu kennzeichnen, sondern beschränke mich auf das, was sie gemeinsam als das Wesen der christlichen Erlösungslehre im Unterschied zur buddhistischen ansehen.
[105] Vgl. Schomerus, a.a.O. 62.
[106] Vgl. Monier-Williams, a.a.O. 545.
[107] Vgl. Scott, a.a.O. 201.
[108] Schomerus, a.a.O. 64.

Überschätzung der Welt freihalten.[109] Nach Hardy ist die Sünde im Christentum eine "Störung des rechten Verhältnisses zu Gott", im Buddhismus dagegen einen "Störung des inneren Gleichgewichtes".[110] Nach Bertholet zeigt sich der fundamentale Unterschied beider Religionen schon in ihrem Begriff der "Wiedergeburt": "hier im Namen der Religion selbst die Erklärung, daß das Leben nicht lebenswert sei, bei Jesus, daß es im Gegenteil ein lebenswertes Leben gebe."[111]

Bertholet spricht deutlich aus, was alle Apologeten im Vergleich der Unheil/Heil-Bestimmung in Christentum und Buddhismus voraussetzen, daß nämlich "im Lichte des Atheismus Buddhas... auch sein Pessimismus erst recht vertändlich" wird.[112] So wie sich im Christentum Unheil und Heil nur von der Gottesvorstellung herleiten und erklären lassen, glauben sie, daß die buddhistische Konzeption von Unheil und Heil letztlich nur aus seinem vermeintlichen Atheismus heraus verstehbar sei. Das hat zur Folge, daß all jene Unheils- und Heilsmomente, die im Christentum theistisch geprägt sind, nach dieser Logik im Buddhismus nicht vorkommen dürfen. Damit verfehlen die Apologeten sowohl die Konstitutivelemente des buddhistischen Unheils- und Heilsverständnisses, als auch dessen Facettenreichtum. Die auch im älteren Buddhismus bereits mannigfach aufzufindenden individual- und sozial-ethischen Aspekte des Unheils wie des Heils werden von ihnen ignoriert. Das buddhistische Daseinsverständnis wird so gedeutet, wie ein christliches Daseinsverständnis aussehen würde, bräche man ihm den Gottesbegriff heraus. Und ohne Gott wird für die Apologeten eben alles Dasein notwendig sinnlos und leidhaft. Nihilismus und Pessimismus sind im Rahmen des christlich bestimmten Vergleichs- und Interpretationsrasters für sie die unvermeidlichen Konsequenzen aus dem buddhistischen Atheismus. Liegt der buddhistische Textbefund anders, so wird er übergangen oder als Inkonsequenz des Buddhismus verstanden.

Bei der Wiedergabe der "Ersten Edlen Wahrheit" wird "dukkha" von allen Apologeten ausschließlich mit "Leiden", "pain" oder "suffering" übersetzt.[113] Niemand schenkt dabei der genauen Formulierung in der "Ersten Edlen Wahrheit", "die fünf Gruppen *des Anhaftens* sind 'dukkha'" (pañc*upâdâna*-

---

[109] Vgl. ebd. 59.
[110] Hardy, a.a.O. 196.
[111] Bertholet, a.a.O. 22.
[112] Ebd. 21f.
[113] Zur Bedeutung von "dukkha" vgl. etwa A. Bareau, Die Erfahrung des Leidens und der menschlichen Lebensbedingungen im Buddhismus, in: Concilium 14 (1978) 348-352. "Das Wort duhkha in Sanskrit, dukkha in Pâli, das wir mit 'Leiden' übersetzen, hat einen sehr weiten Sinn, einen viel weiteren als jenen des deutschen Wortes, mit dem man es gewöhnlich wiedergibt. Es bezeichnet alles, was nicht gefällt, von der leichtesten Unannehmlichkeit bis zum grausamsten Schmerz, den physischen Schmerz so gut wie die seelische Pein..." (ebd. 349).

kkhandhâ dukkhâ) nähere Beachtung.[114] Gemeinsam mit der Feststellung, daß das Nirvâna bereits im Leben erreicht werden kann und in der Freiheit von eben jener leidhaften Anhaftung besteht, hätte allerdings eine solche Aufmerksamkeit dazu führen können, daß die Auffassung, der Buddhismus halte schlichtweg alles Leben für Leiden, ins Wanken gerät.

Die von der Ursache des Leidens handelnde "Zweite Edle Wahrheit" gibt folgende drei Bestimmungen des "Durstes" (tanhâ): "Durst nach Sinnenfreuden" (kâmatanhâ), "Durst nach Werden" (bhavatanhâ) und "Durst nach Ent-Werden bzw. Vernichtung" (vibhavatanhâ). Gerade die dritte Bestimmung, mit der sich Buddha gegen die nihilistischen Lehren seiner Zeit stellte, wäre geeignet gewesen, die Apologeten in ihrem Nihilismusvorwurf vorsichtiger zu machen. Aber sie ziehen hierzu meist die vom Kontext her (bhavatanhâ/vibhavatanhâ) unhaltbare Übersetzung "Durst nach Macht" vor.[115] Selbst Schomerus, der in stärkerer Übereinstimmung mit der buddhistischen Tradition "vibhavatanhâ" als "Vergänglichkeitsdurst"[116] übersetzt, mißt dieser Bestimmung jedoch keine Bedeutung für seine quasi-nihilistische Interpretation bei.

Diese Beobachtungen zeigen erneut, daß die Apologeten in ihrer vom Christentum vorgegebenen Vergleichsperspektive und der dementsprechenden Logik so festgelegt waren, daß sie auch an den Stellen nicht zu einer anderen Sicht durchdrangen, bei denen sie selbst deren zentrale Bedeutung für das buddhistische Selbstverständnis erkannten.

---

[114] C.-H. Ratschow, der in einem Aufsatz auf diesen genauen Wortlaut in der "Ersten Edlen Wahrheit" eingeht, mißversteht die Befreiung von Anhaftung jedoch als Desinteresse an der Welt (vgl. C.-H. Ratschow, Leiden und Leidensaufhebung im Buddhismus und im Christentum, in: E. Dammann [Hg], Glaube, Lieben, Leiden in Christentum und Buddhismus [Weltmission heute 27/28], Stuttgart 1965, 50-68). Wie sehr sich inzwischen die Formel "alles Dasein ist Leiden" mit ihren entsprechenden Varianten festgesetzt hat, zeigt sich daran, daß sie auch dort noch vorzufinden ist, wo sie gegen die eigene Erkenntnis steht, wie z.B. in der gelehrten Studie von J. W. Boyd über die Symbolik des Bösen in Christentum und Buddhismus (J. W. Boyd, Satan and Mâra. Christian and Buddhist Symbols of Evil, Leiden 1975). Obwohl Boyd dort meist zutreffend und präzise formuliert, daß es "ordinary" oder "samsaric existence" ist, die als "dukkha" bezeichnet wird (vgl. etwa ebd. 140, 149, 159), verfällt er dann doch wieder in Formulierungen wie: "From the perspective of the Enlightened Buddhist, life is essentially dukkha..." (ebd. 147).
Zu der expliziten Unterscheidung der "khandha" im allgemeinen Sinn von den "Anhaftungs-Gruppen" (upâdânakkhandha) vgl. z.B. Samyutta-Nikâya XXII, 48 u. Visuddhi-Magga XIV.

[115] Vgl. z.B. Hardy, a.a.O. 56, Bertholet, a.a.O. 13, Monier-Williams, a.a.O. 43.

[116] Vgl. Schomerus, a.a.O. 24.

3.4 Wege zum Heil: Der Vorwurf der Selbsterlösung und des Heilsindividualismus

Breiten Raum geben die apologetischen Vergleiche der Behandlung der buddhistischen Moral, was zweifellos auf die große positive Beachtung zurückzuführen ist, die diese gefunden hatte. Auch die meisten der Apologeten zeugen ihr Anerkennung, Scott hält sie gar für die beste, die unter den nichtchristlichen Religionen anzutreffen sei.[117] Umso mehr bemühen sich die Apologeten um den Nachweis, daß die buddhistische Moral auf Selbsterlösungsstreben basiere und somit notgedrungen zu Heilsindividualismus führe, dem es letztlich an echtem Altruismus fehle.

Da es für den lebendigen Gott im Buddhismus keinen Raum gebe – so setzt Haack bezeichnenderweise an –, kenne dieser natürlich weder Verpflichtungen gegenüber Gott, noch eine Erlösung durch ihn.[118] Die vom Buddhismus folglich gelehrte Selbsterlösung schmeichle dem menschlichen Stolz, doch da das Ziel dieser Selbsterlösung in der "Grabesruhe des nirvâna" bestehe und Buddha auch "in den berechtigten Bedürfnissen des Herzens, in den Regungen der Liebe" nur Durst nach Leben sehe, sei letztendlich "absolute, völlige Resignation zu erzielen..., der alles beherrschende Gesichtspunkt der gepriesenen buddhistischen Moral."[119] Auch für Hardy findet sich im Vergleich der Moral beider Religionen "derselbe Gegensatz..., wie er sich durch die Glaubenslehren hindurchzieht... Es ist der Gegensatz einer Sittlichkeit mit und ohne Gott."[120] Die sittliche Motivation entstamme im Christentum der Liebe Gottes um seiner selbst willen, sowie der Hoffnung auf Lohn und der Furcht vor Strafe im Hinblick auf das Jenseits, die buddhistische dagegen dem Wunsch nach Befreiung vom Dasein. Das ethische Ideal des Christentums sei die Erhöhung des natürlichen Selbst durch Einsenkung in Christus, das buddhistische die Erniedrigung des Selbst bis hin zur Selbstvernichtung. Auch die berechtigten Leidenschaften lehne der Buddhismus ab und suche die Ausrottung selbst des edelsten Gefühls. Der Charakter der christlichen Moral sei aktiv, die buddhistische durch Passivität und Quietismus gekennzeichnet. Die christliche Moral beruhe auf göttlicher Autorisation, die buddhistische kenne keine Verpflichtung, sondern sei rein positivistisch.[121] Der "Geist der beiderseitigen Moralsysteme" offenbare sich am treuesten darin, "daß der Christ in allem Gott die Ehre gibt und sich als unnützen Knecht des Allerhöchsten betrachtet, der Buddhist aber umgekehrt alles auf sich zurückbezieht. Demut liegt dem einen, gehobenes Selbstbewußtsein dem andern im Sinnne..."[122] Dieser unterschiedliche Geist zeige sich denn auch im Vergleich des Lebens der Stifter: "Christus und Buddha neh-

---
[117] Vgl. Haack, a.a.O. 9; Monier-Williams, a.a.O. 144; Wecker, a.a.O. 31; Bertholet, a.a.O. 41; Scott, a.a.O. 244.
[118] Vgl. Haack, a.a.O. 17f.
[119] Ebd. 18ff.
[120] Hardy, a.a.O. 198.
[121] Vgl. ebd. 198f.
[122] Ebd. 200f.

men sich beide der leidenden Menschheit an, aber der eine, um durch sein eigenes Beispiel zu zeigen, daß ohne Leiden niemand in die Herrlichkeit eingehen kann, und der andere, um ihnen das Unerträgliche des leidvollen Daseins begreiflich und die Trennung vom Dasein, welches Leiden ist, leicht zu machen... Derjenige aber, der sagte, daß es gut sei, leiden zu müssen, was tat er nicht alles zur Linderung des Leidens? Im Wohltatenspenden erschöpfte sich sein Leben... Und Buddha, der sagte, daß es schlimm sei, leiden zu müssen, was tat er? Nicht daß er hartherzig gewesen, vielmehr war Mitgefühl ihm im höchsten Maße eigen, dennoch hat er sich nicht zu den Kranken begeben und nicht an der Totenbare gestanden, ja nicht einmal auch nur die Bekümmerten aufgerichtet, denn einen anderen Trostgrund als den einen: erblicke in allem das Gesetz und Verhängnis! hatte er nicht."[123]

Noch schärfer formuliert Scott über die von ihm doch an anderer Stelle so hoch gelobte ethische Gesinnung des Buddhismus: "It has no passionate desire to gather the wretched and blighted of humanity and to bind up their bleeding wounds and sores... The poor and the diseased and the lost were not to be considered for they were simply suffering the due reward of their deeds... Almsgiving was indeed encouraged; but alms were only to be bestowed upon the worthy – on the monk and Arahat – not on the outcast and the leper, whose miserable condition indicated their unworthyness..."[124] Durch das Karma-Gesetz sei sich der Buddhist zwar immer desjenigen Leides bewußt gewesen, das er sich selbst verursache, "but the suffering thus caused to others was never taken into account."[125] Weil die buddhistische Moral Gott leugne – worin also wieder der eigentliche Grund erblickt und der interpretative Ansatz gesetzt wird –, kenne sie auch keine Verpflichtung dem Nächsten gegenüber. In allem gehe es vielmehr um das eigene Verdienst. "Others are regarded only as occasions of acquiring merit." Der buddhistischen Ethik fehle es somit an echtem Altruismus.[126] Der Buddhist kenne das Gebot, seinen Feind nicht zu hassen; ihn zu lieben, dazu fühle er sich nicht verpflichtet.[127]

Nach Monier-Williams ist der Buddhist wie ein eifriger Buchhalter ständig darauf bedacht, sein Verdienstkonto zu vergrößern.[128] Nicht in den einzelnen sittlichen Vorschriften bestehe der entscheidende Unterschied zwischen christlicher und buddhistischer Moral, sondern in ihrem Prinzip und in ihrer Motivation.[129] Es sei der Gegensatz zwischen Gnadenmoral und Eigenmoral.[130] Doch etabliere die buddhistische Moral das sonderbare Paradox: "perfecting of one's self by accumulating merit with the ultimate view of annihilating all consciousness of self – a system which teaches the greatest respect for

---
[123] Ebd. 191f.
[124] Scott, a.a.O. 236f.
[125] Ebd. 210f.
[126] Ebd. 233f.
[127] Vgl. ebd. 235.
[128] Vgl. Monier-Williams, a.a.O. 143f.
[129] Vgl. ebd. 145.
[130] Vgl. ebd. 550.

the life of others, with the ultimate view of extinguishing one's own."[131] So kenne, bemerkt Monier-Williams im Gegensatz zu den anderen Apologeten, auch der Buddhismus das Selbst-Opfer für andere, doch nicht aus Altruismus: "Christianity demands the supression of selfishness; Buddhism demands the supression of self, with the one object of extinguishing all consciousness of self. In the one, the true self is elevated and intensified. In the other, the true self is annihilated by the practice of a false form of non-selfishness..."[132] Die Konsequenz daraus sei, daß der Buddhismus letztlich auch die Überwindung der Liebe selbst anstrebe.[133] Mangelnder Altruismus, da alle Sittlichkeit der Selbsterlösung diene, schließlich das Ziel einer Überwindung jeder Liebe, so lautet auch die Darstellung, die Schomerus von der buddhistischen Ethik gibt.[134] Sittlichkeit als egoistisches Mittel zu einer Erlösung, in der der Erlöste am Ende jenseits der Sittlichkeit steht, nichts und niemand mehr liebt, so sehen es auch Wecker und Bertholet.[135] Kaum beachtet werden von den Apologeten die zum buddhistischen Heilsweg untrennbar hinzugehörenden meditativen Übungen und Prinzipien. Wenn sie erwähnt werden oder gar, wie bei Schomerus, eine etwas eingehendere Behandlung finden, dann mit dem Hinweis, daß durch sie gerade jene Indifferenz herbeigeführt werde, auf die auch die Moral letztlich hinauslaufe.[136]

Auch in der Interpretation der buddhistischen Moral bleibt somit die durch die Applikation des christlichen Verständnisrasters verursachte Verzerrung, hier in Gestalt der theologisch gewerteten "Selbsterlösung", ausschlaggebend. So bemerkt etwa Monier-Williams, "this determination to store up merit - like capital at a bank - is one of those irrepressible and deepseated tendencies in humanity which nothing but the divine force imported by Christianty can ever eradicate."[137] Wenn solches dogmatisch bereits vorentschieden ist, kann natürlich im außerchristlichen Bereich nur Verdienststreben zu finden sein. Auch bei Scott wird das gleiche theologische Apriori deutlich ausgesprochen. Die Segnungen der buddhistischen Moral sind "the blessings of the Old Covenant, not of the New - the blessedness, not of them who love much because they have been forgiven much, but of them who keep the law..."[138]

Zwar merken, wie gezeigt, einzelne Apologeten, daß die Kategorie der "Selbsterlösung" nicht recht passen will, da im Buddhismus offensichtlich ein anderes Verständnis von "Selbst" vorliegt, ja in ihren Augen gerade die Befreiung vom "Selbst" angestrebt wird. Doch bleibt dies für sie eine der

---

[131] Ebd. 143. Vgl. auch Bertholet, a.a.O. 29: "Ein neuer seltsamer Widerspruch des Buddhismus: das Individuum ganz auf sich gestellt, um sich selbst zu zertreten, und dies der Sieg aller Siege!"
[132] Monier-Williams, a.a.O. 558f.
[133] Vgl. ebd. 561.
[134] Vgl. Schomerus, a.a.O. 68ff.
[135] Vgl. Wecker, a.a.O. 30f u. Bertholet, a.a.O. 29f u. 41ff.
[136] Vgl. Scott, a.a.O. 240; Bertholet, a.a.O. 29f; Schomerus, a.a.O. 75ff.
[137] Monier-Williams, a.a.O. 546.
[138] Scott, a.a.O. 226.

Inkonsequenzen des Buddhismus. Für Bertholet ist es "wieder eines der großen Rätsel, vor die er uns stellt, daß er bei seiner pessimistischen Beurteilung der Welt und des Menschen so optimistisch denkt von der menschlichen Fähigkeit, den Weg zur Erlösung zu finden."[139] Bei der Übertragung der Kategorie "Verdienstgerechtigkeit" sehen die Apologeten völlig daran vorbei, daß es nach buddhistischer Auffassung gerade das "Verdienststreben" bzw. die karmische Anhaftung ist, die im Wiedergeburtenkreislauf gefangen hält. Der von ihnen erhobene Vorwurf, die buddhistische Moral bleibe egozentrisch, da alle sittlichen Werke nur auf die Anhäufung eigenen Verdienstes abzielten, mißachtet, daß die buddhistischen Texte gerade den Vollendeten, den Buddha oder den Arahat, als den beschreiben, dessen Sittlichkeit vollkommen ist und der zugleich keine karmischen "Verdienste" mehr erwirbt, da er sein Ziel erreicht hat. Keine Erwähnung finden in den Kontrastierungen von Buddha und Jesus Erzählungen, die nicht in das gezeichnete Bild passen, wie z.B. die Bekehrung des Außenseiters und Mörders Angulimala durch Buddha[140], die öffentliche Auszeichnung und Ehrung eines Aussätzigen durch Buddha[141] (vgl. z.B. Scotts Bemerkung, Außenseiter und Aussätzige würden im Buddhismus übergangen, da sie sich ihr Elend selbst zuzuschreiben hätten), Buddhas Tadel an seine Mönche, daß sie einen kranken Mönch nicht pflegten, dessen Pflege Buddha dann selbst übernimmt, und sein Mahnwort "Wer mich pflegen würde, der pflege die Kranken"[142] (vgl. z.B. die Bemerkung Hardys, Buddha habe sich nicht um die Kranken gekümmert und die Bemerkung Scotts, Kranke würden im Buddhismus nicht beachtet), oder das berühmte Gleichnis von der Säge, in dem Buddha seinen Mönchen sagt, daß sie seine Lehre nicht erfüllen würden, wenn sie einem Menschen, der ihnen mit einer scharfen Säge Glied um Glied vom Leibe trenne, nicht mit ungehinderter Güte und Mitleid umfangen würden[143] (vgl. z.B. die Bemerkung Scotts, zur Feindesliebe sehe sich der Buddhist nicht verpflichtet). Die Reihe ließe sich noch um so manches weitere Beispiel fortsetzen! Wie selektiv und entstellend z.B. Scott vorgeht, zeigt ein Vergleich seiner Darstellung des "Edlen Achtfachen Pfades" mit dessen kanonischer Schilderung. Scott schreibt über die den Bereich der Sittlichkeit betreffenden Pfadglieder 2 - 6: "...right resolve included abandonment of all domestic and social duties; right speech was the recitation or publication of the dharma; right work was specially that of a monk; right livelihood that of living on alms; right exercise tended to the suppression of all individuality..."[144] In einer kanonischen Erläuterung heißt es dagegen von den entsprechenden Pfadgliedern: "Rechte Gesinnung (bei Scott: "right resolve") bedeutet: entsagen wollen, kein Übelwollen hegen, keinem Wesen ein Leid zufügen wollen. Rechtes Reden bedeutet: nicht lügen, nicht ungünstig über

---

[139] Bertholet, a.a.O. 20.
[140] Vgl. Majjhima-Nikâya 86.
[141] Vgl. Udâna V, 3.
[142] Vinaya-Pittaka. Diese Passage ist u.a. abgedruckt im Bd. XVII der Sacred Books of the East, aus dem Scott mehrfach zitiert!
[143] Majjhima-Nikâya 21.
[144] Scott, a.a.O. 228.

andere reden, nicht schimpfen, nicht schwatzen. Rechtes Tun (bei Scott: "right work") bedeutet: kein Wesen verletzen, nichts nehmen, was nicht gegeben wird, nicht unzüchtig sein. Rechter Lebenserwerb bedeutet: seinen Lebensunterhalt auf anständige Weise verdienen. Rechtes Bemühen (bei Scott: "right exercise") bedeutet: den Willen aufbringen, sich anstrengen, Willenskraft aufbieten, den Geist antreiben, um keine bösen, unheilsamen Regungen aufkommen zu lassen oder, wenn sie doch aufgekommen sind, sie zu vertreiben, heilsame Regungen zu gewinnen und, wenn man sie gewonnen hat, sie zu verbessern und voll zu entfalten."[145]

Diese wenigen, vielleicht peinlich wirkenden Gegenüberstellungen von dem, was in den apologetischen Vergleichen geschrieben wurde, mit dem, was den Apologeten großenteils nachweislich an textlichen Befunden bekannt war, erschienen mir nicht nur nötig, weil deren Urteile über den Buddhismus immer noch weite Verbreitung besitzen, sie illustrieren auch, daß es zumindest bei einigen von ihnen nicht *nur* zeitgeschichtlich und perspektivisch bedingte hermeneutische Schwierigkeiten waren, die solche Verzerrungen verursachten. Nicht zuletzt machen sie verstehbar, warum es im außerchristlichen Bereich zu Urteilen über die christliche Einstellung zu anderen Religionen kam, wie etwa dem von Radhakrishnan: "Es ist einfach geistiger Vandalismus, das in den Staub zu ziehen, was einer Volksseele teuer ist, was von jahrhundertealter Weisheit mühsam aufgebaut wurde."[146]

1905 (!) veröffentlichte der Indologe F. O. Schrader eine kleine Schrift, in der er sich ebenso heftig wie fundiert gegen die apologetischen Verzerrungen buddhistischer Lehren wehrte.[147] Dort vermerkte er, daß viele Apologeten mit ungenauen oder unrichtigen Übersetzungen arbeiten, so z.B. das Wort "desire" zur Übersetzung von nicht weniger als 17 verschiedenen Pâli-Begriffen verwendet werde, die allesamt nicht "desire" im gewöhnlichen Sinne meinen, sondern sich auf schlechtes und übermäßiges Verlangen beziehen.[148] Auch treffe es nicht zu, daß der Buddhismus die Überwindung jeder "Liebe" anstrebe, sondern lediglich die einer anhaftenden, leidenschaftlichen "Liebe" (kâma), statt dessen aber das "leidenschaftslose Wohlwollen" (mettâ) zu entfalten trachte[149], das sowohl Aktivität als auch Feindesliebe einschließe.[150] "Leidenschaftslosigkeit" bedeute nicht Passivität, sondern eben Freiheit von Anhaftung.[151] Die buddhistische Moral stehe durchaus in engem Zusammenhang mit der Lehre vom Nicht-Ich (anattâ), doch gehe es dabei nicht um die Persönlichkeitszersetzung, sondern um die

---

[145] Majjhima-Nikâya 141. Übersetzung aus: K. Schmidt, Buddhas Reden, Berlin 1978, 312.
[146] Zitiert nach: G. Mensching, Buddha und Christus – ein Vergleich, Stuttgart 1978, 229.
[147] F. O. Schrader, Wille und Liebe in der Lehre Buddhas, Berlin 1905.
[148] Vgl. ebd. 9.
[149] Vgl. ebd. 11f.
[150] Vgl. ebd. 15ff.
[151] Vgl. ebd. 27f.

Reinigung von allen egoistischen Motiven.[152] Das Ideal des buddhistischen Heiligen ist altruistisch: "Es bleibt ihm..., da er dem eigenen Wohle nicht mehr leben kann, nur übrig, sich dem Wohle der anderen zu widmen..."[153] Obwohl Schrader sich auf zahlreiche Belegstellen und philologische Beobachtungen stützte, blieb sein Protest weitgehend ohne Resonanz.

3.5 Weltverhältnis: Der Vorwurf des Passivismus und der Kulturfeindlichkeit

"Ich verkünde euch das Handeln, das Schaffen, das Wollen."
"Die ganze Welt laßt uns durchstrahlen mit liebevollem Streben.".
Diese beiden Zitate aus dem Pâli-Kanon stellte Schrader seiner Schrift voran, in der er u.a. zeigte, daß im Buddhismus Trägheit bzw. Schlaffheit (thînamiddha) als einer der "Hauptfehler" betrachtet und an seiner Stelle die willensstarke Tatkraft (viriya) gelehrt wird.[154]

"Passivität und Quietismus"[155] - so lautet dagegen das einhellige Urteil der Apologeten. Nach Monier-Wiliams ist die Maxime des Buddhismus: "Beware of action, as causing re-birth, and aim at inaction, indifference, and apathy, as the highest of all states".[156] Neben dem beliebten Hinweis auf die erschlaffenden Wirkungen des Tropenklimas[157], begründeten sie den Passivismus-Vorwurf mit ihrer Karma-Interpretation, indem sie "Karma" allein als Tätigkeit verstanden und folglich die Vermeidung von Karma die Vermeidung von Tätigkeit bedeute, und dem in der Meditation angestrebten Gleichmut, den sie als Indifferenz interpretierten - laut Schomerus ein "Zustand völliger Apathie"[158], laut Haack eine selbsthypnotische Abstumpfung gegen die Außenwelt.[159] Da die Unmöglichkeit des buddhistischen Heilsweges dogmatisch vorentschieden war, mußten dessen Zeugnisse erreichter Leidfreiheit uminterpretiert werden, wie etwa in dem Urteil von Schomerus: "...zu besiegen ist das Leiden nicht. Man kann nur vor ihm fliehen".[160] Nach Bertholet liegt darin, daß der Buddhismus "ohne Weltflucht keine Erlösung" kennt, "schon das Urteil beschlossen, daß der Buddhismus im Grunde seines Wesens kulturfeindlich ist."[161]

---

[152] Vgl. ebd. 31ff.
[153] Ebd. 34.
[154] Vgl. ebd. 21ff. Schrader führt aus, daß die Vorliebe indischer Sprachen für den Ausdruck eines Begriffs durch sein negiertes Gegenteil, wie z.B. "nicht-einmal" (asakim) für "oft", leicht den fälschlichen Eindruck erwecke, Buddha habe, wenn er sittliche Weisungen auf jene negative Weise ausdrückte, Passivität gelehrt (vgl. ebd. 13ff).
[155] Hardy, a.a.O 198.
[156] Monier-Williams, a.a.O. 560.
[157] Vgl. z.B. Bertholet, a.a.O. 11. So auch noch bei G. Siegmund, Buddhismus und Christentum... a.a.O. 38.
[158] Schomerus, a.a.O. 79.
[159] Vgl. Haack, a.a.O. 21.
[160] Schomerus, a.a.O. 58.
[161] Bertholet, a.a.O. 34.

Damit waren die letzten Eckdaten zur Interpretation des buddhistischen Weltverhältnisses gesetzt. Prägend bleibt jedoch auch hier wieder der Grundansatz des Vergleichs, den Buddhismus vom Fehlen der Gottesidee her zu verstehen: "Bei Buddha liegt die Welt wie in einem dunklen Schatten, und der Mensch schleicht durch sie wie ein müder Wanderer, der eine schwere Last zu tragen hat, dabei aber nicht weiß, wozu er sie trägt und wohin er gehen soll. Bei Christus liegt die Welt wie in einem hellen Sonnenschein, und der Mensch schaltet und waltet in ihr mit fröhlichem Angesicht, wissend, was er zu tun hat und was er wert ist."[162] Die Apologeten rühmen die Kulturleistungen des Christentums, wohingegen der Buddhismus "wie eine ungeheure Hypnose die Arbeitskraft von Millionen Jahrhunderte lang lahm gelegt" habe.[163] Nach Haack haben die buddhistischen Völker keine Kraft zum Fortschritt, sondern sind zur Stagnation verurteilt.[164] Zu solchen Urteilen trug mit Sicherheit die desolate Situation buddhistischer Länder im 19. Jhd. (eine Reflexion auf eine eventuelle Mitschuld kolonialer Überfremdung und Ausbeutung an dieser Situation ist freilich nicht anzutreffen) und eine Unkenntnis ihrer vorkolonialen Vergangenheit bei. Wie zeitbedingt solche Urteile waren, veranschaulicht z.B. eine Bemerkung von Wecker, die heute wohl niemand mehr so treffen würde: "Ich muß es mir versagen..., eine Parallele zu ziehen zwischen dem Zusammenstoß des Buddhismus mit der chinesischen Kulturwelt und dem Naturvolk der Japaner einerseits und dem Zusammenstoß des Christentums mit der römischen Kulturwelt und dem germanischen Naturvolk andererseits – eine solche Parallele würde auch den geschichtlichen Erweis der religiösen und kulturellen Superiorität des Christentums erbringen."[165]

Eine gewisse Schwierigkeit gegenüber diesem Urteil bedeutete die starke Ausbreitung des Buddhismus über die verschiedensten Kulturen Asiens. Bertholet löst dieses Problem so, daß der Buddhismus als "Religion der Faulheit", "etwas von seiner Verbreitung dem Umstand verdanke, daß er darin eine Konzession an menschliche Schwachheit enthält."[166] Scott kann sich die gewaltige buddhistische Expansion, die noch dazu, wie er bemerkt, ohne militärische Mittel erfolgte, u.a. durch die vielen Wundergeschichten, die über Buddha erzählt wurden, erklären.[167] Zum Vergleich mit weniger schönen Zügen in der Geschichte der christlichen Expansion bemerkt Scott: "The alleged intolerance of Christianity... is simply its conviction of the truth which compels it to be propagandist. Now if Buddhism tolerates everything, it is because it is not sure about anything, but, on the contrary, is in doubt about everything."[168] Im übrigen habe sich das Christentum trotz schwerer Verfolgungen rasch verbreitet, der Buddhismus hin-

---

[162] Schomerus, a.a.O. 41.
[163] Bertholet, a.a.O. 38f.
[164] Vgl. Haack, a.a.O. 23.
[165] Wecker, a.a.O. 32.
[166] Bertholet, a.a.O. 34.
[167] Vgl. Scott, a.a.O. 325.
[168] Ebd. 280.

gegen trotz vielfacher staatlicher Protektion nur langsam, wobei Scott die Buddhistenverfolgungen ebenso herunterspielt, wie die staatlichen Protektionen, die das Christentum genoß.[169] Während die Geschichte des Christentums immer wieder seine Lebenskraft durch reformatorische Erneuerungen bezeuge, sei die Geschichte des Buddhismus "only a long process of degradation, without having manifested any power as yet to recover and to reform itself according to its original and essential principles."[170] Die miserablen buddhistischen Regierungen, so Scott, hätten bewiesen, daß nur der Glaube an Gott den Schutz der Menschenrechte gewähre.[171] Ebenso unbefangen wie Scott über den historischen Befund hinweggeht, übergeht er auch den von ihm selbst referierten textlichen Befund. So zitiert er beispielsweise Buddhas Worte an den Samgha: "Therefore, o bretheren, to whom the truths which I have perceived have been made known by me, having thoroughly masterd them, meditate upon them, practice them, spread them abroad, in order that the pure Dhamma may last long and be perpetuated, in order that it may continue to be for the good and happiness of the great multitude, out of pity for the world, to the good, and gain, and weal of gods and men"[172] und behauptet dann wenige Seiten weiter über die Funktion des Samgha: "The Sangha was the vehicle of rescue from out the world, not the bringer of salvation to it; it worked not for the regenaration of society, but for its disintegration and destruction."[173]

Im Urteil über die kulturschöpferischen Leistungen des Buddhismus bildet unter den Apologeten allein Monier-Williams eine Ausnahme. Trotz aller Kritik, die er gegen den Buddhismus vorbringt, würdigt er doch dessen kulturelle Werte in einer den historischen Realitäten angemessenen Weise. Seine Sätze mögen auch hier als Kommentar ausreichen: die buddhistische Tradition "introduced education and culture; it encouraged literature and art; it promoted physical, moral, and intellectual progress up to a certain point; it proclaimed peace, good will, and brotherhood among men; it deprecuted war between nation and nation; it avowed sympathy with social liberty and freedom; it gave back much independence to women; it preached purity in thought, word and deed (though only for the accumulation of merit); it inculcated generosity, charity, tolerance, law, self-sacrifice, and benevolence; it advocated respect for life and compassion towards all creatures; it forbade avarice and the hoarding of money; and from its declaration that a man's future depended on his present acts and condition, it did good service for a time in preventing stagnation, stimulating exertion, promoting good works of all kinds, and elevating the character of humanity."[174]

---

[169] Vgl. ebd. 329ff.
[170] Ebd. 338.
[171] Vgl. ebd. 250. Scott verrät nicht, welche Regierungen er meint – wohl nicht die des ersten buddhistischen Kaisers Ashoka!
[172] Ebd. 258.
[173] Ebd. 262.
[174] Monier-Williams, a.a.O. 551.

3.6 Die Problematik des apologetischen Religionsvergleichs

In der Geschichte der westlichen Buddhismusinterpretation stellen die apologetischen Religionsvergleiche eine entscheidende Etappe dar. Nach den in der Anfangsphase gegebenen, eher unsystematischen, vergleichenden Rückbezügen auf abendländisches Traditionsgut und nach der am Vergleich vereinzelter Parallelen orientierten historischen Forschung, wird in ihnen erstmals systematisch und umfassend der Vergleich mit dem Christentum als Mittel zum Verständnis des Buddhismus verwendet. Allerdings ist das hermeneutische Interesse in ihnen von der apologetischen Intention gebrochen. Letztere führte offensichtlich bereits im Vorverständnis der Apologeten zu einer Entscheidung für die atheistisch/nihilistische und gegen die mystische Interpretationslinie. Selbst bei Apologeten wie Scott, Bertholet und Wecker, die sich gegen eine aprioristische Ausklammerung jeglicher Wahrheit in nicht-christlichen Religionen wenden, bleibt faktisch so gut wie nichts, was einer positiven Würdigung des Buddhismus im Verhältnis zum Christentum nahekäme. Wie in den Einzelanalysen erkennbar wird, instrumentalisieren die Apologeten den Buddhismus in ihrer Frontstellung gegen atheistische Kreise des Abendlands. Mit ihrer Buddhismusinterpretation versuchen sie zu zeigen, daß aus Atheismus notwendig eine pessimistische und nihilistische Weltanschauung resultiere, mit letztlich kulturschädlichen Auswirkungen. Gleichzeitig führen sie einen Abwehrkampf gegen all jene, deren Sympathien für buddhistisches Gedankengut soweit gehen könnten, daß sie zumindest in gewissen Zügen desselben eine Alternative zur christlichen Religion erblikken. So ist die apologetische Auseinandersetzung mit dem Buddhismus angesichts der nur spärlich gegebenen Konversionen eher eine prophylaktische mit dessen Sympathisanten, hingegen die mittels der Buddhismuskritik geführte Auseinandersetzung mit dem abendländischen Atheismus eine akute und damit auch die gewichtigere. Dieser Situation entspricht die vergleichende Wertung, in der das Verhältnis von Christentum und Buddhismus mal als klare Überlegenheit des ersteren erscheint, mal als unversöhnlicher Kontrast.

Beiden Zielgruppen der Apologeten ist gemeinsam, daß sie nur aus ihrer Beziehung zum Christentum verstehbar sind. Der abendländische Atheismus hatte sich in der Kritik am Christentum, dessen negatives Spiegelbild er blieb, konstituiert; Sympathien für buddhistisches Gedankengut traten dort auf, wo Abendländer meinten, daß dieses dem Christentum vorzuziehen sei, es also von vornherein in einer christentumskritischen Vergleichsperspektive rezipiert wurde. Der Vergleich von Christentum und Buddhismus trug daher bei den Apologeten mehr der Abhängigkeit dieser beiden Zielgruppen vom Christentum Rechnung, als daß er der hermeneutischen Erschließung des Fremden diente. So erklärt es sich, daß in den apologetischen Vergleichen das Christentum und seine Kategorien nicht nur den einen Teil des Vergleichspaares stellten, sondern auch den Raster und die Grundlage des Vergleichs selbst, denn dies entsprach eben durchaus dem Horizont der anvisierten Gegner. Auf dieser Grundlage konnte dann sowohl eine konsistente

Demonstration christlicher Überlegenheit als auch eine glatte Kontrastierung gelingen. Die zentrale Struktur dieser Vorgangsweise bestand, wie mehrfach gezeigt werden konnte, darin, den Buddhismus ganz von dem als Atheismus verstandenen Fehlen der Gottesidee her zu interpretieren. Damit maß man dem Fehlen der Gottesidee, analog zu ihrer Stellung im Christentum, die entscheidende systemprägende Funktion für den inneren Zusammenhang der buddhistischen Lehren zu. Der Buddhismus erschien dabei zwangsläufig als eine Art "geköpftes" Christentum, ihm wurde all das unterstellt, was man christlich beim Ausfall des Gottesglaubens befürchtete und z.T. ja auch in den atheistischen Philosophien des Westens gegeben sah: Materialismus, Nihilismus, Pessimismus usw. Gegenüber dieser kontrastierenden Schiene des Vergleichs griff die vor allem gegen westliche Sympathien für buddhistische Ethik gerichtete Überlegenheitsargumentation gerne auf das innerchristliche Theologoumenon der "Selbsterlösung" zurück, da hierzu die vertrauten Überlegenheitsparadigmen (Alter Bund/Neuer Bund) vorlagen und mit seiner Hilfe zugleich die ethischen Autonomiebestrebungen des 19. Jahrhunderts diskreditiert werden konnten. Bei beiden Vergleichs-Schienen blieben freilich das buddhistische Selbstverständnis und die strukturellen Plausibilitäten seines Lehrzusammenhangs auf der Strecke, da der Buddhismus sich eben nicht in Abhängigkeit vom Christentum konstituiert hat. Die christlich vorgegebene Vergleichsgrundlage, die der apologetischen Situation, nicht aber der hermeneutischen Aufgabe angemessen war, filterte aus, was sich an buddhistischem Material den applizierten Kategorien widersetzte (meist wohl unbewußt, z.T. aber auch durchaus wissentlich), oder es wurde, wo es nicht zu übergehen war, als buddhistische Inkonsequenz gebrandmarkt. Das durch die historisch getrennte Entwicklung von Buddhismus und Christentum gegebene hermeneutische Problem, das Fehlen eines beiden gemeinsamen Grundstocks an zentraler religiöser Begrifflichkeit, wurde in den apologetischen Vergleichen (obwohl sich alle Apologeten den weitreichenden frühen Abhängigkeitshypothesen gegenüber skeptisch zeigen) nicht reflektiert, die christliche Semantik bestimmte in negativer Weise die buddhistischen Inhalte.

Die apologetischen Religionsvergleiche waren die ersten systematischen Vergleiche von Christentum und Buddhismus, die durchgeführt wurden. Dieser Umstand mag Entscheidendes zu ihrer Wirkungsgeschichte beigetragen haben. Typische Züge der apologetischen Darstellungsweise, ihrer Interpretamente und inhaltlichen Aussagen kehren z.T. sowohl in den religionsphänomenologischen Vergleichen als auch in dialogischen Versuchen wieder. Einige der aus der apologetischen Verzerrung resultierenden Vorwürfe gegenüber dem Buddhismus haben inzwischen eine so weite Verbreitung gefunden (nicht zuletzt auch in theologischen Stellungnahmen zum Buddhismus, besonders wenn es sich um quellenunkundige Autoren handelt[175]), daß die Aussichten auf eine rasche Aufarbeitung eher ungünstig erscheinen.

---

[175] So mußte beispielsweise erst 1984 Heinz Bechert kritisch gegenüber Hans Küng vermerken: "...hier gilt die Notwendigkeit, die einzelnen Lehren und Besonderheiten der fremden Religion in ihrem Sinnzusammenhang zu

Auch auf buddhistischer Seite blieb das im Westen entwickelte Buddhismusbild nicht ohne Auswirkung, indem Teile desselben Eingang in die neuere buddhistische Selbstinterpretation fanden. Die buddhistische Gegenapologetik sowohl in Europa als auch in Asien setzte sich zwar in der Regel gegen Verdammungsurteile wie Nihilismus und Pessimismus sowie Fatalismusvorwürfe zur Wehr, war jedoch teilweise geneigt, nun von genau jenem atheistischen Fahrwasser aus zu argumentieren, in das die christliche Apologetik den Buddhismus gestellt hatte.[176] Auf diesem Wege entstand eine Form des buddhistischen Modernismus, die A. Pieris in Anlehnung an A. Malalgoda als "Protestant Buddhism" und "Christianity's own creation" bezeichnet hat.[177] So führte die historische Entwicklung dazu, daß die Apologetik gegen den Buddhismus teilweise doch noch das wurde, was sie ursprünglich kaum war: Auseinandersetzung mit Buddhisten. Der christlich-buddhistische Dialog wird dadurch um einiges komplizierter. Weiterhelfen kann in dieser Situation auf beiden Seiten weniger der Streit um und die Korrektur von einzelnen Aussagen über den Buddhismus, als vielmehr die beiderseitige Bemühung um eine Hermeneutik des buddhistischen Selbstverständnisses *vor* seiner ersten westlichen Interpretation, um von ihr her völlig neu die Frage nach wechselseitigen Einschätzungsmöglichkeiten und Beurteilungen zu stellen.

Aufgabe dieser Hermeneutik muß es vor allem sein, im Unterschied zur Vorgehensweise der apologetischen Vergleiche die buddhistischen Konzepte aus ihrem eigenen Sinnzusammenhang und dessen innerer Struktur oder Grammatik heraus verständlich zu machen. Monier-Williams bemerkt einmal, ein buddhistischer Autor habe ihm mit Berufung auf einige Bibelstellen entgegnet, daß auch die christliche Ethik den Lohngedanken kenne und keineswegs nur dem dankbaren Glauben an die Gnade entspringe, wozu Monier-Williams kommentiert: "The writer has much to learn as to the true character of our Bible, in which no text has full force without a comparison with other parts, and without the balancing of apparant contradictions. The Old Testament must not be read without the New, nor St. James without St. Paul."[178] Was Monier-Williams hier an texthermeneutischen Prinzipien für ein buddhistisches Verständnis der christlichen Heilsbotschaft reklamiert, die Berücksichtigung des jeweiligen Kontextes und der traditionsimmanenten Interpretation (was beides keineswegs immer das gleiche sein

---

sehen, der sie erst verständlich werden läßt... So heißt es, von vielen alten Denkschablonen der Apologetik – dort der indifferente Buddha, hier der mitleidende Jesus, und wie diese Gemeinplätze auch heißen mögen – Abschied zu nehmen und die Mühe aufzuwenden, sich in den der Sache gemäßen Zusammenhang hineinzudenken." H. Küng, J. v. Ess, H. v. Stietencron, H. Bechert, Christentum und Weltreligionen, München 1984, 575f.

[176] Hinsichtlich der deutschen buddhistischen Bewegung vgl. hierzu die kritischen Anfragen von K. J. Notz, a.a.O. 320, für die ceylonesische Situation: G. Rothermundt, Buddhismus für die moderne Welt. Die Religionsphilosophie K. N. Jayatillekes, Stuttgart 1979, bes. 117f u. 132ff.
[177] Vgl. A. Pieris, Western Christianity... a.a.O. 65 u. 69.
[178] Monier-Williams, a.a.O. 562.

muß), sollte auch umgekehrt gelten. Ist aber eine wechselseitige Aneignung traditionsimmanenter Interpretation überhaupt möglich? Anläßlich der Neuausgabe von Hardys, Der Buddhismus nach älteren Pâli-Werken, urteilt deren Herausgeber R. Schmidt in einer Anmerkung zu Hardys apologetischem Vergleich: "Ich persönlich halte solche Parallelen wie die im vorliegenden Absatz gezogenen an sich für ganz zwecklos, da der gläubige Christ so gut wie der überzeugte Buddhist seine Religion natürlich für die beste und einzig wahre erklären wird; wer es aber unternimmt, beide Systeme objektiv zu betrachten, ohne dabei seine religiöse Überzeugung mitsprechen zu lassen, wird sehr bald eingestehen müssen, daß Buddhismus und Christentum aus so grundverschiedenen Wurzeln erwachsen sind, daß man sie ein jedes nur aus sich heraus beurteilen kann. Der Buddhismus verträgt ein Verpflanzen absolut nicht. Was uns an ihm fremdartig, wunderlich oder vielleicht gar lächerlich vorkommt, ist echt indisch; das will allein aus dem indischen Geist heraus beurteilt sein, und man mag sich hüten, dabei europäische Ansichten einzutragen."[179] Die Position Schmidts, daß eine Beurteilung des Buddhismus *allein* aus dessen eigenem Geist heraus möglich ist, scheint die unvermeidliche Konsequenz aus der hermeneutischen Forderung nach der Berücksichtigung von Kontext und traditionsimmanenter Interpretation zu sein. Eine Beurteilung z.B. des Kontextes und Selbstverständnisses des Buddhismus durch Christen scheint notwendig zu deren Subsumption unter christlichen Kontext und Selbstverständnis (und umgekehrt) zu führen, womit das jeweilige Selbstverständnis des anderen vom Ansatz her verfehlt wäre. Entzieht diese Überlegung jeder interreligiösen Hermeneutik – erst recht, wo sie wie im Falle von Christentum und Buddhismus auf kein gemeinsames historisches Erbe zurückgreifen kann – von vornherein den Boden? Bedeutet sie die grundsätzliche Unmöglichkeit eines "christlichen Verständnisses der buddhistischen Heilsbotschaft"? Ehe im Verlauf dieser Untersuchung jenen Fragen weiter nachzugehen sein wird, ist nun zunächst die von Schmidt angedeutete "Lösung", der "objektive" Vergleich unter Einklammerung der "religiösen Überzeugung", zu prüfen.

---

[179] Hardy, a.a.O. 188f (Anm. d. Hg.).

4. PHÄNOMENOLOGISCHER RELIGIONSVERGLEICH

4.1 Der Ansatz der phänomenologischen Religionsvergleiche

Aufgrund des uneinheitlichen und verwirrenden Sprachgebrauchs innerhalb der Religionswissenschaft, möchte ich zunächst kurz klären, wie in diesem Abschnitt "phänomenologischer Religionsvergleich" verstanden wird. Es geht hier nicht um "Phänomenologie" im engeren Sinn, d.h. weder um die gleichnamige philosophische Option, noch um jene spezielle religionswissenschaftliche Methodik, die sich auf die Erfassung allgemeiner religiöser Phänomene unabhängig von deren historischer Einordnung konzentriert. Ich verwende den Begriff vielmehr im weiteren Sinne von "comparative religion", was im Deutschen mal mit "Religionsphänomenologie", mal mit "vergleichender Religionswissenschaft" oder auch mit "vergleichender Religionsgeschichte" wiedergegeben wird (hinsichtlich einer Klärung, Zuordnung oder Abgrenzung diese Termini wurde bislang unter den Religionswissenschaftlern noch keine einheitliche Sprachregelung gefunden). Was hier mit der Bezeichnung "phänomenologischer Religionsvergleich" gemeint ist, ist die Theorie und Praxis jenes Religionsvergleichs, der sich in expliziter Abgrenzung zunächst vom apologetischen Religionsvergleich im besonderen, dann aber auch von einer theologischen Religionswissenschaft im allgemeinen, als eigenständige wissenschaftliche Disziplin etabliert hat. Positiv ist sie durch drei Merkmale gekennzeichnet:

1. Das methodologische Gebot der Epoche: Verzicht auf Wert- und Wahrheitsfrage, sowie Ausklammerung der eigenen weltanschaulichen Überzeugungen im Sinne von Objektivität und Neutralität.
2. Der gezielte Einsatz des Religionsvergleichs als hermeneutisches Mittel zum Verständnis fremder Religionen.
3. Das Ziel einer wissenschaftlichen Erfassung des Wesens von "Religion".[1]

Immer wieder wird in den phänomenologischen Religionsvergleichen von Christentum und Buddhismus die damit gegebene Abgrenzung vom apologetischen oder auch allgemein theologischen Interesse betont. Dementsprechend fehlen in den phänomenologischen Vergleichen die für die apologetischen Vergleiche typischen Hinweise auf ein gefährliches Vordringen buddhistischen Gedankengutes im Westen. Bereits in seinem 1914 geschriebenen Vergleich proklamiert W. Lüttke diesen neuen Vergleichsansatz: "Nicht soll vom Standpunkt der wahren Religion eine falsche Religion widerlegt werden. Nicht soll im Lichte der absoluten Religion eine relative Wahrheit, eine Ahnung und ein Ansatz der Religion... verstanden und gewürdigt werden..."[2]

---

[1] Zu diesen Merkmalen vgl. z.B. G. Lanczkowski, Einführung in die Religionsphänomenologie, Darmstadt 1978, 13-16 u. 30-36.
[2] W. Lüttke, Christentum und Buddhismus, in: Religion und Geisteskultur, Göttingen 1914, 1-20 u. 161-176; hier 1.
Vgl. die ähnlichen Aussagen bei K. Kenntner, Die Wandlungen des Lebensbegriffs im Urbuddhismus und im Urchristentum, Bonn 1939, 5 und

Nach G. Mensching hat sich die religionsgeschichtliche Forschung um die "vorurteilsfreie Erfassung des geschichtlich Gegebenen" zu bemühen, wohingegen der Glaube versuche, die Geschichte zu deuten.³ Diese beiden Betrachtungsweisen müßten sorgfältig voneinander geschieden werden: "Religiöse Gewißheiten dürfen nicht als wissenschaftliche Erkenntnisse erscheinen. Die im Rahmen menschlicher Möglichkeiten objektive Forschung ist ohne Glaubensvoraussetzungen. Gänzlich voraussetzungslos ist freilich keine Forschung."⁴ Einige der hier untersuchten Autoren verbinden denn auch ihre Ablehnung des apologetischen Ansatzes und ihr grundsätzliches Bekenntnis zur Epoche mit dem einschränkenden Hinweis auf eine möglicherweise begrenzte Perspektive, der sie aufgrund ihrer eigenen religiösen Tradition unterliegen könnten.⁵ Am schärfsten hat diesen Vorbehalt de Kretser formuliert. Zwar habe er sich bemüht, beide Religionen ohne Kritik und Kommentar so objektiv wie nur möglich darzustellen⁶, doch "...no non-Buddhist can stand completely within the framework of real Buddhist experience. To attempt to do so would be artificial and unreal. In this respect, Buddhism and Christianity are on a different plane from scientific and humanistic thought. They are both religious faiths, and, in the final analysis, they both demand decision... A choice must be made. And, for one who has made such a choice, to attempt to be purely neutral is to attempt the impossible!"⁷

Mit der vor allem unter dem Vorzeichen der Epoche stehenden Abgrenzung von den apologetischen Vergleichen sind zugleich in einigen phänomenologischen Vergleichen methodologische Überlegungen zur Frage der Vergleichsgrundlage anzutreffen. Nach F. Masutani bedingt die Absage an die Apologetik notwendig, daß nicht eine der beiden zu vergleichenden Religionen zur Vergleichgrundlage für die andere gemacht werden darf.⁸ Er schlägt daher vor, den Vergleich an den fundamentalen Problemen des Lebens und dem Beitrag beider Religionen zum intellektuellen Erbe der Menschheit unter folgenden vier Leitfragen zu orientieren: Was ist das Wesen des Menschen? Worauf sollte ich hoffen? Worauf sollte ich vertrauen? Was sollte ich tun?⁹
Einen ähnlichen Vorschlag macht H. Nakamura, der ihn noch stärker mit einer historischen Perspektive verbindet. Er geht von der weiten Verbrei-

---

F. Weinrich, Die Liebe im Buddhismus und im Christentum, Berlin 1935, VII u. 99.
3   Vgl. G. Mensching, Buddha und Christus – Ein Vergleich, Stuttgart 1978, 12.
4   Ebd. 13.
5   Vgl. F. Masutani, A Comparative Study of Buddhism and Christianity, Tokyo 1957, If und H. Nakamura, Buddhism in Comparative Light, Bombay 1975, 12.
6   Vgl. B. de Kretser, Man in Buddhism and Christianity, Calcutta 1954, 5f.
7   Ebd. 7. Zu der allein schon durch solche Vorbehalte gegebenen Schwierigkeit der Abgrenzung von den apologetischen Vergleichen, siehe oben S. 36f Anm. 1.
8   Vgl. Masutani, a.a.O. II.
9   Vgl. ebd. If.

tung aus, die beide Religionen in ihrer Geschichte gefunden haben und will diejenigen Gesichtspunkte miteinander vergleichen, an denen deutlich werde, wie sich beide Religionen auf kulturell unabhängige, universale Grundprobleme des Menschen beziehen, "problems arising in our common experience of life itself with reference to man's condition, environment and destiny."[10] Dadurch könne man erkennen, "what Buddhism has meant to Buddhists and Christianity to Christians and why each of these faiths has made its 'universal' appeal."[11]

Einige der hier untersuchten Studien beziehen sich eher auf den Vergleich einzelner solcher menschlichen Grundprobleme im Rahmen einer mehr oder weniger stark ausgeprägten systematischen Gesamtschau beider Religionen[12], andere folgen eher der historischen Perspektive einer Phänomenologie der Stifterpersonen, ihrer Verkündigung und der sich auf sie stützenden Traditionen.[13] Masutani und Nakamura möchten, wie gezeigt, beides miteinander verbinden.[14]

Indem die phänomenologischen Vergleiche anthropologische und historische Aspekte als Basis des Vergleichs verwenden, versuchen sie den hermeneutischen Einseitigkeiten der apologetischen Religionsvergleiche zu entgehen. Es kommt jedoch ein weiterer, die Vergleichsgrundlage bestimmender Aspekt hinzu, durch den, wie im folgenden zu zeigen sein wird, dieser Versuch wieder fraglich wird: die Charakterisierung des verglichenen Materials als *religiös* bedeutsam! Wie Mensching formuliert, stellt die Religionswissenschaft "nicht die Wahrheitsfrage hinsichtlich der Richtigkeit religiöser Aus-

---

[10] Nakamura, a.a.O. 11.
[11] Ebd. 11.
[12] G. Mensching, Die Bedeutung des Leidens im Buddhismus und im Christentum (Zweite, völlig neu bearbeitete Auflage), Gießen 1930;
F. Weinrich, Die Liebe im Buddhismus und im Christentum, Berlin 1935;
K. Kenntner, Die Wandlungen des Lebensbegriffes im Urbuddhismus und im Urchristentum, Bonn 1939;
B. de Kretser, Man in Buddhism and Christianity, Calcutta 1954.
(So auch die am Rande mitberücksichtigten Beiträge in E. Dammann [Hg], Glaube, Liebe, Leiden in Christentum und Buddhismus. Weltmission heute, Heft 26/27, Stuttgart 1965. Da sie jedoch eher einer theologischen Religionswissenschaft folgen, verbietet sich eine glatte Einordnung in die phänomenologischen Vergleiche.)
[13] J. E. Carpenter, Buddhism and Christianity. A Contrast and a Parallel, London 1923;
G. Mensching, Buddha und Christus – ein Vergleich. Stuttgart 1978;
Ch.-Sh. Yu, Early Buddhism and Christianity. A Comparative Study of the Founders' Authority, the Community, and the Discipline, Delhi 1981.
[14] F. Masutani, A Comparative Study of Buddhism and Christianity, Tokyo 1957;
H. Nakamura, Buddhism in Comparative Light, Bombay 1975.
Ich beschränke mich in den folgenden Analysen auf diese in Anm. 12 – 14 genannten Arbeiten, da sie sich ausschließlich dem christlich-buddhistischen Religionsvergleich widmen, und übergehe die umfangreiche religionswissenschaftliche Literatur, in der beide Religionen im Rahmen multireligiöser Vergleiche behandelt werden.

sagen, sondern die Wesensfrage."[15] Demnach soll im phänomenologischen Vergleich erst mittels desselben erarbeitet werden, was in den apologetischen Vergleichen dogmatisch vorentschieden ist: die Bestimmung des Wesens von Religion. Dazu aber muß allerdings auch im phänomenologischen Religionsvergleich bereits eine Ähnlichkeit der verglichenen Daten im Hinblick auf ihren religiös bedeutsamen Charakter vorausgesetzt sein, "denn", so Mensching, "sinnvoll vergleichbar ist nur, was Gemeinsamkeiten hat. Einen Baum mit einem Haus zu vergleichen ist sinnlos."[16] Nun lassen sich in der Tat Haus und Baum kaum sinnvoll im Hinblick auf biologisch-vegetative Prozesse miteinander vergleichen, wohl aber z.B. im Hinblick auf Probleme der Statik. Die "sinnvolle Vergleichbarkeit" setzt also eine *gemeinsame Perspektive* auf das Vergleichsmaterial voraus, die vom Religionsbegriff her bestimmt ist. Die von den phänomenologischen Religionsvergleichen angezielte Wesenserfassung kommt somit nicht umhin, durch die von dieser Perspektive geleitete Auswahl und Deutung ihres als religiös bedeutsam gekennzeichneten Vergleichsmaterials bereits über zentrale Aspekte des erst zu erfassenden Wesens von Religion vorzuentscheiden. Als Religionswissenschaft vermag sie diesem Zirkel durch den Rückgriff auf rein phänomenologisches Material nicht zu entrinnen, worauf bereits Chantepie de la Saussaye mit seiner eindrucksvoll lapidaren Bemerkung hingewiesen hat, daß es allein die religiöse Intention sei, die den Opferpriester vom Metzger unterscheide.[17]

Trotz des Versuchs, durch die Ansiedelung der Vergleichsgrundlage in religionsübergreifenden anthropologischen und historischen Aspekten der apologetischen Einseitigkeit zu entgehen, bleibt die Vergleichsgrundlage von einer "religiösen" Perspektive bestimmt, die nicht ganz frei ist von aprioristischen Festlegungen. Dadurch kommt der Bestimmung des Religionscharakters in den phänomenologischen Vergleichen implizit eine ebenso grundlegende Bedeutung zu, wie in den apologetischen. Hinter den eher problemlos anmutenden Versuchen, eine Christentum und Buddhismus übergreifende Vergleichsgrundlage zu bestimmen, kündet sich somit das Grundproblem der religionsphänomenologischen Vergleiche an, einerseits einen apologetisch-theologischen Ansatz zu vermeiden und andererseits doch den verglichenen Phänomenen als "religiös" bestimmten gerecht zu werden. Da im weiteren Verlauf dieser Untersuchung die hermeneutischen Auswirkungen dieser Problematik mit der Problematik des apologetischen Verfahrens zu vergleichen sein werden, ordne ich die nun folgenden Einzelanalysen nach denselben Gesichtspunkten wie sie bei der Analyse der apologetischen Vergleiche zugrunde gelegt wurden.[18]

---

[15] Mensching, Buddha und Christus, a.a.O. 13.
[16] Ebd. 13.
[17] Vgl. G. Lanczkowski, Einführung in die Religionsphänomenologie, a.a.O. 14.
[18] Zur weiteren Behandlung dieser Problematik siehe unten S. 106ff.

4.2 Religionscharakter: Das Paradigma der "Erlösungsreligion"

Weil die methodologischen Grundsätze des phänomenologischen Religionsvergleichs verbieten, den Religionsbegriff, wie bei den Apologeten, allein von der Religionsphilosophie einer der beiden verglichenen Religionen her festzulegen, versuchen die hier behandelten Autoren diesen so zu bestimmen, daß er beide Religionen übergreifen und deren phänomenologischer Befund konstitutiv in ihn eingebracht werden kann. Weitgehende Einigkeit findet sich unter ihnen darüber, daß es eine gewisse Strukturparallelität von Christentum und Buddhismus sei, die es ermögliche, beide als "Erlösungsreligionen" zu bezeichnen.[19] Die formale Parallelität in der bei beiden aufzufindenden Beschreibung einer Unheilssituation, einer Befreiungsmöglichkeit aus dieser, sowie eines endgültigen Heilsziels, erlaube einen adäquaten Systemvergleich, wobei allerdings nur jene Einzelelemente miteinander zu vergleichen seien, die eine gleiche oder ähnliche Funktion innerhalb der jeweiligen Struktur einnehmen.

Deutliche Unterschiede zeigen sich bei den verschiedenen Autoren jedoch innerhalb des Paradigmas der "Erlösungsreligion" in der Bestimmung jener über die rein formale Struktur hinausgehenden religiösen Charakteristika. Dies läßt sich besonders an ihrer Diskussion der jeweiligen religiösen Grundhaltung aufzeigen.

Weinrich, dessen Arbeit insgesamt eine große inhaltliche Nähe zu den apologetischen Vergleichen besitzt[20], stellt die für diese typische Frage, ob angesichts der "bekannte(n) Tatsache, daß Buddhas Lehre konsequent atheistisch ist"[21], der Buddhismus eine Religion genannt werden dürfe und beantwortet sie positiv, insofern Buddha einen Heilsweg und ein Heilsziel kenne und mit der Wiedergeburtslehre ein religiöses Dogma seiner Umwelt übernommen habe.[22] Neben den strukturellen Übereinstimmungen mit dem Christentum als Erlösungsreligion unterscheide sich der Buddhismus von diesem jedoch in vier prinzipiellen Punkten[23]:
1. Er besitze eine "Intellektuellen-Soteriologie", d.h. die Ursache des Unheils werde im "Nichtwissen" und die Erlösung im "Wissen" gesehen, wohingegen im Christentum das Evangelium den Weisen eine Torheit sei und statt Erkenntnis der Glaube gelehrt werde.
2. Der Buddhismus verkünde die Selbsterlösung, das Christentum die Erlösung durch Gnade.

---
[19] Vgl. Kenntner, a.a.O. 8ff; Weinrich, a.a.O. 5f; Nakamura, a.a.O. 33f; Yu, a.a.O. 203f.
[20] So warf bereits F. O. Schrader Weinrich in einer Rezension vor, er habe "zu einseitig vom christlich-theologischen Standpunkte sich seiner Aufgabe entledigt." Nachgedruckt in: J. F. Sprockhoff (Hg), F. O. Schrader, Kleine Schriften, Wiesbaden 1983 (Glasenapp-Stiftung, Bd. 19), 341.
[21] Weinrich, a.a.O. 6.
[22] Vgl. ebd. 6.
[23] Vgl. ebd. 7-22.

3. Während der Buddhismus die Personalität des Menschen leugne, sei das personale Verständnis des Menschen dem Christentum ein zentrales Anliegen.
4. Während das Reich Gottes als christliches Heilsziel Friede, Freude und Ewiges Leben beinhalte, sei das Nirvâna "ewige 'Todesruhe', nicht 'Frieden, der höher ist als alle Vernunft', sondern feierliche 'Grabesstille'... ein unpersönliches, kaltes, totes nihil purum...".

Der Buddhismus lasse sich näherhin als "mystische Erlösungsreligion" bestimmen, da
1. seine Einstellung zur Welt, wie in aller Mystik, pessimistisch sei,
2. Sittlichkeit, wie in aller Mystik, nur einen "propädeutischen Charakter" habe, und
3. er, wie alle Mystik, einen stufenweisen Heilspfad lehre.[24]

Als "mystische Religion" versteht auch Mensching den Buddhismus und zwar in prinzipieller Unterscheidung vom Christentum als "prophetischer Religion".[25] Im Gegensatz zu Weinrich hält Mensching es damit jedoch für ausgeschlossen, den Buddhismus als Atheismus zu bezeichnen.[26] "Buddha steht mit dem Numinosen in Gestalt des Nirvana in unmittelbarer Verbindung. Das Wunder der Erleuchtung stellt jene Verbindung her; denn in ihr handelt es sich ja nicht um rationale Einsicht in gewisse metaphysische Sachverhalte, sondern eine numinose, impersonale Wirklichkeit wurde im Akt der Erleuchtung in Buddha real..."[27] Die in der Erleuchtung gewonnene Leidenserkenntnis "ist nicht weltanschauliche, sondern echt religiöse Erkenntnis."[28] Das "Nichtwissen" als Ursache des Leidens sei daher ebensowenig wie das "Wissen" eine rationale Kategorie, sondern weise auf die Beziehung zum Transzendenten hin.[29]

Ähnlich urteilt Kenntner. Ihm zufolge gilt für Buddhismus und Christentum, daß "die Einsicht in das 'alte' Leben aus einem Überwältigtwerden durch eine numinose Macht" erwächst und "kein Ergebnis natürlichen Nachdenkens und profanen Forschens ist."[30] Doch während das Christentum die religiöse Erkenntnis als Offenbarung Gottes verstehe, bleibe die Erleuchtung im Buddhismus "vollkommen irrational".[31]

---
[24] Vgl. ebd. 70. Weinrich beruft sich dabei auf Rudolf Otto, dessen Werk "Das Heilige" (die erste Auflage erschien 1917) insgesamt wohl großen Einfluß auf die westliche Buddhismusinterpretation hatte.
[25] Vgl. Mensching, Buddha und Christus, a.a.O. passim, bes. 121 und 226ff. Diese heute weit verbreitete Unterscheidung wurde meines Wissens erstmals von F. Heiler in dessen Studie "Das Gebet" erarbeitet.
[26] Vgl. ebd. 244.
[27] Ebd. 89.
[28] Mensching, Die Bedeutung des Leidens, a.a.O. 9.
[29] Ebd. 13f. Vgl. für eine ähnliche Sicht auch C. H. Ratschow, Leiden und Leidensaufhebung im Buddhismus und im Christentum, in: E. Dammann (Hg), a.a.O. 51 u. 56.
[30] Kenntner, a.a.O. 37.
[31] Vgl. ebd. 37f.

Für de Kretser dagegen ist der Buddhismus eine rationalistische Religion, die sich vom mystischen Charakter des Hinduismus ebenso unterscheide, wie vom Christentum, welches als Glaubensreligion die Basis objektiver und rationaler Beweise überschreite.[32] Mit der Lehre, daß Gott nur in seiner Offenbarung in Jesus Christus gefunden werden könne, stehe das Christentum zugleich im Gegensatz zu allen Formen der Mystik.[33] Religion ist der Buddhismus für de Kretser, weil er den Weg der Selbsterlösung einschlage, womit de Kretser Züge des Religionsbegriffs der Dialektischen Theologie einbringt.[34]

Ähnlich wie für Mensching und Kenntner ist für Yu die buddhistische Weisheit "not just knowledge acquired through experience or reasoning but a transcendent experience of enlightenment."[35] Aber die buddhistische Glaubenshaltung sei im Vergleich zur christlichen stärker vernunftorientiert.[36] "Buddha suggested to his disciples that they should understand his truth, all truth, with the help of analytical reasoning. One can thus assert that the Buddhist faith is reason-oriented... Reason was chained to practical experience. The disciples had to trust the Exalted One and his teachings and to verify them through practice and experience... Thus a bridge was built between the authority of the master and the demands of the disciples for their intellectual independence."[37]

Für Masutani besteht das religiöse Erwachen bei beiden Religionen darin, daß der Mensch zu einer introspektiven Selbstinfragestellung hinsichtlich seines eigenen Wesens finde.[38] Doch lägen in ihrem Vollzug bei buddhistischer und christlicher Religiosität zwei unterschiedliche Grundoptionen vor, die eines Vertrauens auf sich selbst und die eines Vertrauens auf einen anderen. "The religion of Buddha is based on the confidence in the reasoning man (homo sapiens) while that of Jesus is definitely antipodal to the former."[39] So repräsentiere der Buddhismus den Religionstypus von "faith through understanding", das Christentum hingegen den des "faith through person".[40] Im Christentum entspringe die Glaubenshaltung allein dem Hören und nicht einer rationalen Erkenntnis, notwendiger Bestandteil dieser Haltung sei die Einsicht in das eigene Unvermögen.[41] Eine der christlichen ähnliche Glaubenshaltung habe jedoch die Amida-buddhistische Tradition hervorgebracht.[42]

---

[32] Vgl. de Kretser, a.a.O. 85ff.
[33] Vgl. ebd. 71.
[34] Vgl. ebd. II, 6, 75, 93.
[35] Yu, a.a.O. 97.
[36] Vgl. ebd. 199f.
[37] Ebd. 21f.
[38] Vgl. Masutani, a.a.O. 1ff.
[39] Ebd. 16f.
[40] Vgl. ebd. 69.
[41] Vgl. ebd. 66.
[42] Vgl. ebd. 67f, 83ff u. 122f.

Eine Mittelstellung in der Beurteilung des Charakters der Erlösungserkenntnis im Buddhismus nimmt Carpenter ein, für den die Erleuchtung einerseits "not by reasoning but by immediate insight"[43] erreicht wird, andererseits aber auf allgemeiner Erfahrung aufruht.[44] Nach ihm gilt, daß beide, Christentum und Buddhismus, sowohl in einer Art von Offenbarung als auch in allgemein menschlicher Erfahrung und Erkenntnis gründen.[45]

Gegen die allzu glatte Unterscheidung des Buddhismus als einer rein rationalen und glaubensfeindlichen Religion vom Christentum als einer vernunftfeindlichen Glaubensreligion, wehrt sich auch Nakamura mit dem Hinweis, daß das Christentum von Anfang an eine breite rationale Tradition kenne und umgekehrt der Buddhismus immer um die Begrenztheit der Rationalität gewußt habe.[46] Bestenfalls könne man konstatieren, daß es innerhalb des Christentums größere Spannungen zwischen der Forderung des Glaubens und dem Anspruch der Vernunft gegeben habe als im Buddhismus.[47] "The acceptance of rational analysis of the nature of human existence has been a continuing characteristic of Buddhism, but it should be noted that metaphysical speculation concerning problems not related to human activities and to the attainment of enlightenment has not been considered a proper part of Buddhist rationalism. The doctrine of the Buddha is not a system in the western sense but is rather a Path."[48] Ausgehend von seinem Religionscharakter als eines Weges müsse auch der Stellenwert der Rationalität innerhalb des Buddhismus beurteilt werden: "Rational analysis is useful in making clear the limitations of rationality. It was by detaching oneself from metaphysical oppositions that one was able to grasp the truth... Enlightenment itself cannot be put into formulae."[49] Gegenüber der heilspragmatischen Ausrichtung der buddhistischen Lehre zeige die christliche Tradition allerdings eine größere Tendenz zum Dogmatismus[50], doch gelte es insgesamt kritisch zu bleiben gegenüber Versuchen, "to present any one religious tradition in narrow, static terms of a particular type, for this means ignoring movements of life and thought which are not confined to any one tradition."[51]

Im Rahmen der gemeinsam anerkannten Strukturparallelität als "Erlösungsreligionen" findet sich also bei den einzelnen Autoren eine gemeinsame Anerkennung der religiös konstitutiven Transzendenzerfahrung, jedoch ein recht breites Spektrum in der näheren Charakterisierung der auf diese bezogenen religiösen Grundhaltung.

---

[43] Carpenter, a.a.O. 69.
[44] Vgl. ebd. 84.
[45] Vgl. ebd. 307.
[46] Vgl. Nakamura, a.a.O. 19ff.
[47] Vgl. ebd. 27.
[48] Ebd. 69f.
[49] Ebd. 29f.
[50] Vgl. ebd. 34.
[51] Ebd. 152.

Liegt bei Weinrich, Mensching, Kenntner und de Kretser noch eine gewisse Einheitlichkeit darin vor, daß sie das Christentum als (vorwiegend oder ausschließlich) nicht-mystische Religion verstehen, der eine von rationaler Erkenntnis abgegrenzte, auf Offenbarung bezogene Glaubenshaltung entspricht, so nehmen sie drei unterschiedliche Position hinsichtlich der Charakterisierung der religiösen Grundhaltung des Buddhismus ein. Und zwar ist diese nach

Weinrich: mystisch, aber rationalistisch/intellektualistisch,
de Kretser: nicht-mystisch, aber rationalistisch,
Mensching/Kenntner: mystisch, aber nicht rationalistisch.

Bei Yu, Masutani, Carpenter und Nakamura findet die Unterscheidung mystisch/nicht-mystisch als grundsätzliches Einteilungsschema keine Verwendung. Eine gewisse Einheitlichkeitkeit zeigt sich bei Yu und Masutani darin, daß sie im Buddhismus gegenüber dem Christentum einen stärkeren Zug zu rationaler Erkenntnis sehen, dem Nakamura nur dahingehend zustimmt, daß im Buddhismus die Spannungen von Glaube und Ratio nicht so stark seien wie im Christentum. Während für Yu und Nakamura die Erleuchtung den Charakter einer Transzendenzerfahrung trägt, ist sie für Masutani primär eine Art von introspektivem Selbst-Verstehen. Carpenter schließlich vermag keine allzu signifikanten Unterschiede zwischen der Verteilung rationaler und transrationaler Aspekte in Christentum und Buddhismus zu sehen.

Gegenüber den apologetischen Religionsvergleichen fällt auf, daß in den phänomenologischen Vergleichen die Frage nach dem Religionscharakter nicht mehr explizit am Gottesbegriff festgemacht wird. Damit scheint zugleich das dichotome Schema Religion/Philosophie keine Anwendung mehr zu finden. Christentum und Buddhismus werden einheitlich unter dem Paradigma "Erlösungsreligionen" gesehen. Zugleich aber zeigt sich eine unverkennbare Diffusion bei der Bestimmung der spezifischen Charakteristika der religiösen Grundhaltung, wo sie über formal-strukturelle Elemente des Paradigmas der "Erlösungsreligion" hinausgeht. Bei den apologetischen Vergleichen blieben vom Vorhandensein bzw. Fehlen des Gottesbegriffs alle weiteren Vergleichsmomente innerlich abhängig. Daher gilt es nun zu prüfen, ob sich bei den weiteren Vergleichsmomenten wirklich bestätigt, daß in den phänomenologischen Vergleichen dem Gottesbegriff für den Religionscharakter – und damit für die Vergleichsperspektive – keine konstitutive Bedeutung mehr zukommt.

4.3 Unheil und Heil: Ontologisch oder existentiell bestimmte Heilsordnung

Nach Weinrich betrachtet der Buddhismus das Dasein in der Welt schlechthin als Leiden und dieses als das Unheil. Für Weinrich ist dies eine der Konsequenzen aus der systemprägenden "Ausschaltung Gottes".[52] "Der Buddhist muß unbedingt dieser Welt entfliehen, er sieht ja in dieser Welt nicht das Walten eines gütigen Vaters im Himmel, sondern nur ein sinnloses, unstetes

---

[52] Vgl. Weinrich, a.a.O. 6 u. 94.

Hin- und Hergeworfenwerden von einer leidvollen Existenz zu einer andern leidvollen Existenz. Nirvâna bedeutet für ihn das Ende dieses furchtbaren, sinnlosen kosmischen Leidensprozesses."[53] Im Christentum dagegen sei nicht das Leiden das größte Übel, sondern die Schuld. Das Leiden begreife es entweder als Strafe für die Sünde oder als Möglichkeit der Offenbarung Gottes. Wer die Vergebung seiner Schuld erfahre, könne das Leid tragen und überwinden.[54] Weinrich bleibt damit also ganz auf der Linie der apologetischen Religionsvergleiche, das buddhistische Unheilsverständnis aus dem Fehlen der Gottesidee heraus zu interpretieren.

Auch de Kretser deutet die buddhistische Unheils- und Heilsordnung von christlichen Kategorien her. Den Ansatz dazu bietet ihm die christliche Anthropologie. Im biblischen Denken, dem ein Leib-Seele Dualismus fremd sei[55], werde die menschliche Personalität aus der Beziehung des Menschen zu seinem Schöpfer abgeleitet.[56] Daraus folge umgekehrt, daß der Mensch "regarded as fallen creature,... is no longer 'soul', no longer truly person." Von diesem Menschenbild ausgehend interpretiert de Kretser das buddhistische, denn, so fährt er fort: "It is to this terrible possibility of human existence that Buddhism rightly points in the doctrine of anatta."[57] Nach der Nicht-Ich(anattâ)-Lehre besitze der Mensch keine Seele und bestehe ausschließlich aus den fünf Daseinsfaktoren (khandha), und diese, so gibt de Kretser die Erste Edle Wahrheit wieder, seien leidvoll. Damit aber gelte dem Buddhismus das menschliche Dasein schlechthin als Leiden, die faktische Existenz werde als "Sünde" (wörtlich: "sin"![58]) angesehen.[59] Ziel sei letzlich die Auflösung des Menschen.[60]

Alle Aussagen, in denen Buddha von einem "Selbst" redet, sind nach de Kretser nicht wörtlich gemeint, sondern pragmatisch zu verstehen.[61] Die Möglichkeit eines pragmatischen Verständnisses der Aussagen, in denen Buddha vom Nicht-Ich (anattâ) redet, diskutiert de Kretser nicht. Er zitiert z.B. den wichtigen Dialog Buddhas mit Vacchagotta, in dem Buddha auf dessen Frage, ob es ein Selbst gibt, ebenso schweigt, wie auf dessen Frage, ob es kein Selbst gibt.[62] In diesem Text erklärt Buddha sein Schweigen damit, daß eine Bejahung des Selbst dazu geführt haben würde, seine Lehre fälschlich mit dem Brahmanismus zu identifizieren, und eine Verneinung des Selbst ihn auf eine Ebene mit den nihilistischen Lehrern seiner Zeit gestellt

---

[53] Ebd. 87f.
[54] Vgl. ebd. 84ff.
[55] Vgl. de Kretser, a.a.O. 55.
[56] Vgl. ebd. 60.
[57] Ebd. 61.
[58] Ebd. 79. Nirgendwo wird freilich im Buddhismus von der Existenz als "Sünde" geredet. Schon de Kretsers Terminologie verrät also, wie sehr seine Buddhismus-Interpretation von den christlichen Kategorien geleitet ist.
[59] Vgl. ebd. 29, 38 u. 64.
[60] Vgl. ebd. 83.
[61] Vgl. ebd. 52.
[62] Samyutta-Nikâya 44, 10, 10. Vgl. de Kretser, a.a.O. 48f.

hätte. De Kretser übergeht diese Erklärung und interpretiert das Schweigen Buddhas dahingehend, daß Vacchagotta die Antwort (die nach Meinung de Kretsers eben nur in der Leugnung des Selbst hätte bestehen können) nicht verstanden haben würde.
Neben solchen gezielten Umdeutungen des Textbefundes greift de Kretser angesichts sperrigen Textmaterials auch zu dem bekannten Inkonsequenz-Argument. Es gebe, so de Kretser, klare Anzeichen dafür, daß das Nirvâna im Sinne einer Annihilisation zu verstehen sei. Wenn aber, wie dies einige Texte nahelegten, "Nibbana is real, then the Arahat shares in the nature of reality, and if this is the case, then the doctrine of anatta loses its seriousness... If Nibbana is real, then man, whether Tathagata or Arahat, as the inheritor of Nibbana, is real too! But one is reminded that it is not permitted to the Buddhist make these logical deductions..."[63] Für das Christentum nimmt de Kretser andererseits in Anspruch, daß ein korrektes Verständnis seiner Lehren nur erreicht werden könne, wenn man diese in ihrem wechselseitigen Zusammenhang begreife.[64] Er kritisiert z.B., daß der deutsche Buddhist Paul Dahlke die christliche Heilsvorstellung des "Ewigen Lebens" mit der Bemerkung abgelehnt habe, das sei gerade das, wovon der Buddhist die Befreiung erstrebe. Dahlke habe als Buddhist "Ewiges Leben" i.S. der Wiedergeburtslehre als "immerwährendes Leben" mißverstanden.[65] Seine eigene Interpretation der buddhistischen Unheils- und Heilsvorstellungen von der christlichen Anthropologie her unterzieht de Kretser freilich nicht einer solchen hermeneutischen Reflexion. So bleibt es für ihn bei dem Kontrast: "Christianity is life-affirming, Buddhism is life-negating."[66]

Kenntner und Mensching versuchen, solchen Vereinfachungen zu entgehen. So bemerkt Kenntner: "Begrenzen wir das Leben auf die rein physische Lebendigkeit..., so müssen wir zwangsweise zu dem Ergebnis gelangen, daß der Buddhismus lebensfeindlich ist, daß sein Ziel die Vernichtung des Lebens ist..., und wir wären nicht imstande zu verstehen, wie Buddha darüber hinaus noch eine 'dem Alter und Tod' entnommene religiöse Wirklichkeit proklamieren kann."[67] Aber, fährt Kenntner fort, "Religion, als eine Größe, in der das Transzendente gestaltend wirkt, vermag auch einen Lebensbegriff zu entwickeln, der jenseits aller uns geläufigen Voraussetzungen steht."[68] Kenntner und Mensching interpretieren die Unheils- und Heilsordnung in Christentum und Buddhismus von der übergreifenden Kategorie des Numinosen her. So sehen sie hierin eine weitere Strukturgleichheit, indem Heil beidemale in der Verbindung mit dem Numinosen bestehe und Unheil in der Trennung von diesem. Doch begreife der Buddhismus das Numinose ontologisch als absolutes, wahres und unwandelbares Sein, weswegen ihm das vergängliche, empirische Sein als Unheil gelte. Weiterhin sei das absolute

---

[63] Ebd. 140f.
[64] Ebd. 62.
[65] Vgl. ebd. 101 Anm. 14.
[66] Ebd. 73.
[67] Kenntner, a.a.O. 7.
[68] Ebd. 8.

Sein durch Ureinheit ausgezeichnet, das unheilvolle Sein durch ausdifferenzierende Individualität. Dagegen begreife das Christentum das Numinose als personale Gottheit, das Heil bestehe in der Beziehung zu ihm, das Unheil in der Ablehnung dieser Beziehung.[69] In beiden Religionen werde das Unheil als ein totales verstanden[70] und erst durch die Begegnung mit dem Numinosen erkannt.[71] Nach Mensching trägt im Buddhismus das "natürliche Leid" lediglich Symptom-Charakter für das eigentliche Unheil, der jedoch vom Unerleuchteten nicht erkannt werde.[72] Ebenso handle es sich bei der "Sünde" im Christentum um eine übernatürliche Kategorie.[73] Wie im Buddhismus bei dem Erlösten noch das natürliche Leid bestehen bleibe, auch dieser also noch krank werde, altere und sterbe, so bleibe auch der Christ, dessen Sünde vergeben sei, dennoch jemand, der weiter sündigt.[74] Der "Ort", an dem der Christ der Unheilssituation gewahr werde, sei das Gewissen, das den Schuldcharakter der Sünde in dem Gott widerstrebenden Begehren einsehe. Daraus entspringe der Doppelwunsch nach einem gnädigen Gott und der eigenen Erlösung.[75] Während also die christliche Unheilsidee um die Ich-Sucht, das von Gott abgewandte Begehren kreise, beziehe sie sich im Buddhismus auf den Ich-Wahn.[76] Die Erlösung werde nicht, wie im Christentum, in der Befreiung von der Sünde, sondern in der Befreiung vom Nichwissen gesucht, aus dem das Begehren nach der dem Charakter des absoluten Seins entgegengesetzten individuellen Existenz entspringe. Das Nirvâna sei die Vernichtung der Individualität, das Aufgehen im höchsten, formlosen und unbeschreibbaren ureinen Sein, nicht aber in einem ontologischen Nichts. So leugne der Buddhismus auch nicht das Selbst, sondern lehne lediglich dessen Identifikation mit der individuellen Existenz ab.[77]

Für Kenntner, der die Dinge ähnlich sieht, zeigt sich dadurch jedoch ein grundlegender Unterschied von Christentum und Buddhismus, indem nämlich das Christentum von einer prinzipiellen "Gebundenheit" des Lebens an den Schöpfer ausgehe, der Buddhismus hingegen jede Form der Gebundenheit negativ bewerte, was allerdings nicht als Sehnsucht nach Freiheit, sondern als Sehnsucht nach jener Einheit zu verstehen sei, die in der Vielgestaltigkeit und dauernden Bewegtheit des empirischen Seins nicht zu finden ist.[78]

---

[69] Vgl. ebd. 48ff und Mensching, Die Bedeutung des Leidens... a.a.O. 12ff, 23; ders., Buddha und Christus, a.a.O. 125, 138.
[70] Vgl. Kenntner, a.a.O. 53 und Mensching, Buddha und Christus, a.a.O. 125.
[71] Vgl. Kenntner, a.a.O. 37 und Mensching, Die Bedeutung... a.a.O. 9ff; ders., Buddha und Christus, a.a.O. 125f.
[72] Vgl. Mensching, Die Bedeutung...a.a.O. 9f; ders., Buddha und Christus, a.a.O. 126.
[73] Vgl. Mensching, Die Bedeutung... a.a.O. 23.
[74] Vgl. ebd. 26f.
[75] Vgl. ebd. 23ff; ders., Buddha und Christus, a.a.O. 133ff.
[76] Vgl. Mensching, Buddha und Christus, a.a.O. 131, 138.
[77] Vgl. ebd. 106f, 128f.
[78] Vgl. Kenntner, a.a.O. 30f, 48, 66.

So kommen Kenntner und Mensching auch von ihrem Ansatz her letztlich zu dem gleichen Urteil wie Weinrich und de Kretser, das Kenntner so formuliert: "Der Buddhismus will eine Erlösung *vom* empirischen Leben. Das Christentum will eine Erlösung *des* empirischen Lebens."[79] Ihnen ist gemeinsam, daß sie die buddhistische Unheils- und Heilsordnung von einem *ontologischen Leidensbegriff* geprägt sehen, wonach das faktische Leben mit dem Leiden bzw. Unheil gleichgesetzt werde. Während dies für Weinrich die direkte und für de Kretser die indirekte Konsequenz des buddhistischen "Atheismus" (vermittelt über den depersonalisierenden Ausfall der Beziehung zum Schöpfer) ist, ist es für Mensching und Kenntner die Folge einer vom Christentum verschiedenen Konzeptualisierung des Numinosen, in der dieses in einem evaluativ bestimmten Gegensatz zur veränderlichen und individuellen Realität menschlicher Existenz verstanden werde. Entgegen dem Eindruck, den die Diskussuion des Religionscharakters erweckte, zeigt sich somit doch wieder ein *leitender Einfluß der Gottesfrage für die Buddhismusinterpretation*: Bei Weinrich und de Kretser, indem sie exakt nach dem apologetischen Schema das buddhistische Unheils- und Heilsverständnis vom Ausfall der Gottesidee her deuten, bei Mensching und Kenntner, indem sie die Gottesidee unter das Abstraktum des "Numinosen" subsumieren und das buddhistische Unheils- und Heilsverständnis von den Unterschieden der buddhistischen Fassung des Numinosen gegenüber der christlichen interpretieren, also auch hier die ins "Numinose" gewandelte Gottesidee das hermeneutisch leitende Prinzip bleibt. Diese Analyse verrät, daß auch das westliche dichotome Paradigma Religion/Philosophie nicht so überwunden ist, wie es zunächst den Anschein hatte. Denn es ist auffällig, daß Weinrich und de Kretser, die den Buddhismus vom Ausfall der Gottesidee her verstehen, beide seine religiöse Grundhaltung im Gegensatz zum Christentum als rationalistisch bestimmen, Mensching und Kenntner hingegen, die den Buddhismus von einer unterschiedlichen Konzeptualisierung des Numinosen her verstehen, seine Grundhaltung als nicht rationalistisch einstufen. Die Charakterisierung der Grundhaltung als rationalistisch oder nicht rationali-

---

[79] Ebd. 68.
Ähnlich wie Mensching und Kenntner meint auch Ratschow, daß der buddhistische Leidensbegriff "zunächst gar nichts damit zu tun (hat), daß der Mensch z.B. am Altwerden oder Sterben subjektiv Schmerz empfindet und so leidet" (Ratschow, a.a.O. 55), doch könne man, im Unterschied zu Mensching und Kenntner, den buddhistischen Leidensbegriff auch nicht einfach mit Veränderlichkeit wiedergeben. Die Unbeständigkeit der Erfahrungswelt werde im Buddhismus allein unter der Voraussetzung des Anhaftens an ihr als leidvoll beschrieben (vgl. ebd. 54f). Ratschow ist einer der wenigen christlichen und westlichen Autoren, der dies m. E. richtig sieht und sich dazu auf eine sorgfältige Analyse der einschlägigen Texte stützt. So gelangt er auch zu der Einsicht, daß die Formulierung der Anattâ-Lehre "nur im Demonstrativ auf Stücke des Anhaftens gemeint" ist (ebd. 57) und keine abstrakte anthropologische Theorie darstellt, sondern vielmehr auf Anhaftungslosigkeit bezogenen appellativen Charakter besitzt. Doch deutet Ratschow diese Anhaftungslosigkeit eskapistisch und sieht darin den entscheidenden Unterschied zur inkarnatorischen Grundhaltung des Christentums gegeben.

stisch verläuft somit parallel zu den Optionen in der Gottesfrage, womit sich das Schema Religion/Philosophie - wenn auch verborgen - durchaus als vital erweist.[80] Obwohl der Vorwurf des Pessimismus und des Nihilismus nicht mehr explizit von allen vier Autoren erhoben wird, stehen sie somit in ihrer Interpretation der buddhistischen Unheilsvorstellung in einer Linie mit den christlichen Apologeten.

Gegen westliche Mißverständnisse der Anattâ- und Nirvâna-Lehre wendet sich Nakamura. Die Anattâ-Lehre besitze nicht eine primär theoretische Funktion, sondern eine existentielle. Sie sei eine Aufforderung, nichts als das "Ich" oder dem "Ich" gehörend zu betrachten und dadurch die Anhaftung an den vergänglichen Dingen der Welt zu überwinden.[81] Zwar habe Buddha die Auffassung der Seele als einer metaphysischen Substanz abgelehnt, die Existenz eines Selbst jedoch weder behauptet noch geleugnet. Gegenüber dem metaphysischen Konzept habe Buddha den Schwerpunkt auf das Selbst als Subjekt der Handlung gelegt und zwar mit einer ethischen Intention. "It is not that human personality is denied, but that theories of human personality which encourage ego-centricity are denied as they hinder man from realising his true self."[82] Insofern besitze die buddhistische Anattâ-Lehre eine große Ähnlichkeit mit der christlichen Selbstverleugnung.[83] Nach Nakamura besteht das "Leiden" nicht in der Vergänglichkeit der Dinge selbst, sondern erwächst erst aus jener "Durst" genannten Haltung, die sich auf die vergänglichen Dinge richtet. Unter dem Aspekt der Anhaftung verursacht die Vergänglichkeit der Anhaftungsobjekte das Leid.[84] So sei es vor allem das Problem des Todes, um das die buddhistische Leidenslehre kreise: "Death is the law of all life. This fact has always and everywhere been stressed through the long history of Buddhism in many countries."[85] Die in der jüdisch/christlichen Tradition als das eigentliche Übel angesehene Sünde sei ebenfalls eng mit dem Todesproblem verbunden[86], doch konstatiert Nakamura eine umgekehrte Blickrichtung: "...it is likely that the Jews first held the concept of greatness of God, and then the role of insignificant human beings seperated from God was stressed, whereas in Buddhism the fragile and weak existence of human beings was first stressed, and then something beyond was sought for."[87]

Die Überwindung von "Durst" und "Anhaftung" bedeutet nach Nakamura keineswegs das Streben nach Annihilation. "Contrary to the prevalent western opinion about Nirvâna, the craving for extinction in the sense of

---

[80] Vgl. auch die Auffassung von G. Lanczkowski, der die Zentralität der Gottesidee für den Religionsbegriff durch die "Ausklammerung des ursprünglichen Buddhismus aus der Welt der Religionen" retten will (ders., Einführung in die Religionswissenschaft, Darmstadt 1980, 24).
[81] Vgl. Nakamura, a.a.O. 47.
[82] Ebd. 52.
[83] Vgl. ebd. 51f.
[84] Vgl. ebd. 36f.
[85] Ebd. 36.
[86] Vgl. ebd. 37f.
[87] Ebd. 39.

annihilation or non-existence (vibhava-tanhâ) was indeed expressly repudiated by the Buddha."[88] Die buddhistischen Texte schilderten das Nirvâna als "a lasting state of happiness and peace, to be reached here on earth by extinction of the 'fires of passions' and 'troubles'. It is the highest happiness, the bliss that does not pass away, in which even death has lost its sting."[89] Das Nirvâna, das in den buddhistischen Quellen oft als "the immortal" (amata) bezeichnet werde, besitze somit mehr Ähnlichkeit mit dem christlichen Heilsziel des "Ewigen Lebens" als man gewöhnlich denke.[90]

Ähnlich wie Nakamura betont auch Carpenter die Positivität des posthumen Nirvânas als eines anhaltenden Erlösungszustands.[91] Er versteht die buddhistische Heilsvorstellung gegenüber der christlichen als die letztlich optimistischere, da der Buddhismus nicht die Möglichkeit einer ewigen Verdammnis kenne.[92] Das bereits zu Lebzeiten verwirklichte Nirvâna besteht nach Carpenter in der Vernichtung des leiderzeugenden "Durstes", auf die auch die Anattâ-Lehre abziele.[93] Das Leid werde in seinen umfassenden Dimensionen der subjektiven Leiderfahrung und der intersubjektiven Leidenszufügung gesehen, die es beide zu überwinden gelte durch die Überwindung der egozentrischen Selbstverhaftung.[94] Wie Carpenter konzentriert sich auch Yu stark auf die ethischen Konnotationen des buddhistischen Unheils- und Heilsverständnis, weshalb darauf erst bei der Behandlung der nächsten beiden Punkte näher eingegangen werden soll.

Nach Masutani besteht der Ausgangspunkt, von dem her allein die buddhistische Leidenslehre richtig verstanden werden kann, darin, daß Leiden durch "secular attachment" verursacht ist.[95] Erst in der Konfrontation mit seiner Sterblichkeit, enthülle sich dem Menschen die Hohlheit der weltlichen Freuden und Erwartungen und offenbare sich ihm seine wahre existentielle Verfaßtheit.[96] Suche man nach westlichen philosophischen Ausdrücken für das, was buddhistisch mit Anhaftung gemeint sei, so biete sich am ehesten die Heidegger'sche Analyse der Verfallenheit an die "Täglichkeit" und "das Man" an, wobei letzteres insbesondere Ensprechungen zum buddhistischen Begriff des Unerleuchteten, des "prthagjana" (p.: puthujjana)[97], besitze.[98] Mit dieser Verfallenheit gehe eine Mißinterpretation von Selbst und Welt einher. Die Befreiung liege dementsprechend "...in getting rid of this misinterpretation of life, and nirvana is the free state of mind without pain, distress,

---

[88] Ebd. 50.
[89] Ebd. 54f.
[90] Vgl. ebd. 62.
[91] Vgl. Carpenter, a.a.O. 48f, 126.
[92] Vgl. ebd. 306.
[93] Vgl. ebd. 110ff, 124ff.
[94] Vgl. ebd. 110ff.
[95] Vgl. Masutani, a.a.O. 45.
[96] Vgl. ebd. 43.
[97] Häufig mit "Weltling" übersetzt; wörtlich "Menge-Mensch".
[98] Vgl. ebd. 1.

or sorrow."[99] Das Christentum sehe den Tod als Sold der Sünde an und verkünde eine Errettung durch Gnade und Glaube.[100] Buddha und Christus stimmten beide darin überein, daß weltliche Freuden keine letzte Befriedigung bieten können und riefen zu einer Introspektion auf, in der der Mensch den Leidenscharakter unerlöster Existenz erkennen und zum wahren Glück finden könne.[101] Hinsichtlich dieses Heilszieles vertraue man im Christentum auf die Verheißung Gottes, im Buddhismus dagegen auf das wahre Selbst, das es aber erst durch die Überwindung des weltlich verhafteten Selbst zu verwirklichen gelte.[102] Obwohl die Amida-buddhistische Tradition eine dem Christentum ähnliche Glaubenshaltung entwickelt habe, bleibe auch dort die Entstehung des Leides aus der Anhaftung an der vergänglichen Welt das eigentliche Grundproblem.

Gegenüber Weinrich, de Kretser, Mensching und Kenntner, fällt bei Nakamura und Masutani (und ansatzweise auch bei Carpenter und Yu) auf, daß sie das buddhistische Unheilsverständnis nicht wie diese ontologisch interpretieren, sondern *existentiell*, d.h. das Leiden nicht mit dem menschlichen Dasein schlechthin gegeben sehen, sondern erst mit einer spezifischen existentiellen Haltung. Zudem bestimmen sie das buddhistische Unheilsverständnis nicht vom Vorhandensein oder Ausfallen der Gottesidee her (auch nicht in der Gestalt des "Numinosen"), sondern deuten eher umgekehrt *die buddhistische Heilsvorstellung von der existentiell bestimmten Unheilsanalyse* her. Am Christentum heben sie tendenziell jene Züge hervor, die dem existentiellen und heilspragmatischen Zug des Buddhismus am nächsten zu kommen scheinen. Diese Unterschiedlichkeit in der Betrachtungsweise wird sich vollends bei der Behandlung der beiden nächsten Punkte bestätigen, dem Vergleich der Heilswege und des jeweiligen Weltverhältnisses.

---

[99] Ebd. 46.
[100] Vgl. ebd. 48.
[101] Vgl. ebd. 44.
[102] Vgl. ebd. 53.

4.4 Wege zum Heil: Entpersonalisierung und Individualismus oder Befreiung von Egozentrik zu universaler Solidarität

De Kretser vergleicht die Heilswege nach dem Schema Selbsterlösungsreligion contra Erlösung durch Gnade. Unter Berücksichtigung der jeweiligen soteriologischen Struktur seien nicht Buddha und Christus miteinander zu vergleichen, sondern der Dharma und Christus, da im Buddhismus die Autorität Buddhas von der Autorität des von diesem verkündeten Dharma hergeleitet werde, wobei die Erkenntnis des Dharma als eine latente Möglichkeit in jedem Menschen verstanden werde.[1] Das Christentum dagegen gehe davon aus, daß der Mensch die erlösende Wahrheit nicht aus sich heraus erkennen könne, sondern diese in Gestalt geschichtlicher Offenbarung von außen an ihn herantrete. Sie ist Gott selbst, der in seiner Offenbarung in Jesus Christus nicht nur sich dem Menschen offenbart, sondern diesem auch dessen wahres Wesen als Ebenbild Gottes erschließt, zu dem der Mensch erneut geschaffen werden soll.[2] Entgegen dem rationalistischen Charakter der buddhistischen Lehre sei die Wahrheit nach christlicher Auffassung für die menschliche Vernunft unbegreifbar und der Möglichkeit rationaler Beweisbarkeit enthoben. Der christliche Personalismus lasse lediglich gewisse Analogien zu den normalen zwischenmenschlichen Beziehungen zu.

Die Einzigartigkeit einer jeden menschlichen Person sei von der Ratio prinzipiell nicht zu erfassen, da diese immer nur in allgemeinen Kategorien denke. Daher sei es denn auch konsequent, daß der Buddhismus die Person leugne.[3] An die Stelle des christlichen Personalismus trete im Buddhismus ein allgemeines Gesetz, das Karma-Gesetz, bei dem es sich um ein universales Weltgesetz gerechter Tatvergeltung handle.[4] Im Interesse einer allgemeinen, geradezu mechanistisch gedachten Gerechtigkeit, gehe dabei die Person verloren[5]: "Justice is always impersonal."[6] Obwohl impersonal sei das Karma-Gesetz vollständig individualistisch, da die Folgen der Taten immer nur ihren Urheber träfen. Eine kollektive Dimension habe das Karma-Gesetz nicht;[7] "...consequently, ...salvation consists in an escape from the world of community."[8] Da das Karma-Gesetz jeden Menschen individualistisch nur an sich selber binde, könne der Mensch sich nur selbst erlösen.[9] Im Rahmen

---

[1] Vgl. de Kretser, a.a.O. 66-72 u. 87. In seltsamem Gegensatz dazu führt de Kretser an anderer Stelle aus, daß im Christentum alle zur Erlösung gerufen seien, nicht aber im Buddhismus (vgl. ebd. 33). Damit übergeht er jene soteriologische Konnotation der buddhistischen Wiedergeburtslehre, die prinzipiell allen Wesen die Erlösungsmöglichkeit offen hält und einen ewigen Ausschluß von ihr nicht kennt. Dies ist ein weiteres Beispiel für die grobe Vernachlässigung des genuinen buddhistischen Kontextes in der Buddhismusinterpretation de Kretsers.
[2] Vgl. ebd. 72f.
[3] Vgl. ebd. 85ff.
[4] Vgl. ebd. 77, 82f.
[5] Vgl. ebd. 82f.
[6] Ebd. 83.
[7] Vgl. ebd. 76ff.
[8] Ebd. 80.
[9] Vgl. ebd. 84, 93.

des christlichen Personalismus sei jedoch das Gegenteil der Fall, die Wiederherstellung der personalen Gottesbeziehung kann nur von Gott ausgehen. Im Gegensatz zum Buddhismus sei im Christentum "sin, not deed, attitude and not act, ...the fundamental problem."[10] Die Rechtfertigung des Sünders sei nicht epistemologisch als eine innerseelische Erfahrung zu deuten, vielmehr gehe es in ihr um "the attitude of God towards man"[11]. Die menschliche Sünde stelle nicht nur den Bruch der Beziehung des Menschen zu Gott, sondern auch den der zwischenmenschlichen Beziehungen dar.[12] Im Gegensatz zur buddhistischen Karma-Lehre verstehe die christliche Lehre von der Erbsünde den Menschen in unauflöslicher Verquickung mit seinen Mitmenschen. Wenn, wie im Christentum, die letzte Wahrheit personal verstanden werde, sei Vergebung und nicht Gerechtigkeit die höchste Norm, wobei Vergebung nicht dem Gerechtigkeitsprinzip widerspreche, sondern dieses tranzendiere.[13] Ein gewisser Wert des buddhistischen Heilsweges liege somit in seiner Erkenntnis des Gerechtigkeitsprinzips, das entscheidende "Mehr" der vergebenden Liebe hingegen fehle ihm.[14]

So führt nach de Kretser der buddhistische Heilsweg entsprechend seiner impersonalen Struktur in die Einsamkeit des Arahat, der christliche dagegen in die Gemeinschaft mit Gott und Mitmensch.[15] Nach christlichem Verständnis habe das Heil prinzipiell ekklesialen Charakter und beschreibe eine Liebesgemeinschaft, die sowohl Kollektivismus als auch Individualismus vermeide[16], wohingegen der buddhistische Samgha von einer atomistischen Struktur gekennzeichnet sei und keine wahre Gemeinschaft, sondern nur eine Ansammlung von Individuen bilde.[17] Den eigentlichen Hintergrund dafür sieht de Kretser in der Nicht-Ich-Lehre, denn "...the anatta doctrine, which is the fundamental postulate of Buddhism, makes community life impossible."[18]

In de Kretsers Interpretation des buddhistischen Heilsweges setzt sich also deutlich jene schon vorher beobachtete Tendenz fort: Er versteht diesen ausschließlich vom Fehlen jener Züge her, die er christlich gegeben sieht, und zieht für den Buddhismus daraus die Konsequenz, daß in ihm folglich auch all das fehle, was christlich mit eben jenen Zügen verbunden ist,

---

10 Ebd. 93. De Kretser interpretiert das buddhistische Karma-Verständnis ausschließlich als Tatvergeltung. Dabei läßt er vollkommen außer Acht, daß sich Karma im Buddhismus vor allem auf Qualitäten der Gesinnung und der inneren Haltung bezieht, was gerade einer der wichtigsten Kontroverspunkte zwischen Buddha und den Jainas war. Vgl. dagegen die Darstellungen bei E. Frauwallner, Geschichte der indischen Philosophie, Bd. I, a.a.O. 253ff und D. Schlingloff, Die Religion des Buddhismus, Bd. I, Berlin 1962, 31, sowie unten S. 486ff.
11 Vgl. ebd. 93.
12 Vgl. ebd. 79f.
13 Vgl. ebd. 84.
14 Vgl. ebd. 84f.
15 Vgl. ebd. 80 u. 99.
16 Vgl. ebd. 108ff.
17 Vgl. ebd. 105f.
18 Ebd. 106.

m.a.W. er interpretiert den buddhistischen Heilsweg durch die christliche Negativkategorie der "Selbsterlösung", deren Anwendung vom vermeintlichen Atheismus her vorgezeichnet ist, und negiert in ihm alles, was christlicherseits mit der Kategorie des "Personalen" verbunden ist. Eine Interpretation der buddhistischen Konzepte aus ihrem eigenen Zusammenhang heraus erfolgt nicht. Aufschlußreich ist dabei wiederum de Kretsers Umgang mit jenen Zeugnissen, die sich einer solchen Einordnung widersetzen, denn erneut erscheinen sie als Belege für buddhistische Inkonsequenz, statt daß sie zum Anlaß genommen würden, die Adäquatheit des Interpretationsrasters in Frage zu stellen. De Kretser erwähnt, daß Buddhaghosa, der große theravâda-buddhistische Kommentator des 5. Jhd.n.Ch. die Entfaltung der Anattâ-Vorstellung gerade zur Überwindung von Ärger und Haß empfehle. Dazu bemerkt de Kretser: "If it is true that a man has no cause for anger, because actually there is no person to be angry with, it is equally true that the feelings of love and sympathy can have no basis in reality, if there are no real persons to love."[19] De Kretser reflektiert jedoch nicht weiter darauf, warum Buddhaghosa selbst diesen Schluß nicht zieht, sondern explizit zur Entfaltung der Liebe anleitet. Die Stimmigkeit der von de Kretser gezogenen Konsequenz hängt ausschließlich an seiner einseitig ontologischen bzw. anthropologischen Deutung der Anattâ-Lehre, die deren existentiellen, heilspragmatischen Zug verfehlt.

Dem Vergleich der Liebe in beiden Religionen ist schwerpunktmäßig die Arbeit von Weinrich gewidmet. Nach Weinrich, der ebenfalls den Atheismus und Selbsterlösungsgedanken für innerhalb des Buddhismus formprägend hält, besteht der Kernunterschied zwischen buddhistischem und christlichem Liebesverständnis darin, daß die Agape immer unmotiviert, die buddhistische Maitrî (p.: mettâ) dagegen vom Lohngedanken beherrscht sei.[20] Alles sittliche Tun des Buddhisten entspringe der Eigenliebe, den sittlichen Geboten, obwohl rein äußerlich in manchem den christlichen ähnlich, fehle der wahrhaft sittliche Geist.[21] Weinrich greift, gemessen an seinem religionswissenschaftlichen Neutralitätsanspruch, zu einer unglaublichen Polemik: "Hat nicht jener Buddhamönch Subhadra schon diesen Sachverhalt, daß zu wenig im Grundgedanken, zu viel in den einzelnen Gesetzen im Buddhismus normiert ist, richtig erkannt, wenn er nach seines Meisters Tode zu seinen Mitmönchen sagte: 'Haltet nun ein mit Klagen und Jammern, ihr Brüder! Nun sind wir glücklich des großen Mannes ledig. Er plagte uns zu Tode mit seinem: Das ziemt sich, und das ziemt sich nicht!'"[22] Man stelle sich einmal vor, daß ein buddhistischer Autor in einem vorgeblich religionswissenschaftlich objektiven Religionsvergleich in ähnlicher Weise versuchte, apo-

---

[19] Ebd. 136.
[20] Vgl. Weinrich, a.a.O. 36ff, 51f, 79f.
[21] Vgl. ebd. 76f, 80.
[22] Ebd. 76. Weinrich bezieht sich auf die Perikope in Dîgha-Nikâya 16, 6, 20.

logetisches Kapital aus der Einstellung des Jüngers Judas gegenüber Christus zu schlagen![23]

Nach Weinrich besteht der Lohn der Maitrî zunächst in einer besseren Wiedergeburt.[24] Doch strebe der Buddhist ja letztlich nach der Befreiung von allen Formen der Wiedergeburt, und einige buddhistische Texte sprächen davon, daß die Maitrî auch zu dieser Befreiung, also zur Verwirklichung des Nirvânas führe.[25] Nach Weinrich ist dies so zu erklären, daß jene Texte nicht mehr eine tätige Liebe meinen, da alle Tätigkeit (Karma) zu Wiedergeburt führe, sondern eine bestimmte Form der Versenkung, in der die Entfaltung der Maitrî eine gewisse, allerdings nur vorläufige Rolle spiele. Im weiteren Verlauf dieser Versenkungsmethode werde die Maitrî in die "sancta indifferentia" aufgelöst.[26] Nach Weinrich besitzen auch die praktischen sittlichen Gebote – wie er meint, meist Verbote –, deren Befolgung noch zu weiterer Wiedergeburt führt, bereits einen tendenziell negativen Charakter. Propädeutisch dienten sie dazu, die ablehnende Haltung gegenüber der Welt vorzubereiten, und führten letztlich zu einer Reduktion tätiger Liebe auf die untätige gütige Gesinnung, die dann schließlich ebenfalls überwunden und in die pure Gleichgültigkeit überführt werde.[27] Die am Ziel dieses Weges

---

[23] M.E. würde allein schon eine Vorgehensweise wie diese in der Arbeit von Weinrich zu ihrer Disqualifikation hinreichen, statt dessen hat sie jedoch innerhalb Deutschlands enormen Einfluß gehabt und Weinrichs Zerrbild der buddhistischen Güte fast allgemein das christliche Bild von ihr geprägt!

[24] Vgl. ebd. 55ff.

[25] Vgl. ebd. 57f.

[26] Gemeint ist die meditative Entfaltung von Güte, Mitleid, Mitfreude und Gleichmut, den "Vier göttlichen Verweilzuständen" (brahmavihâra), die auch als "Vier Unermeßlichkeiten" (appamaññâ) bezeichnet werden. Zu Weinrichs Interpretation, daß die Entfaltung des Gleichmuts eine Auflösung der Güte in Indifferenz beinhalte, hat die Habilitationsschrift Heilers (F. Heiler, Die buddhistische Versenkung. Eine religionsgeschichtliche Untersuchung, München 1918) beigetragen. Heiler kommt das unbezweifelbare Verdienst zu, mit dieser Studie überhaupt auf die zentrale Bedeutung der Meditation innerhalb des buddhistischen Heilsweges hingewiesen zu haben. Allerdings hat er zur Analyse der Entfaltung der "brahmavihâra" nicht die Schilderung im Vissudhimagga Buddhaghosas berücksichtigt. Dort wird ausgeführt, daß jedem dieser Gesinnungsqualitäten eine "naher Feind" genannte Fehlform entspricht, wobei der "nahe Feind" der Güte in der Gier, der "nahe Feind" des Gleichmuts in der Gleichgültigkeit bestehe (Vissuddhismagga IX,4). Nach Buddhaghosa erkennt man bei den "großen Wesen" (mahâsattâ) die Vollkommenheit ihrer Güte daran, daß sie sich nicht mit dem Leiden der anderen Wesen abfinden, sondern zu deren Befreiung wirken und ihren Gleichmut daran, daß sie dafür keine Gegenleistung erwarten. Heiler aber interpretiert den Gleichmut als Indifferenz. Von buddhistischer Seite hat sich m.W. erstmals Y. Takeuchi kritisch mit dieser Interpretation Heilers auseinandergesetzt (vgl. Y. Takeuchi, Probleme der Versenkung im Ur-Buddhismus, Leiden 1972).

[27] Vgl. Weinrich, a.a.O. 60-70.

stehende Gleichgültigkeit ist nach Weinrich "ein typisch asoziales Gefühl".[28] Für den Buddhismus sei "Liebe... ebenso wie Haß eine Fessel"[29] und daher zu überwinden.[30] Dies illustriert Weinrich mit einer Erzählung aus Udâna I,8[31], in der berichtet wird, wie die ehemalige Gattin eines buddhistischen Mönchs mit dem gemeinsamen Kind diesen aufsucht und ihn dreimal auffordert, für ihre Ernährung zu sorgen. Als dieser keine Reaktion zeigt, läßt sie das Kind vor ihm liegen und macht Anstalten zu gehen. Doch da auch dies nicht die Haltung des Mönchs zu ändern vermag, nimmt sie schließlich das Kind wieder an sich und geht. Die Erzählung endet mit einem Lob Buddhas für das Verhalten des Mönches. Für Weinrich ist klar, daß die buddhistische Maitrî mit der christlichen Agape keinerlei Gemeinsamkeit besitzt.[32]

Wieder war es F. O. Schrader, der gegen diese Art der Darstellung protestierte. In seiner Rezension zu Weinrichs Vergleich referierte er den kommentariell gegebenen und von Weinrich übergangen Hintergrund jener Erzählung. Der betreffende Mönch war von Buddha erst zur Ordination zugelassen worden, nachdem die Versorgung seiner Frau und seines Kindes sichergestellt war. Also mußte das Verhalten der Ehefrau und nicht das des Mönchs tadelnswert erscheinen.[33] Schrader trägt eine Reihe wesentlicher kanonischer Textstellen nach, die Weinrich nicht erwähnt hatte, wie z.B. die idealtypische und paradigmatische Schilderung des gegenseitigen Dienstes und gemeinsamen Lebens der Arahats in Majjhima-Nikâya 31[34], Buddhas Wort über das Pflegen der Kranken[35] und das Gleichnis von der Säge.[36] Erneut verwies Schrader darauf, daß der Eindruck, die ethischen Weisungen besäßen allein einen negativen Verbotscharakter, auf falsche Übersetzungen zurückgehe.[37] Gegen die zentrale These Weinrichs, daß die buddhistische Maitrî im Gegensatz zur Agape immer auf Lohn bedacht sei, führt Schrader das Leben Buddhas selbst an, dessen Maitrî, "da hierfür irgendein Lohn ja gar nicht mehr in Betracht kam, eine 'unmotivierte' war..."[38] In der 'unmotivierten' bzw. selbstlosen Liebe Buddhas liegt nach Schrader "die Wurzel des Bodhisattva-Ideals, das gar nicht zu trennen ist vom Begriff der bis zur

---

[28] Ebd. 68.
[29] Ebd. 77.
[30] Vgl. ebd. 95.
[31] Vgl. ebd. 90f.
[32] Vgl. ebd. 96.
[33] Vgl. Schrader, in. J. F. Sprockhoff (Hg), a.a.O. 341f.
[34] Buddha erkundigt sich in dieser Erzählung danach, ob jene auch friedlich zusammenlebten, worauf Anuruddha antwortet: "Herr, ich schätze mich glücklich, daß ich mit solchen Mitstrebenden vereint lebe. Ich diene diesen Ehrwürdigen, offen und geheim, mit liebevollen Werken, Worten und Gedanken. Meinen eigenen Willen habe ich aufgegeben und lebe ganz nach dem Willen dieser Ehrwürdigen. Verschieden, Herr, sind zwar unsere Körper, aber wir haben sozusagen nur einen Willen." (Übers. aus K. Schmidt, Buddhas Reden, a.a.O. 105.)
[35] Vgl. oben S. 60.
[36] Vgl. oben S. 60
[37] Vgl. oben S. 61f.
[38] Vgl. Schrader, a.a.O. 342.

Selbstaufopferung fortschreitenden Nächstenliebe."[39] So hält Schrader Weinrich vor: "Daß Nächstenliebe nur auf dem Boden der Gottesliebe möglich, im Buddhismus also unmöglich sei, ist eine typisch theologische These, die man in buddhistischen Ländern ohne vieles Suchen widerlegt finden kann..."[40]

Im Unterschied zu de Kretser und Weinrich lehnen es Mensching und Kenntner ab, im Hinblick auf die Einung mit dem Numinosen in der Erleuchtung von "Selbsterlösung" zu sprechen. Dieses Ereignis sei "unverfügbar", wendet Mensching ein[41], in ihm werde gerade das Selbst getilgt, lautet das Argument Kenntners.[42] Doch für beide geht diesem Ereignis ein Weg voran, der nach Mensching zumindest im älteren Buddhismus "weitgehend Selbsterlösung" ist[43] und für Kenntner eine "autonomisierende Tendenz" hat.[44] Kenntner versteht den buddhistischen Heilsweg als fortschreitenden Entwerdungsprozeß[45], bei dem die zunehmende Einsamkeit das vorherrschende Charakteristikum sei.[46] So konnte nach Kenntner "der Buddhismus... in seiner ursprünglichen Gestalt seinem ganzen Aufbau nach keinen Kirchenbegriff entwickeln..."[47] Dagegen orientiere sich der christliche Heilsweg an der doppelten Bezogenheit auf Christus und den Nächsten.[48] Hier sei "das Leben... nicht autonom, sondern heteronom orientiert."[49] Die christliche Liebe äußere sich primär in der liebenden Tat und führe zur communio[50], die

---

[39] Ebd. 341.
[40] Ebd. 342. 1965 hat E. Gogler, ähnlich wie Schrader, eine korrigierte Interpretation des buddhistischen Liebesverständnisses vorgelegt (E. Gogler, Die "Liebe" im Buddhismus und Christentum, in: E. Dammann [Hg], a.a.O. 27-49). Nach Gogler kennt der Buddhismus sehr wohl auch die tätige Liebe, und es dürfe nicht behauptet werden, die buddhistische Liebe sei allein vom Verdienststreben gekennzeichnet. Der vollendete Arahat, für den es keinen Verdienst und Lohn mehr zu erreichen gibt, werde als jemand geschildert, der voll von Maitrî ist. "Die mettâ des Arahat ist nach buddhistischem Selbstverständnis die wahrhaft selbstlose, gütige Liebe. Der Heilige fragt nicht mehr nach der Frucht seiner guten Werke. Er ist über sie hinausgewachsen" (ebd. 47). Die Funktion der "mettâ" im buddhistischen Heilsweg bestehe darin, daß durch ihre Verwirklichung der Mensch von Gier, Haß, Verblendung und aller Selbstbezogenheit befreit werde (vgl. ebd. 45ff).
Dagegen hat G. Mensching noch 1978 komplett und ohne kritische Auseinandersetzung die Behauptungen Weinrichs übernommen (vgl. Mensching, Buddha und Christus, a.a.O. 172f)!
[41] Vgl. Mensching, Buddha und Christus, a.a.O. 169.
[42] Vgl. Kenntner, a.a.O. 77.
[43] Vgl. Mensching, Buddha und Christus, a.a.O. 169.
[44] Vgl. Kenntner, a.a.O. 71-77. In diesem Zusammenhang gibt Kenntner als Belegstellen zweimal Auffassungen als buddhistisch wieder, die an den entsprechenden Stellen deutlich als Auffassungen der von Buddha abgelehnten Irrlehrer gekennzeichnet sind (vgl. ebd. 69 u. 81 Anm. 104).
[45] Vgl. ebd. 70.
[46] Vgl. ebd. 71f.
[47] Ebd. 76.
[48] Vgl. ebd. 74ff.
[49] Ebd. 74.
[50] Vgl. ebd. 78f.

buddhistische richte sich als allgemeines Wohlwollen zunächst gegen alle Affekte und münde schließlich in den Gleichmut.[51] Vom Heilsziel her zeige sich am deutlichsten der Unterschied zwischen den Heilswegen: "Eine undifferenzierte unio mit dem Absoluten ist nur zu erreichen durch amorphistische Tendenzen; eine harmonische communio hingegen setzt eine Neigung zu rechter Bindung und Bezogenheit aller Lebenselemente voraus."[52] Klar zeige sich dies nach Kenntner auch im Vergleich der buddhistischen Versenkung mit der christlichen Bekehrung, denen eine analoge Stellung im System zukomme, da sich hier jeweils der Übergang vom Unheilszustand in den Heilszustand vollziehe.[53] Die buddhistische Versenkung trage passiven Charakter und intendiere die Indifferenz, die Bekehrung dagegen trage Entscheidungscharakter und münde in die Spannung eines Lebens aus Glauben.[54]

Mensching versteht den "Edlen Achtfachen Pfad" als einen Stufenweg, der mit der Ethik beginne, dann zur Versenkung und schließlich zur erlösenden Erleuchtungserfahrung führe. Mit dieser Stufung entspreche er dem Typus mystischer Religiosität. Jesus habe streng genommen gar keinen "Weg" sondern eine "Haltung" verkündet, die Bereitschaft für das entscheidende Heilswirken Gottes.[55] Jener Teil der buddhistischen Ethik, der noch ein aktives Handeln in der Welt voraussetze, sei rein auf die Laien bezogen, da die Folgen des guten Handelns in der guten Wiedergeburt bestünden. So besitze diese nur einen vorläufigen Charakter.[56] Der Erlöste dagegen stehe jenseits von Gut und Böse.[57] Er gelange zur Erlösung durch die Übung der Versenkung, in der der Zustand des Gleichmuts herbeigeführt und die erlösende Erkenntnis zuteil wird.[58] An der Stelle jener mystischen Erkenntnis stehe bei Jesus der Glaube, der das Heilsangebot Gottes entgegennimmt und einen Willen zur Welt- und Lebensgestaltung entwickelt.[59] Dispositionen für das Heil könnten nach christlicher Auffassung nicht vom Menschen selbst geschaffen werden.[60] "So zeigt die Verkündigung Jesu im Unterschied zu der Buddhas nicht einen Weg für die Menschen, sondern einen Weg Gottes zu den Menschen."[61]

Starke Wandlungen des buddhistischen Heilsweges vollziehen sich nach Mensching im Mahâyâna-Buddhismus. Dieser entwickle die Vorstellung von Heilandsgestalten, von personaler Gemeinschaft mit dem transzendenten Buddha, von paradiesischen Welten als vorläufigem Heilsziel, setze Glaube an die Stelle der Versenkung und kenne eine Ethik, die nicht nur Vorstufe

---

[51] Vgl. ebd. 79.
[52] Ebd. 80.
[53] Vgl. ebd. 80.
[54] Vgl. ebd. 80-85.
[55] Vgl. Mensching, Buddha und Christus, a.a.O. 147f.
[56] Vgl. ebd. 149f u. 154.
[57] Vgl. ebd. 151 u. 154.
[58] Vgl. ebd. 160ff.
[59] Vgl. ebd. 175f.
[60] Vgl. ebd. 170.
[61] Ebd. 174.

der Erlösung ist, sondern dieser selbst entspringt.⁶² Doch änderten diese Wandlungen, selbst da, wo sie so ausgeprägt seien, wie in der Tradition des Amida-Buddhismus, nichts am mystischen Grundcharakter des Buddhismus, und selbst der stark prophetische Züge tragende Nichiren bleibe letztlich ein Mystiker.⁶³

Entsprechend der impersonalen Konzeption des Numinosen im Buddhismus und seiner personalen Charakterisierung im Christentum, sehen Mensching und Kenntner den Grundunterschied der Heilswege darin, daß im Buddhismus alle personalen Momente entfallen. Von dem als Einung mit dem impersonalen Numinosen gedeuteten Heilsziel her interpretieren sie den buddhistischen Heilsweg. Die buddhistische Vorstellung vom Numinosen erscheint dabei als eine Art christlicher Gott, von dem alle personalen Züge subtrahiert sind, so daß der buddhistische Heilsweg, nun verstanden als Entpersonalisierung, gegenüber dem christlichen letztlich unter der Perspektive der Defizienz gesehen wird. Wie bei de Kretser und Weinrich wird also auch bei Mensching und Kenntner der buddhistische Heilsweg aus einem Wegfall christlicher Gegebenheiten heraus verstanden. Wenn zwar Mensching und Kenntner gegenüber de Kretser und Weinrich den buddhistischen Heilsweg nicht völlig als "Selbsterlösung" gedeutet wissen wollen, so kommen sie faktisch doch zu den gleichen Charakterisierungen des Heilsweges wie diese. Sind die Etikettierungen der Entpersonalisierung und des Individualismus bei de Kretser und Weinrich, vermittelt über die Selbsterlösungs-Kategorie, aus dem Atheismus deduziert, so werden sie bei Mensching und Kenntner aus der Impersonalität des Absoluten abgeleitet. Die christliche Kategorie des "Personalen" enthält für sie jedoch offensichtlich exklusiv die Beziehungsdimension, so daß der Ausfall einer personalen Vorstellung vom Numinosen notwendigerweise den Menschen in die individualistische Einsamkeit stelle. Der buddhistische Heilsweg bleibt damit faktisch, wie explizit eingestanden, auch für sie weitgehend ein Weg der "Selbsterlösung". Die unterschiedlichen Optionen hinsichtlich der Gottesfrage bei de Kretser und Weinrich einerseits und bei Mensching und Kenntner andererseits fallen bei der Deutung des Heilsweges nun nicht mehr ins Gewicht. Ausschlaggebend ist hier für alle vier der vermeintliche Ausfall des Personalen. Daher kommt es zu der sowohl mit de Kretser und Weinrich, als auch mit den christlichen Apologeten übereinstimmenden Charakterisierung des buddhistischen Heilspfades als eines Wegs fortschreitender individualistischer Entpersonalisierung. Der Weg zu dieser Bestimmung ist also in allen Fällen vom Einsatz der christlichen Kategorien als Interpretationsraster vorgezeichnet.

Nach Nakamura sind Nicht-Wissen und "Durst" die theoretische und praktische Seite ein und derselben existentiellen Unheilssituation.⁶⁴ Da beide innere Faktoren darstellen, liege das Schwerpunktinteresse des buddhistischen Heilsweges zunächst auf der Veränderung jener inneren Dimension des Men-

---

⁶² Vgl. ebd. 193.
⁶³ Vgl. ebd. 200.
⁶⁴ Vgl. Nakamura, a.a.O. 64.

schen. "Buddhists were less interested in the outer than in the inner action, although it goes without saying that they were men of action."[65] Der buddhistische Heilspfad lege die Priorität auf die Reinigung der Gesinnung, da die innere Veränderung "the starting-point for altruistic activities" bilde.[66] Dem liege die Auffassung zugrunde, daß anderen nur der wirklich helfen könne, der erst sich selbst geholfen habe.[67] Dieser inneren Reinigung diene die Meditation. Zu den Voraussetzungen der meditativen Übungen gehöre freilich ein gewisser Rückzug von weltlichen Aktivitäten. Doch sei das Ziel eine Reinheit von der Welt mitten in der Welt.[68] Allerdings habe es auch innerhalb des Buddhismus bisweilen die Kritik gegeben, daß ein solcher Rückzug leicht zu Heilsindividualismus führen könne.[69] Denn nach seinem grundsätzlichen Selbstverständnis strebe der buddhistische Heilsweg die Befreiung von aller Egozentrik an: "All Buddhists follow the Buddha in wanting to be taught how to lead a selfless life."[70] Dies gelte in gleicher Weise für den älteren Buddhismus wie für das Mahâyâna. In dieser Grundintention träfen sich die Anattâ-Lehre und die meditative Entfaltung der "brahmavihâra". Letztere gibt Nakamura wieder als "...Love, Sorrow at the Sorrow of others, Joy in the joy of others, and Equanimity as regards one's own joy and sorrows."[71] Also nicht als eine die Liebe auflösende Indifferenz versteht Nakamura den Gleichmut, sondern als die Vervollkommnung liebender Selbstlosigkeit. Dem komme denn auch die Anattâ-Lehre entgegen: "By dissolving our human existence into component parts one can get rid of the notion of Ego, and through that meditation we are led to a limitless expansion of the self in a practical sense, because one identifies oneself with more and more living beings."[72] Nach Nakamura zielen die Anattâ-Lehre und die Entfaltung der "brahmavihâra" in innerer Kohärenz gemeinsam darauf ab, "to realise love by removing barriers between different selves."[73] Die buddhistische Ethik sei von der Grundidee einer tiefen Einheit und Verbundenheit aller Wesen bestimmt.[74] Diese bilde auch den Hintergrund der ethisch motivierten Ablehnung des Kastensystems durch Buddha. Sie zeige sich ferner darin, daß Buddha niemanden von seiner Verkündigung ausschloß. Ihr entsprechend seien gegenseitiges Geben und

---

[65] Ebd. 73.
[66] Vgl. ebd. 71ff.
[67] Vgl. ebd. 87.
[68] Vgl. ebd. 85.
[69] Vgl. ebd. 77.
[70] Vgl. ebd. 68.
[71] Ebd. 99.
[72] Ebd. 97. Damit entspricht Nakamura exakt den Ausführungen Buddhaghosas, der über die Formulierung "in allem sich wiedererkennend" (sabbattatâya) aus dem Standardtext zur Entfaltung der "brahmavihâra" schreibt: "...alle Wesen, niedrige, mittlere, erhabene, Feinde, Freunde, Gleichgültige usw., wie sein eigenes Ich betrachtend, d.h. alle sich selbst gleichsetzend, ohne zu untersuchen, ob dieser oder jener ein fremdes Wesen sei..." (Visuddhimagga IX,1; übers. aus: Nyanatiloka, Der Weg zur Reinheit. Visudhi-Magga, Konstanz³ 1975, 352).
[73] Nakamura, a.a.O. 79.
[74] Vgl. ebd. 80.

eine liebende Gesinnung in allen Taten die Leitmotive der buddhistischen Ethik, die Goldene Regel ihr Gesetz.[75] Um die Verbundenheit aller Wesen gehe es auch in der mahâyânistischen Shûnyatâ-Lehre, die nicht losgelöst vom Bodhisattva-Ideal interpretiert werden dürfe, sondern die Grundlage für die Entfaltung des universalen Mitleids des Bodhisattva bilde: "Love is the moral equivalent of all-inclusiveness, which is nothing but the 'Void'."[76]

Im Vergleich des buddhistischen Heilsweges mit dem christlichen erlickt Nakamura bedeutsame Ähnlichkeiten. Auch das Christentum kenne einen grundlegenden Zusammenhang zwischen einer theoretischen und einer praktischen Seite der Unheilssituation, was sich z.B. in dem Satz des Johannes-Evangeliums zeige, daß die Wahrheit von der Sünde frei mache. Wie im Buddhismus ziele die Verkündigung auf einen praktischen Effekt, gelte es auch hier, Täter des Wortes zu sein. Reinheit des Herzens und Freiheit von der Welt mitten in ihr seien zentrale Motive auch des christlichen Heilspfades. Das Christentum kenne ebenfalls eine ausgeprägte Tradition des monastischen und kontemplativen Rückzugs. Die fundamentale Gleichheit aller Menschen, der Einschluß der Außenseiter, das Geben, das besser als das Nehmen ist, und in allem die Liebe würden in beiden Religionen betont.[77] Einen tendenziellen Unterschied im Verständnis der Liebe sieht Nakamura darin, daß "...Westerners... base the love concept on individualism, whereas Easterners... tend to base love and compassion on the concept of non-duality of individuals..."[78] Die Unterscheidung von Selbsterlösung und Fremderlösung hingegen hält Nakamura für nicht charakteristisch, da sich Variationen von beidem sowohl im Christentum als auch im Buddhismus fänden.[79]

Gegen die Auffassung, der Buddhismus sei heilsindividualistisch, wendet sich auch Masutani. Er zitiert eine Passage aus dem Pâli-Kanon, in der Buddha explizit von den kollektiven Heilsauswirkungen eines seiner Lehre gemäßen Lebens spricht.[80] Die vom Buddhismus geforderte introspektive

---

[75] Vgl. ebd. 99ff. Nakamura zitiert als eine buddhistische Form der Goldenen Regel den Vers: "All men tremble at punishment, all men love life; remember that thou art like them, and do not kill, nor cause slaughter." (ebd. 98) Weinrich bietet als Beleg für den buddhistischen Heilsegoismus einen pâli-kanonischen Ausspruch Buddhas, den er so übersetzt: "Alle Gegenden habe ich durchwandert, fand aber nichts, was einem lieber wäre als das Selbst; deshalb bereite man keinem anderen Qual aus Liebe zu dem eigenen Selbst." (Weinrich, a.a.O. 80) Carpenter und Masutani zitieren den gleichen Vers wie Weinrich ebenfalls als eine Form der Goldenen Regel, wobei Masutani übersetzt: "Man's thought can go anywhere. Wherever one may go, however, one may find nothing dearer than oneself. The same is with others. Therefore one who loves oneself, should not hurt others." (Masutani, a.a.O. 174.)
[76] Nakamura, a.a.O. 110.
[77] Vgl. ebd., 63-106.
[78] Ebd. 101.
[79] Vgl. ebd. 107.
[80] Vgl. Masutani, a.a.O. 176. Masutani zitiert Anguttara-Nikâya III, 61. Vgl. auch das Buddha-Wort in Anguttara-Nikâya VII, 64: "Wer zum ei-

Haltung setze eine universale Verbundenheit aller Wesen in der gleichen existentiellen Situation voraus, die in der Tiefe des eigenen Herzens erkannt werde: "... only at the depth of one's self, one can really realize that others also bear the same heavy burden of human sufferings. This is what we call in Buddhism the feeling of compassion for the same suffering and same sorrow."[81] Nach Masutani hat die buddhistische Auffassung von Liebe mit der christlichen gemein, daß beide in ihr die natürliche Liebe überstiegen sehen. Im Christentum zeige sich dies am deutlichsten bei der Feindesliebe, denn in ihr werde das Gegensätzliche verbunden, während die natürliche Liebe auf der Anziehung des Ähnlichen beruhe. Im Buddhismus werde an der natürlichen Liebe der Aspekt egozentrischer Verhaftung kritisiert, denn sein Ziel sei die Befreiung von jeder Art der Selbstsucht.[82] Insofern lege er den Schwerpunkt auf die Reinheit der Gesinnung, ohne jedoch die tätige Liebe zu mißachten.[83] Die Reinheit des Herzens werde, wie etwa die Bergpredigt zeige, auch im Christentum betont, doch begründe sich die christliche Liebe anders als die buddhistische.[84] Die Agape sei Nachahmung Christi, der wiederum der Liebe des Vaters folge.[85] Das Proprium des christlichen Heilsweges laute entsprechend seiner eher heteronomen Orientierung "to die in the former self and live in Christ", das Proprium des buddhistischen entsprechend seiner introspektiven Orientierung "to see and follow the dharma"[86], was jedoch ebenfalls zur Praxis der Liebe führe. Trotz dieser ähnlichen Gegenüberstellung wie bei de Kretser, kommt Masutani also zu völlig anderen Ergebnissen als dieser.

Aufgrund ausgiebiger Berücksichtigung der Texte des Vinâya-Pitaka (dem ersten Teil des Pâli-Kanons, der hauptsächlich mit Fragen der Ordenszucht befaßt ist), kommt Yu in seiner Studie zu dem Ergebnis, daß die Gründung der Gemeinschaft von Anfang an ein zentrales Anliegen des Buddhismus war, dem eine erhebliche texthermeneutische Bedeutung zufalle.[87] "Without a knowledge of the religious community, one could not fully comprehend the Buddhist doctrines. Early Buddhism seems to consist of a balance between knowledge of the doctrines and their practice within the community."[88] So betone z.B. die Ordensregel immer wieder die Wichtigkeit der Einheit im Orden, wozu die Anattâ-Lehre die ethische Basis i.S. der Selbstverleugnung

---

    genen Heiles, aber nicht zum Heile der anderen wirkt, der ist darum zu tadeln; wer aber sowohl zum eigenen Heile als auch zum Heile der anderen wirkt, der ist darum zu loben." (Nyanatiloka, Die Lehrreden des Buddha aus der Angereihten Sammlung, neu überarb. u. hg. von Nyanaponika, Freiburg i. Br. 1984, Bd. IV, 67).
[81] Masutani, a.a.O. 174.
[82] Vgl. ebd. 168ff.
[83] Vgl. ebd. 149f.
[84] Vgl. ebd. 142ff.
[85] Vgl. ebd. 171.
[86] Vgl. ebd. 182f.
[87] Vgl. Yu, a.a.O. 38.
[88] Ebd. 38.

lege.⁸⁹ Ausdrücklich verwirft Yu de Kretsers Auffassung vom gemeinschaftsfeindlichen Charakter der Anattâ-Lehre: "It is not true that the anâtman doctrine made the formation of a true community impossible, as Kretser has maintained. On the contrary, anâtman, non-desire and the self sacrificial aspects seem to be conductive to unity."⁹⁰ Das Urteil, der buddhistische Heilsweg sei heilsindividualistisch, läßt sich nach Yu nicht aufrechterhalten und resultiere u. a. aus einer Vernachlässigung des Studiums der Ordensorganisation.⁹¹ Das Prinzip der buddhistischen Ethik gibt Yu mit einem Vers aus dem Dhammapada wieder: "To refrain from all evil, to achieve the good, to purify one's heart..."⁹² Da die Meditation der "Reinigung des Herzens" diene, sei sie eng mit der Ethik verbunden: "...meditation was oriented towards developing a pure mind and holy life."⁹³ Eine der hauptsächlichen Aufgaben des Ordens, die Verkündigung der Lehre, zeige eine deutliche Weltzugewandtheit.⁹⁴ Mit den frühen christlichen Gemeinden sei ihm daher die Verbindung einer grundsätzlich nicht-weltlichen Orientierung mit der Sorge um das Heil der Welt gemeinsam.⁹⁵ In den Einzelstücken ihrer ethischen Grundsätze seien sich Christentum und Buddhismus sehr ähnlich⁹⁶, einen Unterschied sieht Yu darin, daß die buddhistische Ethik Teil des zur Erlösung hinführenden Weges sei und die christliche dem Glauben an die in Christus gewährte Erlösung entspringe.⁹⁷ So trage auch das Verständnis der Einheit in den frühchristlichen Gemeinden eher deduktiven Charakter, während sie im buddhistischen Samgha eher induktiv verstanden werde.⁹⁸

Nach Carpenter ist das zentrale Anliegen des buddhistischen Heilsweges die Befreiung aus weltlichen Abhängigkeiten.⁹⁹ Diese auch ethisch ausschlaggebende Befreiung geschehe primär in der Überwindung der Egozentrik, denn "... the delusion of egotism which bred the claim 'I want that'. 'this is mine' (is) the root of all frantic struggles and brutal oppressions of the world."¹⁰⁰ Reinheit der Gesinnung, eben jene innere Befreiung von jeder selbstsüchtigen Verhaftung, sei daher der Schwerpunkt der buddhistischen Ethik.¹⁰¹ Die Meditation diene diesem inneren Läuterungsprozeß.¹⁰² Ist aber das Ziel, die Erleuchtung, erreicht, dann sei die Gesinnung von allem Übelwollen befreit, es bleibe allein die selbstlose Liebe.¹⁰³ Das buddhistische Verständnis der Liebe beruhe auf der Vorstellung einer Einheit aller We-

---

⁸⁹ Vgl. ebd. 69, 85ff, 102.
⁹⁰ Ebd. 91 Anm. 1.
⁹¹ Vgl. ebd. 219.
⁹² Ebd. 96.
⁹³ Ebd. 98.
⁹⁴ Vgl. ebd. 122ff.
⁹⁵ Vgl. ebd. 218.
⁹⁶ Vgl. ebd. 219.
⁹⁷ Vgl. ebd. 200f.
⁹⁸ Vgl. ebd. 211f.
⁹⁹ Vgl. Carpenter, a.a.O. 85.
¹⁰⁰ Ebd. 115f.
¹⁰¹ Vgl. ebd. 137.
¹⁰² Vgl. ebd. 114ff.
¹⁰³ Vgl. ebd. 119.

sen.[104] In diese Vorstellung sei die buddhistische Wiedergeburtslehre eingeordnet. Auf der langen Fährte der Wiedergeburten, lerne das Wesen alle Formen der Existenz kennen und in Liebe zu verstehen.[105] In der Erleuchtung schließlich erkenne der Mensch, daß alle in das gleiche Leid verflochten sind und daher Hilfe und Erlösung brauchen.[106] Das Geben sei das durchgängige Symbol der buddhistischen Ethik; der Mönch, der keinen materiellen Besitz mehr zu verschenken habe, gebe als höchste Gabe die Lehre.[107] Wie das Christentum betone der Buddhismus die Überwindung des Hasses durch die Liebe, das Sittengesetz der Goldenen Regel und die Priorität eines reinen Herzens.[108] Während jedoch im Christentum die ganze Ethik vom Gottesbegriff her geprägt und unablösbar mit diesem verbunden sei, entwickle der Buddhismus die Ethik als Teil seines Heilsweges von seiner Analyse des Unheils her und aus der Erkenntnis der Kausalitäten im Leidenszusammenhang.[109]

Die Wiedergabe der jeweiligen Interpretation des buddhistischen Heilsweges bei den hier untersuchten acht Autoren phänomenologischer Religionsvergleiche führt zu einem verblüffenden Ergebnis: Nirgendwo zeigte sich bisher eine so große Übereinstimmung unter den Autoren westlicher Herkunft (mit Ausnahme Carpenters) wie hier, und das gleiche gilt für die Autoren östlicher Herkunft (plus Carpenter). Und gleichzeitig stehen hier die Auffassungen dieser beiden Gruppen in diametralem Gegensatz zueinander. Sehen de Kretser, Weinrich, Mensching und Kenntner den buddhistischen Heilsweg als einen individualistischen Prozeß fortschreitender Entpersonalisierung an, der weg von der Gemeinschaft in die Vereinsamung, weg von der tätigen Liebe in die Indifferenz führt, so schildern ihn Nakamura, Masutani, Yu und Carpenter als einen Weg, der weg von individualistischer und egozentrischer Abgrenzung zur Erkenntnis der universalen Verbundenheit aller Wesen und der praktizierten Gemeinschaft führt, der den Schwerpunkt auf die Reinigung von allen selbstbezogenen Motiven legt, um die völlig selbstlose Liebe zu verwirklichen. Erscheint bei ersteren die Meditation als Mittel zur Überwindung der Liebe, so gilt sie bei letzteren als entscheidendes Mittel zu ihrer Verwirklichung. Man wird diesen auffallenden Unterschied sicherlich mit der Verschiedenheit der kulturellen Herkunft der jeweiligen Autoren erklären müssen. Doch der Fall Carpenters verbietet es, darin den einzigen Grund zu sehen, vor allem wenn man bedenkt, daß seine Arbeit bereits Jahrzehnte früher als die der behandelten östlichen Autoren erschien. Der entscheidende Grund für die konstatierten Unterschiede dürfte vielmehr in der Abhängigkeit Weinrichs, de Kretsers, Menschings und Kenntners von christlichen Interpretamenten liegen, die sie an der Einsicht in den genuinen Begründungszusammenhang des buddhistischen Heilsweges hindert.

---

[104] Vgl. ebd. 237.
[105] Vgl. ebd. 188.
[106] Vgl. ebd. 138.
[107] Vgl. ebd. 138.
[108] Vgl. ebd. 135ff.
[109] Vgl. ebd. 138.

Diese Abhängigkeit ist freilich auch kulturell bedingt, aber, wie der Fall Carpenters zeigt, nicht zwangsläufig. Die Nähe Carpenters zur Sichtweise der östlichen Autoren einerseits und die Nähe der Sichtweise der übrigen westlichen Autoren zu der der christlichen Apologeten andererseits läßt den Verdacht entstehen, daß entgegen dem Gebot der Epoche auch persönliche Sympathien bzw. Antipathien die Interpretation und den Vergleich beeinflussen.[110]

4.5 Weltverhältnis: Weltflucht oder Freiheit für die Welt

Nach de Kretser ist der ausschlaggebende Punkt für das Weltverhältnis beider Religionen ihre unterschiedliche Geschichtsbetrachtung: "In Buddhism... the sense of life's continuity in an unending series robs history its serious character..."[111] Bedeutung erhalte die Geschichte erst, wenn sie als Ort der Gottesbegegnung in Betracht komme. So allein werde der Mensch in die konkrete historische Verantwortung gestellt, wohingegen im buddhistischen Geschichtsverständnis "no place for responsible human action" sei.[112] Zwar beinhalte das Karma-Gesetz eine Verantwortung für die eigenen Taten[113], aber das Heilsziel der Befreiung vom Karma führe auch zur Ablegung dieser Verantwortung: "The Arahat does not engage in responsible historical action, for this is the domain of tanha."[114] Aus dieser Interpretation folgert de Kretser eine strikte Trennung zwischen den Laien einerseits, die noch zu verantwortlichem Handeln in der Welt gezwungen seien und daher nicht die Erlösung erlangen könnten, und den Ordensmitgliedern andererseits. Die weltablehnende Haltung des Buddhismus mache den Versuch einer Versöhnung zwischen dem Streben nach Erlösung und verantwortungsvollem geschichtlichem Handeln unmöglich.[115] Im Unterschied dazu wisse sich der Christ durch den Glauben in die soziale Verantwortung gestellt. Doch sei sie für ihn keine drückende Gesetzeslast, sondern entspringe dem Dank für die Erlösung. Zudem wisse der Christ um das endgültige Ziel der Geschichte, er hoffe auf ihre Erfüllung durch die eschatologische Herabkunft der neuen "Stadt Gottes".[116] Daß der Buddhismus trotz seiner eigentlichen Verantwortungslosigkeit und Weltfeindlichkeit dennoch nicht zu verheeren-

---

[110] Nach einer Bemerkung von Ch. Humphreys hatte Carpenter ab 1918 engere Beziehungen zur Buddhist Society in London (vgl. Ch. Humphreys, Sixty Years of Buddhism... a.a.O. 14). Ob Carpenter Mitglied war, geht aus dieser Bemerkung nicht eindeutig hervor und konnte von mir leider auch nicht anderweitig festgestellt werden. Nach E. J. Sharpe (Comparative Religion. A History, Bristol 1975, 130) war Carpenter Unitarier. Sharpe lobt ihn als einen Wissenschaftler von hohem Rang und großer Bedeutung für die britische Religionswissenschaft.
[111] De Kretser, a.a.O. 33.
[112] Vgl. ebd. 33.
[113] Vgl. ebd. 77 Anm. 6.
[114] Ebd. 99.
[115] Vgl. ebd. 105, 112.
[116] Vgl. ebd. 112f.

den kulturellen Auswirkungen geführt habe, erklärt sich de Kretser so: "The a-social effects of Buddhism are not made disturbingly apparent, partly because the average member of Samgha does actually get in the affairs of the world, and also because the greater portion of men and women remain outside the fold."[117]
Weinrich, der sich nur spärlich zu diesem Thema äußert, sieht es ähnlich wie de Kretser. Bei der Weltflüchtigkeit des Buddhismus sei es vor allem die Laienethik, der er seine Ausbreitung und kulturellen Leistungen zu verdanken habe.[118]

Nach Kenntner trägt die weltverneinende Haltung des Buddhismus "den Keim der Zerstörung vitaler und sozialer Grundlagen des Lebens in sich."[119] Sie beinhalte die Abwertung von Leiblichkeit und Sexualität, von Frauen und familiären Bindungen.[120] Die Konzessionen, die Buddha an die Laien mache, änderten nichts an seiner grundsätzlichen Weltverneinung. In ihnen offenbare sich vielmehr, daß es sich bei seiner Weltverneinung um Weltverachtung handle, die sich in Indifferenz gegenüber den konkreten Belangen des Lebens kundtue.[121] Dagegen würden im Christentum an sich alle Güter des empirischen Lebens positiv geschätzt, so auch Leiblichkeit, Sexualität und Ehe.[122] "Steht im Christentum die Frau dem Manne gegenüber völlig gleichberechtigt da, so zeigen die Bestimmungen des Nonnenordens im Buddhismus eine prinzipielle Unterordnung der Frau."[123] Im Unterschied zu Buddha erkenne Jesus die Eigengesetzlichkeit des empirischen Lebens voll an und äußere sich positiv zu Problemen des Staatswesens und der Berufsarbeit.[124] Dem Buddhismus ähnlich zeige Jesus jedoch eine gewisse Reserviertheit gegenüber materiellem Besitz.[125] Der entscheidende Unterschied bestehe letztlich darin, daß die heilsgeschichtliche Denkweise des Christentums der geschichtlichen Welt eine zentrale und bleibende Bedeutung verleihe, während Zeit und Geschichte für das religiöse Leben im Buddhismus ohne jede Bedeutung seien.[126]

---

[117] Ebd. 108.
[118] Vgl. Weinrich, a.a.O. 9f u. 97f.
[119] Kenntner, a.a.O. 96.
[120] Vgl. ebd. 92ff.
[121] Vgl. ebd. 88f.
[122] Vgl. ebd. 90ff.
[123] Vgl. ebd. 94. Ganz offensichtlich ist hier das inadäquate Vergleichen Kenntners. Nach seinen eigenen Maximen wäre zu erwarten gewesen, daß er die spirituelle Gleichstellung der Frau im Christentum mit dem buddhistischen Grundsatz verglichen hätte, daß Frauen ebenso wie Männer in der Lage sind, die Erleuchtung zu erreichen, und anderseits doch die konkrete Stellung der Frau in den frühchristlichen Gemeinden ebenso wie in der buddhistischen Ordenssatzung eine untergeordnete ist. Ganz offensichtlich schlägt hier wiederum eine apologetische Motivationslage durch.
[124] Vgl. ebd. 98.
[125] Vgl. ebd. 98f.
[126] Vgl. ebd. 114ff.

Für Mensching trägt die Bewertung der Welt in beiden Religionen ambivalente Züge. Das Christentum bewerte sie positiv, insofern sie Schöpfung Gottes sei, und negativ, insofern es sich bei ihr um eine gefallene, von Gott abgewandte, handle. Während das Christentum damit jedoch die Richtung der Welt negativ sehe, sei für den Buddhismus das Negative ihr Sein schlechthin.[127] Aber auf den unteren und vorläufigen Stufen des Heilspfades, eben in der Laienethik, gestehe er doch der Erfüllung weltlicher Pflichten ein gewisses Recht zu. "Der Buddhismus hat denn auch überall, wohin er kam, eine kulturelle Blüte zur Folge gehabt..."[128] Doch, so Mensching, "nicht als Hinayana, sondern als Mahayana hat der Buddhismus Weltgeltung erlangt."[129] Den Grund für das Erlöschen des Buddhismus in Indien sieht Mensching in dem unbefriedigenden elitären Charakter des Hînayâna.[130] Das

---

Auch Ratschow macht die Divergenz des Weltverhältnisses beider Religionen in ihrem jeweiligen Geschichtsverhältnis fest: "Es geht im Christentum nicht um die Aufhebung des Geschehens als Natur und Geschichte, sondern um die wahrhaftige Gestalt des Geschehens in Natur und Geschichte, wie sie diesem Geschehen vorgegeben ist als ihr letzter Grund, und wie sie diesem Geschehen aufgedrückt ist als ihr letztes Ziel. Diesen Grund aber und dieses Ziel heißen wir Gott" (Ratschow, a.a.O. 65). Besonders deutlich werde dieser Unterschied z.B. in der Bewertung des moralischen Verbrechens. Der Buddhismus verstehe dieses lediglich als Anhaftung in krasser Form, also nicht in einem qualitativen Unterschied zum normalen Verhalten. Im Christentum dagegen werde es als Verkehrung der wahrhaftigen Gestalt der Existenz gesehen und als solche bekämpft. Das Ziel christlichen Engagements sei die Reinigung und Bewahrung der Welt, der Buddhismus hingegen erstrebe die Loslösung aus ihr (vgl. ebd. 65f). Hier wäre an Ratschow die Frage zu richten, ob es denn wirklich christliches Verständnis ist, daß sich die Sünde an der Differenz zwischen "normalem" und verbrecherischem Verhalten festmachen läßt, oder ob nicht vielmehr auch im Christentum (man denke an die Radikalisierung der Gebote in der Bergpredigt) das eigentlich verkehrte Verhalten sehr wohl subtil sein und dabei die Gestalt gesellschaftlich akzeptierter Normalität tragen kann! Trotz seiner Einsicht, daß nicht die Welt an sich im Buddhismus als Unheil gilt, sondern die Anhaftung (vgl. oben S. 73 Amn. 79), versteht Ratschow diese nicht als eine bestimmte Weise des Verhaltens in der Welt, zu der es auch eine Alternative gibt, sondern schließt auf prinzipielle Weltfeindlichkeit, womit offensichtlich die westliche Hauptinterpretationslinie, daß doch die Welt selbst als das Unheil angesehen werde, auch bei ihm wieder durchschlägt.
[127] Vgl. Mensching, Buddha und Christus, a.a.O. 141f.
[128] Ebd. 150.
[129] Ebd. 185. Diese Aussage ist weder historisch zutreffend, noch entspricht sie der gegenwärtigen Situation. Die nicht-mahâyânistischen Schulen (Hînayâna) haben durch ihre großen missionarischen Anstrengungen maßgeblich zur Verbreitung des Buddhismus beigetragen, und gegenwärtig sind Sri Lanka, Thailand, Burma, Laos, Kambodscha und z.T. Vietnam theravâda-buddhistisch ("hînayânistisch") geprägt.
[130] Vgl. ebd. 186. Auch diese Feststellung läßt sich historisch kaum rechtfertigen. Bis zu seinem Erlöschen in Indien war der Buddhismus dort durch nicht-mahâyânistische wie mahâyânistische Schulen vertreten.

Mahâyâna habe den Laienstand aufgewertet und so die günstigeren Voraussetzungen für eine kulturelle Blüte geschaffen. In jüngster Zeit, vermerkt Mensching, entwickle sich jedoch auch in den theravâda-buddhistischen Ländern ein buddhistischer Modernismus, der im Gegensatz zur Weltverneinung des älteren Buddhismus eine positive Weltgestaltung anstrebe. Dies sei vor allem auf die Begegnung mit dem Westen zurückzuführen.[131] Mensching konstatiert, daß die Geschichte des Buddhismus im Vergleich zu der des Christentums von größerer Toleranz geprägt sei, was er für einen typischen Zug mystischer Religionen im Gegensatz zu den zu Intoleranz und Militanz tendierenden prophetischen Religionen hält.[132] Als eine positive Übereinstimmung vermerkt Mensching schließlich noch, daß sich sowohl Buddha als auch Jesus aufgrund ihrer geistlichen Vollmachtsansprüche gegen institutionalisierte Macht gestellt haben.[133]

Masutani stellt in beiden Religionen eine grundsätzliche Ablehnung weltlichen Denkens und seiner Macht- und Besitz-Orientierung fest.[134] "This has always been the way, not only of Buddhism and Christianity, but also of all religions of the world, to criticize the actual conditions of the world and the human life, and to demonstrate the ideal state of them, trying to convert people to realize their ideals."[135] Dem Buddhismus gehe es um die Kultivierung und Entfaltung der menschlichen Fähigkeiten.[136] Masutani erinnert an eine Episode aus dem Pâli-Kanon, in der Buddha, als er einen Bauern um ein Almosenmahl bittet, von diesem gefragt wird, welchen sozialen Beitrag er denn leiste, worauf Buddha antwortet: "I, too, cultivate", und anschließend seine Verkündigungsarbeit in diesem Sinne erläutert.[137] "What Buddhist practice aims at is, in short, the development of human beings... and gets a crop of ultimate freedom called nirvana in the rich soil of human beings."[138] Das Nirvâna erreicht zu haben bedeute, die Welt mit von

---

    Nach Menschings These aber hätten die mahâyânistischen Schulen überleben müssen.
    Völlig gegenstandslos ist die von Mensching in diesem Zusammenhang erhobene Behauptung, daß nach der Lehre des älteren Buddhismus die Nonnen von der Erlösung ausgeschlossen seien (vgl. ebd. 186). Die von Buddha bestätigte Erreichbarkeit der Erleuchtung auch für Frauen war im Gegenteil gerade das Argument, durch das er sich zur Gründung des Nonnenordens veranlaßt sah (vgl. den Bericht in Culavagga X,1), und der Pâli-Kanon ist voll von der Erwähnung weiblicher Arahats!
[131] Vgl. ebd. 248. Eine entscheidende Bedeutung der Begegnung mit dem Westen ist für das Verständnis des buddhistischen Modernismus sicher nicht zu leugnen. Mensching übersieht jedoch, daß die Prinzipien positiver Weltgestaltung von den buddhistischen Modernisten gerade den alten Grundsätzen des Pâli-Kanons entnommen werden.
[132] Vgl. ebd. 226ff.
[133] Vgl. ebd. 271.
[134] Vgl. Masutani, a.a.O. 152ff.
[135] Ebd. 157.
[136] Vgl. ebd. 176.
[137] Vgl. ebd. 175f.
[138] Ebd. 176f.

Gier und Haß befreiten Augen zu sehen.[139] Positiv beinhalte dies die Verwirklichung einer mitleidvollen Haltung gegenüber der ganzen Welt.[140] Es gehe um ein und dieselbe Welt, die entweder, im unerlösten Zustand, als Stätte des Leidens erlebt oder mit der erleuchteten Gesinnung umfassender Güte durchdrungen werde. "This is the new life in the 'world outside the world'."[141] Daher sende denn auch Buddha seinen Orden in die Welt mit den Worten: "Go now for the benefit of the many, for the welfare of mankind, out of compassion for the world."[142]

Daß der Samgha auch eine zentrale Funktion für die Welt besitzt, findet nach Nakamura schon darin seinen Ausdruck, daß er neben Buddha und Dharma zu den drei Größen gehört, zu denen der Buddhist seine Zuflucht erklärt.[143] Durch Lehre und Beispiel lege der Samgha in der Welt Zeugnis ab für Buddha und den von ihm verkündeten Dharma.
Die sittliche Anweisungen gelten im Buddhismus in gleicher Weise für Laien *und* Ordensmitglieder, sind für die Laien jedoch auf die fünf Mindestgebote eingegrenzt: 1. kein Leben zu zerstören, 2. nichts zu nehmen, was nicht gegeben ist, 3. keine unerlaubten sexuellen Beziehungen zu pflegen, 4. nicht zu lügen und 5. sich berauschender Mittel zu enthalten.[144] Im einzelnen hebe die sittliche Ordnung des Buddhismus die Beziehung zwischen Eltern und Kindern, zwischen Lehrern und Schülern, zwischen Ehepartnern, zwischen Freunden, zwischen Herren und Dienern und zwischen Laien und Ordensmitgliedern hervor, für die jeweils gegenseitige Rechte und Pflichten verkündet werden.[145] In der Liebe einer Mutter zu ihrem Kind sehe der Buddhismus die Idealgestalt der Liebe, die es auf alle Wesen auszuweiten gelte.[146] Auch hinsichtlich politischer Belange konstatiert Nakamura ein deutliches Interesse im Buddhismus. Die ältesten Texte ließen erkennen, daß Buddha demokratische Staatsvorstellungen gehabt habe. In einem mythologischen Text werde die Autorität des Königs auf eine Art Staatsvertrag zurückgeführt. Buddha selbst habe dem Kleinstaat der Vajjis republikanische Ideen und Normen verkündet.[147] Doch die Verwirklichung der gesellschaftspolitischen Vorstellungen Buddhas sei in seiner Zeit, die vom aufkommenden Königtum geprägt war, weitgehend unrealistisch gewesen. Entsprechend den faktisch vielfach despotischen Verhältnissen werden Könige in den buddhistischen Texten oft in einem Atemzug mit Dieben und Naturkatastrophen genannt. Unter diesen Umständen habe sich der alte Buddhismus, bei deutlicher Zurückhaltung in Sachen des politischen Tagesgeschäfts, vor allem auf die Entwicklung klarer ethischer Normen für eine gerechte Machtaus-

---

[139] Vgl. ebd. 155ff.
[140] Vgl. ebd. 166.
[141] Ebd. 149.
[142] Ebd. 173f.
[143] Vgl. Nakamura, a.a.O. 87f.
[144] Vgl. ebd. 90f.
[145] Vgl. ebd. 88f.
[146] Vgl. ebd. 96.
[147] Vgl. ebd. 93ff. Die Belehrung der Vajjis wird in Dîgha-Nikâya XVI berichtet.

übung durch die Könige konzentriert und diese auch verkündet. Sie sind zusammengefaßt im Bild des idealen Herrschers, des Cakravartin. Zu dessen Pflichten gehören besonders die Beseitigung der Armut, die Gewährung der Rechtssicherheit und die Wahrung des Friedens.[148] In jüngster Zeit seien diese Ideen wieder stärker ins Bewußtsein der Buddhisten getreten, und es gebe Versuche, sie für die modernen gesellschaftlichen Verhältnisse fruchtbar zu machen.[149]

Gegen Ende des ersten vorchristlichen Jahrhunderts machten sich nach Nakamura im indischen Buddhismus verstärkt Dekadenzerscheinungen bemerkbar, indem Teile des Ordens ihre Pflichten vernachlässigten und sich hochmütig von den Laien abgrenzten.[150] In Reaktion auf diese Mißstände sei die Reformbewegung des Mahâyâna entstanden mit dem Ziel einer Wiederherstellung der alten Maßstäbe.[151] Insgesamt habe der Buddhismus in seiner Verbreitungsgeschichte immer wieder großen humanisierenden Einfluß ausgeübt: "There existed hardly any punishment that was cruel in the days when Buddhism flourished. Chinese Pilgrims to ancient India under Buddhist influence made similar reports. In Japan, during the Heian period, capital punishment was never practiced for a period of nearly three hundred and fifty years."[152]

Nach Meinung Yus seien sowohl der frühe Buddhismus als auch das frühe Christentum schwerpunktmäßig nicht-weltlich orientiert gewesen. "It should be noted, however, that in neither community were material needs and persons outside the community ignored. The withdrawal from the world as practiced by the Buddhist monks may appear self-centered, but the monks acted as teachers, i.e., as morally qualified leaders who could lead others out of social suffering. Laymen in the Buddhist community used their money in social service as a token of their 'compassion for life'."[153] Das Ordensleben qualifizierte die Ordensmitglieder zu moralischen Lehrern und Vorbildern. "By following Buddha's example and teachings, they developed the ability to remove the this-worldly suffering of others as well as their own."[154] Das Ideal der Leidbeseitigung, in dessen Sinn auch das Wirken des Ordens begriffen wurde, sei dabei durchaus umfassend zu verstehen: "The practice of good moral life would be reflected in the elimination of evil in the individual mind and in the world in general; the world would be changed through the elimination of the suffering of both the individual and society, and the bringing of justice and compassion."[155] Buddha selbst werde in den textlichen Zeugnissen als jemand geschildert, der stark an sozialen Fragen interessiert gewesen sei und versuchte, moralische und geistliche

---

[148] Vgl. ebd. 94ff.
[149] Vgl. ebd. 95f.
[150] Vgl. ebd. 126.
[151] Vgl. ebd. 88.
[152] Vgl. ebd. 131.
[153] Yu, a.a.O. 218.
[154] Ebd. 111.
[155] Ebd. 112.

Richtlinien für das gesellschaftliche Wohlergehen zu geben.[156] Dem Samgha war nach Yu dabei die Funktion einer moralischen Idealgesellschaft zugedacht.[157] Seine Organisation entsprach republikanischen Strukturen.[158] Seine Regel sollte durch ihre Prinzipien einen inspirierenden Einfluß auf die säkulare Gesellschaft ausüben, so z.B. die Ablehnung des Kastensystems im Orden, die spirituell bzw. ethisch begründet war.[159] Für die Ausübung der Regierungsgewalt durch die Könige wurden besondere ethische Maßstäbe aufgestellt.[160] Die Laienethik war von den grundsätzlichen Prinzipien des buddhistischen Heilsweges, Güte und Selbstlosigkeit, geprägt.[161]
Buddha habe sich hauptsächlich mit den Ordensmitgliedern befaßt, doch wie der von Anfang an bestehende Missionsauftrag zeige, habe er dabei den Orden als eine Vorreiter-Gruppe verstanden, "...whose purpose was to lead the people and to build the kingdom of Buddha. Buddha taught the Dharma to all through this inner, elite group..."[162] Buddha selbst verkörperte eine Art spirituelles Königtum, weshalb ihn die Texte häufig mit der Idealgestalt des Cakravartin parallelisierten.[163] Insofern konstatiert Yu gewisse Ähnlichkeiten mit der Spiritualisierung der Messias-Vorstellung durch das geistliche Königtum Jesu.[164]

Die gleichen Aspekte, die von den östlichen Autoren hinischtlich des Weltverhältnisses des Buddhismus herangezogen werden, finden sich wiederum auch schon bei Carpenter: das sozialethisch bedeutsame Cakravartin-Ideal[165], die Inspiration der Laienethik aus den buddhistischen Grundprinzipien und ihre Verkündigung durch den Orden[166], sowie der stark humanisierende und kulturschöpferische Einfluß des Buddhismus.[167]

So zeigen sich erneut in der Beurteilung des Weltverhältnisses durch de Kretser, Weinrich, Mensching und Kenntner einerseits und Nakamura, Masutani, Yu und Carpenter andererseits jene diametralen Gegensätze, die bereits bei der Interpretation des Heilsweges auftraten. Verstehen erstere den Buddhismus als eine grundsätzlich weltflüchtige Religion mit einigen Konzessionen an die Laien, so sehen die anderen die Befreiung von weltlichen Abhängigkeiten als ein Mittel zu erneuertem Weltverhältnis, begreifen dieses als Freiheit von der Welt für die Welt und konstatieren eine weltzugewandte Zielsetzung des Ordens. Weder die Laienethik noch die ethischen Entwicklungen im Mahāyāna stellen für sie einen Bruch mit buddhistischen

---

[156] Vgl. ebd. 124.
[157] Vgl. ebd. 103.
[158] Vgl. ebd. 43f.
[159] Vgl. ebd. 124f.
[160] Vgl. ebd. 125f.
[161] Vgl. ebd. 118ff.
[162] Ebd. 61.
[163] Vgl. ebd. 27ff.
[164] Vgl. ebd. 207f.
[165] Vgl. Carpenter, a.a.O. 182ff.
[166] Vgl. ebd. 98ff.
[167] Vgl. ebd. 152ff u. 284.

Grundanschauungen dar. Das Nichtvorhandensein eines heilsgeschichtlichen Denkens bedeutet für sie keinesfalls den Ausfall sozialen Interesses und sozialer Verantwortung, vielmehr leiteten sich diese vom Einheitsdenken und dem Streben nach Überwindung auch der kollektiven Dimensionen des Leides her. Die kulturellen Leistungen des Buddhismus, von den meisten der Apologeten völlig negiert, von den übrigen westlichen Autoren als sonderbarer Bruch konstatiert, erscheinen ihnen nicht als verwunderliches Nebenprodukt einer an sich "a-sozialen" Religion, sondern als das gewollte Ergebnis des Wandels der Buddha-Gemeinde zum Heil aller Wesen. Mit Ausnahme Carpenters deduzieren die westlichen Autoren das buddhistische Weltverhältnis nicht aus den buddhistischen Selbstaussagen oder den geschichtlichen Fakten, sondern aus dem von vornherein negativ interpretierten Heilsweg, die positiven Züge, wie sie in der Laienethik unübersehbar werden, erscheinen so wiederum als eine Inkonsequenz des Buddhismus.

4.6 Die Problematik des phänomenologischen Religionsvergleichs

Im Anschluß an die Analyse der apologetischen Religionsvergleiche stellte sich die Frage, ob die dort konstatierten Verzerrungen durch eine andere Richtlinie des Vergleichs vermieden werden könnten, nämlich durch die Einklammerung der eigenen religiösen Überzeugung zwecks Erreichen eines "objektiven" Vergleichs.[1] Zieht man nun den Vergleich der Vergleiche, hält man also die hier untersuchten phänomenologischen Religionsvergleiche im Hinblick auf ihre Buddhismus-Interpretation neben die im vorangegangenen Abschnitt analysierten christlich/apologetischen Religionsvergleiche, so lassen sich erstere in drei Gruppen einteilen:
a) Die Vergleiche Weinrichs und de Kretsers, deren Buddhismus-Interpretation sich kaum von derjenigen der christlichen Apologeten unterscheidet. Sie deuten den Buddhismus in gleicher Weise von dem als Atheismus verstandenen *Ausfall der Gottesvorstellung* her.
b) Die Vergleiche Menschings und Kenntners, die vor allem in der Gottesfrage anders optieren als die Apologeten und Weinrich und de Kretser. Andererseits jedoch bleibt ihre Buddhismus-Interpretation, analog zu der interpretationsleitenden Funktion des Ausfalls der Gottesvorstellung, vom *Ausfall der personalen Züge der Gottesvorstellung* (hier subsumiert unter den Begriff des "Numinosen") bestimmt, so daß sich in wesentlichen Fragen der buddhistischen Soteriologie und des buddhistischen Weltverhältnisses ihre Darstellung mit der der christlichen Apologeten deckt. Aufgrund der bei Mensching und Kenntner den Charakteristika der Gottesvorstellung beigemessenen Bedeutung, bleibt diese also auch bei ihnen interpretationsleitend.
c) Die Vergleiche der östlichen Autoren und Carpenters, die sich in fast keinem Punkt mit dem Buddhismusbild der christlichen Apologeten decken und sich in dem Maße von dem der Gruppen a) und b) unterscheiden, als diese mit den Apologeten übereinstimmen. Dementsprechend tritt diese Diskrepanz am deutlichsten bei der Interpretation des buddhistischen Heilsweges und Weltverhältnisses hervor. Gerade dort zeigt sich denn auch, daß für ihre Buddhismus-Interpretation *nicht die Gottesfrage leitend ist, sondern das buddhistische Unheilsverständnis*. Bleibt die Interpretation des buddhistischen Unheilsverständnisses bei den Autoren der Gruppen a) und b) ebenso wie bei den christlichen Apologeten von der Gottesfrage abhängig, so wird sie hier von einer *existentiell ausgerichteten Daseinsanalyse* her entwickelt, *die in umgekehrter Weise erst die Daten für die Interpretation des Heilszieles bzw. der Transzendenzvorstellung liefert*. Während die Autoren der Gruppen a) und b) wie auch die christlichen Apologten immer wieder auf buddhistische Selbstaussagen stoßen, die sich ihren Interpretationen widersetzen, was dann als Brüche oder Inkonsequenzen des Buddhismus gedeutet wird (vor allem bei der Interpretation des Nirvânas, der Nicht-Ich-Lehre, der buddhistischen Ethik und der Einordnung des Mahâyâna), treten solche Schwierigkeiten hier nicht auf.

---
[1] Vgl. oben S. 68.

Gäbe es unter den religionsphänomenologischen Vergleichen lediglich die Arbeiten der westlichen Autoren, so könnten ihre Buddhismus-Interpretationen, bei einer gewissen Mäßigung allzugroßer apologetischer Verzerrungen, doch weitgehend als eine Bestätigung des bereits in den apologetischen Vergleichen gewonnenen Buddhismus-Bildes gelten. Carpenter bliebe dann eine einsame Ausnahme. Nun gibt es aber die von den östlichen Autoren vorgelegten Vergleiche und den sonderbaren Befund, daß sich deren Buddhismus-Bild weitgehend mit dem Carpenters deckt, zugleich aber radikal von dem der übrigen westlichen Autoren phänomenologischer und apologetischer Religionsvergleiche unterscheidet. Sonderbar muß dieser Befund einerseits deshalb erscheinen, weil diese Diskrepanz unter den *phänomenologischen* Vergleichen auftritt, also unter Maßgabe der *gleichen Richtlinien*, und andererseits, weil die Übereinstimmungen zwischen den apologetischen Vergleichen und denen der Gruppen a) und b) trotz verschiedener, ja *gegensätzlicher Richtlinien* erzielt werden. Dieser Befund läßt sich nicht mit dem unterschiedlichen Alter der Religionsvergleiche erklären, denn das Spektrum der hier untersuchten Arbeiten reicht aus der Zeit vor Abfassung des jüngsten untersuchten apologetischen Vergleichs (Schomerus, 1931) bis in die Gegenwart (Carpenter, 1923; Mensching, Die Bedeutung... 1930; Weinrich, 1935; Kenntner, 1939; de Kretser, 1954; Masutani, 1957; Nakamura, 1975; Mensching, Buddha und Christus... 1978; Yu, 1981). Vielmehr muß dieser Befund in Frage stellen, ob die unter der Richtlinie der Epoche stehende Methodik der phänomenologischen Religionsvergleiche wirklich erreichen kann, was sie beansprucht und versucht: ein adäquates Verständnis anderer Religionen und die wissenschaftliche Erforschung des Wesens von Religion schlechthin.

Zur hermeneutischen Funktion des Religionsvergleichs hinsichtlich des Verstehens fremder Religionen innerhalb der Religionswissenschaft bemerkt Lanczkowski paradigmatisch: "Als hermeneutisches Mittel steht der religionswissenschaftliche Vergleich in einem umfassenden Rahmen, der jedes Verstehen eines Fremden betrifft, das zunächst ein In-Beziehung-Setzen zu einem bereits Bekannten darstellt. Wofür wir keinerlei Vorverständnis haben, das entzieht sich unserer Möglichkeit des Begreifens als ein totaliter aliter. Die Übersetzung selbst einer einzigen Vokabel aus einer fremden Sprache wäre ohne Vergleichsmöglichkeit nicht denkbar."[2] Man wird diesem allgemeinen hermeneutischen Gesetz kaum widersprechen können. Fremdheit, ebenso wie Vertrautheit, bleiben Kategorien des rückbezüglichen Vergleichs. Grundlage des Vergleichs zwischen dem Fremden und dem Vertrauten muß dabei – das macht Lanczkowskis Verweis auf die Übersetzung fremder Sprachen ebenso deutlich, wie das oben genannte Bild Menschings über die Unvergleichbarkeit von Baum und Haus – etwas sein, was beidem gemeinsam ist, ein Element des Vertrauten im Fremden. Nun stellte es sich aber bei der Analyse der apologetischen Religionsvergleiche heraus, daß es gerade die Übertragung des Vertrauten auf das Fremde, die Interpretation des Buddhismus durch christliche Kategorien war, die jener anderen her-

---

[2] G. Lanczkowski, Einführung in die Religionsphänomenologie, a.a.O. 13.

meneutischen Forderung nicht gerecht wurde, nämlich, wie es Schmidt formulierte, das Fremde aus "seinem Geist" heraus zu beurteilen³, und die phänomenologischen Religionsvergleiche treten unter dem Anspruch an, mittels der Einklammerung der eigenen, vertrauten Überzeugungen, die beim Vergleich aus der Kategorienübertragung resultierenden Verzerrungen zu vermeiden. Was aber dient dann als hermeneutischer Schlüssel, der sowohl der Forderung nach einem gemeinsamen Nenner für Verstehen und Vergleich gerecht wird, als auch der Forderung, wirklich das genuine Selbstverständnis des Anderen zu erreichen?

Wie bereits oben bemerkt, erfüllt für den phänomenologischen Religionsvergleich der Religionsbegriff diese Funktion.⁴ Der Religionsbegriff stiftet die einheitliche Perspektive auf die Vergleichsgegenstände und gewährleistet so erst ihre adäquate Vergleichbarkeit. Aus ihm deduzieren sich Skala und Raster des Vergleichs. Von ihm her muß das Zentrum der zu vergleichenden Systeme bestimmbar sein, das erst ein Verstehen und die Zuordnung der jeweiligen Einzelmomente, sowie die Ortung ihres analogen Stellenwertes ermöglicht, um den sinnlosen Vergleich reiner Homologien zu verhindern.⁵ Um den Einseitigkeiten der apologetischen Vergleiche zu entgehen, darf der Religionsbegriff jedoch nicht einfach aus der eigenen (oder zumindest vertrauten) Religion entnommen werden, sondern soll den zu vergleichenden Religionen übergeordnet sein. Als eine solche wirklich übergeordnete Kategorie soll er allerdings wiederum erst durch den Religionsvergleich ermittelt werden. J. Kitagawa sieht darin die Möglichkeit eines hypothesengeleiteten Erkenntnisfortschritts gegeben: "Das bedeutet, daß wir zwar unsere Erforschung der Religionen mit einer bestimmten Hypothese darüber beginnen, was Religion ist, aber diese Hypothese muß sich dann an unserem empirischen Studium der Religionen selbst korrigieren."⁶

Was die Möglichkeit eines solchen Fortschritts jedoch fraglich macht, ist der Umstand, daß der Religionsvergleich in diesem Programm eine Doppelfunktion erfüllt. Nach Lanczkowski dient der Religionsvergleich "der *Wesenserfassung* und damit dem *Verstehen* nicht nur einzelner religiöser Erscheinungen, sondern auch ihrer Gesamtheit und damit letztlich *der* Religion als einem

---

³ Vgl. oben S. 68.
⁴ Vgl. oben S. 71f.
⁵ Zu der Forderung, im Religionsvergleich die Einzelelemente einer Religion aus ihrer Zuordnung zum jeweiligen Zentrum heraus zu verstehen, vgl. z.B. J. Wach, Zur Methodologie der allgemeinen Religionswissenschaft (1923), nachgedruckt in: G. Lanczkowski (Hg), Selbstverständnis und Wesen der Religionswissenschaft, Darmstadt 1974, 30-56, bes. 50ff; zu der von Rudolf Otto erhobenen Forderung des - erst so möglichen - Vergleichs von Analogem und nicht Homologem siehe z.B.: G. Mensching, Rudolf Otto und die Religionsgeschichte, in: E. Benz (Hg), Rudolf Ottos Bedeutung für die Religionswissenschaft und Theologie heute, Leiden 1971, 49-69.
⁶ J. Kitagawa, Gibt es ein Verstehen fremder Religionen?, in: E. Benz (Hg), Joachim Wach-Vorlesungen I, Leiden 1963, 37-66, hier 57.

Begriff, dem wir sehr verschiedene historische Erscheinungsformen subsumieren."[7] Der Religionsvergleich soll also einerseits dem Verstehen fremder Religionen dienen (Funktion I), *was ihr Nichtverstandensein voraussetzt*, und andererseits – folgt man Kitagawa und Lanczkowski – der Prüfung einer Hypothese über das gemeinsame Wesen der verglichenen Religionen (Funktion II), *was aber ihr Verstandensein voraussetzt*. Beides geschieht jedoch in einem einzigen Schritt, durch ein und denselben Vergleich, da der (hypothetische) Religionsbegriff bereits die Perspektive und die Grundlage des Vergleichs stellt, also jenen hermeneutischen Schlüssel liefert, der als bereits Bekanntes den Vergleich i.S. der Funktion I erst ermöglicht! Was Funktion II erst erreichen will, das *Verstehen des Wesens von Religion*, setzt Funktion I bereits vorraus, da die Vergleichsgegenstände nur aus ihrem Wesen als Religionen heraus sinnvoll verglichen werden können. Was andererseits Funktion I erst erreichen will, *das Verstehen der fremden Religion*, setzt Funktion II bereits voraus, da nur aus dem Vergleich verstandener Religionen, eine Hypothese über ihr gemeinsames Wesen geprüft werden kann. Durch diese Doppelfunktion des Vergleichs kann der Vergleich der Religionen nicht mehr als empirisch-kritische Instanz zur Überprüfung einer anfänglichen Hypothese über das Wesen von Religion dienen, da gerade jene Hypothese bereits den Vergleich, bzw. das *Verständnis* der verglichenen Religionen vorstrukturiert. Der Religionsvergleich bestätigt vielmehr notwendig jene Hypothese über das Wesen von Religion, die bereits das Verständnis der verglichenen Religionen bestimmt, und da im Religionsbegriff genau jener hermeneutische Schlüssel wirksam ist, der das Vertraute im Fremden darstellt, der als gemeinsamer Nenner Verstehen und Vergleich erst ermöglicht, ist dieser dem eigenen kulturellen und weltanschaulichen Hintergrund des Religionswissenschaftlers entlehnt, so daß es faktisch zu den gleichen Kategorienübertragungen kommt, wie sie für die apologetischen Religionsvergleiche kennzeichnend sind. Durch die Doppelfunktion des Religionsvergleichs wird der Zirkel nicht hermeneutisch fruchtbar, sondern hermeneutisch resistent!

Bei Weinrich und de Kretser ist dieser Mechanismus evident. Im übergreifenden Paradigma der "Erlösungsreligion" erscheint ihnen der Buddhismus wegen seines vermeintlichen Atheismus nur als "Selbsterlösungsreligion" bestimmbar zu sein, wobei sie mit dieser Kategorie deren spezifisch christlich-theologische Füllung applizieren. So interpretieren sie den Buddhismus, wie auch die Apologeten, als das, was nach christlicher Auffassung noch bliebe, wenn es keinen Gott gäbe: Nihilismus, Pessimismus, Materialismus (hier fortlebend als "Entpersonalisierung") und hinsichtlich seiner Moral als nicht-altruistisch, da mit ihrem Verständnis der Kategorie "Selbsterlösung" Selbstlosigkeit ausgeschlossen ist. Das als Atheismus interpretierte Fehlen

---

[7] Lanczkowski, Einführung in die Religionsphänomenologie, a.a.O. 12. Vgl. auch das berühmte Diktum Max Müllers: "Wer *eine* Religion kennt, kennt keine", das nach Lanczkowski "fortwirkende Gültigkeit" besitzt (Lanczkowski, Religionswissenschaft als Problem und Aufgabe, Tübingen 1965, 5).

des Gottesbegriffs bildet für sie das Zentrum, von dem her die buddhistischen Lehren und Praktiken zu deuten seien. Schon allein aus historischen Gründen ist es jedoch unmöglich zu meinen, daß der Buddhismus seine Lehren aus einer Leugnung des ihm gar nicht bekannten abrahamitischen Gottesbegriffs heraus entwickelt. Wie die christlichen Apologeten setzen Weinrich und de Kretser z.B. in ihrer *ontologischen* Deutung des buddhistischen Unheilsverständnisses hintergründig die Unterscheidung von Schöpfer und Schöpfung voraus, wobei der Schöpfer die absolut sinnstiftende Instanz der Schöpfung ist. Das buddhistische Verständnis der Existenz interpretieren sie folglich als das Verständnis einer Schöpfung, der ihr Sinngrund und Sinnziel genommen ist. Daher muß nach ihrer Meinung die Welt im Buddhismus *ontologisch* als Leiden gedacht sein, weil dies genau der ontologische Status einer ihres Schöpfers als Sinnmitte beraubten Schöpfung wäre. Daß der Buddhismus aber gar nicht von einer solchen ontologischen Sinnmitte der Welt ausgeht, kommt ihnen nicht in den Blick. Die mit der vergleichenden Interpretation einhergehende Kategorienübertragung gibt somit gewissen Daten im Buddhismus für dessen Verständnis einen ganz anderen Stellenwert als sie in seinem Selbstverständnis haben.

Der gleiche Mechanismus, nur in anderer Gestalt, findet sich bei Mensching und Kenntner. Schon die Typisierung "mystischer" und "prophetischer Religion" erscheint stark vom westlichen Hintergrund des Religionsbegriffs geprägt, weil sie den Schwerpunkt für die Bestimmung des Religionscharakters auf ein personales bzw. impersonales Gottesverständnis legt (Mensching hat insofern völlig recht, wenn er gegenüber Weinrich der Meinung ist, daß eine mystische Religion nicht gleichzeitig atheistisch genannt werden könne). Es ließen sich jedoch auch völlig andere Einteilungen denken, die nicht von einer Zentralität der Gottesvorstellung ausgehen, wie etwa "regressive" (Heilsziel als Wiederherstellung eines verlorenen Urzustandes) und "progressive" Religionstypen (Heilsziel als prinzipiell neue Größe). Sofort würden sich andere Zuteilungen ergeben. In ihrer Unterscheidung von "mystischer" und "prophetischer" Religion gehen Mensching und Kenntner somit von der Begegnung mit dem Numinosen als dem Christentum und Buddhismus übergreifenden und für das Verständnis beider zentralen Wesen von Religion aus und unterscheiden dann die christliche Version dieser Begegnung als personale von der buddhistischen als impersonaler. Der sich allein im Vergleich mit dem Christentum ergebenden Bestimmung impersonaler Momente im Buddhismus wird dadurch ein zentraler Stellenwert für die Interpretation seiner Lehren und Praktiken eingeräumt. Des weiteren wird ihm das Fehlen aller jener Aspekte unterstellt, die im Christentum untrennbar mit dem Konzept des Personalen verbunden sind (z.B. Freiheit, Verantwortlichkeit, Fähigkeit zu selbstloser Liebe, usw.). Erstens ist es aber wiederum schon historisch ausgeschlossen, daß im buddhistischen Selbstverständnis der "Impersonalität" (verstanden als Gegenbild zum jüdisch-christlichen Personalismus) eine zentrale Funktion für die Konstitution seiner Lehren zukommt, da er diese nicht als Alternative zum jüdisch-christlichen Personalismus entwickelt hat. Die der buddhistischen "Impersonalität" beigemessene zentrale Stellung ergibt sich allein aus der Übertragung des christlichen

Sinnzusammenhangs auf den buddhistischen, da das "Personalitäts"-Konzept im christlichen Kontext fraglos zentral ist. Zweitens wird nicht mehr erfaßt, ob jene Aspekte, die im christlichen Kontext am "Personalitäts"-Konzept hängen, im buddhistischen Kontext vielleicht mit anderen Konzepten verbunden sind.

Die weitreichenden Übereinstimmungen im Buddhismus-Bild Weinrichs, de Kretsers, Menschings und Kenntners mit dem der christlichen Apologeten lassen sich also aus den hier wie dort vorliegenden Kategorienübertragungen erklären. (Inwieweit sich im Christentum-Bild der östlichen Autoren Ähnliches feststellen ließe, fällt außerhalb des Interesses dieser Untersuchung und muß daher hier vernachlässigt werden.) Bieten diese Kategorienübertragungen in den apologetischen Religionsvergleichen die Basis für die Ermöglichung der angezielten Überlegenheitsargumentation oder Kontrastierung[8], so schleichen sie sich bei den phänomenologischen Vergleichen trotz des Gebots der Epoche durch den Religionsbegriff ein, was durch die mit diesem zusammenhängende Doppelfunktion des Vergleichs geradezu vorprogrammiert erscheint. Werden solche hermeneutisch unzulässigen Übertragungen durch die Epoche nicht verhindert, und lassen sie sich im Vollzug des jeweiligen Vergleichs durch dessen Abhängigkeit vom Religionsbegriff auch nicht entdecken, so können sie doch durch den *Vergleich der Vergleiche* enttarnt werden. So haben die phänomenologischen Religionsvergleiche gegenüber den apologetischen einen unübersehbaren Vorteil darin, daß sie aufgrund ihres wissenschaftlichen Selbstverständnisses eine *intersubjektive Gültigkeit* und Überprüfbarkeit ihrer Ergebnisse beanspruchen.[9] Dies ermöglicht die Beteiligung von Autoren unterschiedlicher kultureller wie religiöser Herkunft, insofern sie sich der gleichen Methodik und dem Gebot der Epoche verpflichtet wissen. Da die Verschiedenheiten des jeweiligen persönlichen Hintergrundes durch die Epoche ausgeklammert, sie also ohne Einfluß auf die Ergebnisse sein müßten, wäre eine Übereinstimmung in diesen die zu erwartende Normvorgabe. Auch J. Wach sah sich bereits genötigt, der "Gefahr eines extremen Subjektivismus" nicht allein dadurch zu wehren, daß die zu formulierenden Hypothesen ihr kritisches Regulativ im Messen der Einzelfaktoren finden sollten, sondern zusätzlich durch den "consensus omnium" i.S. einer Übereinstimmung der von verschiedenen Forschern gewonnen Ergebnisse.[10] Der Zielvorgabe des "consensus omnium" kann sich die Religionswissenschaft jedoch nur in einer Art von *dialogischem Austausch* nähern. Liegt die angestrebte Übereinstimmung nicht vor, so wächst der Religionswissenschaft hieraus eine kritische Instanz zu, die von ihrer Methodik allein her nicht gegeben ist, ja die geeignet ist, Wirksamkeit und Angemessenheit der Methodik selbst in Frage zu stellen, nämlich dann, wenn die signifikanten Unterschiede in den Ergebnissen mit gerade dem korrelieren, was nach Maßgabe der Epoche keine Rolle spielen dürfte: den Unterschieden im kulturellen oder weltanschaulichen Hintergrund der For-

---

[8] Vgl. oben S. 65f.
[9] Vgl. zu diesem Anspruch wiederum J. Wach, Zur Methodologie... a.a.O. 31.
[10] Vgl. ebd. 55f.

scher (unter den hier analysierten Vergleichen könnte Carpenter ein Beispiel für die Wirkung allein des weltanschaulichen Hintergrundes sein). So führt der unter dem Gebot der Epoche stehende Anspruch auf intersubjektive Gültigkeit der religionswissenschaftlichen Ergebnisse zu einem intersubjektiven, dialogischen Austausch, bei dem – quasi unbeabsichtigt – genau das zur Sprache kommen muß, was die Epoche auszuklammern trachtet.

Die hermeneutische Problematik der Epoche war der Religionswissenschaft nie unbekannt. Wenn Epoche darauf abzielt, fremde Religionen möglichst "objektiv" zu erfassen und Verzerrungen durch eigene weltanschaulich und kulturell bedingte Optionen zu vermeiden, so waren sich doch viele Religionswissenschaftler trotz ihres Bekenntnisses zur Epoche darüber im Klaren, daß eine "Objektivität" nicht ganz einfach ist, wenn es sich bei dem "Objekt" um eine dynamische und mit einem eigenen Anspruch versehene Größe, wie im Falle der Religionen, handelt. So formulierte z.B. F. Heiler: "Einem Religionsforscher, der seinem Forschungsgegenstand nicht wie einem Heiligtum mit den religiösen Urgefühlen der ehrfürchtigen Scheu und Bewunderung gegenübertritt, dem wird das Wunderland der Religion immer verschlossen bleiben."[11] Noch schärfer heißt es bei G. van der Leeuw: "...es ist ja im Grunde rein unmöglich, einem Geschehen, das einerseits ein Grenzerlebnis ist, andererseits ein Ergriffen-werden zu sein behauptet, betrachtend in der Haltung der Epoche gegenüberzustehen."[12] Die Übung der Epoche dürfe daher nicht wie "das Verhalten des kalten Zuschauens" verstanden werden. "Sie ist im Gegenteil der liebevolle Blick des Liebhabers auf den geliebten Gegenstand."[13] So gab es unter einem Teil der Religionswissenschaftler aus hermeneutischen Gründen immer die Forderung nach einem die Epoche ergänzenden Prinzip, das im Anschluß an J. Wach vielfach als "Methexis" bezeichnet wird. Eine befriedigende Theorie der methodologischen Verbindung von Epoche und Methexis bereitet jedoch nicht geringe Schwierigkeiten. Wie soll z.B. der von der Epoche gebotene Verzicht auf Werturteile sich mit der von der Methexis geforderten Perspektive des "geliebten Gegenstandes" verbinden lassen? Eine gewisse Künstlichkeit solcher Verbindungsversuche wird etwa deutlich, wenn van der Leeuw formuliert, man solle die religiösen Erscheinungen "in das eigene Leben einschalten, sie methodisch erleben" und dann "sich zur Seite hinstellen und in der Epoche zu schauen versuchen, was sich zeigt."[14] Nach Lanczkowski bewirkt die Forderung der Methexis, "daß die Religionsforschung nie standpunktlos betrieben und die Epoche nur approximativ erreicht werden kann."[15] Was aber klammert dann die Epoche noch aus und warum?

---

[11] F. Heiler, Das Gebet, 2. verm. u. verb. Aufl., München 1920, VIII.
[12] G. van der Leeuw, Phänomenologie der Religion, 2. erw. Aufl., Tübingen 1956, 782.
[13] Ebd. 783.
[14] Ebd. 787.
[15] Lanczkowski, Einführung in die Religionsphänomenologie... a.a.O. 33.

Neben einer großen Varianz in der genaueren Bestimmung des Radius der Epoche findet sich eine weitgehende Einigkeit unter den Religionswissenschaftlern nur darin, daß das Gebot der Epoche die Religionswissenschaft prinzipiell von der Normativität der Theologie und der Wahrheitsfrage der Religionsphilosophie unterscheide. Kann diese Abgrenzung aber noch von der Epoche her legitimiert werden, wenn diese selbst durch das Gebot der Methexis eingegrenzt ist? Wird m.a.W. diese Abgrenzung noch von der bei Anerkennung der Methexis verbleibenden Begründung der Epoche getragen? Van der Leeuw sieht die Forderung der Epoche darin begründet, daß das von der Methexis geforderte "Erleben" des religiösen Gegenstandes "nicht unwillkürlich und halb-bewußt, sondern geflissentlich und methodisch" zu geschehen habe.[16] Wach, der der Meinung ist, daß sich die persönliche Einstellung nicht ausklammern lasse, will durch die Epoche den subjektiven Faktor "in das kritische und methodische Bewußtsein heben, und damit einbauen und legitimieren."[17] Den Versuch, die Epoche schließlich vollends aus der reflexiven Struktur des Bewußtseins zu begründen, hat Zwi Werblowski unternommen, wobei er in jeder Form von "Reflexion über" und besonders bei "Reflexion über sich selbst" eine implizit gegebene "Distanz von" erblickt.[18] Damit läßt sich aber wohl kaum noch eine Abgrenzung der Religionswissenschaft von Theologie und Religionsphilosophie rechtfertigen, da sonst den beiden letzteren die Fähigkeit zur Reflexion abgesprochen werden müßte. Wenn die Forderung der Epoche sich auf die Forderung nach reflektierter Subjektivität reduziert, dann bedarf es zum Verstehen fremder Religionen nicht länger des Verzichts auf Wert- und Wahrheitsfrage und auch nicht der Einklammerung der eigenen weltanschaulichen Überzeugungen, die sich ja zum Ziel "reflektierter Subjektivität" geradezu kontraproduktiv verhielte.

Entgegen dem klassischen Verständnis der Epoche kann die dieser zugedachte Funktion einer Bewahrung vor subjektiv bedingten Verzerrungen nun weitaus besser von eben jenem intersubjektiven Geschehen erfüllt werden, das im Vergleich der Vergleiche bzw. in der Berücksichtigung der religionswissenschaftlichen Ergebnisse von Autoren unterschiedlicher kutureller und weltanschaulicher Herkunft zu suchen ist. *Das aber heißt wiederum nichts anderes, als daß der interkulturelle, interreligiöse oder auch interweltanschauliche Dialog für die Religionswissenschaft zum Erkenntnismittel wird!* Denn der Vergleich der Vergleiche ist ja seinerseits wiederum standpunktabhängig, und ein normativer Abschluß dieses prinzipiell offenen Geschehens würde, wie Kitagawa in ähnlichem Zusammenhang bemerkt hat, die Religionswissenschaft selbst zur Religion machen.[19] So kann der einzig sinnvolle Ort jenes für einen Erkenntnisfortschritt in der Religionswissenschaft so

---

[16] Vgl. Van der Leeuw, a.a.O. 773.
[17] Vgl. J. Wach, a.a.O. 46f.
[18] Vgl. R. J. Zwi Werblowski, Die Rolle der Religionswissenschaft bei der Förderung gegenseitigen Verständnisses, in: Lanczkowski (Hg), Selbstverständnis und Wesen... a.a.O. 180-188.
[19] Vgl. J. Kitagawa, Gibt es ein Verstehen... a.a.O. 57.

wichtigen Meta-Vergleichs nur innerhalb eines dialogischen und somit offenen Kontextes liegen.

Ernst Benz hat über den epistemologischen Wert der interreligiösen Begegnung innerhalb der Religionswissenschaft aus der ganz persönlichen Erfahrung eines längeren Asienaufenthaltes berichtet: "Es gehört zu einer der Grundregeln phänomenologisch religionswissenschaftlicher Betrachtungsweise, das Messen der anderen Religionen mit dem Maßstab der eigenen zu vermeiden. Ich war jedoch immer von neuem überrascht, wie schwierig es in jedem einzelnen Falle ist, dieser Forderung nachzukommen. Nicht nur unser wissenschaftlich-kritisches Denken, sondern unser gesamtes Lebensgefühl, unsere gefühlsmäßige und willensmäßige Reaktionsweise ist so stark von den spezifisch christlichen Voraussetzungen unserer abendländischen Geistes- und Lebenshaltung geprägt – christlich geformt auch in ihren Pseudomorphosen, ihren Säkularisationsformen –, daß wir uns dieser Voraussetzungen gar nicht bewußt werden."[20] In der Begegnung mit Buddhisten sei ihm deutlich geworden, wie sehr der Gottesbegriff, das Schema Schöpfer/Schöpfung und die Priorität des Lehrhaften vor dem Praktischen als typisch westliche Interpretamente in ihm wirksam waren und ein genuines Verständnis des Buddhismus verbauten. Mit seinen Erfahrungen gibt Benz einer Beobachtung Panikkars Recht, der die Epoche in der dialogischen Begegnung schon aus rein psychologischen Gründen für unmöglich hält: "Even if I were to try sincerely to bracket these convictions, they would go on conditioning and inspiring a score of side-issues and my partner would simply not understand why I, for instance, stick on the fundamental goodness of this world against empirical evidence, or see some congruences where he does not see them, etc. In other words, all the reasons I might adduce in our discussion regarding the ultimate nature of the world or of human behaviour would spring from my repressed convictions..."[21] Panikkars Bemerkung beschreibt treffend, was sich in den oben analysierten phänomenologischen Vergleichen bestätigte. Die Forderung der Epoche vermag die interpretationsleitende Wirkung der eigenen Überzeugungen weniger zu verhindern als vielmehr *diese zu verschleiern*! Wo aber Vertretern der interpretierten Religion die Möglichkeit der Selbstdefinition offen steht, wo dies gar in der interreligiösen Begegnung gesucht und gefragt ist, kann es zur Aufdeckung der aus den jeweils eigenen Interpretamenten resultierenden hermeneutischen Engführungen kommen. So rechnet auch Kitagawa zu den neueren Erkenntnissen, die das traditionelle Selbstverständnis der Religionswissenschaft als einer objektiven und neutralen Disziplin erschüttert haben: "Die Religionswissenschaft... hat immer betont, daß ein religionswissenschaftliches Studium eine neutrale Objektivität entwickeln und womöglich

---

[20] E. Benz, Über das Verstehen fremder Religionen, in: M. Eliade / J. Kitagawa (Hg), Grundfragen der Religionswissenschaft, Salzburg 1963, 11-39, hier 19f.

[21] R. Panikkar, The internal dialogue – the insufficiency of the so-called phenomenological "epoche" in the religious encounter, in: Religion and Society, vol. XV, no. 3 (1968) 55-66, hier 59f.

auch einen nicht-historischen und nicht-kulturellen Standpunkt einnehmen müsse. In Wirklichkeit ist jedoch ein Gelehrter der Religionswissenschaft in seiner Forschung nicht frei von seinen subjektiven Ideen, Haltungen und Werturteilen, und ebenso spiegelt jede Religion ihre eigenen historisch und kulturell bedingten Faktoren wieder. Sogar die Daten der Religionswissenschaft sind gewöhnlich 'theologisch gedeutete Daten'."[22]

In der interkulturellen und interreligiösen Begegnung werden die kulturell und religiös geprägten Verstehenshintergründe in ihrer interpretationsleitenden Wirksamkeit deutlicher als durch jeden monologischen Versuch der Epoche. Der interreligiöse Dialog vermag weitaus besser als die Forderung der Epoche die ihr einst zugedachte kritische Funktion gegenüber hermeneutischen Verzerrungen zu erfüllen. Ist dann aber ein Verzicht auf Wert- und Wahrheitsfrage und die Einklammerung der eigenen Überzeugungen noch notwendig? Warum erst einklammern, was dann mühselig in der direkten Begegnung mit dem Fremden zutage gefördert werden muß? Wäre es nicht, auch und gerade in der Religionswissenschaft, sinnvoller, statt der Übung der Epoche, den jeweils eigenen Verständnishintergrund so weit wie möglich offen zu legen, inklusive der eigenen Überzeugungen religiöser oder sonstiger Natur, und ihren hermeneutischen Einfluß zu thematisieren? Wäre die Richtlinie der Epoche nicht durch dialogische Prinzipien wie "Hören" (die dem anderen gegebene Möglichkeit der Selbstinterpretation) und "Ehrlichkeit" (das sich und anderen Nicht-Verschweigen der eigenen Überzeugungen) zu ersetzen? Damit bliebe das Verfahren apologetischer Interpretation durchaus weiterhin dort kritisierbar und korrigierbar, wo es dem Selbstverständnis der fremden Religion nicht gerecht wird, aber das in der Theologie und in den nicht-christlichen Religionen wirksame Interesse an der Wahrheitsfrage müßte nicht länger ausgeklammert und die hermeneutisch geforderte Methexis nicht länger durch die Epoche begrenzt werden. Im Sinne reflektierter Subjektivität würde möglich, was hermeneutisch notwendig zu sein scheint: sich verstehend soweit auf die Botschaft anderer Religionen einzulassen und von ihr betreffen zu lassen, daß in dieser Begegnung die Möglichkeit einer vollen Herausforderung der eigenen Überzeugung nicht länger versperrt ist.[23] Nicht im Programm der Epoche scheint der Weg zu liegen, der zu einer Lösung jenes oben benannten hermeneutischen Problems führt, ob nicht religiöse Standpunktgebundenheit von vornherein die Möglichkeit eines interreligiösen Verstehens, das dem Selbstverständnis des

---

[22] J. Kitagawa, Gibt es ein Verstehen... a.a.O. 55.
[23] Diese Anfragen setzen natürlich voraus, daß die Forderung der Epoche wirklich nur hermeneutisch begründet ist. Dies stellt z.B. D. Wiebe in Frage, wenn er schreibt: "It is imperative to see..., that the break from the (Christian) theological perspective was not simply a move towards an intellectual openness and honesty. It has become, in effect, an ideology that assumes, in the final analysis, the falsity of religion." (D. Wiebe, Religion and Truth. Towards an Alternative Paradigm for the Study of Religion, The Hague-Paris-New York 1981, 173) Zu Wiebes Vorstoß vgl. unten S. 125ff.

anderen gerecht wird, ausschließt.[24] Hingegen beginnt der angesichts dieses Problems entstandene Anspruch nicht-theologischer Religionswissenschaft auf das Monopol korrekten Verstehens fremder Religionen fragwürdig zu werden zugunsten eines dialogischen Ansatzes.

---

[24] Vgl. oben S. 60.

5. VOM RELIGIONSVERGLEICH ZUM INTERRELIGIÖSEN DIALOG

5.1 Auswirkungen der Religionsbegegnung auf das Selbstverständnis der Religionswissenschaft

Auf der ersten Konferenz der "International Association of the History of Religions" (IAHR) nach dem Zweiten Weltkrieg (Amsterdam 1950) beklagten die Teilnehmer, daß nur Wissenschaftler aus dem Westen anwesend waren.[1] Der Ruf nach Beteiligung orientalischer und asiatischer Wissenschaftler führte dazu, daß man 1958 Tokyo als Kongreßort wählte – das erste Mal, daß dieser außerhalb Europas lag. Das Thema "Religion and Thought in East and West: A Century of Cultural Exchange" markierte jene Situation, die zum Wendepunkt in der Geschichte der Religionswissenschaft wurde und die neuere Diskussion um ihr Selbstverständnis maßgeblich prägte.[2] In der Folge dieses Kongresses erschienen wesentliche Beiträge international renomierter Religionswissenschaftler, die das traditionelle Selbstverständnis der Religionswissenschaft im Hinblick auf die neue Situation der interreligiösen und interkulturellen Begegnung reflektierten.

E. Benz berichtete in seinem bereits erwähnten Beitrag vom epistemologischen Wert der interreligiösen Begegnung und folgerte aus der dabei deutlich werdenen Standpunktabhängigkeit der Forschung, daß die religionswissenschaftliche Bemühung um das Verstehen der Religionen künftig mit der für das Christentum dringlichen Aufgabe einer neuen "Theologie der Religionsgeschichte" zusammengehen solle.[3]

F. Heiler vertrat auf dem Tokyoer Kongress, daß das alte Ziel der Religionswissenschaft, die Erforschung des Wesens von Religion, soweit erfüllt sei, daß sie die Einheit zumindest der Hochreligionen in folgenden sieben Punkten festgestellt habe:
1. Die Anerkennung einer Realität des Transzendenten,
2. die Gegenwart des Transzendenten in den Herzen der Menschen,
3. die Identifikation des Transzendenten mit dem "höchsten Gut",
4. die Identifikation des Transzendenten mit "letztgültiger Liebe",
5. die Begegnung mit dem Transzendenten auf dem Weg religiöser Hingabe und Devotion,
6. die Begegnung mit dem Transzendenten als einer die Menschen einigenden Liebe und
7. die Liebe als der vornehmste und höchste Weg zu Gott.[4]

---

[1] Vgl. E. Sharpe, Comparative Religion. A History, Bristol 1975, 268ff.
[2] Einen Überblick über die Diskussion bis 1970 gibt E. Sharpe, a.a.O. 267-293. Für die Debatte über 1970 hinaus ist recht instruktiv: Ph. B. Riley, Theology and/or religious studies: A case study of Studies in Religion/Sciences religieuses, 1971-1981, in: Studies in Religion/Sciences religieuses, vol. 13, no. 4 (1984) 423-444.
[3] Vgl. oben S. 114 Anm. 20.
[4] F. Heiler, The History of Religions as a Preparation for the Co-opera-

Ziel der Religionswissenschaft sei es daher nun, den Religionen diese ihre Einheit bewußt zu machen und so ihre gegenseitige Toleranz zu fördern. Dadurch würden die Religionen in die Lage versetzt, sinnvoll für eine Lösung der drängenden Weltprobleme zusammenzuarbeiten. Einige Religionswissenschaftler empfanden dieses Konzept einer Neuorientierung der Religionswissenschaft, obwohl sich Heiler durchaus zurecht auf ähnliche Ambitionen religionswissenschaftlicher Pioniere berufen konnte, als empörend.[5]

Zwi Werblowski artikulierte erstens Skepsis bezüglich der Annahme, daß "sogar die Bösewichter des Stückes, wie z.B. die Politiker, Finanzleute und Parteibosse, harmlos werden, wenn es den Religionen einmal gelingen würde, gemeinsam mit Erfolg an die Masse der einfachen braven Menschen zu appellieren"[6], und sprach sich zweitens dafür aus, die Entscheidung über eine Einheit der Religionen in dem Sinne, daß sie sich gegenseitig als legitime Wege anerkennen könnten, diesen selbst zu überlassen. Religionswissenschaft sei und bleibe, wenn sie nicht zur "verkappten Apologetik" werden wolle, einem "methodologischen Relativismus" verpflichtet, der ihr das Predigen verbiete. Für eine "angewandte Religionswissenschaft" gebe es weder Anlaß noch Rechtfertigung. Doch wenn auch nach Zwi Werblowski die Religionswissenschaft als solche nicht für ein Programm zur Förderung religiöser Toleranz vereinnahmt werden dürfe, so färbe doch der "methodologische Relativismus" auf die Person der Forscher ab und mache sie reifer für das Verständnis fremder Anschauungen. So könne "die internationale Bruderschaft der Religionsgeschichtler eine mögliche Vorhut der Bewegung für ein wahres, informiertes und wesentliches Verständnis" sein.[7]

Ein Jahr nach dem Tokyoer Kongreß legte W. C. Smith einen von ihm selbst als "revolutionär" bezeichneten Entwurf vor[8], der die gegenwärtige Begegnung der Religionen als eines der entscheidensten Ereignisse der Religionsgeschichte mit weittragendsten Konsequenzen für das Selbstverständnis der Religionswissenschaft wertete.
Nach Smith war die traditionelle Religionswissenschaft durch die Sammlung von Material über andere Völker gekennzeichnet, nun aber habe eine neue Phase begonnen, in der man sich mit diesen selbst auseinandersetzen müsse.[9] "Religion" werde zunehmend als etwas erkannt, was primär eine Sache der den Religionen angehörenden Menschen sei. Der Glaube der Men-

---

tion of Religions, in: M. Eliade / J. Kitagawa (Hg), The History of Religions. Essays in Methodology, Chicago 1959, 132-160. Vgl. dazu auch R. L. Slater, World Religions and World Community, New York-London 1963, 37f.
[5] Vgl. E. Sharpe, a.a.O. 272f.
[6] R. J. Zwi Werblowski, Die Rolle der Religionswissenschaft... a.a.O. 180.
[7] Ebd. 187.
[8] W. C. Smith, Comparative Religion: Wither - and Why?, in: M. Eliade / J. Kitagawa (Hg), The History of Religions... a.a.O. 31-58, vgl. 42.
[9] Vgl. ebd. 31ff.

schen selbst aber könne empirisch nicht beobachtet werden. Doch gebe es im Hinblick auf das alte Ziel, "Religion" zu verstehen, nun eine neue Möglichkeit: "Of the various ways of finding out what something means to the person concerned one way is to ask him."[10] So könne umgekehrt ein religionswissenschaftliches Ergebnis über Wesen und Bedeutung von Religion in der heutigen Situation nur dann Gültigkeit beanspruchen, wenn es auch für die Angehörigen der betreffenden Religion als ihrem Selbstverständnis entsprechend akzeptabel sei.[11] Dieses Prinzip versorge die religionswissenschaftliche Forschung mit einer "experimentellen Kontrolle" ihrer Ergebnisse.[12] Doch all dies sei nur dann möglich, wenn man den Menschen in den Religionen mit Demut und Liebe begegne.[13] "I cannot know my neighbour more than superficially unless I love him."[14]

Die Personalisierung des "Objekts" der Religionswissenschaft gehe mit einer Personalisierung ihres "Subjekts" einher. Dies mache besonders die Beteiligung von Menschen anderer Religionen und Kulturen an der religionswissenschaftlichen Forschung deutlich: "Each writer in this field is beginning to be recognized and to recognize himself as the exponent or champion of one tradition in a world of other persons expounding or championing others."[15] Daher könne heute der säkulare Rationalist nicht mehr als der Repräsentant eines übergeordneten, unparteiischen und unpersönlichen Intellekts verstanden werden, sondern, wie auch der bekenntnisgebundene Forscher, als ein Mensch in den Grenzen einer bestimmten weltanschaulichen Tradition.[16]

Aus der in der interreligiösen und interkulturellen Begegnung unvermeidlich werdenden Personalisierung von Forscher und "Forschungsgegenstand" zieht Smith die Konsequenzen: "First I reject the view that a rule may be set up a priori that in qualifying as an adequate scholar of comparative religion there is involved withdrawing from one's own community; second, I hold that one has not fully understood the faith of a community other than one's own until one has seen how that faith can serve (does serve, has served) as the channel between God and those persons."[17] Wenn Forscher und "Gegenstand" heute in dieser Weise personalisiert würden, dann habe dies auch Konsequenzen für den Vermittlungsprozeß zwischen beiden: "What has been a description is therefore in process of becoming a dialogue."[18]

Versehen mit einem programmatischen Zukunftsausblick beschreibt Smith zusammenfassend die Veränderung in der Religionswissenschaft so: "The traditional form of Western scholarship in the study of other men's religion was that of an impersonal presentation of an 'it'. The first great innova-

---

[10] Ebd. 39.
[11] Vgl. ebd. 42.
[12] Vgl. ebd. 43.
[13] Vgl. ebd. 50 Anm. 39.
[14] Ebd. 39 Anm. 18.
[15] Ebd. 46.
[16] Vgl. ebd. 46.
[17] Ebd. 49 Anm. 37.
[18] Ebd. 47.

tion in recent times has been the personalization of the faiths observed, so that one finds a discussion of a 'they'. Presently the observer becomes personally involved, so that the situation is one of a 'we' talking about a 'they'. The next step is a dialogue, where 'we' talk to 'you'. If there is listening and mutuality, this may become that 'we' talk *with* 'you'. The culmination of this progress is when 'we all' are talking *with* each other about 'us'."[19] In diesem Dialog könne der Religionswissenschaftler sowohl Teilnehmer als auch Vermittler und Beobachter sein.[20] "Comparative religion may become the disciplined self-consciousness of man's variegated and developing religious life."[21] Von dieser Konzeption her ist es für Smith klar, daß es auch Aufgabe der Religionswissenschaft ist, einen Beitrag zur Umwandlung der "world society" in eine "world community" zu leisten.[22]

Im darauffolgenden Jahr hat C. J. Bleeker in seiner Eröffnungsansprache für den Marburger Kongress der IAHR (1960) die durch die Religionsbegegnung ausgelösten Fragen an das Selbstverständnis der Religionswissenschaft i.S. eines grundlegenden methodologischen Problems charakterisiert: "Soviel ist sicher: Wenn Vertreter aus Ost und West zusammentreffen können sie nicht umhin, über die Probleme gegenseitiger Verständigung zu sprechen. Das ist eine grundlegende Aufgabe, und wenn Forscher der Religionsgeschichte vor diesen Problemen die Augen schließen würden, bewiesen sie damit nur ihren Mangel an Realitätssinn."[23] Wo die Beziehungen der Religionen zueinander in den Blick komme, könne man nicht mehr vorurteilsfrei und standpunktlos diskutieren. Und wo Forscher verschiedener kultureller und religiöser Herkunft religionswissenschaftlich arbeiten, werde die Unterschiedlichkeit ihrer jeweiligen Perpektiven unübersehbar deutlich.[24]

In der durch die Religions- und Kulturbegegnung ausgelösten Diskussion der Jahre 1958-1960 um das Selbstverständnis der Religionswissenschaft lassen sich drei eng zusammenhängende Fragebereiche ausmachen, deren verbindender Angelpunkt darin liegt, daß das Konzept der Epoche fraglich geworden ist:
1. Ist angesichts der Religionsbegegnung und der bedrohlichen gegenwärtigen Weltsituation die Religionswissenschaft gerufen, einen Beitrag zur Förderung des Friedens und der Einheit unter den Religionen zu leisten, was sowohl einen gewissen Verzicht auf distanzierte Wertneutralität bedeuten würde, als auch eine gewisses Engagement in den religiös/theologischen Versuchen der Deutung des religiösen Pluralismus?
2. Was bedeutet die in der interreligiösen und interkulturellen Begegnung gewonnene Einsicht in die Begrenztheit und Standpunktabhängigkeit aller

---

[19] Ebd. 34.
[20] Vgl. ebd. 50f.
[21] Ebd. 55.
[22] Vgl. ebd. 56.
[23] C. J. Bleeker, Die Zukunftsaufgaben der Religionsgeschichte, in: G. Lanczkowski (Hg), Selbstverständnis... a.a.O. 189-204, hier 193.
[24] Vgl. ebd. 193f.

Religionswissenschaftler für das Konzept der Epoche und die unter diesem Konzept stehende Abgrenzung der Religionswissenschaft von der Theologie?
3. Inwieweit ist angesichts der epistemologischen Aufwertung von interreligiöser Begegnung und Dialog als einer Erkenntnisquelle für die religionswissenschaftliche Forschung das Konzept der Epoche innerhalb des Religionsvergleichs noch sinnvoll?

Für eine positive Beantwortung der ersten Frage hat nach 1960 eine größere Anzahl von Religionswissenschaftlern optiert.[25] In aller Regel halten sie dabei jedoch an der Abgrenzung der Religionswissenschaft von der Theologie oder ihren Analogaten in nicht-christlichen Religionen fest und verstehen die Religionswissenschaft mehr oder weniger weiterhin als objektive und neutrale Wissenschaft. Doch sollen die von ihr erarbeiteten Ergebnisse den "Theologien" der Religionen zur Hilfe kommen bei der religiösen Bewältigung des religiösen Pluralismus. So formuliert z.B. Kitagawa: "Es ist klar, daß jede Religion in der Begegnung mit anderen Religionssystemen gezwungen ist, Fragen nach ihrem eigenen Glauben ebenso wie Fragen nach dem Sinn anderer Glaubensrichtungen zu beantworten. Indem sie das tut, sieht eine Theologie oder eine theologische Religionswissenschaft... alle Religionen mit den 'Augen des Glaubens'... So ist eine theologische Wissenschaft von den Religionen an eine Begründung durch ein apologetisches Interesse gebunden, und diesem apologetischen Interesse wohnt die Neigung inne, die Perspektive und die Struktur solcher Religionen, die anders sind als die eigene, zu verzerren. ...dies wird von allen ihres Selbstanspruchs bewußten religiösen Gruppen versucht. Im Hinblick auf solche rivalisierenden religiösen Ansprüche ist eine der bedeutenden Aufgaben und Nebenprodukte des religionswissenschaftlichen Studiums, das 'wechselseitige Verstehen' unter den verschiedenen Religionen und deren theologischer Religionswissenschaften zu fördern."[26] Nach Lanczkowski ist die Religionswissenschaft unabdingbare Voraussetzung für die Entwicklung einer Religionstheologie, da sie allein die Basis einer Verständigungsmöglichkeit liefern könne[27]: "...für die Religionstheologie – und damit für eine der dringlichsten Aufgaben zeitgenössischer Theologie überhaupt – ist die Religionswissenschaft eine

---

[25] Vgl. z.B.:
J. Kitagawa, Gibt es ein Verständnis fremder Religionen?... a.a.O.;
R. L. Slater, World Religions and World Community, New York-London 1963;
R. L. Slater / H. D. Lewis, World Religions. Meeting Points and Major Issues, London 1966;
E. Benz, Die Bedeutung der Religionswissenschaft für die Koexistenz der Weltreligionen heute, in: G. Lanczkowski (Hg), Selbstverständnis... a.a.O. 243-256;
G. Lanczkowski, Begegnung und Wandel der Religionen, Düsseldorf-Köln 1971;
G. Mensching, Der offene Tempel. Die Weltreligionen im Gespräch miteinander, Stuttgart 1974.
[26] J. Kitagawa, Gibt es... a.a.O. 65.
[27] Vgl. G. Lanczkowski, Begegnung und Wandel... a.a.O. 29.

notwendige Hilfswissenschaft; denn sie hat die Kenntnisse zu vermitteln, die das Gegenüber der christlichen Botschaft betreffen."[28]

Natürlich ist die Theologie für die theologische Erörterung des religiösen Pluralismus auf eine Fülle von Daten historischer, philologischer und sonstiger Art angewiesen, deren selbständige Erhebung bislang nicht zu ihren traditionellen Aufgaben gehörte (obwohl Missionare hier nicht Unbeträchtliches geleistet haben). Aber weder zielt dieser am Beispiel Kitagawas und Lanczkowskis genannte Vorschlag auf die Frage des reinen Datenzugangs ab, noch hat sich die Religionswissenschaft jemals auf die Datenerhebung beschränken wollen, sondern immer beansprucht, deren korrekte Deutung zu entwickeln. Es kann nicht bestritten werden - und auch diese Untersuchung hat es bestätigt -, daß die apologetische Behandlung anderer Religionen durch die christliche Theologie diese häufig "verzerrt" hat. Aber kann dem, wie Kitagawa und Lanczkowski meinen, dadurch abgeholfen werden, daß sich die Theologie der Religionswissenschaft als Hilfswissenschaft bedient? Dieses Ansinnen setzt das alte, längst fraglich gewordene Konzept voraus, daß allein die Religionswissenschaft zu einem korrekten Verstehen fremder Religionen in der Lage sei, die Theologie jedoch nicht. Begründet wurde dieser Anspruch, wie es auch hier noch durchklingt, damit, daß eben die Epoche die Religionswissenschaft vor jenen Verzerrungen bewahre, die durch die Standpunktabhängigkeit der Theologie notwendig entstünden. Aber gerade in der von diesem Konzept ausgehenden Ambition, die Religionswissenschaft der Theologie als unverzichtbare Hilfswissenschaft anzuempfehlen, zeigt sich die Fragwürdigkeit dieses vorausgesetzten Konzepts. Denn aus ihm würde folgen, daß das von der Religionswissenschaft erreichte korrekte Verständnis fremder Religionen sofort wieder den theologisch/apologetischen Verzerrungen verfiele, wenn es von der Theologie "theologisch" aufgegriffen und verarbeitet wird! Damit aber würde es nichts nutzen, die Religionswissenschaft der Theologie als Hilfswissenschaft anzuempfehlen. Glaubt man dagegen auf Seiten der Religionswissenschaft, daß sie der Theologie dennoch zu einem korrekten Verständnis anderer Religionen verhelfen kann, dann kann dies implizit nur bedeuten, daß sich die Theologie unter der Hand zur Religionswissenschaft umzuformen habe (und dabei zugunsten der Epoche das aufgeben müßte, was für ihre verzerrenden Tendenzen verantwortlich sein soll: ihren theologischen Anspruch), oder aber daß es der Theologie auch als Theologie (also ohne die Übung der Epoche) doch nicht von vornherein unmöglich ist, ein korrektes Verständnis anderer Religionen zu erreichen. Dann aber fällt der hermeneutische Monopolanspruch der Religionswissenschaft, und es ist nicht mehr einsehbar, warum sie für die Theologie eine unverzichtbare Hilfswissenschaft sein sollte. Dies würde zugleich bedeuten, daß die Problematik interreligiösen Verstehens nicht allein am theologischen Ansatz hängt.

Darüber hinaus muß es doch etwas verwundern, daß ein Teil der Religionswissenschaft zu genau jenem Zeitpunkt der Theologie in der Vermeidung

---
[28] Ders., Einführung in die Religionswissenschaft, Darmstadt 1980, 69.

standpunktbedingter Verzerrungen zur Hilfe kommen will, wo ihr selber bewußt geworden ist, daß – um es mit Slater zu sagen – die Religionswissenschaftler immer das taten, was sie der Theologie ankreideten: "Historians of religions might be observed as doing the very thing which they forbade the theologians and the philosophers to do, entering the field with presuppositions of their own or presuppositions accepted from others..."[29] Im Gegenteil, so Slater, sei es "...not surprising to find new discussions today of what is required in the factual, comparative study of religion. Challenging the view that theologians and philosophers are disqualified by their allegiance to preconceived ideas, there is the argument that historians and others are all of them in similar case. None can pretend the cool objectivity of the computing machine."[30] Und daß dies tatsächlich der Fall ist, hat die oben durchgeführte Analyse der phänomenologischen Religionsvergleiche ebenso bestätigt, wie zuvor die Tatsache und Wirkweise apologtischer Verzerrungen aufgezeigt werden konnte.

Doch hat es in jüngerer Zeit, gerade angesichts dieser Diskussion, innerhalb der Religionswissenschaft nicht an Versuchen gefehlt, sie radikaler als je zuvor i.S. einer rein objektiven wissenschaftlichen Disziplin mit strikter Trennung von der Theologie zu konzipieren. H. G. Hubbeling etwa beschreibt Religionswissenschaft als eine Forschung, die "...consists of as exact a description of these phenomena (d.h. "phenomena that are denoted as religious"; Anm. von mir) as possible, including an explanation of them, if such an explanation can be given. It also encludes a study of religion as such. This study ought to be done in as neutral a way as possible, in that the student gives an objective and impartial description and explanation of the religious phenomena. Neither does he give a moral or other evaluation of these phenomena, nor does he inquire into the truth of them. He does not show his own religious or atheistic preferences..."[31] Angesichts des Einwands, daß eine solche Objektivität, wie Hubbeling sie fordert, für den einzelnen Forscher gar nicht möglich sei, gibt er zu, daß der einzelne Forscher in seiner notgedrungen selektiven Deskription von individuellen Präferenzen geleitet sei, doch: "His possible subjective preference can be countered by other investigators."[32] Gegen die Forderung der Methexis wendet Hubbeling ein, daß an ihre Stelle die axiomatische Theorienbildung zu treten habe, die wiederum offen sein muß "to public or intersubjective testing..."[33] Hubbeling versucht also nochmals den "consensus omnium"[34] zum Kriterium wissenschaftlicher Objektivität in der Religionswissenschaft zu erheben. Gerade im Vergleich der Ergebnisse von Wissenschaftlern unter-

---

[29] R. L. Slater / H. D. Lewis, World Religions... a.a.O. 5.
[30] Ebd. 11.
[31] H. G. Hubbeling, Theology, Philosophy and Science of Religion and their Logical and Empirical Presuppositions, in: Th. P. van Baaren / H. J. Drijvers (Hg), Religion, Culture and Methodology, Mouton-The Hague-Paris 1973, 9-31, hier 9f.
[32] Ebd. 27.
[33] Ebd. 29.
[34] Vgl. oben S. 111f.

schiedlicher kultureller und weltanschaulicher Herkunft offenbart sich jedoch die Fragwürdigkeit einer solchen "Objektivität". Was soll schließlich der Sinn "intersubjektiver Prüfung" sein, wenn die Forscher nach Hubbeling ihre weltanschaulichen Präferenzen nicht zeigen dürfen? Ohne diese offenzulegen und i.S. reflektierter Subjektivität zu thematisieren, dürfte die "intersubjektive Pfrüfung" über das Konstatieren von Unterschieden hinaus kaum einen Erkenntnisfortschritt bringen. Wie soll das Kollektiv eine "Objektivität" gewährleisten, wenn es aus Einzelnen besteht, die, wie zugegeben, eine absolute Standpunktlosigkeit gar nicht erreichen können? Und wie soll schließlich eine Erklärung der religiösen Phänomene und der "Religion" an sich aussehen, wenn Wert- und Wahrheitsfrage weiterhin ausgeklammert sind?

In dieser Schwierigkeit sieht P. Heelas das Grundproblem einer Konstitution der Religionswissenschaft als selbständiger Disziplin, da die Religionswissenschaftler "...have no clear reference point against which to judge the application of their paradigms."[35] Gegenüber den religiösen Phänomenen gebe es prinzipiell drei Deutungsmöglichkeiten:
1. Ihre theologische Interpretation, d.h. den Phänomenen entspricht eine transzendente Realität.
2. Ihre phänomenologische Interpretation, d.h. sie werden als bedeutungsvoll angesehen, aber die Frage nach der Realität des Transzendenten bleibt ausgeklammert.
3. Ihre reduktionistische Interpretation, d.h. ihnen entspricht keine transzendente Realität.[36]

Die jeweilige Art der religionswissenschaftlichen Ergebnisse hänge davon ab, welche dieser Interpretationsmöglichkeiten gewählt werde, denn ihnen entsprechend ergäben sich verschiedene Erklärungsweisen, verschiedene Deutungen des Religiösen, verschieden Problemstellungen, Fragen, usw. So sei z.B. die Deskription und Erklärung mystischer Phänomene durch einen Theologen (1. Interpretationsmöglichkeit) radikal verschieden von der durch einen Freudianer (3. Interpretationsmöglichkeit). Für beide gebe es jedoch keine objektiven Verifikationskriterien. Der Versuch phänomenologischer Epoche (2. Deutungsmöglichkeit) sei in sich widersprüchlich, da die Ausklammerung der Wahrheitsfrage, die Interpretationsweisen 1. und 3. methodisch ausschließe, obwohl sie gerade sachlich nicht ausgeschlossen werden sollen.[37] So werde für die phänomenologische Deskription und Interpretation die Epoche zu genau dem, was durch sie vermieden werden soll: einer normativen Perspektive. "...how can phenomenology, with its bracketing of truth claims, make the truth claim that it is meaningful reality alone which informs the religious dynamic? ... For if God exists, will not this input

---
[35] P. Heelas, Some Problems with Religious Studies, in: Religion 8 (1978) 1-14, hier 1.
[36] Vgl. ebd. 1f.
[37] Vgl. ebd. 8.

make a difference to how it is conceptualized?"[38] Heelas schließt daraus, daß "variety will remain the spice (or bane?) of religious studies."[39] Anläßlich der Konferenz über Methodologie der Religionswissenschaft in Turku, Finnland (1973) mußte denn auch R. Pummer hinsichtlich der dort zutage getretenen Konfusion feststellen: "As there is no agreement with regard to terminology, methodology, etc., there is no agreement either in the answer to the question: What is the science of religion or history of religions or Religionswissenschaft?"[40]

Eine ähnliche Kritik wie Heelas hat D. Wiebe vorgetragen und in die Forderung einmünden lassen, die Wahrheitsfrage nicht länger aus der religionswissenschaftlichen Forschung auszuklammern.[41] Nach Wiebe hat die traditionelle Religionswissenschaft zwischen "truth about religion" und "truth of religion" unterschieden. Dabei versuchte sie ihre Forschung deskriptiv auf die Frage nach der "Wahrheit über die Religion" zu beschränken und die Frage nach der "Wahrheit der Religion" als eine theologische oder religionsphilosophische aus ihrer Aufgabenstellung auszugrenzen.[42] Beschreibung gehe jedoch notwendig und faktisch in der Religionswissenschaft mit *Verstehen* und *Erklären* einher. Verstehen und Erklären aber seien bei Ausklammerung der Frage nach der "Wahrheit der Religion" nicht möglich, so daß es folglich auch ein unausweichliches Problem der Beschreibung sei, ob jemand etwas Wahres oder etwas Falsches glaube.[43]

Nach Wiebe war die Ausschaltung der Wahrheitsfrage das zentrale Motiv der Abgrenzung der Religionswissenschaft von Religionsphilosophie und Theologie. Trotz einer großen Vielfalt in den traditionellen Versuchen der Definition von Religionswissenschaft zeigten diese in der Regel eine Übereinstimmung in drei Punkten:
1. Die Religionswissenschaft ist selber keine religiöse Unternehmung und daher radikal von der Theologie verschieden.
2. Gegenüber den Sozialwissenschaften ist die Religionswissenschaft eine autonome Disziplin.
3. Sofern die Sozialwissenschaften mit religiösen Phänomenen befaßt sind, sind sie Teil der Religionswissenschaft.[44]

Wie besonders bei der Diskussion um die Religionsphänomenologie deutlich werde, inhäriere dieser Bestimmung jedoch ein Dilemma. In Abgrenzung von der Theologie betone man die wissenschaftliche Objektivität und suche die religiöse Deutung der Phänomene zu vermeiden, in der Abgrenzung von den Sozialwissenschaften dagegen betone man die Autonomie der Religionswis-

---
[38] Vgl. ebd. 9f.
[39] Ebd. 12.
[40] R. Pummer, The Study Conference on 'Methodology of the Science of Religion' in Turku, Finnland 1973, in: Numen 21 (1974) 156-159, hier 158.
[41] Vgl. D. Wiebe, Religion and Truth. Towards an Alternative Paradigm for the Study of Religion, The Hague-Paris-New York 1981.
[42] Vgl. ebd. 1.
[43] Vgl. ebd. 3 u. 62.
[44] Vgl. ebd. 48f.

senschaft und suche reduktionistische Engführungen in der Deutung der Phänomene zu vermeiden. Die Abgrenzung von den Sozialwissenschaften beinhalte folglich die Annahme eines genuinen Eigenwertes des Religiösen, was aber zumindest eine religionsphilosophische Fragestellung sei.[45]
Diesem Dilemma entrinne man nicht durch die methodologische Epoche, da die Beschreibung und Erklärung religiöser Phänomene letztlich doch entweder einen theologischen oder einen reduktionistischen Standpunkt einnehmen müsse, der so oder so nicht neutral, sondern im weitesten Sinne "theologisch" sei.[46] Im Versuch, religiöse Phänomene zu verstehen, müßten sowohl die Beobachtungen Außenstehender berücksichtigt werden als auch das Selbstverständnis der Anhänger einer Religion. Wolle man verstehen, so dürften die theologischen Selbstinterpretationen von Religionen nicht von vornherein als ungültig ausgeschlossen werden: "The point I am trying to make then is that unless theological explanations - explanations in terms of concepts internal to the group - are admitted as genuine explanations one has adopted, uncritically, a philosophic reductionism."[47]

Wiebe folgert daraus für den wissenschaftlichen Standort der Religionswissenschaft:
1. Religionswissenschaft ist keine autonome Wissenschaft: "... a 'science of religion' as a distinct and seperate discipline with its own distinct method is not possible."[48]
2. In der religionswissenschaftlichen Forschung dürfen theologische Erklärungsmodelle nicht von vornherein ausgegrenzt werden: "To define religious studies so as to exclude all theological elements,... is no more justifiable than the positivist attempt to define philosophy so as to exclude metaphysics. Just as the latter itself implies a metaphysics so the former involves, although perhaps only implicitly so, a religious (or religiously significant) Weltanschauung."[49]
3. Religionswissenschaftliche Forschung besitzt einen kritischen, wissenschaftlichen Charakter mit Anspruch auf intersubjektive Gültigkeit ihrer Ergebnisse. Ausgeschlossen bleiben daher weiterhin kategorische Urteile, die prinzipiell keiner kritischen Prüfung und nicht der Möglichkeit zur Revision

---

[45] Vgl. ebd. 53ff.
Wie eine Illustration zu dieser Analyse Wiebes wirken die Ausführungen von R. Pummer, Religionswissenschaft or religiology?, in: Numen 19 (1972) 91-127. Zur Unterscheidung der Religionswissenschaft von der Theologie betont Pummer: "The aim of Religionswissenschaft is only the advancement of knowledge" (ebd. 116), und von rein deskriptiver Forschung hebt er sie mit der Feststellung ab: "The advancement of knowledge in the field of history of religions consists not only in accumulating all available data on religious matters throughout the history of mankind, but also in the attempt to understand the meaning of these data" (ebd. 117).
[46] Vgl. Wiebe, a.a.O. passim, bes. 55ff, 78, 110ff, 160f, 174, 260f Anm. 20.
[47] Ebd. 78.
[48] Ebd. 6; vgl. auch ebd. 58f.
[49] Ebd. 58.

offen stehen.[50] Insofern hat eine "enge Theologie", die mit unhinterfragbaren Vorurteilen arbeitet, in ihr keinen legitimen Platz.[51]
4. Religionswissenschaftliche Forschung besitzt ein eigenes Objekt, Religion, das sich klar definieren lassen muß. Dazu ist erstens die deutliche Abgrenzung dieses Objekts von anderen Phänomenen und zweitens die interkulturelle Applizierbarkeit der Definition erforderlich.[52]

In einer so konzipierten Religionswissenschaft ergibt nach Wiebe der religiöse Pluralismus die Ausgangssituation für die Erforschung der Wahrheitsfrage: "...if religion demands allegiance and total commitment it must be, in some sense, the truth. If all religions are judged true when in fact, at least prima facie so, they conflict, the truth claim of each is in jeopardy and the commitment involved in each, consequently, undermined. Either one is right and the others wrong, or all are partially right and partially wrong, or all are wrong."[53] Das Stellen der Wahrheitsfrage bedeute nicht den Ausschluß interreligiöser Toleranz. Vielmehr sei gerade dem Dialog der Religionen daran gelegen, die Wahrheitsfrage nicht auszuklammern.[54]

Wie gezeigt sind die Umbrüche im traditionellen Selbstverständnis maßgeblich von der durch die Religionsbegegnung aufgeworfenen hermeneutischen Problematik bestimmt. Die Frage nach der Hermeneutik eines christlichen Verständnisses der buddhistischen Heilsbotschaft kann jedenfalls – und dies dürfte deutlich geworden sein – nicht als ein Problem allein der Theologie abgetan werden, für das die Religionswissenschaft mittels der Epoche längst eine Lösung besitze. Indem durch das Adjektiv "christlich" nicht verborgen wird, was hier den Hintergrund eines Verständnisses der buddhistischen Botschaft spezifiziert, können die damit verbundenen hermeneutischen

---

[50] Vgl. ebd. 59.
[51] Vgl. ebd. 32f, 51, 58ff, 241 Anm. 16, 247.
[52] Vgl. ebd. 9-19. Wiebe schlägt vor, folgende drei Elemente als konstitutiv für ein religiöses Phänomen gelten zu lassen: 1. Der Hinweis auf eine transzendente Größe ("the essential point is the 'otherness'"), 2. der Hinweis auf eine menschliche Begrenztheit, Unheilssituation, Unvollkommenheit, usw., 3. eine Bedeutung der transzendenten Größe für die Befreiung aus dieser Begrenztheit. (vgl. ebd. 15f).
[53] Ebd. 29.
[54] Vgl. ebd. 168f.
Im weiteren Verlauf seiner Untersuchung bemüht sich Wiebe zu zeigen, daß die Warheitsfrage auf dem Hintergrund einer streng kognitivistischen Theorie propositionaler Wahrheit gestellt werden müsse und setzt sich kritisch mit den gerade im Bereich "religiöser Wahrheit" nicht selten vertretenen Theorien nicht-kognitiver Wahrheitskonzeptionen auseinander. Wiebes Vorschläge bleiben jedoch unbefriedigend hinsichtlich der Frage nach der Überprüfbarkeit der kognitiven Aspekte religiöser Wahrheit und hinsichtlich der Frage, wie genau das Verhältnis zwischen den kognitiven Aspekten und dem über diese hinausgehenden existentiellen Interesse der Religionen zu bestimmen ist. Da eine Diskussion seiner wahrheitstheoretischen Argumentation zu weit vom primären Interesse dieser Untersuchung wegführen würde, muß hier leider auf diese verzichtet werden.

Schwierigkeiten besser thematisiert werden, als wenn sie erst unter dem Schleier der Epoche zutage gefördert werden müßten. Andererseits kann dadurch aber auch gefragt werden, inwieweit der so spezifizierte Verstehenshintergrund hermeneutisch fruchtbar sein kann. Indem weiterhin der hermeneutische Wert der interreligiösen Begegnung und der dialogischen Haltung angedeutet wurde, bereiten diese Überlegungen den Boden für die im nächsten Kapitel vorzunehmende Untersuchung der Entwicklung der Buddhismusinterpretation im christlich-buddhistischen Dialog gegenüber der Buddhismusinterpretation im christlich-buddhistischen Religionsvergleich. Zuvor jedoch sollen im folgenden noch zwei Ansätze zur Neukonzeption der Religionswissenschaft und ihres Verhältnisses zur Theologie näher betrachtet werden, die nicht nur paradigmatisch für den hermeneutischen Aspekt der Veränderungen innerhalb der Religionswissenschaft sind, sondern deren Anliegen direkt die Aufgabe einer dezidiert theologisch gedachten interreligiösen Hermeneutik betreffen.

5.2 Existentielle Herausforderung als hermeneutisches Prinzip (J. Cahill)

Die ganz spezifische Herausforderung, die von der Botschaft der Religionen ausgeht, macht J. Cahill zum Angelpunkt seiner Neukonzeption religionswissenschaftlicher Forschung.[55] "Religious traditions ask each person, 'How is your life to be understood?'"[56] Die Bereitschaft sich wirklich von den Religionen in Frage stellen zu lassen, ist für Cahill daher die Grundvoraussetzung für das Verstehen religiöser Aussagen.[57]
Nach Cahill sollte die religionswissenschaftliche Arbeit vier spezifische Vorgehensweisen ("operations") umfassen: "... the literary, the historical, the comparative, and the theological. These operations are mediated by a prior relationship of the interpreter to the subject matter of religion. By existential self-analysis, the interpreters must articulate their relationship to the subject matter. And the subject matter of religious studies is intentionality and ultimate meaning directed to final transcendence."[58] Angesichts des ultimativen Existenzbezugs religiöser Aussagen könne eine desinteressierte Forschung nie zum Verständnis von Religion gelangen.[59] Daher sei für den Forscher nicht "Objektivität" zu fordern, sondern die reflektierte Subjektivität, d.h. das Bewußtmachen des eigenen vorgängigen Selbst- und Existenzverständnisses, mit dem er an die Aussagen einer Religion herantritt.[60] Jede Interpretation von Geschichte oder von textlichen Dokumenten sei letzlich vom Selbstverständnis des Interpreten beeinflußt. Daher könne die spezifische Herausforderung, die von religiöser Metaphorik und

---

[55] Vgl. P. J. Cahill, Mended Speech. The Crisis of Religious Studies and Theology, New York 1982.
[56] Ebd. 48.
[57] Vgl. ebd. 155f.
[58] Ebd. 6.
[59] Vgl. ebd. 66.
[60] Vgl. ebd. 53, 105.

Symbolik getragen wird, nur vernommen und verstanden werden, wenn der Forscher sich seinen eigenen existentiellen Hintergrund und die daraus entspringende Reaktion bewußt macht[61]: "... any response to a religious symbol assumes a critical self-appropriation on the part of the interpreter. And the critical self-appropriation of the interpreter will center mainly on the relationship of the interpreter to the subject matter with which the symbol deals."[62] Das bewußte Einbeziehen der eigenen religiösen Tradition, von der das Vorverständnis des Forschers geprägt ist, sei daher Voraussetzung für das Verstehen anderer religiöser Traditionen.[63]

Da die eigene Tradition des Forschers erheblichen Anteil an der Prägung seiner Identität besitze, könne nach Cahill ihr Einfluß auf die Interpretation fremder Traditionen kaum überschätzt werden: "The widespread discussion of presuppositions which assumes that interpreters can simply take a close look at their presuppositions and then move on to the important issues totally confuses the profundity and power of the presuppositions, which are ultimately identified with the very being of the interpreter."[64] Damit stellt sich die Frage, ob die Prägung durch die eigene religiöse Tradition nicht grundsätzlich das Verstehen einer fremden unmöglich mache.[65] Den gemeinsamen Nenner, der für eine interreligiöse Hermeneutik erforderlich sei und diese ermögliche, erblickt Cahill vor allem in der allen religiösen Traditionen gemeinsamen Funktion der Identitätsbildung ihrer Anhänger.[66] Diese Gemeinsamkeit wiederum sei getragen von einer kulturinvarianten Identität der Struktur des menschlichen Bewußtseins und seiner Sinnsuche: "The invariant structure of human consciousness and its ultimate orientation to meaning is the ground for the potential intelligibility of all traditions."[67] Die Analyse des Verweischarakters menschlicher Sprachlichkeit erschließe eine triadische Struktur des menschlichen Bewußtseins, indem dieses von Selbstbezüglichkeit, Objektbezüglichkeit und intersubjektiver Bezogenheit gekennzeichnet sei.[68] Der grundsätzliche Verweischarakter der Sprache werde aufgegriffen und überboten vom Verweischarakter religiöser Symbole auf eine sinnstiftende, transzendete Wahrheit.[69]

In der hermeneutischen Annäherung an andere religiöse Traditionen könne es nicht darum gehen, die Distanz des religiösen Symbols gegenüber dem, worauf es verweist, zu verringern, vielmehr bestehe die Aufgabe darin, durch reflektierte Subjektivität die Distanz zur eigenen Tradition aufzuheben und durch Vernehmen des spezifischen Anspruchs der fremden Tradition

---

[61] Vgl. ebd. 41, 54f.
[62] Ebd. 55.
[63] Vgl. ebd. 62.
[64] Vgl. ebd. 155.
[65] Vgl. ebd. 55.
[66] Vgl. ebd. 58.
[67] Ebd. 61.
[68] Vgl. ebd. 31ff.
[69] Vgl. ebd. 31ff u. 94ff.

die Distanz zu ihr zu reduzieren.[70] Aus dem eigenen Verständnishorizont könne man nicht fliehen, aber man könne ihn erweitern durch das *explizite und thematische Einbeziehen der eigenen religiösen Tradition zum Verständnis der fremden*.[71] Dies sollte nach Cahill innerhalb der Religionswissenschaft das Wesen der *komperativen Operation* sein. Es gibt für ihn daher keinen Grund, aus dem die Theologie einer Tradition vom Verständnis einer anderen ausgeschlossen wäre.[72] Ausgeschlossen bliebe sie nur, wenn sie aus apologetischem Interesse von vornherein die Ergebnisse der komperativen Operation festlege und damit die Möglichkeit einer eventuellen Irrtumsrevision verhindere.[73]

Die komperative Operation ist nach Cahill den drei anderen Operationen immanent.[74] Der *historischen Operation*, d. h. der Erforschung der religionsgeschichtlichen Fakten, komme ein grundlegender Charakter zu, da sie das Material für die anderen Operationen liefere. Obwohl sie in gewisser Weise die "neutralste" Operation sei, gelte es auch hier zu beachten, daß die Geschichtlichkeit des Forschers nicht nur seinen Zugang zu den Daten bestimme (aufgrund welcher historischer Umstände ist er wann und wie in Kontakt mit ihnen gekommen?), sondern auch sein grundsätzliches Geschichtsverständnis mitpräge.[75] Ähnliches gelte für die mit der Texterschließung befaßte *literarische Operation*, deren Aufgabe vor allem darin bestehe, dem Doppelcharakter religiöser Texte als "record" und "direct address" gerecht zu werden.[76] Die Aufgabe der *theologischen Operation* sei es, innerhalb der historischen und literarischen den religiösen Anspruch des Materials so zutage zu fördern, daß er aktuell und hermeneutisch fruchtbar werde.[77] "Theology is the methodical study of intentionalities directed to ultimate meaning and immediate transcendence... Theology has for its aim the understanding of ultimate meaning and immediate transcendence."[78] Und damit legt die theologische Operation den eigentlichen hermeneutischen Ansatz frei: "... the theological operation understands transcendent, immediate, and ultimate meaning as *actual* possibility and *a demand upon interpreters*..."[79] Zur Erfüllung ihrer Aufgabe müsse die theologische Operation die drei Stufen der Genese einer religiösen Aussage, die ursprüngliche Erfahrung, den Willen diese zu vermitteln und die Form der geschehenen und geschehenden Vermittlung, aufdecken, verstehen und aktualisieren.[80]

---

[70] Vgl. ebd. 51.
[71] Vgl. ebd. 61f, 79.
[72] Vgl. ebd. 105f.
[73] Vgl. ebd. 146, 160.
[74] Vgl. ebd. 139.
[75] Vgl. ebd. 131ff.
[76] Vgl. ebd. 115ff.
[77] Vgl. ebd. 117, 134.
[78] Ebd. 146.
[79] Ebd. 117; Hervorhebung von mir.
[80] Vgl. ebd. 149ff.

Innerhalb der religionswissenschaftlichen Forschung bilden alle religiösen Traditionen den Gegenstand der theologischen Operation.[81] Bislang sei es eine offene Frage, ob sich hinter der Vielfalt der religiösen Traditionen und ihrer theologischen Artikulationen eine einzige Theologie verberge.[82] Diese eine Theologie aller Religionen gebe es zumindest in einer systematisch greifbaren Gestalt bisher noch nicht und vielleicht nie. Ob eine solche erreichbar sei, werde sich erst zeigen, wenn die theologische Arbeit so umfassend werde wie das literarische Universum.[83] Die bislang festgestellte Einheit der Religionen sei eine rein formale hinsichtlich ihrer sinnstiftenden Funktion und Transzendenz-gerichteten Intention. Der hier verwendete Transzendenzbegriff dürfe daher nicht univok verstanden werden.[84]

Strukturelle Einheitlichkeit bei inhaltlicher Vielfalt entspreche wiederum dem Phänomen der menschlichen Sprachlichkeit. Sprache ist für jeden Menschen absolut notwendig, und jeder Mensch hat Sprache, aber keiner spricht Sprache, sondern nur bestimmte Sprachen. Die Sprachen sind verschieden und zueinander relativ.[85] Cahill zieht die Verbindung der interreligiösen Situation mit der sprachlichen noch weiter: die Wirklichkeit beider bestehe in der Kommunikation. "Thus the theological operation... intends to make conversation a living reality, whether this conversation be with the self of the interpreter, with a text and its referent, with another tradition, or with the interpreter of another tradition... One either understands in conversation or one does not."[86] Die theologische Operation sei also schließlich von einer dialogischen Grundhaltung bestimmt, sie sei mit "conversation" und "communication" identisch.[87] Es sei die heute unmöglich gewordene Isolation, das Bewußtsein des religiösen Pluralismus, das das traditionelle Selbstverständnis der Religionswissenschaft und der Theologie gleichermaßen in Frage gestellt habe und nach neuen Paradigmen der Forschung verlange.[88]

---

[81] Vgl. ebd. 146.
[82] Vgl. ebd. 148.
[83] Vgl. ebd. 129f.
[84] Vgl. ebd. 9, 89, 166f.
[85] Vgl. ebd. 90, 167f.
[86] Ebd. 168.
[87] Vgl. ebd. 169.
[88] Vgl. ebd. 65 u. 185 Anm. 19.

5.3 Religionsgeschichte als Welt-Theologie (W. C. Smith)

In die gleiche Richtung wie Cahill hat W. C. Smith inzwischen seinen oben bereits erwähnten Vorstoß von 1959 weiterentwickelt.[89] Für Smith sind "the true historian of religion and the authentical theologian... in the final analysis identical".[90] Die religionsgeschichtliche Forschung habe in immer größerem Ausmaß den transzendenten Faktor im menschlichen Leben zu berücksichtigen, und für die Theologie der Zukunft stelle die Religionsgeschichte der gesamten Menschheit die Basis ihres Redens von Gott.[91]

Den Ausgang für die Überlegungen Smiths in seinem grundlegenden, heute bereits zum religionswissenschaftlichen Klassiker gewordenen Werk "The Meaning and End of Religion"[92] bildet – und darin ist er typisch für die Situation der Religionswissenschaft seit dem Zweiten Weltkrieg – zum einen die aktuelle zeitgeschichtliche Situation und zum anderen die grundsätzliche hermeneutische Problematik der Religionswissenschaft. Die Interdependenz der heutigen Welt und ihre globalen Gefahren verlangten nach einer fruchtbaren und konstruktiven Integration des religiösen und weltanschaulichen Pluralismus, die wiederum zunächst einen Zuwachs an interreligiösem Verstehen voraussetze. Die religionswissenschaftliche Bemühung um das Verstehen der Religionen stehe hermeneutisch vor zwei grundlegenden Herausforderungen: 1. vor der These, daß eine Religion nur von *innen* heraus verstanden werden könne (also den entsprechenden Glauben voraussetze), mit der Variante, daß das Wesen von Religion nur von derjenigen Religion aus eingesehen werden könne, die dieses am reinsten repräsentiere (Absolutheitsanspruch der Religionen), 2. vor der These, daß das eigentliche Herzstück der Religionen, die transzendente Realität, auf die sie verweisen, prinzipiell von der auf empirisches Material bezogenen Religionswissenschaft verfehlt werden müsse (Religionswissenschaft also entweder einen hermeneutisch inadäquaten Zugang besitze oder, falls sie die Realität des Transzendenten einbeziehe, ihre Wissenschaftlichkeit verliere).[93] Im Zentrum der Überlegungen Smiths steht seither der Versuch, in der religionswissenschaftlichen Forschung sowohl der Innenperspektive des Gläubigen als auch der Außenperspektive des Forschers oder Anders-Gläubigen gerecht zu werden.

Als hinderlich für dieses Ziel erscheint ihm vor allem die traditionelle religionswissenschaftliche Terminologie, deren Kritik er einen Großteil seiner Arbeit gewidmet hat, und hier zunächst der Religionsbegriff selbst. Smith

---

[89] Vgl. oben S. 118ff.
[90] W.C. Smith, Theology and the World's Religious History, in: L. Swidler (Hg), Toward a Universal Theology of Religion, Maryknoll-New York 1987, 51-72, hier S. 55.
[91] Vgl. ebd. 55.
[92] Erste Auflage 1962; im folgenden wurde die Neuauflage San Francisco 1978 benutzt.
[93] Vgl. ebd. 1ff.

unterscheidet vier verschiedene Bedeutungen, in denen der Begriff "Religion" verwendet werde:
1. im Sinne persönlicher Frömmigkeit (was nach Smith der traditionell christliche Sinn des Religionsbegriff schlechthin war),
2. im Sinne eines idealen Systems (wie etwa "das wahre Christentum", hinter dem seine konkrete Verfaßtheit in der Regel zurückbleibe),
3. im Sinne der empirischen Größe (die "Religionen" in ihrer historisch beobachtbaren Gestalt),
4. in einem allgemeinen Sinn, dessen inhaltliche Füllung jeweils von den Optionen zu 1. - 3. abhängig ist.[94]

Smith hält die Verwendung des Religionsbegriffs im ersten und vierten Sinn für überflüssig und verwirrend (wobei er der Bezeichnung "religiös" i.S. von "Frömmigkeit" noch am ehesten eine Brauchbarkeit attestiert und sie selber nicht selten beibehält), für verzerrend aber die Verwendung im zweiten und dritten Sinn.[95] Sie werde der Innenperspektive des Gläubigen nicht gerecht, da dieser seinen Glauben nicht ideologisch verstehe, sondern sich auf eine letztlich nicht faßbare transzendente Größe beziehe, in deren Licht er die Welt erfahre und deute. Was dem Gläubigen Realität sei, erscheine dem Außenstehenden als Ideologie.[96] Der Religionsbegriff im zweiten und dritten Sinn sei aber auch für die Außenperspektive hinderlich, und zwar gerade *weil* er das Selbstverständnis des Gläubigen verfehle. Denn auch der Außenperspektive gehe es schließlich darum, die *Bedeutung* des Glaubens für den Gläubigen zu verstehen. Bedeutung aber sei immer eine personale und keine ideologische Größe. Vor allem aber werde das Konzept von "Religion" bzw. "Religionen" i. S. statischer Entitäten der historisch zu konstatierenden Vielfalt gerade auch innerhalb der "Religionen" nicht gerecht.[97]

Im Gebrauch des Religionsbegriffs werde entweder die weltliche Seite oder die transzendente Dimension vernachlässigt, oder beides miteinander vermischt. Um beide Seiten zu trennen und damit zu gewinnen, um Innen- und Außenperspektive gerecht zu werden, schlägt Smith vor, den Religionsbegriff durch das Begriffspaar "faith" und "cumulative tradition" zu ersetzen.[98]

Unter "cumulative tradition" versteht Smith alles, was der historischen Beobachtung offensteht, Lehren, Riten, Bauwerke, Kunstwerke, etc. Die kumulative Tradition besitzt einen linearen historischen Zusammenhang und ist in ihrer Eigengestalt durchaus von anderen Traditionen unterscheidbar.[99] Der Wert des terminologischen Wandels werde deutlich, wenn man bedenke, was es für den Innen- und Außenbetrachter bedeute, zu sagen, daß "Religion" ein rein weltliches Phänomen sei, oder daß die kumulative Tradition ganz im Weltlichen liege.[100] "Faith" dagegen ist für Smith eine ausschließlich

---
[94] Vgl. ebd. 48f.
[95] Vgl. ebd. 50.
[96] Vgl. ebd. 128ff.
[97] Vgl. ebd. 131ff, 153.
[98] Vgl. ebd. 156.
[99] Vgl. ebd. 121ff, 154ff.
[100] Vgl. ebd. 161.

personale (nicht individualistische!) Kategorie.[101] Als solche ist "faith" nicht beobachtbar, sondern lediglich sein Ausdruck. Aus dem Ausdruck von "faith" nähren sich die kumulativen Traditionen, die ihrerseits wiederum den "faith" der in ihnen lebenden Menschen speisen und formen. "A man's faith is what his tradition means to him. Yet it is, further, what the universe means to him, in the light of that tradition."[102] Da "faith" sich der unmittelbaren Beobachtbarkeit entziehe, könne er als das Einfallstor für das Wirken der Transzendenz gelten. Durch den "faith" der einzelnen Menschen wirkt Gott in den Traditionen.[103] Nachdem die Religionswissenschaft sich lange mit der Sammlung von Daten über und aus den kumulativen Traditionen beschäftigt habe, weist ihr Smith nun die Aufgabe zu, "to discover and make known the personal faith that those traditions have served. This can be done, I affirm, by treating the observable items of the traditions as clues to the understanding of a personal and living quality of the men whose faith they have expressed."[104] Sein eigener Glaube sei – so Smith in "The Meaning and End..." –, daß das, was die "Religionen" gemeinsam haben, nicht in ihren Traditionen liege und auch nicht im jeweiligen "faith", der mit jedem Menschen und in jedem Leben variiere, sondern in der transzendenten Realität, die ein und dieselbe sei und bleibe.[105]

Knapp 20 Jahre später fügt Smith dieser Gemeinsamkeit eine weitere hinzu: die Einheit der Religions*geschichte*.[106] Das Wissen um die historische Entwicklung der verschiedenen Traditionen und um die gegenwärtige Lage, in der sie sich befinden, bilde heute zunehmend den *Kontext* des religiösen Lebens.[107] Der geschichtliche Wandel sei gegenwärtig dadurch gekennzeichnet, daß er sich seiner selbst bewußt werde, nicht nur hinsichtlich der einzelnen Traditionen, sondern auch in traditionsübergreifender Weise: "The process of each is becoming conscious of the process of all."[108] Im heutigen Kontext des Glaubens laufe die Religionsgeschichte zu einer einzigen zu-

---

[101] Smith unterscheidet "faith" streng von "belief". "Faith" ist für ihn eine ganzheitliche Kategorie, die das responsorische Verhalten des Menschen gegenüber dem Heilshandeln Gottes bezeichnet. "Belief" i.S. von "etwas für wahr halten" charakterisiere hingegen nicht das, worauf es dem religiösen Menschen ankomme. Smith hält es für eine neuzeitliche, letztlich polemisch motivierte Verzerrung, das, was der "Gläubige" tue, auf "believing" zu reduzieren und so von "Wissen" abzugrenzen. Jeder, ob er nun im religiösen Sinne "faith" besitze oder nicht, halte bestimmte Dinge ungeprüft für wahr. Damit sei nicht das Spezifische der religiösen Haltung getroffen. Die intellektuelle und kognitive Dimension von "faith" charakterisiert Smith i. S. von "Einsicht" und "Verstehen" (vgl. hierzu besonders W. C. Smith, Faith and Belief, Princeton 1979).
[102] Ebd. 159.
[103] Vgl. ebd. 161ff.
[104] Ebd. 188.
[105] Vgl. ebd. 192.
[106] Vgl. W. C. Smith, Towards a World Theology. Faith and the Comparative History of Religion, London 1981, bes. 3f.
[107] Vgl. ebd. 26ff.
[108] Ebd. 37.

sammen. Diese Situation gelte es, um des Überlebens des Glaubens willen, in allen religiösen Traditionen neu zu konzeptualisieren. An die Stelle des "we/they"-Paradigma trete das "some of us"-Paradigma. "The study of comparative religion is the process, now begun, where human beings learn, through critical analysis, empirical inquiry, and collaborative discourse, to conceptualise a world in which some of us are Christians, some of us are Muslims, etc. ..."[109]

Welche Konsequenzen aber, fragt Smith, hat dies für die "Theologien" der verschiedenen religiösen Traditionen? Wie ist "faith" innerhalb der heute unvermeidlich gewordenen Doppelpartizipation an der eigenen Tradition und den anderen Traditionen (durch das Bewußtsein des religiösen Pluralismus) zu artikulieren? Wer ist das Subjekt, und wer oder was ist das Objekt einer "Theologie der Religionen"? Jede Religionstheologie, die von einer bestimmten Theologie aus die anderen religiösen Traditionen beurteile, müsse diese unausweichlich subordinieren. "And by subordinating, ipso facto it misunderstands."[110] Da "faith" als das organisierende Prinzip innerhalb der Theologie jeder Tradition wirke, könne der "faith" einer Gemeinschaft prinzipiell nicht zum Gegenstand der Theologie einer anderen Gemeinschaft werden: "Faith can be theologised only from the inside."[111] Eine "Theologie der Religionen" stehe vor dem Dilemma, daß sie ihren Standort weder innerhalb einer bestimmten Tradition wählen könne, noch außerhalb von ihr.

Die Lösung dieses Problems sieht Smith in der Überwindung der Abgrenzung der verschiedenen Gemeinschaften und ihrer Traditionen, also in dem, worauf nach seiner Meinung die Religionsgeschichte heute hinausläuft: ihre Einheit. In der zu suchenden "Theologie der Religionen" dürften die "Religionen" nicht das Objekt, sondern müßten das Subjekt dieser Theologie sein. Ihr Gegenstand wäre der Glaube aller, ihr Material die gesamte Religionsgeschichte, ihr Ort die Welt-Gemeinschaft.[112] Eine solche Theologie könne dann auch rückwirkend die Religionsgeschichte als eine Einheit erkennen, und, so Smith: "Those who believe in the unity of humankind, and those who believe in the unity of God, should be prepared therefore to discover a unity of humankind's religious history."[113] In diesem Sinne sei dann nicht mehr nur z.B. eine christliche Theologie des Islams ein Widerspruch in sich[114], sondern "christliche Theologie" überhaupt.[115] "Theology is critical intellectualisation of (and for) faith, and of the world as known in faith; and what we seek is a theology that will give intellectual expression to our faith, the faith of all of us, and our modern perception of the world."[116] Die Vielfalt der Traditionen könne dann als eine Vielfalt der

---
[109] Ebd. 101.
[110] Ebd. 109.
[111] Ebd. 111.
[112] Vgl. ebd. 124.
[113] Ebd. 4.
[114] Vgl. ebd. 124f.
[115] Vgl. Smith, Theology and World's Religious History, a.a.O. 70f.
[116] Smith, Towards a World Theology, a.a.O. 125.

Kanäle für Gottes Selbst-Offenbarung verstanden werden. Den einen rettenden und von Gott gewirkten Glauben gebe es nicht in verschiedenen Arten, sondern nur in verschiedenen Formen.[117] In jeder Hinsicht fehle es noch an einer neuen, traditionsübergreifenden Terminologie für diese neue Theologie.[118] Zu allen Zeiten aber und in allen religiösen Traditionen sei jedoch der jeweils aktuelle Kontext prägend für die Artikulation des Glaubens gewesen, und so müsse es auch der gegenwärtige Kontext sein. Das weltweite Kolloquium der Traditionen "side-by-side confronting the world's problems" müsse die neue Theologie hervorbringen.[119]

5.4 Zusammenfassung und Ausblick

Seit den Anfängen der westlichen Buddhismusforschung in der ausgehenden ersten Hälfte des 19. Jahrhunderts spielte der christlich-buddhistische Religionsvergleich eine entscheidende Rolle für die westlich-christliche Buddhismusinterpretation. Bereits in jener Anfangsphase lassen sich unter den vergleichenden Rückbezügen buddhistischer Inhalte auf westliches und christliches Traditionsgut eine mystische und eine atheistisch/nihilistische Interpretationslinie unterscheiden. Die gegen Ende des 19. Jahrhunderts vereinzelt einsetzende hermeneutische Sensibilität westlicher Forscher gegenüber einer eventuellen Inadäquatheit der westlichen Interpretamente hat sich inzwischen als zweifelsfrei berechtigt erwiesen. Die der westlichen religiösen und weltanschaulichen Tradition entlehnten Interpretationskategorien, wie besonders das dichotome Schema von Religion/Philosophie (und in variierender Zuordnung "Metaphysik"), wirkten in ihrer Applikation auf den Buddhismus als Filter, der zu selektiver und verzerrender Wahrnehmung des erschlossenen Materials führte. Dieses bestand hauptsächlich – und das bildete einen großen Fortschritt gegenüber dem westlichen Kenntnisstand vorangegangener Zeiten – aus Texten, deren Bekanntwerden nach dem unsystematischen Zufallsprinzip verlief. Zwar beschränkte sich die Forschung dieser Zeit durchaus nicht ausschließlich auf textliches Material, doch gewann vor allem die lebendige buddhistische Tradition erst langsam an Bedeutung für die Interpretation der buddhistischen Lehren. Auch dort, wo

---

[117] Vgl. ebd. 168ff.
[118] Smith ist sich dabei durchaus selbstkritisch der Traditionsgebundenheit der von ihm verwendeten Befriffe "faith", "God", "theology" usw. bewußt (vgl. ebd. 180ff). Im Anschluß an Smith hat John Hick für eine interreligiös applikable Terminologie vorgeschlagen, "God" durch "the Real" zu ersetzen (wobei sowohl die personale als auch die impersonale Lesart von "the Real" offen zu halten sei) und "faith" durch "the transformation of human existence from self-centeredness to Reality-centeredness" (vgl. J. Hick, Religious Pluralism, in: F. Whaling [ed.], The World's Religious Traditions. Current Perspectives in Religious Studies. Essays in honour of Wilfred Cantwell Smith, Edinburgh 1984, 147-164).
[119] Vgl. Smith, Towards a World Theology, a.a.O. 193f. Smith zieht den Begriff "colloquy" inzwischen dem des "Dialogs" vor, da er letzteren für zu polar hält.

man begann, sie als hermeneutischen Faktor zu berücksichtigen, kam sie selbst jedoch nicht durch ihre eigenen Vertreter zu Wort. Dies änderte sich - wenn auch in sehr begrenztem Ausmaß - durch das Entstehen einer buddhistischen Bewegung im Westen, die jedoch in Europa nicht von der Anwesenheit asiatischer Buddhisten getragen war, sondern sich aus einer kleinen Schar westlicher Konvertiten zusammensetzte. Parallel dazu bildeten sich in der Forschung erste Anzeichen eines Bewußtseins von der hermeneutischen Relevanz der jeweiligen existentiellen Einstellung gegenüber dem Forschungsobjekt heran: dem für die Interpretation wesentlichen Unterschied der Außenperspektive dessen, der nur die Bedeutung des Nirvânas untersuchen will, von der Innenperspektive dessen, der dieses zu erreichen trachtet.

Deutlicher und gezielter wurde der christlich-buddhistische Religionsvergleich zunächst von jener Seitenlinie der westlichen Buddhismusforschung aufgegriffen, die der Frage historischer Zusammenhänge und Abhängigkeiten zwischen beiden Religionen nachging. Diese zunächst sehr heftig und mit z.T. abenteuerlichen Hypothesen durchgeführte Forschungsrichtung erfuhr bald, vor allem unter dem Einfluß der sorgfältigen Untersuchungen R. Garbes, eine deutliche Abkühlung und konnte in ihren Ergebnissen schließlich nur von der Möglichkeit äußerst minimaler wechselseitiger Einflüsse ausgehen, die die zentralen Vorstellungen beider Religionen nicht berühren. Auch ein in jüngster Zeit wieder festzustellendes neues Aufleben dieser Forschungsrichtung hat bislang daran nichts geändert. Der Trend geht einerseits dahin, die historischen Abhängigkeiten noch geringer als zuvor einzuschätzen, und muß andererseits, auch bei der etwa von Amore vorgetragenen Auffassung eines umfangreichen Einflusses, massive inhaltliche Umformungen der vermuteten Entlehnungen, also ein unbeeinflußtes, inhaltlich prägendes Setting, voraussetzen. Letzteres charakterisiert auch die Situation hinsichtlich der Frage eines zumindest indischen Einflusses auf die christliche Mystik. Trotz der relativ größten Wahrscheinlichkeit, die diese Hypothese genießt, verweist sie für den Fall ihrer Bewahrheitung auf die hermeneutische Frage nach dem spezifischen christlichen Kontext, der hier eine eventuelle Übernahme ermöglichte, und nach dem Stellenwert, der dem eventuell fremdstämmigen Gedankengut innerhalb der christlichen Lehre und Tradition zukommt. Die von einer nicht unbeachtlichen Anzahl anscheinender Parallelen in Christentum und Buddhismus hervorgerufene Forschung nach historischen Abhängigkeiten hat nichts erbracht, was als historische Gemeinsamkeit zu einer hermeneutisch tragfähigen Basis hinreichen könnte. Vielmehr belegen auch die weitreichendsten Annahmen (unter den seriösen Forschern) hinsichtlich eventueller Einflüsse, daß diese, z.T. selbst für den Fall ihrer Bewahrheitung, nicht konstitutiv in der Entwicklung der jeweiligen Grundkonzepte wirkten.[120] Ein Vergleich von Christentum und Buddhismus kann daher im Unterschied zum Vergleich etwa der abrahamitischen Re-

---

[120] Dieses Urteil setzt freilich die Unhaltbarkeit von Amores Hypothese eines Einflusses des Avatâr-Schemas auf die Christologie voraus, vgl. oben S. 26f.

ligionen nicht auf einem beiden Religionen gemeinsamen Reservoir an Begriffen und Konzepten aufbauen. Damit erfährt die hermeneutische Problematik eines christlichen Verständnisses der buddhistischen Heilsbotschaft eine erhebliche Verschärfung.

Der eher punktuell an parallelem Material orientierte Vergleich in der Frage nach historischen Abhängigkeiten drängte zu systematisch ausgerichteten, umfassenden Religionsvergleichen. Unter diesen lassen sich, wenn auch nicht immer glatt, zwei Formen unterscheiden: der (offen) apologetische Religionsvergleich, in dem die hermeneutische Zielsetzung des Religionsvergleichs erheblich vom Interesse der Demonstration christlichen Vorrangs gebrochen ist, und der phänomenologische Religionsvergleich, der zumindest methodisch apologetische Zielsetzungen auszuklammern sucht und sich allein dem hermeneutischen Anliegen verpflichtet weiß. Historisch gesehen waren apologetische Vergleiche die ersten der systematisch durchgeführten Religionsvergleiche.

In den (christlich-)apologetischen Religionsvergleichen verschwindet die mystische Interpretationslinie fast völlig zugunsten der hier klar dominierenden atheistisch/nihilistischen. Eine sorgfältige Analyse der apologetischen Religionsvergleiche zeigt, daß die Zielgruppe der Apologeten weniger in der zahlenmäßig geringen Gruppe westlicher Buddhisten zu sehen ist, als vielmehr einerseits in der weitaus größeren Schar der Christentums-kritischen und -unzufriedenen westlichen Intellektuellen, die geneigt waren, in gewissen Punkten buddhistisches Gedankengut christlichem vorzuziehen oder zumindest Sympathie zu bezeugen, deren Buddhismusrezeption selbst also bereits von ihrer Christentumskritik vorgezeichnet war, und andererseits in den dezidiert antichristlichen Bewegungen des 19. Jahrhunderts, zu deren apologetischer Bekämpfung der Buddhismus verzweckt wurde. Aus diesen beiden Zielgruppen leiten sich die Vergleichsmodalitäten her, die gegenüber der ersten Zielgruppe, bei einer gewissen, alles in allem aber eher gering ausfallenden, positiven Würdigung einzelner Züge am Buddhismus, auf die Demonstration christlicher Superiorität abzielen, gegenüber der zweiten Zielgruppe auf die Demonstration glatter Kontraste und Unvereinbarkeiten, versehen mit dem Hinweis auf die schädlichen Folgen der abgelehnten Position. Beide Vergleichsschienen konnten nur dadurch funktionieren, daß das Christentum nicht nur einen Teil des Vergleichspaares bildete, sondern zugleich auch den Raster und die Skala des Vergleichs lieferte. Dies entsprach zwar durchaus dem Selbstverständnis der faktischen Zielgruppen der apologetischen Vergleiche, da diese sich in und aus ihrer Abhängigkeit vom Christentum heraus konstituierten, nicht jedoch der Genese des Buddhismus, die sich ja keineswegs in Frontstellung zum oder Abhängigkeit vom Christentum vollzogen hatte. Die aus westlicher Religionsphilosophie allgemein und dem christlichen Reservoir im besonderen entlehnten Kategorien produzierten in ihrer Applikation auf den Buddhismus, vereint mit dem apologetischen Interesse, eine ganze Reihe von verzerrenden Vorwürfen, die bis heute vielfach das westlich-christliche Buddhismusbild prägen: Atheismus,

Materialismus, Pessimismus, Nihilismus, Selbsterlösung, Heilsindividualismus, Passivismus und Kulturfeindlichkeit. Im Zuge der Verbreitung christlicher Apologetik haben einzelne Aspekte dieses Bildes inzwischen auch Eingang in das Selbstverständnis der buddhistischen Gegenapologetik gefunden. Dieser Umstand verlangt nach einem hermeneutischen Neuansatz, der bei dem buddhistischen Selbstverständnis vor seiner ersten westlichen Deutung ansetzt.

Zum zentralen Ausgangspunkt der apologetischen Religionsvergleiche und zum hermeneutisch ausschlaggebenden Faktor ihrer Buddhismusinterpretation wurde die Gottesidee, bzw. deren als Atheismus gedeutetes Fehlen im Buddhismus, dem die Apologeten die gleiche konstitutive Bedeutung für den Sinnzusammenhang der buddhistischen Lehren unterstellten, wie ihrem Vorhandensein im Christentum. Wo sich das vorgefundene buddhistische Material einer Einordnung in die westlich-christlichen Kategorien sperrte, wurde dies als Inkonsequenz des Buddhimus verstanden. Weitgehend verbreitet hat sich inzwischen die in diesem Zusammenhang geläufige Interpretationslinie, den Mahâyâna-Buddhismus vor allem von seinen als Gegensätzen gedeuteten Unterschieden zum älteren Buddhismus her zu interpretieren, und ihn so als Gegenargument gegen die buddhistischen Grundlehren einzusetzen. Eine kritische Reflexion auf die Adäquatheit der angewandten Interpretamente läßt sich bei den Apologeten nur in jenen spärlichen Fällen feststellen, wo man es mit buddhistischer Christentumsinterpretation zu tun bekam. Hier aber gerät die Methodik des apologetischen Religionsvergleichs an ihr logisches Ende, da sich die Interpretation und Beurteilung des verglichenen Materials als völlig von dem der eigenen bekenntnismäßigen Option entnommenen Vergleichsraster abhängig erweist. Daraus entsteht sachlich die für eine Hermeneutik des christlichen Verständnisses der buddhistischen Heilsbotschaft zentrale Frage, ob dieses nicht eine Unmöglichkeit in sich bildet, m.a.W. ob nicht jede von einer religiösen Option geleitete Heterointerpretation einer anders gearteten Autointerpretation notwendig zu einer diese verzerrenden Kategorienübertragung und Subsumption unter den eigenen Sinnzusammenhang führen muß.

Von dieser Annahme geleitet, beanspruchen die phänomenologischen Religionsvergleiche durch Ausklammern des eigenen weltanschaulichen Standpunktes und den Ausschluß der Wert- und Wahrheitsfrage, also durch Objektivität und Neutralität (beides zusammengefaßt im Konzept der Epoche), das Monopol auf wissenschaftlich korrektes Verstehen fremder Religionen. In den phänomenologischen Religionsvergleichen dient der Vergleich nicht nur als hermeneutisches Mittel zum Verstehen fremder Religionen, sondern gleichzeitig auch als Mittel zur Erfassung des allgemeinen Wesens von Religion. Die Festlegung einer den zu vergleichenden Religionen gemeinsamen Vergleichsgrundlage ist dabei von dem hypothetisch vorausgesetzten Religionsbegriff überlagert, der die Vergleichsperspektive bestimmt. Wie die konkrete Analyse zeigte, gewinnen mittels dieser Funktion des Religionsbegriffs auch hier die vertrauten Interpretamente die Oberhand. Durch die Doppelfunktion des Vergleichs wird der Einfluß jener subjektiven

Interpretamente verdeckt, deren Wirksamkeit auch durch die Epoche offensichtlich nicht verhindert werden kann. Die gravierenden Unterschiede im Buddhismusbild der hier untersuchten Religionsvergleiche korrelieren vielmehr exakt mit dem, was durch die Epoche eigentlich ausgeschlossen sein sollte. Bei dem Großteil der westlichen Autoren zeigte sich, daß in ihren Vergleichen, wie auch in denen der christlichen Apologeten, der Gottesbegriff, nun mehr oder weniger hinter dem Religionsbegriff versteckt, ebenfalls interpretationsleitend blieb und zu den gleichen, nur leicht gemilderten, Beurteilungen führte, wie sie sich in den apologetischen Religionsvergleichen entwickelten. Zwar gewinnt in den phänomenologischen Religionsvergleichen der westlichen Autoren die mystische Interpretationslinie wieder an Bedeutung, dennoch wird der Sinnzusammenhang buddhistischer Lehren nicht genuin, sondern von dem her verstanden, was ihm an christlichen Konzeptionen zu fehlen scheint. Die in den apologetischen Religionsvergleichen ignorierte hermeneutische Problematik, daß der Vergleich von Christentum und Buddhismus aufgrund der historischen Gegebenheiten nicht auf einem Reservoir an gemeinsamen Konzeptionen aufbauen kann, wird de facto auch in den phänomenologischen Vergleichen übergangen, da sie auf einem Religionsbegriff fußen, der ebenfalls keiner historisch gemeinsamen Wurzel entnommen sein kann, sondern in seiner hypothetischen – und gerade darin den Vergleich leitenden – Anwendung, entweder der einen oder der anderen Tradition entlehnt ist, woran auch die zwecks religionsübergreifender Brauchbarkeit vorgenommenen Modifikationen nichts zu ändern vermögen, sondern im Gegenteil gerade so die fremde Religion von der Struktur der bekannten her interpretiert wird.

Wirksamer als die Epoche erweist sich hinsichtlich der Aufdeckung hermeneutischer Engführungen in den phänomenologischen Vergleichen deren Anspruch auf intersubjektive Gültigkeit ihrer Ergebnisse. Der Vergleich der Vergleiche enthüllt den Einfluß des weltanschaulichen und kulturellen Hintergrundes der Autoren auf ihre Ergebnisse. Die daraus resultierende Freilegung der Standpunktgebundenheit aller religionswissenschaftlichen Forschung wirft die Frage auf, ob das Konzept der Epoche noch länger sinnvoll ist, bzw. ob nicht die Forderung der "Objektivität" auf die Forderung nach "reflektierter Subjektivität" zu reduzieren wäre, die zur Kontrolle ihrer Ergebnisse bewußt auf die dialogische Korrektur setzt. Damit wäre zugleich der hermeneutischen Forderung nach "Methexis" besser zu entsprechen, indem der jeweiligen Konfrontation des eigenen Verständnishintergrundes durch die Botschaft der anderen Religion und ihrer Vertreter auch methodisch Rechnung getragen werden kann.

Ein solches Konzept, das die existentielle Betroffenheit zum hermeneutischen Angelpunkt religionswissenschaftlicher Forschung erhebt, hat in jüngster Zeit J. Cahill vorgelegt. Mit der Kritik der Epoche wird zugleich die prinzipielle Abgrenzung des religionswissenschaftlichen Zugangs zu fremden Religionen vom theologischen hinfällig. Die von der Religionsbegegnung und der Aufwertung des dialogischen Prinzips innerhalb der Religionswissenschaft ausgelöste Kritik der Epoche und die davon untrennbare

Frage des Verhältnisses der Religionswissenschaft zur Theologie haben seit dem Zweiten Weltkrieg anhaltend die Grundlagendebatte in der Religionswissenschaft bestimmt. Die Herausforderung an den eigenen Standpunkt, die in der dialogischen Religionsbegegnung sowohl für den (sich seiner Standpunktgebundenheit bewußten) Religionswissenschaftler als auch für den Theologen ergeht, hat die Frage verschärft, ob die vergleichende Religionswissenschaft einen Beitrag zur religiösen Bewältigung des religiösen Pluralismus zu leisten habe und wenn ja welchen. In dieser vor allem von W. C. Smith aufgegriffenen Problematik kehrt erneut das Problem der Innen- und Außenperspektive für die Interpretation der Religionen und die Frage unvermeidlicher Verzerrungen durch Subsumption des Fremden unter die eigenen Interpretamente wieder.

Ergab die Diskussion der apologetischen Religionsvergleiche, daß solche Verzerrungen hier geradezu typisch und vorprogrammiert sind, und zeigte die Diskussion der phänomenologischen Vergleiche, daß durch die Doppelfunktion des Vergleichs und die perspektiveleitende Funktion des Religionsbegriffs die gleichen Verzerrungen auftreten und von der Epoche nicht verhindert werden können, so stellt sich nun die Frage, inwieweit die an die Stelle des monologischen Religionsvergleichs tretende dialogische Haltung innerhalb der Religionsbegegnung in der Lage ist, jene Verzerrungen zu verhindern, oder ob nicht auch sie letztlich an den religiös bestimmten Ausgangsoptionen scheitern muß, sofern diese sich als inkompatibel erweisen. Im christlich-buddhistischen Dialog kann es für eine Ausschaltung der eigenen Option, für eine Epoche, keinen Platz geben, da dieser sonst kein Dialog mehr wäre.[121] Damit ist aber auf christlicher Seite die hermeneutische Tragweite und Flexibilität des christlichen Glaubens in Frage gestellt. Muß er prinzipiell ein Verständnis anderer Religionen ausschließen, das deren Selbstverständnis entspricht (wozu im Dialog ja die Bestätigung direkt erfolgen kann)? Oder gibt es eine Verstehensbasis, die das buddhistische Selbstverständnis zu erschließen vermag und zugleich theologische Relevanz besitzt? Im nächsten Kapitel wird daher zu prüfen sein, ob und wenn ja welche Veränderungen hinsichtlich eines christlichen Verständnisses der buddhistischen Heilsbotschaft, die ja in den christlich-buddhistischen Religionsvergleichen auf Seiten der Mehrzahl der westlichen Autoren eher als Unheilsbotschaft empfunden und dargestellt wurde, sich innerhalb des christlich-buddhistischen Dialogs bislang ergeben haben, und von welchen Ansätzen auf christlicher Seite hier die Buddhismusinterpretation geleitet ist.

---

[121] Meines Wissens hat auch nie ein Theologe für den interreligiösen Dialog eine vollständige Epoche gefordert. Doch gab es vorübergehende Tendenzen, der Epoche im interreligiösen Dialog aus hermeneutischen Gründen eine gewisse vorläufige Stellung einzuräumen. M. E. können solche Vorschläge aufgrund der oben vorgestellten Kritik der Epoche jedoch nicht als sinnvoll erachtet werden (vgl. dazu etwa die Beiträge von C. M. Rogers und R. W. Taylor in: H. J. Singh [Hg], Inter-Religious Dialogue, Bangalore 1967, und die darauf bezogene Kritik in R. Panikkar, The internal dialogue... a.a.O.).

II. KAPITEL

CHRISTLICH—BUDDHISTISCHER DIALOG

1. HERMENEUTISCHE ASPEKTE DER THEOLOGISCHEN BEGRÜNDUNGSFELDER DES INTERRELIGIÖSEN DIALOGS

Über den Sinn des interreligiösen Dialogs ist in den vergangenen Jahrzehnten viel und z.T. heftig diskutiert worden. Dabei sind jedoch die hermeneutischen Aspekte der in dieser Debatte zutage geförderten theologischen Begründungsfelder des interreligiösen Dialogs bislang nur wenig bedacht worden. Das den Dialog auf christlicher Seite leitende Interesse ist freilich nicht ohne Auswirkungen auf die Problematik interreligiöser Hermeneutik. Bevor ich im folgenden eine Reihe von im Dialog gewonnen christlichen Interpretationsansätzen der buddhistischen Heilsbotschaft auf die hermeneutische Problematik hin untersuchen werde, soll daher zunächst anhand offizieller Dokumente aus der ökumenischen Bewegung und der römisch-katholischen Kirche in einem kurzen Abriß auf die zentralen *theologischen Begründungsfelder* des interreligiösen Dialogs und die sich in ihnen abzeichnende *hermeneutische Problematik* eingegangen werden.[1] Im weiteren Verlauf dieser Untersuchung werden sie immer wieder im Hintergrund der Frage nach einem hermeneutischen Ansatz stehen, der sowohl dem buddhistischen Selbstverständnis Rechnung zu tragen vermag, als auch für das theologische Interesse fruchtbar gemacht werden kann.

1.1 Der interreligöse Dialog und seine säkulare Notwendigkeit

Vor dem II. Weltkrieg wurden die nichtchristlichen Religionen theologisch hauptsächlich unter evangelistischer Perspektive anvisiert, und Fragen nach der grundsätzlichen wie konkreten Möglichkeit missionarischer Anknüpfungsmöglichkeiten standen im Vordergrund der Diskussion. Doch bereits auf der Weltmissionskonferenz von Tambaram (1938) wurde angesichts der drohenden Schatten, die der Krieg vorauswarf, eine Zusammenarbeit der Kirchen mit den Angehörigen nichtchristlicher Religionen an sozialen Aufgaben und ein gemeinsames Engagement gegen wirtschaftliche Ausbeutung, soziale Ungerechtigkeit, Rassendiskriminierung und Krieg gefordert.[2] In den fünfziger Jahren lenkten die Weltmissionskonferenzen von Willingen (1952), Achi-

---

[1] Für einen phasenmäßig strukturierten Überblick über die Entwicklung der ökumenischen Diskussion des interreligiösen Dialogs vgl.: P. Schmidt-Leukel, Die Suche nach einer Hermeneutik interreligiösen Dialogs: Phasen der ökumenischen Diskussion, in: Una Sancta 43 (1988) 178-188.

[2] Vgl. The Authority of Faith. Tambaram Madras Series, vol. 1 (IMC), London 1939, 214f.

mota/Ghana (1958) und die Vollversammlung des ÖRK in Evanston (1954) die Aufmerksamkeit auf die Erneuerungsbewegungen in vielen traditionellen nichtchristlichen Religionen und ihren häufig stark nationalistisch bzw. antikolonialistisch geprägten Charakter. Die national/religiös getönten Unabhängigkeitsbestrebungen bedeuteten nicht nur eine Erschwernis und Bedrohung der christlichen Missionsarbeit, sondern implizierten auch die existentielle Anfrage an die Solidarität der Christen im Ringen um die nationale und kulturelle Identität der jungen Staaten. Aus dieser Situation erwuchs der Ruf nach interreligiösem Dialog auf der Basis einer grundlegenden Solidarität zwischen Christen und Nichtchristen mit der primären Zielsetzung der Zusammenarbeit an säkularen Problemen.[3]

Die säkularen Probleme, die nach interreligiösem Dialog und Zusammenarbeit verlangten, wurden jedoch nicht nur in nationaler Begrenzung wahrgenommen. So konstatierte man bereits auf der Vollversammlung des ÖRK in Neu-Delhi (1961) im Bericht der Sektion "Zeugnis" neben der "Herausforderung" durch "das vom Nationalismus angeregte Wiedererwachen alter nichtchristlicher Religionen"[4] auch, daß "die ganze Welt zum erstenmal in der Geschichte in eine wechselseitige Abhängigkeit getreten (ist), in der die Völker aller Länder entweder ihre Lebensfragen gemeinsam im Frieden lösen oder gemeinsam untergehen müssen."[5] Diese Situation erfordere im Hinblick auf die Angehörigen nichtchristlicher Religionen "ein wagemutiges Voranschreiten zu neuen Formen der Beziehungen in der menschlichen Gesellschaft mit entsprechenden neuen Wegen der Begegnung und des Verstehens"[6] auf der Basis einer christologisch begründeten Solidarität mit allen Menschen.[7] Der Dialog wird als die der Gegenwartssituation angemessene Form der Verkündigung benannt.[8] Zwei Jahre später, auf der Weltmissionskonferenz von Mexiko (1963), rückte der interreligiöse Dialog bereits in den Mittelpunkt des Berichts der Sektion I "Das Zeugnis des Christen gegenüber Menschen anderer Religionen". Der Christ werde, so heißt es hier, in dem Bewußtsein, daß sein Mitmensch ihm Bruder ist, für den Christus starb, "jedes Interesse und jedes Anliegen, die er mit ihm gemeinsam hat, als etwas begrüßen, durch das er mit ihm in wirkliche Gemeinschaft eintreten kann, indem er sein Leben als Mitbetroffener in der Gemeinschaft lebt, deren Teil er ist."[9]

---

3   Vgl. dazu z.B. die Bestandsaufnahme der ökumenischen Studie "The Word of God and the Living Faiths of Men" in Nagpur/Indien (1961), abgedruckt in H. J. Margull (Hg), Zur Sendung der Kirche. Material aus der ökumenischen Bewegung, München 1963, 271-280.
4   F. Lüpsen (Hg), Neu Delhi Dokumente, Witten 1962, 31.
5   Ebd. 25.
6   Ebd. 26.
7   Vgl. ebd. 28.
8   Vgl. ebd. 32.
9   Th. Müller-Krüger (Hg), In sechs Kontinenten. Dokumente der Weltmissionskonferenz Mexico 1963, Stuttgart 1964, 151.

Die Erklärung des II. Vatikanischen Konzils über das Verhältnis der Kirche zu den nichtchristlichen Religionen "Nostra Aetate" markiert ebenfalls durch den dort gewählten Einstieg den säkularen Begründungszusammenhang der dialogischen Öffnung: "In unserer Zeit, da sich das Menschengeschlecht von Tag zu Tag enger zusammenschließt und die Beziehungen unter den verschiedenen Völkern sich mehren, erwägt die Kirche mit um so größerer Aufmerksamkeit, in welchem Verhältnis sie zu den nichtchristlichen Religionen steht. Gemäß ihrer Aufgabe, Einheit und Liebe unter den Menschen zu fördern, faßt sie vor allem das ins Auge, was den Menschen gemeinsam ist und sie zur Gemeinschaft untereinander führt."[10] Auch hier wird in Nr. 5 die allgemeine Solidarität der Menschen betont und die Kirche in Nr. 2 zu interreligiösem Gespräch und Zusammenarbeit aufgerufen.

Die im Anschluß an das Konzil vom ÖRK einberufene Konsultation von Kandy (1967), zu der erstmals auch orthodoxe und röm.-kath. Teilnehmer eingeladen wurden, faßte nochmals die säkular orientierten Begründungen des interreligiösen Dialogs zusammen: die Solidarität aller Menschen als seine wesentliche Basis, seine Notwendigkeit angesichts der von den gemeinsamen Aufgaben und Hoffnungen bestimmten Zeitsituation, der häufig als Auslöser des Dialogs wirkende nationale Aufbau in Entwicklungsländern.[11]

1970 vollzog der ÖRK mit dem Dialog-Treffen von Ajaltoun/Libanon den offiziellen Einstieg in den interreligiösen Dialog[12], was in der Folgezeit die mit der säkularen Begründung gegebenen Probleme deutlicher werden ließ. In Ajaltoun wurde das Bewußtsein der gemeinsamen Verantwortung gegenüber den sozialen und politischen Aufgaben als entscheidender Anlaß für den Dialog bekräftigt, aber auch auf "Unvereinbarkeiten im Verständnis der Welt und der Stellung des Menschen in der Welt"[13] hingewiesen. Darin, wie auch in den Einzelerklärungen der in Ajaltoun vertretenen religiösen Gruppen, deutete sich bereits an, daß nicht ohne weiteres von einer allein durch die säkularen Probleme vorgegebenen interreligiös gemeinsamen Grundlage ausgegangen werden kann, sondern die hierzu erforderliche Gemeinsamkeit in Verständnis und Beurteilung dieser Probleme erst im Dialog eruiert bzw. geschaffen werden muß. Bei der zwei Monate später in Zürich durchgeführten Konsultation zur Auswertung des Dialogs von Ajaltoun nahm man denn auch erstmals deutlicher wahr, daß die sich im Dialog begegnenden Weltreligionen je eigene Vorstellungen von Gemeinschaft und Formen des Gemeinschaftslebens entwickelt haben, die es im Dialog miteinander zu vermitteln

---

[10] NA 1, zitiert nach: K. Rahner/H. Vorgrimmler (Hg), Kleines Konzilskompendium, Freiburg i. Br.[13] 1979, 355.
[11] Vgl. "Christen im Dialog mit Menschen anderen Glaubens", in: Ökumenische Diskussionen Bd. III (1967) 61-65.
[12] Vgl. dazu S. J. Samartha (Hg), Dialogue Between Men of Living Faith, Genf 1971 und die leicht abweichende deutsche Ausgabe: H. J. Margull/S. J. Samartha (Hg), Dialog mit anderen Religionen. Material aus der ökumenischen Bewegung, Frankfurt a. M. 1972.
[13] Margull/Samartha (Hg), Dialog mit anderen Religionen... a.a.O. 18.

gilt - ein Prozeß, der eventuell nicht ohne Veränderungen auf allen Seiten vor sich gehen könne.[14]

Die Weltmissionskonferenz von Bangkok (1973) griff diese Sichtweise auf und formulierte im Bericht der Sektion I: "Mit zunehmender Interdependenz der Völker wird das Bedürfnis nach einer weltweiten Gemeinschaft offenkundig... Unter diesem Gesichtspunkt sind alle herausgefordert, die universelle Bedeutung ihrer Religion neu zu verstehen."[15] Wege zur und Möglichkeiten von Weltgemeinschaft sollten selbst Thema des interreligiösen Dialogs sein. Dieser Forderung von Bangkok wurde ein Jahr später mit der vom ÖRK einberufenen interreligiösen Konsultation von Colombo (1974) zu dem Thema "Towards World Community" Rechnung getragen.[16] In Colombo unterschied man zwischen "Weltgemeinschaft" als einer faktisch bereits gegebenen Realität weltweiter Interdependenz und "Weltgemeinschaft" als einem qualitativen Ideal. Im Verlauf des Dialogs zeigte sich nun unübersehbar deutlich, daß zwar jede Religion ihre eigenen Vorstellungen von der idealen Gestalt dieser Weltgemeinschaft besitzt und in ihrer eigenen Gemeinschaft das Modell dazu erblickt, daß aber diese universalen Ansprüche nur schwer miteinander zu vermitteln sind, ja selber ein Moment bilden, das der Verwirklichung positiv gefaßter Weltgemeinschaft eher hinderlich sein könnte. Da synkretistische oder relativistische Gleichmacherei nicht akzeptabel und somit auch dem erstrebten Ziel nicht dienlich seien, benannte man als gemeinsame Aufgabe: "a critical and self-critical assessment of our religious traditions, so as to bring into full light what in them is conductive to the achievement of community beyond the frame of particular grouping, without minimizing the beliefs, doctrines and rites which establish the peculiarity of each tradition... A common way must be found, while honouring the absolute claims of each concerning the world order".[17] Im weiteren interreligiösen Dialog müßten die jeweiligen Vorstellungen der Religionen von Existenz, Freiheit und Gemeinschaft, ihr Menschenbild und ihre Grundwerte erforscht werden, um zu sehen, inwieweit sie interreligiös akzeptabel seien.[18] Da eine interreligiös tragfähige doktrinäre Grundlage derzeit nicht bestehe, sah man im interreligiösen Dialog an sich die vorerst wichtigste Quelle für die zu erstrebende Weltgemeinschaft.[19]

---

[14] Vgl. dazu das Aidé-memoire von Zürich in: Margull/Samartha (Hg), Dialog mit anderen Religionen... a.a.O. 32-42.
[15] Ph. A. Potter (Hg), Das Heil der Welt heute. Ende oder Beginn der Weltmission? Dokumente der Weltmissionskonferenz Bangkok 1973, Stuttgart 1973, 188.
[16] Das Memorandum und einige Referate der Konsultation von Colombo sind abgedruckt in S. J. Samartha (Hg), Towards World Community. The Colombo Papers, Genf 1975. Vgl. auch die Beurteilung Margulls in: H. J. Margull, Der Dialog von Colombo, in: Ökumenische Rundschau 23 (1974) 225-234.
[17] Samartha, Towards World Community... a.a.O. 121.
[18] Vgl. ebd. 122.
[19] Vgl. ebd. 123f.

Auf der Vollversammlung des ÖRK in Nairobi (1975), ein Jahr nach dem Dialog von Colombo, war die Sektion III dem Thema "Auf der Suche nach Gemeinschaft. Das gemeinsame Streben der Menschen verschiedenen Glaubens, verschiedener Kulturen und Ideologien" gewidmet.[20] Im Bericht der Sektion fanden die Einsichten von Colombo einen deutlichen Niederschlag. In Nr. 16 wird als offene Frage benannt, ob es eine religionsübergreifend gemeinsame Grundlage für das Streben nach Gemeinschaft gebe und in Nr. 20, wie in Colombo, der Dialog selbst als die entscheidende Hilfe in der Suche nach Gemeinschaft ausgewiesen. Aus diesen beiden von Colombo übernommenen Prämissen folgert der Bericht, daß der interreligiöse Dialog in Zukunft eine differenziertere Form annehmen müsse:

"Wir sollten nicht allgemein über Religionen sprechen, sondern auf die Eigenart jeder einzelnen Religion eingehen. Wir können nicht sagen, daß alle Religionen auf dieselben Ziele gerichtet wären, dieselbe Wahrheit bezeugten oder daß alles in jeder Religion schlechthin gut wäre." (Nr. 18,a)[21]

"Der Dialog verläuft auch je nach Wesen des Partners sehr unterschiedlich. So besteht eine besondere Beziehung zwischen Christentum und Judentum. Die drei westasiatischen Religionen, Judentum, Christentum und Islam sind historisch verwandt und weisen auch theologische Beziehungen auf. Die Beziehungen zwischen dem Christentum und den ostasiatischen Religionen hingegen sehen historisch ganz anders aus. Und die traditionellen Religionen Afrikas und anderer Gebiete haben wieder andere Beziehungen zum Christentum." (Nr. 21,b)[22]

Diese wichtigen und hilfreichen Erkenntnisse wurden jedoch überdeckt von der heftigen Kontroverse, die sich in Nairobi über das Dialogprogramm des ÖRK als solches ereignet hatte.[23] Vor allem von evangelikaler Seite wurden dem Dialogprogramm im ganzen und dem Entwurf des Sektionsbericht im besonderen synkretistische Tendenzen, Aushöhlung der Mission und Verkürzung des Evangeliums um das "Skandalon" vorgeworfen. Als Ergebnis der Kontroverse nahm man am Sektionsbericht leichte Änderungen und Einschübe vor und stellte ihm eine Präambel voran. In der Präambel aber artikuliert sich eine grundsätzlich andere Ausrichtung. Begann der ursprüngliche Bericht mit dem Satz: "Das christliche Evangelium schafft Gemeinschaft und hat dies schon immer getan"[24] (nun Nr. 6), so heißt es in Nr. 1 der Präambel: "Wir glauben jedoch nicht, daß es jemals eine Zeit geben wird, in der die Spannungen zwischen dem Glauben an Jesus Christus und dem Unglau-

---

[20] Vgl. den Sektionsbericht in: H. Krüger/W. Müller-Römheld (Hg), Bericht aus Nairobi 1975, Frankfurt a. M. 1976, 42-56.
[21] Ebd. 46.
[22] Ebd. 47.
[23] Zu dieser Kontroverse vgl.: H. J. Margull, Die beschränkte Suche nach Gemeinschaft, in: Ökumenische Rundschau 25 (1976) 194-202; P. Beyerhaus/U. Betz (Hg), Ökumene im Spiegel von Nairobi '75, Bad Liebenzell 1976; S. J. Samartha, Courage for Dialogue: An Interpretation of the Nairobi Debate, in: Ders., Courage for Dialogue, Genf 1981, 49-61.
[24] H. Krüger/W. Müller-Römheld (Hg), Bericht aus Nairobi 1975, a.a.O. 43.

ben gelöst sein werden. Dies ist die Spannung, die Kirche und Welt trennt."[25]

1977 organisierte der ÖRK in Chiang Mai eine Konsultation, deren Hauptzweck darin bestand, die Kontroversen von Nairobi zu überwinden. Die von Chiang Mai hinterlassene Erklärung "Dialog in der Gemeinschaft"[26] wurde später zur Basis der 1979 verabschiedeten "Guidelines on Dialogue".[27] In Chiang Mai versuchte man im Hinblick auf das beibehaltene Ziel der "Weltgemeinschaft", "...Gemeinschaften und Gemeinschaft der Menschheit zwar im Licht eines grundlegend christlichen Bekenntnisses zu beschreiben, jedoch in einer Form, die auch von vielen Anhängern anderer Religionen und Ideologien verstanden und sogar akzeptiert werden kann."[28] Dazu wählte man eine soziologische bzw. sozialpsychologische Betrachtungsweise, die von der Grundspannung zwischen der identitätsstiftenden und der abgrenzenden Funktion von Gemeinschaften ausgeht. Angesichts des gegenwärtigen Pluralismus erblickte man einerseits die Gefahren der Identitätsdiffussion und andererseits der den Frieden bedrohenden zu starken Abgrenzungen. Um beiden Gefahren wehren zu können und dabei die Extreme der Isolation wie der totalen Uniformität zu vermeiden, schlug man das Konzept einer "Gemeinschaft der Gemeinschaften" vor.[29] Der Dialog wird sodann als der geeignete Weg zur Verwirklichung dieses Konzepts vorgestellt.[30]

Man ist also in Chiang Mai letzlich nicht über das hinausgekommen, was bereits die Option von Colombo war. Die säkularen Probleme drängen nach interreligiösem Dialog und begründen so seine Notwendigkeit. Es kann jedoch nicht davon ausgegangen werden, daß sie eine hinreichende Grundlage des Dialogs darstellen, da jede Religion offensichtlich ihre je eigene spezifische Sicht dieser Probleme besitzt, die von anderen Faktoren hergeleitet, bzw. von ihrem jeweiligen Selbstverständnis bestimmt ist. Will man über den Dialog zu einer interreligiösen Zusammenarbeit an den drängenden sozialen, ökonomischen und politischen Gegenwartsproblemen gelangen, so stellen sich unvermeidlich Fragen wie diese: Wird das, was in einer Religion als Problem empfunden wird, auch von einer anderen Religion so beurteilt? Kann es gemeinsame Lösungsstrategien geben? Was sind die jeweiligen Zielvorstellungen? Und letztlich: Was sind die entsprechenden Leitbegriffe, von denen die Beantwortung dieser Fragen in der jeweiligen Religion bestimmt ist. Hans Waldenfels hat daher darauf hingewiesen, daß die "gesellschaftlich-politische" Ebene der interreligiösen Begegnung nicht von den weitergehenden Ebenen der intellektuellen, theologischen und spirituellen Auseinanderset-

---

[25] Ebd. 42.
[26] Der deutsche Text findet sich in: M. Mildenberger, Denkpause im Dialog. Perspektiven der Begegnung mit anderen Religionen und Ideologien, Frankfurt a.M. 1978, 45-82.
[27] Guidelines on Dialogue with People of Living Faiths and Ideologies, Genf 1979.
[28] M. Mildenberger, Denkpause... a.a.O. 50.
[29] Vgl. ebd. 49-53.
[30] Vgl. ebd. 56f.

zung getrennt werden kann: "Auf der gesellschaftlich-politischen Ebene begegnen sich die Religionen in ihren Vertretern, um sich den gesellschaftlichen Herausforderungen der Zeit zu stellen... Entsprechend stellt sich die Frage nach dem je eigenen religiösen Verständnis von Frieden, Gerechtigkeit und Freiheit, Welt, Mensch und Menschheit, Geschichte, ihrem Anfang und ihrer Erfüllung erst, wo nach der Begründung und Motivation des praktischen Welteinsatzes gefragt wird."[31] So verweist die Begründung des Dialogs aus seiner säkularen Notwendigkeit unmittelbar auf die hermeneutische Problematik zurück: Ist es überhaupt möglich – und wenn ja wie – vom Standpunkt einer Religion aus, das zu verstehen, was die Sichtweise einer anderen Religion zentral bestimmt? Erst nach der Klärung dieser Frage aber ist es möglich zu entscheiden, welche Vorstellungen welcher Religionen sich positiv miteinander verbinden lassen.

Die Vorstellungen der Religionen von der Welt und der Form des Engagements in ihr sind Teil ihres soteriologischen Selbstverständnisses und des von ihnen jeweils verantworteten Anspruchs an die Gestaltung der Existenz. Daher ist die säkular orientierte Begründung des interreligiösen Dialogs eng verknüpft mit einem weiteren Begründungsfeld: der aus dem Missionsauftrag hergeleiteten Notwendigkeit des Dialogs.

---

[31] H. Waldenfels, Buddhismus und Christentum im Gespräch. Anmerkungen zu den geistigen Voraussetzungen, in: Internationale Katholische Zeitschrift "Communio" 17 (1988) 317-326, hier 317f.

1.2 Der interreligiöse Dialog und die Missionen

Die Loyalitätskrise, in die die Christen der jungen Kirchen durch die nicht seltene Verquickung der nationalen Unabhängigkeitsbewegungen mit den religiösen Erneuerungsbewegungen gestürzt wurden, gebar den Wunsch nach Dialog nicht nur, um abklären zu können, welche Werte der neuen Staaten auch von den Christen getragen werden könnten, sondern auch, um den Verdacht abzuwehren, "Fünfte Kolonne" der alten Kolonialherren zu sein. Der häufig als identitätsbedrohend angesehenen Proselytenwerbung zur Religion der verhaßten Kolonialherren versuchten Christen im Dialog und durch diesen ein alternatives Bild vom eigentlichen Charakter christlicher Verkündigung entgegenzusetzen. Eine beeindruckende Beschreibung dieser Situation gab der methodistische ceylonesische Geistliche und langjährige Leiter des ökumenischen Studienzentrums von Colombo, Lynn de Silva[1], auf der Vollversammlung von Nairobi: "Dialog ist für uns in Asien dringend und wesentlich, weil wir damit die Arroganz, die Aggression und das Negative unserer evangelistischen Kreuzzüge zurückweisen, die das Evangelium verdunkelt und das Christentum als eine aggressive und militante Religion karikiert haben. Als Ergebnis davon erscheint Jesus Christus in den Augen Menschen anderen Glaubens als ein religiöser Julius Cäsar... Vielfach ist das Christentum zurückgewiesen worden, weil es andere Religionen abgelehnt hat. Wenn wir nicht bereit sind, auf Andersgläubige zu hören, dann werden sie auch nicht auf uns hören. In einer solchen Situation ist eine wirkliche Verkündigung des Evangeliums nicht möglich. Dialog ist deshalb wesentlich, um Mißverständnisse und Vorurteile der Vergangenheit zu zerstreuen, die unsere ablehnende Haltung gegenüber anderen Glaubensrichtungen geschaffen hat. Dialog soll eine gesunde Atmosphäre entstehen lassen, in der wir geben und empfangen, hören und verkündigen können. Vor allem ist Dialog für uns wesentlich, um das asiatische Gesicht Christi als leidender Knecht zu entdecken. Damit wird die Kirche selbst von ihrem institutionellen Egoismus befreit und kann die Rolle eines Dieners beim Aufbau der Gemeinschaft spielen – Gemeinschaft der Liebe oder Reich Gottes."[2] An diesen Ausführungen de Silvas sind drei Züge hervorzuheben, denen ein paradigmatischer Charakter für die Begründung des Dialogs im Kontext der Mission zukommt: 1. unter "Dialog" wird die klare Absage an ältere, aggressive und militante, Missionsformen verstanden, die nichtchristlichen Religionen nur negativ gegenüberstanden; 2. der Dialog ist von *Wechselseitigkeit* gekennzeichnet und schafft allein dadurch den Rahmen für authentische Evangeliumsverkündigung; 3. der Dialog ist eingegliedert in das Streben nach interreligiöser Gemeinschaft.

Als neue Weise missionarischer Verkündigung wurde der Dialog auch in Neu Delhi begriffen: "Heute muß die Aufgabe der missionarischen Verkündigung unter neuen Verhältnissen und darum auf neue Weise erfüllt werden. In jedem Land ist die Kirche sich dessen bewußt, daß neue Verhältnisse auch

---

[1] Zu de Silvas Dialogansatz vgl. unten S. 185-202.
[2] H. Krüger/W. Müller-Römheld, Bericht aus Nairobi... a.a.O. 41.

neue Strategie und neue Methoden erfordern..."³ "Der Dialog ist eine Form der missionarischen Verkündigung, die sich heute oftmals als wirksam erweist."⁴ In Mexico bemühte man man sich um eine Präzisierung. Hier erscheint der Begriff des "Zeugnisses" als die umfassende Kategorie. Die öffentliche Verkündigung des Evangeliums, die vom Geist des Dialogs geprägt sein solle, wird neben den evangeliumsgemäßen "Taten" als wesentlicher *Teil* des "Zeugnisses" verstanden.⁵ Ob auch der Dialog als eigenständiger Teil des Zeugnisses gesehen wird oder seine prägende Metakategorie ist, wird jedoch nicht ganz klar. Betont wird am Dialog seine Wechselseitigkeit. Der Dialog wird mit Menschen anderen Glaubens geführt, die nicht losgelöst von derjenigen Religion und Gemeinschaft gesehen werden dürften, die ihr Denken und Handeln präge. "Ein Dialog kann deshalb nicht ohne eine Konfrontation mit dem gesamten religiösen System des Gesprächspartners durchgeführt werden."⁶ Im Dialog solle der Christ offen seinen Glauben bezeugen, aber auch "deutlich machen, daß er von seinem Freund erwartet und ihn bittet, mit gleicher Offenheit vom Standpunkt seiner eigenen Religion aus zu sprechen."⁷ Obwohl man sich darüber im klaren ist, daß "der Andersgläubige... mit seinem Glauben... für den Christen eine sehr lebendige Herausforderung"⁸ darstellt, wird erklärt: "Zum Dialog gehört eine klare Bereitschaft, auf das zu hören, was der andere sagt, und die darin enthaltene Wahrheit anzuerkennen."⁹ Eher unvermittelt neben dieser Bekundung steht die Ablehnung von Synkretismus und Relativismus: "Das christliche Zeugnis vor Andersgläubigen erfordert heute auch Wachsamkeit gegenüber religiösem Relativismus und Synkretismus. Beide können mannigfache Formen annehmen, etwa in der Weise, daß verschiedene Glaubensauffassungen und religiöse Handlungen vermischt werden, daß religiöses Gut langsam von anderen religiösen Systemen absorbiert wird, daß die Überzeugung von der Endgültigkeit (finality) Jesu Christi verlorengeht, und daß man sich einbildet, man könne sich in jeder Art von Glauben zu Hause fühlen."¹⁰ Wie aber soll es möglich sein, vom anderen Wahrheiten anzunehmen, wenn z.B. die Absorption von fremdreligiösem Gut unter Synkretismusverdikt steht?

Hellsichtig erkannte man in Mexico die hermeneutische Schwierigkeit, die sich ergibt, "wenn Ideen nicht nur aus einer Sprache in die andere übertragen werden müssen, sondern auch aus einer religiösen Welt in eine andere..."¹¹ Nimmt man die in Mexico betonte Wechselseitigkeit des Dialogs ernst, dann kann sich die hier benannte Übersetzungsproblematik jedoch nicht nur auf die Inkulturation des Evangeliums beziehen, sondern muß sich umgekehrt auch auf die Frage nach der christlichen Aufnahmekapazität der

---

3   F. Lüpsen (Hg), Neu Delhi Dokumente... a.a.O. 25f.
4   Ebd. 32.
5   Vgl. Müller-Krüger (Hg), In sechs Kontinenten... a.a.O. 151f.
6   Vgl. ebd. 149.
7   Ebd. 151.
8   Ebd. 148.
9   Ebd. 149.
10 Ebd. 149.
11 Ebd. 150.

Botschaften anderer Religionen erstrecken. Die Übersetzungsproblematik ist somit nur schwer von der Synkretismusfrage zu trennen.

Auf diesen Zusammenhang wies man in Chiang Mai hin und erklärte die Gefahr des Synkretismus dahingehend, "daß wir in dem Versuch, die christliche Botschaft für eine bestimmte Kultur oder in der Hinwendung zu anderen Religionen und Ideologien zu 'übersetzen', mit denen wir im Dialog stehen, zu weit gehen und die Reinheit christlichen Glaubens und Lebens aufs Spiel setzen könnten."[12] Aber auch die Formen des religionstheologischen Inklusivismus wurden in Chiang Mai ebenso wie der Relativismus als Spielarten des weiter gefaßten Synkretismus verstanden: "Wir können das Christentum zu einem 'Schmelztiegel' vieler Religionen machen, wenn wir es lediglich als einen Zugang zu Gott unter anderen betrachten; andererseits können wir eine andere Religion dadurch 'miteinschmelzen', daß wir sie lediglich als eine Seite dessen verstehen, was wir Christen ganz zu wissen glauben."[13] Die Erklärung von Chiang Mai begründet die Ablehnung des Inklusivismus hermeneutisch: "Die... Gefahr besteht darin, daß eine Religion unserer Zeit nicht in ihrer eigenen Begrifflichkeit, sondern in der Terminologie einer anderen Religion oder Ideologie interpretiert wird. Das verstößt gegen die Grundregeln der Wissenschaftlichkeit und des Dialogs."[14] In Spannung dazu steht jedoch, die Forderung nach wechselseitig bereichernder interreligiöser Kommunikation. So heißt es warnend im Gruppenbericht B von Chiang Mai, "daß der Dialog... manchmal zu zwei Monologen werden kann, wenn die Partner darauf bestehen, ihren Glauben nur in der eigenen Tradition auszudrücken. Wechselseitige Bereicherung geschieht, wenn jeder von ihnen versucht, auch in Beziehung zur anderen Tradition von seinem Glauben zu sprechen."[15]

Die Begründung des interreligiösen Dialogs aus dem christlichen Missionsauftrag heraus als Teil oder einzig angemessener Form desselben gerät immer wieder vor die Schwierigkeit der mit dem Dialog gegebenen Wechselseitigkeit. Seit der paulinischen Maxime, den Juden ein Jude und den Griechen ein Grieche zu werden, hat man in der christlichen Mission um die Notwendigkeit der missionarischen Anpassung gewußt, die nicht nur eine formal äußerliche bleiben kann, wenn das Evangelium dem anderen so vermittelt werden soll, daß es ihm verstehbar wird. Noch vor jeder Rede von Dialog wurde auf den Missionskonferenzen von Edinburgh (1910), Jerusalem (1928) und Tambaram (1938) einheitlich ein gründliches Studium der nichtchristlichen Religionen zur Vorbereitung auf die missionarische Verkündigung gefordert. So setzt die einfühlsame Verkündigung in jedem Fall die hermeneutische Bemühung um das Verständnis anderer Religionen voraus. Diese Beschäftigung mit nichtchristlichen Religionen trägt zumindest implizit dialogische Züge, aber auch der offene Dialog kann dieser für angemessene

---

[12] Mildenberger, Denkpause im Dialog... a.a.O. 61.
[13] Ebd. 61.
[14] Ebd. 61.
[15] Ebd. 72.

Verkündigung unverzichtbaren Bemühung dienen. In diesem Sinne akzeptieren selbst die evangelikalen Kritiker den interreligiösen Dialog: "Für Evangelisation ist unsere Präsenz als Christen in der Welt unerläßlich, ebenso eine Form des Dialogs, die durch einfühlsames Hören zum Verstehen des anderen führt."[16] Das bedeutet aber nicht nur eine Wechselseitigkeit in dem Sinn, daß die Verkündigung dessen, was man selbst glaubt, voraussetzt, auf das zu hören und das zu verstehen versuchen, was der andere als seinen Glauben bezeugt. Wenn vielmehr das Ziel dieser Bemühung darin besteht, durch sie dem anderen das Evangelium in einer seiner eigenen Denkweise gemäßen Form zu verkünden, muß eine Korrelation zwischen dem Evangelium und den nichtchristlichen Glaubensinhalten hergestellt werden. Das erfordert aber die in Mexico erwähnte Übertragung von Ideen aus einer religiösen Welt in eine andere.

Hier nun setzen die Warnungen vor Synkretismus ein. Die Übertragung des Evangeliums in von nichtchristlichen Religionen geprägte Denkweisen setze sich der Gefahr aus, damit gleichzeitig diese Denkweisen in das Evangelium zu übertragen und bedrohe so seine "Reinheit". Wird die Warnung vor Synkretismus, wie in Chiang Mai, hermeneutisch damit begründet, daß eine Religion, um sie korrekt zu verstehen, nicht durch die Terminologie einer anderen Religion interpretiert werden dürfe, dann wird es fraglich, wie eine Korrelation von Evangelium und nichtchristlichen Glaubensgehalten überhaupt noch möglich sein soll, und es gewinnt die ebenfalls in Chiang Mai erhobene Warnung an Gewicht, daß es sich nicht mehr um Dialog handle, wenn der jeweilige Glaube nur innerhalb der Terminologie der eigenen Tradition artikuliert werde. So ergibt sich die paradoxe Situation, daß Verkündigung ein interreligiöses Verstehen verlangt, das eine Korrelation von Evangelium und nichtchristlichen Glaubensinhalten ermöglicht, der Wunsch, gleichzeitig den Synkretismus zu vermeiden, jedoch nach einem Verstehenszugang ruft, der diese Korrelation verunmöglicht.

Nur eine Variation dieser Problematik stellt in dieser Hinsicht die Wahrheitsfrage dar. Wenn, wie in Mexico deutlich bekannt, die dialogische Verstehensbemühung notwendig dafür offen sein muß, im nichtchristlichen Glauben Wahrheiten zu entdecken, die es dann auch anzunehmen gilt, so kann eine Adaption von fremdreligiösem Gut nicht von vornherein als illegitimer Synkretismus ausgeschlossen werden. Wenn es aber gerade der Verkündigungsauftrag ist, der eine solche dialogische Offenheit unvermeidlich macht, da ohne sie ein Verständnis der anderen Religionen nicht zu erreichen und ohne dieses eine angemessene Verkündigung nicht möglich ist, so schließt der Verkündigungsauftrag geradezu ein so gefaßtes Synkretismusverbot aus.

---

[16] Lausanner Verpflichtung Nr. 4, in: H. Krüger, Ökumenische Bewegung 1973-1974. Beiheft zur Ökumenischen Rundschau Nr. 29, Stuttgart 1975, 126. Vgl. auch die Aussage in Nr. 6 der "Frankfurter Erklärung", wonach der Dialog "allein" als "eine gute Form missionarischer Anknüpfung" akzeptiert wird. Evangelische Missionszeitschrift (1970) 99-104.

Dennoch ist die hermeneutische Warnung von Chiang Mai nicht einfach zu übergehen. Problematisch ist vielmehr ihre Verknüpfung mit dem Synkretismusverdikt. Die im vorangegangenen Kapitel durchgeführten Analysen der christlich-buddhistischen Religionsvergleiche haben ja ebenfalls gezeigt, daß in der Tat die von der je eigenen Terminologie und Konzeptualität geleitete Heterointerpretation durchaus leicht zu Verzerrungen des Selbstverständnisses anderer Religionen führt. Wir stoßen hier also wiederum an das hermeneutische Grundproblem, wie ein Verständnis der Botschaft anderer Religionen möglich ist, das deren Selbstverständnis Rechnung trägt und gleichzeitig nicht seine eigenen Verstehensgrundlagen verleugnen muß. Es gilt daher einen Weg zu suchen, der die hermeneutischen Gefahren der Heterointerpretation vermeidet und gleichzeitig dennoch eine Korrelation von christlichen und außerchristlichen Glaubensgehalten ermöglicht. Es kann nicht Aufgabe sein, jede Heterointerpretation auszuschließen, doch muß die Autointerpretation der Maßstab der Heterointerpretation bleiben. Dies aber ist nur zu erreichen, wenn sich der Heterointerpret gerade mit seinem eigenen Verständnishintergrund von der Autointerpretation des anderen betreffen und herausfordern läßt. Die Heterointerpretation wird nur dann zur hermeneutischen Barriere, wenn sie dieser existentiellen Offenheit so vorgelagert ist, daß sie die Wahrnehmung der Autointerpretation von vornherein verunmöglicht. Und gerade darin liegt das Gefährliche der in Chiang Mai vorgenommenen Verknüpfung der hermeneutischen Problematik mit dem Synkretismusverdikt. Die dialogische Offenheit im Bemühen, den anderen zu verstehen, darf nicht dadurch eingeschränkt sein, daß eine mögliche eigene Veränderung durch das vom anderen Gesagte apriori verboten ist. Diese Veränderung mag sich zunächst allein auf das Bild erstrecken, das man bisher von der anderen Religion hatte.[17] Doch kann sie freilich auch an die Substanz des eigenen Glaubens gehen. Ja unter Umständen kann allein schon die Veränderung in ersterem eine Veränderung in letzterem bedeuten.

Bei der Begründung des interreligiösen Dialogs aus dem Missionsauftrag gerät man mittels der im Dialog implizierten Wechselseitigkeit somit unaus-

---

[17] Zu den herausragendsten Passagen der "Guidelines on Dialogue" gehört die Empfehlung Nr. 4, in der diese Problematik brillant gefaßt ist: "One of the functions of dialogue is to allow participants to describe and witness to their faith in their own terms. This is of primary importance since self-serving descriptions of other peoples' faith are one of the roots of prejudice, stereotyping, and condescension. Listening carefully to the neighbourgs' selfunderstanding enables Christians better to obey the commandment not to bear false witness against their neighbours, whether those neighbours be of long established religious, cultural or ideological traditions or members of new religious groups. It should be recognized by partners in dialogue that any religion or ideology claiming universality, apart from having an understanding of itself, will also have its own interpretations of other religions and ideologies as part of its own self-understanding. Dialogue gives an opportunity for a mutual questioning of the understanding partners have about themselves and others. It is out of reciprocal willingness to listen and learn that significant dialogue grows." Guidelines on Dialogue, Genf 1979, 17f.

weichlich vor die Herausforderung durch das, was nichtchristliche Religionen ihrerseits bezeugen und verkünden. Nahezu selbstverständlich hat man in der Verkündigung vorausgesetzt, daß sie beim anderen eine Veränderung bewirkt. Kommt man nun zu der Erkenntnis, daß der Verkündigung eine dialogische Beschäftigung mit dem Glauben des anderen vorausgehen muß und nimmt diese im expliziten Dialog eine offene Form an, so wird man plötzlich vor die Frage gestellt, ob man selbst bereit ist, sich von dem, was der andere sagt, verändern zu lassen. Die Infragestellung des anderen führt zur Infragestellung durch den anderen: im Dialog begegnen sich verschiedene Missionen!

Die mit der Wechselseitigkeit des Dialogs einhergehende Bereitschaft zur Veränderung wurde deutlich hervorgehoben auf den Konsultationen von Kandy und Zürich, die das erste Dialogtreffen des ÖRK von Ajaltoun umrahmen. So heißt es in der Erklärung von Kandy: "So gewiß der Dialog die Erwartung einschließt, auf andere einzuwirken, so gewiß bedarf es auch der Bereitschaft, sich selbst ändern zu lassen. Der rechte Dialog entsteht dann, wenn ein Partner so redet, daß der andere sich zum Hören gedrängt fühlt, und ebenso dann, wenn der eine so zu hören versteht, daß der andere zum Reden gebracht wird. Was dann weiter aus dem Dialog entsteht, ist Sache des heiligen Geistes."[18] Ähnlich formuliert das Aide-mémoire von Zürich: "Im Rahmen des Dialogs mit Menschen anderen Glaubens, der echte Offenheit auf beiden Seiten verlangt, hat der Christ die Freiheit, den Auferstandenen zu bezeugen, genau wie sein Partner anderer Glaubenszugehörigkeit frei ist zu bezeugen, was für sein Existenzverständnis von höchster Bedeutung ist. Dialog heißt keineswegs, daß Mission überhaupt abgelehnt wird, es werden lediglich gewisse einseitige Formen von Mission zurückgewiesen, in denen die, die im Namen Christi sprachen und handelten, versäumt haben, denen, zu denen sie gesandt waren, zuzuhören und von ihrer Lebensanschauung und Seinserfassung zu lernen... Der Dialog trägt das Risiko in sich, daß ein Partner durch den anderen verändert wird."[19] Deutlich wird denn auch akzeptiert, daß hinter dem Zeugnis nichtchristlicher Religionen eventuell ein eigenes Missionsverständnis steht: "Wir... haben die Tatsache ernst zu nehmen, daß viele Menschen anderen Glaubens ihren Glauben in einem Sinn verstehen, der ihnen eine Mission aufträgt. Ein wahrer Dialog muß dieser Tatsache Rechnung tragen..."[20] In Nr. 8 wird daher im Hinblick auf den Dialog formuliert: "Wir möchten den christlichen Glauben und die Mission der Kirche in einen positiven Bezug bringen zu den Glaubensweisen anderer Menschen und zu einer Missionsverpflichtung, die sie vielleicht aus ihrem jeweiligen Glauben ableiten."[21]

So ordnete Zürich die dialogische Begegnung in den historischen Prozeß ein, in dem die Kirche von der "Illusion" Abschied nehmen müsse, sich als "Zentrum der Geschichte" zu verstehen und sich nun mit den Fragen aus-

---

[18] "Christen im Dialog mit Menschen anderen Glaubens", a.a.O. 62.
[19] Margull/Samartha (Hg), Dialog mit anderen Religionen... a.a.O. 32f.
[20] Ebd. 36, Nr. 14.
[21] Ebd. 34.

einanderzusetzen habe, "wie ihre universale Rolle in einer pluralistischen Welt zu verstehen ist, in der sich viele bedeutende Entwicklungen außerhalb der aus kulturellen oder historischen Gründen sogenannten 'christlichen' Tradition vollziehen", und: "welche Rolle können und sollten die Kirchen spielen, wie werden sie verstanden und wie verstehen sie sich selbst als solche, die neben anderen religiösen Ideen stehen?"[22] Auf der interreligiösen Konsultation von Colombo wehrte man sich ebenfalls gegen Formen von religiösem Dogmatismus, der unsensibel gegenüber der Wahrnehmung von Absolutheitsansprüchen anderer Religionen sei, warnte zugleich aber auch vor einem die jeweilige religiöse Identität untermininierenden Synkretismus.[23]

Auf römisch-katholischer Seite war man lange Zeit mit Aussagen über die Mission anderer Religionen und eine wechselseitige Transformation durch den Dialog zurückhaltend.[24] Dies hat sich mit der Herausgabe des Dokumentes "Die Haltung der Katholischen Kirche gegenüber den Anhängern anderer Religionen"[25] (1984) durch das Sekretariat für die Nichtchristen geändert. Dort heißt es in Nr. 40: "...beim Dialog nährt der Christ normalerweise in seinem Herzen das Verlangen, seine Christuserfahrung mit dem Bruder aus der anderen Religion zu teilen... Ebenso natürlich erscheint es, daß der Andersgläubige etwas Ähnliches wünscht."[26] Wiederholt ist in diesem Dokument von "wechselseitiger Bereicherung" die Rede[27], und Nr. 21 schließlich impliziert klar die Möglichkeit wechselseitiger Veränderung: "Das gegenseitige Überprüfen, die Verbesserung des einen durch den anderen, der geschwisterliche Austausch der jeweiligen Gaben führen zu immer größerer Reife, aus der die zwischenpersönliche Gemeinschaft erwächst. Bei diesem Austauschvorgang können sogar religiöse Erfahrungen und Ansichten gereinigt und bereichert werden."[28]

In der Spannung zwischen der bei der einlinigen Verkündigung vorausgesetzten Veränderungsbereitschaft des anderen zu der im Dialog unerläßlichen eigenen Veränderungsbereitschaft dürfte ein wesentlicher Grund dafür

---

[22] Ebd. 40.
[23] Vgl. Samartha (Hg), Towards World Community... a.a.O. 125.
[24] Es muß jedoch darauf hingewiesen werden, daß das Zweite Vatikanische Konzil für die Übernahme fremdreligösen Gutes durchaus offen ist. So wird z.B. im Missionsdekret (Ad Gentes 18) von den Orden erwartet: "Sie sollen sorgfältig überlegen, wie die Tradition des aszetischen und beschaulichen Lebens, deren Keime manchmal alten Kulturen schon vor der Verkündigung des Evangeliums von Gott eigesenkt wurden, in ein christliches Ordensleben aufgenommen werden können." Rahner/Vorgrimmler (Hg), Kleines Konzilskompendium, a.a.O. 630.
[25] Abgedruckt in: Una Sancta 43 (1988) 201-209.
[26] Ebd. 209. Vgl. auch Nr. 35: "Diese Art von Dialog... regt natürlicherweise an, sich gegenseitig die Gründe des eigenen Glaubens mitzuteilen..." (ebd. 208).
[27] Vgl. Nr. 3, 21 u. 35.
[28] Ebd. 205.

liegen, daß die Diskussion um das Verhältnis von Dialog und Mission nicht zur Ruhe kommen will.

In der Kandy-Erklärung wird der Dialog als ein Zug christlicher Existenz und kirchlichen Handelns verstanden, der sich auf Evangelisation und Caritas, wie auch auf Liturgie und Inkulturationsbestrebungen erstrecken kann. Dialog und Verkündigung seien nicht identisch, aber aufeinander bezogen. Der Dialog kann die Verkündigung einschließen, das Leben im Dialog biete vielfältige Gelegenheit zur Verkündigung. Zwar gebe es andere Weisen der Verkündigung als den Dialog, doch solle sie stets im Geist des Dialogs geschehen.[29] Auf der Vollversammlung des ÖRK in Uppsala folgte man in der Zuordnung von Dialog und Verkündigung der Sicht von Mexico: "Eins ergänzt das andere in der Gesamtheit des Zeugnisses."[30]

Eine ähnlich umfassende Kategorie wie die des "Zeugnisses" in Mexico und Uppsala stellt der Begriff der "Mission" in dem röm-kath. Dokument: "Die Haltung der katholischen Kirche gegenüber den Anhängern anderer Religionen" dar. Damit greift es auf das erneuerte Missionsverständnis des II. Vatikanums zurück, das im Missionsdekret "Ad Gentes" (Nr. 2) so formuliert ist: "Die pilgernde Kirche ist ihrem Wesen nach 'missionarisch' (d.h. als Gesandte unterwegs), da sie selbst ihren Ursprung aus der Sendung des Sohnes und der Sendung des Heiligen Geistes herleitet gemäß dem Plan Gottes des Vaters"[31], und das J. Glazik auf die Formel gebracht hat: "Vor dem II. Vatikanum verstand sich die Kirche als die Sendende... Nach dem II. Vatikanum ist die Kirche die Gesandte."[32] In "Die Haltung der katholischen Kirche..." wird Mission als eine "einheitliche, aber komplexe und ausgeprägte Wirklichkeit" verstanden, die die einfache Präsenz des Christen, die Diakonie, die Liturgie, die Verkündigung, die Katechese und den interreligiösen Dialog umfaßt.[33] Doch wird der Dialog nicht nur als von der Mission, i.S. der Wesensform kirchlichen In-der-Welt-Seins, umfaßt verstanden, sondern umgekehrt erscheint der Dialog hier zugleich als das formprägende Element der Mission. Der Dialog bezeichne "nicht nur das Gespräch, sondern auch das Ganze der positiven und konstruktiven Beziehungen zwischen den Religionen, mit Personen und Gemeinschaften anderen Glaubens, um sich gegenseitig kennenzulernen und einander zu bereichern."[34] Der Dialog sei "vor allem ein Stil des Vorgehens, eine Haltung und ein Geist, der das Verhalten bestimmt. Zu ihm gehören Aufmerksamkeit, Achtung und Aufgeschlossenheit dem anderen gegenüber, dem man Raum läßt für seine persönliche Identität, seine Ausdrucksformen und Werte. Ein solcher Dialog ist Norm und notwendiger Stil für die ganze christliche Mission und jeden ihrer

---

[29] Vgl. "Christen im Dialog mit Menschen anderen Glaubens"... a.a.O. 64.
[30] N. Goodall/W. Müller-Römheld (Hg), Bericht aus Uppsala 1968, Genf 1968, 28.
[31] Rahner/Vorgrimmler, Kleines Konzilskompendium... a.a.O. 608.
[32] J. Glazik, Mission - der stets größere Auftrag. Gesammelte Vorträge und Aufsätze, Aachen 1979, 157.
[33] Nr. 13. Vgl. Una Sancta 43 (1988) 203.
[34] Nr. 3, ebd. 201.

Teile, ob es um einfache Präsenz und um Zeugnisgeben geht oder um Dienstangebote oder um die direkte Verkündigung... Eine Mission, die nicht vom Geist des Dialogs durchdrungen wäre, würde... den Hinweisen des Evangeliums widersprechen."[35]

In Zürich sah man sich bei der Bestimmung des Verhältnisses von Dialog und Mission vor eine geradezu aporetische Situation gestellt. Während einige Christen befürchteten, daß der Dialog "Verrat an der Mission" sei, gebe es auf Seiten der nichtchristlichen Religionen den Verdacht, "daß der Dialog einfach ein neues Instrument der Missionierung ist."[36] "Wären die Befürchtungen solcher Christen zu beruhigen, müßte auch das Mißtrauen der Menschen anderen Glaubens als gerechtfertigt erscheinen."[37] So suchte man ein Missionsverständnis, "das weder der Überzeugung des Christen untreu wird, noch das Vertrauen Andersgläubiger mißbraucht..."[38] Man erblickte dieses im Konzept der "missio dei" und forderte, den Dialog als einen Teil der Mission im Sinne der "missio dei" zu begreifen.[39] Die Mission der Kirche habe ihren Ursprung in dem auf die ganze Welt bezogenen Heilshandeln Gottes. Sein Heilshandeln ist Liebe, deren Verkörperung von Christen vor allem in Christus erblickt werde. Die Sendung bzw. Mission der Kirche bestehe folglich nicht nur darin, Christus "den Menschen bekannt zu machen, damit sie sein Werk... bewußt annehmen können und daran teilhaben"[40], sondern bedeute auch, "Christus zu erkennen, wo er bereits alle Dinge zusammenhält", und "ihn so anzunehmen, wie er sich uns durch sein Handeln an und durch Menschen anderen Glaubens und anderer Überzeugungen zu erkennen gibt."[41] Daher verlange "Mission... eigentlich immer, daß man dem anderen offen und achtungsvoll begegnet. Solche Achtung muß unsere Offenheit für den anderen, und zwar auch für die Tatsache und die Möglichkeiten seiner Mission an uns zum Inhalt haben. Deshalb kann der Dialog weder ein neues Instrument für alte Formen der Mission sein, die vom Überlegenheitsanspruch bestimmt sind, noch kann er ein unehrenhaftes Mittel darstellen, mit dem Partner in Kontakt zu kommen, mit dem Ziel einer einseitigen Bekehrung, wobei er überhaupt nicht ernst genommen wäre."[42]

Eine ähnliche, wenn auch im Hinblick auf die Wechselseitigkeit des Zeugnisses etwas abgeschwächtere Zuordnung nahm man in Chiang Mai vor. Auch hier wurde ein Dialogkonzept verworfen, das den Dialog "nur als Geheim-

---

[35] Nr. 29, ebd. 207.
[36] Margull/Samartha (Hg), Dialog mit anderen Religionen... a.a.O. 35. Zu diesen Vorbehalten auf nichtchristlicher Seite vgl. den Beitrag von M. Rogers in: S. J. Samartha (Hg), Dialogue Between Men of Living Faiths, Genf 1971, 21-30.
[37] Margull/Samartha (Hg), Dialog mit anderen Religionen... a.a.O. 35.
[38] Ebd. 35.
[39] Vgl. ebd. 35 u. 37 (Nr. 10 u. Nr. 16).
[40] Ebd. 35.
[41] Ebd. 35.
[42] Ebd., 37

waffe im Arsenal einer aggressiven christlichen Militanz" verstehe.[43] Den Auftrag des Christen in der Welt begreife man "als umfassende Mitwirkung an der Mission Gottes (missio dei)"[44] und sehe "zwischen Dialog und Zeugnis keinen Widerspruch. Wenn wir mit unserem Engagement für Jesus Christus den Dialog anknüpfen, werden uns diese Beziehungen immer wieder Gelegenheit zu glaubwürdigem Zeugnis geben. Darum können wir den Mitgliedskirchen des ÖRK aus ehrlicher Überzeugung heraus den Dialog als eine Möglichkeit empfehlen, Jesus Christus in der Welt heute zu bekennen; ebenso lauter können wir unseren Gesprächspartnern versichern, daß wir nicht manipulieren, sondern ihnen als ehrliche Weggenossen auf unserer Pilgerfahrt begegnen wollen, um mit ihnen darüber zu sprechen, was Gott nach unserer Glaubensüberzeugung in Jesus Christus getan hat, der uns voranging und dem wir im Dialog aufs neue begegnen möchten."[45]

Die Einbindung des Dialogs in die Kategorie des Zeugnisses wie in Mexico und Uppsala und das Bekenntnis zur formprägenden Bedeutung seines "Geistes" für christliches Verhalten in der Welt wie in Kandy oder in dem Dokument "Die Haltung der katholischen Kirche..." zeugen von der Bemühung, der christlichen Verkündigung ihre Einlinigkeit zu nehmen und sie für die Wechselseitigkeit zu öffnen. Die mit dem Bekenntnis zur Wechselseitigkeit erforderliche eigene Veränderungsbereitschaft wirft jedoch die Schwierigkeit auf, inwieweit es noch Teil oder Zug der christlichen Mission sein kann, sich von der Botschaft nichtchristlicher Religionen betreffen zu lassen. In Zürich und Chiang Mai suchte man diese Frage durch die innere Identität des Heilshandeln Gottes zu beantworten. Von ihr her rechnete man damit, in der Botschaft nichtchristlicher Religionen Christus erblicken zu können, der "sich uns... durch Menschen anderen Glaubens und anderer Überzeugungen zu erkennen gibt" (Zürich), oder "dem wir im Dialog aufs neue begegnen möchten" (Chiang Mai). Inwieweit aber ist eine solche Hoffnung berechtigt, und inwieweit wird sie noch dem eigentlichen Anliegen gerecht, sich wirklich der genuinen Botschaft des Dialogpartners zu öffnen, die ja zumindest explizit keine Botschaft von Christus ist? Damit ist das sicherlich dornigste Problem der theologischen Begründungsfelder des interreligiösen Dialogs aufgeworfen, das uns zugleich wieder vor die Grundspannung interreligiöser Hermeneutik bringt, inwieweit hier ein Verständnis der Botschaft des anderen möglich ist, ohne diese von vornherein durch die eigenen religiösen Interpretamente zu verzerren. Zwischen der Position von Zürich und Chiang Mai auf der einen Seite und auf der anderen Seite dem Wunsch, der genuinen Eigengestalt des Zeugnisses nichtchristlicher Religionen gewahr zu werden, oszilliert der Zuordnungsversuch von Dialog und Zeugnis, den man auf der Vollversammlung des ÖRK in Vancouver (1983) vornahm. Durch das letztere Motiv kommt es hier wieder zu einer stärkeren Trennung von Dialog und Zeugnis: "Mit Zeugnis können die Akte und Worte beschrieben werden, durch die ein Christ oder eine Gemeinschaft für Jesus Christus Zeugnis ab-

---

[43] Vgl. M. Mildenberger, Denkpause im Dialog, a.a.O. 57.
[44] Ebd. 56.
[45] Ebd. 58.

legen und andere einladen, ihm Antwort zu geben. Beim Zeugnis erwarten wir, die Gute Nachricht von Jesus weiterzugeben und in bezug auf unser Verständnis und unseren Glauben dieser Botschaft gegenüber herausgefordert zu werden. Dialog kann als die Begegnung beschrieben werden, in der sich Menschen mit unterschiedlichen Überzeugungen über die letztgültige Wirklichkeit treffen, und wo sie diese Überzeugungen in einer Atmosphäre gegenseitigen Respektes ausloten können. Vom Dialog erwarten wir, mehr darüber zu erkennen, wie Gott in unserer Welt wirkt, und die Einsichten und Erfahrungen, die Menschen anderen Glaubens von letztgültiger Wirklichkeit haben, um ihrer selbst willen zu würdigen. Dialog ist weder ein Mittel zum christlichen Zeugnis noch dessen Verleugnung. Es ist vielmehr ein auf Gegenseitigkeit beruhendes Unternehmen, Zeugnis voreinander und vor der Welt abzulegen im Blick auf verschiedene Vorstellungen von letztgültiger Wirklichkeit."[46]

Hinter der Spannung zwischen den beiden hier an den Dialog gerichteten Erwartungen, "mehr darüber zu erkennen, wie Gott in unserer Welt wirkt", und "die Einsichten und Erfahrungen, die Menschen anderen Glaubens von letztgültiger Wirklichkeit haben, um ihrer selbst willen zu würdigen", steht eine lange Geschichte theologischer Auseinandersetzung darüber, ob der interreligiöse Dialog eine letzte Begründung darin finden kann, daß er sich vor dem Hintergrund und im Kontext eines Redens Gottes unter allen Menschen ereignet.

---

[46] W. Müller-Römheld (Hg), Bericht aus Vancouver 1983, Frankfurt a.M. 1983, 67.

1.3 Der interreligiöse Dialog und das Reden Gottes

Auf der Missionskonferenz von Edinburgh (1910) versuchte man, den Anspruch auf die "Absolutheit des christlichen Glaubens" mit einer Anerkenntnis all dessen zu verbinden, was in den nichtchristlichen Religionen "wahr und gut" sei. Damit sollte sowohl eine "rein ikonoklastische" Haltung ausgeschlossen werden, die glaubte, aus der Wahrheit und Endgültigkeit des Christentums die Falschheit aller anderen Religionen ableiten zu können, als auch die relativistische Idee, daß die verschiedenen Religionen, das Christentum eingeschlossen, lediglich unterschiedliche, Gott gleichermaßen wohlgefällige Wege der Gottsuche seien.[1] Die richtige Haltung des christlichen Missionars gegenüber den nichtchristlichen Religionen "should be one of true understanding, and, as far as possible, of sympathy."[2] Man sei sich darüber einig, daß der christliche Missionar "should seek for the nobler elements in the non-Christian religions and use them as steps to higher things", und "that in fact all these religions without exception disclose elemental needs of the human soul which Christianity alone can satisfy..."[3] Daraus leitete man ein Erfüllungsschema ab, in dem Christus die anderen Religionen letztlich überflüssig mache: "...Jesus Christ fulfils and supersedes all other religions..."[4], sprach jedoch hinsichtlich der Artikulation menschlicher Bedürftigkeit in nichtchristlichen Religion explizit von "Offenbarung"[5] und bekräftigte, "that in their higher forms they plainly manifest the working of the Spirit of God."[6]

Nach der Katastrophe des Ersten Weltkriegs sprach man auf der Weltmissionskonferenz von Jerusalem (1928) nicht mehr von der Überlegenheit oder Absolutheit des Christentums sondern derjenigen Jesu Christi. Hinsichtlich menschlicher Bedürftigkeit erklärte man sich solidarisch: "Wir gehen nicht deshalb zu den nicht-christlich genannten Völkern, weil sie die schlechtesten in der Welt wären – wir gehen zu ihnen, weil sie zu der Welt gehören und mit uns dieselbe menschliche Not teilen. Denn wir alle brauchen Erlösung von uns selbst und von der Sünde... und müssen in Christus erneuert werden."[7] Auch in Jerusalem behielt man das Erfüllungsschema bei, zeichnete die nichtchristlichen Religionen jedoch deutlich positiver als in Edinburgh. Fast wie aus einem Schema zur Konzilserklärung Nostra Aetate

---

[1] Vgl. World Missionary Conference, 1910, Report of the Commission IV, The Missionary Message in Relation to Non-Christian Religions, Edinburgh, London, New York, Chicago, Toronto 1910, 267f.
[2] Ebd. 267.
[3] Ebd. 267.
[4] Ebd. 268.
[5] "They (die Christen; Anm. von mir) know that in Christ they have what meets the whole range of human need, and therefore they value all that reveals that need, however imperfect the revelation may be." Ebd. 268.
[6] Ebd. 267.
[7] "Erklärung des internationalen Missionsrates über die christliche Botschaft", in: H. J. Margull (Hg), Zur Sendung der Kirche... a.a.O. 17-30, hier 22.

wirken z.B. die folgenden Sätze: "Gerade weil in Jesus Christus das Licht, das allen Menschen leuchtet in vollem Glanz erschienen ist, freuen wir uns, auch dort Strahlen seines Lichtes zu finden, wo er unbekannt ist oder sogar abgelehnt wird. Wir begrüßen jede edle Eigenschaft bei Nicht-Christen oder in nicht-christlichen Ordnungen als einen Beweis dafür, daß der Vater, der seinen Sohn in die Welt sandte, sich nirgends unbezeugt gelassen hat. Nur als Beispiel, und ohne den Versuch, den geistlichen Wert anderer Religionen für ihre Anhänger zu beurteilen, erkennen wir als Teil der einen Wahrheit jenes Wissen um die Majestät Gottes und die sich daraus ergebende Ehrfurcht der Anbetung, wie sie besonders im Islam hervortreten; ebenso das tiefe Mitgefühl für das Leiden in der Welt und das uneigennützige Suchen seiner Überwindung, die das Herzstück des Buddhismus sind; die Sehnsucht nach Begegnung mit der letzten, geistig gedachten Wirklichkeit, wie sie der Hinduismus betont..."[8] Man ging sogar soweit, die Möglichkeit einer verborgenen, ansatzweisen Christusbeziehung in den nichtchristlichen Religionen anzudeuten: "Wir wissen, daß Menschen, ohne selbst Jesus Christus *bewußt* zu kennen, dort, wo sie ihrer besten Einsicht folgen, *etwas von der wirklichen Befreiung* von vielen Übeln, die die Welt quälen, gewinnen können. Dies sollte uns umso mehr veranlassen, ihnen zu helfen, die *Fülle* des Lichtes und der Kraft in Christus zu finden."[9]

In Tambaram (1938) kam es unter dem Einfluß H. Kraemers zu heftigen Kontroversen zwischen den Anhängern des von ihm vertretenen Diskontinuitätsmodells der Dialektischen Theologie und denen des in Edinburgh und Jerusalem zugrunde gelegten Erfüllungsschemas. Kraemer kritisierte das Erfüllungsschema nicht nur von den dogmatischen Voraussetzungen der Dialektischen Theologie her, sondern griff dieses auch mit dem hermeneutischen Argument an, daß es dem Selbstverständnis der nichtchristlichen Religionen nicht gerecht werde.[10] Die Konferenz bekundete in ihrem Ergebnis Unschlüssigkeit. So heißt es im Bericht der Sektion V: "There are many non-Christian religions that claim the allegiance of the multitudes. We see and readily recognise that in them are to be found values of deep religious experience and great moral achievements. Yet we are bold enough to call men out from them to the feet of Christ... Our knowledge of God through Christ as Holy and Compassionate Love going forth impartially to all His erring children leads us to expect that everywhere and at all times He has been seeking to disclose Himself to men. He has not left Himself without witness in the world. Furthermore, men have been seeking Him all through

---

[8] Ebd. 26f.
[9] Ebd. 24; Hervorhebungen von mir.
[10] Vgl. dazu das im Vorfeld von Tambaram geschrieben Buch Kraemers: The Christian Message in a Non-Christian World, London 1938. Zum Einfluß Kraemers auf die Konferenz von Tambaram siehe:
C. F. Hallencreutz, Kraemer towards Tambaram, Uppsala 1966; ders., New Approaches to Men of Other Faith, Genf 1969; W. Anderson, Die theologische Sicht der Religionen auf den Weltmissionskonferenzen von Jerusalem (1928) und Madras (1938) und die Theologie der Religionen bei Karl Barth (Fuldaer Hefte 16), Berlin, Hamburg 1966.

the ages. Often this seeking and longing has been misdirected, but there are evidences that His yearning after His children has not been without response. As to whether the non-Christian religions as total systems of thought and life may be regarded as in some sense or to some degree manifesting God's revelation, Christians are not agreed. This is a matter urgently demanding thought and united study."[11] Konnte man sich also noch auf eine Wirksamkeit Gottes außerhalb des expliziten Christentums einigen, so bestand die eigentliche Streitfrage darin, inwieweit diese sich auf die nichtchristlichen Religionen als Religionen erstreckte und nicht nur dem einzelnen nichtchristlichen Menschen gilt.

Im Zusammenhang mit der Begründung des Rufs nach interreligiösem Dialog aus seiner säkularen Notwendigkeit versuchte man in Neu Delhi einen neuen Vorstoß in der Kontroverse von Tambaram. M. M. Thomas erblickte in der Suche der Menschen nach neuen Formen der Gemeinschaft, nach sozialer Gerechtigkeit und Würde der Person, die Verheißung Christi, der "in der Welt von heute gegenwärtig und wirksam ist, in einer ständigen Zwiesprache mit Menschen und Völkern steht und seine Königsherrschaft über sie durch die Macht seines Gesetzes und seiner Liebe bekräftigt."[12] P. Devanandan meinte auch das Wiedererwachen der nichtchristlichen Religionen nicht anders deuten zu können, als "daß sich in diesen tiefen inneren Bewegungen des Menschengeistes eine Antwort auf das Schöpferwirken des Heiligen Geistes regt."[13] J. Sittler legte schließlich das Konzept einer kosmologischen Christologie vor, die im Anschluß an Kol. 1, 15-20 die ganze Schöpfung von Christus erfüllt weiß und das Streben nach Einheit und Frieden zu einer Frage "christologischer Gehorsamshaltung" erhebt.[14] Obwohl der Bericht der Sektion "Zeugnis" sich stark von diesen Vorträgen beeinflußt zeigt, blieb er in der Kernfrage der theologischen Bewertung nichtchristlicher Religionen unschlüssig: "Die Kirche ist gesandt in dem Wissen darum, daß Gott sich selbst nicht unbezeugt gelassen hat unter den Menschen, die Christus noch nicht kennen. Und sie weiß auch darum, daß die Versöhnung, die durch Christus geschehen ist, die ganze Schöpfung und die ganze Menschheit umfaßt. Wir sind uns dessen bewußt, daß diese große Wahrheit eine tiefe Bedeutung erhält, wenn wir ausgehen, um Menschen anderer Religionen zu begegnen. Aber es bestehen Meinungsverschiedenheiten unter uns, wenn wir versuchen, die Beziehung und die Antwort dieser Menschen auf Gottes Wir-

---

[11] The Authority of Faith. Tambaram Madras Series, vol. 1 (IMC), London 1939, 210f.
[12] F. Lüpsen (Hg), Neu Delhi Dokumente, a.a.O. 441.
Eine gewisse Neuauflage fand diese in Neu Delhi stark vertretene Sicht auf der Weltmissionskonferenz von Melbourne (1980): "Wo immer eine Religion oder ihre Erneuerung Menschenwürde, Menschenrechte und soziale Gerechtigkeit für alle Menschen stärkt und Befreiung und Frieden für alle bringt, sollte Gott am Werk gesehen werden." M. Lehmann-Habeck (Hg), Dein Reich komme. Bericht der Weltkonferenz für Mission und Evangelisation in Melbourne 1980, Frankfurt a.M. 1980, 145.
[13] F. Lüpsen (Hg), Neu Delhi Dokumente, a.a.O. 283.
[14] Vgl. ebd. 310.

ken unter ihnen genau zu umreißen."[15] Dennoch heißt es dann weiter: "Wir müssen das Gespräch über Christus mit ihnen in dem Bewußtsein aufnehmen, daß Christus sie durch uns *und uns durch sie* anredet."[16] In Mexico überging man die Frage einer theologischen Bewertung der nichtchristlichen Religionen, bekräftigte jedoch im Hinblick auf das Zeugnis, daß es gegenüber dem Andersgläubigen in dem Wissen geschehen solle, "daß Gott bereits an seinem Herzen arbeitet"[17], und im Hinblick auf den Dialog: "...wir sollten bei jedem Dialog die Absicht verfolgen, in Gottes Dialog mit den Menschen einbezogen zu sein..."[18] Freilich blieb bei diesen Formulierungen offen, ob das vorgängige und im Dialog aktuelle Reden Gottes auch durch die nichtchristlichen Religionen geschieht oder nicht.

Einen Einschnitt, der nicht ohne Folgen auf die Diskussion innerhalb der ökumenischen Bewegung blieb, markierte in dieser Frage das II. Vatikanum. Es verstand nicht nur seine eigene Arbeit als einen Dialog mit der ganzen Menschheitsfamilie (GS 3) und bestimmte den Charakter des christlichen Zeugnisses als dialogisch (GS 44, AG 11, AA 31), sondern erblickte in der Dialogfähigkeit eine anthropologische Grundbestimmung (GS 25, GE 1, AA 29), die ihren letzten Grund in einer dialogisch begriffenen Gott-Mensch-Beziehung habe: "Ein besonderer Wesenszug der Würde des Menschen liegt in seiner Berufung zur Gemeinschaft mit Gott. Zum Dialog mit Gott ist der Mensch von seinem Ursprung her aufgerufen..." (GS 19)[19] In diese Gesamtsicht ist es einzuordnen, wenn das Konzil im Hinblick auf die nichtchristlichen Religionen vom "Strahl jener Wahrheit,... die alle Menschen erleuchtet" (NA 2) oder den "Saatkörnern des Wortes" (AG 11) spricht. Es weist den Christen die Aufgabe zu, diese im Dialog aufzuspüren, zu "lernen, was für Reichtümer der freigebige Gott unter den Völkern verteilt hat..." (AG 11)[20], und ruft sogar dazu auf, daß Christen in Dialog und Zusammenarbeit mit den Angehörigen nichtchristlicher Religionen "jene geistlichen und sittlichen Güter und auch die sozial-kulturellen Werte, die sich bei ihnen finden, anerkennen, wahren und *fördern*." (NA 2)[21] Das Konzil geht in dem hier gehaltenen Erfüllungsschema soweit, daß es ohne jeden Zweifel eine Heilsmöglichkeit in den nichtchristlichen Religionen (und selbst im Atheismus) bekräftigt[22] und ihnen durch die Hinordnung auf das Volk Gottes einen semi-ekklesiologischen Status verleiht.[23]

Einen deutlichen Niederschlag fanden die Aussagen des II. Vatikanums auf der Konsultation von Kandy. Meines Wissens hat man sich in keinem der ökumenischen Dokumente bislang zu einer klaren Anerkennung der Heils-

---

[15] Ebd. 30.
[16] Ebd. 30; Hervorhebung von mir.
[17] Th. Müller-Krüger (Hg), In sechs Kontinenten... a.a.O. 148.
[18] Ebd. 150.
[19] Rahner/Vorgrimmler (Hg), Kleines Konzilskompendium, a.a.O. 464.
[20] Ebd. 621.
[21] Ebd. 357; Hervorhebung von mir.
[22] LG 16, GS 22, AG 7.
[23] Vgl. LG 16.

möglichkeit außerhalb des expliziten Christentums durchgerungen.[24] Doch die Kandy-Erklärung kommt einer solchen Anerkennung um Haaresbreite nahe. So heißt es, daß die Kirche "mit der geschichtlichen Körperschaft, die den Namen Christi trägt,... nicht einfach zu identifizieren" sei.[25] "Für alle Menschen dieser und der kommenden Weltzeit bringt Christus Gnaden wie auch Gericht. »Gott sieht die Person nicht an, sondern in allerlei Volk, wer ihn fürchtet und recht tut, der ist ihm angenehm« (Apg. 10, 34f; vgl. Röm. 2, 6-16). Wir machen auch auf die Formulierung aufmerksam, die das Zweite Vatikanische Konzil in der Dogmatischen Konstitution über die Kirche in diesem Zusammenhang gebraucht: »Wer das Evangelium Christi und seine Kirche ohne Schuld nicht kennt, Gott aber aus ehrlichem Herzen sucht, seinen im Anruf des Gewissens erkannten Willen unter dem Einfluß der Gnade in der Tat zu erfüllen trachtet, kann das ewige Heil erlangen«."[26] Zwar bleibt eine Bemerkung aus, die sich klar der hier zitierten Konzilsposition anschließt, doch wird anerkannt, daß "Christus durch den heiligen Geist im Herzen jedes Menschen (wirkt)".[27] Dieses Vertrauen auf die Wirksamkeit Christi außerhalb der sichtbaren Kirche läßt Kandy die Position von Neu Delhi bekräftigen, daß es im interreligiösen Dialog zu einer neuen Form der Christusbegegnung kommen kann: "Wir glauben, daß Christus gegenwärtig ist, wenn immer ein Christ in einen aufrichtigen Dialog mit jemand anderem eintritt. Der Christ vertraut darauf, daß durch den Nächsten Christus selbst zu ihm sprechen und, umgekehrt, Christus durch ihn zu dem anderen sprechen kann."[28] Kandy zieht daraus jedoch die revolutionär zu nennende Konsequenz, daß es den interreligiösen Dialog zu einer theologisch neuen Erkenntnisquelle aufwertet: "Der Dialog erfordert daher die ernsthafte Bemühung beider Beteiligten, durch besseres Verstehen der Überzeugung und des Zeugnisses des Partners zu tieferem Verstehen der Wahrheit zu kommen. Es gehört zum Wesen des Dialogs, daß man wirklich etwas Neues erwartet – die Erschließung einer neuen Diamension, deren man vorher noch nicht gewahr gewesen ist."[29] Angesichts dieser Bewertung des Dialogs optiert Kandy dafür, vom Dialog selbst Hilfen für eine Antwort auf die Frage nach der theologischen Bewertung nichtchristlicher Religionen zu erwarten: "Im Vollzug des Dialogs mit Menschen anderen Glaubens mag sich mehr Einsicht in die Frage ergeben, welche Rolle andere religiöse Traditionen in Gottes Vor-

---

[24] Vgl. auch die dementsprechend von H. Küng geäußerte Kritik an "der zwiespältigen Haltung des Weltrats der Kirchen, der weder in seinen 'Leitlinien zum Dialog mit Menschen verschiedener Religionen und Ideologien' (1977/1979) noch auf der neuesten Vollversammlung in Vancouver (1983) die heute doch zweifellos höchst drängende Frage nach dem Heil außerhalb der christlichen Kirchen wegen gegensätzlicher Standpunkte der Gliedkirchen zu beantworten vermochte." H. Küng u. a., Christentum und Weltreligionen, München 1984, 53.
[25] "Christen im Dialog mit Menschen anderen Glaubens", a.a.O. 61.
[26] Ebd. 61.
[27] Ebd. 61.
[28] Ebd. 62.
[29] Ebd. 62.

satz spielen.."³⁰ Dieser Auffassung folgt auch das Aide-mémoire von Zürich.³¹

Die schärfste Gegenposition artikulierte sich in der "Frankfurter Erklärung zur Grundlagenkrise der Mission". Hier wandte man sich sich nicht nur gegen die Auffassung, daß "die Religionen und Weltanschauungen auch Heilswege neben dem Christusglauben seien"³², sondern auch gegen die behutsamere Position, die von einer vor allem auf das Individuum ausgerichteten Wirksamkeit Gottes ausgeht, d.h. "gegen die seit der 3. Weltkirchenkonferenz zu Neu Delhi in der Ökumene sich verbreitende falsche Lehre, daß sich Christus anonym auch in Fremdreligionen... so offenbare, daß Ihm der Mensch ohne die direkte Kunde des Evangeliums hier begegnen und sein Heil in Ihm finden könne."³³

Auf röm.-kath. Seite äußerten sich Bedenken gegen die vom Konzil eingeschlagene Richtung auf der röm. Bischofssynode "Die Evangelisierung der heutigen Welt" (1974). Der Ertrag dieser Synode floß in die 1975 veröffentlichte Enzyklika "Evangelii nuntiandi" ein.³⁴ In "Evangelii nuntiandi" wird die Heilsmöglichkeit außerhalb der sichtbaren Kirche voll bestätigt, die Bewertung der nichtchristlichen Religionen bleibt jedoch widersprüchlich und ambivalent. So heißt es in Nr. 53: "Unsere Religion stellt tatsächlich eine echte und lebendige Verbindung mit Gott her, was den übrigen Religionen nicht gelingt, auch wenn sie sozusagen ihre Arme zum Himmel ausstrecken." Einige Zeilen vorher aber wird von den nichtchristlichen Religionen gesagt. "Sie besitzen einen eindrucksvollen Schatz tief religiöser Schriften. Zahllose Generationen haben sie beten gelehrt. In ihnen finden sich unzählbar viele 'Samenkörner des Wortes Gottes'." Da diese Aussagen offensichtlich nicht als rein religionsphänomenologische, sondern durchaus theologisch qualifizierte zu verstehen sind, ergibt sich ein Widerspruch zwischen dem hier zugrunde gelegten dialogischen Schema von Wort Gottes (Samenkörner) und Antwort des Menschen (Gebet), das die Vermittlung einer echten und lebendigen Beziehung zwischen Gott und Mensch durch die nichtchristlichen Religionen impliziert, und der späteren Leugnung dieser Verbindung.³⁵ Die Würzburger

---

30 Ebd. 62.
31 Nr. 11 u. Nr. 12, vgl. Margull/Samartha (Hg), Dialog mit anderen Religionen... a.a.O. 35f.
32 Frankfurter Erklärung, a.a.O. 103.
33 Ebd. 101.
34 Vgl. D. Grasso, Zum Lernprozeß synodaler Arbeit - erläutert an der Entstehung von "Evangelii nuntiandi", in: H. Waldenfels (Hg), "... denn ich bin bei Euch", Zürich-Einsiedeln-Köln 1978, .
35 Vgl. zu dieser Kritik an "Evangelii nuntiandi" auch A. Camps, Die heutige Stellungnahme der römisch-katholischen Kirche zu den nichtchristlichen Religionen, in: A. Paus (Hg), Jesus Christus und die Religionen, Graz-Wien-Köln 1980.
Dagegen hat J. Dörmann aus "Evangelii nuntiandi" - ohne freilich auf die dortigen Aussagen über Gebet und "Samenkörner des Wortes" einzugehen - den Schluß gezogen: "Die nichtchristlichen Religionen können demnach die Verbindung mit Gott nicht herstellen. Sie sind also keine Heilswege." J. Dörmann, Theologie der Religionen, in: E. Lade (Hg),

Synode hatte in ihrem Synodenbeschluß "Missionarischer Dienst an der Welt" die Aussagen des Konzils über die nichtchristlichen Religionen so verstanden, daß sie von ihnen sagte: "Sie können Wege sein, auf denen Gott die Menschen durch die Stimme des Gewissens zum Heil führt..."[36]

Eine im Vergleich zu "Evangelii nuntiandi" eindeutigere und positivere Sicht der nichtchristlichen Religionen legte Papst Johannes Paul II in seiner Enzyklika "Redemptor hominis" vor. Dort werden die "religiösen Überzeugungen der Anhänger der nichtchristlichen Religionen" als Überzeugungen charakterisiert, "die auch schon vom Geist der Wahrheit berührt worden sind, der über die sichtbaren Grenzen des Mystischen Leibes hinaus wirksam ist".[37] In Dialog, Kontakten, gemeinschaftlichem Gebet und in der "Suche nach den Schätzen der menschlichen Spiritualität" gelte es, sich um eine Annäherung zu den Vertretern nichtchristlicher Religionen zu bemühen.[38] In dem Dokument "Die Haltung der katholischen Kirche gegenüber den Anhängern anderer Religionen" wird vom Dialog gesagt, daß in ihm "die Christen den Anhängern anderer religiöser Überlieferungen begegnen, um gemeinsam auf die Wahrheit zuzustreben...".[39] Begründet wird dies nicht nur mit der Allgegenwart der erlösenden Gnade und der Aufgabe, "den ganzen Reichtum zu entdecken, ans Licht zu heben und aufgehen zu lassen, den der Vater in Schöpfung und Geschichte verborgen hat" (Nr. 22), sondern auch mit der anthropologischen Einsicht, daß der Mensch "die Wahrheit nicht in vollkommener und totaler Weise besitzt, aber mit den anderen zusammen ihr vertrauensvoll entgegengehen kann."[40] Die Suche nach den verborgenen Reichtümern Gottes und die gemeinsame Suche nach der je größeren Wahrheit verbinden sich im interreligiösen Dialog zu einer inneren Einheit: "Diese Dynamik menschlicher Beziehungen drängt uns Christen zum Hören und Verstehen dessen, was uns Andersgläubige vermitteln können, so daß wir die von Gott geschenkten Gaben uns nutzbar machen."[41]

Die Erklärung von Chiang Mai widmet dem Thema "Die theologische Bedeutung der Menschen anderer Religionen und Ideologien" einen eigenen Abschnitt. Die hier vorgenommene Personalisierung verrät den Einfluß W. C. Smiths[42], was in der englischen Fassung der "Guidelines" noch deutlicher hervortritt: "Christians engaged in faithful 'dialogue in community' with people of other faiths and ideologies cannot avoid asking themselves pene-

---

Christliches ABC heute und morgen, Handbuch für Lebensfragen und Kirchliche Erwachsenenbildung, Bad Homburg 1978ff (Ergänzungslieferung Nr 2/1987), 131–169, hier 158.

[36] Gemeinsame Synode der Bistümer in der Bundesrepublik Deutschland. Beschlüsse der Vollversammlung. Offizielle Gesamtausgabe I, Freiburg 1976, 823.
[37] RH, Nr. 6.
[38] Vgl. ebd. Nr. 6.
[39] Nr. 13, a.a.O. 203.
[40] Nr. 21, ebd. 205.
[41] Nr. 21, ebd. 205.
[42] Vgl. dazu oben S. 118ff und 132ff.

trating questions about the place of these people in the activity of God in history. They ask these questions not in theory, but in terms of what God may be doing in the lives of hundreds of millions of men and women who live in and seek community together with Christians, but along different ways. So dialogue should proceed in terms of people of other faiths and ideologies rather than of theoretical, impersonal systems. This is not to deny the importance of religious traditions and their inter-relationships but it is vital to examine how faiths and ideologies have given direction to the daily living of individuals and groups and actually affect dialogue on both sides."[43] Diese Personalisierung dürfte zugleich aber auch Ausdruck der von Kandy und Zürich gewiesenen Richtung sein, die Lösung der Frage nach der theologischen Bewertung der nichtchristlichen Religionen im Dialog mit ihnen selbst zu suchen. Hier zeigt sich denn aber, daß man sich dabei wieder auf die dogmatischen Probleme zurückgeworfen sieht. In Chiang Mai wurden fünf Bereiche wachsender innerchristlicher Verständigung hinsichtlich dieser Probleme aufgezählt[44]:
- der Schöpfungslehre müsse neue Bedeutung zugemessen werden im Lichte des trinitarischen Gottesbegriffs und der Christologie;
- die christologische Debatte sei einzuordnen in die Frage nach dem Wesen und Handeln Gottes und der Lehre vom Heiligen Geist;
- Schrift und Tradition sollten verstärkt in die Reflexion der anstehenden Fragen einbezogen werden;
- die theologischen Probleme der innerchristlichen Ökumene müssen im Blick auf den interreligiösen Dialog mitberücksichtigt werden;
- "Das Streben nach einer gemeinsamen Basis darf nicht darin bestehen, daß die Religionen und Ideologien unserer Zeit auf den kleinsten gemeinsamen Nenner gebracht werden, sondern es ist die Suche nach dem, was in Geist und Leben nur in der tiefsten Tiefe menschlicher Erfahrung zu finden ist und in den verschiedenen Religionen mit verschiedenen Symbolen und Begriffen zum Ausdruck gebracht wird."[45]

Wie unsicher die bekundete Gemeinsamkeit jedoch ist, zeigen die im Anschluß daran genannten vier "andere(n) Fragen, in denen uns eine Einigung schwerer fiel und manchmal gar nicht gelang"[46]:
"- In welchem Verhältnis stehen Gottes universales Handeln in der Schöpfung und sein Heilshandeln in Jesus Christus zueinander?
- Sollen wir von dem Wirken Gottes im Leben aller Männer und Frauen nur mit der vorsichtigen Hoffnung sprechen, daß sie schon etwas von ihm

---

[43] Guidelines on Dialogue... a.a.O. 11.
[44] Vgl. Mildenberger, Denkpause im Dialog, A.a.O., 59
[45] Ebd., 59. Vgl. dazu die deutlich anders lautende Fassung dieses Punktes in den Guidelines: "...that the aim of dialogue is not reduction of living faiths and ideologies to a lowest common denominator, not only a comparison and discussion of symbols and concepts, but the enabling of a true encounter between those spiritual insights and experiences which are only found at the deepest levels of human life." Guidelines on Dialogue... a.a.O. 13.
[46] Mildenberger, Denkpause... a.a.O. 59.

verspüren werden, oder positiver von Gottes Selbstoffenbarung gegenüber den Menschen anderer Religionen und gegenüber denen, die ideologische Antworten auf die Probleme der Menschheit suchen?
- Wo finden wir in der Bibel Maßstäbe für unsere Haltung gegenüber Menschen anderer Religionen und Ideologien, die unsere gebotene Anerkennung der der Bibel von Christen aller Jahrhunderte zugesprochenen Autorität (wobei besonders Fragen zur Autorität des Alten Testaments für die christliche Kirche angemerkt werden müssen) sowie der Tatsache, daß unsere Gesprächspartner von ihren heiligen Büchern und Traditionen her andere Ausgangspunkte und Quellen haben, nicht ausschließen?
- Wie stellt sich das Wirken des Heiligen Geistes in biblischer Sicht und christlicher Erfahrung dar, und ist es richtig und nützlich, wenn wir das Wirken Gottes außerhalb der Kirche im Sinne der Lehre vom Heiligen Geist begreifen?"[47]

Diese vier in ihrer Beantwortung nach wie vor kontroversen Fragen erstrecken sich exakt auf die ersten drei Punkte (und z.T. auch auf den letzten), die zuvor als konsensfähig benannt wurden. Blickt man also genauer auf das "Ergebnis" von Chiang Mai, so ist es äußerst ernüchternd und läßt sich weitgehend auf die Formel bringen, daß man sich einig ist, jene Fragen weiter zu diskutieren, über die man sich uneinig ist. Es bleibt allein bei dem Bekenntnis zur Suche nach einer gemeinsamen Basis im interreligiösen Dialog und zur Beachtung seiner ökumenischen Implikationen – verständlich, wo doch die Kontroversen hinsichtlich ersterem die Einheit in letzterem gefährden.

Chiang Mai nennt darüber hinaus vier spirituelle Voraussetzungen, die zur Klärung der theologischen Bewertung nichtchristlicher Religionen erforderlich seien: a) sich nicht als Besitzer der göttlichen Wahrheit zu verstehen, sondern als "unwürdige Empfänger der Gnade", b) sich nicht aus arroganter Warte ein Urteil über andere anzumaßen (gewarnt wird hier auch davor, "Begriffe wie »anonyme Christen«, »christliche Gegenwart«, »unbekannter Christus« in einem Sinn zu verwenden, in dem sie von denen, die sie zu theologischen Zwecken geprägt haben, nicht gemeint waren, oder so, daß sie dem Selbstverständnis von Christen und anderen abträglich sind"[48]), c) das freudige Bekenntnis zu Jesus Christus und d) die Lauterkeit im Zeugnis und im Wunsch, auch die tiefsten Überzeugungen und Erkenntnisse der anderen kennenzulernen.[49]

An dieser Stelle hat der Text der "Guidelines" den von Chiang Mai um eine bedeutende Aussage erweitert. Er faßt diese vier spirituellen Voraussetzungen in dem Satz zusammen: "All these would mean openness and exposure, the capacity to be wounded which we see in the example of our Lord Jesus Christ and which we sum up in the word vulnerability."[50] Mit dieser

---
[47] Ebd. 59f.
[48] Ebd. 58.
[49] Vgl. ebd. 58f.
[50] Guidelines on Dialogue... a.a.O. 12.

Bemerkung wird, ebenso wie mit der Empfehlung Nr. 4[51], die Problematik einer theologischen Bewertung der nichtchristlichen Religionen an das im Kontext dialogischer Wechselseitigkeit aufbrechende Grundproblem interreligiöser Hermeneutik zurückgebunden. 1974 hatte H. J. Margull mit dem Aufsatz "Verwundbarkeit. Bemerkungen zum Dialog"[52] das entsprechende Stichwort eingebracht. Im interreligiösen Dialog mache der Theologe die Erfahrung: "Verwundet wird der universale Anspruch und vorerst auch die universale Intention seiner Theologie."[53] Es sei das hermeneutische Ethos des Dialogs, "daß der eine danach strebt, den anderen so zu verstehen, wie er sich selber versteht." Und: "An diesem Ethos hat auch der Dialog seine Verwundbarkeit."[54] Wo die hermeneutische Bemühung soweit vordringe, daß sie die universalen Ansprüche im Selbstverständnis anderer Religionen erkennt, komme es unvermeidlich zu jener tiefen Konfrontation mit dem universalistischen Anspruch und Selbstverständnis des Christentums, die es nach Margull auszuhalten gelte, was er im Anschluß an die von Gott selbst in Christus bezeugte "Verwundbarkeit" ebenso nennt.

In zwei weiteren Aufsätzen hat Margull diese Problematik vertieft.[55] Die von H. L. Goldschmidt gegen Martin Buber vorgetragene Kritik, daß dessen Denken nicht zu einer wirklich dialogischen Begegnung mit dem Mitmenschen führe, da dieser letztlich doch nur das Mittel der eigentlich und immer angestrebten Begegnung mit Gott bleibe, übernimmt Margull im Hinblick auf den Versuch, den interreligiösen Dialog von der Basis einer "Theologie der Religionen" her zu führen, da die anderen Religionen dabei in die eigene Struktur eingebaut und nicht um ihrer selbst willen gemeint würden.[56] "Theologie der Religionen" bleibe notwendig immer nur eine Aussage über das Christentum selbst. Allerdings werde im Dialog deutlich, daß dies ein Zug aller Religionen sei. "Wo, wie in jeder Religion, nach ihrem Selbstverständnis Wahrheit einzigartig und endgültig zum Ausdruck gebracht wird und lebt, liegt auf Grund der Unteilbarkeit von Wahrheit ein 'Absolutheitsanspruch' vor. Demgemäß steckt in jeder Religion ein Urteil über andere Religionen, das bei der Berührung mit diesen ohne oder mit Einschränkungen zur Formulierung kommt. In diesem Vorgang versteht sich jede Religion als universal, und sie hat sich damit, implizit oder explizit, in ihrem Zentrum als den Punkt begriffen, in dem alle Religionen zu ihrer Einheit kommen sollen und die Religionsgeschichte ihre Erfüllung finden wird."[57] Margull zieht daraus erstens die Konsequenz, daß man eine andere Religion nur im

---

[51] Vgl. oben S. 145 Anm. 17.
[52] In: Evangelische Theologie 34 (1974) 410-420.
[53] Ebd. 410.
[54] Ebd. 418.
[55] Vgl. H. J. Margull, Zu einem christlichen Verständnis des Dialogs zwischen Menschen verschiedener religiöser Traditionen, in: Evangelische Theologie 39 (1979) 195-211; und: ders., Der "Absolutheitsanspruch" des Christentums im Zeitalter des Dialogs, in: Theologia Practica 15 (1980) 67-75.
[56] Vgl. Margull, Zu einem christlichen Verständnis... a.a.O.
[57] Margull, Der "Absolutheitsanspruch"... a.a.O. 69.

Ernstnehmen ihres Absolutheitsanspruchs zu verstehen beginne, und zweitens - W. C. Smith nicht unähnlich - eine "Theologie der Religionen" in interreligiöser Gemeinsamkeit anzugehen sei.[58]

Heinrich Ott plädierte in seinem Beitrag zur Konsultation von Chiang Mai dafür, den Dialog nur mit einem "Minimalprogramm" an theologischen Voraussetzungen zu beginnen, das für ihn hauptsächlich in dem Bewußtsein der Allgegenwart Gottes besteht.[59] Während Ott bei der Formulierung dogmatischer Prämissen höchste Zurückhaltung geboten sieht, wünscht er sich größere Aufmerksamkeit für die hermeneutische Erhellung des dialogischen Prozesses: "Was geschieht im Dialog? Es begegnen sich nicht nur 'Standpunkte', sondern es begegnen sich 'Welten', 'Horizonte'. Die Hermeneutik spricht hier von 'Verstehenshorizonten'... Zwischen den Verstehenshorizonten besteht eine 'hermeneutische Differenz'... Diese hermeneutische Differenz zwischen den Zeiten, Kulturen usw. muß beachtet und bewußt gemacht werden, sonst kann der Dialog leicht zur Illusion werden, in unnötige Aporien geraten oder an einer nicht mehr sachgemäßen Starrheit der Standpunkte scheitern."[60] Eine mögliche Verständigung im Dialog bedinge daher eine "Horizontverschmelzung" (so Ott im Anschluß an Gadamer), "ein teilweises Zusammenwachsen der beiderseitigen Verstehenshorizonte", in dem eine gleichsam neue Welt entstehe, von der die Erschließung neuer theologischer Dimensionen zu erwarten sei.[61] Ott läßt jedoch offen, wie eine solche Horizontverschmelzung der zu beachtenden "hermeneutischen Differenz" gerecht werden soll und was auf theologischer Seite den Einstieg in den Horizont des Dialogpartners eröffnet. Im Hinblick auf eine christlich-buddhistische Hermeneutik etwa, erscheint - wie die Analysen der christlich-buddhistischen Religionsvergleiche gezeigt haben - auch noch sein am Gottesbegriff orientiertes theologisches "Minimalprogramm" allzuleicht als noch zuviel von jenem Hindernis geprägt, das den hermeneutischen Einstieg in die Denkweise des anderen blockiert.

Das Problem einer Begründung des interreligiösen Dialogs aus dem Reden Gottes - sowohl i.S. der "Samenkörner seines Wortes", die es aufzufinden gelte, als auch der Christusbegegnung, die im Hören auf den Andersgläubigen zu erwarten sei - bewegt sich in einer ähnlich paradoxen Situation, wie die Begründung des Dialogs aus dem Missionsauftrag.[62] Die Hoffnung beim Dialogpartner auf Zeugnisse des Wirkens Gottes zu stoßen, ist einerseits ein starkes Motiv für den Eintritt in den Dialog, ja kann diesen, wie in Kandy bekräftigt, auf die Ebene einer theologisch bedeutenden Erkenntnisquelle heben. Andererseits scheint damit aber geradezu die inklusivistische Verzerrung des vom anderen Gesagten vorprogrammiert zu sein.

---

[58] Vgl. ebd. 73.
[59] Vgl. H. Ott, Einander verstehen. Thesen und Bemerkungen zu Dialog, in: M. Mildenberger (Hg), Denkpause im Dialog... a.a.O. 35-38.
[60] Ebd. 36.
[61] Vgl. ebd. 37.
[62] Vgl. oben S. 143ff u. 150f.

Das Motiv der Öffnung für den anderen erscheint zugleich als unvermeidliche Selbstverschließung. Gehen Befürworter dialogischer Öffnung in der Regel von einer Wirksamkeit Gottes in nichtchristlichen Religionen aus und sehen daher die Möglichkeit, in theologisch relevanter Weise von nichtchristlichen Religionen zu lernen, so sind sie aus hermeneutischen Gründen damit gleichzeitig dem Verdacht ausgesetzt, gerade so der Eigenart des anderen nicht gewahr werden zu können. Dagegen können sich Vorbehalte gegen die Annahme eines Wirkens Gottes in und durch nichtchristliche Religionen seit Kraemer auf hermeneutische Akkuratesse berufen, womit jedoch nicht selten die Intention einer dialogischen Öffnung bekämpft wird. Gibt es einen hermeneutischen Weg, der die Verzerrung des anderen durch theologisch vorgegebene Interpretamente vermeidet, aber dennoch eine Öffnung ermöglicht, die auch in theologischer Hinsicht Lernbereitschaft zuläßt und so der Wechselseitigkeit des Dialogs Rechnung trägt, und wenn ja, was kann die Basis dieses Weges sein? Dies ist die Zentralfrage, in der sich die hermeneutischen Implikationen der theologischen Begründungsfelder des interreligiösen Dialogs zuspitzen. Begründet man den Dialog aus seiner säkularen Notwendigkeit - also aus der vom Evangelium herrührenden Verpflichtung zum Engagement für Frieden und Versöhnung -, so stellt sich die Frage nach dem Heils- und Unheilsverständnis nichtchristlicher Religionen, von dem sich ihre Sicht der säkularen Probleme herleitet, und nach der Möglichkeit ihrer Vereinbarung mit der christlichen Perspektive. Kann man sich der im Dialog erforderlichen Wechselseitigkeit so öffnen, daß eine Lern- und Veränderungsbereitschaft gegenüber der Botschaft anderer Religionen erklärt werden kann, ohne dadurch Verrat am eigenen Sendungsauftrag zu üben? Hofft man aber in ihrer Botschaft die Stimme dessen zu hören, von dem man sich selbst gesandt glaubt, so stellt sich die Frage, ob dann überhaupt noch richtig gehört wird. Und auch wenn der Dialog allein gesucht wird, um durch das in ihm zu gewinnende bessere Verständnis des anderen eine gezieltere Verkündigung des Evangeliums zu ermöglichen, bleibt die Frage bestehen, ob die eigene religiöse Überzeugung überhaupt Grundlage sein kann, den anderen entsprechend seiner Überzeugung zu verstehen.

Anhand der Untersuchung des Buddhismusbildes in einer Reihe von Ansätzen zum Dialog mit dem Buddhismus gilt es nun zu prüfen, inwieweit der Dialog gegenüber der monologischen Methode des Religionsvergleichs zu einem Fortschritt im christlichen Verständnis der buddhistischen Heilsbotschaft geführt hat und ob sich in ihnen ein hermeneutischer Weg abzeichnet, auf dem zumindest für den Fall des christlich-buddhistischen Dialogs eine Lösung der sich auf christlicher Seite stellenden hermeneutischen Probleme des interreligiösen Dialogs erreichbar erscheint.

2. DIALOG MIT DEM THERAVADA-BUDDHISMUS

2.1 Doktrinäre Divergenzen und funktionale Konvergenzen (W. King)

Die persönliche Erfahrung der hermeneutischen Barrieren christlich-buddhistischer Kommunikation während eines zweijährigen Aufenthaltes in Burma war für Winston King, nach seiner eigenen Auskunft, der Anlaß, nach Verständnisbrücken zu suchen, die einen Dialog über zentrale Inhalte beider Religionen ermöglichen.[1] Dieser sei prinzipiell nur dann möglich, wenn weder eine völlige Disparatheit noch eine fundamentale Identität postuliert, sondern die Aufmerksamkeit auf Unterschiede *und* Ähnlichkeiten gerichtet werde.[2] Auf diesem Wege umfasse die dialogische Bemühung zwei Aufgaben: das Verstehen der Struktur der entgegengesetzten Glaubensinhalte ("How can the living structure of the opposing faith be truly understood?") und das Zueinander-in-Beziehung-Setzen der entsprechenden Kernpunkte des Glaubens ("How can its centers of significance be truly related to the corresponding centers in one's own faith?").[3]

King geht zunächst von den üblichen Kontrastierungen aus, die sich in den von westlichen Autoren durchgeführten christlich-buddhistischen Religionsvergleichen entwickelt haben: Hier die Personalität des heiligen Gottes, dort das impersonale Kausalgesetz; hier die Personalität des Menschen, dort die Leugnung von Seele und Person; hier das Verständnis des Unheils als Schuld, dort das Verständnis des Unheils als Nicht-Wissen; hier die Erlösung durch Glaube und Buße, dort die Erlösung durch Erkenntnis; hier die Erlösung aus Gnade, dort die Selbsterlösung; hier der Weg des Gebets, dort der Weg der Meditation; hier das Heilsziel einer Gemeinschaft der Individuen mit Gott, dort die Auflösung des einsamen Individuums im impersonalen Nirvâna; hier die Sinn- und Zweckhaftigkeit der Welt als Schöpfung Gottes, dort die Sinn- und Zwecklosigkeit der Welt als eines seelenlosen Ablaufs samsârischer Prozesse; hier aktive, involvierte und konkrete Nächstenliebe, dort Loslösung und gleichmütiges Wohlwollen.[4] Trotz einiger Vorbehalte interpretiert King den Buddhismus - ganz in der Tradition der westlichen Religionsvergleiche - als Negation all dessen, was im Christentum affirmiert wird: "Simply, and somewhat inaccurately, it may be put thus: Christianity affirms and Buddhism denies... Buddhism denies God, the reality of the human soul, the meaning of the historical and natural order, and seaks a nonindividual detachment as its highest good."[5]

---

[1] Vgl. W. King, Buddhism and Christianity. Some Bridges of Understanding, London 1963, 7-11.
Eine ausführlichere Schilderung seiner Erfahrungen in Burma gibt King wieder in: Ders., A Thousand Lives Away. Buddhism in Contemporary Burma, Oxford 1964.
[2] Vgl. King, Buddhism and Christianity... a.a.O. 9.
[3] Ebd. 27.
[4] Vgl. ebd. 19-26.
[5] Ebd. 26.

King, der grundsätzlich die Gültigkeit dieser Kontraste voraussetzt, sucht nun in seinem Ansatz durch den Aufweis funktionaler Konvergenzen die doktrinären Divergenzen zu überbrücken. So stellt er fest, daß der Buddhismus (hier der Theravâda-Buddhismus) trotz seiner Gegensätzlichkeit zum Christentum mit Recht eine Religion genannt werden könne, da er eine transzendente Realität verkünde und eine letztgültige Erlösung lehre.[6] Um die nähere Charakterisierung dieser beiden Momente und ihrer Implikationen dreht sich seine ganze Darstellung.

Nirgendwo, so King, lasse sich das Wesen des Buddhismus aus christlicher Sicht leichter mißverstehen, als im Hinblick auf die Folgen seiner Leugnung Gottes, da nach christlicher Auffassung die Leugnung Gottes notwendig zu einer Auflösung der Welt in einen rein mechanischen Prozeß führe, in dem das Leben sinnlos werde und eine Ethik nicht mehr etablierbar sei. Doch von seiner Selbstrepräsentation her sei klar, daß der Buddhismus kein Materialismus sei und sowohl Hoffnung als auch Ethik lehre. Da im Christentum der Materialismus durch die Gottesidee ausgeschlossen ist und Hoffnung und Ethik von ihr her bestimmt sind, schließt King, daß jene Lehreinheiten des Buddhismus, die hier den Materialismus verhindern und Hoffnung wie Ethik begründen, als die dem christlichen Gottesbegriff funktional entsprechenden Äquivalente angesehen werden könnten.[7] King erkennt also einerseits exakt jenen Mechanismus der hermeneutischen Engführung, der für die christlich-apologetischen und einen Teil der phänomenologischen Religionsvergleiche charakteristisch ist: den Sinnzusammenhang der buddhistischen Lehren ausgehend vom Fehlen der christlichen Gottesidee und den Konsequenzen, die ein solches Fehlen im christlichen Sinnzusammenhang hätte, zu interpretieren. Und King scheint jene buddhistischen Selbstaussagen, die sich einer solchen Einordnung widersetzen, ernstnehmen zu wollen. Doch dadurch, daß er andererseits deren buddhistische Begründungselemente wiederum mit der christlichen Gottesidee parallelisiert, setzt er eine strukturelle Identität im Lehrgefüge beider Systeme voraus, die, wie im folgenden zu zeigen ist, erneut zu einer Verzerrung des buddhistischen Sinnzusammenhangs durch die christliche Perspektive führt und zumindest teilweise wieder in die klassischen Defizienz-Vorwürfe mündet.

Nach King sind die im Hinblick auf eine Vermeidung des Materialismus und eine Begründung von Hoffnung und Ethik sinnstiftenden und daher der christlichen Gottesidee zu parallelisierenden Momente des Buddhismus *1. der Dharma* (pâli: dhamma, i.S. der kosmischen Ordnung und der diese entschlüsselnden Lehre Buddhas), *2. das Karma* (pâli: kamma, i.S. eines moralischen Weltgesetzes von King als ethische Untereinheit des Dharma verstanden), *3. der Buddha* (ohne dessen Verkündigung nach King eine Erlösung unmöglich wäre) und *4. das Nirvâna* (pâli: nibbâna, i.S. einer absoluten Transzendenz, Realität und Erfüllung). Das Nirvâna zeige aufgrund seiner Charakteristika der völligen Andersartigkeit, der absoluten Realität und des

---
[6] Vgl. ebd. 28ff.
[7] Vgl. ebd. 34-38.

beseligenden Heilszieles die stärkste Ähnlichkeit mit dem christlichen Gottesbegriff, allerdings nur mit den von der christlichen Mystik hervorgehobenen Zügen desselben. Zumindest teilweise repräsentierten die übrigen Elemente – Dharma, Karma und Buddha – jedoch auch andere Züge und Bereiche christlicher Gotteserfahrung, die über das rein mystische Verständnis hinausgehen, wie etwa Geschichte, Lehre und Moral.[8] Obwohl der Buddhismus mit seiner Leugnung Gottes auch die Gnade verneine, erfülle jener vierfache Lehr-Komplex in gewisser Weise auch Funktionen, die dem christlichen Gnadenverständnis ähnlich sind. So seien gnadenhafte Elemente etwa Buddhas Entschluß, den Dharma zu verkünden, die dem Karma-Gesetz inhärierende Möglichkeit einer Befreiung aus den Folgen üblen Karmas und vor allem die nicht selbstgeschaffene Möglichkeit einer letztgültigen Erlösung.[9]

Bei all diesen Ähnlichkeiten zwischen dem christlichen Gottesbegriff und seinem funktionalen, buddhistischen Äquivalent, dem Dharma-Karma-Buddha-Nirvâna-Komplex, gibt es nach King zwei folgenschwere Unterschiede: Erstens besitze dieser vierfache Komplex im Gegensatz zur christlichen Gottesidee keine innere Wesenseinheit, und zweitens kenne der Buddhismus keine funktionale Entsprechung für das Schöpfersein Gottes.[10] Dadurch entkomme der Buddhismus zwar dem christlichen Theodizee-Problem, indem er das Problem des Übels getrennt von der Nirvâna-Lehre der Karma-Lehre zuordne, gleichzeitig aber zerfalle ihm der einheitliche Zweck der Welt: "There is the world of ordinary moral virtue and social action, but it is seperated from the world of ultimate spiritual worth (Nirvana) as by a chasm; the lesser and the higher goods have no integral relation to each other. Thus in the end the lack of an integral God-concept atomizes the Buddhist world..."[11] In diesem Zitat zeigt sich deutlich, daß auch King nun wiederum den Buddhismus vom Fehlen christlicher Elemente her interpretiert. Ist es jetzt nicht mehr das Fehlen der Gottesidee selbst, das die Interpretation leitet, so ist es nun das Fehlen gewisser Züge derselben (ähnlich wie dies oben für Mensching und Kenntner festgestellt werden konnte, wo es vor allem das Fehlen der personalen Züge war, das als konstitutiv für den buddhistischen Sinnzusammenhang angesehen wurde[12]), hier das Fehlen eines *einheitlichen* Gottesbegriffs. Von dort her bestimmt King nun das buddhistische Weltverhältnis und kommt in diesem Punkt wieder zur Bestätigung der alten Kontrast-Schablonen. Die Divergenz zwischen Christentum und Buddhismus sei darin am größten, so King, daß christliches Heilsstreben sich in Weltzugewandtheit artikuliere, während das buddhistische Heilsstreben gerade die Überwindung der Weltzugewandtheit anstrebe. Grund dafür ist nach King eben das Fehlen einer Einheitlichkeit des Gottesbegriff bzw. seines vierfachen Äquivalents im Buddhismus, denn während im Christentum Gott der Schöpfer und zugleich der Erlöser sei, sei im Buddhismus

---

[8] Vgl. ebd. 34-63.
[9] Vgl. ebd. 204-227.
[10] Vgl. ebd. 62f.
[11] Ebd. 63.
[12] Vgl. oben S. 79ff, 90ff und 106.

das Nirvâna die Befreiung vom Karma. Die Art, in der King mit dem Gottesbegriff bei seiner Buddhismus-Interpretation operiert, läßt ihn folglich zu dem Urteil kommen, daß überall dort, wo nicht das Weltverhältnis im Vordergrund stehe, die doktrinären Gräben zwischen Buddhismus und Christentum irgendwie überbrückbar seien, in der Frage des Weltverhältnisses jedoch, die in der Frage nach dem zwischenmenschlichen Verhältnis zum Nächsten kulminiere, die Wege unversöhnlich auseinanderklafften.[13]

Nach King ist der buddhistische Kosmos durch das Fehlen eines einheitlichen Gottesbegriffs in zwei getrennte Heilsordnungen aufgesplittet: "... the nonnatural, nontemporal, nonethical, nonhistorical order of Nirvana (and the way to it) und the natural, temporal, ethical, and historical order of dharma-karma (and the way to better rebirths). One pays his currency of ethical-historical actions or of meditative detachment and takes his choice."[14] Während das an der Welt interessierte Handeln, die ethisch positive Tat, nur zu besserer Wiedergeburt, nicht aber zur Erlösung führe, verlange das Streben nach dem Nirvâna statt der sittlichen Handlung die meditativ herbeigeführte Loslösung, die King als Negation aller weltlichen Ziele und Werte, seien sie gut oder böse, versteht. Der Dharma-Karma-Weg sei der Weg des buddhistischen Laien, der Nirvâna-Weg der des Mönchs.

Der eigentliche Grund für die Wiedergeburt besteht King zufolge in dem Verlangen nach individualisierter Existenz. Da in Wirklichkeit kein "Ich" existiere, sei dieses Verlangen zugleich Ausdruck von Unwissenheit. In Wahrheit gebe es nur karmische Prozesse einzelner Daseinsfaktoren, jedes scheinbare Individuum sei für den Buddhismus in Wirklichkeit nur ein Strom kontinuierlicher geistig/materieller Kausalabläufe, jedes Wesen das Produkt zurückliegender eigener karmischer Handlungen. Der Buddhist verstehe das Universum als eine Ansammlung solcher Ströme, die in ihrer kausalen Eigendynamik völlig voneinander getrennt seien. Die Existenz in der samsârischen Welt gelte als leidvoll, und da alle Existenz individuell ist, sei die Individualität das eigentliche Übel. Solange man Mensch, solange man Individuum ist, könne man dem Leiden nicht vollständig entrinnen.[15] Auch der buddhistische Heilige, der Arahat, erfahre, obwohl sein Leben in gewisser Weise als "nirvânisch" bezeichnet werde, die Befreiung des Nirvânas nur für jeweils kurze Momente in überindividuellen Zuständen tiefster Versenkung.[16]

---

[13] Diese These zieht sich durch das ganze Buch hindurch. Besonders deutlich etwa 202f.
[14] Ebd. 60.
[15] Vgl. ebd. 117.
[16] Vgl. ebd. 50, 167 u. 225. In seiner späteren Studie, Theravâda-Meditation: The Buddhist Transformation of Yoga (Pennsylvania State University-London 1980) hat King diese Position korrigiert. Dort führt er aus, daß mit der Erleuchtung das Nirvâna erreicht wird, der Heilige fortan im Nirvâna lebt und kein qualitativer Unterschied zum nachtodlichen Nirvâna besteht (vgl. ebd. 24). Es gibt jedoch innerhalb der pâli-kanonischen Schriften auch eine Tradition, die bisweilen den Höhepunkt der

So gewinnt der von King postulierte Unterschied zwischen dem Laien-Weg der Dharma-Karma-Ordnung und dem Mönchs-Weg der Nirvâna-Ordnung an Kontur. Wenn der Laie sittlich gute Werke verrichte, unterliege er darin dem falschen Glauben an die Personalität. Er diene einem vermeintlichen Individuum, das es in Wirklichkeit nicht gibt. In seinem sittlichen Tun setze er die Möglichkeit von wechselseitiger Hilfe voraus, die illusionär sei, da jedes "Individuum" in Wahrheit ein von anderen völlig getrennter Strom karmischer Eigenkausalität sei. So helfe der in positiver Sittlichkeit lebende Laie nur sich selbst, indem er sein eigenes Karma verbessere, bleibe jedoch wegen der der Sittlichkeit inhärierenden Unwissenheit an die Wiedergeburt gefesselt. Wenn Buddhisten Liebe praktizierten und konkrete Hilfeleistung, was nach King durchaus häufig anzutreffen sei, so geschehe dies nicht nur wegen ihres Glaubens (des Glaubens an karmische Verdienste), sondern auch *trotz* ihres Glaubens (der Leugnung einer Person).[17] Denn: "Buddhism's depreciation of the worth and reality of human, space-time, physicomental individuality has subtly undermined most expressions of human mutuality. For if there is no truly ultimate self, if space-time individuality is an evil and a burdon to be escaped, if the world order in which man lives is neutrally impersonal and purposeless, then wherein lies the motivation for deeply mutual human relationships or for effective social and historical action?"[18] Daher fehle dem Buddhismus ein echter Sinn für die menschliche Gemeinschaft, und Mönchsorden wie Laiengemeinde seien nicht als religiöse Größen anzusehen.[19] Positive sittliche Taten würden vom Buddhismus gering geschätzt und soziales Engagement besitze keine echte Grundlage in der buddhistischen Lehre[20], auch wenn der buddhistische Modernismus eine solche behaupte[21], und die Geschichte des Buddhismus bisweilen ein Interesse an sozialen Fragen zeige.[22] So holt King zu einem Urteil aus, das angesichts des buddhistischen Anspruchs, den Weg zur Beseitigung des Leides zu leh-

---

    yogischen Versenkungsstufen (arûpa-jjhâna) als "Nirvâna" bezeichnet. Dieser Zustand ist freilich nur von vorübergehender Dauer. Sowohl die Identifikation dieser Versenkungsstufe mit dem Nirvâna als auch diese Versenkungsform selbst werden im Pâli-Kanon jedoch ambivalent beurteilt.

[17] Vgl. ebd. 93.
[18] Ebd. 94.
[19] Vgl. ebd. 94f. King kommt also durch eine ähnlichen Argumentation wie de Kretser zu den gleichen Ergebnissen. Zu deren fundierter Zurückweisung vgl. besonders die oben wiedergegebenen Ausführungen von Yu (vgl. oben S. 95f). Kings in diesem Zusammenhang erhobene Behauptung, daß der Einsiedler das wahre Ideal des buddhistischen Mönchstums bilde, erscheint ebenso aus der Luft gegriffen wie die Behauptung, dem Orden komme kein religiöser Wert zu. Es zeigt sich hier, daß auch King also wiederum unter dem Druck der von christlichen Voraussetzungen her gezogenen Konsequenzen den buddhistischen Text-Befund übergeht, wie etwa die nun wirklich nicht zu übersehende religiöse Bedeutung, die der Gemeinschaft dadurch zukommt, daß sie zu den drei Größen gehört, zu denen der Buddhist seine Zuflucht erklärt!
[20] Vgl. ebd. 95ff.
[21] Vgl. ebd. 60, 97 u. 134f.
[22] Vgl. ebd. 99.

ren, nicht anders als in einem völlig vernichtenden Sinn verstanden werden kann: "(Buddhism) has in reality evaded the problem of suffering, of which it speaks so fluently, by discounting the worth and reality of the individual and by refusing to deal directly with the problems of that individuality and its personal misery."[23] Der den Weg zum Nirvâna gehende Mönch sei aufgrund der Einsicht in die karmische Getrenntheit der Wesen nicht bereit, sich auf das Leiden anderer einzulassen, da ihn dies in die Gefahr bringe, erneut in weltliche Verstrickung abzusinken.[24]

King referiert in seiner Darstellung eine ganze Reihe buddhistischer Selbstaussagen, die in fundamentalem Widerspruch zu seinen zentralen Thesen stehen, ohne jedoch auf diese Widersprüchlichkeit einzugehen.
Im Widerspruch zu seiner These, daß den Mönch die Einsicht in die unüberwindbare Getrenntheit der Wesen leite, steht etwa Kings Feststellung, daß die Entfaltung des Bewußtseins, nach der der Mönch strebe, alle Individualität zu übersteigen und die Einheit mit allen Wesen zu erreichen suche. Der Heilige, so referiert King zutreffend das buddhistische Selbstverständnis, "...becomes unable to distinguish between the welfare of another and that of himself; they are absolutely one, without the slightest clinging of preferential emotion to 'self' or 'other self'. Thus are all the walls of seperating selfhood broken down in the experience and knowledge of those Super-Selves, the arahats and Buddhas."[25]
Im Hinblick auf die nach King ja besonders für den Nirvâna-Weg entscheidende Meditation, referiert er die buddhistische Tradition, daß die Anleitung durch einen spirituellen Führer für den Erfolg der Meditation von höchster Wichtigkeit sei[26], was im Widerspruch zu der These Kings steht, der Buddhismus lehre die völlige karmische Getrenntheit der Wesen, die eine wechselseitige, hilfreiche Einflußnahme verunmögliche.
In einer beiläufigen Bemerkung am Ende seines Buches erwähnt King, daß der Weg der Karma-Verbesserung und der Weg zum Nirvâna nach buddhistischer Auffassung nicht völlig getrennt seien, da die Taten, wenn sie im Hinblick auf das nirvânische Heilsziel ausgeführt werden, nicht nur eine gute Wiedergeburt bewirken, sondern auch näher zum Nirvâna führen.[27] Aber auch hier reflektiert King nicht auf den Widerspruch dieser Feststellung zu seiner Zentralthese von der unüberbrückbaren Getrenntheit des Dharma-Karma-Weges und des Nirvâna-Weges.

In sich widersprüchlich und schillernd bleibt denn auch Kings Schilderung des Verhältnisses von Liebe (mettâ) und Gleichmut (upekkhâ) im Buddhismus. Während "mettâ" gemeinsam mit "karunâ" (Mitleid) und "muditâ" (Mitfreude) stärkste Ähnlichkeiten mit der christlichen Liebe zeige, sei der

---

[23] Ebd. 102.
[24] Vgl. ebd. 133 u. 202.
[25] Ebd. 194.
[26] Vgl. ebd. 159f.
[27] Vgl. ebd. 223f.

Gleichmut auf das Weiteste von ihr entfernt.[28] Zwar besitze "mettâ" unverkennbar eine universalistische, die individuellen Abgrenzungen überwindende Tendenz[29], doch ihre Überbietung durch den letztlich angestrebten Gleichmut mache deutlich, daß das Ideal im Desinteresse am Wohlergehen des anderen und dem alleinigen Interesse am eigenen geistlichen Erfolg bestehe.[30] Was aber, so fragt man sich unwillkürlich, soll die universalistische Ausweitung, wenn das Ziel darin besteht, sie wieder in den Individualismus zurückzuführen? Der Widerspruch ergibt sich allein aus Kings von christlichen Voraussetzungen her gezogenen Konsequenzen, denn, so King, die faktische Egozentrik sei zwar vom Buddhismus nicht gewollt – dieser bezeuge sehr wohl ein Wissen um das geistliche Übel der Egozentrik –, aber sie sei eben doch die unvermeidliche Konsequenz aus der Einsicht in die karmische Isolation der Wesen. Aber diese "Einsicht" ist eben eine von King dem Buddhismus unterstellte, die aus der von Kings christlichen Voraussetzungen her ebenfalls unterstellten Trennung des Dharma-Karma-Weg vom Nirvâna-Weg abgeleitet ist. Zwischen den Konsequenzen seines hermeneutischen Ansatzes und dem Befund buddhistischer Selbstaussagen hin- und herpendelnd, urteilt King schließlich über das buddhistische Liebesverständnis im Vergleich zum christlichen: "If Christian love might be described as spontaneously and intensely personal in spirit, practical and direct in its expression, historically and socially minded in viewpoint, Buddhist loving-kindness must be described as systematic and calculated, indirect and impersonal, and atomistically individualistic"[31], während er an anderer Stelle eben gerade den universalistischen, die individualistischen Abgrenzungen überschreitenden Charakter der "mettâ" referiert.

Nach King kann der Christ jedoch auch einiges von der buddhistischen Anhaftungslosigkeit lernen. Nicht selten verberge sich hinter den christlichen "Liebes-Werken" eine massive und bisweilen auch aggressive Selbstsucht.[32] Im Streben nach der Überwindung egozentrischer Motivationen, die von Christentum und Buddhismus als Hindernis wahrer Spiritualität angesehen würden, wisse man sich einig.[33] Trotz der Unversöhnlichkeit in der Terminologie (christlicher Personalismus gegen buddhistische Ich-Losigkeit) gebe es eine hinter der Terminologie liegende, beiden gemeinsame Erfahrungsqualität, indem der Heilige als jemand erlebt werde, der das Selbst leugne im Interesse einer positiv gedachten geistlichen Freiheit.[34] Indem der Buddhismus sich trotz seines Individualismus der geistlichen Gefahr der Selbstbezogenheit bewußt bleibe, etabliere er das "Paradox der Paradoxe",

---

[28] Vgl. ebd. 80.
[29] Vgl. ebd. 166.
[30] Vgl. ebd. 80ff. Siehe dazu die exakt umgekehrte – und sich mit dem textlichen Befund deckende – Interpretation durch Nakamura, derzufolge der Gleichmut gerade das Desinteresse am eigenen Wohlergehen ausdrückt (vgl. oben S. 93).
[31] Ebd. 91.
[32] Vgl. ebd. 101 u. 199.
[33] Vgl. ebd. 195.
[34] Vgl. ebd. 163ff u. 195.

die Überwindung des Selbst durch das Selbst und die letzte Verwirklichung der Freiheit durch das Verlöschen des Selbst im transzendenten Nirvâna. Negative Zerstörung des Selbst und positive Vervollkommnung des Selbst seien für den Buddhismus somit letztlich identisch[35], das Nichts des Nirvânas zeige sich als Fülle und offenbare seinen Gnadencharakter als Garant von Freiheit und Erlösung zugleich.[36]

Daher seien die buddhistischen Wege zur geistlichen Freiheit, die Erkenntnis und die Meditation, nicht reine Gegensätze zu denen des Christentums, dem Glauben bzw. der Umkehr und dem Gebet, sondern es fänden sich partielle Übereinstimmungen. So verstehe etwa der Buddhismus die Erkenntnis nicht als einen rein intellektuellen Vorgang, sondern als eine Form ganzheitlicher existentieller "Realisation".[37] Das christliche Bittgebet sei durch die Entwicklung des naturwissenschaftlichen Weltbildes in eine ernste Krise geraten, und man sei heute auf christlicher Seite geneigt, die Wirkungen des Bittgebetes allein als positive Rückwirkungen des Gebetsvollzugs auf den Beter zu verstehen. Darüber hinaus gewinne die mystische Tradition des Christentums mit ihrer tiefen Skepsis gegen jedes Bittgebet und ihrer Auffassung von der schweigenden Anbetung als der höchsten Form des Gebetes zunehmend an Aufmerksamkeit, so daß man von einer Annäherung an zentrale Elemente des buddhistischen Verständnisses der Meditation und ihrer Praxis sprechen könne.[38]

Kings Versuch, die "Gräben" zwischen Buddhismus und Christentum zu überbrücken, bleibt gegenüber den westlichen Religionsvergleichen, in denen die "Gräben", auf die King sich bezieht, erst so konstruiert wurden, auf halbem Wege stehen. Sein Ansatz ist insgesamt noch sehr der vergleichenden Methodik verwandt, was bereits daran deutlich wird, wie er die hermeneutischen Ausgangsaufgaben stellt.[39] So überwindet er die hermeneutische Engführung der westlichen Religionsvergleiche, den Buddhismus aus dem Fehlen des Gottesbegriffs heraus zu verstehen, nur zum Teil. Indem er nach einem Äquivalent des Gottesbegriffs sucht, dieses jedoch nicht findet, greift er auf verschiedene Funktionsträger buddhistischer Soteriologie und Ethik zurück. Bei der unterschwellig angenommenen Strukturparallelität beider Religionen (und darin liegt die entscheidende Ähnlichkeit zur religionsvergleichenden Methodik) ergibt sich dann der Kontrast, daß das sinnstiftende Zentrum des jeweiligen Systems im Christentum ein einheitliches (Gott), im Buddhismus hingegen ein aufgesplittertes (der Dharma-Karma-Buddha-Nirvâna-Komplex) sei. Von diesem Kontrast her folgert King dann seine Zentralthese einer scharfen Trennung zwischen dem Laien- und dem Mönchs-Weg, die schließlich in dem vernichtenden Urteil gipfelt, der Buddhismus sei entgegen seinem Anspruch dem Problem des Leides ausgewichen. Was King dann noch an positiven Dialogmöglichkeiten retten will, bleibt eigenartig

---

[35] Vgl. ebd. 194ff.
[36] Vgl. ebd. 167f.
[37] Vgl. ebd. 129f.
[38] Vgl. ebd. 149ff u. 169ff.
[39] Vgl. oben S. 172f.

widersprüchlich gegenüber seiner Grundthese. Das Versäumnis Kings besteht darin, daß er trotz seiner Erkenntis der Gefahren eines hermeneutischen Ansatzes in der Buddhismusinterpretation bei der Gottesidee nicht konsequent genug einen anderen Ansatz gesucht hat. Geradezu paradigmatisch für diese Inkonsequenz Kings ist eine kleine Bemerkung, die er im Zusammenhang mit der buddhistischen Wiedergeburtslehre macht. King führt aus, daß durch die Wiedergeburtslehre der Buddhismus im Vergleich zum Christentum die Tiere enorm aufwerte, da sie prinzipiell auf eine Ebene mit dem Menschen gestellt würden. Gleichzeitig werde dadurch aber auch der Mensch abgewertet: "For just as animals are ex-men, so men are only ex-animals."[40] Was dieses Argument auf den ersten Blick so einleuchtend erscheinen läßt, ist die hermeneutisch unzuläßige Interpolation christlicher Voraussetzungen in den buddhistischen Sinnzusammenhang. Wenn man, wie im Christentum, eine essentielle Dichotomie von Mensch und Tier voraussetzt, erscheint es im Vergleich dazu als Abwertung des Menschen, in ihm *nur* ("only"!) Ex-Tiere zu sehen. Wenn man diese Dichotomie jedoch nicht voraussetzt, wenn also, wie im Buddhismus, kein prinzipieller Unterschied zwischen Mensch und Tier angenommen wird[41], dann ist die Frage, ob hier im Vergleich zum Christentum eine Abwertung des Menschen vorliege, ebenso wie die Frage, ob es sich um eine Aufwertung des Tieres handle, nicht dadurch entschieden, daß Tiere als Ex-Menschen und Menschen als Ex-Tiere verstanden werden. Sie wäre nur zu klären durch einen Vergleich jener Werte, die in beiden Religionen jeweils konkret dem Mensch und dem Tier beigemessen werden. In gleicher Weise kommt King durch die Interpolation christlicher Voraussetzungen (nämlich, daß nur ein einheitlicher Gottesbegriff einen einheitlichen Weltzweck gewährleiste) zu seiner Hauptthese einer radikalen Trennung von Laien- und Mönchsweg.

Gegen diese These, die King auch in seiner 1964 erschienen Studie zur Theravâda-buddhistischen Ethik vertreten hat[42] (dort jedoch ohne den Vergleich zum Christentum zu ziehen), hat sich in scharfer Kritik H. Aronson gewandt.[43] Aronson, der die Bedeutung des christlichen Hintergrundes für die Genese von Kings These nicht beachtet[44], wirft diesem zu Recht vor, seine Auffassung nicht durch die erforderlichen buddhistischen Textbelege

---

[40] Vgl. ebd. 87.
[41] Zwar kennt der Buddhismus einen Unterschied von Mensch und Tier, doch ist dieser nicht als essentieller gedacht, sondern bezieht sich auf die Chancen zur Erlösung. Nur in menschlicher Existenzform können die Wesen zu Lebzeiten die Erleuchtung erreichen, nicht jedoch als Tier oder in irgendeiner anderen Existenz.
[42] W. King, In the Hope of Nibbana. An Essay on Theravada Buddhist Ethics, LaSalle: Illinois 1964.
[43] H. B. Aronson, Love and Sympathy in Theravâda Buddhism, Delhi 1980. Aronson wendet sich auch gegen M. Spiro, der in dieser Hinsicht die gleiche These wie King vertreten hat.
[44] Aronson bezieht sich nur auf Kings "In the Hope of Nibbana". "Buddhism and Christianity" wird von ihm nicht erwähnt und findet sich auch nicht im Literaturverzeichnis.

gestützt zu haben.⁴⁵ Gegen King kommt Aronson auf der Basis einer intensiven Prüfung der pâli-kanonischen Schriften sowie der theravâdischen Kommentarliteratur zu dem Ergebnis: "The division of Theravâda-Buddhism into nibbanic and kammatic Buddhism is doctrinally unfounded."⁴⁶

Aronsons Argumentation bezieht sich auf drei Themenkreise:
1. den Zusammenhang von Karma, Anhaftungslosigkeit und Altruismus,
2. den Zusammenhang von Güte und Gleichmut und
3. die Verbundenheit aller Wesen.
Damit sind die zentralen Bereiche berührt, auf die sich Kings These erstreckt.

Nach Aronson ist Anhaftungslosigkeit eine innerere Qualität, die weder konkrete Handlungen für andere, noch ein Interesse am anderen ausschließt. Diese Konzeption sei gerade das Spezifikum der buddhistischen Karma-Lehre. Denn sie erkläre, wie das Wirken Buddhas zum Heil aller Wesen *nach* seiner Erleuchtung noch möglich ist, ohne daß er dadurch in neue karmische Anhaftung verfalle.⁴⁷ Die Anhaftungslosigkeit beziehe sich auf eine Gesinnungsqualität, die die Art der Taten bestimme, und bedeute nicht den Verzicht auf tätige Liebe. "Though Gotama adviced people to give up unwholesome involvement with others through attachment or hatred, he prescribed wholesome concern and activity for others."⁴⁸ Da die heilsamen Absichten des Erleuchteten keine unheilsame Anhaftung mehr enthalten, sind sie auch nicht mehr "karmisch", so daß seine Taten keine neue Wiedergeburt zur Folge haben. Nach Aronson bezeugen die Texte, daß es einen kontinuierlichen Übergang gibt von den noch anhaftenden Intentionen und den ihnen entsprechenden Taten, die Wiedergeburt erzeugen, über ihre Reinigung von allen anhaftenden (= egozentrischen) Motiven bis hin zu ihrer Vervollkommnung in der Verwirklichung der Erleuchtung, dem Nirvâna.⁴⁹

Nach Aronson darf der zur Erleuchtung führende Weg der Erkenntnis und Meditation nicht von der Ethik abgesondert werden. Vielmehr stehen Erkenntnis, Meditation und Sittlichkeit (paññâ, samâdhi und sîla), die drei Prinzipien des Achtfachen Pfades, in einem engen, einander wechselseitig begünstigenden Zusammenhang.⁵⁰ Die in der Meditation entfalteten Qualitäten von Güte und Gleichmut widersprechen nicht einander, sondern ergänzen sich und sind beide gleichermaßen in die Praxis umzusetzen.⁵¹ "Love, compassion, and sympathetic joy enrich the practitioner's sympathy for others;

---

⁴⁵ Vgl. Aronson, Love and Sympathy... a.a.O. 2.
⁴⁶ Vgl. ebd. 79. Dieser Trennung des Buddhismus in einen "karmischen" Laienbuddhismus und einen "nirvânischen" Mönchsbuddhismus hat auch H. Bechert in seinem Dialog mit H. Küng widersprochen (vgl. H. Küng, u.a., Christentum und Weltreligionen, a.a.O. 425ff u. 475f).
⁴⁷ Vgl. Aronson, Love and Sympathy... a.a.O. 7.
⁴⁸ Ebd. 23.
⁴⁹ Vgl. ebd. 80f.
⁵⁰ Vgl. ebd. 80.
⁵¹ Vgl. ebd. 88f.

equanimity, the practitioner's evenness of mind. In conclusion, the sublime attitude equanimity is not meant to leave the practitioner with an attitude of neutrality outside of meditation. It is clear from the example of Gotama that unbiased concern is to be the ethical norm in Theravâda..."[52] Nach dem Visuddhi-Magga diene der Gleichmut einer zu allen Wesen gleich-gütigen und nicht einer gleichgültigen Haltung.[53] Aronson zeigt, daß sowohl das Streben nach Erleuchtung als auch das Leben als Erleuchteter beide untrennbar mit einem vitalen Interesse am Heil der anderen Wesen verbunden sind[54] – ein Charakterzug der buddhistischen Heilsbotschaft, dem nicht nur paradigmatisch das Leben Buddhas selbst, sondern auch das seiner Anhänger in der langen Geschichte des Buddhismus immer wieder entsprochen habe.[55]

In einem anderen Teil seines Versuchs, die doktrinären Divergenzen durch den Aufweis funktionaler Konvergenzen zu überbrücken, haben die Ausführungen Kings von buddhistischer Seite eine indirekte Bestätigung erhalten. Mit Kings These, daß dem Nirvâna gnadenhafte Züge eignen, decken sich die Bemerkungen Mahinda Palihawadanas in seinem beachtenswerten Aufsatz: "Is There a Theravada Buddhist Idea of Grace?".[56] Palihawadana knüpft an das in der theravâdischen Kommentarliteratur diskutierte Problem an, wie es möglich sei, die Unheilsfaktoren zu überwinden, wo doch der Geist des Menschen als aktuell von ihnen geprägt gedacht werde.[57] Es gehe hier um die grundsätzliche Frage, wie sich Befreiung aus spiritueller Schwäche ereigne, da diese Befreiung ja gerade spirituelle Stärke voraussetze. Angesichts der Erfahrung, daß Menschen in der Tat die ersehnte Freiheit aus diesem Dilemma erlangt haben, spreche die theistische Tradition von Gnade. Im Theravâda-Buddhismus sei die Erklärung in einer gewissen teleologischen Kraft des Nirvânas gesucht worden. Wo die menschliche Bemühung bis zur Erkenntnis ihrer eigenen wesenhaften Begrenztheit vordringe, eröffne sich der Blick auf die überweltliche Wirklichkeit des Nirvânas. In dieser Gewahrnis ereigne sich eine erlösende Transformation des Menschen, die die theravâdische Kommentarliteratur als "Magga-Ereignis" bezeichne: "...Nibbâna 'conquers' human weaknesses via the visions in which it is the object and this vision is part and parcel of the magga-event."[58] Wenn der Buddhismus zwar nicht von "Gnade" spreche, so wisse er also doch um jene

---

[52] Ebd. 90.
[53] Vgl. ebd. 63.
[54] Vgl. ebd. 53 u. 91f. Aronson führt z.B. das schöne Gleichnis aus Samyutta-Nikâya 47/3/2/9 an (vgl. ebd. 53), in dem Buddha den Heilswandel der Mönche mit dem Balance-Akt zweier Artisten vergleicht, von denen der eine den anderen mittels einer Stange auf seinem Kopf balanciert. An das Verhalten der Künstler anknüpfend formuliert Buddha die Maxime: "By warding oneself, monks, one wards another. By warding another one wards himself" (The Book of the Kindred Sayings, Bd. V, 148f).
[55] Vgl. Aronson, a.a.O., 94ff
[56] M. Palihawadana, Is There a Theravada Buddhist Idea of Grace?, in: D. G. Dawe / J. B. Carman (Hg), Christian Faith in a Religiously Plural World, New York 1978, 181-195.
[57] Vgl. ebd. 182f.
[58] Ebd. 193.

spirituelle Erfahrung, die im Christentum als ein liebender Akt Gottes interpretiert werde.⁵⁹ Die weitverbreitete Auffassung, der Theravâda-Buddhismus lehre eine Erlösung, die der Mensch durch seine eigenen Kräfte zu erlangen habe, sei irreführend "...unless it is also understood that personal effort is only the 'setting' for the realization of the highest religious truth, that the highest realization can take place only when effort ceases to be, having exhausted its scope and having brought about the knowledge that it too is a barrier to be broken down."⁶⁰

Die Positionen Aronsons und Palihawadanas bestätigen schlaglichtartig, daß es King nur ansatzweise gelingt, die aus der Methodologie der Religionsvergleiche generierten dogmatischen Kontraste durch die fuktionale Korrelation zu überwinden. Das eigentliche hermeneutische Problem dürfte darin zu sehen sein, daß er - ähnlich wie bei den phänomenologischen Religionsvergleichen - keinen *einheitlichen*, d.h. Buddhismus wie Christentum übergreifenden *Bezugspunkt* der funktionalen Korrelation ausmacht. Hinsichtlich der Gottesfrage, bemißt er die äquivalenten Funktionsträger letztlich doch wieder an der dogmatischen Gestalt des christlichen Gottesbegriffs, was dann zu den von Aronson mit Recht kritisierten Mißverständnissen der buddhistischen Heilsordnung führt, hinsichtlich der Frage nach dem Charakter des Erlösungsgeschehens wählt er den Bezugspunkt in der spirituellen Erfahrung, was offensichtlich auf buddhistischer Seite eher akzeptabel erscheint. Zumindest kann Palihawadana, deutlicher noch als King, eine funktionale Analogie der jeweiligen Lehreinheiten ausmachen, weil er von der These einer im Grunde identischen Erfahrung ausgeht.

In einem neueren Aufsatz hat auch King - vor allem mit Blick auf den Mahâyâna-Buddhismus - den Bezugspunkt funktionaler Konvergenzen eindeutig in den Bereich der spirituellen Erfahrung gelegt.⁶¹ Auch hier geht er wiederum zunächst von den üblichen doktrinären Kontrasten aus, die Buddhismus und Christentum als glatte Antipoden erscheinen lassen. Die klare Rückbindung der funktionalen Analyse buddhistischer Lehre an die intendierte spirituelle Erfahrung läßt ihn nun jedoch eine Eigenart der buddhistischen Vermittlungsdynamik erkennen, von der her die Gültigkeit der vorausgestellten Kontraste fraglich wird. Die negative Ausdrucksweise buddhistischer Lehre erweise sich funktional von einem anderen Sinn als dies ihre wörtliche Interpretation nahelege. Sie diene letztlich einem positiv zu verstehenden spirituellen Ziel. Ihre Intention sei nicht ontologisch-metaphysischer Natur, sondern "essentially existential and experiential".⁶² Vermittelt über diese Entdeckung gelangt King dann zu dem Ergebnis, daß sich z.B. in der impersonalen Redeweise des Buddhismus - auch in seiner

---

⁵⁹ Vgl. ebd. 191.
⁶⁰ Ebd. 186.
⁶¹ Vgl. W. King, No-Self, No-Mind, and Emptiness Revisited, in: P. O. Ingram / F. J. Streng (Hg), Buddhist-Christian Dialogue. Mutual Renewal and Transformation, Honolulu 1986, 155-176.
⁶² Vgl. ebd. 165f.

theravâdischen Form – Elemente verbergen, die in der westlich-christlichen Tradition als "personal" bezeichnet würden. So sieht King die dogmatischen Divergenzen schließlich als konzeptuelle Verschiedenheiten vor einer gemeinsamen Erfahrung an: "...the self, here interpreted as the essence of experienceable and experienced selfhood, in both Buddhism and Christianity, is precisely the human capacity to transcend self by becoming true self. Even with strictly no-self Theravâda Buddhism this is the case."[63]

---

[63] Ebd. 174.

2.2 Translationale Korrelation auf der Basis existenzanalytischer Konvergenzen (L. de Silva)

Für den ceylonesischen Theologen Lynn de Silva[1] ist der christlich-buddhistische Dialog Teil der Bemühung um die Entwicklung einer genuin ceylonesischen Theologie. Notwendiger Ausgangspunkt aller lebendigen Theologie ist für ihn die Analyse der menschlichen Existenz. Da diese sich nicht nur innerhalb einiger bleibender Grundkonstanten vollzieht, sondern immer auch in einem konkreten historisch und kulturell bedingten Kontext, muß auch dieser je neu in die theologische Reflexion einbezogen werden. Für eine ceylonesische Theologie ist jener Kontext vor allem vom Buddhismus geprägt. Da auch der Buddhismus seinen Ausgangspunkt bei einer Analyse der menschlichen Existenz nimmt – ausgedrückt in den "drei Daseinsmerkmalen" (tilakkhana): "Vergänglichkeit" (anicca), "Leidhaftigkeit" (dukkha) und "Nicht-Ich" (anattâ) –, kann der Grundstein einer indigenisierten ceylonesischen Theologie durch eine Interpretation der biblischen Botschaft im Hinblick auf die buddhistische Existenzanalyse gelegt werden.[2]

Will man die christliche Botschaft Buddhisten verständlich machen, so muß diese nach Ansicht de Silvas soweit wie möglich in buddhistische Terminologie übersetzt werden. Dies ist nicht möglich, ohne zuvor ein rechtes Verständnis des Buddhismus erreicht zu haben. Es ist der christlich-buddhistische Dialog, der jenes gegenseitige bessere Verständnis ermöglicht.[3] Die terminologischen Differenzen können überwunden werden, wenn nach der existentiellen Bedeutung der jeweiligen religiösen Konzepte gefragt wird. Gelingt durch eine positive Korrelation ihrer Bedeutungen auch die angestrebte terminologische Übersetzung, so kann es auf diesem Wege auch zu einer Relativierung der scheinbar unversöhnlichen Gegensätze kommen.[4] Gegenüber der Tendenz des polemischen und apologetischen Schrifttums, die Gegensätzlichkeit von Christentum und Buddhismus zu betonen, indem der

---

[1] Lynn A. de Silva (1919-1982) war methodistischer Geistlicher und bis zu seinem Tode Direktor des "Ecumenical Institute for Study and Dialogue" in Colombo/Sri Lanka. Er ist der Begründer des theologischen Journals für christlich-buddhistischen Dialog "Dialogue".

[2] Vgl. L. de Silva, Emergent Theology in the Context of Buddhism, Colombo 1979.

[3] Vgl. ebd. 1ff – dieser Gedanke bildet ein Leitmotiv in den Schriften de Silvas.
T. Brian de Alwis hat in einer Dissertation über L. de Silva dessen Theologie zu Recht als "translationale Theologie" charakterisiert. Leider war mir die Arbeit von de Alwis nicht zugänglich. Eine von de Alwis selbst verfaßte Zusammenfassung seiner Ergebnisse findet sich jedoch in: Dialogue (NS) vol. X no. 1 (1983) 33-38.

[4] In den späteren Schriften de Silvas hat sich dieser Gedanke dahingehend ausgeweitet, daß durch den hier vorgeschlagenen dialogischen Prozeß auch eine Veränderung im Selbstverständnis beider Religionen eintreten könnte. Deutlich ausgeprägt etwa findet sich diese Vorstellung in seinem letzten Aufsatz: "Buddhism and Christianity Relativised", in: Dialogue (NS) vol. IX (1982) 43-72.

Buddhismus als die exakte Negation des Christentums gezeichnet wird[5], versucht de Silva immer wieder das Verhältnis beider Religionen i. S. komplementärer Polarität zu begreifen und eine dialektische Synthese aus beiden anzustreben.

Nach de Silva können die "drei Daseinsmerkmale"[6], die er zum Ausgangspunkt seiner Buddhismusinterpretation macht, nur aus ihrem wechselseitigen Zusammenhang heraus verstanden werden.[7] "They are the hall-marks of existence which point to the fact that all existence in its absolute entirety is but a flux-in-process (anicca), having nothing permanent and enduring in the process of change (anattâ), and hence inherently incapable of producing any lasting satisfaction (dukkha)."[8] Das Daseinsmerkmal der Vergänglichkeit "anicca" bildet die empirische Voraussetzung der Daseinsmerkmale "dukkha" und "anattâ". De Silva betont, daß im Buddhismus jedoch nicht das formhafte Seiende in sich als leidvoll betrachtet werde, sondern der leidhafte bzw. unbefriedigende Charakter des Daseins erst die Folge der Anhaftung (upâdâna) am Vergänglichen ist.[9] Durch die Vergänglichkeit des

---

[5] "...Buddhism is supposed to deny precisely what Christianity affirms...", L. de Silva, The Problem of the Self in Buddhism and Christianity, Colombo 1975, 9.

[6] Der klassische Referenztext für die "drei Daseinsmerkmale" ist Anguttara-Nikâya III, 137:
"Ob, ihr Mönche, Vollendete entstehen oder ob Vollendete nicht entstehen: eine Tatsache bleibt es, eine feste und notwendige Bedingung des Daseins, daß alle Gebilde vergänglich sind. Dies erkennt und durchschaut der Vollendete, und hat er es erkannt und durchschaut, so lehrt er es, zeigt es, macht es bekannt, verkündet es, enthüllt es, legt es auseinander und macht es offenbar, daß alle Dinge vergänglich sind.
Ob, ihr Mönche, Vollendete entstehen... (wie oben bis) ... des Daseins, daß alle Gebilde dem Leiden unterworfen sind. Dies erkennt ... (wie oben bis) ... macht es offenbar, daß alle Gebilde dem Leiden unterworfen sind.
Ob, ihr Mönchen, Vollendete entstehen... (wie oben bis) ... des Daseins, daß alle Dinge ohne ein Selbst sind. Dies erkennt... (wie oben bis) ...macht es offenbar, daß alle Dinge ohne ein Selbst sind." (Übersetzung aus: Die Lehrreden des Buddha aus der Angereihten Sammlung. Anguttara-Nikâya. Aus dem Pâli übersetzt von Nyanatiloka. Überarbeitet und herausgegeben von Nyanaponika, Freiburg i. Br. 1984, Bd. I, 238f.)
Die Lehre von den "drei Daseinsmerkmalen" gibt sodann die Struktur der stereotypen Anattâ-Predigt ab, die nach Mahâvagga I, 6 Buddhas zweite Predigt gewesen sein soll. Dort argumentiert Buddha, daß alle "khandhas" (die fünf Gruppen von Daseinsfaktoren) vergänglich sind, daß das, was vergänglich ist, für den Menschen unbefriedigend und leidvoll ist, und daß die "khandhas" daher nicht das "Ich" bzw. "Selbst" (skt.: "âtman", p.: "atta") sein können.

[7] Vgl. de Silva, The Problem of the Self... a.a.O. 35.

[8] De Silva, Emergent Theology... a.a.O. 2. Man beachte, daß de Silva hier durch die Umkehrung der traditionellen Reihenfolge, anicca, dukkha, anattâ, zu anicca, anattâ, dukkha, auch die Argumentation hinsichtlich der Daseinsmerkmale "dukkha" und "anattâ" verändert. Vgl. dazu oben Anm. 6 und unten S. 670ff.

[9] Vgl. de Silva, The Problem of the Self... a.a.O. 35ff.

Seienden sehe sich der Mensch vom Nicht-Sein bedroht, worauf er mit dem Glauben an ein unsterbliches Selbst reagiere. Der Konflikt zwischen der empirischen Wirklichkeit, der Vergänglichkeit (anicca) aller Seinserscheinungen, und der anhaftenden Haltung, die sich in der Vorstellung eines unsterblichen Selbst artikuliert, sei die Ursache des Leidens (dukkha), das de Silva als existentielle Angst deutet. Die Einsicht in die Nichtexistenz eines ewigen Selbst (anattâ) ist der grundlegende Schritt zur Beendigung von "dukkha".[10] Die Anattâ-Lehre bildet nach de Silva somit den existentiell-spirituellen Kulminationspunkt der buddhistischen Tilakkhana-Lehre von den "drei Daseinsmerkmalen".

De Silva vertritt die Auffassung, daß es dem biblischen Denken keine Schwierigkeiten bereiten dürfe, die beiden ersten Daseinsmerkmale, "anicca" und "dukkha", zu bejahen. Durch die Ergebnisse der modernen Exegese, daß die traditionelle christliche Vorstellung einer unsterblichen Seele im biblischen Denken keinen Rückhalt finde, sieht de Silva auch die Hauptschwierigkeit hinsichtlich eine Bejahung des dritten Daseinsmerkmales, "anattâ", aus dem Weg geräumt, so daß eine volle Korrelation des biblischen Menschenbildes mit der buddhistischen Daseinsanalyse möglich werde.[11] Einen biblischen Widerhall der drei Daseinsmerkmale erblickt de Silva z.B. in Röm. 8, 18-25. "Mataiotes" (Vers 20) entspreche "anicca", "pathemata" (Vers 18) entspreche "dukkha" und "phtora" (Vers 21) beinhalte die Dimension von "anattâ".[12] Nach de Silva ist dem biblischen Denken die gleiche existentielle Grundstimmung vertraut, wie sie sich in der buddhistischen Daseinsanalyse findet, nur daß sie in ersterem weit weniger stark systematisiert wurde.[13] Andererseits bezeuge das biblische Denken eine deutlich ausgeprägte Hoffnung, die - auch wenn sie sich nicht aus der Existenzanalyse herleiten lasse - klar auf diese bezogen sei und sich daher in Korrelation zur buddhistischen Tilakkhana-Lehre setzen lasse. De Silva exemplifiziert dies anhand der drei Attribute christlicher Hoffnung in 1. Petr. 1,4: "aparthatos" ist die Hoffnung angesichts von "anicca", "amiantos" angesichts von "dukkha", "amarantos" angesichts von "anattâ".[14] Da im Zentrum der christlichen Hoffnung der dreieinige Gott stehe, hält de Silva eine Erläuterung der trinitarischen Gottesvorstellung in den Begriffen der buddhistischen Tilakkhana-Lehre für möglich. Gott, der Vater, stehe als der allein Ewige der Vergänglichkeit (anicca) der Schöpfung gegenüber, Christus, der Sohn, ist der Erlöser von Leid, Verderbtheit und Existenzangst (dukkha), der Heilige Geist die ewiges Leben und Personalität stiftende Kraft für das vergängliche, einer unsterblichen Seele entbehrende menschliche Sein (anattâ).[15]

---

[10] Vgl. ebd. 36. Damit entspricht de Silva der traditionellen Argumentationsfolge.
[11] Vgl. de Silva, Emergent Theology... a.a.O. 4f.
[12] Vgl. ebd. 4f.
[13] Vgl. ebd. 4.
[14] Vgl. L. de Silva, Reincarnation in Buddhist and Christian Thought, Colombo 1968, 157.
[15] So bereits in: L. de Silva, Buddhist-Christian Dialogue, in: Jai Singh (Hg), Inter-Religious Dialogue, Bangalore 1967, 170-203, bes. 199.

Entsprechend der kulminativen Stellung, die der Anattâ-Lehre innerhalb der buddhistischen Daseinsanalyse zukomme, hat de Silva die größte Aufmerksamkeit dieser dritten Korrelation gewidmet, die er allgemein als das "Anattâ-Pneuma-Konzept" bezeichnet.[16]

Den Unterschied zwischen der Abwesenheit der Vorstellung einer ewigen Seele im biblischen Denken und der buddhistischen Nicht-Ich-Lehre versteht de Silva i. S. einer perspektivisch konvergierenden Verschiedenheit: "Buddhism and Christianity come to a realization of non-egoity in two different ways. Christianity begins by stressing the greatness and majesty of God the Creator in relation to whom man is insignificant, fragile and weak, and apart from whom man is nothing. Buddhism begins by looking inwards and seeing man's nothingness, and then something beyond is sought for."[17] Die buddhistische und die biblische Sicht begegnen sich bei der Beurteilung der menschlichen Nichtigkeit in drei Dimensionen, aus denen de Silva sein "Anattâ-Pneuma-Konzept" entwickelt.

1. Die psycho-physische Dimension. Buddhistisches und biblisches Menschenbild stimmen nach de Silva darin überein, daß der Mensch eine psycho-physische Einheit sei, die zwar unter verschiedenen Aspekten gesehen werden könne, nicht aber dualistisch verstanden werden dürfe. Die psychophysische Einheit Mensch ist als ganze vergänglich und enthält keinen

---

[16] Das "Anattâ-Pneuma-Konzept" ist ausführlich dargestellt in de Silvas wichtigstem Werk: The Problem of the Self in Buddhism and Christianity, Colombo 1975.
Vom Gottesbegriff in allgemeiner Relation zum Buddhismus handelt de Silva in: Why Believe in God? The Christian Answer in Relation to Buddhism, Colombo 1970.
Soteriologische Fragen, besonders das Problem der "Selbsterlösung", sind behandelt in: Why Can't I Save Myself? The Christian Answer in Relation to Buddhist Thought, Colombo 1966. Diese Schrift hat jedoch noch nicht die Reife und Breite der soteriologischen Ausführungen in "The Problem of the Self...".
Zum Spezialthema der Wiedergeburtslehre hat de Silva die Untersuchung vorgelegt: Reincarnation in Buddhist and Christian Thought, Colombo 1968.
Eine kurz gefaßte Zusammenstellung seiner theologischen Grundgedanken gibt de Silva in: Emergent Theology in the Context of Buddhism, Colombo 1979.

[17] De Silva, Emergent Theology... a.a.O. 5. Diese Aussage de Silvas zeigt eine verblüffende Ähnlichkeit mit der bereits oben referierten Feststellung des Buddhisten H. Nakamura: "...it is likely that the Jews first held the concept of greatness of God, and then the role of insignificant human beings seperated from God was stressed, whereas in Buddhism the fragile and weak existence of human beings was first stressed, and then something beyond was sought for." (H. Nakamura, Buddhism in Comparative Light, Bombay 1975, 39; vgl. oben S. 82). De Silva, der in der Regel sehr sorgfältig seine Referenzen benennt, hat in den mir bekannten Schriften nirgendwo auf die Arbeit Nakamuras hingewiesen. Sollte er sie nicht gelesen haben, so ist die bis in die Wortwahl hineinreichende Übereinstimmung beider Zitate wirklich erstaunlich.

ewigen Bestandteil. Das biblische Denken verstehe das Dasein als "creatio ex nihilo". Das Nichts, aus dem die Schöpfung gehoben wurde, bleibt ihre stets gegenwärtige Gefährdung. So gelte auch nach biblischem Verständnis der Grundsatz "man is not made immortal", doch werde er ergänzt durch "...but is made for immortality".[18] Neben der Vorstellung der "creatio ex nihilo" stehe die der "imago dei", was de Silva als Bezogenheit des Menschen auf Gott interpretiert. Die Bestimmung des Menschen als eines Wesens, das in Gemeinschaft mit Gott leben soll, mache ihn zu mehr als einem bloß psycho-physischen Organismus. Dieses "Mehr" zeige sich in seiner Fähigkeit zur Selbst-Transzendenz, die jedoch nicht als eine Qualität seines natürlichen Wesens verstanden werden dürfe, sondern als Einwirkung des göttlichen Geistes, die sich im menschlichen Geiste quasi reflektiere.[19] De Silva versucht diese Auffassung durch eine Argumentation zu stützen, die in die Nähe eines Gottesbeweises gerät: Durch die Erkenntnis seiner totalen Nichtigkeit überschreite der Mensch diese. Gemäß der Einsicht in die totale Nichtigkeit könne aber diese selbst-transzendierende Einsicht in sie nicht der Nichtigkeit selbst entspringen. Sie sei daher von einer der Erkenntnis der Nichtigkeit impliziten Wahrnehmung der transzendenten Realität herzuleiten.[20]

2. Die ethisch-soziale Dimension. Die Befreiung aus der existentiellen Leid-Erfahrung ist das eigentliche Motiv der buddhistischen Daseinsanalyse. Die buddhistischen Aussagen zur Anthropologie (die Abwesenheit eines ewigen Selbst in den fünf "khandhas", also die psycho-physische Dimension der Anattâ-Lehre) können nur von ihrem religiös-ethisch motivierten Kontext her richtig verstanden werden.[21] Die Praxis von Anattâ, die gelebte Selbst-Losigkeit, ziele auf die Lösung der an die empirische Welt kettenden Fesseln, die sich vor allem in der selbstsüchtigen Egozentrik (das gehört mir, das bin ich) zeigen. Das Haften am Selbst gelte dem Buddhismus daher auch als das ethische Grundübel. Das biblische Denken verstehe alle Existenz als bezogene Existenz. In der gelungenen Ich-Du-Beziehung, der Liebe, werde exklusiver, selbstzufriedener Individualismus radikal überwunden, gleichzeitig jedoch authentische Personalität konstituiert.[22] Die ethische Dimension der buddhistischen Anattâ-Lehre weise also auf die Gefahr der Selbstverhaftetheit hin, während die ethische Dimension des christlichen Personalismus und der Pneumatologie gegen die Tendenz zu Isolation (Überwindung des Ich durch das Ich) und sozialer Gleichgültigkeit stehe.[23]

3. Die transzendente Dimension. Der Buddhismus verstehe das Nirvâna als die völlige Realisation (erkenntnismäßig und lebenspraktisch) der Anattâ-Lehre. Die buddhistische Geistesgeschichte zeuge jedoch von der immensen

---

[18] De Silva, The Problem of the Self... a.a.O. 82.
[19] Vgl. ebd. 82-89.
[20] De Silva, Emergent Theology... a.a.O. 8.
[21] Vgl. de Silva, The Problem of the Self... a.a.O. 39ff.
[22] Vgl. ebd. 15f u. 90ff.
[23] Vgl. ebd. 95.

Schwierigkeit, das Heilsziel so zu fassen, daß die beiden von Buddha verworfenen Positionen des Nihilismus und des Eternalismus vermieden werden. Während der Anattâ-Lehre ein gewisser Trend zum Nihilismus inhäriere, tendiere die aus dem Brahmanismus überkommene Lehre von Karma und Samsâra zum Eternalismus. De Silva sieht hinter diesen konträren Tendenzen den Konflikt zwischen der Einsicht in eine empirische Wahrheit, die Abwesenheit eines ewigen Bestandteils im Menschen (anattâ), und dem ethisch als Notwendigkeit empfundenen Desiderat eines gerechten Ausgleichs (karma, samsâra). In der Buddhismusinterpretation unterscheidet de Silva drei Lösungsstrategien: a) den Versuch, die Anattâ-Lehre nicht i. S. einer völligen Leugnung ewiger Bestandteile im Menschen zu interpretieren, b) den Versuch, die Wiedergeburtslehre als ursprünglich unbuddhistisch auszusondern, und c) den Standpunkt der theravâdischen Orthodoxie, daß der Wiedergeborene "nicht derselbe, noch ein anderer" sei - ein Standpunkt, der allerdings wiederum verschiedene Deutungen erfahren habe.[24] Alle diese Versuche ringen nach de Silva letztlich mit der Aufgabe, im Kontext buddhistischen Denkens die menschliche Identität zu wahren. Zu einer unlösbaren Schwierigkeit steigere sich das Problem in der Frage nach der Identität des Erleuchteten, auf die Buddha selbst eine positive Antwort abgelehnt hat.[25] Relative Einigkeit gebe es in der Buddhismusinterpretation zwar darin, daß der Erleuchtete als der von allen üblen Wurzeln Befreite gelte, doch in der Frage nach der Identität des Erleuchteten hinsichtlich des postmortalen Nirvânas zeigten sich erneut die divergierenden Tendenzen des Nihilismus (Nirvâna als Annihilation) und des Eternalismus (Nirvâna als "ethische Unsterblichkeit").[26]

Das Problem einer Bestimmung der Identität jenseits von Nihilismus und Eternalismus, das de Silva im buddhistischen Kontext selbst für kaum zu bewältigen hält, will er durch die im "Anattâ-Pneuma-Konzept" angestrebte christlich-buddhistische Korrelation lösen.[27] Einerseits überbiete das Christentum die buddhistische Anattâ-Lehre an Radikalität: der Mensch werde hier so sehr als ein Nichts angesehen, daß ihm jegliche Fähigkeit zur Selbst-Erlösung abgesprochen sei, und seine Vergänglichkeit so massiv beurteilt werde, daß nichts in ihm und an ihm in der Lage sei, über den Tod hinaus aus eigener Kraft neues Leben (Wiedergeburt) hervorzubringen.[28] Alle eternalistischen Tendenzen würden somit noch stärker als im Buddhismus vermieden. Gerade angesichts seiner Nichtigkeit aber, erhalte der Mensch andererseits seine wahre Personalität nur aus der Beziehung zu Gott. Personalität, die Entkleidung von aller selbst gestützten Individualität, sei kein unzerstörbarer und unabhängiger Besitz des Menschen, sondern bleibe abhängig von der Gottesbeziehung.[29] Während jeder Versuch einer Überwin-

---

[24] Vgl. ebd. 12 u. 20-60.
[25] Vgl. ebd. 64ff.
[26] Vgl. ebd. 67ff.
[27] Vgl. ebd. 13f u. 71.
[28] Vgl. ebd. 81.
[29] Vgl. ebd. 90ff.

dung des Selbst durch das Selbst zu einer neuen Affirmation des Selbst führen müsse, könne der Mensch in der Gottesbeziehung sein Selbst vollständig leugnen und darin gleichzeitig eine ewige, d.h. aller Zeit enthobene, Erfüllung finden.[30] So ergänzen sich im "Anattâ-Pneuma-Konzept" der nicht-egozentrische und der relationale Aspekt der Personalität bzw. Identität zu einer "non-egocentric relationality or egoless mutuality".[31]

Seinen vornehmsten Ausdruck finde das "Anattâ-Pneuma-Konzept" im christlichen Verständnis der Liebe. Liebe besitze eine zentrifugale Seite (Selbstverleugnung) und eine zentripedale (Personwerdung). Das christliche Heilsziel des Reiches Gottes beschreibe die vollendete Gemeinschaft der Liebe. Das Nirvâna lasse sich als die zentrifugale Dimension des Reiches Gottes verstehen. So könne man auch als Christ auf die Frage, wer in das Reich Gottes eingehe, die buddhistische Antwort geben: "niemand" ("no one"), da es keine unsterbliche Seele gebe, die das Reich ererbe. Dennoch finde der Mensch darin seine Erfüllung als Person, d.h. in seiner völligen Selbstaufgabe werde ihm von Gott her vollendetes Leben zuteil.[32] Mit dieser Auffassung werde ebenso der Nihilismus vermieden, wie auch der Eternalismus, i. S. eines ewigen oder überdauernden Bestandteils im Menschen.

Nach de Silva muß die konsequente Leugnung von Eternalismus und Nihilismus notwendig zur Annahme einer absoluten Realität jenseits des bedingten und vergänglichen Seins führen: "...if man is absolutely anattâ the hypothesis of the Unconditioned or some other hypothesis becomes absolutely necessary if the error of nihilism (uccedaditthi) is to be avoided. Apart from the Unconditioned Reality there can be no emancipation for that which is conditioned; all that can be expected is total annihilation. One is therefore not surprised that in a recent book Gunapala Dharmasiri has dispensed with God at the expense of completely extinguishing Nirvâna. If his contention that Nirvâna is complete extinction is correct, then of course God, or the Ultimate Reality is not necessary. On the other hand if extinction is not the final end, the Ultimate Reality becomes necessary."[33] Für de Silva ist das Nirvâna die in der Begegnung mit dem Absoluten gemachte Erfah-

---

30 Vgl. ebd. 113.
31 Ebd. 96.
32 Vgl. ebd. 112-121.
33 Ebd. 123. Zur Debatte um Dharmasiri siehe unten S. 194ff.
De Silva stützt sich auf die berühmte Stelle in Udâna VIII, 3: "Es gibt, ihr Mönche, ein nicht Geborenes, nicht Gewordenes, nicht Geschaffenes, nicht Gestaltetes. Wenn es, ihr Mönche, dieses nicht Geborene, nicht Gewordene, nicht Geschaffene, nicht Gestaltete nicht gäbe, dann wäre hier ein Entrinnen aus dem Geborenen, Gewordenen, Geschaffenen, Gestalteten nicht zu erkennen. Weil es nun aber, ihr Mönche, ein nicht Geborenes, nicht Gewordenes, nicht Geschaffenes, nicht Gestaltetes, darum läßt sich ein Entrinnen aus dem Geborenen, Gewordenen, Geschaffenen, Gestalteten erkennen." (K. Seidenstücker, Udâna, das Buch der feierlichen Worte des Erhabenen. In erstmaliger Übersetzung aus dem Urtext, München [ohne Datum], Oskar-Schloß-Verlag, 94).

rung der Selbst-Auslöschung.³⁴ Dementsprechend bezeichnet de Silva in einer seiner früheren Schriften Gott als die Quelle und den Geber des Nirvânas.³⁵

De Silva wirft der traditionellen Theologie vor, daß sie Gott zu sehr metaphysisch verstanden und ihn, im Nachdenken über seine Aseität, dem Menschen entfremdet habe.³⁶ Heute erkenne man dagegen zunehmend, daß von Gott nur in Bezug auf den Menschen gesprochen werden könne, d.h. in der Verbindung mit existentieller Selbsterfahrung und ihrer Selbst-Transzendenz.³⁷ "To say that God is personal does not mean that He is a person. It means that He is the ground and source of everything personal. The highest values are personal values and to say that God is personal means that He is the bearer of all those values and in Him all values find their perfection."³⁸ Buddha habe in seiner Kritik am Brahmanismus nicht schlechthin Gott geleugnet, sondern sich gegen die unheilsamen Aspekte gewisser zeitgenössischer Gottesvorstellungen gerichtet.³⁹ Dabei sei Buddhas Anliegen ein primär ethisches gewesen. So habe er den aufgrund seiner Konsequenzen für bedenklich gehaltenen Begriff "Brahman" durch den ethisch eindeutigeren des "Dharma" ersetzt.⁴⁰ Der von Buddha verkündete Dharma sei einerseits transzendent gedacht und andererseits als ein in unserer Existenz erfahrbares ethisches Gesetz.⁴¹ Vielleicht, so spekuliert de Silva, habe Buddha von Gott geschwiegen, weil er befürchten mußte, daß die Annahme der Existenz Gottes den Menschen in einer trügerischen Sicherheit wiegen könne und ein Hindernis für die Erkenntnis der Ich-Losigkeit darstelle.⁴²

In seinen späteren Schriften hebt de Silva die Dialektik zwischen der Unfaßbarkeit des Absoluten und seinem Erfahrungshorizont immer stärker hervor, so daß der christliche Gottesbegriff nicht mehr einfach mit dem Absoluten identisch gesetzt wird, sondern neben dem Nirvâna als eine andere, erfahrungsbezogene Seite des nicht konzeptualisierbaren Absoluten erscheint. Vom Absoluten nicht reden können und doch im Hinblick auf seine Erfahrbarkeit in der menschlichen Existenz reden zu müssen - diese beiden Aspekte der Begegnung mit dem Absoluten bezeichnet de Silva als "ulti-

---

³⁴ Vgl. de Silva, The Problem of the Self... a.a.O. 127. In diesem Sinne interpretiert de Silva auch Nâgârjuna (vgl. ebd. 124). Es ist jedoch fraglich, ob er ihm damit gerecht wird. Zu Nâgârjuna siehe unten S. 522ff.
³⁵ Vgl. de Silva, Buddhist-Christian Dialogue... a.a.O. 203.
³⁶ Vgl. de Silva, Why believe in God?, a.a.O. 60f.
³⁷ Vgl. ebd. 62ff.
³⁸ Ebd. 57.
³⁹ Vgl. ebd. 18f.
⁴⁰ Vgl. ebd. 25ff. De Silva folgt hier im wesentlichen einer These des deutschen Indologen Wilhelm Geiger. Zugleich versteht er diesen Hinweis als eine Antwort an Buddhadâsas Versuch, Dharma und Gott miteinander zu identifizieren (vgl. dazu unten S. 205ff).
⁴¹ Vgl. ebd. 62.
⁴² Vgl. de Silva, Emergent Theology... a.a.O. 5.

macy" und "intimacy". In der Verbalisierung tendiere der Aspekt der "ultimacy" zur Artikulation eines "impersonal That", wohingegen der Aspekt der "intimacy" mehr zur Vorstellung eines "personal Thou" neige. Die Kategorien des Personalen und des Impersonalen dürften, so führt de Silva in seinem letzten(!) Aufsatz aus, nicht als Definitionen des Absoluten verstanden werden, sie seien vielmehr *evokativ* zu deuten, d.h. sie dienten der Weckung des Sinns für "intimacy" und "ultimacy".[43] In der Erkenntnis, daß "ultimacy" und "intimacy" koinzidierende Aspekte der religiösen Erfahrung seien, relativiere sich die scharfe Trennung zwischen Atheismus und Theismus.[44]

Die Spannung von "ultimacy" und "intimacy" dränge nach einem Ausgleich durch trinitarische Strukturen. Innerhalb des Buddhismus zeige sich dies deutlich an der Entstehung der mahâyânistischen Trikâya-Lehre.[45] Wieder greift de Silva auf das "Anattâ-Pneuma-Konzept" zurück: Die universal gültige Erfahrung von Personwerdung durch Selbstverleugnung sei der Schlüssel zum Verständnis der Christologie. Tod und Auferstehung Jesu versteht de Silva als "ultimately archetypical" für Personwerdung durch Selbstverleugnung.[46] In dieser Erfahrung – und somit in Christus – wird die Verbindung zwischen dem Absoluten und dem Vergänglichen hergestellt. "The essential principale of the divine kenosis, based on the conception of self-emptying, is that Christ negated himself without losing himself. By his identity with conditioned existence he negated himself; but because of his identity with the Unconditioned (God), he did not lose himself. The identity was a relationship between the conditioned and the Unconditioned."[47] Der Schwerpunkt kenotischer Christologie liege jedoch auf der spirituellen Maxime: "ein jeder sei gesinnt wie Christus auch war".[48] Sie verbindet die Christologie mit dem Zentralgedanken des "Anattâ-Pneuma-Konzepts". "The deep significance of Kenotic Christology can be understood in terms of the Tilakkhana when it is seen not as the emptying of the divinity of our Lord, but as the negation of the self in which the divinity of love is disclosed."[49] Wenn der Prozeß der Selbst-Verleugnung als von der tran-

---

43 Vgl. de Silva, Buddhism and Christianity Relativised... a.a.O. 50.
44 Vgl. ebd. 49 u. 53.
45 Vgl. ebd. 54f. Die "Trikâya-Lehre", die Lehre von den drei Leibern bzw. Seinsweisen Buddhas, unterscheidet die irdische Existenzform der Buddhas (also der Schar der "Erwachten", unter denen der historische "Buddha" Siddhartha Gautama ja nur einer ist) als der "nirmâna-kâya" von ihrer transzendenten Seinsweise, "sambhoga-kâya" (die, meist fünf, "transzendenten" Buddhas als "Objekte" meditativer Visualisierungsübungen oder als die den Raum-Zeit Koordinaten enthobenen, aber noch individualisierten Substrate der irdischen Erscheinungsformen), und vom "dharma-kâya" als der höchsten, unfaßbaren Wirklichkeit.
46 Vgl. de Silva, Emergent Theology... a.a.O. 11.
47 De Silva, Buddhism and Christianity Relativised... a.a.O. 57.
48 Vgl. ebd. 57.
49 De Silva, Emergent Theology... a.a.O. 10.

szendenten Realität ermöglicht verstanden werde, relativiere sich auch der Gegensatz zwischen Gnade und Selbsterlösung.[50]

Logisch gesehen bleibe der trinitarische Ausgleich der Spannung von "ultimacy" und "intimacy" ein Paradox ("To say that the Unborn was born is a paradox."[51]). Aber jede Religion habe ihre Paradoxien. Mythos, Symbol, Dichtung, Hymnen, Kunst, usw. sind im religiösen Raum nicht selten Ausdruck solcher Paradoxien. Die Historizität des Christusereignisses verleihe jedoch über die mythologische Dimension hinaus der geschichtlichen Seite menschlicher Existenz ein besonderes Gewicht, wodurch die soziale Relevanz des spirituellen Lebens notwendig betont werde.[52] Auch diese Überlegungen läßt de Silva nicht in Kontrast, sondern Komplementarität münden: "the mythical stories and the historical story have much in them to enrich one another."[53]

Eine dialogische Bewährungsprobe hatte der Ansatz de Silvas im Zusammenhang mit der bereits oben gestreiften Diskussion um G. Dharmasiris Dissertation "A Buddhist Critique of the Christian Concept of God" zu bestehen.[54] In der Einleitung seines Buches erklärt Dharmasiri, daß nach seiner Meinung jeder Religionsvergleich oberflächlich bleibe, wenn es nicht zu einer rationalen Prüfung und Kritik der Wahrheitsansprüche der verglichenen Religionen komme.[55] In seiner Arbeit versucht Dharmasiri grundle-

---

[50] Vgl. de Silva, Buddhism and Christianity Relativised... a.a.O. 62f.
[51] Ebd. 57.
[52] Vgl. ebd. 57. De Silva hat sich in seinen späteren Schriften auch um Ansätze für einen Dialog mit dem Marxismus bzw. einen christlich-buddhistisch-marxistischen Trialog bemüht. Auf die Darstellung seiner diesbezüglichen Ausführungen soll hier jedoch ebenso verzichtet werden, wie auf seine Diskussion der christlichen Eschatologie im Zusammenhang mit der buddhistischen Wiedergeburtslehre, da beides mehr unter dem Gesichtspunkt einer indigenisierten ceylonesischen Theologie steht, und sich kaum weitere Aspekte zu de Silvas hermeneutischem Ansatz in der Buddhismusinterpretation ergeben.
[53] Ebd. 60.
[54] Sie wurde ursprünglich in Lancaster unter der Aufsicht von Trevor Ling und Ninian Smart vorgelegt und erschien 1974 in Colombo mit dem vollen Titel: "A Buddhist Critique of the Christian Concept of God. A Critique of the Concept of God in Contemporary Christian Theology and Philosophy of Religion from the Point of view of Early Buddhism". Nach einer Bemerkung von A. Pieris wurde das Erscheinen dieser Arbeit von einigen buddhistischen Rezensenten als der letzte Todesstoß für das ohnehin moribunde Christentum begrüßt (vgl. A. Pieris, A Buddhist Critique and a Christian Response, in: Dialogue [NS] vol. II [1975] 85). Im "Tulana Centre for Research and Encounter" hielt man am 26.10.1975 ein Seminar ab, auf dem mehrere buddhistische Gelehrte, unter ihnen auch Dharmasiri selbst, und christliche Theologen, unter ihnen Lynn de Silva und A. Pieris, die Thesen Dharmasiris diskutierten. Ein Protokoll des Diskussionsverlaufs sowie die vorgelegten Referate sind abgedruckt in: Dialogue (NS) vol II no. 3 (1975).
[55] Vgl. G. Dharmasiri, A Buddhist Critique of the Christian Concept of God, Colombo 1974, Xf.

gende Züge des christlichen Gottesbegriffs einer solchen Kritik zu unterziehen, wobei er einerseits extensiven Gebrauch von den traditionellen und neueren Argumenten westlicher Religionskritik macht, andererseits diese im Rückgriff auf die theravâda-buddhistische Tradition spezifiziert und ergänzt. So legt er neben den bekannten Argumenten gegen die Gottesbeweise (II. Kapitel), dem Theodizee-Problem (III. Kapitel) und den Inkohärenzen der Attributen-Lehre (VII. Kapitel), den stärker buddhistisch geprägten Schwerpunkt auf eine Kritik der Seelenlehre (I. Kapitel), der christlichen Ethik (IV. Kapitel) und der Erkenntnisquellen Erfahrung (VI. Kapitel) und Offenbarung (VIII. Kapitel). Im Zusammenhang dieser Untersuchung kann nicht in der ihnen gebührenden Weise auf die Argumente Dharmasiris eingegangen werden[56], doch sind einige Aspekte zu beleuchten, die für die Beurteilung des Ansatzes de Silvas besonders relevant erscheinen.

Dharmasiris Kritik des Konzepts einer unsterblichen Seele wird von de Silva im wesentlichen geteilt, jedoch mit der Bemerkung belegt, daß Dharmasiri hier eine Vorstellung der christlichen Tradition treffe, die von der gegenwärtigen Theologie ohnehin nicht mehr akzeptiert werde.[57] Dharmasiris Leugnung einer unbedingten und absoluten transzendenten Realität – so versteht ihn de Silva – rückten seine Ausführungen jedoch in die Nähe des von Buddha abgelehnten Nihilismus. Für die Zerstörung der Gottesidee habe Dharmasiri den Preis einer nihilistischen Interpretation des Nirvânas gezahlt: "I think the conclusion to which D. has come, that Nirvana is complete extinction, is essential to his main thesis. If Nirvana in the ultimate sense is affirmed, the grounds for such an affirmation (e.g. experience) could be equally applied to the Christian affirmation about God. In order to avoid such a situation he rejects »The opinion of scholars,... that Nirvana is a mystical experience because there is nothing experienced as it is complete non-experience« (p. 203). If this is correct, all that D. has achieved is to dispense with God at the expense of extinguishing Nirvana, thus making Buddhism the most materialistic and pessimistic of all religions. The death of God has meant for D. the eclipse of Nirvana. This is the inevitable result as Christians see it: if God is not annihilation is the end. Dharmasiri's book is a classic illustration of this truth."[58] Andererseits be-

---

[56] Damit soll keine Entwertung der Argumente Dharmasiris angezeigt sein. Ich halte sie im Gegenteil für so gewichtig, daß man sich ihnen christlicherseits nicht in wenigen Worten entledigen kann, wie dies etwa M. Catalano mit seiner Bemerkung getan hat: "I can say that not once did I recognize, in the thing Dr. D.(= Dharmasiri; Anm. v. mir) was subjecting to a critique, the God of my Christian faith. Never did I feel that he was dealing with the central reality of Christianity or of any theistic religion." M. Catalano, A Western Christian's Reaction to Dharmasiri's Critique, in: Dialogue (NS) vol. II (1975) 103.

[57] Vgl. L. de Silva, Anatta and God, in: Dialogue (NS) vol. II (1975) 106-115, hier 106f.

[58] De Silva, Anatta and God, a.a.O. 108.
De Silva zitiert hier leider nicht ganz exakt. Bei Dharmasiri heißt es: "The opinion of scholars is that Nirvana is a mystical experience... It should be clear to us by now how seriously wrong this idea is. As we

grüßt de Silva Dharmasiris Kritik an den konkreten Ausprägungen der Gottesidee als eine konstruktive Herausforderung, diese zu reinigen: "Dharmasiri's book is a challenge to a new outreach of the mind in our search for a worthier concept of God."[59] Der einfache Gläubige komme jedoch nie ohne jede symbolische Artikulation der transzendenten Realität aus.[60]

Auch von buddhistischer Seite wurde Dharmasiris Interpretation des Nirvânas als heterodox angegriffen. N. Gunaratna verstand sie wie de Silva als nihilistisch. "Dharmasiri's conclusion that Nibbana is extinction has been repeatedly rejected by the Buddha."[61] Darüber hinaus wandte Gunaratna ein, daß sich im Pâli-Kanon keine einheitliche Auffassung gegenüber den altindischen Gottesvorstellungen ausmachen lasse, und daß es überhaupt methodologisch problematisch sei, diesbezügliche Zitate für eine Kritik des modernen christlichen Gottesbegriffs heranzuziehen.[62] Gunaratnas schärfste Kritik an Dharmasiri lautet jedoch, daß dieser den Stellenwert der rationalen Vernunft im Buddhismus falsch beurteilt habe. In den kanonischen Texten werde deutlich zwischen einem rationalen Wissen der empirischen Ordnung und einem intuitiven Verstehen soteriologischer Ordnung (paññâ) unterschieden. Dharmasiri aber habe die Kriterien des Wissens der empirischen Ordnung in unzulässiger Weise auf das Wesen der Einsicht innerhalb der soteriologischen Ordnung übertragen. "What should be applied for examination of objective truth has been applied for examining and determining higher transcendental truths."[63] Gerade auf den Charakter des Nirvânas aber sei eine nach dem Prinzip der Widerspruchsfreiheit arbeitende Logik gemäß Buddhas eigenem Zeugnis nicht anwendbar.[64] Die letzte Wirklichkeit lasse sich nach buddhistischer Auffassung nicht in konventioneller Termi-

---

saw, realization of Nirvana is necessarily *preceded* by a *complete transcendence* of all types of positive experiences. Even if we take 'cessation experience' as analogous to Nirvana, though it is n o t Nirvana, it is not at all similar to any type of *usual* mystical experience because there is nothing experienced as it is a complete non-experience." (Dharmasiri, A Buddhist Critique... a.a.O. 203; kursive Hervorhebung von mir, gesperrte von Dharmasiri) Dharmasiri fährt dann fort, die mystische Erfahrung mit den Versenkungs*erlebnissen* gleichzusetzen. Einige Seiten später erläutert er seine Ablehnung der Kategorie "Erfahrung" für das Nirvâna damit, daß Erfahrungszustände ("experiential states") immer bedingt seien, wohingegen der Buddhismus auf "a transcendence of all levels of experience as giving a deeper understanding into the real nature of things" abziele (ebd., 211). Dharmasiri verwendet "Erfahrung" allgemein und "mystische Erfahrung" im besonderen offensichtlich i. S. von letztlich sinnlich bezogenen Erlebnissen und schließt Erkenntnis aus dem Bedeutungsumfang von Erfahrung aus.

[59] De Silva, Anatta and God, a.a.O. 113.
[60] Vgl. ebd. 114.
[61] N. Gunaratna, God as Experience, in: Dialogue (NS) vol. II (1975) 91-95, hier 94.
[62] Vgl. ebd. 92.
[63] Ebd. 93.
[64] Vgl. ebd. 93f.

nologie ausdrücken.⁶⁵ "Dharmasiri's basic premise is that higher religious experience is either 'existent' or 'non-existent' but for Buddha it transcends both."⁶⁶ Christentum und Buddhismus bezeugten beide ein Wissen um die Begrenztheit des Verstandes angesichts der letzten Wirklichkeit, wobei das Christentum über den Verstand den Glauben und der Buddhismus die Intuition setze.⁶⁷

Dharmasiri fühlte sich mit dieser sowohl von christlicher als auch buddhistischer Seite geäußerten Kritik mißverstanden. Zwar bestand er weiterhin darauf, daß Nirvâna durch "absolute extinction" korrekt wiederzugeben sei⁶⁸, spezifizierte jedoch was er damit meine: "When we start speculating whether an Arahat exists after the dissolution of the body we start a process of conceptualizing and apply it to the ultimate reality itself. We try to conceptualize that too. But Nirvana is said to be beyond words. If Nirvana is unspeakable, it is unspeakable and we must leave it at that."⁶⁹ Diesen Punkt unterstrich Dharmasiri nochmals als seine Hauptabsicht in einer abschließenden Stellungnahme zu den Diskussionen: "My main thesis in the book was a sincere appeal to stop all forms of conceptualisation because it was the number one enemy of the Moksa Mârga. I was sad that most of the readers of my book had not realised this point I was labouring to make."⁷⁰

Für das Nirvâna, das zu Lebzeiten mit der Erleuchtung erreicht wird, nimmt Dharmasiri die Qualität einer "...intellectual enlightenment resulting in personality integration and moral perfection"⁷¹ in Anspruch. Die soteriologisch relevante Erkenntnis, "paññâ", sei freilich mehr als theoretisches Wissen (ñâna).⁷² Den Unterschied scheint Dharmasiri jedoch nicht als einen qualitativen zu verstehen, sondern so, daß "paññâ" die praktische Realisation einschließt. Dharmasiri gibt folgendes Beispiel: Zu wissen, daß Rauchen

---

65 Vgl. ebd. 92.
66 Ebd. 94.
67 Vgl. ebd. 95.
68 Vgl. das Diskussionsprotokoll in Dialogue (NS) vol. II (1975) 97, sowie Dharmasiri, A Buddhist Critique... a.a.O. 177ff.
69 Nach dem Diskussionsprotokoll in: Dialogue (NS) vol. II (1975) 97. Vgl. auch Dharmasiri, A Buddhist Critique... a.a.O. 181, wo er pointiert von der Auslöschung der fünf khandhas spricht. Seine Begründung geht wiederum vom vergänglichen und bedingten Charakter alles Seienden aus: "Everything is conditioned necessarily. Therefore if anything persists after the death of an Arahant it has necessarily to be conditioned. And, anything conditioned is by definition impermanent. Therefore, even the slightest possibility of immortality is not admitted in the Buddhist context." (ebd. 188f) Die berühmte Udâna-Stelle (vgl. oben S. 191 Anm. 33) dürfe nicht i. S. einer deskriptiven metaphysischen Aussage verstanden, die in ihr verwendeten, metaphysisch klingenden Attribute des Nirvânas sollten vielmehr wertend gedeutet werden (vgl. ebd. 185).
70 G. Dharmasiri, Comments on Responses to a Buddhist Critique, in: Dialogue (NS) vol. III (1976) 20f, hier 21.
71 Dharmasiri, A Buddhist Critique... a.a.O. 203.
72 Vgl. ebd. 203.

ungesund ist, ist "ñâna". Dies so zu erkennen, daß man aufhört zu rauchen, ist "paññâ".[73] Die moralische Vollkommenheit des Heiligen, die mit dem zu Lebzeiten in der Erleuchtung erreichten Nirvâna einhergeht, beruhe essentiell auf einer richtigen und wahren Theorie über die Wirklichkeit.[74] Die buddhistische Ethik gründe sich auf die beiden fundamentalen Einsichten, daß alle Wesen Leid fürchten und man daher keinem zufügen solle, was man selbst nicht will.[75] Sie könne in Abgrenzung vom Hedonismus als "ideal utilitarism" gekennzeichnet werden, in der die Dichotomie von Egoismus und Altruismus zu einer wahren Synthese aufgehoben sei.[76] Die volle Einsicht in die drei Daseinsmerkmale anicca, dukkha und anattâ, führe in gewisser Weise mit logischer Konsequenz zur moralischen Vervollkommnung.[77] Gegenüber dem Christentum erhebt Dharmasiri die Kritik, daß eine Ethik, die sich als Glaubensgehorsam gegenüber dem Willen eines absoluten Gott verstehe, totalitär und daher tendenziell unmoralisch sei, was er mit einer Fülle von biblischen und kirchengeschichtlichen Beispielen zu illustrieren versucht.[78] Wolle man aber dem Konzept einer Willkürherrschaft Gottes entgehen, so müsse man notwendig moralische Kriterien zum Maßstab für das Gottesbild erheben. Dann aber sei nicht mehr Gott der letzte Grund der Ethik, sondern Gott selbst werde ethischen Grundsätzen unterworfen. Moral werde auf diesem Wege zum Theologie-begründenden Fundament, Christus zu einem moralischen Lehrer und moralischen Beispiel, nicht jedoch zu einer Moral begründenden Größe.[79] Es bleibe bei der Alternative, daß eine Religion entweder latent unmoralisch sei, oder aber Moral zur letztgültigen Rechtfertigung von Religion werde, was Dharmasiri im Buddhismus gegeben sieht, und wofür er selber optiert: "...the ultimate justification of any religion depends on its consistant efficacy in producing the moral perfection of man."[80] Die buddhistische Ethik behalte nach Buddhas eigenen Worten ihre Gültigkeit auch unter der Voraussetzung, daß es keine Wiedergeburt gebe, und könne daher zu Recht eine vorreligiöse, universale Geltung beanspruchen.[81] Als Religion oder genauer als Erlösungsreligion sei der Buddhismus dagegen falsifiziert, wenn z.B. die Wiedergeburtslehre empirisch widerlegt würde.[82] Als falsifiziert müßten viele zentrale Aussagen des Buddhismus auch dann gelten, wenn etwa die Existenz Gottes oder der Seele bewiesen sei.[83] Wenn es aber einen Gott gebe und dieser gut sei, dann könne man davon ausgehen,

---

[73] Vgl. ebd. 204.
[74] Vgl. ebd. 208.
[75] Vgl. ebd. 76.
[76] Vgl. ebd. 75ff.
[77] "In a way, the comprehension of reality logically leads to moral perfection." Ebd. 205.
[78] Vgl. ebd. Kap. IV.
[79] Vgl. ebd. 96ff.
[80] Ebd. 176, vgl. auch ebd. 250.
[81] Vgl. ebd. 101f unter Verweis auf Anguttara-Nikâya III, 66.
[82] Vgl. ebd. 211.
[83] Vgl. ebd. 211. Das Christentum hingegen ist nach Meinung Dharmasiris nicht in der Lage, irgendein Kriterium anzugeben, durch das es falsifizierbar wäre; vgl. ebd. 230.

daß ein guter Buddhist aufgrund seiner moralischen Intention die Einheit mit diesem Gott erlange.[84]

Dharmasiris Auffassung, die er mit seinem Lehrer K. N. Jayatilleke[85] teilt, der Buddhismus sei eine sinnvolle, da grundsätzlich falsifizierbare Religion, ist auf heftigen Protest des buddhistischen Philosophen A. D. P. Kalansuriya gestoßen, der die rationalistisch-empirizistischen Falsifikationskriterien Dharmasiris im Hinblick auf den ethischen Charakter buddhistischer Religiosität für inadäquat hält.[86] Kalansuriya übersieht jedoch, daß Dharmasiri zwischen solchen Aussagen des Buddhismus differenziert, die sich auf die Erlösung von der Wiedergeburt beziehen, und solchen, die von seinem ethischen Fundament handeln, das Dharmasiri offensichtlich aus der Falsifizierbarkeit ausklammert. Es bleibt allerdings fraglich, ob Dharmasiri hier nicht Buddhismus und Christentum mit zweierlei Maß gemessen hat. Es kann nicht bestritten werden, daß seine Argumentation, die auf eine Spannung zwischen hetoronomen und autonomen Momenten im Kontext theistischer Ethik hinweist, in der Tat einen nicht leicht zu lösenden Punkt trifft, der sich soteriologisch nochmals in der Spannung von Gnade und Freiheit verschärft. Aber wie steht es um die von ihm vorgeschlagene Alternative? An sie läßt sich ebenso die Frage richten, warum nicht alle Menschen von "ñāna" zu "paññā", vom theoretischen Wissen zur heilsrelevanten Verwirklichung vordringen, wenn doch die rechte Erkenntnis mit geradezu logischer Konsequenz zur moralischen Verwirklichung führen soll. Vermutlich würde Dharmasiri hier auf die menschliche Freiheit verweisen. Ist aber das Verhältnis von rationaler Erkenntnis (mit ihrem zwingenden Charakter) zur menschlichen Freiheit leichter und widerspruchsloser zu bestimmen als das Verhältnis von autonomen und heteronomen Zügen in der ethischen Normenfrage oder – in soteriologischer Hinsicht – als das Verhältnis von (heteronomer) Gnade zu (autonomer) Freiheit? Von daher scheint es plausibel, daß Gunaratna gegen Dharmasiri für die ganzheitliche, erlösende Erkenntnis,

---

[84] "...it is not a good fortune but a logical certainty that a good Buddhist will necessarily achieve union with God, provided God exists and is good, as the Buddha explained to the brahmin Vâsattha who desperately insisted that Brahma (God) exists: »And so you say, Vâsattha, that the bhikkhu (Buddhist monk) is free from anger, and free from malice, pure in mind, and master of himself. then in sooth, Vâsettha, that the bhikkhu who is free from anger, free from malice, pure in mind, and master of himself should after death, when the body is dissolved, become united with God, who is the same – such a situation of things is every way possible!«" (ebd. 214).

[85] Zu einer christlichen Auseinandersetzung mit Jayatilleke vergleiche die sorgfältige Studie von G. Rothermundt, Buddhismus für die moderne Welt. Die Religionsphilosophie K. N. Jayatillekes, Stuttgart 1979.

[86] Vgl. dazu: A. D. P. Kalansuriya, Philosophical Reflections on Modern Empirico-buddhistic Claims, in: Dialogue (NS) vol. III (1976) 6-11; ders., Ethico-Religious Nature of the Conceptual Framework of Buddhism, in: Dialogue (NS) vol. IV (1977) 51-60; ders., Nibbana and the Language Game, in: Dialogue (NS) vol. V (1978) 123-132.

"paññā", eine grundsätzlich andere Qualität beansprucht, die - wie oben gezeigt - von Palihawadana in einen positiven Bezug zum christlichen Gnadenverständnis gesetzt werden kann.[87]

Ein Großteil der von christlicher und buddhistischer Seite gegen Dharmasiri vorgebrachten Einwände läßt sich auf den gemeinsamen Punkt bringen, daß Dharmasiri bei der Applikation buddhistischer Aussagen auf christliche Konzepte unter der Hand eine genuine Repräsentation des Buddhismus entglitten sei. In der Tat sollten einige Sätze Dharmasiris, wie z. B. "Christianity is based on the ideas of soul and God while Buddhism is based on the ideas of no-soul and no-God"[88], hellhörig machen. Wäre es nicht richtiger, aber fraglos apologetisch weniger operabel, zu sagen: "...while Buddhism is not based on the ideas of soul and God"?[89] Ist der Buddhismus wirklich auf der Negation anderer Lehren gegründet, oder hat sich Dharmasiri hier im Zuge buddhistischer Gegenapologetik eine Sichtweise zu eigen gemacht, die ihr von der christlichen Apologetik vorgegeben wurde?[90] Verrät nicht auch Dharmasiris Argument, auf den Gottesbegriff lasse sich keine Moral aufbauen, eine Umkehrung des christlich-apologetischen Topos, daß es ohne Gott keine Moral gebe?

L. de Silvas Bemerkung, Dharmasiris Buch sei ein klassischer Beleg dafür, daß ohne Gott Annihilation das unvermeidliche Ende sei und der Buddhismus damit zur materialistischsten und pessimistischsten Religion werde[91], ist diesbezüglich äußerst ambivalent. In ihr steht letztlich der Wert seines Ansatzes zum Dialog mit dem Buddhismus zur Debatte, was de Silva offensichtlich selbst so empfunden hat. Zum einen kann sie anzeigen, daß Dharmasiri in seinem gegenapologetischen Interesse wirklich einige Aspekte des Buddhismus verzeichnet hat. De Silva kann sich dazu mit Recht auf die buddhistischen Kritiker Dharmasiris berufen. Dharmasiris Klage über das Mißverständnis seiner These auf seiten seiner Kritiker muß notwendig den Eindruck verstärken, daß dieses Mißverständnis auf die Methode der kontrastierenden Darstellung zurückzuführen ist. Zum andern aber erhebt sich auch die Frage, ob nicht de Silva selbst der gleichen Perspektive verhaftet bleibt, und es ihm trotz der vielen und bedeutsamen Fortschritte letztlich nicht gelungen ist, die Logik des apologetischen Vergleichs zu durchbrechen. Dharmasiri spricht zwar deutlich im Hinblick auf die Daseinsfaktoren (khandhas) von ihrer völligen "Annihilation" im Nirvāna, weist aber den Vorwurf des Pessimismus entschieden zurück[92], der für de Silva jedoch unvermeidliche Konsequenz ist. Was aber läßt die Haltung desjenigen als pessimistisch erscheinen, der dem Tod als dem definitiven Ende

---

[87] Vgl. oben S. 182f.
[88] Dharmasiri, A Buddhist Critique... a.a.O. 152.
[89] Diesen Formulierungsvorschlag verdanke ich einem Gespräch mit Herrn Dr. A. Kreiner.
[90] Vgl. oben S. 67.
[91] Vgl. oben S. 195.
[92] Vgl. Dharmasiri, A Buddhist Critique... a.a.O. 213f.

aller Daseinsfaktoren gelassen entgegensieht bei gleichzeitiger radikaler Abstinenz von jeglichen Konzeptualisierungen über ein "Danach"? In diese Richtung zielte eine Bemerkung Dharmasiris während der Diskussion in Tulana: "The fact that we don't like the idea that we might become extinct, that we are shocked by it springs from *bhavatanhā*, - thirst or craving for existence. In this connection the Buddha used two terms, *bhava* and *sambhava*. The prefix *sam* here signifies 'more' 'full' 'plenetude'. *Sambhava* means full *bhava* - full existence. One should not have attachment even for this. The idea that there must be some kind of positive existence in the end shows that there is something wrong in our system of thinking. It is *sassataditthi* - the heresy of eternalism."[93] Diese Bemerkung zeugt von einer ganz anderen Denkweise als jener, aus der de Silva von der Leugnung Gottes auf Pessimismus schließt. Verräterisch ist denn auch de Silvas Bemerkung: "This is the inevitable result *as Christians see it*..."[94] Ganz offensichtlich liegen hier zwei Perspektiven vor, die einander verfehlen, und so bleibt offen, inwieweit es de Silva gelingt, von seiner christlichen Perspektive her die buddhistische zu verstehen.

Zweifellos liegt die Stärke von de Silvas Ansatz in seinem existenzanalytischen Einstieg, den er früher und konsequenter gewählt hat als etwa W. King, und durch den er einen Großteil der für die religionsvergleichende Methodik typischen Engführungen überwindet. Dies verleiht ihm m. E. unter den Pionieren des christlich-buddhistischen Dialogs einen herausragenden Rang.[95] Im Vorwort zu "The Problem of the Self..." erteilt de Silva dem apologetischen und phänomenologischen Religionsvergleich eine Absage, die auf sein Werk insgesamt anwendbar ist: "I have not attempted to compare the Buddhist and the Christian teachings about man and show how one is superior or inferior to the other. My interest is not in comparing one religion with another, however useful this may be academically, but to see how they can be related to one another; how the insights of one religion can fertilize another religion..."[96] Es fällt außerhalb der Reichweite dieser Untersuchung zu fragen, inwieweit es de Silva dabei gelungen ist, das Evangelium unverkürzt in Beziehung zum Buddhismus zu setzen. M. E. ist es ihm aber überzeugend gelungen, mit seinem Ansatz bei der Existenzanalyse einen Weg zu eröffnen, auf dem ein Verständnis des Buddhismus erzielt werden kann, das theologisch fruchtbar bleibt. Fraglich ist jedoch, wie konsequent de Silva diesen Weg verfolgt hat und dem hermeneutischen In-

---

[93] Nach dem Diskussionsprotokoll in: Dialogue (NS) vol. II (1975) 97. Ross Reat, der die Position Dharmasiris teilt, hat die wichtige Ergänzung hinzugefügt, daß der Buddhismus aus der gleichen, gegen die leiderzeugenden Anhaftung gerichteten Intention heraus auch den "Durst nach Vernichtung" (vibhavatanhā) ablehnt; vgl. R. Reat, Notes on "Absolute Exinction" in Buddhism, in: Dialogue (NS) vol. III (1976) 22-24, hier 24.
[94] Vgl. oben S. 195, Hervorhebung von mir.
[95] Die Begründung dieses Urteils wird deutlicher werden, wenn ich meinen eigenen Vorschlag für eine christliche Hermeneutik der buddhistischen Heilsbotschaft darlege.
[96] De Silva, The Problem of the Self... a.a.O. IIIf.

teresse treu geblieben ist; d.h., ob er nicht in dem Versuch, das Christentum so auf den Buddhismus zu beziehen, daß dieser dadurch befruchtet werde, Denkweisen in den Buddhismus hineininterpretiert, die im christlichen Kontext gültig sein mögen, dem buddhistischen jedoch inadäquat sind. Gerade darauf aber zielt Dharmasiris Bemerkung ab, "that there is something wrong in our system of thinking", wenn die Frage nach dem Jenseits des Todes ontologisch gestellt werde. Der existentiell-spirituell verfaßten buddhistischen Perspektive bleibt westlich-christliches Seinsdenken suspekt, es wird - wie Dharmasiri deutlich macht - "Durst", "tanhâ", dahinter vermutet, jene unheilsame Verhaftung also, gegen die sich der Buddhismus wendet. Diese perspektivische Verschiedenheit hat erhebliche Konsequenzen für die Deutung der sprachlichen Formulierungen. Während de Silva die Aussage von Udâna VIII, 3 klar ontologisch-metaphysisch versteht und einen Großteil seiner Argumentation auf sie stützt[97], spricht ihr Dharmasiri einen deskriptiven Sinn ab und deutet sie evaluativ.[98] Erst einige Zeit nach der Debatte um Dharmasiri hat de Silva, in seinem letzten Aufsatz, die Position vertreten, daß die Rede von Gott und die Rede vom Nirvâna primär *evokativ* gemeint seien.[99] Leider starb er zu früh, um von dieser Position aus seinen Ansatz nochmals zu überdenken. Es deutete sich hier jedoch an, daß die Aufmerksamkeit für die Eigenart der buddhistischen Vermittlungsdynamik zu erheblichen Veränderungen im bisherigen christlichen Buddhismusbild führen müsse. Die gleiche Entwicklung ließ sich oben bereits für W. King feststellen.[100] Ich wende mich nun dem Ansatz D. Swearers zu, der in und durch engen Kontakt mit dem Buddhisten Buddhadâsa Indapañño von Anfang an die sprachlogische Seite spiritueller Vermittlungsdynamik berücksichtigt hat.

---

[97] Vgl. oben S. 191f.
[98] Vgl. oben S. 197 Anm. 69.
[99] Vgl. de Silva, Buddhism and Christianity Relativised... a.a.O. 50 und oben S. 193.
[100] Vgl. oben S. 183f.

2.3 Konvergenzen religiöser Vermittlungsdynamik (D. Swearer)

D. Swearers Ansatz zum Dialog mit dem Theravâda-Buddhismus ist durchgängig geprägt von der Buddhismusinterpretation Buddhadâsas.[1] Um zeigen zu können, wie Swearer den Buddhismus Buddhadâsas christlich aufgreift und deutet, soll zunächst die Grundstruktur von Buddhadâsas Denken vorgestellt werden.

Buddhadâsa versteht Religion primär als praktischen Weg, der den Menschen in erlösenden Kontakt mit der höchsten Wirklichkeit bringen will.[2] Dazu bediene sich Religion nicht nur praktischer Regeln, sondern auch einer besonderen, dynamischen Sprechweise, die den Menschen in seiner Alltagssprache und dem dieser korrelierenden Wirklichkeitsverständnis abholt, um ihn letztlich zum Schweigen angesichts der Einsicht in die höchste Wirklichkeit zu führen. "All we can talk about is the method that will guide us along, that will explain what we might do in order to arrive at the real thing..."[3] Die von dieser Dynamik gekennzeichnete religiöse Rede nennt Buddhadâsa "Dhamma-Sprache". Die Dhamma-Sprache verwendet die gleichen Ausdrücke wie die Alltagssprache, jedoch in einer völlig anderen, eben jener mystagogischen Intention.[4]

---

[1] Buddhadâsa Indapañño gehört zu den herausragendsten Reformgestalten des thailändischen Theravâda-Buddhismus. Er hat die magisch-mythologischen Tendenzen des thailändischen Volksbuddhismus ebenso bekämpft, wie die in Schriftgelehrsamkeit erstarrte theravâdische Orthodoxie. Beiden wirft er Mangel an existenzverändernder religiöser Kraft vor. Nachdem Buddhadâsa anfangs stark umstritten war und z. T. heftig angefeindet und der Häresie bezichtigt wurde, genießt er inzwischen – auch über die Grenzen Thailands hinaus – ein recht hohes Ansehen. Zu Buddhadâsas Leben und Werk vgl.: D. Swearer, Neueste Entwicklungen im thailändischen Buddhismus, in: H. Dumoulin (Hg), Buddhismus der Gegenwart, Freiburg i. Br. 1970, 66-71; ders., Buddhism in Transition, Philadelphia 1970; ders., Reformist Buddhism in Thailand: The Case of Bhikkhu Buddhadasa, in: Dialogue (NS) vol. VIII (1981) 27-42.

[2] Vgl. Buddhadâsa Indapañño, Toward the Truth (hg. v. D. Swearer), Philadelphia 1971, 85; ders., Christianity and Buddhism, Bangkok 1967, 59, sowie D. Swearer, Buddhism in Transition, a.a.O. 108ff.

[3] Buddhadâsa, Toward the Truth, a.a.O. 85.

[4] Vgl. ebd. 56ff. Die Unterscheidung von "Dhamma-Sprache" und Alltagssprache ist keine "Erfindung" Buddhadâsas. Sie geht zurück auf die auch im Theravâda bekannte, vor allem aber im Mahâyâna akzentuierte Unterscheidung von "zwei Wahrheiten", einer konventionellen Wahrheit (p.: vohâra-sacca) und einer absoluten Wahrheit (p.: paramattha-sacca), denen zwei unterschiedliche Sprechweisen korrelieren, "vohâra vacana" und "paramattha vacana".
Im einzelnen sind die "Dhamma-sprachlichen" Interpretationen von "Alltagssprache", die Buddhadâsa vornimmt, jedoch recht verschieden. Mal bestehen sie aus dem eher banal wirkenden Hinweis auf figurativen oder allegorischen Sprachgebrauch, mal in der Korrektur verbreiteter Fehlinterpretationen, mal in der Klarstellung eines ursprünglichen, in Vergessenheit geratenen Sprachgebrauchs, mal in Entmythologisierungen, wie sie z.T. schon im Pâli-Kanon selbst anzutreffen sind.

In seiner "Dhamma-sprachlichen" Interpretation der Wiedergeburtslehre wehrt sich Buddhadâsa gegen ein alltagssprachliches Verständnis, das die Fährten der Wiedergeburt ausschließlich in einem postmortalen Sinn deutet.[5] Es handle sich dabei zumindest auch um Bilder für bestimmte Geistesverfassungen im Rahmen der menschlichen Existenz. So stehe etwa "Wiedergeburt in Höllenwelten" für "brennende Angst", "Wiedergeburt als Hungergeist" für ein inneres Sich-Verzehren, "Wiedergeburt im Tierreich" für dummes oder bestialisches Verhalten, "Wiedergeburt in Himmelswelten" für den Genuß subtiler Sinnenfreuden. Wer all diese Zustände in seinem Leben zu vermeiden trachte, werde auch nicht in den entsprechenden Weisen wiedergeboren.[6] Für ihn sei es überhaupt nicht nötig, sich bei der Frage aufzuhalten, was nach dem Tod komme.[7] Auch das "Nirvâna" sei kein realer jenseitiger Ort, sondern: "In Dhamma language the word 'Nirvâna' refers to the complete and absolute extinction of every kind of defilement and unsatisfactory condition."[8] Zwar bezeichne "Nirvâna" auch "the truly deathless state, the unconditioned, ...the life everlasting."[9] Aber es sei die Wahrheit des "Nicht-Selbst", die den Menschen "unsterblich" mache, "...because it makes him free of the self idea. When there is no self, how can there be death?"[10]

Der vom Buddhismus und von Religion überhaupt gewiesene Weg kann nur durch die konkrete Praxis jedes einzelnen Menschen verwirklicht werden. Die drei "Zufluchten" des Buddhismus, Buddha, Dhamma und Samgha, kann man nach Buddhadâsa nur in sich selbst finden.[11] Sie bilden eine letztlich identische Wirklichkeit[12], die Buddhadâsa bevorzugt als "Dhamma" anspricht. Der "Dhamma" ist "all-embracing; it is profound; it includes all things..."[13] Eigentlich kann über ihn nichts gesagt werden.[14] Wenn der Mensch ihn aber existentiell erfährt, bringt der Dhamma den unerlösten Zustand (dukkha) zu Ende und erweist sich als das wahre Wesen von Religion.[15]

Auf diese erlösende Erfahrung beziehen sich die Lehren von "Nicht-Ich" und "Anhaftungslosigkeit". Der darin bezeichnete Kern des Buddhismus ist für Buddhadâsa zugleich das Wesen von Religion schlechthin. Er ist "the realization that nothing whatsoever should be grasped at or clung to. Nothing whatever should be grasped at or clung to as 'me' or 'mine'."[16] Was die Es-

---

[5] Es hat den Anschein, daß Buddhadâsa hier eine völlige Entmythologisierung anstrebt, jedoch - vielleicht wegen des dann sicherlich von traditionalistischer Seite zu erwartenden Häresie-Vorwurfs - von dieser letzten Konsequenz Abstand nimmt.
[6] Vgl. Buddhadâsa, Toward the Truth, a.a.O. 71ff.
[7] Vgl. ebd. 73 u. 93.
[8] Ebd. 64.
[9] Ebd. 69.
[10] Ebd. 74.
[11] Vgl. ebd. 78.
[12] Vgl. ebd. 59ff.
[13] Ebd. 60.
[14] Vgl. ebd. 85.
[15] Vgl. ebd. 62.
[16] Ebd. 79; vgl. auch ebd. 97 u. 102.

senz des Weges betrifft, sind für Buddhadâsa die Religionen identisch; was das Erfassen der absoluten Wirklichkeit betrifft, so gibt es dafür überhaupt keine begriffliche Fassung mehr – auch der Religionsbegriff muß hier fallen.[17] Die Verschiedenheiten der Religionen sind auf der vorläufigen, konzeptuellen Ebene angesiedelt, und sie beginnen dort zu konvergieren, wo ihre existentielle Intention in der Erkenntnis ihrer "Dhamma-sprachlichen" Struktur erfaßt wird.

Buddhadâsa hat dieses Konzept mehrfach auf das Verhältnis von Christentum und Buddhismus angewendet.[18] Auf der begrifflichen Ebene gebe es erhebliche Unterschiede zwischen Christentum und Buddhismus. Christen seien ebenso unwillig, den Begriff "Nirvâna" für "Erlösung" zu verwenden, wie Buddhisten nur schwer geneigt seien, die Begriffe "Gott" oder "Religion" zu übernehmen.[19] Die begrifflichen Unversöhnlichkeiten aber seien durch eine Hermeneutik, die die Struktur der "Dhamma-Sprache" berücksichtigt, überwindbar.[20] Zunächst entkleidet Buddhadâsa den Gottesbegriff seiner anthropomorphen Züge, die er auf der Ebene der Alltagssprache ansiedelt. Sie widersprechen den göttlichen Attributen, wie z.B. dem der "Allgegenwart". Buddhadâsa wird hier sehr drastisch und fragt, wie man von einem anthropomorphen Gottesbild her auf die Frage eines Kindes antworten würde, ob Gott auch in einem Hund oder im Hundekot gegenwärtig sei.[21] Auch die Gott zugesprochene "Personalität" wertet Buddhadâsa als zu anthropomorph, da Gott unermeßlich, eine Person aber immer etwas begrenztes und meßbares sei.[22] I. S. einer umfassenden, absoluten Wirklichkeit, die in der Befreiung vom Leid erfahren werde, aber könne Gott mit dem Dhamma identifiziert werden.[23] Buddhadâsa zielt dabei jedoch nicht auf ein metaphysisches Kon-

---

[17] Vgl. ebd. 88ff.
[18] Ausführlich in "Christianity and Buddhism", Bangkok 1967; wichtige Hinweise finden sich aber auch in den Aufsätzen "Keine Religion" und "Dhamma – die Erlösung der Welt" (original: "Dhamma – The World Saviour"), beide in: Buddhadâsa, Zwei Arten der Sprache – eine Analyse von Begriffen der Wirklichkeit, Zürich 1979.
[19] Vgl. Buddhadâsa, Christianity and Buddhism, a.a.O. 17f.
[20] Vgl. ebd. 6f, 19 sowie: Buddhadâsa, Zwei Arten der Sprache... a.a.O. 105f.
[21] Vgl. Buddhadâsa, Christianity and Buddhism, a.a.O. 65 u. 77ff.
[22] Vgl. ebd. 63 u. 74. Hier zeigt sich, wie so oft bei den buddhistischen Dialogpartnern, daß "Personalität" von ihnen immer wieder i. S. von "Individualität" verstanden wird, bzw. i. S. des buddhistischen Konzepts eines "Ichs", das sich aus der Identifikation mit dem begrenzten, vergänglichen Seienden konstituiert!
[23] Vgl. ebd. 67. Buddhadâsa nennt vier traditionelle Bedeutungen von "Dhamma": 1. "Dhamma as the nature of things", 2. "Dhamma as the Law of Nature", 3. "Dhamma as duty performed according to the Law of Nature", 4. "Dhamma as fruits of practice, or of realization" (vgl. ebd. 67). Es wirkt wie eine amüsante Umkehrung von Kings These, daß Gott im Buddhismus in vier Lehreinheiten aufgesplittet sei (vgl. oben S. 173f), wenn Buddhadâsa argumentiert, daß diese vier Aspekte des Dhamma sich in vier verschiedenen christlichen Vorstellungen wiederfänden: die erste Bedeutung sei in der Schöpfungslehre, die zweite im Gottesbegriff, die

zept, sondern bleibt der existentiellen Sicht verpflichtet: "By Dhamma or God, however, one is to understand here 'Absolute Truth'. That absolute and universal truth is: 'Wherever and whenever there arises a feeling that self belongs to self resulting in selfishness there and then arises suffering. But when there is no such feeling, that is, when self belongs to Dhamma or God, then there arises no suffering.'"[24] "Sohn Gottes" ist für ihn daher jeder, der die Welt zu einem vollkommenen Verständnis des Dhamma führt.[25]

Die Frage der konzeptuellen Unterschiede tritt für Buddhadâsa hinter der Frage nach der soteriologischen Effizienz zurück. "It does not matter whether that which is called God is conceived of as a person, or as a power, or as a condition. The only characteristic required of what is called God, is that it signifies the extinction of suffering."[26] Im Christentum, besonders in der Bergpredigt, sieht er alles gegeben, was zur Erlösung nötig sei,[27] denn der Leitgegedanke sei auch hier die Anhaftungslosigkeit, die Abkehr von einer egozentrischen Lebensweise.[28] Offen ausgesprochen sieht er das Prinzip der Anhaftungslosigkeit z.B. im "haben als hätte man nicht" von 1. Kor. 7, 29-31. Der christliche Glaube – so versucht ihn Buddhadâsa gegen buddhistische Vorwürfe in Schutz zu nehmen – sei kein blinder Glaube, er beruhe auf Weisheit und Einsicht und lebe in praktischen Werken.[29] Swearer verweist zu Recht auf die Ironie, die dieser buddhistischen Rechtfertigung des Christentums angesichts der antibuddhistischen christlichen Apologetik zukommt: "...Western Christians ordinarily think of Buddhism as world-renouncing and quietistic, and their own tradition as world-affirming and activistic. Buddhadâsa's discussion provides a corrective to such easy labels. Indeed, given the badly informed assumptions most Westerners have of Buddhism, it might strike us as incongruous that a Buddhist would so defend Christianity: »We can see that Christian ideals of forbearance, forgiveness, helping others, and loving others as oneself agree with the Buddhist ideal of practice«."[30]

Einen Kontrast zwischen Selbsterlösung und Gnadenreligion vermag Buddhadâsa ebenfalls nicht zu erkennen. Trotz aller eigenen lebenspraktischen Anstrengung, ohne die eine Befreiung unmöglich sei, komme der Erlösung eine gewisse Vorgegebenheit zu. Daher könne sie nicht "verdient" werden. Zu der Aussage in Offb. 21,6, daß das "Wasser des Lebens" umsonst sei, benennt Buddhadâsa die buddhistische Parallele aus dem Pâli-Kanon, daß

---

    dritte im Religionsbegriff und die vierte in der christlichen Soteriologie enthalten (vgl. ebd. 70).
[24] Ebd. 27f.
[25] Vgl. ebd. 106.
[26] Ebd. 37.
[27] Vgl. ebd. 29.
[28] Vgl. Buddhadâsa, Toward the Truth, a.a.O. 101.
[29] Vgl. Buddhadâsa, Christianity and Buddhism, a.a.O. 40 u. 47f.
[30] D. Swearer, Dialogue: The Key to Understanding Other Religions, Philadelphia 1977, 165.

die Heiligen das Nirvâna "umsonst" genommen haben.[31] Im Heilsziel sei die Vorstellung von "Ich" oder "Selbst" restlos überwunden und dadurch die völlige Leidfreiheit erreicht. Man könne dies sowohl als "Einssein mit Gott" oder "Eintritt in das Reich Gottes", wie auch als "Nirvâna" oder "Todlosigkeit" bezeichnen.[32] Von "Todlosigkeit" oder auch "Ewigem Leben" könne man deshalb sprechen, weil für den, der das Ziel erreicht habe, das Todesproblem unbedeutend geworden sei.[33] Vor allem aber ist das Ziel die völlige Anhaftungslosigkeit: "Sich aus dem Verhaftetsein zu lösen, bis nichts mehr übrig bleibt, weder Gut noch Böse, Sünde oder Verdienst, Glück oder Leid; weder ein 'Ich' noch 'Religion', nichts mehr zu besitzen, woran man sich klammert oder was man festzuhalten wünscht. Das ist die höchste Form der Loslösung aus dem Verhaftetsein. Es ist der höchste Dhamma, etwas sehr Wertvolles, Wunderbares und Außergewöhnliches. Es ist das Herz aller Religion, es ist der Kern des Dhamma. Wenn Gott ist, so ist er darin zu finden."[34]

Swearer greift die Thesen Buddhadâsas von einer dezidiert inkarnatorisch gerichteten Theologie her auf. Nach Swearer steht im Hintergrund der johanneischen Identifikation Christi mit dem universalen Logos die Auffassung, daß Gott nicht durch gesetzliche oder sprachliche Normen begrenzt werden könne.[35] Gott sei jenseits aller Definierbarkeit, er ist "the ground of existence whose nature is its unqualifiedness."[36] Im biblischen Denken werde Wahrheit nicht propositional verstanden, als Wahrheit gelte hier vielmehr die Beziehung zwischen Gott und Mensch, die durch den Einstieg Gottes in die Geschichte eröffnet werde.[37] Nach christlichem Verständnis ist der Mittelpunkt und die Vermittlung dieser Beziehung Christus. Die Inkarnation verweise einerseits auf den unfaßbaren absoluten Grund des Daseins, und andererseits "partikularisiere" sich dieser in der Inkarnation. Swearer versteht diese Partikularisation als ein in der personalen Gottesbeziehung des Einzelnen fortwirkendes Geschehen: "It is concrete and particular in that each person must confront the truth in his actual, living situation; yet it is absolut and universal in that the truth is, within itself, not subject to any limitation or circumscription."[38] In der Partikularisation des

---

[31] Vgl. Buddhadâsa, Christianity and Buddhism, a.a.O. 122. Buddhadâsa bezieht sich auf folgende Passage des Ratana-Sutta im Khuddaka-pâtha: "Die, welche von sinnlicher Begierde frei, mit starkem Geiste fest in der Lehre Gotamos stehen, sind in das Todlose untergetaucht, haben es vollkommen erreicht, haben es umsonst genommen und genießen den höchsten Frieden." (Khuddaka-Pâtho. Eine kanonische Schrift des Pâli-Buddhismus. Übers. u. erl. von Karl Seidenstücker, München-Neubiberg 1910, 16).
[32] Vgl. Buddhadâsa, Christianity and Buddhism, a.a.O. 28 u. 76.
[33] Vgl. ebd. 28 u. 91 und Buddhadâsa, Toward the Truth, a.a.O. 104.
[34] Buddhadâsa, Zwei Arten der Sprache... a.a.O. 82.
[35] Vgl. D. Swearer, Dialogue: The Key to Understanding Other Religions, Philadelphia 1977, 46ff.
[36] Ebd. 47.
[37] Vgl. ebd. 47f.
[38] Ebd. 47.

absoluten Urgrundes bleibt die dynamische Relation dadurch erhalten, daß der Mensch durch die Gottesbegegnung mit dem je größeren Transzendenten konfrontiert wird: "Ultimate truth particularizes itself in concrete form not to become limited but to *confront* man face-to-face."[39] Nie besitzt der Gläubige Christus, sondern die christologisch vermittelte Gottesbegegnung behält die Struktur beständig neuer Suche und Herausforderung in den konkreten Situationen des Lebens und vor allem in der Begegnung mit anderen Menschen.[40] Die Unfaßbarkeit des absoluten Daseinsgrundes, die Begegnung mit ihm in geschichtlicher Partikularität und der konfrontative Charakter der Begegnung mit der dynamischen Spannung zwischen Partikularität und Absolutheit – diese drei Momente des inkarnatorischen Geschehens geben Swearer den Rahmen für seine in Auseinandersetzung mit Buddhadâsa Indapañño gewonnene christliche Interpretation der buddhistischen Heilsbotschaft.

Swearer verweist auf die Verwandtschaft von Buddhadâsas Konzept der "Dhamma-Sprache" mit der sprachlichen Funktion der Zen-Koans. Buddhadâsas Frage nach der Gegenwart Gottes in einem Hund besitze typische Koan-Struktur und habe ihr Vorbild in dem berühmten Koan: "Hat auch ein Hund die Buddha-Natur?".[41] Die eigentliche Intention der Koans bestehe wie in Buddhadâsas Dhamma-Sprache in der existentiellen Umgestaltung des Menschen und seiner sprachlich verfaßten Wirklichkeitssicht.[42] Die gleiche "koanische" Natur besitzt nach Swearer auch das Evangelium, was sich besonders bei den Gleichnissen Jesu zeige. Das Zentralkoan des Neuen Testaments ist für Swearer die Inkarnation, da in ihr die Spannung zwischen dem unfaßbaren Absoluten und seiner transzendierenden Gegenwart im Partikularen am stärksten ausgesagt ist.[43] Im Ereignis der Inkarnation sieht Swearer denn auch das gegeben, was für Buddhadâsa das wesentliche Ziel der Dhamma-Sprache ist: "the transformation of one's being, the elimination of attachment to 'I' and 'my'."[44]

Durch das Geschehen der Inkarnation erfahre die Anhaftungslosigkeit im Christentum eine eschatologische Begründung. Sie ist Teil der Ethik des angebrochenen Reiches bzw. des neuen Äons. "The world as we know it is

---

[39] Ebd. 49; Hervorhebung von mir.
[40] Vgl. ebd. 48f.
[41] Vgl. ebd. 165f. Bei diesem Koan handelt es sich um das Eröffnungskoan der Koan-Sammlung "Mumonkan" (Vgl. H. Dumoulin, Mumonkan. Die Schranke ohne Tor, Mainz 1975, 37ff).
[42] Swearer berichtet, daß Buddhadâsa – untypisch für Theravâda-Meister – die Koan-Methode bei seinen Meditationsschülern anwendet (vgl. D. Swearer, Buddhism in Transition, a.a.O. 108).
[43] Vgl. Swearer, Dialogue: The Key... a.a.O. 117ff.
Den Versuch, das Sprachgeschehen des Koans für die Interpretation des Neuen Testaments fruchtbar zu machen, hat in beeindruckender Weise J. K. Kadowaki in seinem Buch, Zen und die Bibel, Salzburg 1980, vorgelegt.
[44] Swearer, Dialogue: The Key... a.a.O. 164.

passing away; consequently, one acts without any attachment to the action itself, but with a single-minded attention to a higher goal."[45] Mit Johannes gesprochen, ist die Grundweise christlicher Existenz ein Leben in der Welt, aber nicht von der Welt, in dem es gelte, nicht die Dinge dieser Welt zu lieben.[46] Mit dem Buddhismus teile das Neue Testament die Auffassung, "...that the things of the world have no lasting value".[47]

Vom Inkarnationsgeschehen her werde im Neuen Testament die Grundunterscheidung des "alten" und des "neuen Seins" gewonnen. Sie begründe die christliche Form der "Ich-Losigkeit". Das "alte Sein", das Leben unter der Sünde, "...is life *lived unto itself* without reference to the ground of being."[48] Das "neue Sein" ist das "Leben in Christus". "It is the act of self-emptying that enables one to be filled with the Spirit..."[49] Es stehe unter der Maxime: "nicht mehr ich lebe, sondern Christus lebt in mir" (Gal. 2,20). In der durch die Taufe vollzogenen Hineinnahme des Menschen in das Geschehen von Kreuz und Auferstehung erschließe sich auf symbolische Weise die geistliche Wahrheit, daß "without self-emptying there can be no human fulfillment...".[50] Im Hinblick auf die spirituelle Dynamik besitze somit das "neue Sein in Christus" trotz sprachlicher und symbolischer Unterschiede eine grundlegende Ähnlichkeit mit der buddhistischen Anattâ-Lehre.[51]

Mit Buddhadâsa betont Swearer, daß die Anattâ-Lehre aus der soteriologischen Grundintention Buddhas heraus verstanden werden müsse. Es handle sich bei ihr nicht um eine philosophische Lehre über den Menschen, sondern primär um "a provocation of the mind toward a higher stage of spiritual life."[52] Sie intendiere die ethisch-praktische Auslöschung von Egozentrik und sei daher eng und konsistent mit der Lehre von der Anhaftungslosigkeit verbunden.[53] Ihre praktische Verwirklichung bedeute eine radikale Veränderung des Existenzvollzugs, die mit einer Veränderung der Wirklichkeitswahrnehmung einhergehe.[54] Wenn der Buddhismus von "Unwissenheit" oder "Verblendung" als der Ursache des Leidens spreche, so sei damit nicht die Weltwahrnehmung schlechthin, sondern eine bestimmte Form derselben gemeint. "Buddhism sees the world as a mirage, not that it does not exist or is unreal, but that we misperceive it through our various wrong attachments."[55] Auch betrachte der Buddhismus die Welt nicht an sich als übel, sondern sie werde dann leidvoll, wenn - im Geist der Anhaftung - Erwar-

---

[45] Ebd. 56.
[46] Vgl. ebd. 67f.
[47] Ebd. 64.
[48] Ebd. 71; Hervorhebung von mir.
[49] Ebd. 72.
[50] Ebd. 83.
[51] Vgl. ebd. 82.
[52] Ebd. 81.
[53] Vgl. ebd. 79.
[54] Vgl. ebd. 80.
[55] Ebd. 61f.

tungen an sie gestellt werden, die sie nicht erfüllen kann.⁵⁶ Dabei handelt es sich speziell um Ewigkeitsvorstellungen, die dem vergänglichen Charakter des Seins widersprechen. Anhaftung, das Festhaltenwollen des Vergänglichen, zeigt sich gnoseologisch als Identifikation des sich tendenziell ewig erhalten wollenden "Ichs" mit den vergänglichen Daseinserscheinungen, und existentiell in dem Versuch, in der Welt eine Sicherheit zu finden, die sie nicht geben kann.⁵⁷ Die daraus resultierende Angst um das an der Welt haftende Selbst ist die Wurzel des ethisch verhängnisvollen egozentrischen Verhaltens.

Freiheit statt Anhaftung, ethische Vollkommenheit statt unsittlichem Leben, Erkenntnis statt Unwissenheit, sind für Swearer Motive der buddhistischen Anattā-Lehre, die mit dem Ideal des "neuen Seins in Christus" grundlegend verwandt sind.⁵⁸ Die Freiheit des Christen habe die Komponenten von Anhaftungslosigkeit und Engagement (involvement). In Anlehnung an den Johannes-Prolog und den Christus-Hymnus in Phil 2 schreibt Swearer: "The Word made flesh and God come in the likeness of men are indeed symbolic of involvement, however, for the purpose of non-attachment. God's immanence, in other words, is man's transcendence."⁵⁹ Auch die buddhistische Freiheit von Anhaftung besitze die Konnotation von "involvement", was sich im mit der Anhaftungslosigkeit verbundenen Ideal des Mitleids zeige. "Nonattachment and involvement are not exclusive hallmarks of Buddhism and Christianity respectively; rather, they form a polarity common to both traditions..."⁶⁰ Der Buddhismus negiere nicht die konkrete Tat, sondern lege den Schwerpunkt auf die hinter ihr stehende Gesinnung.⁶¹ In seiner Karma-Lehre betone der Buddhismus die Bedeutung der Tat, der mit dieser verbundenen Intention und der spirituellen Rückwirkungen des Existenzvollzugs auf Geist und Charakter. Wenn schließlich die Freiheit von "Karma" erstrebt werde, so gehe es dabei um die Verwirklichung sittlicher und spiritueller Vollkommenheit: "...the final aim of the Buddhist is to achieve a state of being where deeds are no longer conditioning; where action is no longer calculated in terms of merit and demerit; in short, where one has overcome the ordinary distinctions between good and evil. Such a state of being is denoted by the term *nirvāna*. It is the state of the arahant, the saint who has become so transformed that he is no longer subject to the power of karma and samsāra."⁶²

Freiheit oder Nirvāna seien nicht erwerbbar in dem Sinne, daß sie von der Intelligenz oder dem Willen des Menschen abhängig sind.⁶³ Wie die christliche Ethik ziele auch die buddhistische eine Überwindung egozentrischer

---

⁵⁶ Vgl. ebd. 66.
⁵⁷ Vgl. ebd. 61.
⁵⁸ Vgl. ebd. 81.
⁵⁹ Ebd. 111.
⁶⁰ Ebd. 109.
⁶¹ Vgl. ebd. 89ff.
⁶² Ebd. 92.
⁶³ Vgl. ebd. 103.

Verdienstgerechtigkeit an.⁶⁴ Die paulinische Kritik der Werkgerechtigkeit intendiere nicht einen werklosen Glauben, sondern habe ihren spezifischen Interpretationskontext in seiner Polemik gegen pharisäische Selbstgerechtigkeit. Die wahre Gerechtigkeit sei nichts anderes als die Aufhebung der Selbstverhaftung im "neuen Sein in Christus".⁶⁵ "In Buddhism and Christianity there is no inherent conflict between spirituality and action. Indeed, the two merge to perfection in compassion, the highest form of detached concern for others."⁶⁶ Sowenig aber wie der Glaube von den Werken getrennt werden dürfe, könne man ihn auch nicht von der Einsicht isolieren.⁶⁷ Die mit dem Glauben einhergehende Einsicht sei freilich nichts anderes als die immer neue Begegnung mit dem lebendigen, inkarnierten Gott. Die christlichen Formulierungen des Glaubens stehen unter einem eschatologischen Vorbehalt, sie haben ihre endgültige Definition noch nicht erreicht.⁶⁸

So schließt Swearer den Kreis seiner Ausführungen zur Vermittlungsdynamik, indem er die Dynamik christlicher Rede wieder an sein inkarnatorisches Grundkonzept zurückbindet. Buddhadâsas Buddhismus ist für ihn daher eine Herausforderung an die Theologie, sich nicht in Selbstgenügsamkeit zu verlieren, sondern den Fokus ihrer Rede von Gott in der lebendigen Gott-Mensch-Beziehung zu wahren.⁶⁹ Swearer, der sich in der Beurteilung des Verhältnisses von Christentum und Buddhismus durch den Hinweis auf die je unterschiedliche Begründung der durchaus konvergierend verstandenen spirituellen Haltungen differenzierter zeigt als Buddhadâsa, weist auf die Gefahr hin, daß Buddhadâsas Auffassung von der aller religiösen Rede gemeinsamen Struktur der Dhamma-Sprache zu leicht nivellierend wirken und zu einer subjektiv-willkürlichen Ausschaltung sperriger Anteile führen könne.⁷⁰ Andererseits aber stimmt er Buddhadâsas Grundintention zu, das dynamisch konfrontative Element religiöser Rede zu betonen: "...if this ap-

---
⁶⁴ Vgl. ebd. 92 u. 95.
⁶⁵ Vgl. ebd. 85f.
⁶⁶ Ebd. 116.
⁶⁷ Vgl. ebd. 98f.
⁶⁸ Vgl. ebd. 167.
⁶⁹ Vgl. ebd. 166.
⁷⁰ Vgl. die Bemerkungen von Swearer in der Einleitung zu: Buddhadâsa, Toward the Truth, a.a.O. 21f. Diese Kritik Swearers erscheint mir ausgewogen und berechtigt. Zu oberflächlich hingegen ist der Vorwurf K. Hoheisels, Buddhadâsa gebe "diesen seinen historisch bedingten Glauben..., als etwas Unbedingtes, wesensmäßig allen geschichtlichen Veränderungen entzogenes aus" (vgl. K. Hoheisel, Buddhistische Entmythologisierung des Christentums, in: H.-J. Loth, M. Mildenberger, U. Tworuschka [Hg], Christentum im Spiegel der Weltreligionen, Stuttgart² 1979, 50-61; hier 61). Buddhadâsa zeigt sich nicht nur - vor allem in seiner Kritik und Interpretation der buddhistischen Scholastik - durchaus historisch sensibel, sondern vertritt zentral die Auffassung, "that all historical religious systems at best only approximate the truth but do not embody it" (D. Swearer, Dialogue: The Key... a.a.O. 165).

proach is used as a means to provoke and awaken a religion from its 'dogmatic slumbers' and to call into question the relevance and meaning of outdated forms, then Buddhadâsa's understanding of the nature of religion bears a great deal of validity."[71]

---

[71] So Swearer in der Einleitung zu: Buddhadâsa, Toward the Truth, a.a.O. 22.

2.4 Existentiell-psychologische Konvergenzen anthropozentrischer Zielsetzungen (A. Fernando)

Kaum ein Buch über den Buddhismus oder eine religionsvergleichende Studie über Christentum und Buddhismus, so urteilt A. Fernando, habe bisher die spezifischen Schwierigkeiten in Betracht gezogen, die sich für einen Christen bei seinem Versuch, den Buddhismus zu verstehen, ergeben.[1] Nach Fernando sind diese nicht nur durch den völlig verschiedenen kulturellen Hintergrund beider Religionen verursacht, sondern erhalten eine besondere Spezifikation durch den modernen, von Säkularismus und rationalistischem Humanismus geprägten Zeitgeist. Um diesen Schwierigkeiten zu entsprechen will Fernando, in kritischer Haltung gegenüber den traditionellen religiösen Entwicklungen, zur Botschaft der Stifterpersonen selbst zurückgehen und diese in einer Weise befragen, die dem säkularen Menschen von heute gerecht werde.[2]

Auf buddhistischer Seite findet Fernando die gleiche Intention bei Buddhadâsa vor, von dem er sich ebenfalls stark beeinflußt zeigt.[3] Fernando folgt Buddhadâsa in dem Grundansatz, die doktrinären Inhalte religiöser Botschaften unter dem Vorzeichen ihrer Intention zu lesen: "The aim that a particular religious founder strived to attain is as important for the understanding of the religion as his teaching itself."[4] Um die Intention der Verkündigung zu erfassen, müsse diese im Kontext ihres ursprünglichen religiösen Umfeldes gesehen werden. Unter dieser Perspektive zeige sich, daß sowohl Buddha als auch Jesus Religion nicht als einen Selbstzweck ansahen, sondern sie dezidiert in den Dienst des Menschen stellten.[5] Christus und Buddha haben nicht dasselbe gelehrt. Sie haben die Unheilssituation und den Weg zum Heil verschieden konzeptualisiert. Sie verkündeten unterschiedliche - wenn auch komplementäre - Heilsmittel. Aber, so Fernando, sie hatten eine identische Auffassung vom grundsätzlichen *Ziel* und *Wirkungsbereich* ("field of operation" = "mind of man") der Religion: "the development of the person in man."[6] "It is that single-mindedness of the

---

[1] Vgl. Antony Fernando, Buddhism and Christianity. Their Inner Affinity, Colombo² 1983, 2. Inzwischen ist von diesem Buch auch eine deutsche Ausgabe unter dem Titel: "Zu den Quellen des Buddhismus. Eine Einführung für Christen" (Mainz 1987) erschienen.

[2] Vgl. Fernando, Buddhism and Christianity... a.a.O. 3ff.

[3] "A decisive event in my search for the meaning of Buddhism was the contact I gained... with the radical Buddhist philosophy of Ven. Buddhadasa thero of Thailand... In the Eastern side of the world, he was a man grappling with the challenge of contemporary secularism, and he, in his turn, was resorting to Buddhism in its root-form" (ebd. 5).

[4] Ebd. 130.

[5] Vgl. ebd. 132f. Vgl. dazu auch die von diesem Gedanken getragene Kritik Fernandos am "Christozentrismus" John Cobbs in: A. Fernando, A Tale of Two Theologies, in: L. Swidler (Hg), Toward a Universal Theology of Religion, New York 1987, 112-117.

[6] Fernando, Buddhism and Christianity... a.a.O. 126; hinsichtlich der Komplementarität der Heilsmittel vgl. ebd. 132.

Buddha and the Christ with regard to the aim of religion that would lead anyone to conclude that there is a strong *inner* affinity between Buddhism and Christianity. Even the fact that Christianity is theistic and Buddhism non-theistic does not minimize in any way that unity of vision that both the Buddha and the Christ had with regard to the nature of religion and its primary function."[7] In seinem Verständnis vom idealen Menschsein beginne das Christentum bei der Gottesidee und gehe von ihr her auf den Menschen zu. Der Buddhismus dagegen beginne und ende beim Menschen.[8] Aber beider Ziel sei letztlich der Mensch. "Both have one common aim: to awaken people to a sense of realism and responsibility in their day to day life."[9]

Realismus und Verantwortlichkeit, als die beiden Kennzeichen reifer Menschlichkeit, stehen für die psychologische und die ethische Dimension, die zwei Pole des einen "Objekts" von Religion: des Geistes bzw. der Persönlichkeit des Menschen. In seiner Interpretation von Buddhismus und Christentum versucht Fernando diese beiden Pole als das eigentlich Zentrale in der Intention beider Religionen herauszuarbeiten.

An den Vier Edlen Wahrheiten werde deutlich, was Buddha als das Wesen von Religion angesehen habe: die Befreiung vom Leid! Was darüber hinausgehe, gelte ihm als überflüssig und unnütz.[10] Für das Verständnis von Buddhas Heilslehre sei daher das, was in den Vier Edlen Wahrheiten fehle, genauso wichtig, wie das, was sie enthalten.[11] Und dies bedeute: "Any concept of a supreme God, or worship of him in any ritualistic form is for him totally unnecessary for liberation."[12] Zur Befreiung vom Leid verkündete Buddha einen konkreten Weg, den Edlen Achtfachen Pfad. Für Fernando bildet der Edle Achtfache Pfad, der Gegenstand der letzten der Vier Edlen Wahrheiten, deren eigentliches Zentrum. Die drei ersten Wahrheiten dienten allein seiner Exposition, sie erklären, warum dieser Pfad richtig und ausreichend ist.[13]

Buddhas Analyse des Leides vollziehe sich auf einer psychologischen Ebene, da Leid keine objektive Größe, sondern eine subjektive Erfahrung ist.[14] Die von Buddha benannten objektiven Gegebenheiten, Alter, Krankheit und Tod, werden in individuell unterschiedlicher Weise erlebt. Buddha gehe es um die Befreiung des Menschen von der grundlegenden Angst, die von ihnen ausgelöst werde, nicht um eine Befreiung von Alter, Krankheit und Tod im

---

[7] Ebd. 127.
[8] Vgl. ebd. 10.
[9] Ebd. 117.
[10] Vgl. ebd. 21f. Fernando spricht hier zwar von "*inner* suffering" (ebd. 21), erwähnt jedoch in seinen Ausführungen zum fünften Glied des Edlen Achtfachen Pfades, dem "Rechten Lebenserwerb", auch die intersubjektiven und kollektiven Diensionen der Leidbefreiung (vgl. ebd. 73ff).
[11] Vgl. ebd. 96ff.
[12] Ebd. 103.
[13] Vgl. ebd. 19f u. 92f.
[14] Vgl. ebd. 25f.

physischen Sinn.[15] Psychologisch und nicht ontologisch sei daher auch die Lehre von den fünf Daseinsfaktoren ("khandhas") zu deuten. In ihr gehe es um den Zusammenhang von Erkenntnisvorgang und gierhaften Tendenzen, dessen Analyse den plausiblen Hintergrund für den Befreiungsweg liefere.[16] Jede Wahrnehmung ("saññâ" = 3. khandha) ist vermittelt durch die sinnlich-organischen Fakultäten ("rûpa" = 1. khandha), wird von Empfindungen ("vedanâ" = 2. khandha) begleitet und provoziert eine dem Bewußtsein ("viññâna" = 5. khandha) entspringende emotionale Reaktion ("sankhâra" = 4. khandha).[17] Menschliche Existenz, wie sie in den fünf "khandhas" gefaßt und analysiert ist, werde demnach durch die *Erfahrung* von Existenz definiert, und dieser inhäriere eine natürliche Tendenz, nicht rational, sondern emotional besetzt zu reagieren.[18] "Tanhâ", von Fernando mit "greed" übersetzt, sei "the uncontrolled yearning that all human beings experience in their effort to satisfy the desires of the senses."[19] Wenn Buddha von "bhava-tanhâ" spreche, so sei mit "bhava" nicht "Existenz" im neutralen Sinn gemeint, sondern "human existence as characterized by the tendency to be possessive."[20] "Man desires to possess more and more, forgetting that the greatness of man lies not in what a man has, but what he is. Goods are in popular human judgement more pleasurable than goodness."[21] Der Mensch bleibe solange Sklave jenes unheilsamen Dynamismus, wie er diesen nicht durchschaue. Insofern erscheine die "Unwissenheit" als Ursache von "tanhâ".[22]

In seiner Unwissenheit lebe der Mensch mit einem Phantasie-Selbst. Dieses ist das von der emotionalen Verhaftung gezeugte Abbild einer unfreien Lebenshaltung, dem keine eigenständige Realität entspricht. Auf dieses allein beziehe sich die ursprüngliche Anattâ-Lehre. "It is this self that is behind the feeling of 'self-importance'. It is the 'ego' behind 'egoism'. It is the individual behind (not individuality but) individualism. In brief, what the Buddha refers to as 'self' here is the 'emotional self' in its sense-based, non-rational form."[23] Von diesem falschen Selbst müsse sich der Mensch befreien, indem er es als inauthentisch erkenne. Dem entspreche zugleich die

---

[15] Vgl. ebd. 11 u. 26.
[16] Vgl. ebd. 33 u. 60.
[17] Vgl. ebd. 33ff.
[18] Vgl. ebd. 35.
[19] Ebd. 39.
[20] Ebd. 30.
[21] Ebd. 31. Die Nähe zur humanistischen Psychologie Erich Fromms, der von Fernando allerdings nicht erwähnt wird, ist evident. Doch Fromm selbst war sowohl vom Zen-Buddhismus als auch vom Theravâda-Buddhismus inspiriert (vgl. etwa: E. Fromm, Psychoanalyse und Zen-Buddhismus, in: E. Fromm, D. T. Suzuki, R. de Marino, Zen-Buddhismus und Psychoanalyse, Frankfurt a. M. 1972, 110-179 u. E. Fromm, Die Bedeutung des Ehrwürdigen Nyanaponika Mahâthera für die westliche Welt, in: Erich Fromm Gesamtausgabe [hg. v. R. Frank], Bd. VI, Stuttgart 1980, 359-361).
[22] Vgl. Fernando, Buddhism and Christianity... a.a.O. 39.
[23] Ebd. 61.

Erkenntnis und Verwirklichung eines wahren Selbst, das von Autonomie oder Freiheit hinsichtlich des Dynamismus der Gier gekennzeichnet sei.[24]

Auch die Lehren von Samsâra und Nirvâna interpretiert Fernando psychologisch bzw. existentiell: "...what the Buddha implied by *samsara* and *nirvana* is purely and simply the process of maturation of the human being"[25]. Während Karma und Samsâra Bilder für das sinn- und ziellose Getriebensein des unfreien Menschen von den Objekten sinnlicher Begierde seien[26], bezeichne Nirvâna die Befreiung von diesem Zustand als das Ideal menschlicher Reife: "...a well-developed personality or 'human-hood' in its ideal form".[27] Fernando lehnt eine Deutung der Lehren von Samsâra und Nirvâna ab, die darin Aussagen über postmortale Zustände sieht. Für ihn - und wie er meint auch im ursprünglichen Sinne Buddhas - repräsentieren sie "two stages of personality or two behavioural patterns."[28] Der befreite, selbst-los gewordene Mensch sei über sein posthumes Schicksal unbekümmert, und der Tod stelle für ihn kein existentielles Problem mehr dar. Falls es ein Jenseits nach dem Tode gebe, das nicht mehr der samsârischen Dynamik unterstehe, dann sei die in diesem Leben erreichte Reife der einzige Weg dorthin.[29]

Auf dem Weg zur Befreiung, dem Edlen Achtfachen Pfad, ist die Erkenntnis der erste, grundlegende Schritt. Fernando versteht sie als in der Lebenserfahrung gewonnene Einsicht in den Zusammenhang der drei Daseinsmerkmale, Vergänglichkeit, Leid und falsches Selbst.[30] Da die Erkenntnis des Leids Teil des ersten Schritts zur Befreiung sei, könne man den Buddhismus nicht als Pessimismus bezeichnen.[31] Das Ziel des Heilsweges, die Erleuchtung, beinhalte den Durchbruch zu wahrer Lebensfreude.[32] Die Befreiung von der gierhaften, egozentrischen Anhaftung artikuliere sich positiv und praktisch in einem sittlichen Leben. Daher folge der "rechten Erkenntnis" als dem ersten Glied des Edlen Achtfachen Pfades die Trias "rechtes Denken", "rechte Rede", "rechtes Tun". Sie beschreibt die drei Ebenen des Existenzvollzugs, wie er einer selbstlosen und gütigen Gesinnung entspringt.[33] Besonders interessant ist nach Fernando, daß Buddha den "rechten Lebenserwerb" als eigenes, fünftes Glied des Edlen Achtfachen Pfades benennt. Denn darin zeige sich die Auffassung Buddhas, daß Befreiung in der rechten Bewältigung des Alltags und nicht in der korrekten Ausübung religiöser Ri-

---

[24] Vgl. ebd. 61ff.
[25] Ebd. 52.
[26] Vgl. ebd. 41ff. Fernando beruft sich auf Buddhadâsa, geht in seiner Entmythologisierung der Samsâra-Lehre aber radikaler vor als dieser.
[27] Ebd. 55.
[28] Ebd. 49.
[29] Vgl. ebd. 52f.
[30] Vgl. ebd. 58f.
[31] Vgl. ebd. 46.
[32] Vgl. ebd. 14.
[33] Vgl. ebd. 72.

ten liege.³⁴ Maßstab und Prinzip des "rechten Lebenserwerbs" sei die Enthaltung von jeglicher Schädigung und Ausbeutung anderer, was Konsequenzen auf individueller wie auf kollektiver Ebene besitze.³⁵ Da die Befreiung nicht schlagartig geschehe, sondern einen allmählichen Prozeß menschlicher Reifung bilde, spreche das sechste Glied von der "rechten Anstrengung" als dem inneren Einsatz und der Ausdauer bei der Entwicklung von Selbstbestimmung - i. S. der Autonomie über den emotionalen Dynamismus - und selbstloser Güte.³⁶ Sie wird befördert durch die meditative Praxis, um die es in den beiden letzten Gliedern des Edlen Achtfachen Pfades geht, die "rechte Achtsamkeit" und die "rechte Sammlung" (von Fernando als "right concentration" wiedergegeben). Ihre Ziele seien die achtsame Erfassung der Wirklichkeit durch die Erkenntnis der Vergänglichkeit aller Dinge, die Einsicht in die inneren psychologischen Abläufe, die Erweckung einer klaren, ruhigen Einstellung gegenüber den alltäglichen Problemen und besonders die Entfaltung einer gütigen Gesinnung durch die Meditation der vier "brahmavihâra": Güte, Mitleid, Mitfreude und Gleichmut.³⁷

Das buddhistische Verständnis von Befreiung, wie es sich im Edlen Achtfachen Pfad enthülle, "...is a personality-transformation. Liberation makes an individual pass from his under-developed state of 'personhood' to a fully developed one..."³⁸ Die Grundfunktion von Religion sei für Buddha eine pädagogische.³⁹ Sinn und Maßstab aller religiösen Lehren sei für ihn allein ihre Effizienz im Hinblick auf das Ziel solcher Befreiung.⁴⁰ Angesichts der Ausschaltung von Gottes-Idee und Gottes-Verehrung aus dem buddhistischen Heilsweg, sei daher das Christentum in der Begegnung mit dem Buddhismus vor die Frage gestellt, ob nach seiner Auffassung religiöse Befreiung ebenfalls allein der personalen Reifung und Vollendung des Menschen diene.⁴¹

Fernando erklärt Buddhas Ausklammerung der Gottes-Frage aus dem Heilsweg mit der Situation des religiösen Umfeldes z. Zt. Buddhas. Die indische Religion sei damals zu sehr in Ritualismus, metaphysischer Spekulation und Sozialprestige (privilegierte Stellung der Brahmanenkaste) verstrickt gewesen, als daß Buddha in ihren Gottesvorstellungen eine Hilfe für sein primäres Anliegen hätte erblicken können.⁴² Auch Christus formulierte sein Verständnis von Religion in Auseinandersetzung mit den religiösen Ideen und Praktiken seiner Zeit. Fernando nennt vier Schwerpunkte in der Haltung Jesu: 1. Die Ablehnung einer falschen Form der Gottesverehrung (Fernando verweist exemplarisch auf das Gleichnis vom Pharisäer und Zöll-

---

³⁴ Vgl. ebd. 73ff.
³⁵ Vgl. ebd. 76.
³⁶ Vgl. ebd. 78ff.
³⁷ Vgl. ebd. 81-92.
³⁸ Ebd. 101.
³⁹ Vgl. ebd. 102.
⁴⁰ Vgl. ebd. 99f.
⁴¹ Vgl. ebd. 102.
⁴² Vgl. ebd. 103ff.

ner im Tempel), 2. die Betonung des rechtschaffenen Lebens als der rechten Form der Gottesverehrung, 3. ein deutliches Desinteresse an spekulativen Fragen der Gotteslehre zugunsten einer lebenspraktischen Gotteserfahrung, und 4. ein dezidierter Anti-Ritualismus, der sich gegen die Erhebung von Kult und Ritualgesetzen zum Selbstzweck wendet.[43] "Christ condemned the false theism of Judaism. Buddha condemned the false theism of Hinduism. Christ, of course, does not go so far as the Buddha as to completely reject the idea of God, but both are at one in their conviction that there is an utterly meaningless and personality-destructive form of theism. They are at one in affirming that the most needed form of God-worship is the one expressed by sublimity of character or a life of goodness."[44]

Dieses Urteil sucht Fernando durch eine Analyse des Erfahrungsgehalts von christlicher Gottesvorstellung und Gottesverehrung zu untermauern. Im Hintergrund steht dabei die aus der buddhistischen Herausforderung generierende Leitfrage: "Can God-belief which is so central to Christianity be accomodated within a view of religious liberation that is purely personality-upliftment?"[45] Jede Gottesvorstellung, die von einer transzendenten und unfaßbaren Wirklichkeit Gottes ausgehe, bleibe notwendig anthropomorph oder figurativ. Doch bildeten sich in diesen Konzeptualisierungen Erfahrungen ab. Beim Vergleich einer theistischen Religion mit einer nicht-theistischen helfe es nicht weiter, auf der konzeptuellen Ebene stehen zu bleiben. Fruchtbar sei hier allein der Weg über die hinter den Konzepten stehende Erfahrung.[46]

Der Erfahrungsgehalt hinter der Vorstellung eines "Schöpfergottes" liege in der Erfahrung der Endlichkeit und Begrenztheit des Daseins, der Verbundenheit des Menschen mit dem ganzen Universum, dem Erleben von Schönheit, Ordnung und Sinn im Universum und der Akzeptanz des eigenen Todes als etwas in den Gesamtsinn Eingebettetes.

Hinter der Vorstellung von Gott als "Vater" stehe die Erfahrung eines Gefühls der Sicherheit und Geborgenheit im Universum, sowie die seiner lebenspendenden Kräfte und die Erfahrung einer Verbundenheit mit allen anderen Menschen als seien sie Brüder und Schwestern.

Gott als "Richter" spiegele die intuitive Überzeugung von moralischer Gerechtigkeit und Werthaftigkeit wider, sowie ein gewisses Verantwortungsgefühl gegenüber dem Universum und dem Leben.

Auch den verschiedenen Formen der Gottesverehrung lassen sich nach Fernando konkrete Erfahrungsgehalte zuordnen. In der Anbetung gebe der Mensch seinen Stolz auf, finde sein authentisches Selbst in seiner Selbstaufgabe. Im Lobpreis anerkenne der Mensch die Werthaftigkeit und Schönheit der ihn umgebenden Welt und den Wert eines jeden Mitmenschen. Im Bittgebet schöpfe er Mut und Hoffnung aus der Vereinigung mit den Kräften des Universums. In der Bitte um Vergebung verbinde sich sein Wunsch nach

---

[43] Vgl. ebd. 105ff.
[44] Ebd. 108.
[45] Ebd. 102.
[46] Vgl. ebd. 109ff; vgl. zum folgenden ebd. 111-115.

Besserung mit der Annahme eigener Fehlerhaftigkeit und der Nachsicht gegenüber anderen.

Die Analyse des Erfahrungshintergrundes der Gottesvorstellung rechtfertigt es nach Fernando auch dann von einer Gotteserfahrung zu sprechen, wenn die gleichen Erfahrungen gegeben sind, die explizite Gottesvorstellung aber fehlt. "Whether an individual holds the concept or not, faith in God really refers to a person's higher mental attitude towards self, life, society, and the universe."[47] Die Frage, ob Gott *nur* das sei, ob dem Gottesbegriff nichts anderes korrespondiere als die menschliche Reife und ob er nicht vielmehr auf eine äußere objektive Wirklichkeit abziele, hält Fernando für falsch gestellt. "The question here is not whether an outside objective reality exists or not. The question is how this reality is apprehended by the mind. Is God apprehended through conceptualization or through experience? Is God a conceptualized reality that is experienced? Or an experienced reality that is conceptualized?"[48] Die Transzendenz Gottes weise allen Konzeptualisierungen gegenüber der Erfahrung einen sekundären Rang zu, und damit ist für Fernando die Antwort im letzteren Sinn entschieden. Die Gotteserfahrung vollziehe sich dort am authentischsten, wo der Mensch in einem selbstlosen Leben die Befreiung von seinem falschen Selbst erfahre, und daher sei der Buddhismus nur im konzeptuellen Sinn a-theistisch, er negiere lediglich die immer unvollkommene, begriffliche Seite des Gottesglaubens.[49]

Die zentralen Themen der Verkündigung Jesu waren nach Fernando der Glaube an einen fürsorgenden Gott, die Vergebungsbereitschaft Gottes und die Verbundenheit aller Menschen. Entkleide man die beiden ersten Themen ihrer anthropomorphen Hülle und lege so ihren Erfahrungsgehalt frei, dann erwiesen sie sich als sehr vernünftige Lehren. Sie ermutigen den Menschen nie die Hoffnung aufzugeben und sich selbst zu akzeptieren.[50] "Strange as it may sound, Christ here uses the very doctrine of belief in God as a medicine to awaken in man a belief in himself."[51] Das dritte Zentralthema der Verkündigung Jesu habe die soziale Natur des Menschen zum Inhalt. Volles Menschsein ist nur möglich, wenn der Mensch seine Verbundenheit mit allen Menschen erkenne, akzeptiere und durch ein sittliches Leben praktiziere.[52] Während sich diese dritte Thematik im vollen Umfang auch im Buddhismus finde, seien von den beiden ersten Themen nur einige Anklänge in der Lehre vom "rechten Verstehen" enthalten.[53]

---

[47] Ebd. 115.
[48] Ebd. 115.
[49] Vgl. ebd. 116.
[50] Vgl. ebd. 120-124.
[51] Ebd. 122.
[52] Vgl. ebd. 124ff.
[53] Vgl. ebd. 126.

Nach Fernando beziehen sich die Heilsziele in der Verkündigung Buddhas und Jesu, das Nirvâna und das Reich Gottes, beide primär auf ein vollendetes Menschsein in diesem Leben.[54] "A resurrected life does not necessarily mean a life that follows physical death. It is a life that is irrespective of death. It is primarily a triumph over spiritual death or mental immaturity."[55] So meint Fernando, daß Jesu Lehre vom Reich Gottes "does not say anything more about after-life than Buddha's doctrine of *nirvana* does."[56]

Die Konvergenzen der Lehren Buddhas und Jesu im Hinblick auf die Humanisierung des Menschen sind nach Fernando so profund, daß die Vorstellung einer gemeinsamen Mission möglich werde. "The purpose of missionary work is not to bring people to a new institution or a new religion. It is rather to bring an individual from the state of mental childishness to a state of mental adulthood. An adult is one who faces life realistically, and strives constantly to achieve that ideal humanhood for which life is designed... Man and his growth to full 'humanhood' was more important to Christ than the religious system or the institution."[57] Christen und Buddhisten könnten in der Erfüllung ihrer Mission Hand in Hand arbeiten.[58]

Die bisher vorgestellten Ansätze zum Dialog mit dem Theravâda-Buddhismus lassen in ihren jeweiligen hermeneutischen Schwerpunkten eine gewisse Entwicklung erkennen. King blieb zunächst noch stark der religionsvergleichenden Vorgangsweise treu, versuchte jedoch die daraus resultierenden doktrinären Divergenzen hermeneutisch durch den Aufweis funktionaler Konvergenzen zu überbrücken, was ihm dort am besten gelang, wo er diese auf den Bereich der Erfahrung zurückbezog. Diesen Rückgriff auf Erfahrung scheint er in letzter Zeit verstärkt zu haben. De Silva setzte konsequenter und weit ausgeprägter als King von vornherein auf der Ebene der Erfahrung an, geriet damit zunächst jedoch wieder vor die Gottesfrage als eine sperrige doktrinäre Grenze. An der Debatte um Dharmasiri zeigte sich, daß es hierbei jedoch nicht nur um eine auf gleicher, nämlich doktrinärer Ebene verhandelte Frage geht. Vielmehr enthüllte sich eine Verschiedenheit der Denkweise, nach der gerade das von seinem Heilsverständnis her motivierte Insistieren des Christen auf gewissen dogmatisch faßbaren Inhalten dem Buddhisten als grundsätzlich unheilsam erscheint. Wodurch der eine allein dem Pessimismus gewehrt sah, darin erblickte der andere eine Form von "tanhâ", der Wurzel von Verblendung und Leid. Die Divergenzen der Denkweisen aber lassen sich auf der doktrinären Ebene allein nicht lösen. Erst gegen Ende seines Lebens zeichnete sich bei de Silva eine Veränderung seines hermeneutischen Ansatzes ab, indem er nun die doktrinären Unterschiede verstärkt von der mit ihnen jeweils verbundenen Intention her aufgriff. Unter dem Einfluß der Vorgaben Buddhadâsas stellt Swearer die spi-

---
[54] Vgl. ebd. 119.
[55] Ebd. 112.
[56] Ebd. 119f.
[57] Ebd. 131 u. 132.
[58] Vgl. ebd. 132.

rituelle Intentionalität in den Vordergrund seines Dialogansatzes und erblickt hier weitgehende Konvergenzen. Noch stärker als Swearer geht Fernando von der in der religiösen Vermittlungsdynamik freizulegenden Intentionalität und ihren Bezug zur Erfahrung aus. Damit zeigt sich jedoch zugleich auch deutlicher die Problematik dieser Vorgangsweise. Denn Fernandos Ansatz erweckt den Eindruck, daß er für seine christlich-buddhistische Hermeneutik einen reduktionistischen Preis zahlt - und zwar einen größeren seitens des Christentums als des Buddhismus. Doch gelingt es ihm durch seinen existentiell-psychologischen Zugang, den existenzanalytischen Zugang de Silvas mit der - von Buddhadâsa angestoßenen - hermeneutischen Berücksichtigung der Vermittlungsdynamik fruchtbar zu verbinden. So kann er der existentiellen Haltung der buddhistischen Lehre voll Rechnung tragen und die Herausforderung, die von ihr an das christliche Gottesverständnis ausgeht, klarer verdeutlichen als Swearer. Die hermeneutische Berücksichtigung der Vermittlungsdynamik der jeweilgen Lehren bildet auch einen zentralen Zug des Ansatzes von A. Pieris, der hier als letztes Beispiel für die dialogische Auseinandersetzung mit dem Theravâda-Buddhismus vorgestellt werden soll. Auch Pieris gibt dem existentiell-psychologischen Aspekt besonderes Gewicht, meidet aber dessen Einseitigkeit indem er stärker als Fernando sowohl die kollektiven Aspekte der jeweiligen soteriologischen Intentionen berücksichtigt, als auch die sich doktrinär niederschlagenden Unterschiede der jeweiligen Denkweisen.

2.5 Idiomatische Komplementarität im Kontext soteriologischer Konvergenzen (A. Pieris)

Nach A. Pieris[1] hängt eines der Haupthindernisse wechselseitigen Verstehens im christlich-buddhistischen Dialog damit zusammen, daß sich beide Religionen in zwei unterschiedlichen "Idiomen" mit "einer je eigenen Logik, Grammatik und Syntax"[2] artikulieren: das Christentum in einem "agapeïschen", der Buddhismus in einem "gnostischen".[3] Dabei handle es sich nicht allein um zwei verschieden Weisen des Redens über die Wirklichkeit, sondern auch um zwei unterschiedliche Weisen der Wirklichkeitssicht und -erfahrung.[4] In beiden Idiomen werde im Rückgriff auf die jeweilige religiöse Urerfahrung eine Botschaft der Befreiung verkündet, im Buddhismus die der "befreienden Erkenntnis" ("liberative knowledge"), im Christentum die der "erlösenden Liebe" ("redemptive love").[5] Nur im Kontext der von Pieris auch als unterschiedliche "Sprachspiele" bezeichneten Idiome sollten die jeweiligen Lehren interpretiert werden.[6]

Innerhalb der beiden Idiome differieren der "Ort" und der "Weg" der Befreiung. "Nibbâna is attained by the mind or *citta* which is the locus of gnosis, but God is encountered in a people which is the object of love... The Tripitaka emphasizes the liberation of each mind so that gradually all minds may find release. The process is from personality integration to the renewal of society. The opposite is true of the bible which sees liberation as that of people moving from socio-spiritual slavery to an integrated peoplehood. It is getting involved in the total liberation of a people that

---

[1] Aloysius Pieris, ceylonesischer Jesuit und Nachfolger Lynn de Silvas in der Herausgabe der Zeitschrift "Dialogue", ist der Begründer und Leiter des dem interreligiösen Dialog gewidmeten "Tulana Research Center" in Kelanlya, Sri Lanka.
[2] A. Pieris, Theologie der Befreiung in Asien. Christentum im Kontext der Armut und der Religionen, Freiburg i. Br. 1986, 126.
[3] Diese für den hermeneutischen Ansatz von Pieris bedeutende Unterscheidung zweier Idiome wird in vielen seiner Schriften angesprochen. Am ausführlichsten hat Pieris bisher diese Unterscheidung in den folgenden Beiträgen dargestellt: A. Pieris, God-Talk and God-Experience in a Christian Perspective, in: Dialogue (NS) vol. II (1975) 116-128; ders., Der Buddhismus als Herausforderung für die Christen (verbesserte Version), in: ders., Theologie der Befreiung... a.a.O. 122-130; ders., Christentum und Buddhismus im Dialog aus der Mitte ihrer Traditionen, in: A. Bsteh (Hg) Dialog aus der Mitte christlicher Theologie, Mödling 1987, 131-178 (die engl. Fassung dieses wichtigen Beitrags ist erschienen als: ders., Christianity in a Core-to-Core Dialogue with Buddhism, in: Dialogue [NS] vol. XIII/XIV [1986/87] 52-93).
[4] Vgl. Pieris, Theologie der Befreiung... a.a.O. 126.
[5] Vgl. ders., God-Talk... a.a.O. 117f; ders., Christianity in a Core-to-Core Dialogue... a.a.O. 53; ders., Christentum und Buddhismus... a.a.O. 132.
[6] Vgl. ders., Theologie der Befreiung... a.a.O. 126 und ders., God-Talk... a.a.O. 124, wo Pieris Dharmasiri vorwirft, daß dieser das agapeïsche Idiom des Christentums ignoriert und es allein in gnostischen Kategorien interpretiert habe (zur Debatte um Dharmasiri vgl. oben S. 194ff).

the individual finds his personal salvation."⁷ Daher könne das buddhistische Idiom auch als "psycho-ethisches" und das christliche als "sozio-ethisches" bezeichnet werden.⁸ Innerhalb des gnostischen Idioms des Buddhismus erscheint die sinnlich gebundene Wirklichkeitserfassung als das unheilsame Gegenstück zur erlösenden Erkenntnis (paññâ). Mehr als zweitausend Jahre vor Freud habe Buddha bereits klar erkannt, daß Vernunft und Erkenntnis von emotionalen Interessen getrübt sind. "Reason is that part of the human psyche that is prone to corruption by interest. The Truth in the ultimate sense, for the Buddha was beyond logical reasoning (avitakkhâvacara). The only infallible way to reach the true knowledge of reality... was to cut across human reason by penetrative insight (vipassanâ) which itself could be acquired only after a long struggle against selfish interests that corrupt the human conscience and bind it with fetters."⁹ Die Lehren von Karma und Samsâra zeigten in diesem Sinne nicht nur die Unheilssituation des Menschen auf, sondern dadurch auch die Möglichkeit von und den Weg zur Befreiung.¹⁰ Wie das Christentum gehe jedoch auch der Buddhismus davon aus, daß die Erfahrung der "letzten Wirklichkeit" kein menschliches Produkt sei. Im Buddhismus gehe der Erfahrung des Nirvânas das Zur-Ruhe-Kommen der mentalen samsârischen Prozesse voran, die Nirvâna-Erfahrung selbst sei ein "Sprung" aus dem Phänomenalen ins Transphänomenale. Innerhalb des agapeïschen Idioms des Christentums werde der absolute, menschlicher Produzierbarkeit enthobene Charakter der erlösenden Wirklichkeit durch das Konzept der Gnade ausgedrückt, durch die Vorstellung des sich frei schenkenden und mitteilenden Gottes.¹¹ In beiden Religionen werden jedoch menschliche Worte letztlich als zu begrenzt angesehen, um das Transhumane auszudrücken. "Human words used in both in the gnostic and the agapeic contexts are mere pointers to what is 'reached' or 'realized' in some transhuman manner."¹²

Trotz dieser von beiden Traditionen gehaltenen eigentlichen Unsagbarkeit der "letzten Wirklichkeit" kennen sie unterschiedliche Konzeptualisierungen, die sich auf die idiomatische Verschiedenheit zurückführen lassen. Im Christentum werde die "letzte Wirklichkeit" als personaler Gott und im Buddhismus, wie in anderen asiatischen Religionen, als "transphänomenales Es" interpretiert.¹³ Während das agapeïsche Idiom aufgrund der in der Liebe gegebenen Beziehungsdimension zu einer personalistischen Redeweise tendiere, könne das gnostische Idiom des Buddhismus "weder die höchste Wahrheit noch irgendein Wesen, das auf der Suche nach ihr ist, unter personalen

---

7 Ders., God-Talk... a.a.O. 119.
8 Vgl. ebd. 119.
9 Ders., Ideology and Religion: Some Debatable Points, in: Dialogue (NS) vol. X (1983) 31-41, hier 36.
10 Vgl. ders., The Political Vision of the Buddhist, in: Dialogue (NS) vol. XI (1984) 6-14, hier 7.
11 Vgl. ders., God-Talk... a.a.O. 122.
12 Ebd. 122.
13 Vgl. ders., Theologie der Befreiung... a.a.O. 193f.

Begriffen fassen."¹⁴ Die Begriffe "Gott" und "Seele", um die das Personverständnis des Christentums kreist, seien "der gnostischen Erfahrung der Buddhisten zufolge... reiner Unsinn."¹⁵ Daher werden sie für den Christen zum "herben Prüfstein" hinsichtlich einer Überwindung der idiomatischen Sprachbarrieren.¹⁶ Dieser Durchbruch ist nach Pieris möglich, wenn die idiomatische Differenz nicht als gegensätzliche, sondern als *komplementäre* erkannt und anerkannt wird. Die Nicht-Anerkennung dieser Komplementarität – und nicht so sehr die idiomatische Verschiedenheit an sich – sei somit das erste Haupthindernis in der dialogischen Begegnung von Christentum und Buddhismus, die nur dann ihren Namen wirklich verdiene, wenn sie die Mitte beider Traditionen anziele und aus ihr komme.¹⁷

Pieris hält die beiden Idiome für zwei selbständige "Sprachen des Geistes", die nicht aufeinander zurückführbar seien.¹⁸ Ihre Komplementarität als Denk- und Ausdrucksformen von Christentum und Buddhismus beruht nach Pieris jedoch darauf, daß jede der befreienden Erfahrungen, von denen sie sprechen, "als Ereignis menschlicher Selbstüberschreitung heilschaffend (ist), indem sie den Menschen, der von ihr ergriffen wird, von seinem Existenzgrund her umgestaltet."¹⁹ In beiden Idiomen gelte die egozentrische Selbstverhaftung als das zentrale Übel: "In Buddhism it is 'self-belief'... leading to 'self-seeking' (tanhâ). In the Bible, Sin is 'self-worship' that makes a God of one's own self, isolating it from the People... Both the Buddhist doctrine of no-self (anattâ) and the Christian call to self-abnegation (taking up the cross) seem to converge in that a true renunciation of self is advocated as the *conditio sine qua non* of liberation."²⁰ Für sich allein genommen sind nach Pieris Agape und Gnosis "unzulänglich" ("inadequate") sowohl hinsichtlich der Erfahrung als auch des Ausdrucks der in der Selbst-Überschreitung sich ereignenden Erlösung.²¹ Die Geschichte beider Religionen bezeuge, daß der Buddhismus innerhalb seines gnostischen

---

¹⁴ Ders., Christentum und Buddhismus... a.a.O. 144.
¹⁵ Ebd. 144.
¹⁶ Vgl. ebd. 144ff. Ich nehme an, daß Pieris zu dieser Beurteilung nicht nur durch seine lange Erfahrung im christlich-buddhistischen Dialog gelangt ist, sondern im besonderen auch durch die Debatte um Dharmasiri. Denn die Unterscheidung der zwei verschiedenen Idiome hat er in dieser Debatte eingeführt (vgl. oben S. 222 Anm. 6). Pieris, der de Silvas Ansatz immer wieder gelobt hat, weil dieser dem soteriologischen Rahmen des Buddhismus wirklich Rechnung getragen habe, kritisiert an ihm jedoch, daß er das gnostische Idiom des Buddhismus nicht hinreichend berücksichtigte (vgl. z.B. Pieris, Theologie der Befreiung... a.a.O. 124f). Wie oben gezeigt, war es aber gerade die Gottesfrage, an der de Silvas Ansatz an seine Grenzen geriet, und man kann darin wohl den eigentlichen Zielpunkt der Kritik von Pieris an de Silva erblicken.
¹⁷ Vgl. Pieris, Christentum und Buddhismus... a.a.O. 131ff.
¹⁸ Vgl. ders., Theologie der Befreiung... a.a.O. 125.
¹⁹ Pieris, Christentum und Buddhismus... a.a.O. 132.
²⁰ Ders., God-Talk... a.a.O. 119.
²¹ Vgl. ders., Christentum und Buddhismus... a.a.O. 133 u. ders., Christianity in a Core-to-Core Dialogue... a.a.O. 53.

Idioms immer auch ein agapeïsches Element besaß, wie umgekehrt das Christentum neben den häretischen Fehlformen immer auch eine legitime Form der Gnosis kannte und bejahte.[22] Dies schlage sich konkret auch in den jeweiligen Heilswegen nieder: "...Buddhism does not neglect the social dimension nor does Christianity ignore the psychological implications of the agapeic encounter (metanoia – change of heart). The difference is one of emphasis."[23] Seine Überzeugung, "daß es eine christliche Gnosis gibt, die notwendig von der Agape durchseelt ist, und daß es auch eine buddhistische Agape gibt, die gnostisch bleibt", bringt Pieris auf die Formel: "Tief in einem *jeden* von uns lebt ein Buddhist *und* ein Christ, die dort schon in einem tiefgehenden Austausch miteinander stehen..."[24] Diese innere Komplementarität von Gnosis und Agape ermögliche das Verstehen des und die Teilhabe am Idiom des anderen.[25] Durch die Notwendigkeit und Tatsächlichkeit des gnostischen Elements im Christentum sei dem dafür sensiblen Christen bereits "ein anfängliches Vertrautsein mit der buddhistischen Wesensart geschenkt... Er wird... im befreienden Kern des Buddhismus das Spiegelbild seiner eigenen christlichen Grunderfahrung wiedererkennen: die Begegnung von Gnosis-bestimmter Agape und Agape-durchformter Gnosis."[26]

Innerhalb der beiden Idiome seien das agapeïsche und das gnostische Element jedoch jeweils unterschiedlich integriert. Das Christentum tendiere dazu, Liebe mit Erkenntnis zu identifizieren. Agape erscheint als die höchste Form der Erkenntnis. Man kennt Gott, indem man sein Volk liebt.[27] Man kennt Jesus als die Wahrheit, indem man Jesus als dem Weg folgt.[28] Im Buddhismus bleiben die beiden Elemente stärker polar. Das soteriologische Vertrauen liegt eindeutig auf der Erkenntnis, wobei die Liebe bzw. das Mitleid (karuna) als deren unverzichtbare Vorstufe, Folge und Korrelat erscheint.[29]

Die stärkere Polarität von Gnosis und Agape innerhalb des gnostischen Idioms des Buddhismus bedeute jedoch nicht, daß dieser deshalb eine welt-

---

[22] Vgl. ebd. passim, sowie ders., Western Christianity and Asian Buddhism: A Theological Reading of Historical Encounters, in: Dialogue (NS) vol. VII (1980) 49-85, hier 64f.
[23] Ders., God-Talk... a.a.O. 119.
[24] Ders., Christentum und Buddhismus... a.a.O. 138.
[25] Vgl. ders., God-Talk... a.a.O. 128.
[26] Ders., Christentum und Buddhismus... a.a.O. 155.
[27] Vgl. ders., God-Talk... a.a.O. 118f.
[28] Vgl. ders., Theologie der Befreiung... a.a.O. 154.
[29] Vgl. ebd. 125; ders., Christentum und Buddhismus... a.a.O., 145f; ders., God-Talk... a.a.O., 118. Mit dem Hinweis auf die unterschiedliche Integration des agapeïschen und gnostischen Elements innerhalb der beiden Idiome versucht Pieris auf den Vorwurf Dharmasiris zu antworten, daß der Gottesliebe eine latent unmoralische Tendenz inhäriere (vgl. oben S. 198). Dieser Vorwurf ist nach Pieris darauf zurückzuführen, daß Dharmasiri die Gottesliebe gnostisch interpretiere, also als polare Größe zur Nächstenliebe, und nicht agapeïsch als mit der Nächstenliebe identisch (vgl. ders., God-Talk... a.a.O. 124).

flüchtige Religion wäre. Vielmehr sieht Pieris in dem Urteil, daß der Buddhismus eine weltverneinende asketische Bewegung sei, eine allen historischen Tatsachen widersprechende westliche Karikatur, die einem antignostischen Vorurteil entspringe.[30] Dagegen charakterisiert Pieris das Weltverhältnis des Buddhismus als "eine die Welt relativierende Hervorhebung des Absoluten".[31] Die Geschichte des Buddhismus, seine lebendige Tradition und die Praxis Buddhas müßten für eine volle Texthermeneutik der buddhistischen Schriften hinzugezogen werden.[32] Karunâ, das agapeïsche Element im Buddhismus, beinhalte ein Programm, "das das psycho-soziale Leben der menschlichen Gesellschaft so verändern will, daß es in Einklang gelangt mit dem höchsten Ziel der Freiheit des Nirvâna."[33] Die Praxis Buddhas bezeuge seine auf eine weltverändernde Spiritualität gerichtete Intention: "...his gentle persuasiveness which converted the harlot and the murderer; the diversity in his pedagogical approach to the rich merchant, to the poor artisan and to the sectarian philosopher; the sense of social righteousness with which he blazed when he demolished the theological caste-system; the competence with which he proclaimed to politicians the principles of good government; the practical wisdom of the ethical code he bequeathed to the laity to guide their social and even economic pursuits; and above all, the all-embracing nature of the Vinaya, the monastic Regula, by which the monks could, in their single-minded pursuit of Nirvâna, serve any given secular society as beacons of light in the manner he himself was."[34] Trotz der soteriologische Priorität der Gnosis ist die Polarität von Gnosis und Agape im Buddhismus also eine voll integrierte. "By gnosis a Buddha anticipates the Beyond here and now; but by agape, so to say, he transfigures the Here and Now in terms of that Beyond. Thus, wisdom (prajñâ) is thought to have provided him with a vantage-point to serve the world with loving-kindness (karunâ). This then was his two-fold posture towards the world: gnostic disengagement and agapeic involvement; wisdom and love; prajñâ and karunâ."[35]

Die einseitige Beachtung der religiösen *Texte* des Buddhismus im Westen habe den Blick verstellt für die Integration des agapeïschen Welteinsatzes in die transphänomenal orientierte, gnostisch geprägte soteriologische Gesamtsicht des Buddhismus und so zur Negation der "historischen Tatsache" geführt, "daß die mikro-ethische Sorge einer Religion für die Selbstreinigung von Individuen... oft auf den makro-ethischen Sektor der sozio-politischen

---

[30] Vgl. ders., Theologie der Befreiung... a.a.O. 125f; ders. Christentum und Buddhismus... a.a.O. 135.
[31] Vgl. ders., Theologie der Befreiung... a.a.O. 126f.
[32] Vgl. ders., The Political Vision... a.a.O. 7; ders., Western Christianity... a.a.O. 69.
[33] Ders., Christentum und Buddhismus... a.a.O. 145.
[34] Ders., The Political Vision... a.a.O. 8.
[35] Ebd. 8. Diese Integration ist nach Pieris prinzipiell für alle Zweige des Buddhismus gültig, wenn auch im Theravâda stärker das gnostische und im Mahâyâna stärker das agapeïsche betont werde (vgl. ebd. 9).

Katharsis... übertragen wird".³⁶ Der Buddhismus verdanke seine interkulturelle Ausbreitung über die verschiedensten Völker Asiens gerade dem Umstand, daß er die weltlichen und sozialen Belange (Pieris spricht von der "kosmischen" Ebene) nicht vernachlässigt hat, sondern diese in seinem soteriologischen Konzept ("metakosmische" Orientierung) aufzugreifen vermochte. Die Vermittlung des Kosmischen mit dem Metakosmischen geschehe in der Praxis primär durch den buddhistischen Orden, den Samgha. Er diene auf der kosmischen Ebene in einer Weise, die die Aufmerksamkeit auf das metakosmische Ziel lenkt.³⁷ Als "spirituelle Elite" bildet er zugleich die Verkörperung eines mystisch-monastischen Ideals und stehe für die Verwirklichung des metakosmischen Ziels im Hier und Jetzt.³⁸ Der Samgha symbolisiere eine Idealgesellschaft des religiösen Kommunismus, in der alle alles miteinander teilen.³⁹ Zu allen Zeiten haben nach Pieris verschiedene Religionen solche monastischen Gemeinschaften gekannt, die der Menschheit als "Sakramente" einer gerechten Gesellschaft dienten.⁴⁰ Die Basis des Lebens im Samgha ist die freiwillig gewählte individuelle Armut und das gerechte Teilen des Vorhandenen. Dies wird ermöglicht durch die Gaben der Laien, also durch deren Wohlstand. Das spirituelle Ideal des Samgha ist der Kampf gegen die Habgier (lobha), der integriert ist in das Streben nach Befreiung von Durst (tanhâ) und Anhaftung (upâdâna). So zeige er der Laiengemeinde, daß sowohl Wohlstand als auch Armut kein Ideal in sich ist, sondern daß es auf die innere Freiheit von der Habgier, die den Wohlstand antireligiös macht, ankommt.⁴¹ "Das vorrangige Anliegen ist folglich nicht die Ausrottung der Armut, sondern der Kampf gegen den Mammon – diese undefinierbare Macht, die sich in jedem einzelnen und unter den Menschen insgesamt aufbaut und den materiellen Reichtum anti-menschlich, anti-religiös und unterdrückerisch macht."⁴² Die christliche Antinomie von Gott und Mammon finde sich also der Sache nach auch in nichtchristlichen Religionen.⁴³

Vor dem Hintergrund dieser inneren religiösen Ausrichtung gegen die Habgier erscheint materieller Fortschritt an sich ebensowenig automatisch als menschlicher Fortschritt, wie materielle Armut für sich genommen Zeichen menschlicher Verarmung ist.⁴⁴ Daher lehnt Pieris die Auffassung ab, daß der im Westen durch die Technik erreichte materielle Fortschritt einer allein im Christentum gegebenen Achtung vor der Würde des Menschen entsprungen sei, und die Armut Asiens auf eine Geringschätzung des Menschen in den nichtchristlichen asiatischen Religionen zurückgehe.⁴⁵ Die metakosmische

---

³⁶ Ders., Theologie der Befreiung... a.a.O. 194.
³⁷ Vgl. ebd. 139.
³⁸ Vgl. ebd. 136.
³⁹ Vgl. ebd. 139f und ders., The Political Vision... a.a.O. 10.
⁴⁰ Pieris, Monastic Poverty in the Asian Setting, in: Dialogue (NS) vol. VII (1980) 104-118, hier 107.
⁴¹ Vgl. ders., Theologie der Befreiung... a.a.O. 139ff.
⁴² Ebd. 140.
⁴³ Vgl. ders. Monastic Poverty... a.a.O. 105.
⁴⁴ Vgl. ebd. 173.
⁴⁵ Vgl. ebd. 147ff.

Orientierung der asiatischen Religiosität habe zwar immer wieder zur Verflüchtigung technischen Wissens geführt – worin Pieris durchaus eine Schwäche asiatischer Religiosität sieht –, andererseits aber auch verhindert, daß die Entwicklung der Technik jenen pseudoreligiösen Charakter annehmen konnte wie im Westen.[46] "'Freiheit von Armut', die das Ziel der westlichen Technokratie ist, kann zu einem versklavenden Streben werden, das schließlich im Hedonismus endet, wenn es nicht gemäßigt wird durch die 'Freiheit, die aus der Armut kommt'."[47] Technik selbst ist für Pieris eine unausweichliche Folge der "Hominisation", die Erweiterung der physiologisch/biologischen Möglichkeiten des Menschen. Zu ihrer Humanisierung bedürfe sie jedoch der metakosmischen Ausrichtung von Religion. "Was die Technologie enthumanisiert, ist die Sünde der Profitsucht..."[48] Dem steuere die freiwillig gewählte Armut als ein spirituelles Gegenmittel entgegen.[49] Dies gelte nicht nur in individuell psychologischer Hinsicht, sondern auch in kollektiv soziologischer, wenn die Option für die Armen als politische Strategie gegen die Kräfte des Mammons, die die Massen unterdrücken, eingesetzt werde.[50] So habe freiwillig angenommene Armut auf der individuell psychologischen Ebene ihre befreiende Dimension als ein spirituelles Mittel im Streben gegen die Habgier und auf der kollektiv soziologischen Ebene als eine politische Strategie im Kampf gegen die organisierten Strukturen des Mammons. Umgekehrt bestehe die versklavende Dimension der aufgezwungenen Armut auf der individuellen Ebene in der Verletzung der menschlich personalen Würde und auf der kollektiven Ebene in der Ausbeutung und Verjochung von Völkern.[51] Trotz seiner Betonung des inneren Kampfes gegen die Habgier als eine Form von "Durst" und "Anhaftung", wisse der Buddhismus sehr wohl um ihre kollektiven Aspekte, da er auch das soziale Übel auf den Mechanismus des "Durstes" (tanhâ) zurückführe. "Self-centered acquisitiveness or the accumulative tendency (tanhâ) which the Buddha identified as the root of all sorrow (second noble truth) is also the cause of all social sin. The civil disorder is casually (sic![52]) connected with the institution of private-property which is the remote result of tanhâ. Both poverty and (the accumulation of) wealth are undesirable. Hence it follows logically that the elimination of their polarization is to be sought as a necessary condition for the reign of righteousness (Dhammavijaya)."[53]

Wegen der spirituellen Ambivalenz des Phänomens der Armut wird für Pieris die Haltung gegenüber der Armut zum Testfall der Religion und macht sie –

---

[46] Vgl. ebd. 147ff.
[47] Ebd. 150.
[48] Ebd. 196.
[49] Vgl. ders., Western Christianity... a.a.O. 76.
[50] Vgl. ebd. 76.
[51] Vgl. dazu die schematische Darstellung ebd. 60.
[52] Vermutlich ein Druckfehler – der Zusammenhang legt eindeutig die Lesart "causally" nahe.
[53] Pieris, The Political Vision... a.a.O. 14. Pieris stützt dieses Resümee auf die Sutten Dîgha-Nikâya 5, 26 u. 27.

wie die Armut selbst – ambivalent.[54] "Religion carries with it an enslaving tendency in that it either acts as 'opium' which deadens the individual conscience so as not to make it perceive the bondage of imposed poverty (this would be the 'psychological' dimension), or it would sacralize an oppressive status quo by building up alliances with the power-centres of acquisitive systems which create poverty ('sociological dimension'). But there is also a positive pole: – Religion (both as an individual psychological experience and as a sociological reality) harbours the seed of an ongoing revolution, indeed a subversive potential which, when activated, can trigger off radical changes in socio-political structures."[55]

Kennt also auch der Buddhismus der Sache nach den Gegensatz zwischen Gott und Mammon, so hält es Pieris doch für ein Spezifikum der christlichen Botschaft, daß Gott einen Bund mit den Armen geschlossen habe.[56] Der Kampf der Armen gegen die Unfreiheit und für die Freiheit gelte als Gottes eigener Kampf[57], die Armen seien Gottes eigenes Volk.[58] Diese grundsätzliche Gemeinsamkeit in der spirituellen Haltung gegen den Mammon und dieses christliche Spezifikum, wonach Gott selbst in diesem Kampf erblickt werde, sind für Pieris die beiden Stützpfeiler, die den Ausgangspunkt einer christlichen Theologie der Religionen bilden: "Die große Mehrheit von Gottes Armen erfaßt ihr tiefstes Interesse und symbolisiert ihren Kampf um Befreiung nur in der Ausdrucksweise von nichtchristlichen Religionen und Kulturen... Deshalb brauchen wir eine Theologie der Religionen, die die bestehenden Grenzen der Orthodoxie erweitert, sobald wir in die befreienden Ströme der anderen Religionen und Kulturen einsteigen."[59] Dies bedeute die praktische Teilhabe an dem und die theoretische Explikation dessen, was an befreiendem Potential in den Soteriologien anderer Religionen bereits implizit enthalten ist.[60] Im Hinblick auf das Verhältnis von Christentum und Buddhismus entspricht der idiomatischen Übereinstimmung im Heilswert der Befreiung von Selbstbezogenheit auf der Seite praktischer Spiritualität die freiwillig gewählte Armut als Erfahrung des Heiles.[61] Pieris nennt die von ihm geforderte praktische und theoretische Partizipation an buddhistischer Soteriologie die "Taufe" der Kirche im "Jordan asiatischer Religiosität" und am "Kreuz asiatischer Armut", womit er zugleich auf die um Religion und Armut kreisende Ambivalenz als das religionstheologisch entscheidende und unterscheidende Kriterium verweist.[62] Wie ihr Meister Jesus Christus am Beginn

---

[54] Vgl. ders., Theologie der Befreiung... a.a.O. 163.
[55] Ders., Western Christianity... a.a.O. 76. Vgl. auch hierzu das Schema in ders., Theologie der Befreiung... a.a.O. 60.
[56] Vgl. ders., Monastic Poverty... a.a.O. 105.
[57] Vgl. ebd. 110f.
[58] Vgl. ders. Theologie der Befreiung... a.a.O. 161.
[59] Ebd. 161f.
[60] Vgl. ebd. 162 und ders., Asien: Welches Inkulturationsmodell?, in: Orientierung Nr. 9, 49. Jg. (1985) 104.
[61] Vgl. ders., Theologie der Befreiung... a.a.O. 129.
[62] Zu diesem von Pieris immer wieder verwendeten Bild vgl. z.B. ebd. 51-78.

seiner Wirksamkeit nicht seinen Vorläufer taufte, sondern sich von diesem taufen ließ, könne die Kirche in Asien nicht dadurch Kraft und Autorität für ihre Sendung gewinnen, daß sie die asiatischen Kulturen und Religionen zu "taufen" versuche, sondern dadurch, daß sie sich demütig und lernend zu den Füßen asiatischer Gurus niederlasse und sich ganz verliere "inmitten der 'religiösen Armen' Asiens,... die auf der Suche nach dem Reich der Heiligkeit, der Gerechtigkeit und des Friedens zu diesen Gurus kommen."[63] Der Ort dieser Praxis ist das Volk Gottes jenseits der sichtbaren Kirche[64], das Reich Gottes, von dem die Kirche nur das sichtbare Sakrament ist.[65] Wegen der Komplementarität von Christentum und Buddhismus im Streben nach ganzheitlicher Befreiung bedeute es in der Tat eine Förderung des Reiches Gottes, wenn man anziele, daß der Buddhist ein besserer Buddhist werde. Man verkenne völlig die inhaltliche Berechtigung dieser missionarischen Auffassung, wenn man sie mit der Polemik belege, daß es ja dann ähnlich Ziel der Mission wäre, den Kannibalen zu einem besseren Kannibalen zu machen.[66] Durch die Rückbesinnung auf seine mystische Tradition, die nie das agapeïsche Element verraten habe, und auf seine monastische Tradition, die immer das gnostische bewahrte, könne das Christentum sich für die verstehende Partizipation am gnostischen Idiom des Buddhismus zurüsten.[67] "Deshalb ist die Kirche zum Dialog mit Asien erst dann fähig, wenn sie von ihren eigenen christlichen Mönchen die Sprache der Gnosis lernt, die Sprache der nichtchristlichen Mönche Asiens, und wenn sie gleichzeitig die Sprache der Agape beherrscht, die einzige, die von Asiens Armen wirklich verstanden wird. Asiens Mönche sprechen von jener spirituellen Erleuchtung, die die innere Befreiung des Menschen von seinem Besitztrieb ermöglicht; aber die Armen Asiens schreien nach sozialer Befreiung von den Unterdrückungsmechanismen, in denen sich dieser gleiche Besitztrieb heute organisiert hat."[68]

Mit dem hermeneutischen Ansatz von A. Pieris hat die am Ende des letzten Abschnittes skizzierte Entwicklung von in dialogischer Auseinandersetzung gewonnenen christlichen Buddhismusinterpretationen einen Stand erreicht, der das exakte Gegenteil des aus der Tradition westlicher Religionsvergleiche überkommenen und bei dem frühen Versuch Kings noch stark präsenten Buddhismusbildes darstellt. Tat sich für King im Weltverhältnis beider Religionen noch ein unüberwindlicher und unversöhnlicher Graben auf, so liegen für Pieris gerade hier solch fundamentale soteriologische Konvergenzen vor, daß nicht nur eine verstehende, sondern auch eine praktische Partizipation am Heilsweg des jeweils anderen möglich erscheint. Eine nähere Analyse

---

[63] Ebd. 73; vgl. auch: ders., Asien: Welches Inkulturationsmodell?, a.a.O. 102ff u. ders., Christentum und Buddhismus... a.a.O. 154ff.
[64] Vgl. ders., Theologie der Befreiung... a.a.O. 160.
[65] Vgl. ders., Western Christianity... a.a.O. 74.
[66] Vgl. ebd. 74.
[67] Vgl. ebd. 59 u. ders., God-Talk... a.a.O. 120f.
[68] Ders., Asien: Welches Inkulturationsmodell?, a.a.O. 106.

dieser hermeneutischen Entwicklung, die den im Dialog erzielten Wandel christlicher Buddhismusinterpretation charakterisiert, und die um die hermeneutische Berücksichtigung der beiden Elemente: Erfahrung und Vermittlungsdynamik, kreist, soll jedoch zunächst noch zurückgestellt werden. Denn die gleichen Elemente kennzeichnen auch die hermeneutischen Schwerpunkte im Dialog mit dem Mahâyâna-Buddhismus, für den nun wiederum einige ausgewählte repräsentative Modelle vorgestellt und analysiert werden sollen. Den Anfang macht eine Gruppe von Ansätzen, in deren Mittelpunkt genau das steht, worin Pieris die christliche Vorbereitung für das Verstehen des und die Partizipation am buddhistischen Heilsweg erblickt: die Erinnerung an das in der mystischen und monastischen Tadition des Christentums beheimatete kontemplative Element.

3. DIALOG MIT DEM MAHAYANA-BUDDHISMUS

3.1 Konvergenzen und Relevanz kontemplativer Erfahrungen (Th. Merton / H. Enomiya-Lassalle / W. Johnston)

3.1.1 Thomas Merton

A. Pieris hat Thomas Merton mehrfach als einen Vorreiter des von ihm geforderten vollen Einstiegs in den soteriologischen Strom buddhistischer Religiosität gewürdigt.[1] Merton kam erst relativ spät in näheren Kontakt mit buddhistischer Geistigkeit, und er starb zu früh, um ein systematisches Gesamtbild seines Verständnisses des Buddhismus hinterlassen zu können.[2] Dennoch hat Merton in seinen wenigen Aufsätzen zum Buddhismus[3] und in verschiedenen Bemerkungen seines letzten Tagebuches[4] die Fragmente eines eigenständigen und nach wie vor bedeutsamen Ansatzes skizziert.

Mertons Hauptinteresse galt primär der Spiritualität des Zen, an der ihn besonders die Betonung der Meditation interessierte. Begegne man als Christ dem Zen, so versuche man wohl zunächst beide miteinander zu vergleichen. Doch ein Vergleich von Zen und Christentum sei fast so unmöglich, wie der von Tennis mit Mathematik.[5] Das erste Problem bestehe hierbei in dem Verhältnis von Zen und Buddhismus. So gebe es auf der einen Seite die These D. T. Suzukis[6], daß Zen transkulturell und transreligiös sei, andererseits jedoch die historische Tatsache, daß Zen sich als Zweig des Buddhismus entwickelt habe. Merton ist überzeugt, daß Zen nicht verstanden werden könne, "...wenn wir nicht die mitinbegriffene buddhistische Metaphysik verstehen, die es sozusagen in die Praxis umsetzt."[7] Auch Zen-Anhänger

---

[1] Vgl. z. B. A. Pieris, Western Christianity... a.a.O. 71f u. ders., Theologie der Befreiung... a.a.O. 88ff.

[2] Merton starb am 10.12.1968 im Alter von 53 Jahren in Bangkok, vermutlich durch einen elektrischen Schlag, kurz nachdem er am Morgen des gleichen Tages auf dem Kongreß für christliches Mönchtum in Asien seinen letzten Vortrag gehalten hatte.

[3] Sie sind in deutscher Übersetzung zusammengestellt in: Th. Merton, Weisheit der Stille. Die Geistigkeit des Zen und ihre Bedeutung für die moderne christliche Welt, München-Wien 1975.

[4] Dieses ist zusammen mit den beiden letzten Vorträgen Mertons in deutscher Übersetzung erschienen als: H. G. Schmidt (Hg), Wie der Mond stirbt. Das letzte Tagebuch des Thomas Merton, Wuppertal 1970.

[5] Vgl. Merton, Weisheit der Stille... a.a.O. 41.

[6] D. T. Suzuki (1870-1966) darf mit Sicherheit als der herausragende Vermittler des Zen für den Westen bezeichnet werden. In seinen zahlreichen Schriften und Vortragsreisen hat er sich zeit seines Lebens um eine Verbreitung des Zen im Westen bemüht. Einen kurzen und soliden Einblick in Leben und Denken Suzukis bietet: H. Rzepkowski, Das Menschenbild bei Daisetz Teitaro Suzuki. Gedanken zur Anthropologie des Zen-Buddhismus (Studia Instituti Missiologici Societas Verbi Divini 12), St. Augustin 1971.

[7] Merton, Weisheit der Stille... a.a.O. 43f.

wie D. T. Suzuki legten zwar großen Wert darauf, Zen und Buddhismus stark zu trennen, doch präsentierten sie andererseits Zen als den reinsten Ausdruck des Buddhismus.[8] Nähere man sich dem Zen aber als einer Form des Buddhismus, so vertrage er sich mit dem Katholizismus nicht besser als Öl und Wasser.[9]

Nach Merton hängt das eigenartige Verhältnis von Zen und Buddhismus mit der Grundstruktur des Buddhismus zusammen. Denn dieser verweise selbst über sich als ein religiöses System hinaus.[10] Buddhas "...Lehre war keine Lehre, sondern eine Weise, in der Welt zu sein. Seine Religion war nicht eine Serie von Meinungen und Überzeugungen, von Riten und Sakramenten, sondern eine Öffnung auf die Liebe. Seine Philosophie war keine Weltanschauung, sondern ein Schweigen, in dem der Bruch, den das begriffliche Wissen verursacht hatte, heilen durfte, und die Realität wieder in ihrem 'Sosein' erschien."[11] Die buddhistische "Metaphysik" (Merton gebraucht diesen Begriff relativ unpräzise; so setzt er ihn z.B. auch mit Existentialismus gleich[12]) versteht Merton als eine "Auslegung der gewöhnlichen menschlichen Erfahrung" und gleichzeitige "Entfaltung der Inhalte von Buddhas eigener Erleuchtungs-Erfahrung", um dadurch letztere dem gewöhnlichen Menschen zugänglich zu machen.[13] Die Erleuchtung hält Merton für eine reine, von aller Systematisierung und Begrifflichkeit befreite Erfahrung des Lebens, in der die Subjekt-Objekt Spaltung überwunden ist. Besonders die dialektische Philosophie der Madhyamika-Schule Nâgârjunas treibe "den Teufel des Dogmatismus aus"[14] und ziele auf die "Befreiung von konzeptionellen 'Antworten auf'"[15]. Diese Grundintention wende der Zen-Buddhismus in der Praxis der Meditation über ein auf der logisch-begrifflichen Ebene unlösbares Koan an, deren Ziel darin bestehe, den Übenden zu einer authentischen und unmittelbaren Reaktion zu provozieren, in der bei Erfolg deutlich werde, "daß er jetzt in der Lage ist, entschieden, unmittelbar und unverzüglich auf das Leben selbst zu antworten."[16]

Ist aber, so fragt Merton, eine von aller Begrifflichkeit freie Erfahrung wirklich voraussetzbar, "oder ist das grundlegende Verständnis der Natur und dessen, was Erfahrung bedeutet, von den mannigfachen Doktrinen her so festgelegt, daß uns ein Vergleich der Erfahrungen notwendigerweise in einen Vergleich der metaphysischen und religiösen Bekenntnisse verstrickt?"[17] Merton hat diese Frage nie eindeutig beantwortet. So blieb er bis zu seinem Lebensende skeptisch gegenüber der These einer Einheit oder

---

8   Vgl. ebd. 12f.
9   Vgl. ebd. 11.
10 Vgl. ebd. 13.
11 Ebd. 75.
12 Vgl. ebd. 76.
13 Vgl. ebd. 44.
14 Schmidt (Hg), Wie der Mond... a.a.O. 92.
15 Ebd. 108.
16 Merton, Weisheit der Stille... a.a.O. 217.
17 Vgl. ebd. 50f.

Identität der Religionen auf dem Gipfel ihrer jeweiligen mystischen Erfahrungen[18] - eine These, die nach Merton unterstellt, daß "ein fundamentaler Glaube etwas wäre, das ein Mystiker wie ein Kleid ausziehen könnte..."[19] Wenn ein Buddhist diese These vertrete, so stehe er stärker im Einklang mit seiner Tradition als der Christ. Aufgrund der Tendenz des Buddhismus zur Selbstaufhebung könne der Zen-Buddhist, ohne darin seiner Tradition untreu zu werden, sagen: "Wenn du Buddha triffst, dann töte ihn"; aber kann dies ein Christ auch von Christus sagen?[20] In der Begegnung von Zen und Christentum sei daher das vielleicht zentralste Problem "die Beziehung der objektiven Lehre zur subjektiven Mystik oder (metaphysischen) Erfahrung und der Unterschied dieser Beziehung im Christentum und Zen."[21] Im Christentum komme der Lehre eine größere Priorität zu als im Zen, oder genauer gesagt besitze die christliche Lehre nicht die gleich starke Tendenz zur Selbstaufhebung in reine Erfahrung. Im Christentum sei die Erfahrung des Einzelnen nicht vom Leben der Kirche als dem Leib Christi zu trennen und müsse daher "immer in irgendeiner Weise rückführbar sein auf eine theologische Form, an der die übrige Kirche Anteil haben kann..."[22] So bleibe das Christentum eine Religion des Wortes.[23]

Merton suchte einen Weg, der trotz dieser grundlegenden Differenz weiterführt, der diese nicht für ein unüberwindliches Hindernis in der Begegnung erklären muß und es dennoch vermeidet, sie auf dem Schleichweg des Postulats der mystischen Identität aller religiöser Erfahrung zu umgehen. Er suchte diesen Weg in einer *Analogie* der kontemplativen Erfahrungen und einer ihnen gemeinsamen *Relevanz*.

Um aus der Grunddifferenz keine unüberwindliche Barriere entstehen zu lassen, wendet sich Merton zunächst energisch gegen die verbreiteten westlich/christlichen Vorurteile über den Buddhismus. So bemerkt er einmal, daß er sich angesichts dieser "absurden und unhaltbaren Vorurteile" eher verpflichtet sehe, eine Apologie für den Buddhismus zu schreiben als gegen ihn.[24] Der Buddhismus sei nicht lebensverneinend, sondern außerordentlich bemüht um alles Lebendige und um die Aufhebung seiner Leiden.[25] Das Nirvâna sei kein Trancezustand, sondern "die Weisheit vollkommener Liebe".[26] Zen wolle nicht einen "Rückzug aus der äußeren materiellen Welt in die innere Welt des Geistes", sondern wende sich vehement gegen eine solche dualistische Trennung von Materie und Geist.[27] Bei der buddhisti-

---
[18] Vgl. Schmidt (Hg), Wie der Mond... a.a.O. 192.
[19] Vgl. Merton, Weisheit der Stille... a.a.O. 51.
[20] Vgl. ebd. 52.
[21] Ebd. 53.
[22] Ebd. 54.
[23] Vgl. ebd. 48.
[24] Vgl. ebd. 23.
[25] Vgl. ebd. 89.
[26] Vgl. ebd. 23, 80 u. 89.
[27] Vgl. ebd. 148.

schen Meditation handle es sich nicht um "egoistische Nabelschau"[28], sondern um die Suche nach umfassender Einheit.[29] Und in dieser Einheit werde auch nicht die eigene personale Realität verneint, vielmehr finde diese darin ihre höchste Bejahung.[30]

Nach Merton ist das verbreitete westliche Zerrbild des Buddhismus in vielem darauf zurückzuführen, daß die buddhistischen Aussagen mittels der Konzepte westlicher Metaphysik interpretiert wurden. Doch sei die buddhistische Begrifflichkeit, besonders die des Zen, "nicht metaphysisch, sondern religiös und spirituell, das heißt... Ausdruck der konkreten spirituellen Erfahrung und nicht der abstrakten Spekulation."[31] "Zen ist keine systematische Lebensdeutung, ist keine Ideologie, keine Weltanschauung, keine Theologie der Offenbarung und Erlösung; es ist nichts Mystisches, es ist kein Weg zur asketischen Vollkommenheit, es ist keine Mystiklehre, so wie sie im Westen verstanden wird – tatsächlich paßt es in keine unserer Kategorien. Daher müssen alle unsere Versuche, es zu kennzeichnen und mit Etiketts wie 'Pantheismus', 'Quietismus', 'Illuminismus', 'Pelagianismus' zu versehen, vollkommen widerspruchsvoll bleiben und von der naiven Annahme ausgehen, daß Zen vorgibt, Gottes Wege zum Menschen zu rechtfertigen, und dies falsch tut. Zen beschäftigt sich nicht mit Gott in der Weise, wie es das Christentum tut, obwohl es einem nicht verwehrt ist, sophistische Analogien zwischen der Zen-Erfahrung der Leere (Sunyata) und der Gotteserfahrung im 'Nicht-Wissen' der apophatischen christlichen Mystik zu entdecken."[32] Der richtige Weg zum Verständnis des Zen kann nach Merton daher nur in dem Versuch liegen, vorsichtig diesen Analogien der Zen-Erfahrung zur mystischen Erfahrung des Christentums nachzugehen.[33]

Dabei falle zunächst auf, daß auch die christlichen Mystiker mit ganz ähnlichen Verdikten belegt werden wie der Buddhismus, was den Schluß nahelege, daß sich die westlichen Vor- und Falschurteile über den Buddhismus nicht nur dem Kategorienproblem verdanken. "Der wahre Grund dafür ist, daß eine gewisse Geistesrichtung es nicht erträgt, wenn das Weltliche und Zeitliche in irgendeiner Weise in Frage gestellt wird – jeder Versuch zu sagen, daß diese Werte relativ und kontingent bleiben, wird von ihr als manichäische Anschwärzung der schönen Erde abgelehnt."[34] Merton bezeichnet diese Geisteshaltung näherhin als eine Form des "kartesianischen Bewußtseins", in dem Gott und der Nächste zum *Objekt* des Ego werden, eines Egos, das auf die bessere Handhabung der Objekte im eigenen Interesse aus sei.[35] Wenn ein solches "Ego" mit dem christlichen Begriff der "Person"

---

[28] Vgl. ebd. 23.
[29] Vgl. ebd. 153.
[30] Vgl. ebd. 153.
[31] Ebd. 151.
[32] Ebd. 43.
[33] Vgl. ebd. 52.
[34] Ebd. 77.
[35] Vgl. ebd. 30f u. 58.

identifiziert werde, bleibe das buddhistische Verständnis des Selbst dem Christen verschlossen.

Der Buddhismus sehe das "Individuum" nicht als eine substantielle, ontologische Realität an, aus der das unheilsame Begehren hervorgehe, "sondern es ist vielmehr so, daß Begehren und Wünschen selbst eine Art Knoten psychischer Energien bilden, der als autonomes 'Selbst' versucht, fest in sich verknotet zu bleiben."[36] Im buddhistischen Begriff des "Nichtwissens" zeichne sich eine ähnliche Überzeugung ab, wie in der christlichen Lehre von der Erbsünde. Beidemale gelte als die eigentlich unheilsame Verfassung des Menschen "eine Neigung, das Ego als eine absolute und im Mittelpunkt stehende Realität zu sehen und alle Dinge als Objekte des Verlangens oder des Widerwillens auf es zu beziehen."[37] Besonders der Auffassung des Zen stehe die Deutung der Erbsünde durch die christliche Mystik nahe, wonach die Erbsünde eine Trennung unseres Bewußtseins vom eigentlichen Identitätsgrund ist.[38] Die christliche Mystik teile mit dem Buddhismus die Überzeugung, daß ein solches "Ego" zugunsten der wahren menschlichen Identität sterben müsse, der wir durch Unwissenheit bzw. egozentrische Fixierung entfremdet sind.[39] Beiden gehe es um eine radikale Transformation des Bewußtseins. Im Zen werde ihre Erfahrung als der Durchgang durch den "Großen Tod" bezeichnet, in der christlichen Mystik als "Tod und Auferstehung in Christus".[40]

Die Erfahrung der Überwindung des "Egos" könne nicht das "Ego" zum Subjekt haben.[41] Im Zen werde das Subjekt der transzendenten Erfahrung "Buddha-Geist" genannt, im Christentum der "Sinn Christi" oder der "Christus in uns".[42] Die Erfahrung einer Befreiung vom "Ego" dürfe daher weder im Buddhimus noch im Christentum als ein regressiver Identitätsverlust gedeutet werden[43], sondern sei als die Hinaushebung des Selbst über sich zu

---

[36] Ebd. 207.
[37] Ebd. 78.
[38] Vgl. ebd. 20f.
[39] Vgl. ebd. 208f.
[40] Vgl. ebd. 59.
[41] Vgl. ebd. 70.
[42] Vgl. ebd. 71f.
[43] Vgl. ebd. 68. Leider blieb es Merton posthum nicht erspart, daß seine eigene Öffnung für den Buddhismus von Elisabeth Ott als "Regression" gedeutet wurde, wobei als quasi selbstverständlich der regressive Charakter der Zen-Erfahrung vorausgesetzt ist (vgl. E. Ott, Thomas Merton – Grenzgänger zwischen Christentum und Buddhismus, Würzburg 1977). Nach Ott ist der Buddhismus eine "Versuchung" für den noch nicht ganz Christus übergebenen "Ego-Rest" Mertons gewesen (vgl. ebd., 47), sein Polonnaruwa-Erlebnis (siehe dazu unten S. 238) deute auf eine "Nicht-Nachfolge" in Merton hin (vgl. ebd. 176). Die Arbeit von Ott ist von genau jenem Antibuddhismus durchsetzt, gegen den Merton ankämpfte, und in dem sich platte Fehlinterpretationen (z.B. wenn Ott ohne jede Rücksicht auf die Kontexte den buddhistischen Zentralbegriff des "Mitleids" i.S. deutscher Umgangssprache interpretiert und das "Mitleid" so

verstehen.⁴⁴ So habe das, was im Christentum Thema der Gnadenlehre sei, zumindest andeutungsweise auch seine Analogien im Zen.⁴⁵ In der Erfahrung des reinen Seins, die Zen anstrebe und von der es berichte, werde erkannt, "daß Reines Sein Unendliches Geben ist, oder daß Absolute Leere Absolutes Mitleiden ist."⁴⁶

Dabei handle es sich nicht um eine intellektuelle Erkenntnis, sondern um eine konkrete Erfahrung. Gerade in ihrem Erlebnischarakter besitze sie eine trinitarische Struktur, insofern reines Sein (Leere), Erkennen (Erleuchtung) und Vollzug (Freiheit) in ein einziges Geschehen zusammenfallen. Die Leere erscheint dabei jedoch als der umfassende Grund von Erkenntnis und Vollzug.⁴⁷ Notwendige Konsequenz eines solchen trinitarischen Seinsverständnisses sei die Liebe, in der die drei Elemente zusammenfallen, und die auf den auferstandenen Christus hin konvergieren könne.⁴⁸ Offensichtlich war Merton gegen Ende seines Lebens von der Frage nach einer Verbindung von Christologie und Shûnyatâ-Lehre stark bewegt. Doch konnte er die eher dunklen Ansätze in dieser Richtung nicht weiter ausführen.⁴⁹

Je länger sich Merton mit dem Buddhismus auseinandersetzte, desto größer wurde die Faszination, die dieser auf ihn ausübte. Von Anfang an zieht sich durch sein letztes Tagebuch, das von seiner ersten Reise nach Asien berichtet, die zugleich seine letzte werden sollte, das Motiv einer ganz persönlichen Suche hindurch. Bereits im ersten Eintrag schreibt Merton über

---

als bloße und herablassende Emotion der Liebe unterordnet; vgl. ebd. 46 u. 67f) mit abwegigen und schon beinahe böswillig zu nennenden Assoziationen mischen (so z.B. wenn Ott den 'inneren Buddha' in die Nähe des teuflischen Versuchers rückt [ebd. 185], oder betont, daß das Streben nach Einheit der Religionen u. U. auch Bausteine für die 'Feste des Satans' liefern könne [ebd. 176] und ein Ziel des Antichristen sei [ebd. 172]).
44 Vgl. Merton, Weisheit der Stille... a.a.O. 70.
45 Vgl. ebd. 120 u. 184f. In einem früheren Aufsatz hatte Merton diese Frage noch zurückhaltender beurteilt; vgl. ebd. 214.
46 Ebd. 82.
47 Vgl. ebd. 175f.
48 Vgl. ebd. 177f.
49 In seinem letzen Tagebuch findet sich ein Eintrag, in dem Merton Christus in Begriffen der "Leere", wie sie dem Zen-Motiv des "Torlosen Tores" entlehnt sind, zu fassen versucht und damit gleichzeitig andeutet, daß er geneigt war, die Erfahrung der "Leere" als Christus-Erfahrung zu verstehen. Merton spricht hier von drei Türen, die in Wahrheit eine seien: 1. der "Tür der Leere" oder der "Nicht-Tür Tür", die für ein Selbst keinen Durchgang eröffne, 2. der "Tür ohne Schild", die man nicht als Tür erkennen könne, die sich nicht festlegen lasse, 3. der "Tür wider Willen", die unerwünscht und ungeplant ist und keinem konkreten Zweck dient. Diese dreifache Tür sei das "Ende aller Türen", sie sei nicht auf irgendetwas gegründet, und "weil sie keine Grundlage hat, ist sie das Ende der Trauer". Dann schließt Merton das Christus-Wort an: "Ich bin die Tür" (vgl. Schmidt [Hg.], Wie der Mond stirbt... a.a.O. 123f).

seine Empfindungen beim Start des Flugzeugs: "Wir hoben ab – ich mit christlichen Mantras und einem tiefen Gefühl von Schicksal, endlich auf dem wahren Weg zu sein nach Jahren des Wartens und Fragens und Suchens. Daß ich nicht wiederkommen möge, ohne das großartige Anliegen vollbracht zu haben. Und das große Mitleiden gefunden zu haben, Mahakaruna... Ich gehe nach Hause, dorthin, wo ich in diesem Körper niemals war..."[50] Nur kurze Zeit vor seinem Tod hatte Merton ein Erlebnis, das nach seinen eigenen Tagebuchnotizen eventuell als die Erfüllung dieser Suche gedeutet werden darf. Es ereignete sich beim Anblick der monumentalen Buddhabildnisse in der alten ceylonesischen Königsstadt Polonnaruwa. Erst einige Tage später vermag es der schriftstellerisch hoch begabte Merton in Worte zu fassen und auch dann nur, wie er betont, "nicht angemessen"[51]:
"Ich kann mich den Buddhas barfuß nähern, ungestört, meine Füße in feuchtem Gras, feuchtem Sand. Dann die Ruhe dieser außergewöhnlichen Gesichter. Dieses große Lächeln. Mit allen Möglichkeiten gefüllt: nichts fragen, nichts wissen, nichts zurückweisen, Frieden – nicht aus gefühlsmäßiger Resignation, sondern aus Madhyamika, aus Sunyata, die durch jede Frage blickt, ohne zu versuchen, den anderen oder das andere zu diskreditieren – ohne Zurechtweisung –, ohne andere Argumente vorzubringen. Für den Doktrinär, den Geist, der feststehende Positionen sucht, kann dieser Friede, diese Ruhe angsteinflößend sein. Ich wurde von einer Flut von Erleichterung und Dankbarkeit ergriffen angesichts der offensichtlichen Klarheit der Figuren... Als ich diese Figuren betrachtete, wurde ich plötzlich fast mit Gewalt aus der üblichen, halbgebundenen Sicht der Dinge gerissen, und eine innige Klarheit, Helligkeit, die aus den Felsen zu strömen schien, wurde spürbar und sichtbar... Das ist es: da ist kein Rätsel, kein Problem und wirklich kein 'Mysterium'. Alle Probleme sind gelöst, und alles ist klar, einfach deshalb, weil das, was wichtig ist, klar ist. Der Felsen, alle Dinge, alles Leben ist voller Dharmakaya... alles ist Leere, und alles ist Mitleiden... Ich meine, ich kenne und habe gesehen, wonach ich dunkel gesucht habe. Ich weiß nicht, was noch auf mich zukommt, aber jetzt habe ich unter die Oberfläche geschaut, habe mich hindurchgebohrt, und ich bin durch Dunkelheit und Verborgenheit hindurchgelangt."[52]
Merton selbst hat während der wenigen Tage, die ihm nun noch zu leben blieben, keine weitere Interpretation dieser Erfahrung gegeben. So soll sie auch hier uninterpretiert bleiben.

In seinen beiden Reden, die Merton während seiner Asienreise gehalten hat, und in den dazugehörenden Notizen[53], skizziert er das Bild einer "dialekti-

---

[50] Ebd. 16f.
[51] Vgl. ebd. 172.
[52] Ebd. 174f.
[53] Die Ansprache in Kalkutta am 25.10.1968 auf einer Versammlung des "Temple of Understanding", die Notizen zu dieser Rede, und die Ansprache in Bangkok am 10.12.1968, dem Morgen seines Todestages. Alle drei Texte sind enthalten in: Schmidt (Hg), Wie der Mond stirbt... a.a.O. Das Polonnaruwa-Erlebnis ereignete sich am 2.12.1968.

schen"⁵⁴ Lösung des Verhältnisses von Christentum und Buddhismus, die besonders auf die monastischen Traditionen beider Religionen zugespitzt ist. Rein äußerlich gesehen sei der Mönch aller Religionen heute zu einer "marginalen Persönlichkeit" geworden.⁵⁵ "Er ist eine marginale Persönlichkeit, die sich freiwillig an den Rand der Gesellschaft zurückzieht, und dabei den Blick auf tiefergehende, fundamentale Erfahrungen richtet."⁵⁶ Der Mönch oder der Kontemplative sei also "mit Bedacht irrelevant".⁵⁷ Dabei lebe er bewußt jene Irrelevanz aus, die allen Menschen eigen sei, eine "Irrelevanz, die vor allem bestimmt wird durch die Tatsache des Todes..."⁵⁸ In seiner Suche nach etwas, das tiefer sei als der Tod, gehe er in die letzte Einsamkeit, suche er gerade in ihr die Erfahrung seiner Liebesbedürftigkeit und Abhängigkeit.⁵⁹ In Gott akzeptiere er die völlige Irrelevanz seines Lebens und erhalte gerade so eine neue Relevanz.⁶⁰ Dadurch daß der Mönch seine grundsätzliche Abhängigkeit akzeptiere und demonstriere, werde er jemand, der den anderen Menschen den Weg zu dieser Erfahrung offen halte.⁶¹ Die Transformation des Bewußtseins gipfle in wahrer Selbsttranszendenz und wahrer Liebeshingabe.⁶² Der Buddhist verstehe diese Erfahrung als Präsenz des Nirvânas in der völligen Abhängigkeit der Wesen.⁶³ In der relevanten Irrelevanz kontemplativer Erfahrung und monastischen Lebens liege die eigentliche Analogie von Christentum und Buddhismus, wobei es jedoch um eine Erfahrung des Lebens selbst gehe. Das dialektische in ihrem wechselseitigen Verhältnis liege darin, das Trennende zu akzeptieren, auf der Basis ihrer Analogie aber damit zu arbeiten und über es hinauszugehen. Die alle Scheidungen überwindende Dialektik der Madhyamika-Philosophie und die Dialektik, daß es in Christus weder Jude noch Grieche gibt, ermögliche beiden Religionen einen Zugang zueinander trotz aller Trennungen.⁶⁴ Dies schließe ein profundes Lernen vom anderen ein⁶⁵, dem zugleich die Chance inhäriere, mehr über die impliziten Möglichkeiten der eigenen Tradition zu erfahren, wobei Merton vor allem an die Auswertung der kontemplative Erfahrung denkt.⁶⁶ "Denn die asiatischen Traditionen sind – vom natürlichen Standpunkt aus gesehen – in diese Einsichten weit tiefer eingedrungen als wir."⁶⁷ Schon früher hatte Merton hinsichtlich der buddhistischen Reflexion

---

54 Vgl. Schmidt (Hg), Wie der Mond stirbt... a.a.O. 221.
55 Vgl. ebd. 185.
56 Ebd. 185.
57 Vgl. ebd. 186.
58 Ebd. 186.
59 Vgl. ebd. 187.
60 Vgl. ebd. 187.
61 Vgl. ebd. 187, 198 u. 222.
62 Vgl. ebd. 197. Im letzten Tagebuch Mertons findet sich auch der Eintrag: "Mitleiden entspricht dem Losgelöstsein; sonst würden wir andere für unsere eigenen Ziele unter dem Vorwand von 'Liebe' benutzen" (ebd. 126).
63 Vgl. ebd. 222f.
64 Vgl. ebd. 221.
65 Vgl. ebd. 194.
66 Vgl. ebd. 224.
67 Ebd. 224.

kontemplativer Erfahrung geurteilt: "Wenn einmal die Reinheit dieser buddhistischen Metaphysik richtig gewürdigt sein wird, dann könnte eine Basis für eine ernsthafte Diskussion über die Gottesvorstellung mit den Buddhisten gegeben sein - wenn die Absolute Wirklichkeit auch Absolute Person (jedoch niemals Objekt) ist."[68]

Mertons Ansatz zum Dialog mit dem Buddhismus blieb fragmentarisch. Die Notizen seines letzten Tagebuchs, besonders die über das Polonnaruwa-Erlebnis, bezeugen, wie sehr Merton bereit geworden war, in buddhistischen Begriffen zu denken. Zu einer systematischen theologischen Auswertung kam er nicht mehr. Doch die hermeneutische Richtung, die er dadurch wieß, daß er in der buddhistischen Lehre das Bindeglied zwischen allgemein menschlicher Erfahrung und der besonderen Erfahrung der Erleuchtung erblickte, und die er auch verfolgte, als er die Analogien zwischen christlicher und buddhistischer kontemplativ/monastischer Existenz in ihrem Rückbezug auf die Grundkonstanten menschlichen Seins ansiedelte, ist m. E. außerordentlich fruchtbar und in ihren Konsequenzen noch lange nicht ausgeschöpft.

3.1.2 Hugo Enomiya-Lassalle

Auch das Interesse H. Enomiya-Lassalles gilt primär dem kontemplativen Erbe des Zen-Buddhismus, dessen meditative Erfahrung und Technik er für das Christentum zu gewinnen sucht. Den Buddhismus versteht er als eine monistische Religion, die sich von der monotheistischen Religionsform des Christentums dadurch unterscheide, daß sie keinen persönlichen Gott lehre (ohne diesen jedoch ausdrücklich zu leugnen), keine Schöpfung, keine Offenbarung, keine Trennung von Natur und Gnade und keine Sünde i. S. einer Übertretung göttlicher Gesetze.[69] Erlösung bedeute daher im Buddhismus nicht Vergebung der Sünden und Erhebung in die Übernatur, sondern werde als Befreiung vom Leiden und Auslöschung der als der Ursache des Leidens angesehenen Begierden verstanden.[70] Im Mahâyâna-Buddhismus werde die letzte Wirklichkeit nicht als das Sein gedeutet, sondern als das "So-Sein" bzw. als "Leere" i. S. eines Freiseins von jeder Bedingtheit.[71] Die "Leere" ist das Absolute, und Erlösung geschieht durch Rückführung in die Leere.[72] Die durch begriffliches Denken als ausdifferenziert wahrgenommene Wirklichkeit gelte als illusionär, doch zugleich als transparent für das Absolute.[73] Als schlimmste Illusion erscheine die Vorstellung eines "Ichs", da um dieses das Begehren kreist. Ohne Befreiung von diesem illusionären "Ich" gibt es keine

---

[68] Merton, Weisheit der Stille... a.a.O. 81.
[69] Vgl. H. M. Enomiya-Lassalle, Zen-Meditation für Christen, Weilheim/Obb.² 1971, 7ff.
[70] Vgl. ebd. 8.
[71] Vgl. ebd. 9f.
[72] Vgl. ebd. 10.
[73] Vgl. ebd. 11.

Erlösung.[74] Im Zen sei die Erleuchtung "die erfahrungsmäßige Erkenntnis von der absoluten Einheit allen Seins, in der es weder ein für sich bestehendes Ich noch irgendein Einzelding und daher auch keinerlei Gegensätze gibt"[75]. Als solche sei sie eine notwendige Bedingung für die Erlösung.[76]

Auf diesem buddhistischen Hintergrund muß nach Enomiya-Lassalle auch der Erleuchtungsweg des Zen gesehen werden.[77] Angesichts von Enomiya-Lassalles Interesse an einer christlichen Adaption der Zen-Meditation, setzt er sich vor allem mit der Frage auseinander, ob diese so von ihrem buddhistischen Hintergrund losgelöst werden könne, daß der sie praktizierende Christ dadurch nicht über kurz oder lang dem buddhistischen Monismus zugeführt werde.[78] Diese ganz spezifische Perspektive im Zugang Enomiya-Lassalles zum Buddhismus gilt es für eine Bewertung seines hermeneutischen Ansatzes zu berücksichtigen, denn damit ist fraglos eine gewisse Einseitigkeit und Engführung verbunden.[79]

---

[74] Vgl. ebd. 10.
[75] Ebd. 10f.
[76] Im älteren Buddhismus und in der Theravâda-Tradition gilt, daß mit der Erleuchtung das Nirvâna erreicht wird. Das Nirvâna beim Tod des Erleuchteten unterscheidet sich hier qualitativ nicht von dem Nirvâna der Erleuchtung. Im Erleuchteten sind alle unheilsamen Wurzeln für immer vernichtet, weshalb er auch in sittlicher Hinsicht vollkommen ist. Insofern ist hier die Erleuchtung keine Bedingung für die Erlösung, sondern ihre Verwirklichung. Im Mahâyâna-Buddhismus wird stärker zwischen Erleuchtung und Nirvâna unterschieden, was mit der Entwicklung des Bodhisattva-Ideals zusammenhängt. Der Bodhisattva, auch wenn er als transzendenter Bodhisattva bereits erleuchtet ist, verbleibt weiter im Geburtenkreislauf – und verzichtet insofern auf den Eingang ins Nirvâna –, um alle anderen Wesen zur Erlösung zu führen. Bisweilen wird aber auch dieser Zustand "Nirvâna", nämlich "dynamisches" (skt.: "apratisthita") Nirvâna, genannt. Im Zen-Buddhismus werden gewisse Erlebnisse als "Satori" oder "Erleuchtung" bezeichnet, die nach theravâdischer und älterer buddhistischer Auffassung nicht als "Erleuchtung" zu qualifizieren wären, da mit ihnen nicht die Vollkommenheit erreicht wird. Sie können daher als Vorstufen der Erlösung angesehen werden. E. Conze hat darauf hingewiesen, daß das japanische Wort "satori" nicht auf die chinesische Form ("puti") des indischen "bodhi" zurückgeht, mit dem gewöhnlich die Erleuchtung bezeichnet wird (vgl. E. Conze, Eine kurze Geschichte des Buddhismus, Frankfurt a.M. 1984, 111f).
[77] Vgl. Enomiya-Lassalle, Zen-Meditation für Christen, a.a.O. 9.
[78] Vgl. ders., Zen-Buddhismus. Köln 1966, 9f u. 404.
[79] Mit diesem Urteil sollen nicht die kaum abzuschätzenden Verdienste Enomiya-Lassalles um den christlich-buddhistischen Dialog geschmälert werden. Wie wohl niemand vor ihm hat er es gewagt, sich als Christ radikal dem buddhistischen Heilsweg und seinen konkreten Formen auszusetzen. Angesichts dieses vor dem II. Vatikanum wirklich revolutionären Wagnisses, dürfte die bei Enomiya-Lassalle festzustellende Tendenz, die Zen-Meditation von der buddhistischen Lehre zu isolieren, auch – und vielleicht sogar primär – innerkirchlich apologetisch motiviert sein. Inzwischen aber ist es an der Zeit, einen breiteren Ansatz zu suchen und die Warnung von A. Pieris vor dem "gegenwärtigen Trend..., 'buddhistische Techniken' der Meditation für das 'christliche

Was die reine Meditationstechnik betrifft, so hält Enomiya-Lassalle dafür, daß Sitzweise, Atembeobachtung, die Beruhigung und Entleerung des Bewußtseins nicht direkt mit buddhistischen Inhalten verbunden seien und daher auch ihrer christlichen Übernahme nichts im Wege stehe.[80] Sie könn-

---

Gebet' zu benutzen, ohne jede Ehrfurcht vor dem soteriologischen Kontext solcher Techniken", zu berücksichtigen (vgl. A. Pieris, Theologie der Befreiung... a.a.O. 156).

[80] Enomiya-Lassalle bewegt sich damit prinzipiell auf der gleichen Linie wie die Jesuiten in der Japan-Mission des 16. und 17. Jahrhunderts. Bereits damals gab es starke missionspraktologisch begründete akkomodative Anstrengungen (ein Motiv, das auch bei Enomiya-Lassalle eine große Rolle spielt). So integrierte man z.B. die Praxis der Tee-Zeremonie ins kirchliche Leben, obwohl man über die engen geistigen Zusammenhänge zwischen Tee-Zeremonie und Zen-Buddhismus gut unterrichtet war. Teilweise wurde sie unmittelbar im Anschluß an die Feier der Messe durchgeführt, und man versuchte den Stil der Meßfeier der Tee-Zeremonie anzupassen. Man weiß von mindestens einer Kirche sicher, daß in ihr für die Teezeremonie eigens ein Tee-Ofen in der Mitte des Raumes installiert worden war. Einige japanische Christen pflegten die Tee-Zeremonie als spirituelle Übung, und von den sieben herausragendsten Schülern des Zen-Buddhisten und Tee-Großmeisters Sen no Rikyû sollen fünf Christen gewesen sein. Die Übernahme der Tee-Zeremonie war möglich, da sie mit keinerlei explizit buddhistischen Kulthandlungen verbunden war. Gegenüber der direkten Zen-Meditation verhielt man sich jedoch bedeutend zurückhaltender. Die Missionarsberichte verraten zwar auch hier eine gewisse Bewunderung, der man durch christliche Praktiken zu entsprechen suchte (so forderte z.B. Pater Cosme de Torres für die nach Japan zu entsendenden Missionare: "...sie müssen geübt sein im Betrachten, denn die meisten dieser [Zen-]Priester und Weltleute verbringen fast ihr ganzes Leben mit dieser Übung..."; vgl. G. Schurhammer, Die Disputationen des Pater Cosme de Torres mit den Buddhisten von Yamaguchi, Tokyo 1929, 52), doch mangels einer theologischen Bewältigung des Phänomens nichtchristlicher Religionen, deuteten die Missionare die Zen-Meditation häufig als dämonische Imitation christlicher Kontemplation. Der Missionar Pater Ludwig Frois berichtet von einem Gespräch mit dem zen-buddhistischen Abt Nenjitsu, der bereits mehrfach mit Franz Xaver zusammengetroffen war, und ihn nun um die heimliche Taufe ersucht habe. Dabei, so berichtet Frois, habe Nenjitsu vorgeschlagen, daß er weiterhin die Zen-Meditation in seinem Kloster lehren wolle, um die darin unterrichteten Schüler dann zum Evangelium zu führen. Frois lehnte dieses Ansinnen kompromißlos ab und forderte den Austritt des Abtes aus dem Zen-Kloster als Vorbedingung für die Taufe, zu der es dann mangels der Bereitschaft des Abtes zu diesem Schritt nicht kam. Die schroffe Haltung der Missionare gegenüber allen *expliziten* buddhistischen Ausdrucksformen war sicherlich mit ein Grund (neben dem wohl gewichtigeren politischen) für das Scheitern der frühen Japan-Mission (im Zusammenhang mit seinem ersten Verfolgungsedikt hatte Hideyoshi den Missionaren auch die Fragen gestellt, warum sie nicht mit den buddhistischen Mönchen in Frieden leben könnten und warum sie deren Tempel zerstörten) und die katastrophalen blutigen Folgen, die dieses Scheitern für die Christen in Japan hatte.
Neben dem oben angegebenen Werk Schurhammers vgl. zu den Ereignissen der Begegnung von Christentum und Buddhismus in der frühen Ja-

ten der Vorbereitung des betrachtenden Gebetes dienen oder auch als Form der ungegenständlichen, wortlosen Beschauung praktiziert werden. Schwieriger stehe es mit der Methode der Meditation über ein Koan, da Koans häufig direkt auf die buddhistische Lehre bezogen sind. Doch diene das Koan nicht der diskursiven Betrachtung, sondern der Sammlung des Geistes mit Hilfe eines logisch unlösbaren Problems, auf das der Übende seine Aufmerksamkeit ununterbrochen zu richten habe. Wenn der die Zen-Meditation ausübende Christ sich an diese Regel halte, sei auch gegen den Gebrauch buddhistischer Koans nichts einzuwenden, man könne sie aber durchaus auch durch christliche Glaubensgeheimnisse oder paradoxe Schriftverse ersetzen.[81]

Wie aber steht es mit dem Ziel, das die Zen-Meditation anstrebt, dem Satori? Enomiya-Lassalles zentrale These lautet, daß es sich bei dem Satori um ein Erlebnis handle, das prinzipiell in allen Religionen, ebenso wie auch im nicht-religiösen Bereich, möglich sei und vorkomme, ein Erlebnis, das in sich identische Erlebnisqualitäten besitze, jedoch entsprechend der jeweiligen persönlichen Disposition des Erlebenden und seines weltanschaulichen Hintergrundes verschieden interpretiert werde.[82] Die buddhistische Interpretation des Satori gibt Enomiya-Lassalle wieder als: "Die Auflösung der Illusion des Ich-Komplexes in die Schau des All-eins-Seins, verbunden mit überwältigender Freude, tiefstem Frieden, völliger Sicherheit und restloser Befreiung von aller Furcht und allem Zweifel."[83] Eine christliche Interpretation könne nach Enomiya-Lassalle etwa so lauten: "Das Satori oder die Erleuchtung ist eine überrationale und unmittelbare Selbstwahrnehmung in Verbindung mit der nichtdifferenzierten Schau allen geschöpflichen Seins, die den Eindruck völliger Einheit gibt, und mit der Auflösung des empirischen Ichs das eigentliche Selbst als Persönlichkeit erst voll erfaßt und das Absolute insofern berührt, als es der Ursprung des geschaffenen Seins ist, eine Erfahrung, die nach Stärke als nach Beschaffenheit zahlreiche Variationen zulassend stets mit Freude, Friede, Sicherheit, Befreiung von Furcht und Zweifel verbunden ist."[84] Enomiya-Lassalle versucht also in diesen beiden Interpretationen dem Unterschied zwischen dem als monistisch verstandenen buddhistischen Kontext und dem christlichen Kontext vor allem

---

pan-Mission auch: G. Schurhammer / E. A. Voretzsch (Hg), P. Luis Frois S. J., Die Geschichte Japans, Leipzig 1926; J. F. Schütte, Valignanos Missionsgrundsätze für Japan, Bd. I, Teil 1 u. 2, Rom 1951 u. 1958; J. L. Gay, La Liturgia en la Mission en la Mission del Japon del Siglo XVI, Rom 1970; J. Laures, Takayama Ukon und die Anfänge der Kirche in Japan, Münster 1954; E. Gössmann, Religiöse Herkunft — profane Zukunft? Das Christentum in Japan, München 1965; C. R. Boxer, The Christian Century in Japan. 1549 — 1650, Berkeley-Los Angeles 1967; H. Dumoulin, Geschichte des Zen-Buddhismus, Bd. II: Japan, Bern 1986.

[81] Vgl. Enomiya-Lassalle, Zen-Buddhismus, a.a.O. 412ff.
[82] Vgl. ebd. 390ff; ders. Zen-Meditation für Christen, a.a.O. 150; ders., Zen — Weg zur Erleuchtung, Freiburg-Basel-Wien³ 1971, 34f.
[83] Ders., Zen-Buddhismus, a.a.O. 398.
[84] Ebd. 398.

dadurch Rechnung zu tragen, daß er die Unterscheidung von Schöpfer und Schöpfung in der christlichen Deutung nicht durch die Einheitserfahrung bedroht sein läßt.[85]

Als jenseits der interpretativen Differenzen liegende gemeinsame Erlebnisqualitäten des Satori benennt Enomiya-Lassalle: 1. die innere Loslösung bis hin zur völligen Bewußtseinsleere, 2. eine Art von Wesensschau, 3. eine intuitive Einheitserfahrung und 4. positive sittliche Auswirkungen des Satori. Er findet diese vier Qualitäten trotz der kontextuell bedingten interpretativen Unterschiede sowohl in den buddhistischen Schilderungen des Satori wieder, als auch in den Beschreibungen kontemplativer Erfahrungen durch christliche Mystiker.

Ähnlich wie Zen-Buddhisten sprechen christliche Mystiker von der Notwendigkeit, daß der Übende sich von allen Anhaftungen zu lösen habe, daß er sich selbst sterben müsse, um zur Erleuchtung zu gelangen.[86] Alles, was nicht Gott sei, müsse losgelassen werden, um auf die letzte und absolute Wirklichkeit hinzusteuern.[87] Dies gelte bei einigen Mystikern sogar für den Gedanken an Gott selbst, worin Enomiya-Lassalle eine Parallele zu dem Zen-Wort erblickt, daß man den Buddha töten solle.[88]

In engem Zusammenhang stehen nach Enomiya-Lassalle die Qualitäten der Wesensschau und der Einheitserfahrung. Auch wenn der Zen-Buddhist die Existenz eines Selbst leugne, so erfahre er doch nach seinem eigenen Verständnis in der Erleuchtung sein wahres Wesen. Dies ist für ihn zugleich aber die Erfahrung der Einheit in der absoluten und undifferenzierten Leere als wahrem Seinsgrund. Auch die christlichen Mystiker sprechen von der Erfahrung eines Seinsgrundes, der sich in der "Seelenspitze" eröffne, und auch hier werde diese Erfahrung oft als undifferenziertes Einssein mit Gott wiedergegeben. Die Qualität der Einheitserfahrung, die jeweils eng mit der der Wesensschau verbunden ist, führt Enomiya-Lassalle auf die Intuition als den Modus dieser Erfahrung zurück. Während sich dem diskursiven Verstand die Wirklichkeit in ausdifferenzierter Subjekt-Objekt-Spaltung darstelle, werde sie von der Intuition als undifferenzierte Einheit erfaßt. Für

---

[85] In der dritten, überarbeiteten Auflage von "Zen-Buddhismus", die unter dem Titel "Zen und christliche Mystik" erschien (Freiburg i. Br. 1986), hat Enomiya-Lassalle diese Beschreibung etwas verändert und so den entscheidenden Unterschied noch deutlicher herausgestellt. Dort heißt es: "Buddhistisch gesehen ist die Erleuchtung das Erlebnis des Alleins-Seins, in dem das Selbst als identisch mit dem absoluten, unteilbaren Sein erfaßt wird... Christlich gesehen ist die Erleuchtung die unmittelbare Wahrnehmung des tiefsten Selbst, im Gegensatz zum empirischen Ich, wobei der göttliche Urgrund in etwa miterfahren wird. In beiden Fällen ist das Erlebnis mit der Befreiung von Furcht und Zweifel, mit tiefem Frieden und höchster Freude verbunden" (ebd. 485).
[86] Vgl. Enomiya-Lassalle, Zen-Meditation für Christen, a.a.O. 74.
[87] Vgl. ebd. 82.
[88] Vgl. ebd. 96ff.

Enomiya-Lassalle sind Verstand und Intuition jedoch nicht zwei verschiedene Erkenntnisvermögen, sondern zwei verschiedene und komplementäre Betätigungsweisen ein und derselben Erkenntnisfähigkeit. Die intuitive Seinserkenntnis vollende die verstandesmäßige. Sie erfasse ihren "Gegenstand" nie als ein vom erkennenden Subjekt getrenntes Objekt, sondern erfahre seine Einheit mit dem menschlichen Geist. Daher werde auch Gott im intuitiven Erkenntnismodus nur in der Einheit mit dem Menschen erfahren.[89] Der die Interpretation der Erleuchtungserfahrung leitende jeweilige Glaube ändere nichts an ihrem intuitiven Charakter und den damit verbundenen Erlebnisqualitäten.[90] So wird für Enomiya-Lassalle die Interpretation, ohne daß er damit ihre Relativierung anstrebt, gegenüber der inneren *Form* der Erfahrung zu einem sekundären Moment: "Zusammenfassend können wir sagen, daß in beiden Fällen ein vollkommenes Einheitserlebnis vorhanden ist und in diesem Sinne kein Unterschied zwischen der Wesensschau und dem Erlebnis der Mystiker besteht. Wie es aber nachher verstanden und beschrieben wird, hängt von der jeweiligen Weltanschauung des Erfahrenden ab."[91]

Sobald das diskursive Denken wieder betätigt wird, vermeide der christliche Mystiker eine monistische Interpretation seiner Erleuchtungserfahrung. Die Einheitserfahrung selbst stehe dabei nicht im Widerspruch zur Orthodoxie, da das Geschöpf in seinem Sein tatsächlich völlig von Gott abhängig ist, d.h. ohne ihn nicht existieren würde, nicht aber umgekehrt Gott vom geschöpflichen Sein.[92] Der Buddhist freilich empfinde das Satori auch als Bestätigung seines Glaubens.[93] Er sehe die im Erlebnis der Einheit scheinbar gegebene Auflösung des Selbst als eine Bestätigung der Lehren der "Nicht-Zweiheit" und der "Leere" an.[94] Eine Ausdeutung seiner Erfahrung auf Gott hin als den absoluten Transzendenzgrund lehne der Buddhist ab, da ihm dies als Rückfall in den Dualismus erscheine.[95] Enomiya-Lassalle schließt daraus, daß die Erleuchtungserfahrung also auch zur Bestätigung einer irrigen Lehre, eben dem buddhistischen Monismus, führen könne und daher nicht als ein höheres Wahrheitskriterium über die Offenbarung gestellt werden dürfe.[96] Trotz dem in der buddhistischen Deutung des Satori fehlenden Hinweis auf Gott, vermutet Enomiya-Lassalle aber, daß auch der Buddhist im Satori, besonders wenn es sich um ein sehr tiefes Erlebnis handle, eine echte Gotteserfahrung mache, die er jedoch mangels eines entsprechenden Begriffsreservoirs in seiner Tradition nicht als solche verbalisieren könne.[97] Zumindest lasse sich aus christlicher Warte sagen, "daß eine Meditation, die direkt auf die Erfahrung des Wesens des Menschen

---
[89] Vgl. dazu ebd. 31-36.
[90] Vgl. ebd. 38f.
[91] Ebd. 150.
[92] Vgl. Enomiya-Lassalle, Zen-Buddhismus, a.a.O. 401.
[93] Vgl. ebd. 401.
[94] Vgl. ders., Zen-Meditation für Christen, a.a.O. 88.
[95] Vgl. ders., Zen-Buddhismus, a.a.O. 400.
[96] Vgl. ebd. 301f.
[97] Vgl. ders., Zen – Weg zur Erleuchtung, a.a.O. 79ff.

ausgerichtet ist – bewußt oder unbewußt –, auch auf den Grund dieses Wesens, der kein anderer ist als der Schöpfergott, ausgerichtet ist..."[98] Es sei durchaus denkbar, daß der Buddhist, wenn sein Satori echt ist, die absolute Wirklichkeit erfahre und sie statt "Gott" die "Leere" nenne. "Und was ist Gott, wenn man von allen anthropomorphen Vorstellungen absieht, anderes als die letzte und absolute Wirklichkeit?"[99] Die häufig gezogene Unterscheidung zwischen einem absoluten "Es" und einem absoluten "Du" sei nicht so glatt, wie es scheine, da das "Du" Gottes begrifflich weit verschieden sei vom menschlichen "Ich", nämlich unbegrenzt und überbegrifflich.[100]

Handelt es sich u. U. aber auch bei der buddhistischen Satori-Erfahrung um eine authentische Gotteserfahrung, dann stellt sich die Frage nach dem Gnadencharakter des Satori. Enomiya-Lassalle plädiert dafür, das Satori primär als ein natürliches Geschehen zu betrachten, das von Einzelfällen abgesehen, den Rahmen des *allgemeinen Gnadenbeistands* nicht überschreite.[101] Daher stehe das Erleuchtungserlebnis grundsätzlich allen Menschen offen.[102] Die Ähnlichkeiten zwischen den Erfahrungen der christlichen Mystiker und dem buddhistischen Satori ließen sich somit auf die gemeinsame menschliche Natur, die hierin wirkt, zurückführen.[103] Enomiya-Lassalle nennt daher das Satori auch einen Zustand, in dem die Seele nach langer, mühevoller Anstrengung "Gott bis an die Grenzen ihrer Möglichkeit entgegenkommt."[104] Die nichtchristlichen Religionen hätten durch ihre Unkenntnis der Offenbarung gar keine andere Möglichkeit gehabt als die äußerste Entfaltung der natürlichen Kräfte, und "...es scheint doch, daß die orientalischen Religionen die natürlichen Kräfte des Menschen besser ausgenutzt haben, als das Christentum es getan hat."[105] Der christlichen Übernahme der Zen-Meditation einschließlich des Ziels der Erleuchtung stehe also nichts im Wege, "...weil es sich beim Zazen[106] nicht um irgendeinen Glaubensinhalt handelt, sondern nur um die Auswertung natürlicher Seelenkräfte."[107] Wenn aber das Satori das Höchste ist, was mit natürlichen Kräften möglich ist, so schließt Enomiya-Lassalle aufgrund seiner scholastischen Theologie, dann könne es kein eigentliches Hindernis auf dem Weg zu dem sein, der die menschliche Natur erschuf.[108] Die Trennungslinie zwischen natürlicher und

---

[98] Enomiya-Lassalle, Zen-Buddhismus, a.a.O. 380.
[99] Ders., Zen-Meditation für Christen, a.a.O. 85.
[100] Vgl. ebd. 87.
[101] Vgl. ders., Zen-Buddhismus, a.a.O. 400; ders., Zen – Weg zur Erleuchtung, a.a.O. 32 u. 93.
[102] Vgl. ders., Zen – Weg zur Erleuchtung, a.a.O. 35.
[103] Vgl. ders., Zen-Buddhismus, a.a.O. 408.
[104] Ders., Zen – Weg zur Erleuchtung, a.a.O. 98.
[105] Ebd. 90.
[106] "Zazen" bedeutet das "Sitzen im Zen". Im engeren Sinn dient es der Bezeichnung der Methode des bloßen Sitzens i. U. zur Meditation über ein Koan, wird aber im weiteren Sinn – so auch hier – auch für den gesamten Weg der Zen-Meditation verwendet.
[107] Enomiya-Lassalle, Zen – Weg zur Erleuchtung, a.a.O. 131.
[108] Vgl. ders., Zen-Buddhismus, a.a.O. 402.

übernatürlicher Mystik lasse sich zwar theoretisch leicht und deutlich ziehen, aber - so fragt Enomiya-Lassalle - "hat Gott diesen Strich in der Praxis... so klar gezogen, oder hat er die menschliche Natur so wunderbar auf die Übernatur hin geschaffen, daß nichts 'natürlicher' ist, als daß sie in die Übernatur erhoben wird...?"[109]

Die christlichen Mystiker bezeugen *besondere Gnadenerfahrungen*, die über den natürlichen Charakter der Erleuchtung noch hinausgehen. Insofern sei das buddhistische Satori nicht immer und in jeder Hinsicht mit den Erfahrungen der christlichen Mystiker identisch, sondern die Identität beziehe sich meist nur auf einen Teil der christlich-mystischen Erfahrung.[110] Aber so wenig wie Enomiya-Lassalle eine authentische Gotteserfahrung im Satori des Buddhisten ausschließt, so wenig will er auch die Mitwirkung besonderer Gnaden, wie sie nur von christlichen Mystikern bezeugt werden, prinzipiell für die Erfahrung des Buddhisten leugnen. Die christlichen Mystiker sprechen hier von einer besonders hohen Form der Gottesliebe, deren Kriterium die Nächstenliebe ist.[111] Zwar werde die Gottesliebe im Zen-Buddhismus nicht explizit artikuliert, doch fehle nicht die Nächstenliebe, die nach Enomiya-Lassalle die Gottesliebe impliziert.[112] Ein besonderes übernatürliches Gnadenwirken sei also gerade dann in der Erfahrung des Buddhisten nicht auszuschließen, wenn die Erleuchtung zu einer wesentlichen Beförderung der Sittlichkeit führe.[113] Weder bei den christlichen Mystikern noch bei den Zen-Buddhisten stelle die Erleuchtung jedoch eine bleibende Befreiung von den menschlichen Schwächen dar.[114] Satori-Erlebnisse können sich wiederholen und an Intensität und Wirkung zunehmen. Die Erleuchtung befreie nicht von weiterer Anstrengung, auch wenn durch sie vieles spontaner und leichter werde.

Ein bleibender Unterschied in der Bewertung der Erleuchtung zwischen Zen-Buddhismus und christlicher Mystik liege darin, daß im Buddhismus die Erleuchtung im Gegensatz zum Christentum als eine unerläßliche Bedingung für die Erlösung gilt.[115] Die befreiende Botschaft des Christentums für Buddhisten liege demnach darin, daß ihnen in erster Linie die Barmherzigkeit Gottes das Heil sichere und sie nicht auf ihre eigene Kraft allein angewiesen sind.[116]

In seinem Verständnis der Zen-Erfahrung geht Enomiya-Lassalle insofern über Merton hinaus, als daß er nicht nur Analogien erblickt, sondern zu-

---
[109] Ebd. 385.
[110] Vgl. ders., Zen - Weg zur Erleuchtung, a.a.O. 94 u. 103.
[111] Vgl. ders., Zen-Meditation für Christen, a.a.O. 145f.
[112] Vgl. ders., Zen und christliche Mystik, A.a.O., 432
[113] Vgl. ders., Zen-Buddhismus, a.a.O. 400.
[114] Vgl. ebd. 159 u. 389. Zur abweichenden Beurteilung der Erleuchtung in anderen Schulen des Buddhismus siehe oben S. 241 Anm. 76.
[115] Vgl. ders., Zen-Buddhismus, a.a.O. 398; ders., Zen-Meditation für Christen, a.a.O. 163.
[116] Vgl. ders., Zen-Buddhismus, a.a.O. 403.

mindest eine partielle Identität postuliert. Er schenkt jedoch der buddhistischen Lehre weniger Beachtung als Merton und zeigt sich in ihrer Beurteilung hermeneutisch weniger vorsichtig. So bleibt für Enomiya-Lassalle im Gegensatz zu Merton ihre Charakterisierung als Monismus unhinterfragt. Er versteht sie weitgehend als irrige Interpretation einer an sich echten und wertvollen Erfahrung, ohne dieses Urteil jedoch näher zu begründen. Mit der von ihm propagierten Übernahme der Zen-Meditation will er letztlich nicht mehr übernehmen, als er bereits in der mystischen Tradition des Christentums gegeben sieht, auch wenn er den Zen-Buddhismus hierin quasi für erfahrener hält. Im Rahmen eines umfassenden christlich-buddhistischen Dialogs müßte jedoch stärker auf den Zusammenhang zwischen Erfahrung und Lehre eingegangen werden als Enomiya-Lassalle dies tut und nach der hermeneutischen Relevanz der Erfahrung für die christliche *und* die buddhistische Lehre gefragt werden. Auch Enomiya-Lassalle deutet an, daß es dabei zentral um das Verhältnis von Gottesbegriff und Personbegriff einerseits zum buddhistischen Verständnis des Absoluten und des Menschen andererseits geht. Merton hatte als Voraussetzung dafür auf die Notwendigkeit verwiesen, die Erleuchtungserfahrung in Bezug zur allgemein menschlichen Erfahrung zu setzen, ein Bezug, der bei Enomiya-Lassalle zu sehr von seinen Gnadenspekulationen verdeckt ist, um für eine interreligiöse Hermeneutik fruchtbar zu sein. Aber auch hier dürfte Enomiya-Lassalles Anliegen wohl eher der innerkirchlichen Auseinandersetzung gelten. Auf den Zusammenhang zwischen Erleuchtungserfahrung und allgemeiner Erfahrung geht W. Johnston stärker ein, der hier eine psychologisch orientierte Hermeneutik vorlegt. Sein Ansatz soll die Gruppe der vor allem um die kontemplative Erfahrung kreisenden Dialogversuche abschließen.

3.1.3 William Johnston

Da sich nach W. Johnston Christen und Buddhisten in der mystischen bzw. kontemplativen Erfahrung am nächsten kommen, ist diese für ihn auch der geeignetste Ausgangspunkt für den Dialog.[117] Sie lasse sich phänomenologisch, theologisch bzw. religiös und philosophisch beleuchten, wobei die phänomenologische Erörterung das Material für die theologische und philosophische liefere.[118]

Die phänomenologische Erörterung könne einen ästhetischen Ansatz wählen, indem man sich auf dichterische Zeugnisse der Erleuchtungserfahrung oder auch die vielfältigen Zen-Künste beziehe, doch Johnston hält einen psychologischen Ansatz für den geeignetesten, wobei er sich besonders der Psychologie C. G. Jungs bedient, da er hier eine gewisse Affinität erblickt. Die gegenwärtige Popularität des Zen-Buddhismus im Westen gehe z. T. darauf zurück, daß er sich mit dem durch die Psychologie neu erwachten

---

[117] Vgl. W. Johnston, Der ruhende Punkt. Zen und christliche Mystik (deutsche Ausgabe von "The Still Point"), Freiburg i. Br. 1974, 194 u. 200.
[118] Vgl. ebd. 160ff.

Interesse am menschlichen Geist zu decken scheine.[119] Lege man C. G. Jungs Unterscheidung von "empirischem Ich" und "wahrem Selbst" (oder: "nicht-ichhaftem Selbst") zugrunde, so scheine Zen einen Weg zu diesem wahren Selbst gefunden zu haben, der über die Leugnung und Ablegung des empirischen Alltags-Ich verlaufe.[120] In der Zen-Meditation werde ein Abstieg in die tieferen Schichten des Bewußtseins vollzogen, das Satori, das buddhistisch als Erfahrung der Einheit im tiefsten Grund der Seele gedeutet werde, lasse sich als Durchbruch des Unbewußten ins Bewußtsein verstehen.[121] Die Zen-Meditation fördere den Integrationsprozeß i. S. Jungs.[122] Die Erleuchtung erscheine so als Selbstverwirklichung.[123] "Die Selbstverwirklichung ist der Kern des Buddhismus."[124] Der Abstieg in die Tiefen der Seele – Johnston nennt dies "vertikale Meditation" – führe zu einer Heilung des Unterbewußtseins, zur Integration der psychischen Polaritäten und zu innerer Loslösung. Hinter der buddhistischen Lehre von Karma und Samsâra vermutet Johnston die psychologische Einsicht, daß für das Gelingen des Integrationsprozesses nicht nur die Bewältigung frühkindlicher Verletzungen, sondern auch die Heilung der archetypischen Dimension des kollektiven Unbewußten erforderlich sei.[125] Hinter dem aus dem Taoismus stammenden Motiv der Vereinigung von Ying und Yang, das auf den chinesischen Zen-Buddhismus eingewirkt habe, und hinter der mahâyânistischen Zielsetzung einer Vereinigung der Gegensätze von Zeit und Ewigkeit, Werdewelt und Absolutem, erblickt Johnston Anklänge an die Lehre von der Integration der Polaritäten bei C. G. Jung.[126] Die Psychologie habe auch gezeigt, daß zur vollen menschlichen Reife eine tiefgreifende Loslösung erforderlich sei, wie sie vom Buddhismus gelehrt und in der Meditation erstrebt werde.[127]

Diese phänomenologisch/psychologischen Deskriptionen und Interpretationen lassen sich nach Johnston in gleicher Weise auch auf die Erfahrungen der christlichen Mystiker anwenden. So habe die Zen-Meditation mit diesen den vertikalen Abstieg ins Unterbewußte, verbunden mit der Aufgabe des "empirischen Ichs", und die Förderung der psychischen Ganzwerdung gemeinsam. Darüber hinaus zeigten beide eine Zurückhaltung gegenüber supranaturalen oder außergewöhnlichen psycho-physischen Phänomenen, die während der

---

[119] Vgl. ebd. 58 und W. Johnston, Spiritualität und Transformation. Erneuerung aus den Quellen östlicher und westlicher Mystik (deutsche Ausgabe von "The Mirror Mind. Spirituality and Transformation"), München 1986, 39ff.
[120] Vgl. Johnston, Der ruhende Punkt, a.a.O. 66f.
[121] Vgl. ebd. 60ff.
[122] Vgl. ebd. 67ff.
[123] Vgl. Johnston, Spiritualität... a.a.O. 39.
[124] Ebd. 48.
[125] Vgl. ebd. 168ff.
[126] Vgl. ebd. 167.
[127] Vgl. Johnston, Der ruhende Punkt... a.a.O. 117ff. Johnston meint, daß sich das Nicht-Anhaften an den eigenen Wahrnehmungen auch neurologisch durch die Messung der Gehirnströme während der Meditation nachweisen lasse (vgl. ebd. 19).

kontemplativen Praxis auftreten können.[128] Johnston führt die Ähnlichkeit zwischen den Erfahrungen der christlichen Mystiker und der Zen-Buddhisten auf die Gleichheit des psychischen Lebens zurück.[129] Die Bezüge dieser Erfahrungen zu dem von Jung beschriebenen Integrations- und Reifeprozeß legten nahe, daß mystisches bzw. kontemplatives Erleben eine vertiefte Form allgemein menschlicher Erfahrung sei.[130] "Zen, so wie es in den buddhistischen Tempeln praktiziert wird, hat zwar einen tief religiösen Hintergrund. Doch zeigt die Untersuchung seiner psychologischen Struktur, daß es auch eine universale und echt menschliche Seite hat. So vermag es einen psychischen Prozeß in Gang zu setzen, der eigentlich von selbst in der menschlichen Seele vor sich gehen sollte, wenn die psychologische Entwicklung normal verläuft, und es führt zu einer Erleuchtung, die eher mit dem Menschsein als solchem zusammenhängt als mit irgendeinem religiösen Glauben."[131]

Zeigen die phänomenologisch/psychologische Seite der Erfahrungen von Zen-Buddhisten und christlichen Mystikern also große Ähnlichkeiten, so darf nach Johnston daraus jedoch nicht geschlossen werden, daß sie identisch seien und nur ihre Interpretationen divergierten.[132] Denn Erfahrungen könnten nicht von der Weltanschauung, aus der sie hervorgegangen sind, getrennt werden.[133] Wo aber die Weltanschauungen divergierten, könne auch keine volle phänomenologische Identität der Erfahrungen behauptet werden. "Erfahrungen, die sich theologisch unterscheiden, können phänomenologisch nicht identisch sein."[134] Den theologischen Kernunterschied sieht Johnston darin, daß die christlichen Mystiker nicht wie die Buddhisten von einer reinen Einheitserfahrung sprechen, sondern von einer Einheit in Verschiedenheit, was wohl auch mit der Art der Erfahrung selbst zu tun habe.[135]

Schon die Stellung der Erleuchtungserfahrung im Buddhismus unterscheide sich grundsätzlich von der, die ihr im Christentum zugemessen werde. "Buddhismus ist im wesentlichen eine mystische Religion im weitesten Sinne des Wortes, nicht nur weil er seinen Ursprung in der Erleuchtung Buddhas hat, sondern weil seine ganze Lehre auf eine Wiederholung der befreienden

---

[128] Vgl. ebd. 94f.
[129] Vgl. ebd. 94 u. 200.
[130] Vgl. ebd. 49.
[131] Ebd. 75.
[132] Vgl. ebd. 55f, 95f, 164f u. 201f. In W. Johnston, Christian Zen. A Way of Meditation. San Francisco² 1979, hat Johnston zwar vertreten, daß es eine grundlegende Erleuchtungserfahrung gebe, die weder christlich noch buddhistisch, sondern allgemein menschlich sei (vgl. ebd. 97), es ist jedoch nicht klar, ob er damit eine Änderung dieser These aus "The Still Point" beabsichtigte. In dem noch späteren Werk "The Mirror Mind" läßt sich jedenfalls eine solche Änderung nicht erkennen.
[133] Vgl. Johnston, Der ruhende Punkt... a.a.O. 95.
[134] Ebd. 164f.
[135] Vgl. ebd. 56.

Erfahrung des Gründers im Leben des einzelnen Menschen zielt. Deshalb wird manchmal gesagt, daß Zen die reinste Form des Buddhismus sei, denn seine ganze Bedeutung ist im Satori zusammengefaßt."[136] Das Christentum sei dagegen, obwohl es eine starke mystische Strömung besitze, im wesentlichen keine mystische Religion. Die eigentlich christliche Erleuchtungserfahrung komme erst nach dem Tod. Das Primäre des Christentums sei die Liebe, an der sich auch jede christliche Mystik bemessen lassen müsse.[137] Glaube an Jesus Christus und Liebe zu ihm seien die Voraussetzungen der christlichen Mystik. Bleibender Ausgangspunkt allen christlichen Lebens ist die Zuwendung zu Gott, während sich der Buddhismus zur Verwirklichung seiner Ziele, der Befreiung vom Leid und dem Erlangen psychischer Ganzheit, aller Voraussetzungen zu entledigen suche.[138] Der Selbstverwirklichung lägen im Buddhismus und Christentum jeweils andere Vorstellungen zugrunde. Im Buddhismus werde die Verwirklichung der Buddha-Natur angestrebt, die als das wahre Selbst gilt[139], im Christentum werde das wahre Selbst als das Ebenbild Gottes verstanden.[140] In der jüdisch-christlichen Tradition gründe sich das wahre Selbst auf eine Beziehung und werde durch liebende Selbsttranszendenz in der Beziehung zu einem personalen Gegenüber gefunden.[141] Der christliche Mystiker erfahre eine Liebesvereinigung mit Gott, die als Beziehungserfahrung ein trennendes Moment behalte.[142] Daher beschreibe er diese Erfahrung häufig in trinitarischen Formulierungen.[143] Er werde eines Wesens mit Gott, bleibe aber als Person von ihm getrennt.[144] Er erfahre eine Umgestaltung in Christus; der Christus in ihm sei es, der sich mit Gott vereinigt. Christliche Mystik bleibe immer christozentrisch und verstehe die mystische Erfahrung als Fortwirkung der Inkarnation.[145] "Das Ich zu vergessen, damit nur Gott bleibt, ist etwas anderes, als alles zu vergessen, bis nur mehr das Selbst bleibt."[146]

Johnston berichtet, daß ihm einst ein Zen-Meister während einer Meditation, an der er teilnahm, gesagt habe, er solle meditieren bis auch die Erfahrung Gottes verschwinde und nur noch Johnston bleibe. Als er darauf entgegenet habe, daß nicht Gott verschwinden werde, sondern Johnston, habe dieser geantwortet, das sei dasselbe und genau das, was er meine.[147] Man müsse jedoch mit der Bezeichnung "Monismus" für den Zen-Buddhismus vorsichtig sein, da es sich dabei um eine westlich ontologische Kategorie handle, die Sprache des Zen jedoch fast immer phänomenologisch oder beschreibend

---

[136] Ebd. 142.
[137] Vgl. ebd. 144f.
[138] Vgl. ebd. 92 u. 95.
[139] Vgl. Johnston, Spiritualität... a.a.O. 48ff.
[140] Vgl. ders., Der ruhende Punkt... a.a.O. 86.
[141] Vgl. ders., Spiritualität... a.a.O. 55.
[142] Vgl. ders., Der ruhende Punkt... a.a.O. 53ff.
[143] Vgl. ebd. 88 u. 155.
[144] Vgl. ebd. 174.
[145] Vgl. ebd. 167ff.
[146] Ebd. 54.
[147] Vgl. Johnston, Christian Zen... a.a.O. 8.

sei.[148] Vieles am sogenannten Monismus des Zen könne im christlichen Sinn als legitime Einheitserfahrung verstanden werden – dies sei auch die Einsicht Thomas Mertons gewesen.[149] Der Zen-Buddhist weigere sich, das, was er in der Erleuchtung erfahre, zu definieren. "Würde man sagen, daß der Zen-Kontemplative letztlich nach dem sucht, was der Christ Gott nennt, so würden die meisten Zen-Leute sich dagegen verwahren. Und doch fragt man sich, ob sie nicht auf der Suche sind nach jenem, dem man keinen anderen Namen als Gott geben kann. Für den Christen ist Gott das Geheimnis aller Geheimnisse, der Unaussprechliche. Er ist Alles und Nichts; man begegnet ihm in der Leere. Er übersteigt jede Bezeichnung, denn (wie Thomas sagt) ganz gleich, welchen Begriff wir auch wählen, Gott ist alles so sehr überragend, daß er in Begriffen nicht eingefangen werden kann."[150]

Indem Zen die Loslösung von allem anstrebe, wurzele es in der buddhistischen Grundüberzeugung, daß Befreiung vom Leid durch Freiheit von jeglicher Anhaftung erreicht wird.[151] Die Praxis der kontemplativen Loslösung sei also mit dem tiefen Glauben an die Möglichkeit der Erlösung verbunden, dem Vertrauen auf die Gegenwart der Buddha-Natur, die in der Loslösung hervortrete.[152] Christen und Buddhisten teilten eine bedingungslose Hingabe, die für beide von einem tiefen Glaubensakt begleitet und motiviert ist.[153] Strittig bleibe also vor allem die Frage der Konzeptualisierung von Erfahrung, bei der nach Johnston die philosophische Erörterung einsetzen müsse.

Christliche Mystiker neigten wie die Zen-Buddhisten – wenn auch nicht in gleichem Ausmaß – dazu, sich in Paradoxien zu artikulieren. Die paradoxen Aussagen der christlichen Mystiker beruhten allerdings – vor allem wenn sie in der Tradition des Pseudo-Dionysios stehen – auf einer exakten Metaphysik. "Zen dagegen hat bis jetzt noch keine metaphysische Basis gefunden..."[154] Im zeitgenössischen Zen sieht Johnston diesbezüglich zwei divergierende Tendenzen: zum einen das zum Irrationalismus neigende Werk D. T. Suzukis, "Seite um Seite behauptend, daß es unmöglich sei, zu behaupten..."[155], zum anderen die Arbeit der Kyoto-Schule[156], die auf der Suche

---
[148] Vgl. ders., Der ruhende Punkt... a.a.O. 34 u. 189f.
[149] Vgl. ders., Christian Zen... a.a.O. 21f u. ders., Spiritualität... a.a.O. 196f.
[150] Johnston, Der ruhende Punkt... a.a.O. 137.
[151] Vgl. ders., Christian Zen... a.a.O. 16ff.
[152] Vgl. ebd. 18f.
[153] Vgl. ders. Spiritualität... a.a.O. 19 u. 212f.
[154] Ders., Der ruhende Punkt... a.a.O. 106. Ich stimme Johnston darin zu, daß der Zen-Buddhismus nicht auf einer Metaphysik im westlichen Sinne beruht, aber ich kann nicht sehen, daß er eine solche überhaupt sucht. Dies bedeutet jedoch keineswegs, daß dem Zen jegliche philosophische Grundlage abzusprechen wäre, wozu Johnston tendiert (vgl. ebd. 109), und was angesichts der ausgeprägten philosophischen Tradition des Mahâyâna-Buddhismus, auf der der Zen-Buddhismus fußt, völlig abwegig ist. Johnstons Interpretationen des Zen leiden immer wieder daran, daß er die mahâyânistischen Grundlagen des Zen nicht berücksichtigt.
[155] Johnston, Der ruhende Punkt... a.a.O. 107.

nach einer Zen-Metaphysik sei.[157] Die grundsätzliche Einstellung zur Vernunft und zum Wert positiver Aussagen sei allerdings entscheidend für die Interpretation der paradoxen Artikulationen, wie sie sich bei den christlichen Mystikern und im Zen-Buddhismus finden. Während eine Richtung, der Johnston offensichtlich Suzuki zurechnet, behaupte, daß es zur absoluten Wirklichkeit nur einen erfahrungsmäßigen Zugang gebe, und den Intellekt diskreditiere, gehe eine andere von der Gültigkeit vernünftiger Aussagen bzw. Einsichten aus, denen es nicht zu widersprechen, sondern die es zu überschreiten gelte. Eine solche Interpretationsrichtung könne auch in den Paradoxien einen logischen Sinn erschließen.[158] Dazu müsse man ein "vertikales" und ein "horizontales" Denken unterscheiden. Das vertikale Denken erfasse das Sein der Dinge, ihre Einheit (Johnston nennt es auch "existentiales Denken"), das horizontale Denken ihre individuelle Verschiedenheit (Johnston nennt dieses auch "essentiales Denken"). Vertikales Denken sei überbegrifflich, horizontales arbeite begrifflich. Dem vertikalen Denken sei die Kontemplation ("vertikale Meditation") als einfache, intuitive Schau der Wahrheit zuzuordnen. Die Zen-Koans widersetzten sich zwar einer diskursiven Lösung, aber ihr Sinn könne diskursiv verdeutlicht werden. Das Paradoxe werde durch die Berücksichtigung beider Denkformen plausibel.[159] Vertikales Denken gehe tiefer als horizontales, doch sei letzteres zur Kontrolle und Scheidung von wahrer und falscher mystischer Erfahrung unerläßlich.[160] Im Christentum sei daher die rechte Lehre Kriterium zur Beurteilung der Erfahrung und liefere die sittliche Norm, wohingegen im Zen-Buddhismus die Authentizität einer Erleuchtungserfahrung nur von einem selber erleuchteten Meister festgestellt werden könne, worin ein ernstes und gefährliches Problem liege.[161] So bleibe der Stellenwert von Aussagen eine offene und

---

[156] Mit "Kyoto-Schule" wird eine der bedeutendsten Richtungen der japanischen Gegenwartsphilosophie bezeichnet, deren Vertreter an der kaiserlichen Universität von Kyoto lehrten und lehren. Als ihr Begründer gilt K. Nishida (1870-1945), dem die Philosophen H. Tanabe (1885-1962), K. Nishitani (geb. 1900) und Sh. Ueda in der informellen Leitung folgten. Zum Dialog mit Vertretern der Kyoto-Schule vgl. vor allem die Ansätze von H. Waldenfels und F. Buri.
[157] Vgl. Johnston, Der ruhende Punkt... a.a.O. 107ff.
[158] Vgl. ebd. 99ff.
[159] Das im Koan enthaltene paradoxe Problem stelle sich auf der horizontalen Ebene, seine "Lösung" geschehe "vertikal", d.h. durch die sich in der Identifikation ausdrückende Erkenntnis der Einheit. Johnston gibt folgendes Beispiel: "»Halte das Tönen der fernen Glocke an!« Für jemanden, der nur an rationales Denken gewöhnt ist, klingt es etwas absurd, doch die Person, die die Kunst des Identifizierens mit dem Objekt gemeistert hat, wird sogleich ausrufen: »Bong!« Dadurch wird sie zur Glocke und löst das Koan" (Johnston, Spiritualität... a.a.O. 125).
[160] Vgl. Johnston, Der ruhende Punkt... a.a.O. 104-111 u. 150.
[161] Vgl. ebd. 25ff u. 130. Es entbehrt nicht einer gewissen Ironie, daß Johnston als ein gewandter Verfechter des Personalismus in diesem personalistischen Verifikationsprinzip des Buddhismus große Gefahren sieht und für impersonale, rationalistische Kriterien plädiert. Für eine außerordentlich subtile und einfühlsame Schilderung des Meister-Kriteriums im Kontext der Zen-Übung und der Erfahrung des Versagens von

gerade hinsichtlich der Gottesvorstellung relevante Frage im Dialog mit dem Zen-Buddhismus: "it is one thing to say that sentiments and thoughts of God are inadequate: it is another thing to say that they are illusory. It is one thing to say that thoughts and sentiments must be transcended: it is another thing to say that they must be rejected."[162]

In seinem Buch "Spiritualität und Transformation" ("The Mirror Mind") versucht Johnston eine Dialogbasis zu skizzieren, die nicht auf Metaphysik, sondern auf einer "transzendentalen Methode" beruht und - wie er meint - eher zu einer theologischen Annäherung führen könne.[163] Bei dem, was Johnston hier als "transzendentale Methode" bezeichnet, handelt es sich um ein Programm des dialogischen Erkenntnisfortschritts. Er unterteilt fünf methodische Schritte: 1. das aufmerksame Zuhören, 2. durch Fragen zu neuen Einsichten zu kommen, 3. erkannte Wahrheiten formulieren, 4. das Gute in der Wahrheit des anderen erkennen, 5. dieses ins eigene Denken integrieren. Johnston hält dafür, daß dieser Weg auch für Buddhisten akzeptabel sein müsse, auch wenn einige von ihnen vielleicht Schwierigkeiten mit dem dritten Schritt haben könnten. Hier müsse aber darauf verwiesen werden, daß Aussagen zwar notwendig begrenzt, aber deswegen nicht völlig zu verwerfen seien.[164] Das Kernproblem in jedem Dialog mit nichtchristlichen Religionen bleibe die Christologie.[165] Gerade hier aber helfe der Hinweis auf die Begrenztheit der Sprache weiter, denn das Wort der Schrift und ihre theologische Auslegung dürften nicht mit jener Realität verwechselt werden, auf die sie hindeuten.[166] Zwar sei die Realität des auferstandenen und des kosmischen Christus nicht vom historischen Jesus zu trennen, doch könne man von ihm nicht in gleicher Weise zutreffende Beschreibungen geben wie vom historischen Jesus.[167] Das Zen-Wort vom "Töten des Buddha" lasse sich in einem orthodoxen Sinn auch auf Christus anwenden, wenn es auf die kontemplative Erfahrung bezogen werde, daß unsere Bilder von Christus zugunsten der Einheit mit dem realen Christus aufzugeben seien.[168] Die Realität des auferstandenen Christus sei die Quelle der Gnade für alle Menschen[169], aber nicht in der gleichen Weise die sinnvermittelnde Instanz. Die

---

technisch/rationalistischen Interpretationsversuchen (wie sie Johnston etwa in dem oben, Anm. 159, genannten Beispiel vornimmt) vgl. den Erlebnisbericht Eugen Herrigels, Zen in der Kunst des Bogenschießens, München[19] 1979.
[162] Johnston, Christian Zen... a.a.O. 131f.
[163] Vgl. ders., Spiritualität... a.a.O. 19ff.
[164] Vgl. ebd. 23ff.
[165] Vgl. ders., Der ruhende Punkt, a.a.O. 166f.
[166] Vgl. ders., Christian Zen... a.a.O. 50f.
[167] Vgl. ebd. 52ff.
[168] Vgl. ebd. 51.
[169] Johnston spricht sich jedoch gegen eine Anwendung der traditionellen Distinktionen katholischer Gnadenlehre auf eine theologische Bewertung der kontemplativen Erfahrung nichtchristlicher Religionen aus, da dies phänomenologisch bedenklich sei und auch theologisch zusehr von einem konkret identifizierbaren Einzelhandeln Gottes in der Welt ausgehe (vgl. Johnston, Der ruhende Punkt... a.a.O. 44ff).

Sinnvermittlung geschehe durch die jeweils eigenen Bilder und Vorstellungen der Religionen.[170] Im Hinblick auf die Differenz zwischen Sinnvermittlung und Gnadenvermittlung sei das transkulturelle Wesen des auferstandenen Christus theologisch noch nicht genügend reflektiert. Alle Religionen haben nach Johnston durch die Gnadenvermittlung Anteil an Christus, und so lasse sich erwarten, "daß die Christologie im Begriff steht sich weiterzuentwickeln, und daß der Buddhismus durchaus imstande sein kann, das Mysterium des auferstandenen Christus zu erhellen."[171] Über den Hinweis hinaus, daß hierzu der Bezug von Sinn- und Gnadenvermittlung erhellt werden müsse, sagt Johnston jedoch nicht, wie er sich eine solche Weiterentwicklung der Christologie durch den Buddhismus denkt. Was den Zen-Buddhismus betrifft, so bleibt es bei dem Urteil, daß von dessen ausgeprägter meditativer Tradition wesentliche Anregungen auf die christliche Spiritualität ausgehen können.[172]

Auf den ersten Blick erweckt der Ansatz Johnstons den Eindruck großer Unterschiede zu dem Enomiya-Lassalles. Er lehnt die These einer Identität der Erfahrungen des Zen-Buddhisten und des christlichen Mystikers ab, er wendet sich gegen eine gnadentheologische Ausdeutung der kontemplativen Erfahrung, er äußert Vorbehalte gegen die Charakterisierung des Buddhismus als "Monismus". Doch bei näherem Hinsehen erscheinen die Unterschiede weniger gravierend. Auch Enomiya-Lassalle behauptet die volle Identität der Erfahrungen des Zen-Buddhisten und des christlichen Mystikers nur für den "natürlichen" Anteil. Johnston spricht seinerseits hierbei von der Gleichheit des psychischen Lebens. Enomiya-Lassalle will besondere Gnadenerfahrungen auch für das Zen-Satori nicht aprioristisch ausschließen und vermutet eine nicht-verbalisierte Gotteserfahrung. Johnston teilt diese Vermutung und spricht seinerseits von der gnadenvermittelnden Wirksamkeit Christi in den nichtchristlichen Religionen. Beide sind an einer Adaption zen-buddhistischer Meditationsmethoden interessiert, von der sie sich u. a. eine Wiederbelebung und Befruchtung der kontemplativen Tradition des Christentums erwarten. Beide deuten die noëtische Seite der kontemplativen Erfahrung ähnlich: Enomiya-Lassalle spricht von "Intuition", die er vom Verstand unterscheidet, Johnston von vertikalem und horizontalem Denken. Allerdings schenkt Johnston dem Zusammenhang zwischen Erleuchtungserfahrung und allgemein menschlicher Erfahrung größere Aufmerksamkeit als Enomiya-Lassalle. Doch berücksichtigt er diesen Zusammenhang, auf den Merton so eindrucksvoll verwiesen hat, nur in psychologischer Hinsicht. So kommt es nicht zu einer hermeneutischen Vermittlung zwischen kontemplativer und allgemeiner Erfahrung einerseits und buddhistischer wie christlicher Lehre andererseits. Die Folge ist daher ähnlich wie bei Enomiya-Lassalle, daß der dialogische Ansatz bei der kontemplativen Erfahrung nicht wirklich fruchtbar wird für ein christliches Verständnis der buddhistischen

---
[170] Vgl. Johnston, Spiritualität... a.a.O. 34.
[171] Ebd. 35; vgl. auch ders., Christian Zen... a.a.O. 48f.
[172] Vgl. Johnston, Spiritualität... a.a.O. 37.

Lehre.[173] Für Merton war dagegen klar, daß der Zen-Buddhismus auf der buddhistischen Tradition aufruht und ein christliches Verständnis des Zen nicht erreicht werden kann, ohne die Beziehung zwischen Erfahrung und Lehre in Buddhismus und Christentum zu berücksichtigen. Ich wende mich nun anderen dialogischen Ansätzen zu, die diesem Postulat stärker Rechnung tragen.

---

[173] Dies gilt auch für Johnstons Überlegungen zur Rolle der Vernunft innerhalb der Artikulation der Zen-Erfahrung. Sie kann nicht wirklich geklärt werden, ohne die logischen Erörterungen des Mahâyâna-Buddhismus zu berücksichtigen, die ihrerseits ganz im Kontext der buddhistischen Lehre stehen.

3.2 Das Problem der Personalität im Spannungsfeld von Lehre und Erfahrung (H. Dumoulin)

Nach Heinrich Dumoulin ist es für ein volles Verständnis des Zen-Buddhismus unerläßlich, seine geschichtliche Einbettung in das Ganze der buddhistischen Tradition zu berücksichtigen.[1] Der These D. T. Suzukis von der Geschichts- und Metaphysiklosigkeit des Zen könne nur insofern zugestimmt werden, als daß die positiven Wissenschaften nicht allein hinreichen, um Zen im letzten zu erfassen.[2] Historisch gesehen zeige sich, daß der Zen-Buddhismus nicht nur in der Philosophie des Mahâyâna wurzelt, sondern genuiner Ausdruck gesamtbuddhistischer Religiosität ist. "Das vornehmliche Anliegen aller Zen-Meister ist die Vermittlung des buddhistischen Heilsweges, der in der Erleuchtung gipfelt."[3] So ist für ein Verständnis des Zen, das die historische Perspektive nicht vernachlässigt, auch die Frage nach der inneren Einheit der buddhistischen Tradition zu stellen.

Als zwei herausragende Einheitsmomente des Buddhismus nennt Dumoulin die Bedeutung des historischen Buddha als des Stifters der Religion und die Meditation als einen wesentlichen Teil des buddhistischen Heilsweges.[4] In diesen beiden Einheitsmomenten zeige sich zugleich ein schulenübergreifendes Spezifikum des Buddhismus, das den Zusammenhang zwischen Lehre und Erfahrung betrifft. Im Urbuddhismus des Stifters stelle sich das eigentlich Buddhistische des Buddhismus am deutlichsten dar: die grundsätzlich existentielle Ausrichtung, die alle Zweige des Buddhismus durchzieht und darüber hinaus ein allgemeiner Wesenszug östlicher Religiosität ist, der im Buddhismus seinen überzeugendsten Ausdruck gefunden habe. Aus dieser Grundhaltung heraus habe der Buddha die metaphysische Spekulation verworfen, und obwohl sich weder die Theravâda- noch die Mahâyâna-Tradition vollständig an dieses Verdikt gehalten habe, wurde doch nie eine vom existentiellen Anliegen der Religion unabhängige Philosophie entwickelt. Gerade die Betonung der Meditation in allen buddhistischen Schulen zeige, daß der existentielle Grundzug der Heilsgewinnung und Selbstverwirklichung erhalten blieb.[5] Nicht die Erkenntnis um der Erkenntnis willen, sondern die meditative Realisation sei die Mitte auch der buddhistischen Philosophie, weshalb weder eine rein rationalistische Erklärung, die jenen spirituell-praktischen Zug verfehlt, noch eine rein psychologische, die das auf Transzendenz gerichtete Erlösungsstreben ausblendet, dem Buddhismus gerecht

---

[1] Vgl. H. Dumoulin, Zen.Geschichte und Gestalt, Bern 1959, 267ff.
[2] Vgl. ders., Geschichte des Zen-Buddhismus, Bd. I: Indien und China, Bern-München 1985, 3ff.
[3] Ders., Östliche Meditation und christliche Mystik, Freiburg-München 1966, 257.
[4] Vgl. ebd. 191f; siehe auch ders., Geschichte des Zen-Buddhismus, Bd. I... a.a.O. 2: "...ohne Shâkyamuni, den erleuchteten Stifter, ist der Zen-Weg schlechterdings unvorstellbar...".
[5] Vgl. Ders., Begegnung mit dem Buddhismus (Neuausgabe), Freiburg i. Br. 1982, 67 u. ders., Östliche Meditation... a.a.O. 278ff.

werde.⁶ Besonders dem traditionellen religionswissenschaftlichen Religionsvergleich lastet Dumoulin eine rationalistische Einseitigkeit an, die durch die Ausklammerung der Dimension spiritueller Erfahrung ein tieferes Verständnis verschließt. Der christlich-buddhistische Dialog habe demgegenüber die Dimension der Erfahrung ins Spiel gebracht. Dies führe hermeneutisch auf die Basis einer anthropologisch-existentiell ausgerichteten Reflexion, die sowohl Relativierung und Nivellierung beider Religionen als auch ihre Einordnung in vorgefaßte Kategorien vermeide.⁷ So formuliert Dumoulin die Maxime: "Die buddhistisch-christliche Begegnung muß ihrem Wesen nach in einer weiten anthropologischen Perspektive geschehen... Das Gespräch hat seinen Ausgangspunkt und seine vorläufige Mitte im Menschen."⁸ Dieser Ausrichtung des Dialogs entspreche auch in hilfreicher Weise die anthropozentrische Tendenz der Gegenwartstheologie.⁹

Kontinuität und Unterschied von allgemein menschlicher Erfahrung und religiöser Erfahrung beschreibt Dumoulin so: Während sich Erfahrung generell auf Wirklichkeit bezieht, zielt religiöse Erfahrung auf die letzte, höchste Wirklichkeit ab. Innerhalb der Kontinuität von Erfahrung liegt demnach die allgemeine Erfahrung der religiösen voraus, so daß sich dem um Verstehen bemühten Dialog die Möglichkeit eröffnet, den Zusammenhang zwischen der durch existentiell/anthropologische Reflexion zu erschließenden allgemeinen Erfahrung und der in den religiösen Grundkonzepten bezeugten religiösen Erfahrung zu erforschen.¹⁰ Das exemplarische und zugleich zentrale Modell dieses Zusammenhangs stellt die Erleuchtungserfahrung Buddhas dar, die von ihm selbst in der Predigt der "Vier Edlen Wahrheiten" in bezug auf allgemeine Erfahrung lehrhaft ausgewertet wird. Die existentielle Vergänglichkeitserfahrung, wie sie etwa im Bericht von den Vier Ausfahrten thematisiert ist, wird - wie die Vier Edlen Wahrheiten demonstrieren - im Erleuchtungserlebnis Buddhas auf die Stufe einer dem Absoluten geöffneten, Sinn erfassenden Existenzerfahrung gehoben.¹¹ Aus der paradigmatischen Stellung der Erleuchtungserfahrung des Stifters für den gesamten Buddhismus zieht Dumoulin daher den Schluß: "Die Existenzerfahrung ist im Buddhismus grundlegend, die buddhistische Religion beruht wesentlich auf Existenzerfahrung."¹²

---

⁶ Vgl. ders., Östliche Meditation... a.a.O. 84, 191 u. 271; ders., Zen. Geschichte und Gestalt, a.a.O. 277ff. In diesem Zusammenhang weist Dumoulin auch auf die Gefahr hin, daß rein psychologische Deutungen das Verständnis jener Aussagen des Buddhismus verbauen könne, die in ihrem negativen Verweischarakter eher i. S. einer negativen Theologie zu deuten seien (vgl. Dumoulin, Östliche Meditation... a.a.O. 250, Anm. 30).
⁷ Vgl. ders., Begegnung... a.a.O. 30; ders., Östliche Meditation... a.a.O. 52
⁸ H. Dumoulin, Christentum und Buddhismus in der Begegnung, in: A. Bsteh (Hg), Erlösung in Christentum und Buddhismus, Mödling 1982, 32-51, hier 36.
⁹ H. Dumoulin, Christlicher Dialog mit Asien, München 1970, 33.
¹⁰ Vgl. ders., Begegnung... a.a.O. 31f.
¹¹ Vgl. ebd. 32ff.
¹² Ebd. 32.

Somit gründe sich der Buddhismus nicht auf eine Offenbarung im christlichen Sinn, sondern auf die autoritative Stellung der Erleuchtungserfahrung Buddhas.[13] Erleuchtung, die zugleich die Erlösung beinhaltet, ist das Ziel des buddhistischen Heilsweges.[14] Eine Lehre, die sich wie die buddhistische, als Ausdeutung einer Erfahrung verstehe, bleibe jedoch notwendig hinter der Erfahrung zurück, so daß die Frage nach alternativen Deutungsmöglichkeiten nicht ausgeschlossen werden dürfe.[15] Umgekehrt bedeute dies, daß die Erfahrung allein nicht zur Wahrheitsnorm der buddhistischen Lehre erhoben werden dürfe.[16] "Die Erfahrung gestattet in ihrer Ausdeutung kein objektives Urteil über die Seinsweise und den persönlichen oder unpersönlichen Charakter der letzten Wirklichkeit."[17] Nach Dumoulin sind die Kategorien des "Neuen" oder des "Heiligen" unzureichend zur völligen Erfassung des Zielpunktes religiöser Erfahrung.[18] Für Dumoulin bleibt hier das christliche Verständnis normativ: "Echte Religion schwingt den Bogen vom Menschen zu Gott, weil Gott in der Schöpfung den Bogen zum Menschlichen schwang. Religion bedeutet eine polare Beziehung, in der beide Pole ihre Eigenständigkeit behalten: der transzendente Gott, die Ursache und das Ziel aller Wirklichkeit, und der in die Freiheit entlassene Mensch, der zu Gott hin existiert."[19] Menschliche Sehnsucht strebe letztlich nach Transzendenz und personaler Erfüllung, und so gelte es, die "Regungen des Glaubens an die persönliche Schöpferliebe des transzendenten Gottes in den östlichen Religionen" aufzuspüren[20], die verborgenen monotheistischen und personalen Tendenzen i. S. der "anima naturaliter christiana", die sich nicht nur in dem Existenzbezug der buddhistischen Lehre, sondern vor allem auch in der buddhistischen religiösen Praxis auffinden ließen.[21] Eingefügt in den Heilsplan Gottes komme den nichtchristlichen Religionen ein adventhafter Charakter zu, der in Christus seine Erfüllung finde.[22] In "Christlicher Dialog mit Asien" hat Dumoulin allerdings Bedenken gegen die dialogische Eignung des Paradigmas vom "anonymen Christen" geäußert.[23] Eine aprioristisch verfahrende Religionstheologie stehe in der Gefahr, "mit ihren verallgemeinernden prinzipiellen Erwägungen der ungeheuren faktischen Komplexität der Phänomene und ihrer Verwurzelungen nicht gerecht zu werden..."[24]. Er fordert eine Verstehensbemühung, die auf das "eigentlich Gemeinte" abzielt. Dies aber sei besonders in der buddhistischen Praxis zu finden, in der Dumoulin nicht selten Elemente ausmacht, die er in Spannung zur buddhistischen Lehre stehen sieht.

---

[13] Vgl. ebd. 32.
[14] Vgl. ders., Östliche Meditation... a.a.O. 220ff.
[15] Vgl. ebd. 88-96.
[16] Vgl. ders., Zen. Geschichte und Gestalt, a.a.O. 280 u. 288.
[17] Ders., Begegnung... a.a.O. 131.
[18] Vgl. ders., Östliche Meditation... a.a.O. 277.
[19] Ebd. 222.
[20] Ebd. 164.
[21] Vgl. ebd. 42 u. ders., Zen. Geschichte und Gestalt, a.a.O. 286f.
[22] Vgl. ders., Östliche Meditation... a.a.O. 40 u. 236.
[23] Vgl. ders., Christlicher Dialog mit Asien, a.a.O. 62ff.
[24] Ebd. 42.

Die grundlegende Existenzerfahrung, die in allen Schulen des Buddhismus virulent gegenwärtig sei, ist nach Dumoulin die der Vergänglichkeit.[25] Der buddhistische Leidensbegriff sei im weitesten Sinne zu verstehen und untrennbar mit der Vergänglichkeitserfahrung verknüpft.[26] Auf der reinen Erfahrungsebene handle es sich um eine von allen Menschen geteilte Existenzerfahrung, die auch im Christentum als religiös bedeutsam angesehen werde. Doch bleibe die buddhistische Erklärung der Leidensursache durch "Durst" und "Unwissenheit" – obwohl diese durchaus als "verdüsternde Faktoren" anerkennbar seien – rational letztlich ebenso unzureichend wie die entsprechenden christlichen Versuche.[27] Werde die Erfahrung von Leid und Vergänglichkeit verobjektiviert, wie dies nach Dumoulin in der hînayânistischen Ontologie zu beobachten sei, so entstehe daraus ein einseitig negatives Weltbild.[28] Es sei jedoch zu beachten, daß Buddha vom Leiden nur im Hinblick auf die Möglichkeit der Erlösung gesprochen habe, weshalb der Buddhismus letztlich nicht pessimistisch genannt werden dürfe.[29] Damit entspreche die Verkündigung Buddhas dem nach Befreiung und Veränderung rufenden Charakter der Leiderfahrung: "In der buddhistischen Grunderfahrung vom Leiden (das überwunden werden muß und überwunden werden kann) lebt das adventhafte Urvertrauen des Menschen."[30]

Der in seiner Bedeutung von den westlichen Buddhismusinterpreten häufig unterschätzte buddhistische Glaube komme aus der Hoffnung auf die Erlösung und stütze sich auf die Erleuchtung Buddhas.[31] Dogen, der Begründer des japanischen Sôtô-Zen, führte den Begriff des "gläubigen Herzens" in die Zen-Lehre ein und habe ihr damit einen devotionalen und personalen Zug verliehen.[32] Am stärksten ausgeprägt ist das Glaubensmoment in den Amidabuddhistischen Schulen und hier vor allem bei Shinran. Doch ebenso wie bei Dôgen werde auch in den Amida-buddhistischen Schulen das personale Element des Glaubens wieder zurückgenommen durch die Einbettung in die mahâyânistische Philosophie.[33] Der Glaube bleibe lediglich ein vermittelnder, vorläufiger Faktor, die Heilsaneignung geschehe durch die primär noëtisch

---

[25] Vgl. ders., Begegnung... a.a.O. 37.
[26] Vgl. ebd. 33 u. 152 Anm. 8.
[27] Vgl. ebd. 35; ders., Östliche Meditation... a.a.O. 261.
[28] Vgl. ders., Begegnung... a.a.O. 34.
[29] Vgl. ebd. 36ff.
[30] Ebd. 39.
[31] Vgl. ebd. 96ff.
[32] Vgl. ders., Östliche Meditation... a.a.O. 254. Zu der Verwandtschaft Dôgens mit dem Amida-Buddhismus Hônens, in dem das Glaubensmoment besonders stark betont ist, vgl. den feinsinnigen Beitrag von Y. Takeuchi, Der neue Buddhismus der Kamakurazeit, in: H. Waldenfels/Th. Immoos (Hg), Fernöstliche Weisheit und christlicher Glaube (Festgabe für Heinrich Dumoulin), Mainz 1985, 221-233. In dieser Festschrift findet sich auch der Aufsatz "Weisheit und Sprache in Dôgens 'Shôbôgenzô'", in dem Sh. Takayanagi Dôgens Verständnis des Glaubens als perzeptive und aktive Realisation der Erleuchtung beschreibt (vgl. ebd. 43-55).
[33] Vgl. Dumoulin, Östliche Meditation... a.a.O. 207 u. 255.

geprägte Erleuchtung und vollende sich im Erlangen des Nirvânas.[34] Die Erkenntnis behalte also letztlich gegenüber dem Glauben den Vorrang.

Resultiere der Glaube in allen Formen des Buddhismus aus der Hoffnung auf Erlösung angesichts der Leiderfahrung, so werde die Erlösung selbst primär als befreiender Erkenntnisakt verstanden. Diese Grundtendenz habe allerdings im Mahâyâna dadurch eine besondere Note erhalten, daß vom Erkenntnisprinzip her ein Umschlag in der Weltbewertung stattfand. Im Urbuddhismus war die meditative Praxis eng mit der kosmologischen Vorstellung von drei verschiedenen Weltschichten verbunden, die in der meditativen Versenkung durchschritten werden.[35] Nachdem die kosmologische Vorstellung einmal und endgültig zu einer Vorstellung von drei Meditationsbereichen umgeschmolzen war, habe das Mahâyâna gefolgert, daß die drei Welten nur ein Geist seien, und damit den Grundstock für die Entwicklung einer idealistisch/monistischen Metaphysik aus der kosmischen Dimension der Meditation gelegt.[36] Aus der von den hînayânistischen Schulen vertretenen Dharma-Theorie, wonach alle Realität in augenblicklich entstehende und vergehende Partikel aufgelöst wird, habe die mahâyânistische Philosophie der von Nâgârjuna begründeten Madhyamika-Schule den Schluß auf den nur relativ wirklichen Charakter aller Dinge gezogen und den Zentralbegriff der Prajñâpâramitâ-Sûtren, die "Leere" (shûnyatâ), "zum chiffrenartigen Hinweis auf die eigentliche, absolute Wirklichkeit, die unaussprechlich und begrifflich nicht faßbar ist"[37], gemacht. So komme es im Mahâyâna trotz der Beibehaltung der Weltabwertung gleichzeitig zu einer Weltverklärung, indem Nirvâna und Samsâra auf der Ebene von Shûnyatâ ununterscheidbar werden. Buddha selbst werde nun nicht mehr nur als der Weltenkenner verstanden, sondern erfahre eine metaphysisch-kosmologische Ausdeutung i. S. der universalen Buddha-Natur.[38] Der Mahâyâna-Buddhismus bewege sich mit dieser Entwicklung jedoch in den Bahnen des altindischen Mikro-Makro-Kosmos Schemas, demzufolge sich die Alleinheit des Universums in den in-

---

[34] Vgl. ders., Begegnung... a.a.O. 101.
[35] Die Welt der Begierden (kâma-dhâtu), die die niederen Bereiche des Samsâra, die Menschenwelt und die unteren Himmelswelten umfaßt, die Welt der reinen Formen (rûpa-dhâtu), zu der die höheren Himmelsbereiche zählen, und die abstrakte Welt der Formlosigkeit (arûpa-dhâtu), die in den höheren Stufen der "unkörperlichen" bzw. "formlosen Versenkung" (arûpa-jhâna) erreicht wird.
[36] Vgl. Dumoulin, Östliche Meditation... a.a.O. 141f. Diese Entwicklung läßt sich m. E. allerdings hauptsächlich nur in der Philosophie der Yogâcâra- bzw. Vijñânavâda-Schule belegen, die freilich erheblichen Einfluß auf den Zen-Buddhismus hatte. Zur Diskussion der Frage des Idealismus am Beispiel des Yogâcâra-Philosophen Dharmakîrti siehe unten S. 559ff.
[37] Ebd. 152.
[38] Vgl. ebd. 143. Der "Buddha" sei dadurch eine besondere Kategorie, die sich nicht in die gängigen Kategorien der Religionswissenschaft einordnen lasse. Ansatzweise schon im Theravâda, ausgeprägt aber im Mahâyâna finden sich Tendenzen zu seiner Verabsolutierung und Identifizierung mit der erlösenden Kraft oder Wirklichkeit (vgl. Dumoulin, Begegnung... a.a.O. 62ff).

nersten Schichten des Selbst erschließe.[39] Im Kontext dieses Schemas behalte die Erleuchtung einen rein technischer Produzierbarkeit enthobenen Charakter[40], so daß dem auf ihre Erreichbarkeit gerichteten Glauben das Moment des Vertrauens auf eine zumindest jenseits des empirischen Ichs liegende Kraft (die allerdings mit dem wahren Selbst in eins fällt) bleibe[41], doch würden die personalen Züge des Glaubens dadurch beschränkt: "Denn glauben im strikten Sinne kann der Mensch nur einer Person."[42] An die Stelle der "ewigen personalen Liebe" trete die "unpersönliche kosmische Weisheit".[43]

Die Wende in der Weltsicht des Mahâyâna habe auch Konsequenzen für die buddhistische Nicht-Ich-Lehre. Im Gegensatz zu der von Th. Stcherbatsky und H. von Glasenapp vertretenen Auffassung, daß die Dharma-Theorie bereits die metaphysische Grundlage der Nicht-Ich-Lehre des Urbuddhismus gebildet habe, folgt Dumoulin dem von H. Nakamura, Y. Takeuchi und auch einer größeren Anzahl westlicher Indologen vertetenen Standpunkt, daß es sich bei der Dharma-Theorie erst um eine spätere hînayânistische Lehrentwicklung handle.[44] Nach Nakamura unterschied Buddha selbst in seiner Nicht-Ich-Lehre zwischen dem empirischen Ich, dessen substantielle Realität er wegen der Vergänglichkeit der Dinge leugnete, und dem wahren Selbst, das er als Subjekt der Handlungen praktisch postuliert habe.[45] Die Haltung des zeitgenössischen Theravâda-Buddhismus sei in der Frage der Nicht-Ich-Lehre undeutlich.[46] Doch der Mahâyâna-Buddhismus habe die Nicht-Ich-Lehre in einer für den Theravâda-Buddhismus unannehmbaren Weise weiterentwickelt, indem er das wahre Selbst mit dem Universum bzw. der kosmisch begriffenen Buddha-Natur identifizierte.[47] Ganz allgemein sieht Dumoulin in der buddhistischen Nicht-Ich-Lehre die geistliche Erfahrung des "Sterbens um zu leben" bewahrt, eine Selbst-Transzendierung, die im "Mysterium Paschale" des Christentums auf die höchste Stufe erhoben sei.[48] So gelte auch für das Menschenbild des Buddhismus, daß "das eigentliche, wahre Selbst... zum Transzendenten hin geöffnet" sei.[49] Doch der im Zen-Buddhismus i. S. der mahâyânistischen Philosophie kosmisch/monistisch und nicht personal gedeutete Transzendenzbezug verbleibe im Rahmen einer nur "relativen Transzendenz" des Einzelnen auf das Ganze.[50] Auch wenn christlich die Erfahrung der Einheit allen Seins bejaht werden könne, so sei sie

---

[39] Vgl. ebd. 147.
[40] Vgl. ebd. 230.
[41] Vgl. ebd. 267; ders., Begegnung... a.a.O. 104.
[42] Dumoulin, Östliche Meditation... a.a.O. 255.
[43] Vgl. ebd. 136.
[44] Vgl. Dumoulin, Begegnung... a.a.O. 42f.
[45] Vgl. ebd. 44f. Zur Position Nakamuras vgl. oben S. 82.
[46] Dumoulin verweist diesbezüglich auf die Erörterungen L. de Silvas (siehe oben S. 190).
[47] Vgl. Dumoulin, Begegnung... a.a.O. 46.
[48] Vgl. ebd. 53.
[49] Ebd. 53.
[50] Vgl. ebd. 51.

als Transzendenzverständnis dennoch unzureichend, "wenn sie, sich mit der relativen Transzendenz des Ganzen in bezug auf die Teile begnügend, die absolute Transzendenz Gottes außer acht läßt und den personalen Chrakter des Absoluten verkennt."[51] Dies gelte für die buddhistische *Lehre*, nicht aber unbedingt auch für die konkrete *Erfahrung*, die an sich durchaus auf absolute Transzendenz hin offen sein könne.[52] Allerdings führe auch auf der Ebene der Lehre ihr konsequent negativer Weg in den Aussagen über das Absolute über die Eingrenzung desselben durch kosmische Identifikation hinaus.[53] Doch der Weg der Negation trage den "grundsätzlichen Mangel, der allen Zweigen des Buddhismus anhaftet", daß die Erkenntnis des Absoluten undeutlich bleibe und die menschliche Personalität ebenfalls nicht voll erfaßt werde. "Entweder bleibt das transzendente Ziel dunkel und in der Negation, ein Nichts, das wie das Höchste Gut erstrebt wird, oder der Mensch zerrinnt in der Nichtigkeit, seine Persönlichkeit geht im unpersönlichen All unter."[54] Zwar teile das Christentum mit dem Buddhismus die Überzeugung, daß die absolute Wirklichkeit bestenfalls nur symbolisch greifbar sei, und es habe in der Tradition der negativen Theologie und der Analogie-Lehre die bleibende Differenz zwischen der göttlichen Wirklichkeit und allen Konzeptualisierungsversuchen klar bekundet, doch bezeuge es dank der Offenbarung das Wissen vom höchsten Wesen reicher als die nichtchristliche Mystik.[55]

Von buddhistischer Seite werden gegen die christliche Auffassung von der Personalität des Absoluten die Argumente vorgebracht, daß es sich dabei erstens um eine dualistische Kategorie handle, die für die höchste, nichtdualistische Wirklichkeitserfahrung nicht infrage komme, und zweitens um

---

[51] Dumoulin, Östliche Meditation... a.a.O. 136.
[52] Vgl. ders., Begegnung... a.a.O. 51; ders., Zen. Geschichte und Gestalt, a.a.O. 285ff. Dumoulin hat daher Zen auch als "natürliche Mystik" zu deuten versucht (vgl. ders., Zen. Geschichte und Gestalt, a.a.O. 280 und ders., Östliche Meditation... a.a.O. 229), will damit aber nicht jegliche "übernatürliche Gnadenwirkung" ausgeschlossen wissen (vgl. ders., Östliche Meditation... a.a.O. 133f). Doch folgt für ihn daraus: "Der Osten hat dem Westen kein völlig neues Gut anzubieten, das nicht im alten Europa schon während einer langen Geschichte vorkommt" (ebd. 24).
[53] Vgl. ders., Begegnung... a.a.O. 66.
[54] Dumoulin, Östliche Meditation... a.a.O. 222.
[55] Vgl. ebd. 98ff u. 126. Es scheint jedoch, als wolle Dumoulin in seinen jüngeren Schriften hier vor allem die Gemeinsamkeit von Christen und Buddhisten in der Auffassung einer letzten Unmöglichkeit, das Absolute adäquat zu konzeptualisieren, betonen (vgl. ders., Begegnung... a.a.O. 61f). Inzwischen hat Dumoulin im Hinblick auf die Offenbarung Gottes sogar die Frage gestellt: "Ist nicht Schweigen eine bevorzugte Weise seiner Selbstmitteilung?" (vgl. ders., Die Öffnung der Kirche zur Welt. Eine neue Sichtweise des Buddhismus, in: E. Klinger/K. Wittstadt [Hg], Glaube im Prozeß. Christsein nach dem II. Vatikanum. Festschrift für Karl Rahner, Freiburg-Basel-Wien 1984, 703-712; hier 705).

einen das Absolute eingrenzenden Anthropomorphismus.[56] Nach Dumoulin beruhen diese Einwände auf der Prämisse, daß das Personale als eine begrenzende Bestimmung zu dem in sich impersonalen Sein hinzukomme.[57] Hinsichtlich der bleibenden absoluten Geheimnishaftigkeit Gottes dürfe die ihm zugesprochene Personalität jedoch nicht mit Anthropomorphismus gleichgesetzt werden[58], und wenn das Sein selbst in seinem Grunde als personal verstanden werde – d.h. erst in Personen das Sein im vollen Sinne zu sich komme (so in Anlehnung an J. B. Lotz) –, träfen die buddhistischen Einwände nicht mehr zu. Wegen seiner personalen Dimension bleibe das christliche Einheitsverständnis jedoch das einer dynamischen Einheit, die von Ursprungseinheit her auf Liebeseinheit hinziele.[59] Dumoulin sieht in den ontologischen Divergenzen kulturelle Barrieren am Werk: "Dieses personale Seinsverständnis scheint dem westlichen Denken ebenso angemessen zu sein wie der fernöstliche Denkstil das Gründen im absoluten Nichts bevorzugt. Die Grunderfahrung des Seins wird, so möchte es scheinen, gemäß den geschichtlichen Kulturen verschieden ausgelegt."[60] Das "absolute Nichts" der mahâyânistischen Philosophie dürfe allerdings nicht nihilistisch als Gegensatz zum Sein verstanden werden, es umschließe Sein und Nicht-Sein. So sieht Dumoulin in den von zeitgenössischen buddhistischen Philosophen wie M. Abe und K. Nishitani herausgestellten tendenziellen Entsprechungen des "absoluten Nichts" bzw. der "Leere" zur Selbstentäußerung Gottes in Schöpfung und Inkarnation, die das Nichts ins Verständnis des Seins hineinnehme, einen Weg zur buddhistischen Gewinnung des Personalen[61]: "Sind Buddhisten, wenn sie die Selbstentäußerung in der biblischen Gottesoffenbarung erwägen nicht unbewußt vom Geheimnis des Personalen angezogen? Denn Selbstentäußerung, wie die Bibel sie versteht, erweist die Liebe, und die Liebe ist der tiefste Personkern Gottes."[62]

Die Praxis der christlichen Nächstenliebe bezeugt nach Dumoulin ebenso wie die Praxis des buddhistischen Mitleids das Wirken der ewigen Liebe über dem Menschen.[63] Der Mitleidsgedanke sei die Krönung der in den buddhistischen Heilspfad eingebetteten Ethik und reiche in seiner religiösen Zielsetzung über das rein Sittliche hinaus.[64] Bei kaum einem anderen Thema seien im apologetischen Religionsvergleich so viele verletzende Mißver-

---

[56] Vgl. Dumoulin, Begegnung... a.a.O. 118, 134 u. 137f. Dumoulin nennt als Vertreter dieser Argumentation Buddhadâsa und M. Abe (zu Buddhadâsa siehe oben S. 203ff, zu Abe unten S. 273f).
[57] Vgl. ebd. 138f.
[58] Vgl. ebd. 136.
[59] Vgl. ebd. 143.
[60] Ebd. 139.
[61] Vgl. ebd. 142ff.
[62] Ebd. 146.
[63] Vgl. Dumoulin, Christlicher Dialog... a.a.O. 65. In "Die Öffnung der Kirche zur Welt" (a.a.O. 707f) nimmt Dumoulin die christliche "Nächstenliebe" und das buddhistische "Mitleid" als austauschbare Größen.
[64] Dumoulin, Begegnung... a.a.O. 80.

ständnisse zu beklagen, wie bei dem der buddhistischen Ethik.[65] In ihr sieht Dumoulin erneut ein starkes personales Element: "Die überragende Wichtigkeit des sittlichen Handelns und der erlösende Wert des Guttuns ist in dieser Ethik erkannt, die zweifellos zur Beförderung des personalen Menschseins beizutragen vermag. Denn jedes echte sittliche Handeln kommt schließlich aus dem Personkern des Menschen."[66] Für unzureichend aber hält Dumoulin die philosophische Begründung der Ethik im Buddhismus, da in ihr die Personalität des Menschen nicht hinreichend erfaßt werde. Das Karma-Gesetz zerstöre in seiner logischen Konsequenz das Wesen des Menschen als Person und lasse sich nur schwerlich mit der vom Buddhismus behaupteten Willensfreiheit in Einklang bringen.[67] Die hînayânistische Dharma-Theorie könne überhaupt keine Basis mehr für die Begründung eines zwischenmenschlichen Liebesverhältnisses liefern, wozu auch die mahâyânistische Shûnyatâ-Lehre keinen tragfesten Grund biete.[68] "Wie kann die Gegenseitigkeit menschlichen Liebens bestehen, wenn der andere leer und mein eigenes Selbst ebenfalls leer ist?"[69] Der Grund für die mangelnde philosophische Begründung des ethischen Ideals liege letztlich im Unvermögen der buddhistischen Philosophie, einen vollen, die Personalität einschließenden Transzendenzbegriff zu entwickeln.[70] Die eigentliche Kernfrage im Dialog bleibe somit die nach dem personalen Charakter des Menschen und der absoluten, transzendenten Wirklichkeit, bzw. - hermeneutisch gewendet - die Frage, "warum die Personidee dem östlichen Menschen fern liegt, obgleich ihm bestimmt weder der Frömmigkeitssinn noch das religiöse Verlangen fehlt."[71]

Ausgeprägter noch als Th. Merton hat H. Dumoulin dem christlichen Verständnis der buddhistischen Heilsbotschaft die hermeneutisch entscheidende Richtung gewiesen: die Erforschung des Zusammenhangs von allgemeiner Existenzerfahrung, besonderer bzw. religiöser Existenzerfahrung und der zwischen beiden vermittelnden Lehre. Auf diesem Weg läßt sich nicht nur die Einseitigkeit der alleinigen Betrachtung von Lehre oder religiöser Erfahrung vermeiden, sondern er zeigt auch in der allgemeinen Existenzerfahrung eine hermeneutische Basis auf, von der her sich Verstehensbrücken zur Lehre und besonderen Existenzerfahrung schlagen lassen. Damit kommt

---

[65] Vgl. ebd. 80.
[66] Dumoulin, Östliche Meditation... a.a.O. 262.
[67] Vgl. ebd. 262f; ders., Begegnung... a.a.O. 74f.
[68] Vgl. ders., Begegnung... a.a.O. 88ff.
[69] Ders., Östliche Meditation... a.a.O. 30.
[70] Vgl. ders., Begegnung... a.a.O. 91. Dies zeigt sich nach Dumoulin auch beim buddhistischen Verständnis von Sünde und Reue. Zwar kenne der Buddhismus einzelne Verfehlungen und die Reue über sie, doch werde als grundlegende "Reue" die Abkehr von der Unwissenheit angesehen, bzw. die Erkenntnis des wahren Selbst in der Einheitserfahrung der Buddha-Natur. Lassen sich also auf der praktischen Ebene konkreter Sittlichkeit durchaus personale Momente aufzeigen, so werden sie auf der Ebene der philosophischen Deutung wieder eingeschränkt (vgl. Dumoulin, Östliche Meditation... a.a.O. 263ff; ders., Begegnung... a.a.O. 74ff).
[71] Dumoulin, Begegnung... a.a.O. 147.

m. E. dem Ansatz H. Dumoulins eine ebenso fundamentale Bedeutung für die Entwicklung einer christlich-buddhistischen Hermeneutik zu wie dem L. de Silvas. Darüber hinaus hat Dumoulin unübersehbar deutlich gemacht, daß der Dialog mit mahâyânistischen Schulen, wie etwa dem Zen, nicht an deren Einbettung in den Kontext der buddhistischen Tradition vorbeigehen darf. Der nun vorzustellende Ansatz von H. Waldenfels geht von der gleichen Grundkonstellation aus. Doch stärker als Dumoulin berücksichtigt Waldenfels die buddhistische Lehre nicht nur unter dem Aspekt des Ausgangs von der religiösen Erfahrung, sondern auch unter dem diesem korrelierenden Aspekt ihrer Vermittlungsfunktion von Erfahrung. Dadurch relativiert sich bei Waldenfels ganz erheblich die von Dumoulin immer wieder im Hinblick auf das Personale konstatierte Spannung von Erfahrung bzw. Praxis und Lehre. Erschien bei Enomiya-Lassalle die buddhistische Lehre primär als irrige Deutung einer an sich authentischen Erfahrung, und sieht Dumoulin sie nicht selten gegenüber der Erfahrung im Modus der Devianz, so erscheint sie bei Waldenfels als konsequente mystagogische Einweisung in die Erfahrung. Und ähnlich wie im Dialog mit dem Theravâda-Buddhismus zeigt sich auch im Dialog mit dem Mahâyâna, daß die Berücksichtigung der Vermittlungsdynamik am ehesten die Verheißung in sich trägt, die sich um den Gottesbegriff lagernden Verständnisbarrieren zu überwinden.

3.3 Der mystagogische Vermittlungscharakter buddhistischer Lehre (H. Waldenfels)

Nach Hans Waldenfels liegt die entscheidende Herausforderung des Christentums durch den Buddhismus in dessen Anspruch, Religion ohne Gott zu sein.[1] Damit werde die Frage nach dem Verhältnis des buddhistischen Verständnisses von "Nirvâna" oder – mahâyânistisch bzw. zen-buddhistisch gefaßt – von "Leere" und "absolutem Nichts" zum christlichen Gottesverständnis zentral.[2] Doch um in dieser Frage die christliche Option zu verdeutlichen, ist nach Waldenfels bislang die gegenseitige Verständnisbasis immer noch nicht genügend gesichert.[3]

Es ist für Waldenfels eine hermeneutische Grundforderung, daß jeder Heterointerpretation (der Interpretation einer Religion durch eine andere) das Ringen um das Verständnis der Autointerpretation (des Selbstverständnisses der anderen Religion) vorausgehen muß.[4] Die Heterointerpretation ist an sich unvermeidlich, da sie notwendig aus der absoluten Perspektive jeder Religion folgt. Wird aber die hermeneutische Grundforderung befolgt, dann muß die Heterointerpretation nicht zwangsläufig dazu führen, die Identität des anderen als eines "anderen" aufzuheben, vielmehr wird die Heterointerpretation eingebunden in den Weg der Begegnung mit dem anderen. Bislang seien jedoch die zu wechselseitigen Verzerrungen und Mißverständnissen führenden Verständnisbarrieren, angefangen bei den rein philologischen Übersetzungsproblemen, bei denen sich unterschiedliche Sprach- und Denkstrukturen bemerkbar machen, bis hin zu den religiösen Ausdeutungen, noch nicht beseitigt.[5]

Insofern Religionen einen absoluten Sinngrund anzielen, der, sich selbst der Beurteilung entziehend, Ausgangspunkt aller Beurteilung ist[6], implizieren sie

---

[1] Zu einer modernen, zen-buddhistischen Fassung dieses Anspruchs vgl. z.B. Sh. Hisamatsu, Atheismus, in: ZMR 62 (1978) 268-296.

[2] Vgl. H. Waldenfels, Kontextuelle Fundamentaltheologie, München-Zürich-Wien 1985, 37 u. 117, sowie Waldenfels, Faszination des Buddhismus, Mainz 1982, 40.

[3] Vgl. ders., Kontextuelle Fundamentaltheologie, a.a.O. 38.

[4] Vgl. ders., Theologie im Kontext der Weltgeschichte, in: Lebendiges Zeugnis 32 (1977) 5-18, bes. 10ff.

[5] Vgl. ebd., sowie: ders., Die neuere Diskussion um die "anonymen Christen" als Beitrag zur Religionstheologie, in: ZMR 60 (1976) 161-180, bes. 170ff und ders., Absolutes Nichts. Zur Grundlegung des Dialogs zwischen Buddhismus und Christentum, Freiburg i. Br. 1976, 155.

[6] Vgl. dazu ders., Faszination des Buddhismus... a.a.O. 22 u. 98. Von buddhistischer Seite ist dieses Verständnis ähnlich artikuliert z. B. durch K. Nishitanis Umschreibung von Religion: "»Wozu existieren wir?« Hinsichtlich alles anderen können wir fragen, welchen Sinn seine Existenz für uns habe. An die Religion läßt sich diese Frage jedoch nicht richten. Im Hinblick auf alle anderen Dinge können wir uns selbst (oder die Menschheit) zum *telos* ihrer Beziehung zu uns machen, und demgemäß ihren Wert für unser Leben und unsere Existenz bestimmen... Wenn

notwendig sowohl eine gegenseitige Herausforderung als auch eine Herausforderung der Welt. Mit letzterem ist aber zugleich ein wesentlicher Teil des Kontextes berührt, innerhalb dessen sich Begegnung, Verstehensbemühung und wechselseitige Herausforderung von Christentum und Buddhismus heute vollzieht: die Herausforderung der Religionen, der sie umgekehrt durch die areligiösen und antireligiösen Strömungen der säkularen Welt konfrontiert sind, und der es standzuhalten bzw. die es noch einmal beurteilend zu umfassen gilt.[7] Einen herausragenden Dialogpartner angesichts dieser Situation sieht Waldenfels in den Vertretern der Kyoto-Schule[8], da diese sich um eine Art "Fundamentalbuddhologie" mühen, in der die wechselseitigen Herausforderungen von Welt und Religionen ebenso ernstgenommen und reflektiert werden, wie die von Christentum und Buddhismus. Für den buddhistischen Hintergrund der Kyoto-Philosophen benennt Waldenfels vor allem die Themen der Suche nach dem wahren Grund menschlicher Existenz (symbolisiert durch das urbuddhistische Motiv des Auszugs in die Hauslosigkeit und vermittelt mit der Fragestellung Heidegger'scher Existenzphilosophie[9]), die Lehre von der Ich-Losigkeit, die Lehre von der Bedingtheit des Daseins und die mahâyânistische Shûnyatâ-Lehre mit ihrer Zentralaussage von der Ununterscheidbarkeit von Samsâra und Nirvâna sowie die dieser Lehre korrespondierende, auf Nâgârjuna zurückgehende Logik. Hinzu kommen noch die besondere Skepsis des Zen gegenüber dem Wort zugunsten der Erfahrung bzw. Praxis und die Betonung des Bodhisattva-Ideals im Amida-Buddhismus.[10]

---

diese Daseins- und Denkweise, in der wir uns zum *telos* aller anderen Dinge machen, erschüttert wird und die dieser Haltung entgegengesetzte Frage auftaucht: »Wozu existieren wir selbst denn?«, tut sich erst der eigentliche Ort auf, von dem aus Religion in Sicht kommt" (K. Nishitani, Was ist Religion?, Frankfurt a. M. 1982, 41).

[7] Diese bei Waldenfels durchgängig anzutreffende Beschreibung des Kontextes der Religionsbegegnung ist auf buddhistischer Seite ähnlich formuliert bei M. Abe, Buddhism and Christianity as a Problem of Today. A Methodological Consideration, in: Japanese Religions, vol. 3 (1963) no. 2: 11-22, no. 3: 8-13.

[8] Vgl. oben S. 245, Anm. 156. Einen knappen Überblick über das Verhältnis der Kyoto-Schule zum Westen versucht zu geben: Th. Kasulis, The Kyoto-School and the West. Review and Evaluation, in: The Estern Buddhist (NS) vol. 15 no. 2 (1982) 125-144. Zu einer Auseinandersetzung mit dem bei Waldenfels nur wenig berücksichtigten Hajime Tanabe siehe: J. Laube, Dialektik der absoluten Vermittlung. Hajime Tanabes Religionsphilosophie als Beitrag zum "Wettstreit der Liebe" zwischen Buddhismus und Christentum, Freiburg i. Br. 1984.
Es würde den Rahmen dieser Untersuchung bei weitem sprengen, näher auf die anspruchsvolle und verzweigte Philosophie der Kyoto-Schule einzugehen. Ich möchte in diesem Abschnitt einige Grundgedanken aus dem Umkreis der Kyoto-Philosophie nur insoweit grob skizzieren, als daß dadurch der spezifische Dialogansatz von Waldenfels deutlicher wird.

[9] Vgl. dazu besonders die Arbeiten von Y. Takeuchi: Probleme der Versenkung im Ur-Buddhismus, Leiden 1972; ders., The Heart of Buddhism, New York 1983; ders., Die Bedeutung der 'anderen Kraft' im buddhistischen Heilspfad, in: A. Bsteh (Hg), Erlösung in Christentum und Buddhismus, Mödling 1982, 175-193.

[10] Vgl. Waldenfels, Absolutes Nichts... a.a.O. 13-48.

Hinsichtlich der säkularen Herausforderung der Religion kreisen die philosophischen Erörterungen der Kyoto-Philosophen besonders um das Problem der Natur, die innerhalb der christlich verwurzelten Genese neuzeitlicher Naturwissenschaft ihre Rolle als teleologische Vermittlerin von Gotteserfahrung verloren habe und nun, verstanden als "kalter" gesetzmäßiger Mechanismus, zu einer die Gott-Mensch-Beziehung durchschneidenden Größe geworden sei. Eng damit verbunden ist das Problem des neuzeitlichen Anthropozentrismus, der zunächst als eine Folge aus dem Verlust kosmologisch vermittelter Gotteserfahrung verstanden wird, und der inzwischen in Nihilismus umgeschlagen sei, da auch der Mensch von der impersonalen Gesetzmäßigkeit der Natur nicht ausgenommen zu sein scheint und so sich selbst zum verfügbaren Objekt werde. Entstanden im Schoß des Christentums, sei diese Entwicklung zu einer Gegenbewegung zum Christentum geworden, die schließlich zu einem Angriff auf das Welt- und Menschenbild von Religion überhaupt geführt habe. In der Philosophie der Kyoto-Schule sei man bestrebt angesichts der so von den Kyoto-Philosophen diagnostizierten Entwicklung, den Buddhismus als Religion absoluter Diesseitigkeit auszuweisen, der das Christentum zu einer wirkungsvolleren Auseinandersetzung mit dieser Entwicklung befruchten könne. Dies werde versucht durch die Freilegung von dem Buddhismus analogen Zügen innerhalb des Christentums, die primär in der Gottesvorstellung der christlichen Mystik (und hier besonders bei Meister Eckhart) erblickt werden, im Prinzip der Selbstentäußerung im Rahmen kenotischer Christologie und in der Bestimmung menschlicher Authentizität und Freiheit.[11]

Angesichts des damit erhobenen buddhistischen Superioritätsanspruchs sind nach Waldenfels besonders die Fragen des beiderseitigen Verständnisses von Transzendenz/Immanenz, von Personalität (Gottes und des Menschen) und von Welt im Buddhismus und im Christentum zu diskutieren. Um aber den oben erwähnten hermeneutischen Schwierigkeiten Rechnung zu tragen, ist nach Waldenfels die Diskussion der inhaltlichen Fragen nicht ohne die Beachtung der Sprachgestalt und Sprachdynamik ihrer jeweiligen religiösen

---

[11] Vgl. dazu vor allem K. Nishitani, Was ist Religion? a.a.O. und die Zusammenfassung bei Waldenfels, Absolutes Nichts... a.a.O. 70-84. In dem buddhistischen Versuch, innerhalb des Christentums Analogien zum Buddhismus zu finden, zeigt sich besonders der prägende Einfluß K. Nishidas auf die Kyoto-Schule, der den "Ort" buddhistischer Nichts-Erfahrung und -Spekulation christlicherseits in Richtung auf Gott suchte, dabei ein verobjektivierendes Gottesverständnis kritisierte und die Selbstverneinung zum eigentlichen Zentrum des reliösen Bewußtseins erhob. K. Nishitani findet bei Meister Eckhart die Transzendierung der Dualität von Schöpfer und Geschöpf, das Verständnis des jenseits dieser Dualität liegenden Gottesgrundes als "Nichts", und die Vollendung menschlicher Authentizität und Freiheit in der Einheit dieses absoluten Grundes (vgl. Waldenfels, Absolutes Nichts... a.a.O. 48ff u. 101f). Bei K. Nishitani wie auch bei M. Abe wird stärker als bei Nishida in der Kenosis ein weiterer Ansatzpunkt erblickt, um den christlichen Gottesbegriff i. S. der "Leere" als Prinzip der "Entleerung" und "Selbstverneinung" interpretieren zu können (vgl. ebd. 114f).

Artikulation adäquat zu leisten. Dies mündet automatisch in die Frage nach der grundsätzlichen Stellung des Wortes in beiden Religionen und somit in eine vertiefte Reflexion der kommunikativen Möglichkeiten und Voraussetzungen beider Religionen.

Trotz ihres philosophischen Duktus schlägt nach Waldenfels in der Artikulation der Kyoto-Schule die traditionelle buddhistische Vermittlungsdynamik durch: "Was viele westliche Gelehrte lediglich für ein philosophisches Argument halten, verbirgt in seiner Tiefe eine Einladung zu einer Änderung der Lebenseinstellung."[12] Dies gelte besonders dort, wo die philosophische Reflexion der buddhistischen Lehre im Dienste der Autointerpretation steht. So sei in der Philosophie der Kyoto-Schule die Diskussion der existentiellen Verfaßtheit des Menschen nicht losgelöst vom soteriologischen Anliegen des Buddhismus und wolle, auch als philosophische Reflexion, letztlich Einweisung in die Praxis sein. Daher müsse der praktische Kontext buddhistischer Begrifflichkeit, wie er sich in der Meditation und der buddhistischen Ethik zeigt, zu ihrem Verständnis immer mit berücksichtigt werden. Dies besitze nicht nur Relevanz für die buddhistische Begrifflichkeit, sondern besonders auch für die angewandten Denkstrukturen und ihre Logik, die Logik des "sokuhi"[13], die dem Bedenken des buddhistischen Heilsweg nicht vorgeordnet

---

[12] Waldenfels, Faszination... a.a.O. 31.
[13] Die Logik des "sokuhi" läßt sich auf die in den Prajñâpâramitâ-Sûtren variierte Formel von der Identität von Form und Nicht-Form innerhalb der "Leere" und die im Umkreis der Prajñâpâramitâ-Sûtren stehenden logischen Erörterungen Nâgârjunas zurückführen. In ihr wird absolute Identität durch absolute Negation gewonnen, d.h. durch die Negation der Beziehungsstruktur relativer Negationen. Da die absolute Negation jede relative, auf ein Gegenüber bezogene Negation negiert, kann sie, um nicht selbst als relative Negation zu erscheinen, nur durch die gleichzeitige Behauptung absoluter Identität vollzogen werden. Absolute Negation und absolute Affirmation geraten dadurch in ein vollkommen *umkehrbares* Verhältnis. Es darf nicht übersehen werden, daß bereits in den Prajñâpâramitâ-Sûtren diese Art der Identitätsgewinnung in untrennbarem Zusammenhang mit dem Bodhisattva-Ideal entwickelt wird. Der Bodhisattva wird dadurch zum Bodhisattva (gewinnt seine Identität als Bodhisattva), daß er gelobt, alle Wesen zur Erlösung zu führen (also relative Negation vorausgesetzt ist: Erlösung - Nicht-Erlösung / Subjekt - Objekt) und sich gleichzeitig bewußt ist, daß es weder ein Wesen gibt, das zur Erlösung zu führen wäre, noch ein solches, das zur Erlösung führt (absolute Negation im Verein mit absoluter Affirmation - der Befreiung aller Wesen durch den Bodhisattva); vgl. z.B. M. Walleser, Prajñâ Pâramitâ. Die Vollkommenheit der Erkenntnis, Göttingen 1914, 46. Erst durch die absolute Negation aber ist radikaler Altruismus möglich, da durch sie der geistliche Hochmut (sich als Erlöser von den zu Erlösenden abzugrenzen) vermieden und der Nicht-Ich-Lehre in ihrer antiegozentrischen Tendenz Rechnung getragen wird.
Zur Interpretation der Logik des "sokuhi" durch Waldenfels vgl. ders., Absolutes Nichts... a.a.O. 36, 57ff, 103f, 152, 168f, 182f und die kurzen, aber wichtigen Bemerkungen in seiner Einleitung zu Sh. Hisamatsu, Atheismus, a.a.O., 270, sowie Waldenfels, Zen und Philosophie, in: Zen

ist, sondern aus diesem selbst gewonnen wurde. Eine einseitig metaphysisch/ontologische Interpretation buddhistischer Aussagen müsse daher zwangsläufig zu ihrem Mißverständnis führen.[14] Da das Ziel des buddhistischen Heilsweges zwar erfahren, nicht aber adäquat in Begriffe gefaßt werden kann, muß die buddhistische Sprache und Begrifflichkeit letztlich als "Einladung zum Absprung" in die Erfahrung und somit in das Unsagbare verstanden werden: "Wo es aber um das Problem des Denkens des Undenkbaren und der Erfassung des Unbegreiflichen geht, ändert sich die Funktion der Sprache. Hier dient die Sprache dann nicht mehr als Mittel der Reproduktion oder Reflexion der Wirklichkeit, vielmehr hat sie den Horizont einer unreflektierten Wirklichkeit zu eröffnen."[15] Mit Rahner nennt Waldenfels diese Sprachfunktion "mystagogisch".[16]

Die Beachtung der unterschiedlichen Sprachebenen ist nach Waldenfels besonders wichtig, wenn das Gottesverständnis der christlichen Mystiker in Beziehung zur buddhistischen Erfahrung gesetzt wird. Begriffe wie "Sein" und "Nichts" dürfen nicht durch das Übergehen der mystagogischen Intentionen ontologisch eingeebnet werden.[17] Damit ist der christlich-buddhistische Dialog keineswegs verstellt, sondern findet seine primäre Ortung in der Reflexion der Sprache, da sie es ist, die die "Einladung zum Absprung" trägt.[18] Die Berücksichtigung der mystagogischen Funktion, auch in der christlichen Artikulation, vereinfacht geradezu den Dialog mit dem Buddhismus, da eine gemeinsame Überzeugung sowohl von der letzten Unsagbarkeit der absoluten Wirklichkeit, als auch von der Notwendigkeit des Wortes auf dem Weg zu ihrer Erfahrung vorausgesetzt werden kann.[19] Christentum und

---

Buddhism Today. Annual Report of the Kyoto Zen Symposium, No. 2, Kyoto 1984, 1-28. Siehe auch unten S. 308f Anm. 9.

[14] Vgl. dazu Waldenfels, Meditation - Ost und West, Einsiedeln-Zürich-Köln 1975, 44ff u. 59; ders., Absolutes Nichts... a.a.O. 85ff u. 177; ders., Faszination... a.a.O. 30 u. 47.
[15] Waldenfels, Faszination... a.a.O. 30.
[16] Vgl. ebd. 30f, sowie ders., Absolutes Nichts... a.a.O. 159ff.
[17] Vgl. ders., Absolutes Nichts... a.a.O. 161ff.
[18] Vgl. ders., Faszination... a.a.O. 77 u. ders., Zen und Philosophie, a.a.O. 5.
[19] Vgl. ders., Der Dialog mit dem Zen-Buddhismus - eine Herausforderung für die europäischen Christen, in: ders. (Hg), Begegnung mit dem Zen-Buddhismus, Düsseldorf 1980, 62-85, hier 72f.
Waldenfels will damit keinem Irrationalismus das Wort reden, sondern die Grenzen des Rationalen auf rational verantwortbare Weise aufzeigen (vgl. ders., Meditation - Ost und West, a.a.O. 55). Auf buddhistischer Seite hat insbesondere Sh. Ueda die Frage nach dem Wortgeschehen im Anschluß an seinen Vergleich von Zen-Buddhismus und Meister Eckhart (Sh. Ueda, die Gottesgeburt in der Seele und der Durchbruch zur Gottheit, Gütersloh 1965) immer wieder thematisiert (vgl. z.B. ders., Die Bewegung nach oben und die Bewegung nach unten: Zen-Buddhismus im Vergleich mit Meister Eckhart, in: Eranos Jahrbuch 51 [1982] 223-272 und ders., Das Erwachen im Zen-Buddhismus als Wort-Ereignis, in: W. Strolz/Sh. Ueda [Hg], Offenbarung als Heilserfahrung im Christentum, Hinduismus und Buddhismus, Freiburg-Basel-Wien 1982, 209-233). Auf-

Buddhismus erweisen sich so beide als "Wege" i. S. primär praktisch orientierter Grundvollzüge, die ihr Ziel im "je größeren Unsagbaren" haben.[20] Die gegenwärtige Sinnkrise der Religionen, so vermutet Waldenfels, könnte aber gerade darin eine ihrer Ursachen haben, daß sie nicht mehr als gangbare Wege erkannt werden, sondern als unverständliche Lehre ihren Lebensbezug und ihre Bedeutung verlieren.[21]

Wird solches vorausgesetzt, dann muß zum Verständnis der doktrinären Artikulationen notwendig der Bereich der Erfahrung hinzugezogen, d.h. nach dem Erfahrungsbezug christlicher wie buddhistischer Sprechsituationen gefragt werden. Von den allgemein menschlichen Erfahrungssituationen ausgehend führt dann ein hermeneutischer Weg zu den spezifisch religiösen Verstehenshorizonten.[22] Dabei zeige sich, daß die buddhistische Analyse der Leiderfahrung, derzufolge Freiheit vom Leiden nur durch radikale Loslösung zu erreichen ist, ins Zentrum des mahâyânistischen "Nichts"-Begriff führe, insofern die "Ver-nicht-ung" den Leidensursachen, Durst und Anhaftung, gilt. Vernichtung wird verstanden als die Loslösung von allen "Scheinstützen objekt- und subjekthafter Art", zu denen dann auch zunächst die Sprache selbst zählt.[23] Diesen Vorgang findet Waldenfels denn auch in der Philosophie Nishitanis wieder, der - ganz in der Tradition Nâgârjunas - die Verneinung zum Prinzip seines Denkens macht, und sie sofort gegen die Sprache selbst richtet, wenn die sprachliche Verneinung den Anschein einer neuen Position zu erwecken droht.[24] So ist diese negative Dialektik kein Nihilismus, da sie ganz im Dienste existentieller Befreiung steht, die im buddhistischen Kontext vor allem als Befreiung vom Selbst i. S. einer Befreiung von egozentrischer Fixierung verstanden wird. Auch bei Nishitani erfahre daher die "Anâtman"-Lehre primär eine ethische Interpretation.[25]

Erst von diesem Hintergrund her lasse sich die buddhistische "Ontologie" verstehen, die nie reine Ontologie ist. Wird in der Philosophie der Kyoto-Schule die Shûnyatâ-Lehre ontologisch ausgedeutet, so ist dabei immer ein Seinsverständnis angestrebt, das 1. die Vergänglichkeit und Bedingtheit allen Seins einholt (also den Hintergrund der buddhistischen Leidenslehre wie

---

schlußreich sind auch die Bemerkungen Hisamatsus in: Sh. Hisamatsu, Die Fünf Stände von Zen-Meister Tosan Ryokai, Pfullingen 1980, wo Hisamatsu den unterschiedlichen Ausgangsort des Sprechens vor und nach der Erleuchtung diskutiert (vgl. ebd. 17ff) und auf letzteres die Logik des "sokuhi" anwendet (vgl. ebd. 58f).

[20] Vgl. Waldenfels, Faszination... a.a.O. 131 u. 134; ders., Meditation... a.a.O. 47f.
[21] Vgl. ders., Zen und Philosophie... a.a.O. 14.
[22] Vgl. dazu besonders: ders., Sprechsituationen: Leid - Ver-nicht-ung - Geheimnis. Zum buddhistischen und christlichen Sprechverhalten, in: ders./Th. Immoos (Hg), Fernöstliche Weisheit und christlicher Glaube, Mainz 1985, 289-312.
[23] Vgl. ebd. 300f.
[24] Vgl. ders., Absolutes Nichts... a.a.O. 151.
[25] Vgl. ders, Zen und Philosophie... a.a.O. 18f; ders., Faszination... a.a.O. 127.

er traditionell im "pratîtyasamutpâda" gefaßt ist), sich 2. jenseits eines substanz- und objekthaften Seinsverständnisses bewegt (da darin eben die "Scheinstützen" des Anhaftens erblickt werden) und 3. in den Bereich der das Denken übersteigenden Erfahrung und Praxis führt (da nur hier die Befreiung realisiert wird).[26] In einer solchen "Ontologie" dürfe nach Überzeugung der Kyoto-Philosophen weder dem Sein noch dem Nicht-Sein ein ontologischer Vorrang eingeräumt werden. Dagegen werde die absolute Negation jener dualen Grundbeziehung von Sein und Nicht-Sein (innerhalb derer sich beide wechselseitig und daher relativ, d.h. abhängig negieren) angestrebt, die jedoch nicht erneut als relativ auf ihr Negiertes bezogen verstanden werden darf, sondern als die Negation aller relativen (dualen) Negation erst ihren absoluten und ultimativen Chrakter erhält. So wird sie als "Absolute Negation" zugleich zur absoluten Bejahung und zu einem existentiell tragenden Grund. Dieser letzte Schritt ist allerdings begrifflich nicht mehr vollziehbar, da das diskursive Denken notwendigerweise immer in den relativen Disjunktionen verbleibt. Der begrifflich lediglich anvisierbare Schritt zur "Absoluten Negation" bzw. "Absoluten Bejahung" kann nur existentiell im Akt der völligen Loslösung vollzogen werden, die an keiner Unterscheidung mehr haftet, worin dann, metaphysisch gesprochen, Transzendenz und Immanenz gleichermaßen überwunden, bzw. traditionell mahâyânistisch gesagt, Nirvâna und Samsâra ununterscheidbar sind.[27]

Von diesem Seins- bzw. Nichts-Verständnis ausgehend hat M. Abe eine buddhistische Christentumskritik vorgelegt, die auf der Grundthese aufruht, daß das Christentum dem Sein einen ontologischen Vorrang gebe und lediglich die Überwindung des Nicht-Seins anstrebe, während der Buddhismus die Überwindung gerade der Dualität von Sein und Nicht-Sein verfolge.[28] Versteht man die existentielle Dimension buddhistischer "Ontologie", so läßt sich hinter dieser Kritik unschwer der massive Angriff erkennen, daß das Christentum einseitig verhaftet bleibe und daher nicht in der Lage sei, eine volle Befreiung bzw. Erlösung zu vermitteln. Dieser Vorwurf wird bereits deutlicher, indem Abe die westlich-christliche Denkweise idealistisch, die buddhistische hingegen realistisch nennt.[29] Die universale Vergänglichkeit, die der Buddhismus ontologisch in der streng wechselseitig gedachten, sich gegenseitig negierenden Beziehung von Sein und Nicht-Sein aussage, werde hier so ernst genommen (daher "realistisch"), daß sie auch für ein "Supernatürliches" unüberwindbar sei, womit Abe die Gott-Losigkeit des frühen Buddhismus erklärt.[30] Dagegen rücke der Überhang des Seins gegen-

---

[26] Vgl. ders., Absolutes Nichts... a.a.O. 91ff.
[27] Vgl. dazu ebd. 92-98, sowie von buddhistischer Seite: M. Abe, Non-Being and Mu, in: Religious Studies 11 (1975) 181-192. Eine um äußerste Präzision bemühte Darstellung des zen-buddhistischen Verständnisses des "absoluten Nichts" gibt: Sh. Hisamatsu, Die Fülle des Nichts. Vom Wesen des Zen, Pfullingen³ 1984.
[28] Vgl. Abe, Non-Being and Mu, a.a.O. 189.
[29] Vgl. ebd. 190.
[30] Vgl. Abe, Man and Nature in Christianity and Buddhism, in: Japanese Religions, vol. 7 no. 1 (1971) 1-10, hier 9.

über dem Nicht-Sein im westlichen Denken Gott auf die Seite des Seins.[31] Somit sei innerhalb des Christentums die in der Logik des "sokuhi" geforderte völlige Umkehrbarkeit von absoluter Transzendenz und absoluter Immanenz nicht gegeben. Zwar habe Gott im Schöpfungsakt und in der Inkarnation (wobei Abe die Schöpfung im Anschluß an Karl Barth streng christozentrisch versteht) das Nichts aus seinem eigenen Willen und Wesen (=Liebe) heraus durch Selbstentäußerung in sich aufgenommen, doch bleibe die Beziehung des Vaters zum Sohn eine unumkehrbare. Zwar seien in Christus und dem mit ihm gegebenen Anbruch des Reiches Gottes Transzendenz und Immanenz vereint, doch bleibe diese Einheit wiederum eine einmalige, an der der Gläubige nur durch eine unumkehrbare und somit dualistisch bleibende Beziehung zu Christus partizipiere. Zwar kenne auch das Christentum den Tod des Egos als wesentliche Implikation der Erlösung, doch werde die Gabe der Erlösung wiederum in einer unumkehrbaren Bewegung von oben nach unten gedacht, wovon auch das Verständnis der "unio mystica" keine Ausnahme mache.[32] Auch als der absolut Andere bleibe Gott derjenige, auf den der Mensch in einer unumkehrbaren Ordnung bezogen ist.[33] Vom buddhistischen Standpunkt aus aber gelte: "So long as dichotomy and distinction remain, God can not be the true Absolute, nor can oneself attain the True Selfhood."[34] Die christliche Agape in ihrer auf Gott bezogenen Abhängigkeit, erreiche somit nicht den souveränen und weiten Stand des buddhistischen Mitleids.[35] Letzlich bleibe die christliche Transzendenz eine relative.[36] Im dichotomen Charakter christlichen Transzendenzverständnisses habe auch der christliche Personalismus seine Basis. Diese werde von wissenschaftlicher Weltsicht und Nihilismus zentral bedroht, wohingegen das buddhistische Verständnis von Religion hier keine wirklichen Angriffsflächen biete.[37] Andererseits aber habe die christliche Tradition in der Entwicklung einer konkreten, geschichtsbezogenen Ethik dem Buddhismus einiges voraus, da eine solche Ethik notwendig mit Unterscheidungen arbeiten müsse, was dem Christentum vertrauter sei als dem Buddhismus, der in seinem ethischen Ansatz gerade von der Überwindung des unterscheidenden Denkens ausgehe.[38]

---

[31] Vgl. ders., Buddhism and Christianity... a.a.O., no. 3: 14.
[32] Zu diesen Kritikpunkten vgl.: Abe, Buddhism and Christianity... a.a.O.; dazu die Antwort Abes auf eine Fülle vorgebrachter christlicher Entgegnungen in Abe, Answer to Comment and Criticism, in: Japanese Religions, vol. 4 no. 2 (1966) 26-57 (in diesem Heft ist auch die Serie der Entgegnungen, die in Japanese Religions, vol. 4 no. 1 [1964] begonnen wurde, fortgesetzt), sowie Abe, Man and Nature... a.a.O. und ders., God, Emptiness, and the True Self, in: The Eastern Buddhist (NS), vol. 2 no. 2 (1969) 15-30.
[33] Vgl. Abe, Answer... a.a.O. 53ff.
[34] Abe, Buddhism and Christianity... a.a.O., no. 3: 24.
[35] Vgl. Abe, Man and Nature... a.a.O. 10.
[36] Vgl. ebd. 10.
[37] Vgl. Abe, Buddhism and Christianity... a.a.O., no. 3: 25ff.
[38] Vgl. ebd. 29f sowie Abe, Answer... a.a.O. 57 und ders., The Crucial Points: An Introduction to the Symposion on Christianity and Buddhism, in: Japanese Religions, vol. 8 no. 4 (1975) 2-9, wo Abe mehrfach diese

Die lange, intensive dialogische Erfahrung von H. Waldenfels mit Vertretern der Kyoto-Schule hat ihm die Möglichkeit gegeben, seinen Ansatz streng an der hier am Beispiel Abes aufgezeigten Kritik zu orientieren und dabei zunemend zu präzisieren. So versucht er einerseits jene buddhistischen Heterointerpretationen des Christentums zu korrigieren, die der christlichen Autointerpretation nicht gerecht werden (oder zumindest nicht die Fülle der innerhalb der christlichen Tradition gegebenen Autointerpretationen berücksichtigt), und andererseits von einer christlichen Heterointerpretation her die buddhistische Autointerpretation seinerseits kritisch zu hinterfragen. Auf diesem Weg macht er sich ein gutes Stück weit das buddhistische Anliegen selbst zu eigen, was ihm vor allem durch den in beiden Religionen festgestellten mystagogischen Sprachcharakter, den für beide Religionen beanspruchten Weg-Charakter und die in beiden Religionen als zentraler Wendepunkt angesehene Ich-Losigkeit bzw. Selbstlosigkeit möglich ist.

Gegen Abes Kritik hat Waldenfels bereits früh den Einwand erhoben, daß die Interpretation des christlichen Transzendenz/Immanenz-Verständnisses in Anlehnung an Karl Barth zu einseitig sei, und hat statt dessen auf den im Anschluß an das nicht-objekthafte Seinsverständnis Heideggers entwickelten Begriff des "Geheimnisses" bei Karl Rahner hingewiesen.[39] Das christliche Immanenz-Verständnis könne von einer breiteren religionsphilosophischen Basis her erhellt werden, als ausschließlich von einer christozentrischen Theologie.[40] Dabei sei jedoch durchaus auch christlich der existentielle Bezug des Seinsdenkens zu wahren, demzufolge der Praxis der religiöse Primat eingeräumt werde. So fragt Waldenfels gegen Abes Kritik, daß trotz der Zentralität der Ich-Überwindung in beiden Religionen ein unterschiedliches Transzendenzverständnis festzustellen sei: "...is there really another way of saving one's True Self but by losing oneself?"[41] Wenn aber das Entscheidende der buddhistischen "Ontologie" wirklich die existentielle Loslösung ist, die sich dann schließlich in einem begrifflich nicht mehr fixierbaren Verständnis der absoluten Wirklichkeit artikuliert, dann könne und müsse kritisch zurückgefragt werden, welches Nichts-Verständnis wirklich die radikale Offenheit erreicht. Will das Denken nicht noch einmal das "Nichts"

Selbstkritik geäußert hat. Fraglich bleibt jedoch, inwieweit Abe in dieser Selbstkritik den Buddhismus insgesamt meint, da er von ihr explizit den Jôdo-Shin ausklammert und zusätzlich auf die buddhistische Karma-Lehre als einen Ansatzpunkt für eine auch den historisch konkreten Bedingungen gerecht werdende Ethik verweist. Es hat daher den Anschein, daß sich Abe hier auf eine Schwäche speziell des Zen-Buddhismus bezieht.

[39] Vgl. Waldenfels, A Critical Appreciation, in: Japanese Religions, vol. 4 no. 2 (1966) 13-25, sowie ders., Absolutes Nichts... a.a.O. 176ff. Später hat Waldenfels in diesem Zusammenhang auch auf den Versuch B. Weltes hingewiesen, Gott von einem gewissen Nichts-Verständnis her nicht-verobjektivierend zu denken, vgl. Waldenfels, Faszination... a.a.O. 32ff und ders., Sprechsituationen... a.a.O. 310ff.

[40] Vgl. Waldenfels, Searching for Common Ways, in: Japanese Religions, vol. 9 no. 1 (1976) 36-56, hier 49f.

[41] Ebd. 56.

i.S. eines Begriffs festschreiben, dann "...muß es sich als Offenheit... erweisen für ein nicht mehr Nennbares, das nur im Loslassen, in der Selbstlosigkeit zu erlangen ist."[42] "Wo gelassen wird, muß der Lassende bereit sein, geschehen zu lassen, das heißt, wenn es der wahren Bestimmung des Menschen entsprechen sollte, sich auch ergreifen zu lassen. Wo der Mensch sich selbst noch einmal zum Herrn seines Lassens macht und sei es nur dadurch, daß er bestimmte Möglichkeiten der Radikalisierung des Lassens ausschließt, ist das Loslassen noch nicht an sein Ende gekommen."[43]

Das der radikalen Offenheit entsprechende sprachliche Verhalten wäre das Schweigen im Gegensatz zum Stummsein.[44] Von einem "schweigenden Nichts" zu sprechen mag dem Buddhisten vielleicht absurd erscheinen, doch: "Wo der Mensch von einem 'stummen Nichts' spricht, stellt er fest: Es kann nicht sprechen. Wo er von einem 'schweigenden Nichts' spricht, hält er sich völlig offen: Die Möglichkeiten des Nichts werden nicht beurteilt, bleiben frei..."[45] Die christliche Auffassung von einer Selbstbezeugung Gottes müsse dabei keineswegs zu einer Aufhebung seiner radikalen Geheimnishaftigkeit führen, wenn das "Nichts" oder das "Geheimnis" sich als sprechender Gott so bezeuge, daß es das Agens der mystagogischen Einweisung bleibt.[46] "Sind... nicht Loslösung, Selbstverleugnung und Schweigen jene Weisen des Überstiegs, in denen Gottes Gegenwart erst wahrgenommen wird und 'zur Sprache kommen' kann, wo also *Theo-logie* erst möglich wird?"[47] Die Botschaft aber, daß Gott gerade in dieser Weise in Jesus Christus gesprochen hat, muß von christlicher Seite weitergesagt werden, wenn sie im Dialog mit dem Buddhismus nicht sprachlos werden will.[48] In einer kenotischen Christologie könne Christus in einer Weise als Gestalt und Äußerung der Leere Gottes verstanden werden, daß in ihm die Selbstentäußerung Gottes und die des Menschen zur Deckung kommen.[49] Ebensowenig wie Gott stehe Christus dem Menschen als Objekt gegenüber, sondern im eigenen Nachvollzug der Selbstentäußerung Gottes werde der Gläubige "in Christus eingekleidet".[50]

---

[42] Waldenfels, Absolutes Nichts... a.a.O. 124.
[43] Ders., Faszination... a.a.O. 128.
In vergleichbarer Weise hat W. Pannenberg im Hinblick auf Abe argumentiert, daß der Gedanke einer göttlichen Wirklichkeit dann impliziert sein müsse, wenn der existentielle Akt der absoluten Negation bzw. absoluten Bejahung als eine "Entrückung", ein Überwältigtwerden durch eine diesen Akt tragende Aktivität verstanden werde (vgl. W. Pannenberg, Auf der Suche nach dem wahren Selbst, in: A. Bsteh [Hg], Erlösung in Christentum und Buddhismus, Mödling 1982, 128-146, hier 142f).
[44] Vgl. Waldenfels, Meditation... a.a.O. 47.
[45] Ebd. 71.
[46] Vgl. ebd. 70ff.
[47] Waldenfels, Buddhismus und Christentum im Gespräch. Anmerkungen zu ihren geistigen Voraussetzungen, in: Internationale Katholische Zeitschrift "Communio" 17 (1988) 317-336, hier 320.
[48] Vgl. ebd. 322.
[49] Vgl. Waldenfels, Absolutes Nichts... a.a.O. 201.
[50] Vgl. ebd. 200 u. 205.

Darin finde auch der christliche Personbegriff seinen Angelpunkt. Christus ist Person, weil er reine Beziehung ist (so im Anschluß an J. Ratzinger) und auch der Mensch gewinnt seine Personalität nur aus der Beziehung (so im Anschluß an W. Kasper).[51] In der ganzen Diskussion zwischen Christentum und Buddhismus über den Personbegriff könne bisher keineswegs ein univokes Verständnis desselben vorausgesetzt werden.[52] Wenn der Mahâyâna-Buddhismus, der Shûnyatâ-Lehre folgend, das wahre Selbst ohne substantielle Selbständigkeit denken wolle[53], dann sei davon sicherlich jene westliche Tradition kritisch betroffen, die im Personverständnis ihren Ausgangspunkt bei Boëthius nimmt.[54] Gerade in diesem kritischen Vorstoß müsse jedoch wiederum die existentielle Komponente des buddhistischen Denkens berücksichtigt werden, der es primär um die Kritik einer Form des Personverständnisses geht, hinter dem der Ausdruck egozentrischer Abgrenzung vermutet wird.[55] "Im durchschnittlichen asiatischen Verständnis ist 'Person' bis heute Ausdruck von Unterscheidung und Vereinzelung, nicht Ausdruck von Würde und Einzigartigkeit. Daß die Rede von einem 'personalen Gott' angesichts des negativen Vorverständnisses von 'Person' unverständlich bleiben muß, ist von hier aus erklärlich."[56] Demgegenüber suche der Mahâyâna-Buddhismus ein Verständnis des "wahren Selbst" i. S. reiner Relationalität, weil er glaube, nur so seine Auffassung von der Realisation des "wahren Selbst" im universalen Mitleid aussagen zu können.[57] Aufgrund dieser Verständnisbarrieren hält es Waldenfels für irreführend, das Absolute im Verständnis des Buddhismus als "numinoses Impersonales" zu charakterisieren. Denn damit sei für das westlich-christliche Denken automatisch der Schluß auf eine untermenschliche Seinsebene nahegelegt, was für das buddhistische Selbstverständnis definitiv nicht zutreffe.[58] Gegenüber der buddhistischen Position argumentiert Waldenfels, daß, wenn die aus der Shûnyatâ-Lehre gewonnene Logik des "sokuhi" auch hinsichtlich der Frage der Personalität durchgehalten werden soll, diese reine Relationalität nicht einseitig unpersönlich, sondern als unpersönlich und persönlich verstanden werden müsse. In dieser Hinsicht hält er K. Nishitani, der die Personalität als die höchste Idee von Gott und Mensch gewürdigt hat, die bislang entwickelt wurde, für konsequenter als etwa Abe oder Hisamatsu.[59] Nishitani erblickt denn auch für ein Verständnis von reiner, persönlich/unpersönlicher Beziehung eine

---

[51] Vgl. Waldenfels, Meditation... a.a.O. 62.
[52] Vgl. dazu Waldenfels, Faszination... a.a.O. 42-55.
[53] Vgl. Waldenfels, Meditation... a.a.O. 62.
[54] Vgl. Waldenfels, Faszination... a.a.O. 45f.
[55] Vgl. ebd. 45ff u. ders., Meditation... a.a.O. 62ff.
[56] Waldenfels, Buddhismus und Christentum im Gespräch... a.a.O., hier 321.
[57] Vgl. Waldenfels, Meditation... a.a.O. 62; ders., Faszination... a.a.O. 47; ders., Absolutes Nichts... a.a.O. 106ff. Eine aufschlußreiche Bestätigung dieser Analyse von Waldenfels ist die Bemerkung Hisamatsus, daß Vergebung immer schon einen Überstieg über den reinen Dualismus impliziere (vgl. Hisamatsu, Die Fülle des Nichts, a.a.O. 48f).
[58] Vgl. Waldenfels, Faszination... a.a.O. 23. Als Beispiel für eine solch irreführende Prädikation benennt Waldenfels ausdrücklich G. Mensching.
[59] Vgl. Waldenfels, Absolutes Nichts... a.a.O. 106, 115f u. 182.

christliche Analogie in der Lehre vom Heiligen Geist, der zum einen eine Person der Trinität, zum andern aber gleichzeitig auch die Liebe Gottes und die Grundlage der Gott-Mensch Beziehung sei.[60] Auf die kritische Anfrage von Waldenfels, inwieweit im Buddhismus die Eigenständigkeit und Würde des Menschen als Mensch ernstgenommen werde[61], hat Abe geantwortet, daß der Mensch zwar von seinem weitesten Eingebundensein in die universale Vergänglichkeit her verstanden werde, aber daß diese allein im Menschen zu einem bewußt wahrgenommenen und existentiellen Problem werde und dies nur im je einzelnen Menschen.[62] So sieht Waldenfels zumindest in der Philosophie der Kyoto-Schule zentrale Momente des christlichen Personverständnisses als gegeben an, demzufolge "sich die wahre und einzigartige Selbstidentität im ekstatisch-relationalen Vollzug der Selbstentäußerung realisiert...".[63]

Für ihn schließt sich hier aber die weitere Frage an, ob auch die Sprachlichkeit des Menschen als eine Dimension seiner Bezogenheit im östlichen Denken hinreichend gewürdigt werde.[64] Ist hier für die Wirklichkeitserfassung der Grundsinn des Hörens ebenso stark eingebracht wie der des Sehens?[65] "Es darf, ja muß der Christ aus seinem Grundverständnis heraus die Frage einbringen, ob nicht das Dialogische unter Umständen unterschätzt und daher auf den Zugang und den Ausgang aus der Erfahrung beschränkt wird, folglich der Erfahrung selbst das Dialogische oder zumindest die Offenheit für das Dialogische abgesprochen wird."[66] Waldenfels gesteht Nishitani zu, daß sich wahre Kommunikation durchaus auch wortlos ereignen kann, und reklamiert dies auch für die Kommunikation mit Gott.[67] Wiederum aber argumentiert er, daß, wenn die Logik des "sokuhi" konsequent beibehalten werden soll, "der Ort der 'Gebärden, Worte, Gefühlsäußerungen usw.' als der Ort voll anerkannt werden (muß), an dem sich wortlose Kommunikation verleiblicht."[68] So fragt Waldenfels kritisch zurück, ob die Geschichte als eigentlicher Kontext der Kommunikation des Unsagbaren wirklich ernst genommen werde, oder ob die Ablehnung des Dualismus im Umkreis der Geschichte wegen des in der geschichtlichen Freiheit verschärft auftretenden Problems der Unterscheidung nicht letztlich doch tendenziell zur Weltflucht führe. Im Zusammenhang dieser kritischen Anfrage greift Waldenfels denn auch immer wieder auf die Selbstkritik Abes an der unzureichenden, konkret geschichtsbezogenen Dimension der buddhistischen Ethik zurück.[69] Eben dort werde die Notwendigkeit der Unterscheidung besonders deutlich, wo die

---

60 Vgl. Waldenfels, Faszination... a.a.O. 48.
61 Vgl. Waldenfels, A Critical Appreciation. a.a.O. 23.
62 Vgl. Abe, Man and Nature, a.a.O.
63 Waldenfels, Faszination... a.a.O. 52.
64 Vgl. Waldenfels, Meditation... a.a.O. 73; ders., Searching for Common Ways... a.a.O. 45.
65 Vgl. Waldenfels, Meditation... a.a.O. 72.
66 Waldenfels, Faszination... a.a.O. 136f.
67 Vgl. ebd. 90 und ders., Absolutes Nichts... a.a.O. 151f.
68 Waldenfels, Absolutes Nichts... a.a.O. 152.
69 Vgl. ebd. 125f u. 152f; ders., Faszination... a.a.O. 70.

historisch konkrete Wirklichkeit als eine solche erlebt wird, die anders sein könnte und anders sein sollte.[70] Wer beanspruche, in einer Kommunikation der Tiefe aller mit allen zu stehen, könne an seinem leidenden Bruder nicht vorbeigehen.[71] Andernfalls erweise sich die vermeintliche Tiefenkommunikation als Kommunikationslosigkeit.[72]

So werde die Liebe zu einem Kriterium für Echtheit und Wert der Erleuchtung[73], was ähnlich auch im Christentum gelte, da hier der Geist der Liebe das Kriterium dafür ist, ob jener Verpflichtung entsprochen wird, die sich daraus herleitet, daß alle Menschen Geschwister sind, wenn der absolute Urgrund christlich als "Vater" angesprochen und verkündet wird.[74] Unter dem von beiden Religionen gehaltenen Primat der Praxis aber läßt sich nach Waldenfels mit Recht fragen, wie wichtig es noch ist, wenn Selbstlosigkeit wirklich in Liebe vollzogen wird und es nach christlicher Auffassung Gott selbst ist, der den Menschen dahin treibt, daß dieses auch im christlichen Sinn verbalisiert wird.[75] Und wenigstens z. T. beantwortet Waldenfels diese Frage, indem er der Auffassung Rahners folgt, daß es im glaubenden, hoffenden und liebenden Loslassen ein implizites und unreflektiertes Ergreifen Christi gibt.[76]

Die Chance des Dialogs liegt für Waldenfels in dem gegenseitigen Ruf zu jenem Loslassen.[77] In diesem Ruf werden die Gefährdungen auf beiden Seiten deutlich. D.h., für den Christen geht mit der buddhistischen Herausforderung der Ruf einher, sich der bleibenden Geheimnishaftigkeit Gottes bewußt zu sein und den Weg-Charakter auch seiner Religion nicht zu vergessen, für den Buddhisten die Herausforderung durch den Christen, sich nicht noch einmal, weder existentiell noch begrifflich, zum Herrn des Lassens zu machen, und die Geschichte mit ihren konkreten Erfordernissen als den Ort der mit dem Lassen notwendig verbundenen Liebe wirklich ernstzunehmen.[78] So aber sind beide Religionen zugleich auch eine Herausforderung an die Welt, in jenes kommunikationseröffnende Lassen einzutreten, das Frieden, Befreiung und Erfüllung verheißt.[79]

---

[70] Vgl. ders., Zen und Philosophie, a.a.O. 10.
[71] Vgl. ders., Meditation... a.a.O. 68f.
[72] Vgl. ebd. 67 u. 85.
[73] Vgl. ebd. 85f; ders., Absolutes Nichts... a.a.O. 206.
[74] Vgl. ders., Zen und Philosophie, a.a.O. 23.
[75] Vgl. ebd. 26; ders., Faszination... a.a.O. 132.
[76] Vgl. Waldenfels, Absolutes Nichts..., a.a.O. 206. Waldenfels spricht denn auch den Vollzug der Ich-Losigkeit als Glaubenserfahrung an (vgl. ders., Meditation... a.a.O. 82f).
[77] Vgl. ders., Absolutes Nichts... a.a.O. 206f; ders., Faszination... a.a.O. 55 u. 131.
[78] Vgl. Waldenfels, Meditation... a.a.O. 66ff; ders., Faszination... a.a.O. 133f; ders., Sprechsituationen... a.a.O. 312.
[79] Vgl. Waldenfels, Faszination... a.a.O. 150.

Waldenfels ist einerseits bemüht, Engführungen der Heterointerpretation beider Seiten immer wieder aufzubrechen (etwa im Hinblick auf rein ontologische Interpretationen des Buddhismus, die dann zu seiner Einordnung in Kategorien wie "Monismus" oder "Pantheismus" führen, aber auch im Hinblick auf die buddhistische Interpretation des christlichen "Dualismus" und des vermeintlich verobjektivierenden christlichen Personverständnisses). Andererseits begegnet er der mit Hilfe der Logik des "sokuhi" durchgeführten buddhistischen Kritik am christlichen Gottesbegriff dadurch, daß er seinerseits seine buddhistischen Gesprächspartner auf ihre Konsequenz in der Anwendung der Logik des "sokuhi" hinsichtlich der Frage der Personalität und der Bedeutung von Sprache befragt. Dem buddhistischen Anspruch, Religion absoluter Diesseitigkeit zu sein, setzt er die im Christentum der Welt und Geschichte durch kenotische Begründung verliehene absolute Bedeutung entgegen und fragt, ob der sich auf die Ununterscheidbarkeit gründende buddhistische Anspruch in der Lage sei, dem historisch konkreten Ruf nach Unterscheidung zu entsprechen. Die Logik des "sokuhi" hat, was Waldenfels deutlich hervorhebt, ihren Kontext in der praxisbezogenen Einweisung des Menschen in den spirituell/ethischen Akt des Loslassens, in dem der Mensch zugleich mit dem unsagbaren absoluten Geheimnis konfrontiert wird. Doch gerade hier zeige sich, daß auch der Buddhismus durch die antireligiösen Herausforderungen der Gegenwart gefährdet ist. Denn die Logik des "sokuhi" müsse sich im Feuer der rationalen Kritik erst noch als wirklich logisch erweisen, damit ihre Intention nicht unter dem Vorwurf des Irrationalismus zunichte werde.[80]

Waldenfels hat damit zweifellos ein hohes Niveau des Dialogs erreicht, was auch von buddhistischer Seite Anerkennung gefunden hat.[81] Daß er sich auf die nicht unproblematische Korrelation von "absolutem Nichts" und christlichem Gottesbegriff einläßt, ist ihm von der Denkrichtung der Kyoto-Schule selbst vorgegeben. Dennoch verläuft bei ihm gerade an dieser Stelle der Dialog anders als etwa bei L. de Silva, der mit der Korrelation von Nirvâna und Gottesbegriff in eine Sackgasse geriet, aus der sich erst in seinen allerletzten Arbeiten ein Ausweg eröffnete. Zwar erinnern die kritischen Rückfragen von Waldenfels an die Radikalität des Loslassens im Buddhismus in manchem an die Argumentation de Silvas, doch hat Waldenfels diesem voraus, daß er von Anfang an den als mystagogisch bestimmten Vermittlungscharakter der buddhistischen Lehre im Auge behält, eine Aufmerksamkeit also, die bei de Silva erst zu spät hinsichtlich der Korrelation von Nirvâna und Gottesidee fruchtbar gemacht wurde. Da Waldenfels den buddhistischen Topos des "absoluten Nichts" allein von der Logik des "sokuhi" her angeht, deren Genese er klar im existenzbezogenen, soteriologischen Anliegen des Buddhismus ortet, gelingt es ihm, eine einseitig unter metaphysisch/ontologischen Vorzeichen stehende Kontrastierung oder Identifikation von "absolutem Nichts" und christlicher Gottesidee zu vermeiden

---

[80] Vgl. Waldenfels, Zen und Philosophie... a.a.O. 19ff.
[81] Vgl. z.B. Abe, Answer to Comment and Criticism... a.a.O., sowie das Vorwort von K. Nishitani zu Waldenfels, Absolutes Nichts... a.a.O.

und die Aufmerksamkeit mittels des dynamischen Lehrcharakters beider Religionen auf das Gesetz der Praxis zu richten. Freilich kennt der Theravâda-Buddhismus, mit dem de Silva im Dialog stand, nicht die tief im Denken des Mahâyâna verwurzelte Logik des "sokuhi". Der mahâyânistische Anspruch, hierin die alt- und allbuddhistische Grundstruktur soteriologischer Vermittlung zu verdeutlichen, nötigt jedoch – ob er als solcher nun berechtigt ist oder nicht – dazu, auch im Dialog mit dem Theravâda-Buddhismus nach der hermeneutischen Bedeutung der Vermittlungsstruktur für die Interpretation der Begrifflichkeit zu fragen. Und für den Dialog mit dem Mahâyâna-Buddhismus folgt daraus, daß dieser nicht ohne die Berücksichtigung des älteren Buddhismus geführt werden kann, auf den er sich intepretierend bezieht.

Weil Waldenfels wie de Silva den existentiellen Bezug buddhistischer Lehren hermeneutisch berücksichtigt, gerät er wie dieser an die Frage, wie sich Christen und Buddhisten angesichts des Todes Hoffnung zusprechen.[82] Er hat ihre Beantwortung hinsichtlich der buddhistischen Seite bisher offen gelassen, jedoch die Exposition zu ihrer Klärung im Rahmen seines Ansatzes weiter verdeutlicht.[83] Die spirituell-praktische Intention, in deren Dienst alle buddhistische Lehre steht, läßt keinen Zweifel an der Ernsthaftigkeit zu, mit der sich Buddhisten der Frage des Todes als einer Kernfrage der Befreiung stellen.[84] Im Anschluß an die traditionell gegebene spannungsvolle Beziehung zwischen der als Nirvâna bezeichneten Erleuchtung Buddhas und dem als Nirvâna oder sogar als vollendete Verwirklichung des Nirvânas bezeichneten Tod des Erleuchteten fragt Waldenfels, ob das physische Geschehen des Todes der Erleuchtung etwas hinzufüge oder nicht. Mit dieser Frage gewinne dann aber jene andere Frage an neuer Bedeutung, inwieweit auch innerhalb des Buddhismus das Problem des Todes sich im Horizont eines Jenseits des (physischen) Todes stelle.[85] So berührt Waldenfels hier mit äußerster Vorsicht jenen sensiblen Punkt, an dem in der Debatte zwischen de Silva und Dharmasiri die beiderseitigen Denkweisen einander verfehlten. Wie weit reicht die spirituell-praktisch ausgerichtete buddhistische Lehre angesichts der scheinbar nach metaphysisch/ontologischen Aussagen rufenden Frage nach dem Jenseits des Todes? Weicht sie durch die Beschränkung auf die *ars moriendi* vor ihrer Beantwortung zurück, oder muß sie hier ihre metaphysische Zurückhaltung aufgeben und sich doch entweder für den Nihilismus oder den absoluten Gott entscheiden, wie de Silva meinte? Zur Klärung dieses in der Tat für den christlich-buddhistischen Dialog entscheidenden Punktes müßte denn wohl noch genauer als bisher geschehen auf den Zusammenhang zwischen buddhistischer Lehre, dem anvisierten

---

[82] Vgl. Waldenfels, Absolutes Nichts... a.a.O. 202f.
[83] Vgl. dazu Waldenfels, Sterben und Weiterleben im Buddhismus, in: ders. (Hg), Ein Leben nach dem Leben? Die Antwort der Religionen, Düsseldorf 1988, 30-49, sowie das von Waldenfels geschriebene Nachwort, ebd. 109-114.
[84] Vgl. ebd. 48f.
[85] Vgl. ebd. 34f.

Heilsereignis und der allgemeinen Existenzerfahrung der Sterblichkeit reflektiert und der spezifische Vermittlungscharakter buddhistischer Lehre präzise auf diesen Zusammenhang hin bedacht werden.

3.4 Symbolik und Logik des Glaubens (F. Buri / K. Otte)

3.4.1 Fritz Buri

Wie Waldenfels setzt sich auch F. Buri primär mit den Denkern der Kyoto-Schule auseinander.[1] Er sieht sich mit ihnen in dem gemeinsamen Anliegen verbunden, eine existential gerichtete Neuinterpretation der religiösen Tradition vorzunehmen. Er wirft ihnen jedoch vor, dies weitgehend nur hinsichtlich der buddhistischen Tradition und auch hier nicht konsequent genug zu tun. Durch die Korrelation einer existentialen Buddhismus-Interpretation mit einem ähnlichen Christentumsverständnis will Buri die "Wahrheit eines Selbstverständnisses" erweisen, das gleichermaßen auf der Basis der buddhistischen Überlieferung wie der christlichen gewonnen werden kann.[2]

Dieses Ziel verfolgt Buri durch eine klar herausgearbeitete Methodologie. Durch den Aufweis einer Strukturparallelität in der Entstehungssituation, der historischen Entwicklung und der aktuellen Diskussion (hier knüpft seine Auseinandersetzung mit Kyoto-Philosophen an[3]) in beiden Religionen schließt er auf eine einheitliche Typologie ihrer inneren, strukturellen Problematik. Dieser versucht er dann durch einen philosophisch gewonnenen Vorschlag zur Interpretation der grundsätzlichen Form menschlichen Selbstverständnisses und seiner christlich/buddhistischen Konzeptualisierung Rechnung zu tragen. Jedem dieser methodologischen Schritte, sowie auch der Intention Buris insgesamt, liegt dabei seine alles tragende Auffassung zugrunde: "Ein seiner Bestimmung entsprechendes Denken... bleibt in den unaufhebbaren Grenzen der Subjekt-Objekt-Spaltung des Bewußtseins, weiß um das Nichts in der Nichtobjektivierbarkeit des Seins und des wahren Selbst und spricht davon in Symbolen als den ebenso unvermeidbaren wie sachgemäßen Objektivierungen des Nichtobjektivierbaren."[4]

In der geschichtlichen Entwicklung von Christentum und Buddhismus sieht Buri drei strukturelle Gemeinsamkeiten: 1. In beiden Religionen werde be-

---

[1] Vgl. F. Buri, Der Buddha-Christus als der Herr des wahren Selbst. Die Religionsphilosophie der Kyoto-Schule und das Christentum, Bern-Stuttgart 1982.
[2] Vgl. ebd. 6.
[3] Angesichts der hermeneutischen Fragestellung meiner Untersuchung würde es auch in der Darstellung und Diskussion des Ansatzes von Buri zu weit führen, auf die Details seiner Beschäftigung mit den verschiedenen Kyoto-Philosophen einzugehen. Ich beschränke mich daher vor allem auf seinen grundlegenden Ansatz, den er im ersten und zehnten Kapitel seiner Arbeit dargelegt hat. Dies ist jedoch kaum ein großer Nachteil, da Buri seine grundsätzlichen Erwägungen relativ einheitlich an die von ihm je einzeln behandelten Kyoto-Philosophen heranträgt. Erhebliche Bedenken gegen die Stimmigkeit von Buris Darstellung der Positionen K. Nishidas und H. Tanabes haben H. Waldenfels und J. Laube in ihren Rezensionen angemeldet (vgl. NZSTh u. RPh 27 [1985] 194-221).
[4] Buri, Der Buddha-Christus... a.a.O. 434.

ständig nach einer Lösung der Sinnproblematik des Daseins gesucht. 2. In beiden Traditionen lasse sich beobachten, daß sich im Verlauf ihrer Geschichte die ursprüngliche Sicht der Sinnproblematik und die Lösungsversuche stark verändert haben. 3. Die Abweichungen von der jeweiligen Ausgangslage hängen mit einer in dieser angelegten Grundproblematik zusammen.[5]

In der Tatsache, daß wir - da beide auf das Medium der Schrift verzichteten - weder von Buddha noch von Jesus eigene schriftliche Zeugnisse besitzen, sondern unsere ältesten schriftlichen Quellen bereits um einige Zeit hinter der ursprünglichen Verkündigung der Stifter zurückliegen, sieht Buri kein Hindernis für die Demonstration seiner These eines auf beiden Seiten vorliegenden Abrückens von den Ursprüngen, sondern vielmehr eine erste Bestätigung. Die Erwartung des unmittelbar bevorstehenden Weltendes bei Jesus und seinen ersten Jüngern habe eine schriftliche Aufzeichnung der Lehre unnötig erscheinen lassen. Den entscheidenden Grund für den Verzicht auf das Medium der Schrift bei Buddha sieht Buri in dessen radikalem Verwerfen jeglicher Anhaftung an der Welt. Das Ausbleiben des Weltendes und die Sorge um die Bewahrung der Lehre Buddhas haben nach Buri dazu geführt, daß man in beiden Traditionen entgegen der ursprünglichen Voraussetzungen zur Verschriftlichung der Lehre überging.[6]

Der Übergang vom Wort zur Schrift ist nach Buri jedoch nur ein Indiz für die eigentliche Ursprungsproblematik in beiden Religionen. Diese läßt sich nach Buri als strukturell gleich erkennen und so zusammenfassen: 1. Die Lösung der Sinnfrage wird im Rahmen einer bereits vorhandenen Seinssicht gesucht. Der Lösungsansatz bleibt innerlich von diesem vorgängigen Erbe, auf dessen Grund er entstand, abhängig, obwohl er gleichzeitig mit diesem kollidiert. 2. Die so bereits in sich unausgewogene Lösung wird im Verlauf der weiteren Entwicklung in Frage gestellt.[7]

Im Falle des Buddhismus stellt sich dies nach Buri konkret so dar:
1. Buddha übernimmt die ihm vorgegebene Samsâra-Lehre als den Hintergrund seiner Beantwortung der Sinnfrage. Unter Berufung auf seine Erleuchtungserfahrung gestaltet er das mit der traditionellen Samsâra-Lehre verbundene Fernziel der Erlösung zu einer präsentischen Sinnerfüllungsmöglichkeit um. Der leidhafte Charakter des Samsâra beruht nach Buddha auf dem "Durst", dem von einer falschen Seinssicht (Nichtwissen) verursachten Haften an der Welt. Das die Dinge festhalten wollende Haften an ihnen erweist sich als vergeblich, da es in Wirklichkeit keine feststehenden Dinge gibt, sondern nur das ständige Entstehen und Vergehen nichtsubstantieller Wesenheiten (so Buris Verständnis des "pratîtyasamutpâda", den er also i. S. der Dharma-Theorie interpretiert). Aus dem seinsmäßigen Zusammenhang aller Wesen begründet sich das Erbarmen Buddhas, das ihn veranlaßt einen

---
[5] Vgl. ebd. 16.
[6] Vgl. ebd. 17.
[7] Vgl. dazu und zum folgenden ebd. 19-27.

Weg zu verkünden, der zur Erleuchtung und damit zum Nirvâna führt. Die Erkenntnis des "pratîtyasamutpâda" wird von Buddha für das Erreichen der Erlösung aus dem Samsâra vorausgesetzt. Die im "pratîtyasamutpâda" enthaltene Seinsauffassung stehe jedoch im Widerspruch zu der mit der Samsâra-Lehre verbundenen Seinsauffassung ("Kann Wiederverkörperung stattfinden, wenn es kein Individuum gibt, das wiederverkörpert werden könnte?"[8]), die nach wie vor den Hintergrund der Erlösungslehre liefere. Somit werde in der ursprünglichen buddhistischen Lösung der Sinnfrage unklar, ob die weiterhin beibehaltene Samsâra-Lehre nun nach wie vor als eine seinsmäßige Realität anzusehen sei, oder ob es sich bei ihr um eine Einbildung (Nichtwissen) handle.

2. Buddha lehnte die Klärung der mit seinem Lösungsversuch verbundenen metaphysischen Fragen ab, da dies nach seiner Auffassung nur zu neuer Weltverhaftung führe. Nach Buri verzichtet Buddha damit aber zugunsten der religiösen Praxis auf die Klärung genau jenes Seinsverständnisses, das die Praxis erst begründet. Mit dieser Situation habe sich die buddhistische Gemeinde denn auch nicht zufrieden geben können.

Die gleiche Problem-Struktur findet sich nach Buri im ursprünglichen Christentum:

1. Jesus fußt mit seiner Botschaft auf der vorgegebenen Erwartung des Messias und des Endgerichts. Seine besondere Einsicht besteht in der bei der Jordan-Taufe erhaltenen Offenbarung, daß er selbst zum künftigen Messias bestimmt sei. Die unmittelbare Naherwartung ist die seinsmäßige Grundlage seines Umkehrrufs und zugleich seiner Praxis, indem er durch den als Opfer verstandenen Gang ans Kreuz als leidender Gottesknecht die Äonenwende herbeizuführen versucht. Damit aber sei zugleich die traditionelle Vorstellung, die den Anbruch des Gottesreiches noch nicht im Vollzug sieht, in Frage gestellt.

2. Mit dem Ausbleiben des Weltendes wurde nun aber genau der Sinn jener Praxis problematisch, die Jesus aufgrund seiner Naherwartung gefordert hatte. Wie die Gemeinde Buddhas mußte nun auch die Gemeinde Jesu nach der Lösung einer unbefriedigenden Situation suchen.

Ohne daß er dies im Detail nachzuweisen versucht, versteht Buri nun die Geschichte beider Religionen als die Geschichte verschiedener Lösungsversuche der zwar je unterschiedlichen, aber strukturell ähnlichen Ursprungsproblematik. Auf beiden Seiten sei deren Lösung jedoch nie endgültig gelungen, sondern die entwickelten Lösungsversuche führten ihrerseits wiederum zu neuen Problemen.[9]

Während der Hînayâna-Buddhismus nach Buri den Weg der radikalen Weltentsagung einschlug (Buri sieht dies im Arahat-Ideal verkörpert) und

---

[8] Vgl. ebd. 22.
[9] Vgl. dazu und zum folgenden ebd. 27-36.

damit gegen die Anweisungen Buddhas verstoßen habe[10], versuchte der Mahâyâna-Buddhismus Weltentsagung mit Hingabe an die Welt zu verbinden (Buri sieht dies im Bodhisattva-Ideal verkörpert), was man mit der Shûnyatâ-Lehre begründete, der Auffassung vom Nichts hinter den weltlichen Phänomenen, aus der dann die Identität von Samsâra und Nirvâna gefolgert wurde. Sowohl durch die abhidharmischen Spekulationen des Hînayâna, als auch durch die Shûnyatâ-Philosophie sei jedoch das prinzipielle Schweigen Buddhas zu metaphysischen Fragen aufgegeben worden. Der Buddha selbst erfahre durch die mahâyânistische Buddhologie (Trikâya-Lehre) eine völlige Umdeutung und werde nun als Dharmakâya mit dem Nichts und mit der Erleuchtung indetifiziert.

Ähnlich interpretiert Buri die Entwicklung der frühen Christenheit zur Großkirche, die Entfaltung der Theologie mit ihren christologischen, trinitätstheologischen und eschatologischen Spekulationen als eine Wegbewegung von den ursprünglichen Voraussetzungen, deren Dynamik in dem Versuch gründe, eine sinnvolle Interpretation des Kerygmas angesichts der ausgebliebenen Parusie zu gewährleisten. Die jüngsten Entwicklungen in Christentum und Buddhismus (dort vor allem in der Philosophie der Kyoto-Schule), d.h. die Auseinandersetzung mit säkularistischen Weltanschauungen und die existential gerichteten Entmythologisierungsversuche, sind für Buri ein deutlicher Beleg dafür, daß es auf beiden Seiten bisher nicht gelang, die jeweilige Ursprungsproblematik zu lösen.

Mit diesem Resümee ist für Buri jedoch kein Vernichtungsurteil über Christentum und Buddhismus verbunden, vielmehr zeige sich gerade in den erfolglosen Lösungsversuchen ihre eigentliche Wahrheit.[11] Denn nach Buri läßt sich die Problematik der jeweiligen Ursprungssituation und die Problematik der Lösungsversuche als ein gemeinsames Grundproblem mit vier verschiedenen Dimensionen erschließen, in dem die grundsätzlichen existentialen Gegebenheiten des Menschen und die grundsätzlichen Möglichkeiten seines Selbstverständnisses positiv erkennbar werden. Die vier Dimensionen des Grundproblems sind für Buri 1. die Frage nach der *Erkenntnis*, 2. der Bereich der *Metaphysik*, 3. die *Soteriologie bzw. Ethik* und 4. die *Ge-*

---

[10] Kurios und von religionsgeschichtlicher Unkenntnis zeugend ist Buris in diesem Zusammenhang getroffene Bemerkung, daß der Hînayâna-Buddhismus seine weltflüchtige Option durch die Zusammenstellung des Pâli-Kanons legitimiert habe (vgl. ebd. 28). Diese These widerspricht zum einen der anderen These Buris, daß die Verschriftlichung der Lehre Buddhas gerade eine Gegenbewegung zu der mit der von Buddha verkündeten Anhaftungslosigkeit verbundenen Weltrelativierung sei. Zum anderen übersieht Buri die lange mündliche Tradition, die dem Verschriftlichungsprozeß vorausging. Zudem ist der Pâli-Kanon nicht der Kanon des Hînayâna, sondern die kanonische Sammlung nur einer hînayânistischen Schule (der Theravâda-Schule), der die kanonischen Sammlungen anderer hînayânistischen Schulen gegenüberstanden. Daß der Pâli-Kanon allein zum Zwecke der Legitimation der weltflüchtigen Option gedient habe, widerspricht großen Teilen seines Inhalts.

[11] Vgl. ebd. 36.

schichtsphilosophie. Die Dimensionen 2 - 4 lassen sich als die *materiale Seite* des Problems verstehen, während die 1. Dimension seine *formale Seite* darstellt.

In der *Erkenntnisfrage* gehe es um jenes Erkennen, das es beiden Religionen ermöglicht von Erlösung zu sprechen. Im Mahâyâna ist nach Buri die Erkenntnislage durch drei Punkte umrissen. Abgeleitet aus dem "pratîtyasamutpâda" und radikalisiert durch die Shûnyatâ-Lehre werde erstens das unheilsame Haften auf den Bereich des begrifflichen Denkens bezogen, so daß die Annahme von Objekten und die eines Subjekts für irrig gehalten werde.[12] Zweitens bestehe das Ziel der Versenkung darin, von jenem Irrtum einer Subjekt-Objekt-Spaltung frei zu werden, wobei das Ich seine Ichhaftigkeit und die Welt ihre Welthaftigkeit verliere, Subjekt und Objekt also zu einem Nichts werden. Drittens werde dann dieses Nichts als der "Ort" angesehen, an dem das "wahre Selbst" hervortrete und sich die Dinge zeigen könnten wie sie wirklich sind, womit also das Nichtwissen überwunden und Erleuchtung als wahre Erkenntnis realisiert wäre.

Da nach Buri aber jede Erkenntnis notwendig ein erkennendes Subjekt und ein erkanntes Objekt voraussetzt, steht für ihn der Erkenntnischarakter einer so verstandenen Erleuchtung in Frage. Das mahâyânistische Verständnis der Erleuchtung könne denn auch kein Kriterium mehr angeben, an dem sich die These prüfen lasse, daß die Dinge und das Selbst hier wirklich so erkannt würden, wie sie seien. Es lasse sich also in diesem Konzept nicht klären, ob es sich bei der "Erleuchtung" letztlich um wahre Erkenntnis oder um Illusion handle.[13] Wenn man innerhalb des Buddhismus versuche, die Erleuchtung als wahre Erkenntnis vom unerleuchteten, durch die Subjekt-Objekt-Struktur gekennzeichneten rationalen Erkennen als dem irrigen abzugrenzen, so müsse man sich dabei notwendig wieder des unterscheidenden, eben vom Subjekt-Objekt-Schema geprägten Denkens bedienen. Damit wäre aber die Autonomie der Erleuchtungserkenntnis gegenüber der rationalen Erkenntnis preisgegeben, und genau dies ist es, was Buri fordert. Die religiöse Erkenntnisproblematik lasse sich nur so lösen, daß ihre prinzipielle Unlösbarkeit rational erkannt und anerkannt werde. Das rationale, notwendig mit dem Subjekt-Objekt-Schema arbeitende Denken sei zwar nicht in der Lage, sich von sich selbst zu dispensieren und dennoch eine Form des Denkens zu bleiben, es könne aber seine Grenzen insofern erkennen, als daß es an nichtobjektivierbare Gegebenheiten stößt. An diesen Grenzen sei die immer und notwendig objektivierende Begrifflichkeit *symbolisch* zu deuten. Durch die Einführung der symbolischen Interpretation werde es möglich, den Grenzen des Denkens Rechnung zu tragen, ohne dieses selbst zu verabschieden.[14]
Vor das gleiche Problem gerate das Christentum mit seiner Gegenüberstellung von natürlicher, vernunftgeleiteter Gotteserkenntnis und geistgewirk-

---
[12] Vgl. ebd. 28 u. 37.
[13] Vgl. ebd. 37f.
[14] Vgl. ebd. 394f.

tem Offenbarungsglauben, da es hier ebenfalls kein Kriterium für die Wahrheit des "Glaubenswissens" gebe, das nicht selbst wiederum der natürlichen Erkenntnis entlehnt sei und damit die Autonomie der Offenbarung bedrohe.[15] Buri schlägt daher die gleiche "Lösung" vor wie im Falle des Buddhismus und folgert für beide: "Erleuchtung und Heiliger Geist sind die formalen Symbole für das Symbolwerden-Können jedes eine Objektivierung eines Nichtobjektivierbaren darstellenden Begriffs des unterscheidenden Denkens. Als die formalen Symbole aller inhaltlichen Symbole sind sie deren Voraussetzung und in deren Verwendung ständig in Rechnung zu stellen."[16] Jede religiöse Aussage in den Bereichen Metaphysik, Soteriologie bzw. Ethik und Geschichtsphilosophie kann für Buri daher sinnvoll nur als symbolische Aussage verstanden werden. Da die inhaltlichen Probleme in diesen Bereichen nach Meinung Buris letztlich auf unzulässige Objektivierungen zurückgehen, lassen sie sich, wenn gleichzeitig der Irrationalismus vermieden werden soll, nur durch die symbolische Interpretation lösen.

Was nun die *metaphysischen* Grundlagen des Mahâyâna betrifft, nennt Buri wiederum drei Grundzüge: Erstens die Interpretation der Wirklichkeit als "Leere" bzw. "Nichts", zweitens die Identifikation der Leere (und damit der Wirklichkeit) mit dem wahren Selbst des Erleuchteten und drittens die Identifikation Buddhas i. S. des Dharmakâya mit der wahren Wirklichkeit und dem wahren Selbst. Die Problematik dieser Metaphysik liege darin, daß auf ihrer Grundlage keine Unterscheidung von Erleuchteten und Unerleuchteten mehr möglich sei, bzw. daß wenn es diese Unterscheidung nach wie vor geben soll, nicht beide in gleicher Weise das "Nichts" sein können, oder, wenn es die Unterscheidung zwischen Erleuchteten und Unerleuchteten nicht mehr geben soll, die Erleuchtung gar nicht mehr notwendig sei. Darüber hinaus werde nicht mehr unterscheidbar, ob das "Nichts" eine ontologische oder eine existentiale Kategorie darstelle.[17]

Innerhalb des Christentums stelle sich das metaphysische Problem so dar, daß die ontologische Unterscheidung von Schöpfer und Schöpfung mit der gegebenen Beziehung zwischen beiden notwendig eine Definition von Gottes Sein impliziere. Das versuche die negative Theologie zu vermeiden, verfalle dabei jedoch der Konsequenz, letztlich gar nichts mehr von Gott sagen zu können. Die positive Theologie gerate andererseits vor das Problem der Theodizee, da die Allmacht des Schöpfers notwendig auch auf das Chaos und das Böse in der Schöpfung bezogen werden muß.[18]

Die Auffassung von der Vollendung der Schöpfung am Ende der Zeit, in der die Chaosmächte überwunden seien und die vollkommene Gestalt des Seins erreicht sei, rücke das christliche Transzendenzverständnis auf die Seite des Seins im Gegensatz zu der buddhistischen Auflösung von Transzendenz

---

[15] Vgl. ebd. 39f u. 392ff.
[16] Ebd. 394.
[17] Vgl. ebd. 41.
[18] Vgl. ebd. 41f.

im Nichts. Dieser Unterschied markiert nach Buri trotz aller Ähnlichkeiten im Erkenntnisweg der christlichen Mystik mit dem Buddhismus ihre bleibende Differenz, insofern der christliche Mystiker immer die Einheit mit Etwas anstrebe.[19] Stehe der Buddhist in der Gefahr, Transzendenz in das Selbst zu vereinnahmen und beides im Nichts untergehen zu lassen, so tendiere das Christentum zu einer mythologischen, überweltlichen Lokalisierung von Transzendenz.[20]

Nach Buri kann weder das Sein des Seienden noch das Selbst als Subjekt vom Denken adäquat erfaßt werden, da das Denken beides notwendig immer zum Objekt macht. Gerade wegen seiner Subjekt-Objekt-Struktur sei das Denken jedoch in der Lage, diese seine Begrenztheit zu erkennen. Sein und Selbst müßten daher als nur symbolisch bezeichenbare Geheimnisse stehen gelassen werden.[21] Der mit der symbolischen Interpretation angezeigte Geheimnischarakter von Sein und Selbst nötige jedoch keineswegs nur zum Schweigen, sondern eröffne auch die Möglichkeit des Fragen-Könnens und Fragen-Müssens nach Sinn und Sinnverwirklichung. Da es das Selbst ist, dem angesichts des Seinsgeheimnisses die Sinnfrage bewußt werde, und da es das Selbst ist, das sie beantworten und ihre Antwort verwirklichen muß, läßt sich nach Buri von einer "besonderen Sinnoffenbarung" sprechen, die nicht den Sinn des Seienden im ganzen betrifft, sondern den Sinn wahren Selbstseins. Berücksichtigt man hierbei die symbolische Bedeutung von "Selbst", so ist "das wahre Selbst... das seine Bestimmung zum Sich-selber-Verstehen erfüllende Selbst... . Nur als dieses sich selber zu verstehen versuchende Wesen ist es wahres Selbst."[22] Das gerade *in* dem Prozeß beständiger Suche nach seinem Selbstverständnis zu sich kommende Selbst bleibe sich sowohl der Unvermeidlichkeit und Notwendigkeit von Objektivierungen als auch der Begrenzung des objektivierenden Denkens bewußt. So könne es der Gefahr, Gott zu verobjektivieren, dadurch entgehen, daß es das Reden von Gott als Symbolisierung seines Selbstverständnisses interpretiert. In gleicher Weise ist es durch die Anerkennung der symbolischen Rede nicht genötigt, Transzendenz im Nichts aufgehen zu lassen und dabei Buddha und das wahre Selbst mit dem Nichts zu identifizieren. Positiv gewonnen ist damit, daß durch die Vermeidung selbstentfremdender Verobjektivierung weder das Nichts noch das Seinsgeheimnis als der "Ort" des Daseinssinnes verstanden werden muß, sondern allein das Selbst. "Es hat sich zu entscheiden, wie es sich verstehen will. Dieser Stellungnahme kann es sich weder durch Schweigen entziehen, noch wird sie ihm von einem Gott abgenommen."[23] Nur in erkenntnistheoretischer Hinsicht bzw. nur angesichts der Begrenztheit objektivierenden Denkens erscheinen Sein und Selbst wegen ihrer Nichtobjektivierbarkeit beide als "Nichts". Aber ontologisch sind sie voneinander unterscheidbar, indem sich das Selbst in seiner Bezogenheit auf

---

[19] Vgl. ebd. 396ff.
[20] Vgl. ebd. 8f u. 404.
[21] Vgl. dazu und zum folgenden ebd. 396-404.
[22] Ebd. 399.
[23] Ebd. 402.

das Seinsgeheimnis seiner Bestimmung zum Selbstsein bewußt wird, und sich in der Bewußtwerdung dieser Bezogenheit nicht als der Urheber des Seins erfährt, aber auch nicht seinen eigenen Sinn vom Seinsgeheimnis ableiten kann, sondern in seiner Bezogenheit auf das bleibende Seinsgeheimnis erkennt, daß es gezwungen und freigesetzt ist, über sich und seinen Sinn selbst zu entscheiden. In diesem symbolischen Verständnis lassen sich nach Buri Buddha und Christus sowohl vom Nichts bzw. Seinsgeheimnis als auch vom wahren Selbst unterscheiden, indem sie als Symbole für die Vermittlung jener besonderen Sinnoffenbarung im Selbstwerden-Können und Selbstwerden-Müssen verstehbar sind.

Damit kommt Buri zum dritten Bereich des Grundproblems, dem der *Soteriologie und Ethik*, der nach seiner Meinung auf dem anthropologischen Verständnis aufruht und daher zunächst in der gleichen Weise von der metaphysischen Problematik betroffen ist.[24] Im soteriologischen Bereich spitze sich das Grundproblem in der Frage nach Selbst- bzw. Fremderlösung zu. Während der historische Buddha eine "ohne Beihilfe zu bewerkstelligende Heiligkeit" verkündet und Jesus die Erfüllung der von ihm noch verschärften Gesetzesforderungen als unerläßlich für das Bestehen im Endgericht angesehen habe, komme es im Mahâyâna-Buddhismus mit der Einführung des Bodhisattva-Ideals und der neuen Buddhologie ebenso zur Frage nach dem Verhältnis von Selbst- und Fremderlösung wie im Christentum, wo diese Problematik eine Folge des Ausbleibens der Parusie und der dadurch veränderten Heilsdeutung gewesen sei.[25] Die Geschichte beider Religionen habe keine Lösung dieser Frage zuwege gebracht, sondern nur unterschiedliche Kompromisse. Die radikalen Lösungsversuche zugunsten der Fremderlösung bei Luther und bei Shinran bleiben nach Buri ethisch fragwürdig und seien besonders anfällig für Säkularisierungstendenzen, in denen in der Gestalt des Fortschrittsglaubens eine neue Variante der unterdrückten Selbsterlösungstendenz wieder auflebt, die ihrerseits aber wieder neuen Enttäuschungen ausgesetzt bleibe.

Die Ursache für die Unlösbarkeit des Problems von Selbst- und Fremderlösung liegt für Buri wiederum im Hin- und Herschwanken zwischen Verobjektivierung und Nicht-Objektivierung, also im Mangel an symbolischem Verständnis. Die unvermeidlichen Objektivierungen könnten dagegen als Symbole eines Selbstverständnisses gedeutet werden, in dem das Selbst "sich in seinem innerlichen Vollzug wie in einem ihm entsprechenden, sich von ihm bestimmen lassenden äußeren Verhalten als auf ein nicht in seiner Verfügung stehendes gnädiges Geschick, auf eine besondere Offenbarung des Seinsgeheimnisses und dessen Gelingenlassen unseres unabdingbaren eigenen Einsatzes angewiesen versteht."[26] Bei einem solchen symbolischen Verständnis des "In-Christus-Seins" oder des Bodhisattva-Gedankens eröffne sich zugleich die eschatologische Perspektive, insofern es im Selbstvollzug

---
[24] Vgl. ebd. 404-407.
[25] Vgl. ebd. 409ff.
[26] Ebd. 413.

um die je aktuelle Realisation eines auf Zukunft hin gerichteten Verhaltens geht.

Damit leitet Buri über zum vierten Bereich des Grundproblems, dem *Verständnis von Geschichte*. Der Mahâyâna-Buddhist begründe die von ihm angestrebte Haltung des Freiseins von der Welt mitten in der Welt mit der Identität von Samsâra und Nirvâna. Da diese Identität jedoch nur über die Auflösung aller Unterscheidungen im Nichts hergestellt werde und dies Inhalt und Ziel der Versenkungserfahrung sei, blieben die ethischen Gebote konkreten geschichtsbezogenen Handelns der Versenkung untergeordnet. Daher fehle der buddhistischen Auffassung von Welt und eigenem Selbst, sowie dem Verhalten gegenüber den Mitwesen "ein letzter Ernst, ein letztes Engagement und eine letzte Verantwortlichkeit. Dem allem entzieht sich der Buddhist in eine letzte Unverbindlichkeit..."[27] Im Rahmen der geschichtsphilosophisch grundlegenden Identität von Nirvâna und Samsâra werde jede Aussicht auf eine Veränderung der Welt illusorisch.[28]

Obwohl Buri dem Christentum eine stärkere Weltzugewandtheit zuspricht als dem Buddhismus, die er auf den Schöpfungsglauben und vor allem auf das Ausbleiben der Parusie zurückführt, sei doch auch dessen Geschichtsmetaphysik nicht minder problematisch, da sie zwischen Jenseitshoffnung oder immer wieder neu aufflackernden Vorstellungen von einer Wiederkunft Christi und einem Fortschrittsglauben schwanke, der das historische Christusereignis triumphalistisch interpretiere.[29] Ist nach Buri für den Buddhisten die im Mitleid begründete Weltzugewandtheit durch das Anhaftungsverbot eingegrenzt, so stehe der Christ in der Gefahr, seinen Willen mit dem Willen Gottes zu verwechseln und aus dem Reich Gottes ein Kulturideal zu machen.[30]

Buddhismus und Christentum zielten letztlich beide auf je eigene Weise darauf ab, ihre Lösung der Sinnfrage des Daseins durch eine Geschichtsmetaphysik zu rechtfertigen. "Durch das Bild, das man sich von der Geschichte macht - ganz gleich, ob es in bezug auf den Sinn des Ganzen positiv oder negativ ausfällt, oder in der Kombination beider Beurteilungen besteht - möchte man in den Besitz einer Garantie für die Möglichkeit einer Sinnerfüllung des Daseins gelangen."[31] Den Objektivierungen der ursprünglichen Hauslosigkeit Buddhas, die diese zu einem metaphysischen Palast ausgebaut hätten, und den Objektivierungen der Botschaft Christi vom Weltende, die zum kirchengründenden Glaubenssystem geführt hätten, stellt Buri das symbolische Verständnis des Schweigen Buddhas und des Kreuzes Christi entgegen.[32] Im Schweigen zu metaphysischen Fragen habe Buddha seine

---
[27] Ebd. 45.
[28] Vgl. ebd. 419.
[29] Vgl. ebd. 45ff.
[30] Vgl. ebd. 421.
[31] Ebd. 422.
[32] Vgl. ebd. 422ff.

Hauslosigkeit bewährt, und im Gang ans Kreuz wollte Jesus in den Geschichtsverlauf aktiv eingreifen. Existential interpretiert könne dieses Schweigen besagen, daß weder aus dem Seinsgeheimnis noch aus der Geschichte ein letzter Grund und Sinn ableitbar ist. Doch sei die Geschichte zugleich der Ort, an dem der Mensch spricht, d.h. nach seinem Selbstverständnis fragt, sich in einer bestimmten Weise interpretiert und entsprechend handelt. Das Kreuz Christi stehe wegen des Ausbleibens der beabsichtigten Wende seinerseits für die Unmöglichkeit einer allgemeinen Ausweisbarkeit des Daseinssinnes. Positiv gewendet aber korreliert dem Schweigen Buddhas und dem Kreuz Christi der Aufruf zum Begehen des Achtfachen Pfades und der Ruf Jesu, ihm in der Hingabe des Lebens nachzufolgen. "Weder in dem einen noch in dem anderen Fall handelt es sich um eine... in sich bestehende Geschichtsmetaphysik, sondern um Symbole von Selbstverständnis, die aus dessen Vollzug erwachsen und in seinem Nachvollzug wirksam werden."[33]

Buri will mit seinem Symbolverständnis eine Korrektur am traditionellen Verständnis der jeweiligen Lehren vornehmen[34], die einer säkularen Welt Rechnung trägt, "in der die einander gegenseitig bestreitenden Ansprüche des Buddhismus und des Christentums auf exklusive und zugleich universale Heilsbedeutung zu einem Anachronismus geworden sind."[35] In seiner Auseinandersetzung mit den einzelnen Philosophen der Kyoto-Schule verfährt Buri so, daß er deren Christentumskritik häufig zustimmt, einen buddhistischen Superioritätsanspruch jedoch durch den Aufweis der Beiderseitigkeit jener von ihm entfalteten vierfachen Grundproblematik zurückweist. Darüber hinaus kritisiert er die existentialen Interpretationen der buddhistischen Tradition durch die Kyoto-Philosophen als unzureichend, indem er stets jeder Rede von einem nicht-objektivierenden Denken den Einwand entgegenhält, daß Denken nun einmal notwendig immer objektiviere und anderenfalls kein Denken mehr sei. So versucht er in den buddhistischen Aussagen nachzuweisen, daß sie entgegen ihrer erklärten Absicht, doch immer wieder objektivieren, und stellt dem sein symbolisches Verständnis objektivierender Rede entgegen. Seine konkrete Kritik an der Philosophie der Kyoto-Schule hat er in vier Punkten zusammengefaßt: 1. Mit der Diskreditierung des Subjekt-Objekt-Schemas komme es zu einem Verlust erkenntnistheoretischer Kriteriologie. 2. Die Spekulationen über das Nichts führten zu einer Ontologisierung des Selbst. 3. Die Eskamotierung des empirischen Ichs mache die Entwicklung einer Ethik problematisch, da hier das empirische Ich notwendig Träger des Tuns sei. 4. Die Idee einer universalen Harmonie mache das Geschichtsverständnis illusorisch.[36]

Im Rahmen dieser Kritik bringt Buri immer wieder die gleichen, von ihm systematisierten Begründungen vor: in der buddhistischen Metaphysik werde

---
[33] Ebd. 429.
[34] Vgl. ebd. 399.
[35] Vgl. ebd. 431 u. 442.
[36] Vgl. ebd. 464.

eine Unterscheidung des Selbst unmöglich (sowohl vom Sein selbst und von anderen Seienden, als auch i. S. eines Fortschritts vom unerleuchteten zum erleuchteten Selbst); aus der Ontologie und speziell der buddhistischen lasse sich keine Ethik ableiten (insofern ontologische Selbstlosigkeit noch keine sittliche Selbstlosigkeit sei); die buddhistische Geschichtsphilosophie tendiere zur Sanktionierung des Bestehenden. Der Schwerpunkt seiner Einwände liegt jedoch, wie es denn auch seiner Charakterisierung als formaler Problematik aller dieser drei genannten materialen Problemkreise entspricht, auf dem Erkenntnisproblem. Buri erklärt jede Ablehnung des Subjekt-Objekt-Schemas im Denken für sinnlos und notwendig aporetisch, weil diese Ablehnung gerade mittels des gegenständlichen Denkens begründet und vollzogen werde, und sich, wie die trotz der Normativität des Schweigen Buddhas unternommenen metaphysischen Spekulationen zeigten, auch nicht durchhalten lasse. Auf den buddhistischen Gegeneinwand (dessen Buri sich voll bewußt zeigt), daß diese Kritik logisch nur auf dem Boden des gerade abgelehnten objektivierenden Denkens möglich sei, kontert Buri mit Immunisierungsverdacht und stellt fest: "Mit 'Erleuchteten' läßt sich nicht diskutieren, denn was sich als kritische Einwände gegen ihre Erleuchtung vorbringen läßt, rührt nach ihnen vom Nicht-erleuchtet-sein her..."[37]

Womit sich Buri in triumphalistischer Sicherheit wiegt, wird aber gerade zur entscheidenden Gegenfrage an ihn: Kann der Sinn des Dialogs zwischen Christentum und Buddhismus im "Diskutieren" liegen? Ist die für eine Diskussion nötige gemeinsame Verständnisbasis bereits hinreichend eruiert? Waldenfels ist in seinem Ansatz davon ausgegangen, daß gerade dies immer noch fraglich sei.[38] Verbirgt sich hinter der Feststellung Buris, daß man mit Erleuchteten nicht diskutieren könne, nicht die hermeneutisch relevante, bei Buri jedoch konsequenzenlose Erkenntnis, daß deren Reden offensichtlich anderer Art ist – was jedoch gerade dann noch nicht von vornherein Irrationalismus bedeuten muß, wenn es auch auf dem Weg über den rationalen Diskurs Erfahrung eröffnen will und sich somit durchaus auch der Eröffnung eines verstehenden Zugangs verpflichtet zeigt. Waldenfels hat Buri denn auch zu Recht vorgeworfen, daß er jeden Versuch unterlasse, dem Bemühen der Kyoto-Philosophen um eine Überwindung der Subjekt-Objekt-Spaltung irgendein Verständnis abzugewinnen und den Grund für dieses Bemühen zu klären. "Wenn Buri... die im Denken der Kyotoer Philosophen nicht immer deutlich unterschiedenen Ebenen der Erkenntnis und des 'mystagogisch-theologischen' Vollzugs seinerseits einseitig dem objektivierenden Erkenntnisprozeß zuschreibt, muß er fast durchweg die Sinnspitze der Rede von einer Überwindung der Subjekt-Objekt-Spannung verfehlen."[39] Und Waldenfels hat in seinem Ansatz gezeigt, daß die Berücksichtigung des auf Erfahrung bzw. Praxis zielenden mystagogischen Redecharakters keineswegs den

---

[37] Ebd. 187.
[38] Vgl. oben S. 267.
[39] H. Waldenfels, (Rezension zu) F. Buri: Der Buddha-Christus als der Herr des wahren Selbst, in: NZM 39 (1983) 141-146, hier 143.

Verzicht auf eine kritische Kriteriologie bedeuten muß, an der sich Erleuchtungsansprüche bemessen lassen können.[40]

Die Arbeit Buris erweckt nicht nur den Eindruck, daß er an der Intention der Philosophie der Kyoto-Schule vorbei argumentiert, sondern auch, daß er die Buddhismusinterpretation gewaltsam in sein vorgefaßtes Interpretationsschema einordnet. In der Darstellung des Verhältnisses von Hînayâna und Mahâyâna macht sich Buri auf unkritische Weise die Polemik gegen den Heilsindividualismus des Hînayâna zu eigen, worin er nicht nur im generellen Trend christlicher Apologetik liegt, sondern speziell von Albert Schweitzer abhängig ist, dessen Auffassung jedoch seinerseits auf den Urteilen des frühen apologetischen Religionsvergleichs aufruht.[41] Die Erfahrungen im Dialog mit dem Theravâda-Buddhismus dürften jedoch zur Genüge gezeigt haben, daß eine solche Auffassung heute nicht mehr ohne weiteres aufrecht erhalten werden kann. Auch unabhängig davon hätte Buri in dieser Frage doch vorsichtiger sein können: Woher weiß er denn z.B. von der ursprünglichen Forderung Buddhas nach universalem Mitleid, von der dann der Hînayâna-Buddhismus angeblich abgerückt sei, anders als aus dem Pâli-Kanon, also der kanonischen Sammlung einer Hînayâna-Schule?

In der Deutung der buddhistischen Ursprungsproblematik fußt Buri allein auf der höchst ungesicherten und fragwürdigen These, daß die Dharma-Theorie bereits den metaphysischen Hintergrund von Buddhas Erlösungslehre und Ethik darstelle. Die einseitig metaphysische Interpretation des "pratîtyasamutpâda" verbietet sich jedoch schon von dessen inhaltlicher Gestalt her. Die z. B. von dem Kyoto-Philosophen Takeuchi vorgelegte existentialistische Deutung der urbuddhistischen Soteriologie wird von Buri denn auch gar nicht weiter mit seiner eigenen konfrontiert, sondern als subjektive Auslegung Takeuchis in einer sonderbaren Bedeutungslosigkeit stehen gelassen. Gerade hier aber hätten sich entscheidende Korrekturen an Buris Interpretation der buddhistischen Ursprungsproblematik aufgetan. Ebenso bezeichnend ist es, wie Buri auf die von Nishitani vorgelegte Interpretation der Samsâra-Lehre reagiert, die doch nach Buri wesentlichen Anteil an der Ursprungsproblematik haben soll. Nach Nishitani fällt die Samsâra-Lehre als mythologische Vorstellung durchaus unter die Kritik, eine vorwissenschaftliche Illusion zu sein[42], doch beansprucht Nishitani für den Buddhismus, daß dieser schon immer den Schwerpunkt auf die existentielle Komponente gelegt habe und den Samsâra als Bild für eine "unendliche Endlichkeit" verstand, die nur dem begrifflichen Denken als Unsinn erscheine, sich aber dem existentiellen Problem der Endlichkeit mit letzter Radikalität stelle. Denn wenn mit dem Ende des Lebens auch der Tod entschwinde, werde die Endlichkeit allen Seins nicht mehr als dessen innerster Wesenszug offenbar. Erst in der Vorstellung einer "unendlichen Endlichkeit", eben in der Idee des Samsâra, werde die Endlichkeit zu einem so radikal gefaßten Problem, daß schon

---
[40] Vgl. oben S. 279.
[41] Vgl. Buri, Der Buddha-Christus... a.a.O. 83 u. 403.
[42] Vgl. dazu: Nishitani, Was ist Religion?, a.a.O. 265-275.

mitten im Leben die Transzendierung der Endlichkeit erforderlich werde. Insofern zeige sich hier also Endlichkeit "wie sie ist", nämlich als zur Transzendierung nötigend (und diese Auslegung Nishitanis deckt sich in der Tat mit dem inneren Duktus vieler kanonischer Textzeugnisse, in denen Buddha vom Samsâra nur unter der Perspektive seiner grundsätzlichen Überwindung spricht und mit Hilfe der Lehre vom Samsâra die Unmöglichkeit einer Lösung des Todesproblems durch die Hoffnung auf neue Geburt demonstriert). Auch hier verweist Buri lediglich wieder auf den erkenntnistheoretisch ungesicherten Charakter dieser Aussage, auf die Frage nach dem Subjekt dieser Erkenntnis und auf die gegenständliche Begrifflichkeit, mit deren Hilfe sie getroffen wird, ohne sich mit dem gerade hierbei überdeutlich ausgewiesenen existentiellen Anliegen Nishitanis auseinanderzusetzen.[43]

Buri braucht den Gegensatz zwischen Metaphysik und Existenzverständnis, da seine Argumentation von diesem Gegensatz lebt. Die dem Buddhismus durchgängig unterstellte Ableitung von Soteriologie und Ethik aus der Metaphysik, die dann von Buri als undurchführbar gebrandmarkt wird, da jede Metaphysik vor das unlösbare Seinsgeheimnis gerate, ist jedoch äußerst fraglich, ja, wie auch Waldenfels meint, liegt vielmehr die umgekehrte Deutung nahe, bzw. eine enge Wechselbeziehung zwischen Seinsdenken und Heilsweg.[44] So ist es denn auch typisch, daß es Buri selbst ist, der den ontologischen Charakter der buddhistischen Aussagen hinsichtlich des Nichts behauptet und dies aus dem objektivierenden Charakter allen Denkens begründet, ungeachtet aller buddhistischen Selbstaussagen, daß in der Rede vom "absoluten Nichts" die Subjekt-Objekt-Spaltung nicht unterstellt werden darf. Daß alle Sprache und Begrifflichkeit in sich allein verobjektivierend bleibt, ist ein gerade von der Kyoto-Philosophie gehaltenes Argument. Aus eben diesem Grunde wird denn auch nach einer Sprech- und Denkweise gesucht, die zur Erfahrung des Nichtobjektivierbaren hinleitet. Charakteristisch dafür, wie Buri über diese Intention hinweggeht und insofern etwas einklagt, was auf buddhistischer Seite längst vorausgesetzt ist, ist seine Reaktion auf die von Abe gegebene Erläuterung der Shûnyatâ-Lehre.[45] Abes zentrale These, daß das "absolute Nichts" bzw. die "Leere" letztlich nicht begrifflich erfaßt werden kann, da alles begriffliche Denken notwendig im Modus relativer Disjunktionen und Negationen verbleibe, und daher nur existentiell zu realisieren sei, wird von Buri mit der Kritik belegt, daß Abe dies selber wieder in Begriffen ausdrücke und damit gerade das bestätige, was er überwinden wolle. So übersieht Buri, daß auf buddhistischer Seite die Möglichkeit von Sprache und begrifflichem Denken zur Selbsttranszendenz vorausgesetzt ist, und die Leistung der Shûnyatâ-Lehre gerade darin

---

[43] Vgl. Buri, Der Buddha-Christus... a.a.O. 236f.
[44] Vgl. dazu auch die Bemerkung von Waldenfels, "daß Logik und Ethik in der Argumentation des fernöstlichen Denkens eigenartig miteinander verflochten sind, ja daß letzten Endes die Logik im Dienste eines - im weitesten Sinne - ethischen Verhaltens steht, dieses aber dann u. U. terminologisch ins Metaphysische abgleitet..." (so Waldenfels in seiner Einleitung zu Hisamatsu, Atheismus, a.a.O. 217).
[45] Vgl. Buri, Der Buddha-Christus... a.a.O. 371f und zu Abe oben S. 272ff.

erblickt wird, einen - wenn auch negativen - Weg gezeigt zu haben, mittels Sprache und Denken über einen dualistisch verhafteten Wirklichkeitszugang hinauszufinden. Nicht-ojektivierendes Denken ist also nur möglich als ein sich selbst transzendierendes, über sich hinaus in die Erfahrung verweisendes, *paradoxes* Denken. Für Buri aber ist jedes Reden von "Sein" und "Nichts", das nicht explizit in seinem Sinn als "symbolisch" gekennzeichnet wird, automatisch Metaphysik und wird als solche kritisiert. So fragt Buri auch gar nicht erst weiter, was der Buddhist denn meine, wenn er sagt, daß sich dem Erleuchteten die Dinge zeigen, wie sie sind. Er klagt zwar mit konstanter Regelmäßigkeit eine *erkenntnistheoretische* Kriteriologie für das "sich Zeigen der Dinge wie sie wirklich sind" ein, doch nimmt er das *existentielle* Kriterium der Anhaftungslosigkeit und des dieser korrespondierenden Mitleids überhaupt nicht zur Kenntnis, demzufolge nach buddhistischer Auffassung die Erkenntnis der "Leere" sich in der inneren Freiheit von der Vergänglichkeitsproblematik und der Freiheit zum nicht mehr unterscheidenden und damit auch nicht mehr egozentrischen Mitleid erweist.

Buris Thesen sind, was ihren formalen Aspekt betrifft, nicht weniger immunisiert als die von ihm kritisierte Position des "Erleuchteten". Auch er will ja angesichts nichtobjektivierbarer Gegebenheiten dem notwendig objektivierenden Denken eine Grenze weisen. Sein Versuch, dieses durch die symbolische Interpretation der Objektivierungen dennoch in sein Recht zu setzen, gerät unausweichlich in einen infiniten Regress, wenn nach dem rational feststellbaren, objektiven Angelpunkt des Symbolischen gefragt wird. Denn in Buris Ansatz bleibt hier nur der Weg offen, jedes Symbol auf ein anderes Symbol zurückzuführen. So würde auch Buri gar nichts anderes übrig bleiben, als in dem zu enden, was dann gegenüber diskursivem, objektivierendem Denken als "Nichts" erscheint. Kündet sich dieser Regress denn nicht auch tatsächlich darin an, daß Buri die symbolische Interpretation auf ein Selbstverständnis zurückführt, in dem das "wahre Selbst" wiederum Symbol ist für ein "sich selber zu verstehen versuchendes Wesen"?[46] Es ließe sich doch weiter fragen, wer hier was zu verstehen versucht, und wieweit er dabei denn kommt. Buri hebt das, was hier zugleich Subjekt und Objekt ist, in die Freiheit zur Selbstinterpretation auf. Aber ist Freiheit dann nicht wiederum nur Symbol, und wer ist das Subjekt dieser Freiheit? Und ist die in Freiheit vollzogene Selbstinterpretation des "wahren Selbst" dann eine objektivierbare Festlegung (was Buri anscheinend nicht will), oder ist sie lediglich das Bekenntnis zu ihrer Freiheit (die damit freilich nie zu einer Entscheidung kommt)? Hier zeigt sich also auch bei Buri eine Sackgasse des objektivierenden Denkens, aus der durch den Symbolbegriff solange nicht zu entkommen ist, als nicht der Überstieg des Denkens und Sagens in die konkrete Ebene des Existenzvollzugs gewagt wird. Gerade hier scheint Buri jedoch, indem er das "wahre Selbst" im *Versuch* des Selbstverständnisses enden läßt, weit hinter dem zurückzubleiben, was für Christen und Buddhisten nun einmal nicht nur als "Versuch", sondern als konkret

---
[46] Vgl. Buri, Der Buddha-Christus... a.a.O. 399.

verheißene Erfüllungsmöglichkeit wahrer existentieller Realisation geglaubt und erkannt wird. Ob durch eine Integration des rationalen Denkens in diesen religiös bestimmten Realisationsprozeß der christliche Glaube und die buddhistische Prajñā ihrer religiösen Autonomie beraubt werden, wie Buri meint (wobei dann bei Buri auch fraglich bleibt, ob mit der Forderung nach der Preisgabe dieser Autonomie nicht letztlich der Relativismus als Agnostizismus dogmatisiert wird), ist jedoch auch von ihm nicht bewiesen, sondern eine altbekannte Behauptung, deren Fragwürdigkeit gerade angesichts der auch von Buri eingestandenen Grenzen rationaler Erkenntnis offensichtlich ist. In Buris Skepsis gegenüber der Autonomie religiöser Erkenntnis, die er letzlich nur durch Irrationalismus für stützbar hält, dürfte denn wohl auch der Grund dafür liegen, daß seine Auseinandersetzung mit dem von Buddha positiv verkündeten Heilsweg und dessen Bezug zum buddhistischen Existenzverständnis so dürftig ausfällt. Wenn die Ratio schon weiß, was wißbar und wie es wißbar ist, braucht sie natürlich nicht mehr hinzuhören. Inhalt und Erkenntnisweg jeglichen "Wissens" werden hier dogmatisch auf rationales Wissen begrenzt. Insofern erweist es sich bei der Suche nach einem christlichen Verständnis der buddhistischen Heilsbotschaft als hermeneutisch bedenklich, nur erkenntniskritisch vorzugehen, ohne die inhaltliche Seite dessen, was als Erkenntnis gilt, hinreichend zu berücksichtigen. Und angesichts des Autonomie-Anspruchs religiöser Erkenntnis verdient gerade das besondere Beachtung, was deren Inhaltlichkeit ausmacht.

Vor das Problem des Autonomie-Anspruchs im religiösen Bereich und die damit verbundenen Probleme interreligiöser Hermeneutik gerät auch der auf die Eigenart der Glaubenslogik konzentrierte Ansatz Klaus Ottes, der als nächster vorgestellt und untersucht werden soll.

3.4.2 Klaus Otte

Anläßlich einer gemeinsam angefertigten Übersetzung des Tannishô[47] hat Klaus Otte einen kurzen, aber für die hermeneutische Fragestellung wichtigen Dialog mit dem Buddhisten Ryogi Okochi vorgelegt.[48] Die konkreten Übersetzungsprobleme führten die beiden Autoren von den rein philologischen Schwierigkeiten zu dem grundsätzlichen Problem der Vermittlung religiös/kulturell gebundener Ausdrucksformen, worüber sie in einem beigefügten Gesprächsgang Auskunft geben.[49]

---

[47] Das Tannishô gehört zu den wichtigsten Schriften des Jôdo-Shin-Buddhismus. Es ist eine von einem Schüler Shinrans verfaßte und kommentierte Kompilation verschiedener Äußerungen Shinrans. Zum Buddhismus Shinrans siehe unten S. 605-654.
[48] Ryogi Okochi, Klaus Otte, Tan-ni-sho. Die Gunst des Reinen Landes. Begegnung zwischen Buddhismus und Christentum, Bern 1979.
[49] Vgl. ebd. 63-136.

Mit der im Vergleich zum Zen-Buddhismus relativen Unbekanntheit des Jôdo-Buddhismus[50] in Europa einerseits und den auffallenden Analogien zwischen Jôdo und Christentum, besonders dem der Reformation, andererseits, sehen die Autoren das Übersetzungsproblem eingebettet in die Frage nach der Differenz von Fremdheit und Vertrautheit bzw. nach jener Identität des Nichtidentischen, die eine Grundlage für das interreligiöse Verstehen liefert. Gegenüber den allzu vordergründigen Identifikationen und Kontrasten des Religionsvergleichs formuliert Otte die hermeneutische Aufgabe so: "Wir müssen die Strukturen und Denkmethoden der uns fremden Religion und Kultur wie etwas total Neues erlernen. Wir müssen überhaupt erst einmal Kriterien finden, mit denen das total Andere zur Geltung kommt und nicht sofort durch seine europäische Deutung umgebogen und geistig vereinnahmt wird."[51] Zur Lösung dieser Aufgabe plädiert er für die Wahl einer "grundsätzlich philosophischen Diskussionsebene", auf der im Hinblick auf die Übersetzungsaufgabe ein Vergleich von Christentum und Jôdo durchgeführt werden solle. Dagegen will Okochi den Jôdo in seinem innerbuddhistischen Profil darstellen und die Frage nach dem interreligiös Gemeinsamen offen lassen.[52] Verstehe man unter Buddhismus nur die Lehre des historischen Buddha, so weiche der Jôdo-Buddhismus in manchem davon ab. Verstehe man den Buddhismus aber als eine Heilslehre mit dem konkret/praktischen Ziel der Buddha-Werdung, so falle auch der Jôdo darunter. Er beruhe auf den buddhistischen Lehren vom "pratîtyasamutpâda", vom "Nicht-Ich" und der Shûnyatâ-Lehre. Bedenken hat Okochi gegenüber der Annahme einer größeren Ähnlichkeit des Jôdo mit dem Christentum als mit den übrigen Schulen des Buddhismus, da im Jôdo kein personaler Gott und kein geschichtlich einmaliges Heilsereignis gelehrt werde. Doch sieht er einen Unterschied des Jôdo zu anderen buddhistischen Schulen darin, daß hier an die Stelle der meditativen Praxis das reine Vertrauen auf das "Hon-guan" Amidas getreten sei.[53]

Bei dem Versuch, "Hon-guan" zu übersetzen, machen sich die unterschiedlichen Optionen Ottes und Okochis kontrovers bemerkbar. Okochi, der diesen Begriff unübersetzt lassen will, erläutert ihn aus seiner sprachlichen und religiösen Geschichte. Er bezeichnet das 18. "pranidhâna" ("Bodhisattva-Gelöbnis") des Bodhisattva Dharmâkara (jap.: Hôzô), des späteren Amida-Buddha, das im Mahâ-Sukhâvatîvyûha-Sûtra geschildert wird und das das Versprechen Dharmâkaras bzw. Hôzôs beinhaltet, die Buddhaschaft nicht eher zu erlangen, als bis sichergestellt ist, daß alle Wesen durch die Anrufung des Amida-Namens die Hingeburt ins "Reine Land" (jap.: Jôdo) erlangen. Dharmâkara (Hôzô) wurde zu einem Buddha, eben zu Amida Buddha,

---
[50] "Jôdo-Buddhismus" wird in diesem Dialog meist unspezifisch für den Amida-Buddhismus verwandt, d.h. auch Shinrans Jôdo-Shin-Buddhismus wird unter diesen Begriff subsumiert und nur gelegentlich vom Jôdo-Buddhismus im engeren Sinn, dem Buddhismus Hônens, abgesetzt.
[51] Ebd. 70.
[52] Vgl. ebd. 64ff.
[53] Vgl. ebd. 72f.

worauf sich der universale Heilsoptimismus des Jôdo-Buddhismus stützt. So hat jenes "Gelöbnis", das "Hon-guan", verschiedene Konnotationen wie: sich etwas wünschen, eine Entscheidung fällen, etwas versprechen, Ausdruck von Mitleid und Weisheit sein, wirkend, unermeßlich groß, umfassend und schließlich ein Unbedingtheitscharakter, der es als "Ur-Gelöbnis" erscheinen läßt.

Otte, der für eine Übersetzung von "Hon-guan" plädiert, will die enge Bindung des Begriffs an eine bestimmte Tradition dadurch aufbrechen, daß er nach den allgemeinsten "Seinsstrukturen" fragt, als deren Ausdruck er die religiöse Begrifflichkeit interpretiert. So erblickt er im Wunsch-Charakter des "Hon-guan" die allgemeine ontologische Struktur des "nach-Sein-Ausgreifenden", die durch den Versprechens-Charakter so erweitert ist, daß der andere in diesen Ausgriff miteinbezogen wird. Durch die religiöse Fassung dieser Seinsstruktur werde ihre auf Zukunft gerichtete Offenheit so modifiziert, daß ihr eine glaubenstragende Gewißheit verliehen ist. Okochi kann dieser Sicht jedoch nur partiell zustimmen und sieht im "Hon-guan" nach wie vor etwas Besonderes, das sich dieser allgemein ontologischen Interpretation sperrt. Aufgrund seiner Formulierung: "Hon-guan bedeutet also den starken Wunsch und Willen und auch die persönlich Garantie (Sich-Selbst-Versprechen), die in Leiden und Angst sich befindenden Lebewesen zu einem Ort hinüberzubringen, wo es keine Leiden und keine Angst mehr gibt"[54], erkennt Otte, daß der Begriff eine ganz bestimmte, nämlich die buddhistische, Anthropologie impliziert.

Die Rückfrage nach dem Zusammenhang von Seinsverständnis und Anthropologie führt beide zunächst zur Betrachtung des "Amida-Buddha". Okochi betont, daß von einer "apersonalen Vorstellung" ausgegangen werden muß und formuliert: "Dasjenige, welches sich den leidenden Lebewesen mit seinem Gelöbnis verspricht und zusichert, wird Amida-Buddha oder auch Tathagata genannt."[55] Das Unendliche und Absolute werde in "Amida" zum Ausdruck gebracht, bzw. drücke sich selbst so aus, da der Mensch nach Auffassung des Jôdo-Buddhismus als endliches Wesen nicht in der Lage sei, durch seine Eigenkraft (jap.: jiriki) das Unendliche und Absolute zu bestimmen oder zu begreifen. Auf Okochis Aussage hin, daß dieses Sich-selbst-Ausdrücken aus Liebe geschehe, fragt Otte nach der Möglichkeit, auf einer apersonalen Ebene von "Liebe" zu sprechen. Okochi begründet diese Redeweise in einem zweifachen Schritt, indem zunächst die sich in der Ausdrucksgestalt des "Hon-guan" ereignende Symbolisierung eine dem Endlichen in dessen Begrenztheit entgegenkommende Selbstverneinung und Selbstbegrenzung des Absoluten darstelle, und dadurch zweitens für das je einzelne begrenzte Lebewesen zu einem "berufenden Ansprechen und verheißenden Versprechen" werde. Personale Redeweise erscheint insofern als Selbstverneinung eines impersonalen Absoluten.[56] Otte erblickt darin bedeutsame Analogien zur johanneïschen Christologie, da auch hier Christus als Person in einer span-

---

54 Ebd. 76.
55 Ebd. 77.
56 Vgl. ebd. 77f.

nungsvollen Identifikation mit apersonalen Größen wie Licht, Leben und Wahrheit gesehen werde.

Die Frage nach dem Zusammenhang von Seinsverständnis und Anthropologie wird von beiden durch die Betrachtung des Gläubigen im Jôdo-Buddhismus weiterverfolgt. Okochi führt aus, daß der Mensch, der seiner radikalen Verfallenheit und Unfähigkeit zum Guten einsichtig ist, glaubend die Realität des "Hon-guan" bejahe. Dies sei kein Glaube an einen religiösen Sachverhalt, sondern ein im Glaubenden spontan hervorbrechendes Selbsterwachen. "Spontan" bedeute in diesem Zusammenhang, daß auch der Glaube nicht in der Verfügung des Menschen stehe, sondern jede selbstverfügbare Aktivität und Passivität des Menschen übersteige. Er sei daher sowohl Glaube an die "Andere Kraft" (jap.: tariki), als auch Glaube, der von der "Anderen Kraft" herkommt. Für ein solches Glaubensverständnis sei die auf dem Subjekt-Objekt-Schema beruhende Kategorie des "Offenbarungsglaubens" nicht anwendbar.[57] Die volle Struktur dieses Glaubensverständnisses werde jedoch erst ersichtlich, wenn das Heilsziel des "Reinen Landes" hinzugenommen wird. Das "Reine Land" bezeichne gegenüber der Welt der Sünden und Begierden die Freiheit von Egoismus, Leiden und Angst. Es wird als zugleich unendlich entfernt und doch ganz nah beschrieben, womit nach Okochi seine absolute Realität angezeigt ist. "Empirisch" könne die Realität des "Reinen Landes" nur dann genannt werden, wenn als "empirisch" alles gelte, was Wirklichkeit bedinge und herbeiführe, wie z.B. auch Liebe und Haß. Das "Reine Land" sei in diesem Sinne die vergessene, eigentliche Natur des Menschen, nach der er sich als seiner wahren Heimat sehnt. "Damit liegt die Realität der Heimat, so wie man sie tatsächlich erfährt, paradoxerweise gerade in ihrer Abwesenheit. Wer die Realität der Abwesenheit spürt, für den verliert das anwesende, sogenannte konkrete, wirkliche Leben hier und jetzt seine absolute Realität."[58] Wenn aber das hiesige Leben von dorther als Weg dorthin verstanden werde, dann lasse sich sagen, daß die Abwesenheit des "Reinen Landes" das anwesende wirkliche Leben erst eigentlich begründe. Dies werde aber nur dem bewußt, der diese Abwesenheit als solche erfahre, was wiederum nur die Folge des Angesprochenseins durch die Verheißung des "Hon-guans" sei. So gewinne das Leben für den Gläubigen einen Doppelcharakter, indem es einerseits das unreine Land der Begierden ist und doch als solches zugleich ein neues Leben der "Hingeburt ins Reine Land".

Otte kennzeichnet die von Okochi so vorgestellte Struktur des Erkenntnis- und Glaubensvollzugs im Jôdo als logischen Zirkelschluß, da von der Erfahrung der Verfallenheit des Menschen auf das "Reine Land" geschlossen werde, und umgekehrt das "Reine Land" als das gelte, was diese Erfahrung erst begründe. Otte ist bereit, eine gewisse Diskrepanz zwischen der "Logik" des Glaubens und der rein positivistischen Logik stehen zu lassen - ähnlich Denkfiguren gebe es ja auch im Christentum -, doch will er den "Be-

---

[57] Vgl. ebd. 79ff.
[58] Ebd. 84.

reich des Erfahrungsdenkens" denkend verantworten, reflektieren und einsichtig machen.⁵⁹ Okochi aber bezweifelt, daß solches möglich sei und hält dafür, daß die Denkweise des Jôdo nur im Glauben selbst nachvollzogen werden könne. Im weiteren Verlauf des Gesprächs werden diese beiden unterschiedlichen Positionen Ottes und Okochis immer deutlicher, wobei sich die Frage ihrer Haltbarkeit durch die hermeneutische Frage interreligiöser Verstehbarkeit verschärft.

Gegen Ottes Forderung nach rationaler Verantwortung der Glaubenslogik radikalisiert nun Okochi den dargestellten Glaubenszirkel in zweifacher Hinsicht. Als die praktische Wirkung und das leibhafte Zeugnis des Glaubens gilt im Jôdo die Anrufung des Amida-Namens, das "nembutsu". Wie nun aber der Glaube nicht das Werk der Eigenkraft des Menschen ist, so ist auch das dem Glauben entspringende Nembutsu-Sagen das Werk der "Anderen Kraft". Im "Hon-guan" aber wird das Sagen des "nembutsu" als Voraussetzung der Erlösung genannt. So verschärfe sich der Glaubenszirkel dahingehend, daß der Mensch nicht anders zum Heil finde, als im Vertrauen auf das "Hon-guan" und durch das aus diesem Vertrauen resultierende Nembutsu-Sagen, und das "Hon-guan" sich zugleich erst realisiert, wenn der Mensch wirklich das Nembutsu sagt. "Das Hon-guan bewirkt durch das Nembutsu im Menschen das, was das Hon-guan verspricht."⁶⁰ Zweitens verschärfe sich der Glaubenszirkel dahingehend, daß es keine Unterscheidung zwischen den Menschen mehr gibt, d.h. niemand mehr beanspruchen kann, weiter als andere gekommen zu sein. Shinran lehnte es beispielsweise ab, irgendjemanden als seinen Schüler anzusehen, da es nicht in der eigenen Kraft des Gläubigen liege, einen anderen zum Glauben zu bringen, sondern der Glaube allein von der "Anderen Kraft" hervorgebracht werde.⁶¹

Otte bringt gegen eine solche Zirkelstruktur des Glaubens erhebliche Bedenken vor. Sie erwecke den Eindruck, daß die konkreten Probleme des Lebens nicht gelöst, sondern in Jenseits-Spekulation aufgehoben werden. Es sei ihm fraglich, wie aus einem solchen Glaubensverständnis eine konkrete Ethik abgeleitet werden könne und inwiefern der realen Welt noch eine ernsthafte Bedeutung zukomme.⁶²
Statt sich auf diese kritischen Anfragen einzulassen, vertritt Okochi, daß sie noch gar nicht an das Wesen der Paradoxie des Glaubens heranreichen und versucht nun in fünf Schritten die Paradoxie des Glaubens bzw. der religiösen Erfahrung weiter zu entfalten, die nach seiner Meinung "der bloßen menschlichen Vernunft unergründlich ist."⁶³

In einem *ersten* Schritt läßt sich Okochi zunächst auf die von Otte vorgeschlagene philosophische Ebene ein und versucht von ihr her das mahâyâ-

---

[59] Vgl. ebd. 86f.
[60] Ebd. 93.
[61] Vgl. ebd. 91f.
[62] Vgl. ebd. 97ff.
[63] Ebd. 98.

nistische Verständnis von "Dharma" zu umreißen: "Was allem immanent ist und zugleich alles transzendiert, was das Wesen alles Seienden ausmacht und zugleich sein Ideal ist, was also philosophisch das Absolute, das Unendliche oder das Sein genannt wird, das nennt man im Buddhismus 'Dharma'."[64] Die entscheidende Frage sei die, wie sich die Vermittlung des Absoluten zum endlichen Menschen ereigne. Der Jôdo-Buddhismus verstehe dies als Wirkung der "Anderen Kraft", d.h. des "Hon-guans". In seiner Selbstverneinung mache sich das Dharma (Okochi spricht bisweilen, vermutlich um den impersonalen Charakter hervorzuheben, Dharma als Neutrum an) dem Menschen zugänglich. Amida habe einen Doppelcharakter als "der absolute, überpersönliche Dharma an sich und der scheinpersonifizierte Dharma".[65] In seinem sich dem Menschen durch Selbstverneinung zugänglich machenden Aspekt werde der Dharma auch "Hôben" genannt, was auf den Sanskrit-Begriff "upâya" zurückgeht.[66] Durch das "Dharma-Wesen als Hôben" erscheint das "Dharma-Wesen an sich". "Die beiden Dharma-Wesen sind verschieden und doch nicht zu trennen, eins und doch nicht dasselbe."[67] Otte bringt an dieser Stelle die Zwei-Naturen-Lehre als eine starke Parallele ins Spiel, worauf Okochi indirekt eingeht, indem er nun den nondualen Charakter des Dharma verdeutlicht. Der formlose Aspekt des "Dharma an sich" dürfe nicht so verstanden werden, daß er zuerst da sei und dann Form annehme, um sich dem Endlichen zu vermitteln – dies, so Okochi, wäre rein begriffliche Spekulation –, "sondern erst wenn das Formlose in der Form des Hoben erscheint, kann es sich am Menschen verwirklichen. Das absolute, formlose Dharma muß seine Absolutheit und Formlosigkeit verneinen, um sich am Menschen zu realisieren und zu verwirklichen."[68] "Das Ziel zeigt sich oder gibt sich als Weg."[69] Otte wendet ein, daß Vorgängigkeit auch im christlichen Kontext keineswegs nur zeitlich zu denken sei. Hinsichtlich der Christologie sei hier auf das "Neue Sein" zu reflektieren, das durch die Selbstentäußerung der Inkarnation erst gestiftet wird.[70] Okochi führt nun aus, daß die Verschiedenheit der beiden Aspekte des Dharma bei gleichzeitiger Untrennbarkeit nur in der dem abendländischen Denken schwer verständlichen Logik des "sokuhi" als "Selbstidentität des sich absolut Widersprechenden" faßbar sei. Otte greift dies positiv auf und meint, daß die christliche Theologie von dieser buddhistischen Denkweise lernen und zu einer tieferen Interpretation der Dialektik von Kreuz und Auferstehung, von Absurdität und Hoffnung kommen könne.[71]

---

[64] Ebd. 99.
[65] Ebd. 101.
[66] Zu dem für den Mahâyâna-Buddhismus insgesamt äußerst wichtigen Begriff des "upâya" bzw. "upâya-kaushalya" (= geschicktes Mittel) siehe unten S. 545ff.
[67] Ebd. 101f.
[68] Ebd. 103.
[69] Ebd. 103.
[70] Vgl. ebd. 104.
[71] Vgl. ebd. 104f.

Okochi testet die Möglichkeit eines solchen Transfers buddhistischer Denkstrukturen in den Bereich des Christentums dadurch aus, daß er nun *zweitens* die Logik des "sokuhi" auf das religiöse Sprachgeschehen bezieht. Die absolute Wahrheit liege einerseits jenseits aller sprachlichen Äußerung, andererseits könne sie jedoch nicht ohne Sprache vermittelt werden.[72] Noch genauer und schärfer müsse gesagt werden: "Das, was über der sprachlichen Mitteilung steht, muß zur Sprache werden. Durch die Sprache erst wird es erfahren, d.h. verwirklicht es sich selbst."[73] Bei Ottes Versuch, hierin wiederum eine Analogie zur johanneïschen Logos-Christologie zu sehen, weist Okochi darauf hin, daß die Grundbegriffe des Jôdo-Buddhismus, wie "Amida-Buddha", "Reines Land" und "Nembutsu" reine Vermittlungsbegriffe auf der Ebene des "Hôben" seien. In ihnen werde die Vermittlung des mit buddhistischen Grundbegriffen wie Shûnyatâ angedeuteten Absoluten zum Endlichen angezeigt und in der Praxis des "Nembutsu" auch tatsächlich hergestellt. Die polare Spannung der Vermittlung dürfe für das rechte Verständnis dieser Begriffe nicht preisgegeben werden, weshalb "Amida" weder mit einem höchsten, personalen Gott, noch mit dem "absoluten Nichts" identifiziert werden könne.[74]

In einem *dritten* Schritt wendet Okochi nun den Vermittlungscharakter der Jôdo-Begriffe auf den Bericht vom Ablegen des Urgelübdes durch Dharmâkara bzw. Hôzô und seine Amida-Buddha-Werdung durch die Erfüllung seiner Gelübde an. Diese Geschichte dürfe nicht i. S. historischer Faktizität verstanden werden, sondern sei "eins mit der existentiellen Erfahrung des Glaubens".[75] An dieser Stelle unterscheide sich der Jôdo-Buddhismus erheblich vom Christentum, da im Jôdo-Buddhismus der Historizität des Heilsereignisses keine Bedeutung zugemessen werde, bzw. die Historizität nur insofern wichtig sei, als daß es innerhalb des raum-zeitlichen Daseins jedes einzelnen Gläubigen zu der Vermittlung von Transzendenz komme. So trete an die Stelle des historischen Faktums das geschichtliche Geschehen des Glaubensvollzugs und die dieses Geschehen bewahrende und je neu ermöglichende konkrete religiöse Tradition, die sich freilich auf den historischen Initiator, den Gautama Buddha, zurückführen läßt.[76]

Die Anwendung des historischen Aspekts auf die jeweilige Existenz des Gläubigen gibt Okochi die Gelegenheit, in einem *vierten* Schritt das Leben Shinrans als exemplarisch zu interpretieren, und in einem *fünften* Schritt die Bedeutung der lebendigen Tradition darzustellen. Dabei versucht er denn auch, den religionskritischen Einwänden hinsichtlich Ethik und Subjektivismus zu begegnen.

---

[72] Vgl. ebd. 105f.
[73] Ebd. 106.
[74] Vgl. ebd. 106ff.
[75] Ebd. 110.
[76] Vgl. ebd. 109ff.

Die primäre Triebkraft im Leben Shinrans sei die existentiell erfahrene Spannung zwischen dem Bewußtsein der eigenen Verfallenheit bzw. völligen Unfähigkeit und dem Glauben an die im "Hon-guan" gewährte Erlösung gewesen. Diese Spannung ermögliche ihm die Überwindung jeglicher zwischenmenschlichen Abgrenzung, so daß Shinran sich in tiefster Solidarität mit den untersten und verachtetsten Volksschichten verbunden wußte. Dieser Solidarität entsprang sein sozial-ethisches Verhalten, das also seine paradoxe Begründung gerade in Shinrans Einsicht finde, zu keinem guten Werk fähig zu sein.[77]

Da das Glaubensgeschehen von der religiösen Tradition erinnert werden kann[78], sei es möglich von einer "umfassende(n), alle betreffende(n) Gemeinschaftserfahrung mit dem Glauben" zu sprechen, die die nachvollziehende Glaubenserfahrung zu einem "Geschenk der Überlieferung" mache, das über die subjektive Glaubenserfahrung hinausgehe, aber auch über jede wissenschaftliche Legitimation.[79] Zwar kenne auch der Jôdo-Buddhismus eine hochentwickelte buddhologische "Theologie", doch diese gründe sich auf den Glauben und nicht umgekehrt.[80] In den Augen Shinrans sind zum Glaubensvollzug rationale Auseinandersetzung und Studium überflüssig, doch genau das könne durch rationale Auseinandersetzung und Studium erkannt werden.[81]

So formuliert Okochi abschließend seine zentrale These: "Die religiöse Wahrheit läßt sich nach meiner Meinung nie auf die Ebene eines objektivwissenschaftlichen Beweises und der Authentizität der menschlichen Vernunft bringen. Religiöse Wahrheit soll nur religiös, d.h. durch eine religiöse Vernunft bestätigt werden und zwar nicht fern vom Menschen, sondern im Menschen mit Leib und Seele. Das bedeutet für mich Überlieferung: Der überlieferte Sachverhalt ist da, er braucht nicht durch Wissenschaft bewiesen oder autorisiert werden."[82] Es sei vielmehr der "wissenschaftliche Aberglaube", der vom Standpunkt religiöser Vernunft aus einer kritischen Aufklärung unterzogen werden solle.[83]

Otte sieht damit nicht nur die Gefahr gegeben, daß Religion sich unhinterfragbar mache, sondern auch die Möglichkeit jeden Vergleichs verschiedener Glaubensweisen verbaut.[84] Er gesteht der Religion zwar durchaus eine immanente Logik zu, wonach jede religiöse Aussage nur durch religiöse Vernunft begriffen werden könne. "Das setzt jedoch voraus, daß ein Konsens über das besteht, was als religiöse Vernunft zu gelten hat."[85] Da ein sol-

---
[77] Vgl. ebd. 112ff.
[78] Vgl. ebd. 112.
[79] Vgl. ebd. 131.
[80] Vgl. ebd. 131.
[81] Vgl. ebd. 124.
[82] Ebd. 133.
[83] Vgl. ebd. 133f.
[84] Vgl. ebd. 131f.
[85] Ebd. 134.

cher Konsens besonders in interreligiöser Hinsicht nicht bestehe, sei es für den Fortgang eines um wechselseitiges Verstehen bemühten Dialogs unerläßlich, diesen zu suchen. Otte hält dies für möglich, "wenn wir mit den Mitteln menschlichen Geistes die Phänomene einer Religion nach ihren Strukturen und Funktionen zu beschreiben versuchen. Wir müßten versuchen, das Besondere einer religiösen Erfahrung auf das Sein zu beziehen, welches alle angeht."[86] Für das Christentum sei die Vermittlung des Glaubens eine Bedingung der Nächstenliebe, und: "die Vernunft ist das Mittel der Mitteilung, des Übersetzens und der Auslegungswissenschaft."[87]

Okochi sieht darin den Versuch, den Glauben durch rationale Argumentation andemonstrierbar machen zu wollen. Wer aber um die Unverfügbarkeit seines eigenen Glaubens wisse, der stelle sich ebenfalls auf eine gemeinsame Basis mit den Nicht-Glaubenden. Ihm bleibe angesichts von Glaubenslosigkeit statt dem Versuch, Glauben durch rationale Argumentation weitergeben zu wollen, nur die Möglichkeit der Klage und des Bedauerns, womit Okochi auf den Titel des Tannishô "Traktat von der Klage um die Glaubensferne" anspielt.[88] Okochi, der sich sonst gegenüber den von Otte immer wieder vorgebrachten phänomenologischen und strukturellen Parallelen zwischen Christentum und Jôdo-Buddhismus zurückhaltend verhält, beschließt seinen Beitrag nun mit dem Hinweis: "Vielleicht müßte der Begriff 'Klage' im Tannisho für dich Gebet heißen."[89]

In diesem Dialog zwischen Otte und Okochi stoßen zwei unterschiedliche Ansätze zum interreligiösen Verstehen aufeinander. Otte will sich die Methodik des phänomenologischen Religionsvergleichs theologisch zu eigen machen, reflektiert dabei jedoch nicht auf das Problem der Differenz zwischen phänomenologischer Standpunktlosigkeit und theologischer Standpunktgebundenheit. Er sucht die unterschiedlichen Gestalten der Religionen von einer die Unterschiede umfassenden Ebene generellen Seinsverständnisses her zu verstehen, kann aber keine genaue Auskunft darüber geben, wie der religiöse Standpunkt mit dem der auf allgemeines Seinsverständnis bezogenen Vernunft zu vermitteln ist. Auf diese Schwachstelle im Ansatz Ottes macht Okochi indirekt aufmerksam, indem er Ottes Anliegen so deutet, daß dieser den Glauben von rationaler Demonstration abhängig machen wolle. Andererseits bleibt bei Okochi unklar, ob er eine interreligiöse Verständigung überhaupt für möglich hält. Seine Argumentation legt den Verdacht nahe, daß für ihn das Verstehen einer Religion die Bekehrung zu ihr voraussetzt. Die Art, in der er versucht den Jôdo-Buddhismus zu erklären, verrät durchgängig jenen von Waldenfels als "mystagogisch" bezeichneten Charakter. Indem er dem Menschen jegliche eigene Fähigkeit zum Verstehen des Jôdo-Buddhismus abspricht, versetzt er ihn genau in jene Lage eigener Unfähigkeit, in der ihn der Jôdo-Buddhismus sieht. Den Weg zu befolgen,

---

[86] Ebd. 134.
[87] Ebd. 135.
[88] Vgl. ebd. 135.
[89] Ebd. 136.

den Okochi zum Verstehen des Jôdo vorschlägt, bedeutet letztlich, bereits entscheidende Positionen des Jôdo zu übernehmen. Dies wiederum erkennt Otte recht deutlich und argumentiert, daß eine sich so repräsentierende Religion "nur noch ihre Alleingültigkeit behaupten" oder andere Religionen nur als "eine andere Form der eigenen Religion" ansehen könne.[90] Doch kann er dem keine Alternative entgegenstellen, da es ihm nicht gelingt, zu zeigen, wie sich der autonome Standpunkt "religiöser Vernunft" konkret mit einer allen offen stehenden Ratio verbinde. Es bleibt daher nur bei seinem Bekenntnis: "Ich halte eine vom Glauben erleuchtete Vernunft für möglich"[91], womit eben jedoch noch nicht gezeigt ist, wie eine glaubenslose Vernunft zur "Erleuchtung" durch den Glauben kommt.

Ist mit den Ansätzen Buris und Ottes das in Frage gestellt, was bei Waldenfels für die Entwicklung einer christlich-buddhistischen Hermeneutik gewonnen schien? Bei Waldenfels erwies sich die Berücksichtigung der buddhistischen Vermittlungsdynamik als äußerst fruchtbar für ein besseres christliches Verständnis der buddhistischen Heilsbotschaft. In Ottes Dialog mit Okochi scheint nun jedoch genau dies für das Verstehen der Religion des anderen den Preis der Bekehrung zu ihr zu verlangen. Andererseits wird am Ansatz Buris deutlich, daß die Nichtberücksichtigung der buddhistischen Vermittlungsdynamik am Verständnis der buddhistischen Aussagen vorbeiführt. Der Versuch einer interreligiösen Hermeneutik scheint erneut in eine Sackgasse zu geraten. Die beiden nun folgenden Ansätze beziehen ebenfalls die buddhistische Vermittlungsdynamik, die im Umfeld des Dialogs mit den Denkern der Kyoto-Schule vor allem unter dem Stichwort der Logik des "sokuhi" thematisiert wird, in ihre Hermeneutik mit ein. Sie stellen sie jedoch deutlicher als Buri und Otte in den Kontext des jeweils konkret angezielten religiösen Existenzvollzugs. Damit vermeiden sie zugleich auch die Einseitigkeit der Ansätze von Enomiya-Lassalle und Johnston, die die buddhistische Praxis weitgehend von der buddhistischen Lehre isolieren. So wird nun zu prüfen sein, ob es ihnen auf diese Weise gelingt, Wege aus dem Dilemma zu finden, vor das die Autonomie religiöser Vermittlung den Versuch interreligiöser Hermeneutik stellt.

---

[90] Vgl. ebd. 132.
[91] Ebd. 136.

3.5 Logik und Struktur des Existenzvollzugs (M. Shimizu / K. Takizawa)

3.5.1 Masumi Shimizu

Nach Masumi Shimizu ist die paradigmatische "Lebensmitte" der buddhistischen Lehre und Praxis die Erleuchtungserfahrung Buddhas, in der dieser ein neues Bewußtsein vom "Selbst" als "Nicht-Ich" erlangte[1], woraus folge, "daß die Lehre im Buddhismus weder ein dogmatisches noch ein philosophisches System ist, sondern auf eine Lebensweise abzielt, in der sich einfach 'ich(ego)-loser' aber gleichzeitig 'selbstwerdender' Existenzwandel vollzieht".[2] Das in der Erleuchtung als "Nicht-Ich" erfahrene "wahre Selbst" sei nach buddhistischer Auffassung vom Denken nicht erfaßbar, weshalb Buddha auf die konkrete Frage nach dem Selbst geschwiegen habe.[3] Allerdings negiere der Buddhismus eine Hypostasierung des wahren Selbst als metaphysisches Subjekt der Bewußtseinserscheinungen und als selbständige Substanz, da dies für ihn im Widerspruch zur Erkenntnis der Allvergänglichkeit stehe, wonach es nichts Bleibendes, mit sich selbst Identisches und von anderem Unabhängiges gibt.[4] Das Nirvâna ist daher die Realisation des "wahren Selbst" in einem existentiellen Vollzug, der die Befreiung von der falschen, substanzhaften Ich-Vorstellung beinhaltet.[5] Die substanzhafte Ich-Vorstellung gelte als Ausdruck existentieller Ich-Verhaftetheit, die als Ursache des Leidens angesehen werde. Daher dürfe auch das mit der Erleuchtung realisierte "wahre Selbst" nicht erneut nach dem anhaftenden Modus als Besitz verstanden werden. Während die urbuddhistische Anattâ-Lehre den Schwerpunkt auf die Abwehr der Ich-Verhaftetheit lege, wolle die mahâyânistische Shûnyatâ-Lehre in negativer Terminologie vor allem auf jene existentiell zu erfahrende Erleuchtungswirklichkeit des "wahren Selbst" hinweisen.[6]

Nach Shimizu versuchte D. T. Suzuki im Rückgriff auf die Prajñâpâramitâ-Literatur mit der sogenannten Logik des "sokuhi" die religiöse Erkenntnis des Buddhismus in eine logische Form zu bringen, die ausdrücken will, "daß die Selbstidentität nicht durch direkte Selbstsetzung, sondern durch ihre Negation zu ihrer Eigentlichkeit kommt".[7] Die Formulierung einer Identität des Sich-Widersprechenden deutet Shimizu als eine Konsequenz der buddhistischen Allvergänglichkeitslehre, die keine bleibenden, für-sich-seienden

---
[1] Vgl. Masumi Shimizu, Das "Selbst" im Mahâyâna-Buddhismus in japanischer Sicht und die "Person" im Christentum im Licht des Neuen Testaments (Beiheft der Zeitschrift für Religions- und Geistesgeschichte XXII), Leiden 1981, 15 u. 129.
[2] Ebd. 129.
[3] Vgl. ebd. 15.
[4] Vgl. ebd. 2, 14ff, 129f.
[5] Vgl. ebd. 17.
[6] Vgl. ebd. 130f.
[7] Ebd. 146f Anm. 13. Die Grundformel lautet: "A ist gleich Nicht-A. Deshalb ist A gleich A" (vgl. auch ebd. 18f).

Substanzen anerkennt, und daher alle Dinge nur in einer kausalen und logischen Relation zueinander gegeben sieht, so wie Kinder nur Kinder im Hinblick auf ihre Eltern und Eltern nur Eltern im Hinblick auf ihre Kinder sind.[8] D. h., in sich, unabhängig von ihrer relationalen Bezogenheit, sind die Dinge "Nichts" (substanzlos). Das "absolute Nichts" gilt als jene absolute Offenheit, die die universale Relation von allem mit allem ermöglicht. Da die Dinge nur in ihrer wesentlichen Bezogenheit aufeinander sie selbst sind, fallen Existenz und Essenz in eins. Dies aber ist wiederum nur möglich durch ihre Identität mit dem "absoluten Nichts". Daher gewinnt sich die Identität der Dinge (die sie nur in ihrer völligen Relationalität finden) aus ihrer Nicht-Identität (da sie in sich nichts sind und nur so allein aus der Bezogenheit heraus etwas sein können). Das in seiner relationalen Bezogenheit Begrenzte kann es selbst nur sein durch seine Identität mit dem Unbegrenzten.[9] Auf der existentiellen Ebene des Menschen heißt dies, daß er

---

[8] Vgl. ebd. 19ff.
[9] Die Formel "A ist gleich Nicht-A. Deshalb ist A gleich A", die Shimizu von Suzuki übernimmt, vermag den Gang dieser Überlegung jedoch nicht voll zum Ausdruck zu bringen. Zur besseren Verdeutlichung schlage ich vor, zunächst "Nicht-A" i.S. relativer Negation (Nicht-A) von "Nicht-A" i. S. absoluter Negation (*Nicht*-A) durch Kursivschrift zu unterscheiden. Suzukis Formel müßte dann zunächst lauten: "A ist gleich *Nicht*-A. Deshalb ist A gleich A". Dies ließe sich so erläutern: A ist nur A in der Relation zu einem relativen Gegenüber, also zu Nicht-A, ebenso wie Nicht-A nur Nicht-A ist in Relation zu A. Da A seine Identität nur im Gegenüber zu Nicht-A hat, ist A in sich gleich *Nicht*-A. Und umkehrt gilt, daß nur weil A in sich gleich *Nicht*-A ist, es A allein im Gegenüber zu Nicht-A sein kann. Das Gleiche gilt natürlich vice versa dann auch für Nicht-A, das es selbst ebenfalls nur aufgrund einer absoluten Negation, also aufgrund seiner Identität mit *Nicht*-A, bzw., wie es nun entsprechend heißen müßte, mit *Nicht*-Nicht-A ist. Der Zusammenfall von A und Nicht-A auf der Ebene der absoluten Negation setzt hier also die relative Negation außer Kraft, so daß die Unterscheidung von *Nicht*-A und *Nicht*-Nicht-A nicht möglich ist. Indem also absolute Negation (*Nicht*) die relative Negation (das Gegenüber von A und Nicht-A) ermöglicht, negiert sie sie zugleich. Dabei negiert die absolute Negation die relative Negation nicht im Modus der relativen Negation, da sie sonst erneut als relatives Gegenüber vom Negierten abhängig bliebe. Das Verhältnis der absoluten Negation zur relativen Negation bleibt somit logisch nur paradox aussagbar, d.h. die absolute Negation ist als Negation der relativen Negation zugleich ihre absolute Affirmation. Die Ebene des Begrenzten (das nur in relativer Negation zueinander Bestehende) ist identisch mit – oder besser ununterscheidbar von – der Ebene des Unbegrenzten (der absoluten Negation, die keine relationale Bezogenheit zuläßt). Das Relative ist absolut affirmiert, da es absolut negiert ist, und es ist absolut negiert nur, wenn es zugleich absolut affirmiert ist. Auf der Ebene der relativen Negation bedeutet dies also, daß die relative Unterscheidung von A und Nicht-A sowohl voll gültig (absolut affirmiert) als auch voll ungültig (absolut negiert) ist, A also wirklich nicht gleich Nicht-A ist und doch A wirklich auch gleich Nicht-A ist. Die "Identität des sich Widersprechenden" gilt somit zunächst für die "Identität des sich *absolut* Widersprechenden" (die Identität des Begrenzten mit dem Unbegrenzten) und von daher auch für

seine wahre Identität nur in der Freiheit von jeglicher sich-abgrenzenden Selbstzentriertheit finden und verwirklichen kann.[10] Menschen und Dingen kommt daher weder der Modus einer autonomen Subjekthaftigkeit, noch einer bloß gegenständlichen Objekthaftigkeit zu, sondern die Gleichzeitigkeit absoluten Subjektseins und subjektloser Beziehung. Der Erleuchtete erfährt die Einheit mit dem Absoluten als ursprüngliche, solidarische Verbundenheit mit allem und allen im Modus der Identität des Sich-Widersprechenden.[11] Die gegenüberstehenden Menschen und Dinge sind nichts anderes als die Realisation seines absoluten Nicht-Ich.[12] "Er erwacht zu der konkreten Wirklichkeit, daß er hier und jetzt endlich 'da' ist und dennoch unmittelbar mit dem absoluten 'Nicht-Selbst' eins ist... So durchschaut er, daß er in sich selbst ein 'Nichts' (anattâ) ist, und daß er sich erst in der Beziehung zu anderen Menschen und Dingen in der Transzendenz als jenem 'Ort' des 'Nicht-Selbst' je einmalig und einzigartig ereignet und verwirklicht."[13] Das "Wahre Selbst" ereignet sich daher als das dem Negierten in der Weise des unendlichen Transzendierens Immanente.[14] Der absolut affirmative Aspekt der Immanenz impliziert somit eine zweifache Negation: die Negation des egozentrischen, sich als in-sich-selbst-stehend deutenden Ichs und die Selbstnegation des Absoluten, das seine Formlosigkeit negiert, indem es nur in der formhaften Relationalität des Begrenzten wirklich ist.[15] Diese Affirmation ist freilich keine erneute Affirmation des egozentrischen Ich, sondern sie markiert den Durchbruch in jene Freiheit, in der die vollkommene Selbstverneinung gleichzeitig die Selbstbejahung in der selbstlosen Beziehung zum anderen bedeutet. Sie ist die Affirmation des "Großen Mitleids".[16]

Trotz unterschiedlicher Ausprägung liegt nach Shimizu diese Grundstruktur des Selbstvollzugs sowohl dem Zen- als auch dem Jôdo-Buddhismus zugrunde, was Shimizu an den Lehren Dôgens und Shinrans aufzeigt.[17] Beide sehen letztlich die Unheilssituation des Menschen in seiner Entfremdung vom "Wahren Selbst" begründet. Indem der Mensch sein Ich für eine absolute Realität hält, teilt er alles andere in Objekte des Verlangens oder Wider-

---

die Identität des sich relativ Widersprechenden (A und Nicht-A), wobei zugleich jedoch aus der "Identität des sich *absolut* Widersprechenden" eben auch die wirkliche Verschiedenheit des sich relativ Widersprechenden folgt. Existentiell gesprochen besagt diese Logik, daß die Abgrenzung unter der Wesen überwunden und zugleich bewahrt wird. Der Erleuchtete ist von den anderen Wesen verschieden und zugleich von ihnen nicht-verschieden. Damit ist sowohl der Dualismus, als auch der Monismus vermieden. Gewonnen ist dabei die Erkenntnis, daß dies nur über die Negation der Substantialität erreicht werden kann (siehe auch oben S. 226f Anm. 13).

[10] Vgl. ebd. 27.
[11] Vgl. ebd. 133f.
[12] Vgl. ebd. 133.
[13] Ebd. 132.
[14] Vgl. ebd. 133.
[15] Vgl. ebd. 43.
[16] Vgl. ebd. 47f.
[17] Vgl. ebd. 49-84.

willens ein und führt ein egozentrisches Leben. Er lebt nicht aus der ursprünglichen, selbstlosen Bezogenheit, sondern schafft falsche Bezogenheiten der Subjekt-Objekt-Struktur, die seiner eigenen Absolutsetzung entspringen. Die Erlösung besteht in der Aufhebung dieser Entfremdung durch die Negation der Ich-Verhaftetheit im Akt des völligen Sich-Loslassens. Das Agens dieses Aktes kann nicht das Ich der falschen Ich-Vorstellung sein, sondern ist bereits das "Wahre Selbst", das jedoch nie als ein vom Menschen verschiedenes "Objekt" gefaßt werden kann. Das "Wahre Selbst" zeigt sich im Akt des "Sich-selbst-Loslassens" als das "eigene" Absolute, bzw. als das dem Negierten in der Weise des Transzendierens Immanente. In diesem Sinne kann weder der Zen-Buddhismus einfachhin als Religion der "Eigen-Kraft" bezeichnet werden, noch die Erlösungsvorstellung des Jôdo als eine einfachhin heteronome. Das "Nur-Sitzen", das Dôgen als Weise des völligen "Sich-selbst-Loslassens" verkündet, ist ebenso Ausdruck der widersprüchlichen Identität des Menschen mit dem Absoluten, wie bei Shinran das Nembutsu. Shinran und Dôgen bleiben darüber hinaus beide dem Bodhisattva-Ideal des "Großen Mitleids" verpflichtet.[18]

Ist die Lebensmitte des buddhistischen Selbstvollzugs die Erleuchtungserfahrung, so ist nach Shimizu die lebendige Beziehung zu Jesus Christus die Lebensmitte des christlichen Selbstvollzugs. Dieser lasse sich im Rückgriff auf die Theologie des Johannes und Paulus in großer Nähe zur Logik des "sokuhi" wiedergeben.

Im Prolog des Johannes-Evangeliums wird der Logos Gott gegenübergestellt (ist "bei Gott") und gleichzeitig mit ihm identifiziert (ist Gott). Dadurch werde Gott in seinem inneren Wesensvollzug als dialogisches Austauschgeschehen vorgestellt. Die Selbstmitteilung Gottes an die christozentrisch gedachte Schöpfung in der Inkarnation versteht Shimizu als die Vollendung der immanenten Selbstmitteilung Gottes an den Logos bzw. den Sohn.[19] Die Präexistenz des Logos, durch den alles geschaffen ist, besage "eine der geschichtlichen Individualität Jesu 'vorausgehende' Gott-Mensch-Einheit... Die ganze Welt wird nicht ohne Logos (Christus) geschaffen, und dann nachträglich vom Sohn angenommen, sondern die Welt ist im Logos (Christus) geschaffen, und die Menschwerdung des Logos ist nichts anderes als die Enthüllung dieses Geheimnisses."[20] Der Mensch Jesus realisiere die ontologisch vorausgesetzte Gott-Mensch-Einheit in der Geschichte. Jesus sei "Person" in seinem "Vom-Vater-her-" und "Auf-den-Vater-hin-Sein". Er finde seine Identität, indem er nichts aus sich selber tue, sondern indem er ganz aus der Beziehung zum Vater heraus lebt. Sein "Auf-den-Vater-hin-Sein" verwirkliche Jesus dadurch, daß er sich völlig auf den Heilswillen des Vaters einläßt und dabei sich selbst völlig losläßt. Er vollziehe dies im freien "Für-andere-da-Sein", so daß "die totale Selbstlosigkeit (Freiheit zu

---

[18] Vgl. ebd. 80-84.
[19] Vgl. ebd. 99ff.
[20] Ebd. 100. Shimizu formuliert diese Auffassung im Anschluß an J. Heinrichs.

sich selbst) und die totale Offenheit zum Vater und zu den Mitmenschen (Freiheit auf andere hin) sein Menschsein als 'den Sohn' des Vaters bestimmen."[21] Als "neuer Adam" werde die Personalität Christi exemplarisch für das christliche Verständnis des Menschen. "Person" könne ausgehend von der Personalität Jesu als "Identität von 'Bei-sich-Sein' und 'Beim-anderen-Sein'" bestimmt werden.[22] "Der Mensch, der sich immer schon in die Suche nach einem unendlichen alles erfüllenden Sinn verwiesen weiß, kommt je mehr zu sich selbst, je mehr er über sich hinausschreitet und ganz beim Anderen, bei Gott ist."[23] Die Schöpfung der Welt im Logos, die Gott-Mensch-Einheit als Selbstmitteilung Gottes an die Schöpfung im Vorhinein zur Individualität Jesu, fungiert für Shimizu dabei als jenes absolute Sinnmedium, auf das der Mensch grundsätzlich bezogen sei und das – bereits als Logos personal – in Jesus Christus auch individuell-geschichtlich greifbar werde. In das dialogische Verhältnis zwischen Gott und Logos ist das dialogische Verhältnis des Menschen Jesus zum Vater integriert und macht so das Auf-den-Vater-hin-Sein Jesu exemplarisch und sinnstiftend für alle.[24]

Seine wahre Identität als Bezogenheit auf Gott verwirkliche der Mensch in der Geschichte in dem Maße, als er sich an seinen Nächsten verschenkt.[25] Der Heilige Geist als die Liebeseinheit zwischen Vater und Sohn ermögliche dem Menschen jene Personwerdung, in der er seine Identität als "in-Christus-Sein" in selbstloser Nächstenliebe erfahre. Die zwischenmenschliche Gegenseitigkeit werde so zu dem Raum, "in dem eine gottmenschliche Gegenseitigkeit vollzogen wird, ja jene innergöttliche Gegenseitigkeit von Vater und Sohn nachvollzogen wird, die der Heilige Geist ist."[26] In ihr ereigne sich die reale Beziehung des Gläubigen zum lebendigen, auferstandenen Christus.[27] Dies gelte nicht erst da, "wo ein Gläubiger bewußt das Neue Leben zu verwirklichen sucht, sondern es muß auch dort schon vorausgesetzt werden, wo einer – ohne Jesus zu kennen – das Neue Leben der Nächstenliebe führt."[28] Das eigentliche Gegenstück zum Leben "im Geist" bezeichnet nach Paulus der Begriff "sarx", was Shimizu als eine in sich verschlossene Existenzweise, die das Beziehung-Sein verweigert, interpretiert.[29]

Entscheidend für das Neue Sein bleibe der von Gott getragen *Vollzug*: "Die Offenbarung des Vaters durch den Sohn wird für uns also nur dadurch vollendet, daß uns die Hingabe des Sohnes und die Annahme dieser Hingabe durch den Vater offenbar werden, indem wir, im mitmenschlichen Raum selbst die Dia-Logik der Nächstenliebe, der selbstlosen Hingabe und An-

---

[21] Ebd. 135.
[22] Vgl. ebd. 108.
[23] Ebd. 112.
[24] Vgl. ebd. 109ff.
[25] Vgl. ebd. 112.
[26] Ebd. 139.
[27] Vgl. ebd. 122.
[28] Ebd. 123.
[29] Vgl. ebd. 124f.

nahme praktizierend, in die unendliche, göttliche Liebesdynamik hineingenommen werden."[30] Auch im Buddhismus werde die Selbstidentität nur im praktischen Vollzug erreicht.[31] "Der Erwachte ist der Mensch, der sich im radikalsten 'Sich-selbst-Loslassen' durch das ihn tragende 'Nicht-Selbst' oder durch das ihn umfassende selbstlose 'Mitleiden' ergreifen läßt und sich von dorther 'selbstlos' ins Leben gerufen weiß."[32] Nach Shimizu treffen sich somit die religiösen Erfahrungen des Ostens und des Westens in einer tiefen Konvergenz hinsichtlich des menschlichen Selbstvollzugs, auch wenn sich ihre begrifflichen Auslegungen desselben noch so sehr unterscheiden.[33] Von der Erfahrung her aber erhalten die Begriffe erst ihre Bedeutung und ihre Auslegung muß den Raum für die Erfahrung eröffnen.[34] Im Buddhismus und im Christentum läßt sich unter einer solchen Hermeneutik erkennen, daß "das 'Selbst' oder die 'Person'... als eine Selbstidentität gekennzeichnet (ist), die sich in relationaler Offenheit verwirklicht. Je mehr der Mensch von sich weg und beim Anderen ist, oder je mehr er sich von dem Anderen ergreifen läßt, um so mehr ist er bei sich selbst. In beiden Religionen wird das 'Bei-sich-Sein' des Menschen erst durch das 'Beim-anderen-Sein' realisiert... Das unendliche Andere ist sowohl im Mahâyâna-Buddhismus als auch im Christentum keine von der Immanenz abgesonderte Transzendenz, sondern jene Transzendenz, welche die Immanenz in ihrem tiefsten Abgrund... transzendiert und gleichzeitig die Immanenz als solche sich selbst sein läßt."[35]

Für Shimizu ist die Logik des "sokuhi" als "Logik religiöser Erkenntnis", die den menschlichen Selbstvollzug im Spannungsfeld zwischen Mitmenschen und Absolutem als die Realisation der Identität des sich Widersprechenden erfaßt, auch für das christliche Verständnis des Existenzvollzugs annehmbar. Da gerade nach dieser Logik der eigentliche Kern religiöser Erfahrung als Vollzug jenseits der positiven sprachlichen und begrifflichen Ebene liege und deren Fassungsvermögen übersteige[36], sieht sich Shimizu berechtigt, die buddhistische Heilserfahrung in christlichen Kategorien zu interpretieren - postuliert also eine Partizipation des in selbstloser Liebe lebenden Buddhisten am christozentrischen Heilswirken Gottes -, relativiert damit jedoch zugleich die sprachliche und begriffliche Fassung des Heilsereignisses auf beiden Seiten. Dieser Relativierungstendenz versucht sie dadurch zu wehren, daß sie die Offenheit für das andere aus dem christlichen Verständnis des Glaubensvollzugs selbst ableitet, eine solche Relativierung also quasi normativ macht: "Die Logik des Weizenkorns verlangt von einer Theologie, die die Wahrheit zu verwirklichen sucht, daß sie die Nicht-Christen nicht aus der Heilsordnung der selbsttranszendierenden Liebe ausschließt, sondern

---

[30] Ebd. 127.
[31] Vgl. ebd. 143.
[32] Ebd. 144.
[33] Vgl. ebd. 121.
[34] Vgl. ebd. 145.
[35] Ebd. 143.
[36] Vgl. ebd. 121 u. 145.

ganz in ihre Mitte aufnimmt, wie Jesus es vorgelebt hat."[37] Shimizu stützt sich auf die strukturellen Parallelen des buddhistischen und des christlichen Verständnisses von Selbstvollzug nur insofern, als sie damit die christliche Übernahme der Logik des "sokuhi" gerechtfertigt sieht. Ist dadurch die christliche Übernahme dieser Logik gerechtfertigt, so wird ein weiterer Rückgriff auf die strukturellen Parallelen überflüssig. Denn nun kann wegen des Verweischarakters dieser Logik, d.h. wegen der ihr immanenten Transzendierung der Lehre auf Erfahrung hin, hinter der dann die Lehre immer zurückbleibt, zur Beurteilung der buddhistischen Erfahrung allein von der christlichen Lehre ausgegangen werden. Dabei wird der buddhistischen Erfahrung keine Gewalt angetan, da die christliche Lehre in Distanz zur Erfahrung verbleibt, auf die sie freilich verweist. Die doktrinäre Interpretation von Erfahrung bzw. Vollzug steht allein in der Verpflichtung, Erfahrung anzustoßen, und kann dieser Verpflichtung nur nachkommen, wenn sie sich dabei zugunsten der Erfahrung relativiert. Damit steht Shimizu zwar hinsichtlich ihres Ausgangspunktes dem Versuch Ottes nahe, den Buddhismus von Strukturparallelen zum Christentum her erhellen zu wollen, verbleibt andererseits aber schließlich – wie Okochi – gerade durch die Übernahme der Logik des "sokuhi" ganz bei einer glaubensimmanenten Position. Dagegen versucht Katsumi Takizawa, dessen Ansatz nun als letzter besprochen werden soll, aus der reinen Glaubensimmanenz auszubrechen, wobei er – trotz mancher Übereinstimmung mit Shimizu – einer vollen Übernahme der Logik des "sokuhi" nicht zustimmen kann.

3.5.2 Katsumi Takizawa

Nach Katsumi Takizawa[38] ist die Grundfrage der Religion die Frage nach der wahren "Stütze des Lebens".[39] Die Suche nach der "Stütze des Lebens" könne heteronom oder autonom orientiert sein, d.h. der Mensch sucht sie entweder in etwas anderem oder in seinem "Ich-selbst".[40] Doch weder die heteronome noch die in der Neuzeit vorherrschend gewordene autonome Begründung der Existenz vermögen nach Takizawa dem Menschen wirklich Stütze zu sein. Jedes innerweltlich Seiende, das der Mensch als das andere seiner selbst vorfinde, sei als letzte Lebensstütze überfordert und führe notwendig zu Enttäuschung und Selbstentfremdung. Der Preis der autonomen Orientierung aber sei Einsamkeit und leere Nichtigkeit. In sich selbst zer-

---
[37] Ebd. 121. Im Bildwort vom Weizenkorn, das ohne zu sterben keine Frucht bringt, sieht Shimizu eine christliche Parallele zur Logik des "sokuhi".
[38] Katsumi Takizawa (geb. 1909) studierte zunächst Philosophie unter K. Nishida, dem Begründer der Kyoto-Schule. Von diesem wurde er 1933 zum Studium bei Karl Barth ermuntert, unter dessen Einfluß sich Takizawa dem Christentum zuwandte. Takizawa konnte sich jedoch erst 1958 zur Taufe entschließen.
[39] Vgl. K. Takizawa, Reflexionen über die universelle Grundlage von Buddhismus und Christentum (Studien zur interkulturellen Geschichte des Christentums 24), Frankfurt-Bern-Cirencester 1980, 1f.
[40] Vgl. ebd. 4ff.

rissen eilen nach Takizawa die meisten Menschen zwischen diesen beiden Orientierungen hin und her. Die Lösung dieser "Aporie unserer Existenz" besteht nach Takizawa darin, die Sinnlosigkeit des Problems bzw. dessen selbstverursachten illusionären Charakter zu erkennen.[41] Denn es gebe etwas, das weder das "Ich-selbst" des Menschen sei, noch etwas ihm Äußeres, zu dem er erst in Beziehung treten müsse. In diesem Etwas sei der Widerspruch zwischen Heteronomie und Autonomie aufgehoben, und dieses Etwas ist für Takizawa das dem konkreten Menschen wesentliche Eingesetztsein in die faktische Existenz selbst.

Kein Mensch kann sich entscheiden geboren zu werden. In der Faktizität seines wirklichen Existierens stehe der Mensch auf einer Stufe mit allen anderen existierenden Dingen und Lebewesen.[42] Geburt und Tod markieren die der menschlichen Freiheit vorgängigen Eckdaten seiner Existenz. An ihnen wird alle menschliche Selbstbestimmung, alle "selbständige Subjektivität" zunichte. Der Mensch kann sein Sein nicht selbst begründen, sondern nur anerkennen.[43] Der Grund seiner Existenz, sein Gesetztsein, ist jedem Bewußtseinsinhalt vorgängig.[44] Zugleich ist dieses Gesetztsein aber auch die Ermöglichung menschlicher Subjektivität. "Dieses Ich-selbst kann allein dadurch als ein von allem anderen dieser Welt selbständiges, freies, menschliches Subjekt bestehen, daß es vom wahren Sein oder Subjekt, das absolut nicht Ich-selber ist, durch und durch abhängig ist."[45] In diesem seine Subjektivität negierendem und zugleich erst ermöglichendem Faktum der Existenz waltet nach Takizawa die Ordnung des unmittelbaren Einsseins des Menschen mit dem Subjekt seines Gesetztseins bei gleichzeitiger unendlicher Verschiedenheit von diesem - die Ordnung der "absolut widersprüchlichen Identität", die Nishida in seiner Philosophie bedacht habe.[46] Die widersprüchliche Identität des Menschen ist die eines "dinglichen Subjekts".[47] "Absolut widersprüchliche Selbstidentität" ist nach Takizawa "der notwendige Ausdruck, den man nicht vermeiden kann, wenn man wahrhaft gründlich und korrekt aussagt, daß etwas Endliches wirklich existiert. Denn gerade dies ist die Grundstruktur, die in der Tatsache des endlichen Seins selbst enthalten ist."[48] Da der Mensch in keiner Weise unabhängig ist von seinem Gesetztsein, ist er völlig eins mit dem absoluten Subjekt dieser Setzung, das er selbst nicht ist. Takizawa schränkt jedoch sogleich die Gültigkeit der Kategorien von "Sein" und "Subjekt" hinsichtlich dieses Verhältnisses ein. Sie können nie als Gattungsbegriffe "das Seiende, das absolut nicht Subjekt ist und das Seiende, das absolut dieses Subjekt ist" umfassen. Diese beiden "Subjekte" sind vielmehr nur im absoluten Widerspruch

---

[41] Vgl. ebd. 9f u. 23.
[42] Vgl. ebd. 12f.
[43] Vgl. ebd. 130ff.
[44] Vgl. ebd. 23f.
[45] Ebd. 17.
[46] Vgl. ebd. 11 u. 17.
[47] Ebd. 146.
[48] Ebd. 144.

eins.[49] Und dies bedeutet, daß sie untrennbar und zugleich unvermischbar sind.

Neben der Untrennbarkeit und Unvermischbarkeit herrsche in diesem Verhältnis jedoch notwendig auch die Ordnung der Unumkehrbarkeit. Der Mensch, der sein Sein nicht selbst setzen kann, komme nicht umhin, "sich selbst auf jenen ursprünglichen Beziehungspunkt je in einer eigenen Weise zu beziehen..."[50]. Seine ursprüngliche Gesetztheit gehe als *bestimmter* Bezugspunkt aller menschlichen Selbstbestimmung absolut voran.[51] "Wir sind alle aufgefordert, täglich neu zu leben, indem wir vom Anfang bis zum Ende völlig ungeachtet dessen, wer und wie wir sind, vom alleinigen wahren Sein auf diese Weise begründet, begrenzt und gerichtet leben."[52] Daher ist nach Takizawa menschliche Selbstverwirklichung nur möglich, wenn der Mensch in seinem Existenzvollzug möglichst genau den Sachverhalt seines Gesetztseins zum Ausdruck bringt.[53] Dem eigentlichen Seinsverhältnis komme daher ein appellativer Charakter zu.[54] Da diese Unumkehrbarkeit zur Ordnung des menschlichen Seins überhaupt gehöre, sei der jeweilige konkrete Existenzvollzug immer schon eine Antwort auf diesen Appell.[55]

Sowohl die heteronom als auch die autonom ausgerichtete Suche nach der wahren "Stütze des Lebens" gehe an der real existierenden Stütze und ihrer Ordnung vorbei. Da in beiden Formen der Suche der Mensch nicht von seiner Einheit mit dem absoluten Subjekt seines Gesetztseins her gesehen werde, erscheine die Souveränität des Menschen seiner faktischen Existenz vorgegeben, so als würde der Mensch zunächst für sich sein und dann erst ein Verhältnis zu allem anderen herstellen.[56] Aber die "wahre Stütze" braucht und kann nach Takizawa gar nicht gesucht oder gewonnen werden (darin wäre sie bereits - weil dichotom begriffen - verfehlt), sondern sie ist von Anfang an da.[57] "Solange man... die menschlichen Werke oder Werte als den endgültigen Maßstab erstellt und von dort her sieht, mit anderen Worten, solange wir diese als den ersten Grund oder das letzte Ziel des menschlichen Lebens voraussetzen und von daher denken, wird uns das Faktum unseres Seins notwendig und unvermeidlich als etwas vorkommen, was an sich selbst keinen Wert, keinen Grund und keinen Zweck hat, was nur als ein bloßes Faktum gilt und völlig sinnlos ist... Solange man zuerst irgendeine Weltanschauung wählt und damit irgendwie durchkommen will, kann man niemals das entscheidende 'Etwas' erreichen, das man im Anfang verfehlt hat."[58]

---

[49] Vgl. ebd. 145.
[50] Ebd. 146.
[51] Vgl. ebd. 27.
[52] Ebd. 145.
[53] Vgl. ebd. 13.
[54] Vgl. ebd. 21f.
[55] Vgl. ebd. 2f.
[56] Vgl. ebd. 142ff.
[57] Vgl. ebd. 23.
[58] Ebd. 142.

Das Bedenken des Menschen vom Faktum seines Gesetztseins her muß nach Takizawa wegen des appellativen Charakters des Gesetztseins, der nach existentieller Entsprechung verlangt, mit wissenschaftlicher Methode und Gründlichkeit geschehen, und das heißt für ihn, daß es vor allem "empirisch" geschehen muß. Das zunächst rein auf Naturphänomene bezogene wissenschaftliche Verfahren ist nach Takizawa vor allem durch Karl Marx auf die Phänomene des menschlichen Seins ausgedehnt worden. Doch habe Marx dabei nicht die Realität des menschlichen Subjekts erreicht.[59] Während sich die naturwissenschaftliche Empirie von den Dingen her zum Menschen vorantaste, beziehe sich die religiöse Empirie unmittelbar auf das wahre Subjekt, "d.h. den Grund des Entstehens und Bestehens des menschlichen Ich-selbst" und von dorther auf andere Menschen und Dinge.[60] Wie die Naturwissenschaft habe die Religion ihre Erfahrung in reinen Theorien darzustellen.[61] Hier wie dort diene die in Theorien gefaßte Erkenntnis der faktischen Gegebenheiten der Handlungsanweisung.[62] So könne es keinen wirklichen Gegensatz zwischen Religion und Naturwissenschaft geben[63], sondern nur zwischen ihren wahren und falschen Formen.[64] Nach Takizawa soll die die wahre Stütze des wirklichen Lebens bedenkende Religion das ursprüngliche Modell und den Kern der wahren Methode aller anderen Wissenschaften darbieten.[65] In dieser Hinsicht gebe es auch keinen prinzipiellen Unterschied zwischen Religion und Philosophie.[66] So beziehe sich etwa Nishidas Philosophie und seine Logik der Identität des sich absolut Widersprechenden keineswegs nur auf eine als Sonderfall der Existenz gedachte religiöse Erfahrung, sondern auf die Struktur des wirklichen menschlichen Seins.[67] Weil aber auch die wahrhaft religiöse Erfahrung sich auf denselben Urpunkt des Seins und Lebens beziehe, stimme die Philosophie Nishidas weitgehend mit ihr überein.[68] "Die 'religiösen Erfahrungen' sind eigentlich nur eine Form des menschlichen Ausdrucks, der direkt den Entstehens- und Bestehensgrund des Ich-selbst, die letzte Stütze des ganzen Lebens, angeht."[69] Nach Takizawa ist darauf zu achten, daß das erfahrene und bedachte Faktum nie in Erfahrung oder Denken aufgelöst wird. Die Faktizität ist nie aus der Logik oder irgendetwas anderem ableitbar. Dadurch aber wird das sie bedenkende Denken keineswegs unlogisch. Vielmehr bestehe die eigentliche Aufgabe des logischen Denkens gerade darin, "daß

---

[59] Vgl. ebd. 15.
[60] Vgl. ebd. 26.
[61] Vgl. ebd. 26 und Takizawa, Was hindert mich noch, getauft zu werden?, in: E. Wolf u.a. (Hg), Antwort – Karl Barth zum siebzigsten Geburtstag, Zürich 1956, 911-925, hier 923.
[62] Vgl. Takizawa, Reflexionen... a.a.O. 14f.
[63] Vgl. ebd. 25.
[64] Vgl. ebd. 40.
[65] Vgl. ebd. 39 u. ders., Was hindert mich noch... a.a.O. 925.
[66] Vgl. Takizawa, Reflexionen... a.a.O. 26.
[67] Vgl. ebd. 149.
[68] Vgl. ebd. 155f.
[69] Ebd. 156.

wir durch und durch die Wahrheit des Seins, nämlich den Logos der Tatsache selbst, suchen, finden und genau ausdrücken."[70]

Von dem so umschriebenen Charakter der Religion wendet sich Takizawa der Frage nach der wahren Religion als der dem Existenzgrund möglichst genau entsprechenden zu. Bei der so gestellten Frage nach der wahren Religion sei also von vornherein die strikte Unterscheidung zwischen dem Grund der Religion, den sie zu bedenken und dem sie zu entsprechen sucht, und ihren historisch konkreten Formen zu beachten, die nie dieser Grund selbst, sondern immer nur sein Abbild und Echo sein können.[71] Mit dieser Unterscheidung sieht Takizawa die Voraussetzung für einen wirklich fruchtbaren interreligiösen Dialog gegeben, bei dem die konkreten Religionen sich in Selbstkritik und wechselseitiger Kritik angesichts des faktischen Grundes, auf den sie sich beziehen, immer wieder von neuem möglichst genau gestalten können.[72] In der aktuellen Konfrontation der Religionen geht es nach Takizawa daher letztlich um die "zentrale Aufgabe der Gegenwart..., die wahre Weltreligion, die einzige, universale Religion, hervortreten zu lassen."[73] Die von wahrer Religion zu fordernde Wissenschaftlichkeit verbiete es, Religionen als reine Privatsache zu betrachten. Hinsichtlich der Wahrheit des Faktischen könne es gerade auch in der Religion keine Toleranz geben.[74] Doch keine konkrete Religion dürfe verabsolutiert werden, da dies bedeute, die Religion mit ihrem Grund zu verwechseln.[75] Die Religionen, denen das konkrete Interesse Takizawas gilt, das Christentum (vor allem in der Interpretation Karl Barths), der Zen- und der Jôdo-Buddhismus, sind für ihn jeweils ein authentisches Echo des wahren Lebensgrundes, allerdings mit unterschiedlichen Akzentuierungen, die zugleich ihre Stärken und Schwächen bestimmen.[76]

Dasjenige, mit dem das "Ich-selbst" in absoluter Verschiedenheit völlig eins ist, werde im biblischen Glauben "Jahwe" genannt und im Zen "wahres Selbst".[77] Die "Selbstkraft", von der der Zen-Buddhismus spreche, sei nicht die Kraft des Ich-selbst im cartesianischen Sinn.[78] Vielmehr gründe das Ichselbst nach Auffassung des Zen in demjenigen "Selbst", in dem der eine ursprüngliche Buddha oder Dharma und der gewöhnliche Mensch in absoluter Verschiedenheit unmittelbar eins sind.[79] Diese Einheit werde zugleich als der Standort des ganzen Menschengeschlechts verstanden.[80] Niemand, weder

---

[70] Ebd. 9f; vgl. auch ebd. 156.
[71] Vgl. ebd. 28.
[72] Vgl. ebd. 25f u. 38.
[73] Ebd. 105.
[74] Vgl. ebd. 40ff. Doch kann und darf nach Takizawa freilich niemand zu einer religiösen Haltung gezwungen werden!
[75] Vgl. ebd. 34.
[76] Vgl. ebd. 33f.
[77] Vgl. ebd. 11.
[78] Vgl. ebd. 30.
[79] Vgl. ebd. 31 u. 52f.
[80] Vgl. ebd. 31.

das "Ich-selbst", noch irgendein "Du", noch das "absolute Subjekt" existiere nach Auffassung des Zen abgetrennt von jenem "Grenzpunkt, der Einheit und Differenz zugleich markiert, in dem die Differenz gerade die Einheit ist."[81] Nach Auffassung des Zen liege der unheilvolle Grundirrtum des Menschen darin, nicht von dieser ursprünglichen Einheit auszugehen.[82] Umgekehrt sei das Erwachen, das Satori, das "Zurückkehren zu diesem Ort, wo der Betreffende selbst von Anfang an schon eingesetzt war."[83] Als solches könne das Erwachen nie bloßer Bewußtseinsinhalt sein, sondern Ausdruck des "wahren Selbst" im "Ich-selbst".[84] Der wahrhaft Erwachte drücke die von ihm erfahrene Einheit in bedingungslosem Dienst an den Leidenden aus.[85]

Doch auch wenn der Selbstausdruck, den das absolute Subjekt im endlichen Subjekt finde, vollkommen sei, bleibe dennoch die unumkehrbare Ordnung zwischen beiden bestehen.[86] Dieser Punkt werde allerdings, so Takizawa, in den Aussagen einiger Zen-Buddhisten, wie etwa bei Sh. Hisamatsu, verdunkelt.[87] Hier liege auch eine Schwäche der Philosophie Nishidas, die Takizawa zum einen auf eine Grundtendenz des Zen-Buddhismus zur Verkennung der Unumkehrbarkeit zurückführt, zum anderen aber auf Nishidas Versuch (so sieht es Takizawa), die ursprünglichen ontologischen Verhältnisse logisch zu subsumieren.[88]

Im Jôdo-Buddhismus werde die "Andere Kraft" ebensowenig als eine vom Menschen getrennte Größe verstanden, wie im Zen das "wahre Selbst" vom "Ich-selbst" getrennt sei. Die "Andere Kraft" gelte vielmehr als der alleinige Grund und die unerschöpfliche Quelle des Selbst.[89] Im Zen und im Jôdo werde mit dem Begriffen "wahres Selbst" und "Andere Kraft" jeweils auf die gleiche Wahrheit des einen Seins verwiesen, daß Autonomie und Heteronomie keinen realen Gegensatz bilden, sondern das Produkt einer illusionären Trennung von Mensch und Absolutem sind. So könne man diese beiden Schulen nicht dadurch voneinander unterscheiden, daß Zen eine autonome und Jôdo eine heteronome Orientierung verfolge, vielmehr werde in beiden Schulen – wenn auch unter je anderer Begrifflichkeit – gleichermaßen ein dichotomes Verständnis des Menschen verworfen. "Es kommt in Wahrheit

---

[81] Ebd. 53.
[82] Vgl. Takizawa, Zen-Buddhismus und Christentum im gegenwärtigen Japan, in: S. Yagi/U. Lutz (Hg), Gott in Japan, München 1973, 139-159, hier 149.
[83] Takizawa, Reflexionen... a.a.O. 31.
[84] Vgl. ebd. 32.
[85] Vgl. ebd. 31 und ders., Zen-Buddhismus und Christentum... a.a.O. 148f.
[86] Vgl. Takizawa, Zen-Buddhismus und Christentum... a.a.O. 153.
[87] Vgl. ebd. 154.
[88] Vgl. Takizawa, Reflexionen... a.a.O. 162f. Dieser "gefährliche Mangel" in der Philosophie Nishidas habe nach Takizawa die meisten Schüler Nishidas in "Hegelschen Idealismus" und "vulgärphilosophische Dialektik" abgleiten lassen, "die mit der wissenschaftlichen Analyse der harten Tatsachen nichts mehr zu tun hat" (Takizawa, Was hindert mich noch... a.a.O. 920).
[89] Vgl. Takizawa, Reflexionen... a.a.O. 49.

nicht darauf an, ob man der Kraft des Ganz-anderen oder der Kraft des eigenen Selbst vertraut, sondern ganz allein darauf, ob man zum realen Treffpunkt, wo der einzelne Mensch und der eine Urbuddha (die eine lebendige Wahrheit) im absolut untrennbar-unvermischbar-unumkehrbaren Verhältnis eins sind, erwacht oder nicht erwacht. Die von Shinran verworfene 'Selbstkraft' ist gerade die von Dogen zurückgewiesene 'Kraft des anderen'. Beides ist nur Produkt des von jenem einen Grenzpunkt, von der wahren Heimat des Menschen isolierten, entfremdet-selbstsüchtigen Menschen."[90]

Die Vermittlung dieses Erwachens geschieht nach Takizawa prinzipiell auf zweifache, aber untrennbar zusammengehörige Weise: 1. *geschichtlich* durch die jeweilige religiöse Tradition und 2. *urgeschichtlich* durch den Anrufcharakter der Seinsordnung selbst. Vom suchenden Menschen aus gesehen geht die erste der zweiten voran, sachlich aber liegt die zweite der ersten voraus. Kein Zen-Buddhist würde, trotz aller Verehrung, die er seinem Meister entgegenbringt, auf diesen, einschließlich des historischen Buddha selbst, seine Selbstverwirklichung gründen.[91] Z. B. sei das bloße korrekte Sitzen, das Dôgen auf den historischen Buddha zurückführt, und das er als den rechten Weg lehrt, einerseits ein von der Tradition vermittelter Wegweiser, durch den der Mensch jedoch andererseits zu seinem "wahren Selbst" erwachen soll, als dessen eigentliche Tat und Ausdruck dieses Sitzen gilt.[92] Ähnlich stehe es mit dem Nembutsu im Jôdo-Buddhismus.[93] Nach Takizawa steht hinter der Überlieferung vom Urgelübde des zum Amida-Buddha gewordenen Hôzô der historische Buddha selbst, dessen eigenes Erwachen zur Wahrheit des Seins in dieser Überlieferung reflektiert und ausgedeutet werde.[94] In seiner Erleuchtung erkannte Buddha nach Takizawa, "daß der Ort, an dem er sich jetzt befindet, kein anderer Ort ist als das Nirwana, ewig still und doch voller Leben und schöpferischer Kraft. Das Nirwana hat ihn niemals verlassen, auch während er noch nichts davon wußte..."[95] So gelte auch hier die doppelte Vermittlung, indem Shakyamuni einerseits in zeitlicher Ordnung zum Buddha wurde, und der Anstoß dazu nach Auffassung der buddhistischen Überlieferung durch seine Begegnung mit einem Buddha der Vorzeit in einer früheren Geburt Shakyamunis erfolgte, andererseits aber sein Erwachen vom "ewig gegenwärtigen Herrn des Nirwanas" bewirkt wurde, mit dem er ungetrennt, unvermischt und unumkehrbar immer schon eins war.[96] So müsse auch für die Reflexion über die Erleuchtung des historischen Buddha in der Erzählung vom Gelübde Hôzôs (die bezeichnenderweise als eine Predigt des historischen Buddha tradiert wurde) geschlossen werden, daß Hôzôs Erlangen der Buddhaschaft (sein zum Amida-Buddha Werden) in der ursprünglichen Ordnung ein Hôzô-Werden Amidas sei,

---

[90] Ebd. 63f.
[91] Vgl. Takizawa, Zen-Buddhismus und Christentum.... a.a.O. 152.
[92] Vgl. Takizawa, Reflexionen... a.a.O. 54ff.
[93] Vgl. ebd. 56ff.
[94] Vgl. dazu und zum folgenden: Takizawa, "Rechtfertigung" im Buddhismus und im Christentum, in: Evangelische Theologie 39 (1979) 182-195.
[95] Ebd. 184.
[96] Vgl. ebd. 184f.

bzw. daß sich in Hôzô alias Shakyamuni der ewige Buddha geoffenbart habe. Dies gelte dann auch für das im Gelübde Hôzôs mitgeteilte Nembutsu bzw. für die Zusage, daß alle, die den Namen Amidas anrufen, gerettet werden. Die Anrufung Amidas im Nembutsu werde einerseits durch die konkrete Tradition des Jôdo-Buddhismus vermittelt und habe doch andererseits ihren Wert nur darin, daß sie spontan dem Erwachen des Menschen zu seinem wahren Sein entspringe und entspreche.

Lebendige und wahre religiöse Tradition verweise den Menschen immer in seine eigene Verantwortung, auf den Anruf, der ihm vom Grund der Religion her (der nicht die Religion selbst, sondern der Grund der Existenz schlechthin ist) entgegenkommt, zu hören und diesem antwortend zu entsprechen. Die Religion erstarre jedoch und werde zu ihrer eigenen Verkehrung, wenn sie sich selbst an die Stelle ihres Grundes setze und ihre eigenen Ausdrucksformen, die zwar sehr wohl Ausdruck des Absoluten sind, zum Absoluten selbst erhebe.[97] Von dieser Position her greift Takizawa die Kritik Karl Barths am Jôdo-Buddhismus auf und wandelt sie in eine Kritik an Barth selbst um.[98] Mit seiner Auffassung, daß es vor allem der Name Jesu Christi sei, der bei aller phänomenalen Ähnlichkeit den wichtigsten Unterschied zwischen Jôdo und Christentum ausmache, verfehle es Barth, auf die wesentliche Seinsordnung im Träger dieses Namens, im Menschen Jesus selbst, hinreichend zu reflektieren. Barth unterscheide nicht deutlich genug zwischen dem Urfaktum "Immanuel" und seinem in der Welt erschienenem Ausdruck "Jesus Christus". In Barths Verständnis von "Immanuel" erblickt Takizawa das universale Faktum der untrennbar-unvermischbar-unumkehrbaren Einheit zwischen Gott und Mensch als der Grundbestimmung der menschlichen Existenz.[99] Als solches wirke das Urfaktum "Immanuel" unabhängig von Glaube und Taufe. Die primäre Unmittelbarkeit der Einheit mit Gott bei gleichzeitiger unendlicher Verschiedenheit sei vielmehr der tragende Grund sowohl des Glaubens an Jesus (dies war nach Takizawa der Inhalt jener Erkenntnis, die die Jünger nach dem Tode Jesu veranlaßte, diesen mit dem "Christus" zu identifizieren), als auch des Glaubens des Menschen Jesus selbst. Hinsichtlich der Geschichtlichkeit des Heilsereignisses in Jesus müsse zwischen dem göttlich-urgeschichtlichen Ursprung der christlichen Verkündigung und ihrem menschlich-historischen Anfang strikt unterschieden werden.[100] Auch für Takizawa war der Mensch Jesus von Anfang an mit Gott eins, aber darin unterscheide er sich nicht von allen anderen Menschen. Auch in Jesus sei die Grenze zwischen Gott und Mensch, die Unterschied und Einheit zugleich markiert, nicht aufgehoben, sondern gerade auch hinsichtlich der Unumkehrbarkeit des Gott-Mensch-Verhältnisses auf das deutlichste geoffenbart. Der Mensch Jesus könne als das genaue Echo auf den Anruf Gottes, als das genaue Echo auf das ursprüngliche Wort

---

[97] Vgl. Takizawa, Reflexionen... a.a.O. 35ff u. 57f.
[98] Vgl. dazu ebd. 66-110.
[99] Vgl. dazu auch: Takizawa, Was hindert mich noch... a.a.O.
[100] Vgl. ebd. 922.

im appelativen Charakter der Seinsordnung, verstanden werden.[101] "Dieses Wort Gottes selbst lebt aber auch in den anderen Menschen genauso konkret und vollständig wie im Menschen Jesus. Ein klares Echo dieses lebendigen Wortes kann und soll auch in den anderen Menschen vernehmbar werden, die noch nie Jesus von Nazareth gesehen oder gehört haben."[102] Jesus ist somit das vollkommene Vorbild für das Erwachen eines jeden Menschen zum wahren Grund der Existenz. Er werde in der christlichen Tradition als der "Christus" verkündet, damit durch seinen Namen und die sein Leben verkündende Schrift jeder Mensch angestoßen wird, zu diesem einen Urgrund als dem eigenen zu erwachen. Im Glauben an Jesus Christus sei also ebenfalls der Widerspruch zwischen Heteronomie und Autonomie aufgehoben. Mit dem Namen "Jesus Christus" verhalte es sich prinzipiell nicht anders als mit dem Nembutsu im Jôdo und dem Sitzen im Zen.[103] Der Unterschied zwischen Jôdo-Buddhismus und Christentum hinsichtlich der Bedeutung historisch konkreten Geschehens relativiere sich ganz erheblich, wenn man berücksichtige, daß sich hinter der ungeschichtlichen Erzählung von Hôzôs Buddha-Werdung letztlich eine Reflexion über die Bedeutung der Buddha-Werdung des historischen Buddhas verberge, und daß der Jesus der Evangelien bereits der im österlichen Glauben an das ursprüngliche Christusgeschehen verkündete Christus sei.[104]

An Barth lobt Takizawa, daß hier die Unumkehrbarkeit im "Immanuel" genannten ursprünglichen Seins-Verhältnis viel deutlicher gesehen sei als im Zen-Buddhismus.[105] Doch mache Barth das Faktum des "Immanuel" so vom historischen Menschen Jesus abhängig, als würde es erst durch diesen entstehen. Damit aber gehe Barth fälschlicherweise von einer vorgängigen Trennung zwischen Gott und Mensch aus, die erst nachträglich durch den historischen Menschen Jesus überbrückt werde.[106] In dieser Hinsicht sei der Zen-Buddhismus klarer als Barth in der Erkenntnis der unbedingten, voraussetzungslosen und ursprünglichen Gültigkeit des Urfaktums. Den gleichen Fehler, den der Zen-Buddhismus bei allen "größeren und kleineren Erwachten" begehe, nämlich die Vernachlässigung der grundsätzlichen Unumkehrbarkeit im Seinsverhältnis, begehe das Christentum bei dem einen Menschen Jesus.[107] Beidemale fehle es an der "wahren sachlich-wissenschaftlichen Methode".[108] Doch alle "wahren Religionen", zu denen Takizawa Christentum und Buddhismus (hier zumindest Zen- und Jôdo-Buddhismus) rechnet, "berühren trotz ihrer Verschiedenheit der Erscheinungsformen immer jenes Zentrum, das ich... als 'Einheit von Gott und Mensch' bezeichnet habe.

---

[101] Vgl. Takizawa, Reflexionen... a.a.O. 59ff u. 81ff.
[102] Ebd. 61.
[103] Vgl. ebd. 62f u. 92f.
[104] Vgl. Takizawa, "Rechtfertigung"... a.a.O. 191f.
[105] Vgl. ders., Reflexionen... a.a.O. 163. Takizawa betont, daß er diesen Schwachpunkt des Zen erst durch Barth erkannt habe (vgl. ebd. 174f Anm. 42).
[106] Vgl. ebd. 61 u. 86ff, sowie Takizawa, "Rechtfertigung"... a.a.O. 192ff.
[107] Vgl. Takizawa, Zen-Buddhismus und Christentum... a.a.O. 154.
[108] Vgl. ebd. 155f und Takizawa, Reflexionen... a.a.O. 163f.

Folglich teilen sie ausnahmslos den Logos der wahren Heimat mit, die allen Menschen gemeinsam ist."[109] Entscheidendes Zeichen für die lebendige Vermittlung dieses "Logos der wahren Heimat" bleibe, ob die religiöse Praxis in den verschiedenen religiösen Traditionen beim einzelnen Gläubigen wirklich aus diesem Urgrund hervortrete und ihn bezeuge.[110]

Gegen Takizawa hat M. Abe eingewendet, daß sich die von Takizawa behauptete Ordnung der Unumkehrbarkeit im Verhältnis der Seinsbegründung des Endlichen durch das Absolute niemals mit der buddhistischen Auffassung einer völligen Umkehrbarkeit und wechselseitigen Immanenz von Endlichem und Absolutem vereinbaren lasse.[111] Zwar konzediert Abe hier, daß Unumkehrbarkeit im Gott-Mensch-Verhältnis noch nicht unbedingt eine Verobjektivierung Gottes zur Folge haben müsse (obwohl Unumkehrbarkeit, wenn sie ontologisch gedacht werde, genau dorthin führe), da die Unumkehrbarkeit auch existentiell in der Normativität Gottes begründet werden könne. Die nicht-ontologische, personalistisch-existentielle Begründung der Unumkehrbarkeit durch die Normativität Gottes sei zwar in der Lage eine Objektivierung Gottes zu vermeiden, doch gerate sie zwangsläufig vor das Problem des Bösen, das nun notwendig zu einer zweiten Realität neben Gott werde. Damit sei ein Dilemma gegeben, insofern die duale Struktur, die Gott als den Grund der Normativität dem Bösen entgegensetzt, es schwer mache, das Böse als eine zweite nichtobjektivierbare Realität neben Gott zu denken – ein Dilemma, dessen sich der Theismus in der Regel nicht recht bewußt sei. Der von absoluter Umkehrbarkeit ausgehende Standpunkt des Zen, der aus der Einsicht in die wechselseitig bedingte Entstehung aller Dinge (pratītyasamutpāda) resultiere[112], ziele auf die Negation aller Verobjektivierung von Transzendenz, weil er meine, so der Realität gerechter zu werden. Das Böse sei als reale Gefahr erkennbar und vermeidbar, wenn hinter die Dualität von Gott und Teufel zurückgegangen werde. Die das Verhältnis der Unumkehrbarkeit nicht-ontologisch zu begründen suchende Normativität Gottes sei ontologisch nochmals von einer völligen Umkehrbarkeit zu umfassen, d.h. dem Guten komme zwar eine ethische Priorität gegenüber dem Bösen zu, nicht jedoch eine ontologische.[113] Das buddhistische Mitleid, das jenseits jeder Normativität von Geboten liegt, sei die nichtdiffe-

---

[109] Takizawa, Reflexionen... a.a.O. 28.
[110] Vgl. ebd. 59.
[111] Vgl. dazu und zum folgenden: M. Abe, Toward the Creative Encounter Between Zen and Christianity, in: A Zen-Christian Pilgrimage. The Fruits of Ten Annual Colloquia in Japan 1967 – 1976 (The Zen-Christian Colloquium), ohne Ort 1981, 36-44.
[112] Auch von christlicher Seite ist Takizawa vorgeworfen worden, daß er für seine Interpretation des buddhistischen Transzendenzverständnisses die Lehre vom "pratītyasamutpāda" nicht berücksichtigt habe (vgl. N. R. Thelle, A Barthian thinker between Buddhism and Christianity: Takizawa Katsumi, in: Japanese Religions, vol 8 no. 4 (1975) 54-86, hier 78).
[113] Vgl. dazu M. Abe, The Problem of Evil in Christianity and Buddhism, in: P. O. Ingram/F. J. Streng (Hg), Buddhist-Christian Dialogue. Mutual Renewal and Transformation, Honululu 1986, 139-154, wo Abe diesen Punkt weiter ausgeführt hat (hier, 148).

renzierende existentielle Realisation der Nicht-Dualität von Gut und Böse auf der den mit der Normativität des Guten zwangsläufig gegebenen Dualismus nochmals transzendierenden Ebene von Shûnyatâ.[114] Die ethische Gefährdung des Zen liege jedoch darin, die Umkehrbarkeit nicht als hintergründigen Ausgangspunkt der Existenz zu verstehen, sondern als vordergründiges Ziel. Aus letzterem folge ethische Anarchie. Normativität könne also eine relative (und als relative unersetzliche), nicht jedoch eine absolute Unumkehrbarkeit begründen. "Irreversible reality is in no sense true ultimate Reality."[115]

Abes Kritik am Christentum liegt damit geradezu umgekehrt proportional zu Takizawas Christentums-Kritik. Während Takizawa beansprucht, daß für alle Menschen im Seinsverhältnis die Ordnung der Unumkehrbarkeit gelte, auch für den Menschen Jesus, und kritisiert, daß das Christentum Jesus und der Zen-Buddhismus die Erleuchteten von der Unumkehrbarkeit ausnehme, will Abe die Ordnung der Unumkehrbarkeit für alle Menschen gleichermaßen negiert wissen. Fordert also Takizawa eine die Exklusivität Jesu aufhebende Universalisierung i. S. der Gültigkeit der unumkehrbaren Seinsordnung für alle, so fordert Abe eine implizit die Exklusivität Jesu ebenfalls aufhebende Gültigkeit der Umkehrbarkeit in der Seinsordnung aller Menschen. Trotz ihres fundamentalen Unterschiedes hinsichtlich der Um- oder Unumkehrbarkeit der Seinsordnung, stimmen doch beide in ihrer Negation der Exklusivität des Menschen Jesus überein, was Takizawa von christlicher Seite her vorgeworfen wurde.

Y. Terazono sieht bei Takizawa eine Universalisierung der Gottessohnschaft Jesu gegeben, die das Barth'sche "Immanuel" schöpfungsimmanent denke und somit die Gottessohnschaft Jesu in die Universalität der Vaterschaft aufhebe.[116] Hierin liegt für Terazono auch der entscheidende Unterschied zwischen Barth und Takizawa: "Während für Barth die exklusive Geschichte Jesu Christi der Inklusivität der Beziehung Gottes zur ganzen Menschheit präveniert, geht bei Takizawa die Inklusivität der ewigen Urgeschichte der urbildlichen Exklusivität der Zeichengeschichte Jesu Christi voran."[117] Wie gezeigt, ist dies für Takizawa tatsächlich die Konsequenz seiner Forderung nach einem wissenschaftlichen Charakter von Religion, in der das Bedenken der ontologischen Ordnung zur obersten Norm aller religiösen Aussagen erhoben wird. Takizawa bewegt sich somit im Unterschied zu Shimizu eher auf der Linie Ottes, ja geht noch über diesen hinaus, indem er "religiöse Vernunft" nichts anderes als die streng wissenschaftliche Vernunft sein lassen will. Dadurch gerät er in Konflikt mit dem Autonomie-Anspruch der christ-

---

[114] Vgl. ebd. 153f.
[115] Abe, Toward the Creative Encounter... a.a.O. 42.
[116] Vgl. Yoshiki Terazono, Die Christologie Karl Barths und Takizawas. Ein Vergleich, Bonn 1976, 144-147.
[117] Ebd. 150. Jesus Christus erscheine demnach bei Takizawa im Gegensatz zu Barth als die Erfüllung der Schöpfung (vgl. zu dieser durchaus zutreffenden Sicht auch Takizawa, Reflexionen... a.a.O. 99).

lichen Tradition. Angesichts des Einspruchs Abes wird aber auch fraglich, ob damit eine den Buddhismus treffende hermeneutische Basis gefunden ist. Abe zumindest sieht das Anliegen des Zen-Buddhismus bei Takizawa nicht verstanden. Denkt Abe aber, wenn er getreu der Logik des "sokuhi" die völlige Umkehrbarkeit von Begrenztem und Absolutem einfordert, von den gleichen Voraussetzungen her wie Takizawa, der dem Zen Unwissenschaftlichkeit vorwirft, wenn dieser die Unumkehrbarkeit leugne? Für Takizawa liegt die Unumkehrbarkeit in der Vorgängigkeit der Existenz gegenüber Denken und menschlicher Freiheit begründet, die nach seiner Meinung die einzig wahre "Stütze des Lebens" sein kann. Abe aber fordert - wie oben gezeigt[118] - die völlige Umkehrbarkeit, weil er eine Anhaftungslosigkeit anstrebt, in der gerade nichts mehr als "Stütze" dient. Die Unterschiede in den ontologischen Positionen lassen sich offensichtlich auf tiefgreifende Unterschiede im Freiheitsbegriff zurückführen. Der Freiheit als Anhaftungslosigkeit, wie Abe sie versteht, entspricht eine andere ontologische Denkweise als der Freiheit, die - wie bei Takizawa - respondorisch auf ein Gesetztsein bezogen bleibt. So ist das "wissenschaftliche" Denken, wie Takizawa es versteht, wesentlich ein an Vorgegebenheiten orientiertes Nach-Denken, während bei Abe das Denken eher ein Hin-Denken auf eine existentielle Verfassung ist, das wesentlich ein Zer-Denken aller Fixpunkte (Objektivierungen) beinhaltet. Genau dies erscheint Takizawa als "unwissenschaftlich". Es wäre somit kritisch zu fragen, ob Takizawas Wissenschaftsbegriff nicht gänzlich von der religiösen Tradition des jüdisch-christlichen Schöpfungsgedankens bestimmt ist, der dem Buddhismus allerdings fremd ist. Das bei Takizawa allgegenwärtige Schöpfungsmotiv hat existentiell seinen stärksten Ansatzpunkt sicherlich in der nicht selbst gewählten eigenen Geburt. Takizawa stützt sich denn auch weitgehend auf das Faktum des Geborenseins als Grunderfahrung des Gesetztseins. Der andere Eckpunkt menschlicher Existenz, der Tod, bleibt in seiner Reflexion des Seinsverhältnisses äußerst blaß.[119] Könnten die Unterschiede der jeweiligen Denkweisen nicht vielleicht darauf zurückzuführen sein, daß menschliche Existenz nicht nur von der Geburt, sondern auch vom Tod her bedacht werden kann, und daß beide Denkbewegungen sich nicht nur in ihrer Denkrichtung unterscheiden, sondern die Unterschiede der Denkrichtung auch solche der Denkweise bedingen? Angesichts der Faktizität der Geburt scheint Freiheit als Gabe gesetzt. Angesichts des Todes aber scheint gerade diese bedroht und und eine neue erst zu gewinnen.[120] Geburt ruft nach Annahme, Sterben nach Loslösung. So hat Abe vor kurzem hinsichtlich des religiösen Umgestaltungs-Prozesses bemerkt: "Im Buddhismus hat die Umgestaltung ihr Zentrum in der Vorstellung vom Tod. Der buddhistische Umgestaltungsbegriff kann nicht richtig erfaßt werden, wenn man von der Vor-

---

[118] Vgl. oben S. 264ff.
[119] So zumindest in jenen Texten, die mir zugänglich waren.
[120] Takizawa übersieht nicht, daß der Tod ebenso wie die Geburt nicht der subjektiven Freiheit untersteht. Aber er reflektiert nicht auf die jeweils unterschiedliche Weise, in der sich Geburt und Tod als Herausforderung an die Freiheit zeigen (vgl. Takizawa, Reflexionen... a.a.O. 44f).

stellung des Todes absieht."[121] Wenn menschliche Existenz aber so geartet ist, daß sie von verschiedenen gleich fundamentalen Zügen her betrachtet werden kann, und sich dabei nicht nur die Perspektive der Betrachtung ändert, sondern innerhalb des *intentionalen* Kontextes religiösen Denkens auch die Weise der Betrachtung, dann läßt sich von hier aus vielleicht auch das Problem der Autonomie "religiöser Vernunft" neu sehen, und zumindest die Barriere, die es im Hinblick auf eine interreligiöse Hermeneutik darstellt, überwinden.

Bevor ich diesen Gedanken weiterverfolgen werde[122], soll nun jedoch zunächst zusammengefaßt werden, welche hermeneutisch bedeutsamen Änderungen hinsichtlich eines christlichen Verständnisses der buddhistischen Heilsbotschaft sich in den vorgestellten dialogischen Ansätzen gegenüber dem Ansatz des Religionsvergleichs feststellen lassen. Erst so ist eine gewisse Systematisierung der bisher von Einzelnen im Dialog gemachten hermeneutischen Lernerfahrungen möglich, von der aus dann die Frage nach einem konzisen hermeneutischen Ansatz angesichts der auch im Dialog noch offenen Hindernisse erneut zu stellen ist.

---

[121] M. Abe, Umgestaltung im Verständnis des Buddhismus im Vergleich mit platonischen und christlichen Auffassungen, in: Concilium 24 (1988) 110-122, hier 110.
[122] Vgl. unten S. 368ff.

4. DIE HERMENEUTISCHE PROBLEMATIK DES CHRISTLICH-BUDDHISTISCHEN DIALOGS

Im Anschluβ an die Untersuchung der hermeneutischen Problematik des christlich-buddhistischen Religionsvergleichs ergab sich für die Untersuchung des christlich-buddhistischen Dialogs *erstens* die Frage, inwieweit dieser zu einer Veränderung des christlichen Verständnisses der buddhistischen Heilsbotschaft geführt habe, und *zweitens* von welchen Ansätzen hier im Unterschied zur religionsvergleichenden Methodik die Buddhismusinterpretation geleitet sei.[1] Der Überblick über die Diskussionen zur theologischen Begründung des interreligiösen Dialogs fügte dem eine *dritte* Fragestellung hinzu: Kann der interreligiöse Dialog unter den Vorzeichen einer *theologischen* Lernbereitschaft geführt werden (m.a.W., kann in der Botschaft der anderen Religion eine bisher unbekannte Weise des Redens Gottes vermutet werden) und dabei zugleich die inklusivistische Verzerrung des anderen durch theologische Interpretamente vermieden werden, oder schließt eine dieser beiden Erwartungen die jeweils andere notwendig aus?[2]

Nun gestaltet sich der Versuch einer systematischen hermeneutischen Auswertung der oben vorgestellten und analysierten Ansätze zum Dialog mit dem Buddhismus nicht gerade leicht. Denn anders als die behandelten Religionsvergleiche, ob apologetisch oder phänomenologisch orientiert, zeigen die dialogischen Ansätze weit weniger an methodologischer Geschlossenheit. Jeder der hier behandelten Autoren hat in mehr oder weniger expliziter Weise seine eigene Hermeneutik entwickelt, was denn auch den Ausschlag für die Entscheidung gab, im Rahmen dieser Untersuchung die hermeneutische Grundlinie jedes Ansatzes – sofern eine solche erkennbar war – gesondert herauszuarbeiten. Dies bedeutet aber zugleich, daß eine Überwindung der hermeneutischen Engführungen der religionsvergleichenden Methode durch einen *einheitlichen* dialogisch-hermeneutischen Ansatz bislang noch nicht erreicht ist, sondern sich die einzelnen dialogischen Ansätze – hermeneutisch gesehen – alle noch in einer Art von Teststadium bewegen.

Um jedoch dem Ziel der Entwicklung einer solchen Hermeneutik näher zu kommen – wozu dann im dritten Kapitel dieser Untersuchung ein konkreter Vorschlag unterbreitet werden wird –, ist eine hermeneutische Bestandsaufnahme unumgänglich. Diese soll nun dadurch vorgenommen werden, daß die drei bisher gewonnenen hermeneutischen Leitfragen in einem kursorischen Überblick an die behandelten Ansätze zum Dialog mit dem Buddhismus herangetragen werden. D. h., zunächst ist auf rein *materialer* Ebene zu fragen, welche Veränderungen hinsichtlich des Buddhismusbildes sich in den Dialogansätzen gegenüber dem der Religionsvergleiche ergeben haben. Dann ist herauszustellen, welche interpretationsleitenden Gesichtspunkte in *formaler* Hinsicht in den dialogischen Ansätzen wirksam sind. Im dritten Schritt schließlich wird das aufzugreifen und anhand des christlich-buddhistischen

---

[1] Vgl. oben S. 141.
[2] Vgl. oben S. 170f.

Dialogs zu konkretisieren sein, was zu Beginn dieses Kapitels als die hermeneutisch zentrale Problematik *theologischer* Dialogbegründung ausgewiesen wurde.

4.1 Das Buddhismusbild in Dialog und Religionsvergleich

In den christlich-apologetischen Religionsvergleichen hatte sich ein nahezu festumrissenes Buddhismusbild herausgebildet, das durch eine Reihe stereotyper Vorwürfe gekennzeichnet ist: Hiernach ist der Buddhismus zumindest in seinen Zentralgedanken ein klarer Atheismus (verstanden als Gottesleugnung), der wenigstens in einigen Zügen auch eindeutig materialistisch ist. Seine soteriologische Botschaft sei folglich pessimistisch und letztlich nihilistisch, der verkündete Heilsweg ein Weg heilsindividualistischer Selbsterlösung, verbunden mit einem eskapistischen und passivistischen Weltverhältnis.

Gegenüber dieser atheistisch/nihilistischen Interpretationslinie gewinnt in den westlichen phänomenologischen Religionsvergleichen die mystische Interpretationslinie wieder stärker an Bedeutung, so daß die Etikettierungen des Buddhismus als Atheismus und Materialismus teilweise zurücktreten. Zu weitgehenden Übereinstimmungen mit dem Buddhismusbild der apologetischen Religionsvergleiche kommt es beim überwiegenden Teil der westlichen phänomenologischen Religionsvergleiche jedoch hinsichtlich der Charakterisierung der soteriologischen Botschaft, des Heilsweges und des Weltverhältnisses. Das buddhistische Verständnis von Unheil und Heil wird als ontologisch geprägt gedeutet, was bereits die Grundlage für den Vorwurf des Pessimismus und des Nihilismus in den apologetischen Religionsvergleichen bildete; der Heilsweg erscheint als ethisch destruktiver, heilsindividualistischer Entpersonalisierungsprozeß, verbunden mit einem eskapistischen Weltverhältnis. Wie in den apologetischen Religionsvergleichen werden sowohl starke Diskrepanzen zwischen älterem Buddhismus und Mahâyâna-Buddhismus konstatiert, als auch zwischen der als peripher betrachteten buddhistischen Laienethik und dem zentralen, monastischen Weg.

Bei der hermeneutischen Analyse der Religionsvergleiche konnte gezeigt werden, daß in beiden Formen des Religionsvergleichs die Gottesidee interpretationsleitend wirkte, insofern die apologetischen Vorwürfe direkt aus dem als Gottesleugnung gedeuteten Atheismus abgeleitet wurden und im Großteil der westlichen phänomenologischen Religionsvergleiche das Fehlen bestimmter Züge der Gottesidee für die Buddhismusinterpretation ausschlaggebend blieb. So wurde in beiden Fällen den an der Gottesidee orientierten Ausfallswerten eine konstitutive Bedeutung für den buddhistischen Sinnzusammenhang unterstellt.

Ein völlig anderes Buddhismusbild zeigte sich dagegen in den östlichen phänomenologischen Religionsvergleichen, sowie weitgehend auch in dem

Carpenters, wobei sich hier nicht die Gottesfrage als interpretationsleitend erwies, sondern eine existentiell (und nicht ontologisch!) ausgerichtete Daseinsanalyse. Die existentiell verstandene Unheilssituation erscheint prinzipiell überwindbar, der Weg dazu impliziert vor allem eine Überwindung individualistischer Egozentrik, was keine Aushöhlung der buddhistischen Ethik bedeutet, sondern deren höchste Verwirklichung in der Form nichtdifferenzierender, selbstloser Liebe, die wiederum ihren Angelpunkt in einer universalen Solidarität aller Wesen besitzt und sich somit als Freiheit von der Welt *für* die Welt erweist. Das Verhältnis von älterem Buddhismus und Mahâyâna, sowie das von Laienethik und monastischer Lebensform wird nicht i. S. essentieller Unterschiede, sondern mehr i. S. innerer Kontinuität gesehen.[3]

Überblickt man die hier vorgestellten Ansätze zum Dialog mit dem Buddhismus, so zeichnet sich in ihnen *insgesamt* ein Buddhismusbild ab, das sich in vielem erheblich vom Buddhismusbild der christlich-apologetischen und westlich-phänomenologischen Religionsvergleiche unterscheidet und zugleich mehr oder weniger jenem Buddhismusbild entspricht, wie es in den oben behandelten Religionsvergleichen östlicher Autoren skizziert wurde. Und doch treten auch immer wieder einzelne Züge des älteren, in den westlich-christlichen Religionsvergleichen beheimateten Buddhismusbildes auf, besonders dann, wenn die dialogischen Ansätze in die Nähe der religionsvergleichenden Methode geraten.

Sehr deutlich ist dies bei dem frühen dialogischen Ansatz von *W. King.* Für King steht fest, daß der Buddhismus kein Materialismus, kein Pessimismus und kein Nihilismus ist. Die Bezeichnung als Selbsterlösungsreligion bedürfe, wegen der Vorgegebenheit der Erlösungsmöglichkeit und des paradoxen Verständnisses von "Selbst" im Buddhismus erheblicher Modifikation. Ebenso müsse seine Einschätzung als Atheismus modifiziert werden, da sich in funktionaler Hinsicht ein vierfaches Äquivalent zum christlichen Gottesbegriff ausmachen lasse. Indem King jedoch die vier buddhistischen Konzepte, Dharma, Karma, Buddha und Nirvâna, als funktionale Äquivalente des Gottesbegriffs deutet, mutet er ihnen zu, innerhalb des Buddhismus für all das konstitutiv zu sein, was innerhalb des Christentums der Gottesbegriff leistet. Dabei kommt er wieder zu einer Interpretation des buddhistischen Sinnzusammenhangs durch Aspekte, die vom christlichen Gottesbegriff her als Ausfallwerte erscheinen, was dazu führt, daß die Charakterisierung des buddhistischen Unheilsverständnisses als ontologisch orientiert und die Charakterisierung des buddhistischen Heilsweges als heilsindividualistischer Entpersonalisierungsprozeß mit letztlich ethisch destruktivem und eskapistischem Charakter ebenso beibehalten wird, wie die These einer essentiellen Diskrepanz zwischen der Laienethik und dem monastischen Weg. Später erkennt King jedoch, daß die buddhistischen Aussagen über die Unheils- und Heilssituation nicht primär eine ontologische, sondern eine existentielle Orientierung haben. So kommt er in der Frage nach dem personalen Cha-

---
[3] Vgl. oben S. 84, 97f, 104f.

rakter des buddhistischen Menschenbildes zu einer neuen, positiveren Einschätzung, die, wenn sie konsequent weitergedacht wird, auch den Vorwürfen des Heilsindividualismus, des Eskapismus und des ethischen Passivismus den Boden entzieht.

De Silva nimmt in der Frage der Charakterisierung des Buddhismus als Atheismus, Materialismus, Pessimismus, Nihilismus und Selbsterlösungsreligion zunächst eine unentschiedene Haltung ein. Wie in den östlichen phänomenologischen Religionsvergleichen will de Silva den buddhistischen Sinnzusammenhang nicht von einer Analogie des Heilszieles zum christlichen Gottesbegriff her verstehen, sondern von der existentiellen Daseinsanalyse her. Dabei ist er bereit, auch den christlichen Personbegriff nicht i. S. eines ontologischen Personkerns zu deuten, sondern als existentiale Beziehungskategorie. Hinsichtlich des Heilsverständnisses legt de Silva jedoch eine stärker ontologisch orientierte Perspektive vor. Daher entscheidet sich für ihn die Berechtigung der oben genannten Charakterisierungen des Buddhismus an der Frage, wie das postmortale Nirvâna ontologisch zu verstehen sei. In den letzten Schriften de Silvas zeichnet sich hier allerdings eine Veränderung ab. Unter der Betonung der radikalen Nicht-Konzeptualisierbarkeit Gottes und der Beachtung des evokativen Charakters christlicher wie buddhistischer Lehre, relativiert de Silva den Gegensatz von Theismus und Atheismus ebenso wie den von Gnade und Selbsterlösung und hebt damit implizit auch die Vorwürfe des Materialismus, Pessimismus und Nihilismus auf. So bleibt für ihn letztlich nur die Feststellung einer stärkeren Gewichtung des sozialen Aspekts innerhalb der christlichen Spiritualität bestehen.

Bei *D. Swearer*, *A. Fernando* und *A. Pieris* finden sich keinerlei Reste des aus den christlich-apologetischen und westlich phänomenologischen Religionsvergleichen stammenden Buddhismusbildes. In allen drei Ansätzen wird die soteriologische Botschaft des Buddhismus existentiell verstanden. Dem Buddhismus wird kein Atheismus mehr i. S. einer Gottesleugnung attestiert, sondern nur mehr ein A-Theismus in jener Weise, daß eine personalistische Gottesvorstellung im soteriologischen System des Buddhismus nicht vorkommt. Alle drei führen dies vor allem auf die buddhistische Einsicht in die Nichtkonzeptualisierbarkeit der absoluten Heilswirklichkeit zurück, wobei Pieris dem noch hinzufügt, daß dem idiomatischen Charakter des Buddhismus, der an einer sich im Geist des Einzelnen ereignenden, befreienden Erkenntnis orientiert ist, eine an der Beziehungserfahrung ausgerichtete personalistische Begrifflichkeit grundsätzlich fremd sein müsse. Besonders auffallend ist zudem, daß in diesen drei dialogischen Ansätzen der Vorwurf des eskapistischen und sozial desinteressierten Weltverhältnisses vollständig aufgegeben ist und statt dessen der auch auf aktive Weltgestaltung ausgerichtete Charakter buddhistischer (und zwar Theravâda-buddhistischer!) Soteriologie eigens hervorgehoben wird.

Auch *Th. Merton* lehnt die traditionellen Vorwürfe und Charakterisierungen rundweg als unzutreffend ab, versteht die soteriologischen Aussagen des Buddhismus als existentiell bestimmt, relativiert die Unterscheidung von Gnade und Selbsterlösung und hält der Sache nach auch ein personalistisches Verständnis des Menschen für gegeben. Hinsichtlich des Atheismus-Vorwurfs bleibt für Merton allein die Frage offen, wie sich die buddhistische Ablehnung jeglicher Konzeptualisierbarkeit der absoluten Heilswirklichkeit zur christlichen Auffassung von der Personalität Gottes verhalte.

Ebenso deutet *H. Enomiya-Lassalle* wesentliche Teile der buddhistischen Soteriologie wie die Lehre vom Leid und die Nicht-Ich-Lehre als primär existentiell orientiert, meint im Unterschied zu Merton jedoch, daß ihr eine monistische Metaphysik zugrunde liege, die er als Gegensatz zur christlichen, vom Schöpfungsgedanken geprägten Metaphysik versteht. Daher lebt bei Enomiya-Lassalle auch die Charakterisierung des Buddhismus als Selbsterlösungsreligion noch fort, indem der Buddhismus die Erlösung nicht von der Gnade des Schöpfers, sondern vom Erlangen der Erleuchtung abhängig mache, die durch eigene Anstrengung herbeizuführen sei.

Wie Merton und im Unterschied zu Enomiya-Lassalle lehnt *W. Johnston* die Charakterisierung des Buddhismus als Monismus ab. Nach seiner Meinung habe insbesondere der Zen-Buddhismus bisher keinerlei Form von Metaphysik entwickelt, was Johnston einerseits auf das grundsätzlich erfahrungsbezogene Interesse des Buddhismus, andererseits aber auch auf eine antirationalistische Tendenz zurückführt. Trotz der positiven Wertung der buddhistischen Meditation durch Johnston, tritt damit bei ihm ein Vorwurf wieder auf, der vor allem in den christlich-apologetischen Religionsvergleichen anzutreffen war, nämlich daß der Buddhismus nicht selten irrationalen Erfahrungen den Vorrang vor rationaler Stringenz einräume.

Eine grundsätzlich existentielle Ausrichtung ist auch für *H. Dumoulin* das entscheidende Charakteristikum der buddhistischen Lehre. Doch anders als Johnston lastet er ihr nicht einen völligen Ausfall von Metaphysik, wohl aber ein konzeptuelles Ungenügen an. Denn entweder gleite der Buddhismus auf der konzeptuellen Ebene in Objektivierungen ab, die dem Reichtum seiner spirituellen Erfahrungen und Praxis nicht gerecht würden, oder er verliere sich in einer antikonzeptuellen Tendenz, die seine spirituelle Praxis nicht mehr hinreichend begründen könne. So lehnt Dumoulin den Vorwurf des Pessimismus hinsichtlich der soteriologischen Grundüberzeugung des Buddhismus ab, sieht aber in der ausgeweiteten Leidenslehre des Hînayâna die Gefahr eines negativen Daseins- und Weltverständnisses gegeben. Ähnlich taucht auch der Vorwurf des Atheismus nicht mehr explizit auf, wohl aber der, daß da, wo der Buddhismus eine Metaphysik entwickle, diese monistisch sei, und der Transzendenzgedanke damit auf den einer relativen Transzendenz (des Einzelnen auf das Ganze) eingeschränkt bleibe. Die eigentliche Schwäche der buddhistischen Lehre sieht Dumoulin im Ausfall des

Personbegriffs, weshalb der Buddhismus denn auch keine klare Begründung für seine an sich hoch entwickelte Ethik geben könne.

Für *H. Waldenfels* bleiben als Kernfragen der Charakterisierung des Buddhismus die nach dem personalen Verständnis des Menschen und die nach dem personalen Verständnis des Absoluten bestehen. Breiten Raum nimmt in seinem Ansatz die Abwehr eines einseitig ontologischen Verständnisses der buddhistischen Aussagen ein. Dadurch vermag er hinsichtlich der Frage nach der Personalität des Menschen den ethischen Aspekt der buddhistischen Nicht-Ich-Lehre zu betonen und hinsichtlich der Frage nach der Personalität des Absoluten, daß von der buddhistischen Skepsis gegenüber einer personalen Gottesvorstellung nicht darauf geschlossen werden dürfe, der Buddhismus rede damit einem ontologisch unter-personalem Sein das Wort. Über diese Feststellungen hinaus ist Waldenfels bemüht, die Diskussion beider Fragen offen zu halten. Ebenso offen bleibt für ihn die Frage des Weltverhältnisses, das dann tendenziell eskapistisch werde, wenn der Buddhismus sich der Notwendigkeit klarer ethischer Unterscheidungen entziehe.

Weniger vorsichtig zeigt sich in dieser Frage *F. Buri*. Die weltflüchtige Tendenz der hînayânistischen Lehre steht für ihn ebenso fest, wie die harmonisierende Kritiklosigkeit im Weltverhältnis des Mahâyâna. Doch bei Buri wandeln sich die meisten der traditionellen Vorwürfe gegenüber dem Buddhismus zu Vorwürfen, die auch dem Christentum gemacht werden können. Er sieht beide Religionen letztlich in der gleichen aporetischen Situation, in Fragen der Erkenntnistheorie, der Metaphysik, der Soteriologie und Ethik, sowie des Geschichtsverständnisses entweder in Verobjektivierungen, die der existentiellen Freiheit und dem bleibenden Seinsgeheimnis nicht gerecht werden, oder in unhaltbare, inkommunikable und gefährliche Irrationalismen zu fallen. Letzteres, verbunden mit Weltabwertung und unzureichender Ethik, sieht auch *K. Otte* zumindest bei der Interpretation des Jôdo-Shin-Buddhismus durch seinen Gesprächspartner *R. Okochi* als Gefahr gegeben.

So gut wie keine Rolle spielen die traditionellen Vorwürfe und Charakterisierungen bei *M. Shimizu* und *K. Takizawa*. Während bei Shimizu von ihnen nichts zu finden ist, und sie besonders hinsichtlich des Personbegriffs eine sachliche Konvergenz von mahâyânistischem und christlichem Verständnis betont, konstatiert Takizawa in Christentum und Buddhismus einige Irrationalismen bzw. Mängel an "wahrer wissenschaftlicher Methode". Im Buddhismus werde tendenziell die Unumkehrbarkeit der Seinsordnung nicht so klar erkannt wie im Christentum, das in dieser Frage nur bei Jesus Christus eine Ausnahme mache (was Takizawa ebenfalls als unzulässig kritisiert). Im Christentum werde dagegen die in der Seinsordnung waltende, voraussetzungslos gültige Einheit von Mensch und Absolutem nicht klar genug gesehen. Abgesehen von diesen Mängeln bezeugen nach Takizawa jedoch beide Religionen eine prinzipiell richtige Erkenntis Gottes und des Menschen.

Hinsichtlich des Verhältnisses von Mahâyâna und älterem Buddhismus fällt an den Ansätzen zum Dialog mit dem Mahâyâna-Buddhismus auf, daß in ihnen zwar durchaus Unterschiede zwischen beiden Formen des Buddhismus konstatiert, diese aber nicht als essentielle Widersprüche bewertet werden.[4] In allen Ansätzen zur Interpretation des Mahâyâna wird hierzu auch auf den älteren Buddhismus zurückgegriffen und zwar so, daß dabei das Moment der Kontinuität stärker gewichtet wird als das der Diskontinuität. D. h., die dialogischen Ansätze rücken in dieser Frage von der älteren Interpretationslinie ab, bei der man den Mahâyâna-Buddhismus hauptsächlich als Gegensatz zum älteren Buddhismus verstand und ihn insofern als apologetisches Argument gegen die Grundlehren des Buddhismus verzweckte.[5]

Ein noch jenseits aller hermeneutischen Methodik im engeren Sinn liegender Faktor, der wesentlich zu dem weitreichenden Wandel des Buddhismusbildes innerhalb der dialogischen Ansätze beigetragen haben dürfte, ist sicherlich die unmittelbare Begegnung mit Vertretern der lebendigen buddhistischen Tradition, in der alle hier behandelten Theologen stehen oder standen. Nicht selten werden die Positionen von Buddhisten explizit aufgegriffen und die Buddhismusinterpretationen direkt an ihren Aussagen ausgerichtet. Darin darf wohl eine Bestätigung dafür gesehen werden, daß der dialogische Austausch besser in der Lage ist, vor Verzerrungen im Verständnis anderer Religionen zu bewahren, als die Epoche im Kontext des monologischen Religionsvergleichs. Daß damit allein die hermeneutische Problematik eines christlichen Verständnisses der buddhistischen Heilsbotschaft jedoch noch keineswegs gelöst ist, wird z. B. unübersehbar deutlich an der Reaktion de Silvas auf die Thesen Dharmasiris, da es hier gerade die Position des Buddhisten Dharmasiri zum Verständnis des Nirvânas war, die de Silva dazu führte, die traditionellen westlichen Interpretationskategorien zu revitalisieren.

Mit nur wenigen Ausnahmen läßt sich insgesamt feststellen, daß in den dialogischen Ansätzen die Züge des älteren Buddhismusbildes dann am ehesten fortleben oder wieder auftreten, wenn eine *ontologische bzw. metaphysische* Interpretation der buddhistischen Lehre in den Vordergrund tritt. Umgekehrt läßt sich sagen, daß die alten Charakterisierungen vor allem dann fraglich werden oder ganz verschwinden, wenn die ontologische Interpretation zugunsten einer *existentiell* gerichteten zurücktritt. Und eine existentiell gerichtete Interpretation findet sich zumindest hinsichtlich einzelner Teile der buddhistischen Lehre in allen behandelten Dialogansätzen. Diese Feststellung leitet zu der nun aufzugreifenden Frage über, welche hermeneutisch relevanten Änderungen sich in den dialogischen Ansätzen hinsichtlich *formaler* Aspekte der Buddhismusinterpretation gegenüber

---

[4] Gerade Dumoulin und Buri, in deren Ansätzen solche Unterschiede stärker hervorgehoben werden, betonen gleichzeitig die grundsätzliche Kontinuität der Eckdaten, innerhalb derer sie den Buddhismus sehen und beurteilen.
[5] Vgl. oben S. 44f.

der Methodik des Religionsvergleichs entwickelt haben. Denn eine existentiell ausgerichtete Interpretation der buddhistischen Lehre beinhaltet notwendig die hermeneutische Berücksichtigung der Aspekte der *Erfahrung* (als Bezugspunkt der Lehre) und der erfahrungsintendierenden *Vermittlungsdynamik* der Lehre, womit die beiden wichtigsten Aspekte genannt sind, an denen sich eine formale Veränderung in der Methodologie christlicher Buddhismusinterpretation festmachen läßt.

4.2 Die Berücksichtigung der Dimension der Erfahrung und der Vermittlungsdynamik der Lehre

Im Hinblick auf den methodologisch-hermeneutischen Unterschied von christlich-buddhistischem Religionsvergleich und christlich-buddhistischem Dialog hat Heinrich Dumoulin zutreffend bemerkt: "das partnerschaftliche zwischenreligiöse Gespräch konnte erst gelingen, als eine neue Dimension, die Dimension der Erfahrung, ins Spiel kam."[1] Mit der Berücksichtigung der Dimension der Erfahrung eröffneten sich in der Tat neue Wege der Buddhismusinterpretation. Die Religionsvergleiche bemühten sich um eine systematische Klärung des *Verhältnisses der Lehren* beider Religionen und stellten dazu die buddhistischen Lehren unmittelbar den christlichen gegenüber. Das entscheidende hermeneutische Problem dieser unmittelbaren Korrelation buddhistischer und christlicher Lehren liegt jedoch in dem Mangel an einem gemeinsamen Reservoir zentraler Begrifflichkeit. Dagegen trägt die Berücksichtigung der Dimension der Erfahrung die Verheißung in sich, diesen Mangel dadurch zu umgehen, daß die Korrelation der Lehren auf dem Umweg über die Korrelation von Erfahrungen angestrebt wird. Doch treten hierbei eine Reihe neuer hermeneutischer Problemkreise auf. Erst durch eine systematische Klärung dieser Probleme wird sich eine eigenständige dialogische Hermeneutik entwickeln lassen, die die hermeneutischen Engführungen der religionsvergleichenden Methode überwindet.

Das *erste* Problem bildet die Bestimmung der *Perspektive*, aus der das Verhältnis von Lehre und Erfahrung angegangen wird. Werden die jeweiligen Erfahrungen nur von den Lehren her anvisiert und identifiziert, oder werden die Lehren nun auch von den Erfahrungen her interpretiert? Im ersten Fall wäre die Berücksichtigung der Erfahrungsdimension kaum ein hermeneutischer Fortschritt gegenüber der auf die Lehren konzentrierten Methode des Religionsvergleichs. Es bliebe nämlich weiterhin offen, was das Verständnis der fremden Lehren zu erschließen vermag. Im zweiten Fall aber stellt sich die Frage, was einen solchen Zugang zur Erfahrungswirklichkeit hinter der fremden Lehre eröffnet, daß von der Erfahrung her die Lehre interpretiert werden kann. Wie sollen Erfahrungen anders identifiziert und charakterisiert werden können, als von ihrer Artikulation in der Lehre her? Schon dieser erste Problemkreis scheint also in eine aporetische Situation zu führen. Gegenüber der Methode der Religionsvergleiche ermöglicht die Berücksichtigung der Erfahrungsdimension nur dann einen hermeneutischen Fortschritt, wenn die Erfahrung dazu dienen kann, die fremden Lehren zu erschließen. Aber wie kommt man an ein Verständnis der Erfahrungen heran, wenn dieses nicht von der Lehre erschlossen wird? Die Berücksichtigung der Erfahrungsdimension mündet offensichtlich in einen ähnlichen Zirkel wie die hermeneutische Orientierung am Religionsbegriff in den phänomenologischen Religionsvergleichen,[2] wenn nicht ein direkter Verstehenszugang von Er-

---

[1] H. Dumoulin, Begegnung mit dem Buddhismus, a.a.O. 30.
[2] Vgl. oben S. 108f

fahrung zu Erfahrung postuliert wird. Für welche Art von Erfahrungen aber läßt sich ein solch unmittelbarer Verstehenszugang postulieren?

Im Anschluß an diesen Fragekomplex ergibt sich ein *zweiter* Problemkreis, nämlich die Bestimmung des *Verhältnisses der Erfahrungen*, die hinter den christlichen und buddhistischen Lehren stehen. Handelt es sich um identische (oder zumindest partiell identische) Erfahrungen oder um verschiedene? Wenn es sich um identische oder partiell identische Erfahrungen handelt, in welchem Verhältnis stehen dann die jeweiligen Lehren zu diesen? Sind sie Interpretationen identischer Erfahrung, die sich nur vordergründig vom Wortlaut her unterscheiden, der Sache nach aber das gleiche — eben die gleiche Erfahrung — zum Ausdruck bringen? Oder sind sie der Sache nach unterschiedliche Interpretationen der gleichen Erfahrungen, wobei die eine Interpretation richtiger als die andere erscheint? Oder handelt es sich um völlig verschiedene Erfahrungen, die — was dann die sachlichen Unterschiede der Lehren erklären würde — durchaus jeweils richtig interpretiert sind? Was aber ermöglicht es, Identität oder Verschiedenheit von Erfahrungen zu erkennen? Es muß also nicht nur ein direkter Verstehenszugang von Erfahrung zu Erfahrung postuliert werden, sondern mit der Erfahrungskategorie muß zugleich etwas gegeben sein, wodurch Identität und Verschiedenheit von Erfahrungen erkennbar und verstehbar werden.

Ein *dritter* Problemkreis betrifft schließlich das *Verhältnis von Lehre und Erfahrung* selbst und berührt somit zentral die Frage der *Vermittlungsdynamik*. Stellt sich dieses Verhältnis in beiden Religionen gleich dar? Sind die Lehren beider Religionen in gleicher Weise als *Interpretation* von Erfahrungen zu verstehen oder leiten sie sich und ihre Autorität von anderswo her? Inwiefern werden in den Lehren Erfahrungen beschrieben und gedeutet, und inwiefern dienen sie der Initiation von Erfahrung? Und welche Rolle wird welchen Erfahrungen von den jeweiligen Lehren zugemessen?

Im Hinblick auf diese drei Fragekomplexe soll nun durch einen erneuten kursorischen Überblick der *formale* Aspekt der hermeneutischen Problematik bisheriger Dialogansätze verdeutlicht werden.

W. King setzt wie die Religionsvergleiche bei einer unmittelbaren Korrelation der jeweiligen Lehren an. Zwar erkennt er deutlich die darin liegende Gefahr, den Buddhismus vom Fehlen der Gottesidee her zu interpretieren, erliegt ihr aber letztlich selbst, indem die Züge der Gottesidee auch für seine Buddhismusinterpretation ausschlaggebend bleiben. Dennoch gelingt King eine partielle Überwindung des mit dieser Engführung verbundenen Buddhismusbildes, indem er die Dimension der Erfahrung ins Spiel bringt. Seinem Ansatz entsprechend deutet er jedoch die Erfahrung zunächst von der Lehre her. Dabei konzentriert er sich auf die buddhistische Heilserfahrung. Die Berücksichtigung der Erfahrungsdimension läßt ihn erkennen, daß die Lehren von Anattâ (Nicht-Ich) und Nirvâna nicht nur anthropologisch/ontologisch und metaphysisch interpretiert werden können, sondern sich in ihnen spirituelle Erfahrungen abzeichnen. Auf der Ebene der Erfahrung postuliert er eine Identität zwischen der buddhistischen Erfahrung einer vorgegebenen Erlösungsmöglichkeit und der christlichen Erfahrung der Gnade, sowie – eng damit verbunden – der in beiden Religionen gegebenen Erfahrung einer Vervollkommnung des Selbst durch Befreiung von aller Selbstbezogenheit. Davon ausgehend ändert King später die Perspektive und interpretiert nun die jeweiligen Lehren von der Identität der Erfahrung her. Die paradoxe Erfahrung der Selbstwerdung durch Selbsttranszendenz erscheint ihm jetzt als eine allgemein menschliche Fähigkeit, die in Christentum und Buddhismus unterschiedlich bezeichnet werde. Eine ontologisch-metaphysische Interpretation der buddhistischen Lehre lehnt King nun als unzutreffend ab und interpretiert sie allein von ihrer Vermittlungsdynamik, d.h. von ihrer auf die Initiation von Erfahrung ausgerichteten Intention her. Eine Reflexion darauf, ob sich das Verhältnis der christlichen Lehre zur Erfahrung ebenso begreifen lasse, fällt aus.

Auch *L. de Silva* nimmt den Bereich der Erfahrung zunächst von der Lehre her in den Blick. Die Berücksichtigung der Erfahrungsdimension geschieht bei ihm jedoch von Anfang an weit umfassender als bei King. Dies gilt nicht nur für die Bedeutung, die de Silva der Erfahrungsdimension zumißt, sondern auch für die Art der Erfahrung, auf die er sich bezieht. Denn de Silva geht zunächst nicht auf den engeren Bereich der Heilserfahrung zu, sondern beginnt mit dem Bereich der grundsätzlich angesprochenen Existenzerfahrung. Dabei handelt es sich für ihn um einen allgemein identischen Erfahrungsbereich, der von Buddhismus und Christentum auch in prinzipiell gleicher Weise interpretiert wird: die Erfahrung der Vergänglichkeit alles Seienden einschließlich des eigenen Selbst und der Unbefriedigtsein und Existenzangst auslösende Charakter dieser Erfahrung. Die Heilserfahrung sieht de Silva in beiden Religionen in engem Bezug zu dieser allgemeinen Unheilserfahrung. Wie später King meint auch de Silva, daß den Heilserfahrungen die Fähigkeit des menschlichen Geistes zur Selbsttranszendenz zugrunde liege. Ausgehend von einer grundsätzlichen Identität der Unheils- und einer weitgehenden Identität der Heilserfahrung in Christentum und Buddhismus interpretiert de Silva erneut die Lehren. Dabei schwankt er jedoch in der Beurteilung und Berücksichtigung der Vermittlungsdynamik und zwar besonders im Hinblick auf die buddhistischen Lehren von Anattâ und Nirvâna und die christliche Gotteslehre. Er erkennt klar, daß die Anattâ-Lehre keine rein anthropologische Theorie darstellt, sondern eine spirituelle Intention verfolgt, nämlich die Loslösung von aller Selbstbezogenheit als dem Zentrum der Anhaftung. Andererseits aber ist die Anattâ-Lehre für ihn auch eine deskriptive Interpretation von Erfahrung, sowohl der Unheils- als auch der Heilserfahrung, wobei sie sich in letzterem mit der Nirvâna-Lehre berührt. Unter diesem deskriptiven Aspekt kann de Silva die Anattâ-Lehre als zutreffende Interpretation nur hinsichtlich der Unheilserfahrung akzeptieren, hinsichtlich der Interpretation der Heilserfahrung erweise sie sich jedoch als unzureichend bzw. ergänzungsbedürftig. Denn was zur deskriptiven Interpretation der Unheilserfahrung ausreiche, nämlich daß nichts Ewiges am und im Menschen ist, vermöge allein noch nicht zu erklären, wodurch gerade diese Erkenntnis möglich werde. Die in dieser Erkenntnis wirksame Transzendierung des Endlichen könne nicht diesem selbst zugeschrieben werden. Daher sei ein der Nichtigkeit enthobenes Subjekt dieser Transzendenz zu postulieren. So führt de Silva den Gottesbegriff ein, will die Anattâ-Lehre durch die Pneuma-Lehre ergänzen und das Nirvâna als einen Aspekt der Gottesbegegnung interpretieren. Eventuell als Folge des Einspruchs Dharmasiris, der in der ontologischen Argumentation hinsichtlich des Heilszieles unheilsame Seinsverhaftung erblickte, hat de Silva später sowohl für die buddhistische als auch für die christliche Lehre nur mehr den Aspekt der Vermittlungsdynamik betont. Die in der Heilserfahrung wirksame Transzendenz entziehe sich jeder deskriptiven Fassung (und damit auch der ontologischen), die Lehren von Nirvâna und Gott erscheinen so als in ihren Akzentuierungen zwar verschiedene, aber essentiell koinzidierende Evokationen der an sich unbeschreibaren Transzendenzerfahrung.

D. Swearer geht ebenfalls von den Lehren her auf den Erfahrungsbereich zu. Aber er betrachtet sowohl die buddhistischen als auch die christlichen Lehren von Anfang an unter dem Aspekt der Vermittlungsdynamik. Dazu orientiert er sich hinsichtlich der buddhistischen Seite an den Vorgaben Buddhadâsas, hinsichtlich der christlichen an einer streng inkarnatorisch gefaßten Theologie in Anlehnung an die johanneische und paulinische Christologie. Für beide Lehren lehnt er einen propositionalen Wahrheitsbegriff ab und interpretiert sie ausschließlich unter dem Aspekt der von ihnen initiierten spirituellen Erfahrung. Er identifiziert diese als eine Verwirklichung von Anhaftungs- und Selbstlosigkeit. Da er die jeweiligen Lehren nicht als Deutung von Erfahrung ansieht, sondern nur als deren Anreger, entfällt bei ihm eine von der Erfahrung ausgehende Kritik der Lehren. Dagegen konstatiert er in Christentum und Buddhismus einen Unterschied in der Art und Weise, wie die eine spirituelle Haltung von den jeweiligen Lehren evoziert wird. Während der Buddhismus von der Erfahrung des unbefriedigenden Charakters der vergänglichen Welt ausgehe, begründe sich im Christentum die Anhaftungslosigkeit aus der eschatologischen Botschaft vom "Neuen Sein" in Christus, die die buddhistische Begründung in sich einschließe. Aus christlicher Sicht erscheint ihm daher die Erfahrung der Selbstlosigkeit als Begegnung mit dem je größeren transzendenten Existenzgrund, die inkarnatorisch als Partikularisation des Absoluten zum Zwecke der Transzendierung alles Partikularen verstanden werden kann. In Swearers Ansatz bleibt jedoch völlig offen, was dieser Schluß bedeutet. Da beide Lehren offenbar mit gleicher Effizienz die gleiche Haltung evozieren, ist nicht mehr ganz klar, ob sie sich damit auch für Swearer i. S. Buddhadâsas relativieren, und ob die umfassendere Begründung, die die angezielte spirituelle Haltung im Christentum erfährt, nicht letztlich überflüssig wird, wenn die allein von der Vergänglichkeitserfahrung ausgehende buddhistische Begründung bereits ausreicht und der Maßstab der Lehren allein in ihrer spirituellen Effizienz liegt. Dadurch bleibt bei Swearer auch unklar, was ihm letztlich das Verständnis der buddhistischen spirituellen Erfahrung eröffnet. Postuliert er die Identität der spirituellen Erfahrung aufgrund eines theologischen Axioms, eben dem universalen Gültigkeitsbereich der göttlichen Inkarnation, was allerdings der christlichen Lehre ein deskriptives Element verleihen würde, oder geht er (ohne dies explizit zu machen) von der allgemeinen Vergänglichkeitserfahrung aus, die für ihn ja in Christentum und Buddhismus wirksam ist?

A. Fernando, der seine Buddhismusinterpretation ebenfalls in enger Anlehnung an Buddhadâsa entwickelt, kommt in den hermeneutischen Fragen, die bei Swearer unklar bleiben, zu weit eindeutigeren Positionen. Fernando geht direkt von der Existenzerfahrung, die er als "Ziel und Wirkungsbereich" der Verkündigung Buddhas und Jesu versteht, auf die jeweiligen Lehren zu. Die Existenzerfahrung steht für ihn unmittelbar einer psychologischen Analyse offen, und dies gibt ihm den Leitfaden zur Interpretation der jeweiligen Lehren. I. S. humanistischer Psychologie versteht er die Unheilserfahrung als eine emotional verstrickte, von irrationalen Trugbildern geleitete und sich in possessiver Haltung selbstentfremdete Existenz, Heilserfahrung dagegen als rationale, verantwortliche und reife Freiheit. Die jeweiligen Lehren sind für ihn ausschließlich nachträgliche Interpretation und Konzeptualisierung von Erfahrung. Ihre Vermittlungsdynamik besteht darin, alle Kräfte auf die Persönlichkeitsentwicklung des Menschen hin auszurichten. Da Fernando in der buddhistischen Lehre (zumindest in dem, was er für ihre ursprüngliche Gestalt hält) sowohl eine klare und zutreffende Interpretation der Existenzerfahrung gegeben sieht, als auch die eindeutige intentionale Beschränkung auf die Persönlichkeitsentwicklung hin, stellt er explizit die Frage, ob das, was an der christlichen Lehre darüber hinausgeht, nicht überflüssig sei. Diese vor allem auf den Gottesbegriff gerichtete Anfrage beantwortet Fernando so, daß jegliche inhaltliche Ausgestaltung des Gottesbegriffs als Projektion gedeutet wird, in der sich positive Merkmale menschlicher Reife artikulieren. Die Wirklichkeit Gottes ist für ihn eine Erfahrungswirklichkeit, die alle Konzeptualisierungsversuche transzendiert und mit der authentischen Selbsterfahrung, in der alle illusionären Selbstbildnisse überschritten sind, in eins fällt.

A. Pieris nimmt in der Gestalt der buddhistischen und christlichen Lehren eine idiomatische Verschiedenheit wahr, die er auf eine unterschiedliche "Urerfahrung" hinter den Lehren zurückführt: im Falle des Buddhismus die Erfahrung der "befreienden Erkenntnis", im Falle des Christentums die Erfahrung der "erlösenden Liebe". Mit dem unterschiedlichen Charakter der Urerfahrungen geht auch ein unterschiedlicher Erfahrungsort einher. Während die befreiende Erkenntnis im Geist des Individuums erfahren wird, kann die erlösende Liebe nur in einem Beziehungsraum erfahren werden. Die Unterschiedlichkeit der Erfahrungen werde erkennbar durch die Unterschiedlichkeit der Idiome. Das jeweils andere Idiom sei verstehbar, weil es sich bei beiden Idiomen um zwei nicht aufeinander zurückführbare Sprachen des einen menschlichen Geistes handle. Die beiden Urerfahrungen konvergieren für Pieris darin, daß ihr befreiender Charakter jeweils an eine Selbstüberschreitung gebunden ist. Wegen ihrer soteriologischen Konvergenz in der Selbstüberschreitung und ihrer wechselseitigen Unableitbarkeit stehen diese Urerfahrungen und die ihnen entsprechenden Lehren in einem Verhältnis der Komplementarität. Der absolute Ermöglichungsgrund der jeweiligen befreienden Erfahrung werde in beiden Religionen für letztlich nicht konzeptualisierbar gehalten. Die Konzeptualisierungen seien daher vorläufig und an den beiden komplementären idiomatischen Polen orientiert. Anders als die buddhistische Lehre tendiere die christliche jedoch zu einer Identifikation beider Pole, indem sie Erkenntnis mit Agape identifiziere. Dies hat für Pieris hinsichtlich des Buddhismus vor allem dahingehend Konsequenzen, daß in der Verbalisierung der eigentliche Erlösungserfahrung allein die gnostische Idiomatik durchschlägt.

Wie schon de Silva sieht auch *Th. Merton* die buddhistische Lehre auf zwei unterschiedliche Erfahrungsbereiche bezogen: den Bereich der "gewöhnlichen menschlichen Erfahrung" und den der "Erleuchtungserfahrung". Beide Erfahrungsbereiche werden in der buddhistischen Lehre interpretiert, aber in unterschiedlicher Weise. Denn das Ziel der buddhistischen Lehre besteht darin, von der allgemeinen Erfahrung zur besonderen Erfahrung hinzuführen. Da die besondere Erfahrung der Erleuchtung als eine "reine" Erfahrung verstanden wird, die frei von aller Konzeptualisierung ist, hebt sich die Lehre in diesem Vermittlungsvorgang notwendig selbst auf. Auch die christliche Lehre besitze eine Vermittlungsdynamik im Hinblick auf Heilserfahrung. Doch da sich die christliche Heilserfahrung im Raum der Kirche ereigne und somit in eine Beziehungserfahrung eigebettet sei, hebe sich hier die Lehre nicht in gleicher Weise wie im Buddhismus auf, sondern bleibe als kommunikationstragendes Wort unverzichtbar. Merton zeigt sich skeptisch gegenüber der These einer Identität der jeweiligen Heilserfahrungen. Hier lassen sich nur Analogien feststellen, die allerdings darin konvergieren, daß beidemale eine Ich-Überschreitung impliziert ist. Hinsichtlich der allgemeinen Erfahrung, die von den Lehren aufgegriffen wird, läßt sich eine Identität behaupten. Es gehe hier vor allem um die Erfahrung der Sterblichkeit, die Merton als die vom Einzelnen gemachte paradigmatische Erfahrung seiner Irrelevanz versteht. Der Weg zur Relevanz verleihenden besonderen (religiösen) Erfahrung führt beidemale über die Selbsttranszendenz des Individuums. Merton tendiert also, was die allgemeine Existenzerfahrung betrifft, dahin, die Lehren von der Erfahrung her zu interpretieren. Die besondere Existenzerfahrung läßt sich dann jedoch nur mehr von einem so eröffneten Verständnis der Lehren her anvisieren. Die eigentliche, noch zu klärende Frage bleibe, inwiefern die vom Buddhismus angestrebte besondere (und als "reine" i. S. von unverstellt angesehene) Erfahrung zugleich eine Beziehungserfahrung ist.

Deutlich anders ist der hermeneutische Ansatz *H. Enomiya-Lassalles*. Er bleibt auf die besondere Erfahrung konzentriert und postuliert eine partielle, aber doch wesentliche Züge betreffende Identität der (zen-)buddhistischen Erleuchtungserfahrung mit den Erfahrungen christlicher Mystiker. Diese Identifikation wird über eine phänomenologische Analyse gewonnen, in deren Zentrum der transrationale Charakter dieser Erfahrung, die Ich-Überwindung und das Einheitsmoment stehen. Die buddhistische Lehre deutet er als allein von der Erleuchtungserfahrung ausgehende Interpretation derselben, während die christliche Lehre zwar ebenfalls die Erleuchtungserfahrung zu interpretieren vermag, aber sich nicht auf diese stützt, sondern auf die Offenbarung. So interpretiert er hinsichtlich des Buddhismus die Lehre von der Erfahrung her, hinsichtlich des Christentums jedoch die Erfahrung von der Lehre her. Die Unterschiede der christlichen und buddhistischen Lehre werden allein auf der Ebene des doktrinären Vergleichs bestimmt. Da es sich nach Enomiya-Lassalle bei der buddhistischen Erleuchtungserfahrung um eine im wesentlichen mit den Erfahrungen der christlichen Mystiker identische Erfahrung handelt, und da beide Lehren gleichermaßen in der Lage sind, diese zu interpretieren, sich die Interpretationen jedoch hinsichtlich mehrerer Implikationen widersprechen, wobei die Richtigkeit der christlichen Interpretation durch die Normativität der Offenbarung gesichert ist, muß die buddhistische Lehre notwendig als falsche Interpretation einer an sich authentischen Erfahrung erscheinen. Die beiden Hauptfehler der buddhistischen Interpretation der Erleuchtungserfahrung liegen für Enomiya-Lassalle darin, daß erstens aus dieser eine monistische Metaphysik abgeleitet und damit die Gottesidee verfehlt wird, und daß zweitens wegen des Ausfalls der Gottesidee die Erlösung allein von der Erleuchtungserfahrung abhängig gemacht wird. Daher komme der Erleuchtungserfahrung im Buddhismus denn auch eine grundsätzlich andere Stellung und Bedeutung zu als im Christentum.

W. Johnston nimmt in gewisser Weise eine Mittelposition zwischen Merton und Enomiya-Lassalle ein. Auch er konzentriert sich primär auf die buddhistische Heilserfahrung, an der er Analogien zu den Erfahrungen christlicher Mystiker feststellt. Er nähert sich diesen Analogien von einer psychologischen Deutung der allgemeinen Existenzerfahrung her und deutet die Wege zur Erleuchtungserfahrung bzw. zu den mystischen Erfahrungen als vertiefte Form menschlicher Persönlichkeitsreifung. In dieser Hinsicht interpretiert er die Lehren von einer psychologisch zugänglichen, prinzipiell gleichen Erfahrungsebene her. Hinsichtlich der Erleuchtungserfahrung selbst lehnt er jedoch die These einer Identität mit den christlich-mystischen Erfahrungen ab, da die Konzeptualisierbarkeit dieser Erfahrungen unterschiedlich beurteilt werde. Während im Rahmen des Christentums grundsätzlich eine Konzeptualisierbarkeit für möglich gehalten werde (wenn auch nur in begrenztem Maße), tendiere der Buddhismus dazu, die Lehre nur unter dem Aspekt der Hinführung zu der nicht mehr konzeptualisierbaren Erfahrung gelten zu lassen. Besitzt die Lehre im Buddhismus also gegenüber dem Christentum nur einen vorläufigen Wert, so räumt das Christentum umgekehrt im Vergleich zum Buddhismus der Erfahrung nur einen vorläufigen Wert ein. Somit stelle sich das Verhältnis von Lehre und Erfahrung in Buddhismus und Christentum jeweils anders dar. Dies habe zur Folge, daß die buddhistische Lehre sehr viel stärker von der Erfahrung abhängig bleibe (wenn auch nur im Modus der Hinführung) als die christliche, und damit eher psychologisch ausschöpfbar sei als die christliche.

Wie de Silva und Merton geht auch *H. Dumoulin* explizit von einem dreigliedrigen Schema aus: der allgemeinen Existenzerfahrung, der besonderen Heils- oder religiösen Erfahrung und der zwischen beiden vermittelnden Lehre. Da die allgemeine Existenzerfahrung Buddhismus und Christentum umfaßt, sei hermeneutisch zur Interpretation der buddhistischen Lehre bei der allgemeinen Existenzerfahrung anzusetzen. Hierbei hebt Dumoulin vor allem die Erfahrungen von Vergänglichkeit und Leid hervor. Die buddhistische Lehre stütze sich auf die besondere Erfahrung und deute sie im Hinblick auf die allgemeine Existenzerfahrung aus. Die Erfahrung selbst könne jedoch nie die Norm zur Beurteilung der Richtigkeit der sie interpretierenden Lehren sein. Da die christliche Lehre ihren Ausgangspunkt nicht bei der Erfahrung nehme, sondern sich auf Offenbarung stütze, wird auch für Dumoulin, ähnlich wie für Enomiya-Lassalle, die christliche Lehre zur Norm bei der Beurteilung der buddhistischen. Bei der besonderen, religiösen Erfahrung sieht Dumoulin einen Konvergenzpunkt in der Erfahrung des "Sterbens um zu leben". Die entscheidende Divergenz hinsichtlich der Interpretation liege jedoch in der Frage der Personalität (sowohl des Menschen als auch Gottes). In der buddhistischen Erfahrung und Praxis meint Dumoulin vielfach solche Elemente ausmachen zu können, die in der christlichen Lehre personal gedeutet werden, nicht jedoch in der buddhistischen. Hinsichtlich der mahâyânistischen Ausdeutung der besonderen Erfahrung unterscheidet Dumoulin zwei verschiedene Linien: eine metaphysisch-monistische Interpretationslinie und eine streng negative, die jede Konzeptualisierung zu transzendieren sucht. Während die erste Interpretationslinie die personalen Momente verfehle, bleibe die zweite zwar dafür eher offen, verfalle aber letztlich der Sprachlosigkeit. In den jüngeren Schriften Dumoulins scheint sich insofern ein gewisser Wandel dieses Konzepts anzudeuten, als er zum einen an der Offenbarung das Element der Unsagbarkeit betont und zum anderen die Frage aufgeworfen hat, inwiefern die Interpretationskategorie des Personalen kulturell bedingt sei.

Auch *H. Waldenfels* folgt dem dreigliedrigen Schema von allgemeinem Erfahrungshorizont, besonderer religiöser Erfahrung und der vermittelnden Lehre. Dabei konzentriert er sich vor allem auf die Vermittlungsdynamik der Lehre. Die christliche und die buddhistische Lehre sind in einen allgemeinen Erfahrungshorizont hinein verkündet, auf den die Heilserfahrung insofern interpretativ ausgelegt wird, als dadurch der Weg zur Heilserfahrung hin eröffnet werden soll. In beiden Religionen lasse sich ein Primat der erfahrungsbezogenen Praxis gegenüber der Lehre feststellen. Hinsichtlich des allgemeinen Erfahrungshorizonts beziehe sich die buddhistische Lehre vor allem auf die Leiderfahrung, als deren entscheidende Ursache die Ich-bezogene Anhaftung diagnostiziert werde. Daher versuche die buddhistische Lehre zu einer radikalen Loslösung von aller Anhaftung hinzuführen, was besonders im Mahâyâna auch auf begriffliche Fixierungen ausgedehnt wird. Von dieser erfahrungsbezogenen Intention der buddhistischen Lehre ausgehend, hinterfragt Waldenfels kritisch die buddhistischen Angriffe gegen das christliche Gottesverständnis. Eine aprioristische Ablehnung der Wirklichkeit und der Möglichkeiten Gottes werde dem buddhistischen Anspruch auf absolute Offenheit nicht gerecht. Andererseits greift Waldenfels auch einen Teil der buddhistischen Christentumskritik positiv auf, indem er eine begriffliche Verobjektivierbarkeit Gottes ablehnt. Gottes Selbstoffenbarung in Jesus Christus behalte eine mystagogische Dynamik, die den Menschen vor die bleibende Geheimnishaftigkeit Gottes führe. Zum Kriterium der Heilserfahrung werde eine in bedingungslose Liebe hineinführende Selbsttranszendenz, die, wenn auf buddhistischer Seite gegeben, im christlichen Sinn als authentische Gotteserfahrung gedeutet werden könne. Die am heilspragmatischen Verständnis religiöser Rede orientierte Frage, welches Wort Christen und Buddhisten angesichts des Todes Hoffnung gebe, führt jedoch unmittelbar zu der weiteren Frage, ob in diesem Fall die rein heilspragmatische Rede ihre eigene Zielsetzung noch erfüllen könne, oder ob hier nicht doch auch metaphysische Aussagen über das Jenseits des Todes gemacht werden müssen.

Im Ansatz *F. Buris* reduziert sich die Erfahrungskategorie auf die Selbstreflexivität des Denkens. Wegen der Nichtobjektivierbarkeit des Seins lasse sich aus diesem kein eindeutiger Daseinssinn ableiten, wegen der Nichtobjektivierbarkeit des Subjekts sei jede Sinnsetzung ein freier Akt, der sich zur Reflexion jedoch unausweichlich verobjektivierender Denkstrukturen bedienen müsse. Angesichts dieser Situation von rationaler Unausweichlichkeit verobjektivierenden Denkens einerseits und der erkennbaren Inadäquatheit jeder Verobjektivierung von Sein und Subjekt andererseits, vermeide das Subjekt seine eigene Selbstentfremdung nur dadurch, daß es sich der prinzipiellen Unabgeschlossenheit des Selbstbestimmungsversuchs bewußt bleibe und alle Objektivierungen als Symbole seines in Freiheit zu setzenden Selbstverständnisses versteht. Von der so gedeuteten Selbsterfahrung des Denkens her interpretiert Buri die christliche und buddhistische Lehre. Er kritisiert die Autonomieansprüche beider als Versuche, der prinzipiell unabschließbaren Freiheit subjektiven Selbstverständnisses auszuweichen. Erleuchtung und Offenbarung können für ihn daher nur Meta-Symbole für den auf die Freiheit des Subjekts verweisenden Symbolcharakter aller religiösen Aussagen sein. Die christliche und buddhistische Lehre können im eigentlichen Sinn nur das Selbst zu sich selbst bzw. seiner eigenen nichtobjektivierbaren Freiheit vermitteln.

K. Otte geht davon aus, daß hinter den Lehren jeweils besondere religiöse Erfahrungen mit einer ihnen entsprechenden besonderen Denkweise stehen. Er sucht deren Besonderheit von allgemeiner Seinserfahrung und der die Seinstrukturen erfassenden allgemeinen Vernunft her zu verstehen. In seinem Dialog mit Okochi gelingt es ihm jedoch nicht, die Beziehung zwischen allgemeiner Seinserfahrung bzw. nicht-religiöser Rationalität und besonderer religiöser Erfahrung bzw. religiöser Vernunft so zu fassen, daß er hierin einen Konsens mit Okochi erzielt. Damit bleibt offen, inwieweit die spezifische Art der Vermittlungsdynamik bzw. der Bezugnahme religiöser Vernunft auf allgemeine, nicht-religiöse Vernunft, innerhalb des Christentums eine andere ist als innerhalb des Buddhismus. Folglich bleibt auch das Verhältnis der besonderen Erfahrung des Christentums zu der des Buddhismus trotz phänomenologischer Ähnlichkeiten unklar.

Nach *M. Shimizu* dienen die christliche und buddhistische Lehre der Hinführung zu einer jeweiligen besonderen Existenzerfahrung, die im Buddhismus als Erleuchtung im Christentum als lebendige Beziehung zu Jesus Christus verstanden werde. Trotz unterschiedlicher ontologischer Referenzen (im Falle des Buddhismus die Bezugnahme auf die Vergänglichkeit und Bedingtheit allen Seins, im Falle des Christentums die Christozentrik der Schöpfung) läßt sich nach Shimizu in der Vermittlungsdynamik beider Lehren eine strukturelle Übereinstimmung konstatieren, insofern die Lehre sich beidemale zugunsten der nicht mehr adäquat konzeptualisierbaren Erfahrung aufhebe und die Praxis der selbstlosen Selbstgewinnung nicht nur den Grundzug der intendierten Heilserfahrung, sondern auch das Paradigma der sich selbst transzendierenden Lehre bilde. Von daher postuliert sie eine Interpretierbarkeit der Erfahrung des Buddhisten in christlicher Terminologie – und damit letztlich eine Identität der Heilserfahrungen –, relativiert dabei jedoch zugleich die Gültigkeit jeder Konzeptualisierung. Eine solche Relativierung erscheint jedoch gerade dadurch normativ, daß die von der Lehre intendierte Selbsttranszendierung des Menschen die normative Gestalt auch der Lehre selbst ist, d.h. diese sich also zu ihrer Selbstverwirklichung ebenfalls zu transzendieren habe.

Anders als Shimizu interpretiert *K. Takizawa* die Lehren von der Erfahrung her. Religiöse Erfahrung ist für ihn nichts anderes als die unverstellte Seinserfahrung, religiöse Praxis der Versuch, der erfahrenen Seinsordnung möglichst genau zu entsprechen. Die Lehren sind Interpretationen der grundsätzlichen Seinsgegebenheiten, ihre Vermittlungsdynamik besteht darin, den auf existentielle Entsprechung drängenden appellativen Charakter der Seinsordnung zu verdeutlichen. Für ihn besitzt die Seinsordnung eine eindeutige Struktur, weshalb es letztlich nur *eine*, in sich identische Form der Heilserfahrung und nur *eine* wirklich korrekte Interpretation derselben geben kann. Diese ist für ihn in Christentum und Buddhismus bisher nur ansatzweise erreicht. Die Stärken des Buddhismus sieht Takizawa in dem Bereich, wo das Christentum noch unzureichend sei und umgekehrt. Durch wechselseitige Kritik könnten daher beide zur Gestalt der einen und wahren Weltreligion hingelangen.

Bei den hier untersuchten Dialogansätzen zeigt sich, daß der formale Aspekt hermeneutischen Vorgehens auf zweifache Weise mit dem konkret inhaltlichen verbunden ist: nicht nur in der bereits genannten Weise, daß sich der konkrete Inhalt der christlichen Buddhismusinterpretation dort am stärksten verändert hat, wo diese gegenüber einer metaphysisch/ontologischen eher eine existentielle Richtung nimmt und dazu eine hermeneutische Berücksichtigung der Erfahrung und des erfahrungsintendierenden Vermittlungsaspekts der Lehre notwendig wird, sondern – wie nun deutlicher werden wird – auch in der Weise, daß nicht einfach auf Erfahrung schlechthin rekurriert wird, sondern auf ganz bestimmte Erfahrungen.

Hinsichtlich dieser Frage nach der *Art der hermeneutisch eingesetzten Erfahrung* lassen sich in den hier untersuchten Dialogansätzen drei Erfahrungsbereiche unterscheiden: 1. der Bereich der *Unheilserfahrung*, 2. der Bereich der *Heils- oder Transzendenzerfahrung* und 3. ein die beiden ersten Bereiche umfassender Bereich *allgemeiner Seins- und Selbsterfahrung*. Im Rückgriff auf diese drei Erfahrungsbereiche wird in den Dialogansätzen versucht, eine Christentum und Buddhismus verbindende Basis zu gewinnen, die es dem christlichen Gesprächspartner erlaubt, ein genuines Verständnis der buddhistischen Lehren zu erreichen und auf dieser Grundlage die Frage nach dem Verhältnis der christlichen und buddhistischen Botschaft zueinander zu stellen. Bei dem Rekurs auf alle drei Erfahrungsbereiche treten jedoch die oben genannten drei Problemkreise (1. die Frage der Perspektive, 2. die Frage des Verhältnisses der Erfahrungen, 3. die Frage des Verhältnisses von Lehre und Erfahrung) auf[3] und zwar in einer unauflöslichen Verwobenheit.

Rekurriert man auf den am weitesten angesetzten Bereich *allgemeiner Seins- und Selbsterfahrung*, wie dies zentral bei A. Fernando, F. Buri, K. Otte und K. Takizawa geschieht, ergeben sich in den drei Problemkreisen klare Optionen: Der Erfahrungsbereich, auf den man sich bezieht, wird wegen seiner Weite als ein in Buddhismus und Christentum grundsätzlich *identischer* angesehen (ad 2.), *von dem her* (ad 1.) die als *Interpretation* von Seins- und Selbsterfahrung gewerteten (ad 3.) doktrinären Aussagen anvisiert werden. Der Erfahrungsbereich setzt hierbei dem dogmatischen Spielraum eine eindeutige Grenze, d.h. die allgemeinen Strukturen möglicher Seins- und Selbsterfahrung werden gegenüber den doktrinären Aussagen nicht nur zur hermeneutischen, sondern auch zur kritischen Instanz.
Das Problem dieses Ansatzes bleibt jedoch 1. die Frage nach dem Zugang zur postulierten allgemeinen Erfahrung, die bei den vier genannten Autoren mehr oder weniger deutlich mit dem Hinweis auf menschliche Rationalität beantwortet wird, und 2. die Frage, in welchem Verhältnis dieser Zugang zu den erkenntnistheoretischen Optionen der religiösen Aussagen selbst steht. Tendenziell kommt es hier zu einer Aufhebung der Religion in die "reine Vernunft", wobei sich die Beurteilungen des jeweiligen religiösen Selbstverständnisses an dessen Stellung zur Vernunft orientiert. Takizawa erhebt auf diesem Weg explizit einen an der Naturwissenschaft orientierten Wissenschaftsbegriff zum eigentlichen Wesen religiöser Aussagen. In dieser Hin-

---

[3] Vgl. oben S. 334f. Im weiteren wird in Klammern jeweils angegeben, auf welchen dieser drei Problemkreise sich die jeweiligen Ausführungen beziehen.

sicht hält er einen grundsätzlichen Konsens von Buddhismus und Christentum für gegeben und konzentriert seine Kritik auf einzelne Punkte, in denen er christliche und buddhistische Aussagen gegenüber wissenschaftlicher Vernunft für ungerechtfertigt hält. Ähnlich setzt Buri den religiösen Aussagen durch seine erkenntnistheoretisch begründeten Optionen hinsichtlich der rationalen Möglichkeit von Aussagen über Sein und Selbst Grenzen, hält diese Grenzziehung offensichtlich beiderseitig für prinzipiell akzeptabel und konzentriert seine Kritik auf beiderseitig festzustellende Devianzen. Fernando sieht die rationale Option, verbunden mit einer humanistisch psychologischen, zumindest bei den Stiftern beider Religionen als gegeben an und erklärt sie daher ebenfalls für mit der religiösen Intention identisch. Vorsichtiger zeigt sich Otte, da er bereit ist, die Existenz einer auf religiöse Erfahrung bezogenen religiösen Vernunft zu akzeptieren. Er fordert jedoch für beides eine positive Vermittelbarkeit zur allgemeinen Seinserfahrung und zur allgemeinen Rationalität und will eine Autonomie religiöser Vernunft gegenüber allgemeiner Rationalität offensichtlich nicht konzedieren.

Der Bereich allgemeiner Seins- und Selbsterfahrung und seine rationale Erkennbarkeit umschließt somit den Bereich religiös gedeuteter Erfahrung in einer Weise, die letzterem keinen Eigenwert zugesteht, da dieser gegenüber allgemeiner Erfahrung entweder als deviant oder identisch angesehen wird. Die hermeneutische Klarheit dieses Weges zahlt den Preis einer letztlich aprioristischen Festlegung. Denn im vorhinein zu dem, was Christentum und Buddhismus sagen, steht bereits der Bereich fest, zu dem sie überhaupt etwas sagen können und damit auch, was an ihrer Botschaft legitim sein kann.

Das Gegenstück zu diesen Ansätzen bilden jene, die hermeneutisch vor allem bei der *Heils- oder Transzendenzerfahrung* anknüpfen. Denn sie bewegen sich damit von Anfang an innerhalb der Grenzen *religiös gedeuteter Erfahrung* und der noch engeren Grenzen einer bestimmten Erfahrungsklasse, über die nicht jeder von vornherein verfügt. Hierzu lassen sich die Ansätze von King, Pieris, Enomiya-Lassalle, Johnston und in gewisser Weise derjenige Shimizus rechnen. Bei diesen Ansätzen fallen die Optionen in den drei Problemkreisen sehr unterschiedlich und weit weniger eindeutig aus, als bei den an allgemeiner Erfahrung anknüpfenden Ansätzen.

Um den Bereich der Heilserfahrung für ein christliches Verständnis der buddhistischen Lehren fruchtbar zu machen, muß innerhalb dieses Bereiches eine Christentum und Buddhismus umgreifende Gemeinsamkeit festgestellt werden (ad 2.). Genau darin aber liegt die eigentliche Schwierigkeit. Die genannten Autoren bedienen sich hierzu phänomenologisch greifbarer, struktureller Momente der Heilserfahrungen. Enomiya-Lassalle und Johnston heben die Gemeinsamkeit phänomenologischer Erlebnisqualitäten bei den buddhistischen Erleuchtungserfahrungen und den Erfahrungen christlicher Mystiker hervor, King und Pieris betonen die strukturelle Übereinstimmung hinsichtlich einer Vorgegebenheit der Heilsmöglichkeit innerhalb der buddhistischen und christlichen Heilserfahrung. Shimizu konzentriert sich auf die strukturelle Übereinstimmung, daß es sowohl bei der christlichen als auch bei der buddhistischen Heilserfahrung um eine Selbstwerdung gehe, die durch Selbstverleugnung erlangt werde – eine strukturelle Gemeinsamkeit, die auch von King, Pieris, Enomiya-Lassalle und Johnston konstatiert wird. Solche phänomenologischen und strukturellen Gemeinsamkeiten reichen jedoch nur zum Postulat einer partiellen Identität oder bloß strukturellen Identität der Heilserfahrungen aus. Enomiya-Lassalle, der einen identischen Erfahrungsanteil postuliert, und Johnston, der eine Gleichheit psychischer Abläufe erblickt, sehen die christliche Erfahrung als die weitergehendere an. Beide führen das Gemeinsame der Transzendenzerfahrungen letztlich auf ein vorreligiöses Potential zurück, das Enomiya-Lassalle in den natürlichen Kräften des Menschen und Johnston im allgemeinen Reifeprozeß ortet. King, Pieris und Shimizu setzen stärker auf eine strukturelle Identität, scheinen jedoch für die Gemeinsamkeit der Selbstwerdung durch Selbstüberwindung auch einen material identischen Erfahrungsanteil anzunehmen, der bei King und Pieris ebenfalls auf ein vorreligiöses Potential i. S. einer allgemeinen Fähigkeit des Geistes zurückgeführt wird.

Die Tendenz, das Gemeinsame an den Heils- und Transzendenzerfahrungen auf allgemeine, vorreligiöse Gegebenheiten zurückzuführen, dürfte dem hermeneutischen Anliegen entspringen. Denn ohne diesen Schritt kann der Erfahrungsbereich nur von den jeweiligen Lehren her anvisiert werden (ad 1.) und bietet keine Möglichkeit, eine Christentum und Buddhismus umgreifende Basis zu liefern, von der her sich die jeweiligen Lehren entschlüsseln lassen. Die Zirkularität, daß von den Lehren her die jeweilige Heilserfahrung identifiziert wird und dann von dieser her die entsprechenden Lehren, läßt sich eben nur aufbrechen, wenn ein von den jeweiligen Lehren unabhängiger Erfahrungszugang angenommen wird. Daher ordnen Enomiya-Lassalle und Johnston die Transzendenzerfahrungen in den allgemeinen Bereich "natürlicher Kräfte" und psychischen Lebens ein und lokalisieren sie King und Pieris innerhalb allgemeiner Strukturen des menschlichen Geistes. Erst von einer so auf allgemeine Erfahrung rückvermittelten Heils- und Transzendenzerfahrung wird ihnen eine Interpretation der Lehren, die bei einem Christentum und Buddhismus umgreifenden Erfahrungsbereich ihren Ausgangspunkt nimmt, möglich (umgekehrt verbleibt Shimizu, die einen solchen Schritt nicht vollzieht, innerhalb des genannten Zirkels). Dies gilt jedoch nicht in gleicher Weise für das, was als jenseits der Gemeinsamkeiten liegende Verschiedenheiten der Heils- und Transzendenzerfahrungen bestimmt wird. Nur Pieris führt auch diese auf allgemeine Erfahrungsbereiche zurück (den Beziehungskontext der Erfahrung erlösender Liebe und den mentalen Kontext der Erfahrung befreiender Erkenntnis, sowie die beiden Idiome auf den einen "Ort" des menschlichen Geistes), während der frühe King, Enomiya-Lassalle und Johnston die Verschiedenheiten der Transzendenzerfahrungen allein von den jeweiligen Lehren her identifizieren und damit formal wie material in große Nähe zur religionsvergleichenden Methodik geraten.

Unterschiedlich fallen auch die Optionen zur Frage nach dem Verhältnis von Lehre und Erfahrung aus (ad 3.). Zwar betonen alle eine letzte Unbeschreibbarkeit der Heils- bzw. Transzendenzerfahrung, womit von vornherein die deskriptiven Fähigkeiten der Lehren eingeschränkt sind, dennoch variieren sie in der Bestimmung der deskriptiven und heilspragmatischen Anteile. Bei Pieris halten sie sich hinsichtlich beider Religionen in etwa die Waage. King versteht die buddhistische Lehre zunächst vorwiegend deskriptiv und später rein heilspragmatisch auf die Heilserfahrung bezogen. Enomiya-Lassalle versteht die buddhistische und die christliche Lehre als deskriptiv und interpretativ auf Transzendenzerfahrung bezogen, wobei die christliche i. U. zur buddhistischen jedoch nicht auf die Erfahrung selbst zurückgehe, sondern auf Offenbarung. Johnston stimmt mit diesem genetischen Urteil überein, sieht allerdings das deskriptive und interpretative Moment allein in der christlichen Lehre gegeben, wohingegen die buddhistische nur in einem pragmatischen Verhältnis zur Heilserfahrung stehe. Andererseits nimmt Shimizu einen heilspragmatischen, erfahrungsintendierenden Status für die christliche und buddhistische Lehre gleichermaßen in Anspruch.

Dem hermeneutischen Rekurs auf den Bereich der Heils- und Transzendenzerfahrung gelingt also nur dort eine Überwindung der religionsvergleichenden Methodik einer unmittelbaren Korrelation christlicher und buddhistischer Lehren, wo dieser Rekurs um einem weiteren Rückbezug auf allgemeine Erfahrungsbereiche erweitert wird. So fallen diese Ansätze entweder in die religionsvergleichende Methodik zurück oder - quasi von der anderen Seite her - in die gleiche Schwierigkeit wie die Ansätze bei einem allgemeinen Erfahrungsbereich. Denn die Ansätze bei der Heilserfahrung vermögen, wenn sie von dieser her auf die Lehren zugehen wollen, keinen eigenständigen Weg mehr aufzuzeigen, wie die allgemeine Erfahrung, auf die dann zurückgegriffen werden muß, mit der Heilserfahrung zu vermitteln ist.

Daran vermag auch die Berücksichtigung der Vermittlungsdynamik der Lehren kaum etwas zu ändern. Denn ob diese nun in deskriptiver oder pragmatischer Beziehung zur Heilserfahrung gesehen werden, es bleibt bei der Frage, was ein so geartetes Verständnis der Heilserfahrung erschließt, daß dieses für ein Verständnis der Lehren fruchtbar wird. Bei einem radikal heilspragmatischen Verständnis der Lehre können zwar - wie im Falle Shimizus - auch ohne Rückgriff auf einen allgemeinen Erfahrungsbereich die inhaltlichen Resultate des westlichen Religionsvergleichs vermieden werden, die Deutung der buddhistischen Heilserfahrung bleibt dann aber rein willkürlich bzw. auch hier letztlich nicht weniger von der christlichen Lehre vorgezeichnet, nur diesmal im Sinne positiver Identifikation, oder es kann im Hinblick auf die Heilserfahrung letztlich gar nichts mehr gesagt werden.

Es bleibt eine dritte Gruppe von Ansätzen, die hermeneutisch primär auf den *Bereich der Unheilserfahrung* rekurrieren, dabei aber Verbindungen zu den beiden anderen Erfahrungsbereichen mitberücksichtigen. Denn einerseits bewegen auch sie sich insofern innerhalb der Grenzen religiös gedeuteter Erfahrung als nur im Hinblick auf die Heilsbotschaft im vollen Sinn von einer Unheils-Erfahrung gesprochen werden kann. Insofern sind sie nicht durchführbar ohne den gleichzeitigen Rekurs auf den Bereich der Heilserfahrung. Andererseits können sie den Bereich der Unheilserfahrung in Beziehung zum Bereich der allgemeinen, durchaus vorreligiösen Erfahrung setzen, insofern die Interpretation der Unheilserfahrung durch die jeweilige Lehre selbst einen solchen Bezug herstellt. So zeigt sich in dieser Gruppe ein *dreigliedriges Interpretationsschema* von *Anknüpfung*, *Vermittlung* und *Ortung*, wonach die Lehre in Anknüpfung an eine allgemeine Erfahrung diese als Unheilserfahrung deutet im Hinblick auf eine besondere Heilserfahrung, die sich dadurch orten läßt, daß die Lehre diese ihrem Ansprechpartner und diesen zu ihr hin vermitteln will. Jener Gruppe lassen sich die Ansätze von de Silva, Swearer, Merton, Dumoulin und Waldenfels zuordnen.

Dieses dreigliedrige Interpretationsschema bestimmt weitgehend die Optionen in den drei hermeneutischen Problemkreisen. Hinsichtlich der Perspektive im Verhältnis von Lehre und Erfahrung (ad 1.) kann jener auf die Unheilssituation bezogene Teil der Lehre von allgemeiner Erfahrung her anvisiert werden. Von einem solcherart gewonnenen anfänglichen Verständnis der Lehre läßt sich dann die Heilserfahrung in den Blick nehmen. Dementsprechend muß eine Gemeinsamkeit auf der Erfahrungsebene nur für den sich mit der Unheilserfahrung überschneidenden Bereich allgemeiner Erfahrung vorausgesetzt werden (ad 2.). Für den Bereich der Heilserfahrung muß kein unmittelbarer Zugang postuliert werden, da ihr Verständnis erst ausgehend von der Deutung der Unheilserfahrung gewonnen wird, so daß auch über Identität und Differenz auf der Ebene der Heilserfahrung nicht vorentschieden werden muß. Offen für deskriptive wie heilspragmatische Aspekte bleibt schließlich auch die Interpretation der Vermittlungsfunktion der Lehre im Hinblick auf Erfahrung, wobei auch dieser Fragekomplex für die beiden Bereiche der Unheils- und Heilserfahrung differenziert beantwortet werden kann (ad 3.). Dadurch ist das dreigliedrige Interpretationschema prinzipiell zu einer Deutung der buddhistischen Botschaft in der Lage, die ohne aprioristische Festlegungen arbeitet.

Die zunächst entscheidende Frage ist hier die nach der Überschneidung von Unheils- und allgemeiner Erfahrung bzw. genauer gesagt, die Frage wie sich spezifische Deutung und allgemeine Erfahrung zueinander verhalten. Die Autoren dieser Gruppe ordnen übereinstimmend für den Buddhismus dem Bereich der Unheilserfahrung die Erfahrungen von Vergänglichkeit und Leid zu, während letztere nochmals ausgeweitet wird auf Erfahrungen der Sinnlosigkeit und Daseinsangst (besonders bei de Silva, Merton und Waldenfels). Damit zeigt sich aber zugleich, daß der Bereich der Leiderfahrung einen höheren Anteil an spezifisch interpretativen Elementen besitzt als der der Vergänglichkeitserfahrung. Somit kann der Zusammenhang allgemeiner Vergänglichkeitserfahrung mit dem, was die buddhistische Lehre als "leidhaft" deutet, einen ersten Zugang zum Verständnis ihrer spezifischen Botschaft eröffnen. Die genannten Autoren sehen in der Vergänglichkeitserfahrung auch einen Bezugspunkt christlicher Unheilsdeutung, so daß ihr eine für die anzustrebende Korrelation der Lehren hermeneutisch ausreichende Gemeinsamkeit zugesprochen werden kann. Dennoch scheinen sie ihr innerhalb des Christentums nicht die gleiche Zentralität zuzusprechen wie die, die ihr innerhalb des Buddhismus zukommt. Dies zeigt sich vor allem bei der mittels der Vermittlungsfunktion der Lehren vorgenommenen Ortung der Heils- bzw. Transzendenzerfahrungen. Denn trotz der für Christentum und Buddhismus gleichermaßen festgestellten letzten Unsagbarkeit der Heils- bzw. Transzendenzerfahrung verweisen die Autoren dieser Gruppe ebenso übereinstimmend darauf, daß innerhalb des Christentums hinsichtlich der Heilserfahrung dem Wort ein höherer Stellenwert zukomme als innerhalb des Buddhismus und zwar wegen der im und durch das Wort ausgesagten *Beziehungsdimension* der Heilserfahrung. Unter einer Beziehungskategorie, der "Sünde", steht aber primär auch die christliche Deutung der Unheilserfahrung.

Für die Entwicklung einer Hermeneutik des christlichen Verständnisses der buddhistischen Heilsbotschaft läßt sich somit folgendes *Zwischenergebnis* festhalten:

1. Einer primär existentiell geleiteten Interpretation der buddhistischen Aussagen ist der Vorzug zu geben gegenüber einer primär metaphysisch/ontologisch gerichteten.

2. Dazu ist
   a) nach der Bedeutung der Erfahrung innerhalb der buddhistischen und der christlichen Lehre zu fragen und
   b) nach der erfahrungsintendierenden Vermittlungsdynamik christlicher und buddhistischer Lehren.

3. Angesichts der dabei auftretenden Probleme erweist sich ein dreigliedriges Interpretationsschema als das günstigste. In diesem ist
   a) nach jenem allgemeinen Erfahrungsbereich zu fragen, an den die christlichen und buddhistischen Lehren in ihrer Deutung der Unheilssituation anknüpfen, und
   b) nach der jeweiligen besonderen Heilserfahrung, die sich dadurch orten lassen muß, daß
   c) nach der Art und Weise gefragt wird, in der die jeweilige Lehre diese Heilserfahrung im Hinblick auf ihre Deutung der Unheilssituation zu vermitteln sucht.

4.3 Theologische Lernbereitschaft und die Gottesfrage

4.3.1 Modelle theologischer Lernbereitschaft

Bei der Diskussion der theologischen Begründungsfelder des interreligiösen Dialogs ergab sich, daß die Frage nach einer interreligiösen Zusammenarbeit an der Lösung säkular vorgegebener Probleme unumgänglich zu jener tieferliegenden Frage nach der spezifischen *Sicht* dieser Probleme durch die jeweilige Religion führt. Diese ist nicht zu klären ohne eine Berücksichtigung des grundlegenden Welt- und Menschenbildes, sowie des entsprechenden soteriologischen Selbstverständnisses. D. h., es muß gefragt werden, ob und wenn ja in welcher Hinsicht sich eine andere Religion so versteht, daß sie eine soteriologische "Mission" in dieser Welt wahrnimmt. Vor die gleiche Frage gerät jene Dialogbegründung, die im interreligiösen Dialog die Botschaft anderer Religionen primär deshalb zu verstehen versucht, weil es den Hintergrund zu eruieren gilt, demgegenüber die christliche Botschaft adäquat bezeugt werden soll. Die Gewahrwerdung missionarischer Intentionen im soteriologischen Selbstverständnis anderer Religionen wirft im Kontext des interreligiösen Dialogs die Frage nach einer potentiellen Veränderungsbereitschaft auf, und eine solche läßt sich – soll sie nicht als apostatische Neigung erscheinen – anscheinend theologisch nur dann rechtfertigen, wenn mit der Möglichkeit gerechnet wird, daß es der eine und wahre Gott ist, der auch in der Botschaft der anderen begegnet, und daher die Bekundung einer Lern- und Veränderungsbereitschaft nicht von vornherein der Bekundung einer Bereitschaft zur Untreue gegenüber Gott gleichkommt. Wollte man die Verkoppelung der Gottesfrage mit der Lern- und Veränderungsbereitschaft aufgeben, so würde dies entweder bedeuten, den Dialog nicht mehr vom Standpunkt des eigenen Bekenntnisses aus zu führen (was ihm letztlich seinen Charakter eines interreligiösen Dialogs nähme), oder aber die eigentlich *theologische Dimension* von der Lern- und Veränderungsbereitschaft auszugrenzen. M. a. W., im interreligiösen Dialog ist es Voraussetzung für eine theologische Lern- und Veränderungsbereitschaft, daß sich die Botschaft des nichtchristlichen Dialogpartners positiv auf die Gottesfrage beziehen läßt!

Dadurch daß sich an der Frage, ob sich die Botschaft des nichtchristlichen Dialogpartners auf die Gottesfrage beziehen läßt, die Möglichkeit eines theologischen Lernens von der Botschaft des anderen entscheidet, gewinnt die Gottesfrage für den christlichen Dialogpartner eine *hermeneutische* Relevanz. Denn für ihn bildet sie quasi das Vorzeichen vor der Klammer, in der das steht, was vom nichtchristlichen Dialogpartner gesagt wird. Genau dies ist jedoch hermeneutisch äußerst problematisch, da es nicht von vornherein feststeht, ob die Botschaft des nichtchristlichen Dialogpartners in einem positiven oder auch negativen Bezug zur christlichen Gottesidee kulminiert. Wenn Lern- und Veränderungsbereitsschaft an die Entdeckung eines Redens Gottes in der Botschaft anderer Religionen gebunden ist, dann stellt sich die Frage, ob eine solche "Öffnung" nicht den Preis einer vorprogrammierten Verzerrung der Botschaft des anderen bezahlt, da die Lernbereitschaft letztlich von dem abhängig bleibt, was zwar das Zentrum und Organisationsprinzip des eigenen, aber nicht unbedingt auch das des anderen Glaubens bildet. Und daraus resultiert die Anfrage, ob durch diese hermeneutische Funktion der Gottesfrage sie nicht doch notwendig als jener verzerrende Filter wirken muß, den der phänomenologische Religionsvergleich durch das Gebot der Epoche zu eliminieren sucht. Aus der hermeneutischen Funktion der Gottesfrage scheint zu folgen, daß man so der Eigenart des anderen nicht wirklich gewahr wird. Und dies würde unvermeidlich zu der paradoxen Konsequenz führen, daß gerade das, was eine theologische Lern- und Veränderungsbereitschaft garantieren soll, eben diese verunmöglicht. Denn wenn die Botschaft des anderen nur unter christlichen Vorzeichen vernommen und daher in ihrer Eigengestalt überhaupt nicht vernommen wird, kann von ihr letztlich auch nichts neues gelernt werden und von einer Veränderungsbereitschaft keine Rede sein, da sie nie das von der Gottesfrage bestimmte Selbstverständnis tangiert.

Im christlich-buddhistischen Dialog wird dieses Dilemma offensichtlich. Die Analyse der christlich-buddhistischen Religionsvergleiche hatte gezeigt, daß es primär dadurch zu den Verzerrungen der buddhistischen Botschaft kommt, daß dem Nicht-Vorhandensein einer Gottesidee nach Maßgabe der abrahamitischen Religionen oder auch nur gewisser Züge derselben eine *konstitutive* Bedeutung für den Sinnzusammenhang der buddhistischen Lehren zugedacht wird. Und dieses Vorgehen drängt sich deshalb so leicht auf, weil die Gottesidee innerhalb des Christentums durchaus den tragenden Eckstein bildet, auf den alles andere bezogen ist. Dem Nicht-Vorhandensein der Gottesidee (oder von Zügen derselben) für das innere Gefüge der buddhistischen Lehren die gleiche Zentralität zu unterstellen, bedeutet die hermeneutisch unzulässige Übertragung eines christlichen Rasters und der damit verbundenen Kategorien auf den Buddhismus. Aus hermeneutischen Gründen ist es daher nicht möglich, die buddhistischen Lehren unmittelbar auf die Gottesfrage zu beziehen. Wenn daraus nicht folgen soll, daß der christlich-buddhistische Dialog in theologische Belanglosigkeit versinkt, wenn also die Möglichkeit offen gehalten werden soll, von der buddhistischen Botschaft auch in theologischer Hinsicht zu lernen, dann muß ein Bezug zur Gottesfrage auf einem anderen Weg hergestellt werden – und zwar auf einem Weg, der jener hermeneutischen Problematik entspricht, die darin besteht, daß die Gottesidee im System des einen den zentralen Platz einnimmt, während sie im System des anderen nicht nur nicht vorkommt, sondern dieses Nicht-Vorhandensein auch nicht zentral ist.

Die Analyse der oben vorgestellten Dialogansätze hat gezeigt, daß diese hermeneutische Problematik am ehesten durch eine primär existentiell gerichtete Interpretation überwunden werden kann. Sie bringt die Dimension der Erfahrung ins Spiel und den Aspekt einer erfahrungsintendierenden Vermittlungsdynamik der Lehre. Dabei wird versucht, den Sinnzusammenhang buddhistischer Lehren nicht mehr von einer doktrinären Negativgröße her zu deuten (eben dem Ausfall der Gottesidee oder von Zügen derselben), sondern von ihrem Bezug zu Erfahrungen. Sofern auf der Erfahrungsebene eine Christentum und Buddhismus umfassende oder zumindest berührende Gemeinsamkeit konstatiert wird, dient diese als *jener gemeinsame Nenner*, der auf der doktrinären Ebene wegen des Fehlens eines historisch gewachsenen, gemeinsamen Begriffsreservoirs nicht zu finden ist, und durch den sich das Verständnis des Fremden erschließen läßt. Bisherige Erfahrungen im Dialog haben gezeigt, daß dieser Weg durchaus zu einem neuen Verständnis der buddhistischen Botschaft zu führen vermag, in dem sich die traditionellen westlich-christlichen Verzerrungen der buddhistischen Botschaft vermeiden lassen. In dem Maße wie eine unmittelbare Korrelation christlicher und buddhistischer Lehren aus hermeneutischen Gründen überhaupt nicht mehr vollzogen, sondern der "Umweg" über den Bereich der Erfahrung eingeschlagen wird (der sich hermeneutisch wohl als der einzig gangbare Weg erweisen dürfte), muß auch die Gottesfrage auf demselben "Umweg" eingebracht werden. D. h., daß die Gottesfrage im Hinblick auf die hermeneutisch relevanten Erfahrungen gestellt werden muß! Und dabei lassen sich wiederum drei Fragekomplexe unterscheiden, die allerdings streng aufeinander aufbauen:

1. Gibt es einen positiven Zusammenhang zwischen der christlich als "Gott" bezeichneten Wirklichkeit und den von der buddhistischen Lehre berührten Erfahrungen, und nach welchen Kriterien läßt sich diese Frage beantworten?
2. Wenn die als "Gott" bezeichnete Wirklichkeit in irgendeinem positiven Zusammenhang mit den von der buddhistischen Lehre berührten Erfahrungen steht, was bedeutet dies dann für die diese Erfahrungen berührende buddhistische Lehre, in der der Gottesbegriff eben nicht vorkommt?
3. Wenn es einen positiven Zusammenhang nicht nur zwischen der als "Gott" bezeichneten Wirklichkeit und den von der buddhistischen Lehre berührten Erfahrungen gibt, sondern eben auch zwischen diesen Erfahrungen und der buddhistischen Lehre, obwohl in ihr der Gottesbegriff nicht vorkommt, was bedeutet dies dann für das christliche Verständnis der jene Erfahrungen berührenden christlichen Lehren bzw. für das Vorkommen und die Zentralität des Gottesbegriffs in ihnen? (Auch bei, ja gerade durch die Verbindung von Gottesfrage und theologischer Lernbereitschaft eröffnet sich hier u.U. eine erhebliche Herausforderung des christlichen Selbstverständnisses.)

Diese drei Fragen gilt es nun im Hinblick auf konkrete Signale theologischer Lernbereitschaft an die untersuchten Dialogansätze heranzutragen. Da diese Fragen von dem hermeneutischen Rekurs auf die Erfahrungsdimension abhängig sind, halte ich mich an die im vorangegangen Abschnitt vorgelegte Gruppierung, die sich daran orientierte, auf welchen Erfahrungsbereich hermeneutisch zurückgegriffen wird.[1]

---

[1] Vgl. oben S. 344ff.

Aufgrund der Gott zugedachten absoluten Transzendenz geht für A. Fernando die Gottes-*erfahrung* prinzipiell ihrer Konzeptualisierung als einer "*Gottes*-erfahrung" voran. Daher sei der konkrete Erfahrungsgehalt hinter den Ausprägungen der Gottesvorstellung freizulegen. Jede Rede von Gott impliziert dann notwendig eine Rede vom Menschen, insofern dieser das Subjekt jener in der Gottesvorstellung konzeptualisierten Erfahrungen ist. Für Fernando kulminieren diese Erfahrungen in einer Persönlichkeitsreifung, deren Zentrum die Selbsttranszendenz des Menschen, d.h. die Überwindung egozentrischer Selbstverhaftung ist. Da diese Form der Selbsterfahrung zentral auch von der buddhistischen Lehre aufgegriffen werde, sei es gerechtfertigt, die von der buddhistischen Lehre intendierte Erfahrung als Gotteserfahrung zu verstehen. Den Umstand, daß diese Erfahrung vom Buddhismus nicht als Gotteserfahrung konzeptualisiert wird, versucht Fernando dadurch zu erklären, daß die religiöse Situation z. Zt. Buddhas diesem keine Gottesvorstellung liefern konnte, mit der er die intendierte Erfahrung ausdrücken konnte. Angesichts der Unvollkommenheit und Inadäquatheit aller Gottesvorstellungen gegenüber der radikalen Transzendenz Gottes erscheine dies jedoch kaum als ein Nachteil, sondern führe vielmehr zu der Herausforderung an das Christentum, ob mit seiner Gottesvorstellung nicht letztlich zuviel gesagt werde. So könne das Christentum vom Buddhismus lernen, den Menschen in den Mittelpunkt seiner Botschaft zu stellen und eine entsprechende Hermeneutik der eigentlich theologischen Aussagen zu entwickeln. Damit lerne es jedoch nichts grundsätzlich Neues. Denn nach Fernando ist dies bereits das eigentliche Anliegen Jesu gewesen, woran das Christentum in der Begegnung mit dem Buddhismus erinnert werde.

Für F. Buri ist die Rede von Gott auf das Seinsgeheimnis bezogen. Da dieses prinzipiell unlösbar sei, könne der Mensch den Sinn seines Lebens nicht aus einem metaphysisch festgestellten Gesamtsinn des Seins deduzieren. Die Erfahrung des Seinsgeheimnisses verweise den Menschen daher auf seine eigene Freiheit und Verantwortlichkeit zurück. Die ungelösten und prinzipiell unlösbaren Aporien in den Lehrsystemen von Christentum und Buddhismus legen nach Buri beide auf je eigene Weise von dieser existentiellen Grundsituation Zeugnis ab. Der spannungsvolle Bezug zwischen Seinsgeheimnis und Selbstvollzug könne in beiden Religionen entweder verfehlt oder gewahrt werden. Inhaltlich nehme die Verfehlung unterschiedliche Gestalt an, strukturell aber sei sie identisch. Das Christentum neige entweder zu einer Verobjektivierung Gottes, die mit seiner Transzendenz kollidiere, oder es verfalle, wie in der Negativen Theologie, der Sprachlosigkeit. Der Buddhismus neige dazu, die Spannung zwischen Seinsgeheimnis und dem Selbstsein des Menschen in letzterem aufzuheben und dieses gemeinsam mit dem Gesamtsein im Nichts untergehen zu lassen. Entscheidend ist nach Buri daher nicht das Vorkommen oder Nichtvorkommen des Gottesbegriffs, sondern die Entwicklung eines Selbstverständnisses des Menschen, bei dem 1. das Seinsgeheimnis nicht durch Objektivierung aufgehoben wird (worin Buri vor allem eine Gefahr des Christentums und wohl auch des nicht-mahâyânistischen Buddhismus sieht), 2. die Spannung zwischen dem Sein des Seienden und dem Sein des Subjekts nicht aufgegeben wird (worin er vor allem eine Gefahr des Mahâyâna sieht) und 3. eine rationale Rede vom Selbst möglich bleibt, die dieses auf seine Selbstverantwortung und Freiheit angesichts dieser Spannung verweist. Solches hält Buri in beiden Systemen durch eine auf die Freiheit des Selbst bezogene symbolische Interpretation ihrer Aussagen für möglich, wenn diese den Verzicht auf die Autonomie einer religiösen Erkenntnis leiste, die eine vorgebene Sinntotalität festsetzte. So haben beide Religionen einander letztlich nichts voraus und können voneinander nur lernen, daß ihre Ansprüche auf universalistische Deutungsmonopole ungerechtfertigt sind.

K. Takizawa identifiziert das Subjekt der Setzung des Seinsfaktums, zu dem der Mensch in dem paradoxen Verhältnis völliger Einheit bei gleichzeitiger absoluter Verschiedenheit stehe, sowohl mit der in der jüdisch-christlichen Tradition als "Gott" bezeichneten Wirklichkeit, als auch mit dem "wahren Selbst" des Zen-Buddhismus und der "Anderen Kraft" des Jôdo-Shin. Das Kriterium für diese Identifikation ist bei ihm die Gleichheit der ontologischen Struktur, nach der die zwischen dem Subjekt und der dieses ermöglichenden Faktizität waltende Einheit und Verschiedenheit sowohl kosmologisch (so in der jüdisch-christlichen Schöpfungsidee) als auch soteriologisch (so in Zen- und Jôdo-Shin-Buddhismus) reflektiert sei. Zu lernen habe das Christentum vom Buddhismus die voraussetzungslose Gültigkeit dieser Seinsordnung, die nicht vom historischen Christusereignis abhängig gemacht werden dürfe. Umgekehrt könne der Buddhismus vom Christentum lernen, daß zwischen dem Setzenden und dem Gesetzten ein unumkehrbares Verhältnis herrsche. Und beiden fehle noch die volle Erkenntnis, daß diese unumkehrbare Ordnung ohne Ausnahme für alle Menschen gültig sei.

Der von K. Otte mit R. Okochi geführte Dialog ist zu speziell, als daß sich aus ihm klären ließe, wie Otte das Verhältnis von Gottesfrage und theologischer Lernbereitschaft begreift. Doch ist deutlich, daß die von Otte im Hinblick auf die Logik des "sokuhi" signalisierte Lernbereitschaft auch für ihn im Kontext einer rationalen Erhellung allgemeiner Seinstrukturen steht, in die der religiöse Existenzvollzug eingebettet sein müsse und an denen sich die religiöse Reflexion zu orientieren habe.

Bei den Dialogansätzen, die hermeneutisch auf den Bereich allgemeiner Seins- und Selbsterfahrung rekurrieren, fällt auf, daß zwar Lernbereitschaft bekundet wird, aber christlicherseits vom Buddhismus nichts zu lernen ist, was nicht zumindest prinzipiell auch ohne diesen lernbar sei. Der Grund dafür liegt in der Reduktion religiöser Erfahrung auf allgemeine Erfahrung. Die Gottesvorstellung erscheint als auswechselbare Chiffre für eine Seins- und Selbsterfahrung. Obwohl an der zentralen *Stellung* der Gottesidee innerhalb des Christentums keine Abstriche gemacht werden, verliert sie als solche jedoch ihre zentrale *Bedeutung*. Nicht die Gottesvorstellung selbst ist theologisch und interreligiös-kriteriologisch entscheidend – und damit auch nicht ihr Nichtvorhandensein im Buddhismus –, sondern die Modalität und

Struktur der mit der religiösen Terminologie verbundenen rationalen Reflexion auf die Seins- und Selbsterfahrung.

Weniger einheitlich ist das Bild bei den primär auf die Heilserfahrung rekurrierenden Ansätzen. In seiner frühen Phase scheint W. King durchaus von einer Art Gotteserfahrung im Buddhismus auszugehen, die in dem von ihm angenommenen vierfachen Äquivalent des Gottesbegriffs reflektiert wird. Kriterium ist für ihn die im Hinblick auf Hoffnung und Ethik sinnstiftende Funktion dieses Äquivalents. Das konzeptuelle Äquivalent zur Gottesidee sei jedoch unzureichend, da ihm die innere Einheit des Gottesbegriffs fehle. Der sozialen Dimension des Heiles vermöge der Buddhismus letztlich nicht gerecht zu werden, da diese allein in der karmischen Ordnung zum Tragen komme, die vom eigentlichen Heilsweg abgetrennt sei. Der Bruch zwischen beiden Ordnungen manifestiere sich an der Frage der Personalität des Menschen, da der Glaube an die Person Voraussetzung sittlichen Handelns sei, auf dem eigentlichen Heilsweg jedoch überwunden werden müsse. Später kommt King jedoch zu der Auffassung, daß die scheinbar anthropologischen Aussagen der buddhistischen Lehre performativ zu verstehen seien und die von ihnen intendierte Selbsttranszendenz der Sache nach mit dem übereinstimme, was der christliche Personbegriff zum Ausdruck bringe. Dies legt die Vermutung nahe, daß King inzwischen hinsichtlich der Gottesfrage von einer letztlich nurmehr konzeptuellen Verschiedenheit bei sachlicher Übereinstimmung ausgeht. Eine Lernbereitschaft wird bei King nur im Sinne einer Erinnerung angedeutet, insofern die vom Buddhismus gelehrte Anhaftungslosigkeit den Christen an die Gefahr einer auch hinter caritativem Engagement verborgenen Selbstsucht gemahnen könne und die christliche Tradition schweigender Anbetung angesichts der meditativen Praxis des Buddhismus wieder stärkere Aufmerksamkeit gewinne.

Für Pieris trifft sich – ähnlich wie für King – die Erfahrung der mit "Gott" bezeichneten Wirklichkeit mit der vom Buddhismus intendierten Erfahrung vor allem im Moment der Befreiung von Egozentrik. Im Buddhismus sei der "Ort" der Befreiung der Geist des Einzelnen, ihr "Weg" der vom Einzelnen zur Befreiung der Gemeinschaft führende. Dagegen sei im Christentum das Volk der "Ort" befreiender Erfahrung, ihr "Weg" gehe von der Befreiung des Volkes zu der des Einzelnen. Die Komplementarität dieser Verschiedenheit läßt Pieris von einer den Befreiungserfahrungen zugrunde liegenden identischen absoluten Heilswirklichkeit ausgehen, die entsprechend den unterschiedlichen Befreiungserfahrungen verschieden konzeptualisiert werde. So ist für ihn der Gottesbegriff durchaus als idiomatisch einseitig relativiert, jedoch keine austauschbare Chiffre, da Pieris die beiden Weisen der Befreiungserfahrung an zwei nicht aufeinander rückführbare Idiome gebunden sieht. Die Komplementarität der Befreiungserfahrungen und ihrer jeweiligen Idiome wird von Pieris als eine innere Komplementarität des menschlichen Geistes begriffen, weshalb die spezifische Akzentsetzung beider Idiome im jeweils anderen immer schon vorhanden ist, wenn auch in weniger akzentuierter Form. Seine radikal wirkende Forderung nach einer "Taufe im Jordan asiatischer Religiosität" impliziert daher jedoch, daß auch zu Füßen buddhistischer Meister letztlich nicht etwas essentiell Neues gelernt wird, sondern etwas, das in der legitimen gnostischen Tradition des Christentums immer schon vorhanden war und vor allem im christlichen Mönchtum bewahrt wurde.

H. Enomiya-Lassalle und W. Johnston interpretieren die besonders vom Zen-Buddhismus angestrebte Erleuchtungserfahrung als unbewußte Gottsuche, ja eventuell als unbewußte Gotteserfahrung. Die Kriterien für dieses Urteil werden aus den phänomenologischen Übereinstimmungen zwischen den buddhistischen Meditationserfahrungen und den kontemplativen Erfahrungen christlicher Mystiker gewonnen, sowie aus der Bedeutung der meditativen Praxis für die Förderung der Nächstenliebe und der menschlichen Reifung. Insofern die buddhistisch intendierte Erfahrung wirklich Gotteserfahrung ist, wird von Enomiya-Lassalle und Johnston die buddhistische Lehre als defizient angesehen. Nach Enomiya-Lassalle leitet die buddhistische Lehre aus der von ihr intendierten Erfahrung eine falsche Metaphysik ab, nach Johnston liegt ihr Defizit darin, daß sie dahin tendiere, auf eine metaphysische Interpretation der intendierten Erfahrung ganz zu verzichten. Zwar gibt es auch nach Enomiya-Lassalle und Johnston für die Transzendenz Gottes nie eine volle konzeptuelle Entsprechung, doch ist das, was sich sagen läßt, in der christlichen Lehre am deutlichsten gesagt. Eine Lernbereitschaft hinsichtlich der buddhistischen Lehre wird hier folglich nicht signalisiert. Die Auffassung, daß die meditative Praxis des Buddhismus durchaus eine Form der Gottsuche und eventuell auch Gotteserfahrung ist, ermöglicht jedoch ein Lernen von dieser Praxis.

Für M. Shimizu ist die von der buddhistischen Lehre intendierte Heilserfahrung eine wirkliche Gotteserfahrung, weil die Selbstwerdung durch Selbsttranzendenz auch vom Buddhismus in der liebenden Zuwendung zum Nächsten geortet werde, und nach christlicher Auffassung die Gottesbeziehung durch Christus in der Nächstenliebe vermittelt sei. Da die buddhistische Lehre konsequent auf diese Heilserfahrung ausgerichtet sei, führe sie unwissend zur Gotteserfahrung. Weil die christliche Lehre davon ausgehe, daß Gott letztlich nur im existentiellen Vollzug erfahren werde, müsse sie ihre eigene Bedeutung zugunsten des Vollzugs und damit der Erfahrung relativieren. Die in der Logik des "sokuhi" zum Ausdruck gebrachte Form einer Selbstwerdung durch Selbstverneinung könne daher auch als die Form der christlichen Lehre angesehen werden, die von sich wisse, daß sie die Wirklichkeit Gottes nie voll ausschöpfen könne. Auch bei Shimizu kann somit vom Buddhismus nur das gelernt werden, was bereits in der christlichen Tradition vorhanden ist.

Alle Ansätze dieser Gruppe gehen davon aus, daß die von der buddhistischen Lehre intendierte Heilserfahrung positiv jene als "Gott" bezeichnete Wirklichkeit berührt. Unterschiedliche Optionen finden sich jedoch hinsichtlich des Ausmaßes dieser "Berührung". Für Shimizu und eventuell auch den späten King liegt eine volle Gotteserfahrung vor. Daraus folgt dann, daß diese in der buddhistischen Lehre lediglich anders konzeptualisiert ist. Der christliche Gottesbegriff wird dabei tendenziell - wie in den Ansätzen der ersten Gruppe - zu einer austauschbaren Chiffre. Für den frühen King, für Enomiya-Lassalle und Johnston ist eine volle Gotteserfahrung fraglich, angenommen wird jedoch eine partielle Gotteserfahrung bzw. eine Gottsuche. Die Lehre bleibt nicht nur defizitär, weil die intendierte Erfahrung defizitär ist, sie ist auch defizitär, weil ihr der eigentliche Charakter der intendierten Erfahrung unklar bleibt. Eine gewisse Sonderstellung nimmt der Ansatz von Pieris ein. Für ihn berühren der Gottesbegriff und die buddhistische Soteriologie ein umfassenderes Befreiungsgeschehen unter verschiedenen Aspekten. Da der Gottesbegriff untrennbar mit einem besonderen Aspekt der Befreiung verbunden ist, ist er nicht austauschbar. So erscheint der Gottesbegriff durchaus ergänzungsbedürftig im Hinblick auf andere Aspekte des Befreiungsgeschehens, die er jedoch implizit oder in schwächerer Ausprägung schon mit sich führt. Mit Ausnahme von Enomiya-Lassalle und Johnston gilt für die Ansätze dieser Gruppe, daß vom Buddhismus nichts gelernt werden kann, was nicht zumindest implizit in der christlichen Tradition bereits vorhanden ist. Bei Enomiya-Lassalle und Johnston ist es bis zu einem gewissen Maß möglich, von buddhistischer Praxis wirklich Neues zu lernen, allerdings nichts, was einem theologischen Lernen gleichkäme.

Entsprechend ihrer hermeneutischen Anknüpfung an den Bereich der Unheilserfahrung läßt sich für die dritte Gruppe von Dialogansätzen die Frage nach dem Zusammenhang der von der buddhistischen Lehre berührten Erfahrungen mit der als "Gott" bezeichneten Wirklichkeit nicht unmittelbar klären. So setzen sie zwar ein erhebliches Maß an Übereinstimmung zwischen dem von christlicher und buddhistischer Unheilsdeutung tangierten allgemeinen Erfahrungsbereich voraus, in der Beurteilung der Heils- und Transzendenzerfahrung zeigen sich jedoch eher schwankende Tendenzen.

Für den frühen de Silva entscheidet sich die Frage nach einer Gotteserfahrung im Buddhismus vor allem an der Interpretation des postmortalen Nirvânas. Das Nirvâna könne nicht im Sinne einer Gotteserfahrung verstanden werden, wenn es die Negation jeglicher postmortalen Wirklichkeit bedeute. Sollte eine solche Negation jedoch nicht intendiert sein, dann wäre es möglich, das Nirvâna als einen Teilaspekt der Gotteserfahrung (den "zentrifugalen") zu verstehen. In diesem Fall wäre die Heilswirklichkeit von der buddhistischen Lehre in deskriptiver Hinsicht unzureichend reflektiert. Später stellt de Silva die Unfaßbarkeit des Absoluten in den Vordergrund und begreift die christliche und buddhistische Lehre nicht mehr deskriptiv sondern evokativ. Die Rede von "Gott" wird dadurch - ähnlich wie bei Pieris - relativiert ohne jedoch austauschbar zu werden, da sie der Evokation eines bestimmten Aspekts religiöser Erfahrung dient.

D. Swearer hält die buddhistische Transzendenzerfahrung offensichtlich für eine volle Erfahrung der christlich als "Gott" bezeichneten Wirklichkeit. In seinem Ansatz wird jedoch nicht klar, ob er – mit Buddhadâsa – daher die entsprechenden Konzeptualisierungen als austauschbar ansieht. Jedenfalls führt für ihn die buddhistische Lehre ebenso konsequent zu der intendierten Heilserfahrung hin wie die christliche. Inwiefern jedoch die christozentrische Interpretation der Heilswirklichkeit gegenüber der heilspragmatisch orientierten buddhistischen Lehre ein deskriptives Plus beinhaltet oder nur einen anderen Weg zur Evokation der gleichen Erfahrung bedeutet, bleibt bei Swearer umso mehr unklar, als er einerseits dafür plädiert, sich vom Buddhismus an den Primat der Erfahrung gemahnen zu lassen, andererseits die Möglichkeit buddhistischer Heilserfahrung im Christusgeschehen begründet zu sehen scheint.

Zurückhaltender in der Beurteilung des Zusammenhangs von buddhistischer Heilserfahrung und göttlicher Wirklichkeit zeigt sich Th. Merton. Die eigentliche Schwierigkeit, hierbei über das Feststellen bloßer Analogien hinauszukommen, besteht für ihn in der unterschiedlichen Beurteilung der Lehre durch die Lehren selbst. Die höhere Bewertung des Wortes im Christentum hängt für ihn ebenso mit der Akzentuierung des Beziehungscharakters der Heilserfahrung zusammen, wie die christliche Auffassung von der Personalität der Absoluten Wirklichkeit. Anscheinend tendierte er jedoch gegen Ende seines Lebens dazu, auch im buddhistischen Verständnis der Absoluten Wirklichkeit wichtige Züge der Beziehungsdimension zu identifizieren und die vom Buddhismus vertretene Selbstaufhebung der Lehre als einen heilsamen Antidogmatismus zu akzeptieren, der nicht auf eine Ausblendung der Beziehungsdimension hinauslaufe sondern auf die Überwindung aller trennenden Schranken – auch der zwischenmenschlichen. Eine Lernbereitschaft wird von Merton explizit hinsichtlich der meditativen Praxis bekundet, sie deutet sich aber auch im Hinblick auf das buddhistische Verständnis der Vermittlungsfunktion religiöser Rede an.

H. Dumoulin meint, hinter der buddhistischen Lehre die Suche des Menschen nach Gott erblicken zu können und geht auch von der Möglichkeit einer gültigen Gotteserfahrung – besonders im Rahmen der kontemplativen Erfahrungen – aus. Indizien dafür erblickt er vor allem in den personalistischen und krypto-monotheistischen Momenten buddhistischer Praxis. Die buddhistische Lehre erreiche jedoch keine klare Erkenntnis der göttlichen Wirklichkeit, da sie entweder zu einer monistischen Metaphysik oder zur Negation aller Konzeptualisierungen führe. Insofern gibt es auch nichts, was das Christentum in theologischer Hinsicht von der buddhistischen Lehre lernen könnte. In jüngerer Zeit scheint Dumoulin jedoch die buddhistische Negation aller Konzeptualisierung i. S. einer Erkenntnis der absoluten Transzendenz Gottes positiver zu werten und hat die Frage angedeutet, ob das personalistische Verständnis Gottes und des Menschen eventuell kulturell bedingt sei. Ob Dumoulin damit eine gewisse Relativierung andeuten will, bleibt abzuwarten.

H. Waldenfels begreift die vom Buddhismus angezielte Haltung eines radikalen Verzichts auf alle Scheinstützen des Daseins und die dementsprechende existentielle Offenheit als durchaus mit der spirituellen Haltung des Christen konvergierend. Er ist geneigt, die Möglichkeit einer authentischen, heilswirkenden Gotteserfahrung zu unterstellen. Die Beurteilung der Reflexion einer solchen Erfahrung in der buddhistischen Lehre macht er vor allem an dem fest, was der Sache nach mit dem christlichen Verständnis von Personalität gemeint ist. Dabei hütet er sich vor interpretativen Festlegungen. Der sachliche Gehalt von menschlicher Personalität könne auf der Basis der buddhistischen Lehre dann gegeben sein, wenn der Beziehungsdimension und Eigenständigkeit des konkreten Menschen Rechnung getragen werde. Die entscheidende Frage hinsichtlich einer Personalität der in buddhistischer Heilserfahrung erlebten Heilswirklichkeit ist für Waldenfels die, inwieweit die Rede vom "absoluten Nichts" die Möglichkeiten dieser Wirklichkeit i. S. einer aktiven Selbstbezeugung offen lasse oder ausschließe. Lernbereitschaft bedeutet für ihn, sich angesichts der Begegnung mit dem Buddhismus des Primats der Praxis und der uneinholbaren Geheimnishaftigkeit Gottes bewußt zu bleiben.

Hinsichtlich der Fragen zum Zusammenhang zwischen der mit "Gott" bezeichneten Wirklichkeit und der von der buddhistischen Lehre intendierten Erfahrung läßt der vorgenommene Überblick deutlich vier unterschiedliche Positionen erkennen, auch wenn bei einigen Dialogansätzen die Zuordnung zu diesen nicht immer eindeutig ist[2]:
1. Die von der buddhistischen Lehre intendierten Erfahrungen besitzen keinen positiven Bezug zu der mit "Gott" bezeichneten Wirklichkeit. Diese Position wird zwar in dieser Pauschalität in keinem der untersuchten Ansätze vertreten, doch taucht sie quasi als eine Randmöglichkeit auf, wie z.B. in de Silvas erster Reaktion auf G. Dharmasiris Kritik am christlichen Gottesbegriff.
2. Die von der buddhistischen Lehre intendierten Erfahrungen besitzen einen positiven Bezug zu der mit "Gott" bezeichneten Wirklichkeit, indem sie entweder Ausdruck der Suche nach Gott, einer partiellen Gotteserfahrung ("natürliche Mystik" u.ä.) oder einer authentischen Gotteserfahrung sind, doch bleibt die buddhistische Lehre wegen des Nichtvorhandenseins des Gottesbegriffs gegenüber der von ihr intendierten Erfahrung und gegenüber der christlichen Lehre defizient, da sie den eigentlichen Charakter der intendierten Erfahrung nicht klar erkennt. Diese Position wird deutlich von Enomiya-Lassalle, Johnston, Dumoulin und dem frühen King eingenommen und bildet die vorherrschende Auffassung des frühen de Silva.

---

[2] Eindeutige Zuordnungen erscheinen mir z. B. nicht möglich bei Otte, dem späteren King, Merton, Shimizu, Swearer und Waldenfels. Während bei Otte, King und Merton für eine solche Beuteilung das untersuchte Material nicht ausreichend ist, ist die Zuordnung von Shimizu, Swearer und Waldenfels schwierig, weil eine definitive Antwort auf die Frage nach dem konzeptuellen Eigenwert bzw. der Austauschbarkeit der Gottesvorstellung unklar bleibt.

3. Die buddhistische Lehre und der christliche Gottesbegriff beziehen sich auf eine identische Erfahrung, die in Christentum und Buddhismus letztlich richtig interpretiert oder zumindest mit dem begrifflichen Reservoir beider Religionen richtig interpretierbar ist. Der Gottesbegriff ist daher eine austauschbare Chiffre. In diese Richtung denken offenbar Fernando, Buri und Takizawa.

4. Die buddhistische Lehre und der christliche Gottesbegriff beziehen sich auf eine identische Wirklichkeit, die jedoch in unterschiedlicher Weise erfahren werden oder deren Erfahrung unterschiedliche Aspekte besitzen kann. Der Gottesbegriff ist in bestimmter Form mit einer dieser Erfahrungsweisen oder Erfahrungsaspekte verbunden, so daß er nicht austauschbar, wohl aber ergänzungsfähig ist. Diese Position zeigt sich deutlich bei Pieris und dem späten de Silva.

Denkbar wäre schließlich noch eine 5. Position, wonach der Gottesbegriff eine Wirklichkeit berührt, die von der buddhistischen Lehre klarer erfaßt und eindeutiger angezielt wäre als von der christlichen — also die Umkehrung der 2. Position. Freilich wird sie — da ihre Konsequenz wohl die Konversion wäre — von keinem der christlichen Dialogansätze eingenommen.

Im Hinblick auf den Zusammenhang zwischen Gottesfrage und theologischer Lernbereitschaft markieren die Positionen 1 und 5 die beiden Extreme der Skala. Während nach Position 5 so viel vom Buddhismus zu lernen wäre, daß sich die Theologie als eine Vorstufe der höheren buddhistischen Erkenntnis unterzuordnen hätte[3], gäbe es nach Position 1 vom Buddhismus nichts zu lernen, was einen theologischen Erkenntnisfortschritt im eigentlichen Sinn bedeuten könnte. Im Sinne eines *theologischen* Erkenntnisfortschritts kann aber auch die Lernmöglichkeit der Position 5 nicht begriffen werden, da gerade der Gottesbegriff selbst in diesem Lernprozeß aufzugeben wäre. Insofern Position 2 die Umkehrung von Position 5 ist, schließt sie ebenfalls die Möglichkeit eines theologischen Lernens vom Buddhismus aus. Die Lernbereitschaft bezieht sich hier bestenfalls auf Dinge, die gegenüber der Gottesidee von propädeutischem Wert oder dieser nachgeordnet sind. Was an Positivem im Buddhismus erkannt wird, wird als etwas angesehen, das in der eigenen Tradition explizit oder implizit ebenfalls gegeben ist. Dagegen berührt die Position 3 durchaus die Gottesidee als das Zentrum des christlichen Sinnsystems. Doch auch bei dieser Position ist es fraglich, inwieweit auf ihrer Basis von einer echten theologischen Lernmöglichkeit gesprochen werden kann. Denn dadurch daß hier der Gottesbegriff als eine austauschbare Größe verstanden wird, kann letztlich ebenfalls vom Buddhismus hinsichtlich der Gottesvorstellung nichts Neues gelernt werden, zumindest nichts, was nicht prinzipiell auch ohne ihn lernbar wäre. Bei dieser Position werden Christentum und Buddhismus weniger aneinander verwiesen, als vielmehr gemeinsam an eine rationale Seins- und Selbsterkenntnis, die keine Autonomie religiöser Erkenntnis gelten läßt und daher die religiösen

---

[3] Wem dieser Gedanke unerhört gewagt erscheint, sollte nicht übersehen, daß dies exakt das gleiche ist, was Position 2 dem buddhistischen Dialogpartner nahelegt.

Aussagen lediglich als chiffrierte Philosophie oder Psychologie begreift. Eine theologische Lernmöglichkeit scheint am ehesten auf der Basis der 4. Position denkbar. Denn hier wird der Gottesbegriff so gefaßt, daß sich eventuell zu lernendes Neues zentral auf ihn beziehen läßt (anders als bei Position 2), ohne daß er dabei seinen Eigenwert verlieren müßte (anders als bei Position 3). Da sowohl bei A. Pieris als auch bei dem späten de Silva, die sich dieser 4. Position zuordnen lassen, die diesbezüglichen Möglichkeiten nicht ausgeschöpft zu sein scheinen, gilt es diese näher zu erläutern. Dazu ist es zunächst hilfreich, auf einige unterschiedliche theologische Funktionen des Gottesbegriffs zu reflektieren.

4.3.2 Theologische Lernbereitschaft und die Funktionen des Gottesbegriffs

Alle Dialogansätze akzentuieren angesichts des Nicht-Vorhandenseins einer expliziten Gottesidee im Buddhismus die von der christlichen Tradition gehaltene Unbegreifbarkeit Gottes. Damit ist von vornherein eine gewisse *Differenz* zwischen der *Gottesvorstellung* und der *Wirklichkeit*, auf die sich diese Vorstellung bezieht, akzeptiert, insofern sich die mit dem Gottesbegriff bezeichnete Wirklichkeit als unbegreifbare auch nicht adäquat formulieren läßt, wohingegen die Gottesvorstellung durchaus formulierbar bleibt. Die Gottesvorstellung muß dann jedoch so formuliert sein, daß in dieser Formulierung ihr Verweischarakter auf die nicht mehr adäquat formulierbare Wirklichkeit deutlich zu Tage tritt. Ich möchte dies die *apophatische Funktion* des Gottesbegriffs nennen. Die Akzentuierung der apophatischen Funktion der Gottesvorstellung in den bisherigen Ansätzen zum Dialog mit dem Buddhismus dient offensichtlich dem Ziel, den Umstand der Abwesenheit einer Gottesvorstellung im Buddhismus in Bezug zu der unbegreifbaren und unsagbaren Wirklichkeit zu setzen, auf die der christliche Gottesbegriff verweist. Wenn es prinzipiell möglich sein soll, vom Buddhismus irgendetwas zu lernen, das sich auf die Gottesidee bezieht, dann muß dieser *Status der Rede* von "Gott" i.S. der apophatischen Funktion berücksichtigt sein. D.h., es muß vorausgesetzt werden, daß die lehrmäßigen Aussagen des Buddhismus irgendwie auf die gleiche unfaßbare Wirklichkeit bezogen sind wie die Gottesvorstellung, und was dann lernbar bliebe, bezöge sich auf den Verweischarakter der Gottesvorstellung bzw. darauf, *wie* sie auf die größere Wirklichkeit verweist.

Nun ist es nicht von vornherein ausgeschlossen, die Abwesenheit des Gottesbegriffs im Buddhismus so zu deuten, daß sie etwas mit der prinzipiellen Unbegreifbarkeit Gottes zu tun habe. Dies war bereits der Kerngedanke jener mystischen Interpretationslinie, wie sie seit den Anfängen der westlichen Buddhismusforschung greifbar ist. Die Abwesenheit des Gottesbegriffs ist jedoch ein ambivalentes Phänomen. Denn sie kann nicht nur Ausdruck der Erkenntnis jener unbegreiflichen Wirklichkeit sein, auf die der Gottesbegriff verweist, sie kann auch bedeuten, daß jene Wirklichkeit schlichtweg nicht erkannt ist und innerhalb der buddhistischen Soteriologie einfach keine Rolle spielt.[4] Die eigentliche Frage ist daher, wie sich feststellen läßt, um welche dieser beiden Möglichkeiten es sich handelt. Da dies durch die unmittelbare, vergleichende Korrelation christlicher und buddhistischer Lehren nicht entscheidbar ist, wird auch hierzu der Umweg über den Erfahrungsbezug der jeweiligen Lehren unverzichtbar. Der Bereich der Erfahrung dient also nicht nur als jener hermeneutische Schlüssel, der angesichts des Fehlens eines gemeinsamen Fundus an zentraler Begrifflichkeit überhaupt einen gemeinsamen Bezugspunkt gewährleistet, sondern er trägt auch die Hauptlast für eine volle theologische Hermeneutik. D.h., die Frage, ob die Abwesenheit des Gottesbegriffs im Buddhismus etwas mit der Erkenntnis der vom Gottesbegriff als unbegreiflich bezeichneten Wirklichkeit zu tun hat, muß anhand der Klärung jener Erfahrungen entschieden werden, mit denen die buddhistische Lehre und der christliche Gottesbegriff essentiell zusammenhängen!

Eine weitere Frage besteht darin, wie ein möglicher Zusammenhang zwischen der Abwesenheit einer Gottesvorstellung im Buddhismus und der Unbegreiflichkeit jener Wirklichkeit, auf die die christliche Gottesvorstellung verweist, gedacht werden kann. Dabei ist hermeneutisch zu beachten, daß der buddhistischen Lehre nicht wiederum ein aprioristischer Bezug zur christlichen Gottesvorstellung unterstellt wird. Selbst wenn die Abwesenheit einer Gottesvorstellung in der buddhistische Lehre etwas damit zu tun haben sollte, daß die Wirklichkeit, auf die der christliche Gottebegriff verweist, unbegreifbar und unsagbar ist, so ist es doch ausgeschlossen, die Abwesenheit eines Gottesbegriffs in der buddhistischen Lehre i. S. einer Negativen Theologie zu verstehen – so als ob die buddhistische Lehre zunächst einmal den Gottesbegriff voraussetze und dann die Erfahrung der mit dem Gottesbegriff gemeinten Wirklichkeit so reflektiere, daß sie wegen der festgestellten Unsagbarkeit dieser Wirklichkeit ganz auf den Gottesbegriff verzichte. Damit wäre der Sinnzusammenhang buddhistischer Lehren erneut von

---

[4] Ausgeschlossen bleibt allerdings – was den christlichen Gottesbegriff betrifft – eine unmittelbar atheistische Deutung des Buddhismus. Und zwar aus historischen und systematischen Gründen. Da dem Buddhismus bis in die jüngste Zeit hinein der christliche Gottesbegriff schlichtweg unbekannt war, ist es schlechterdings unmöglich, die konstitutive Sinnspitze seiner Lehren in einer Leugnung desselben zu vermuten. Inwiefern der Sache nach der christliche Gottesbegriff von den spärlichen buddhistischen Äußerungen betroffen ist, die sich kritisch gegen gewisse Gottesvorstellungen aus dem Raum indischer Religiosität wenden und die aus der Zeit vor der neueren christlich-buddhistischen Begegnung stammen, wäre erst noch zu prüfen. Um zu entscheiden, inwiefern kritische Aussagen zum Gottesbegriff seitens zeitgenössischer Buddhisten als Zeugnis für den "atheistischen" Charakter des Buddhismus gewertet werden können, wäre erstens zu erwägen, inwiefern hierbei ursprünglich westliche Atheismen einfach übernommen sind, zweitens, inwieweit der kritisierte Gottesbegriff dem christlichen entspricht und drittens wie diese Kritik motiviert ist, d.h. ob das, was sie positiv verfolgt, nicht mit einer spezifischen Denkweise verbunden ist, die nicht jener entspricht, innerhalb derer der christliche Gottesbegriff angesiedelt ist.

einem christlichen Raster gedeutet, der dem, was christlich als Ausfallswert erscheint, eine konstitutive Bedeutung für den Buddhismus unterstellt. Es ist durchaus möglich, daß die Erfahrung, auf die sich die buddhistische Lehre bezieht, etwas mit jener unsagbaren Wirklichkeit zu tun hat, auf die die christliche Gottesvorstellung verweist. Aber die Abwesenheit des Gottesbegriffs in der buddhistischen Lehre macht aus dieser keineswegs eine Form der Negativen Theologie, die, um sie selbst zu sein, immer einen Gottesbegriff, eine "Positive Theologie" voraussetzt. Vielmehr kann aus den genannten hermeneutischen Gründen der Zusammenhang zwischen der Abwesenheit einer Gottesvorstellung im Buddhismus und der unbegreiflichen Wirklichkeit, auf die der christliche Gottesbegriff verweist, nur so verstanden werden: Die vom christlichen Gottesbegriff gehaltene Unbegreifbarkeit und Unsagbarkeit dieser Wirklichkeit ist die Vorraussetzung dafür, daß eine authentische Erfahrung jener Wirklichkeit in Verbindung mit einer diese Erfahrung intendierenden Lehre überhaupt möglich und denkbar ist, ohne daß in jener Lehre der Gottesbegriff vorkommen müßte! D.h. die apophatische Funktion des Gottesbegriffs ist die christlich-hermeneutische Voraussetzung für die Möglichkeit einer positiven Korrelation der buddhistischen Lehre mit der Gottesvorstellung.

Wie oben bereits gesagt, ist m.E. die Frage, ob die Abwesenheit einer Gottesvorstellung in der buddhistischen Lehre etwas mit der Erkenntnis jener Wirklichkeit zu tun hat, auf die der christliche Gottesbegriff verweist, über eine Analyse des jeweiligen Erfahrungsbezugs zu klären. Dazu reicht der Bereich der von der Unheilsvorstellung tangierten Erfahrungen allein jedoch nicht aus. Denn eventuelle Übereinstimmungen zwischen Christentum und Buddhismus hinsichtlich des Unheilscharakters gewisser Erfahrungen würden allein noch nichts darüber aussagen, ob von einer Erkenntnis der mit dem Gottesbegriff bezeichneten unbegreiflichen Wirklichkeit die Rede sein kann. Die Möglichkeit, daß die mit dem Gottesbegriff bezeichnete Wirklichkeit innerhalb der buddhistischen Soteriologie einfach nicht vorkommt, kann also durch die Analyse des Erfahrungsbezugs der Unheilsvorstellungen allein nicht ausgeschlossen werden. Vielmehr müßte hierzu der doktrinär vermittelte Zusammenhang zwischen Unheils- und Heilsvorstellung hinzugezogen und ein positiver Zusammenhang zwischen der Erfahrungsdimension buddhistischer Heilsvorstellung und der Erfahrungsdimension christlicher Heilsvorstellung nachgewiesen werden. Dieser Zusammenhang müßte darüber hinaus so geartet sein, daß ihm bereits zentrale Charakteristika dessen zuzusprechen wären, was das christlich-theologische Verständnis von "Heil" konstituiert. Es ist also zu prüfen, inwieweit der buddhistischen Heilsvorstellung eine Erfahrungsdimension eignet, die auch vom christlichen Heilsverständnis her als "Heilserfahrung" zu bezeichnen wäre!

Dabei kommt erneut der Gottesbegriff ins Spiel und zwar durchaus hinsichtlich formulierbarer Aspekte. Denn das christliche Heilsverständnis ist nicht von der Gottesvorstellung zu trennen, da Heil nach christlicher Auffassung nur in der Begegnung mit jener Wirklichkeit erfahren werden kann, auf die der Gottesbegriff in seiner apophatischen Funktion verweist, und die Kriterien zur Qualifikation einer Erfahrung als "Heilserfahrung" formulierbar sein müssen. Während die apophatische Funktion des Gottesbegriffs also die christlich-hermeneutische Voraussetzung dafür darstellt, daß auch bei einer ohne Gottesvorstellung operierenden Soteriologie durchaus damit gerechnet werden kann, daß in ihr eine heilshafte Begegnung mit jener Wirklichkeit, auf die der Gottesbegriff verweist, reflektiert ist, vermag sie allein allerdings nicht die *Kriterien* für die Prüfung zu liefern, ob dies tatsächlich der Fall ist! Zur apophatischen Funktion der Gottesvorstellung muß also eine *normativ-kriteriologische Funktion* hinzukommen! Die normativ-kriteriologische Funktion der Gottesvorstellung besteht somit darin, Kriterien bereitzustellen, die eine Erfahrung normativ als heilshafte Erfahrung mit jener Wirklichkeit kennzeichnen, auf die der Gottesbegriff apophatisch verweist.

Wenn es - wie oben gezeigt - hermeneutisch am günstigsten erscheint, den Zugang zu der Erfahrungsdimension buddhistischer Heilsvorstellung so zu wählen, daß von dem Zusammenhang zwischen Unheilsvorstellung und allgemeiner Erfahrung ausgegangen und entsprechend des dreigliedrigen Schemas über die Vermittlungsfunktion der Lehre ein Weg zum Verständnis der Heilserfahrung gesucht wird, dann können die buddhistische Heilsvorstellung und ihre Erfahrungsdimension nicht voneinander isoliert werden. Wenn ein hermeneutisch angemessenes Verständnis der buddhistischen Heilserfahrung nur über ein Verständnis der buddhistischen Heilsvorstellung erreicht werden kann, dann muß die normativ-kriteriologische Funktion der Gottesvorstellung auch und vor allem im Hinblick auf die buddhistische Heilsvorstellung aktiviert werden. D.h. die Kriterien, nach denen eine Erfahrung im christlich-theologischen Sinn als Heilserfahrung gekennzeichnet werden kann, müssen sich auch in der auf jene Erfahrung bezogenen buddhistischen Lehre wiederfinden lassen. Und dadurch gewinnt die normativ-kriteriologische Funktion - wie schon die apophatische Funktion - ebenfalls eine hermeneutische Bedeutung. Denn während die hermeneutische Bedeutung der apophatischen Funktion des Gottesbegriff darin besteht, daß sie die christlich-hermeneutische Voraussetzung für die Möglichkeit einer positiven Korrelation der buddhistischen Lehre mit der Gottesvorstellung liefert, bildet die normativ-kriteriologische Funktion die christlich-hermeneutische Voraussetzung dafür, die buddhistische Lehre gegebenenfalls auch im christlich-theologischen Sinn als eine *Heilsbotschaft* verstehen zu können!

Diese Möglichkeit würde sofort ausscheiden, wenn das explizite Vorhandensein einer Gottesvorstellung selbst ein unverzichtbares Kriterium dafür wäre, daß eine nichtchristliche Lehre im christlichen Sinn als Heilsbotschaft qualifizierbar ist. M.a.W., würde man beispielsweise aus Hebr 11,6 schließen, daß das Vorkommen einer Gottesvorstellung die *conditio sine qua non* für die Beurteilung der Frage ist, ob auf der doktrinären Ebene nichtchristlicher Religionen die Reflexion einer heilshaften Erfahrung der als "Gott" bezeichneten Wirklichkeit vorliegt, dann wäre diese Frage für den Fall des Buddhismus negativ zu entscheiden. Die apophatische Funktion der Gottesvorstellung würde zwar weiterhin die Möglichkeit garantieren, daß sich die buddhistische Lehre - obwohl der Gottesbegriff in ihr nicht vorkommt - auf Erfahrungen mit jener als "Gott" bezeichneten Wirklichkeit bezieht, aber es wäre ausgeschlossen, daß es sich um *heilshafte* Erfahrungen mit dieser Wirklichkeit handelt, wenn die heilshafte Erfahrung mit dieser Wirklichkeit notwendig eine reflexe und artikulierte Gottesvorstellung voraussetzen oder zwangsläufig zu ihr führen würde. Ohne daß ich im Rahmen dieser Untersuchung auf die mit jenem Problem verbundene theologische Diskussion weiter eingehen kann, sei darauf verwiesen, daß eine solche Position doch ausgeschlossen scheint, wenn, wie im II. Vatikanischen Konzil, die Heilsmöglichkeit auch des Atheisten konzediert wird.[5]

Dennoch gilt, daß es der Gottesbegriff - und nichts anderes - ist, dem für eine Kriteriologie der Heilserfahrung die zentrale Funktion zukommt. Er bleibt - und zwar gerade in seiner christlichen Fassung - auch dann evaluativ entscheidend, wenn dies für sein Vorkommen selbst nicht gilt. Denn aus dem christlichen Gottesbegriff lassen sich hinsichtlich der Heilsfrage ein negatives und ein positives Kriterium ableiten, deren Applikation unabhängig ist vom Vorhandensein einer expliziten Gottesvorstellung. Das *negative Kriterium* besteht in der *Abwehr der Idolatrie*, das *positive* in der christologisch begründeten *Einheit von Gottes- und Nächstenliebe*.

Das negative Kriterium zur Beurteilung der Frage, ob auf doktrinärer Ebene der Bezug zu einer heilshaften Erfahrung mit jener als "Gott" bezeichneten Wirklichkeit erkennbar wird, läßt sich so formulieren, daß eine Verabsolutierung von Innerweltlichem als *solchem*, d.h. ohne einen erkennbaren transzendenten Verweischarakter, ausgeschlossen sein muß.[6] Die Abwehr der Idolatrie stellt somit innerhalb der normativ-kriteriologischen Funktion der Gottesvorstellung das Pendent zu der in ihrer apophatischen Funktion ausgesagten absoluten Transzendenz Gottes dar. Das positive Kriterium macht - ausgehend von der inkarnatorisch gedachten irreversiblen Verbindung des transzendenten Gottes mit der menschlichen Natur - das Verhältnis des Menschen zum Mitmenschen zum grundlegenden Indikator seines Verhältnisses zu Gott (vgl. 1 Joh 2,9ff u. 4,7ff). Wenn die Gottesbeziehung durch Christus vermittelt ist und im Mitmenschen Christus selbst begegnet, dann wird darüber hinaus das zwischenmenschliche Geschehen auch zum Ort der Gotteserfahrung. Auf die doktrinäre Ebene bezogen, wäre nach diesem Kriterium also zu fragen, welche Formen zwischenmenschlichen Verhaltens aus dem innersten Duktus nichtchristlicher Lehren emanieren. Obwohl somit beide Kriterien aus dem christlichen Gottesbegriff abgeleitet und begründet sind, lassen sie sich doch auch dort anlegen, wo nicht nur der christliche Gottesbegriff nicht vorhanden ist, sondern wo jegliche Form von Gottesvorstellung fehlt.

---

[5] Vgl. Lumen Gentium 16.
[6] In diesem Zusammenhang ist zu beachten, daß die Ausführungen des Paulus in Röm 1 zur Erkennbarkeit Gottes aus den "Werken der Schöpfung" im Zusammenhang mit der Abwehr der Idolatrie stehen!

Beide Kriterien konvergieren in einem entscheidenden Punkt: Die Abwehr der Idolatrie findet ihre Spitze darin, daß hinter aller Verabsolutierung von Innerweltlichem eine selbstsüchtige Egozentrik des Menschen steht (vgl. Phil 3,19), welche in der selbstlosen Liebe zum Mitmenschen überwunden ist (vgl. Joh 15,13). Andererseits scheinen beide Kriterien jedoch auch in einer gewissen Spannung zueinander zu stehen, denn die das zweite Kriterium begründende Menschwerdung Gottes kann – wie nicht zuletzt der christliche Dialog mit Judentum und Islam lehrt – durchaus als Verletzung des Idolatrie-Verdikts erscheinen. Angesichts dieses Verdachts ist auf den dynamischen Aspekt der Christologie hinzuweisen, d.h. auf den bleibenden Bezug Christi zum Vater, wonach also gerade auch der Mensch-gewordene Gott selbst auf die absolute Transzendenz verweist, oder anders gesagt, wonach Gottes Immanenz nie ohne Transzendenz ist. Sieht man den Konvergenzpunkt beider Kriterien, der in dem bleibenden Verweischarakter Christi besteht, zusammen mit jenem anderen Konvergenzpunkt *liebender Selbstlosigkeit*, so läßt sich letztere als zentrales Indiz für eine heilshafte Erfahrung jener als "Gott" bezeichneten Wirklichkeit verstehen. Denn in der selbstlosen Liebe zum Mitmenschen, in dem Christus selbst begegnet, aktualisiert sich die von Christus vermittelte Beziehung zum Vater.

Die Bedeutung der apophatischen und der normativ-kriteriologischen Funktion des Gottesbegriffs hinsichtlich einer theologischen Lern- und Veränderungsbereitschaft liegt darin, daß sie diese überhaupt ermöglichen. Denn sie erlauben, daß sich – wie oben gefordert[7] –, die Botschaft des nichtchristlichen Dialogpartners positiv auf die Gottesfrage beziehen läßt, und zwar auch dann, wenn wie im Falle des Buddhismus in dieser Botschaft keine Gottesvorstellung vorhanden und dieses Nicht-Vorhandensein auch nicht zentral ist. Und dadurch erlauben diese beiden Funktionen gleichzeitig eine theologische Evaluation der Botschaft des anderen, ohne daß damit bereits eine bei der Gottesvorstellung ihren Ausgang nehmende Verzerrung seiner Botschaft vorprogrammiert sein müßte. Indem also diese beiden Funktionen die *Voraussetzung* für eine theologische Lern- und Veränderungsbereitschaft bilden, sind sie selber von der Lern- und Veränderungsbereitschaft auszuschließen. Wollte man diese beiden Funktionen relativieren, so könnte von einer theologischen Lernbereitschaft nicht mehr die Rede sein. Sie können nicht um der mit dem interreligiösen Dialog verknüpften Erwartung eines theologischen Lernens willen zur Disposition gestellt werden, ohne daß dadurch zwangsläufig diese Erwartung selbst zu verabschieden wäre. Der Raum, den sie einer theologischen Lern- und Veränderungsbereitschaft im interreligiösen Dialog eröffnen, erstreckt sich auf anderes – aber keineswegs auf Peripheres, sondern auf *andere Funktionen der Gottesvorstellung*: ihre *mantisch-explikative* und ihre *induktive* Funktion!

Diese beiden Funktionen sind eng miteinander verbunden. Die *mantisch-explikative Funktion* der Gottesvorstellung besteht darin, die Erfahrung jener als "Gott" bezeichneten Wirklichkeit in einen anthropologischen und kosmo-

---

[7] Vgl. oben S. 350.

logischen Kontext einzuordnen, indem zwischen Kontext und Erfahrung wechselseitig *deutende* und *erläuternde* Bezüge hergestellt werden. D.h., die Erfahrung der als "Gott" bezeichneten Wirklichkeit ist mit einer bestimmten Sicht des Menschen und der Welt verbunden, wobei sowohl Deutung und Explikation dieser Erfahrung von der Deutung und Explikation des anthropologisch/kosmologischen Kontextes mitbestimmt sind, als auch die Deutung und Explikation des anthropologisch/kosmologischen Kontextes von der Deutung und Explikation der Erfahrung jener als "Gott" bezeichneten Wirklichkeit beeinflußt ist. Wandlungen im Gottesbild ziehen Wandlungen in Menschenbild und Weltverständnis nach sich, wie Wandlungen in den beiden letzteren das Gottesbild und die Vorstellungen hinsichtlich der Erfahrbarkeit Gottes verändern können. Unter der *induktiven Funktion* der Gottesvorstellung verstehe ich ihren Beitrag zur Evokation der heilshaften Erfahrung jener als "Gott" bezeichneten Wirklichkeit. Diese induktive Funktion ist insofern eng mit der mantisch-explikativen Funktion verbunden, als die Erfahrung jener mit "Gott" bezeichneten Wirklichkeit sich immer in eben dem von der mantisch-explikativen Funktion vermittelten Kontext ereignet, und somit die Ausübung der induktiven Funktion von jenem Kontext ebenso geprägt ist, wie von der Erfahrung, die sie zu evozieren sucht. Eine Lernbereitschaft hinsichtlich dieser beiden Funktionen ist aber dann geradezu eine notwendige Konsequenz, wenn sich mittels der normativ-kriteriologischen Funktion feststellen läßt, daß die Lehren einer nichtchristlichen Religion von heilshafter Gotteserfahrung handeln, diese jedoch auf anderen Wegen evoziert wird und in anderen Deutungszusammenhängen steht.

Mit der theologischen Lernbereitschaft, die sich hier eröffnet, kann zugleich auch eine positive Einschätzung der Lehren nichtchristlicher Religionen einhergehen und zwar gerade auch hinsichtlich ihrer Unterschiede zur christlichen, sofern davon die apophatische und normativ-kriteriologische Funktion der Gottesvorstellung nicht betroffen sind. Denn nur durch die Feststellung des Heilscharakters der in nichtchristlichen Lehren berührten Erfahrungen allein ist ja noch nichts darüber entschieden, ob diese Lehren im Vergleich zur christlichen gegenüber jener Erfahrung defizient bleiben. Wenn sich aber erkennen ließe, daß die Evokation jener Erfahrung innerhalb der nichtchristlichen Lehre ebenso effizient wie konsequent und der Deutungszusammenhang stringent und kohärent ist, dann könnte eine Defizienz der nichtchristlichen Lehre gegenüber der heilshaften Erfahrung nicht mehr behauptet werden. Die *konkrete Form*, in der der *christliche Gottesbegriff* seine mantisch-explikative und induktive Funktion erfüllt, könnte dann weder als die der heilshaften Erfahrung der mit "Gott" bezeichneten Wirklichkeit einzig angemessene *verabsolutiert* werden, noch dürfte sie gegenüber anderen induktiven Wegen und anderen mantisch-explikativen Begründungszusammenhängen zur *unverrückbaren Norm* erhoben werden. So würde der christliche Gottesbegriff in diesen beiden Funktionen relativierbar, ohne freilich zu einer austauschbaren Chiffre zu werden, da er hinsichtlich dieser beiden Funktionen nach wie vor eben für einen bestimmten Weg und eine bestimmte Deutung steht. Hier ergibt sich dann ein breites

Spektrum theologischer Lern- und Veränderungsmöglichkeit. Denn zumindest potentiell wäre mit der Entdeckung wirklich neuer (also auch nicht implizit in der eigenen Tradition bereits vorhandener) Begründungszusammenhänge und Deutungsmöglichkeiten, sowie den ihnen entsprechenden bisher unbekannten Wegen zur Heilserfahrung zu rechnen. M. a. W., ein volles theologisches Lernen vom Buddhismus wäre dann möglich, wenn sich feststellen ließe, daß die buddhistische Lehre eine Erfahrung intendiert, die christlich als Heilserfahrung gewertet werden muß, und wenn sie dies nicht in einem defizienten, sondern stringenten Modus tut, aber eben auf durchaus neue, bislang unbekannte Weise! Darin liegen die noch keineswegs ausgeschöpften Möglichkeiten der oben genannten 4. Position.[8]

Die Verbindung einer so verstandenen theologischen Lernbereitschaft mit dem oben gewonnen dreigliedrigen Schema[9] zu einem geschlossenen hermeneutischen Ansatz scheint – wie nun abschließend noch kurz anzudeuten ist – einen geeigneten Weg zur Überwindung der hermeneutischen Barriere wechselseitig gehaltener Absolutheitsansprüche und zu konstruktivem Umgang mit dem Problem der *Autonomie religiöser Erkenntnis* freizulegen, wie es besonders bei den Ansätzen von Buri, Otte und Takizawa auftritt.

Im Hinblick auf den Absolutheitsanspruch des Christentums dürfte es kaum strittig sein, daß es bei diesem *um die Absolutheit jener als "Gott" bezeichneten Wirklichkeit geht*. Sie ist das "Absolute", da sie das nicht weiter Transzendierbare, also das Transzendente schlechthin ist. Auf den absoluten Charakter dieser Wirklichkeit i. S. ihrer absoluten Transzendenz verweist die apophatische Funktion des Gottesbegriffs. Und daher muß in jeder Rede von der heilshaften Erfahrung dieser Wirklichkeit eine Verabsolutierung dessen, was transzendierbar bleibt, ausgeschlossen sein. Das macht das Idolatrie-Verdikt innerhalb der normativ-kriteriologischen Funktion des Gottesbegriffs zum Pendant seiner apophatischen Funktion. Wenn in der Lehre einer nichtchristlichen Religion in diesem Sinne kein Anzeichen von Idolatrie festzustellen ist, wenn in ihr also nichts verabsolutiert wird, was weiterhin transzendierbar bleibt, und sie gleichzeitig eben diese absolute Transzendierung alles Transzendierbaren fordert, dann liegt in ihr nicht nur auch ein Absolutheitsanspruch vor, sondern einer, der sich fundamental mit dem des Christentums deckt!

Aus der Absolutheit unübersteigbarer Transzendenz folgt notwendig die *Autonomie der auf sie bezogenen Erkenntnis*. Die Unüberbietbarkeit des "Objekts" dieser Erkenntnis bedingt die Unüberbietbarkeit dieser Erkenntnis selbst. Wäre die Erkenntnis der absoluten Wirklichkeit durch eine auf Nicht-Absolutes bezogene Erkenntnis kritisier- und korrigierbar, dann könnte sie nicht die Erkenntnis der absoluten Wirklichkeit als der nicht weiter transzendierbaren sein. Denn Kritik und Korrektur einer Erkenntnis sind selbst eine Weise des Transzendierens. So muß die Art der auf das ab-

---

[8] Vgl. oben S. 359-361.
[9] Vgl. oben S. 349.

solut Transzendete gerichteten Erkenntnis an dessen absoluter Transzendenz partizipieren. Und daraus folgt erstens der *Vorbehalt*, daß keine Erkenntnis, die transzendierbar bleibt, eine Erkenntnis der absolut transzendenten Wirklichkeit sein kann, und zweitens die *Position*, daß die Erkenntnis der absolut transzendenten Wirklichkeit nur ein von dieser Wirklichkeit selbst gesetzter Akt sein kann.[10] Nur so konstituiert sich der Anspruch auf Autonomie religiöser Erkenntnis. Wenn die Lehre einer nichtchristlichen Religion mit dem Christentum diesen Vorbehalt und diese Position teilt, dann vertritt sie ebenfalls die Autonomie religiöser Erkenntnis, und zwar nicht nur in gleicher Weise, sondern wirklich die derselben! Denn bei dem auf die Form religiöser Erkenntnis bezogenen Autonomie-Anspruch handelt es sich dann nicht um etwas, das in gleicher Weise mit jedem beliebigen Erkenntnisinhalt verbindbar wäre, weil es allein der "Erkenntnisinhalt" absoluter Transzendenz ist, von dem sich der Autonomie-Anspruch herleitet.

So verstanden müssen die von verschiedenen Religionen gehaltenen Absolutheits- und Autonomie-Ansprüche nicht unbedingt eine hermeneutische Barriere darstellen, sondern können sich vielmehr im fortgeschrittenen Verstehensprozeß als eine gemeinsame Basis erweisen. M. a. W., nimmt man das Idolatrie-Verdikt ernst, dann muß – wenn im religiösen Sinnsystem des anderen keine Idolatrie feststellbar ist – geradezu damit gerechnet werden, daß dort der gleiche Absolutheits- und Autonomie-Anspruch gehalten wird. Wird das Christentum im interreligiösen Dialog der Existenz von Absolutheits- und Autonomie-Ansprüchen seitens nichtchristlicher Religionen gewahr, dann heißt dies also nicht von vornherein, daß es sich dabei um *konkurrierende Ansprüche* handelt. Und zwar besonders dann nicht, wenn in

---

[10] Wegen jenes Vorbehaltes und jener Position, die als für den Autonomie-Anspruch religiöser Erkenntnis konstitutiv angesehen werden, muß die innerhalb des Christentums als "Offenbarung" bezeichnete Erkenntnis der mit "Gott" gemeinten Wirklichkeit die Autonomie gegenüber jeder anderen Erkenntnis beanspruchen und als "Selbstmitteilung Gottes" verstanden werden. Und endliche, d.h. transzendierbar bleibende, Gestalt kann sie nur so annehmen, daß sie mittels ihrer endlichen Gestalt beständig über diese hinaus verweist. Weil aber alles geschichtliche Geschehen in diesem Sinne endlich ist, steht alle geschichtliche Offenbarung unter dem *eschatologischen Vorbehalt* der "Vollendung" der Geschichte, die wirklich auch das Ende von geschichtlichem Geschehen bedeutet. Und weil jeder Begriff in diesem Sinne ein endlicher, d.h. begrenzter und somit transzendierbarer, ist, steht alle begriffliche Offenbarung unter dem *mystischen Vorbehalt* der Unbegreifbarkeit Gottes. Und weil die Schöpfung in diesem Sinne eine endliche ist, steht alle Erkennbarkeit Gottes an den Werken der Schöpfung unter dem *ontologischen Vorbehalt*, daß "von Schöpfer und Geschöpf... keine Ähnlichkeit ausgesagt werden (kann), ohne daß sie eine größere Unähnlichkeit zwischen beiden einschlösse." (DS 806. Übersetzung nach: J. Neuner – H. Roos, Der Glaube der Kirche in den Urkunden der Lehrverkündigung [neubearbeitet von K. Rahner und K.-H. Weger], 10. Aufl., Regensburg 1971, 176). Die unter keinem Vorbehalt mehr stehende volle Erkenntnis der absoluten Wirklichkeit wäre also in gewisser Weise zugleich das Ende der Erkenntnis, d.h. jener immer noch transzendierbaren Erkenntnis (vgl. 1 Kor 13, 8-10).

Anwendung der normativ-kriteriologischen Funktion des Gottesbegriffs alles dafür spricht, daß sich die entsprechenden Lehren auf eine heilshafte Erfahrung der absoluten Wirklichkeit beziehen.

Divergenzen auf der Ebene dessen, was ich als die mantisch-explikative und als die induktive Funktion des Gottesbegriffs bezeichnet habe, müssen dann ebenfalls nicht von vornherein i. S. unversöhnlicher Konkurrenz verstanden werden, wenn es gerade diese Ebene ist, die eine theologische Lern- und Veränderungsbereitschaft zuläßt. Denn damit wird zugestanden, daß die heilshafte Erfahrung der absoluten Wirklichkeit sich nicht unbedingt nur im Rahmen eines immer gleich gedeuteten anthropologischen und kosmologischen Kontextes ereignen und auf nur eine Weise induziert werden kann. Es wäre somit zu prüfen, in welchem Kontext absolute Transzendenz gedacht und auf welche Weise sie induziert wird. Dabei kann eine doppelte Wechselseitigkeit dergestalt vorliegen, daß a) der anthropologisch/kosmologische Kontext heilshafter Erfahrung ebenso von dieser Erfahrung her gedeutet und expliziert wird, wie diese Erfahrung von ihrem Kontext her, und b) die Induktion dieser Erfahrung ebenso von der Deutung des Zusammenhangs von Kontext und Erfahrung abhängig ist, wie diese Deutung von der Induktion der heilshaften Erfahrung.

Um nun zu erkennen, wie im Buddhismus näherhin Transzendenz gedacht und wie Transzendenzerfahrung induziert wird, wäre auf das oben entwickelte dreigliedrige Schema zurückzugreifen.[11] Es wäre zu sehen, ob der Buddhismus bei seiner *Deutung* der Unheilssituation primär an einen *bestimmten Bereich* allgemeiner Daseinserfahrung anknüpft. Dann wäre zu analysieren, ob sich von dieser bestimmten Form der Anknüpfung her eine *bestimmte Form der Deutung der Heilserfahrung* erkennen und damit das Transzendenzverständnis quasi "orten" läßt. Dabei wäre dann immer zu berücksichtigen, *auf welche Weise* die intendierte Heilserfahrung induziert wird, und inwiefern die heilspragmatische Intention den kognitiven Status der mantisch-explikativen Aussagen bestimmt.

In all diesen hermeneutischen Fragen ist der christliche Verständnishintergrund immer schon mitbetroffen. Denn wenn der Buddhismus in seiner Deutung der Unheilssituation primär an einen *bestimmten Bereich* allgemeiner Daseinserfahrung anknüpft, dann ist damit ein Erfahrungsbereich angesprochen, der in irgendeiner Form auch in der christlichen Daseinsdeutung eine Rolle spielt, d.h. dem irgendein bestimmter Ort innerhalb der mantisch-explikativen Funktion des Gottesbegriffs zukommt. Sollte sich zeigen, daß diesem Bereich allgemeiner Daseinserfahrung innerhalb der mantisch-explikativen Funktion des christlichen Gottesbegriffs jedoch nicht der gleiche Stellenwert zukommt, wie innerhalb der buddhistischen Daseinsdeutung, daß er also sowohl material als auch evaluativ anders gedeutet ist, und dennoch von ihm her ein konsequenter Weg zu jener Erfahrung führt, die auch nach christlichen Normen als Heilserfahrung qualifizierbar wäre, dann er-

---

[11] Vgl. oben S. 349.

schlösse sich hiermit die Erkenntnis eines *anderen Zugangs zur Transzendenz*. Die Divergenzen zwischen christlicher und buddhistischer Deutung des anthropologisch/kosmologischen Kontextes von Heilserfahrung könnten sich als Ausdruck einer *legitimen Pluralität von Transzendenzzugängen* erweisen, die legitim sind, weil sie wirklich zur Heilserfahrung führen, und die (vielleicht unaufhebbar) plural sind, weil sich (eventuell) nicht nochmals übergreifend festlegen läßt, welchem Bereich allgemeiner Daseinserfahrung im Hinblick auf die heilshafte Erfahrung absoluter Transzendenz Priorität zuzusprechen ist. Es könnte sich zeigen, daß Christentum und Buddhismus nicht einfach konkurrierende Antworten auf die gleichen Fragen geben, sondern daß sie in je anderer Perspektive (d.h. bezogen auf je anders gewichtete Bereiche allgemeiner Daseinserfahrung) angemessen auf unterschiedlich gestellte Fragen antworten und sich schließlich doch in einer zumindest partiellen Übereinstimmung über den Charakter der heilshaften Erfahrung absoluter Transzendenz treffen. Vielleicht ergibt sich also beim Auffinden der "Samenkörner des Wortes Gottes", daß Gott in anderen Religionen nicht einfach nur gleiches in anderen Sprachen gesagt hat, sondern wirklich auch anderes, daß er anders gestellte Fragen beantwortete und das ganze Gespräch einen anderen Verlauf nahm, aber daß er in all dem sein Ziel, das Heil des Menschen, konsequent verfolgte:

> *"Seid ihr für mich mehr als die Kuschiter, ihr Israeliten? ...*
> *Wohl habe ich Israel aus Ägypten heraufgeführt,*
> *aber ebenso die Philister aus Kaftor und die Aramäer aus Kir."*
>
> (Amos 9,7)

III. KAPITEL

CHRISTLICH-BUDDHISTISCHE HERMENEUTIK

Die in den beiden ersten Kapiteln dieser Untersuchung durchgeführten Analysen zur hermeneutischen Problematik eines christlichen Verständnisses der buddhistischen Heilsbotschaft sollen nun um einen konstruktiven Vorschlag ergänzt werden. D.h., die Aufgabe dieses Kapitels besteht darin, einen methodologischen Vorschlag zu unterbreiten, wie von einem christlich bestimmten Verstehenshorizont aus ein Verständnis der buddhistischen Botschaft möglich erscheint, das einerseits frei bleibt von einer verzerrenden Übertragung christlicher Interpretamente auf den Buddhismus und andererseits die Möglichkeit für ein theologisches Lernen vom Buddhismus offen hält.

Trotz der rapide zunehmenden Aufmerksamkeit, die die Thematik des interreligiösen Dialogs und die Aufgabe einer theologischen Bewältigung des religiösen Pluralismus in der gegenwärtigen Theologie erfahren, genießt die methodologische Problematik einer interreligiösen Hermeneutik bis heute immer noch relativ wenig Beachtung.[1] Und hinsichtlich des konkreten Falles christlich-buddhistischer Hermeneutik ist diese bislang kaum anders bedacht worden als in jener mehr oder weniger impliziten Weise, wie ich sie bei der hermeneutischen Analyse der christlichen Ansätze zum Dialog mit dem Buddhismus freizulegen versucht habe.[2] Der nun zu unterbreitende Vorschlag knüpft an jene hermeneutischen Optionen an, die im Anschluß an die Analyse der dialogischen Ansätze im letzten Teil des vorangegangenen Kapitels gewonnen wurden. Diese Analyse führte zu der Auffassung, daß in der Entwicklung einer christlich-buddhistischen Hermeneutik bei der *Erfahrung* anzusetzen sei, und zwar bei jenem Bereich *allgemeiner Existenzerfahrung*, an den die buddhistischen und christlichen Lehren in ihrer Deutung der Un-

---

[1] Analog dazu hat Elmar Holenstein in der deutschsprachigen Philosophie ein erstaunliches Defizit hinsichtlich Fragen *interkultureller Hermeneutik* festgestellt: "In Deutschland sind Hermeneutik und praktische Philosophie blühende Disziplinen. Einen über die Schulmeinungen aus der ersten Hälfte des Jahrhunderts hinausreichenden Diskurs zu den Problemen, die sich mit wachsenden interkulturellen Beziehungen und mit multikulturellen Verhältnissen, wie man sie in Westeuropa seit Jahrhunderten nicht mehr gewohnt ist, stellen, findet man in ihnen jedoch nicht." E. Holenstein, Menschliches Selbstverständnis. Ichbewußtsein - Intersubjektive Verantwortung - Interkulturelle Verständigung, Frankfurt a. M. 1985, 7.

[2] Eine Ausnahme bildet jedoch: John D'Arcy May, Meaning, Consensus and Dialogue in Buddhist-Christian Communication. A Study in the Construction of Meaning, Bern 1984. Zu dieser Pionierarbeit im Bereich christlich-buddhistischer Hermeneutik siehe unten S. 401, 408, 413ff, 436.

heilssituation anknüpfen.³ Diese hermeneutische Option soll nun zunächst im Rückgriff auf einige andere Untersuchungen zur Problematik interreligiöser Hermeneutik systematisch entfaltet und begründet werden. Im Anschluß an diese grundlegende Darstellung des von mir vertretenen hermeneutischen Ansatzes, wird dessen Applikabilität dadurch vorgestellt, daß vier Phasen der buddhistischen Tradition ausgehend von diesem Ansatz interpretiert werden. Zum Beschluß meiner Untersuchung werde ich sodann noch einmal auf die theologischen Implikationen und die theologische Relevanz dieses hermeneutischen Ansatzes eingehen.

1. DER HERMENEUTISCHE ANSATZ BEI DEN MENSCHLICHEN GRUNDERFAHRUNGEN

1.1 Zur prinzipiellen Möglichkeit interreligiöser Hermeneutik: ein "negativer" Zugang

Die oben konstatierte Vernachlässigung der theologischen Behandlung von Fragen interreligiöser Hermeneutik dürfte nicht unwesentlich mit dem traditionellen Monopol-Anspruch der Religionswissenschaft auf das wissenschaftlich gesicherte Verständnis von Religionen zusammenhängen, der die Theologie als "Theologie" von einem korrekten Verständnis anderer Religionen ausschließt. Etwas vereinfacht gesagt, scheint von einer solchen Position aus die ganze Frage nach der Möglichkeit einer interreligiösen Hermeneutik insofern vorentschieden zu sein, als es grundsätzlich für sicher gehalten wird, daß der Versuch, von der Basis einer Religion aus eine andere verstehen zu wollen, notwendig zur Verzerrung und zum Mißverständnis der anderen Religion führen muß. Die Forderung nach der Epoche als der unerläßlichen Bedingung für das adäquate Verständnis anderer Religionen impliziert letztlich die Behauptung einer prinzipiellen Unmöglichkeit interreligiöser Hermeneutik, da selbst unter der Voraussetzung, daß mittels der Epoche ein adäquates Verständnis anderer Religionen erreicht werden könnte, dieses sofort wieder zunichte würde, wenn es theologisch aufgegriffen und verarbeitet wird.⁴ Das in jüngerer Zeit auf breiter Basis aufgebrochene Bewußtsein der Standpunktabhängigkeit aller Religionsforschung hat jedoch diesen traditionellen Anspruch der Alleingültigkeit eines "neutralen" Verstehenszugangs mehr als fragwürdig erscheinen lassen, so daß es genügend Anlaß gibt, die Frage nach der prinzipiellen Möglichkeit interreligiöser Hermeneutik neu zu bedenken.

Wenn das hermeneutische Ideal und Ethos darin besteht, den anderen so zu verstehen, wie er sich selbst versteht, bzw. das, was er sagt, so wie es gemeint ist, dann bedeutet dies – angewandt auf die interreligiöse Situation –, daß der Anhänger einer religiösen Tradition den einer anderen und dessen Botschaft nur versteht, wenn er in der Lage ist, seine Innenperspektive

---
³ Vgl. oben S. 349.
⁴ Vgl. dazu oben S. 121f.

zu verstehen. Ist solches aber prinzipiell möglich? Bevor ich mich der Frage nach dem positiven Zugang zu einer solchen Hermeneutik zuwende, möchte ich nun zunächst in einer Art von "negativem" Zugang diskutieren, ob sich aus der Anwendung dieser hermeneutischen Regel auf die interreligiöse hermeneutische Situation eine *prinzipielle Unmöglichkeit interreligiöser Hermeneutik* ableiten läßt, und zeigen, daß dies m.E. ausscheidet. M.a.W., es soll demonstriert werden, daß eine Bestreitung der prinzipiellen Möglichkeit interreligiöser Hermeneutik unter Berufung auf die oben genannte hermeneutische Maxime selbst prinzipiell unmöglich ist.

Ein Argument, mit dem die Möglichkeit interreligiöser Hermeneutik eingeschränkt, wenn nicht sogar ganz bestritten werden soll, operiert mit der *historischen und kulturellen Gebundenheit religiöser Traditionen.* Hiernach wird die Prägung des Menschen und seiner religiösen Überzeugung durch seine jeweilige Kultur und spezifische historische Situation als so stark angesehen, daß es ihm kaum oder überhaupt nicht möglich sei, die religiöse Überzeugung von Menschen anderer Kulturen und anderer Zeiten zu verstehen. Niemand könne aus seinem kulturellen und geschichtlichen Geprägtsein aus- und in die religiöse Welt einer anderen Zeit und Kultur umsteigen. Genau dies aber sei erforderlich, wenn ein Verständnis der Innenperspektive erreicht werden soll.

In der Religionswissenschaft ist diese Argumentation in der Gestalt des "Exotismus"-Vorwurfs wohlbekannt. So hat z.B. J. Wach die Auffassung, daß ein solches Überspringen der Zeiten und Kulturen möglich sei, mit deftigen Worten wie "Selbsttäuschung" und "ungeheurer Charakterlosigkeit" belegt.[5] Doch sieht Wach in Spannung zu seiner Ablehnung dieser Auffassung den "Anschein, daß kaum eine andere Äußerung des Geistes so wie die religiöse unabhängig von der Zugehörigkeit zu Rasse, Nation, Stamm usw. zu entstehen und sich zu entwickeln vermöchte" und verweist unter dem Stichwort der von einigen Religionen betriebenen "Mission" darauf, "daß hier für ›Rezeptionen‹ scheinbar keine Grenzen bestehen...".[6] In diesem bei Wach eigenartig konsequenzenlos bleibenden Hinweis liegt jedoch das zentrale Gegenargument gegen diese Form der Bestreitung einer prinzipiellen Möglichkeit interreligiöser Hermeneutik. Denn zumindest solche Religionen, die ihre missionarische Aktivität mit einem universalistischen Geltungsanspruch verbinden, setzen damit selbst die Möglichkeit einer zeit- und kulturübergreifenden Adaption ihrer Botschaft voraus! Das aber bedeutet, daß sie selbst in ihrer Lehre zumindest eine implizite Unterscheidung der zeit- und kulturgebundenen Momente von den zeit- und kulturübergreifenden voraussetzen.[7] So läßt sich denn auch faktisch feststellen, daß religiöse Traditionen

---

[5] Vgl. J. Wach, Zur Methode der allgemeinen Religionswissenschaft, in: G. Lanczkowski (Hg), Selbstverständnis und Wesen der Religionswissenschaft, Darmstadt 1974, 30-56, hier 45.

[6] Ebd. 40f.

[7] Vgl. hierzu auch die Festellung von W. A. Christian: "In practice no religion expects two of its members to live in exactly the same way. In-

im Vollzug ihrer zeit- und kulturübergreifenden Ausbreitung eine *traditionsimmanente Hermeneutik* entwickeln, die diese Unterscheidung beständig neu thematisiert.[8]

Es gehört also zum *Selbstverständnis* solcher missionarischer Religionen, daß das, was sie für das Wesentliche ihrer Botschaft halten, einem kultur- und zeitübergreifendem Verständnis offen steht. Daher ist es hinsichtlich der prinzipiellen Möglichkeit interreligiöser Hermeneutik im Hinblick auf sich solcherart missionarisch verstehende Religionen gar nicht nötig, die Frage zu diskutieren, ob es denn möglich sei, die eigene historische und kulturelle Geprägheit abzuwerfen. Denn ein solcher "Abwurf" wird von diesen Religionen zu ihrem adäquaten Verständnis überhaupt nicht gefordert.[9] Wenn es zum Selbstverständnis einer Religion gehört, daß ihre Botschaft zeit- und kulturübergreifend verstehbar ist, dann wäre vielmehr dieses Selbstverständnis geradezu verfehlt, wenn eine solche Möglichkeit mit dem Argument der historischen und kulturellen Geprägtheit bestritten würde. Wollte man aus der Kultur- und Zeitgebundenheit von Religionen die prinzipielle Unmöglichkeit einer interreligiösen Hermeneutik ableiten, dann könnte z. B. niemand Christ sein und das Evangelium verstehen, der nicht in dem orientalisch spätjüdischen Milieu Palästinas im ersten Jahrhundert lebte.

Es läßt sich demnach festhalten, daß es ganz offensichtlich Religionen gibt, zu deren Selbstverständnis es gehört, daß ihre Botschaft prinzipiell auch von Menschen verstanden werden kann, die zu anderen Zeiten und in anderen Kulturen leben, weil sie in ihrer missionarischen Aktivität voraus-

---

deed to the very same extent that a community is effectively universal in its claims, its teachings about the good life must take account of such individual variables as physical constitutions, temperaments and occupations, and such social variables as languages, customs and laws. Hence in any well-developed body of teachings about the good life there are built-in-rules for adaptions and exceptions, and principles for discriminating central from peripheral doctrines." (W. A. Christian, Oppositions of Religious Doctrines. A Study in the Logic of Dialogue among Religions, London 1972, 78).

[8] Auf die daraus resultierende Bedeutung der traditionsimmanenten Hermeneutik für die interreligiöse wird später noch eigens eingegangen werden; vgl. unten S. 449ff.

[9] Das gilt zumindest, wenn dieser "Abwurf" pauschal verstanden wird. Für einzelne zeit- und kulturgebundene Elemente kann auch von kulturübergreifend missionierenden Religionen durchaus eine Unverzichtbarkeit beansprucht werden. Hinsichtlich der eigenen Botschaft etwa, wenn z. B. für ein volles Verständnis des Korans das Erlernen der arabischen Sprache als unerläßlich angesehen wird, oder hinsichtlich der Kultur des Empfängers, wenn - wie nach der buddhistischen Dekadenztheorie - angenommen wird, daß ein radikales Ausmaß moralischen Tiefstandes innerhalb einer Kultur, die Verstehens- und Realisationsmöglichkeit des Dharma erheblich einschränken kann. In beiden Beispielen ist jedoch nicht die grundsätzliche Möglichkeit eines zeit- und kulturübergreifenden Verständnisses der jeweiligen Botschaft bestritten.

setzen, daß sich solche Menschen zu ihrer Religion *bekehren* können.[10] Da sich die missionarische Aktivität aber keineswegs nur in ein religiöses und weltanschauliches Vakuum erstreckt, ist damit auch vorausgesetzt, daß zumindest die historische und kulturelle Dimension der religiösen und weltanschaulichen Überzeugung der missionierten Menschen kein grundsätzliches Hindernis für das Verstehen der vermittelten Botschaft sein kann. Folgt daraus aber, daß man eine andere Religion nur versteht, wenn man sich zu ihr bekehrt? Würde sich aus der Bejahung dieser Frage eine prinzipielle Leugnung der Möglichkeit interreligiöser Hermeneutik ableiten lassen?

Hinsichtlich der prinzipiellen Möglichkeit interreligiöser Hermeneutik ist bei der These, daß man sich, um eine Religion zu verstehen, zu ihr bekehren muß, die wichtigste Frage, wer überhaupt in der Lage ist, diese These sinnvoll zu vertreten. D.h., wer kann sie begründet aufstellen – derjenige, der einer Religion zugehört oder derjenige, der außerhalb jeder Religion steht? M.a.W., handelt es sich bei dieser These um eine Aussage des hermeneutischen Selbstverständnisses einer oder mehrerer religiöser Traditionen (*Innenperspektive*) oder um eine generelle, von außerhalb der Religionen an diese in religionsübergreifender Weise herangetragene Position (*Außenperspektive*)?

Aus der *reinen Innenperspektive*, d.h. aus dem Selbstverständnis *nur einer* Religion heraus, läßt sich die These, daß man sich zu einer Religion bekehren muß, um sie zu verstehen, in dieser *generellen* Form nicht vertreten. Sie müßte dann vielmehr lauten: "Meine bzw. unsere Religion kann nur verstanden werden, indem man sich zu ihr bekehrt". Damit wäre jedoch die prinzipielle Möglichkeit einer interreligiösen Hermeneutik noch nicht bestritten. Geschieht die Konversion aus einem religionslosen Raum heraus, so ist damit die Frage der interreligiösen Hermeneutik gar nicht berührt. Ereignet sie sich als Religionswechsel, dann ist damit noch nichts darüber gesagt ist, ob nicht nachträglich zu dieser Konversion nun ein Verständnis von zwei Religionen gegeben ist, derjenigen, der man ehemals angehörte, und derjenigen, zu der man sich nun bekehrt hätte.

Wenn die These also in dieser Form nicht aus der reinen Innenperspektive heraus formuliert werden kann (und die dazu nötige Umformulierung nicht in der Lage ist, die Möglichkeit interreligiöser Hermeneutik prinzipiell zu bestreiten), wie steht es dann um den Fall, daß sie aus dem *Durchgang*

---

[10] Auf solche Religionen sollen sich die hier angestellten Überlegungen beschränken. Wo ein zeit- und kulturübergreifender Gültigkeits- und Verstehbarkeitsanspruch nicht explizit erhoben und auch implizit nicht feststellbar wäre, würde die Frage nach einer interreligiösen Hermeneutik mit der nach interkultureller Hermeneutik zusammenfallen, so daß dieser Fall hier übergangen werden kann. Dies bedeutet jedoch nicht, daß die Diskussionen aus dem Umkreis interkultureller Hermeneutik nicht in vielem äußerst aufschlußreich auch für die Frage der interreligiösen sind. Insofern werde ich immer wieder auch auf jene Aspekte zurückkommen, die beiden Thematiken gemeinsam sind.

durch die Innenperspektiven mehrerer Religionen gewonnen wurde, ihr also mehrere Religionswechsel bzw. Konversionen zugrunde liegen - unabhängig davon, ob diese "Reise" nun letztlich bei der Innenperspektive einer Religion oder in der Außenperspektive endet? In diesem Fall würde sie ebenfalls die Möglichkeit interreligiöser Hermeneutik nicht prinzipiell bestreiten, sondern - im Gegenteil - diese geradezu voraussetzen. Sie würde nur die Konversion zur methodologischen Bedingung für eine interreligiöse Hermeneutik erheben.

Ließe sich aber aus dieser These die Möglichkeit einer interreligiösen Hermeneutik prinzipiell bestreiten, wenn sie von einer *reinen Außenperspektive* her, also ohne Durchgang durch die Innenperspektiven, vertreten würde? Dies scheidet wiederum aus, da sich die These, man müße sich zu einer Religion bekehren, um sie zu verstehen, aus einer reinen Außenperspektive nicht mehr begründen läßt. Die These setzt ja voraus, daß zum Verstehen von Religionen die reine Außenperspektive aufgegeben werden muß. Demnach würde aus dem Beibehalten der reinen Außenperspektive nur das Nichtverstehen von Religionen folgen. Aus dem reinen Nichtverstehen lassen sich aber keine Aussagen über die Bedingungen des Verstehens ableiten. Die These, daß man sich, um eine Religion zu verstehen, zu ihr bekehren muß, kann also im Hinblick auf die Frage nach der Möglichkeit interreligiöser Hermeneutik weder aus der reinen Innenperspektive, noch aus der reinen Außenperspektive sinnvoll vertreten werden, sondern *nur aus dem Durchgang durch mehrere Innenperspektiven*. D.h., nur derjenige kann sie vertreten, der zugleich beansprucht, eben jenes Verständnis durch Konversion erlangt zu haben![11] Oder noch einmal anders gesagt: Es ist nicht möglich, zu behaupten, daß man sich zu einer Religion, um sie zu verstehen, bekehren müsse, und gleichzeitig zu vertreten, daß man sie aus eben diesem Grunde nicht verstehe! Dies soll nun noch etwas näher erläutert werden.

Die These, man müsse sich zu einer Religion bekehren, um sie zu verstehen, kann in zwei verschiedenen Formen vertreten werden:
a) Das Verstehen der Botschaft einer anderen Religion impliziert notwendig die Zustimmung zu ihrer Botschaft bzw. die Überzeugung von der Wahrheit dieser Botschaft.
b) Die Zustimmung zur Botschaft einer anderen Religion muß dem Verstehen dieser Botschaft vorausgehen.

In der Form a) kann die These auf zwei verschiede Weisen begründet werden:

---

[11] So hat denn auch z.B. R. Panikkar, der die These vertritt, daß das Verstehen einer Religion untrennbar ist von der Bekehrung zu ihr, für sich beansprucht: "I ›left‹ as a Christian; I ›found‹ myself a Hindu; and I ›return‹ as a Buddhist, without having ceased to be a Christian."; R. Panikkar, Faith and Belief: A Multireligious Experience. An Objectified Autobiographical Fragment, in: Anglican Theological Review 53 (1971) 219-237, hier 220.

1. Sie wird durch eine prinzipielle Reflexion über die allgemeine Natur jeglicher Form von "Verstehen" begründet, d.h., "Verstehen" wäre immer nur dann gegeben, wenn es mit der Zustimmung zu der verstanden Aussage einhergeht.[12]
2. Sie wird nur hinsichtlich des Verstehens religiöser Aussagen behauptet, dh. ihre Begründung leitet sich nicht von einer generellen Reflexion zum Wesen des Verstehens ab, sondern vom Sonderfall 'religiösen Verstehens'.

Keine dieser beiden Begründungen ist von einer reinen Außenperspektive her möglich. Während die 1. Form der Begründung voraussetzt, daß sich "religiöses Verstehen" unter die Regeln generellen Verstehens subsumieren läßt, wird dies von der 2. Form der Begründung bestritten. Diese beiden Voraussetzungen können aber nur gemacht werden, wenn "religiöses Verstehen" selbst so verstanden ist, daß entweder seine Subsumierbarkeit oder seine Nichtsubsumierbarkeit unter die Regeln allgemeinen Verstehens erkannt wurde. Die Natur des "religiösen Verstehens" zu verstehen, ist jedoch – unabhängig davon, wie sie nun gedeutet wird – bereits selbst ein nicht unwesentlicher Teil des "Verstehens von Religionen". Da dieses nach der These selbst nur durch Bekehrung möglich sein soll, setzen beide Begründungen voraus, daß eine solche Bekehrung bereits stattgefunden hat. Sie sind also nur im Durchgang durch die Innenperspektive vertretbar. Und dieser schließt – wie gezeigt – die Möglichkeit interreligiöser Hermeneutik nicht aus, sondern setzt sie voraus.

Das Gleiche gilt für die Fassung der These in der Form b). Zwar kann gegen sie nicht eingewandt werden, daß die Zustimmung bereits von einem gewissen anfänglichen Verstehen motiviert sein müsse[13], da durchaus die Möglichkeit einer Zustimmung ohne ein anfängliches Verstehen behauptet werden kann, indem die Zustimmung etwa durch göttliche oder fatalistische Prädestination bewirkt sein könnte. Die Begründung der These in der Form b) würde also ebenfalls mit der Eigengestalt "religiösen Verstehens" operieren müssen. Daher aber gilt auch für sie, daß sie nur im Durchgang durch die Innenperspektive gewonnen sein kann und daher keine Bestreitung der prinzipiellen Möglichkeit interreligiöser Hermeneutik darstellt.

---

[12] In der Form a) und mit dieser Begründung vertritt R. Panikkar diese These. Zur kritischen Auseinandersetzung mit seiner Position siehe unten S. 381ff.

[13] Dieser Einwand wäre möglich, wenn man die Fassung b) der These so zu begründen versuchte, daß man die geforderte Zustimmung auf die Ausübung religiöser Handlungen bezöge, wenn man also z.B. argumentieren wollte, man habe zunächst gewisse Kulthandlungen, meditative Praktiken, etc. auszuführen, und im Verlauf des Vollzugs würde sich dann das Verstehen dessen, was man hier vollzieht, einstellen. Denn bei dieser Argumentation ist zumindest soviel an vorgängigem Verständnis vorausgesetzt, daß man überhaupt versteht, was auf welche Weise vollzogen werden soll.

In beiden Formen beinhaltet die These, daß man sich zu einer Religion bekehren müsse, um sie zu verstehen, demnach keine Bestreitung der grundsätzlichen Möglichkeit interreligiöser Hermeneutik. Denn sowohl die Auffassung, daß das Verstehen der anderen Religion mit der Zustimmung zu ihrer Botschaft einhergeht, als auch die Auffassung, daß Verstehen erst der Zustimmung folgt, schließen nicht aus, daß nach der Bekehrung die Botschaften zweier Religionen verstanden sind: die jener Religion, der man ursprünglich zugehörte und die derjenigen, zu der man sich nun bekehrt hätte. Die Konversion von einer Religion zur anderen würde nun zumindest nachträglich ein Verstehen beider ermöglichen. Die These bedeutet also für die Frage nach der Möglichkeit einer interreligiösen Hermeneutik, daß diese gegeben ist, aber erfordert, daß man irgendwann einmal den in Frage stehenden Religionen angehörte. Die prinzipielle Möglichkeit interreligiöser Hermeneutik wäre nur dann bestritten, wenn man die Position vertreten wollte, daß es grundsätzlich unmöglich sei, *mehr als eine Religion* zu verstehen.

Um die Möglichkeit einer solchen Position zu prüfen, ist es zunächst wiederum hilfreich, zu fragen, ob sie aus der Außen- oder Innenperspektive heraus vertreten sein soll. Dabei scheidet die Möglichkeit, daß diese Position aus dem verstehenden Durchgang durch die Innenperspektiven mehrerer Religionen vertreten wird, aus, da diese Möglichkeit ja gerade bestritten ist. Aus der reinen Außenperspektive (i.S. einer generellen Theorie) kann sie jedoch aus logischen Gründen ebenfalls nicht vertreten werden: Ohne irgendeine Religion verstanden zu haben, läßt sich die Behauptung, man könne prinzipiell nur eine Religion verstehen, nicht begründen. Eine Begründung, die sich auf das von der reinen Außenperspektive her erreichte Verständnis nur einer Religion stütze, müßte gerade mit der Innenperspektive dieser Religion argumentieren. Auf das von der Außenperspektive her gewonnene Verständnis mehrerer Religionen läßt sich diese Position nicht stützen, weil sie gerade die Möglichkeit, mehrere Religionen zu verstehen, negiert. So bleibt allein die Frage, ob sie sich aus der reinen Innenperspektive vertreten läßt.

Kann aber aus der reinen Innenperspektive einer Religion die Position, daß es dem Menschen prinzipiell nicht möglich sei, mehr als eine Religion zu verstehen, noch aus der Berufung auf die hermeneutische Maxime abgeleitet werden, daß man den anderen so verstehen solle, wie er sich selbst versteht? Da sich aus der reinen Innenperspektive *einer* Religion nichts darüber sagen läßt, wie sich *andere* Religionen in ihrer Innenperspektive verstehen, kann aus der reinen Innenperspektive nicht generell behauptet werden, daß man prinzipiell nur maximal eine Religion verstehen könne. Aus der reinen Innenperspektive einer Religion kann also nicht behauptet werden, daß, wenn man diese Religion verstanden habe, keine andere mehr gemäß ihrem Selbstverständnis verstehbar oder verstanden wäre, da man hierzu die reine Innenperspektive verlassen müßte. So scheidet es also aus, von der hermeneutischen Maxime abzuleiten, daß man prinzipiell nicht mehr als eine Religion verstehen könne, da diese Position von niemandem sinnvoll eingenommen werden kann.

Wenn also in den genannten Weisen die Möglichkeit einer interreligiösen Hermeneutik nicht unter Berufung auf die hermeneutische Maxime prinzipiell bestritten werden kann, sondern nur denkbar ist, daß die Bekehrung als methodologische Voraussetzung für eine interreligiöse Hermeneutik zu fordern wäre, so soll nun untersucht werden, ob die methodologische Voraussetzung der Bekehrung denn *unter gewissen Umständen* zur Negation oder Einschränkung der Möglichkeit einer interreligiösen Hermeneutik führt.

Hinsichtlich der These, man müsse sich zu einer Religion bekehren, um sie zu verstehen, die ja der Forderung nach der methodologischen Voraussetzung der Bekehrung für eine interreligiöse Hermeneutik zugrunde liegt, wurde oben festgestellt, daß sie sich weder aus der reinen Innenperspektive, noch aus der reinen Außenperspektive sinnvoll vertreten läßt, sondern den Durchgang durch mehrere Innenperspektiven voraussetzt. Und das entscheidende Argument dafür, daß die Forderung nach der Bekehrung als einer methodologischen Voraussetzung interreligiöser Hermeneutik nicht zur Bestreitung der prinzipiellen Möglichkeit derselben führt, lag darin, daß es ja denkbar bleibt, daß nach einer oder mehreren Konversionen auch mehr als eine Religion verstanden sein können. Nun ließe sich fragen, ob dieses Argument bestreitbar ist. Es könnte z. B. behauptet werden,
1. die Konversion von einer Religion zu einer anderen beinhalte notwendig, daß mit ihr das einmal vorhandene Verständnis der ehemaligen Religion verloren gehe, oder,
2. die Konversion von einer Religion zu einer anderen wäre ein sicheres Zeichen dafür, daß die Religion, der man bislang angehörte, nicht verstanden wurde.

Zunächst läßt sich feststellen, daß nicht beide Positionen zugleich eingenommen werden können, da jede dieser beiden Positionen ein je anderes Konzept von "Verstehen" beinhaltet, das dem der anderen widerspricht. Die erste Position begreift das "Verstehen" als eine geistige Qualität, die nur gegeben ist, wenn sie beständig mit einer das "Verstehen" je aktuell erzeugenden Ursache verbunden ist. Getrennt von dieser Ursache hat das "Verstehen" in sich keinen Bestand. Die Ursache des so gedachten "Verstehens" ist nur wirksam, wenn man einer bestimmten Religion zugehört. Nach der zweiten Position ist "Verstehen" nur dann gegeben, wenn notwendig die bleibende Zugehörigkeit zur verstandenen Religion folgt. Während die erste Position also davon ausgeht, daß man ein einmal gegebenes Verständnis wieder verlieren kann, schließt dies die zweite Position aus. Daher lassen sich nicht beide Positionen zugleich vertreten, sondern nur die eine oder die andere.

Beide Positionen lassen sich allein aus einer reinen Innenperspektive vertreten. In ihnen wird jeweils ein immanentes Metakonzept über religiöses

Verstehen i. S. der eigenen Religion vorgelegt. Die in diesem Metakonzept jeweils formulierte Regel, an der sich erkennen läßt, wann dieses Verstehen nicht gegeben ist, läßt sich nur hinsichtlich des hermeneutischen Selbstverständnisses der jeweiligen Religion selbst formulieren. Daraus folgt aber, daß keine dieser beiden Positionen mit der These verbindbar ist, daß man sich zu einer Religion bekehren müsse, um sie zu verstehen, da diese - wie oben gezeigt - auf der Basis einer reinen Innenperspektive nicht begründet werden kann![14] Ohne diese Verbindung aber besagt weder die erste noch die zweite Position, daß man, um eine andere Religion zu verstehen, sich zu dieser zu bekehren habe. Es ist denkbar, daß eine Religion die erste oder die zweite Position hinsichtlich ihres eigenen Selbstverständnisses einnehmen kann, aber damit schließt sie nicht aus, daß man neben der eigenen auch noch andere Religionen verstehen kann, eben nur nicht auf dem Weg der Bekehrung zu den anderen Religionen. Umgekehrt läßt sich die These, daß man Religionen nur auf dem Weg der Bekehrung verstehen kann, aus den genannten Gründen der perspektivischen Verschiedenheit weder mit der ersten noch mit der zweiten Position verbinden. Also ergibt sich auch hier keine prinzipielle Negation der Möglichkeit interreligiöser Hermeneutik.

So bleibt als letzte Frage, ob sich unmittelbar aus den beiden *Formen* und den *Begründungen* der Forderung nach der Bekehrung als einer methodologischen Voraussetzung für eine interreligiöse Hermeneutik[15] eine Einschränkung der Möglichkeit interreligiöser Hermeneutik ableiten läßt. Dafür käme allein die 1. Begründung der Form a) in Frage. Denn aus der Auffassung, daß das "Verstehen" einer Aussage grundsätzlich und notwendig mit der Zustimmung zu dieser Aussage verbunden und somit bei einer Nicht-Zustimmung kein "Verstehen" möglich sei, würde folgen, daß ein interreligiöses Verstehen dann unmöglich wäre, wenn vom Standpunkt einer Religion aus den Aussagen einer anderen nicht zugestimmt werden kann. Wie bereits gesagt, hat R. Panikkar diese Auffassung vertreten, und daher gilt es nun, die Haltbarkeit seiner Auffassung zu prüfen.

Die Grundthese Panikkars lautet: "*Das Verstehen einer Ansicht läuft auf das Überzeugtsein von der inneren Stimmigkeit dieser Ansicht hinaus.* Mit anderen Worten: Verstehen schließt ein, daß die *verstandene Aussage* (und nur diese) für wahr gehalten wird."[16]
Panikkar gibt für die in seiner These gebrauchten Begriffe folgende Definitionen: "In einer Art topologischer Reduktion betrachte ich das *Verstehen*

---

[14] Wenn jemand also eine dieser beiden Positionen vertritt, so muß er dieser Religion angehören. Er kann dann aber nicht wissen, ob eine dieser beiden Positionen auch für das Selbstverständnis einer anderen Religion zutrifft, da er ihr dazu ebenfalls einmal angehört haben müßte, ihr nun aber nicht mehr angehört. Damit hätte er aber eben gerade ihr Verständnis verloren oder nie besessen.
[15] Vgl. oben S. 377f.
[16] R. Panikkar, Verstehen als Überzeugtsein, in: H. G. Gadamer / P. Vogler (Hg), Neue Anthropologie, Bd. 7, Stuttgart 1975, 132-167, hier 134. In diesem Aufsatz hat Panikkar diese These am ausführlichsten erläutert.

als denjenigen Akt des Menschen, durch den sich die Bedeutung von etwas aus der (verstandenen) Sache selbst ergibt (und nicht aus anderen außerhalb liegenden Quellen oder Ursachen). Unter der Annahme, daß sich die Bedeutung von etwas in einem Satz ausdrücken läßt, und nur insoweit diese Übertragung möglich ist, kann man das Verstehen als jenen geistigen Vorgang auffassen, durch welchen die Bedeutung eines Satzes aus seinen Elementen wahrgenommen (und begriffen) wird, und nicht auf Grund irgendeiner äußeren Einwirkung (wie Autorität, Brauch, Folgen usw.). Einen Satz zu verstehen bedeutet, seine innere Verständlichkeit zu erfassen.... Mit *Überzeugtsein* ist jede persönliche Überzeugtheit von der Wahrheit eines Sachverhalts gemeint; und insofern sich diese Überzeugung in einem Satz fassen läßt, ist Überzeugtsein gleichbedeutend mit der Tatsache, von der Wahrheit eines Satzes überzeugt zu sein. Das Wort *Wahrheit* bedeutet in diesem Zusammenhang die Übereinstimmung des Sachverhalts mit seinem Ausdruck."[17]

Seine Grundthese hat nach Panikkar mehrere, für die Frage interreligiöser Hermeneutik höchst bedeutsame Konsequenzen:
1. Sie stützt – im Rückgriff auf die hermeneutische Maxime – die Position, daß das Verstehen der Auffassungen anderer Religionen einer Bekehrung gleichkommt. Im Hinblick auf den Glauben ("belief") des Anhängers einer anderen Religion urteilt Panikkar: "It is contradictory to imagine I understand another's view when at the same time I call it false... Accordingly, to understand is to be converted to the truth one understands."[18] "To know what a religion says, we must understand what it says, but for this we must somehow believe in what it says."[19]
2. Wenn verschiedene Aussagen, von denen, die sie vertreten, nicht so miteinander in Übereinstimmung zu bringen sind, daß sie gemeinsam akzeptiert werden können, liegt zwischen denen, die sie vertreten, kein Verstehen jener Aussagen vor, die sie mit den eigenen nicht vereinbaren können: "... wenn ich... mit meinem Dialogpartner nicht übereinstimme, muß ich sagen, daß ich *ihn* nicht verstehe... Ich stelle... fest, daß Verstehen zu Übereinstimmung führt und daß wir infolgedessen nur deshalb nicht übereinstimmen, weil wir einander nicht verstehen. Verstehen heißt immer übereinstimmen. Wir können nicht übereinstimmen, wenn wir gegensätzliche Aussagen akzeptieren, aber wir können darin übereinstimmen, daß wir beide die Tatsache akzeptieren, einander nicht zu verstehen."[20]
3. Die Toleranz gegenüber Aussagen, deren Wahrheit man nicht anerkennt, ist verpflichtend, weil man diese nicht versteht und weil über das, was man nicht versteht, nicht geurteilt werden darf: "Stimmt man dieser These (d.h. der oben genannten These vom Verstehen als Überzeugtsein; Anm. von

---

[17] Ebd. 140f.
[18] R. Panikkar, The Intrareligious Dialogue, New York 1978, 9.
[19] Ebd. 67. Vgl. auch: Panikkar, Verstehen als Überzeugtsein, a.a.O. 137: "Ich kann die Vorstellungen eines anderen nur dann verstehen, wenn ich von der Richtigkeit dieser Vorstellungen überzeugt bin. Einen religiösen Glauben verstehe ich nur, wenn ich ihn für wahr halte."
[20] Panikkar, Verstehen als Überzeugtsein, a.a.O. 164.

mir) zu, dann kann man nicht länger vorgeben, all die Menschen, mit denen man sich nicht einig weiß, doch zu verstehen. Die geistige Grundlage echter Toleranz ist nicht die gönnerhafte Haltung dessen, der einerseits den Anspruch erhebt, den anderen im Irrtum zu sehen, und zugleich behauptet, er respektiere aber seinen Standpunkt, sondern das Bewußtsein, daß er ihn eben nicht versteht und darum auch nicht fähig ist, irgendein Urteil zu fällen."[21]

Panikkar beschränkt die Ausführungen zu seiner These auf den "Bereich der logischen Sätze"[22], unter deren Regeln er offensichtlich auch religiöse Aussagen bzw. Glaubensaussagen subsumiert, da er solche immer wieder zur Illustration heranzieht. Dabei denkt Panikkar aber ausschließlich an Aussagesätze (Behauptungen), da er den Zusammenhang von Verstehen und Überzeugtsein nicht für Fragesätze oder Befehlssätze diskutiert. Es wäre jedoch interessant, zu erfahren, ob Panikkar auch für Fragen und Befehle seine These aufrechterhalten würde, daß Verstehen zu Zustimmung führt, bzw. das Ausbleiben der Zustimmung ein Zeichen für das Nicht-Verstehen ist. Falls er dies nicht täte, falls er also konzedieren würde, daß man eine Frage oder einen Befehl verstehen kann, ohne zuzustimmen, dann wäre damit zugleich gesagt, daß es offensichtlich Fälle gibt, in denen das Verstehen eines Satzes nicht zwangsläufig zur Zustimmung führt. Panikkar geht es um die Zustimmung i. S. der Bejahung eines Sachverhaltes. Aber offensichtlich ist das Feld dessen, was man auf der Ebene von Sätzen verstehen kann, größer als der Bereich jener Sätze, bei denen sich die Frage nach der Zustimmung zur Behauptung eines Sachverhaltes stellt.

Leider gibt Panikkar keine zusammenhängende Begründung für seine These, sondern expliziert diese lediglich unter verschiedenen Aspekten. Soweit ich sehe, stützt er seine These jedoch vor allem auf zwei Argumente:
1. "*Etwas als falsch verstehen ist ein Widerspruch in sich.* Das Falsche verstehen wäre eine Entartung der Vernunft. Das abstrakte Erkennen, daß etwas falsch ist, darf nicht als unmittelbare Einsicht in das, *was* falsch ist, mißverstanden werden. In das Falsche als Falsches gibt es keine Einsicht."[23] "Nur eine Wahrheit kann ich verstehen... ich behaupte..., daß der Irrtum keine ontologische Konsistenz besitzt."[24] Panikkar scheint argumentieren zu wollen, daß "Wahrheit" ontischen Charakter besitzt. Das Nicht-Wahre (das "Falsche" oder der "Irrtum") besitzt diesen ontischen Charakter nicht. "Verstehen" ist die Einsicht in einen real existierenden Sachverhalt. Da das Nicht-Wahre kein real existierender Sachverhalt ist, kann es nie verstanden werden, und daher ist Verstehen immer das Verstehen von etwas Wahrem, bzw. die Überzeugung, man habe etwas verstanden, muß mit der Überzeugung verbunden sein, daß das Verstandene wahr ist.

---

[21] Ebd. 138.
[22] Ebd. 133.
[23] Ebd. 136.
[24] Ebd. 164.

2. Angesichts der hermeneutischen Maxime, daß ein anderer nur dann verstanden ist, wenn er so verstanden wird, wie er sich selbst versteht, ist das Verständnis einer vom anderen für wahr gehaltenen Aussage nur dann erreicht, wenn man sie selbst ebenfalls für wahr hält. Dieses Argument wird von Panikkar in seinem Aufsatz "Verstehen als Überzeugtsein", obwohl es hier anscheinend einigen Gedankengängen zugrunde liegt, nirgendwo in dieser Deutlichkeit ausgesprochen, findet sich aber – gemeinsam mit dem ersten – an anderer Stelle: "I can never understand his position as he does – and this is the only real understanding b e t w e e n p e o p l e – unless I share his view; in a word, unless I judge it to be somewhat true... clearly I cannot uphold his view as he does unless I share it. When I say I understand a proposition and consider it untrue, in the first place I do not understand it because, by definition, truth alone is intelligible (if I understand a thing I always understand it *sub ratione veritatis*); in the second place I certainly do not understand it in the way of someone who holds it to be true."[25]

Die These Panikkars, ihre Begründung und ihre Explikation läßt sich vor allem unter zwei Aspekten kritisieren:
a) Es kann gezeigt werden, daß sich Panikkar *notwendig* in *Widersprüche* verwickelt, d.h., es kann gezeigt werden, warum diese Widersprüche unausweichlich aus der Begründung seiner These resultieren.
b) Es kann gezeigt werden, daß Panikkar aufgrund dieser Widersprüche (und aufgrund der gefährlichen Konsequenzen seiner These) *Modifikationen* einführt, die die Gültigkeit seiner These selber *in Frage stellen*.

Die *erste Begründung* von Panikkars These geht davon aus, daß "das Falsche" nicht verstehbar sei. In der Formulierung seiner These beansprucht Panikkar, daß diese sich auf "*Aussagen*" beziehe. Daraus ergibt sich die Behauptung, falsche bzw. unwahre Aussagen seien nicht verstehbar. Um seine Grundthese in dieser Form zu begründen, nämlich dadurch, daß eine falsche bzw. unwahre Aussage nicht verstehbar sei, muß Panikkar wahre von unwahren Aussagen abgrenzen können. Folglich muß er in der Lage sein, die Erkenntnis, daß eine Aussage falsch ist, zu ermöglichen, ohne dabei die Verstehbarkeit der falschen Aussage vorauszusetzen. So formuliert Panikkar:

---

[25] Panikkar, The Intrareligious Dialogue, a.a.O. 9 (gesperrte Hervorhebung von mir). Vgl. auch die Aussage Panikkars in "Verstehen als Überzeugtsein": "Wenn 'M' glaubt, »A ist B«, dann gehört dieser Glaube zu dem Satz »A ist B«, so daß das »A ist B«, an das er glaubt, verschieden ist von dem »A ist B«, das einer meint, der nicht daran glaubt." (a.a.O. 144), oder auch die etwas unglücklich formulierte Aussage: "Den anderen verstehen heißt, gelinde gesagt, ihn nicht verstehen, wie er sich selbst versteht, da er ja sich eben nicht als anderen, sondern als ein »Selbst« versteht." (ebd. 137), mit der Panikkar offensichtlich nicht die Möglichkeit, einen anderen überhaupt zu verstehen leugnen will, sondern beansprucht, daß das Verstehen der Aussagen des anderen nur dann gegeben ist, wenn das in dieser Aussage mitgegebene Selbstverständnis des anderen geteilt wird.

"Ich kann verstehen: 'A ist nicht B' und somit berechtigt sein zu sagen: »'A ist B' ist falsch«, aber dann verstehe ich eben 'A ist B' nicht."[26] Diese Position ist m. E. unhaltbar.

Bezeichnen wir einmal die Aussage "A ist B" als "P_1" und nehmen an, daß "P_1" objektiv falsch sei, dann folgt nach Panikkar, daß "P_1" (= "A ist B") nicht verstehbar ist. Nun sagen wir "P_1 ist F", wobei "F" für "falsch" oder "unwahr" steht, und nennen diese Aussage "P_2". Nun wäre die Aussage "P_2" (= "P_1 ist F") wahr, also verstehbar insofern die Falschheit als das Hindernis des Verstehens beseitigt ist. Es müßten somit die Glieder von "P_2", also "F", die Verbindung "ist" und "P_1" verstehbar sein. Und das widerspricht der Voraussetzung, daß "P_1" nicht verstehbar ist.
Wollte Panikkar diesem Widerspruch entkommen, so müßte er entweder behaupten, daß eine Aussage verstehbar ist, ohne ihre Teile zu verstehen (diese Behauptung stellt er jedoch nicht auf), oder daß "P_2" (= "P_1 ist F) zwar wahr, aber dennoch nicht verstehbar ist, also die Aussage "P_1 ist F" unverstehbar ist. Wenn aber nicht nur die falsche Aussage "P_1" (= "A ist B"), sondern auch die wahre Aussage "P_2" (= "P_1 ist F") nicht verstehbar ist, dann sind nicht nur alle *falschen Aussagen* unverständlich, sondern auch die, die die *Falschheit einer Aussage* konstatieren. Da nach Panikkar über eine unverstandene Aussage nicht geurteilt werden kann, könnte über die Wahrheit oder Unwahrheit der Aussage "P_1 ist F" nicht entschieden werden. Es bliebe also keine Möglichkeit mehr, zu entscheiden, ob die Bestreitung der Wahrheit einer Aussage selbst wahr oder falsch ist. Damit aber ist die Möglichkeit der Erkenntnis, daß eine Aussage falsch ist, negiert. Genau diese Möglichkeit aber - die Abgrenzbarkeit wahrer von falschen Aussagen - braucht Panikkar, da er ja 1. mit seiner These eine Aussage als falsch erweisen will (nämlich die Ausssage, man könne auch falsche Aussagen verstehen) und 2. zur Begründung seiner These über falsche Aussagen etwas behaupten will, nämlich daß sie unverstehbar seien.

Nach Panikkar soll sich die Falschheit einer Aussage durch einen "dreifachen geistigen Akt" erkennen lassen:
"a) die Erkenntnis der Tatsache, daß ich eine Aussage nicht verstehe;
 b) das Wissen, daß das Gegenteil gilt, d. h., daß ich die gegenteilige Aussage verstehe, und
 c) die Erkenntnis, daß sie sich gegenseitig ausschließen, d. h., daß ich Widerspruchsvolles nicht verstehe und auch gar nicht verstehen kann."[27]

Offensichtlich will Panikkar argumentieren, daß eine widersprüchliche Aussage oder Aussagenreihe nicht wahr und folglich nicht verstehbar sein könne. Die Widersprüchlichkeit zwischen einer wahren und einer falschen Aussage soll jedoch erkennbar bleiben, um so sicherzustellen, daß gewisse Aussagen weiterhin als falsch bezeichnet werden können. Er gibt folgendes Beispiel:

---
[26] Ebd. 154.
[27] Ebd. 136.

"Ich behaupte beispielsweise, daß 2 + 3 = 6 eine falsche Aussage ist, a) weil ich sie nicht verstehe. b) weil ich 2 + 3 = 5 verstehe und c) weil ich verstehe, daß beide, 5 und 6, d. h. '5' und 'Nicht-5' nicht zur gleichen Zeit und unter denselben Bedingungen für ein und dieselbe Sache (die Lösung der verlangten Addition) stehen können."[28]

Woher aber weiß Panikkar, daß '6' = 'Nicht-5' ist, sich also beide Aussagen widersprechen, wenn er zugleich behauptet, die eine der beiden Aussagen nicht zu verstehen? Er weiß dies nur daher, daß er versteht, daß sich beide Aussagen "unter denselben Bedingungen" auf den gleichen Sachverhalt (die Summe von 2 + 3) beziehen. Unter diesen identischen Bedingungen, die verstanden sind, ist jedoch auch '6' klar definiert, so daß verstanden wird, was '6' sein kann und was nicht. Somit wird also jedes Glied der Aussage "2 + 3 = 6" verstanden, und nur daher kann ihre Falschheit, der Widerspruch zu "2 + 3 = 5", erkannt werden. Die Aussage "2 + 3 = 6" gibt keine intelligible Realität (keinen vorhandenen Sachverhalt) wieder, aber dies ist eben nur erkennbar, wenn alle Glieder dieser Aussage, ihre Verknüpfung und der Sachverhalt, auf den sie sich bezieht (die Summe von 2 + 3), verstanden werden, kurz: wenn die Aussage verstanden wird!

Es läßt sich eben, wie gerade dieses Beispiel deutlich macht, zwischen dem *Erkennen eines gegebenen Sachverhalts* (wenn man so will: dem *Verstehen eines gegebenen Sachverhalts*) und dem *Verstehen einer Aussage*, die die Existenz eines Sachverhalts *behauptet*, unterscheiden. Bei einer wahren Behauptung deckt sich das Verstehen der Behauptung mit der Erkenntnis des Sachverhalts, nicht jedoch bei einer falschen (oder für falsch gehaltenen) Behauptung. Daraus folgt jedoch nicht, wie Panikkar meint, daß falsche (oder für falsch gehaltene Aussagen) nicht verstehbar seien. Die Verstehbarkeit von Behauptungen ist vielmehr die Voraussetzung für die Beurteilung ihrer Wahrheit, und zwar indem ich verstehe, auf welchen Sachverhalt sich die Behauptung bezieht. Dann kann es möglich sein, daß die Behauptung sich auf einen erkannten Sachverhalt bezieht (in dem Beispiel: die Summe von 2 + 3), den sie unzutreffend wiedergibt, weshalb ich sie für falsch halte. Oder ich verstehe, daß sie sich auf einen Sachverhalt bezieht, der mir unbekannt ist, so daß sie möglicherweise wahr oder möglicherweise falsch ist.

Die Widersprüchlichkeit der These Panikkars in ihrer ersten Begründung resultiert also erstens daraus, daß er zum einen "Wahrheit" und "Falschheit" *ontologisiert* (was dann eben bei der "Falschheit" nicht geht), also nicht unterscheidet zwischen *falschen Ausssagen* (die es gibt, die verstehbar und nur daher als falsch erkennbar sind) und einem *falschen Sachverhalt* (den es nicht gibt und der insofern auch nicht "verstehbar" ist, als etwas, das nicht vorhanden ist, auch nicht erkennbar ist), zum anderen auf diese Unterscheidung jedoch nicht ganz verzichten kann, da er die Möglichkeit beibehalten will, zu erkennen, daß eine Aussage falsch sei.

---

[28] Ebd. 136.

Zweitens unterscheidet Panikkar nicht zwischen der *Wahrheitsfähigkeit* und der *Wahrheit einer Aussage*.[29] Eine wahre Aussage kann – wenn man wie Panikkar das logische Widerspruchsverbot akzeptiert – nicht zugleich falsch sein. Eine wahrheitsfähige Aussage kann entweder wahr oder falsch sein. Um prüfen zu können, ob sie wahr oder falsch ist, muß ich verstehen, was sie behauptet (muß ich also die Aussage verstehen), nicht jedoch bereits von ihrer Wahrheit überzeugt sein, was eine Prüfung überflüssig machen würde.

Würde die Prüfung einer Aussage ergeben, daß sie falsch ist, so wäre damit nach Panikkar auch festgestellt, daß die Aussage nicht verstanden bzw. nicht verstehbar ist. Da Panikkar aber die Möglichkeit der Überprüfung von Aussagen im Hinblick auf ihre Wahrheit bzw. Falschheit nicht negieren will, ist er genötigt, zwei Formen von Nicht-Verstehen einzuführen: Das Nicht-Verstehen als Resultat einer *nach der Prüfung als unwahr erkannten Aussage* und das Nicht-Verstehen einer Aussage *vor der* oder *ohne die Prüfung ihrer Wahrheit*. Er selbst nimmt diese Modifikation explizit vor und bezeichnet sie als "terminologische Klarstellung":
"Eine Aussage ist für mich *nicht* verstehbar (oder *nicht* verstanden), wenn ich einen inneren Widerspruch in ihr entdecke. Sie ist *unverständlich*, wenn sie sich außerhalb des Bereichs meines Verstehens befindet, ohne daß ich in der Lage bin, irgendwie ihre Widersprüchlichkeit zu behaupten."[30]
Aus dem Nicht-Verstehen im zweiten Sinne darf nach Panikkar kein Urteil über die Falschheit einer Aussage gezogen werden, wohl aber aus dem im ersteren.[31] Damit wird allerdings die 3. Konsequenz seiner Grundthese[32] bis zur Belanglosigkeit relativiert. (Niemand wird bestreiten, daß man über Aussagen nicht urteilen darf, die man in dem Sinne nicht "verstanden" hat, daß man nicht oder noch nicht in der Lage ist, ihre Wahrheit zu prüfen.)

Den so eingeführten beiden Arten des Nicht-Verstehens entspricht bei Panikkar implizit auch eine Unterscheidung von zwei Arten des Verstehens. Denn das Nicht-Verstehen, das nach Panikkar das Resultat jener Prüfung ist, die die Falschheit einer Aussage erweist, ist im Grunde nichts anderes als die Auffassung, man habe eine Aussage verstanden und sie als falsch erkannt. Doch kann er die Unterscheidung von zwei Formen des Verstehens freilich nicht explizit machen, weil sie nämlich exakt auf das hinausläuft, was seine Grundthese zu bestreiten sucht: nämlich die Möglichkeit eines Verständnisses von Aussagen, das mit der Überzeugung von ihrer Wahrheit verbunden ist, und eines Verständnisses von Aussagen, das den Sinn bzw. die Bedeutung der Aussage erfaßt, aber mit der Überzeugung von ihrer Un-

---

[29] Wahrheitsfähige Aussagen müssen zur Prüfung ihrer Wahrheit verstehbar, aber nicht unbedingt wahr sein. Dieser Unterschied verschwindet bei Panikkar: "»A ist B« zu verstehen läuft auf die Entdeckung der Verständlichkeit dieser Aussage hinaus, d. h., es bedeutet, die Überzeugung zu teilen, daß »A ist B« Tatsache ist." (ebd. 141).
[30] Ebd. 158.
[31] Vgl. ebd. 161 u. 166.
[32] Vgl. oben S. 382f.

wahrheit verbunden ist. So unterscheidet Panikkar nun – entgegen seiner eigenen Definition von "Verstehen"[33] – zwischen "Verstehen" und dem Erfassen von Bedeutung und flüchtet sich dabei in die umgangssprachliche Unschärfe des Wortes "verstehen", was dann so aussieht:
"... den... Satz: »Das Menschsein einer Person hängt von der Rasse, Kaste oder Klasse ab« kann ich nicht verstehen. Ich kann zwar durchaus erfassen, was der Satz im Geiste dessen, der ihn formt, ungefähr bedeutet, aber ich kann ihn nicht wirklich verstehen."[34]

Damit wende ich mich nun der *zweiten Begründung*[35] zu, die Panikkar für seine These gibt. Wiederholt insistiert Panikkar darauf, daß man bei Nichtzustimmung zu einer Aussage, kein Verständnis erlangt, das dem Verständnis dessen entspricht, der sie für wahr hält. Hier lassen sich zur Klärung dieser Begründung zwei Fragen unterscheiden:
a) Geht es um das Verstehen von Aussagen, oder
b) geht es um das Verstehen von Personen (das Verstehen ihres Selbstverständnisses)?
Diese Unterscheidung ist hinsichtlich der zweiten Begründung von Panikkars These äußerst wichtig, wird jedoch von ihm nicht hinreichend berücksichtigt. Zunächst ist von der Formulierung seiner These her klar, daß es Panikkar um das Verstehen von Aussagen, also um a) geht. Nun läßt sich jedoch zeigen, daß er bei der zweiten Begründung seiner These im Hinblick auf die Frage a) entweder auf der ersten Begründung fußt, deren Unhaltbarkeit m. E. gezeigt wurde, oder aber (mehr implizit) auf die Frage b) ausweicht.

Das Grundproblem stellt sich also folgendermaßen dar: Kann ich eine Aussage, die ich für unwahr halte, *so* verstehen, *wie* sie der versteht, der sie für wahr hält? Was aber ist mit diesem "so wie" (das bei Panikkar immer wieder vorkommt) gemeint? Ist es Teil des *Inhalts* der Aussage (Frage a), oder sagt es etwas über das Selbstverständnis der Person, die die Aussage macht (Frage b)?

In einer Reihe von Überlegungen argumentiert Panikkar, daß das "so wie" Teil des Inhalts einer Aussage ist: "Bin ich nicht davon überzeugt, daß sie (die Aussagen anderer Personen; Anm. v. mir) wahr sind, dann mag ich zwar verstehen, warum manche Menschen sie für wahr halten, aber nicht die Aussagen selbst, so wie sie von denen verstanden werden, die sie für wahr halten – die an sie glauben."[36] Er argumentiert, daß die unterschiedliche Option hinsichtlich der Wahrheit einer Aussage eine unterschiedliche *Bedeutung der Satzglieder* nach sich zieht. Bei unterschiedlichen Optionen in der Frage nach der Wahrheit einer Aussage haben wir es nach Panikkar nicht mehr mit derselben, von beiden verstehbaren Aussage zu tun, sondern

---
[33] Vgl. oben S. 381f.
[34] Panikkar, Verstehen als Überzeugtsein, a.a.O. 139.
[35] Vgl. oben S. 383f.
[36] Panikkar, Verstehen als Überzeugtsein, a.a.O. 147.

haben "strenggenommen zwei Aussagen: »A ist B« (nach M) und »A_1 ist B_1« (nach mir). Ich selber verstehe »A_1 ist B_1«, aber nicht »A ist B«. Der Unterschied kann in A gegenüber A_1 oder in B gegenüber B_1 oder in beiden liegen. Das heißt, mindestens eines der Satzelemente muß in unterschiedlicher Weise verstanden sein."[37] Dafür gibt er folgendes Beispiel:

"Angenommen, »A ist B« sei »Jesus ist der Herr«, und du als orthodoxer Jude würdest dem Satz nicht zustimmen. Nun gehst du weiter, indem du sagst: »M ist p«, d. h., »Die Christen halten Jesus für den Herrn«. Wie kommen sie zu dieser Aussage? fragst du dich. Der Grund: »M hält n für zutreffend«, d. h., »Die Christen verstehen den jüdischen Messias als den Herrn und nehmen an, daß Jesus dieser Messias ist«. Du glaubst nun nicht, daß n zutrifft, d. h., daß Christus (gemeint ist wohl »Jesus«; Anm. von mir) der Messias ist, obwohl du einräumst, daß der Messias der Herr ist. Du verstehst durchaus, daß einige Menschen Jesus als den Messias betrachten und darum sagen: »Jesus ist der Herr« (»A ist B«). Aber du wirst einwenden, daß dies nicht zutrifft, so daß die Aussage auf einem falschen Hineinlesen in die Fakten gründet, nämlich der Identifikation von Jesus mit dem Messias. Obzwar du also »M ist P« verstehst, verstehst du nicht »A ist B«, denn für dich ist A nicht das A, das M meint (Jesus, der Messias), sondern A_1 (Jesus, ein verurteilter Jude). Das heißt, Jesus ist für dich nicht der Messias, so daß der Satz »Jesus ist der Herr« für dich unannehmbar ist. Du verstehst dann die Sätze »A_1 ist B« und sogar »A_1 ist nicht A« - und deshalb kann der geistige Akt, mit Sinn zu sagen: »A ist B«, von dir nicht vollzogen werden. Du verstehst, was »sie« sagen, und sogar, warum sie es sagen, aber du verstehst nicht das, was sie verstehen, und zwar genau darum, weil du ein anderes Verständnis von A hast (nämlich A_1)."[38]

Wie gesagt, will Panikkar mit diesem Beispiel belegen, daß unterschiedliche Optionen hinsichtlich der Wahrheit einer Aussage dazu führen, daß "mindestens eines der Satzelemente... in unterschiedlicher Weise verstanden"[39] wird, und es sich folglich um zwei verschiedene Aussagen handelt, die nicht beide zugleich verstanden werden können. Daher behauptet er am Schluß des Beispiels, daß der Jude, der dem Satz "Jesus ist der Herr" (= "A ist B") nicht zustimmt, diesen Satz nicht versteht, weil er ein anderes Subjekt (A_1 statt A) verstehe, bzw. - genauer gesagt - die Bedeutung des Subjekts, das der Christ in seinem Satz "A ist B" meint, nicht verstehe (nicht so verstehe, wie sie der Christ verstehe). M. E. gelingt Panikkar dieser Aufweis jedoch nicht. Bei näherer Prüfung des Gedankengangs stellt sich nämlich heraus, daß Panikkar nicht zu der Konstatierung von zwei *unterschiedlichen Verständnissen eines Satzelementes* (hier des Subjekts) kommt, sondern von zwei *unterschiedlichen Aussagen über das gleiche* - und für beide Seiten als gleiches erkennbare - *Satzelement*!

---

[37] Ebd. 143.
[38] Ebd. 143.
[39] Siehe oben.

In dem Beispiel besteht zwischen dem Juden (der die Wahrheit des Satzes "A ist B" = "Jesus ist der Herr" bestreitet) und dem Christen (der die Wahrheit dieses Satzes behauptet) kein Dissens darüber, daß der Messias der Herr sei, sondern darüber, ob Jesus der Messias ist. Nach dem Gedankengang des Beispiels vertritt nun der Jude offensichtlich den Satz "Jesus ist nicht der Messias" (Panikkar drückt dies so aus: "Jesus, ein verurteilter Jude", meint aber doch wohl "Jesus, *nur* ein verurteilter Jude" also "Jesus ist nicht der Messias", da auch der Christ, der Jesus für den Messias hält, nicht bestreitet, daß dieser *auch* ein verurteilter Jude war) und der Christ den Satz "Jesus ist der Messias". Es ist also nicht so, daß der Jude nicht verstünde, wer mit dem Subjekt ("Jesus") gemeint ist, sondern daß er *über das gleiche Subjekt eine andere Aussage* macht als der Christ. Panikkar wäre nur dann im Recht, wenn das Messias-Sein der *einzige Bezugspunkt* zur Identifikation des Subjekts wäre. Dann aber wäre der Satz "Jesus ist der Messias" eine reine Tautologie, und nur dann würde derjenige, der diesen Satz bestreitet, offensichtlich von einem anderen Subjekt reden als es in diesem Satz gemeint ist. Wenn aber für beide, den Juden und den Christen, eine eindeutige Referenz besteht, die das Subjekt ohne Zweifel identifiziert (also z. B. "›Jesus‹ meint jenen Juden, von dessen Kreuzigung unter Pontius Pilatus das Neue Testament an den und den Stellen berichtet."), dann verstehen beide nicht ein unterschiedliches Subjekt, sondern machen unterschiedliche, einander widersprechende Aussagen über das gleiche Subjekt.[40] Wenn man nun – wie Panikkar in seiner Argumentation insgesamt – von der unbedingten Gültigkeit des logischen Widerspruchsverbots ausgeht, dann folgt, da beide Opponenten des Beispiels ihre Aussage für wahr halten, daß sie die andere als unwahr ansehen. Und da Panikkar die These begründen will, daß eine Aussage nur dann verstanden sein kann, wenn man sie für wahr hält, folgt daraus, daß die beiden Personen des Beispiels einander deshalb nicht verstehen, weil sie eine Aussage des anderen für unwahr halten, und nicht weil sie die Bedeutung eines Satzgliedes nicht verstünden. Panikkars zweite Begründung seiner Grundthese ist also in dieser Form nicht durchführbar, sondern muß auf die erste Begründung rekurrieren.[41]

---

[40] Panikkar gibt dies bei einem anderen Beispiel sogar zu. Dort nimmt er einen Satz an, der dem einen widerspruchsfrei und dem anderen widerspruchsvoll erscheint, und führt dann aus: "Aus eben diesen Schwierigkeiten heraus versteht einer die Aussage seines Opponenten überhaupt nicht. Er mag die Worte verstehen, aber er versteht nicht die Aussage." (Panikkar, Verstehen als Überzeugtsein, a.a.O. 154). Hier wird also offensichtlich konzediert, daß die Worte (= Satzelemente) der Aussage, trotz kontroverser Meinung über die Wahrheit derselben, verstanden (was ja wohl meint: richtig verstanden) werden!

[41] Es sei noch angemerkt, daß Panikkar in diesem Beispiel seiner eigenen Grundthese widerspricht, indem er behauptet: "Du verstehst dann die Sätze ›A₁ ist B‹...". Der Satz "A₁ ist B" (= "Jesus, ein verurteilter Jude, ist der Herr") wird jedoch von dem Juden für falsch gehalten. Wie aber kann er einen falschen Satz verstehen, wo dies doch nach Panikkar gerade unmöglich sein soll?

Nun könnte es sein, daß Panikkar meint, daß das "so wie" in der Forderung, die Sätze eines anderen *so* zu verstehen, *wie* er sie selbst versteht, sich unmittelbar mit der Option hinsichtlich der Wahrheitsfrage deckt. Dann wird jedoch die *Tautologie* unvermeidlich. Es ist dann einfach *definiert*, daß "die Sätze eines anderen, so verstehen, wie er sie selbst versteht" identisch ist mit "die Sätze eines anderen verstehen und sie für wahr halten". Diese Tautologie führt jedoch notwendig zur Einführung von zwei Arten des Verstehens (das Verstehen ohne Wahrheitsurteil und das Verstehen mit Wahrheitsurteil), mündet also wieder in die oben besprochene Problematik.

Es hat den Anschein, daß es Panikkar bei der zweiten Begründung seiner Grundthese aber auch um die Frage b) geht[42], also um das *Verstehen von Personen*. Wie gesagt, wird diese Frage in seinem Aufsatz "Verstehen als Überzeugtsein" nicht so deutlich thematisiert, doch scheint er die Argumentation bisweilen in diese Richtung zu wenden.[43] Es kommt also nun der subjektive Faktor ins Spiel, und das Problem stellt sich dann folgendermaßen dar: Kann ich einen Menschen nur dann so verstehen, wie er sich selbst versteht (m.a.W., kann ich dessen Selbstverständnis nur dann verstehen), wenn ich von der Wahrheit dessen, was er sagt, überzeugt bin?

Zunächst wäre nun zu prüfen, was in diesem Gedankengang mit "Selbstverständnis" gemeint ist, bzw. wie dann der Zusammenhang zwischen Selbstverständnis und Aussage zu denken ist. Wenn es sich bei dem "Selbstverständis" einfach um eine *Form der Reflexivität* handelt, entsteht keine Schwierigkeit.

Nennen wir eine Person "I_1" und eine weitere Person "I_2".
I_1 sagt nun den Satz
P_1: "A ist B".
I_1 hält P_1 für wahr und bekräftigt dies durch einen weiteren Satz
P_2: "P_1 ist wahr".
I_1 versteht P_1 und sagt daher noch
P_3: "I_1 versteht P_1".
Da I_1 ein mit Reflexivität begabtes Wesen ist und versteht, was es sagt, wenn es die Worte "verstehen" und "wahr" gebraucht, und weiß, daß es selbst das Wesen ist, das seine Sätze sagt, kann es nun auch noch sagen
P_4: "I_1 versteht P_2 und P_3".

---

[42] Vgl. oben S. 388.
[43] Vgl. z. B. die Aussage Panikkars hinsichtlich des Beispielsatzes "6 Millionen Menschen müssen getötet werden, damit 100 Millionen Menschen überleben und ein erfülltes menschliches Leben führen können": "Was den... Satz so verwerflich macht, ist dies, daß ich wirklich nicht verstehen kann, wie jemand einen derart verabscheuungswürdigen Begriff von einer Person (oder von mehreren Personen) haben kann, daß er glaubt, mit Personen auf zahlenmäßige Weise rechnen zu können." (Panikkar, Verstehen als Überzeugtsein, a.a.O. 139). Anscheinend geht es Panikkar hier darum, daß er *Menschen*, die bestimmte Aussagen für wahr halten, nicht verstehen kann, weil er selbst diese Aussagen nicht für wahr hält und – wie er meint – diese Aussagen daher nicht versteht.

Ich höre an dieser Stelle auf, da es nun möglich ist, auf die gleiche Weise unendlich fortzufahren. In den Sätzen P_3 und P_4 (und in jedem auf diese Weise weiter bildbarem Satz) ist nun etwas über das Selbstverständnis des Subjekts I_1 ausgesagt, nämlich, daß es sich bewußt ist, daß es seine Sätze versteht, und daß es selbst derjenige ist, der seine Sätze versteht, und sich auch dessen wieder bewußt ist, dies versteht, etc.

Vorausgesetzt die Person I_2 versteht den Satz P_1 und bestreitet zugleich den Satz P_2, weil sie weiß, daß P_1 falsch ist (also angenommen die erste Begründung von Panikkars Grundthese scheidet aus, so daß auch ein falscher Satz verstehbar ist), dann kann I_2 mühelos auch die weiteren Sätze von I_1, in denen I_1 sein "Selbstverständnis" i. S. seiner Reflexivität aussagt, verstehen. I_2 kann also P_3 und P_4 verstehen, weil darin nur behauptet wird, daß I_1 seine Sätze versteht, und diese Behauptung ist für I_2 verstehbar, weil I_2 versteht, wer I_1 ist, was mit "wahr" gemeint ist und, weil auch I_2 seine eigenen Sätze versteht, sich bewußt ist, daß es sie versteht, und daher auch versteht, was mit "verstehen" gemeint ist. Diese Argumentation wäre nur dann nicht schlüssig, wenn wieder auf die erste Begründung, nämlich daß falsche Sätze nicht verstehbar seien, zurückgegriffen würde. Hinsichtlich des Verstehens des "Selbstverständnisses" i. S. der Reflektivität ergeben sich also aus der Wahrheitsfrage keine Hindernisse.

Es könnte nun eingewendet werden, daß ich jemand, dessen Aussagen ich für falsch halte, notwendig als jemanden verstehe, der sich im Irrtum befindet, während er sich selbst als jemanden versteht, der sich im Recht (oder jedenfalls nicht im Irrtum) befindet, und daß ich ihn damit folglich nicht so verstehe, wie er sich selbst versteht.[44]
Bei dieser Argumentation wären jedoch zwei unterschiedliche Aussageebenen miteinander vermischt. Wenn I_2 meint, daß I_1 im Irrtum ist, und I_1 meint von sich, er sei im Recht, dann heißt dies nicht, daß I_2 nicht in der Lage sei, das Selbstverständnis von I_1 zu verstehen, sondern daß I_2 das Selbst-

---

[44] Daß diese Problematik – und zwar im Hinblick auf die Möglichkeit interreligiöser Hermeneutik – durchaus im Hintergrund der Überlegungen Panikkars steht, zeigt sich an anderer Stelle: "... the golden rule of any hermeneutic is that the interpreted thing can recognize itself in the interpretation. In other words, any interpretation from outside a tradition (gemeint ist "religious tradition"; Anm. v. mir) has to coincide, at least phenomenologically, with an interpretation from within, i.e., with the believers viewpoint. To label a *mûrtipûjaka* an i d o l - w o r - s h i p e r, for instance, using idol as it is commonly understood in the Judeo-Christian-Muslim context rather than beginning with what the worshiper affirms o f h i m s e l f, is to transgress this rule." (Panikkar, The Intrareligious Dialogue, a.a.O. 30; gesperrte Hervorhebung von mir).

verständnis von I_1 durchaus versteht und darüber eine Aussage macht, nämlich daß es falsch sei.

I_1 kann sein "Selbstverständnis" in die Sätze fassen
P_5: "I_1 ist R" ("R" heißt: "im Recht") und
P_6: "I_1 versteht P_5".

I_2 wird nun den Satz P_5 bestreiten, aber nicht den Satz P_6, und I_2 wird auch nicht bestreiten, daß I_2 den Satz P_5 versteht, es sei denn, I_2 geht davon aus, daß falsche Sätze nicht verstehbar seien. Aber dies wäre wiederum ein Rekurs auf die erste Begründung. Also ergeben sich auch hier keine Schwierigkeiten für das Verstehen des "Selbstverständnisses" des anderen.

Nehmen wir nun an, daß der Begriff "Selbstverständnis" sich nicht auf die Relation zwischen Selbst und Aussage i.S. der Selbstreflexivität bezieht, sondern auf die Relation zwischen Selbst und Aussage i.S. des *erkenntnismäßigen Zugangs*, daß jemand also bei einer Aussage zugleich etwas über sich selbst in dem Sinn sagen will, wie er zu dieser Aussage kommt.

Nehmen wir also an, daß I_2 seine Auffassung explizit macht und P_2 negiert, indem I_2 sagt
S_1: "A ist nicht B".
Folglich wird I_2 dann auch sagen
S_2: "P_1 ist falsch"
und damit
S_3: "P_2 ist falsch".
Wenn man annimmt, daß I_2 dennoch P_1 verstehen kann, führt dies – wie gesagt – nicht dazu, daß I_2 die Sätze P_3 und P_4 nicht verstünde. I_2 bringt nun sein Selbstverständnis i. S. des erkenntnismäßigen Zugangs ins Spiel und sagt
S_4: "I_2 weiß S_2".
I_2 fährt fort und macht über I_1 die Aussage
S_5: "I_1 weiß S_2 nicht".
I_1 erwidert nun
P_7: "I_1 weiß P_2" und
P_8: "I_2 weiß P_2 nicht".

Bei den Sätzen S_4 und P_7 geht es nun nicht mehr um P_3 und P_4. Sie bleiben davon unberührt. Vielmehr geht es um die *Begründung* von P_1, P_2, S_1, S_2 und S_3. Die Urteile, die die beiden Kontrahenten übereinander fällen, also die Sätze S_5 und P_8, sind nicht mehr unmittelbar von P_2 und S_2 abhängig, sondern davon, ob S_4 bzw. P_7 wahr sind. I_1 und I_2 müßten nun folglich in einen Diskurs darüber eintreten, was "Wissen" ist und ob dieses bei I_1 oder I_2 gegeben ist. Ihre wechselseitige Einschätzung ist also nicht mehr von den Optionen hinsichtlich der Wahrheitsfrage abhängig, sondern von dem erkenntnismäßigen Zugang, eben von der Frage, was "Wissen" ist. Können sie sich darüber einigen, dann läßt sich entweder durch die entsprechende Erörterung für beide klären, wer nun nicht "wußte", und die

Einschätzungen kommen zur Deckung. Oder diese Klärung läßt sich trotz der Übereinstimmung hinsichtlich dessen, was "Wissen" ist, nicht erzielen, dann aber kann keiner mehr vom anderen behaupten, er wisse, daß dieser nicht "wisse". Oder sie können sich nicht darüber einigen, was "Wissen" ist, verstehen dadurch aber, was "Wissen" für den jeweils anderen bedeutet. Dann kann I_1 nur mehr sagen, daß I_2 nach dem Begriff, den I_1 von "wissen" hat, nicht "weiß", nicht aber nach dem den I_2 hat – und umgekehrt. Beide können dann aber auch verstehen, daß der jeweils andere sich notwendigerweise als ein "Wissender" versteht. Beide können also einander so verstehen, wie sie sich selbst verstehen, ohne einander notwendig in ihren Grundaussagen zuzustimmen!

Im Hinblick auf die Frage nach der Möglichkeit einer interreligiösen Hermeneutik läßt sich hier jedoch festhalten, *daß diese einen solchen erkenntnistheoretischen Diskurs ermöglichen muß*! D. h., man wird versuchen müssen, zu verstehen, warum der Angehörige einer anderen Religion seine Aussagen für wahr hält, bzw. was dieser, wenn er auf "Wissen" rekurriert, denn darunter versteht (und was er demensprechend unter "wahr" versteht). Dazu ist es unumgänglich, die eigene Auffassung von "Wissen" und "Wahrheit" explizit zu machen und sie mit der des anderen zu konfrontieren.[45] Für diesen Diskurs brauchen beide Seiten jedoch vor allem einen *gemeinsamen Bezugspunkt*, von dem aus sie sich das Verständis der erkenntnistheoretischen Auffassungen des jeweils anderen erschließen können!

Nun scheint Panikkar zu meinen, daß die Sache sich noch einmal irgendwie anders verhalte, wenn es sich bei Aussagen um *Glaubensaussagen* handle, es also um das "Selbstverständis" des Glaubenden als eines Glaubenden gehe, denn er schreibt:
"So kann es sein, daß wir, wenn wir »M ist p« (ein Mensch oder eine Gruppe [M] vertritt die Aussage [p] 'A ist B'; Anm. von mir) beschreiben, nicht wirklich es selbst beschreiben, sondern das, von dem wir uns vorstellen, daß »M« es in »A ist B« sieht oder erfährt, und was unsere Vorstellung von »A ist B« ist und nicht, was M tatsächlich darunter versteht. Dies trifft besonders in jenen Fällen zu, in denen das Verständnis der Wahrheitsfrage zur Aussage selbst gehört. Dies ist beispielsweise bei allen Glaubensaussagen so. Wenn »M« glaubt, »A ist B«, dann gehört eben dieser Glaube zu dem Satz »A ist B«, so daß das »A ist B«, an das er glaubt, verschieden ist von dem »A ist B«, das einer meint, der nicht daran glaubt."[46]
Es ist keine Frage, daß es – wie es im ersten Teil dieses Zitates heißt – *möglich* ist, daß derjenige, der die Glaubensaussagen eines anderen beschreibt, diese falsch versteht und seine eigenen Auffassungen in sie hineinliest. Die Frage ist vielmehr, ob – wie der zweite Teil des Zitates behauptet – dieses Mißverständnis *notwendig* der Fall ist, wenn der eine

---
[45] Aus der Ablehnung von Panikkars These folgt also nicht die Restitution des Gebots der Epoche, sondern die Forderung nach "reflektierter Subjektivität"; vgl. oben S. 113.
[46] Panikkar, Verstehen als Überzeugtsein, a.a.O. 144.

nicht glaubt, was der andere glaubt, weil dies die Ursache für das Mißverständnis sei.

Inwiefern aber kann nun dadurch, daß eine Aussage als Glaubensaussage gekennzeichnet wird und sich in ihr das Selbstverständnis des Glaubenden als eines Glaubenden mit-aussagt, sich etwas an ihrer Verstehbarkeit für einen Nichtglaubenden ändern? So stellt sich zunächst die Frage, was mit "Glauben" gemeint ist.

Dazu bieten sich folgende Auslegungsmöglichkeiten:
a) "Glauben, daß P_1 wahr ist", ist äquivalent mit "wissen, daß P_1 wahr ist". Dann läßt sich die Problematik wie oben lösen.
b) "Glauben, daß P_1 wahr ist" bedeutet, daß man sich über die Wahrheit von P_1 nicht sicher ist, sie aber hypothetisch annimmt. In diesem Fall hängt der weitere Verlauf des Verstehensprozesses nun ebenfalls nicht mehr von den Optionen hinsichtlich der Wahrheitsfrage ab, sondern davon, ob diese Bedeutung von "Glauben" von beiden Seiten verstanden wird.
c) "Glauben, daß P_1 wahr ist" bedeutet, daß es sich bei "Glauben" um eine besondere Form des Wissens handelt. Dann wäre zu klären, worin sie sich von anderen Formen des Wissens unterscheidet, also etwa ob sie sich auf besondere "Objekte" bezieht oder nur auf besondere Weise zugänglich wird. Die Folge davon ist, daß auch hier nun in einen erkenntnistheoretischen Diskurs einzusteigen wäre. Mit dieser Auslegungsmöglichkeit von "Glauben" ist jedoch der Boden von Panikkars Argumentation verlassen. Sie würde in die oben genannte und behandelte andere Begründungslinie einmünden, die mit dem Sonderfall "religiösen Verstehens" argumentiert..[47]
d) Soweit ich sehe, bleibt noch die Möglichkeit, daß mit der Kennzeichnung eines Satzes als "Glaubenssatz" auf eine besondere Bedeutung dieses Satzes für den, der ihn sagt hingewiesen werden soll. Panikkar verweist selbst auf diese Problematik:
"Die Bedeutung des Mondes ist für den Astronomen die eines Himmelskörpers und Erdtrabanten, für den Dichter die eines vielsinnigen kosmisch-anthropologischen Symbols usw. Somit liegt die Bedeutung eines Begriffs in seiner Subjekt-Objekt-Intentionalität, d. h. in dem, was der Begriff »sagen will«, in der Sache, die dem entspricht, was das Subjekt vorbringt. Die Bedeutung bildet geradezu die Brücke zwischen Objekt und Subjekt. Da es letzten Endes die Person ist, die die »Intention« des Begriffs interpretiert, liegt die Bedeutung immer jenseits des Gesprochenen und deckt sich niemals völlig damit... Diese Intention kann weder rein subjektiv (dann wäre sie Unsinn) noch rein objektiv sein (dann wäre sie nicht menschlich)."[48]

Panikkar fügt diesem Hinweis jedoch noch die zutreffende Bemerkung hinzu, daß seine These von dieser Problematik unabhängig sei.[49] Denn die Frage

---
[47] Vgl. oben S. 378.
[48] Panikkar, Verstehen als Überzeugtsein, a.a.O. 140f.
[49] Vgl. ebd. 141. Eine andere Frage ist freilich, ob sich Panikkar in seiner Argumentation an die Exklusion dieser Problematik hält. M. E. ist sie

nach der subjektiven Bedeutung hat nichts mehr mit der Frage zu tun, ob das Verstehen einer Aussage notwendig zur Zustimmung führt. Damit scheidet also auch diese vierte Auslegungsmöglichkeit von "Glauben" als Stütze für Panikkars These aus!

Das Problem der subjektiven Bedeutung einer Aussage hat jedoch grundsätzlich eine hohe hermeneutische Relevanz. In der Tat kann man einen Satz nur dann so verstehen, wie er gemeint ist, wenn man die Bedeutung versteht, die derjenige, der ihn sagt, diesem Satz beilegt. Und mit dieser tautologischen Aussage ist letztlich nicht anderes gemeint, als daß man sich bemühen soll, immer auch die Person zu verstehen, die in einem Satz gewisse Intentionen, Emotionen, Züge ihres Selbstverständnisses, etc. zum Ausdruck bringt und ihn in einem Kontext formuliert, zu dem auch das subjektive Erleben dieses Kontextes gehört. Hier stößt eventuell auch die Möglichkeit einer interreligiösen Hermeneutik an ihre Grenzen, da es nicht unbedingt sicher ist, ob ein solch volles Verstehen von menschlichen Personen zwischen diesen möglich ist. Aber diese Grenzen – sollten sie denn existieren – wären nicht die speziellen Grenzen einer interreligiösen Hermeneutik, sondern die Grenzen jeglichen zwischenmenschlichen Verstehens! Wie Panikkar jedoch in diesem Zusammenhang richtig andeutet, muß auch hier die Verstehensbemühung von dem "Objekt" ausgehen, auf das sich eine Aussage richtet, und so bleibt es sowohl beim allgemeinen zwischenmenschlichen Verstehen als auch bei dem Programm einer interreligiösen Hermeneutik bei der Frage nach einem gemeinsamen Bezugspunkt, nach einem gemeinsamen Referenzrahmen, von dem her sich das Verständnis der Aussagen erschließen läßt!

Im Falle der Gültigkeit von Panikkars These, daß das Verstehen einer Aussage notwendig die Überzeugung von ihrer Stimmigkeit beinhaltet, wäre die prinzipielle Möglichkeit einer interreligiösen Hermeneutik in der Weise eingeschränkt, daß sie dort nicht gegeben ist, wo man in einer anderen Religion Aussagen begegnet, denen man, wegen der von der eigenen Religion gemachten, nicht zustimmen kann. Da m. E. jedoch gezeigt werden konnte, daß sich diese These Panikkars als unhaltbar erweist, scheidet auch diese Form einer Bestreitung der prinzipiellen Möglichkeit interreligiöser Hermeneutik aus. Man könnte also nur noch behaupten, daß eine Sonderform "religiösen Verstehens" existiert, und diese notwendig mit der Zugehörigkeit zu jener Religion verbunden ist, der diese Sonderform zugesprochen wird, und daraus folgern, daß man, um die Aussagen dieser Religion zu verstehen, ihr

---

vielmehr die letzte Stütze, auf die er sich bei der Verfolgung der zweiten Begründungslinie zurückziehen muß, wenn er nicht – wie sonst unumgänglich – wieder auf die erste Begründung, daß "Falsches" nicht verstehbar sei, zurückgreifen will. So formuliert er zu dem oben (S. 391 Anm. 43) genannten Beispielsatz aus der Nazi-Ideologie: "Ich verstehe doch den Satz wirklich nicht in dem Sinne, wie ihn eine nazistische Mentalität meint." (Verstehen als Überzeugtsein, a.a.O. 138). Damit sagt er m. E. nichts anderes, als daß er eben die Bedeutung dieses Satzes i.S. jener "Mentalität" nicht verstehe, oder eben, daß er diese Mentalität nicht verstehe.

mindestens irgendwann einmal angehört haben muß. Dies kann jedoch aus logischen Gründen nur der vertreten, der selbst jene Bedingung erfüllt, und auch damit wäre die Möglichkeit interreligiöser Hermeneutik nicht prinzipiell bestritten.

Hiermit sei der "negative" Zugang zur Frage nach der Möglichkeit interreligiöser Hermeneutik beendet, dessen Aufgabe darin bestand, Versuche der Negation dieser Möglichkeit abzuwehren. Ich wende mich nun Überlegungen zu, die einen "positiven" Zugang zur interreligiösen Hermeneutik eröffnen wollen. Sie gelten, wie sich bereits mehrfach andeutete, vor allem der Suche nach einem geeigneten *Referenzrahmen*.

1.2 Die Frage nach dem Referenzrahmen interreligiöser Hermeneutik

Wenn sich die These Panikkars, daß Verstehen grundsätzlich zu Zustimmung führt, nicht halten läßt, dann folgt daraus für eine *interreligiöse Hermeneutik*, daß diese nicht von einer umfassenden Einigkeit bzw. Übereinstimmung der Religionen abhängig ist. Interreligiöses Verstehen muß interreligiöser Beurteilung vorangehen. Interreligiöses Verstehen ist jedoch nicht unabhängig vom eigenen religiösen Hintergrund, denn es geht ja gerade um die Frage, wie vom Standpunkt der eigenen Religion aus das Verständnis einer anderen erreicht werden kann. Die Konsequenz der Forderung nach Epoche als Bedingung für das Verstehen wäre die Bestreitung der Möglichkeit einer interreligiösen Hermeneutik. Nimmt man diese beiden Überlegungen zusammen, dann folgt daraus, daß die Entwicklung interreligiöser Hermeneutik zwar *Teil der Aufgabe einer Theologie der Religionen* sein muß (weil eben der christliche Verstehenshintergrund nicht ausgeklammert sondern eingebracht werden soll), aber daß sich die Aufgabe einer Theologie der Religionen nicht in interreligiöser Hermeneutik erschöpft! Die christlich-theologische Beurteilung der Botschaft anderer Religionen setzt ein adäquates Verstehen dieser Botschaften voraus und muß dieses als genuinen Bestandteil umfassen, ist aber nicht einfach mit diesem deckungsgleich.

Ein dem Selbstverständnis des anderen gerecht werdendes Verstehen kann nur in *dialogischer Weise* gewonnen werden. Die Botschaft anderer Religionen muß von diesen selbst empfangen werden, und das dabei erreichte Verständnis bedarf der beständigen Überprüfung durch den anderen.[1] Wenn aber die in einer Theologie der Religionen anzustrebende theologische Urteilsbildung ein adäquates Verstehen voraussetzt, und wenn dieses nur auf dialogischem Wege gewonnen werden kann, dann setzt die Durchführung einer Theologie der Religionen den interreligiösen Dialog voraus.[2] Aber

---

[1] Vgl. zu dieser von W. C. Smith aufgestellten Forderung oben S. 119. Die gleiche Forderung erheben auch Panikkar ("...no interpretation of any religion is valid if the followers of that religion do not recognize it as such"; Panikkar, The Intrareligious Dialogue, a.a.O. 64] und L. Swidler ("Jeder Teilnehmer muß seine Position selbst erläutern und klar umreißen... Umgekehrt muß der bzw. die von außen her Interpretierte in der Lage sein, sich selbst in der Interpretation wiederzuerkennen."; L. Swidler, Wahrheitsfindung im Dialog. Plädoyer für einen Paradigmenwechsel in der systematischen Reflexion, in: Una Sancta 39 [1984] 201-218, 208f).

[2] Vgl. zu dieser Frage die unterschiedlichen Optionen von M. Seckler und H. Waldenfels (M. Seckler, Theologie der Religionen mit Fragezeichen, in: Theologische Quartalschrift 166 [1986] 164-184 und H. Waldenfels, Theologie der nichtchristlichen Religionen. Konsequenzen aus "Nostra aetate", in: E. Klinger / K. Wittstadt [Hg], Glaube im Prozeß, Freiburg-Basel-Wien 1984, 757-775). Während Seckler für die Entwicklung einer Theologie der Religionen als methodologischen Ausgangspunkt eine "religionenbezogene Theorie des Christentums" fordert, in der die "Selbsteinschätzung" des Christentums "angesichts des Religionenpluralismus" zu thematisieren sei, und den interreligiösen Dialog erst auf den wei-

ebenso wie die interreligiöse Hermeneutik nicht die Aufgabe einer Theologie der Religionen erschöpft, geht auch der interreligiöse Dialog nicht in interreligiöser Hermeneutik auf. Im Dialog wird es ebenso wichtig sein, dem anderen ein Verständnis der eigenen Botschaft zu vermitteln und seine Interpretationen dieser Botschaft zu prüfen, wie auch die sich an den Verstehensprozeß anschließende theologische Urteilsbildung in den Dialog einzubringen. Kurzum, interreligiöse Hermeneutik, Theologie der Religionen und interreligiöser Dialog sind unauflöslich ineinander verwoben, ohne miteinander identisch zu sein.

Wenn sich auch das Verstehen einer Aussage nicht – wie Panikkar meint – an der Frage der Zustimmung entscheidet, und daher auch für die Möglichkeit einer interreligiösen Hermeneutik keine volle Einigkeit der Religionen erforderlich ist, so gilt doch, daß das Verstehen einen gemeinsamen *Bezugspunkt* voraussetzt, *über den* – soll er wirklich ein *gemeinsamer* sein – eine *Einigkeit* gegeben sein muß. Läßt sich hinsichtlich der in einem Satz verwendeten Begriffe zwischen dem, der den Satz sagt, und dem, der ihn verstehen soll (oder will), nicht mindestens bei einem Begriff eine Einigkeit darüber erzielen, worauf er sich bezieht, dann wäre – was A. MacIntyre mit Recht betont hat[3] – in der Tat ein Verständnis unmöglich. Es ist nicht nö-

---

teren Schritt einer "theologischen Theorie des Religionenpluralismus", bei der es um die "theologische Einschätzung" der nichtchristlichen Religionen geht, folgen läßt (vgl. Seckler, 169f), setzt Waldenfels das dialogisch zu gewinnende Verstehen anderer Religionen an den Anfang einer Theologie der Religionen und läßt erst dem gewonnenen Verständnis des anderen die "Überprüfung der Selbsteinschätzung angesichts der Religionen" und das Bedenken des Verhältnisses zu ihnen folgen (vgl. Waldenfels, 766f). M.E. ist Seckler unbedingt darin recht zu geben, daß andere Religionen nicht einfach aprioristisch zu Heilswegen erklärt oder ihre diesbezüglichen Ansprüche unkritisch übernommen werden können (vgl. Seckler, 178ff). Aber der theologischen Evaluation muß zunächst die Verstehensbemühung vorausgehen. Selbst eine religionenbezogene Theorie des Christentums ist m. E. nicht möglich, ohne vorher durch das Verstehen nichtchristlicher Religionen überhaupt Klarheit über deren Aussagen zu gewinnen. Wie soll das Christentum seine "Selbsteinschätzung angesichts des Religionenpluralismus" thematisieren, wenn nicht geklärt ist, um was für eine Art von Pluralismus es sich dabei überhaupt handelt? Und diese Klarheit kann weder aus einer religionswissenschaftlichen Spekulation über das allgemeine Wesen von Religion bzw. Religionen noch aus einer aprioristischen, christlichen Festsetzung dessen, was Religion bzw. Religionen sind, resultieren, sondern nur aus der um Verstehen bemühten dialogischen Beschäftigung mit den konkreten Religionen. Andernfalls nimmt man vielleicht die Selbsteinschätzung angesichts einer (eventuell sogar selbstgeschaffenen) Chimäre vor. Folglich ist – wie Waldenfels fordert – die dialogische Verstehensbemühung an den Anfang einer Theologie der Religionen zu setzen!

[3] Vgl. A. MacIntyre, Läßt sich das Verstehen von Religion mit religiösem Glauben vereinbaren?, in: H. G. Kippenberg / B. Luchesi (Hg), Magie. Die sozialwissenschaftliche Kontroverse über das Verstehen fremden Denkens, Frankfurt a. M. 1987, 52-72; hier 52f. MacIntyre bezieht hier die

tig, daß der Bezug aller Begriffe unmittelbar einsehbar ist. Er kann sehr wohl auf dem Umweg über andere Begriffe freigelegt werden, muß jedoch an zumindest einer Stelle evident sein und sich dann so mit den weiteren Begriffen verbinden lassen, daß sich ihr Verständnis daraus entwickeln läßt. So ist die Grundfrage nach der Möglichkeit einer interreligiösen Hermeneutik die Frage nach einem interreligiös gemeinsamen Bezugspunkt bzw. *Referenzrahmen*, der es erlaubt, vom Standpunkt einer Religion aus eine andere zu verstehen - und zwar durchaus nur so, wie sie sich selber versteht bzw. verstanden wissen will.

Die Suche nach dem Referenzrahmen einer interreligiösen Hermeneutik hat es demnach zunächst mit *zwei Fragen* und *zwei Forderungen* zu tun. Zum einen ist danach zu fragen, an welchem Punkt der Botschaft einer anderen Religion man ansetzt[4], um sie zu verstehen, und zum anderen, von welchem Punkt der eigenen Religion man dabei ausgeht. Und die erste Forderung lautet, daß diese beiden Punkte mittels des gemeinsamen Referenzrahmen zur Deckung zu bringen sind. Es muß also ein "Ort" in der eigenen Religion erschlossen werden, der einem "Ort" in der fremden Religion dadurch korrespondiert, daß beide einen gemeinsamen Bezugspunkt besitzen. Insofern muß dieser Bezugspunkt beiden Religionen "*äußerlich*" sein. Wenn für diesen Bezugspunkt aber gelten soll, daß über ihn auf beiden Seiten Einigkeit besteht, dann bedeutet dies, daß er beiden Religionen nicht nur äußerlich sein kann, sondern als Bezugspunkt bereits im Selbstverständnis beider Religionen vorliegt. M.a.W., dieser gemeinsame Bezugspunkt kann nicht erst hergestellt werden, da dann die Möglichkeit einer interreligiösen Hermeneutik bis zu dieser "Herstellung" vertagt werden müßte und nicht mehr klar ist, wie diese "Herstellung" ohne wechselseitiges Verstehen überhaupt möglich sein soll. (Die Forderung, daß über den gesuchten Referenzpunkt in den Religionen Einigkeit bestehen muß, schließt jedoch nicht aus, daß diese Einigkeit erst in der Begegnung *festgestellt* wird.) Daher lautet die zweite Forderung, daß dieser Bezugspunkt beiden Religionen auch "*innerlich*" sein, also von ihnen selbst als genuiner Bezugspunkt ihrer Botschaft verstanden sein muß. Diese beiden Forderungen lassen sich somit zu einer einzigen zusammenfassen: Der Bezugspunkt einer interreligiösen Hermeneutik muß den in Frage stehenden Religionen zugleich innerlich und äußerlich sein!

Die Notwendigkeit dieser Forderung wird auch bei jener spezifischen Problematik deutlich, die sich bei der Frage nach dem *"Ort" der Reflexion* auf die Grundlagen interreligiöser Hermeneutik stellt, und macht ihrerseits diese Problematik erst verständlich. Ist z.B. die Reflexion auf die hermeneutischen

---

    erforderliche Gemeinsamkeit auf die "Verwendung" bzw. den "Gebrauch" des Begriffes, was ich als eine Frage nach seinem Referenten begreife.

[4] Ich spare mir hier die weitere Frage, ob man überhaupt hermeneutisch zum Verständnis anderer Religionen bei ihrer "Botschaft" bzw. ihren ("Glaubens"-)Aussagen ansetzen soll, da es das Ziel dieser Untersuchung ist, einen Weg zum christlichen Verständnis der buddhistischen *Heilsbotschaft* aufzuzeigen.

Grundlagen des christlich-buddhistischen Dialogs eine theologische oder eine "buddhologische" Reflexion, ist sie beides (wie soll dies möglich sein) oder keines von beidem (was aber ist sie dann)? Eine Variante dieses Problems ist sodann die Frage, ob diese hermeneutische Reflexion Teil des interreligiösen Dialogs selbst sein muß oder sich jenseits des Dialogs bewegt.

In J. Mays Pionierarbeit zur hermeneutischen Situation des christlich-buddhistischen Dialogs[5] liegt diese Problematik offen zu Tage. May sucht einen Interpretationsrahmen, "that is as abstract as possible precisely in order to capture widely disparate and, I hope, concrete characteristics of two very different traditions."[6] Folglich könne dieser nicht von einem christlich-theologischen Standpunkt bestimmt sein.[7] Doch bemerkt May andererseits: "Though I would insist on the necessity of a sufficiently abstract conceptual framework..., I do not believe it possible to take up such a 'neutral' standpoint in reality...".[8] Die Unentschiedenheit Mays hinsichtlich der standpunktmäßigen Verortung seines Interpretationsrahmens spiegelt sich denn auch in seiner Beurteilung des dialogischen Charakters der hermeneutischen Reflexion wider. Während May im Vorwort seiner Studie betont, daß diese Reflexion selbst noch nicht Dialog sei[9], nennt er es an anderer Stelle eine Eigentümlichkeit interreligiöser Gespräche, "daß ihre Verständnisgrundlage durch die Gesprächspartner im Laufe des Gesprächs selbst hergestellt werden muß; die Kommunizierenden müssen die Bedingungen ihrer Kommunikation erschließen und thematisieren."[10] Letzteres hängt aber eben damit zusammen, daß über den erforderlichen hermeneutischen Referenzrahmen innerhalb und zwischen den Religionen Einigkeit bestehen muß. Es muß mit ihrem jeweiligen Selbstverständnis übereinstimmen, daß der Bezugspunkt, von dem her ihre Botschaften dem anderen verstehbar werden sollen, wirklich ein solcher ist. Oder anders gesagt, die Botschaft der einen Religion darf nicht von der anderen auf etwas bezogen (und von daher interpretiert) werden, was nach Auffassung der ersteren nicht der Bezugspunkt ihrer Botschaft ist. Daher bedürfen auch die vorgeschlagenen hermeneutischen Wege der dialogischen Klärung und Überprüfung.

Wenn aber die Reflexion auf die hermeneutischen Grundlagen des Dialogs nicht vom Dialog ausgrenzbar ist, dann kann und muß ihr auch nicht der theologische bzw. "buddhologische" Charakter abgesprochen werden. Die Forderung, daß der Bezugspunkt einer interreligiösen Hermeneutik den Reli-

---

[5] John D'Arcy May, Meaning, Consensus and Dialogue in Buddhist-Christian Communication. A Study in the Construction of Meaning. Bern 1984.
[6] Ebd. 25.
[7] Vgl. ebd. 26.
[8] Ebd. 4f.
[9] Vgl. ebd. IV.
[10] J. May, Einige Voraussetzungen interreligiöser Kommunikation am Beispiel Buddhismus und Christentum, in: Neue Zeitschrift für Missionswissenschaft 40 (1984) 26-35, hier 31f. In diesem Aufsatz faßt May noch einmal die wichtigsten Grundlinien seiner oben genannten Studie zusammen.

gionen zugleich innerlich und äußerlich sein muß, besagt in diesem Zusammenhang, daß es ein theologisches Vorgehen ist, den Bezug christlicher Aussagen auf jenen gemeinsamen Punkt zu verdeutlichen, so wie die Verdeutlichung des Bezugs buddhistischer Aussagen auf den nämlichen Punkt ein "buddhologisches" Unterfangen darstellt. Gibt es jenen gemeinsamen Bezugspunkt, so haben die Aussagen beider Seiten einen Referenzrahmen, der immer schon auch im Blickfeld der anderen liegt, und das verstehende Nachvollziehen der jeweiligen Bezüge kann die in der eigenen Religion vorliegenden nie unberührt lassen. Interreligiöse Hermeneutik muß - wie Panikkar vermerkt - zu einem "intra-religiösen Dialog" führen, in dem "the two views meet head-on inside oneself".[11] Die Entwicklung einer interreligiösen Hermeneutik ist also (auf christlicher Seite) ebenso eine *theologische* (weil sie zwangsläufig jene "intra-religiöse" Dimension besitzt) wie *dialogische* Aufgabe (weil sie der ständigen interreligiösen Überprüfung bedarf).

Gerade wegen ihres so bestimmten theologischen Charakters kann und muß es Aufgabe einer interreligiösen Hermeneutik sein, Anspruch und Herausforderung, wie sie von der anderen Religion an einen selbst ergehen, zu verdeutlichen.[12] Sie kann diese Aufgabe jedoch nur erfüllen, wenn sie einerseits eine inklusivistische Verzerrung der Botschaft des anderen durch die eigenen Kategorien vermeidet und andererseits gerade die eigene Denkweise und ihre Kategorien von der Botschaft des anderen betreffen läßt. Und diese beiden Forderungen sind nur in der Freilegung eines interreligiös gemeinsamen Referenzrahmens erfüllbar. Daher stimme ich grundsätzlich dem Urteil D. Kriegers zu, daß "die Frage... nach dem Sinn der Lehren anderer Religionen... gar nicht gestellt werden (kann), bis gezeigt worden ist, daß sie in einer Weise gestellt werden kann, die, ihrer eigenen Grenzen bewußt geworden, fähig ist, das, was andere Religionen aussagen, hörbar zu machen. Es muß also die Absicht der methodologischen Begründung der Theologie der Religionen sein, einen Ort in unserem Denken und Sprechen zu erschließen, wo das, was die anderen Religionen sagen und denken, einen Anspruch auf uns haben kann, und zwar einen Anspruch auf uns *als Christen*."[13] M.E. folgt daraus jedoch - im Gegensatz zu Krieger - gerade nicht die Aussetzung der Frage, "ob nicht-christliche Religionen »legitim«, »geoffenbart«, »erlösend«, »von Gott gewollt«, oder sonst etwas seien, solange diese Begriffe in ihrem christlich-traditionellen Sinn verstanden werden."[14] Die von

---

[11] R. Panikkar, The Intrareligious Dialogue, a.a.O. 10.
[12] Vgl. zu dieser von J. Cahill erhobenen Forderung oben S. 128ff.
[13] D. Krieger, Das interreligiöse Gespräch. Methodologische Grundlagen der Theologie der Religionen, Zürich 1986, 99.
[14] Ebd. 99. Das Ansinnen Kriegers, diese Fragen "in ihrem christlich-traditionellen Sinn" aus dem Bereich der "Theologie der Religionen" auszugrenzen, ist wohl darauf zurückzuführen, daß er - W. C. Smith nicht unähnlich - eine adäquate Theologie der Religionen nicht mehr "auf dem Boden einer *bloß* christlichen Theologie" (ebd. 35) stehen sieht (vgl. auch ebd. 52, Anm. 52). Die kritische Evaluation ist nach Kriegers Auffassung eine Selbstkritik des "Heiligen", das der Vielfalt verschiedener Absolutheitsansprüche zugrunde liegt, und "sich mittels seiner eigenen

einer interreligiösen Hermeneutik zu verdeutlichenden Herausforderungen und Ansprüche bleiben wechselseitig ergehende. Es sind beidemale die traditionellen Beurteilungskritierien, die herausgefordert werden, aber auch herausfordern, und sie sind es auch, mit denen dann die evaluative Aufgabe – ob sie nun positiv oder negativ ausfällt – zu bewältigen ist.

Gerade die theologische Evaluation der Botschaften anderer Religionen kann weder aprioristisch noch pauschal vorgenommen werden. Da sie nur im Verein mit einem Verstehensprozeß ergehen kann, bei dem man sich selbst zunächst von der Botschaft des anderen betroffen erfährt, muß sie immer an konkreten Aussagen bzw. Aussagekomplexen orientiert sein. Daher ist für den Referenzrahmen interreligiöser Hermeneutik zu fordern, daß er es ermöglicht, die Botschaft des anderen in ihrer *konkreten Eigengestalt* zu verstehen. Und dieses Forderung könnte eventuell beinhalten, daß es sich bei dem christlichen Versuch, die Botschaften anderer Religionen zu verstehen, als unumgänglich erweist, für jede Religion eigens nach einem geeigneten hermeneutischen Referenzrahmen zu suchen. Zumindest sind die entsprechenden Vorschläge hinsichtlich des hermeneutischen Vorgehens gegenüber jeder Religion im Dialog *mit ihr* eigens zu spezifizieren und abzuklären. Interreligiöse Hermeneutik sollte m. E. daher bilateral beginnen.[15]

Der in einer bilateralen interreligiösen Hermeneutik von einem gemeinsamen Bezugspunkt ausgehende Verstehensprozeß kann in seinem Fortschritt gegebenenfalls zur Entdeckung weiterer Gemeinsamkeiten führen und zwar nicht nur hinsichtlich gemeinsamer Bezugspunkte, sondern auch hinsichtlich der jeweiligen Bezugnahme oder ihrer Konsequenzen. Sollten sich bei einer Vielzahl solcher bilateraler interreligiöser Verstehensprozesse schließlich auch multilaterale Gemeinsamkeiten herausstellen, dann würde eine christliche Theologie der Religionen auf diese Weise einen Beitrag zu einer Art interreligiöser "Universalienforschung" leisten. Aber dies wäre ein denkbares *Ergebnis* interreligiöser Hermeneutik (unter anderen) und nicht die zentrale Fragestellung interreligiöser Hermeneutik selbst. Diese ist vielmehr die methodologische Erörtung interreligiöser – und zwar zunächst bilateraler – Verstehenszugänge, deren Anwendung Einigkeit wie Uneinigkeit zwischen den Religionen zutage fördern kann. Und die erste Aufgabe einer solchen bila-

---

Vielfalt" selbst kritisiert (ebd. 35). Diese etwas sonderbar anmutende Auffassung ergibt sich dadurch, daß Krieger von jeglichem Absolutheitsanspruch (wie z.B. dem eines sich absolut setzenden Säkularismus) auf das zugrunde liegende "Heilige" schließt (weil sich in einem Absolutheitsanspruch "ein Absolutes" vom "Relativen und Bedingten" abtrennt), das sich eben dann, wenn diese Absolutheitsansprüche einander kritisch gegenüberstehen, mittels derselben selbst kritisiert (vgl. ebd. 34f). Ziel dieser "Selbstkritik" des "Heiligen" ist es schließlich, daß sich "im Sinne eines globalen Denkens" (ebd. 159) kein System mehr verabsolutieren darf (vgl. ebd. 152ff).

[15] Vgl. dazu ebenfalls H. Waldenfels, Theologie der nichtchristlichen Religionen... a.a.O. 765f.

teral orientierten interreligiösen Hermeneutik ist die Suche nach einem gemeinsamen Referenzrahmen, von dem her die Aussagen einer Religion einer anderen verständlich werden. Der Vergleich mit der interkulturellen und linguistischen Universalienforschung verweist uns jedoch nochmals an das erste methodologische Erfordernis zurück, das an den Referenzrahmen einer interreligiösen Hermeneutik zu stellen ist. Der das Verständnis der Botschaft einer anderen Religion erschließende Bezugspunkt muß in gewisser Weise *evident* sein. D.h., er darf nicht selbst erst von anderen Elementen dieser Religion her erschlossen werden, da dann zu fragen wäre, von woher deren Verständnis gewonnen wird. Die "Evidenz", die hier gemeint ist, besagt also, daß dieser Bezugspunkt an mindestens einer Stelle der zu verstehenden Botschaft unmittelbar (und das heißt: ohne die Vermittlung durch andere Inhalte bzw. Konzepte dieser Botschaft) zugänglich sein muß. Eventuell vorhandene, aber verborgene "Universalien", können daher nicht die dem gesuchten Referenzrahmen zuzumutende Funktion eines hermeneutischen Schlüssels erfüllen, wenngleich sie das einmal eröffnete Verständnis durchaus vertiefen können und besonders wichtig für die theologische Evaluation sind.[16]

Unter dem primären Blickwinkel eines christlichen Verständnisses der buddhistischen Heilsbotschaft und im Hinblick auf die genannten methodologischen Erfordernisse werde ich nun verschiedene Möglichkeiten, diesen Referenzrahmen zu wählen, untersuchen.

---

[16] Aber eine positive Bewertung hängt nicht allein an eventuell feststellbaren Gemeinsamkeiten. Auch das "Sondergut" anderer Religionen muß noch keine theologische Ablehnung erfahren, nur weil es im Christentum hierzu keine Parallele gibt (vgl. oben S. 366f und 370f).

1.3 Begriff und Kontext

Eine Reihe von Religionen benutzen offensichtlich die gleichen Begriffe. Wäre damit nicht bereits der gesuchte Bezugspunkt gegeben? In gewisser Weise scheint diese Frage bejaht werden zu können. Bei Religionen, die sich in historischer Abhängigkeit voneinander entwickelt haben, wäre es anzunehmen, daß zwischen ihnen zumindest hinsichtlich einiger systemimmanenter Referenzen bereits Einigkeit besteht. "›Gott‹ ist eine Bezeichnung für den Schöpfer der Welt." Diese Aussage wird wohl von Juden, Christen und Moslems geteilt werden und bietet daher in der Tat einen hermeneutisch relevanten Bezugspunkt, von dem her sich auch andere Aussagen der jeweiligen Religionen erschließen lassen. Im Buddhismus und in einigen hinduistischen Systemen finden sich eine Reihe gleicher Worte, mit denen offensichtlich zentrale Konzepte bezeichnet werden, und es ist anzunehmen, daß über zumindest einige Aspekte der Referenz dieser Begriffe eine Einigkeit besteht, die als Ansatz für interreligiöses Verstehen dienen kann.

Dennoch hat auch diese hermeneutisch günstige Situation ihre Tücken. Gerade bei historisch verwandten Religionen dürften einige ihrer Aussagen im Hinblick auf die der anderen gemacht worden sein, besonders hinsichtlich der Differenz- und Kritikpunkte. Dabei stellt sich aber durchaus die immer wieder neu zu erwägende Frage, ob die Kritik der einen Religion an den Aussagen und Auffassungen einer anderen, diese so verstanden hat, wie sie gemeint waren. Nochmals: Ich will damit nicht i. S. Panikkars sagen, daß Nichtzustimmung immer die Folge von Nichtverstehen ist. Aber das schließt freilich nicht aus, daß Nichtzustimmung auch die Folge von Nichtverstehen sein kann. Wenn beispielsweise in der 19. Sure des Korans bekräftigt wird, daß Jesus der Sohn Marias ist, aber unter Hinweis auf die jungfräuliche Empfängnis die Auffassung abgelehnt wird, daß Gott der Vater Jesu sei, liegt dann noch das gleiche Verständnis Gottes bzw. seiner Vaterschaft vor, wie bei der christlichen Auffassung, die ebenfalls unter Hinweis auf die jungfräuliche Empfängnis Gottes Vaterschaft hinsichtlich des Sohnes Marias gegeben sieht? Oder welches Verständnis hatte z.B. Buddha von der Brahman-Atman-Lehre, als er offensichtlich auch im Hinblick auf sie seine Anâtman-Lehre verkündete?

Das sich andeutende Problem hängt mit der Kontextualität der Begriffe zusammen. Innerhalb ihres jeweiligen Kontextes besitzen sie durch ihre Bezüge zu anderen Begriffen aus diesem Kontext unterschiedliche Aspekte. Werden diese Aspekte nicht gesehen, so kann es zu Mißverständnissen kommen. Wenn "Vaterschaft" innerhalb eines Kontextes immer in Bindung an geschlechtliche Zeugung verstanden wird, kann die Rede von "Vaterschaft" innerhalb eines anderen Kontextes, die zwar noch den Aspekt der "Zeugung" voraussetzt, aber den Begriff nicht mehr nur i. S. einer "geschlechtlichen Zeugung" verwendet, leicht mißverstanden werden.[1] Die Vielfalt der Aspekte

---

[1] Diese Bemerkung dient lediglich als Beispiel und impliziert kein Urteil darüber, ob hinsichtlich der 19. Sure des Koran tatsächlich zwischen

eines Begriffs bestimmt sich also maßgeblich von seinen Bezügen innerhalb seines Kontextes her. Welcher Aspekt eines Begriffs wird nun aber innerhalb des Kontextes zum gewichtigeren? Ist "Gott" im christlichen Kontext vor allem dadurch bestimmt, daß er der Vater Jesu ist, oder ist er auch hier primär der Schöpfer der Welt? Was aber bedeutet eine eventuelle Gleichgewichtigkeit beider Aspekte? Marcion hatte hier wohl seine Schwierigkeiten, und ähnliche könnten sich eventuell auch einem mit der Botschaft des Christentums konfrontierten Buddhisten stellen. Trotz solcher Fragen ist m.E. bei historisch verwandten Religionen die hermeneutische Situation immer noch weitaus günstiger als bei denen, die es nicht sind, da die ihnen gemeinsamen Begriffe die Chance bieten, unter den vielfältigen Aspekten dieser Begriffe solche zu finden, hinsichtlich derer Einigkeit besteht und von denen her ein weiterreichendes Verständnis gewonnen werden kann. Doch bleibt die Frage, wie weit solche begrifflichen Gemeinsamkeiten bei der Erschließung auch des Kontextes führen, d.h. ob die kontextuellen Verschiedenheiten sich von unterschiedlichen Urteilen hinsichtlich solcher Begriffe erklären lassen, über die in einigen Urteilen Einigkeit besteht, oder ob die kontextuellen Verschiedenheiten von anderswo herrühren, eventuell eben auch von Begriffen, über deren Referenzen keine Einigkeit gegeben ist.

Die hermeneutischen Vorteile historisch verwandter Religionen scheiden nun jedoch hinsichtlich einer christlich-buddhistischen Hermeneutik aus.[2] Gleichzeitig verschärft sich durch die wechselseitige Unbekanntheit der Begriffe die Problematik ihrer kontextuellen Verortung. Nach Panikkar sind in einer solchen Situation die Begriffe des einen Kontextes für einen anderen nur verstehbar zu machen, wenn es gelingt, in den Funktionen, die die jeweiligen Begriffe in ihrem Kontext erfüllen, strukturale Analogien bzw. - wie er auch sagt - "Homologien" aufzufinden.[3] Dies ist nichts anderes als der klassische Weg des religionswissenschaftlichen Vergleichs. Die Frage ist jedoch, wie solche strukturalen Analogien erkennbar werden. Bei der oben durchgeführten Analyse der phänomenologischen Religionsvergleiche von Christentum und Buddhismus hatte sich ja gezeigt, daß es gerade auch auf diesem Weg zu einer verzerrenden Übertragung der eigenen strukturbestimmenden Kategorien auf den Sinnzusammenhang der Begriffe einer anderen Religion kommen kann.[4]

Mit Recht hatt deshalb G. Lindbeck darauf aufmerksam gemacht, daß hinsichtlich der Stellung eines Begriffs in seinem Kontext mit kategorialen Inkommensurabilitäten zu rechnen ist.[5] Um zu sagen, daß etwas "rot" ist, bedarf es der Kategorie der Farbe, und um zu sagen, daß etwas "groß" ist,

---

Christentum und Islam die so skizzierte hermeneutische Situation gegeben ist.
[2] Vgl. zur Frage historischer Abhängigkeiten zwischen Christentum und Buddhismus oben S. 21ff.
[3] Vgl. Panikkar, The Intrareligious Dialogue, a.a.O. XXIff, 33, 65ff.
[4] Vgl. oben S. 106ff.
[5] Vgl. G. Lindbeck, The Nature of Doctrine. Religion and Theology in a Postliberal Age. Philadelphia 1984, 48f.

der Kategorie der Größe. Sind in einem Kontext die Kategorien des anderen nicht vorhanden, bleiben die Begriffe unverständlich, selbst wenn klar ist, auf welches Ding sie sich beziehen.[6] Übertragen auf Religion bedeutet dies nach Lindbeck: "They may, in other words, be incommensurable in such a way that no equivalents can be found in one language or religion for the crucial terms of the other."[7] Und hinsichtlich des Buddhismus konstatiert er: "...the means for referring in any direct way to the Buddhist Nirvana are lacking in Western religions and the cultures influenced by them and it is, therefore at least initially puzzling how one can say anything either true or false about Nirvana, or even meaningfully deny it, within these latter contexts."[8] Wenn die Ideen und Konzepte einer Religion in den Kontext einer anderen, von dieser kategorial verschiedenen Religion übertragen werden, bleiben sie demnach schlichtweg unverständlich oder ändern radikal ihren Sinn.[9] Folglich plädiert Lindbeck für eine "intratextuale" Interpretation der Begriffe[10]: "In short, religions... can be understood only in their own terms, not by transposing them into an alien speech."[11] Dann aber ist die entscheidende hermeneutische Frage die, was das Verständnis für den Kontext und seine Kategorien eröffnet.

Mit dieser Frage spitzt sich das Problem interreligiöser Hermeneutik erst eigentlich zu. Denn es hat den Anschein, daß Religionen mit ihren Begriffen, ihren Kategorien und Verknüpfungen nicht nur einzelne Auffassungen zum Ausdruck bringen, sondern in umfassender Weise eine Interpretation der Wirklichkeit vorlegen, in der zugleich auch alle Metakategorien zur Beurteilung dieser Interpretation mitenthalten sind. Sie erscheinen – wie Lindbeck sagt – als "idioms for the construing of reality and the living of life".[12] Die Existenz einer extrakontextuellen Wirklichkeit wäre damit noch

---

[6] Vgl. ebd. 48. Es geht hier vor allem um das Problem kategorialer Differenzierungen. Wie übersetzt man z.B. den deutschen Satz: "Sie können 'Du' zu mir sagen" ins Englische? Fehlt dem Englischen das "Sie" oder fehlt ihm das "Du"? Offensichtlich keines von beidem, sondern eben die entsprechende Differenzierung. Aber wiederum: heißt dies, daß es alles im "Sie" oder daß es alles im "Du" aufgehen läßt? Sind solche Fragen hilfreich? Sind sie richtig gestellt? Was bedeutet es z.B. in dieser Hinsicht, wenn H. Dumoulin urteilt, die buddhistische Lehre begnüge sich mit der relativen Transzendenz des Ganzen gegenüber seinen Teilen, verfehle aber die absolute Transzendenz Gottes (vgl. oben S. 262f)? Dumoulin legt offensichtlich die christliche kategoriale Differenzierung zwischen Schöpfung und Schöpfer zugrunde und versteht die buddhistische Lehre, der diese Differenzierung fremd ist, so, als würde ihr der "Schöpfer" fehlen. Ebenso gut könnte man nach dem gleichen Muster schließen, daß ihr die "Schöpfung" fehle und sie daher für pantheistisch erklären. Sind beide Urteile für das Verständnis hilfreich? Sind sie berechtigt?
[7] Ebd. 48.
[8] Ebd. 48.
[9] Vgl. ebd. 5.
[10] Vgl. ebd. 113ff.
[11] Ebd. 129.
[12] Ebd. 18.

nicht bestritten, wohl aber deren kontextunabhängige Zugänglichkeit.[13] Eine gemeinsame Auffassung von Wirklichkeit wäre nicht mehr voraussetzbar, und zwischen Religionen könnte daher gelten: "Was für die eine wirklich ist, mag für die andere unwirklich sein."[14] Es müßte einen von den Religionen selbst akzeptierten, begrifflich verfaßten Metakontext geben, dem sie ihre Interpretationen ein- und unterordnen.

Wenn Religionen sich selbst jedoch quasi als jenen Metakontext verstehen, wenn sie selbst die Bedeutung von Wirklichkeit und Wahrheit in einer Weise festlegen, daß daran alles andere gemessen werden kann, dann scheint jede Beurteilung der Aussagen innerhalb eines Kontextes von einem anderen Kontext her unmöglich zu sein. So konstatiert J. May: "World-views as all-embracing as Buddhism and Christianity cannot simply be set off against one another in terms of truth or any other value, because each of them constitutes an autonomous and self-sufficient 'world of meaning' within which people have succeeded in living their lives for generations. Such social meaning-systems produce, as it were, their own criteria of validity. Within them, on their own terms, courses of action may be judged correct or incorrect, opinions true or false...; but they themselves... are not subject to such judgements, least of all from some standpoint allegedly 'outside' them. The claims they make embrace *all* aspects of life and reality...".[15] Gibt es aber, weil alle Beurteilungskritierien intrakontextuell festgesetzt sind, keine wechselseitige Beurteilungsmöglichkeit, dann scheint es auch keine Möglichkeit zu geben, eine interkontextuelle Einigkeit über einen gemeinsamen

---

[13] Vgl. dazu die Kritik Peter Winchs an E. E. Evans-Pritchard: P. Winch, Was heißt "eine primitive Gesellschaft verstehen"?, in: H. G. Kippenberg / B. Luchesi (Hg), Magie... a.a.O. 73-119, besonders 76ff. Winchs Auffassung: "Wirklichkeit ist nicht etwas, das der Sprache Sinn gibt. Was wirklich und was unwirklich ist, zeigt sich *in* dem Sinn, den die Sprache hat." (ebd. 78) wird von ihm selbst auf die Sprachspieltheorie L. Wittgensteins zurückgeführt (vgl. ebd. 89ff). Auf Wittgenstein rekurrieren auch G. Lindbeck und (vermittelt über Winch) D. Krieger.

[14] D. Krieger, Das interreligiöse Gespräch... a.a.O. 130.

[15] J. May, Meaning..., a.a.O. 255f. J. C. Maraldo hat diese Problematik am Beispiel des Studiums des Zen-Buddhismus konkretisiert: "Ich unterstelle, daß die verschiedenen Annäherungen, die wir auf das Studium des Zen hin unternehmen, unvermeidlich einen Punkt erreichen, an dem das Objekt des Studiums sich umkehrt und die Annäherung selbst seinen Ansatzpunkt sowie auch seinen Grund in Frage zu stellen beginnt. Wenn wir Zen als ein Phänomen studieren, so erreichen wir einen Punkt, wo Zen sich selbst als das Studium von Phänomenen enthüllt; wenn wir die Geschichte des Zen studieren, beginnt Zen unsere Begriffe der Geschichte in Frage zu stellen. Und wenn wir den philosophischen Hintergrund, die Logik und den Inhalt von Zen studieren, so bringt Zen selbst eine tiefe Reflexion auf die Natur der Philosophie hervor... Was für einen Ansatz wir auch für das Studium des Zen wählen, Zen scheint unseren Ansatzpunkt herauszufordern, seinen Grund in Frage zu stellen, den Ausgangspunkt umzukehren." J. C. Maraldo, Das Studium des Zen und Zen als Studium, in: H. Waldenfels / Th. Immoos (Hg), Fernöstliche Weisheit und christlicher Glaube, Mainz 1985, 11-24, hier 12f u. 22.

Referenzrahmen festzustellen. Daher hängt – wie Krieger sagt – in der Tat "die Möglichkeit eines interreligiösen... Verstehens... davon ab, wie die folgenden erkenntniskritischen Fragen beantwortet werden: ...was gilt als Argument, wenn die Maßstäbe von Sinn, Wahrheit und Wirklichkeit unter den Ideologien (= Religionen, Kulturen) verschieden sind? Wie können Unwahrheit, Täuschung und Sinnlosigkeit noch *entlarvt* werden, wenn solche Begriffe nur *intern* in einer bestimmten Ideologie eine klare und verbindliche Bedeutung haben? Und schließlich, was heißt Denken, wenn es ein radikales *Anders-Denken* geben kann?"[16] Noch schärfer wird diese Problematik deutlich, wenn unter die intrakontextuell festgelegten Kriterien auch die der "Verständlichkeit" fallen: "Sind die Kriterien für Verständlichkeit, mit denen wir uns fremden Begriffen nähern, zu beschränkt, dann kann es nicht nur vorkommen, daß wir sie irrtümlicherweise als sinnlos von uns weisen, sondern – was noch mehr in die Irre führt – daß wir ihnen einen Sinn aufzwingen, den sie nicht besitzen."[17] Dies würde zu der aporetischen Situation führen, "daß wir uns fremden Begriffen nur unter Zuhilfenahme unserer eigenen Kriterien nähern können, daß wir uns aber damit der Gefahr der Verfälschung aussetzen."[18]

Das Dilemma besteht somit darin, daß für eine interreligiöse Hermeneutik irgendein Ansatzpunkt gegeben sein muß, über den zwischen den Religionen Einigkeit besteht, daß dieser bei dem Referenzrahmen bestimmter Aussagen gesucht werden muß, aber alle Begriffe, mit denen die Aussagen operieren, von einem Kontext her autonom definiert und erst aus ihrem Kontext heraus verstehbar sind, der Kontext jedoch als ganzer unzugänglich zu bleiben scheint, weil es keinen übergeordneten Kontext gibt (bzw. Religionen diesen selbst zu repräsentieren beanspruchen) und eine extrakontextuale Wirklichkeit nie kontextunabhängig gegenwärtig ist. Dennoch vermag aus diesem Dilemma keine neue Negation der Möglichkeit interreligiöser Hermeneutik zu

---

[16] Krieger, Das interreligiöse Gespräch... a.a.O. 123. Lindbeck versucht sich in dieser Situation durch eine wechselseitige Kategorienbewertung zu helfen. Es sei ja denkbar, daß eine Religion in der Tat die adäquatesten Kategorien für die Wirklichkeit an sich besitze. Das ganze System einer Religion könne dann als eine riesige Proposition verstanden werden, wobei dann eben eine richtiger als eine andere sein könne (vgl. Lindbeck, The Nature... a.a.O. 50f). Mit dieser an sich unbezweifelbar richtigen Überlegung will Lindbeck jedoch die Möglichkeit von Superioritätsansprüchen garantieren. Dabei übersieht er allerdings den Zusammenhang der Beurteilungsfrage mit der hermeneutische Problematik, auf den Krieger hier hinweist. Wenn es nicht wenigstens an einem Punkt eine übereinstimmende Beurteilung hinsichtlich des Referenzrahmens der Systeme gibt, von dem her sich das Verständnis der jeweiligen Begriffe und Kategorien erschließen läßt, dann bleiben sie für das andere System unverständlich. Bleiben die Begriffe und Kategorien der einen Religion für die andere unverständlich, dann kann diese auch nicht mehr beanspruchen, die eigenen Kategorien seien die der "Wirklichkeit" adäquatesten.
[17] A. MacIntyre, Läßt sich das... a.a.O. 64.
[18] Ebd. 64.

erwachsen. Wollte man aus ihm schließen, daß andere Religionen nicht verstehbar seien, so müßte man behaupten, daß es zwischen den Religionen den gesuchten und für eine interreligiöse Hermeneutik erforderlichen Konvergenzpunkt nicht gibt. Woher aber will man dies wissen, wenn man zugleich behauptet, die anderen Religionen nicht zu verstehen. Die intrakontextuelle Festsetzung der Beurteilungskritierien besagt ja noch nicht, daß die Beurteilungskriterien der jeweiligen Kontexte wirklich verschieden sind! Man müßte schon argumentieren, daß es interkontextuell nicht feststellbar sei, ob Übereinstimmungen vorliegen oder nicht. Diese Argumentation scheitert jedoch an der Kommunikabilität von begrifflichen Kontexten, die – wie Wittgensteins Privatsprachenargument verdeutlicht – gerade auf der Unterscheidbarkeit von Übereinstimmung und Nichtübereinstimmung beruht.[19]

Wie aber lassen sich interkontextuell intrakontextuelle Gemeinsamkeiten feststellen? Und wenn sie sich feststellen lassen, bieten sie den gesuchten Referenzrahmen für eine interreligiöse Hermeneutik?

---

[19] Vgl. L. Wittgenstein, Philosophische Untersuchungen, §§ 242, 258 u. 265.

1.4 Sprache, Wahrheit und Verhalten

Nach Krieger ist in einer Situation des radikalen Pluralismus "das Denken kein neutrales Instrument, kein universeller Boden, durch den und auf dem alle konkurrierenden »Ideologien« sich treffen und vermitteln lassen."[1] Doch zeigt sich, daß es Krieger gar nicht um eine Bestreitung der Universalität des Denkens, sondern lediglich bestimmter Formen des Denkens geht. Für ihn führen andere Kulturen und Religionen ein anderes Denken vor, aber anderes Denken ist nicht einfach Irrationalismus (bei Krieger "Undenken"), sondern "eine andere Unterscheidung zwischen Denken und Undenken".[2] Mit P. Winch fragt Krieger daher nach der Möglichkeit einer "Universalsprache", in der das "Anders-Denken" bzw. die andere Wirklichkeitsauffassung verstanden werden kann.

Somit geht es also darum, zu verstehen, was in einem anderen Kontext als "verstehbar" ("Denken") gilt und warum. Oder - wie es Winch formuliert -, die hermeneutischen Vorgehensweisen müssen "unsere Konzeption der Verständlichkeit so erweitern, daß sie uns zu erkennen ermöglichen, was Verständlichkeit im Leben der von uns untersuchten Gesellschaft bedeutet."[3] Damit ist jedoch eine Form der "Rationalität" auch in jedem anderen sich sprachlich zeigenden Denken (man beachte bei den folgenden Zitaten von Winch, daß im Hintergrund seiner Aussagen über "Sprache" diese i. S. der Sprachspieltheorie als Wirklichkeitshorizont und Denkrahmen gesehen ist) vorausgesetzt, die sich an *eindeutigen Unterscheidungen* festmacht. "Wo es Sprache gibt, muß es einen Unterschied machen, ob man das eine oder das andere sagt, und das ist nur möglich, wo das Aussprechen von etwas... das Aussprechen von etwas anderem ausschließt."[4] Und zu diesen Unterscheidungen muß nach Winch auch in irgendeiner Form die zwischen "Wirklichem und Nichtwirklichem" gehören. "Wir können uns beispielsweise eine Sprache ohne den Begriff »Feuchtigkeit« vorstellen, aber kaum eine, in der die Möglichkeit zur Unterscheidung zwischen Wirklichem und Nichtwirklichem fehlt."[5] Die formalen Prinzipien jeder Rationalität wie Identität, Differenz und Widerspruchsverbot (bei Winch: das Ausprechen des einen muß das Aussprechen von etwas anderem ausschließen) sind demnach mit-konstitutiv für Sprache und ihre intersubjektive Verstehbarkeit, so daß Winch zusammenfaßt: "von einer Gesellschaft zu sagen, sie habe eine Sprache, bedeutet dasselbe wie zu sagen, sie habe ein Konzept von Rationalität."[6] Ist diese interkontextuell gegebene intrakontextuelle Gemeinsamkeit somit zwar die unerläßliche Voraussetzung interkontextueller Verstehbarkeit, so ist sie je-

---

[1] Krieger, Das interreligiöse Gespräch... a.a.O. 18. Dies aber - so Krieger - "ist immer noch die Hoffnung aller, die noch nicht von der »globalen Situation« ausgehen, worin die abendländische, wissenschaftliche Form von Rationalität keine Allgemeingültigkeit besitzt" (ebd. 49, Anm. 23).
[2] Ebd. 157.
[3] P. Winch, Was heißt... a.a.O. 101.
[4] Ebd. 102.
[5] Ebd. 78.
[6] Ebd. 102.

doch noch nicht der für eine interreligiöse Hermeneutik benötigte Referenzrahmen. Denn gerade die kontextuelle Eigengestalt wird mit dieser formalen Gemeinsamkeit nicht deutlich. In diesem Sinne urteilt auch Winch, daß mit der formalen Analogie einer in jeder Gesellschaft gegebenen Unterscheidung von Rationalität und Irrationalität "noch nichts darüber gesagt (ist), worin das Spezifische des rationalen Verhaltens in jener Gesellschaft liegt. Dazu wäre ein genaueres Wissen über die Normen notwendig, auf die sie (i.e. die Mitglieder einer anderen Gesellschaft; Anm. von mir) sich in ihrer Lebenspraxis beziehen."[7] Um hermeneutisch voranzukommen, ist demnach von der formalen Rationalität jeder Sprache und jeden Sprachspiels auf die zugrundeliegende Verhaltensebene zurückzugreifen.

Zu dem gleichen Ergebnis gelangen Krieger und May. In Anlehnung an Wittgenstein und Winch vertritt Krieger die These, "daß die Frage nach einer interkulturellen Hermeneutik als Frage nach einer Universalsprache erst vom Standpunkt einer *pragmatischen* Semantik aus methodologisch adäquat gestellt werden kann."[8] Die Festlegung des Sinnes der Begriffe, auf der die intersubjektive Intelligibilität von "Sprachen" beruht, gründe nicht in einem "willkürlichen Konventionalismus", sondern in einer "Übereinstimmung der Lebensformen".[9] Die Entwicklung einer Universalsprache und somit einer interreligiösen Hermeneutik dürfe die Kriterien des Sinnes nicht unabhängig von den Kriterien des Handelns sehen.[10] Dann aber gilt: "Kriterien von Wirklichkeit, Verständlichkeit und Wahrheit gibt es nur innerhalb einer Lebensform. Deswegen gibt es, wenn es verschiedene Lebensformen gibt, auch verschiedene Wirklichkeiten. Das Sprachspiel erschließt die Welt, und verschiedene Sprachspiele erschließen verschiedene Welten."[11]

Aber welche hermeneutischen Konsequenzen hat diese Auffassung? Heißt dies nun (Möglichkeit Nr. 1), daß man ein anderes "Sprachspiel" erst versteht, wenn man es praktiziert, daß man also, um eine Religion zu verstehen, sich zu ihr bekehren muß? Oder heißt dies (Möglichkeit Nr. 2), daß man die "Lebensform" einer Religion verstehen muß, um die ihr korrelierenden Aussagen zu verstehen? Oder heißt dies (Möglichkeit Nr. 3), daß das Projekt einer interreligiösen Hermeneutik bis zur Entstehung einer "globalen Lebensform" zu vertagen ist? Die Ausführungen Kriegers lassen m.E. alle drei Möglichkeiten zu. Er pflichtet Panikkar bei, daß das Verstehen einer anderen Religion die Bekehrung zu ihr impliziert[12] (Möglichkeit Nr. 1) und sagt - wohl in diesem Sinne: - "Die Bedingung der Möglichkeit aller Mitteilung (Kommunikation) ist also die Teil-nahme", fährt jedoch sogleich fort:

---

[7] Ebd. 102.
[8] Krieger, Das interreligiöse Gespräch... a.a.O. 132; Hervorhebung von mir.
[9] Vgl. ebd. 140.
[10] Vgl. ebd. 153f.
[11] Ebd. 154.
[12] Vgl. ebd. 68ff u. 158. Vgl. auch die Aussage Kriegers: "Neue Begriffe bekommt man in der gleichen Weise wie ein Kind eine Sprache lernt, nämlich, indem man eingeführt wird in eine Technik, einen Gebrauch, eine Institution." (ebd. 157).

"Anders gesagt, das Kriterium des Sinnes allen Sprechens ist die *mögliche Teilnahme* an der Lebensform, die es zu verstehen gilt" (Möglichkeit Nr. 2; Hervorhebung von mir) und endet auf eine Aussage, die wie Möglichkeit Nr. 3 klingt: "Diese Teilnahme aber ist ihrerseits in der möglichen Teilnahme an einer *globalen Lebensform* begründet."[13] Gilt Möglichkeit Nr. 1, dann müßte Krieger entweder – wie Panikkar – beanspruchen, solche "Bekehrungen" vollzogen zu haben (was Krieger zumindest hier nicht tut)[14], oder daß Verstehen grundsätzlich zu Zustimmung führt (was Krieger offensichtlich meint, da er gegen die diesbezüglichen Ausführungen Panikkars nichts einwendet, was m.E. jedoch eine unhaltbare Position ist[15]). Gilt Möglichkeit Nr. 3 dann wird die Verstehbarkeit von Religion von einer bestimmten kulturellen bzw. zivilisatorischen Möglichkeit abhängig gemacht, was jedoch zumindest dem Selbstverständnis kulturübergreifend missionierender Religionen widerspricht[16] und den an den gesuchten Referenzrahmen zu stellenden Forderungen nicht gerecht wird.[17] So bleibt m.E. sinnvollerweise nur mehr Möglichkeit Nr. 2. Zu der Frage, inwieweit die Verstehbarkeit von Verhalten einen Ansatzpunkt für eine interreligiöse Hermeneutik darstellen kann, werde ich später zurückkommen.

Ähnliche Unklarheiten wie bei Krieger ergeben sich auch bei May. Auch May geht davon aus, daß die intersubjektive Intelligibilität sozialer Sinnkonstruktionen nach Art jeder Sprache eine Rationalität impliziert, die die Möglichkeit eines potentiell universalen Konsenses mit sich führt[18], und will den Weg dazu über die Handlungsebene gewinnen. Er setzt zunächst bei der kulturanthropologischen Beobachtung an, daß "gleiche" Handlungen in verschiedenen Gesellschaften einen unterschiedlichen Sinn ausdrücken können. Von ihr schließt er auf die Existenz eines *Handlungskonsenses* ("action-consensus"), wonach einer Gesellschaft eine gewisse Einigung darüber zugrunde liegt, wie man sich zu verhalten bzw. was man zu tun habe. Er weitet die Bedeutung von "Handlungskonsens" über die grundsätzlichen gesellschaftlich festgelegten Verhaltensnormen bis hin zu dem Fall aus, daß ein Gemeinwesen als solches in gewissen Situationen sich zu einer einheitlichen kollektiven Verhaltensweise entschließen muß (z.B. ökonomische, politische oder militärische Handlungen).[19] Gerade in solchen Fällen, in denen auf kollektiver Ebene unterschiedliche Handlungsalternativen zur Diskussion stehen, zeige sich, daß der Handlungskonsens eng mit einem *Sinnkonsens* ("meaning-consensus") verbunden sei. Dabei gilt nach May ein wechselseitiges Abhängigkeitsverhältnis, indem Handlungskonsense Sinnkonsense hervorbringen können, aber auch auf diesen beruhen. Denn Ziele und Normen gemeinschaftlichen Verhaltens verlangen nach Rechtfertigung durch einen

---

[13] Alle drei Zitate ebd. 157.
[14] Wie kann er sonst wissen, daß Religionen nur durch Bekehrung verstehbar sind? Vgl. zu dieser Problematik oben S. 376ff.
[15] Vgl. oben S. 381ff.
[16] Vgl. dazu oben S.374ff.
[17] Vgl. oben S. 400f.
[18] Vgl. May, Meaning... a.a.O. 217-224, besonders 223f.
[19] Vgl. ebd. 201ff.

Sinnkonsens.[20] Wird der Sinnkonsens durch die Diskussion unterschiedlicher Handlungsoptionen in einem gesellschaftlichen Diskurs explizit gemacht, so zeigt sich, daß dieser seinerseits mit einem weiteren Konsens verwoben ist, den May als *Wahrheitskonsens* ("truth-consensus") bezeichnet. In diesem ist festgelegt, welche Auffassungen innerhalb einer Gesellschaft als "wahr" angesehen werden.[21] Wegen ihrer inneren Verwobenheit können diese drei Konsense als ein einziger Grund- bzw. *Basiskonsens* ("basic-consensus") bezeichnet werden, den May folglich so definiert: "Basic consensus is a tacit agreement among the members of a society about how they are to behave, what they take to be real, and why their view of reality sanctions their institutions."[22] Die hermeneutische Problematik der dialogischen Begegnung von Christentum und Buddhismus begreift May somit als das Aufeinandertreffen von zwei unterschiedlichen Basiskonsensen.[23]

Im Zentrum des Basiskonsenses sieht May den Sinnkonsens stehen, denn: "The *how* of behaviour and the *what* of reality are integrated by the *why* which explains the legitimacy of *institutions*."[24] Wegen seiner integrativen Funktion hinsichtlich des Handlungs- und Wahrheitskonsenses eignen dem *Sinnkonsens* zwei komplementäre Komponenten, die des *funktionalen Sinnkonsenses* ("functional meaning-consensus"), d.h. des Sinnkonsenses hinsichtlich gemeinsamer Handlungs-Intentionen, und die des *strukturalen Sinnkonsenses* ("structural meaning-consensus"), d.h. des Sinnkonsenses hinsichtlich semantischer und syntaktischer Aspekte der Artikulation des Wahrheitskonsenses.[25]

Die wohl zentrale Auffassung Mays im Hinblick auf die hermeneutischen Ausgangsbedingungen christlich-buddhistischer Kommunikation ist nun jedoch, daß die *strukturalen Elemente der Sinnkonsense* innerhalb der Basiskonsense beider Traditionen *semantisch unversöhnlich* ("irreconcilable") und daher nicht in der Lage seien, einen *Wahrheitskonsens* hervorzubringen, der die Sinnkonsense beider Traditionen umfassen könnte.[26] "In other words, Buddhist-Christian dialogue cannot be expected ever to reach a stage of framing mutually agreed statements of belief."[27] Es bleibt aber unklar, worauf May dieses Urteil gründet und daher auch, was die hermeneutischen Implikationen dieses Urteils sind. Bedeutet die Auffassung, daß auch vom Dialog keine für beide Seiten akzeptable Formulierung gemeinsamer Glaubensaussagen zu erwarten sei, eine prinzipielle Unversöhnlichkeit der

---

[20] Vgl. ebd. 207.
[21] Vgl. ebd. 211ff.
[22] Ebd. 202.
[23] Vgl. ebd. 215.
[24] Ebd. 203.
[25] Ebd., S. 209
[26] Vgl. ebd. 257.
[27] Ebd. 259. May schränkt allerdings die Apodiktik dieses Urteils selber ein: "This is a conservative position, and if the progress of Buddhist-Christian dialogue should ever invalidate it, no one would be happier than I." (ebd.).

christlichen und buddhistischen Lehren? Besagt sie eine logische Unvereinbarkeit der jeweiligen Wahrheitskonsense (was May anscheinend jedoch nicht zu sagen beabsichtigt, und was voraussetzen würde, die Lehren beider hinreichend verstanden zu haben), oder will May damit sagen, daß man sich zum jeweils anderen Sinnkonsens bekehren muß, um ihn zu verstehen[28], oder meint er Inkompatibilität i. S. völliger Disparatheit? Läßt sich letzteres aber begründen, ohne auf die These hinauszulaufen, daß die Lehren beider Religionen für den Angehörigen der jeweils anderen prinzipiell unverstehbar seien?[29]

Die *begriffliche Verschiedenheit* in den strukturalen Elementen beider Sinnkonsense liegt insofern auf der Hand, als die Lehren von Christentum und Buddhismus unabhängig voneinander entstanden sind. Sie können daher nicht unmittelbar aufeinander bezogen werden. Auf diesen Aspekt verweist auch May. Folgt aus dieser historisch-kulturellen Situation aber, daß sie unversöhnlich, also nicht miteinander vermittelbar sind? May selbst sieht denn auch gerade im Wahrheitsanspruch die "abstrakte" Behauptung *transkultureller* Gültigkeit.[30] "But in practice, the truth on which we are prepared to base our lives... depends on a consensus shared with those among whom we live..."[31] Die semantische Unversöhnlichkeit der strukturalen Elemente, von denen May im Hinblick auf die christlichen und buddhistischen Lehren spricht, scheint also i. S. der *unterschiedlichen soziologischen Verankerung* derjenigen gemeint zu sein, die ihre soziale Identität in diesen Lehren ausgedrückt sehen. Dann aber handelt es sich bei der von May be-

---

[28] Vgl. die Aussage Mays: "Nur wer in diesem Lebens- und Interpretationszusammenhang steht, hat letztlich Zugang zum Verständnis einer solchen Tradition, ähnlich wie nur der, der eine Sprache als Muttersprache spricht, letzte Sicherheit bei deren Gebrauch besitzt. Zugleich schließt diese Notwendigkeit der »Innenerfahrung« Außenstehende von diesem Verständnis aus, was zu den bei interreligiösen Gesprächen auftretenden Aporien und Widersprüchen führt." (May, Einige Voraussetzungen... a.a.O. 31). Aber, hat May diese "Innenerfahrung" (wenn nicht, woher weiß er um ihre Notwendigkeit)? Welches "Verständnis" ist gemeint: ein anfängliches, ein volles, das der Aussagen, das der meditativen Praktiken...? Und ist das Beispiel der Sprache wirklich so überzeugend wie es klingt? Verfügt z.B. ein nicht-chinesischer Sinologie-Professor unbedingt über eine geringere Sprachkompetenz des Chinesischen als ein chinesischer Arbeiter oder Bauer, der einen wesentlich geringeren Wortschatz und weit weniger Eloquenz besitzt? Ist ein Konvertit, der nicht in jener Religion aufwuchs, von ihrem vollen Verständnis ausgeschlossen, wie es der Vergleich mit der Sprache leicht suggeriert? Haben dann alle Anhänger, die sich in den Anfängen jener Religion zu ihr bekehrten, sie nicht richtig verstanden, weil sie noch nicht in ihr aufwuchsen?

[29] Was zugleich - wie im vorangegangenen Abschnitt gezeigt - die These der inneren Absurdität preisgeben würde. Man müßte beide Lehren verstanden haben, um ihre wechselseitige Unverständlichkeit für die jeweils andere behaupten zu können.

[30] Vgl. May, Meaning..., a.a.O. 278.

[31] Ebd. 278.

haupteten "Unversöhnlichkeit" nicht um ein kognitiv-hermeneutisches Problem sondern um ein sozial-psychologisches.

In diesem Sinne läßt sich denn auch der Lösungsweg verstehen, den May für die hermeneutische Problematik christlich-buddhistischer Kommunikation vorschlägt. Denn der nach seiner Meinung auf der rein semantischen Ebene (faktisch, realistisch) nicht erreichbare Wahrheitskonsens, könne dennoch über die Suche nach einem Handlungskonsens indirekt angestrebt werden, der früher oder später auch zu einem neuen Sinnkonsens mit gemeinsam gehaltenen Wahrheiten hindränge.[32] Die semantische Unversöhnlichkeit der strukturalen Elemente des christlichen und buddhistischen Sinnkonsenses schließt nach May nämlich nicht aus, daß sich in den funktionalen Elementen beider Sinnkonsense fundamentale Übereinstimmungen hinsichtlich handlungsleitender Intentionen finden lassen.[33] Aus der zunehmenden interkulturellen Verflechtung und den weltweiten Problemen erwachse heute ein gemeinsamer Handlungsrahmen, innerhalb dessen der im interreligiösen Dialog anvisierte neue Sinnkonsens Ausdruck des Bewußtseins der Zugehörigkeit zur ganzen Gemeinschaft der Menschheit wäre.[34] Insofern ist für May der Weg des Handlungskonsenses der erfolgversprechendste zu einem interreligiösen und interkulturellen Sinnkonsens, der im Rahmen des wachsenden Bewußtseins der Weltgemeinschaft und ihrer alle betreffenden Probleme anzustreben sei. Handlungskonsense führen zu funktionalen Sinnkonsensen, und diese ebnen den Weg für neue strukturale Sinnkonsense und so eventuell auch für einen neuen Wahrheitskonsens.[35] Eine alle Traditionen gemeinsam betreffende Wirklichkeit ist die Voraussetzung für die prinzipielle Möglichkeit eines solchen Wahrheitskonsenses.[36] Gerade innerhalb der heutigen Weltsituation gewinnt diese alle betreffende Wirklichkeit auch soziologisch Gestalt, so daß sie zu einem neuen, umfassenderen Sinnkonsens drängt. "Die sich anbahnende, breit angelegte Interaktion aller Glaubensgemeinschaften, diese epochale Auseinandersetzung über die Sinngrundlage menschlichen Lebens, kommt einem neuen historischen Projekt der - nunmehr gemeinsamen - »Sinnkonstruktion« gleich. Es ist an der Zeit, daß die christliche Theologie sich darauf einstellt."[37]

Soll diese neue interreligiöse Auseinandersetzung aber in irgendeiner Kontinuität mit den religiösen Traditionen stehen, dann müssen diese füreinander verstehbar sein - zwar durchaus mit Bezug auf die gegenwärtige Weltsituation - aber dennoch prinzipiell auch unabhängig von ihr. Wie sollen sich sonst fundamentale Übereinstimmungen innerhalb der funktionalen Elemente der jeweiligen Sinnkonsense überhaupt feststellen lassen? Lassen sich

---

[32] Vgl. ebd. 309.
[33] Vgl. ebd. 209f.
[34] Vgl. ebd. 240 u. 260. May verweist hierbei ausdrücklich auf die Arbeiten von W. C. Smith.
[35] Vgl. ebd. 214 u. 262.
[36] Vgl. ebd. 263.
[37] May, Einige Voraussetzungen..., a.a.O. 35.

diese Intentionen allein aus dem faktischen Verhalten erkennen? Und sind es für May dann die handlungsleitenden Intentionen, die auch den Sinn der strukturalen Elemente erschließen? Der Ansatz Mays führt also zur gleichen Frage, die sich bereits bei Krieger aufdrängte: Stellt die Verstehbarkeit von Verhalten einen Ansatzpunkt für eine interreligiöse Hermeneutik dar?[38] Noch einmal jedoch soll die Behandlung dieser Frage zurückgestellt werden, da ein weiterer Anlauf unter einem neuen Aspekt wieder zu ihr führen wird.

Wenn Religionen als autonome Sinnsysteme angesehen werden können, die selber noch einmal die Kriterien dafür festsetzen, was in ihrem Sinne als "vernünftig" bzw. "verstehbar" gilt, geht ihre kontextuelle Autonomie dann auch so weit, daß sie nicht nur ihre eigenen Auffassungen darüber besitzen, was in ihren Sinne "wahr" und "unwahr" ist, sondern auch bestimmen was "Wahrheit" ist, bzw. was mit "Wahrheit" gemeint ist? Ist eine solche autonome Wahrheitskonzeption vorausgesetzt, wenn die Verteilung von "vernünftig" und "unvernünftig" von je eigenen kontextbedingten Kriterien abhängig ist?[39] Gibt es m.a.W., trotz aller nicht zu bestreitenden formalen Analogien hinsichtlich der "Rationalität" von Sprachspielen bzw. Sinnsystemen, darin noch Raum für eine von jeder Religion selbst vorgenommene Festsetzung dessen, was ihr als "religiöse" Wahrheit oder Wahrheit im höchsten Sinn gilt? Wäre dies dann nicht das letzte, ultimative Vorzeichen vor allen ihren Aussagen, ohne dessen Verständnis niemals ein adäquates Verständnis der Aussagen erzielt werden kann? Was aber erschließt dann

---

[38] Obwohl einige ihrer Ausführungen einen anderen Eindruck erwecken, bleiben May und Krieger beide jedoch nicht bei dem Verhalten als dem letzten Ansatzpunkt interreligiöser Hermeneutik stehen. Vgl. dazu unten S. 429ff und 436.

[39] Die Frage scheint durchaus berechtigt, denn P. Winch, der von einer kontextuell bedingten unterschiedlichen Einteilung des Verständlichen und des Unverständlichen ausgeht, meint dennoch, daß "auch der Begriff der Übereinstimmung mit der Wirklichkeit" grundsätzlich zur Sprache gehört (vgl. Winch, Was heißt... a.a.O. 78). S. Lukes hat daher darauf verwiesen, daß, nimmt man noch die universale Geltung der formallogischen Prinzipien hinzu, dann von einer kontextbedingten Wahrheitskonzeption nicht mehr die Rede sein könne (vgl. S. Lukes, Zur gesellschaftlichen Determiniertheit von Wahrheit, in: H. G. Kippenberg / B. Luchesi, Magie... a.a.O. 235-258; besonders 245ff). Lukes engt m.E. jedoch den Begriff der "Wirklichkeit" zu sehr ein, was gerade an seinem Kriterium der Prognostizierbarkeit deutlich wird: "Darüber hinaus muß eine jede Gruppe, die erfolgreiche Voraussagen trifft, eine gegebene Wirklichkeit voraussetzen, da (unabhängige) Ereignisse vorhanden sein müssen, die prädiziert werden können. Wenn wir also G's Sprache (und sie die unsere) im Prinzip lernen können und wenn wir wissen, daß sie erfolgreiche Voraussagen trifft, dann teilen wir eine gemeinsame und unabhängige Wirklichkeit mit ihr." (ebd. 246). Im Falle performativer Rede beruht (wie etwa der Fall der "self-fulfilling prophecy" demonstriert) Prognostizierbarkeit gerade auf der Abhängigkeit der Wirklichkeit von Sprache. Lukes denkt hier m.E. Wirklichkeit zu mechanistisch, d.h. menschliche Wirklichkeit ist unter eine naturgesetzliche Starrheit subsumiert, angesichts derer Freiheit wohl immer ein Rätsel bleiben wird.

ein interreligiöses Verständnis der jeweiligen "religiösen Wahrheitskonzeptionen"?

Auch für Lindbeck können religiöse Sinnsysteme und ihre Aussagen nicht von einer besonderen Verhaltens- oder Handlungsweise getrennt werden.[40] Daraus folgt für ihn ein besonderes Konzept "religiöser Wahrheit", in dem sich ein korrespondenztheoretisches und ein performatives Verständnis religiöser Rede zu einer einzigartigen Symbiose verbinden, die im nicht-religiösen Bereich unmöglich sei: "a religious utterance... acquires the propositional truth of ontological correspondence only insofar as it is a performance, an act or deed, which helps create that correspondence. This admittedly does not happen in nonreligious performative speech, where, at least normally, utterances cannot simultaneously function both performatively and propositionally."[41] Unter Berufung auf Paulus und Luther gibt Lindbeck das Beispiel, "that I cannot genuinely affirm that Christ is 'the Lord' unless I thereby make him 'my Lord'."[42] Dann präzisiert Lindbeck jedoch seine Position, indem er sagt, daß Paulus und Luther zweifellos davon überzeugt gewesen seien, daß die Aussage "Jesus ist der Herr" eine vom subjektiven Glauben bzw. der eigenen subjektiven Haltung unabhängige objektive Wahrheit wiedergebe, doch: "What they were concerned to assert is that the only way to assert this truth is to do something about it, i.e., to commit oneself to a way of life...".[43] So gehe es bei dieser und ähnlichen Aussagen um eine Konformität zwischen dem Selbst und Gott, d.h. um eine bestimmte Haltung des Selbst gegenüber Gott und die entsprechenden Verhaltensweisen.[44]

Der entscheidende Punkt scheint also für Lindbeck der zu sein, daß bestimmte Aussagen über eine objektive Realität gleichzeitig notwendig eine bestimmte Verhaltens*aufforderung* oder Verhaltens*intention* zum Ausdruck bringen, also in dem Satz "Jesus ist der Herr" immer auch die Aufforderung enthalten ist, seinen Weisungen zu folgen, oder die Absicht, dies zu tun, mit jenem Satz bekundet wird. Dies ist jedoch nicht – wie Lindbeck meint – eine Spezialität religiöser Aussagen. Man stelle sich beispielsweise vor, daß Müller der Chef eines Unternehmens ist und von seinem Angestellten Meier etwas fordert, was dem Angestellten Schmitz nicht paßt, aber ganz im Sinne des Abteilungsleiters Schulze liegt. Meier, Schmitz und Schulze diskutieren nun über diese Aufforderung. Meier ist sich zunächst unklar, was er tun soll. Daher sagt Schulze zu ihm: "Müller ist der Boß!", was ja Meier längst weiß, aber womit Schulze zum Ausdruck bringen will, daß Meier der Aufforderung Folge zu leisten habe. Schmitz bemerkt die Veränderung in Meiers Gesicht und fragt ihn daher, was er nun tun werde, worauf Meier antwortet: "Müller ist der Boß!", was auch Schmitz hinlänglich bekannt ist, womit

---

[40] Vgl. Lindbeck, The Nature... a.a.O. 64.
[41] Ebd. 65.
[42] Ebd. 66.
[43] Ebd. 66.
[44] Vgl. ebd. 65f.

Meier aber nun bekundet, daß er zu tun gedenkt, was Müller von ihm verlangt. Meier kann jedoch nicht ("genuinely", "authentically"[45]) sagen: "Müller ist der Boß", ohne seinen Anweisungen zu folgen. Entweder schränkt er dann die Machtbefugnis Müllers ein, oder kündigt ihm sein Untergebenen-Verhältnis ganz. Meier kann dann nur noch sagen, daß Müller der Boß von jemand anderem sei.

Es kann eben jemand schwerlich "der Herr" sein, ohne der Herr von etwas oder über jemanden zu sein. Insofern ist bereits in dem Begriff selbst eine bestimmte Beziehung ausgedrückt, wie etwa die, daß ihm zu folgen ist. Ist diese Beziehung nicht (oder nicht mehr) gegeben, so ist jemand auch nicht (nicht mehr) "der Herr". Man wird die Aussage, daß "Jesus der Herr ist" somit als Aussage über eine Beziehung lesen müssen, die nur dann zutrifft, wenn diese Beziehung wirklich besteht. Diese Beziehung ist durch ein Verhältnis von Über- bzw. Unterordnung spezifiziert, was mit dem Begriff des Herrseins gesagt wird. Sieht man sich selbst in dieser Beziehung, so besagt "Jesus ist der Herr" nichts anderes als "Jesus ist mein Herr". Sieht man sich außerhalb dieser Beziehung, so besagt "Jesus ist der Herr" entweder, daß man in diese Beziehung eintreten solle, oder daß sie mit einem selbst nichts zu tun habe ("Er ist der Herr von X, aber nicht mein Herr"). Diese Möglichkeit scheidet natürlich aus, wenn es – wie hier – um eine universale Herrschaft geht.[46] Es ist aber klar, daß dann "Jesus ist der Herr" immer auch meint "Jesus ist mein Herr", weil nämlich eigentlich gesagt werden soll "Jesus ist der Herr aller". All-Aussagen schließen eben logischerweise immer den mit ein, der sie macht, wenn er von dem Referenzbereich der Aussage mitbetroffen ist (wie bei "Herrsein *über*").

Bei Aussagen, in denen sich die Bekundung einer Handlungsaufforderung oder -intention mit der Beschreibung einer Realität verbindet, geht es also um eine Beziehung, in der derjenige, der diese Aussage macht oder der, an den sie gerichtet ist, steht oder stehen soll. Und dies ist bei allen *evaluativen* Aussagen der Fall, die ihre Werturteile generalisieren. Das ist wiederum keine Eigenart religiöser Aussagen, spielt dort aber zweifellos eine große Rolle. Wenn Lindbeck urteilt, daß religiöse Aussagen authentisch nur gemacht werden können, "when seeking to align oneself and others performatively with what one takes to be most important in the universe..."[47], dann kommt darin klar zum Ausdruck, daß es der evaluative Aspekt ist, der hier die Verbindung von Performativem und Informativem trägt. Wird etwas als das "Wichtigste", "Beste", "Höchste" usw. in der Welt angesehen, dann

---

[45] Lindbeck selbst benutzt diese Qualifikationen.
[46] Nach dem christlichen Sprachspiel gibt es freilich auch noch die, die zwar "Herr, Herr" sagen, aber diesem Verhältnis nicht entsprechen (Mt 7, 21f). Nun, wenn sie damit sagen wollten "mein Herr", dann haben sie – im strengen Sinne – eben gelogen (denn Ungehorsam ist entweder offene Rebellion, d.h. die Aufkündigung des Untertanen-Verhältnisses oder macht das Gehorsamsbekenntnis zur Lüge) oder nicht verstanden, welche Weisungen die beanspruchte Herrschaft implizierte.
[47] Ebd. 69.

ist damit eben immer auch gesagt, daß es für mich das "Wichtigste" usw. ist, oder jemand anderem wird gesagt, er solle erkennen, daß es dies auch für ihn ist. Und jedes evaluative Urteil impliziert eben eine Verhaltensintention, weil das, was jemand wirklich erstrebt, ihm als das "Beste" erscheint, bzw. das "Beste" eben einfach als das höchste Erstrebenswerte definiert ist.

Religiöse Aussagen dieser Art haben also einen klaren Handlungs- und Haltungsbezug und daraus folgt, daß man, um sie zu verstehen, verstehen muß, welche Aufforderung oder Intention ihnen inhäriert. Solche Aussagen sind aber durchaus immer noch als *Aussagen über* evaluative Beziehungsverhältnisse verstehbar, und ihnen liegt keine den Religionen eigene Wahrheitskonzeption zugrunde. Ob man aber die implizierte Evaluation teilt oder nicht, ist eine andere Frage. Und daher gilt nicht, daß man solche Aussagen nur versteht, wenn man bereits tut, was sie implizieren.[48]

Wenn also stimmt, daß solchen Aussagen keine den Religionen eigene Wahrheitskonzeption zugrunde liegt, so sind sie dennoch nicht einfach neutral beschreibende Aussagen. Die evaluativen Beziehungsverhältnisse werden beschrieben, um die ihnen inhärierenden Handlungsimplikationen Wirklichkeit werden zu lassen. Es stellt – um es einmal platt zu sagen – eine massive Veränderung der Wirklichkeit dar, ob die Zahl der "Untertanen" eines "Herrn" schrumpft oder wächst. Performative Aussagen sind fraglos "Sprachhandlungen", und Handlungen sind nicht nur Teil der Wirklichkeit, sondern verändern sie zugleich. Gilt dies aber nicht von allen Aussagen? Ist nicht auch der Versuch bloßer Wirklichkeitsbeschreibung schon ein Verhalten in der Wirklichkeit, das diese verändert? Haben wir also in der Sprache eine ähnliche Situation wie bei jenem Problem in den Naturwissenschaften, wo es in einigen Fällen keine Beobachtungsmethode gibt, die nicht immer schon einen Eingriff in das Beobachtete darstellt und es dadurch verändert?

In diese Fragerichtung stößt G. Oberhammer mit seinem "Versuch einer transzendentalen Hermeneutik religiöser Traditionen"[49] vor. Auch für ihn gilt es als "Grundphänomen menschlicher Existenz, daß... die Wirklichkeit, wenn das Wort nicht nur gegenständliches Vorhandensein meint, dem Men-

---

[48] Genau dies aber scheint Lindbeck nahelegen zu wollen: "One must be, so to speak, inside the relevant context; and in the case of a religion, this means that one must have some skill in h o w to use a language and *practice its way of life* before the propositional meaning of its affirmation becomes determinate enough to be rejected... The non-believer, *however well-informed about the symbolic vocabulary and conceptual syntax or a religion*, can be presumed, in the *absence of actual practice, not to understand its propositional claims*..."; ebd. 68; kursive Hervorhebung von mir, gesperrte im Original. Diese Sätze würden nur dann zutreffen, wenn die Verhaltensdimension religiöser Aussagen nicht aus ihnen erschließbar wäre (ist sie dann aber überhaupt noch in ihnen enthalten?), was Lindbeck ja gerade nicht behaupten will.

[49] Wien 1987.

schen immer nur in Sprache zur »Welt« wird, in der er lebt und wirkt", und erst so "das »Vorhandene« für den Menschen jene Dimension der »Sinnhaftigkeit«..., in der es ihn zu existentiellem Vollzug fordert und motiviert", gewinnt.[50] Doch dringt Oberhammer noch tiefer, indem er fragt, worin die Verbindung von Sprache und Wirklichkeit gründet, damit "Sprache überhaupt Wirklichkeit in den Blick bringen kann".[51] Das Verständnis der Sprache als Zeichensystem könne diese Frage nicht beantworten, sondern müsse selber eine tiefere Verbindung voraussetzen. Die Verbindung von Sprache und Wirklichkeit sieht Oberhammer nun darin, daß er Sprache auf dem "Sagen" als einer Form des Verhaltens in und gegenüber der Wirklichkeit gründen läßt. "Das Sagen ist jener *Vollzug des Subjekts*, in welchem sich dieses Subjekt, sich artikulierend, *zur Wirklichkeit unmittelbar verhält*, und zwar nicht in distanzierter Rezeptivität..., sondern als ein sich selbst öffnendes und daher notwendig als eines, das von dem im Sagen Angesprochenen unmittelbar betroffen wird."[52]

Begreift man aber mit Oberhammer Sprache als ein Verhalten des Menschen in der Wirklichkeit, durch das diese für ihn erst sie selbst als dessen "Welt" wird, dann eröffnet sich hier die Möglichkeit einer weitaus radikaleren Sprachkritik. Denn nicht nur das sprachliche Verhalten, sondern *"Sprache" als Verhalten* kann nun noch einmal einer evaluativen Beurteilung unterzogen werden. Wenn sich nicht nur in Sprache (in dem, was jemand sagt und worthaft denkt) unterschiedliche Haltungen und ihnen korrespondierende Verhaltensweisen zeigen, sondern die Tatsache, daß wir sprechen und worthaft denken, selbst eine Haltung und ein Verhalten zur und in der Wirklichkeit darstellt, dann käme eine Beurteilung dieser Haltung und dieses Verhaltens einer (vielleicht) nicht mehr überbietbaren Kriteriologie gleich, die "Wahrheit" nunmehr ausschließlich auf Verhalten bezieht. Die Frage lautet dann: Ist der sprachlich verfaßte Wirklichkeitszugang, ist Sprache als Verhalten adäquat bzw. richtig – also in einem letzten Sinne "wahr" –, oder nicht? Wer "Wahrheit" nur an Propositionen bindet, könnte einwenden, daß allein die *Antwort* auf diese Frage "wahr" oder "unwahr" sein könne und die Kategorie der "Wahrheit" nicht mehr auf jener tieferen Ebene anwendbar sei, wie sie die Frage selbst meint. Aber dies ist entweder ein rein terminologisches Problem, oder man hat seine Entscheidung in eben jener Frage schon getroffen. Dieser mögliche Einwand macht allerdings klar, daß sich auch eine solche Metakritik der Sprache nicht von Sprache dispensieren kann. Hier stößt mit der Metakritik zugleich die Sprache selbst an ihre Grenzen, doch so, daß das Jenseits dieser Grenze eröffnet ist. Wenn Sprache selbst als falsches Verhalten und inadäquater Wirklichkeitszugang abgelehnt wird, und dieses nur sprachlich gesagt werden kann, weil Sagen eben Sprache ist, dann heißt dies nicht, daß eine solche Metakritik nicht mehr möglich wäre, sondern daß sie sich nur mehr paradox formulieren läßt, sich aber darin auch sprachlich zugänglich macht. Dann wird Sprache ein Mittel,

---

[50] Ebd. 30.
[51] Ebd. 21.
[52] Ebd. 21; Hervorhebung von mir.

mit dem sie selbst in jenem radikalen Sinn kritisiert wird, der nach ihrer Aufhebung trachtet. Wenn alle Sätze unwahr sind, dann ist freilich auch dieser Satz selbst unwahr. Doch die Unsinnigkeit dieser Paradoxie ist dann kein Gegenargument gegen die radikale Sprachkritik (wie es zwangläufig dem erscheint, der sich bereits für die Sprache entschieden hat), sondern der Sprachkritik stärkstes und wohl auch letztes Argument (wie es zwangsläufig dem erscheint, der sich gegen die Sprache entschieden hat).

Auch in dieser Frage können Religionen ihre eigene Entscheidung treffen und damit zugleich eine (vielleicht) ultimative Option hinsichtlich dessen, was sie als "Wahrheit" ansehen, setzen. Und dieses Thema ist keineswegs nur von spekulativem Interesse, sondern für eine christlich-buddhistische Hermeneutik von außerordentlicher Relevanz. Aber selbst diese Option kann einem Verstehen zugänglich werden, da auch sie sich in Sprache zeigt und einen Bezug zum Verhalten besitzt. Denn eine so verstandene radikale Sprachkritik bedeutet – besonders wenn sie sich durch Paradoxien sprachlich zeigt – nicht die Ablehnung und Verweigerung von Kommunikation schlechthin. Vielmehr ist ihr Ziel immer noch die intersubjektive Vermittlung einer Erkenntnis, nämlich in diesem Fall die der Inadäquatheit aller Sprache und vielleicht sogar gerade ihrer Inadäquatheit i.S. eines unzureichenden kommunikativen Verhaltens.

Es läßt sich also festhalten, daß die sprachliche Verfaßtheit von Religionen und die darin implizierte Wahrheitsvorstellung (i.S. einer für "Sprache" konstitutiven formalen Rationalität, die unausweichlich mit Kriterien der Differenzierung und Übereinstimmung operiert) interkontextuelle Universalien darstellen. Doch gewährleisten sie als formale Indizien von Kommunikabilität lediglich die Möglichkeit interkontextueller Intelligibilität und stellen selber *an sich* noch nicht den gesuchten Referenzrahmen einer interreligiösen Hermeneutik dar. Als solcher kommen sie erst in Frage, wenn sie nicht mehr nur die *formale Struktur aller religiösen Aussagen* bilden, sondern wenn sie zum *thematischen Gegenstand religiöser Aussagen* werden! Wenn zwei Religionen sich in ihren Lehren explizit (oder zumindest: erkennbar implizit) auf Sprache und Wahrheit beziehen, dann stellen Sprache und Wahrheit einen ihnen gemeinsamen Bezugspunkt dar, der ihnen innerlich und äußerlich zugleich ist. Doch sowohl als formale Struktur wie auch als thematischer Gegenstand religiöser Aussagen sind Sprache und Wahrheit anscheinend auf die grundlegendere Ebene menschlichen Verhaltens zurückzuführen. Daher mangelt den Universalien "Sprache" und "Wahrheit" jene für den Referenzrahmen interreligiöser Hermeneutik zu fordernde unmittelbare Evidenz,[53] d.h. die jeweilige Bezugnahme auf Sprache und Wahrheit ist nicht ohne den Rückgriff auf andere Bezugnahmen verstehbar. Sprache und Wahrheit können daher nicht den primären Bezugspunkt interreligiöser Hermeneutik bilden, wohl aber einen weiterführenden. Wenn deutlich ist, warum und wie Religionen sich in je eigener Weise auf Sprache und Wahrheit beziehen, dann dienen die Universalien "Sprache" und "Wahrheit" als ein Re-

---

[53] Vgl. oben S. 399f u. 404.

ferenzrahmen, der zu einer wesentlichen (vielleicht sogar der wichtigsten) Vertiefung des interreligiösen Verstehens führen kann. Und damit komme ich nun zu der Frage, ob das Verhalten des Menschen, von dem offensichtlich die Bezugnahme auf Sprache und Wahrheit zu einem erheblichen Teil abhängig ist, als der gesuchte Referenzrahmen interreligiöser Hermeneutik dienen kann.

Dem Verhalten des Menschen eignet zweifellos eine nicht zu unterschätzende *Eindeutigkeit*, die gewisse Rückschlüsse auf das, was ihn zu seinem Verhalten motiviert - gerade auch in ideologischer Hinsicht - zuläßt. Ich meine, daß sich nicht jegliches Verhalten mit bestimmten Weltanschauungen oder Religionen verbinden läßt. Anderenfalls wäre es nicht möglich, gute Bäume an ihren Früchten zu erkennen. Doch ebenso zweifellos ist es eine bittere Tatsache, daß gerade auch im Bereich der Religionen alle möglichen Verhaltensweisen anzutreffen sind. Doch scheint mir dies kein gültiger Einwand gegen die Annahme eines eindeutigen Zusammenhangs zwischen Lehre und Verhalten zu sein. Die Beobachtung, daß es im Umfeld einer Religion kaum eine Verhaltensweise gibt, die nicht antreffbar wäre, befreit nicht von dem Eindruck, daß eben bestimmte Verhaltensweisen offensichtlich im Gegensatz zu dem stehen, was die jeweilige Botschaft an Verhalten erwarten läßt. So wie es die religiöse Sanktionierung bestimmter Verhaltensweisen gibt, gibt es auch die religiös sanktionierte Brandmarkung bestimmter Verhaltensweisen. Wenn aber plötzlich Verhaltensweisen für legitim erklärt werden, die eigentlich als illegitim erscheinen, dann erweist gerade die hierbei zu beobachtende Legitimationsprozedur, daß es eben jenen eindeutigen Zusammenhang zwischen Lehre und Verhalten gibt. Wenn z.B. Folter und Tötung in der christlichen Inquisition unter gewissen Umständen zu legitimen Praktiken erklärt wurden, dann verdeutlichen gerade die dabei einsetzenden Versuche, auch Folter und Tötung als mögliche Formen der Nächstenliebe zu begründen, daß hier eine Spannung zwischen dem zu legitimierenden Verhalten und dem eigentlich zu erwartenden vorliegt.

Trotz einer gewissen Eindeutigkeit menschlichen Verhaltens und einer Eindeutigkeit des Zusammenhangs von Lehre und Verhalten, eignet sich das Verhalten allein jedoch nicht als hermeneutischer Schlüssel zum Verständnis der ihm korrespondierenden Lehren, da das faktische Verhalten selbst noch keinen Aufschluß darüber gibt, ob es sich in Konformität mit der jeweiligen Lehre befindet, egal ob es sich hierbei um eine unmittelbare Konformität handelt (wie etwa im christlichen Umfeld bei den klassischen Beispielen christlicher Caritas) oder um eine mittelbare (wie etwa den vorhin genannten Verhaltensweisen der christlichen Inquisition). Es kann sich nämlich um ein weder unmittelbar noch mittelbar legitimes Verhalten handeln, so daß das Verhalten allein keine Rückschlüsse auf die Lehre erlaubt. Für die Beuteilung, ob eine Verhaltensweise in diesem Sinne unmittelbar oder mittelbar legitim ist, bietet eben das faktische Verhalten allein keine Grundlage. Nicht das faktische Verhalten also, sondern die *Verhaltensnormen* ermöglichen hermeneutische Rückschlüsse auf die korrespondierenden Anschauungen. Es gilt - wie weitgehend akzeptiert -, Religionen nicht nach dem *faktischen* Verhalten ihrer Anhänger zu beurteilen, sondern nach dem Verhalten, das von der Botschaft der Religion her *unmittelbar zu erwarten* wäre.[54] Dabei sind freilich die Legitimationsmöglichkeiten, die eine Religion für ein ansonsten nicht legitimes Verhalten bietet, hermeneutisch durchaus aufschlußreich.

Begreift man die *Verhaltensnormen* (und die gerade mit diesen Normen ringenden Legitimationsversuche von eigentlich illegitim erscheinenden Verhaltensweisen) als *Aussagen einer Religion über das menschliche Verhalten* bzw. als *formulierte Ansprüche an den Menschen hinsichtlich seines Verhaltens*, dann bietet auch die Kategorie des Verhaltens einen wichtigen Referenzrahmen interreligiöser Hermeneutik! Zu wissen und zu verstehen, welches Verhalten eine Religion vom Menschen erwartet, stellt einen bedeutsamen Ansatzpunkt für interreligiöses Verstehen dar. Aber m.E. immer noch nicht den primären Ansatzpunkt. Denn eben die Möglichkeit, auch andere Verhaltensweisen im Umkreis der gleichen Religion zu legitimieren, zeigt, daß es nicht nur darum geht, *was* getan werden soll, sondern *wozu* es getan werden soll. Selbst der krasseste Autoritarismus wäre ohne eine solche Intelligibilität der Zielgerichtetheit oder des Sinns von Verhalten nicht denkbar. Die intendierte Zielsetzung des Verhaltens ist konstitutiv für die jeweiligen Verhaltensnormen.[55] Und daher muß zum Verständnis der Verhaltensnormen nach den eigentlichen Zielsetzungen gefragt werden. Es ist - um mit May zu sprechen - wieder nach dem den Verhaltensnormen zugrunde liegenden "Sinnkonsens" zu fragen.[56] Rekurriert man hierzu erneut auf

---

[54] Insofern hat beispielsweise W. King noch keinen hermeneutischen Fehler begangen, als er meinte, Buddhisten würden trotz (gewisser Aussagen) ihrer Lehre konkrete Nächstenliebe praktizieren (vgl. oben S. 176). Es ist unbedingt richtig, daß nicht nur das christlich negativ erscheinende *faktische* Verhalten, sondern auch das christlich positiv erscheinende *faktische* Verhalten der Anhäger anderer Religionen kein Maßstab für das Verständnis ihrer Lehren ist. Aber m.E. - und wie seine späteren Ausführungen selbst zeigen - hat King eben die theravâdischen Lehren aus anderen, oben dargelegten Gründen falsch verstanden, als er meinte, daß sie im Widerspruch zu praktizierter Nächstenliebe stehen.

[55] Das gilt auch für deontologische Ethiken, da sie für die unbedingte Unerlaubtheit gewisser Verhaltensweisen ebenfalls ihre impliziten oder expliziten Gründe haben. Selbst wenn der einzige Grund der unbedingte Gehorsam ist, so wäre eben immer noch zu fragen, warum dieser Gehorsam geleistet werden soll. Und wenn die einzige Begründung dafür das Überleben ist (bei Ungehorsam also der Tod angedroht würde), so wäre auch dies nochmals ein Ziel, dem man zustimmen kann oder auch nicht.

[56] Denn auch nach May zeigt sich in der hermeneutischen Analyse der interreligiösen Kommunikation, "daß man ethische Entscheidungen, zumindest auf Dauer und in konkreten Lebenszusammenhängen, nicht ohne Rekurs auf Grundüberzeugungen treffen kann, die man als »religiös« oder »sinnstiftend« bezeichnen muß" (May, Einige Voraussetzungen... a.a.O. 27). Darauf basiert ja gerade Mays Hoffnung, daß über einen interreligiösen Handlungskonsens ein neuer interreligiöser Sinnkonsens erreichbar sei. Hermeneutisch bleibt aber offen, was das Verständnis der vor-

Sprache, Wahrheit und Verhalten, dann beginnt die Suche nach einem hermeneutisch geeigneten Ausgangspunkt sich im Kreise zu drehen.

Zwei Möglichkeiten bieten sich an, den drohenden Zirkel aufzubrechen: Zum einen läßt sich nach dem *Subjekt der Sinngebung*, der höchsten sinngebenden Instanz fragen, nach dem, "what one takes to be the most important in the universe"[57], an dem sich alle Verhaltensorientierung ausrichtet. Zum anderen läßt sich nach dem *Objekt der Sinngebung* fragen, nach dem menschlichen Selbstverständnis, wie es sich unter der letzten Sinngebung zeigt und von dem das menschliche Verhalten nur ein Aspekt ist. Subjekt und Objekt der Sinngebung können identisch sein, doch ist dies nicht von vornherein deutlich, weshalb diese beiden Fragerichtungen zunächst berechtigt zu trennen sind. Wenn in Richtung auf das Subjekt oder Objekt der Sinngebung nach dem geeignetsten Referenzrahmen interreligiöser Hermeneutik gesucht werden soll, dann ist die Frage nach dem Modus, in dem beide überhaupt transkontextuell bzw. interreligiös zugänglich sein können, dahingehend zu transzendieren, wie sie überhaupt intrakontextuell zugänglich sind. Und um interkontextuell verstehbar zu sein, muß auch der Modus der intrakontextuellen Zugänglichkeit von Sinn ein interkontextuell gültiger sein. Die interkontextuelle Intelligibilität von Subjekt und Objekt der Sinngebung ist durch die Kategorien von Sprache, Wahrheit und Verhalten gewährleistet. Sie zeigen, *daß* es um "Sinn" geht, und daß dieser prinzipiell *kommunikabel* ist. Doch erschließen sie allein noch nicht, was unter diesem "Sinn" zu verstehen ist, *worin also dieser Sinn besteht*. So bedarf es einer weiteren interkontextuell applizierbaren Kategorie, die zugleich die intrakontextuelle Zugänglichkeit von "Sinn" markiert. Und hierzu bietet sich die Kategorie der *Erfahrung* an. Wird die Berechtigung der beiden getrennten Fragerichtungen anerkannt, dann ist die Frage nach der Sinnerfahrung aufzusplitten in die Frage nach der Erfahrung der höchsten sinngebenden Instanz, also in die Frage nach der *Erfahrung des Absoluten*, und in die Frage nach den *Erfahrungen, auf die sich menschliches Selbstverständnis unter dem höchsten Sinn bezieht*. In diese beiden Richtungen soll nun die Suche nach dem geeigneten Referenzrahmen interreligiöser Hermeneutik fortgeführt werden.

---

handenen handlungsleitenden Sinnkonsense erschließt, und – wie unten zu zeigen – rekurriert May dazu nochmals auf eine andere Ebene als die des Verhaltens (vgl. unten S. 436).
[57] So Lindbeck (The Nature... a.a.O. 69) im Anschluß an W. A. Christian; vgl. oben S. 419 und unten S. 434 Anm. 1.

1.5 Die Erfahrung des Absoluten

Wenn nach christlicher Auffassung Gott "alle Völker ihre Wege gehen" ließ und sich dabei zugleich "nicht unbezeugt gelassen hat" (Apg 14, 16f), ist es dann für eine interreligiöse Hermeneutik, die vom christlichen Standpunkt ausgeht, nicht naheliegend, die Gotteserfahrung als hermeneutischen Ausgangspunkt zu wählen? Sichert die Auffassung von der Allgegenwart Gottes nicht jenen den Religionen zugleich innerlichen und äußerlichen Bezugspunkt ihrer Aussagen? Sind nicht Religionen nur dann richtig zu verstehen, wenn man von jener numinosen, absoluten Wirklichkeit ausgeht, die den Religionen als zentraler Bezugspunkt erst ihren "religiösen" Charakter verleiht?

Der westlich religionswissenschaftliche Streit (dessen Wurzeln in der dem "Numinosen" zugedachten konstitutiven Bedeutung für das "Religiöse" liegen) darüber, ob der Buddhismus (vor allem in seiner älteren Gestalt) eine Religion zu nennen sei, und die Schwierigkeiten von Buddhisten mit der ihnen von Haus aus unbekannten Kategorie "Religion" (und ihren spezifisch westlichen Abgrenzungen) scheinen anzudeuten, daß dieser Weg zumindest für eine christlich-buddhistische Hermeneutik nicht unbedingt der günstigste ist. Geht man dennoch vom Gottesbegriff aus, so wird die buddhistische Lehre auf etwas bezogen, was nicht ihren genuinen Bezugspunkt bildet, und es kommt zu den bei den christlich-apologetischen und westlich-phänomenologischen Religionsvergleichen festgestellten Verzerrungen. Freilich kann man versuchen, die Charakteristika des Gottesbegriffs so weit zu reduzieren, daß schließlich etwas übrig bleibt, was auch noch für den Buddhismus paßt. Aber genau dies setzt voraus, daß man den Buddhismus bereits verstanden hat, denn wie sollte man sonst wissen, welcher reduzierte Gottesbegriff noch anwendbar wäre.

Könnte es nun nicht aber doch so sein, daß sich der Buddhismus zwar nicht auf den Gottesbegriff bezieht, wohl aber auf die mit diesem Begriff gemeinte Wirklichkeit, und demnach eine Erfahrung dieser Wirklichkeit vorliegt, die unter anderen Aspekten und Begriffen reflektiert ist? Wäre es folglich nicht doch möglich und ratsam von der Erfahrung des Absoluten als dem hermeneutisch gesuchten gemeinsamen Bezugspunkt auszugehen? Natürlich könnte es sein, daß dem Buddhismus eine Erfahrung der mit "Gott" gemeinten Wirklichkeit zugrunde liegt – und ich glaube, daß dies tatsächlich der Fall ist. Man könnte durchaus im Rückgriff auf das theologische Axiom der Selbstbezeugung Gottes unter den Völkern von vornherein davon ausgehen, daß eine Gotteserfahrung auch unter Buddhisten gegeben ist. Damit jedoch die Erfahrung der christlich mit "Gott" bezeichneten Wirklichkeit als *Ausgangspunkt einer interreligiösen Hermeneutik* dienen kann, müßten weitere *Bedingungen* erfüllt sein.

Erstens müßte man von vornherein sicher davon ausgehen können, daß diese Erfahrung in einem hermeneutisch relevanten Bezug zur buddhistischen

Lehre steht. *Zweitens* müßte die Erfahrung des Absoluten hinreichend klar identifiziert sein, sie müßte also in ihren Grundstrukturen bekannt sein, um einen hermeneutischen Bezugspunkt zu bilden, über den auf beiden Seiten Einigkeit herrscht. *Drittens* müßte sie geeignet sein, die konkrete Eigengestalt des Buddhismus deutlich werden zu lassen. M.E. scheitert aber der Versuch, hermeneutisch bei der Erfahrung des Absoluten anzusetzen, an diesen drei Bedingungen. Denn um die Erfüllung der ersten Bedingung zu garantieren, muß man von der zweiten ausgehen, und von ihr her wird die Erfüllung der dritten verunmöglicht.

"Wir müssen die Strukturen und Denkmethoden der uns fremden Religion und Kultur wie etwas total Neues erlernen."[1] Nimmt man diese von K. Otte im Hinblick auf den Buddhismus formulierte hermeneutische Maxime ernst und bedenkt, daß sie nicht nur für die "Strukturen und Denkmethoden" gilt, sondern zunächst einmal ganz fundamental auch für die spezifischen Begriffe, die der Buddhismus verwendet, dann ist klar, daß die Erfüllung der ersten Bedingung nicht einfach auf der Hand liegt. Wegen der Fremdheit seiner Begriffe, Strukturen und Denkmethoden weiß man zunächst nicht, ob diese in einem relevanten Zusammenhang mit der Erfahrung des Absoluten stehen. Um zu belegen, daß man dennoch von vornherein davon ausgehen kann, daß dieser Zusammenhang gegeben ist (und sich von ihm her die Bedeutung der Begriffe etc. erschließen läßt), müßte die grundsätzliche – nämlich aprioristische – Gültigkeit eines hermeneutisch relevanten Zusammenhangs zwischen der Erfahrung des Absoluten und den religiösen Lehren bzw. Sinnsystemen erwiesen werden. Das aber heißt nichts anderes, als daß man bei dem ansetzen müßte, worum es in der zweiten Bedingung geht: den immer und überall gegebenen Charakteristika der Erfahrung des Absoluten. Aus den notwendigen Charakteristika der Erfahrung des Absoluten müßte ableitbar sein, daß diese Erfahrung immer ein konstitutiver Bezugspunkt religiöser Lehren bzw. Sinnsysteme ist. Dabei spielt es keine Rolle, ob man das Absolute hinsichtlich der Suche nach einem geeigneten Referenzrahmen interreligiöser Hermeneutik so ins Spiel bringt, daß man von einer *identischen Erfahrung des Absoluten* in den verschiedenen Religionen ausgeht oder von *unterschiedlichen Erfahrungsweisen der einen identischen Wirklichkeit des Absoluten* selbst. Denn im zweiten Fall müßte zumindest eine solche formale Identität der unterschiedlichen Erfahrungsweisen gegeben sein, daß sie den zweifelsfreien Schluß zuläßt, daß es sich um verschiedene Erfahrungen der gleichen Wirklichkeit handelt (und nicht um Erfahrungen verschiedener Wirklichkeiten).

Zur Identifikation der notwendigen Charakteristika der Erfahrung des Absoluten gibt es allein den Weg der *transzendentalen Analyse*. Man könnte zunächst einen anderen Weg suchen und – wie es anscheinend Krieger be-

---

[1] R. Okochi / K. Otte, Tan-ni-sho. Die Gunst des Reinen Landes. Begegnung zwischen Buddhismus und Christentum, Bern 1979, 70; vgl. oben S. 298.

absichtigt[2] – argumentieren, daß überall dort, wo von einer absoluten Wirklichkeit geredet wird, es sich um die eine identische absolute Wirklichkeit handeln muß, da es nicht zwei absolute Wirklichkeiten geben kann. Dabei wird von den formalen Charakteristika eines absoluten Anspruchs auf die materiale Identität des Beanspruchten geschlossen. Dies setzt jedoch voraus, daß *nur* die Erfahrung dieser identischen absoluten Wirklichkeit zu einem absoluten Anspruch führt. Es müßte also mittels einer transzendentalen Analyse von Erfahrung überhaupt begründet werden, daß allein die Erfahrung des Absoluten in der Lage ist, Absolutheitsansprüche hervorzubringen. Die Existenz eines illegitimen Absolutheitsanspruchs wäre damit ausgeschlossen. Aber nicht wegen dieser problematischen Konsequenz (die ja nicht einfach von vornherein ausgeschlossen werden kann) ist die Erfahrung des Absoluten als Referenzrahmen einer interreligiösen Hermeneutik ungeeignet, sondern weil die transzendentale Analyse dieser Erfahrung, die hierzu unerläßlich wäre, nicht zur Erkenntnis der konkreten Eigenstalt anderer Religionen zu führen vermag, also die oben genannte dritte Bedingung nicht erfüllt.

Unabhängig von jener Argumentation, die zunächst den Weg über die formale Identität der Absolutheitsansprüche wählt, könnte man auch direkt bei der transzendentalen Analyse der Erfahrung des Absoluten einsetzen. Wenn sie z.B. belegt, daß es zu den Möglichkeitsbedingungen der Erfahrung des Absoluten gehört, daß sich diese Erfahrung notwendig in einem kategorial bestimmbaren Sinnsystem artikuliert, dann wäre – wenn aufgrund des theologischen Axioms von der faktischen Gegebenheit dieser Erfahrung unter Buddhisten ausgegangen werden kann – auch von vornherein sichergestellt, daß sie einen hermeneutisch relevanten Niederschlag im buddhistischen Sinnsystem gefunden hat. Um jedoch zu einem Verständnis der konkreten Eigengestalt des Buddhismus zu gelangen, um also z.B. festzustellen, ob seinen Lehren die gleiche Erfahrung des Absoluten oder andere Erfahrungsweisen zugrunde liegen, müßte die transzendentale Analyse an den *bereits verstandenen* buddhistischen Lehren durchgeführt werden, deren Verständnis dann jedoch von einem anderen Ausgangspunkt her erschlossen sein muß. Weil also die transzendentale Analyse immer nur zur Erkenntnis universal gegebener aprioristischer Strukturen führen kann, läßt sich aus ihr kein Verständnis der konkreten Eigengestalt des jeweiligen Sinnsystems gewinnen. Und daher ist sie als *Ausgangspunkt einer interreligiösen Hermeneutik*, deren Ziel darin besteht, die konkrete Botschaft der anderen Religion zu verstehen, ungeeignet.

Wenn somit nach meiner Meinung die Erfahrung des Absoluten als Ausgangspunkt einer interreligiösen Hermeneutik ungeeignet ist, so kann – da damit die Existenz dieser Erfahrung und auch ihr reflexiver Niederschlag in anderen Religionen keineswegs geleugnet sind – die transzendentale Analyse dieser Erfahrung dennoch wichtig und bedeutsam für die an das interreli-

---
[2] Vgl. oben S. 402f Anm. 14.

giöse Verstehen sich anschließende theologische Evaluation sein.³ Nun ist es bei einer Reihe von Arbeiten zur Theologie der Religionen nicht leicht ersichtlich, ob sie die Erfahrung des Absoluten als einen *Ausgangspunkt interreligiöser Hermeneutik* begreifen, oder ob sie eine an anderer Stelle ansetzende gelungene Durchführung des interreligiösen Verstehensprozesses voraussetzen, und – auf deren Ergebnissen fußend – eine identische Erfahrung des Absoluten bzw. unterschiedlichen Erfahrungsweisen des Absoluten in den verschiedenen Religionen annehmen, sich also bereits mit der Aufgabe der *theologischen Evaluation* befassen.⁴

Mit Recht fordert Krieger: "Eine dogmatische Erklärung, *daß* Christus in den anderen Religionen anwesend ist, hat nur dann Sinn, wenn wir bereit sind herauszufinden, *was* von ihm dort geoffenbart worden ist."⁵ Und er urteilt: "Was immer in unserer Religion von Gott geoffenbart ist, befindet sich... auch in der anderen Religion, obwohl nicht immer in gleicher Weise."⁶ Ist nun aber Kriegers Urteil, daß alles, was im Christentum geoffenbart wurde, auch in anderen Religionen vorhanden ist, das aposteriorische Ergebnis der von ihm geforderten Suche, oder ist es eine Tatsache, die die Suche leiten soll⁷, ja die das Verstehen der anderen Religionen überhaupt erst ermöglicht?

Krieger interpretiert Panikkar dahingehend, daß es "die Anwesenheit des einen Gottes in den verschiedenen Religionen" sei, die die hermeneutisch entscheidende "Entdeckung von funktionalen Gleichheiten ermöglicht".⁸ Dies klingt so, als ob Krieger hermeneutisch bei der Gotteserfahrung ansetzen wolle. Und damit gelangt er jedoch nur zur Erkenntnis "funktionaler Gleichheiten", von denen her die konkrete Eigengestalt anderer Religionen eben nicht deutlich wird. Umgekehrt werden auch die "funktionalen Gleichheiten" nicht a posteriori – also durch ein Verständnis der Aussagen anderer Religionen – erkannt, sondern mit der Gotteserfahrung a priori vorausgesetzt.

---

³ Nur wenn man davon ausgehen kann, daß Gott in anderen Religionen am Werk ist, läßt sich von ihnen wirklich theologisch lernen. Um zur theologischen Lernmöglichkeit beizutragen, müßte die transzendentale Analyse allerdings auch die heilshaften Charakteristika der Erfahrung des Absoluten thematisieren, da nur durch sie die Wirksamkeit Gottes in anderen Religionen erkennbar werden kann (vgl. auch oben S. 363ff).
⁴ Diese Unklarheit ist besonders bei den Vertretern des "pluralistischen" bzw. "theozentrischen" Paradigmas einer Theologie der Religionen anzutreffen (vgl. dazu unten S. 702ff).
⁵ Krieger, Das interreligiöse Gespräch... a.a.O. 111.
⁶ Ebd. 88.
⁷ Warum aber dann noch diese Suche, wenn man nicht nur bereits im vorhinein weiß, das das zu Suchende dort vorhanden ist, sondern es sich dabei sowieso nur um Bekanntes handelt, weil es ja alles auch schon in "unserer Religion... geoffenbart ist"? Nun aber sagt Krieger, man könne hier "Neues über den immer neuen Gott... erfahren" (ebd. 111). Heißt dies dann, daß Gott in anderen Religionen mehr geoffenbart hat?
⁸ Ebd. 88.

Dies wird klar, wenn man den theologischen Hintergrund von Kriegers hermeneutischem Vorschlag in Betracht zieht.

Wie bereits gesagt teilt Krieger die Überzeugung Panikkars, daß Verstehen nur gegeben ist, wenn es zur Überzeugung von der Wahrheit des Verstandenen – also zur Bekehrung – führt.[9] Nach Krieger wäre ein interreligiöser Dialog jedoch nicht mehr zu rechtfertigen, wenn mit dem interreligiösen Verstehensprozeß das Risiko gegeben wäre, sich hierbei Überzeugungen anschließen zu müssen, die mit dem eigenen Glauben unvereinbar sind.[10] Dieses Dilemma wird gelöst durch die Annahme, daß Gott in allen Religionen das gleiche offenbart. Krieger muß demnach von einer identischen Erfahrung des Absoluten ausgehen, um interreligiöse Hermeneutik überhaupt ermöglicht zu sehen. Und er kann die Existenz dieser identischen Erfahrung nicht nur *hypothetisch annehmen*, sondern diese muß für ihn feststehen, da sonst das seiner Meinung nach illegitime Risiko eben nicht beseitigt wäre. Und dieser Apriorismus führt dann wohl dazu, daß Krieger aus der formalen Analogie von Absolutheitsansprüchen schließt – ja schließen muß –, daß sich in ihnen immer "das Heilige" zeigt.[11] Die theologische Evalution ist so der interreligiösen Hermeneutik vorgeschaltet.[12] Interreligiöse Hermeneutik ist (entgegen Kriegers eigenem Interesse) von vornherein so konzipiert, daß sie zu einer Selbstbestätigung degeneriert, die nicht mehr in der Lage ist, das vom anderen Gesagte wirklich zur Kenntnis zu nehmen.

Vorsichtiger als Krieger zeigt sich in dieser Hinsicht Panikkar selbst. Er bezeichnet die Aussage: "Each religion represents the whole for that particular human group and in a certain way »is« the religion of the other group only in a different topological form" als eine nicht a priori behauptbare Theorie, sondern als "a working hypothesis spurring our minds towards some transcendental unity of the religious experience of Man."[13] Dennoch nimmt auch er als hermeneutisch grundlegende Voraussetzung "the fact that there exists something like a fundamental religiousness, a constitutive religious dimension in Man, an inbuilt religious or basically human factor, whatever we may care to call it."[14] Panikkar scheint diese "religiöse Dimension" zunächst rein formal zu bestimmen. In der gleichen Weise wie der Theist den Glauben an die Existenz Gottes zum Eckstein seines Lebens mache, gründe der Atheist sein Leben auf den Glauben an die Nicht-Existenz Gottes. Die lebenspraktische Relevanz, die die jeweiligen Glaubensvorstellungen ("beliefs") für beide haben, sei die gleiche, und Panikkar be-

---

[9] Vgl. ebd. 68ff.
[10] Vgl. ebd. 71ff.
[11] Vgl. ebd. 30ff, sowie oben S. 394f, Anm. 14.
[12] Dies kann – wie bei Lindbeck – auch mit umgekehrten Vorzeichen geschehen, indem etwa von vornherein feststeht, daß andere Religionen nicht von einer Erfahrung des identischen Absoluten handeln (vgl. auch unten S. 432f Anm. 26).
[13] Panikkar, The Intrareligious Dialogue... a.a.O. XXIIf.
[14] Ebd. 69.

zeichnet diese als identischen "faith".[15] Wie W. C. Smith, mit dem er diese Unterscheidung teilt, versteht Panikkar "faith" als "the connection with the beyond, however you choose to envision it."[16] Offensichtlich meint Panikkar nun aber "the beyond" nicht mehr nur formal, sondern versteht darunter die eine transzendente Wirklichkeit, was m.E. nur transzendentaltheologisch begründbar wäre und von Panikkar selbst angedeutet wird: "The experience of faith is a primal anthropological act that every person performs in one way or another, rather like the way we begin to use reason upon its awakening... In any event the act of faith is not only transcendent, uniting us with what surpasses us, but also transcendental. It exceeds all possible formulations, and it makes them possible because it also precedes them. Faith is a constitutive human dimension.".[17] Dann aber gilt erneut, daß "faith" als transzendentale Struktur von Glaubensaussagen nicht mehr deren konkrete Gestalt erschließt, sondern eben etwas ist, "that every person performs in one way or another"!

Das bislang Festgestellte läßt sich insgesamt auf den hermeneutischen Versuch G. Oberhammers anwenden.[18] Oberhammer bestimmt "Transzendenz" als das "Apriori des Geistvollzugs", das "dem Menschen in jedem Akt geistiger Verwirklichung unmittelbar sein" muß.[19] Das sich nie im kategorialen Einzelseienden erschöpfende Transzendente liegt für ihn in allen Religionen der Erfüllung des auf das Ganze gehenden Sinnanspruchs zugrunde und kann immer nur die mit sich identische eine transzendente Wirklichkeit sein.[20] Die Erfahrung des Absoluten *als transzendental identische* bildet für Oberhammer die "gemeinsame Tiefenstruktur" der verschiedenen Religionstypen und ihrer Aussagen.[21] Doch dürften die Verschiedenheiten der Religionen nicht auf nachträgliche Unterschiede in der Verbalisierung der gleichen Erfahrung zurückgeführt werden, da diese Verschiedenheiten so als rein willkürlich erschienen und keinen Zusammenhang mehr mit der Erfahrung selbst besäßen.[22] Daher nimmt Oberhammer an, daß den Verschiedenheiten der Religionen unterschiedliche *Erfahrungsweisen* des Absoluten entsprechen. Die Verschiedenheit der Transzendenzerfahrung[23] bzw. der Erfahrungsweisen gründe ihrerseits in verschiedenen "Mythisierungen", d.h. die jeweilige konkrete sprachliche Verfaßtheit der Religionen eröffnet unterschiedliche Wirklichkeiten, die auf je eigene Weise auch eine spezifische

---

[15] Vgl. ebd. 8f.
[16] Ebd. 18.
[17] Ebd. 21.
[18] Vgl. G. Oberhammer, Versuch einer transzendentalen Hermeneutik religiöser Traditionen, Wien 1987.
[19] Ebd. 10.
[20] Vgl. ebd. 11ff und 28.
[21] Vgl. ebd. 24.
[22] Vgl. ebd. 29.
[23] Oberhammer spricht bisweilen von "jeweils anderen Erfahrungen", sagt dann jedoch deutlich, daß es sich dabei jeweils um den "Modus der Begegnung" handelt (vgl. ebd. 38).

"Mythisierung" von Transzendenz beinhalten.[24] Wenn Erfahrung immer nur in und durch Sprache möglich ist, dann handelt es sich also um unterschiedliche Transzendenzerfahrungen. Liegt diesen dennoch eine strukturelle Identität und eine in sich identische transzendente Wirklichkeit zugrunde, dann sind es unterschiedliche Erfahrungsweisen.

Mittels der transzendentalen Analyse allein gelangt Oberhammer also nicht zu einer interreligiösen Hermeneutik, die der Verschiedenheit und damit der jeweiligen Eigengestalt der Religionen gerecht würde. Die Verschiedenheit der Religionen wird auf verschiedene Transzendenzerfahrungen bzw. Erfahrungsweisen zurückgeführt und die Verschiedenheit der Erfahrungen auf die Verschiedenheit der "Mythisierungen", also auf die Verschiedenheit der Religionen. Daher muß die Verschiedenheit der Religionen als *inhaltliche* Verschiedenheit bereits bekannt und verstanden sein. Die transzendentale Analyse führt nur zur Erkenntnis des immer Gleichen. Soll in diesem Zusammenhang überhaupt noch Verschiedenheit und das immer Gleiche als – wie Krieger sagt – "Identität *in* Differenz"[25] erkennbar sein, dann muß das Verschiedene von einem anderen Ausgangspunkt als der transzendentalen Analyse her erkannt und als solches verstanden sein. Erst dann läßt es sich mit dem transzendental Identischen vermitteln.

Die Ablehnung der Transzendenzerfahrung als Ansatzpunkt einer interreligiösen Hermeneutik beinhaltet – wie gesagt – keine Entscheidung darüber, ob in verschiedenen Religionen eine identische Erfahrung oder unterschiedliche Erfahrungsweisen des identischen Absoluten reflektiert sind, oder ob sich ihre Aussagen jeweils auf völlig Verschiedenes beziehen. Sie ist vielmehr eine Entscheidung dafür, diese Frage zunächst offen und ihr den Verstehensprozeß vorangehen zu lassen.[26] D.h. sie fällt m.E. bereits in den

---

[24] Vgl. ebd. 25ff.
[25] Krieger, Das interreligiöse Gespräch... a.a.O. 82.
[26] Diese Offenheit läßt der Vorstoß Lindbecks vermissen. Lindbeck folgert aus der Verschiedenheit der nach der "Sprachspieltheorie" begriffenen Religionen, daß ihre Aussagen von verschiedenen Erfahrungen handeln, denen keine inhaltlich bedeutsame Gemeinsamkeit zugrunde liegen könne (vgl. Lindbeck, The Nature... a.a.O. 39ff). Um diese These zu halten, müßte entweder behauptet werden, daß die formale Verschiedenheit der Idiome bereits die inhaltliche ist, oder aus jeder formalen Verschiedenheit automatisch eine inhaltliche Verschiedenheit folgt. Ersteres würde Wort und Wirklichkeit in unhaltbarer Weise identifizieren (unhaltbar, weil dann die Worte nicht mehr verstehbar wären), zweiteres würde jede Möglichkeit verbauen, über die Adäquatheit der Verbindung von Wort und Wirklichkeit zu entscheiden. Lindbeck urteilt ohne Prüfung der Inhalte allein aufgrund der unterschiedlichen "Sprachspiele", daß sich buddhistisches Mitleid, christliche Liebe und "French Revolutionary fraternité" auf unterschiedliche Erfahrungen bzw. Verhaltensweisen beziehen (vgl. ebd. 40), geht andererseits jedoch davon aus, daß das sprachliche Etikett allein noch nicht aussagekräftig ist. Denn nach seiner Meinung gibt es etwa im christlichen "Sprachspiel" ein Verhalten (er nennt den Kreuzfahrer, der im Namen Jesu seinen Nächsten tötet; vgl. ebd. 64), das dem gemeinten Inhalt nicht entspricht. Wenn aber von

Bereich der theologischen Evaluation. Und dies bedeutet auch, daß der Religionsbegriff - sofern er irgendwie auf die Erfahrung des Absoluten bezogen ist - zumindest für die Entwicklung einer christlich-buddhistischen Hermeneutik zunächst keine Rolle spielt.[27] Vielmehr kann im fortschreitenden Verstehensprozeß dialogisch thematisiert werden, ob sich eine Einigkeit hinsichtlich gewisser gemeinsamer Züge zeigt, die sich zu einem dem Selbstverständnis beider Seiten entsprechenden Religionsbegriff zusammenfügen lassen. Es reicht zunächst vollkommen aus, mit rein formalen Bestimmungen zu arbeiten, und auch diese erscheinen mir nur hinsichtlich zweier Elemente wichtig zu sein: nämlich daß in irgendeiner Weise Sinndeutungen vorliegen, die (und das gilt vielleicht schon für alle Sinndeutungen) mit ihren impliziten Evalutionen Haltungs- und Verhaltensweisungen verbinden.[28] Und damit ist auch schon gesagt, daß die Entwicklung einer christlich-buddhistischen Hermeneutik m.E. beim *Objekt der Sinngebung* ansetzen sollte: dem Menschen!

---

der formalen Identität der Bezeichnung von Verhaltensweisen (also etwa "Nachfolge Christi") noch nicht zwangsläufig darauf geschlossen werden kann, daß überall, wo diese Bezeichnung gebraucht wird, von der gleichen Verhaltensweise die Rede ist, dann kann aus der formalen Verschiedenheit der Bezeichnungen allein (also etwa "christliche Liebe" und "buddhistisches Mitleid") auch noch nicht geschlossen werden, daß notwendig von verschiedenen Verhaltensweisen bzw. Erfahrungen die Rede ist.

[27] Die Einschränkung basiert darauf, daß gewisse "Religionen" aufgrund ihrer historischen Verwandtschaft vielleicht keine allzugroßen Unterschiede im Verständnis des Religionsbegriffs aufweisen, und er in diesem Fall eventuell auch dem wechselseitigen Verstehen hilfreich sein kann. Aber das kann und braucht hier nicht weiter verfolgt zu werden.

[28] Vgl. dazu auch den Standpunkt J. Cahills (oben S. 131) und den Vorschlag K. Nishitanis (oben S. 267f Anm. 6). Wenn Nishitani Religion so umschreibt, daß es bei ihr um die Frage nach dem Sinn menschlicher Existenz gehe, mit der überhaupt erst der Sinn von allem anderen geklärt werden könne, dann ist auch dies eine rein formale Bestimmung. Denn die Antwort auf diese Frage könnte ja sehr wohl auch so ausfallen, daß der Mensch zum eigentlichen Sinn und Ziel des Ganzen erklärt wird. Entscheidend ist also nur, daß Religion eine Sinnantwort gibt und damit voraussetzt, daß zunächst einmal alles fraglich ist. Wenn die religiöse Sinnsetzung aber die Fraglichkeit von allem voraussetzt, dann besitzt die religiöse Sinnsetzung immer einen absoluten Anspruch. Doch ist diese Absolutheit dann eine rein formale Bestimmung i.S. ultimativer Sinnsetzung.

1.6 Menschliche Grunderfahrungen und menschliches Selbstverständnis

In Anlehnung an W. A. Christian hat Lindbeck vorgeschlagen, von einem rein formalen Religionsbegriff auszugehen, wonach "religiöse" Sinnsysteme das Leben, das Verhalten und ihre Glaubensvorstellungen an etwas ausrichten und dementsprechend strukturieren, das ihnen als "more important than anything else in the universe" gilt.[1] Die rein formale Bestimmung des "Absoluten" als desjenigen, dem religiöse Sinnsysteme ultimative Bedeutung zumessen, findet jedoch auch bei Lindbeck im Hinblick auf das "Objekt" der Sinngebung eine materiale Konkretisierung. Denn unter dem Aspekt des schlechthinnig Wichtigsten haben es Religionen "with ultimate questions of life and death, right and wrong, chaos and order, meaning and meaninglessness"[2] zu tun. Während die drei letzten Begriffspaare wiederum als noch von rein formaler Natur verstanden werden können, ist mit dem ersteren die existentielle Realität des Menschen angesprochen. Daher kann Lindbeck Religionen auch als Systeme bezeichnen, die das existentielle Selbstverständnis des Menschen konstituieren bzw. unterschiedliche Tiefenerfahrungen dessen, was menschliche Existenz ist, hervorrufen.[3] Damit deutet Lindbeck auf jenen Referenzrahmen, der sich m.E. zumindest bei historisch nicht verwandten Religionen als der geeignetste für die Entwicklung einer interreligiösen Hermeneutik erweist.

Bei Winch und May (sowie – vermittelt durch Winch – auch bei Krieger[4]) führte die Suche nach einem geeigneten Referenzrahmen für interkulturelles und interreligiöses Verstehen zunächst zur Ebene des Verhaltens bzw. der Verhaltensnormen (letzteres zumindest klar bei Winch). Verhalten und besonders Verhaltensnormen besitzen in irgendeiner Form eine implizite oder explizite Sinnhaftigkeit. Soll der Sinn religiös bzw. kulturell bestimmten Verhaltens verstehbar sein, so muß die Wechselbeziehung von Sinn und Verhalten an der Stelle des Sinns aufgebrochen werden, indem dieser nicht vom Verhalten, sondern entweder von der höchsten sinngebenden Instanz oder dem "Objekt" der Sinngebung her entschlüsselt wird. Nachdem sich

---

[1] Vgl. Lindbeck, The Nature... a.a.O. 32f. In seiner Studie "Meaning and Truth in Religion" (Chicago, London 1964) geht W. A. Christian davon aus, daß Religionen eine spezifische, nicht zwingende, aber auch nicht widerlegbare Grundannahme dergestalt machen, daß es irgendetwas gebe, dem absoluter Vorrang zukomme, eben jenes "something more important than anything in the world" (vgl. ebd. 60ff, 86f, 244ff u. 262f). Die religiöse Grundfrage, auf die die Lehren einer Religion antworten, laute daher nicht, ob es dieses am meisten Wichtigste gebe, sondern was dieses Allerwichtigste sei. "Transzendenz" könne rein formal als die Bezeichnung für die herausragende Stellung dieses Allerwichtigsten verstanden werden (vgl. ebd. 71). Damit eine Religion verstehbar machen kann, was sie als das Allerwichtigste ansieht, müsse sie in der Lage sein, für dieses Referenzen anzugeben, die jenseits des dogmatischen Schemas einsehbar sind (vgl. ebd. 235ff).

[2] Lindbeck, The Nature... a.a.O. 40.

[3] Vgl. ebd. 41 u. 62.

[4] Wobei Winch und Krieger hierin auf Wittgenstein fußen.

ersteres als ungeeignet erweist, bleibt allein letzteres. Winch und May (nicht aber Krieger, der - wie gezeigt - hermeneutisch auf die sinngebende Instanz zurückgreift) vollziehen diesen Schritt.

Winch hält den Begriff "Sinn des menschlichen Lebens" bei dem Versuch interkultureller Hermeneutik für "unentbehrlich".[5] Die Frage nach dem Sinn ist mit der Ebene des Verhaltens dadurch verbunden, daß es um "die mögliche Bedeutung" geht, "welche die Ausführung bestimmter Tätigkeiten für Menschen annehmen kann, die den Sinn ihres Lebens als Ganzheit zu fassen versuchen."[6] Handlungsleitende Ordnungskriterien wie "gut" und "böse" wurzeln in einem Lebenssinn, der auf gewisse "grundlegende Vorstellungen" bezogen ist, deren "Bedeutung darin liegt, daß sie unabdingbar in das Leben aller bekannten menschlichen Gesellschaften verwoben sind, und zwar in einer Weise, die uns einen Anhaltspunkt dafür gibt, in welcher Richtung wir zu suchen haben, wenn wir über den Sinn eines fremden Institutionensystems im Zweifel sind."[7] Winch nennt als Beispiele solcher Vorstellungen "Geburt, Tod und Sexualität". Ihre universale Gegenwart, ihre Relevanz hinsichtlich des "Sinns des menschlichen Lebens" und die unterschiedliche Gestalt, die sie annehmen können, gewährleisten eine gemeinsame Basis, von der aus die konkrete Sinngebung erschließbar wird: "Die spezifischen Formen, die diese Vorstellungen annehmen, und die besonderen Institutionen, in denen sie repräsentiert werden, variieren von Gesellschaft zu Gesellschaft beträchtlich. Ihre zentrale Position innerhalb der Institutionen einer Gesellschaft ist und bleibt jedoch ein konstanter Faktor. Bei dem Versuch, das Leben einer fremden Gesellschaft zu verstehen, wird es deshalb von größter Wichtigkeit sein, sich über die Art und Weise klar zu werden, in der diese Vorstellungen in sie eingehen."[8] Dies gilt m.E. in gleicher Weise für Religionen!

Warum aber sind solche Vorstellungen Träger von Sinn und zwar in grundlegender Weise? Nach Winch sind Geburt und Tod nicht Ereignisse im Leben des Menschen, sondern die Eckdaten, die die Grenzen des jeweiligen Lebens markieren, den Anfang und das Ende - so Winch in Anlehnung an Wittgenstein - je meiner Welt.[9] Ähnlich seien auch die Geschlechter, Männlichkeit und Weiblichkeit, "nicht nur *Bestandteile* des Lebens, sondern dessen *Modi*", und z.B. "meine Männlichkeit nicht eine Erfahrung in der Welt..., sondern meine Art, die Welt zu erfahren."[10] In den Vorstellungen von Geburt, Tod und Sexualität kommt also jeweils auf je eigene Weise das Ganze des menschlichen Lebens in den Blick. Sie sind umfassende Vorstellungen vom menschlichen Leben und damit Ausdruck *menschlichen Selbstverständnisses*. "Im Gegensatz zu den Tieren leben die Menschen nicht nur, sondern sie ha-

---

[5] Vgl. Winch, Was heißt... a.a.O. 110.
[6] Ebd. 111.
[7] Ebd. 113.
[8] Ebd. 113.
[9] Vgl. ebd. 115ff.
[10] Ebd. 117.

ben auch eine Vorstellung vom Leben. Diese ist nicht einfach etwas, das zu ihrem Leben hinzukommt; damit verändert sich vielmehr der Sinn des Wortes »Leben«. Es ist nicht länger gleichbedeutend mit »belebter Existenz«. Wenn wir vom Leben des Menschen sprechen, können wir Fragen darüber stellen, welches die richtige Art zu leben sei, welche Dinge im Leben die wichtigsten sind, ob das Leben irgendeine Bedeutung habe, und wenn ja, welche."[11] Diese Bemerkung von Winch macht nun aber deutlich, daß jeder Sinngebung eine prinzipielle *Fraglichkeit* vorausliegt. Sinn ist also zumindest implizit immer Antwort auf eine Frage. Was aber bringt die Frage hervor, auf die die in grundlegenden Vorstellungen vom menschlichen Leben implizierte Sinngebung antwortet? Was liegt der Frage und damit auch der auf sie antwortenden Vorstellung zugrunde, damit sie überhaupt Träger einer Antwort sein kann? Und *können* wir einfach nur Fragen stellen (und tun dies, weil Menschen vielleicht alles irgendwann einmal tun, was sie können), oder gibt es etwas, das zu diesen Fragen drängt? Was macht den Menschen empfänglich für, ja geradezu bedürftig nach dem in der konkreten Fassung solcher Vorstellungen beinhalteten Sinn?

M.E. müssen die "grundlegenden Vorstellungen", von denen Winch spricht, noch einmal rückbezogen werden auf *grundlegende Erfahrungen* bzw. *Grunderfahrungen*, die Fragen hervorbringen, weil sie in einer Weise ambivalent sind, die unerträglich werden kann. J. May stellt die Frage: "what is basic social meaning-consensus really about?"[12] und setzt zu ihrer Beantwortung einen *existentiellen*[13] Leidensdruck als Ursprung des Sinnphänomens voraus. Er nennt die Erfahrung der Sterblichkeit und der interpersonalen Beziehungen als existentielle Bereiche, die in zentraler Weise leidanfällig sind, weil es in beiden um menschliche Identität geht, deren biologische Grundlage vom Tod und deren soziale Grundlage vom ethischen Übel bedroht ist.[14] "The question of suffering, Job's question and the Buddha's, inextricably bound up with the possibility of evil and the necessity of death, is the most urgent question posed by experience in the everyday world..."[15]. Folglich sieht May "the precise role of religion in 'making sense' of ugly facts such as suffering, evil and death..."[16]

Hinter den sinnvermittelnden Grundvorstellungen vom Leben stehen existentielle Grunderfahrungen, die ich deshalb als "*Grund*erfahrungen" bezeichne, weil sie grundsätzlich, zeit- und kulturübergreifend, mit menschlicher Existenz verbunden sind, und weil die sich auf sie beziehenden Vorstellungen geeignet sind, das Ganze des menschlichen Lebens von der jeweiligen Grunderfahrung her in den Blick zu nehmen, d.h. das menschliche

---

[11] Ebd. 114f.
[12] May, Meaning, Consensus... a.a.O. 224.
[13] "This most fundamental level at which the phenomenon of 'meaning' has its origin we might call the 'existential' level or dimension of meaning."; ebd. 192.
[14] Vgl. ebd. 175ff u. 191ff.
[15] Ebd. 228.
[16] Ebd. 234.

Selbstverständnis in unterschiedlicher Weise von diesen Grunderfahrungen geprägt sein kann. Ich nenne sie "Grund*erfahrungen*", weil sich die Grundvorstellungen auf eine existentielle Ebene beziehen, die um überhaupt Gegenstand einer Vorstellung werden zu können, einen Erfahrungsanteil besitzen muß. Es kann dabei völlig offen bleiben, wie hier das Verhältnis von Vorstellung und Erfahrung näher zu bestimmen wäre. Man kann mit Lindbeck der Meinung sein, daß die Vorstellungen die Voraussetzung dafür bilden, um überhaupt die ihnen entsprechenden Erfahrungen zu machen[17], oder auch die Möglichkeit einer vorstellungsfreien Erfahrung annehmen. Entscheidend ist allein, daß zwischen Vorstellung und Erfahrung überhaupt differenziert wird, insofern die Erfahrung einen der Vorstellung immanenten oder transzendenten Bezugspunkt bildet. Würde diese Differenzierung nicht vorgenommen, dann wären die Grundvorstellungen nicht länger interkulturell und interreligiös verstehbar. Ist diese Differenzierung jedoch nicht nur möglich sondern auch nötig, dann bilden die menschlichen Grunderfahrungen den gesuchten Referenzrahmen interreligiöser Hermeneutik.[18]

Grundvorstellungen vom Leben müssen sich auf *identifizierbare* menschliche Grunderfahrungen beziehen lassen. Wenn Winch argumentiert, daß Geburt, Tod und Geschlecht weniger selbst Erfahrungen, als vielmehr Grenzen bzw. Modi der Erfahrung sind, so sind sie deswegen doch nicht nur reine Vorstellungen. Um zu wissen, worauf sich die Vorstellungen von Tod, Geburt und Geschlecht beziehen, um also ihren Referenten identifizieren zu können, ist zumindest die Fremderfahrung unverzichtbar. Auch wenn es vielleicht fraglich sein mag, ob man hinsichtlich der eigenen Geburt, des eigenen To-

---

[17] Vgl. Lindbeck, The Nature... a.a.O. 33f u. 36f.
[18] Wenn man mit Lindbeck die Möglichkeit einer vorstellungsfreien Erfahrung bezweifelt, dann hat es den Anschein, daß mit unterschiedlichen Vorstellungen notwendig auch unterschiedliche Erfahrungen verbunden sind. Doch auch bei dieser Position scheint es mir hinsichtlich der menschlichen Grunderfahrungen berechtigt zu sein, von ihnen als einem gemeinsamen Referenzrahmen auszugehen. Denn die entsprechenden Grundvorstellungen können interreligiös und interkulturell nur verstehbar sein, wenn sie auf allgemein gegebene existentielle Grunddaten bezogen und diese, um überhaupt sinnvermittelnde Vorstellungen hervorbringen zu können, erfahren werden. Dann aber ist es legitim insofern von gemeinsamen Grunderfahrungen zu sprechen, als mit den existentiellen Grunddaten immer eine existentielle Erfahrung verbunden ist. Mögen vielleicht die Erfahrungsweisen unter dem Einfluß der jeweiligen Vorstellungen variieren, es bleibt dabei, daß es sich um Erfahrung handelt und zwar um die Erfahrung universal gegebener, mit der menschlichen Existenz als solcher verbundener Konstanten. Das Gemeinsame mag dann vielleicht immer nur als der innere Bezugspunkt der Grundvorstellungen implizit bleiben, aber dies reicht hermeneutisch aus, wenn klar ist, daß die eine Grundvorstellung den gleichen impliziten Bezugspunkt wie eine andere hat. Es gibt jedoch m.E. starke Anzeichen dafür, daß sich dieser gemeinsame Bezugspunkt auch bei unterschiedlichen Vorstellungen durch eine partielle Übereinkunft hinsichtlich gewisser Aspekte der Grunderfahrung explizit machen läßt, also auch auf der Ebene der Vorstellung eine partielle Übereinkunft vorliegt.

des und des eigenen Geschlechts von "Erfahrung" sprechen kann[19], so erfährt man doch, daß andere Menschen sterben, geboren werden, ein bestimmtes Geschlecht besitzen. Fraglos sind die Rückschlüsse von diesen Erfahrungen auf die eigene Existenz bereits durch die entsprechenden Vorstellungen gesellschaftlich vermittelt. Aber diese Vermittlung hat einen Rückhalt auch in der unmittelbaren Selbsterfahrung. Hinsichtlich des Todes tritt z.B. neben die Fremderfahrung des Todes anderer auch die Selbsterfahrung der eigenen Vergänglichkeitsprozesse, wie sie sich massiv in Krankheit und Alter bekunden. Auch die Erfahrung der Fähigkeit zum Suizid, die der Gedanke an ihn vermittelt, stellt in gewisser Weise eine Übertragung der Fremderfahrung des Todes in die eigene Erfahrungswelt dar. Der Bezug der Grundvorstellungen auf die entsprechenden Grunderfahrungen ist so eindeutig, daß ich erkennen kann, daß es in ihnen um die je meinige Existenz geht. Und weil dies universal gilt, weil sich für jeden Menschen die Fremderfahrung auf ihn selbst beziehen läßt, handelt es sich um *kollektive* Grunderfahrungen menschlicher Existenz, eben um menschliche Grunderfahrungen schlechthin. Variieren etwa die Vorstellungen hinsichtlich des Todes von Kultur zu Kultur, von Religion zu Religion, verändern sie sich auch im Laufe der Zeit, so wird in ihnen doch jeweils zweifelsfrei deutlich, auf welches existentielle Faktum, auf welche Existenzerfahrung sie sich beziehen. Und die hinter den Grundvorstellungen stehenden Grunderfahrungen ermöglichen es, das Verständnis der jeweiligen Grundvorstellungen zu erschließen.

Damit menschliche Grunderfahrungen als Referenzrahmen einer interreligiösen Hermeneutik dienen können, ist es folglich nicht nötig, zu einer interreligiösen Übereinkunft hinsichtlich der auf sie bezogenen Vorstellungen zu kommen. Es reicht vielmehr aus, zu wissen, daß sich z.B. die Todesvorstellung einer anderen Religion auf eine bestimmte menschliche Grunderfahrung bezieht, von der auch in der je eigenen Religion eine Vorstellung vorliegt, und – da es sich um eine menschliche Grunderfahrung handelt – sie Teil der je eigenen Existenz ist. Wenn etwa in dem vielleicht mehr als zweitausend Jahre alten, vermutlich in Nordindien entstandenen *Saccavibhangasutta* (Majjhima-Nikâya 141) die in der Ersten Edlen Wahrheit genannten Begriffe "Alter" und "Sterben", von denen es dort heißt, sie seien "dukkha", so erläutert werden: "Der jeweiligen Wesen in jeweilig wesender Gattung altern und abnutzen, gebrechlich, grau und runzelig werden, der Kräftezerfall, das Abreifen der Sinne: das nennt man, Brüder, Alter. ... Der jeweiligen Wesen in jeweilig wesender Gattung Hinschwund, Auflösung, Zersetzung, Untergang, Todessterben, Zeiterfüllung, das Zerfallen der Teile, das Verwesen der Lei-

---

[19] Bleibt Winch hier nicht selbst einer kulturell bedingten Vorstellung verhaftet? Bestimmte Formen von Reinkarnationslehren scheinen doch auch die Möglichkeit einer Erfahrung von Tod, Geburt und wechselnden Geschlechtern in den verschiedenen Existenzen, die ein Wesen durchläuft, vorauszusetzen.

che: das nennt man, Brüder, Sterben."[20], dann kann auch im Westeuropa des 20. Jhd. kein ernstlicher Zweifel darüber bestehen, worauf sich die Aussage, Alter und Sterben seien "dukkha", bezieht, so daß hier ein Referent vorliegt, von dem her sich letztlich auch das unbekannte Konzept "dukkha" erschließen läßt. Wenn es im *Jârasutta* des Sutta-Nipâta heißt: "Kurz, wahrlich, ist ja dieses Leben! Man stirbt, eh' hundert Jahre um sind, und auch wer über dies hinaus lebt, auch er stirbt schließlich durch sein Alter."[21], dann dürfte deutlich sein, daß hier die Rede von derselben menschlichen Grunderfahrung ist, wie in dem von diesem Text zwar nicht zeitlich aber kulturell weit entfernten Psalm 90: "Unser Leben währt siebzig Jahre, und wenn es hoch kommt sind es achtzig. ...rasch geht es vorbei, wir fliegen dahin."[22]. Und dann ist ein gemeinsamer Bezugspunkt gegeben, von dem her sich auch erschließen läßt, warum das Jârasutta fortfährt: "Verloren wird's auch durch den Tod, wovon der Mensch glaubt: »Es ist mein!«. Wenn weise dies mein Jünger hat erkannt, neigt er dem Mein-Gedanken nicht mehr zu."[23] und der Psalmist spricht: "Wer kennt die Gewalt deines Zornes und fürchtet sich vor deinem Grimm? Unsere Tage zu zählen lehre uns! Dann gewinnen wir ein weises Herz.". Im Hinblick auf einen gemeinsamen Bezugspunkt, die Grunderfahrung menschlicher Vergänglichkeit, wird in beiden Fällen ein Sinnentwurf - angezeigt durch das Stichwort "Weisheit" - vorgelegt, der Verhaltens- bzw. Haltungsimplikationen besitzt. Während jedoch der buddhistische Text von der Grunderfahrung der Vergänglichkeit her die Praxis und Haltung der Anattâ-Lehre begründet, ist für den Psalmisten die gleiche Grunderfahrung in ein Beziehungsverhältnis eingebettet, die Beziehung des Menschen zu Gott. Hier begründet die Vergänglichkeitserfahrung den Inhalt des Gebetes, aber nicht die Tatsache des Gebetes selbst, die Ausdruck dieses Beziehungsverhältnisses ist. Beidemale wird im Hinblick auf Sinn an die gleiche Grunderfahrung angeknüpft, und doch in unterschiedlicher Weise. Die Anknüpfung an identische menschliche Grunderfahrungen macht die Heilsbotschaften von Christentum und Buddhismus füreinander verstehbar. In den unterschiedlichen Anknüpfungsweisen werden dabei zugleich strukturelle Verschiedenheiten erkennbar. Vor allem aber garantiert die Universalität menschlicher Grunderfahrungen, daß die Botschaft des Christentums und des Buddhismus in der Lage sind, den Angehörigen der jeweils anderen Religion existentiell zu betreffen und von ihnen auch entsprechend vernommen zu werden!

Die Gesamtheit menschlicher Grunderfahrungen bildet jenen den Religionen gemeinsamen, zugleich innerlichen und äußerlichen Bezugspunkt.[24] Da menschliche Grunderfahrungen einen konstitutiven Bezugspunkt ihrer Sinn-

---

[20] Karl Eugen Neumanns Übertragungen aus dem Pâli-Kanon, Bd. I.: Die Reden Gotamo Buddhos aus der Mittleren Sammlung, Zürich, Wien 1956, 1033f.
[21] Sutta-Nipâta. Übersetzt, eingeleitet und erläutert von Nyanaponika, 2. rev. Aufl., Konstanz 1977, 177.
[22] Zitiert nach der Einheitsübersetzung der Bibel.
[23] Sutta-Nipâta... a.a.O. 177.
[24] Vgl. oben S. 400.

vorstellungen bilden, sind sie ihnen "innerlich". Da menschliche Grunderfahrungen universal gegeben sind, da sie auch außerhalb des jeweiligen Ausbreitungsgebietes einer Religion vorliegen, da sie bereits von anderen Sinnvorstellungen besetzt sein können, und missionarische Religionen auch faktisch damit rechnen, weil sie den Sinn von etwas mitteilen wollen, das als für eben jene Sinngebung Empfängliches bereits vorliegt, sind sie ihnen zugleich "äußerlich". So bilden die menschlichen Grunderfahrungen (nicht aber unbedingt die diesen korrelierenden Vorstellungen) einen den Religionen gemeinsamen Referenzrahmen ihrer Aussagen, von dem her diese wechselseitig füreinander verstehbar werden. Wo sie Grunderfahrungen in sinnkonstitutiver Weise deuten, bewegen sich Religionen implizit immer schon in einem Feld, das auch zum innersten Bereich einer anderen Religion gehört. Dies wird explizit, wenn sie einander begegnen und zu verstehen beginnen, weil sie dann nämlich sich nicht mehr nur auf die Grunderfahrungen beziehen können, sondern auch auf die auf die gleichen Grunderfahrungen bezogenen Sinnvorstellungen der anderen. Sie müssen dann im Rückgriff auf die eigene Sinnvorstellung die Sinnvorstellung des anderen bewerten. Sie müssen sich fragen, in welchem Verhältnis beide zueinander stehen, welche Aspekte der andere aus welchen Gründen betont, ob diese in der eigenen Sinnvorstellung enthalten sind oder nicht, mit ihr vereinbar sind oder ihr widersprechen. Sie werden nun versuchen (und können gar nicht anders), die Sinnvorstellung des anderen nocheinmal in einem Akt der Heterointerpretation zu deuten. Wenn sie verstanden haben, welchen Sinn die Sinnvorstellung des anderen für diesen hat, dann müssen sie nun auch fragen, welchen Sinn die so verstandene Sinnvorstellung des anderen für sie selbst hat.

Bildet die *Gesamtheit der menschlichen Grunderfahrungen* den Referenzrahmen interreligiöser Hermeneutik, so hilft die *Pluralität der Grunderfahrungen* zum Verständnis der konkreten Eigengestalt der Religionen. Weil es verschiedene Grunderfahrungen gibt, aber die sich auf sie beziehenden Sinnvorstellungen in der Lage sind, von der jeweils gemeinten Grunderfahrung her das Ganze des menschlichen Lebens in den Blick zu nehmen, läßt dieser Referenzrahmen im Unterschied zu dem Ansatz bei der Erfahrung des Absoluten Spielraum für die Erkenntnis der jeweiligen Eigengestalt der Bezugnahme. Die Vergänglichkeitserfahrung ist *eine* Grunderfahrung, eine andere die des zwischenmenschlichen Beziehungscharakters allen menschlichen Lebens. Wieder eine andere ist die der Freiheit bzw. Kreativität in einem unspezifischen Sinn, d.h. die Erfahrung des aktiven Veranlassens eigener Äußerungen und Handlungen, oder die der mit dem Denken gegebenen Reflexivität.[25] Weil Sinnvorstellungen im Rückgriff auf jede menschliche Grunderfahrung das Ganze des menschlichen Lebens zu deuten vermögen, können sie unterschiedlich organisierte *Hierarchien von Grunderfahrungen* implizieren. Man kann das, was man als das Entscheidenste hinsichtlich des menschlichen Lebens ansieht an der einen oder einer anderen Grunderfahrung festmachen. Man kann den Menschen primär von seiner Vergänglichkeit her

---

[25] Diese Aufzählung erhebt keinen Anspruch auf Vollständigkeit.

verstehen und andere Grunderfahrungen erst im Gefälle dessen in den Blick nehmen, was man zur Vergänglichkeitserfahrung zu sagen hat. Man kann ebensogut den Menschen primär von seinem Eingespanntsein in zwischenmenschliche Beziehungen her sehen und seine Vergänglichkeit erst unter dem Aspekt interpretieren, was diese im Hinblick auf die Vorstellung von seiner zwischenmenschlichen Bezogenheit bedeutet. Man kann − wie dies vielleicht die marxistische Weltanschauung beabsichtigt − den Menschen primär von seiner Kreativität her deuten als das Wesen, das erst durch Arbeit zum Menschen wird, und im Ausgang davon andere Grunderfahrungen in die Leitvorstellung integrieren.

Versteht man Religionen als Sinnsysteme und bezieht man die Sinnvorstellungen auf den Bereich der menschlichen Grunderfahrungen, dann ist es zwar richtig, daß Religionen insgesamt auf die mit der Existenzerfahrung verbundene Fraglichkeit antworten, aber dann ist damit noch keineswegs gesagt, daß sie alle auf die gleichen Fragen antworten (und hierzu teils übereinstimmende, teils verschiedene Antworten geben). Die Fragen, auf die religiöse Sinndeutung antwortet, können nicht nur anders gestellt, sondern auch wirklich andere sein. Formal geht es in ihnen allen um die gleiche Frage nach dem Sinn, doch ist dies eben nur eine formale Übereinstimmung. Die Unterschiede der jeweiligen Fragestellungen können dabei mit eben jener unterschiedlich gesetzten Hierarchie der Grunderfahrungen zusammenhängen. Geht man z.B. von der Beziehungserfahrung als derjenigen aus, auf die sich die primäre Sinnvorstellung vom menschlichen Leben bezieht, dann wird man zunächst nach der grundsätzlich richtigen Beziehung fragen, und nach dem Sinn des Todes etwa im Hinblick darauf, daß er jeglicher Beziehung ein Ende zu setzen scheint. Geht man umgekehrt z.B. von der Vergänglichkeitserfahrung als der primären aus, so wird man zunächst nach der richtigen Haltung angesichts des Todes fragen und dann vielleicht auch, wie von dieser Haltung her die zwischenmenschlichen Beziehungen zu beurteilen sind. Die interreligiöse Korrelation verschiedener Aussagen kann hermeneutisch nur dann legitim durchgeführt werden, wenn zunächst die jeweiligen Fragestellungen miteinander korreliert sind. Besonders bei widersprüchlich erscheinenden Aussagen ist eine solche Überprüfung der ihnen jeweils zugrunde liegenden Fragestellungen unverzichtbar. Die Berücksichtigung unterschiedlicher Bezugnahmen auf menschliche Grunderfahrungen bedeutet jedoch nicht, daß das hermeneutisch Entscheidende, nämlich der gemeinsame Referenzrahmen, verloren ginge. Denn bei jeder Bezugnahme auf eine bestimmte menschliche Grunderfahrung, die dieser Priorität zumißt, sind, weil sie eine Deutung des Ganzen menschlicher Existenzerfahrung zu tragen vermag, immer auch in irgendeiner Weise die anderen Grunderfahrungen mitbetroffen.

1.7 Unheilsdeutung, Heilsvermittlung und Transzendenzverständnis

Wenn man zur Entwicklung interreligiöser Hermeneutik bei den menschlichen Grunderfahrungen als dem erforderlichen gemeinsamen Referenzrahmen ansetzt, dann ist weiter danach zu fragen, ob es in den Botschaften der Religionen einen besonderen "Ort" gibt, der in engem Bezug zu den für Sinndeutung anfälligen Grunderfahrungen steht. Mit J. May bin ich der Meinung, daß das Bedürfnis nach Sinngebung aus einer leidhaften existentiellen Situation entspringt.[1] Daher scheint mir die *Unheilsdeutung* jener "Ort" in den Botschaften verschiedener Religionen zu sein, der die deutlichsten Bezüge zu den menschlichen Grunderfahrungen besitzt.[2]

Die Frage nach Sinn ist einerseits ermöglicht durch eine prinzipielle Fraglichkeit der menschlichen Existenzerfahrung, also durch eine ambivalente Vieldeutigkeit menschlicher Grunderfahrungen. Andererseits steht jeder Mensch faktisch immer schon in einem gesellschaftlich vermittelten Sinnkonsens, den er mehr oder weniger unbewußt internalisiert hat. Die grundsätzliche Fraglichkeit menschlicher Existenzerfahrung kann ihm jedoch bewußt werden, wenn seine je private Sinninternalisierung eine akute Bewährungsprobe durchzustehen hat. Bricht sich hierbei die Einsicht Bahn, daß Existenz auch anders deutbar sein könnte, so kann die Ambivalenz der Grunderfahrungen unerträglich werden. Die Möglichkeit, daß vorhandene Sinngebungen fraglich werden können, und diese Fraglichkeit krisenhaften, ja leidhaften Charakter annehmen kann, deutet darauf hin, daß Sinndeutungen grundsätzlich als Antwort auf existentielle Situationen interpretiert werden können, die ohne Sinndeutung nicht zu ertragen wären.

Dies wird noch klarer, wenn man bedenkt, daß sich Sinndeutungen zunächst vor allem auf das Verhalten beziehen. Im Verhalten zeigen sich *Intentionalitäten*, Verhaltenszwecke, um derentwillen bestimmte Handlungen vollzogen oder nicht vollzogen werden. Dieser Zusammenhang ist außerordentlich störanfällig. Es kann sich zeigen, daß ein bestimmtes Verhalten fraglich wird, weil es nicht in der Lage ist, den Zweck, dem es dienen sollte, zu erfüllen. Dann kann nach anderen, eben "sinnvolleren" Verhaltensweisen gesucht werden. Auf diese Weise wird eine Sinndeutung problematisch, die mit einer bestimmten Intention unabänderlich ein bestimmtes Verhalten verbindet. Die Probleme können auch nach der anderen Seite hin auftreten. Es kann der Zweck eines Verhaltens fraglich werden, weil er sich mit anderen Intentionen nicht vereinbaren läßt, und damit, sofern dieser Zweck Teil eines gesellschaftlich akzeptierten Sinnkonsenses darstellt, die eigene Teilnahme an diesem Konsens ins Wanken geraten. Wo die Erfüllung von Intentionen oder die Intentionen selber fraglich werden, weiß der Mensch nicht mehr wie er sich verhalten soll, und diese Situation ist für ihn un-

---
[1] Vgl. oben S. 436.
[2] Zur Frage nach dem jeweiligen "Ort" in der Botschaft von Religionen, der in Bezug zu dem gesuchten Referenzrahmen stehen muß, vgl. oben S. 400.

erträglich, da er sich irgendwie verhalten muß. Was immer die Intention oder das Verhalten sein mag, es scheint eine Grundintention derart zu geben, daß eine völlige Unklarheit über Intention und Verhalten beseitigt werden muß!

Intention und Verhalten sind immer eingebettet in eine konkrete Situation. Es ist immer *angesichts einer konkreten Situation*, daß sich die Frage stellt, was man angesichts dieser Situation will, oder wie man sich angesichts dieser Situation verhält. Ohne Klarheit hinsichtlich der jeweiligen Situation kann es keine Klarheit hinsichtlich des Verhaltens und der Intention geben. Daher bedarf zunächst die Situation einer Deutung. Dies scheint mir der Punkt zu sein, an dem die menschlichen Grunderfahrungen ins Spiel kommen. Sie kennzeichnen die menschliche Situation, und ihre Deutung ist eine Deutung der menschlichen Situation. Wie immer auch Intention und Verhalten gedeutet werden, so ist dies nicht unabhängig von der Deutung der menschlichen Situation. Das Grundbedürfnis nach Klarheit hinsichtlich Intention und Verhalten bedingt das Bedürfnis nach Deutung der menschlichen Grunderfahrungen. Oder umgekehrt gesagt: Die Unerträglichkeit völliger Unklarheit über Intention und Verhalten bedingt die Unerträglichkeit der Ambivalenz menschlicher Grunderfahrungen.[3]

Die Sinngebung einer Religion ist um so profunder, d.h. weniger leicht in Frage zu stellen, je mehr ihre Deutung des Lebenssinnes auf einer Deutung der menschlichen Situation beruht, die mit diesem Grundbedürfnis und der Unerträglichkeit der Ambivalenz menschlicher Grunderfahrungen rechnet, d.h. sie irgendwie thematisiert. Religiöse Sinnvermittlung dient immer der Überwindung dieser Unerträglichkeit, aber es ist eine andere Frage, ob dies von ihr selbst auch zur Sprache gebracht und damit bereits zum Teil der Sinnvermittlung gemacht wird. Es geht also darum, ob die sinnvermittelnden Vorstellungen einer Religion überhaupt von einer prinzipiell zu überwindenden Situation ausgehen. Dies ist zumindest bei den sogenannten "Erlösungsreligionen" der Fall. Bei ihnen ist zu fragen, ob[4] und wenn ja wie, sie in

---

[3] Aus dieser Auffassung ergeben sich Konsequenzen hinsichtlich der häufig diskutierten Frage nach der "rechten" Einstellung, die die Partner als Voraussetzung für das Gelingen des interreligiösen Dialogs mitzubringen hätten. Ist es günstiger, wenn die Dialogpartner möglichst fest in ihrer religiösen Tradition stehen, oder ist es günstiger, wenn dieser Dialog von Menschen geführt wird, die sich über die Gültigkeit ihrer Tradition im unklaren sind? M. E. ist die nicht selten so gestellte Alternative dem Problem nicht angemessen. Voraussetzung sollte vielmehr sein, daß sich die Dialogpartner der grundsätzlichen Fraglichkeit menschlicher Existenz bewußt sind, um so mehr die Aussagen des anderen als prinzipiell auch für das eigene Selbstverständnis relevante hören zu können.

[4] D.h., ob bei der Deutung der Unheilssituation der Erkenntnisfaktor eine Rolle spielt. Man denke z.B. an Aussagen wie Lk 19,42, wo Jesus von Jerusalem sagt, es habe nicht erkannt, was ihm zum Heile dient, oder die grundsätzlichere Aussage in Joh 8,32, daß die Erkenntnis der Wahrheit frei machen wird. Auch im Buddhismus wird bei der Unheils-

ihrer Deutung der Unheilssituation (was rein formal als das zu überwindende verstanden werden kann), der nach Sinngebung drängenden Ambivalenz menschlicher Grunderfahrungen Rechnung tragen. Und da von jeder menschlichen Grunderfahrung her jeweils das Ganze der menschlichen Existenz in den Blick genommen werden kann, ist auch danach zu fragen, ob sie in ihrer Deutung der Unheilssituation einer bestimmten Grunderfahrung für diese Deutung eine erkennbare Priorität zumessen.[5]

Wenn die Grundintention nach Klarheit bzw. nach Überwindung der Unklarheit anhand einer bestimmten Grunderfahrung in der Unheilsdeutung einer Religion thematisiert ist, dann wird damit zugleich eine Evaluation des menschlichen Lebens im Ausgang von dieser Grunderfahrung vorgenommen. D.h., es wird Klarheit darüber vermittelt, wie die Situation des Menschen von dieser Grunderfahrung her zu deuten ist und zu welchem Zweck er in dieser Situation sich so und so verhalten soll. M.a.W., es beginnt ein Prozeß der *Heilsvermittlung*. Läßt sich von den menschlichen Grunderfahrungen her ein Verständnis der Unheilsdeutung erschließen, dann läßt sich von der Unheilsdeutung her auch der Prozeß der Heilsvermittlung verstehen. Denn er ist bezogen auf die Deutung der Unheilssituation. Das aber besagt, daß es auch einen Zusammenhang geben muß zwischen der Deutung menschlicher Grunderfahrungen im Hinblick auf die Unheilssituation und hinsichtlich der entsprechenden Formen der Heilsvermittlung, indem die Merkmale der jeweiligen Grunderfahrung irgendwie die Formen der Heilsvermittlung beeinflussen. Würde beispielsweise von einer Religion die menschliche Reflexivität in ihrer Deutung der Unheilssituation so aufgegriffen werden, daß Rationalität als etwas zu Überwindendes erschiene, dann wird von der Heilsvermittlung nicht allzuviel an rationaler Affirmation erwartet werden dürfen.

Wenn es stimmt, daß der grundlegende Schritt zur Heilsvermittlung die Klärung von Sinn bzw. die Reduktion von Unklarheit ist, so wird die Heilsvermittlung immer einen kognitiven Aspekt besitzen und somit eine verstehbare Botschaft bereits Teil der Heilsvermittlung sein. Aber dieser kognitive

---

analyse ein grundsätzliches "Nichtwissen" (p.: "avijjâ", skt.: "avidyâ") vorausgesetzt und thematisiert.

[5] Genau dies ist m.E. zunächst offen zu halten. D.h., daß man m.E. nicht von vornherein davon ausgehen kann, daß hinsichtlich der leidanfälligen Fraglichkeit menschlicher Existenz einer bestimmten Grunderfahrung universale Priorität zukommt, wie dies bei May hinsichtlich seiner besonderen Gewichtung der Vergänglichkeitserfahrung für Sinnkonstruktion allgemein tendenziell festzustellen ist. Da die Vergänglichkeitserfahrung eine menschliche Grunderfahrung ist, wird auf die eine oder andere Weise in der Sinndeutung immer auch auf sie eingegangen werden. Ob ihr jedoch in allen Sinnsystemen für die Sinnfrage eine Priorität zuerkannt wird, ist zunächst offen zu halten, und ist m.E. auch tatsächlich nicht der Fall (man denke z.B. an die wenig zentrale Stellung der Todesproblematik in der marxistischen Weltanschauung). Die Frage nach der Hierarchie der Grunderfahrungen in der jeweiligen Sinndeutung ist entscheidend für die Erkenntnis struktureller Unterschiede im Sinngefüge der jeweiligen Sinnsysteme.

Aspekt kann durchaus i.S. eines eigenen Konzepts von "religiöser Wahrheit" modifiziert sein durch andere Aspekte, wie sie sich unmittelbar aus der an bestimmte Grunderfahrungen anknüpfenden Unheilsdeutung ergeben. Wenn etwa in Anknüpfung an die Grunderfahrung des Eingespanntseins in Beziehungen die Verweigerung von Beziehung als ein zu überwindendes Unheil gedeutet wird, dann ist damit zu rechnen, daß die Heilsvermittlung nicht nur mittels dieser Deutung Klarheit geben will, sondern auch versuchen wird, Beziehung zu stiften. Wenn in Anknüpfung an die Vergänglichkeitserfahrung die possessive Ausrichtung auf Vergängliches als ein zu überwindendes Unheil gedeutet wird, dann ist auch hier damit zu rechnen, daß an die Seite der Information über dieses Unheil der Versuch tritt, diese Ausrichtung unmittelbar zu verändern. So können selbst spezifische Konzepte "religiöser Wahrheit" verstehbar werden, wenn beachtet wird, daß sich in ihnen die Intention artikuliert, eine in bestimmter Weise gedeutete Unheilssituation zu überwinden. Dies kann freilich auch soweit gehen, daß der kognitive Aspekt schließlich selbst als etwas zu Überwindendes erscheint. Wenn, wie oben gesagt[6], der sprachlich verfaßte Wirklichkeitszugang, mit der ihm eigenen Struktur von Subjekt und Objekt (hier nicht grammatikalisch, sondern sprachlogisch verstanden: ein Subjekt macht Aussagen über ein Objekt), Identifikation und Unterscheidung, als eine Verhaltensweise verstanden wird, die selbst als ein Unheilsfaktor gilt, so kann die sprachlich ansetzende Heilsvermittlung sich der Sprache und damit auch der eigenen religiösen Lehren i.S. Wittgensteins als einer Leiter bedienen, die nach Gebrauch überflüssig ist, oder i.S. Buddhas als eines Floßes, das man nach dem Übersetzen nicht länger mit sich herumträgt.

An dieser Stelle wird der interreligiöse Verstehensprozeß in einen erkenntnistheoretischen Diskurs eintreten müssen. Doch dabei gilt es, sich zunächst um das Verständnis der soteriologischen Intentionen der jeweiligen Wahrheitskonzepte zu bemühen. Von der Beurteilung dieser Intentionen, wird dann weitgehend auch die Bewertung der korrelierenden Wahrheitsansprüche abhängig sein. Denn wo in solch grundlegender Weise mit einem Wahrheitsanspruch gleichzeitig auch ein spezifisches Wahrheitskonzept verbunden ist, läßt sich nicht mehr einfachhin nach dem Modell: "guter Wille, aber mangelnde Einsicht" verfahren. Was hier als "Einsicht" gilt, ist von der soteriologischen Absicht nicht mehr zu trennen. Wenn z.B. "Offenbarung" als Selbstmitteilung Gottes verstanden wird, dann kann über den erkenntnistheoretischen Stellenwert von "Offenbarung" nicht adäquat geredet werden, ohne zu berücksichtigen, was es für den Menschen bedeutet, wenn Gott zu ihm in Beziehung tritt. Und ebensowenig kann über das Konzept des "geschickten Mittels" ("upâyakaushalya") adäquat geredet werden, wenn man darin nur einer Täuschung Vorschub geleistet sieht.[7] Es muß vielmehr the-

---

[6] Vgl. oben S. 420ff.
[7] Vgl. zu dieser ungenügenden Interpretation: G. Rosenkranz, Upayakaushalya (geschickte Anwendung der Mittel) als Methode buddhistischer Ausbreitung, in: ders., Religionswissenschaft und Theologie, München 1964, 101-109.

matisiert werden, welche Deutung der Unheilssituation der soteriologischen Intention entspricht, die sich in derartigen Wahrheitskonzepten artikuliert.

Die Heilsvermittlung beschränkt sich vielfach nicht auf das Wort. Bestimmte Lebensweisen allgemein (wie etwa die Beachtung gewisser Gebote) und bestimmte Lebensformen im besonderen (z.B. kommunitäre, monastische, eremitäre, etc.) können ebenso wie kultische, rituelle und meditative Praktiken an seine Seite treten. Aber ihre Beschreibung und mehr noch der Stellenwert, der ihnen in der Lehre eingeräumt wird, ermöglichen es auch jenseits einer Partizipation an ihnen, auf ihren Bezug zur Deutung der Unheilssituation und damit auch der menschlichen Grunderfahrungen zu reflektieren.

Läßt sich im Ausgang von den menschlichen Grunderfahrungen die jeweilige Deutung der Unheilssituation verstehen, und wird von beidem her auch die innere Dynamik der jeweiligen Heilsvermittlungsformen intelligibel, dann können diese drei Größen zu einer näheren Bestimmung des jeweiligen *Transzendenzverständnisses* führen. Dabei kann dieses zunächst rein formal als eine Charakterisierung dessen verstanden werden, was die Negativfolie der Unheilsdeutung bildet, bzw. als das, zu dem die Heilsvermittlung in Übereinstimmung mit der Unheilsdeutung hinführen will. Das Transzendenzverständnis beinhaltet also eine Vorstellung vom Heilsziel. Wird das eigentliche Heilsziel als "unbeschreiblich" oder "unbegreiflich" vorgestellt, so ist die mit dieser "Unbeschreibbarkeit" und "Unbegreiflichkeit" verbundene Unbestimmbarkeit dadurch gemildert, daß das Heilsziel eben auf durchaus bestimmte Unheilsdeutungen bezogen bleibt und seine Erlangung bestimmte Vermittlungsformen nötig macht. Mit N. Smart läßt sich also sagen: "The nature of the goal is revealed in the rules enjoined for its attainment...".[8] Obwohl die Erfahrung des Heilszieles selbst nicht mehr zu den menschlichen Grunderfahrungen gerechnet werden kann (weil die Antwort auf die Frage, ob es sich dabei um eine allgemein menschliche Erfahrung handelt oder nicht, bereits Teil des jeweiligen Transzendenzverständnisses und somit kontextbedingt ist), läßt auch sie sich zu den menschlichen Grunderfahrungen durch ihre Verbindung mit Unheilsdeutung und Vermittlungsformen in Bezug setzen.

Der hermeneutische Ansatz bei den menschlichen Grunderfahrungen wird es also meiden, a priori von einem gemeinsamen Transzendenzverständnis der Religionen oder von auf die gleiche Transzendenzerfahrung ausgerichteten unterschiedlichen Transzendenzvorstellungen oder von auf unterschiedliche Erfahrungen der gleichen transzendenten Wirklichkeit bezogenen Transzendenzvorstellungen auszugehen, und dieses Problem der sich an das Verstehen anschließenden Evaluation zuweisen. Damit ist nicht das theologische Axiom von der universalen Selbstbezeugung Gottes aufgegeben, von dem sich m.E. die christliche Entwicklung einer interreligiösen Hermeneutik weder dispensieren kann noch dispensieren muß. Nur bleibt offen, ob die

---

[8] N. Smart, Reasons and Faiths. An Investigation in Religious Discourse, Christian and Non-Christian, London² 1971, 64.

Selbstbezeugung Gottes in der menschlichen Erfahrung in den verschiedenen Religionen einen Niederschlag gefunden hat und wenn ja welchen. Es muß m.a.W. von den theologischen Voraussetzungen einer christlich verwurzelten interreligiösen Hermeneutik her davon ausgegangen werden, daß es eine allgemeine Gotteserfahrung gibt und auch daß diese nicht konsequenzenlos ist für menschliches Selbstverständnis, aber damit ist noch nichts darüber gesagt, ob dies in den unterschiedlichen Reflexionen menschlichen Selbstverständnisses, wie sie in den Religionen vorliegen, irgendwie konzeptualisiert ist. Diese Frage offen zu lassen heißt aber auch, mit dieser Möglichkeit zu rechnen, ja mehr noch, nach Anzeichen für ihre Tatsächlichkeit zu suchen.

Und bei dieser Suche ist erneut der Rückgriff auf die menschlichen Grunderfahrungen von Bedeutung. Was christlich als Anzeichen für eine heilshafte Gotteserfahrung gelten kann, ist nicht unabhängig von der christlichen Deutung menschlicher Grunderfahrungen. Zeigen sich in einer anderen Religion hinsichtlich der Unheilsdeutung und der entsprechenden Heilsvermittlungsformen andere Strukturen als in der christlichen Unheilsdeutung und Heilsvermittlung, liegt also z.B. bei der anderen Unheilsdeutung eine unterschiedliche Hierarchie der Grunderfahrungen vor, indem anderen Grunderfahrungen Priorität zugemessen wird, dann muß damit gerechnet werden, daß christliche Kriterien für Heil sich nicht unbedingt mit den Heilskriterien einer anderen Religion decken. Die Einsicht in die unterschiedliche Organisation bzw. Struktur des anderen Sinnsystems macht es dann jedoch erforderlich, zu fragen, ob es denn Anhaltspunkte dafür gibt, daß christliche Heilskriterien zumindest im Gefälle anderer Heilsvorstellungen liegen. Es wäre also – um es einfacher zu sagen –, zu fragen, ob das, wozu eine andere Heilsvorstellung *führt*, sich mit den Kriterien christlichen Heilsverständnisses irgendwie deckt. Die nämliche Frage kann dann freilich auch umgekehrt, also aus der Sicht der anderen Religion an die christliche Heilsvorstellung gestellt werden. Und hierin liegen die Chancen interreligiöser Lernmöglichkeit, weil die Sinndeutung und Heilsvermittlung des anderen dann nicht mehr nur als Umweg zur je eigenen Auffassung gewertet werden muß, sondern auch als eine Ergänzung gesehen werden kann.[9]

Ich werde also in den folgenden Teilen dieses Kapitels eine Interpretation der buddhistischen Heilsbotschaft vornehmen, die hermeneutisch bei ihrer Bezugnahme auf die menschlichen Grunderfahrungen ansetzt. Dabei werde ich zu zeigen versuchen, daß die buddhistische Heilsbotschaft in ihrer Deutung der Unheilssituation primär bei der Vergänglichkeitserfahrung ansetzt und andere Grunderfahrungen aus der Perspektive jener primären Anknüpfung heraus gesehen und gedeutet werden. Sodann gilt es zu zeigen, daß die Priorität der Vergänglichkeitserfahrung Auswirkungen auf das buddhistische Transzendenzverständnis und die Formen der Heilsvermittlung hat. Gleichzeitig bin ich der Auffassung (deren ausführlichere Begründung hier entfallen muß, da sie den Rahmen dieser Untersuchung sprengen wür-

---
[9] Vgl. oben S. 366f und 370f.

de), daß innerhalb der christlichen Heilsbotschaft nicht der Vergänglichkeitserfahrung, sondern der Erfahrung der zwischenmenschlichen Bezogenheit Priorität zukommt und andere Grunderfahrungen von der Deutung dieser Erfahrung her gesehen werden. Auf die sich aus dieser Auffassung ergebenden theologischen Konsequenzen werde ich am Schluß dieser Untersuchung eingehen, und dabei nochmals verdeutlichen, daß der hermeneutische Ansatz bei den menschlichen Grunderfahrungen immer schon theologische Implikationen besitzt. Um zu zeigen, daß er sich dennoch von der unzulässigen Übertragung christlicher Interpretamente auf die buddhistische Heilsbotschaft freizuhalten vermag[10], werde ich ihn an verschiedene Phasen der buddhistischen Tradition anlegen, die insbesondere dadurch gekennzeichnet sind, daß in ihnen eine traditionsimmanente Reflexion auf das rechte Verständnis der buddhistischen Heilsbotschaft vorliegt, also das eigene Selbstverständnis, an dem sich jede Heterointerpretation zu orientieren hat, explizit thematisiert ist. Daher ist die systematische Entfaltung des von mir vorgeschlagenen hermeneutischen Ansatzes nun mit einer Reflexion auf die Bedeutung traditionsimmanenter Hermeneutik für die interreligiöse Hermeneutik unter dem Aspekt des Ansatzes bei den menschlichen Grunderfahrungen abzurunden.

---

[10] Was nicht bedeutet, daß ich beanspruchen würde, diese Freiheit in meiner Buddhismusinterpretation auch wirklich durchgehalten zu haben. Es wird hierzu der dialogischen Überprüfung bedürfen. Ich meine jedoch, daß dieser Interpretationsansatz prinzipiell in der Lage ist, zu einem solchen Verständnis zu führen.

1.8 Traditionsimmanente und interreligiöse Hermeneutik

Bei dem, was ich mit "traditionsimmanenter Hermeneutik" bezeichne, geht es um zwei eng zusammenhängende Fragen, die beide *innerhalb* einer religiösen Tradition thematisiert werden können. Zum einen geht es um die Frage nach dem, was eine religiöse Tradition selbst als das ihr Wesentliche betrachtet, zum anderen um die Frage, auf welchen Wegen (nach traditionsimmanenter Auffassung) das richtig erkannt werden kann, worum es dieser Tradition als das ihr Wesentliche geht. Während in der ersten Frage eine traditionsimmanente Reflexion den inhaltlichen Kern ihrer Botschaft thematisiert und dazu eine Hermeneutik ihrer eigenen Aussagen entwickeln muß, ist das Thema der zweiten Frage das der Tradition eigene Verständnis von "Verstehen"; wozu von einem richtigen Verständnis des ihr Wesentlichen auszugehen ist. Beide Fragen sind also untrennbar voneinander abhängig.

Die traditionsimmanente Reflexion dieser beiden Fragen kann, wenn sie nicht bereits in den Ursprüngen einer religiösen Tradtion vorliegt, zunächst von apologetischen Situationen ausgelöst werden, wenn es angesichts herausfordernder Stellungnahmen nötig wird, zu erklären, was man meint und wie man es meint. Spätestens bei interkultureller Ausbreitung und zeitübergreifender Fortdauer einer religiösen Tradition wird der traditionsimmanente hermeneutische Diskurs unvermeidlich. Stößt die missionarische Ausbreitung in verschiedene Kulturen und damit auch religiös anders geprägte Kontexte vor, dann muß auf das Wesentliche der eigenen Botschaft reflektiert werden, um klären zu können, ob hierzu etwas gehört, was untrennbar mit dem ursprünglichen kulturellen Umfeld verbunden ist. Und es muß weiterhin überlegt werden, wie Menschen fremdkultureller Prägung zu einem richtigen Verständnis der Botschaft kommen können. Ähnliches gilt, wenn sich bei zeitübergreifender Fortdauer einer religiösen Tradition die kulturellen Kontexte wandeln. Zu einem nicht unbedeutenden Teil können die zahlreichen Schulen- und Sektenbildungen als Zeugnis des traditionsimmanenten hermeneutischen Ringens verstanden werden.

Soll der Prozeß traditionsimmanenter Hermeneutik für die Entwicklung einer interreligiösen Hermeneutik dergestalt berücksichtigt werden, daß von ihm Auskunft über das Selbstverständnis einer Religion erwartet wird, dann wird die Suche nach einer interreligiösen Hermeneutik unvermeidlich in den traditionsimmanenten Schulenstreit verwickelt. Ebenso wie der traditionsimmanenten hermeneutischen Reflexion stellt sich auch der von außen kommenden Verstehensbemühung die Frage, was als das Wesentliche einer Religion angesehen werden soll und wie das Verständnis des Wesentlichen erlangt wird.[1] Und in vergleichbarer Weise stehen Auto- und Heterointerpret ange-

---

[1] Vgl. hierzu auch die Beiträge in: M. Pye / R. Morgan (Hg), The Cardinal Meaning. Essays in Comparative Hermeneutics: Buddhism and Christianity, The Hague, Paris 1973. Pye versucht zu zeigen, daß man sich bei der religionswissenschaftlichen Behandlung des Buddhismus faktisch gar nicht aus der Diskussion über das Wesentliche und das weniger Wesent-

sichts der Pluralität traditionsimmanenter Schulen dann auch vor der Frage nach der Einheit der jeweiligen Tradition. Weil die traditionsimmanete Interpretation, die von der jeweiligen buddhistischen Schule hinsichtlich des Wesens der buddhistischen Botschaft geleistet wird, sich eben auch auf den außerhalb dieser Schule liegenden Teil der Gesamttradition bezieht, ist die traditionsimmanente Frage nach dem *Wesen* des Buddhismus nicht von der Frage nach der *Einheit* des Buddhismus zu trennen. Die Heterointerpretation einer buddhistischen Schule durch den Christen, die sich hermeneutisch an der Autointerpretation orientieren will, kann also nicht an diesem Bezug vorbeisehen, der von der interpretierten Schule selbst als konstitutiver Bestandteil ihrer Autointerpretation in ihrem Verständnis von Wesen und Einheit des Buddhismus gesetzt ist. Andererseits kann sich der christliche Heterointerpret jedoch nicht mit dieser partikularen Sicht begnügen, weil er erstens noch einmal nach Differenz und Übereinstimmung zwischen den Auskünften der verschiedenen Richtungen fragen muß, die sich ihm darbieten, und zweitens nach der hermeneutischen Zugänglichkeit jener Tradition, auf die sich der Autointerpret - in ihr stehend - bezieht, der sich der Heterointerpret aber als einer ihm zunächst fremden und erst zu verstehenden gegenübersieht. Der christliche Interpret kann sich nicht einfach willkürlich und unbegründet auf den Standpunkt einer bestimmten Schule des Buddhismus stellen, sondern muß sich zunächst um ein Verständnis der Sicht der verschiedenen buddhistischen Schulen bemühen. Doch sind damit nun die hermeneutischen Probleme des Heterointerpreten eher potenziert als reduziert: denn wo wird ihm jener als "Buddhismus" bezeichnete Rahmen[2] selbst

---

liche einer Religion heraushalten kann, und optiert für eine Kontrolle durch das Selbstverständnis der Religionen (Vgl. ebd. 28ff). Er stellt seine Überlegungen jedoch nicht im Hinblick auf die Entwicklung einer interreligiösen Hermeneutik an, sondern bleibt auf der Basis des Bekenntnisses zur Epoche dem "neutralen" Religionsvergleich, nun als Verlgeich verschiedener traditionsimmanent-hermeneutischer Vorgehensweisen, verpflichtet.

[2] Wenn ich im folgenden angesichts des Zusammenhangs von traditionsimmanenter und interreligiöser Hermeneutik immer wieder von Wesen und Einheit des "Buddhismus" rede, so soll damit keineswegs die Warnung von W. C. Smith vor einer unzulässigen Reifizierung übergangen werden. Es bleibt dabei, daß es konkret nur die buddhistischen Traditionen und ihre jeweiligen Lehren gibt. Aber es ist dennoch entscheidend, nicht zu übersehen, daß sich die traditionsimmanente hermeneutische Reflexion um das Verständnis dessen bemüht, was sie als das Wesentliche und das Einigende ihrer Tradition ansieht. So sieht auch Smith hinter solchen Etikettierungen wie "Buddhismus" eine gewisse Berechtigung, die sachlich etwas mit der Existenz traditionsimmanenter Hermeneutik zu tun hat: "Now this process of differentiation, leading to the rise of what has been called Buddhism, Christianity, Islam, Zoroastrism, and so on, is unquestionably one of the most profoundly significant and consequential processes in the whole of man's religious developement, and indeed in human history generally. That these movements extricated themselves from being tied, as the religious life of man in all previous instances has been, to one particular society and have lived on in some sort of autonomous existence; and have in some cases given rise to, and have

zugänglich, innerhalb dessen sich der innerbuddhistische Schulendialog, der zumindest implizit im traditionsimmanenten hermeneutischen Reflexionsprozeß der einzelnen Schulen vorliegt, aber auch in innerbuddhistischer Ökumene oder Polemik explizit werden kann, bewegt?

Hier bietet sich zunächst die *historische*, und als solche dem christlichen Interpreten ohnehin naheliegende, *Perspektive* an, die die später auftretenden Schulrichtungen als *Entwicklungen* aus früheren Formen zu begreifen sucht. Die historische Perspektive würde es somit nahelegen, zunächst ein Verständnis der ältesten verfügbaren Artikulationen von Buddhismus anzustreben, und sich davon ausgehend entlang der späteren Entwicklungen zu einem Verständnis jenes Rasters voranzutasten, der in der Autointerpretation der Schulen konstitutiv mitwirkt und doch als solcher nirgendwo in Reinform greifbar scheint. Diese historische Perspektive hat fraglos den Vorteil, daß sie insofern auch der Autointerpretation späterer Schulen entgegenzukommen vermag, als diese selbst sich in ihrem Verständnis von Wesen und Einheit des Buddhismus ebenfalls auf frühere Artikulationen des Buddhismus, wie sie ihnen bereits als Tradition vorliegen, beziehen.

Allerdings ist mit der historischen Perspektive jedoch auch eine *hermeneutische Gefahr* verbunden, wenn im Begriff der "Entwicklung" bereits inhaltliche Vorstellungen geschichtsphilosophischer Art über den *Gang von Entwicklung überhaupt* oder Vorstellungen über die *jeweilige Art* des mit "Entwicklung" zunächst allgemein bezeichneten Prozesses historischer Abfolge impliziert sind und auf die buddhistischen Schulentwicklungen projiziert werden. "Entwicklung" im weitesten Sinne kann ja z.B. sowohl eine Dekadenzbewegung oder eine konsistente Weiterführung, als auch eine Vertiefung von Einzelaspekten oder z.B. eine synkretistische Verwässerung bis hin zur "Umkehr ins Gegenteil" bezeichnen, und jede "Entwicklung" kann von ver-

---

even... survived the fall of, great civilizations; these are matters of monumental importance. That something special was happening with the developement of these great movements is undeniable; and to this their distinctive nomenclature bears some sort of testimonial... Similarly with regard to 'Buddhism'. No historian can fail to recognize that something distinctive and major was launched that is designated by this name. Yet no historian, also, can understand the rise of this movement, let alone its subsequent developement in India, China, and elsewhere, who does not give at least as much importance to the creative response of the followers as to the activity or ideas of its 'founder'. What have been called the religions are at least the active and continuing responses of men." (W. C. Smith, The Meaning and End of Religion, San Francisco 1978, 122f). Es wäre freilich zu ergänzen, daß eben diese von Smith wahrgenommene Eigenart der Traditionen und des traditionsimmanenten Reflexionsprozesses auf die ursprünglichen Ideen auch *in* diesen Traditionen selbst wahrgenommen und thematisiert wurde. In diesem Sinne rede ich von der Frage nach Wesen und Einheit des "Buddhismus", ohne damit zu meinen (was auch historisch unhaltbar wäre), daß es dabei um eine Reflexion über den Begriff "Buddhismus" ging, wohl aber um die i.S. jenes Zitates von Smith damit bezeichenbare Sache.

schiedenen Interpreten durchaus in unterschiedlicher Weise interpretiert werden. Die Frage nach der sich in "Entwicklung" durchziehenden Identität, an deren Festsetzung sich - selbst unterhalb der Ebene eventuell eingetragener geschichtsphilosophischer Grunddeutung von Entwicklungsprozessen - nochmals die Art dessen entscheidet, was im konkreten Fall in welchem Sinn als "Entwicklung" verstanden wird, läßt auch die historische Perspektive vor das Problem gestellt bleiben, anhand welcher Kriterien Wesen und Einheit des Buddhismus charakterisierbar sind.

Wenn z.B. Albert Schweitzer die für einen Großteil westlicher Buddhismusinterpretation nicht untypische Auffassung vertreten hat, daß es sich bei der Lehre Shinran Shônins um "eine Vergewaltigung des Buddhismus" handle, da sich bei Shinran die buddhistische "Welt- und Lebensverneinung" in "Welt- und Lebensbejahung" kehre[3], so bewegt sich Schweitzer damit zwar ganz im Rahmen jener frühen, christlich-apologetisch beeinflußten Interpretationstradition, die schon im Mahâyâna-Buddhismus an sich eine Reaktionsbewegung der theistisch geneigten "anima naturaliter christiana" gegen den unerträglichen gottlosen Pessimismus des ursprünglichen = eigentlichen Buddhismus erblicken zu können glaubte[4], steht damit aber ganz offensichtlich im Gegensatz zu Shinrans Selbstverständnis, der meinte, mit seiner Lehre Wesen und Bedeutung von Lehre und Leben Buddhas wiederzugeben.[5] Folglich muß Schweitzer Shinran unterstellen, daß dessen Lehre sich gar nicht wirklich mit der "Welt- und Lebensverneinung" des alten = eigentlichen Buddhismus auseinandergesetzt habe, sondern diese "in großartiger Unbefangenheit" einfach umdeute.[6]

Nun sind freilich auch Anachronismen in der Interpretation älterer buddhistischer Traditionen durch jüngere nicht von vornherein auszuschließen, und fraglos vermag die historische Perspektive Anhaltspunkte zu ihrer Entdeckung beizutragen. Die sich im Problem der Identitätsbestimmung des Buddhismus mischenden Fragen nach seinem Wesen und seiner Einheit sind damit allein jedoch keineswegs entscheidbar! Denn hier nimmt der Heterointerpret selbst eine inhaltliche Zuordnung von Einheit und Wesen des Buddhismus vor, die sich, wie das Beispiel Schweitzers zeigt, keineswegs mit den Zuordnungen der Autointerpretationen vertragen muß. Die Legitimität, innerhalb der historischen Perspektive zu einem Verständnis späterer Schulen des Buddhismus dadurch zu gelangen, daß die hermeneutische Bemühung dort ansetzt, worauf auch diese sich rückbeziehen, eben bei den jeweils älteren Traditionen, soll also keineswegs bestritten werden, sondern wird im Gegenteil für unerläßlich gehalten, gerade weil dieser Weg dem Selbstverständnis späterer Schulen durchaus korreliert. Vielmehr soll darauf hinge-

---

[3] Albert Schweitzer, Die Weltanschauung der indischen Denker. Mystik und Ethik, München 1982 (Taschenbuchausgabe der zweiten, auf Grund der englischen Ausgabe von 1935 neugefaßten Auflage von 1965), 120f.
[4] Vgl. oben S. 44f.
[5] Vgl. dazu unten S. 605ff und 647ff.
[6] A. Schweitzer, Die Weltanschauung... a.a.O. 120.

wiesen sein, daß damit *allein* die Frage nach Einheit und Wesen des Buddhismus sich nicht lösen läßt. Je nachdem was im älteren Buddhismus als wesentlich angesehen wird, ergeben sich andere Zuordnungen hinsichtlich der Einheit des Buddhismus, denn sie kann so mal als eine Einheit im Wesentlichen oder eben auch als eine Einheit im Unwesentlichen verstanden werden (letzteres z.B., wenn man etwa die Einheit des Buddhismus bloß mehr im Gebrauch des Titels "Buddha" zu sehen vermöchte und eine solche Einheit als rein äußerlich formale für unwesentlich hielte).

Was den Charakter der näherhin zu bestimmenden "Entwicklungen" betrifft, so wäre darüber hinaus auch noch zu entscheiden, wie das, was man als das "Wesen" des älteren Buddhismus ansieht, sich überhaupt gegenüber der *Möglichkeit positiver Entwicklungsfähigkeit* verhält, d.h. ob überhaupt und in welcher Weise Vertiefungen oder konsistente Weiterführungen denkbar erscheinen, ohne daß man mit jeglicher Veränderung schon die Wesensgrenze überschritten sähe. Gerade dieser Gesichtspunkt macht deutlich, daß sich die Frage nach Wesen und Einheit des Buddhismus nicht nur hinsichtlich seiner späteren Formen stellt, sondern bereits das Verständnis seiner Anfänge betrifft! Denn wird das Wesen des älteren Buddhismus als in sich so vollendet angesehen, daß jede Veränderung schlichtweg eine Veränderung des Wesens bedeutete, dann bliebe als einzig denkbare "Entwicklung", die weiterhin eine Einheit im Wesentlichen erkennen ließe, die unveränderte Konstanz. Interpreten, die in diese Richtung tendieren, werden dann kaum noch eine wesentliche Einheit zwischen älterem Buddhismus und Theravâda einerseits und dem Mahâyâna mit seinen verschiedenen Richtungen andererseits sehen können.

Bei dem Versuch das Wesen des älteren Buddhismus und in Bezug darauf seine späteren Entwicklungen zu verstehen, wird der christliche Heterointerpret also erneut auf jene hermeneutischen Probleme zurückgeworfen, die darum kreisen, wie überhaupt vom christlichen Hintergrund aus ein anfängliches Verständnis des Buddhismus erlangt werden kann. Um nochmals auf das Beispiel Schweitzers zurückzukommen, so fällt doch auf, daß seine Festlegung des Wesens des Buddhismus auf "Welt- und Lebensverneinung", die ihn dann Shinrans Buddhismus als "Vergewaltigung des Buddhismus" sehen läßt, letztlich (unbeschadet der Eigenarten seines Christentumsverständnisses) in der Tradition jener christlichen Interpretationsversuche verbleibt, die mehr oder weniger bewußt den Buddhismus als ein defizientes Christentum verstanden, d.h. die sich fragten, welche Welt- und Lebensauffassung einem Christen noch bleibe, würden ihm all jene Konzepte fehlen, die man im Buddhismus im Vergleich zum Christentum vermißte, und meinten, damit das buddhistische Selbstverständnis erfaßt zu haben, daß ihnen so natürlich als ein unerträgliches erscheinen mußte.[7]

---

[7] Die Resistenz dieses für die Anfangsphase christlicher Verstehensbemühung um den Buddhismus charakteristischen hermeneutischen Fehlschlusses in Schweitzers Buddhismusinterpretation wird gerade daran überdeutlich, daß Schweitzer die ihm vorliegenden Quellen des ursprüng-

Ist also erkannt, daß der christliche Heterointerpret in seinem Versuch, eine bestimmte Form des Buddhismus zu verstehen, sei es nun eine jüngere oder ältere, nicht an der Frage nach Wesen und Einheit des Buddhismus vorbeikommt, und ist weiterhin erkannt, daß die naheliegende historische Orientierung in dieser Frage zwar legitim und unerläßlich ist, sie selbst aber nicht zu beantworten vermag, sondern zurückverweist auf das grundsätzliche Problem, wie sich von einem christlichen Hintergrund aus ein genuines Verständnis des Buddhismus bzw. seiner Botschaft erschließen läßt, so liegt es nahe, die einzelnen Schritte des von mir vorgeschlagenen hermeneutischen Ansatzes bei den Grunderfahrungen innerhalb der beizubehaltenden historischen Perspektive auch für die Frage nach Wesen und Einheit des Buddhismus heranzuziehen.

Das heißt zunächst einmal, daß die hermeneutisch unumgänglichen Versuche, Wesens- und Einheitsmomente des Buddhismus zu bestimmen, der dialogischen Kritik und Bereitschaft zur Revision offenstehen müssen. Sie verlangen nach einer diesbezüglichen Stellungnahme des buddhistischen Dialogpartners. Aber die hier benötigten Rückmeldungen überschreiten notwendig den Horizont des Dialogs mit Vertretern nur jeweils einer Schule (die ja schon unter sich vermutlich ein variables traditionsimmanent-hermeneutisches Auffassungspotential bergen dürften), und rufen vielmehr den innerbuddhistischen Schulendialog auf den Plan des interreligiösen. Der mehrschichtige Dialog bleibt also gerade auch in der Frage nach Wesen und Einheit des Buddhismus für die hermeneutische Bemühung um ein der Autointerpretation entsprechendes Verständnis methodologisch unverzichtbar.

Darüber hinaus aber schlage ich zum Verständnis historisch späterer Entwicklungen des Buddhismus vor, sie zunächst daraufhin zu untersuchen, ob sich in ihnen die bei der Konstitution des Buddhismus festgestellte Hierarchie der Grunderfahrungen hinsichtlich der Deutung der Unheilssituation,

---

lichen Buddhismus gar nicht so eindeutig zu charakterisieren vermag, wie es dann seine Wesensbestimmung "Welt- und Lebensverneinung" tut. Schweitzer meint einen "Widerspruch" zwischen Buddhas Lehre und dessen ethischer Grundhaltung festzustellen, wobei sich allerdings der bejahende Impuls in Buddhas Ethik nicht durchsetze. So dringe nach Schweitzer die Ethik Buddhas im Unterschied zur Ethik Jesu nicht zur tätigen Liebe vor (vgl. Schweitzer, Die Weltanschauung... a.a.O. 87), und diese These hält er dann gegen den Textbefund, den er immerhin nicht unterschlägt, durch. So bemerkt er z.B. zu dem Bericht von Buddhas Pflege eines kranken Mönchs und Buddhas Aufforderung, diesem seinem Beispiel zu folgen: "Es gibt auch Fälle, in denen Buddha sich zum Handeln in Liebe fortreißen läßt" (ebd. 88). Die Interpretation dieser Handlung und Aufforderung Buddhas als eines "Fortreißen-Lassens" – also als im Gegensatz zu eigentlichen Intention stehend – entbehrt freilich sowohl an dieser, als auch an irgendeiner einer anderen mir bekannten oder von Schweitzer beigebrachten Stelle des Pāli-Kanons jeglichen Belegs. Es ist der hermeneutische Grundfehler einer von christlichen Kategorien geleiteten Interpretation, der sich in solchen Urteilen als auch gegen den Textbefund resistent erweist.

die korrelierenden Heilsvermittlungsformen und das Heils- bzw. Transzendenzverständnis zumindest in groben Zügen durchhalten. Des weiteren wäre zu fragen, ob und inwieweit sich das bei der Anknüpfung an die menschlichen Grunderfahrungen gewonnene Verständnis der ursprünglichen buddhistischen Heilsbotschaft mit der in den späteren Entwicklungen vorliegenden traditionsimmanenten Interpretation dieser Heilsbotschaft deckt. Auf diesem Wege können unterschiedliche Akzentuierungen in den verschiedenen Schulen bzw. Entwicklungsphasen deutlich und verstehbar werden. Spätere Entwicklungen des Buddhismus sind also m.E. zu einem gewichtigen Teil[8] nur dann verstehbar, wenn ein Verständnis der Tradition, in der sie stehen und auf die sie sich beziehen, erschlossen ist, und erkannt wird, *wie* sie sich auf ihre eigene Tradition beziehen. Ich werde mich deshalb im Anschluß an die hermeneutische Untersuchung des älteren Pâli-Buddhismus den traditionsimmanenten hermeneutischen Reflexionen von drei jeweils aufeinander folgenden buddhistischen Richtungen zuwenden: dem indischen Mahâyâna-Buddhismus, dem frühen chinesischen Zen- bzw. Ch'an-Buddhismus und dem japanischen Jôdo-Shin-Buddhismus.

In einem weiteren Punkt ist die traditionsimmanente Hermeneutik für eine interreligiöse außerordentlich bedeutsam. Sofern sie den missionarisch motivierten zeit- und kulturübergreifenden Ausbreitungsprozeß einer Religion begleitet, macht sie die hermeneutischen Grundlagen jenes universalen Anspruchs explizit, der der missionarischen Intention zugrunde liegt. So konstatiert z.B. J. May, daß die christliche und buddhistische Tradition "very early disengaged their solutions to the problem of suffering from the 'tribal' structures of Brahmin India and post-exilic Judaism... and proposed them in terms that are at least potentially 'universalisable'"[9] und mißt dem mit Recht eine wichtige Rolle für die Entwicklung interreligiöser Hermeneutik zu.

Jede missionarische Religion muß nicht nur von der universalen Bedeutsamkeit ihrer Botschaft, sondern auch von ihrer zumindest prinzipiell gegebenen interkulturellen Verstehbarkeit ausgehen. Dabei wird sie wohl kaum damit rechnen, in religiöses Vakuum vorzustoßen. Und folglich muß sie annehmen, daß es - wie immer auch die Sinnsysteme anderer Kulturen be-

---

[8] Diese Einschränkung ist erforderlich, weil damit natürlich noch nicht der Einfluß nichtindischer Kulturen und ihrer Vorstellungen auf spätere buddhistische Entwicklungen im außerindischen Umfeld thematisiert ist. Die hier verfolgte Interpretationslinie bildet jedoch ein - wie mir scheint nicht unwesentliches - Gegengewicht zu der häufigen Einseitigkeit, nur die fremdkulturellen Einflüsse zu thematisieren, da dann eigentlich gar nicht mehr klar ist, weshalb es sich immer noch um "Einflüsse" handelt, also zunächst einmal eine gewisse Kontinuität vorliegt. In dem Anliegen, bei der Buddhismus-Interpretation also die Frage nach der Einheit des Buddhismus zu thematisieren, sehe ich mich zutiefst mit H. Dumoulin verbunden, der aus seinen historischen Kenntnissen heraus immer wieder auf der Notwendigkeit dieser Perspektive insistiert hat.

[9] J. May, Meaning, Consensus... a.a.O. 232.

schaffen sein mögen – in ihnen einen Anknüpfungspunkt gibt, von dem her sich die eigene Botschaft verständlich machen und ihre Bedeutung demonstrieren läßt. Die Existenz dieses universalen Anknüpfungspunktes kann von einer missionarischen Religion vorausgesetzt werden, wenn ihr bewußt ist, daß ihre Botschaft eine bestimmte Form möglichen menschlichen Selbstverständnisses beinhaltet, und jener Anknüpfungspunkt ist dann nichts anderes als die jeweils für die Deutung der Unheilssituation ausschlaggebende primäre Grunderfahrung. Damit ist gesagt, daß der von mir vorgeschlagene Weg zum Verstehen fremder Religionen m.E. letztlich dem Weg entspricht, der von ihnen selbst als der zum Verständnis ihrer Botschaften führende vorausgesetzt ist. Damit ist aber auch noch einmal gesagt, daß die als Bezugspunkt dienenden Grunderfahrungen, an die missionarische Religionen anknüpfen, nicht nur nicht einfach uninterpretierte sind, sondern dies auch gar nicht sein müssen. Für eine auf christlichem Boden fußende interreligiöse Hermeneutik bedeutet dies, daß die Botschaft einer anderen Religion nur dann verstanden werden kann, wenn der Christ sich in seiner Existenzerfahrung von der auf diese bezogenen Botschaft des anderen betreffen läßt und sich dabei zugleich bewußt ist, wie er in eben jener Existenzerfahrung bereits vom Evangelium betroffen ist. Weder Bekehrung noch Epoche sind m.E. für eine interreligiöse Hermeneutik zu fordern, sondern die Bereitschaft, sich von der Botschaft des anderen existentiell ebenso betreffen zu lassen wie von der, die bereits an einen selbst ergangen ist!

2. DIE KONSTITUTION DER HEILSBOTSCHAFT IM PALI-BUDDHISMUS

2.1 Vergänglichkeitserfahrung und die buddhistische Deutung der Unheilssituation

2.1.1 Die Widersprüchlichkeit unerlöster Existenz

"Wahrlich, nicht gibt es ein Mittel, daß Geborene nicht sterben;
Auf das Alter folgt das Sterben, so geartet sind die Wesen.
Wie bei Früchten, reif geworden, ihren baldigen Fall man fürchtet,
So auch die als Sterbliche Geborenen sind in steter Furcht des Todes.
Wie die tönernen Gefäße, von des Töpfers Hand geformte,
Alle im Zerbrechen enden, so auch ist bei Sterblichen das Leben."[1]

"»Im Winter weil' ich hier und dort zur Sommerzeit«;
Wer so denkt, der vergißt, daß ihn der Tod bedräut.
Wer all' sein Denken auf Besitz und Kinder lenkt,
Den holt der Tod, wie Flut ein schlafend' Dorf ertränkt.
Nicht Söhne helfen dir, nicht Vater und nicht Vetter,
Wenn dich der Tod ergreift; dann gibt es keinen Retter.
Wer, klug und tugendhaft, den Sinn hiervon versteht,
Macht schnell sich auf den Weg, der zum Nirvâna geht."[2]

Diese beiden Zitate aus dem Sutta-Nipâta und dem Dhammapada des Pâli-Kanons stehen hier als Beispiele für viele andere ähnliche Stellen innerhalb des Pâli-Kanons.[3] Vier Aspekte, die sich in ihnen finden, sind charakteristisch für die buddhistische Anknüpfung an die Vergänglichkeitserfahrung:
1. Die menschliche Sterblichkeit wird als Phänomen in die weitere *ontologische Vergänglichkeitsstruktur des Seins* eingebettet ("Wie bei Früchten...; Wie die tönernen Gefäße..."). Daher ist sie *unvermeidlich* ("...nicht gibt es ein Mittel..."; "...dann gibt es keinen Retter").
2. Die dem Menschen wesentliche Teilhabe an der Vergänglichkeit allen Seins kann ihm *bewußt* werden, und zwar entweder in Gestalt der *Todesfurcht* ("So auch die als Sterbliche Geborenen sind in steter Furcht des Todes.") oder in Gestalt der *Erkenntnis einer Sinnhaftigkeit* ("Wer, klug und tugendhaft, den Sinn hiervon versteht..."[4]).

---

[1] Sutta-Nipâta, 575ff. Nyanaponika, Sutta-Nipâta, 2. rev. Auflage, Konstanz 1977, 137.
[2] Dhammapada, 286ff. Kurt Schmidt, Sprüche und Lieder, Konstanz 1954, 38.
[3] Für eine ausführlichere und detailliertere Analyse der Stellung der Vergänglichkeitserfahrung im Pâli-Buddhismus vgl. meine Untersuchung: P. Schmidt-Leukel, Die Bedeutung des Todes für das menschliche Selbstverständnis im Pâli-Buddhismus, St. Ottilien 1984.
[4] "Etam atthavasam ñatvâ pandito sîlasamvuto ...", The Dhammapada (V. Fausböll), London 1900, 64.

3. Menschen neigen dazu, das Bewußtsein ihrer Sterblichkeit zu *verdrängen* und *so zu leben*, als wären sie nicht sterblich[5] ("Wer so denkt, der vergißt, daß ihn der Tod bedräut.").
4. Wenn das Todesbewußtsein nicht verdrängt wird, sondern zur Erkenntnis der Sinnhaftigkeit führt, so ist diese ein Motiv zur *existentiellen Verhaltensänderung*, d.h. zum Begehen des zum buddhistischen *Heilsziel*, dem Nirvâna, führenden *Heilsweges* ("Macht schnell sich auf den Weg...").

Diese vier Aspekte enthalten eine sich aus drei Faktoren (existentielle, anthropologische und ontologische) konstituierende doppelte Grundspannung: A) Der *Existenzweise* im Modus der *Todesverdrängung* (3. Aspekt) steht die anthropologisch gegebene Möglichkeit des *Todesbewußtseins* (2. Aspekt) gegenüber. B) Der ontologisch mit der *Allvergänglichkeit* begründeten Unvermeidlichkeit des Todes (1. Aspekt) steht die Möglichkeit einer *Existenzveränderung*, eines zu begehenden Heilsweges gegenüber (4. Aspekt):

A: Todesverdrängung ↔ Todesbewußtsein
   existentiell   anthropologisch
   (3. Aspekt)   (2. Aspekt)

         B: Allvergänglichkeit ↔ Heilsweg
            ontologisch   existentiell
            (1. Aspekt)   (4. Aspekt)

Im Todesbewußtsein wird der Mensch seiner Partizipation an der Allvergänglichkeit gewahr. Erscheint dieses auf die Allvergänglichkeit bezogene Todesbewußtsein als *Todesfurcht*, so führt diese zur Todesverdrängung. Die Existenz im Modus der Todesverdrängung bleibt dabei *notwendig in sich widersprüchlich*, da sich in der Todesfurcht gerade das wegen der Todesfurcht verdrängte Todesbewußtsein zeigt. So wird die Grundspannung A wirksam, also eine Spannung zwischen dem anthropologischen Faktor des Todesbewußtsein und dem existentiellen Faktor der Todesverdrängung. Der Heilsweg ist nicht eröffnet:

A: Todesverdrängung ↔ Todesbewußtsein
   existentiell   anthropologisch
                              |
                       | Todesfurcht |
                              |
                      Allvergänglichkeit
                      ontologisch

---

[5] Vgl. auch Udâna VII, 10: "...in den Fesseln der Beilegungen, von Finsternis umhüllt, hält der Tor sich gleichsam für ewig...". K. Seidenstücker, Udâna, das Buch der feierlichen Worte des Erhabenen. In erstmaliger Übersetzung aus dem Urtext, München, Neubiberg (Oskar-Schloß-Verlag, ohne Datum).

Erscheint das auf die Allvergänglichkeit gerichtete Todesbewußtsein jedoch in der Form der *Sinnerkenntnis*, dann führt es nicht zur Todesverdrängung, sondern zu einer Existenzveränderung, an deren Ziel das Nirvâna steht. Statt der Spannung A wirkt hier die Spannung B, also die zwischen dem ontologischen Faktor der Allvergänglichkeit und dem existentiellen Faktor des zu begehenden Heilsweges:

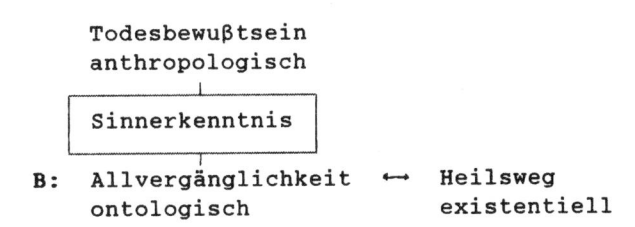

                      Todesbewußtsein
                      anthropologisch
                         |
               [Sinnerkenntnis]
                         |
    B: Allvergänglichkeit ↔ Heilsweg
         ontologisch   existentiell

In der buddhistischen Deutung der Unheilssituation stehen sich also zunächst zwei unterschiedliche Existenzweisen gegenüber. Während die unheilsame Existenzweise in Spannung zu einem anthropologischen Faktor steht, ist der Gegenpart heilsamer Existenzweise nicht das anthropologisch gegebene Todesbewußtsein, sondern der ontologische Faktor der Vergänglichkeit selbst. Welche Existenzweise eröffnet wird, entscheidet sich an der Art und Weise, in der das *Todesbewußtsein* aktualisiert wird. Während es durch Todesfurcht in einen unauflöslichen Selbstwiderspruch gerät, kann es sich in einem Akt der Sinnerkenntnis realisieren. Um welche Form der Sinnerkenntnis aber handelt es sich hier? Auf diese Frage läßt sich zunächst in negativer Form antworten, daß die *Sinnlosigkeit* der Todesverdrängung erkannt wird, die gerade von etwas motiviert ist (der Todesfurcht), worin sich Todesbewußtsein artikuliert. Die hinter dieser Sinnlosigkeit stehende *Widersprüchlichkeit* kann daher als *gnoseologische* charakterisiert werden, da es hier primär um einen Widerspruch zwischen dem in der Todesfurcht sich zeigenden Wissen um die Sterblichkeit und der existentiellen Verdrängung dieses Wissens geht. Die angestrebte Widerspruchsfeiheit des Todesbewußtseins gerät jedoch unausweichlich in eine andere Spannung, eben die zwischen Allvergänglichkeit und Heilsweg. An der Lösung dieser Spannung zeigt sich das Entscheidende der Sinnerkenntnis.

Es muß vorläufig jedoch noch offen bleiben, was positiv über die hier gemeinte Sinnerkenntnis zu sagen ist, da sich dies erst klären läßt, wenn deutlicher wird, inwiefern der buddhistische Heilsweg einen Gegenpart zum ontologischen Faktor der Allvergänglichkeit darstellt. Dazu ist zunächst ein weiterer Widerspruch der unerlösten Existenz zu behandeln, der eng mit dem gnoseologischen Widerspruch verbunden ist.

Die den Heilsweg eröffnende Realisation des Todesbewußtseins ist das beherrschende Motiv in der für die buddhistische Heilsbotschaft paradigmatischen Geschichte von der Heilssuche Buddhas. Neben der bekannten legendarischen Fassung dieses Motivs in der Geschichte von den vier Ausfahrten des jungen Prinzen Siddhartha, bei denen er zum ersten Mal in seinem Leben mit einem alten, einem kranken und einem verstorbenen Menschen konfrontiert wird (und bei der vierten Ausfahrt mit der friedvollen Ausstrahlung eines Bettelasketen, die im krassen Widerspruch zu der eigenen bedrückten Reaktion des Prinzen auf die Erlebnisse der ersten drei Ausfahrten steht),[6] enthält der Pâli-Kanon auch weniger legendarisch wirkende Berichte. Zwei von ihnen lassen sich deutlich auf die beiden soeben dargestellten Grundspannungen beziehen.

In Anguttara-Nikâya III 39a[7] berichtet Buddha wie ihm in der Zeit seines jugendlichen, fürstlichen Lebens einst der Gedanke kam:
"»Wahrlich, der unkundige Weltling, selber (dem Alter, der Krankheit[8]) dem Tod unterworfen, ohne dem Tode entgehen zu können, ist bedrückt, entsetzt und ekelt sich, wenn er einen Gestorbenen sieht; sich selber aber läßt er dabei außer acht. Doch auch ich bin ja dem Tode unterworfen, kann dem Tode nicht entgehen. Würde ich nun, der ich dem Tode unterworfen bin, dem Tode nicht entgehen kann, beim Anblick des Gestorbenen bedrückt sein, mich entsetzen und ekeln, so wäre das nicht recht von mir.« Indem ich, ihr Mönche, so dachte, schwand mir jeglicher (Jugendrausch, Gesundheitsrausch) Lebensrausch."

Dieser Bericht handelt von der Grundspannung A und ihrer Überwindung. Der "unkundige Weltling" reagiert auf die Konfrontation mit den Vergänglichkeitserscheinungen, Alter, Krankheit und Tod, mit Depression, Entsetzen und Ekel, d.h. er zeigt Symptome der Todesfurcht. Er ist der den Sinn der

---

[6] Zusammenfassungen der Buddha-Legende geben: J. Dutoit, Das Leben des Buddha. Eine Zusammenstellung alter Berichte aus den kanonischen Schriften der südlichen Buddhisten, Leipzig 1906 (eine ausgezeichnete Anthologie einschlägiger Pâli Schriften) und E. Waldschmidt, Die Legende vom Leben des Buddha, (vermehrter und verbesserter Nachdruck der Ausgabe von 1929), Graz 1982 (in dieser Anthologie werden neben Pâli Quellen auch chinesische und Sanskrit Texte, besonders das Lalitavistara, herangezogen). Die Erzählung von den vier Ausfahrten findet sich im Pâli-Kanon (Dîgha-Nikâya 14) in Gestalt eines Berichts über Vipassin, einen Buddha der Vorzeit. Dort heißt es, daß der Prinz nach der Rückkehr von den drei ersten Ausfahrten "schmerzlich niedergeschlagen grübelte: Verflucht, wahrlich, sage ich, soll Geburt sein, wo doch an der Geburt das Altern zutage treten muß, die Krankheit zutage treten muß, das Sterben zutage treten muß."

[7] Zählung und nachfolgende Übersetzung aus: Nyanaponika, Die Lehrreden des Buddha aus der Angereihten Sammlung, 5 Bde. (4. überarbeitete Ausgabe der Erstübersetzung durch Nyanatiloka 1907), Freiburg i. Br. 1984.

[8] Im Text wird jeweils alles wörtlich für Alter, Krankheit und Tod wiederholt. In Anguttara-Nikâya III, 36 und Majjhima-Nikâya 130 werden sie als die drei "Götterboten" bezeichnet. Der nach einem unsittlichen Leben Verstorbene wird von der Totengottheit Yâma gefragt, ob er denn in seinem Leben nie der Warnung durch die drei Götterboten begegnet sei.

Todeserfahrung nicht verstehende "Menge-Mensch"[9]. Folglich verdrängt er das Bewußtsein seiner eigenen Sterblichkeit ("sich selber aber läßt er dabei außer acht"). Buddhas frühe Einsicht, daß diese Reaktion "nicht recht" sei, bezieht sich auf die gnoseologische Widersprüchlichkeit innerhalb der Grundspannung A. Daher wird der Todesverdrängung die Erkenntnis der eigenen, ganz persönlichen Partizipation an der Vergänglichkeit entgegengesetzt, also ein Todesbewußtsein, das sich auf die Allvergänglichkeit stützt und folglich die eigene Existenz von dieser nicht ausgrenzt. Die Reaktion der Depression, des Entsetzens und des Ekels ist somit deshalb "nicht recht", weil sie erstens im Trend der Todesverdrängung liegt, und zweitens von einer falschen Abgrenzung des "Ichs" gegenüber den anderen Wesen, an denen die Vergänglichkeit zu Tage tritt, ausgeht, also das Faktum der Allvergänglichkeit nicht realisiert. Wenn der Todesverdrängung ein Ende gesetzt wird, und der Mensch sich der existentiellen Solidarität mit anderen Menschen in der Partizipation an der Allvergänglichkeit bewußt wird, schwindet der "Lebensrausch". Was damit gemeint ist, wird im zweiten Text deutlicher.

Dieser bezieht sich auf die Grundspannung B und gibt dadurch eine paradigmatische Darstellung der "rechten" Reaktion. Dabei verdeutlicht er zugleich weiter, worum es in der Realisation des Todesbewußtseins als Sinnerkenntnis geht. In Majjhima-Nikâya 26 erzählt Buddha:
"Auch ich, ihr Mönche, habe früher, vor der vollen Erwachung, als noch nicht Vollerwachter, als ein zur Erwachung Veranlagter[10], selber (der Geburt, dem Altern, der Krankheit,... dem Kummer, der Beschmutzung[11]) dem Sterben unterworfen, gerade das dem Sterben Unterworfene gesucht. Da, ihr Mönche, kam mir der Gedanke: »Warum denn nur suche ich, der ich selber dem Sterben unterworfen bin, gerade das dem Sterben Unterworfene? Sollte ich nicht, selber dem Sterben unterworfen, in diesem dem Sterben Unterworfensein das Elend erkennend, die todfreie, unvergleichliche innere Beruhigung, das Verlöschen[12] suchen?« Und nach einiger Zeit ging ich... aus dem Haus in die Hauslosigkeit. So hinausgegangen, auf der Suche nach dem 'Was ist gut?'[13], nach dem unvergleichlichen Weg zum höchsten Frieden forschend, begab ich mich...".[14]

Auch in diesem Text geht es um ein Todesbewußtsein, das sich der eigenen Partizipation an der Allvergänglichkeit als eines "Elends" bewußt ist. Doch dieses Todesbewußtsein aktualisiert sich hier nicht als die zur Todesverdrängung führende Todesfurcht, sondern als eben jene die Alternative zur

---

[9] So die wörtliche Übersetzung von "puthujjana" ("Weltling").
[10] D.h. "Bodhisattva". Im Pâli-Buddhismus ist "Bodhisattva" immer als Bezeichnung eines zukünftigen Buddhas verwendet.
[11] Auch hier wird der Text jeweils vollständig für die anderen Glieder wiederholt.
[12] Nibbâna, bzw. Nirvâna.
[13] "kim kusala" = "Was ist heilsam?"
[14] Paul Dahlke, Buddha. Die Lehre des Erhabenen (3. Auflage), Gütersloh 1979, 34f.

Todesfurcht bildende Sinnerkenntnis. Sie wird in diesem Text auf die Erkenntnis einer grundsätzlichen *Intentionalität* in der Existenz des Menschen bezogen. Das existentielle Verhalten des Menschen angesichts seiner Sterblichkeit wird als eine "Suche" gekennzeichnet. Diese "Suche" kann entweder auf das gerichtet werden, dem man selber unterliegt, eben das Vergängliche, oder auf das als "todlos" bezeichnete Nirvâna. Zur entscheidenden Frage wird daher die *Ausrichtung* der menschlichen Intentionalität! Bleibt sie auf das Vergängliche gerichtet, so verbleibt der Mensch in der unauflösbaren Spannung zwischen dem in Todesfurcht sich zeigenden Todesbewußtsein und der existentiellen Todesverdrängung. Wird sie jedoch vom Vergänglichen weg auf das "Todlose" gelenkt, so gilt ihr die Verheißung des "höchsten Friedens", einer "unvergleichlichen, inneren Beruhigung". Damit klärt dieser Text etwas mehr, was mit der Sinnerkenntnis angesicht des Bewußtseins der Allvergänglichkeit gemeint ist, indem er in den existentiellen Faktor der Grundkonstellation buddhistischer Anknüpfung an die Vergänglichkeitserfahrung den Gesichtspunkt der *Intentionalität* einbringt. Die Existenz innerhalb der Grundspannung A ist nicht nur durch die gnoseologische Widersprüchlichkeit von Todesfurcht und Todesverdrängung gekennzeichnet, sondern auch durch eine *intentionale* Widersprüchlichkeit von Todesfurcht und gleichzeitiger Ausrichtung der Intentionalität auf das Sterbliche bzw. Vergängliche. An die Seite jener *Sinnlosigkeit*, die darin besteht, daß die eigene Sterblichkeit gar nicht erfolgreich verdrängt werden kann, weil die Verdrängung durch die Todesfurcht motiviert ist, in der die Sterblichkeit bewußt bleibt, tritt eine weitere *Sinnlosigkeit*, die darin besteht, daß der Mensch seine Intentionalität, indem er sie auf das Vergängliche richtet, genau auf das richtet, was er in Todesfurcht und Todesverdrängung abwehrt.

In dieser doppelten existentiellen Widersprüchlichkeit (gnoseologisch und intentional) befindet sich der Mensch in einer Art "Rausch", dem "Lebensrausch": er sucht das vergängliche Leben, fürchtet aber dessen Vergänglichkeit (intentionale Widersprüchlichkeit), weshalb er sich rauschhaft über sie hinwegtäuscht, da eine volle Verdrängung wegen des sich in der Todesfurcht immer wieder zeigenden Todesbewußtseins unmöglich ist (gnoseologische Widersprüchlichkeit). So kommt er in dieser sinnlosen Widersprüchlichkeit nicht zur Ruhe.
Zu Ruhe und Frieden führe dagegen jene andere Ausrichtung der menschlichen "Suche", die die Sinnlosigkeit dieser doppelten Widersprüchlichkeit erkennt und vermeidet. Sie verdrängt das Todesbewußtsein nicht und sucht nicht das, was sie zugleich als "elendig" erkennt. Es bleibt aber immer noch offen, wie und wo überhaupt das gesucht werden kann, was dem Gesetz der Vergänglichkeit nicht unterliegt, wenn man selber wie alles andere diesem "unterworfen" ist, und gerade diese Erkenntnis nicht umgangen werden soll. Da die eigene Existenz wie alle Dinge der Vergänglichkeit unterworfen ist, muß die Suche nach dem Nicht-Vergänglichen zugleich die Suche nach einer neuen Existenz jenseits ontologischer Gesetze sein. *Daß es eine existentielle Freiheit von diesem "Unterworfensein" unter den Tod gibt, ist das Zentrum der buddhistischen Heilsbotschaft.*

Majjhima-Nikâya 26 berichtet von drei kurzen Dialogen, die Buddha nach seiner Erleuchtung führte und bei denen er den revolutionären Erfolg seiner Suche und damit den Kern der buddhistischen Heilsbotschaft verkündete. Der Gottheit Brahma teilt er mit: "Geöffnet sind für jene des Todlosen Tore, die Ohren haben; durchbrechen lassen sollen sie Vertrauen!". Als er auf dem Weg zu seiner ersten Predigt, die er fünf ehemaligen Mitasketen zu halten gedenkt, einem anderen Asketen begegnet, spricht er zu diesem: "Das Gesetzesrad (d.h. das Rad des Dhamma; Anm. von mir) zu drehen, gehe ich nach Kasi, der Stadt. In geblendeter Welt rührend des Todlosen Trommel." Und als er schließlich zu den fünf Asketen gelangt, wendet er sich an sie: "Leiht, ihr Mönche, das Ohr! Das Todlose ist gefunden!"[15] Daraufhin hält er ihnen die berühmte Predigt von Benares, in der er den vom ihm gefundenen Heilsweg durch die "Vier Edlen Wahrheiten" über "dukkha" erläutert.[16]

---

[15] Alle drei Zitate aus P. Dahlke, Buddha... a.a.O. 40ff.
[16] Die Benarespredigt findet sich in Mahâvagga I 6,17ff. Dieser Text des Vinaya-Pitaka enthält große Parallelen zu dem bisher zitierten Text Majjhima-Nikâya 26.

2.1.2 Der unbefriedigende Charakter des Vergänglichen

Es spielt hier keine Rolle, ob die traditionelle Schilderung des Lebensweges Buddhas, die diesen in einen signifikanten Zusammenhang mit der Vergänglichkeitserfahrung stellt, den biographischen Tatsachen entspricht. Wichtig ist vielmehr der paradigmatische Charakter, den die buddhistische Tradition dieser Schilderung beimißt. Nur scheinbar findet ein Wechsel der Thematik statt, wenn Buddha nun in der Benarespredigt von den "Vier Edlen Wahrheiten" über das "Leiden" (dukkha) spricht. Denn die Vier Edlen Wahrheiten sind eingebettet in die Lehre über den "Mittleren Pfad", der zum Nirvâna, dem *Todlosen* (amata), führt. So muß das Grundsätzliche der Benarespredigt auf das Grundsätzliche der Todesproblematik bezogen werden. Die in den Vier Edlen Wahrheiten zum Ausdruck gebrachte Lehre bezieht sich zentral auf die Widersprüchlichkeit der unerlösten Existenz angesichts der Vergänglichkeitserfahrung und die Möglichkeit einer existentiellen Überwindung der Vergänglichkeit, auf die Möglichkeit, das "Todlose" zu finden.

"Dukkha" hat ein sehr weites Bedeutungsfeld, das alles Unbefriedigende umfaßt und daher mit "Leiden" nur unzureichend wiedergegeben ist. Es bezeichnet jenes Nicht-zur-Ruhe-Kommen einer in Todesfurcht und Todesverdrängung auf das Vergängliche gerichteten Existenz. Während die Erste und die Zweite Edle Wahrheit das Wesen und die Ursache von "dukkha" schildern, spricht die Dritte Edle Wahrheit von der Möglichkeit, die Freiheit von "dukkha" durch die Beseitigung der Ursache von "dukkha" zu erlangen. Gegenstand der Vierten Edlen Wahrheit schließlich ist der Weg, der zur Freiheit von "dukkha" führt. So geben die Erste und die Zweite Edle Wahrheit die Disposition für die eigentlich angezielte Überwindung von "dukkha". Dementsprechend geht es bei der Lehre der Vier Edlen Wahrheiten über "dukkha" um das *Finden des "höchsten Friedens"* und die *Überwindung einer Ausrichtung der Intentionalität auf das Vergängliche*. Und dabei wird denn auch deutlicher, in welcher Hinsicht der buddhistische Heilsweg eine *existentielle Überwindung des Eingebundenseins in das ontologische Faktum der Allvergänglichkeit selbst* verheißt.

Die "Erste Edle Wahrheit" gibt folgende Bestimmungen von "dukkha":
"Geburt ist 'dukkha', Alter ist 'dukkha', Krankheit ist 'dukkha', Tod ist 'dukkha';
mit Unliebem vereint zu sein ist 'dukkha'; von Liebem getrennt zu sein ist 'dukkha'; nicht zu erlangen, was man begehrt, ist 'dukkha'.
Kurz gesagt, die fünf Gruppen des Anhaftens (pañcupâdânakkhandhâ) sind 'dukkhâ'."[17]

Die "Zweite Edle Wahrheit" nennt als Ursache von "dukkha" den "Durst" (tanhâ) und beschreibt ihn so:
"Es ist dieser Wiedergeburt erzeugende, von Wohlgefallen und Lust begleitete Durst, der bald hier, bald dort sich ergötzt, das will sagen: der Durst

---
[17] Mahâvagga I,6.

nach Sinnenlust, der Durst nach Werden, der Durst nach Entwerden (bzw. Vernichtung)."[18]

Die doppelte Widersprüchlichkeit der unerlösten Existenz, die als intentionale einerseits auf Vergängliches gerichtet ist, andererseits aber dessen Vergänglichkeit fürchtet, und als gnoseologische das zu verdrängen sucht, dessen sie sich in der Todesfurcht notwendig bewußt bleibt, läßt die hier gegebenen Bestimmungen von "dukkha" und "Durst" *ambivalent* erscheinen. Plausibel wirkt die Bestimmung von "dukkha" durch die Vergänglichkeitserscheinungen: Alter, Krankheit und Tod. Uneinsichtig aber ist für den dem "Lebensrausch" Ergebenen, daß auch die Geburt als "dukkha" bezeichnet wird. Plausibel wirken wiederum die Bestimmungen: "mit Unliebem vereint zu sein", "von Liebem getrennt zu sein", "nicht zu erlangen, was man begehrt". Worum aber handelt es sich bei dem Unlieben und dementsprechend dem Lieben und Begehrten? Wenn für den, dessen Intentionalität auf das Vergängliche gerichtet ist, dieses das "Liebe", dessen Vergänglichkeit aber das "Unliebe" ist, was hat es dann mit der Bestimmung auf sich, daß die "fünf Gruppen des Anhaftens" "dukkha" sind?
Die Ambivalenzen setzen sich fort bei der Beschreibung des "Durstes". Von ihm als der Ursache von "dukkha" heißt es nun explizit, daß er "von Wohlgefallen und Lust begleitet" sei und sich "bald hier, bald dort ergötze". Das, was gewöhnlich also keineswegs für unbefriedigend oder leidhaft gehalten wird, erscheint somit hier als ein Begleitumstand der eigentlichen Ursache des Leidens. So heißt es denn auch in einem anderen Text: "Was Glück ist für die anderen, leidig nennt's der Heilige."[19]

Diese Ambivalenzen sind für das Verständnis der buddhistischen Unheilsanalyse außerordentlich wichtig. Der buddhistische Begriff der menschlichen Unheilssituation schließt zwar Vieles von dem ein, was auch gewöhnlich als unerfreulich bzw. leidhaft gilt, aber er ist bedeutend weiter gefaßt! D. h., daß keineswegs alles, was der buddhistischen Lehre als negativ gilt, auch dem im Unheil lebenden Menschen als solches bewußt ist. Er ist sich über den eigentlichen Charakter seiner Unheilssituation nicht voll im klaren und bedarf daher der buddhistischen Botschaft. Der Punkt aber, an dem das, was der "Weltling" für negativ hält, definitiv mit dem übereinstimmt, was auch die buddhistische Lehre als negativ bezeichnet, ist die in Alter, Krankheit und Tod begegnende Vergänglichkeitserfahrung! *Daher stellt sie den eigentlichen Anknüpfungspunkt für die weitergehenden Deutungen dar, und daher lassen sich diese ausgehend von der Vergänglichkeitserfahrung entschlüsseln!*

Die Trias von Alter, Krankheit und Tod, mit der in der "Ersten Edlen Wahrheit" "dukkha" bestimmt wird, erinnert an jene zentralen Vergänglichkeitserscheinungen, deren der zukünftige Buddha in den ersten drei seiner vier Ausfahrten gewahr wurde, und begegnete als solche bereits in den

---
[18] Ebd.
[19] Sutta-Nipâta 762a, Nyanaponika,... a.a.O. 168.

beiden oben analysierten Texten.[20] Anders als der dem "Lebensrausch" ergebene Weltling unterscheidet der zukünftige Buddha jedoch nicht zwischen dem gesuchten Vergänglichen und dessen abgelehnter Vergänglichkeit. Vielmehr reagiert er bei der Begegnung mit Alter, Krankheit und Tod auf den drei ersten Ausfahrten mit dem Ausruf: "Verflucht, wahrlich, sage ich, soll Geburt sein, wo doch an der Geburt das Altern zutage treten muß, die Krankheit zutage treten muß, das Sterben zutage treten muß."[21] Nichts "Geborenes" bzw. "Gewordenes" ist von der Vergänglichkeit ausgenommen. Daher kann es niemals sinnvoll sein, das Vergängliche zu suchen, wenn gleichzeitig die Vergänglichkeit gefürchtet wird. Insofern muß, wenn Alter, Krankheit und Tod "dukkha" sind, auch die Geburt "dukkha" sein. Sinnvoll ist dann allein die Suche nach der Freiheit vom Unterworfensein unter das Gesetz der Allvergänglichket. An dem "Geburt ist 'dukkha'" der "Ersten Edlen Wahrheit" macht sich somit bereits der grundlegende Unterschied der Art und Weise fest, in der sich das Todesbewußtsein aktualisieren kann. Mit dieser Aussage wird also sowohl die intentionale Widersprüchlichkeit (die das Vergängliche sucht, aber seine Vergänglichkeit ablehnt) als auch die gnoseologische Widersprüchlichkeit (die das verdrängt, was ihr bewußt ist) grundsätzlich ausgeschlossen.

Der mit dem Motiv der "Suche" verbundene Aspekt der *Intentionalität* tritt nun in aller Deutlichkeit in den folgenden Bestimmungen von "dukkha" hervor: "mit Unliebem vereint", "von Liebem getrennt", "nicht erlangen, was man begehrt". Er steht auch im Hintergrund jenes auf die "fünf Gruppen" bezogenen "Anhaftens" (upâdâna), das die Erste Edle Wahrheit als Zusammenfassung des Wesens von "dukkha" benennt. Die "fünf Gruppen" (khandhas), auf die sich das Anhaften richtet, sind die im weitesten Sinne "empirisch" wahrnehmbaren Seinskonstituenten: Materielles (rûpa-kkhandha), Empfindungen (vedana-kkhandha), Wahrnehmung (sañña-kkhandha), Geistesformationen (sankhâra-kkhandha) und Bewußtsein (viññâna-kkhandha). Sie alle sind nach buddhistischer Auffassung vergänglich (anicca). Und es ist schließlich eine Form der Intentionalität, was die Zweite Edle Wahrheit als "Durst" und damit als Ursache von "dukkha" bezeichnet.

Die in Majjhima-Nikâya 26 vorgenommene Grundunterscheidung zwischen einer auf Vergängliches gerichteten Suche und einer Suche nach der Freiheit vom Vergänglichen kann als Schlüssel zur Deutung der in den Vier Edlen Wahrheiten gegebenen Bestimmungen von "dukkha" und dessen Ursache dienen.[22] Denn an diesen Bestimmungen wird vor allem die intentionale Grundwidersprüchlichkeit deutlich. Wenn das Vergängliche das "Liebe" und

---

[20] Vgl. oben S. 460f.
[21] Dîgha-Nikâya 14; P. Dahlke, Buddha ... a.a.O. 76.
[22] Dies legt sich bereits vom textlichen Befund her nahe, da Majjhima-Nikâya 26 weitgehende wörtliche Übereinstimmungen mit Mahâvagga I,5f besitzt, jedoch nicht die Predigt über die Vier Edlen Wahrheiten enthält, sondern statt dessen das Grundmotiv der Unterscheidung zwischen rechter und falscher Suche, das wiederum im Bericht des Mahâvagga fehlt.

"Begehrte" ist, das "Unliebe" aber seine Vergänglichkeit, dann wird die auf das Vergängliche gerichtete Intentionalität durch die Erfahrung seiner Vergänglichkeit immer wieder leidhaft frustriert, weil Vergänglichkeit bedeutet, daß das "Begehrte" nicht festgehalten werden kann, sondern die "anhaftende" Verbindung entweder durch das Vergehen des Objekts der Anhaftung oder durch das Vergehen ihres Subjekts durchschnitten wird. Die Ausrichtung der Existenz auf das "begehrte" Vergängliche ist durchaus von "Wohlgefallen und Lust" begleitet, muß aber wegen der Vergänglichkeit aller Dinge, d.h. sowohl der Vergänglichkeit der Objekte des Begehrens als auch der des Begehrenden selbst, notwendig immer wieder zu leidhafter Frustration führen. Will man dieser leidhaften Frustration entgehen, so wäre der existentielle Grundwiderspruch dadurch zu überwinden, daß die Intentionalität nicht länger auf das Vergängliche gerichtet und die Anhaftung am Vergänglichen aufgegeben wird. *Unter dem Aspekt der Suche kann somit die als "Durst" und Ursache von "dukkha" bezeichnete Intentionalität als die Ausrichtung der Intentionalität auf das Vergängliche verstanden werden.* Diese führt zum "Anhaften" am Vergänglichen (den fünf "khandhas") und damit zur leidhaften Frustration.[23] Insofern faßt die Erste Edle Wahrheit ihre Grundaussage in dem Satz zusammen: "Die fünf Gruppen des Anhaftens sind 'dukkha'." Da der im "Lebensrausch" lebende "Weltling" jedoch nur die Vergänglichkeit fürchtet, das Vergängliche aber begehrt, verdrängt er die Einsicht in die Allvergänglichkeit und lebt so, als ob er selbst und das Begehrte unvergänglich seien. Zwar kündet sich in der Todesfurcht ein Wissen um die unvermeidliche Leidhaftigkeit dieses Grundwiderspruchs seiner Existenz an, doch mündet sie in Verdrängung, wenn es nicht zu jener grundsätzlichen Änderung der Intentionalität kommt, bei der die Suche nicht länger dem Vergänglichen gilt, sondern der Freiheit vom Eingebundensein in das Vergängliche.

Diesen gänzlich unter dem Aspekt der *Intentionalität* stehenden Zusammenhang zwischen Durst, Anhaftung und Leid spiegelt Majjhima-Nikāya 101 in einem Gleichnis. Ein Mann wird von Schmerz, Wut und Verzweiflung erfüllt, wenn er die von ihm begehrte Frau in den Armen eines anderen sieht. Doch wenn sein Verlangen nach ihr erloschen, seine Intentionalität nicht mehr auf sie gerichtet ist, wird ihm eine solche Begegnung kein Leid mehr bringen. Solange also die Intentionalität auf das Vergängliche gerichtet bleibt und dieses festzuhalten sucht (an ihm "anhaftet"), kommt es durch die Vergänglichkeit unvermeidlich zur leidhaften Durchschneidung der "Anhaftung" – entweder durch das Vergehen des Begehrten oder durch das Vergehen des Begehrenden. *Nur unter dem Aspekt der Intentionalität also gilt*, was die buddhistische Unheilsanalyse in der Tilakkhana-Lehre als die beiden ersten Daseinsmerkmale nennt[24], und was im unmittelbaren Anschluß an die Predigt

---

[23] So auch die Zuordnung im "paticcasamuppâda", wo der "Durst" als achtes Glied dem "Anhaften" ursächlich vorangeht und dann erst die Leiderscheinungen folgen. Vgl. dazu unten S. 471f Anm. 31.
[24] Vgl. oben S. 186 Anm. 6.

über die Vier Edlen Wahrheiten so formuliert ist: "Was vergänglich ist, bringt Leid."[25]

Doch ist damit noch keineswegs erschöpft, was die buddhistische Unheilsanalyse über den Zusammenhang von Vergänglichkeit und "dukkha" zu sagen hat. Der unter dem Aspekt der Intentionalität stehende leidhafte und unbefriedigende Charakter des Vergänglichen geht weitaus tiefer als er sich in den Vergänglichkeitserfahrungen von Verlust und Tod zeigt. Denn angesichts der zur Zeit Buddhas verbreiteten und von ihm selbst akzeptierten *Wiedergeburtslehre*, scheint die Leidhaftigkeit des existentiellen Grundwiderspruchs durchaus vermeidbar zu sein - beinhaltet doch die Möglichkeit unendlicher Wiedergeburt die Möglichkeit, trotz aller vom Tod gesetzten Zäsuren, immer wieder neu in den Genuß des Vergänglichen zu kommen. Die gefürchtete Vergänglichkeit des Vergänglichen erwiese sich als eine jeweils vorübergehende. Die Vorstellung unendlicher Wiedergeburten scheint unendlichen Daseinsgenuß zu verheißen. Zwar mag die Wiedergeburt in einer Höllenwelt, als Dämon, als Tier und unter gewissen Umständen auch als Mensch durchaus leidvoll und unbefriedigend sein, nicht jedoch die als Mensch unter glücklichen Umständen oder die als göttliches Wesen in einer Himmelswelt. Solch "gute" Wiedergeburten waren für viele Zeitgenossen Buddhas erstrebenswerte Ziele. Zwar ist nach buddhistischer Auffassung jede einzelne Existenz innerhalb des Samsâra vergänglich - auch die Götter (devas) sind nicht unsterblich -, aber dennoch scheint sich hier eine Lösung der Vergänglichkeitsproblematik zu eröffnen, da sich das Leben im Wiedergeburtenkreislauf potentiell ewig fortzusetzen vermag, und man durch gute Werke immer wieder eine "gute" Wiedergeburt als Mensch in glücklichen Umständen oder als Himmelsbewohner bewirken kann. Wenn zwar die buddhistische These von der Sterblichkeit aller einzelnen Existenzformen innerhalb des Wiedergeburtenkreislaufs die Wieder*geburts*lehre gleichermaßen zu einer Wieder*tod*lehre macht, so scheint doch der Tod durch die ihm immer wieder folgende neue Geburt relativiert und seiner existentiellen Bedrohlichkeit beraubt zu sein.

Doch bietet für Buddha die Vorstellung vom Wiedergeburtenkreislauf keine Lösung, sondern sie bedeutet ihm eine *Radikalisierung* der Todesproblematik. So heißt es z.B. in Samyutta-Nikâya XV,3: "Ohne Anfang und Ende, ihr Jünger, ist dieser Samsâra, unerkennbar ist der Beginn der vom Nichtwissen umhüllten Wesen, der durch den Durst nach Dasein immer und immer wieder zu erneuter Geburt geführten, der den endlosen Kreislauf der Wiedergeburten durcheilenden: und so habt ihr, o Jünger, durch lange Zeit Leid erfahren, Qual erfahren, Unglück erfahren und das Leichenfeld vergrößert - lange genug, wahrlich ihr Jünger, um von jeder Existenz unbefriedigt zu sein...". Das buddhistische Heilsziel - und damit die Lösung der Vergänglichkeitsproblematik - besteht somit nicht in der unendlich wiederholbaren "guten" Wiedergeburt, sondern in der *Befreiung von aller Wiedergeburt*, da

---

[25] In der Anattâ-Predigt, Mahâvagga I,6, 38-47.

nach buddhistischer Auffassung die Ausrichtung der Intentionalität auf das Vergängliche in jeder denkbaren Existenzform unbefriedigt bleiben muß.

Die Vorstellung einer immerwährenden, endlosen Vergänglichkeit, wie sie die buddhistische Wiedergeburtslehre darstellt, demonstriert somit die buddhistische Position, daß das Vergängliche grundsätzlich nicht in der Lage sei, zu einer letzten Befriedigung zu führen - eben auch dann nicht, wenn es unendlich als Vergängliches währte. Nicht allein die Zäsur, die die Vergänglichkeit notwendig jeder Anhaftung am Vergänglichen setzt, macht die Anhaftung an ihm unbefriedigend und leidvoll, sondern die anhaftend auf das Vergängliche gerichtete Intentionalität bliebe auch dann unbefriedigt, wenn das Vergängliche unendlich in ihrem Besitz wäre. Doch wieso soll das Vergängliche auch dann noch unbefriedigend sein, wenn dem unbefriedigenden Charakter seines Vergehens dadurch gewehrt ist, daß das Vergängliche als Vergängliches potientiell ewig währt? Denn einen anderen Grund für den unbefriedigenden Charakter des Vergänglichen als den seiner Vergänglichkeit nennen die buddhistischen Texte nicht.

Nun wird im Rahmen der buddhistischen Vorstellung vom Wiedergeburtenkreislauf als einer *unendlichen Vergänglichkeit* deutlich, daß Vergänglichkeit nicht im Sinne einer zeitlichen Erstreckung gedacht ist, sondern als eine innere Qualität des Vergänglichen. Vergänglichkeit ist *keine akzidentelle Eigenschaft des Seienden*, sondern dessen *innerste Wesensstruktur*. Es ist dem Buddhismus schlechterdings undenkbar, daß irgendein Seiendes unvergänglich sein könnte.[26] Der Gedanke, daß der Leidhaftigkeit einer auf Vergängliches gerichteten Intentionalität durch immerwährende Vergänglichkeit zu entkommen sei, beruht folglich auf dem Irrtum, daß die Vergänglichkeit eine bloß akzidentelle Eigenschaft der Dinge sei. So glaubt der "Weltling", der seine Intentionalität auf das Vergängliche richtet, aber das Vergehen fürchtet, daß alles gut wäre, wenn das, was vergänglich ist, unvergänglich wäre und versteht dabei Unvergänglichkeit im Sinne zeitlicher Erstreckung. Nur so kann die unendliche Wiedergeburt als Lösung der Vergänglichkeitsproblematik erscheinen. In diesem Irrtum hypostasiert der "Weltling" ein von der Vergänglichkeit unabhängiges Wesen der Dinge, das theoretisch auch unvergänglich sein könnte. Die buddhistische Position, daß *alles Seiende in sich vergänglich ist*, daß Vergehen das "Wesen" der Dinge ist, führte dagegen in konsequenter Weise zur Negation eines jeglichen Essentialismus. Dieses Thema hat die buddhistische Philosophie immer wieder beschäftigt. Während in den Hînayâna-Schulen bald die Dharma-Theorie entwickelt wurde, derzufolge alles Seiende in einen Strom von nur momentan aufblitzenden und im selben Augenblick wieder vergehenden "Partikeln" (Dharmas) aufgelöst wird,[27] lehnten die Philosophen des Mahâyâna jede

---

[26] "In der Veränderung nur hat diese Welt Bestand!" Sutta-Nipâta 805c, Nyanaponika,... a.a.O. 177.

[27] Es ist bezeichnend, daß Buddhaghossa in seiner großen und hochgeachteten Darstellung der Theravâda-Lehre "Visuddhi-Magga" die Dharma-Theorie in Zusammenhang mit der Betrachtung des Todes stellt: "Im

Vorstellung von Wesenheiten, auch die von momentanen Dharmas, ab. Denn wenn Vergänglichkeit keine Eigenschaft des Seienden, sondern sein Wesen ist, dann gibt es im "Seienden" nicht irgendein Etwas, das vergeht, sondern nur das Vergehen selbst. Vergänglichkeit als das Wesen der Dinge zu denken, läuft darauf hinaus, die Dinge wesenlos zu denken.[28]

Wenn also nach buddhistischer Auffassung ein auf Vergängliches gerichtetes Leben auch in unendlicher Verlängerung unbefriedigt (dukkha) bleibt, wenn das Vergängliche auch in unendlicher Erstreckung keine Befriedigung zu geben vermag, und dennoch der unbefriedigende Charakter des Vergänglichen an nichts anderem als an seiner Vergänglichkeit festgemacht wird, dann gibt es dafür nur *die* Erklärung, *daß die menschliche Intentionalität eigentlich auf Nicht-Vergängliches gerichtet ist.* So allein ist es plausibel, daß das Vergängliche grundsätzlich als unfähig angesehen wird, bleibende Befriedigung zu geben, bzw. die "Suche" des Menschen zu erfüllen. Hinter der auf Vergängliches gerichteten "Suche" steht eine Intentionalität, die etwas anderem als dem Vergänglichen gilt: die "Suche" nach dem "Todlosen", nach "dem höchsten Frieden", nach dem Nirvâna.

Gilt die *eigentliche* Suche des Menschen aber dem wesentlich Nicht-Vergänglichen, so kann dies nach buddhistischer Auffassung eben nicht heißen, daß die Nichtbefriedigung dieser Intention nur auf das Vergehen der Dinge, nicht aber auf die Dinge selbst zurückzuführen sei, da diese Trennung falsch und selber bereits ein illusionäres Produkt des Anhaftens ist. Aus diesem Grund kann weder der potentiell ewige "Besitz" des Vergänglichen befriedigend sein[29] noch auch sein momentaner Besitz, sondern ein in dieser Weise am Vergänglichen haftendes Leben bleibt ein Leben, das nicht zur

---

höchsten Sinne (paramatthato) haben die Wesen nur einen sehr kurzen Augenblick zu leben, nur solange wie ein Bewußtseinsmoment dauert. Gleichwie das Wagenrad beim Rollen wie beim Stillstehen sich jedesmal bloß auf einem einzigen Punkte der Peripherie befindet: genauso währt das Leben der Wesen nur für die Dauer eines einzigen Bewußtseinsmomentes. Sobald dieser Bewußtseinsmoment erloschen ist, gilt auch das Wesen als erloschen... Auf diese Weise hat man über den Tod nachzusinnen mit Rücksicht auf die Kürze des Bewußtseinsmomentes." Nyanatiloka, Visuddhi-Magga oder Der Weg zur Reinheit, (3.Aufl.) Konstanz 1975, 278f (Visn. VIII, 1).

[28] Vgl. dazu unten S. 528, 542ff.
[29] Dies ist auch das beherrschende Thema im Lied der Sumedhâ, Therîgâthâ 448-521.
"In Götterwelt, in Menschenwelt, im Tierreich, im Gespensterreich,
im Geisterkreis, im Höllenkreis ist Pein um Pein unendlich uns gewiß!
Der Weltbeherrscher Mandhâtâ, genossen hat er höchste Lust;
doch ungesättigt starb auch er: sein Sehnen, das war nicht gestillt.
Ja, regnet' es Juwelen jeder Art von allen Seiten reich herab:
die Sehnsucht wär' gesättigt nie, die Menschen stürben ungestillt.
Ich kenn' den Trunk, der ewig stillt:
Wie sollt' ich wieder schlürfen eklen Sterbetrank?" (Therîgâthâ 475, 486f, 503a). K.E.Neumann, Die Reden Gotamo Buddhos, Bd.III, Zürich, Wien 1957, 606ff.

Ruhe kommt und unentwegt im Vergänglichen nach jener Befriedigung sucht, die nur das Nicht-Vergängliche geben kann. Die Ausrichtung der menschlichen Intentionalität auf das Vergängliche ist in Wahrheit eine *fehlgeleitete Ausrichtung*, die im Vergänglichen das wesenhaft Nicht-Vergängliche sucht, und die, da sie es dort nie findet, auch keine wirkliche Befriedigung erlangt. Der "*Durst*" als Ursache unbefriedigter Existenz läßt sich nun noch genauer als eine fehlgeleitete Intentionalität verstehen: *Er ist die irrige Ausrichtung einer Intentionalität auf das Vergängliche, die in Wahrheit nach dem Nicht-Vergänglichen sucht, das allein letzte Befriedigung zu geben vermag, weshalb diese auf das Vergängliche gerichtete Intentionalität grundsätzlich unbefriedigt, "dürstend", bleiben muß.*[30]

Der unerlöste Mensch ist sich somit des eigentlichen Charakters seiner "Suche" nicht bewußt. Und solange er sich über den wahren Dynamismus seiner Existenz im Unklaren bleibt, kommt es nicht zu jener heilsamen Existenzveränderung, die darin besteht, die Intentionalität nicht länger auf das Vergängliche zu richten (d.h. den "Durst" aufzugeben), sondern auf das wesentlich Nicht-Vergängliche (d.h. den zum Nirvâna führenden Heilsweg zu beschreiten). Insofern ist nicht nur der "Durst" die Ursache von "dukkha", sondern auch die "Verblendung", das "*Nicht-Wissen*" (avijjâ). Die Aufhebung des "Durstes" muß daher über die Aufhebung des "Nichtwissens" erzielt werden, oder – positiv formuliert – erst wenn die unvermeidliche Leidhaftigkeit der als "Durst" bezeichneten fehlgeleiteten Intentionalität erkannt wird, kann die bereits unbewußt wirkende Suche nach dem "Todlosen" bewußt aufgenommen werden. So zielt die Aufhebung des Nichtwissens auf die Vermittlung der Erkenntnis des unbefriedigenden und leidhaften Charakters einer auf das Vergängliche gerichteten Existenz ab. Deshalb besteht der erste Schritt zur Beseitigung des Nichtwissens darin, überhaupt erst einmal die Aufmerksamkeit des Menschen auf die Vergänglichkeit zu lenken: "Wenn man bei allen Prozessen verweilt, indem man sie als vergänglich anschaut, schwindet das Nichtwissen dahin und das Wissen steigt auf."[31] Und deshalb

---

[30] Nicht die Wiedergeburt ist also die Ursache des Leides, sondern – wie es die Zweite Edle Wahrheit sagt – der "Durst". Durch die Wiedergeburtslehre wird vielmehr vollends deutlich, warum der "Durst" zu "dukkha" führt, eben weil auch der potentiell ewige Besitz des Vergänglichen keine Befriedigung zu geben vermag. Da nicht die Wiedergeburt sondern der "Durst" die unmittelbare Ursache des Leides ist, kann die auf die Überwindung des Leides abzielende buddhistische Leidenslehre auch unabhängig von der Annahme der Wiedergeburt Gültigkeit beanspruchen (vgl. Anguttara-Nikâya III, 65: "Gibt es aber keine andere Welt und keine Frucht, kein Ergebnis guter oder schlechter Taten, so lebe ich eben hier in dieser Welt ein leidloses, glückliches Leben, frei von Haß und Übelwollen." Nyanaponika, Die Lehrreden... a.a.O. Bd.I, 170).

[31] K. Seidenstücker, Itivuttaka. Das Buch der Herrenworte (ohne Ort und Jahr), 53 (Itivuttaka 85). Im "paticcasamuppâda" (skt. "pratîtyasamutpâda"), der berühmten zwölfgliedrigen Kette des "bedingten Entstehens" (1. Nichtwissen [avijjâ], 2. Geistesformationen [sankhâra], 3. Bewußtsein [viññâna], 4. geistig-körperliche Einheit [nâma-rûpa], 5.

ist es für die buddhistische Verkündigung so wichtig, der Todesverdrängung durch die Aktualisierung des Todesbewußtseins zu wehren – aber durch eine Form des Todesbewußtseins, die nicht wie die Todesfurcht zu erneuter Verdrängung führt. Der intentionale Grundwiderspruch kann erst dann einer Lösung zugeführt werden, wenn der gnoseologische Widerspruch überwunden ist.

Die Aufhebung des Nichtwissens bzw. die Einsicht in den unbefriedigenden und leidhaften Charakter einer auf das Vergängliche gerichteten Existenz wird durch den Hinweis auf jene *beiden Erfahrungen* angezielt, die ich in diesem Abschnitt nachzuzeichnen versuchte: die unbefriedigende Leidhaftigkeit der mit der *Vergänglichkeitserfahrung gegebenen Trennung aller*

Wahrnehmungsgrundlagen = fünf Sinne und Bewußtsein als Zentralsinn, [âyatana], 6. "Berührung" = der aktuelle Wahrnehmungseindruck, [phassa], 7. Gefühl bzw. Empfindung = angenehm, unangenehm und gleichgültig [vedanâ], 8. Durst [tanhâ], 9. Anhaftung [upâdâna], 10. Werdeprozeß [bhava], 11. Geburt [jâti], 12. Altern und Sterben [jâramarana], meist noch ergänzt durch die verschiedenen Formen des Leiderlebens), wird in den Gliedern 8 – 12 das zentrale Abhängigkeitsverhältnis genannt: in Abhängigkeit von Durst entsteht Anhaftung, wovon das leidvolle Eingebundensein in den Werde- und Vergänglichkeitsprozeß abhängt. Der Durst setzt zu seiner Entstehung die anthropologischen Gegebenheiten und ihre Aktualisierung (Glieder 3 – 7) voraus. Der "paticcasamupâda" liegt in den Texten des Pâli-Kanons nicht immer in seiner ausgebildeten Form von 12 Gliedern vor. Erst in dieser aber sind als erste Faktoren das "Nichtwissen" und die "Geistesformationen" (d. h. die karmische Prägung der Gesinnung) genannt. M. E. gibt dieser Umstand keinen Anlaß dazu, "Durst" und "Nichtwissen" als zwei unterschiedliche Erklärungen für die Leidensverursachung gegeneinander auszuspielen. Vielmehr gehören sie untrennbar zusammen, da "Nichtwissen" nie nur rein intellektuell verstanden wird, sondern immer der existentiellen Fehlhaltung entspricht, und "Durst" als die Grundbezeichnung der existentiellen Fehlhaltung die intellektuelle Komponente des "Nichtwissens" einschließt.
Der "paticcasamuppâda" wurde aufgrund seines Strukturprinzips, der abhängigen oder bedingten Entstehung des Leidprozesses, das die existentielle Kausaldynamik über "Durst" und "Anhaftung" mit dem ontologischen Unterworfensein unter die Vergänglichkeit (Wiedergeburt) verbindet, von der buddhistischen Tradition auch als Deutung der grundsätzlichen Verfaßtheit des Seins als nur bedingt Seiendem und daher Vergänglichem verstanden (so besonders in den späteren Hînayâna-Schulen und im Mahâyâna). Schon im Pâli-Kanon findet sich folgende Kurzformel der Lehre Buddhas: "Von allen Dingen, die aus einer Ursache hervorgegangen sind, hat der Tathâgata die Ursachen verkündet, und auch wie deren Vernichtung zustande kommt...". Als Sariputta einst diese Formel hört, erkennt er, "daß alles dem Entstehen Unterworfene auch der Vernichtung unterworfen ist." (M. Winternitz, Der ältere Buddhismus, Tübingen 1929, 51; Mahâvagga I, 23, 3-5) Dies gilt im doppelten Sinne: für das Leid, das, weil bedingt entstehend, auch aufhebbar ist, und für die Dinge überhaupt, die, als bedingt entstandene, nicht ewig sondern vergänglich sind. So ist die Aufhebung des Leides immer auch ein Entrinnen aus dem Eingebundensein in das Vergängliche.

Anhaftung und die unbefriedigende Leidhaftigkeit, die bereits mit dem *Besitz des Vergänglichen*, also mit der *aktualisierten Anhaftung* gegeben ist. Dabei ist jedoch die Leidhaftigkeit der ersten Erfahrung weitaus unmittelbarer und somit ihre Erkenntnis leichter zu bewirken als die der zweiten. Und damit klären sich die Ambivalenzen der Bestimmungen von "dukkha" und "Durst" in den Vier Edlen Wahrheiten. Während es leicht einsehbar ist, daß das Vergehen desjenigen Vergänglichen, auf das anhaftend die Intentionalität gerichtet ist, leidhaft ist, ist es nur schwer erkennbar, daß auch das Vergängliche selbst (und zwar sowohl in seinem momentanen als auch in seinem potentiell ewigen Besitz) unbefriedigend und leidvoll sein soll, wo doch die Ausrichtung auf das Vergängliche durchaus von "Wohlgefallen und Lust" begleitet ist.

Ein Beispiel für den Versuch über diese beiden Erfahrungen die Einsicht in den unbefriedigenden und leidhaften Charakter unerlöster Existenz zu vermitteln, ist die in Majjhima-Nikâya 82 berichtete Begegnung des jungen Arahat Ratthapâla mit dem König der Kuru. Als dieser ihn fragt, warum er buddhistischer Mönch geworden sei, obwohl er doch der Erbe einer wohlhabenden Familie war, antwortet Ratthapâla, daß er vier von Buddha verkündete Sätze verstanden und eingesehen habe: "...erstens, daß die Welt hinfällig und unbeständig ist; zweitens, daß die Welt keinen Schutz und Schirm bietet; drittens, daß in der Welt uns nichts gehört, daß man beim Hinscheiden alles aufgeben muß; viertens, daß die Welt stets bedürftig und nie zufriedenzustellen ist."[32] Während Ratthapâla auf die Nachfrage des Königs hin diesem die ersten drei Sätze mit den Erfahrungen von Alter, Krankheit und Tod erläutert – also auf die Erfahrung der mit der Vergänglichkeit gesetzten Trennung vom Vergänglichen verweist –, stellt er zum vierten Satz dem König die Gegenfrage, ob er, obwohl sein eigenes Land reich und blühend ist, ein anderes reiches Land angreifen würde, wenn er die Chance hätte, es zu erobern. Ohne zu zögern bejaht der König, worauf Ratthapâla erwidert: "Gerade das meint der Erhabene mit dem Satz, daß die Welt stets bedürftig und nie zufriedenzustellen ist..."[33] In einem anderen Sutta des Majjhima-Nikâya fragt Buddha seinen Gesprächspartner: "...hast du schon jemals gesehen oder gehört, daß ein König oder ein Minister, der im Vollbesitz der fünf Arten von Sinnenfreuden ist und der den Durst nach Sinnenfreuden nicht überwunden hat, wunschlos und innerlich friedvoll war oder ist oder sein wird?"[34]

Wie auch der Hinweis auf den unbefriedigenden Charakter endloser Wiedergeburt als unendlicher Vergänglichkeitserfahrung wollen solche Aussagen also die buddhistische These stützen, daß das Vergängliche grundsätzlich unbefriedigend sei, weil die eigentliche Intentionalität des Menschen unbewußt dem wesentlich Nicht-Vergänglichen gelte. Dem korreliert die Verheißung einer wirklichen Befriedigung und Erfüllung jenseits der auf das

---

[32] K.Schmidt, Buddhas Reden, Berlin 1978, 224.
[33] Ebd. 226.
[34] Majjhima-Nikâya 75, ebd. 213.

Vergängliche gerichteten Intentionalität. So sagt Buddha in einem seiner Dialoge: "Potthapâda, es könnte nun sein, daß du so denkst: »Die Befleckung (durch das Empirische) mag ja schwinden, die Reinheit zunehmen, und man mag ja wohl schon hier im Irdischen die Fülle und ganze Entfaltung der Weisheit durch eigene Erkenntnis schauen und zu dauerndem Besitz gewinnen, das wird aber doch ein recht trübseliges Leben sein«. So dürft ihr indessen die Sache nicht ansehen, Potthapâda. Vielmehr wird alles Erwähnte eintreten und dann Freude, Lust, Beruhigung, ernstes Sichbesinnen und Vollbewußtheit und Glückseligkeit folgen."[35] So geht es bei der buddhistischen Lehre über die Beendigung von "dukkha" keineswegs nur um einen Ausfallswert (die Beseitigung des Leides), sondern durchaus um die Botschaft einer positiven Erfüllung. Und damit ist auch klar, daß nach den Vier Edlen Wahrheiten keineswegs einfachhin "alles Dasein Leiden ist", sondern nur jenes Dasein unbefriedigend und leidvoll ist, das an das Vergängliche eine Erwartung heranträgt, die dieses nicht zu erfüllen vermag! Die buddhistische Heilsbotschaft lautet also, daß es eine Freiheit von "dukkha" geben kann, wenn jene als "Durst" bezeichnete fehlgeleitete Intentionalität aufgegeben und das gefunden wird, dem die eigentliche Suche des Menschen gilt: das Todlose, das Nirvâna.

Worin aber besteht das "Todlose", das wesentlich Nicht-Vergängliche, wenn alles Seiende als wesentlich vergänglich gilt? Was ist es, auf das die Suche bewußt ausgerichtet werden soll und von dem es heißt, daß es die wirkliche Befriedigung zu geben vermag? Wie ist eine existentielle Freiheit vom Eingebundensein in die Allvergänglichkeit möglich, wenn doch gerade erkannt werden soll, daß man selber nicht von der Allvergänglichkeit ausgenommen ist?

Hier nun kommt es zu jener für den Buddhismus charakteristischen Verbindung von ontologischem und existentiellem Denken. Denn der "Durst" ist nicht nur im existentiellen Sinn die Ursache von "dukkha", sondern durch die Bestimmung, daß er es ist, der die Wiedergeburt erzeugt, ist er zugleich die *Ursache für das Eingebundensein des Menschen in die Allvergänglichkeit des Seienden*. Dementsprechend ist die "Anhaftung" an den vergänglichen Daseinsfaktoren (den "khandhas") die existentielle Realisation der ontologischen Partizipation des Menschen an der Vergänglichkeit der "khandhas". Der Mensch hat also Anteil an der Allvergänglichkeit weil und insofern er in intentionaler Ausrichtung auf das Vergängliche lebt und an diesem "anhaftet". Da aber der Durst die Ursache des Leides *und* die Ursache der Wiedergeburt ist, impliziert die Befreiung vom Leid durch die Befreiung

---

[35] Dîgha-Nikâya IX, 40. R.O.Franke, Dîghanikâya. Das Buch der langen Texte des buddhistischen Kanons, Göttingen 1913, 157.
Vgl. auch Samyutta-Nikâya 22,22: "Wenn einer die schwere Last niederlegt und keine neue Last aufgehoben, wenn er die Gier mit der Wurzel ausgerissen hat, dann ist er vollbefriedigt, dann hat er das vollkommene Nirvâna erreicht." M.Winternitz, Der ältere Buddhismus. Nach Texten des Tipitaka, in: Religionsgeschichtliches Lesebuch, Heft 11, 2.erw. Aufl., Tübingen 1929, 52.

vom "Durst" auch die Befreiung vom ontologischen Unterworfensein unter das alle Wiedergeburtsfährten einschließende Gesetz der Vergänglichkeit. Diese Befreiung realisiert sich konkret als Befreiung von Anhaftung. Das Nirvâna, das zugleich der "höchste Friede" und das "Todlose" ist, ereignet sich als Freiheit.

2.1.3 Zusammenfassung

Die Stellung der Vergänglichkeitserfahrung, wie sie sich bisher in der Lehre Buddhas gezeigt hat, läßt sich unter den drei Aspekten der *Anknüpfung*, der *Deutung* und der *Zusage* in drei Thesen zusammenfassen:

1. Die Verkündigung der buddhistischen Lehre *knüpft* an die Erfahrung der Vergänglichkeit *an*, insofern dieser eine Spannung zwischen Todesverdrängung und Todesfurcht inhäriert, hinter der Todesbewußtsein, d.h. das Bewußtsein der eigenen Partizipation an allem seinsmäßig Vergänglichen, steht. Die Mechanismen von Furcht und Verdrängung, sowie die emotionalen Reaktionen bei Aufhebung der Verdrängung, lassen auf eine verborgene Intentionalität schließen, der die Vergänglichkeitserfahrung leidhaft zuwider läuft.

2. Der Buddhismus *deutet* diese Intentionalität als eine dem Menschen gemeinhin nicht bewußte Suche nach dem Nicht-Vergänglichen, die vom Vergänglichen, auch in seiner ewigen Verlängerung, prinzipiell nicht befriedigt werden kann. Die Ausrichtung auf das Vergängliche, der "Durst", ist daher die Ursache einer unbefriedigten und leidvollen Existenz, deren innere Struktur das "Anhaften" am Vergänglichen ist, und die sowohl Erfahrungen einschließt, die gewöhnlich als leidvoll gelten, wie auch solche, die gewöhnlich nicht als leidvoll angesehen werden.

3. Dem Menschen wird die Möglichkeit einer Befreiung vom "Durst" *zugesagt*, was ebenso die ontologische Befreiung vom "Unterworfensein" unter das Gesetz der Vergänglichkeit (keine neue Wiedergeburt mehr), als auch die Erfüllung der eigentlichen menschlichen Intentionalität einschließt.

Während die in der ersten These vertretene Auffassung ihre Plausibilität aus der *Anknüpfung* an die *allgemeine Vergänglichkeitserfahrung* ableitet, und die *Deutung* zu ontologischen wie erkenntnistheoretischen Erwägungen führt, stützt sich die Plausibilität der *Zusage* auf die *besondere Existenzerfahrung* der Erleuchtung. Im folgenden Abschnitt wird zu zeigen sein, wie zwei weitere Grunderfahrungen, die der Freiheit und die des Lebens in und aus Beziehungen, mit der buddhistischen Interpretation der Vergänglichkeitserfahrung verknüpft werden.

2.2 Freiheit und Liebe angesichts der Überwindung von Sterblichkeit

2.2.1 Nirvâna als Freiheit

2.2.1.1 Freiheit von Anhaftung und Ich-Identifikation als Freiheit vom Tod

In der Schilderung der vier Ausfahrten des zukünftigen Buddhas fragt dieser bei der Begegnung mit dem Alten, dem Kranken und dem Verstorbenen jedesmal seinen Wagenlenker: "Bin auch ich (dem Alter, der Krankheit) dem Sterben unterworfen? Steht auch mir das Sterben bevor?" Wenn die Todesverfallenheit alles Seienden erkannt wird, kann man sich selbst davon nicht ausnehmen. Die Realisation des Bewußtseins der eigenen Sterblichkeit ist geradezu der Prüfstein für die Erkenntnis der Allvergänglichkeit, oder anders gesagt, wer die eigene Sterblichkeit nicht wahrhaben will, erkennt nicht die Allvergänglichkeit, da er sich selbst von der Allvergänglichkeit ausnimmt. Wird Vergänglichkeit als etwas dem Seienden *Wesentliches* erkannt, dann tritt die Antizipation des Todes dem Menschen mit dem Anspruch entgegen, daß Sterblichkeit auch des Menschen innerstes Wesen ist. Wenn wir unsere Sterblichkeit erkennen, dann werden wir in einer Weise mit uns selbst konfrontiert, die unsere Freiheit total und radikal in Frage stellt. Wir sehen uns plötzlich in einer Lage, die wir uns nicht selbst ausgesucht haben. Niemand hat uns gefragt, ob wir mit unserer Sterblichkeit einverstanden wären. Und diese Konfrontation ist zutiefst unmittelbar. Der Tod bedroht nicht irgendwen, sondern je mich. Diese Erkenntnis fordert uns irgendwie zu einer Stellungnahme heraus. Welchen Sinn kann sie für eine weitere Verhaltensorientierung haben? Die Einsicht in die Notwendigkeit und Unvermeidbarkeit der Vergänglichkeit scheint jede Entscheidung belanglos zu machen, weil alles bereits entschieden ist, weil wir sterben werden, ob wir wollen oder nicht, was immer wir auch tun. Der Leid-Charakter des Todes bezeugt, daß wir uns nach der Freiheit von ihm sehnen, aber gerade die Wiedergeburtslehre verdeutlicht, daß diese Freiheit nicht einfach durch eine ewige Verlängerung des Daseins zu erreichen ist. Der Tod scheint prinzipiell unbesiegbar zu sein. Den Tod, der uns wesentlich ist, zu vernichten, hieße uns selbst zu vernichten. Und genau dies ist es, was der Tod bereits tut und wovor wir uns fürchten. So scheint der Tod das letzte Wort über unsere Freiheit zu sprechen.

Buddhas Anspruch, das "Todlose" und den Weg zu diesem gefunden zu haben, impliziert auch den Anspruch auf eine Freiheit in und von der Sterblichkeit. Upatissa hat seine klassische Darstellung des Buddhismus "Vimutti-Magga", die als Vorläufer des großen "Visudhi-Magga" Buddhaghosas gilt,[1] ganz unter den Aspekt der Freiheitsgewinnung gestellt und schickt ihr den kanonischen Vers voran: "Sittlichkeit (sîla), Sammlung (samâdhi), Weis-

---

[1] Es ist nicht bekannt, wann das Vimutti-Magga abgefaßt wurde, aber da es Buddhaghosa als Vorlage für sein Visuddhi-Magga diente, welches aus dem 5. Jhd. n.Chr. stammt, muß es älter als dieses sein.

heit (paññâ) und die unvergleichliche Freiheit (vimutti), zu diesen Dingen erwachte der glänzende Gotama."[2] Im Samyutta-Nikâya heißt es: "In der Enge hat freie Bahn gefunden der hochweise, der Buddha...".[3]

Ein auffallendes Kennzeichen der vom Buddhismus intendierten Freiheit ist zunächst die *Freiheit von der Todesfurcht*. Wie oben gezeigt, korreliert die Todesfurcht der Todesverdrängung, steht aber zugleich in Spannung zu ihr, weil sie Todesbewußtsein voraussetzt. Anguttara-Nikâya IV,184 berichtet von einem Gespräch Buddhas mit dem Brahmanen Jânussoni, der genau das vertritt, was uns in Sutta-Nipâta 576 bereits begegnet ist[4]: "Keinen gibt es unter den Sterblichen, der nicht vor dem Tode in Furcht und Angst geriete."[5] Hier aber widerspricht Buddha. Wer frei von "Durst" ist, frei von unsittlichem Lebenswandel und statt dessen heilsame Werke verrichtet, wer frei von Zweifeln und statt dessen zur Klarheit in der "Guten Lehre" gekommen ist, der sei auch frei von Todesfurcht. Auch der buddhistische Heilige, der "Arahat", der die Erleuchtung erreicht hat, muß, wie Buddha selbst, noch Alter, Krankheit und Tod gewärtigen,[6] aber da der "Durst" in ihm erloschen ist, ist er frei vom Leidcharakter der Vergänglichkeit: "Hat man der Guten gute Lehre erkannt, leidet man mitten im Kummer keinen Kummer."[7]

Mit der Aufhebung des Leides wird auch die Todesfurcht aufgehoben: "Wen das Leben nicht quält, der bekümmert sich nicht beim Ende, das der Tod ihm setzt."[8] Es ist jedoch, wie bereits erwähnt, die Verheißung Buddhas, daß der Aufhebung des Leides keine nichtige Leere, sondern eine vollkommene Befriedigung entspricht, von der Buddha sagt, daß, nachdem er sie erfahren hatte, ihm jedes weitere Verlangen nach Sinnenfreuden geschwunden sei.[9] Wenn diese vollkommene Befriedigung jedoch daran hängt, daß die eigentli-

---

[2] Vgl.: N. R. M. Ehara, Soma Thera, Kheminda Thera, The Path of Freedom (Vimuttimagga) of Arahant Upatissa (Buddhist Publication Society), Kandy 1977.

[3] Samyutta-Nikâya II,7. W. Geiger, Samyutta-Nikâya (Übersetzung in Fortsetzungen), in: Zeitschrift für Buddhismus VIII (1928) 157.

[4] Vgl. oben S. 457: "...die als Sterbliche Geborenen sind in steter Furcht des Todes."

[5] Nyanaponika, Die Lehrreden... a.a.O., Bd.II, 147.

[6] Eine eindrucksvolle Schilderung vom Sterben Buddhas gibt das "Mahâparinibbâna-Sutta" (Dîgha-Nikâya XVI). Darin sehen wir Buddha in dem Bemühen aus seinem eigenen Tod eine letzte, eindringliche Illustration seiner Lehre zu machen, ganz auf das Wohlergehen des Samgha nach seinem Ableben ausgerichtet. Vgl. dazu die ausführliche Analyse in: P. Schmidt-Leukel, Die Bedeutung des Todes... a.a.O. 153ff.

[7] Samyutta-Nikâya I,31. W. Geiger, Samyutta-Nikâya, a.a.O. 2. Vgl. auch Majjhima-Nikâya 149: "...der Durst, der zu Wiedergeburt führt, schwindet dahin, und damit schwinden auch die körperlichen und seelischen Nöte und Bedrängnisse", sowie Samyutta-Nikâya III,3, wo Buddha dafür hält, daß das Erleben von Alter, Krankheit und Tod bei den Erleuchteten anders geartet ist.

[8] Udâna IV,9. K. Seidenstücker, Udâna... a.a.O. 48.

[9] Vgl. Majjhima-Nikâya 75.

che Intentionalität des Menschen, sein Streben nach dem Nicht-Vergänglichen, erfüllt wird, dann ist immer noch nicht hinreichend klar, wie diese existentielle Freiheit vom ontologischen Eingebundensein gerade unter der Erkenntnis der Allvergänglichkeit möglich ist.

Bisher zeigte sich der Leidcharakter einer auf das Vergängliche ausgerichteten Existenz in drei Formen: erstens die Leidhaftigkeit des *Verlustes dessen, woran man hängt*, zweitens die prinzipielle *Unfähigkeit des Vergänglichen* dem Menschen letzte *Befriedigung zu geben* (auch unter der Voraussetzung des immerwährenden Besitzes des Vergänglichen), und nun drittens die *Bedrohung des eigenen Ichs und seiner Freiheit*. Die erste und die dritte Form hängen nach buddhistischer Auffassung eng miteinander zusammen und bilden dabei quasi die sichtbare Oberfläche der zweiten, der Unfähigkeit des Vergänglichen die menschliche Suche zu stillen. Diesem Zusammenhang gilt es hinsichtlich der Frage nach der von Vergänglichkeit befreiten Existenz näher nachzugehen.

Als Buddha einst einem Trauerzug begegnet, und der unglückliche Vater ihm den Tod des einzigen Sohnes beklagt, ruft Buddha aus: "Götterscharen und Menschen weit und breit, welche sich angeklammert haben an die Lust, die ihnen eine liebliche Gestalt gewährt, kommen voll Leid und Qual unter die Gewalt des Todesfürsten. Wahrlich, die bei Tag und Nacht unermüdlich das, was von lieblicher Gestalt ist, aufgeben, die fürwahr graben die Wurzel des Übels aus, die Beute des Todes, die so schwer zu überwinden ist."[10] Angesichts der unmittelbaren schmerlichen Trennungserfahrung vom Geliebten, mahnt Buddha zur Aufgabe der Anhaftung am Geliebten, also am Vergänglichen.

Die dem Durst entspringende Anhaftung wird im Buddhismus auch mythologisch als "Fessel" oder "Schlinge" gedeutet, die den Menschen unter die Gewalt "Māras", des "Todesfürsten", bindet. Ein Liederzyklus von sechs Liedern der Theragâthâ offenbart unter dem Aspekt der "Fessel Māras" eine aufschlußreiche Zuordnung von Vergänglichkeitserfahrung und Anhaftung.[11] Während drei dieser aufgrund formaler Merkmale eindeutig zusammengehörenden Lieder die drei Grundformen menschlicher Vergänglichkeitserfahrung schildern, das Erleben der eigenen Vergänglichkeit durch die Hinfälligkeit des eigenen Körpers, die Konfrontation mit dem Tod anderer Menschen und die Möglichkeit des Suizids, also die *innere Todesdisponiertheit*, die *Fremderfahrung der Faktizität und Endgültigkeit des Todes* und die Erfahrung des Todes als eines *Appells an den Willen* (in der dem Menschen eigenen Möglichkeit, den "Freitod" zu wählen), schildern die anderen drei Lieder paral-

---

[10] Udāna II,7. Seidenstücker, Udāna... a.a.O. 15. Ähnliche Begegnungen schildern Majjhima-Nikâya 87 und Udāna VIII,8.
[11] Vgl. dazu meine ausführlichen Erörterungen in: P. Schmidt-Leukel, Die Bedeutung... a.a.O. 71ff u. 93ff.

lel dazu die Versuchung eines Mönchs durch eine Frau.[12] Einmal ist es der Reiz, der vom Anblick einer tanzenden Frau auf einen Mönch ausgeht, dann die Begegnung mit der den Mönch vermutlich zur Rückkehr veranlassen wollenden ehemaligen Gattin, die das gemeinsame Kind auf dem Arm trägt, und schließlich die Begegnung mit einer schönen und wohlhabenden Frau, die dem Mönch einen Heiratsantrag macht, - wiederum also geht es um eine *innere Disponiertheit*, die Empfänglichkeit für den sinnlichen Reiz, die Erfahrung *faktisch* vollzogener Bindung an die Sinnenwelt, als "*Fremderfahrung*" durch das Kind veranschaulicht, und den *Appell an den Willen* in Form des Heiratsantrags. Während alle sechs Lieder auf die Strophen enden:
"Da ward ich gründlich aufgemischt, ergriffen innig im Gemüt:
Das Elend sah ich offenbar, den Unrat ragen rings umher.
Und alle Fesseln fielen ab - o sieh' wie stark die Lehre wirkt -
Das Wissen ging mit dreifach[13] auf, das Meisterwort, es war erfüllt.",[14]
wird diesen Schlußversen in der zweiten Gruppe (den Begegnungen mit Frauen) jeweils vorangeschickt, der Mönch habe bei diesen Begegnungen erkannt, "wie schlau der Tod die Schlinge legt", wodurch der Zusammenhang mit der ersten Gruppe hergestellt ist.

Die für den zölibatär lebenden Mönch handfeste Versuchung der Bindung an eine Frau wird zum Real-Symbol für die Bindung unter die Gewalt des Todes, die "Fessel Māras". Aufschlußreich ist dabei, daß sich die Anhaftung auf den gleichen Wegen vollzieht, auf denen der Mensch seiner Vergänglichkeit gewahr wird! Die Anhaftung "besetzt" also quasi die möglichen Erkenntniswege der Todesverfallenheit und ist daher auch das Prinzip der Todesverdrängung. Doch muß der Zusammenhang zwischen Anhaftung und Erkenntnis noch fundamentaler gesehen werden. Weil Anhaftung quasi die Erkenntniswege besetzt, verfügt jeder nur über die Wirklichkeitswahrnehmung und Erkenntnis, die seiner spezifischen Anhaftung entspricht. Anhaftung konstituiert die jeweilige Welt, in der der Mensch lebt.

Dies bringt ein anderer Text paradigmatisch zum Ausdruck. Anguttara-Nikâya IV, 45 berichtet, wie einst ein himmlischer Geist namens Rohitassa zu

---

[12] Man sollte hieraus jedoch nicht vorschnell auf eine einseitige "Frauenfeindlichkeit" schließen. Es geht um den grundsätzlichen Zusammenhang zwischen der Bindung an die Sinnenwelt und der Todesproblematik. Der Kanon schildert mehrere umgekehrte Fälle, in denen Nonnen von Männern versucht werden, und der einschlägige berühmt-berüchtigte, nicht selten aber nur halb zitierte Text lautet vollständig: "Keine andere Gestalt (Stimme, Duft, Geschmack, Berührung [also die fünf Sinne; Anm. von mir]), ihr Mönche, kenne ich, die den Geist des Mannes so fesselt, wie die Gestalt des Weibes... Keine andere Gestalt (Stimme, Duft, Geschmack, Berührung), ihr Mönche, kenne ich, die den Geist des Weibes so fesselt, wie die Gestalt des Mannes." (Anguttara-Nikâya I,1. Nyanaponika, Die Lehrreden... a.a.O., Bd.I, 17f)

[13] Gemeint ist das dreigliedrige Erleuchtungswissen, das Buddha in den drei Nachtwachen erreichte.

[14] Übersetzung von K. E. Neumann, Die Reden Gotamo Buddhos, a.a.O. Bd. III.

Buddha kommt und ihm die Frage vorlegt, ob man durch Gehen an das Ende der Welt gelangen könne, "da wo es weder Geburt gibt, noch Altern und Sterben, weder Erstehen noch Abscheiden".[15] Buddha verneint, worauf Rohitassa berichtet, daß er einst ein magiegewaltiger Einsiedler war, der sich in enormer Geschwindigkeit fortbewegen konnte, aber dennoch nicht an das Ende der Welt zu gelangen vermochte. Darauf erwidert Buddha, daß es aber unmöglich sei, dem Leiden ein Ende zu machen, wenn man nicht das Ende der Welt erreiche, und erläutert: "Das aber verkünde ich, o Freund: in eben diesem klafterhohen, mit Wahrnehmung und Bewußtsein versehenen Körper, da ist die Welt enthalten, der Welt Entstehung, der Welt Ende und der zu der Welt Ende führende Pfad."[16] In diesem Dialog geht es – wie die Frage Rohitassas nach dem Ort, an dem es keine Vergänglichkeit mehr gibt, und die Antwort Buddhas, die von diesem "Ort" als dem Ende des Leides spricht, zeigen – um den Zusammenhang zwischen Leidfreiheit und Freiheit aus dem ontologischen Eingebundensein in die Allvergänglichkeit. Letztere ist auf rein ontologische Weise weder zu erfassen (versinnbildlicht in der Vorstellung eines Ortes am "Ende" der Welt[17]), noch zu erreichen (versinnbildlicht durch das Durchlaufen der Welt). Die Antwort Buddhas zeigt, daß "Welt" vielmehr eine existentielle Erfahrungskategorie ist ("in diesem mit Wahrnehmung und Bewußtsein versehenen Körper"), und als so verstandene der buddhistischen Heilsbotschaft zugrunde liegt (man beachte die strikte Parallelisierung der Antwort Buddhas mit dem Schema der Vier Edlen Wahrheiten). M.E. geht es hier nicht um eine Aufhebung der "Außenwelt" in die "Innenwelt", sondern um die Aufhebung dieser Trennung. Daher kann ontologisch nur in der Brechung durch die existentielle Problematik gesprochen werden, und von Letzterer nur unter Berücksichtigung der ontologischen Aspekte. Es ist diese Grundstruktur, die der Lösung der zentralen Frage unterliegt, wie eine von der Allvergänglichkeit befreite Existenzweise ohne Leugnung der Allvergänglichkeit alles Seienden möglich ist.

Die Anhaftung am im weitesten Sinne sinnlich Wahrnehmbaren, die Anhaftung am Vergänglichen, betrifft keineswegs nur das den Menschen umgebende Seiende, sondern gerade auch seine eigenen Konstituenten, die fünf "khandhas". Ist die eine Dimension der Anhaftung das *Besitzenwollen* des Vergänglichen, deren Leidhaftigkeit sich zunächst in seinem Verlust zeigt (was allerdings, wie oben ausgeführt, nur die anfängliche, auch dem "Weltling" zugängliche Erfahrung ist, der nach buddhistischer Auffassung eine tiefere Dimension der Leidhaftigkeit, eben der prinzipiell unbefriedigende Charakters des Vergänglichen zugrunde liegt), so verweist die zweite Dimension der Anhaftung, deren Leidhaftigkeit sich in der Betroffenheit des eigenen Ichs und seiner Freiheit durch den Tod zeigt, auf eine andere Modalität der Anhaftung: die *"Ich"-Identifikation*. D.h., der Mensch haftet nicht nur am Vergänglichen, indem er es als seinen Besitz betrachtet und

---

[15] Nyanaponika, Die Lehrreden... a.a.O., Bd. II, 52.
[16] Ebd. 52f.
[17] Es ist eben ein Grundproblem des Denkens, daß das der Welt Jenseitige als solches immer noch in den Kategorien der Welt gedacht wird.

es festhalten will, sondern auch indem er sich mit dem Vergänglichen als seinem "Ich" identifiziert. Sie ist die eigentlich zentrale Form der Anhaftung, da die "Ich"-Identifikation ("Das bin ich") Voraussetzung der possesiven Haltung ("Das gehört mir") ist.

Weil alle Anhaftung den "Durst" (die falsche Ausrichtung der menschlichen Intentionalität) zur Ursache hat, wird auch die Anhaftung an den fünf "khandhas" im Modus der "Ich"-Identifikation auf den Durst zurückgeführt. Anguttara-Nikâya IV, 199 zählt 36 Formen des Ich-zentrierten Denkens, die alle als "Fährten des Durstes" bezeichnet werden, in den die Menschheit "versunken, verfangen und verwickelt" ist.[18] Erst dadurch aber, daß der Mensch sich mit dem Vergänglichen als seinem Ich identifiziert, wird der Tod zu einer Bedrohung seines Ichs. Das ontologische Unterworfensein unter die Allvergänglichkeit enthüllt sich nach buddhistischer Auffassung als ein immer in existentieller Brechung vorliegendes Problem, nämlich der "Ich"-Identifikation mit dem Vergänglichen. Und erst so klärt sich, warum mit der Freiheit vom "Durst" die Freiheit sowohl von der Leidhaftigkeit des Vergänglichen, als auch von dem ontologischen Unterworfensein unter das Vergängliche erreicht wird: *Weil der "Durst" Ursache der "Ich"-Identifikation ist, besagt das Freisein vom "Durst" die Freiheit von dem erst mit der "Ich"-Identifikation gegebenen Unterworfensein unter die Vergänglichkeit.* Wer frei von "Durst" ist, wird nicht mehr wiedergeboren, weil nichts Vergängliches mehr – nichts mehr, das Teil des vergänglichen Samsâra sein könnte – sein "Ich" bildet. So wird die ontologische Partizipation an der Allvergänglichkeit durch die existentielle Aufhebung der "Ich"-Identifikation überwunden. Und hierin kommt jene für den Buddhismus typische enge Verbindung zum Tragen, derzufolge nie ontologisch und existentiell getrennt gedacht wird. Die erlöste Existenz ist, ohne die Allvergänglichkeit zu leugnen, der Allvergänglichkeit enthoben, weil sie frei ist von der "Ich"-Identifikation mit dem Vergänglichen.

Wie oben bereits gezeigt, inhäriert dem Durst und der Anhaftung die Tendenz, Wesenheiten zu hypostasieren, die von der Vergänglichkeit unabhängig sind.[19] Im Modus der "Ich"-Identifikation kann dies nicht nur zu dem die eigene Sterblichkeit verdrängenden Irrtum führen, sich selbst für ewig zu halten, sondern auch zu religiös/philosophisch gefärbten Applikationen von "Ewigkeit" auf Vergängliches. Durch eine wie auch immer geartete Partizi-

---

[18] "Besteht da, ihr Mönche, der Gedanke: »Ich bin«, so entstehen auch die Gedanken »Das bin ich« – »Genauso bin ich« – »Anders bin ich« – »[Ewig] seiend bin ich« – »Nicht [ewig] seiend bin ich« – »Ich mag wohl sein« – »Ich mag wohl genauso sein« – »Ich mag wohl anders sein« – »Möchte ich doch sein!« – »Möchte ich doch das sein!« – »Möchte ich doch genauso sein!« – »Möchte ich doch anders sein!« – »Ich werde sein« – »Ich werde das sein« – »Ich werde genauso sein« – »Ich werde anders sein«" (Alle 18 Formen werden dann jeweils mit dem Zusatz "Aus diesem Grunde..." wiederholt. Nyanaponika, Die Lehrreden des Buddha... a.a.O., Bd. II, 177f.
[19] Vgl. oben S. 469f.

pation des Menschen an dieser "Ewigkeit", versucht er – so die kritische buddhistische Sicht –, seine Sterblichkeit zu überwinden, haftet dabei jedoch erst recht am Vergänglichen an, was zu entsprechender Frustration führen muß. Unter diesem Aspekt nennt Buddha die Theorie "Die Welt und das Ich sind ein und dasselbe, nach dem Tode werde ich beständig, ewig, immerwährend und unvergänglich sein und immer als derselbe fortleben" eine "ganz und gar närrische Lehre".[20] Buddha sagt im gleichen Sutta, er kenne keinen Ich-Glauben, bei dem für den Gläubigen nicht Kummer, Jammer, Schmerz, Gram und Verzweiflung aufkomme.

Damit lassen sich drei Formen der Anhaftung unterscheiden: 1. das Besitzenwollen des Vergänglichen, 2. die Identifikation des eigenen Ichs mit Vergänglichem, 3. die Identifikation einer religiös/philosophisch als ewig gedachten Größe mit dem Vergänglichen, an der der Mensch in irgendeiner Weise partizipiert. Freiheit vom Durst, die zur Freiheit von Anhaftung führt, erstreckt sich demnach auf diese drei Formen und ist zusammengefaßt in der berühmten Anattā-Formel: "Was es auch an Körperlichkeit, an Empfindung, an Wahrnehmung, an Geistesformation, an Bewußtsein gibt (also die fünf "khandhas"; Anm. von mir), sollte man in rechter Einsicht der Wirklichkeit gemäß so ansehen: »Das gehört mir nicht, das bin ich nicht, das ist nicht der Atman«. Wenn, ihr Mönche, ein kenntnisreicher, edler Jünger solches durchschaut, wird er des Körpers, der Empfindung, usw. satt. Indem er ihrer satt wird, wird er der Leidenschaft ledig, durch das Fernbleiben der Leidenschaft wird er erlöst, und in dem Erlösten steigt die Erkenntnis auf: »Erlöst bin ich; erschöpft hat sich die Wiedergeburt; gelebt ist der heilige Wandel; was zu tun war, ist getan; nicht mehr ist diese Welt für mich«, so erkennt er."[21] In diesem Text wird unzweifelhaft deutlich, daß die Betrachtungsanweisung:[22] "Das gehört mir nicht, das bin ich nicht, das

---

[20] Majjhima-Nikâya 22. K. Schmidt, Buddhas Reden, a.a.O. 76. Inwieweit Buddha damit das Selbstverständnis der upanishadischen Brahman-Atman Lehre getroffen hat oder nur vulgarisierte Formen, ist fraglich.

[21] Mahâvagga I,6; Übers. aus U. Schneider, Einführung in den Buddhismus, Darmstadt 1980, 98. Die Formel "Erlöst bin ich" findet sich nicht überall in dieser personalen Form, sondern ist häufig auch im Neutrum belegt. L. Schmithausen und T. Vetter halten sie in der neutralen Fassung für ursprünglicher und nehmen an, daß dann "citta", "Geist", als grammatikalisches Subjekt infrage komme (vgl. L. Schmithausen, On Some Aspects of Descriptions or Theories of 'Liberating Insight' and 'Enlightenment' in Early Buddhism, in: K.Bruhn/A. Wezler (Hg), Studien zum Jainismus und Buddhismus, Wiesbaden 1981, 219f Anm. 69 und T. Vetter, The Ideas and Meditative Practices of Early Buddhism, Leiden 1988, XXIII u. 31). Dafür, daß nach einigen kanonischen Stellen allerdings auch "citta" nicht als das "Ich" anzusehen ist, vgl. J. Pérez-Remon, Self and Non-Self in Early Buddhism, The Hague 1980, 160f.

[22] Vgl. dazu auch: E. Frauwallner, Geschichte der indischen Philosophie, Bd. I, Salzburg 1953, 224, wo Frauwallner betont, daß es Buddha nur um die negative Aussage geht, daß die "khandhas" nicht das Ich sind, und "jede Aussage über das Vorhandensein oder Nichtvorhandensein des Ich umgangen" wird, und E. Conze, Buddhist Thought in India, London 1962, der ebenfalls dafür hält, daß die Anattâ-Predigt die ontologische Frage

ist nicht der Atman" dem Ziel der *Loslösung von aller Anhaftung* dient, bei dessen Vollendung der Erlöste paradoxerweise erkennt: "Erlöst bin ich". Welcher Art aber ist dann das Selbstverständnis des Erlösten?

Wer die Anattâ-Erkenntnis existentiell realisiert hat, wer sich mit nichts mehr als seinem "Ich" identifiziert, wird selber unidentifizierbar. "Von allen Dingen keinem sich verbindend, was auch gesehen ward, gehört und anderswie erfahren: Ihn, der da wirklich sieht, in Klarheit wandelt, worin hier in der Welt könnt' man ihn einbegreifen!"[23] Daher ist der Vollendete schon zu Lebzeiten nicht mehr durch die fünf "khandhas" zu identifizieren und ebensowenig nach deren Verfall bei seinem Tod. Er ist nicht in den "khandhas" zu finden, noch jenseits von ihnen. "Kein Maß gibt es für ihn, der hin zum Ende ging. Nicht gibt's ein Wort, durch das man ihn erfaßt. Wenn alle Dinge völlig abgetan, sind abgetan auch aller Rede Pfade."[24] Er ist so unsagbar, wie das von ihm in der Erleuchtung erreichte Nirvâna.[25] Zwischen ihm und seinem "nirvânischen" Zustand kann nicht differenziert werden. Er ist, um ein im Pâli-Kanon häufig auffindbares Bild zu gebrauchen, für Mâra, den Herrscher über das Todesreich, unauffindlich geworden, weil dieser nur das Vergängliche sieht: "Stets achtsam tilgend jeden Glauben an ein Ich, betrachte diese Welt als leer! Zum Todbesieger werde so! Wer so die Welt betrachten kann, vom Todesfürsten wird er nicht erspäht!"[26]

Die vom Buddhismus intendierte Freiheit versucht sich gegen die Herausforderung durch den Tod dadurch zu bewähren, daß sie vorher und freiwillig alle jene Bindungen aufgibt, die der Tod zu durchtrennen beansprucht, vor allem aber die Bindung an das eigene Ich. Insofern ist diese Freiheit dem Tod ebenbürtig. Als "Lebendig-Toter" ist der so frei Gewordene der "Lebendig-Erlöste".[27] Todesfurcht, die ausgelöst wird von der Angst vor Trennung vom Liebgewordenen oder von der Bedrohung des Ichs, kann es für den nicht mehr geben, der von aller Anhaftung an Dinge, Menschen und sein Ich freigeworden ist. *Diese Freiheit darf gerade deshalb jedoch nicht als der Akt oder die Fähigkeit eines "Ichs" angesehen werden, da sie eben die Befreiung von aller Ich-Identifikation ist.* Der Vollendete ist von seinem Zustand nicht zu trennen;[28] kein "Ich" steht "hinter" dieser subjektlosen

---

nach der Existenz eines Selbst meidet (ebd. 39) und den Charakter einer Meditationsanweisung trägt (ebd. 37).

[23] Sutta-Nipâta 793. Nyanaponika, Sutta-Nipâta, a.a.O. 175.
[24] Sutta-Nipâta 1076, ebd. 218. Zur Unidentifizierbarkeit des Vollendeten bereits zu Lebzeiten siehe auch Samyutta-Nikâya 22,85 und Majjhima-Nikâya 22.
[25] Vgl. z.B. Sutta-Nipâta 1149 und Anguttara-Nikâya IV, 174.
[26] Sutta-Nipâta 1119. Nyanaponika, Sutta-Nipâta, a.a.O. 226.
[27] J.Przyluski, Die Erlösung nach dem Tod in den Upanishaden und im ursprünglichen Buddhismus, in: Eranos V (1937) 93-116, hier 114.
[28] Vgl. J.Pérez-Remón, Early Buddhism: life after death?, in: Studia missionalia 32 (1983) 95-122. "Liberation is *nibbâna* and *nibbâna* is liberation... Liberation is not something else than the liberated man." (ebd. 119).

Freiheit. Das Ich ist in seiner Selbstaufgabe zur Freiheit geworden ist. Und da diese Freiheit vom Tod nicht mehr tangiert werden kann, ist der Vollendete zum "Todlosen" gelangt: "Von der Kennzeichnung durch die Körperlichkeit befreit ist ein Vollendeter, er ist tief, unermeßlich, nicht zu erfassen wie das große Meer. Daß er wiedererscheint, kann man nicht sagen, daß er nicht wiedererscheint, kann man nicht sagen, daß er sowohl wiedererscheint als auch nicht wiedererscheint, kann man nicht sagen, daß er weder wiedererscheint noch nicht wiedererscheint, kann man nicht sagen. Auch die Empfindung, die Wahrnehmung, die unbewußten Tätigkeiten und das Bewußtsein, an denen man den Vollendeten erkennen konnte, sind vernichtet, entwurzelt wie eine Palme, so daß sie nicht wieder aufleben können. Von der Kennzeichnung durch die Empfindung, die Wahrnehmung, die unbewußten Tätigkeiten und das Bewußtsein befreit ist ein Vollendeter, er ist tief, unermeßlich, nicht zu erfassen wie das große Meer."[29]

Die philosophischen Extreme des Eternalismus und des Nihilismus sind beide nicht in der Lage dieses "Todlose" zu beschreiben. Wie die eternalistischen Theorien auf die dem Durst innewohnende Tendenz zur Hypostasierung der von Vergänglichkeit unabhängigen Wesenheiten zurückgeführt werden, so hypostasiert der Nihilismus die Vernichtung selber als ein erstrebenswertes Ziel:
"Unter Göttern und Menschen, die von zwei irrigen Ansichten besessen sind, bleiben die einen unten hängen, die anderen laufen (am Ziel) vorbei...
Und wie bleiben die einen unten hängen? Götter und Menschen haben Freude am Werden, sind des Werdens froh, sind durch das Werden ergötzt; wenn ihnen die Lehre zur Aufhebung des Werdens verkündet wird, so schnellt ihr Geist nicht empor, wird nicht ruhig, nicht fest, nicht geneigt...
Und wie laufen die anderen (am Ziel) vorbei? Einige nun, die im Gegenteil über eben das Werden niedergeschlagen sind, Unbehagen darüber empfinden, von Abneigung dagegen erfüllt sind, haben ihr Wohlgefallen an der Vernichtung. Da nun, wie sie sagen, dieses Ziel darin besteht, daß man bei der Auflösung des Körpers, jenseits des Todes ausgerottet, vernichtet wird, jenseits des Todes nicht mehr ist, so wähnen sie: »Dies ist das Friedvolle, dies das Hocherhabene, dies das Gewisse.«
So nun, ihr Jünger, laufen die anderen (am Ziel) vorbei."[30]

Der Nihilismus richtet die Suche des Menschen auf ein Ziel, das ebenfalls nicht befriedigend sein kann, und ist insofern gleichermaßen Ausdruck des Durstes. So sind Eternalismus und Nihilismus aus buddhistischer Sicht primär deshalb unzutreffend, weil sie beide Ausdruck des Durstes (und zwar der beiden in der Zweiten Edlen Wahrheit genannten Formen "Durst nach Werden" und "Durst nach Vernichtung") und als solche nicht in der Lage sind, die Freiheit vom Durst zutreffend zu artikulieren. In Dîgha-Nikâya I, dem großen Sutta über die vom Buddhismus abgelehnten Lehren, werden

---
[29] Majjhima-Nikâya 72. K. Schmidt, Buddhas Reden... a.a.O. 205.
[30] Itivuttaka 49. K. Seidenstücker, Itivuttaka. Das Buch der Herrenworte (ohne Ort und Jahr), 31.

diese alle kategorisch auf den Durst zurückgeführt: "Was diejenigen betrifft, die so und so denken, so ist ihr Glaube bloße (Äußerung) des Gefühls urteilsloser Blinder, eine erregte Gebärde unruhigen Verlangens solcher, die sich vom begehrenden Interesse (tanhâ=Durst; Anm. von mir) ... leiten lassen."[31] Die Rückführung des Eternalismus und des Nihilismus auf den Durst hat ihre Ursache in der Auffassung, daß Durst und Anhaftung die Erkenntniswege besetzen. In diesen Theorien drückt sich nach buddhistischer Auffassung immer noch eine falsche existentielle Orientierung aus. Sie bleiben dem Vergänglichen verhaftet, da der Eternalismus immer noch irgendein Vergängliches als ewig behauptet, und der Nihilismus das Vergängliche für unüberwindbar hält.

2.2.1.2 Freiheit von Karma

Die Ausdehnung der Anhaftung auf den Erkenntnisbereich und das Ich-Konzept ist von zentraler Bedeutung für das Verständnis der buddhistischen *Karma-Lehre*, die sich dadurch als eine psychologisch äußerst subtile und philosophisch beachtliche Analyse der Freiheitsproblematik erweist. Da die Anhaftung die Erkenntniswege besetzt, kann der Anhaftende den eigentlichen Leidenszusammenhang, die falsche Ausrichtung seiner Suche nur schwer erkennen:[32] "Wer am Unerfreulichen haftet, dem Unerfreulichen unterliegt, dem Unerfreulichen zugetan ist, indem er denkt: Dies ist mein, ich bin dies, dies ist der Atman, kann der wohl das Unerfreuliche oder das Übel richtig erkennen, kann er das Übel ringsum von sich fernhalten?"[33] Die buddhistische Karma-Lehre ist von diesem dynamischen Zusammenhang zwischen Anhaftung, Erkenntnisspielraum und Freiheit bestimmt.

"Karma" (pâli: "kamma), die "Tat" oder auch Tatbilanz des Menschen, entscheidet bereits nach vorbuddhistischer Auffassung über die Art der Wiedergeburt nach der einfachen Formel: gutes Karma – gute Wiedergeburt, schlechtes Karma – schlechte Wiedergeburt. Da für Buddha jede Wiedergeburt nicht letztes Ziel des Strebens sein kann, gilt es die Freiheit von Karma überhaupt, gutem wie schlechtem, zu erreichen (Nach U. Schneider steht dahinter der Schluß, daß wenn die Art des Karmas über die Art der Wiedergeburt entscheidet, die Anhäufung von Karma selbst die Ursache dafür

---

[31] Dîgha-Nikâya I,3,32. R. O. Franke, Dîghanikâya... a.a.O. 41.
[32] So sagt Buddha z.B. zu Magandiya, daß er in Folge seiner Anhaftung lange Zeit von seiner Denkweise betrogen wurde (Majjhima-Nikâya 75). Über den von einer Predigt tief betroffenen König Ajâtusatta belehrt Buddha seine Jünger, dieser hätte die Erleuchtung erreicht, wenn er nicht noch von den Auswirkungen eines Vatermordes betroffen gewesen sei (Dîgha-Nikâya II). In Sutta-Nipâta 764 heißt es: "Die in der Daseinslust befangen, vom Daseins-Strome fortgerissen, die ins Bereich des Todes sind geraten, nicht leicht begreiflich ist für sie die Lehre." (Nynanaponika, Sutta-Nipâta, a.a.O. 169).
[33] Majjhima-Nikâya 35.

ist, daß man überhaupt wiedergeboren wird[34]). Doch dies heißt keineswegs, wie so häufig mißverstanden, daß man sich jeder Tat, schlechter wie guter, zu enthalten habe. Freilich liegt dieses Mißverständnis auf der Hand, wenn die Karma-Lehre nur in ihrem vorbuddhistischen Sinn interpretiert wird. So ist es verständlich, daß bereits Buddha selbst mit diesem Mißverständnis konfrontiert wurde. Anguttara-Nikâya VIII, 12 schildert die Begegnung Buddhas mit dem Jaina Anhänger Sîha, der ihm sagt: "Gehört habe ich, o Herr, daß der Asket Gautama die Untätigkeit lehrt, daß er zum Zwecke der Untätigkeit seine Jünger erzieht." Buddha nimmt in seiner Antwort gleich noch weitere falsche Anschuldigungen hinzu und entgegnet:
"In einer Hinsicht, Sîha, kann man von mir allerdings mit Recht behaupten, daß ich die Untätigkeit lehre; in anderer Hinsicht aber, daß ich die Tätigkeit lehre. In einer Hinsicht, Sîha, kann man mich allerdings mit Recht als einen Lehrer der Vernichtung bezeichnen, als einen Verächter, einen Verneiner, einen Quäler, einen Ausgestoßenen. In anderer Hinsicht, aber, Sîha, kann man von mir mit Recht behaupten, daß ich ein Tröster bin, der zur Tröstung die Lehre verkündet und in diesem Sinne meine Jünger erziehe.
Ich lehre nämlich, o Sîha, die Nichtausübung eines schlechten Wandels in Werken, Worten und Gedanken, lehre die Nichtausübung der mannigfachen üblen, unheilsamen Dinge. In dieser Hinsicht könnte man freilich mit Recht sagen: »Die Untätigkeit lehrt der Asket Gotama...« Doch ich lehre auch die Ausübung eines guten Wandels in Werken, Worten und Gedanken, lehre die Ausübung der mannigfachen heilsamen Dinge. In diesem Sinne, Sîha, kann man also von mir mit Recht sagen: »Die Tätigkeit lehrt der Asket Gotama...«
Ich lehre freilich, o Sîha, die Vernichtung von Gier, Haß und Verblendung,...
Ich verachte freilich, o Sîha, den schlechten Wandel in Werken, Worten und Gedanken...
Ich weise freilich, o Sîha, eine Lehre zur Verneinung von Gier, Haß und Verblendung...
Ich sage freilich, o Sîha, daß man die üblen, unheilsamen Dinge niederzuquälen hat, den schlechten Wandel in Werken, Worten und Gedanken... Im Vollendeten nun, Sîha, sind die niederzuquälenden üblen, unheilsamen Dinge überwunden, mit der Wurzel zerstört, wie eine Fächerpalme dem Boden entrissen, vernichtet und dem Neuentstehen nicht mehr ausgesetzt...
Für wen, Sîha, der künftige Leibesschoß, die Wiedergeburt, überwunden ist, mit der Wurzel zerstört..., den nenne ich einen Ausgestoßenen...
Ich bringe, o Sîha, den höchsten Trost; zur Tröstung verkünde ich meine Lehre, und in diesem Sinne erziehe ich meine Jünger."[35]

Buddha interpretiert die Karma-Lehre radikal um. *Für ihn ist Karma nicht einfach "Tat", sondern eine Größe, die die Gesinnung bzw. die existentielle Ausrichtung des Menschen betrifft.* In Anguttara-Nikâya VI,63 heißt es ausdrücklich: "Den Willen, ihr Mönche, bezeichne ich als das Wirken (kamma), denn, nachdem man gewollt hat, vollbringt man das Wirken in

---

[34] Vgl. U. Schneider, Einführung in den Buddhismus, Darmstadt 1980, 70.
[35] Nyanaponika, Die Lehrreden des Buddha..., a.a.O., Bd.IV, 104ff.

Werken, Worten und Gedanken."[36] So kann Buddha das Karma in die Nähe des Durstes rücken, der ja nach seiner Auffassung die Ursache der Wiedergeburt ist. Das Karma bezieht sich auf Werke, Worte und Gedanken, umfaßt also den gesammten Existenzvollzug des Menschen, sofern er unter dem Vorzeichen des Durstes steht. Durst und Anhaftung sind innere Qualitäten, die sich in entsprechenden Vollzügen artikulieren. Nach Majjhima-Nikâya 56 sah Buddha daher die üble "Tat" in Gedanken als die verhängnisvollste an.[37] Und dieses Verständnis des Karmas als einer existentiellen Größe macht deutlich, warum nach Anguttara-Nikâya II,17 nicht nur die Ausführung übler Taten, sondern auch die Unterlassung guter Taten zur Ursache einer schlechten Wiedergeburt werden kann. Lezteres ist eben auch Ausdruck einer unheilsamen Gesinnung. "Karma" bezeichnet für Buddha die konkreten Existenzvollzüge, in denen sich Durst und Anhaftung artikulieren.

Da sowohl der Grad der Anhaftung als auch der Grad der Loslösung unterschiedlich stark sein können, erhält die Rede von "üblem" und "gutem Karma" einen neuen Sinn. "Gutes Karma" meint nicht einfach eine gute Gesinnung, deren Verdienst die gute Wiedergeburt ist (das wäre eine erneute Aufwertung der Wiedergeburt[38]), sondern wie bei "üblem Karma" der Grad der Anhaftung so stark ist, daß sie sich in rücksichtlos egozentrischer Gesinnung und entsprechenden Werken artikuliert, so meint "gutes Karma" eine weniger starke Anhaftung, die daher zu sittlich guten Werken fähig ist, welche allerdings noch von verborgenen egozentrischen Motiven getrübt sind. So wie die Folge jeder Anhaftung und damit jeden Karmas die Wiedergeburt ist, so ist die Folge starker Anhaftung (üblen Karmas) eine schlechte Wiedergeburt und die schwacher Anhaftung (guten Karmas) eine gute Wiedergeburt.[39] *Freiheit von Karma ist nicht das Ende des Existenz-*

---

[36] Ebd. Bd.III, 241. Vgl. auch Anguttara-Nikâya IV 232 und den berühmten Anfang des Dhammapada:
"Den Dingen geht der Geist voran; der Geist entscheidet:
Kommt aus getrübtem Geist dein Wort und dein Betragen,
So folgt dir Unheil, wie dem Zugtier folgt der Wagen.
Den Dingen geht der Geist voran; der Geist entscheidet:
Entspringen reinem Geist dein Wort und deine Taten,
So folgt das Glück dir nach, unfehlbar wie dein Schatten."
(Dhammapada, Vers 1-2; K. Schmidt, Sprüche und Lieder, a.a.O. 13).

[37] Viele der einschlägigen Aussagen über das Karma im Pâli-Kanon finden sich im Zusammenhang von Auseinandersetzungen mit Jaina-Anhängern, die gerade in der Karma Frage weniger subtil dachten. Wegen der Verlagerung des Karmas in die Gesinnung des Menschen polemisierten die Jainas gegen die Buddhisten, daß nach deren Auffassung jemand, der in einen Kuchen steche und denke es sei ein Säugling, schuldig sei, aber derjenige unschuldig, der in einen Säugling steche und denkt, es handle sich um einen Kuchen (vgl. D. Schlingloff, Die Religion des Buddhismus, Bd.I: Der Heilsweg des Mönchtums, Berlin 1962, 31).

[38] Es gibt allerdings auch buddhistische Texte, die noch auf dieser Linie anzusiedeln sind. Doch stehen ihnen andere entgegen, in denen diese Sicht eindeutig korrigiert ist (vgl. dazu auch die folgende Anm.).

[39] Dies wird besonders deutlich an der Lehre von den Vier Heiligkeitsgraden: 1. Der "in den Strom Eingetretene" (sotâpanna), der das Nirvâna

vollzugs schlechthin, sondern das Ende des anhaftenden Existenzvollzugs, was vom Erleuchteten erreicht ist. Der Existenzvollzug des Erleuchteten hat keine karmischen Folgen mehr (erzeugt keine neue Wiedergeburt) und *artikuliert sich in einem vollkommen selbstlosen Wandel in Werken, Worten und Gedanken!* Wenn mit "Verdienststreben" das Streben nach besserer Wiedergeburt (dieses ist nur "legitim" unter der Voraussetzung, daß letztlich die Erlösung von aller Wiedergeburt angestrebt wird) oder ein stolzes Aufblähen des Ich gemeint ist, so kann dies nach buddhistischer Auffassung niemals das eigentliche Ziel des Menschen sein.

Bei dieser Umdeutung der Karma-Lehre durch Buddha wird also durchaus die Auffassung von einer *Rückwirkung des Existenzvollzugs auf den "Täter"* beibehalten. Sie bildet den eigentlichen Kernpunkt des buddhistischen Interesses an der Karma-Lehre. Die Rückwirkung des Existenzvollzugs erstreckt sich aber keineswegs nur auf zukünftige Wiedergeburten. Die kanonische Standardformel hierzu lautet: "Dreierlei ist das Ergebnis der Taten: Entweder bei Lebzeiten oder in der nächsten Geburt oder bei einer späteren Gelegenheit."[40] Die karmische Rückwirkung ist ein bis zur Erleuchtung fortdauernder Prozeß, der sich sowohl über die verschiedenen Geburten erstreckt, als auch die spirituelle Entwicklung *innerhalb des je gegenwärtigen Lebens* bestimmt. Die Wirksamkeit des Karma ist für Buddha jedoch keine deterministische. Eine deterministische Wirkung des Karma würde den Heilsweg verunmöglichen: "Sollte, ihr Mönche, die Behauptung zutreffen, daß der Mensch für jedwede Tat (kamma), die er verübt, die ihr jedesmal genau entsprechende Wirkung erfährt, so ist in diesem Falle, ihr Mönche, ein heiliger Wandel ausgeschlossen und keinerlei Möglichkeit besteht für völlige Leidensvernichtung. Sollte aber, ihr Mönche, die Behauptung zutreffen, daß, wenn der Mensch eine Tat verübt, er je nach der unterschiedlichen Art der

---

spätestens innerhalb der nächsten sieben Wiedergeburten erreichen wird, 2. Der "Einmalwiederkehrende" (sakadâgâmi), der noch einmal als Mensch wiedergeboren wird, 3. der "Nichtmehrwiederkehrende" (anâgâmi), der noch verbliebene karmische Restwirkungen in einer himmlischen Welt abträgt und nach dem Abscheiden von dort das Nirvâna erreicht, und 4. der Vollendete (arahat), der das Nirvâna schon zu Lebzeiten in der Erleuchtung verwirklicht und nicht mehr wiedergeboren wird. Die Heiligkeitsgrade haben also jeweils verschiedene Perspektiven hinsichtlich der folgenden Wiedergeburten, und, was für unseren Zusammenhang bedeutend ist, sie unterscheiden sich nach dem Grad der Loslösung von den zehn Daseinsfesseln (samyojana)! Der "sotâpanna" ist frei von Ich-Wahn, Zweifelsucht und dem Hängen an Regeln und Riten, der "sakadâgâmi" ist zusätzlich fast frei von sinnlichem Begehren und Groll, der "anâgâmi" ist von diesen ganz frei, und der "arahat" schließlich ist darüber hinaus auch frei von Begehren nach feinkörperlicher Existenz, Begehren nach unkörperlicher Existenz, Dünkel, Aufgeregtheit und Nichtwissen. Es sind also jene letzten fünf "Fesseln" die für eine "gute Wiedergeburt" verantwortlich sind! Vom sittlich vollkommenen Wandel des Arahat gibt es eine Fülle von Textzeugnissen, von denen hier als ein Beispiel nur Sutta-Nipâta 153-180 genannt sei.

[40] Vgl. Nyanatiloka, Buddhistisches Wörterbuch, (2.. rev. Aufl.) Konstanz 1976, 98.

zu erfahrenden Auswirkung die der Tat entsprechende Wirkung erfährt, so mag es in diesem Falle einen heiligen Wandel geben und es besteht die Möglichkeit für völlige Leidensvernichtung."[41] Buddha erläutert dies mit einem Beispiel: Ein Klumpen Salz vermag das Wasser in einer Tasse ungenießbar zu machen, nicht aber das Wasser des Ganges. Es ist die komplexe Gesamtheit der jeweiligen inneren Verfassung des Menschen, die den Ausschlag über die jeweilige Rückwirkung seiner Taten auf ihn selber gibt.

Die Karma-Lehre Buddhas umschreibt eine *disponierende* Rückwirkung der Anhaftung für den jeweiligen Freiheits- und Erkenntnisspielraum.[42] Der Grad der Anhaftung schränkt die Freiheit des Menschen ein und schlägt sich in seiner Erkenntnisfähigkeit nieder, hebt beides aber nie soweit auf, daß eine Veränderung der karmischen Situation, also eine Lockerung der Anhaftung, die Gewinnung je größerer Freiheit und je neuer Erkenntnisse, ausgeschlossen wäre. Die buddhistische Karma-Lehre erklärt somit, warum niemand völlig unfrei ist und nur wenige völlig frei sind, und warum der Erkenntnisfortschritt ein allmählicher, nämlich der Loslösung von Anhaftung korrelierender ist. Da die buddhistische Karma-Lehre kein Determinismus ist, sondern von der den Freiheits- und Erkenntnisspielraum disponierenden Rückwirkung des Existenzvollzugs als einem kontinuierlichen Prozeß spricht, gemahnt sie zur Wahrnehmung der *eigenen Verantwortung*: "Eigner und Erbe meiner Taten (kamma) bin ich..."[43] Weil es eine Rückwirkung des Existenzvollzugs auf die karmische Situation (d.h. den Freiheits- und Erkenntnisspielraum) gibt, weil also der Mensch "Erbe" seiner "Taten" ist, und weil diese Rückwirkung keine deterministische, sondern eine disponierende ist, der Mensch also dennoch "Eigner" seiner "Taten" bleibt, ist er in die Ver-

---

[41] Anguttara-Nikâya III, 101. Nyanaponika, Die Lehrreden des Buddha..., a.a.O., Bd.I, 211.

[42] Neben den genannten Überlegungen ist dieses Urteil noch aus einem weiteren Grund gerechtfertigt. Buddha modifiziert die Rückwirkung des Karmas auf die Form der Wiedergeburt in einer revolutionären Weise. Er behält zwar die Auffassung bei, daß "gutes Karma" zu guter Wiedergeburt und "übles Karma" zu schlechter Wiedergeburt führt, wobei vor allem an die grundsätzlichen Fährten der Wiedergeburt zu denken ist (Höllenbewohner, Dämon, Tier, Mensch, Himmelsbewohner), doch lehnt er es ab, an der sozialen Stellung, in die ein Mensch hineingeboren wird, seinen spirituellen bzw. karmischen Zustand erkennen zu können (vgl. z.B. Sutta-Nipâta III,9, wo eindeutig ausgesprochen ist, daß es bei Menschen keine "durch die Geburt bestimmte Sonderform" gibt). In Buddhas Auseinandersetzung mit dem Brahmanismus spielte dieser Punkt seiner Karma-Lehre die entscheidende Rolle. Für Buddha ist es die Gesinnung bzw. die ihr entsprechende Tat, durch die der Mensch sich zu dem macht, was er ist. Indem es Buddha ablehnt, dies noch einmal durch eine karmisch bedingte Form der Geburt in einer bestimmten Kaste vermittelt zu sehen, entzieht er nicht nur dem Kastensystem seine ideologische Grundlage, sondern macht zugleich deutlich, daß es ihm in seiner Karma-Lehre um eine von der Rückwirkung des Existenzvollzugs herrührende Verantwortlichkeit im konkreten, je einzelnen Leben geht.

[43] Anguttara-Nikâya X, 48. Nyanaponika, Die Lehrreden des Buddha..., a.a.O., Bd.V, 44.

antwortung gestellt, seine karmische Situation zu verbessern. Dementsprechend werden von Buddha sowohl deterministische Positionen abgelehnt, die entweder den Existenzvollzug des Menschen als rein mechanistische Auswirkung früherer Existenzen verstehen oder den Existenzvollzug des Menschen von einer dirigistisch aufgefaßten göttlichen Vorbestimmung abhängig machen, als auch die Auffassung, daß der Existenzvollzug überhaupt keiner inneren Gesetzmäßigkeit unterliege. Alle drei Auffassungen verhindern den zur Erlösung notwendigen Willensantrieb und die Tatkraft.[44]

Ist das Ziel des Strebens, die völlige Freiheit, erreicht, dann gibt es auch keine eingrenzende Wirkung mehr, die karmische Wirkungskette ist durchbrochen: "Welche Tat, Mönche, ohne Begehren, ohne Haß und ohne Verblendung getan worden ist, nachdem man (jene drei Affekte) vernichtet hat, diese Tat ist aufgehoben, an der Wurzel abgeschnitten, einer entwurzelten Palme gleichgemacht, am Werden (d.h. karmischen Reifen) gehindert, zukünftig nicht mehr dem Gesetz des Werdens unterworfen."[45] Nach Anguttara-Nikâya X, 174 ist es *allein die in Gier, Haß und Verblendung eingeschlossene Existenzausrichtung, die die "Wirkensverkettung" (kamma-nidâna-sankhayo) erzeugt. So kann der Erleuchtete handeln, ohne daß er dadurch neues Karma erzeugt!* Es gibt keinen Bruch in der buddhistischen Karma-Lehre, so als würde hier für Mönche etwas anderes gelten als für Laien. Es gibt vielmehr eine alle Menschen (wenn auch mit graduellen Unterschieden) gleichermaßen betreffende egozentrische Bindung an Vergängliches, die unbefriedigend und leiderzeugend ist, die unfrei macht und die Erkenntnis behindert, und es gibt für alle Menschen die Möglichkeit einer schrittweisen Befreiung aus dieser Bindung. Niemand, der noch nicht erleuchtet ist, kann jedoch seinen eigenen karmischen Zustand oder den anderer Menschen mit Sicherheit beurteilen, weil eben seine Erkenntnisfähigkeit noch eingegrenzt ist, und so kann auch niemand berechnen, wann der Durchbruch zur endgültigen Freiheit erfolgen wird. In Anguttara-Nikâya IV, 77 wird gewarnt, daß das Grübeln über die karmischen Wirkungen zu Wahnsinn und Verstörung führen kann.

Freiheit vom Durst, Freiheit von Anhaftung, Freiheit vom Ich-Denken, beinhaltet also nicht nur die Freiheit von Todesfurcht, unbefriedigter Existenz und dem Eingebundensein in die Vergänglichkeit, der positiv das Gestilltsein, die tiefe Befriedigung menschlicher Sehnsucht entspricht, sondern auch die *Freiheit von aller unbewußter Bestimmung durch verborgene egozentrische Motivationen (eben den karmischen Rückwirkungen), dem positiv die völlige Autonomie entspricht.* Da die karmische Prägung das Innerste des Menschen betrifft, dem aller Existenzvollzug entspringt, gilt für den Buddhismus: "Viel Schlimm'res, als ein Feind dem Feind je angetan, tut dem das Denken an, der's nicht beherrschen kann."[46] Freiheit von Karma aber

---

[44] Vgl. Anguttara-Nikâya III, 62. Ebd., Bd.I, 156ff.
[45] Anguttara-Nikâya III, 34. H. W. Schumann, Der historische Buddha, Olten³ 1981, 161.
[46] Dhammapada 42. K.Schmidt, Sprüche und Lieder, a.a.O. 16.

heißt: "Welchen Gedanken ich hegen will, den hege ich; welchen Gedanken ich nicht hegen will, den hege ich nicht. Welche Gesinnung ich hegen will, die hege ich; welche Gesinnung ich nicht hegen will, die hege ich nicht. So habe ich bei den Gedankengängen meinen Geist in der Gewalt."[47] Doch meint diese Autonomie nicht Libertinismus, sondern, da die Wurzeln des sittlichen Übels vernichtet sind, ein Leben selbstloser Güte.

2.2.1.3 Zusammenfassung

Die buddhistische Anknüpfung an die Freiheitserfahrung bleibt im ganzen abhängig von der primären Anknüpfung an die Vergänglichkeitserfahrung. Daher lassen sich die diesbezüglichen Überlegungen in Anlehnung an die drei Thesen zur Stellung der Vergänglichkeitserfahrung[48] folgendermaßen zusammenfassen:

1.a Die Freiheitserfahrung kommt zunächst nur indirekt in den Blick, insofern Freiheit durch die in der Todesfurcht bewußte Sterblichkeit negiert erscheint.

2.a Diese Bedrohung der Freiheit wird als eine Bedrohung des "Ichs" gedeutet, das sich als Subjekt der Freiheit versteht. Die Partizipation an der Allvergänglichkeit gilt als durch die "Ich"-Identifikation vermittelt, die wiederum zurückgeführt wird auf Durst und Anhaftung. Durst und Anhaftung machen den Menschen unfrei, insofern sie ihn unter die Gewalt des Todes (Māras) binden. Gegen ihre Bedrohung behauptet sich Freiheit somit als Freiheit von "Ich"-Bindung, die zugleich Freiheit von Durst und Anhaftung ist und daher das Heilsziel kennzeichnet. Eternalistische und nihilistische Jenseitsspekulationen sind unzutreffend, weil sie den eigentlichen Kernpunkt des Problems, die Freiheit von dem die "Ich"-Identifikation konstituierenden Durst, verfehlen. Die buddhistische Karma-Lehre setzt die Integration des ontologischen Aspekts der Freiheit (Freiheit von Wiedergeburt) in den existentiellen (Freiheit vom Durst) voraus, und bezieht sich primär auf einen dynamischen Zusammenhang von Erkenntnis und Anhaftung innerhalb der unerlösten existentiellen Verfaßtheit und des Heilsweges. Sie bildet einen Übergang von der Deutung zur Zusage, denn:

3.a Mit der Deutung, daß Anhaftung den Erkenntnis- und Freiheitsspielraum begrenzt, wird die Zusage verbunden, daß eine kontiniuierliche Loslösung, Erkenntnisfortschritt und Vergrößerung des Freiheitsspielraums möglich sind, bis hin zur Verheißung einer absoluten Autonomie, die gleichzeitig Freiheit von Leid und Vergänglichkeit ist und sittliche Vollkommenheit impliziert.

---

[47] Anguttara-Nikāya IV, 35. Nyanaponika, Die Lehrreden..., a.a.O., Bd.II, 42.
[48] Siehe oben S. 476.

2.2.2 Intersubjektive Bezogenheit und buddhistische Ethik

2.2.2.1 Ethik als Überwindung der leiderzeugenden Faktoren

Der "Durst", die Ausrichtung menschlicher Suche auf das diese Suche nicht befriedigen könnende Vergängliche, äußert sich entsprechend den drei in der Zweiten Edlen Wahrheit genannten Formen als "Durst nach Sinnenlust", "Durst nach Werden" und "Durst nach Vernichtung". Die beiden letzten Formen des Durstes sind jedoch nicht nur von weltanschaulicher Relevanz (weil sie den existentiellen Hintergrund des Eternalismus und des Nihilismus bilden), sondern auch in ethischer Hinsicht bedeutsam. Der "Durst nach Sinnenlust" führt zwangsläufig zu Zuneigung gegenüber dem, was diesem Durst entgegenkommt (dem "Angenehmen" = "piya") und Abneigung gegenüber dem, was ihm entgegensteht (dem "Unangenehmen" = "appiya").[1] Das Prinzip der Unterscheidung von Angenehmem und Unangenehmem ist eine Kreation des Durstes. In diesem Sinne wird im Pāli-Kanon immer wieder gesagt, daß sich der Freie nichts "Liebes" und nichts "Unliebes" *schafft!*[2] Daher heißt es in der Ersten Edlen Wahrheit: "mit Unliebem (appiyehi) vereint sein, von Liebem (piyehi) getrennt sein, ist 'dukkha'". Attraktion und Aversion werden in ihrer extremen Form zu Gier und Haß (lobha und dosa). "Gier" ist insofern auch Ausdruck des "Durstes nach Werden", da sie immer weitere Befriedigung vom Werdenden und somit auch Vergänglichen fordert, und "Haß" ein Ausdruck des "Durstes nach Vernichtung", da er die Vernichtung dessen erstrebt, was sich seiner fehlgeleiteten Suche in den Weg stellt, ja sogar, statt nach Vernichtung der Anhaftung mitten im Dasein, nach der Vernichtung des Daseins selbst (und dabei doch in negativer Fixierung am Dasein anhaftend) streben kann. An die Stelle der alltäglichen Unterscheidung in Angenehmes und Unangenehmes (piya und appiya) tritt unter der Perspektive des Heilsweges die Unterscheidung in Heilsames (kusala) und Unheilsames (akusala). *Gier und Haß gelten neben der Verblendung als die Wurzeln alles Unheilsamen.* Die Verblendung fungiert dabei als Metaprinzip, da Gier die verblendete, weil den unbefriedigenden Charakter des Vergänglichen nicht erkennende, Einstellung gegenüber Angenehmem und Haß die verblendete Einstellung gegenüber Unangenehmem ist. Wer ein sittliches Leben um des Lohnes himmlischer Wiedergeburt willen führt, schafft sich noch Angenehmes und Unangenehmes, meidet aber die Extreme von Gier und Haß, wer jedoch die völlige Freiheit anstrebt, schafft sich, radikaler noch, auch Angenehmes und Unangenehmes nicht mehr, die nicht selten von den buddhistischen als sublime Formen von Gier und Haß begriffen werden.

---
[1] Vgl. hierzu auch: J. Dhirasekera, Die individuelle und soziale Dimension der Erlösung im Buddhismus, in: A. Bsteh (Hg), Erlösung in Christentum und Buddhismus, Mödling 1982, 73-87.
[2] Z.B. Sutta-Nipāta 811:
"Der Muni, der von allem unabhängig,
Nichts Liebes schafft er sich und nicht, was unlieb.
Nicht Klage haftet an ihm und nicht Habsucht,
Wie Wasser nicht am Lotusblatte haftet."
Nyanaponika, Sutta-Nipāta, a.a.O. 178.

Angenehmes und Unangenehmes, Gier und Haß, sind, weil Ausdrucksweisen von Durst und Anhaftung, zentral auf die "Ich"-Identifikation bezogen, die der Kristallisationspunkt von Durst und Anhaftung ist. Wonach ich begehre, daran hafte ich. Woran ich hafte, beziehe ich im Modus des Besitzenwollens ("das gehört mir") oder im Modus der Identifikation ("das bin ich") auf mich. Was ich ablehne, weil es meinem Begehren im Wege steht, daran hafte ich in negativer Fixierung. Woran ich in negativer Fixierung hafte, dessen Vernichtung ziele ich an, zur Erhaltung meiner "Ich"-Vorstellung. Haß ist die unvermeidliche Rückseite der Gier. Und so werden Gier und Haß zu ethisch relevanten Größen, die Konsequenzen für die zwischenmenschliche Bezogenheit besitzen: "Wer eig'nes Glück erstrebt auf Kosten fremder Leiden, der ist in Haß verstrickt, kann Feindschaft nicht vermeiden."[3] Da Unangenehmes und Angenehmes, Gier und Haß aber zugleich die für die "Ich"-Vorstellung relevanten Konstrukte des Durstes sind, rückt die "Ich"-Problematik im umfassenden Sinn in den Mittelpunkt der Bemühungen zur Überwindung des Leides: "Wenn nun einem Mönch bei diesem Bewußtsein besitzenden Körper wie auch bei allen äußeren Vorstellungen keinerlei Triebe des Ich und Mein, keinerlei Neigungen des Dünkels aufkommen und er im Besitze jener Gemütserlösung und Weisheitserlösung verweilt, wobei dem darin Verweilenden keinerlei Triebe des Ich und Mein, keinerlei Neigungen des Dünkels aufsteigen können – so heißt es von einem solchen Mönch, daß er das Begehren durchschnitten, die Fessel abgestreift und durch völlige Vernichtung des Dünkels dem Leiden ein Ende gemacht hat."[4]

In der Vierten Edlen Wahrheit verkündet Buddha den *Edlen Achtfachen Pfad* als den Weg, der zur Vernichtung von "dukkha" führt. Er wird zu Beginn der Benarespredigt als der "Mittlere Pfad" eingeführt, auf dem, die Extreme der Sinnenlust und der asketischen Selbstvernichtung meidend, das Nirvâna erlangt wird. Dieser Pfad ist kein Stufenweg, der vom ersten Glied zum letzten führen würde, sondern ein Stufenweg, bei dem die acht Glieder nicht acht Stufen, sondern acht Bereiche bezeichnen, innerhalb derer eine stufenweise Vervollkommnung angestrebt wird.[5] Die acht Bereiche dieses Pfades werden traditionell drei Prinzipien zugeordnet: dem *Erkenntnisprinzip* (paññâ), dem *Sittlichkeitsprinzip* (sîla) und dem *Sammlungsprinzip* (samâdhi). So bildet die Sittlichkeit einen integrativen Teil dieses Pfades. Die buddhistische Ethik steht nicht losgelöst neben dem buddhistischen Heilsweg, sondern ist integrativer Teil dieses Heilsweges. Der Heilsweg ist der Weg zum Nirvâna (es gibt kein anderes Ziel des Edlen Achtfachen Pfades als das Nirvâna), und daher gibt es im Buddhismus keine Ethik, die nicht unter dem Aspekt der Verwirklichung des letzten Heilszieles stünde! Und daher steht auch die buddhistische Ethik unter den Vorzeichen der Deutung der Unheilssituation. Auch in ihr geht es zentral um die Überwindung der leid-

---

[3] Dhammapada 291, K. Schmidt, Sprüche und Lieder, a.a.O. 38.
[4] Anguttara-Nikâya III, 33. Nyanaponika, Die Lehrreden... a.a.O., Bd.I, 124.
[5] Vgl. dazu meine Erörterungen in: P.Schmidt-Leukel, Die Bedeutung..., a.a.O. 176ff.

erzeugenden Faktoren von Durst und Anhaftung und die Freiheit von einer Ich-zentrierten Denk- und Lebensweise.[6]

Nach der traditionellen Einteilung sind dem *Sittlichkeitsprinzip* drei Pfadglieder (die Glieder 3-5) unmittelbar zugeordnet: "rechte Rede" (sammâ-vâcâ), "rechtes Handeln" (sammâ-kammanta) und "rechter Lebenserwerb" (sammâ-âjîva). Zwei weitere Glieder des Edlen Achtfachen Pfades verbinden das Sittlichkeitsprinzip mit den beiden anderen Prinzipien: die "rechte Gesinnung" (sammâ-sankappa) stellt die Verbindung mit dem *Erkenntnisprinzip (pañña)* dar und die "rechte Anstrengung" (sammâ-vâyâma) die Verbindung mit dem *Sammlungsprinzip (samâdhi)*. Der Verbindung des Sittlichkeitsprinzips mit dem Erkenntnisprinzip durch die "rechte Gesinnung" liegt die in der buddhistischen Karma-Lehre thematisierte Auffassung zugrunde, daß aus der Gesinnung die konkreten Vollzüge entspringen und die jeweilige Gesinnung mit dem jeweiligen Erkenntnisstand verknüpft ist. Die "rechte Anstrengung" ist als Erweckung des Heilsamen und Vermeidung des Unheilsamen charakterisiert. Ihre Zuordnung zum Sammlungsprinzip als ein innerer, meditativer Akt, und ihre Stellung als Bindeglied zum Sittlichkeitsprinzip verweist auf den Zusammenhang zwischen den meditativen Übungen des Buddhismus und der Ethik.

Dieser Zusammenhang wird besonders deutlich bei der meditativen Übung der Entfaltung der vier "göttlichen Verweilzustände" (brahmavihâra) bzw. vier "Unbegrenztheiten" (appamañña): Güte (mettâ), Mitleid (karunâ), Mitfreude (mudita) und Gleichmut (upekkhâ). Die hier zu entwickelnde Güte ist als *nicht-anhaftende, selbstlose Güte* deutlich von der anhaftenden, egozentrischen Liebe unterschieden. So heißt es etwa in Dîgha-Nikâya II, 68: "Er *unterdrückt die Liebe zur Welt* und hält sein Herz dauernd frei von ihr, er läutert sein Inneres, daß es ihr nicht anheimfällt. Er tut von sich ab Böswilligkeit und Lust zu schaden und verschließt ihnen fortan sein Herz; nur *bewegt von der Sorge um aller Kreaturen Wohlsein* läutert er sein Inneres, daß Bosheit und Schadenfreude ihm fernerhin fremd bleiben."[7] Der nicht-anhaftende Charakter der Güte ist durch ihre Zusammenstellung mit dem Gleichmut angezeigt. Aufschlußreich sind in dieser Hinsicht die Erläuterungen Buddhaghosas im neunten Kapitel des "Visuddhi-Magga". Buddhaghosa nennt dort die "Gier" den "nahen Feind" der Güte ("nah", weil "beide im Erkennen der Vorzüge sich einander ähnlich sind") und die "unwissende Gleichgültigkeit" den "nahen Feind" des Gleichmuts ("weil im Nichtbeachten von Vorzügen und Fehlern sich beide einander ähnlich sind"). "Übelwollen" gilt, weil unähnlich, als der "ferne Feind" der Güte und "Gier und Groll" als

---

[6] Vgl. auch das Urteil Y. Takeuchis: "Der ganze sîla-Komplex stellt im Grunde diesen Kampf um Selbstverneinung, Selbstüberwindung dar." (Y.Takeuchi, Probleme der Versenkung im Ur-Buddhismus, Leiden 1972, 33).

[7] R. O. Franke, Dîghanikâya... a.a.O. 72; Hervorhebung von mir.

der "ferne Feind" des Gleichmuts.[8] *So qualifizieren sich Güte und Gleichmut gegenseitig, d.h. der Gleichmut bewahrt die Güte davor "gierig" (anhaftend) zu werden, und die Güte bewahrt den Gleichmut vor der Gleichgültigkeit.* Buddhaghosa faßt dies in einer Passage über die "großen Wesen" so zusammen: "Mit unerschütterlichem Entschlusse wirken sie zum Heile und Wohle der Wesen. Mit unerschütterlicher Güte (mettâ) geben sie ihnen den Vorrang. In ihrem Gleichmut (upekkhâ) erwarten sie keine Gegendienste."[9] Trägt der Gleichmut so besonders zur Überwindung der Gier bei, so bewirkt die Güte die Überwindung des Hasses.[10] In sittlicher Perspektive gilt der Haß als ein großes, aber relativ leicht zu überwindendes Übel, die Gier als ein kleineres, aber schwer zu überwindendes Übel.[11]

Als nicht-anhaftend bleiben bei der Güte jene "Ich"-zentrierten Abgrenzungen aus, die der anhaftenden Liebe eigen sind. Die gleichmütige Güte, bzw. der gütige Gleichmut artikuliert sich daher in *Mitleid* und *Mitfreude*, den beiden weiteren Qualitäten der vier "Göttlichen Verweilzustände". Das ebenso schöne wie berühmte Sutta über die Güte (Mettâ-Sutta) spricht von dieser *nicht ab- und ausgrenzenden Art der Güte*: "Wie eine Mutter ihren eigenen Sohn, ihr einzig Kind mit ihrem Leben schützt, so möge man *zu allen Lebewesen* entfalten *ohne Schranken* seinen Geist."[12] Bei der meditativen Übung zur Entfaltung der vier "Göttlichen Verweilzustände" werden alle Himmelsrichtungen von der Güte durchströmt, und Buddhas Säge-Gleichnis veranschaulicht, daß auch gegenüber dem ärgsten Feind die Güte uneingeschränkt zu entfalten ist. Die Güte ist als heilsame durch Vermeidung der Anhaftung gekennzeichnet, Vermeidung der Anhaftung ist Vermeidung der "Ich"-Abgrenzung, und Vermeidung der "Ich"-Abgrenzung heißt unter dem Aspekt der Güte, daß sie eine *nicht-differenzierende All-Güte* sein muß. Die nicht-anhaftende Allgüte macht keine Präferenzen, so daß sie dem einen mehr gilt als dem anderen. Dies ist vielmehr das Kennzeichen anhaftender Liebe, die in den Präferenzen das jeweils dem Ich Angenehme sucht und das dem Ich Unangenehme ablehnt.

So wird der Güte immer wieder das Prädikat "gemütserlösend" (ceto-vimutti) beigelegt. Es handelt sich allerdings, dies gilt es zu beachten, um die Erlösung von jener mit der Vergänglichkeitsproblematik eng zusammenhängenden Anhaftung. So wie anhaftende Liebe vor das Problem des Todes gestellt bleibt,[13] so ist die nicht-anhaftende, nicht-differenzierende Güte die der buddhistischen Lösung der Todesproblematik angemessene. Itivuttaka 27 faßt

---

[8] Visuddhi-Magga oder Der Weg zur Reinheit. Zum ersten Male aus dem Pâli übersetzt von Nyanatiloka (3.Aufl.), Konstanz 1975, 364f.
[9] Ebd. 371.
[10] Vgl. z.B. Anguttara-Nikâya III, 69ff; VI, 107.
[11] Vgl. Anguttara-Nikâya III, 69.
[12] Sutta-Nipâta 149, Nyanaponika, Sutta-Nipâta, a.a.O. 59. Besonders in den Jâtakas wird die Güte Buddhas nicht selten mit dem Lebensopfer zum Wohl der anderen illustriert (Vgl. z.B. die berühmten Jâtakas vom Gazellenkönig [Nr. 12] und vom frommen Hasen [Nr. 314]).
[13] Vgl. oben S. 479f.

dies zusammen: "Wer vollbesonnen, unermeßliche Liebe erweckt, für ihn, der das Hinschwinden der sterblichen Natur schaut, werden die Fesseln dünn."[14]

Ich habe bereits erwähnt, daß nach buddhistischer Auffassung die Taten der Gesinnung entspringen. Signifikant ist hierfür der Beginn des Dhammapadas: "Den Dingen geht der Geist voran; der Geist entscheidet:
Kommt aus getrübtem Geist dein Wort und dein Betragen,
So folgt dir Unheil, wie dem Zugtier folgt der Wagen.
Den Dingen geht der Geist voran; der Geist entscheidet:
Entspringen reinem Geist dein Wort und deine Taten,
So folgt das Glück dir nach, unfehlbar wie dein Schatten."[15]
Es bedarf somit kaum noch des Hinweises, daß dies natürlich auch für die Güte gilt, daß auch sie sich in entsprechenden Worten und Taten äußert.[16] Das Leben des Mönchs ist weder ein passives, noch – da Güte eine Form der Zuwendung zu anderen Wesen ist – ein nur auf das eigene Heil bedachtes. Mit unmißverständlicher Klarheit sagt Buddha: "Wer zum eigenen Heile, aber nicht zum Heile der anderen wirkt, der ist darum zu tadeln; wer aber sowohl zum eigenen Heile als auch zum Heile der anderen wirkt, der ist darum zu loben."[17] Ich wende mich daher nun den kollektiven Aspekten buddhistischer Ethik zu.

2.2.2.2 Kollektive Aspekte der Leidverursachung und Leidbeseitigung

Das "Große Sutta von den Gruppen des Leids" (Mahâdukkhakkhandhasuttam = Majjhima-Nikâya 13) beginnt entsprechend der ersten und zweiten Edlen Wahrheit mit der Feststellung der Konstitution des Angenehmen und Unangenehmen durch den Durst. Bei den unangenehmen Folgen des Durstes wird zunächst geschildert, wie das Streben nach Geld und Besitz mühevolle Anstrengung mit sich bringt und zu Kummer und Enttäuschung führt, wenn der erhoffte Reichtum ausbleibt. Hat man aber Erfolg, stellt sich bald die Angst und Sorge um die Bewahrung des Besitzes ein, verliert man ihn wieder, ist die Verzweiflung groß. Diese Beispiele von unmittelbar leidvollen Folgen des Durstes verbleiben noch ganz im Bereich des *persönlichen, sub-*

---

[14] K. Seidenstücker, Itivuttaka, a.a.O. 18.
[15] K. Schmidt, Sprüche und Lieder, a.a.O. 13.
[16] Vgl. dazu auch die im Pâli-Kanon enthaltenen Begriffsreihen der "fünf geistigen Fähigkeiten" (indriya), der "fünf spirituellen Kräfte" (bala), sowie der "sieben Erleuchtungsglieder" (bojjhanga). Zu allen diesen Reihen gehört die "willensstarke Tatkraft" (viriya), wohingegen "Stumpfheit und Mattheit" (thîna-middha) zu den "fünf Hemmnissen" (nîvarana) zählt, die auf dem Heilsweg überwunden werden müssen.
[17] Anguttara-Nikâya VII, 64. Nyanaponika, Die Lehrreden... a.a.O., Bd.IV, 67. Weil die überwältigende Mehrheit in bald 150 Jahren westlicher Buddhismusinterpretation immer das Gegenteil behauptet hat, sei hier nochmals betont, *daß es sich bei diesem Zitat um ein Zitat aus dem Pâli-Kanon, dem Kanon des Theravâda-Buddhismus handelt, der immer noch zu Unrecht eines heilsegoistischen Ideals bezichtigt wird!*

jektiv erfahrenen Leides. Dann aber fährt das Sutta fort: "Vom Verlangen nach Sinnenfreuden angetrieben streiten Könige mit Königen, Adlige mit Adligen, Brahmanen mit Brahmanen, Bürger mit Bürgern, die Mutter mit ihrem Sohn, der Sohn mit seiner Mutter, usw. ... der Freund mit seinem Freunde. Sie zanken sich, beschimpfen und schlagen einander und erleiden schließlich den Tod oder tödliche Schmerzen."[18] Damit beschreitet der Text eine neue Ebene der Leiderfahrung, die auf den Durst zurückgeht, die Ebene des *zwischenmenschlichen, intersubjektiven Leides.* Doch der Text geht noch einen Schritt weiter: "Vom Verlangen nach Sinnenfreuden angetrieben stürzen sie mit Schild und Schwert, mit Bogen und Pfeilen auf beiden Seiten der Schlachtordnung in den Kampf, Pfeile schwirren, Speere sausen, Schwerter blitzen, und sie durchbohren sich gegenseitig mit Pfeilen und Speeren und spalten sich mit Schwertern die Köpfe und erleiden den Tod oder tödliche Schmerzen."[19] Also wird auch der Krieg, als ein Fall *kollektiv erlebten und verursachten Leides,* auf den Durst als seine eigentliche Ursache zurückgeführt! Dieses Sutta bestätigt anschaulich, daß die buddhistische Erklärung des Leides in den beiden ersten Edlen Wahrheiten sich keineswegs nur auf das je eigene Leid bezieht, sondern auf alle drei Ebenen des Leides, das *subjektiv* empfundene, das *intersubjektiv* zugefügte und das *kollektiv* erlebte und verursachte Leid.[20] *Wenn aber die Leiderklärung diesen drei Ebenen gilt, dann muß auch die Aufhebung des Leides durch die Freiheit vom Durst ihre Konsequenzen nicht nur für das Individuum, sondern auch für den zwischenmenschlichen und kollektiven Bereich haben.*

Auf der zwischenmenschlichen Ebene findet sich vor allem die Betonung der Nicht-Schädigung, die den zehnfachen heilsamen Wandel als Leitfaden durchzieht.[21] Positiv entspricht ihr die außerordentlich hohe Bewertung der

---

[18] K. Schmidt, Buddhas Reden, a.a.O. 53.
[19] Ebd. 53f.
[20] Im Bodhicaryâvatâra, einer Schrift des letzten großen Madhyamika-Lehrers Shântideva, ist die buddhistische Auffassung, daß Durst und Anhaftung sowohl die Ursache subjektiver Leiderfahrung als auch intersubjektiver Leidenszufügung sind, auf die Formel gebracht: "Seine Waffe und mein Körper, beide sind Ursachen des Leides. Er hat die Waffe, ich den Körper ergriffen." (Kap. VI, Vers 43. E. Steinkellner, Sântideva, Eintritt in das Leben zur Erleuchtung, Düsseldorf-Köln 1981, 68). Die Anhaftung am Körper ist die Ursache, daß die Bedrohung durch das Schwert als leidhaft erlebt wird; die Anhaftung am "Schwert" bzw. allem, wofür es in symbolträchtiger Weise stehen kann, ist die Ursache für die Leidenszufügung (zu Shantideva vgl. unten S. 561ff).
[21] Entsprechend den drei karmischen Fährten ist dieser dreifach in Werken (1. Absolute Gewaltlosigkeit, einfühlendes, freundliches und gütiges Verhalten zu allen Wesen; 2. nicht stehlen; 3. keine ausschweifende und ungesetzliche Sexualität), vierfach in Worten (1. Nicht lügen, sondern die Wahrheit sagen; 2. üble Nachrede und Zwischenträgerei meiden, statt dessen Frieden und Eintracht fördernde Worte reden; 3. rohe Rede meiden und liebenswerte, zu Herzen gehende Worte sprechen; 4. zur rechten Zeit, zweckdienlich und vernünftig reden, sowie gute Gespräche über die Lehre führen) und dreifach in Gedanken (1. Nicht begehren, was einem nicht gehört; 2. keinem Wesen Böses wünschen, sondern auf das leidlose

Freundschaft an vielen Stellen des Pâli-Kanons. Zwar wird die Freundschaft auch unter allgemeinen Kriterien, wie dem der Verläßlichkeit gewürdigt,[22] insbesondere aber gilt als "guter Freund" der Weggefährte auf dem Heilsweg.[23] Nicht selten nimmt der "gute Freund" hier die Rolle des "guten Lehrers" ein. Letzteres gilt auch auf kollektiver Ebene. Der Dienst der Lehrvermittlung, der sittliche Weisungen und Normen für Regierende und Bevölkerungsgruppen einschließt, macht den Samgha zum moralischen und spirituellen Wächter über das Wohlergehen des Volkes. In den Schriften des Pâli-Kanons finden sich hierzu nicht nur allgemeine Aussagen wie: "Hunger ist schlimmste Qual",[24] sondern auch Aussagen, die von einem erstaunlich differenzierten Bewußtsein sozialer und ökonomischer Leidzusammenhänge zeugen. In Dîgha-Nikâya 26 wird z.B. ausgeführt, daß es in einem Staat zu völligem gesellschaftlichem Verfall kommt, wenn das Problem der Armut nicht gelöst ist: "... so folgt eins aus dem andern: weil die Armen kein Geld mehr bekamen, nahm die Armut überhand, weil die Armut überhandnahm, wurde das Stehlen Mode, weil das Stehlen in Aufnahme kam, gewöhnte man sich an den Gebrauch der blanken Waffe, und daraus ergab sich Mord und Totschlag."[25] In Dîgha-Nikâya 5 lehrt Buddha, daß einer solchen Situation nur durch geschickte politische Maßnahmen zur Verbesserung der wirtschaftlichen Lage beizukommen ist, nicht aber durch die Verschärfung gesetzlicher Sanktionen: "Möglich aber, daß der Herr König etwa dächte: »Ich werde dieser argen Beklemmung mit Galgen und Kerker, mit Buße, Strafe und Bannfluch gründlich ein Ende machen«: aber man kann dieser argen Beklemmung nicht auf solche Weise von Grund aus beikommen... Es möge nämlich der Herr König denen, die im Lande des Herrn König Ackerbau und Viehzucht betreiben, Samen und Futter darleihen, denen, die im Lande des Herrn Königs Handel betreiben, möge der Herr König Geld darleihen, denen, die im Lande des Herrn Königs den Königsdienst betreiben, möge der Herr König Kost und Gehalt aussetzen: dann eben werden diese Leute, ihren Geschäften hingegeben, das Land des Herrn Königs nicht mehr verstören; groß aber wird des Königs Einkommen sein, sicher gegründet die Lande, ohne Not, ohne Drangsal, und die Menschen werden fröhlich und frohgemut ihre Kinder am Busen schaukeln und bei offener Türe, so zu sagen, wohnen."[26] Angesichts der Existenz kanonischer Texte wie dieser ist es abwegig, soziale und ökonomische Aussagen zeitgenössischer Buddhisten als bloßen "Modernismus" abzutun, der allein auf christliche Einflüsse zurückgehe und im Gegensatz zur buddhistischen Tradition stehe. Vielmehr gilt die Beobachtung Michael Pyes, daß ein praktisches soziales Verständnis geradezu charakteristisch für

---

und glückliche Leben aller bedacht sein; 3. rechte Einsicht haben und falsche Ansichten meiden); neben vielen anderen Stellen vgl. hierzu z.B. Majjhima-Nikâya 41.

[22] Vgl. z.B. Sutta-Nipâta 253ff, Anguttara-Nikâya III, 136.
[23] Vgl. z.B. Sutta-Nipâta 45, Anguttara-Nikâya V,146; VI, 67; XI, 14. Eine Verbindung beider Aspekte findet sich in Anguttara-Nikâya VII, 35f.
[24] Dhammapada 203.
[25] R. O. Franke, Dîghanikâya..., a.a.O. 265.
[26] K. E. Neumann, Die Reden..., a.a.O., Bd.II, 92f.

den frühen Buddhismus ist.[27] Der Ökonom E. F. Schumacher hat darauf hingewiesen, daß der Edle Achtfache Pfad als eigenes Glied den "rechten Lebenserwerb" hervorhebt. "»Rechter Lebensunterhalt« ist eine der Anforderungen auf dem Edlen Achtfachen Pfade Buddhas. Mithin ist klar, daß es so etwas wie eine buddhistische Wirtschaftslehre geben muß."[28] In der Tat ist es auffällig, daß bei der um strenge Konzentration auf das Allerwichtigste bemühten Kompilation der acht Pfadglieder, der "rechter Lebenserwerb" eigens genannt wird, obwohl er eigentlich bereits im vierten Glied, dem "rechten Handeln", impliziert ist! Man kann nicht anders, als darin eine eminente Hervorhebung ökonomischer Aspekte zu erblicken.

Wie die buddhistische Ethik sehr wohl kollektive Leidzusammenhänge sieht und zu ihrer Beseitigung auch durch praktischen Einsatz ermuntert, illustriert auf anschauliche Weise Jâtaka 31. Es erzählt von einer vorgeburtlichen Existenz Buddhas, in der er der junge Mann Magha war, der zur Zentralfigur eines dörflichen sozialen Erneuerungsprojekts wurde. Angesichts des desolaten Zustandes der Dorfgemeinsachaft ermuntert Buddha, alias Magha, die Dorfbewohner zum Bau eines Gemeinschaftshauses, zur Verbesserung der Infrastruktur, zur Errichtung von Bewässerungsanlagen und sozialen Einrichtungen. Die Folgen dieser Aktionen sind ein allgemeiner Anstieg der Lebensqualität und Zufriedenheit. Kriminalität und Rauschmittelkonsum gehen zurück, was die Sozialreformer in Konflikt mit der örtlichen Polizeibehörde bringt, die an der ehemals hohen Kriminalität durch die Erhebung von Bußgeldern gut verdient hatte. Fälschlicher Vergehen bezichtigt werden Magha und seine Gefährten ohne Untersuchung der Vorwürfe zum Tode verurteilt. Ein Elefant soll die Deliquenten zerstampfen. Doch erkennt der Elefant Buddhas gütige Gesinnung und verweigert seinen Dienst. Der König vermutet, daß Zauber im Spiel ist. Als er daraufhin Buddha nach dem Zauberspruch befragt, erhält er die Antwort: "...einen anderen Zauberspruch besitzen wir nicht, als daß wir alle dreißig nichts Lebendes töten, nichts nehmen, was uns nicht gegeben ist, nicht unzüchtig leben, nicht lügnerische Rede führen, und nicht berauschende Getränke trinken, sondern Wohlwollen entwickeln, Almosen geben, den Weg eben machen, Teiche graben oder ein Haus zur allgemeinen Benutzung bauen. Das ist unser Zauberspruch, unser Schutzgebet und unser Heil."[29]

Nie aber verschweigen die buddhistischen Texte, daß weltlicher Reichtum und weltliches Wohlergehen menschlicher Suche nicht letzte Befriedigung geben kann, und knüpfen dazu immer wieder an die Vergänglichkeitserfahrung an. So spricht Buddha in einer vorangegangenen Existenz als ster-

---

[27] M. Pye, The Buddha, London 1979, 67. Pye meint, daß dies zweifellos auf die Persönlichkeit des historischen Buddha zurückgehe.
[28] E. F. Schumacher, Small is Beautiful. Die Rückkehr zum menschlichen Maß, Reinbeck bei Hamburg 1985, 48. Schumacher legt dort in einem kurzen Essay den interessanten Versuch vor, eine solche buddhistische Wirtschaftslehre im Hinblick auf die aktuelle Situation buddhistischer Dritte-Welt-Länder zu skizzieren.
[29] Else Lüders, Buddhistische Märchen, Düsseldorf-Köln 1979, 257.

bender König zu seiner Gattin, die mit dem Hinweis auf seinen großen Reichtum seinen Lebenswillen stärken will: "So, Königin, komme du mir entgegen: ›Eben alles, o König, was einem lieb und angenehm ist, muß verschieden werden, aus werden, anders werden. Laß' dir, o König, im Sterben nichts am Leben gelegen sein: schwer stirbt wer am Leben hängt; nicht gut geheißen wird der Tod eines solchen.‹"[30] Unter den Besitzenden und Wohlhabenden gilt derjenige als der "Beste", der sein Vermögen auf gesetzliche Weise und ohne Gewaltanwendung verdient hat, der damit sich selbst und andere glücklich macht, Geschenke gibt und gute Werke tut, und "sein Vermögen genießend, nicht daran hängt, nicht dadurch betört wird, nicht davon eingenommen ist, da er das Elend merkt und den Ausweg kennt."[31]

Das Problem des Besitzes ist das anhaftende Festhalten-Wollen, das heilsame Gegenmittel die selbstlose Freigebigkeit. Das Geben (dâna) erscheint im buddhistischen Heilsweg als das zentrale Gegenstück zur Anhaftung.[32] Der gesamte Heilsweg kann daher unter dem Aspekt des Gebens gesehen werden. Weil Geben die Anhaftung überwindet, ist es der Schritt zu jener Freiheit, die auch vom Tod nicht tangiert werden kann: "Wenn das Haus in Flammen steht, so dient das Gerät, das man rettet einem zum Nutzen, nicht das, was drinnen verbrennt. So steht in Flammen die Welt durch Alter und Tod, da müßt ihr retten durch Geben; denn was gegeben wurde, das ist wohl gerettet."[33] Als Buddha mit der Frage konfrontiert wird: "Stets voll Angst ist unser Denken, stets voll Angst dieser unser Geist über künftige Ereignisse und solche, die sich schon zugetragen. Wann er ohne Angst ist, das verkünde mir auf mein Fragen!", antwortet er: "Nur durch Hingabe von allem, sehe ich Heil für die Lebewesen."[34] Daher wird dem Laienanhänger immer wieder an erster Stelle die Freigebigkeit gepredigt[35] und besonderes Gewicht auf die entsprechende Motivation gelegt.[36] Das sittliche Leben gilt als eine einzige große Gabe, die den Wesen Furchtfreiheit, Freiheit von Feindschaft und Bedrückung gewährt.[37] Der Mönch, der allen weltlichen Besitz gelassen und den Gang in die Hauslosigkeit wählt, hat als "beste der Gaben" die Lehre zu geben.[38] Und die Mitglieder des Samgha haben selbst das Nirvâna "umsonst genommen" ("laddhâ mudhâ").[39] *Im gebenden Leben*

---

[30] Dîgha-Nikâya 17. K. E. Neumann, Die Reden..., a.a.O., Bd.II, 316.
[31] Anguttara-Nikâya X, 91. Nyanaponika, Die Lehrreden..., a.a.O., Bd.V, 85.
[32] Schon rein sprachlich ist dies der Fall: "Anhaftung" = "upâdâna" heißt wörtlich "nahe; bei" (upa) "nicht-geben bzw. festhalten" (â-dâna).
[33] Samyutta-Nikâya I, 41. W.Geiger, a.a.O. 22.
[34] Samyutta-Nikâya II, 17. Ebd. 261f.
[35] Z.B. Majjhima-Nikâya 56, Dîgha-Nikâya 3, Anguttara-Nikâya V, 159.
[36] Anguttara-Nikâya VII, 49.
[37] Anguttara-Nikâya VIII, 39.
[38] Anguttara-Nikâya IX, 5.
[39] Khuddaka-Pâtha VI, 7; vgl. Khuddaka-Pâtho. Kurze Texte. Eine kanonische Schrift des Buddhismus. Aus dem Pâli übersetzt und erläutert von K. Seidenstücker, München-Neubiberg (Oskar-Schloß-Verlag), ohne Jahr, 16.

verbinden sich individuelle und kollektive Aspekte buddhistischer Ethik zu einer untrennbaren Einheit.

Freilich hat der Samgha nicht nur eine "Außenfunktion", sondern das Leben unter den Regeln des "pâtimokkha" soll den spirituellen Fortschritt fördern.[40] Damit ist indiziert, daß die *Art des jeweiligen Zusammenlebens nicht ohne Einfluß auf den religiösen Weg des Einzelnen ist.* Einst erzählt Buddha von Gottheiten, die zu sechzig Personen auf einem Fleck, so klein wie eine Nadelspitze, stehen können, ohne einander zu belästigen. Dies komme daher, daß sie in ihrem vorangegangenen menschlichen Leben ihr Gemüt entsprechend geschult hätten. Buddha macht daraus eine Ermahnung für das Ordensleben: "...wenn ihr,...mit gestillten Sinnen verweilt, besänftigten Herzens, so werden eben eure Werke sanft sein, eure Gedanken sanft sein. »Ein Opfer der Sanftmut wollen wir den Ordensbrüdern darbringen!«, das... sei euer Streben!"[41] Die konkrete Praxis des Zusammenlebens wird zu einem Spiegel geistlichen Fortschritts: "Im Zusammenleben, ihr Mönche, kann man den Sittenwandel anderer erkennen... Im Umgang kann man die Lauterkeit anderer erkennen... Im Unglück kann man die Stärke anderer erkennen... In der Unterhaltung kann man die Weisheit anderer erkennen..."[42] Als Buddha drei seiner Jünger in einer Waldeinsiedelei besucht und sie nach der Art ihres Zusammenlebens befragt, antwortet Anuruddha: "Herr, ich schätze mich glücklich, daß ich mit solchen Mitstrebenden vereint lebe. Ich diene diesen Ehrwürdigen, offen und geheim, mit liebevollen Werken, Worten und Gedanken. Meinen eigenen Willen habe ich aufgegeben und lebe ganz nach dem Willen dieser Ehrwürdigen. Verschieden, Herr, sind zwar unsere Körper, aber wir haben sozusagen nur einen Willen."[43] Die Einheit, von der Anuruddha hier spricht, bringt uns nun zu einem weiteren wesentlichen Verbindungsmotiv individueller und kollektiver Aspekte buddhistischer Ethik: *der Solidarität aller Wesen in der gleichen Unheils- und Heilssituation.*

Als Buddha einmal Knaben begegnet, die Tiere quälten, spricht er sie an: "Ihr Knaben, fürchtet ihr euch vor Leiden, ist Leiden euch unlieb?... Wenn ihr euch vor Leiden fürchtet, wenn euch Leiden unlieb ist, dann begehet keine böse Tat, sei's offen, sei's im Verborgenen."[44] Im Sutta-Nipâta findet sich quasi die buddhistische Variante der goldenen Regel: "»Wie ich bin, so sind diese auch; wie diese sind, so bin auch ich«. Wenn so dem anderen er sich gleichsetzt, mag er nicht töten oder töten lassen."[45] Im Standardtext von der Entfaltung der vier "göttlichen Verweilzustände" heißt es: "So durchdringe ich oben, unten, quer, inmitten, allerwärts, *in allem mich wiedererkennend,* die ganze Welt mit einem von Güte, Mitleid, Mitfreude und Gleichmut erfüllten Geiste..." Buddhaghosa kommentiert: "»In allem sich wie-

---

[40] Vgl. Anguttara-Nikâya II, 201ff.
[41] Anguttara-Nikâya II, 37. Nyanaponika, Die Lehrreden..., a.a.O., Bd.I, 71f.
[42] Anguttara-Nikâya IV, 192. Ebd., Bd.II, 158.
[43] Majjhima-Nikâya 31. K. Schmidt, Buddhas Reden... a.a.O. 105.
[44] Udâna V, 4. K. Seidenstücker, Udâna..., a.a.O. 53.
[45] Sutta-Nipâta 705, Nyanaponika, Sutta-Nipâta, a.a.O. 157.

dererkennend« bedeutet: alle Wesen, niedrige, mittlere, erhabene, Feinde, Freunde, Gleichgültige usw., wie sein eigenes Ich betrachtend, d. h. alle sich selber gleichsetzend, ohne zu untersuchen, ob dieser oder jener ein fremdes Wesen sei."[46] Hier trifft sich die buddhistische Ethik mit der Anattâ-Lehre im Ziel der Überwindung egozentrischer Abgrenzung. Die buddhistische Güte korreliert in ihrer nichtdifferenzierenden Ausweitung der Partizipation aller Wesen an der Allvergänglichkeit und der damit in engem Zusammenhang stehenden Leidverhaftung. So ist die nichtdifferenzierende Güte die "rechte Reaktion" auf die Erkenntnis der Allvergänglichkeit. In ihr zeigt sich die Freiheit von Anhaftung und "Ich"-Identifikation im Hinblick auf die zwischenmenschliche (oder, wie man korrekter sagen müßte: "zwischenwesenliche", da es um alle Wesen, nicht nur um Menschen geht) Bezogenheit der Existenz.

Die Erleuchtung Buddhas vollzog sich in drei aufeinanderfolgenden nächtlichen Abschnitten. Während Buddha in der ersten Nachtwache seinen eigenen Geist durchschaute und seine eigene Geburtenfährte erkannte, erblickte er in der zweiten Nachtwache das Karma-Gesetz als das Prinzip des Lebensweges aller Wesen. In der dritten Nachtwache erkannte er schließlich die Vier Edlen Wahrheiten. In diesem dreigliedrigen Erleuchtungswissen liegt eine deutliche Steigerung vor, die *von der Selbsterkenntnis über das Verstehen der anderen Wesen schließlich zur Erkenntnis des universalen Leidzusammenhangs führt.* Innerhalb des Pâli-Kanons findet sich neben dieser Dreiteilung auch die bisweilen mit der Erleuchtung identisch gesetzte Reihe der sechs höheren Geisteskräfte (abhiññâ), deren viertes bis sechstes Glied sich mit den Inhalten der drei Nachtwachen decken. Als dritte Geisteskraft ist ihnen hier die Fähigkeit vorangestellt, mit dem eigenen Geist den Geist der anderen zu durchschauen. Für die sechs höheren Geisteskräfte gibt es eine ebenfalls stereotype Bildreihe, in der diese dritte Geisteskraft mit dem Blick in einen klaren Spiegel verglichen wird.[47] Damit haben wir das gleiche Bild wie im Text über die Entfaltung der vier "göttlichen Verweilzustände": "in allem sich wiedererkennend". Von diesem Bild her läßt sich die innere Dynamik der Erleuchtungserfahrung erhellen: Mit den Augen des Herzens sieht der Erleuchtete in das Herz der anderen Wesen, und wie in einem Spiegel erkennt er sich selbst darin. Die Erfahrung der existentiellen Verbundenheit mit allen Wesen in derselben Situation des Leides und derselben Befreiungsmöglichkeit findet ihren Niederschlag und Höhepunkt in der Formulierung der Vier Edlen Wahrheiten, die diese Erfahrung in einen einsehbaren Zusammenhang bringen und damit eine Voraussetzung für die Überwindung des Leides schaffen: "Wahrlich diese edle Wahrheit vom Leiden muß erkannt werden..."[48] So wie Buddha nach seinen eigenen Worten einst erkannte, daß es nicht recht ist, sich angesichts der Sterblichkeit aller Wesen

---

[46] Visuddhi-Magga IX,1. Nyanatiloka, Der Weg zur Reinheit..., a.a.O. 352.
[47] Z.B. Dîgha-Nikâya II,92.
[48] So im Anschluß an die Darlegung der Vier Edlen Wahrheiten bei der Benarespredigt (Mahâvagga I,6,23).

von diesen zu unterscheiden, so darf auch das Streben nach Befreiung niemand ausschließen: das ist der Kern der buddhistischen Güte!

Wenn diese Analysen stimmen, was hat es dann mit dem Bericht auf sich, daß Buddha zunächst gezögert habe, die Lehre zu verkünden? Diese Version wird in Majjhima-Nikâya 26 gegeben, und dort ist es der Gott Brahma, der Buddha bittet, die Lehre zu verkünden. Aus Mitleid mit den Wesen, so sagt der Text, habe Buddha sich dann zur Verkündigung der Lehre entschlossen. Daneben gibt es jedoch noch eine zweite bedeutsame Tradition, die sich im Mahâparinibbâna-Sutta (Dîgha-Nikâya 16) findet. Ihrzufolge war es Mâra, die Todesgottheit[49], der Buddha nach dessen Erleuchtung aufforderte, jetzt wo das Ziel erreicht sei, aus dem Leben zu scheiden und die Lehre nicht zu verkünden. Buddha aber habe ihm damals geantwortet: "Ich werde nicht von hinnen scheiden, du Böser, solange diese von mir begründete heilige Lebensführung noch nicht gedeihen, sich entfalten, ausbreiten, volkstümlich und allgemein sein wird... und volles Verständnis finden wird." Und nachdem Buddha seinen Jüngern diese Begebenheit erzählt hat, fährt er fort: "Bhikkhus, prägt euch also, was ich erkannt und gelehrt habe, gut ein, beschäftigt euch damit, pflegt es und bürgert es ein, damit diese heilige Lebensführung weitergehe und langen Bestand habe, vielen zum Segen und Wohl, der Welt zu Liebe, zum Heil und Segen und Wohle für Götter und Menschen!"[50] Diese Tradition läßt keinen Zweifel daran, daß Buddhas Heilserfahrung dergestalt war, daß sie zu der Vermittlung des gefundenen Heilsweges führen mußte!

---

[49] Vgl. oben S 479f.
[50] Dîgha-Nikâya XVI,3,35 u.50. R. O. Franke, Dîghanikâya..., a.a.O. 214 u. 217f.

2.2.2.3 Zusammenfassung

Bevor ich mich nun im folgenden dieser Vermittlung zuwende, seien die Beobachtungen zur buddhistischen Ethik wiederum in Anlehnung an die drei Ausgangsthesen zusammengefaßt:

1.b Die menschliche Grunderfahrung des Lebens in und aus Beziehungen wird vom Buddhismus ebenfalls primär in Abhängigkeit von der Vergänglichkeitserfahrung gesehen, d.h. es stellt sich die Frage, welche Art von Beziehungen der Überwindung der Vergänglichkeitsproblematik hinderlich und welche ihr förderlich sind.

2.b Ausschlaggebend bei der Beurteilung zwischenmenschlicher Beziehungen bleibt daher die Frage nach ihrem anhaftenden Charakter. Intersubjektive und kollektive Beziehungsfelder werden im Hinblick auf die leiderzeugenden Wirkungen von Durst und Anhaftung betrachtet, wobei sich das Streben nach Befreiung von Durst und Anhaftung im zwischenmenschlichen Bereich als Entwicklung nichtdifferenzierender Güte (und entsprechender Verhaltensweisen) darstellt.

3.b Der ontologischen Partizipation an der Vergänglichkeit alles Seienden entspricht, was die ethischen Aspekte des Heilsweges betrifft, die nichtdifferenzierende Güte, die nach der Befreiung aller Wesen vom Leid trachtet. Ihr liegt die Auffassung von einer letzten Verbundenheit aller Wesen in der gleichen Leidens- und Erlösungssituation zugrunde. Die Einsicht in diese Verbundenheit stellt die positive Seite der Befreiung von "Ich"-Abgrenzung dar.

2.3 Die Vermittlung des Heilszieles

In dem berühmten Kâlâmer-Sutta[1] gibt Buddha auf die Frage der Kâlâmer, wie sie die Wahrheit der verschiedenen und sich widersprechenden Lehren der Wanderasketen beurteilen sollten, folgende Antwort: "Geht, Kâlâmer, nicht nach Hörensagen, nicht nach Überlieferungen, nicht nach Tagesmeinungen, nicht nach der Autorität heiliger Schriften, nicht nach bloßen Vernunftgründen und logischen Schlüssen, nicht nach erdachten Theorien und bevorzugten Meinungen, nicht nach dem Eindruck persönlicher Vorzüge, nicht nach der Autorität eines Meisters! Wenn ihr aber, Kâlâmer, selber erkennt: ›Diese Dinge sind unheilsam, sind verwerflich, werden von Verständigen getadelt, und, wenn ausgeführt und unternommen, führen sie zu Unheil und Leiden‹, dann, o Kâlâmer, möget ihr sie aufgeben... Wenn ihr aber, Kâlâmer, selber erkennt: ›Diese Dinge sind heilsam, sind untadelig, werden von Verständigen gepriesen, und, wenn ausgeführt und unternommen, führen sie zu Segen und Wohl‹, dann, o Kâlâmer, möget ihr sie euch zu eigen machen."[2]

Die hier von Buddha genannten drei Prinzipien der Lehrbeurteilung sind ebenso charakteristisch für die Vermittlung des von ihm verkündeten Heilszieles, wie die von ihm abgelehnten Kriterien: Es geht erstens um die *eigene Erkenntnis*, zweitens den Maßstab des *Wortes der "Verständigen"* und drittens um die *praktisch-sittlichen Früchte*. Auffallend an der Liste der abgelehnten Kriterien ist, daß es sich mit zwei Ausnahmen um die Ablehnung einer rein heteronomen Orientierung in existentiell-religiösen Fragen handelt (Tagesmeinungen, Autorität heiliger Schriften, Autorität eines Meisters, Überlieferungen, etc.). Die beiden Ausnahmen – erdachte Theorien und bloße Vernunftgründe bzw. logische Schlüsse – sind zwar keine heteronomen Kriterien, aber, wie besonders der Zusatz "bloße" im zweiten Fall deutlich macht, fehlt ihnen etwas Entscheidendes: die Erfahrung. Buddha lehnte für seine Lehre die Kategorie der Theorie ab, da seine Lehre auf Erfahrung beruhe.[3] Das logische Denken, demgegenüber sich Buddha keineswegs abgeneigt zeigte, darf nicht *allein* Kriterium sein, da die eigentliche Erfahrung der Befreiung "nicht mehr im Bereich logischen Denkens" liegt (atakkâvacara). Die Ablehnung von erdachten Theorien und bloßen logischen Schlüssen als Beurteilungskriterien religiöser Lehren qualifiziert somit auch positiv das von ihm empfohlene Prinzip der "eigenen Erkenntnis". Sie muß nicht im Widerspruch zur Vernunft stehen, aber sie muß unbedingt der eigenen Existenzerfahrung entspringen.

---

[1] Anguttara-Nikâya III, 66.
[2] Nyanaponika, Die Lehrreden..., a.a.O., Bd.I, 168f.
[3] Vgl. Majjhima-Nikâya 72: "Theorien zu haben geziemt sich nicht für einen Vollendeten; denn gesehen hat der Vollendete, was Körperlichkeit ist, wie sie entsteht und wie sie vergeht...", K. Schmidt, Buddhas Reden, a.a.O. 204.

Im Hintergrund dieses Erkenntnis-Begriffs steht zweifellos die buddhistische Karma-Lehre, derzufolge die individuelle Erkenntnismöglichkeit von der eigenen karmischen Lebensgeschichte, d.h. dem Grad der Anhaftung, bestimmt ist.[4] Zu der Ablehnung einer rein heteronomen Orientierung tritt nun zweitens allerdings das Wort der "Verständigen" hinzu. Auch dies erklärt sich aus der Karma-Lehre. Der Verständige, d.h. der Erleuchtete oder zumindest der der Erleuchtung Nahegekommene, besitzt einen Erfahrungs- und Erkenntnisvorsprung, der demjenigen, der noch nicht so weit ist, als wesentliche Orientierungshilfe dient. Diese beiden Prinzipien werden von Buddha im Hinblick auf seinen bevorstehenden Tod und die Frage nach einem eventuellen Nachfolger nochmals der Gemeinde eingeschärft: "...welche Bhikkhu's immer, sei es jetzt, sei es, wenn ich nicht mehr bin, Leuchte und Zuflucht *in sich selbst* und *in der Lehre der Wahrheit* suchen und nirgends sonst, solche eifrig strebenden Bhikkhu's werden die höchsten heißen."[5] Doch inhäriert diesen beiden Prinzipien eine gewisse Spannung, da die starke Betonung autonomer Erkenntnis im ersten Prinzip nicht ohne weiteres mit der gewissen Neueinführung der Heteronomie im zweiten Prinzip zu versöhnen ist. Sie wird gemildert durch das dritte Prinzip, die Beachtung der lebenspraktischen Früchte, was dem Rezipienten ein Kriterium zur Beurteilung sowohl seiner eigenen Erkenntnisse, als auch des Wortes der "Verständigen" an die Hand gibt.

Die Eigenart der Vermittlung des buddhistischen Heilszieles läßt sich entlang des Zusammenspiels dieser drei Prinzipien bestimmen. Wie gezeigt, setzt der Buddhismus zunächst bei der Spannung zwischen Todesverdrängung und Todesbewußtsein an.[6] Erstes Ziel der Vermittlung ist die Aufhebung der Todesverdrängung, bzw. die Verdeutlichung und Radikalisierung der Spannung zwischen Todesbewußtsein und Todesverdrängung. Neben den zahllosen Stellen des Pâli-Kanons, an denen immer wieder auf diese Spannung rekurriert wird, sind hierfür besonders jene Texte charakteristisch, die in der Tradition der "Kummervertreibungslieder", also Lieder zum Zweck der Tröstung bei der Trauer über Verstorbene, stehen.[7] So nutzt z.B. das Salla-Sutta[8] die konkrete Situation der Totenklage dazu, die Unvermeidlichkeit des Todes einzuschärfen ("Sieh diese hier, die schauenden und klagenden Verwandten! Ein jeder auch aus dieser Schar wird einmal fortgeführt wie Schlachtvieh", Vers 580), und mahnt dazu, in der Vergänglichkeit die Natur der Welt zu erkennen (V. 588). Es gipfelt schließlich in dem Aufruf, auf die Heiligen zu hören und den "eigenen Dorn" auszuziehen (V. 590 u. 592), d.h. die Problematik der eigenen Sterblichkeit zu lösen, was mit der Zusage verbunden wird: "Wer ausgezogen hat den Dorn, wird ledig so, den Geistesfrieden fin-

---

[4] Vgl. dazu oben S. 480f und 489f.
[5] Dîgha-Nikâya XVI,2,26. R. O. Franke, Dîghanikâya..., a.a.O. 204; Hervorhebung von mir.
[6] Vgl. oben S. 457ff.
[7] Vgl. dazu: H. Lüders, Die Jâtakas und die Epik, in: Zeitschrift der Deutschen Morgenländischen Gesellschaft 58 (1904) 687-714, und P. Schmidt-Leukel, Die Bedeutung des Todes..., a.a.O. 74ff.
[8] Sutta-Nipâta, 574-593.

den. Wer allen Kummer von sich abgetan, der Kummerfreie wird erlöst" (V. 593).[9] Paradigmatisch zeigt sich hierin das Zusammenspiel der drei genannten Prinzipien: Es gilt, auf das Wort der Verständigen zu hören, doch bleibt die eigene Erkenntnis (heils-)entscheidend, und beides bewährt sich in der Erfahrung der Folgen.

Nach A. Wayman ist das auffallend starke Insistieren des frühen Buddhismus auf das Denken an den Tod ein ihn auch im damaligen Indien auszeichnendes Spezifikum.[10] Implizit und explizit gehe der Buddhismus davon aus, daß der Mensch normalerweise diesen Gedanken verdränge.[11] Um diese Verdrängung aufzuheben und die Sterblichkeit wirklich zu einer "eigenen Erkenntnis" im Sinne des Kâlâmer-Suttas werden zu lassen, genügt das "Wort der Weisen" allein nicht. So hat der Buddhismus das "memento mori" zu einem festen Bestandteil der meditativen Übungen gemacht. Eine besonders radikale Form dieser Praxis ist die Übung der Leichenbetrachtung, bei der der Übende sich entweder in der Imagination stufenweise den postmortalen Zerfall seines Körpers bis hin zum bloßen Staub vorstellt, oder den gleichen Vorgang auf öffentlichen Leichenplätzen konkret beobachtet, weshalb diese denn auch immer wieder unter den geeigneten Meditationsplätzen genannt werden.

Zwei andere Formen der Meditation über die eigene Sterblichkeit werden im Anguttara-Nikâya geschildert. In der ersten Form[12] soll der Übende am Morgen oder Abend bedenken, daß er durch vielerlei Ursachen unvorhergesehen sterben könne und dies zum Anlaß nehmen, seine spirituelle Verfassung zu überprüfen und mit unvermindertem Eifer weiter nach der Erlösung zu streben.[13] In der zweiten Form der Todesbetrachtung[14] wird das Motiv der Unvorhersehbarkeit des Todes erheblich verschärft. Dort sagt Buddha, daß nicht der die Betrachtung über den Tod richtig übe, der sich vorstelle eventuell nur noch einen Tag zu leben, sondern der, der denke: "Ach, daß es mir doch vergönnt sei, solange am Leben zu bleiben, wie das Zusammenballen und Hinunterschlucken von einem einzigen Bissen Reis dauert! - Ach, daß es mir doch vergönnt sei, noch während der Zeitspanne am Leben zu bleiben, die zwischen einer Ein- und Ausatmung oder einer Aus- und Einatmung liegt! Ich möchte des Erhabenen Weisung noch überdenken. Viel, wahrlich, könnte ich dann noch erwirken!"[15]

Die in der Vorstellung vollzogene Reduktion der noch verbleibenden Lebensspanne auf die Kürze eines Augenblicks und der diesbezügliche Hinweis

---

[9] Nyanaponika, Sutta-Nipâta, a.a.O. 139.
[10] Alex Wayman, The Religious Meaning of Concrete Death in Buddhism, in: Studia Missionalia 31 (1982) 273-295; hier 273 u. 284ff.
[11] Ebd. 289.
[12] Vgl. Anguttara-Nikâya VIII, 74.
[13] Vgl. dazu auch die sieben kurzen Bildworte über die Flüchtigkeit des Lebens in Anguttara-Nikâya VII, 70.
[14] Vgl. Anguttara-Nikâya VIII, 73.
[15] Nyanaponika, Die Lehrreden..., a.a.O., Bd. IV, 172.

auf die Atemlücke, rücken diese Form der Todesbetrachtung in die Nähe zweier anderer wesentlicher buddhistischer Meditationsformen, die Achtsamkeitsübung (satipatthâna) und die Atembeobachtung, die ihrerseits wiederum eng zusammenhängen. Die Atembeobachtung, bei der der Übende keine Atemregulation vornimmt, sondern das Kommen und Gehen des Atems lediglich klar bewußt registriert, wird in der Regel als Vorübung zur weitergehenden Satipatthâna-Übung geschildert (bei der dann die gleiche Achtsamkeit auch auf die inneren Geisteszustände gerichtet wird), aber auch, wie z.B. in Majjhima-Nikâya 118, als Ausübungsweise der gesamten Satipatthâna-Übung. Die achtsame Beobachtung des Entstehens und Vergehens aller Daseinsfaktoren, als dessen Grundmuster das Kommen und Gehen des Atems erfahren wird, soll, wie die Standardformel sagt, das Bewußtsein der Unbeständigkeit aller Dinge schärfen und zur Anhaftungslosigkeit führen. So wird deutlich, warum die Konzentration auf den Augenblick in der zweiten Form der Todesbetrachtung des Anguttara-Nikâya durchaus "noch viel erwirken" kann: Sie ist das eigentliche Zentrum der Achtsamkeitsübung, die durch das reine, nicht-intervenierende Registrieren der Vergänglichkeit bereits den Anfang der Loslösung bildet. Wie L. Schmithausen gezeigt hat, dürfte die Satipatthâna-Praxis nicht unwesentlich zur Entwicklung der ontologischen Dharma-Theorie beigetragen haben, die alle Daseinsfaktoren in augenblicklich entstehende und vergehende Partikel auflöst.[16]

Die kontinuierliche Radikalisierung der meditativen Todesbetrachtung vom Anschauungsunterricht verwesender Leichname über die Eventualität unvorhersehbaren Todes bis hin zum Tod eines jeden Augenblicks mit dem Ziel der Überwindung der Anhaftung zeigt, wie die buddhistische Heilsvermittlung von der Hoffnung getragen ist, daß von der Anknüpfung an die Vergänglichkeitserfahrung über die eigene Erkenntnis ein Weg in den Bereich der buddhistischen Deutung der Vergänglichkeitserfahrung führt. *Das "Wort der Verständigen" ist insofern nicht nur Maßstab für die eigene Erkenntnis und Erfahrung, sondern will auch deren Initiator sein.*

Charakteristisch für diese Tendenz des Verkündigungswortes im Buddhismus sind zwei Kommunikationsformen, deren Buddha sich ausgiebig bediente: die *Gleichnisrede* und der *mäeutische Dialog*. Neben zahllosen Bildworten und allegorischen Reden enthält der Pâli-Kanon eine Fülle geschickt angelegter Gleichnisse, deren umfassende Sichtung und sprachphilosophische Analyse äußerst lohnenswert erschiene und zu ähnlich aufschlußreichen Ergebnissen führen dürfte, wie die Forschungen zu den neutestamentlichen Gleichnissen. Häufig zielen die Gleichnisse Buddhas auf eine Zustimmung des Hörers zur "Logik" der Gleichniserzählung ab. Indem Buddha die Gleichniserzählung dann auf einen Punkt seiner Lehre bezieht, bringt er den Hörer, sofern dieser jenen Lehrgegenstand ablehnt, in einen inneren Konflikt zwischen

---

[16] L. Schmithausen, Spirituelle Praxis und philosophische Theorie im Buddhismus, in: Zeitschrift für Missions- und Religionswissenschaft 57 (1973) 161-186.

seiner Zustimmung zum Gleichnis und seiner Ablehnung der Lehre.[17] Die Gleichnisrede dient nach kanonischen Aussagen dem besseren Verständnis der Lehre. Dieses aber kann nur in jenem *inneren* Prozeß erreicht werden, bei dem der von der Lehre Angesprochene zu ihrer *eigenen* Erkenntnis kommt. "Der Weise findet sie in sich selbst", heißt es immer wieder über die Lehre Buddhas.

Die gleiche Intention findet sich in den mäeutischen Dialogen. Durch Mittel wie geschickte Gegenfragen, Nötigung des Gesprächspartners zur klaren Festlegung seiner Position, durch das Aufdecken innerer Aporien in den Prämissen des Dialogpartners, den Hinweis auf Erfahrungen, die der Partner bejaht und die seiner Position widersprechen, die des Buddha aber unterstützen, und durch die Korrektur einer Fragestellung, auf die die Lehre Buddhas nicht antwortet, zu einer solchen, auf die sie antwortet, versucht Buddha in diesen Dialogen immer wieder jenen eigenen Erkenntnisprozeß auf seiten seines Gesprächspartners zu initiieren, der diesem die Lehre nicht mehr heteronom bleiben läßt, sondern sie zu einer von dessen eigenen, vielleicht bisher nicht erkannten, Voraussetzungen her möglichen Konsequenz macht.[18]

In seiner Verkündigung zielt Buddha die seinem Gesprächspartner jeweils mögliche, existenzverändernde, autonome Erkenntnis an. Hat die Verkündigung Erfolg, so wird ihre existenzverändernde Effektivität in Standardformulierungen bekräftigt, wie z.B.: "Wie wenn man Umgestürztes wieder aufrichtet oder Verborgenes enthüllt oder einem Verirrten den Weg zeigt oder im Finstern ein Licht anzündet, damit, wer Augen hat, die Dinge sehen kann, so hat mir der Herr Gotama die Wahrheit in mannigfacher Darlegung erklärt."[19] Dementsprechend kann Buddha sich selbst als "Wegweiser" bezeichnen.[20] Und doch ist seine Verkündigung weit mehr als informative Wegweisung, da gerade die Effektivität in der Initiierung der Wegbegehung besteht. So ist Buddha zugleich auch der "große Arzt",[21] und die Effektivität seines rettenden, redenden Handelns spiegelt sich in Worten wie: "Gleichwie

---

[17] Vgl. dazu: P. Schmidt-Leukel, Zur Funktion der Gleichnisrede bei Buddha und Jesus, in: Münchener Theologische Zeitschrift 37 (1986) 116-133.

[18] Vgl. dazu auch Anguttara-Nikâya III, 68: "Wenn... ein Mensch, auf eine direkt zu beantwortende Frage eine direkte Antwort gibt; wenn er auf eine erläuternd zu beantwortende Frage eine erläuternde Antwort gibt; wenn er auf die eine Gegenfrage erfordernde Frage eine Gegenfrage stellt; wenn er eine abzuweisende Frage abweist, so gilt ein solcher Mensch als geeignet zum Gespräch... Das aber, ihr Mönche, ist der Zweck des Gesprächs, das der Zweck der Unterredung, das der Zweck der Befähigung, das der Zweck des Gehörschenkens, nämlich die haftlose Gemütserlösung." Nyanaponika, Die Lehrreden..., a.a.O., Bd. I, 174f.

[19] K. Schmidt, Buddhas Reden... a.a.O. 26.

[20] Z.B. Majjhima-Nikâya 107.

[21] Z.B. Itivuttaka 100. Die Anordnung der Vier Edlen Wahrheiten läßt sich nach einem medizinischen Schema von Symptomfeststellung, Diagnose, Prognose und Therapieplan interpretieren, wie es bereits im Vimutti Magga geschieht (vgl. N. R. M. Ehara u.a., Vimuttimagga... a.a.O. 275).

etwa, o Gotamo, als ob einer einen anderen, der schon einen abschüssigen Hang hinabkollerte, noch an den Haaren erfaßte, emporzöge und sicher an den Rand brächte: ebenso bin ich von Herrn Gotamo, während ich schon einen abschüssigen Abhang hinabkollerte, emporgezogen und sicher an den Rand gebracht worden."[22] Es geht bei der Verkündigung Buddhas um nicht weniger als Leben und Tod im geistlichen Sinn. Nach Anguttara-Nikâya IV,111 kommt es einer Tötung gleich, wenn Buddha nicht mehr zu einem Menschen spricht, und nach Dîgha-Nikâya 27,9 können sich seine Jünger als die bezeichnen, die "aus seinem Munde geboren, aus der Lehre gezeugt sind."[23]

In den Bildern von Wegweisung und Heilung reflektiert sich erneut die Spannung von autonomer Erkenntnis und heteronomem Wort buddhistischer Heilsvermittlung. Indem das Wort Wegweisung ist, verweist es über sich hinaus in die eigene Erfahrung und Praxis des Angesprochenen, die es heilend initiieren will. In der Meditation, die der vom Wort Angesprochene aufnimmt, pflanzt sich die Wirkung der Wortes, die den Hörer auf sich selbst zurückverweist, zur eigenen Erkenntnis und Erfahrung fort. Das Wort, die Lehre, ist nicht Selbstzweck, nicht absolute Wahrheit, die ihren Wert in sich hätte, sondern ist streng jener heilspragmatischen Funktion unterstellt. So vergleicht Buddha seine Lehre mit einem Floß, das allein dem Zweck dient über einen Strom hinüberzusetzen und danach nicht mehr gebraucht wird.[24] Als Wegweisung und Therapie verweist Buddhas Wort aber auch zugleich auf die Erfahrung dessen, der es spricht, und die seinem Wort Kompetenz, Autorität und Heilkraft verleiht. Beide Pole, die Erfahrung des Angesprochenen und der Erfahrungs- und Erkenntnisvorsprung Buddhas schlagen sich im Prinzip der gestuften Verkündigung nieder. "Je nach dem Wissen von der Erlösung bei anderen Personen" lehrt der Buddha,[25] "individuell angepaßter Weise für einen jeden so, daß er das Ende erreicht."[26] Er sagt von sich, daß er Worte, die wahr und gefallend seien, nicht spreche, wenn sie nicht auch zum Ziele führen, aber daß er Worte, die wahr seien und zum Ziele führen, gegebenenfalls auch dann spreche, wenn sie anderen unlieb sind.[27] Nicht die Wahrheit allein ist für die buddhistische Rede entscheidend, sondern das Heilsziel, das diese Rede befördern soll. Verfehlt man diesen ihren Sinn und Zweck, so kann selbst die buddhistische Lehre dem Hörer zum Unheil gereichen, wie wenn man eine Giftschlange am Schwanz statt am Hals packt.[28]

---

[22] Dîgha-Nikâya 12, K. E. Neumann, Die Reden Gotamo Buddhos, a.a.O., Bd.II, 166.
[23] R. O. Franke, Dîghanikâya..., a.a.O. 276.
[24] Majjhima-Nikâya 22.
[25] Dîgha-Nikâya 28. K. E. Neumann, Die Reden Gotamo..., a.a.O., Bd.II, 494.
[26] Dîgha-Nikâya 9. R. O. Franke, Dîghanikâya... a.a.O. 150.
[27] Majjhima-Nikâya 58.
[28] Majjhima-Nikâya 22.

Aus dieser Eigenart der Vermittlungsfunktion der Lehre erklärt sich auch das Schweigen Buddhas, das nicht agnostisch, sondern sehr beredt ist.[29] Sein Schweigen ist der demonstrative Hinweis, daß die Antwort auf solche Fragen zur Erlangung des Heilszieles nicht notwendig ist und dem Heilsziel nicht dienlich ist. Das muß nicht heißen, daß die Fragen, zu denen Buddha schweigt, falsch gestellt sind; falsch gestellte Fragen werden von ihm in seinem Sinne korrigiert. Es bedeutet vielmehr, daß die Frage einer Haltung des Anhaftens entspringt, die durch eine entsprechende Antwort bestätigt werden würde. Buddha läßt sich also deswegen nicht auf metaphysische Spekulationen ein, weil dies nur zur Affirmation jener unheilsamen Orientierung führen würde, die als Ursache hinter diesen Spekulationen steht:

"Da weiß ein der edlen Lehre unkundiger Weltling nicht, über welche Dinge man nachdenken soll und über welche nicht. Er denkt über Dinge nach, über die man nicht nachdenken soll, und denkt nicht über Dinge nach, über die man nachdenken soll. Nicht nachdenken soll man über Dinge, bei denen Anwandlungen von Sinnenlust oder von Daseinslust oder von Unwissenheit aufsteigen und solche Anwandlungen sich verstärken. Nachdenken soll man über solche Dinge, bei denen keine Anwandlungen von Sinnenlust, von Daseinslust und von Unwissenheit aufsteigen und frühere Anwandlungen solcher Art verschwinden.

Unweise denkt man: War ich in früherer Zeit, oder war ich früher nicht? Was war ich früher? Wie war ich früher? Was wurde ich früher, nachdem ich vorher was gewesen war? Werde ich künftig sein oder werde ich künftig nicht sein? Was werde ich künftig sein? Wie werde ich künftig sein? Was werde ich künftig werden, nachdem ich was geworden sein werde? Oder es steigen ihm Zweifel über die Gegenwart auf, und er denkt: Bin ich denn oder bin ich nicht? Was bin ich? Wie bin ich? Woher bin ich zu diesem Dasein gekommen? Wohin werde ich (nach dem Tode) gehen?

Wer so unweise nachdenkt, verfällt auf eine dieser sechs Theorien: Als wahr und feststehend erscheint ihm die Theorie »Mein Ich ist« oder »Mein Ich ist nicht«, oder die Theorie »Mit dem Ich erkenne ich das Ich«, oder die Theorie »Mit dem Ich erkenne Ich das Nicht-Ich«, oder die Theorie »Mit dem Nicht-Ich erkenne ich das Ich«, oder es bildet sich bei ihm folgende Theorie: »Dieses mein Ich, das hier und dort die Folgen guter und böser Taten erlebt, ist unvergänglich, dauernd, immerwährend, unveränderlich, es wird immer dasselbe bleiben«.

Dies nennt man Theorien-Gestrüpp, Theorien-Gaukelei, Theorien-Sport, Theorien-Fessel. Mit dieser Theorienfessel gefesselt kann ein unkundiger Weltling nicht frei werden von Geborenwerden, Altern und Sterben, von Sorgen, Jammer, Schmerzen, von Kummer und Verzweiflung; nicht wird er frei vom Übel, sage ich."[30]

---

[29] In Dîgha-Nikâya 1 grenzt Buddha sein Schweigen auf spekulativ-metaphysische Fragen explizit von agnostischer Antwortverweigerung ab (vgl. R. O. Franke, Dîghanikâya... a.a.O. 32f).
[30] Majjhima-Nikâya 2. K. Schmidt, Buddhas Reden... a.a.O. 17.

Dieses Verdikt, über solche Fragen nachzudenken, darf allerdings nicht für Autoritarismus gehalten werden. Auf Anordnung irgendeiner Autorität hin das Nachdenken einzustellen, ist weder heilsam noch von Buddha beabsichtigt. Vielmehr macht Buddha deutlich, daß auch seine eigene Verkündigung nur Anstoß zu eigener Erkenntnis geben kann, und es letztlich allein auf diese ankommt. Dann aber ist es Zeichen fortgeschrittener Einsicht, wenn es keine Motivation mehr für die in die Irre führenden Fragen gibt:

"»Wenn ihr das nun so erkennt und einseht, meine Bhikkhus, möchtet ihr da noch in die Vergangenheit zurückforschen, ob ihr in vergangenen Zeiten wart oder nicht wart, was ihr in vergangenen Zeiten wart, wie ihr wart, was ihr wart, nachdem ihr vorher was gewesen wart?« - »Nein, Herr!« - »Oder möchtet ihr noch in die Zukunft hinein forschen, ob ihr künftig sein werdet oder nicht sein werdet, was ihr sein werdet, wie ihr sein werdet, was ihr sein werdet, nachdem ihr vorher was gewesen wart?« - »Nein, Herr!« - »Oder möchtet ihr noch für die Gegenwart über euch selbst fragen, ob ihr seid oder nicht seid, was ihr seid, wie ihr seid, woher dieses euer Wesen gekommen sei und wohin es einst gehen werde?« - »Nein, Herr!« »Meine Bhikkhus! Möchtet ihr, wenn ihr das so erkennt und einseht, sagen: 'Der Meister ist unser Guru, und weil er unser Guru ist, sagen wir so'?« - »Nein, Herr!« - »Oder möchtet ihr sagen: 'Ein Samana hat es gesagt und auch andere Samanas; nicht wir sind es, die so reden'?« - »Nein, Herr!« ... »Oder sagt ihr nur das, was ihr selbst erkannt, eingesehen und verstanden habt?« - »Ja, Herr!« - »Gut, meine Bhikkhus! Gespendet habe ich euch diese anschauliche Lehre, die nicht erst nach dem Tode wirksam wird, die zum Schauen einlädt, zum Ziele führt und die Weise in sich selbst finden.«"[31]

Am anschaulichsten hat Buddha den Heilspragmatismus seiner Verkündigung mit dem berühmten Pfeilgleichnis illustriert.[32] Und auch hier heißt es, er habe so manches nicht erklärt, "weil dies nicht zum Heile beiträgt, nicht einen reinen Wandel begründet, nicht zur Abwendung... nicht zum Erwachen, nicht zum Nirvâna führt".[33] So ermahnt er seine Mönche, das unerklärt zu lassen, was er nicht erklärt habe und sich an das zu halten, was er erklärt habe, nämlich an die Vier Edlen Wahrheiten vom Leiden. Gerade dieses Element buddhistischer Heilsvermittlung wirft ein entscheidendes Licht auf die Eigenart der buddhistischen Lehre. *Die buddhistische Deutung der gewöhnlichen Existenz als "dukkha" geht nur soweit, wie es zur Aufhebung von "dukkha" erforderlich ist!* Um den Pfeil herauszuziehen muß man nicht wis-

---

[31] Majjhima-Nikâya 38. Ebd. 131.
[32] Majjhima-Nikâya 63: Ein von einem vergifteten Pfeil Getroffener würde die Behandlung durch einen guten Wundarzt nicht mit dem Hinweis darauf verweigern, er wolle zuerst alle möglichen Informationen über den Pfeil, den Bogen, von dem er abgeschossen wurde, den Schützen usw. haben.
[33] K. Schmidt, Buddhas Reden... a.a.O. 194.

sen, wer ihn abgeschossen hat, mit welcher Art von Bogen, etc. Die buddhistische Deutung bleibt rein funktional auf das Heilsziel hin ausgerichtet.

Doch werden die für die Erfüllung dieser Funktion überflüssigen Fragen, die Fragen, auf die Buddha schweigt, keineswegs einfach als irrelevant beiseite gelassen, sondern werden vielmehr, als selbst den zu beseitigenden Ursachen von "dukkha", Durst und Anhaftung, entspringend, kritisisiert. D. h., *die sich funktional auf das allein zur Beseitigung von "dukkha" Nötige beschränkende Deutung von "dukkha" betrifft auch das, was vermeintlich jenseits dieses Nötigen liegt, aber so, daß das Unnötige selber als etwas zu Beseitigendes erscheint. Trotz oder besser gerade in dieser explizit einseitigen Perspektive buddhistischer Deutung ist ihr Anspruch also universal.* Fragen, die über jenen Umfang der Deutung von "dukkha" hinausgehen, der allein zur Beseitigung von "dukkha" nötig ist, dürfen und werden von der buddhistischen Lehre nicht beantwortet. Aber sie erklärt die Genese dieser Fragen und will sie dadurch aufheben.[34] Die Erklärung ihrer Genese durch ihre Rückführung auf die "dukkha" erzeugenden Faktoren Durst und Anhaftung legitimiert dann eben auch, warum sie nicht beantwortet werden dürfen.

Insofern ist die Verkündigung der buddhistischen Lehre Teil des heilswirkenden Handelns. Sie läßt sich auf nichts ein, was ihr als Affirmation der als unheilsam betrachteten Haltung erscheint, und spricht nur, was der Überwindung dieser Haltung dient. So repräsentiert sie sich in ihrer Funktionalität immer zugleich als Initiation eines Weges, *will die Überwindung des Leides performativ bewirken und bleibt nie neutrale Deskription. Weil aber die Lehre nur Instrument der Heilsvermittlung ist, macht sie sich mit der Erfüllung ihres Zieles überflüssig!* Darin liegt die atemberaubende Spitze des Floßgleichnisses. Wie ein Floß dient die Lehre nur zum "Hinüberkommen", danach wird sie nicht mehr benötigt. So soll auch die von der Lehre bewirkte Erkenntnis nicht zum Gegenstand der Anhaftung werden: "»Wenn ihr Bhikkhus euch nun an diese klare und reine Einsicht anklammert, wenn ihr stolz darauf seid, wenn ihr sie als euren Schatz, als euer Eigentum betrachtet, würdet ihr dann die verkündete Lehre wie ein Floß behandeln, das zum Hinüberkommen, aber nicht zum Aufbewahren da ist?« – »Nein, Herr!«".[35] Aus diesem Grunde ist das Nirvâna die "Grenze der Fragen".[36] Über das Nirvâna kann eigentlich nicht mehr geredet werden, alles Reden dient vielmehr der Verwirklichung des Nirvânas. Weil das Heilsziel in der sich mit nichts mehr identifizierenden, weil an nichts mehr anhaftenden Freiheit besteht, die allein die Freiheit vom Vergänglichen ist, kann es nie Besitz sein, und daher ist es auch in Sprache letztlich nicht mehr verfügbar. Alles Reden *über* das Nirvâna bleibt ein Reden, das der Hinführung dessen zum Nirvâna dient, der es noch nicht erlangt hat. Und dieser ist

---

[34] Eine solche Erklärung findet sich ausführlich im ersten Sutta des Dîgha-Nikâya gegeben, vgl. oben S. 485.
[35] Majjhima-Nikâya 38. K. Schmidt, Buddhas Reden... a.a.O. 129.
[36] Majjhima-Nikâya 44; vgl. ebd. 152.

immer ein noch "Unwissender". Und die Verkündigung bedient sich der Denkweisen und Vorstellungen des Unwissenden.[37] Dies gilt es zum Verständnis der buddhistischen Lehre unbedingt zu beachten. Und hinter diesem Verständnis der Lehre steht der enorme Anspruch auf die "Erfahrung" jener "Wirklichkeit" (auch dies natürlich deskriptiv unzureichende, doch zugleich heilspragmatisch unverzichtbare Begriffe), zu der die Lehre hinführen will, die sie aber nie in sich einzubegreifen vermag. Daher ist für die buddhistische Heilsvermittlung sowohl das autonome Prinzip unverzichtbar (man muß es letztlich selbst erkennen und erfahren, wovon die Rede ist), als auch das heteronome (man bedarf des Anstoßes durch die Rede, wenn man noch nicht selbst erkannt und erfahren hat).

Erst mit der Erleuchtung schwindet der letzte Rest von Unwissenheit, die zehnte "Daseinsfessel" (samyojana).[38] Nach dem alten stereotypen Heilswegschema werden die Vier Edlen Wahrheiten erst in der Erleuchtung vollkommen erkannt.[39] Im "Milinda Pañha", ursprünglich ein Werk der Sarvâstivâda- oder Dharmagupta-Schule, dessen Pâli-Fassung im Theravâda semikanonische Bedeutung erlangt hat,[40] wird auf die Frage, wie man nun aber, ohne bereits selbst die Erlösung erlangt zu haben, dennoch wissen könne, daß diese Glück bedeute (und somit die Zusage der letzten Befriedigung stimmt), geantwortet, man könne dies den Freudenrufen der Erlösten entnehmen.[41] Obwohl das Milinda Pañha zweifellos ein späteres Verständnis des Buddhismus wiedergibt (nach Bechert das des 2.-1. Jhd.v.Chr.), befindet sich doch gerade diese Aussage in Übereinstimmung mit der Tradition. Die berühmte Stelle aus Udâna VIII,3: "Es gibt, ihr Mönche, ein nicht Geborenes, nicht Gewordenes, nicht Geschaffenes, nicht Gestaltetes. Wenn es, ihr Mönche, dieses nicht Geborene, nicht Gewordene, nicht Geschaffene, nicht Gestaltete nicht gäbe, dann wäre hier ein Entrinnen aus dem Geborenen, Gewordenen, Geschaffenen, Gestalteten nicht zu erkennen. Weil es nun aber, ihr Mönche, ein nicht Geborenes... gibt, darum läßt sich ein Entrinnen aus dem Geborenen... erkennen",[42] macht die tatsächliche Möglichkeit der Erlösung zur Voraussetzung ihrer Erkennbarkeit, erhebt damit zugleich aber umgekehrt den Anspruch Buddhas, die Erlösung erkannt und erlangt – also erfahren – zu haben, zum Garanten ihrer prinzipiellen Möglichkeit!

Dem Anspruch Buddhas auf Erleuchtung korreliert somit untrennbar die *Zusage* der Erlösungsmöglichkeit. Doch da diese Zusage erst mit der eigenen Erleuchtung des Hörers zu dessen *eigener Erkenntnis* werden kann, bleibt bis dahin das *Vertrauen (saddhâ)* auf den Buddha und seine Zusage ein

---

[37] Vgl. Dîgha-Nikâya IX, 53.
[38] Vgl. oben S. 488f Anm. 39.
[39] Vgl. dazu die ausführliche Behandlung dieses Schemas bei Erich Frauwallner, Geschichte der indischen Philosophie, Bd.I, Salzburg 1953, 162ff.
[40] Vgl. die Einführung von H.Bechert in: Nyanaponika (Hg), Milindapañha, Interlaken 1985, 15-22.
[41] Ebd. 96 (III. Teil, 1. Kap.).
[42] K. Seidenstücker, Udâna... a.a.O. 94.

durchgängiges Prinzip des Heilspfades.[43] Gerade die Identität von Erlösung und Erkenntnis in der Erleuchtung konstituiert also das buddhistische Verständnis von "Glauben". Das Heilswegschema, das mit der Erleuchtung endet, beginnt mit dem Auftreten eines Vollendeten, eines Buddha, der die Lehre predigt, und fährt fort: "Diese Lehre hört ein Hausvater, der Sohn eines Hausvaters oder jemand, der in einem anderen Stand geboren ist. Nachdem er diese Lehre gehört hat, faßt er gläubiges Vertrauen (shraddhâ, P. saddhâ) zum Vollendeten, und von diesem gläubigen Vertrauen erfüllt, überlegt er also: »Eng beschränkt ist das Leben im Hause, ein Schmutzwinkel; Freiheit ist im Verlassen des Hauses...«"[44]

Seinen nach gläubigem Vertrauen rufenden und auf Erfahrung beruhenden Anspruch hat Buddha im Gleichnis vom Rinderhirten deutlich formuliert.[45] Ein dummer Rinderhirt habe seine Herde durch den Ganges getrieben, ohne zuerst beide Ufer nach einer Furt zu untersuchen, und so wurde die Herde vom Strom fortgerissen. Der kluge Rinderhirt aber untersuche zuerst beide Ufer und führe dann die Herde sicher hinüber: "Ebenso ist es mit jenen Samanas und Brahmanen, die weder diese noch eine andere Welt kennen, die nicht wissen, was zum Reich Maras gehört, und was nicht dazugehört, und nicht wissen, was zum Reich des Todes gehört und was nicht dazu gehört. Wer glaubt, ihnen zuhören und vertrauen zu sollen, dem wird dies für lange Zeit zu Unheil und Leiden gereichen... Ich kenne diese Welt und die jenseitige Welt, ich weiß, was zum Reich Maras gehört... Wer glaubt, mir zuhören und mir vertrauen zu sollen, dem wird dies für lange Zeit zum Heil und Glück gereichen."[46]

Auch hinsichtlich des Vertrauens schlägt jedoch die Spannung zwischen eigener Erkenntnis und Zusage durch das Wort nicht nach einer Seite um. Nicht nur weil die Zusage dem Angesprochenen die eigene Erkenntnis in der Erleuchtung als erfahrbare verheißt, sondern auch weil das Vertrauen doppelt motiviert ist. Einerseits stützt es sich auf die Zusage Buddhas, doch hat es andererseits zugleich auch eine Voraussetzung in der je eigenen Erkenntnis. Im Upanisâ-Sutta[47] wird die zwölfgliedrige Kette der Leidentstehung (paticcasamuppâda) kausal mit den zur Erleuchtung und Erlösung führenden Faktoren verbunden. Die Drehscheibe zwischen beiden Reihen, d.h jener Faktor, der die unheilsamen Faktoren kausal mit den heilsamen verknüpft, ist das gläubige Vertrauen. Als letztes Glied der unheilsamen Kette erscheint hier das Leid (eine im Kanon durchaus geläufige Erweiterung des

---

[43] Die buddhistische Scholastik des Abhidhamma hat dies dahingehend interpretiert, daß das Vertrauen ein mit allem karmisch-heilsamen Bewußtsein verbundener Geistesfaktor ist (vgl. Nyanatiloka, Buddhistisches Wörterbuch, 2. rev. Aufl., Konstanz 1976, 190).
[44] E. Frauwallner, Geschichte der indischen Philosophie, a.a.O. Bd.I, 162f.
[45] Majjhima-Nikâya 34.
[46] K. Schmidt, Buddhas Reden... a.a.O. 110ff.
[47] Samyutta-Nikâya XII,3,23. Vgl. hierzu auch: Bhikkhu Bodhi, Transcendental Dependent Arising, Kandy 1980 (The Wheel Publications Nr. 277/278).

sonst als zwölftes Glied genannten "jarâ-marana" = "Altern und Sterben"). Auf das Leid folgt das Vertrauen und beide sind so miteinander verbunden: "Faith, monks, also has a supporting condition, I say, it does not lack a supporting condition. And what is the supporting condition for faith? ›Suffering‹ should be the reply."[48] Die Erfahrung des Leides bildet demnach eine kausale Voraussetzung für das Entstehen des Glaubens, der dann schließlich alle weiteren heilsamen Faktoren hervorbringt. Weil die buddhistische Deutung des Leides, obwohl sie weit über seinen gewöhnlichen Inhalt hinausgeht, dennoch die konkreten Leiderfahrungen, besonders die von der Vergänglichkeit ausgelösten, einschließt und so an diese anknüpft, kann das Weitergehende der Deutung an diese Erfahrung angeschlossen und durch das gläubige Vertrauen auf den Buddha vermittelt werden. Die dem Gläubigen zugesagte Möglichkeit einer sich inhaltlich und qualitativ nicht von der Erleuchtungserfahrung Buddhas unterscheidenden Erreichbarkeit eigener Erleuchtung, erscheint somit als konsequente Weiterführung der bisherigen, nicht-erleuchteten Erfahrung. *Die besondere Existenzerfahrung der Erleuchtung bildet somit letztlich keinen Bruch zu der vorangegangenen, gewöhnlichen Existenzerfahrung, sondern ist als die eigentliche und vollständige Durchschauung allgemeiner Existenzerfahrung charakterisiert.* Zwar stellt sie durchaus die Negation aller gewohnten Denkweisen dar, doch wird von ihr her erst eigentlich enthüllt, was vorher vom Schleier der Unwissenheit verborgen war. Daher ist die Erleuchtung nicht ein einmaliges Sondererlebnis, sondern der Beginn des "nirvânischen" Lebens des Vollendeten, in dem dieser ein für allemal erleuchtet bleibt! Es sieht nun die Dinge wie sie wirklich sind und verhält sich angemessen. Das Nirvâna, die Erleuchtung, enthüllt sich als das eigentliche Telos des Daseins. Es ist wahrer Zweck, Kern (sâna) und Zielpunkt aller Dinge und Gedanken.[49] Wie eine scharfe Peitsche ein Rennpferd, so aber treibt die Erfahrung von Alter und Tod den Menschen zur Verwirklichung der als die eigentliche Wirklichkeit gedachten Erleuchtung bzw. Erlösung.[50]

Die Spannung zwischen autonomer Erkenntnis und heteronomer Zusage, die Spannung zwischen schweigender Meditation und dem verkündeten Wort, in der der buddhistische Heilspfad vermittelt wird, entspricht der Spannung zwischen Todesbewußtsein und Todesverdrängung, an die die Vermittlung anknüpft. Die die Verdrängung aufhebende Vergänglichkeitserfahrung konfrontiert den Menschen mit seiner Sterblichkeit als seinem Wesen. Diese ihm zunächst als fremd und ungewollt, quasi von "außen" (heteronom) zukommende Konfrontation,[51] bringt ihn zu sich selber, so wie das Wort buddhi-

---
[48] Ebd. 2f.
[49] Vgl. Anguttara-Nikâya IX,14 u. X,58.
[50] Anguttara-Nikâya IV,113.
[51] Vgl. dazu die einzigartige Fassung dieses Sachverhalts in dem Dialog des zukünftigen Buddha mit seinem Wagenlenker bei den ersten drei Ausfahrten: "Bin auch ich dem Alter, der Krankheit, dem Tod unterworfen?" "Auch du...!" Subhash Chandra konzentriert sich in seiner Dissertation: "Das Pänomen des Todes im Denken Heideggers und in der Lehre Buddhas" (Köln 1965) vor allem auf die Geschichte von den Vier Aus-

stischer Heilsvermittlung den Menschen zunächst zu sich selber ruft. Doch wie die Ausgangsspannung von Todesbewußtsein und Todesverdrängung überwunden und überführt wird in die Spannung von ontologischer Allvergänglichkeit und existentiell erfahrbarem Sinn, der wie gezeigt, den Menschen paradox zu sich selber bringt, d.h. ihn erst dort zu sich selbst befreit, wo er ihn von sich selbst befreit, wo alle egozentrische Abgrenzung und "Ich"-Identifikation aufgegeben ist, so überführt die buddhistische Heilsvermittlung das neue Selbstverhältnis des Menschen auch in eine neue Solidarität mit den Mitwesen, die den Gegenpol zur Partizipation aller an der Vergänglichkeit bildet.

Die erste und primäre Tendenz des buddhistischen Wortes ist die Selbstaufhebung dieses Wortes in die schweigende, meditative Selbsterkenntnis, so wie jeder zunächst selbst von seiner ganz persönlichen Sterblichkeit betroffen ist, und es die eigene Freiheit ist, die vom Tod bedroht erscheint. Aber aus dem neuen Selbstverhältnis des Nicht-Ich (anattâ) und der "unvergleichlichen", dem Tod ebenbürtigen Freiheit erwächst die nichtunterscheidende Allgüte, die nach dem Heil auch der Mitwesen strebt und so die Weitervermittlung des buddhistischen Heilsweges garantiert. So schärft Buddha vor seinem Tode seinen Jüngern ein, sie sollten seine Lehre verwirklichen, "damit diese heilige Lebensführung weitergehe und langen Bestand habe, vielen zum Segen und Wohle, der Welt zu Liebe, zum Heil und Segen und Wohle für Götter und Menschen!"[52] Dann sei es kein Problem, wenn er, der Stifter und Lehrer, stirbt, denn: "...wenn diese meine Bhikkhu's (alle) richtig lebten, würde in der Welt kein Mangel an Vollendeten sein."[53] Hier klärt sich die Identifikation Buddhas mit seiner Lehre.[54] Die Existenz dessen, der das Ziel der Erlösung erreicht hat, ist "fleischgewordene" Lehre, lebendige Heilsvermittlung. Er lebt nicht mehr für sich, da sein Ziel erreicht ist, sondern zum Heil der anderen. Die Spannung zwischen eigener Erkenntnis und heteronomem Wort löst sich in gewisser Weise also nicht einmal in der Erleuchtung nach einer Seite hin auf, da der Erleuchtete zwar zur vollendeten

---

fahrten und hebt besonders den Aspekt hervor, daß der Mensch durch die Todesbegegnung zu sich selber gebracht wird (vgl. ebd. 207ff, 214f, 220ff). Da Chandra jedoch nicht auf den Zusammenhang zwischen der buddhistischen Behandlung der Todeserfahrung und der Anattâ-Lehre eingeht, kommt er nicht zu der paradoxen Form dieses Zu-sich-selber-Kommens, sondern bleibt, worin jener Schritt allerdings angedeutet ist, beim Aufweis der Parallele zwischen Heideggers "Un-heimlichkeit" und Buddhas "Hauslosigkeit" angesichts des Todes stehen (vgl. ebd. 231ff).

[52] Dîgha-Nikâya XVI,3,50. R. O. Franke, Dîghanikâya..., a.a.O. 217f.
[53] Dîgha-Nikâya XVI,5,27. Ebd. 241.
[54] An Stellen wie z.B. Samyutta-Nikâya 22,87: "...wenn man die Lehre sieht, sieht man mich, und wenn man mich sieht, sieht man die Lehre" (Winternitz, Der ältere Buddhismus, Tübingen 1929, 15) und Itivuttaka 92, wo es im Hinblick auf die Identität des Buddha und der Lehre heißt, daß ein Mönch, der die Lehre nicht befolgt, dem Buddha ferne ist, auch wenn er dicht hinter ihm geht, und ein Mönch, der die Lehre befolgt, dem Buddha auch dann nahe ist, wenn er meilenweit von ihm entfernt ist.

eigenen Erkenntnis gekommen ist, aber das "Eigene" dieser Erkenntnis kein Besitz ist, an dem er anhaftet, sondern Partizipation an der Buddhaschaft.[55] Auch er wird zur Lehre, auch er gibt die Lehre und damit sich selbst als "beste der Gaben".

So fügt sich denn auch das *dritte* von Buddha in der Rede an die Kâlâmer genannte *Prinzip* der Heilsvermittlung, die *Beachtung der sittlich-praktischen Früchte*, in das Gesamtbild ein: Nicht-Schädigung entspringt der Erkenntnis, daß alle Wesen Tod und Leid fürchten, und knüpft so an die allgemeine Existenzerfahrung an. Geben (dâna) ist die sittliche Artikulation von Nicht-Anhaftung und Freiheit und in buddhistischer Perspektive die grundlegende Form existentieller Rezeption der buddhistischen Leidensdeutung. Die beste Gabe ist die Gabe der Lehre. Der Vollendete ist die Lehre. Die vollendete Sittlichkeit des Erleuchteten, die "restlose Erlöschung der Gier..., die restlose Erlöschung des Hasses und der Verblendung", ist (nach Anguttara-Nikâya III, 56) das "sichtbare Nirvâna".[56] Nach dem Milinda Pañha gibt es keinen Ort, wo das Nirvâna aufgespeichert wäre, sondern es wird existentiell verwirklicht. Aber es gibt einen "Ort" dieser Verwirklichung: "Die Sittlichkeit... ist diese Stätte. Denn in der Sittlichkeit fest verharrend verwirklicht durch weises Erwägen der im Wandel Vollkommene das Nibbâna, ganz gleich wo er sich befindet..."[57] Nach Majjhima-Nikâya 95 soll zuerst geprüft werden, ob der Verkünder einer Lehre aus Regungen der Gier, des Hasses oder der Verblendung handelt. Wenn der Hörer zu dem Ergebnis kommt, daß "der Lebenswandel dieses Ehrwürdigen in Werken, Worten und Gedanken untadelig ist..., dann faßt er Vertrauen zu ihm" und beginnt sich dessen Lehren durch eigenes Erwägen und Bemühen anzueignen.[58] Im gläubigen Vertrauen, das die Leiderfahrung zur Voraussetzung hat, sich auf die Zusage Buddhas stützt und von dessen sittlicher Glaubwürdigkeit geweckt wird, findet sich die Spannung der drei Prinzipien buddhistischer Heilswegvermittlung in einer lebendigen Einheit. Wenn die Vermittlung zum Ziel gekommen ist, dann wird der Vertrauende selber zum Vollendeten, dann ist auch er fleischgewordene Lehre, sicht- und hörbares Nirvâna, Todloser in todesverfallener Welt.

---

[55] Zwar wird im Pâli-Kanon zwischen Buddhaschaft und Arahatschaft dahingehend unterschieden, daß ein Buddha ohne den Anstoß der Verkündigung durch einen anderen Buddha zur Erleuchtung gekommen ist, aber in der Qualität der Erleuchtung besteht zwischen Buddha und Arahat kein Unterschied, ja selbst der genannte Unterschied relativiert sich dadurch, daß ein Buddha in vorangegangenen Existenzen durch die Lehre anderer Buddhas zum Erleuchtungstreben angestoßen wurde.
[56] Nyanaponika, Die Lehrreden..., a.a.O., Bd.I, 145.
[57] Nyanaponika, Milindapañha, a.a.O. 293f.
[58] Vgl. K. Schmidt, Buddhas Reden... a.a.O. 250.

2.4 Zusammenfassung

In der Anknüpfung der buddhistischen Lehre an die menschlichen Grunderfahrungen zeigt sich m. E. eine deutliche hierarchische Ordnung. Der Vergänglichkeitserfahrung kommt gegenüber anderen Grunderfahrungen eine klare Priorität zu, andere Grunderfahrungen werden im Lichte dessen gesehen, was deutend zur Vergänglichkeitserfahrung gesagt wird. Im Zentrum der Anknüpfung an die Vergänglichkeitserfahrung steht die Spannung zwischen Todesverdrängung und dem sich in Todesfurcht zeigenden Todesbewußtsein. Die buddhistische Option zugunsten des Todesbewußtseins setzt hinter Todesfurcht und Todesverdrängung ein grundlegendes Streben des Menschen nach Nicht-Vergänglichem voraus, das durch Vergängliches grundsätzlich nicht befriedigt werden kann. Die auf das Vergängliche gerichtete, ihres eigenen Charakters nicht bewußte Suche nach dem Nicht-Vergänglichen, wird "Durst" genannt, und ist wegen ihrer fehlgeleiteten Ausrichtung die eigentliche Ursache für eine unbefriedigte und leidvolle Existenz. Sie äußert sich durch das "Anhaften" am Vergänglichen, eine possessive Haltung, deren Kern die "Ich"-Identifikation ist. Die Grunderfahrungen von Freiheit und zwischenmenschlicher Bezogenheit werden von dieser Deutung der Vergänglichkeitserfahrung her gesehen. Die Unheilsfaktoren "Durst" und "Anhaftung" bedingen eine Einschränkung der menschlichen Freiheit, die als Unfreiheit gegenüber der eigenen Sterblichkeit erlebt wird, und ein Mißverhältnis in den Beziehungen, insofern diese in latent oder offen unsittlicher Weise von der Egozentrik bestimmt werden. Zugleich besetzen "Durst" und "Anhaftung" auch die Erkenntniswege des Menschen, konstituieren seine je spezifische "Welt". Dieser Unheilsanalyse entspricht das buddhistische Heilsziel, insofern dieses als das "Nicht-Vergängliche" bzw. das "Todlose" vorgestellt wird, das allein in der Lage ist, dem Menschen letzte Befriedigung und somit das Ende unbefriedigter und leidvoller Existenz zu geben. Als solches ist es zugleich die Verwirklichung echter Freiheit, nicht-egozentrischer Allgüte und vollendeter Erkenntnis. Das Heilsziel wird erreicht durch die Befreiung von Durst und Anhaftung bzw. von der "Ich"-Identifikation, in der diese kulminieren. Indem keine Identifikation mit dem Vergänglichen mehr stattfindet, ist die Freiheit vom Vergänglichen erreicht. Das Heilsziel wird damit jedoch zugleich unbeschreibbar, da den Beschreibungskategorien die von Anhaftung verzerrte Weltsicht zugrunde liegt. Nur in existentieller Zuspitzung kann vom Heilsziel geredet werden.

Entsprechend der primären Anknüpfung an die Vergänglichkeitserfahrung bzw. an die Spannung von Todesbewußtsein und Todesverdrängung, betont die buddhistische Lehre die Bedeutung der dem Menschen je eigenen Erkenntnis und Erfahrung und erhebt seine Autonomie zu einem unverzichtbaren Prinzip der Heilsvermittlung. Entsprechend der Auffassung, daß der Mensch sich jedoch über seine eigentlichen Intentionen nicht im Klaren ist, als Unerlöster zur Verdrängung echter Einsicht neigt und seine Erkenntnisfähigkeit durch seine Anhaftung eingegrenzt ist, tritt ihm die Lehre zugleich als ein heteronomes Prinzip entgegen, und ruft im Hinblick auf den

Erkenntnis- und Erfahrungsvorsprung Buddhas bzw. jedes Erleuchteten zum Vertrauen auf. Dieses muß jedoch zugleich der eigenen Erkenntnis bzw. Erfahrung des Rezipienten angemessen sein und soll zu einem Erkenntnis- und Erfahrungsfortschritt führen. Dabei ist einerseits vorausgesetzt, daß die von der Lehre gegebene Deutung der Existenzerfahrung sich mit der je eigenen Erfahrung zu decken vermag, andererseits der Lehre eine rein heilspragmatische Funktion zugeschrieben. Mit Erlangen des Heilszieles erübrigt sich ihre Bedeutung für den Rezipienten, da die Funktion der Lehre erfüllt ist und sie ohnehin den Heilszustand nicht adäquat zu beschreiben vermag. Weil die Verwirklichung des Heilszieles jedoch in Freiheit von Anhaftung besteht, der positiv das Geben entspricht, und in Freiheit von Gier und Haß, der positiv die Allgüte entspricht, gebraucht der Erleuchtete weiterhin die Lehre, indem er sie als "beste der Gaben" den Wesen gibt, um auch sie zur Erlösung zu führen. Seine Existenz ist, da sein eigenes Heilsziel erfüllt ist, fleischgewordene Lehre. Er vollzieht die in der Anhaftungslosigkeit bestehende Freiheit vom Vergänglichen gerade darin, daß er seine Erkenntnis und sein Leben nicht länger als Besitz ansieht, sondern beides als Lehre den Wesen gibt. Die ehemalige "Ich"-Identifikation und "Ich"-Abgrenzung ist überwunden durch die Erkenntnis und den gebenden Vollzug einer universalen Verbundenheit mit allen Wesen.

3. DIE LOGISCHE EXPLIKATION DER HEILSBOTSCHAFT IM INDISCHEN MAHAYANA

Die zentrale Persönlichkeit des frühen indischen Mahâyâna ist ohne Zweifel *Nâgârjuna* (2. Jhd. n. Chr.), der mit seinen logischen Erörterungen jene grundlegenden Anstöße gab, die auf ungemein fruchtbare Weise die Philosophie des indischen wie außerindischen Mahâyâna und selbt die nicht-buddhistische Philosophie nachhaltig beeinflußt haben. Die gewaltigen logischen und erkenntnistheoretischen Systeme der indischen buddhistischen Philosophen des 6. und 7. Jahrhunderts, Candrakîrti, Dignâga und Dharmakîrti, wären ohne ihn undenkbar, die sino-japanische Schulentwicklung zeigt überall seinen Einfluß, und auch der bedeutende Vedânta Philosoph Shankara bedient sich in nicht unwesentlichen Zügen seiner Gedanken.[1]

In den beiden folgenden Abschnitten werde ich die logischen Erörterungen Nâgârjunas[2] zunächst hinsichtlich des buddhistischen Unheils- und Heilsverständnisses und anschließend hinsichtlich der Vermittlungsproblematik des Heilszieles erörtern. Im dritten Abschnitt wird schließlich darauf einzugehen sein, welche Auswirkungen die von Nâgârjuna verfolgte Denkweise auf die Bereiche der Erkenntnistheorie und Ethik hatte. Dazu beziehe ich mich exemplarisch auf Dharmakîrti und Shântideva, zwei Philosophen des indischen Mahâyâna, die mehrere Jahrhunderte nach Nâgârjuna lebten (7.-8. Jhd. n. Chr.) und zugleich Repräsentanten der beiden Hauptrichtungen sind, die die Denker des Mahâyâna nach Nâgârjuna eingeschlagen haben: der Yogâcâra- bzw. Vijñânavâda- und der Mâdhyamika-Schule.

3.1 Logik des Todes und des Todlosen

3.1.1 Die Destruktion der "Vielheitswelt" (prapañca)

Nâgârjuna selbst versteht sich als getreuer Ausleger der Lehre Buddhas. Seine Gedankenwelt ist einerseits der des älteren Buddhismus so nahe, daß

---

[1] Zum Einfluß Nâgârjunas auf Shankara siehe T. R. V. Murti, The Central Philosophy of Buddhism. A Study of the Mâdhyamika System, London³ 1980, 104ff u. 311ff.
[2] Ich beziehe mich im folgenden nur auf die beiden Texte "Mûlamadhyamakakârikâs" (ab jetzt abgk. als MK) und "Vigrahavyâvartani" (abgk. als VV), die beide als authentische Schriften Nâgârjunas angesehen werden. Eine englische Übersetzung beider findet sich in: F. J. Streng, Emptiness. A Study in Religious Meaning, Nashville, New York 1967, 183-227. Den Sanskrit-Text von MK mit englischer Übersetzung enthält: K. Inada, Nâgârjuna, Tokyo 1970; eine ältere, von M. Walleser besorgte deutsche Übersetzung (die leider jedoch sehr schwerfällig ist) einer kommentierten Fassung von MK findet sich in überarbeiteter Form in: J. Mehlig (Hg), Weisheit des alten Indien, Bd. 2, München 1987, 450-609. Eine vorzügliche Zusammenfassung des Inhalts von MK gibt D. S. Ruegg, The Literature of the Madhyamaka School of Philosophy in India, Wiesbaden 1981, 9-18.

sogar die Frage gestellt wurde, ob Nâgârjuna überhaupt als Mahâyâna-Buddhist anzusehen sei.³ Andererseits sind jedoch Reminiszenzen an und eine geistige Nähe zu den frühen Mahâyâna-Texten der Prajñâpâramitâ-Gruppe unverkennbar, und es wird von Nâgârjuna eine bis dahin in solcher Zuspitzung nicht dagewesene neue Art der Behandlung der buddhistischen Heilsbotschaft eingeführt: die *radikale logische Kritik*.

Was ist der Grund für diese Neuerung? Wie verhält sie sich zur buddhistischen Tradition, auf die sich Nâgârjuna selbst bezieht?⁴ Warum bedurfte es in seinen Augen einer logischen Explikation der Heilsbotschaft? Nâgârjunas erklärtes Ziel ist es, *der Theoriebildung zu wehren*,⁵ worin er sich in Übereinstimmung mit dem Anliegen Buddhas sieht: "To him, possessing compassion, who taught the real dharma for the destruction of all views – to him, Gautama, I humbly offer reverence." (MK 27,30)⁶ Wir haben oben gesehen, daß sich im älteren Buddhismus die Ablehnung der Theorien zum einen auf den Vorwurf mangelnder Erfahrung bezieht⁷ und zum anderen auf den unheilsamen Charakter jener metaphysischen Spekulationen, zu denen Buddha sich einer inhaltlichen Stellungnahme enthält.⁸ Ob sich ersteres Motiv auch bei Nâgârjuna findet, ist in der neueren Nâgârjuna-Interpretation umstritten⁹, eindeutig dagegen aber das letztere. Die Fragen nach Ewigkeit oder Nichtewigkeit, Begrenztheit oder Unbegrenztheit der Welt, nach dem Verhältnis von Selbst und den fünf Daseinsfaktoren (p.: khandhas bzw. skt.: skandhas), das Problem von Nicht-Selbst und Wiedergeburt und die Fragen nach der Identität des Vollendeten zu Lebzeiten wie nach seinem Tode werden explizit von Nâgârjuna angesprochen (MK Kapitel 22 u. 27). Eine deutliche Ablehnung erfahren die Positionen des Nihilismus und des Eternalismus, die von Nâgârjuna beide auf das Seinsdenken zurückgeführt werden (vgl. MK 15,10f u. 21,14). Die Kategorien des "Seins" und des "Nicht-Seins", des "Werden" (bhâva) und der "Vernichtung" (vibhâva) sind ihmzufolge auf das Nirvâna grundsätzlich nicht anwendbar (vgl. MK 22,13; 25,3 u. 25,10). Den abgelehnten Theorien setzt Nâgârjuna den Grundbegriff der "*Leerheit*" (*shûnyatâ*) entgegen, den er jedoch nicht als eine neue ontologische Kategorie oder Theorie verstanden wissen will, sondern der den Zweck habe, Erkenntnis zu vermitteln (vgl. MK 13,7f u. 22,11). Unter dem Aspekt der

---

[3] Vgl. A. K. Warder, Is Nâgârjuna a Mahâyânist?, in: M. Sprung (Hg), The Problem of Two Truths in Buddhism and Vedânta, Dordrecht 1973, 78-88.
[4] Vgl. das Urteil T. Vetters: "Nâgârjuna geht es, anders als seinen Nachfolgern, nur um die richtige Interpretation der Lehre des Buddha." Vetter zögert nicht solches Philosophieren als eine Art buddhistischer "Fundamentaltheologie" zu bezeichnen; vgl. T. Vetter, Zum Problem der Person in Nâgârjunas Mûla-Madhyamaka-Kârikâs, in: W. Strolz, Sh. Ueda (Hg), Offenbarung als Heilserfahrung im Christentum, Hinduismus und Buddhismus, Freiburg, Basel, Wien 1982, 167-185, hier 167 u. 173.
[5] Vgl. MK 4,5 u. 13,8.
[6] Streng, Emptiness... a.a.O. 220.
[7] Vgl. oben S. 506.
[8] Vgl. oben S. 512ff.
[9] Siehe dazu unten S. 530f Anm. 18.

Leerheit kommen die Fragen nach dem postmortalen Schicksal des Vollendeten gar nicht erst auf (MK 22,14), kommt die "*Vielheitswelt*" (*prapañca*), aus der das Leiden resultiert, zu Ende (MK 18,5), und dieses Zu-Ende-Kommen des "prapañca" ist heilsam (MK 25,24).

Es besteht kein Zweifel, daß Nâgârjunas Abwehr aller Theoriebildung unter den altbuddhistischen Vorzeichen der Leidbeseitigung und Heilsgewinnung steht. Die Schwierigkeiten der Interpretation liegen vielmehr darin, in welchem Verhältnis er Unheil (Leid) und Heil (Nirvâna) zueinander sieht, und wie er den Weg zum Heil versteht. Ist die von ihm als Ursache des Leids genannte "*Vielheitswelt*" (*prapañca*) ein rein subjektives Konstrukt, eine Form des aufzuhebenden Nichtwissens, oder handelt es sich um eine vorgegebene Realität? Ist der "prapañca" die Folie der abgelehnten Theoriebildung nur im Sinne des zweiten Motivs, also des unheilsamen, da anhaftenden Charakters der Theoriebildung, oder auch im Sinne des ersten Motivs, d.h. einer unzutreffenden Anschauung, der es an wirklicher Erfahrung der wahren Realität fehlt?

Im 18. Kapitel der Mûlamadhyamakakârikâs stellt Nâgârjuna "prapañca" in einen engen Zusammenhang mit *Ich-Spekulation*, *Anhaftung* und *Befleckungen* (klesha)[10]: Wenn der "Ich"- und "Mein"-Gedanke aufhört, gibt es keine Anhaftung mehr. Es kommt zu einer Befreiung von den leidhaften Befleckungen, und diese resultieren aus dem "prapañca". In einem ähnlichen Zusammenhang findet sich der Begriff des "prapañca" (Pâli: papañca) bereits im Pâli-Kanon im 18. Sutta des Majjhima-Nikâya, wo Buddha ausführt:[11]
"Wenn aus irgendeinem Grunde mannigfache Wahrnehmungen der Außenwelt (papañcasaññâsankhâ) an den Menschen herantreten und er sich nicht an ihnen ergötzt, sich nicht auf sie einläßt und nicht an ihnen haftet, so ist dies das Ende des leidenschaftlichen Begehrens, das Ende widerwilliger Abneigung, das Ende des Spekulierens, das Ende des unsicheren Schwankens, das Ende stolzer Anmaßung, das Ende des Machtstrebens, das Ende des Irrens, das Ende von Kampf und Krieg, von Streit und Zank, von Zwietracht und Lüge; dann schwinden alle diese unheilsamen Dinge dahin."

Während es hier also auf das Nichthaften am "prapañca" ankommt, gibt im weiteren Verlauf des Suttas Mahâkaccâna, ein Schüler Buddhas, eine andere Erklärung, die allerdings am Ende des Textes von Buddha bestätigt wird:
"Was man empfindet, das nimmt man wahr; was man wahrnimmt, das verarbeitet man geistig oder davon bildet man Begriffe (vitakketi). Wovon man Begriffe gebildet hat, das breitet man aus als Außenwelt (papañceti). Was man als Außenwelt ausbreitet, das sind die mannigfachen Wahrnehmungen

---

[10] Nach T. Vetter ist bei "Befleckungen" (ein Begriff, der im Pâli-Kanon unsystematisch für allerlei Unheilsames verwendet wird) hier an die drei Unheilsfaktoren, Nichtwissen, Durst und Anhaftung gedacht. Vgl. T. Vetter, Zum Problem der Person... a.a.O. 178.
[11] Die beiden folgenden Zitate sind entnommen aus: K. Schmidt, Leer ist die Welt, Konstanz 1953, 34ff.

der Außenwelt in den vergangenen, zukünftigen und gegenwärtigen sichtbaren Dingen... Ist keine Empfindung entstanden, so ist es nicht möglich, daß eine Wahrnehmung zustande kommen wird. Ist keine Wahrnehmung entstanden, so ist es nicht möglich, daß eine Begriffsbildung zustande kommen wird. Sind keine Begriffe entstanden, so ist es nicht möglich, daß ein Hervortreten der mannigfachen Wahrnehmungen der Außenwelt zustande kommen wird."

Die Erklärung Mahâkaccânas scheint im Unterschied zu der zunächst gegebenen Erklärung nicht auf das Beenden der Anhaftung, sondern auf das Aufhören der Sinnesfunktionen abzuzielen und könnte so eventuell in der Nähe zu der innerhalb des Pâli-Kanons ambivalent beurteilten, yogischen "unkörperlichen Versenkung" (arûpa-jjhâna) stehen, bei der eine Art kataleptischer Zustand erzielt wird.[12] Während die erste Erklärung den "prapañca" noch als heilsneutral vorauszusetzen scheint und den unheilsamen Prozeß mit der Anhaftung beginnen läßt, wird in der zweiten Erklärung anscheinend der "prapañca" selbst bereits als unheilsam angesehen, weshalb seine Entstehung verhindert werden muß. Auch Nâgârjuna spricht vom Auf-

---

[12] Die "unkörperliche Versenkung" wird im Pâli-Kanon von der "körperlichen Versenkung" (rûpa-jjhâna) unterschieden. Nach vorangegangenen konzentrativen Übungen wie z. B. der "Kasina-Meditation" wird auf der ersten Stufe der "unkörperlichen Versenkung" das Bewußtsein der "Raumunendlichkeit" gewonnen, auf der zweiten die Empfindung der "Bewußtseinsunendlichkeit", auf der dritten der Eindruck "Nichts ist da" und auf der vierten der Bereich der "Weder-Wahrnehmung-noch-Nichtwahrnehmung". Von dort aus tritt man in eine Art kataleptischen, todesähnlichen Zustand des "Aufhörens von Wahrnehmung und Empfindung" ein, der sich vom realen Tod nur dadurch unterscheidet, daß die Lebenswärme noch da ist und die Sinne nicht gebrochen sind (so nach Majjhima-Nikâya 41). Bei der "körperlichen Versenkung", die die Erleuchtungsmeditation Buddhas darstellt, wird auf der ersten Stufe eine von unheilsamen Geisteszuständen freie Vertiefung erreicht, die mit diskursivem Denken und einem verzückten Glück verbunden ist. Auf der zweiten Stufe verschwindet das diskursive Denken, auf der dritten die Verzückung, so daß nur noch ein friedvolles, achtsames Glück in der "Einspitzigkeit" des Geistes bleibt. Auf der vierten Stufe schließlich kommt es zu einem geistesklaren, leid- und freudlosen Gleichmut. Auf dieser Stufe kann, wie in der Erleuchtungsnacht Buddhas, das dreigliedrige Erleuchtungswissen, d.h. die Erkenntnis der eigenen Geburtenfährte, die Erkenntnis des Karma-Prinzips und die volle Erkenntnis der "Vier Edlen Wahrheiten" eintreten, was dann die Verwirklichung des Nirvânas und die bleibende Überwindung des Durstes beinhaltet. Im Gegensatz zu dieser "körperlichen Versenkung" soll Buddha die "unkörperliche Versenkung" *vor* seiner Erleuchtung erlernt und als nicht zum Nirvâna führend bezeichnet haben (so nach Majjhima-Nikâya 26). Dennoch gibt es eine Tradition, die die "unkörperliche Versenkung" an die vier Stufen der "körperlichen Versenkung", als übergeordnete Stufen anschließt und den Höhepunkt der unkörperlichen Versenkung mit dem "leibhaften Nirvâna" identifiziert (vgl. dazu auch P. Schmidt-Leukel, Die Bedeutung des Todes... a.a.O. 209ff). Zur Bedeutung der "unkörperlichen Versenkung für die Nâgârjuna-Interpretation siehe auch unten S. 530f Anm. 18.

hören des "prapañca" (MK 25,24), aber tut er dies im gleichen Sinne wie Mahâkaccâna? Will auch er einer jenseits der Wahrnehmung liegenden Versenkungserfahrung das Wort reden, oder geht es ihm um die Nicht-Anhaftung? Warum aber wendet er sich dann gegen die Entstehung des "prapañca", statt sich mit der Aufforderung, nicht am ihm zu haften, zu begnügen? Die nähere Betrachtung seiner Argumentationstruktur, die zur Destruktion des "prapañca" führen soll, wird zeigen, daß Nâgârjuna mit der Destruktion des "prapañca" der als unheilsam betrachteten Theorienbildung ein für allemal den Boden entziehen will, indem er sie ihres logischen Materials beraubt. Die Kategorien, die den "prapañca" konstruieren, sind die gleichen, die es zu der Entstehung der abgelehnten Theorien kommen lassen – und sie sind nichts anderes als die *Grundkategorien des Denkens*.

Den Ausgangspunkt der Überlegungen Nâgârjunas bildet das *Prinzip des abhängigen Entstehens* (pratîtyasamutpâda).[13] Sein Grundsatz ist dabei, *daß alles, was abhängig entsteht, auch vergeht*. Die Vergänglichkeit aller Dinge gilt ihm als eine empirische Tatsache: "How, indeed, will origination exist at all without disappearance? For, *impermanence does not fail to be found in existent things ever*." (MK 21,4)[14] Damit ist per definitionem die Existenz von *aus-sich-selbst-seienden Dingen* (svabhâva) ausgeschlossen, deren Existenz unabhängig von anderen, also unverursacht und daher unentstanden und unvergänglich wäre (vgl. MK 15,1f). Mit dem Prinzip des abhängigen Entstehens ist für Nâgârjuna jedoch nicht nur gegeben, daß alles vergeht und abhängig entsteht, sondern auch, daß nicht einfach alles aus allem entsteht, vielmehr nach einer festen kausalen Gesetzmäßigkeit (vgl. MK 1,11f). Werden diese buddhistischen Prämissen, von denen auch Nâgârjuna ausgeht, jedoch näher untersucht, so ergeben sich nach Nâgârjuna eine Reihe logischer Probleme.

Vergänglichkeit ist Veränderung, Veränderung ist Bewegung. Analysiert man aber Bewegungsabläufe genauer, dann kommt es zu eigenartigen Aporien. Wann genau, so fragt Nâgârjuna, beginnt eine aktuelle Bewegung (vgl. MK 2)? Natürlich nicht in der Zukunft, aber auch nicht in der Gegenwart, da die Bewegung in der Gegenwart schon da ist. Sie beginnt aber auch nicht in der Vergangenheit, da die vergangene Bewegung bereits abgeschlossen ist, also im Vorhinein zum Beginn der aktuellen Bewegung existierte. Der Beginn einer aktuellen Bewegung ist nicht exakt auszumachen (MK 2,12ff) und damit letztlich der Beginn keiner Bewegung (da jede Bewegung, die irgendwann einmal begann oder beginnt, dann als je aktuelle beginnt). Für Nâgârjuna

---

[13] So auch in der eventuell sekundären Einleitungsformel von MK: "Dem Buddha, der das abhängige Entstehen verkündet hat als ohne Vernichtung und ohne Entstehen, ohne Aufhören und nicht ewig, ohne Einheit und ohne Mannigkaltigkeit, ohne Kommen und ohne Gehen, als das friedvolle Zurruhekommen der Vielfalt (prapañcah), ihn, den trefflichsten der Lehrer, verehre ich." (Siehe E. Frauwallner, Die Philosophie des Buddhismus, Berlin 1956, 178). Zum "pratîtyasamutpâda siehe oben S. 471f Anm. 31.

[14] Streng, Emptiness... a.a.O. 207; Hervorhebung von mir.

enthüllt sich hier eine grundsätzliche Unfaßbarkeit zeitlicher Abläufe. Ist die Gegenwart nicht exakt bestimmbar, wie sollten es dann die anderen Zeiten sein. Die drei Zeiten sind begrifflich voneinander abhängig (keine ist ohne die anderen gültig), und doch werden sie als unabhängige Größen gedacht, die den Zeitablauf zergliedern (vgl. MK 19,1ff). Das Problem dieser Aporien besteht in der Statik unserer Begriffe, die immer nur Schnitte in den Bewegungsablauf setzen und ihn dadurch einteilen, aber den eigentlichen Fluß der Zeit nicht erfassen können: "A non-stationary »time« cannot be »grasped«; and a stationary »time« which can be grasped does not exist." (MK 19,5a). Und dieses grundsätzliche Problem der begrifflichen Zeiterfassung macht sich dann aporetisch bemerkbar, wenn bei zeitlichen Prozessen Übergänge genauer festgestellt werden sollen. Begrifflich gesetzte Zäsuren innerhalb des zeitlichen Kontinuums sind letztlich irreal, da sie sich erneut zu einem kürzeren Kontinuum strecken ließen. Andererseits kann das zeitliche Kontinuum nicht ohne die jeweiligen Einschnitte gedacht werden. Beides ist aufeinander bezogen, aber nicht schlüssig zur Deckung zu bringen.

Die Schwierigkeit einer Bestimmung des Übergangs in fließenden Prozessen macht sich auch, und dem gilt das besondere Interesse Nâgârjunas, bei kausalen Prozessen bemerkbar. Auch hier läßt sich der Übergang, in dem durch eine Ursache eine Wirkung entsteht, nicht exakt fassen. Wie kann das, was bereits vergangen ist, Ursache für das Entstehen einer Wirkung sein? Die Ursache ist vergangen, also nicht mehr existent, die Wirkung würde folglich aus einer Nicht-Ursache entstehen. Wenn aber Ursache und Wirkung zugleich bestehen, dann ist die Existenz der Wirkung nicht von der Ursache verursacht. Die Aporie läßt sich nicht dadurch lösen, daß man Zwischenglieder einfügt. Soll die bereits vergangene Ursache etwas abgeben, was dann erst die Wirkung bewirkt, so ist eben dieses etwas anderes als die vergangene Ursache. Es ist nun im Hinblick auf die Wirkung die eigentliche Ursache und das Problem stellt sich erneut (vgl. MK 20,5ff). Im Ursache-Wirkung-Verhältnis ist wie in allen fließenden Prozessen nach Nâgârjuna nicht nur kein allererster Anfang auszumachen (wie es der traditionellen Lehre von der Unerkennbarkeit eines Anfangs des Samsâra entspricht), sondern nirgendwo kann eine exakte Grenze gezogen (MK 11,8), d.h. der Übergang von einer Ursache zur Wirkung exakt bestimmt werden.

Das Problem einer exakten Grenzziehung bei fließenden Prozessen führt dazu, daß grundsätzlich die *Bestimmung von Identität und Differenz zu einem Problem* wird.[15] So können z.B. Ursache und Wirkung weder als mit-

---

[15] Diese Richtung hatte bereits das Milinda-Pañha eingeschlagen. Auf die nicht zur Ruhe kommende Frage, wer denn nun angesichts der Anattâ-Lehre eigentlich wiedergeboren wird, ob das wiedergeborene Wesen dasselbe oder ein anderes sei, wird die Gegenfrage gestellt, ob der alte Mann derselbe sei wie das einstige Kind oder ein anderer. Die Antwort verneint beides. Die gleiche Frage wird nun auf eine Reihe weiterer fließender Prozesse angewandt: Ist die Flamme einer die ganze Nacht hindurch brennenden Kerze zu Beginn der Nacht eine andere oder dieselbe wie die Flamme zur Mitte und am Ende der Nacht? Oder wie ver-

einander identisch noch als voneinander verschieden bestimmt werden (MK 4,6). Die Wirkung muß in irgendeiner Weise in ihrer Ursache enthalten sein, weil sonst jegliche Wirkung aus jeglicher Ursache hervorgehen könnte. Dies ist jedoch nicht der Fall, denn es entsteht nicht alles aus allem. Es muß also zwischen Ursache und Wirkung etwas Identisches sein. (vgl. MK 1,11ff u. 7,19). Aber diese Identität ist wiederum nicht exakt bestimmbar, da sie die Spannung von Ursache und Wirkung insofern aufheben würde, als das Identische dem Ursache-Wirkung-Verhältnis enthoben wäre. Was wäre die Ursache dieses Ursache und Wirkung verbindenden Identischen? Entweder führt das Problem zu einem infiniten Regress oder zur Negation des Kausalitätsverhältnisses. Wie aber ist andererseits Vergänglichkeit, in deren Begriff für das Verständnis Nâgârjunas sowohl der zeitliche als auch der kausale Fluß mitgegeben ist, denkbar, ohne daß ein identisches Substrat angenommen wird, an dem sich die Vergänglichkeit vollzieht? Es entsteht das Dilemma, daß Vergänglichkeit bzw. Veränderung nicht ohne ein identisches Substrat gedacht werden kann, dieses aber wiederum der Vergänglichkeit enthoben, also ein aus-sich-selbst-seiendes Wesen (svabhâva) wäre. Ein aus-sich-selbst-seiendes Wesen kann sich nicht ändern und widerspricht der buddhistischen Lehre vom bedingten Entstehen, aber ohne ein solches kann Veränderung nicht gedacht werden (vgl. MK 13 u. 15). Ohne Identität kann keine Differenz gedacht werden, aber eine Identität ohne Differenz zu denken, scheitert nicht nur an der Empirie, also der Vergänglichkeit aller Dinge, sondern ist für Nâgârjuna außerdem ebenfalls eine logische Unmöglichkeit.

Um dies zu zeigen und somit gegen die Idee einer der Veränderung enthobenen Größe zu argumentieren, die mit sich selbst identisch wäre und sich selbst verursachte, führt Nâgârjuna die für sein Denken zentrale These der *Relativität aller Begriffe* ein. So ist z.B. etwas nur "Ursache" im Hinblick auf eine "Wirkung" und umgekehrt. Solange wie eine Wirkung noch nicht entstanden ist, ist das, was ihre Ursache sein soll, auch noch keine "Ursache". Ist die Wirkung da, so ist die Ursache nicht mehr vorhanden (würden beide zugleich bestehen, könnte zwischen ihnen kein Kausalverhältnis herrschen). Ohne die Ursache kann etwas jedoch nicht "Wirkung" genannt werden. Beide Begriffe sind voneinander wechselseitig abhängig, und dieses logische Verhältnis stimmt nicht mit dem Sachverhalt überein, den es zum Ausdruck bringen will, da hier nur die Wirkung von der Ursache abhängig sein soll. Das begriffliche Denken überspringt also quasi die eigentlichen Gegebenheiten. Da nach dem "pratîtyasamutpâda" alle Dinge verursacht sind und neue Wirkungen verursachen, sich jedoch Ursache und Wirkung hin-

---

hält es sich mit der Milch, die zu Dickmilch, Butter und schließlich Butteröl wird? Immer heißt die Antwort: nicht dasselbe, nicht ein anderes (vgl. Nyanaponika, Milindapañha... a.a.O. 65f). Nâgârjuna erkennt, daß bei fließenden Prozessen die Bestimmung von Identität und Differenz ein grundsätzliches Problem darstellt. Und es ist das logische Grundproblem schlechthin, da es sich um die Zentralkategorien des Denkens handelt, und alle Wirklichkeit, weil vergänglich, ein fließender Prozeß ist.

sichtlich ihrer realen Identität nicht exakt voneinander abgrenzen lassen, sind alle Dinge von der Problematik der Unbestimmbarkeit ihrer Identität betroffen (vgl. MK 1). Da Ursache und Wirkung weder als miteinander identisch noch als voneinander verschieden bestimmbar sind, lassen sich alle Dinge nicht exakt in ihrer Identität und Differenz bestimmen, werden aber mit wechselseitig voneinander abhängigen, also zueinander relativen Begriffen, wie Ursache und Wirkung, bezeichnet.

Bei allen Bewegungsprozessen werden Bewegung und Bewegtes unterschieden, so wie sich eben Vergänglichkeit nicht ohne ein Substrat, an dem sie sich vollzieht, denken läßt. Bewegung und Bewegtes sind aber ebenfalls relativ zueinander, d.h. eins läßt sich nicht ohne das andere bestimmen und als vom anderen getrennt existierend annehmen. Auch für Bewegung und Bewegtes gilt daher, daß sie weder miteinander identisch, noch voneinander verschieden sind. Wollte man eine Verschiedenheit annehmen, so müßte man eine vom Bewegten unabhängige Bewegung und ein von der Bewegung unabhängiges Bewegtes denken. Setzt man sie identisch, dann wird das Denken redundant, und die Unterscheidung von Substanz und Attribut würde ihren synthetischen, empirischen Charakter verlieren (vgl. MK 2). Dieselbe Problematik gilt nach Nâgârjuna für alle definierenden Attribute (vgl. MK 5). Zwischen Definiertem und Definition läßt sich weder eine logische noch eine ontologische Priorität festlegen. Wie aber entstehen beide gemeinsam? Mit dem Versuch einer Antwort auf diese Frage beginnt der Zirkel von neuem (vgl. MK 10,10)!

Jede Denkfigur, die mit Identität und Differenz arbeitet (und welche tut dies nicht?), setzt eine Beziehung zweier Pole voraus, die für sich wiederum eine in sich geschlossene Identität bildet und daher keine Beziehung vermitteln kann. Nâgârjuna nennt als Grundbeispiele Gemeinsamkeit und Differenz. Gemeinsamkeit existiert nie in einem einzelnen Ding, sondern nur zwischen zweien. Es ist unsinnig von einem Ding zu sagen, es habe etwas gemeinsam, oder es sei identisch. Aber wie ist es möglich, von zwei Dingen zu sagen, daß sie etwas gemeinsam haben oder identisch sind, da zwei Dinge, die etwas gemeinsam haben, als zwei einzelne Dinge gedacht werden, von denen als je einzelnen Gemeinsamkeit nicht ausgesagt werden kann (MK 6,4f)? Ebenso verhält es sich mit der Differenz. Ein einzelnes Ding ist kein verschiedenes Ding, aber die Differenz von zwei Dingen wird als ein Charakteristikum der beiden einzelnen Dinge gedacht (MK 14,5ff). Das Problem von Identität und Differenz erweist hinsichtlich der Begriffsrelativität die zirkuläre Struktur allen Denkens: "You postulate concomitance by saying: neither is proved seperate from (the other). (And) you postulate seperateness even more to prove concomitance." (MK 6,8)[16] Alle Begriffe sind nur gültig in Relation zu einem Gegenbegriff. Und daher operiert jede Aussage mit begrifflichen Voraussetzungen, die letztlich nicht anders gestützt werden können als durch den zirkulären Rückgriff auf die Aussage, die diese Voraussetzung macht. Daher sind alle Aussagen unbewiesen und unbeweis-

---

[16] Streng, Emptiness... a.a.O. 189.

bar. Um jeweils eine zu beweisen, muß eine andere unbewiesen vorausgesetzt werden (vgl. MK 4,8 u. 10,10).

Die Vorstellung einer sich selbst verursachenden Verursachung unterliegt nun dem gleichen Zirkelschluß: "If it has not yet originated, how does origination produce itself? And if it has already originated, when it is being produced, what is produced after that which is already produced?" (MK 7,13)[17] In einer sich selbst verursachenden Verursachung setzt Verursachung Existenz und Existenz Verursachung voraus (MK 7,17). Diese Idee kann daher keine Lösung der logischen Probleme sein, die sich bei der Analyse des bedingten Entstehens ergeben, sondern ist geradezu die Grundfigur der Aporie.

Wegen der grundsätzlichen Relativität aller Begriffe und der Unmöglichkeit einer exakten deskriptiven Anwendung auf die Realität entsprechen den begrifflichen Einteilungen (jeder Begriff ist eine Einteilung, eine jenes von anderem unterscheidende Festlegung) nach Nâgârjuna keine Wirklichkeiten. Vielmehr sind die Begriffe und die mit ihnen operierenden Aussagen "mentally fabricated" (MK 2,14). Es kann aber auch nicht einfach auf die Begriffe und Kategorien verzichtet werden, da die Wirklichkeit als vergänglich und kausal eindeutig (es entsteht nicht alles aus allem) strukturiert erfahren wird. Die Wirklichkeit ist weder eine undifferenzierte Größe, in der alles einander identitisch ist, noch kann irgendeine Struktur, die begrifflich faßbar wäre, für die wirkliche gehalten werden. Damit sind wir wieder bei unserem Ausgangsproblem der Nâgârjuna-Interpretation, das M. Sprung im Hinblick auf das Ziel der Erörterungen Nâgârjunas so formuliert hat: "Putting these two criteria together (d.h. logische Widerspruchslosigkeit und Übereinstimmung mit der Erfahrung; Anm. v. mir), could we say that they point to an immediate experience which is undistorted by nonsense, or to a reality which as a whole makes sense, in some sense?"[18] Die Diskussion

---

[17] Ebd. 191.
[18] Mervyn Sprung, The Mâdhyamika Doctrine of Two Realities as a Metaphysic, in: ders. (Hg), The Problem of Two Truths... a.a.O. 50. Nach *T. Vetter* ist die anfangs in der Indologie vorherrschende Interpretation Nâgârjunas i.S. eines Nihilismus "von der modernen Forschung längst überwunden" (vgl. T. Vetter, Die Lehre Nâgârjunas in den Mûla-Madhyamaka-Kârikâs, in: G. Oberhammer [Hg], Epiphanie des Heils, Wien 1982, 87-108; hier 90, Anm. 8). Statt dessen kreist die Diskussion in der Tat um jene beiden von *Sprung* genannten Fragen nach der Art der Erfahrung, von der her Nâgârjuna denkt, und der Art des dieser entsprechenden Wirklichkeitsverständnisses. *T. R. V. Murti* hat in seiner ausführlichen Studie "The Central Philosophy of Buddhism. A Study of the Mâdhyamika System" (London³ 1980) vertreten, daß Nâgârjuna eine "intellektuelle Intuition" anziele, bei der es sich nicht um eine Erkenntnisquelle neben dem Denken handle, sondern vielmehr um die wahre Erkenntnis, die untergründig immer vorhanden, aber vom Denken verfälscht und überdeckt ist und erst dann voll wirksam wird, wenn das Denken durch dialektische Kritik in seiner Inadäquatheit entlarvt wird. Die Intuition erfaßt die eine Wirklichkeit als das wahrhaft Absolute; die Differenz

von Absolutem und Relativem bzw. Phänomenalem ist bei Nâgârjuna keine ontologische, sondern eine epistemologische (vgl. ebd. bes. 140ff u. 330ff). *F. Streng* hat Murti darin widersprochen, daß Nâgârjuna an die Intuition einer absoluten Wirklichkeit denke. Streng versteht Nâgârjunas Anliegen ausschließlich existentiell i. S. der Nicht-Anhaftung. So gehe es Nâgârjuna nicht um eine mystische Erfahrung, sondern allein um die Erfahrung des täglichen Lebens im Modus der Nicht-Anhaftung (vgl. ders., Emptiness... a.a.O. bes. 76, 87, 94ff, 146 u. 159f). Ähnlich wie Streng lehnt auch *M. Sprung* das Konzept einer mystischen Intuition ab und meint, daß es um die Art des Verhaltens in der Welt gehe (vgl. M. Sprung, The Mâdhyamika Doctrine of two Realities as a Metaphysic, in: ders. [Hg], The Problem of Two Truths in Buddhism and Vedanta, Dordrecht 1973. Vgl. in demselben Band auch die beiden kontroversen Beiträge von T. R. V. Murti und F. Streng). Aber stärker als Streng, der bei Nâgârjuna die Grundlage für die anhaftungslose Existenz in der im "pratîtyasamutpâda" beschriebenen "interrelatedness" aller Dinge sieht (Streng, Emptiness... a.a.O. 169), versteht Sprung Nâgârjuna so, daß zwischen der Realität der Dinge und ihrer sprachlich artikulierten Sichtweise nicht unterschieden werden kann. Seine Intention sei die Überführung des Menschen in eine andere Realität, die Realität, die der "Weise" erlebt, aber die sich jeder Beschreibbarkeit entzieht (vgl. dazu auch: M. Sprung, Being and the Middle Way, in: ders. [Hg], The Question of Being. East-West Perspectives, London 1978, 127-139 und ders., The Problem of Being in Madhyamika Buddhism, in: R. C. Amore [Hg], Developments in Buddhist Thought: Canadian Contributions to Buddhist Studies [S/R Supplements No. 9], Waterloo, Ontario 1979, 8-25). Gegen solche Positionen hat *T. Vetter*, der zwar die Auffassung der "transformatorischen Kraft des Denkens bei Nâgârjuna" teilt, wiederum in gewisser Nähe zu Murti vertreten, daß es Nâgârjuna um eine "mystische Transzendenzerfahrung" gehe, die auf dem Weg radikal kritischen Denkens erreicht oder zumindest vorbereitet werde. In dieser Erfahrung werde nicht die Wahrnehmung einer an sich vorhandenen strukturierten Welt nur vorübergehend ausgeschaltet, sondern vielmehr die Welt wahrhaftig als unstrukturiert erfahren. Vetter scheint diese Erfahrung selbst allerdings durchaus als vorübergehend zu verstehen (vgl. T. Vetter, Die Lehre Nâgârjunas... a.a.O. und ders., Zum Problem der Person... a.a.O.). Auch *L. Schmithausen* spricht (und zwar i. S. einer Grundtendenz des Mahâyâna) von einer illusionistischen Wirklichkeitsauffassung, der die "heilskonstitutive mystische Erfahrung der Unwirklichkeit der Erscheinungen, ihres Immer-schon-zur-Ruhe-gekommen-Seins, also des Nirvâna als des wahren, eigentlichen Wesens der Welt" zugrunde liege, worin Schmithausen eine Uminterpretation der altbuddhistischen unkörperlichen Versenkungserfahrung (vgl. oben S. 525 Anm. 12) sieht. Diese im alten Buddhismus als nicht-heilsnotwendige Antizipation des postmortalen Nirvânas verstandene Erfahrung werde im Mahâyâna mit der Einsicht in die Allvergänglichkeit verknüpft, und so zu einem Intuitionismus radikalisiert, der die Unwirklichkeit der flüchtigen Welt schaue und damit aller Weltverhaftung den Boden entziehe (vgl. L. Schmithausen, Spirituelle Praxis und philosophische Theorie im Buddhismus, in: ZMR (57) 1973 161-186 und ders., Zur Struktur der erlösenden Erfahrung im indischen Buddhismus, in: G. Oberhammer [Hg], Transzendenzerfahrung, Vollzugshorizont des Heils, Wien 1978, 97-119). Unter dieser Voraussetzung wäre Nâgârjuna dann wohl so zu verstehen, daß er mit logischen Mitteln die theoretische Legitimation dafür besorgt, daß der Zustand des "Aufhörens

dieser Frage bringt uns einer Klärung von Nâgârjunas Verständnis des "prapañca" näher und gibt Gelegenheit zu erkennen, warum er seine logische Kritik unter das Vorzeichen einer Verwirklichung des "seligen" bzw. "heilsamen" Aufhörens des "prapañca" stellen kann.

3.1.2 Absolute Transzendenz und die Transzendierung des begrifflich verfaßten Wirklichkeitszugangs

Nâgârjuna bezeichnet die vom Denken verwendeten Begriffe und Kategorien als geistige Konstrukte und das von diesen gezeichnete Bild der Wirklichkeit als "magischen Trick", "Traum", "Luftschloß" und "Luftspiegelung" (vgl. z.B. MK 7,34 u. 17,33). Dabei zerstören seine Analysen aber gerade das, was ihren Ausgangspunkt bildet, das Prinzip der bedingten Entstehung. Wird die von ihm vorgelegte Kritik mitvollzogen, dann gibt es nicht nur keine aussich-selbst-seienden, also unverursachten, ewigen und in sich deutlich abgegrenzten Dinge, sondern überhaupt keine Dinge und keine Verhältnisse, d.h. weder Identität noch Differenz, weder Entstehen noch Dauer noch Vergehen, keine Kausalität (MK 12,10) und damit auch kein bedingtes Entstehen. Damit scheint die Welt völlig unstrukturiert zu sein, was jedoch der Erfahrung (die Dinge entstehen und vergehen, und sie tun dies nach einer bestimmten kausalen Ordnung) widerspricht. Nâgârjuna versteht sich als Buddhist, und es ist nicht sein Ziel, die buddhistische Lehre zu verabschieden (ein Vorwurf, den er selber in MK 24 energisch zurückweist). Er spricht davon, daß auch Phantome eine gesetzmäßige Wirklichkeit haben können: "Just as a teacher, by his magical power, formed a magical form, and this magical form formed again another magical form – just so the 'one who forms' is himself being formed magically; and the act performed by him is like a magical form being magically formed by another magical form." (MK 17,31f)[19] Doch mit dieser Erklärung wird das Problem nur verschärft. Auch wenn unsere Sicht der Wirklichkeit als magische Illusion enttarnt wird, gilt dann nicht für die in der Illusion herrschende Gesetzmäßigkeit die gleiche Kritik, die zur Enttarnung der für real gehaltenen Gesetze als Illusion geführt hat? *Gibt es* – und wie sollte es anders sein, wenn der infinite Regress auch hier zu vermeiden ist (den Nâgârjuna selbst nie als gültige Erklärung zuläßt) – *eine Wirklichkeit hinter oder jenseits der Illusion? Ist die Erfahrung des Nirvânas für Nâgârjuna die Erfahrung der wahren Wirklichkeit?*

An einer Stelle scheint Nâgârjuna dies anzudeuten: "...the ignorant people construct the conditioned things (samskâra); (that is) the source for existence-in-flux. The one who constructs is ignorant; the wise person is not

---

von Wahrnehmung und Empfindung" nicht eine Ausschaltung der Wirklichkeitserfahrung, sondern im Gegenteil vielmehr die wahre Wirklichkeitserfahrung sei.
[19] Streng, Emptiness..., a.a.O. 203.

(one who constructs) because he perceives true reality." (MK 26,10)[20] Nâgârjuna unterzieht jedoch die Vorstellung der Existenz und Erreichbarkeit des Nirvânas (MK 16,9), die Vorstellung der Existenz von etwas Heilsamem und etwas Unheilsamem (MK 23,12), die Vorstellung vom kausalen Vorgang der Leidentstehung (MK 12) und die Vorstellung von der Existenz einer Person, die sich von den Begriffen des "Ich" und "Mein" freigemacht hat (MK 18,3) ebenfalls seiner unerbittlichen logischen Kritik. Die bereits in der buddhistischen Tradition gegebene Ablehnung von Eternalismus und Nihilismus als gültiger Aussagen über den Zustand des Befreiten wird von ihm dahingehend radikalisiert, daß Eternalismus und Nihilismus die logisch unvermeidlichen Konsequenzen eines an der Vorstellung von Dingen und Sein orientierten Denkens seien (MK 15,10 u. 21,14). Denn die Annahme von aus-sich-selbst-seienden, real abgegrenzten Dingen muß schließlich zur Annahme von etwas Ewigem führen, und die Kehrseite der Annahme existierender (abgegrenzter) Dinge ist die Annahme, daß es auch Nicht-Existenz gibt (als Voraussetzung für die Annahme und Abgrenzbarkeit des Existierenden). Sein und Nichts sind wie alle anderen Begriffe ebenfalls relational voneinander abhängig. Sie stellen die ontologische Applikation der formallogischen Unterscheidung von Identität und Differenz dar. Der Weise aber hat – so weitet Nâgârjuna die Traditon aus – den Vorstellungen von Sein und Nicht-Sein entsagt (MK 15,10b). Wer das Nirvâna als etwas denke, in dem der Buddha ist oder nicht ist, habe eine unreife Vorstellung vom Nirvâna (MK 22,13). Nâgârjuna beruft sich auf zwei traditionelle Aussagen zum Nirvâna: Erstens, daß das Nirvâna weder vergeht noch erreicht werden kann (beginnt?), weder vernichtet wird noch ewig ist, weder verschwindet noch entsteht (MK 25,3).[21] Zweitens, daß die vier Aussagen über den posthumen Zustand des Vollendeten (er ist; er ist nicht; er ist und ist nicht zugleich; weder ist er, noch ist er nicht) von Buddha als ungültig abgelehnt werden (MK 25,4-17).[22] *Ontologische Konzepte wie Ewigkeit oder Nicht-Ewigkeit und logische Abgrenzungen wie "Ende" oder "ohne Ende" passen nach Nâgârjuna nicht für die Seligkeit (MK 22,12). Wo der Bereich des Erkennbaren aufhört, ist auch eine Benennung nicht mehr möglich (MK 18,7). Jede Vorstellung ist ebenso wie das, woraus sie besteht, das worüber sie besteht und der, der sie hat, unwirklich (MK 23,15).*

Nâgârjuna schließt die Aussagen über das Heilsziel ebensowenig von seiner Kritik aus, wie die Aussagen über die allgemeine Existenzerfahrung. In beiden Bereichen stellen sich die gleichen logischen Probleme. Eine exakte Grenzziehung zwischen Unheil und Heil ist daher genauso unmöglich, wie jede andere Grenzziehung auch. *Die bereits von der buddhistischen Tradi-*

---

[20] Ebd. 218.
[21] Vermutlich denkt Nâgârjuna hierbei an Aussagen wie z.B. in Udâna VIII,1: "Das, ihr Mönche, nenne ich weder Kommen noch Gehen noch Stehen noch Vergehen noch Entstehen. Ohne Stützpunkt, ohne Anfang, ohne Grundlage ist das; eben dies ist das Ende des Leidens." (Seidenstücker, Udâna... a.a.O. 93).
[22] Vgl. oben S. 483ff.

tion abgelehnten Vorstellungen über das Nirvâna haben die gleichen Wurzeln wie die (in der Tradition) nicht-abgelehnten Aussagen über den Unheilszustand. "The views (regarding) whether that which is beyond death is limited by a beginning or an end or some other alternative depend on a nirvâna limited by a beginning (pûrvânta) or an end (aparânta). Since all dharmas are empty, what is finite? What is infinite? What is both finite and infinite? What is neither finite nor infinite? Is there anything which is this or something else, which is permanent or impermanent, which is both permanent and impermanent, or which is neither?" (MK 25,21ff).[23] *Nirvâna und Samsâra sind also ununterscheidbar* (MK 25,19f). Doch verbietet sich eine monistische Deutung dieser Ununterschiedenheit, da dieses eine einseitige Bejahung der Kategorie der Identität wäre. So greift Nâgârjuna zu paradoxen Formulierungen und sagt vom Vollendeten, der ja das Nirvâna verwirklicht hat: "The self-existence of the 'fully completed' (being) is the self-existence of the world. The 'fully completed' (being) is without self-existence (and) the world is without self-existence." (MK 22,16).[24] *Die Ununterscheidbarkeit gründet auf der Leugnung abgrenzbarer, mit sich identischer Wesenheiten, und so ist das Fehlen eines eigenen Wesens von Nirvâna und Samsâra das eigene Wesen beider.*

Die vom Weisen wahrgenommene wahre Realität (also die traditionell als "Nirvâna" verstandene Erkenntnis) ist "not caused by something else", "peaceful", "not elaborated by discursive thought", "indeterminate", "undifferentiated" (MK 18,9).[25] Während die drei ersten Attribute durchaus das traditionelle Verständnis des Nirvânas wiedergeben, führen die von Nâgârjuna ausgearbeiteten beiden letzten Attribute dazu, daß die klassischen Bestimmungen des Nirvânas auf alles übertragen werden können: "Those things which are unoriginated and not terminated, like nirvâna, constitute the Truth." (MK 18,7b)[26] Nâgârjuna scheint dies als einen *Wandel der Perspektive* in der Wirklichkeitswahrnehmung durch den unerlösten, unerleuchteten und den erlösten, weisen Menschen zu verstehen: "That state which is the rushing in and out (of existence) when dependend or conditioned - this (state), when not dependent or not conditioned, is seen to be nirvâna." (MK 25,9)[27] Der Weise scheint also durchaus nicht eine andere Wirklichkeit zu erfahren, sondern die Wirklichkeit anders zu erfahren. Aber würde dies nicht bedeuten, daß die empirischen Prozesse der Vergänglichkeit und der Ursachenfolge, auf die Nâgârjuna selbst sich immer wieder stützt, in Wirklichkeit gar nicht existieren? Oder erfährt der Weise doch eine andere Wirklichkeit insofern, als daß er der einen gleichen Wirklichkeit eine *andere Bedeutung* zumißt als der Unerleuchtete, und es erst die Bedeutung ist, die Wirklichkeit konstituiert? D.h. *daß in ihm die Subjekt-Objekt Spaltung aufgehoben ist, die für den Unerleuchteten gilt, und daher "seine" Wirklichkeit,*

---

[23] Streng, Emptiness... a.a.O. 217.
[24] Ebd. 210.
[25] Vgl. ebd. 204.
[26] Ebd. 204.
[27] Ebd. 216.

der er nicht mehr als ein Subjekt gegenübersteht, zwar nicht verschieden ist von der des Unerleuchteten, doch auch nicht mit ihr identisch, da von ihr anders gesprochen werden muß, eben so, daß die Abgrenzungen, vor allem die von Subjekt und Objekt, überwunden sind, und es daher auch nicht möglich ist, nur von einem Wandel im Subjekt zu sprechen. Mit der Beschreibung der Wirklichkeit nach dem Prinzip der bedingten Entstehung wäre dieser eine andere Bedeutung gegeben als mit dem Verzicht auf diese Beschreibung. Im Wirklichkeitszugang der *Beschreibung* selbst, der nichts anderes ist als die begrifflich repräsentierte Wirklichkeitserfassung, die glaubt, daß die Wirklichkeit begrifflich repräsentierbar ist, läge bereits eine spezifische – und zwar abzulehnende – Bedeutung. *Das Denken mit seinen Abgrenzungen, dem sich die Welt als "Vielheitswelt" (prapañca) darstellt, und das sich in Beschreibung artikuliert, gibt der Welt eo ipso eine andere Bedeutung als es die Welterfahrung des Weisen tut, die keine abgrenzbare und daher keine beschreibbare ist.* Das damit aufgegebene Problem, mit dem auch Nâgârjuna ringt, besteht darin, daß eine solche *Unterscheidung* von Bedeutungen wieder eine abgrenzende und damit beschreibende und damit unheilsame Kategorie ist. Nâgârjuna lehnt die Unterscheidung von heilsam und unheilsam ab, aber er spricht dennoch vom seligen Aufhören des leidhaften "prapañca".

Nâgârjuna beginnt seine Analysen immer mit einer Beschreibung der Wirklichkeit unter den von der buddhistischen Tradition vorgegebenen Aspekten der Vergänglichkeit und der Ursachenfolge, die für ihn beide im Prinzip der bedingten Entstehung, dem "pratîtyasamutpâda", zusammengefaßt sind. Er verteidigt diese als der allgemeinen Existenzerfahrung entsprechend. Aber diese Erfahrung ist im buddhistischen Sinne leidhaft, "dukkha", in ihr tritt uns die Welt des Todes entgegen. Wenn Nâgârjuna aber von der Heilserfahrung, vom Nirvâna spricht, dann sucht er jede Beschreibung zu meiden und verbietet es, das Nirvâna einfach in Gegenüberstellung zur Welt des Todes zu verstehen. *Die auch von der buddhistischen Tradition vertretene Unbeschreiblichkeit des Nirvânas, seine absolute Transzendenz, verlangt letztlich die Destruktion auch der Beschreibbarkeit der Unheilswirklichkeit, da sonst das Nirvâna in eine logische und ontologische Abhängigkeit vom Samsâra geraten würde, und als dessen relativer (d.h. eben nicht absoluter!) Gegenbegriff beschreibbar bliebe.*

Nâgârjuna kritisiert somit ein begriffliches Verständnis des Nirvânas, weil nach seiner Auffassung alle Begriffe relational voneinander abhängig bleiben und dadurch absolute Transzendenz verfehlen (das Absolute, das es selbst nur in Abhängigkeit vom Relativen ist, ist nicht das Absolute). Bleibt man bei einer begrifflichen Auffassung vom Nirvâna stehen, dann würde es nach Nâgârjuna unvermeidlich, vom Nirvâna in den Kategorien des Seins oder Nicht-Seins, des Eternalismus oder Nihilismus zu sprechen. Soll aber das begriffliche Verständnis des Nirvânas überwunden werden, dann müssen auch alle Gegenbegriffe zum Nirvâna fallen. Die Ununterscheidbarkeit bzw. Identität (aber eben nicht im monistischen Sinn) von Nirvâna und

Samsâra muß also gerade wegen der absoluten Transzendenz des Nirvânas postuliert werden. Die Absolutheit des Nirvânas ist erst dann erfaßt, wenn das Nirvâna nicht mehr im relativen Gegensatz zum Samsâra gedacht wird, weil es sonst auf einer logisch kontinuierlichen Ebene mit dem Samsâra verbliebe. *Die Ununterscheidbarkeit bzw. Identität von Samsâra und Nirvâna artikuliert somit die schärfste Diskontinuität zwischen beiden, eben ihre absolute, anstatt nur relative Gegensätzlichkeit.* Durch die deskriptiv paradoxe Figur der *Identität des sich absolut Widersprechenden* wird die Unbeschreiblichkeit des Nirvâna gewahrt, aber zugleich auch die Unbeschreiblichkeit des Samsâra behauptet.

Wenn Nâgârjuna von der Unheilssituation auf die Heilssituation hin denkt, dann bewegt er sich vom zunächst anscheinend Beschreibbaren über die logischen Aporien solcher Beschreibungsversuche zur prinzipiellen Unbeschreiblichkeit der Wirklichkeit. Aber *der Übergang vom Beschreibbaren zur Unbeschreibbarkeit kann kein logisch kontinuierlicher sein*, so als läge über einer beschreibbaren Welt eine höhere unbeschreibbare. So bliebe die Unbeschreibbarkeit des Nirvâna wieder nur eine im relativen Gegensatz zum Beschreibbaren stehende, von diesem abhängige und als solche letztlich doch beschreibbare. Lehnt man alle Theorien über das Nirvâna ab, dann muß man, da es zwischen prinzipiell Beschreibbarem und prinzipiell Unbeschreibbarem keinen kontinuierlichen Übergang geben kann, das Material der Theorien, ihre Begriffe, Kategorien, Denkstrukturen, grundsätzlich destruieren. *Die von Nâgârjuna vollzogene Bewegung von der vermeintlich beschreibbaren Unheilssituation auf die unbeschreibbare Heilssituation hin ist überall eine von der umgekehrten Bewegung gebrochene, bei der die Unbeschreibbarkeit der Heilssituation auch die Unbeschreibbarkeit der Unheilssituation verlangt und so diesen Gegensatz selbst negiert.*

Mit diesem Ergebnis läßt sich auch eine Antwort auf die Frage versuchen, ob Nâgârjuna mit dem Aufhören des "prapañca" das Aufhören der Anhaftung oder eine spezifische Versenkungserfahrung anzielt. Der noch unerlöste, unerleuchtete Mensch hat eine andere, sich eben in Beschreibbarkeit artikulierende *Perspektive*, unter der er Unheil und Heil sieht, als der Erleuchtete. Die Perspektive des Erleuchteten ist jedoch für Nâgârjuna fraglos die wahre. Aber sie ist die wahre als eine *grundsätzlich* andere. *Der Erleuchtete beschreibt nicht etwas richtig, was der Unerleuchtete falsch beschreibt, sondern der Unerleuchtete beschreibt – und darin liegt das Unwahre –, während der Erleuchtete nicht mehr beschreibt – und darin liegt das Wahre.* So ist auch die *Erfahrung* des Erleuchteten eine andere als die des Unerleuchteten. Er erfährt nicht mehr in der Weise von "prapañca", d.h der Vielheitswelt mit ihren beschreibbaren Abgrenzungen und Gegenüberstellungen. Aber da jede Erfahrung, soll sie beschrieben werden, nur mit diesen Gegenüberstellungen, eben vor allem der Gegenüberstellung eines erfahrenden Subjekts und eines erfahrenen Objekts, beschrieben werden kann, kann sie gar nicht beschrieben werden. So muß jeder Versuch einer Deskription des Nirvâna zerstört werden, auch der, das Nirvâna als das andere des

Samsâra zu beschreiben (und insofern verfällt natürlich auch der gerade geschriebene Satz, daß die Erfahrung des Erleuchteten eine grundsätzlich andere als die des Unerleuchteten ist, als deskriptiver und abgrenzender Satz sofort wieder der Kritik Nâgârjunas): "Those who describe in detail the Buddha, who is unchanging and beyond all detailed description – those completely defeated by description, do not perceive the 'fully completed' (being). The self-existence of the 'fully completed'(being) is the self-existence of the world. The 'fully completed'(being) is without self-existence (and) the world is without self-existence." (MK 22,15f)[28]

Anhaftung scheint für Nâgârjuna immer bereits dort gegeben zu sein, wo der Wirklichkeitszugang entlang abgrenzender Strukturen und vor allem entlang der Subjekt-Objekt-Struktur geschieht. So sagt Nâgârjuna in MK 18,4, daß durch das Aufhören des Ich-Gedankens die Anhaftung beendet und durch das Aufhören der Anhaftung die Existenz beendet wird. In MK 26,7 heißt es: "When the acquisition (upâdâna = Anhaftung; Anm. v. mir) exists, the acquirer begins to function. If he were someone without acquisition, that being would be released, and would not exist."[29] Angesichts der deutlichen Ablehnung von Eternalismus und Nihilismus scheint das Aufhören der Existenz hier im Sinne des Aufhörens einer im Subjekt-Objekt-Schema oder mit den Kategorien von Sein und Nicht-Sein beschreibbaren Existenz gemeint zu sein. *Das Aufhören des "prapañca", das Aufhören der "Vielheitswelt" ist für Nâgârjuna mit dem Aufhören der Anhaftung identisch, da die Konstruktion des "prapañca" eben die Struktur eines anhaftenden Wirklichkeitszugangs ist. Der anhaftende Wirklichkeitszugang zeigt sich in der Auffassung, daß die Wirklichkeit mit Begriffen zu beschreiben sei und der so letztlich unvermeidlichen Verwechslung der begrifflich verfaßten Wirklichkeitssicht mit der Wirklichkeit selbst. Dies ist Nâgârjunas Alternative zu den beiden Erklärungen in Majjhima-Nikâya 18.*[30] Insofern dürfte es sich bei der von Nâgârjuna intendierten Erfahrung kaum um eine punktuelle Versenkungserfahrung handeln, wie sie etwa in der "unkörperlichen Versenkung" gemacht wird, sondern um jene, einer veränderten – eben nicht mehr anhaftenden – Existenzweise entsprechende, durchgängig neue Wirklichkeitserfahrung, in die der Buddha mit seiner Erleuchtung erstmalig eingetreten ist und in der er als der *Erleuchtete* (und nicht als einer, der einmal eine Erleuchtung hatte) auch blieb.

Jeder Versuch, die Unbeschreibbarkeit wiederum als die Unbeschreibbarkeit von "etwas" (Objekt) durch ein Subjekt zu verstehen, würde freilich erneut der Kritik Nâgârjunas verfallen. Unbeschreibbarkeit ist die Destruktion jeder Beschreibung, sonst nichts! *Gerade diese Destruktion aber wird von Nâgârjuna unter der Voraussetzung der buddhistischen Lehre, des buddhistischen Verständnisses der Unheilssituation und des buddhistischen Heilsweges zum Zweck der direkten Hinführung zum buddhistischen Heilsziel vollzogen!*

---

[28] Ebd. 210. Nâgârjuna verwendet in Vers 15 das Verb "prapañca-ya"!
[29] Ebd. 218.
[30] Siehe oben S. 524f.

Insofern ist die Logik Nâgârjunas eine Logik des Todes, die das Todlose vermitteln will: eine Logik, die bei den Aspekten einsetzt, unter denen der Buddhismus das Todesproblem sieht, und zur Heilserfahrung des "Todlosen", der Befreiung vom ontologischen Unterworfensein unter die Vergänglichkeit, hinführen will. Als *logische* Explikation der Heilsbotschaft konzentriert sie sich auf das Problem der Wirklichkeitsbeschreibung, und als logische Explikation der *Heils*botschaft betreibt sie eine aktive Destruktion aller Beschreibungskategorien, um die Heilserfahrung zu initiieren. Das Aufhören des "prapañca" ist für Nâgârjuna das Aufhören des Beschreibens als eines Ausdrucks anhaftenden und somit leidhaften Wirklichkeitszugangs. Und dieses Aufhören ist daher selig (vgl. MK 5,8 u. 25,24). Die zunächst nötige (und daher auch zunächst möglich erscheinende) Beschreibung der Welt des Todes, zu deren Nicht-Verdrängung der Mensch ja erst hingeführt werden muß, muß schließlich selbst überwunden werden, um das Unbeschreibliche, das Todlose, wirklich als solches zu vermitteln, d.h. ohne es wieder in die Beschreibungsversuche des Eternalismus oder des Nihilismus zurückfallen zu lassen.

Dieser Wechsel von der Beschreibbarkeit zur Unbeschreibbarkeit ist in der von Nâgârjuna vollzogenen Form ein performativer, evokativer Akt. Nâgârjuna beschreibt in seiner Logik nicht die buddhistische Lehre, so wie er sie versteht, sondern *er exerziert das, was er als buddhistische Lehre versteht. Die sich selbst zugunsten der Heilserfahrung aufhebende buddhistische Lehre spricht nicht mehr deskriptiv, wenn sie von dieser Erfahrung spricht, und sie spricht deskriptiv von der Unheilserfahrung, nur um sich über den Wandel ins Performative zur angezielten Erfahrung hin aufzuheben.* Dies macht es auch so schwer, irgendetwas über Nâgârjunas Vorstellungen von Samsâra und Nirvâna zu sagen, da jeder Versuch, diese zu beschreiben, sofort von seiner Kritik getroffen wird. Man kann mit Nâgârjuna nicht *über* das Nirvâna reden, sondern sich nur seinem Versuch, den Menschen zum Nirvâna zu bewegen, aussetzen oder widersetzen. Die Logik des Todes und des Todlosen, die logische Explikation des Heilsweges, ist bei Nâgârjuna *als solche* eine Logik buddhistischer Heilsvermittlung![31]

---

[31] Hier zeigt sich sehr deutlich, daß die in den Religionsvergleichen häufig auf den Buddhismus übertragene Dichotomie von Philosophie und Religion für den Buddhismus völlig unpassend ist, und man kann Jan van Bragt zumindest tendenziell zustimmen, wenn er darüber urteilt: "Vielleicht müssen wir sogar ganz allgemein sagen: Es gibt gar keine christliche Philosophie, und der Westen kennt keine Logik der Religion. Das Christentum hat sich nie seine eigene Philosophie geschaffen, sondern hat sich vielmehr damit begnügt, die griechische Philosophie zu adoptieren, ohne deren ursprüngliche Ausrichtung und deren Grundkategorien zu ändern... Unsere westliche Kultur hat nie versucht, eine radikal auf die christliche Offenbarung gegründete Logik zu entwickeln, während Nagarjuna und andere buddhistische Philosophen sich bemüht haben, konsequent aus den vier heiligen Wahrheiten des Buddha heraus zu philosophieren." (J. v. Bragt, Begegnung von Ost und West, in: H.Waldenfels, Th.Immoos (Hg), Fernöstliche Weisheit und christlicher Glaube, Mainz 1985, 268-288; hier 277f).

3.2 Logik der Vermittlung

Daß die Soterio-Logik bei Nâgârjuna als solche eine Logik der Heilsvermittlung ist, wird in herausragender Weise an zwei Zentralbegriffen erkennbar, die von mir bislang noch nicht bedacht wurden: *"Leerheit" (shûnyatâ)* und *"doppelte Wahrheit"*. Während es beim Konzept der "doppelten Wahrheit" um eine Metareflexion auf die Vermittlungsfunktion der buddhistischen Lehre geht, ist der Begriff der "Leerheit" für Nâgârjuna das vorzügliche Konzept, welches diese Vermittlung zu leisten vermag. Um dies zu verdeutlichen, streut er immer wieder Bemerkungen über seine methodische Vorgehensweise (die teilweise geradezu strategischen Charakter annehmen; vgl. z.B. MK 4,7ff u. 6,10) und den logischen Status des Begriffes der "Leerheit" ein. Diese Metareflexionen sind schließlich im Begriff der "doppelten Wahrheit" zusammengefaßt. In ihm zeigt sich das Interesse Nâgârjunas am Verständnis der buddhistischen Lehre weniger im inhaltlichen, als vielmehr im *funktionalen Sinne*, d.h. daran, *wie* diese ihre heilsvermittelnde Funktion ausübt und dabei Inhalte benutzt. Denn Nâgârjuna ist der Auffassung, daß seine eigene Argumentationsweise exakt diesem funktionalen Grundsinn der buddhistischen Lehre entspricht.

3.2.1 "Leerheit" und die performativ unersetzliche Vorläufigkeit der buddhistischen Lehre

Das einzige unter Angabe der Sûtrenbezeichnung erfolgende Zitat eines älteren buddhistischen Textes in MK (neben einer Reihe von indirekten Reminiszenzen und Zitationen unter Formulierungen wie: "es wurde gesagt...") findet sich in MK 15,7. Es bezieht sich auf das "Kâtyâyana-Sûtra", das sich unter dem Pâli-Titel "Kaccâyana-Sutta" im Samyutta-Nikâya XII, 15 des Pâli-Kanons findet, und wird von Nâgârjuna durch MK 15,6 in Zusammenhang mit der grundsätzlichen Frage nach dem richtigen Verständnis der Natur von Buddhas Lehre gebracht: "Those who perceive self-existence and other-existence, and an existent thing and a non-existent thing, do not perceive the true nature of the Buddha's teaching. In »The Instruction of Kâtyâyana« both »it is« and »it is not« are opposed by the Glorious One...".[1]

Im Kaccâyana-Sutta wird nach der Bedeutung von *"rechter Ansicht"* (sammâ-ditthi), also dem ersten Glied des Edlen Achtfachen Pfades, gefragt. Das Gewicht dieser Frage wird deutlich, wenn man bedenkt, daß "ditthi" die Bezeichnung für die abgelehnten "Theorien" ist und der "Hang zu Theorien" (ditthâsava) zu den unheilsamen, in der Erleuchtung überwundenen "Trieben" (âsavas) gehört.[2] Die erlösende Erkenntnis, zu der der Achtfache Pfad führt, wird dagegen als *"paññâ"* (Pâli) oder *"prajñâ"* (Sanskrit) bezeichnet. *Es geht somit um das Problem, wie der unheilsame "Hang zu Theorien" (ditthâsava) durch eine "Theorie", nämlich die "rechte Anschauung bzw. Theo-

---
[1] F.Streng, Emptiness... a.a.O. 199f.
[2] Vgl. Nyanatiloka, Buddhistisches Wörterbuch, Konstanz² 1976, 37 u. 67ff.

rie" (sammâ-ditthi) überwunden werden kann, so daß "Erkenntnis" (paññâ bzw. prajñâ) entsteht.³

Die im Kaccâyana-Sutta gegebene Antwort lautet, daß die abgelehnten Theorien die Vorstellung von Existenz (atthitâ) oder Nicht-Existenz (natthitâ) implizieren, und der Weise erkennt, daß beide Vorstellungen unpassend sind. Der Weise ist vom anhaftenden Befangensein in Theorien befreit, nimmt keine "Ich"-Identifikation mehr vor und erkennt autonom das Wesen von "dukkha". Die Lehre des Vollendeten vermeide als *"mittlere Lehre"* die Extreme von Existenz und Nicht-Existenz und lehre statt dessen das *"bedingte Entstehen"*. Durch den Rückbezug Nâgârjunas auf dieses Sûtra legt sich die Vermutung nahe, daß er im Prinzip des "bedingten Entstehens", dem *"pratîtyasamutpâda"*, jene "rechte Theorie" erblickt, die geeignet ist, den "Hang zu Theorien" zu zerstören und sich dabei selbst zur Erkenntnis, *"prajñâ"*, aufzuheben.

Auch für Nâgârjuna gilt, daß das Prinzip des bedingten Entstehens das rechte Verständnis des in den Vier Edlen Wahrheiten wiedergegebenen buddhistischen Heilspfades enthält (MK 24,40), der schon in der Benares-Predigt als der "Mittlere Pfad" bezeichnet wird. Aber das Prinzip des bedingten Entstehens wird von Nâgârjuna mit dem Begriff der *"Leerheit"* (shûnyatâ) identifiziert, die nach seinen eigenen Worten jedoch nicht als "Theorie" verstanden werden darf. Erst wer die Identität von "pratîtyasamutpâda" und "shûnyatâ" begreife, verstehe auch die Natur des "Mittleren Pfades": "The 'originating dependently' we call 'emptiness'; this apprehension, i.e., taking into account (all other things), is the understanding of the middle way." (MK 24,18).⁴ In welchem Sinne aber läßt sich der "pratîtyasamutpâda" als "rechte Theorie" mit "shûnyatâ" als "Nicht-Theorie" identifizieren?

An einer anderen Stelle, bei der es um die Frage geht, was, wenn alles Täuschung sei, denn das Täuschende sei, also der ontologische Charakter der Täuschung als Täuschung angefragt ist (und offensichtlich nahegelegt wird, die "Leerheit" als Bezeichnung einer ontologischen Realität hinter der Täuschung anzusehen), betont Nâgârjuna, daß "Leerheit" nicht als eine ontologische Größe oder als eine Theorie über ontologische Verhältnisse verstanden werden darf: "Emptiness is proclaimed by the victorious one as the refutation of all viewpoints; but those who hold 'emptiness' as a viewpoint – (the true perceivers) have called those 'incurable' (asâdhya)." (MK 13,8).⁵

---

³ Zu diesem später im Tantrismus zentral werdenden Muster einer Überwindung des Übels durch das Übel vgl. im Pâli-Kanon bereits Anguttara-Nikâya IV, 159.
⁴ Streng, Emptiness... a.a.O. 213.
⁵ Streng, Emptiness... a.a.O. 198. Vgl. auch MK 22,11: "One may not say that there is 'emptiness' (shûnya), nor that there is 'non-emptiness'. Not that both (exist simultaneously), nor that neither exists; the purpose for saying ('emptiness') is for the purpose of conveying knowledge." (ebd. 210).

Auch hier bezieht sich Nâgârjuna offensichtlich auf ein Buddha-Wort, und es könnte sein, daß es sich dabei um eine Reminiszenz an einen der ältesten Mahâyâna-Texte, das "Ratnakûtah", handelt.[6] Dort heißt es: "»Diejenigen..., welche sich der Leerheit zuwenden, indem sie sich die Leerheit vorstellen, die nenne ich, Kâshyapa, verloren und völlig verloren für diese Lehre... Wenn z.B., Kâshyapa, ein Mann krank wäre und der Arzt gäbe ihm ein Heilmittel und dieses Heilmittel triebe alle Krankheitsstoffe heraus, bliebe aber selber im Magen liegen und käme nicht heraus – was meinst du wohl, Kâshyapa, wäre dieser kranke Mann von der Krankheit befreit?« Er sprach: »Nein Erhabener. Die Krankheit dieses Mannes wäre nur noch schwerer, bei der das Heilmittel alle Krankheitsstoffe herausgetrieben hat, selbst aber im Magen liegengeblieben ist und nicht herauskommt.« Der Erhabene sprach: »Ebenso, Kâshyapa, ist die Leerheit der Ausweg für alle Arten von Glauben (hier wohl i. S. von Ansichten, Theorien und nicht im Sinne von "saddha" bzw. "shraddha", Vertrauen; Anm. v. mir), wer jedoch an die Leerheit glaubt, Kâshyapa, den nenne ich unheilbar.«"[7] Auch Nâgârjuna versteht die "Leerheit" als ein *gegen den "Hang zu Theorien" gerichtetes Heilmittel*, das seinen Zweck verfehlt und großen Schaden anrichtet, wenn es selbst als Theorie genommen wird: "Emptiness, having been dimly perceived, utterly destroys the slow-witted. It is like a snake wrongly grasped or (magical) knowledge incorrectly applied." (MK 24,11).[8] Das Schlangengleichnis ist wiederum eine deutliche Reminiszenz an Majjhima-Nikâya 22, ein Sutta, das nach diesem Gleichnis benannt ist. Es ist jenes Sutta, das das bekannte Gleichnis von der Lehre als Floß enthält und auch das Schlangengleichnis zum Hinweis auf die Wichtigkeit verwendet, den Sinn und Zweck der Lehre richtig zu verstehen.[9]

Bei der Identifikation von "shûnyatâ" (Leerheit) und "pratîtyasamutpâda" wird demnach das "Heilmittel" gegen den "Hang zu Theorien", die "Leerheit", die selber nicht als Theorie verstanden werden darf, mit dem Prinzip der bedingten Entstehung, dem "pratîtyasamutpâda", identifiziert, von dem alle Überlegungen Nâgârjunas ausgehen, den er aber dann ebenfalls wegen seiner theoretischen, d.h. deskriptiven Implikationen kritisiert und destruiert. So geht es bei der Identifikation von "shûnyatâ" und "pratîtyasamutpâda" also um die alte Frage, wie eine "rechte Theorie", nämlich der "pratîtyasamutpâda", den "Hang zu Theorien" überwinden kann. Das im Ratnakûtah verwandte Bild legt die von Nâgârjuna mit dieser Identifikation beabsichtigte Antwort nahe: *das Heilmittel muß den Körper ebenso verlassen wie die Krankheitsstoffe, die es austreibt.* Das Heilmittel ist den Krankheitsstoffen ähnlich und ist daher, wie diese, auszuscheiden. Aber es unterscheidet sich

---

[6] Nach E. Frauwallner ist es bereits im 2. Jhd. n. Chr. ins Chinesische übersetzt worden und dürfte daher um einige Zeit vor Nâgârjuna abgeschlossen gewesen sein (vgl. E. Frauwallner, Die Philosophie des Buddhismus, Berlin 1956, 165).
[7] Ebd. 169f.
[8] Streng, Emptiness... a.a.O. 213.
[9] Vgl. oben S. 511

von den Krankheitsstoffen in seinem Zweck und seiner Wirkung. Die "rechte Theorie", die den Hang zu allen Theorien beseitigen soll, *erzielt ihre Wirkung nur, wenn sie einen vorübergehenden, zur Selbstbeseitigung drängenden, kurz, vorläufigen Charakter besitzt!* Der "pratîtyasamutpâda" als Affirmation des bedingten Entstehens ist den Theorien, gegen die er sich richtet, durchaus verwandt (er arbeitet ebenso mit Begriffen und den gleichen logischen Strukturen wie eternalistische und nihilistische Theorien), aber er vermag dennoch durch die gerade bei seiner näheren Analyse deutlich werdenden Aporien das logisch-begriffliche Material aller Theorien zu zerstören und muß daher schließlich wie alle anderen Theorien ebenfalls aufgegeben werden. Er ist keine richtige Theorie, die an die Stelle falscher Theorien treten soll, sondern er dient der Überwindung aller Theorien, inklusive seines eigenen Verständnisses als einer Theorie, und in diesem dynamischen Sinne wird er von Nâgârjuna mit der "Leerheit" identifiziert. "Leerheit" steht somit für die Unwahrheit aller Theorien und kann mit dem "pratîtyasamutpâda" identifiziert werden, weil gerade mittels des "pratîtyasamutpâda" die Unwahrheit aller Theorien erweisbar ist. Und dies macht den "pratîtyasamutpâda", obwohl er nur von vorübergehender Gültigkeit ist, dennoch unverzichtbar.

Nâgârjuna zieht das Prinzip der bedingten Entstehung immer wieder als Argument gegen die Vorstellung eines "aus-sich-selbst-seienden Wesens" (svabhâva) der Dinge heran. Würde ein solches existieren, so wäre die buddhistische Lehre von der Allvergänglichkeit falsch und eine Befreiung unmöglich, da diese Veränderung, nämlich das Vergehen eines Unheilszustandes, bedeutet.[10] Allein die Negation eines aus-sich-selbst-seienden Wesens durch das Prinzip der bedingten Entstehung ermöglicht nach Nâgârjuna – daran läßt er nicht den geringsten Zweifel – den buddhistischen Heilsweg (vgl. MK Kapitel 24).

Diese Negation steht in *doppelter Weise* unter dem Aspekt der "Leerheit": *Einmal* in dem Sinne, daß alles bedingt Entstehende und daher auch Vergehende *"leer" von einem aus sich-selbst-seienden Wesen*, also einem dem Entstehen und Vergehen als Substrat zugrunde liegendem und somit der Vergänglichkeit enthobenem Wesen, ist. In diesem Sinne klingt die "Leerheit"

---

[10] In diesem Zusammenhang ist die Frage nach der korrekten Übersetzung von MK 24,21 interessant. Während Streng übersetzt: "Having originated without being conditioned, how will sorrow come into existence? It is said that sorrow is not eternal; therefore it certainly does not exist by its own nature (svabhâva)" (Streng, Emptiness... a.a.O. 214), übersetzt Frauwallner: "Wieso soll es ein Leiden geben, das nicht abhängig entstanden ist? Denn Leiden nennt man das Vergängliche. Das gibt es aber nicht beim Vorhandensein eines eigenen Wesens" (Frauwallner, Die Philosophie... a.a.O. 191). Aber wie auch immer, für Nâgârjuna trifft beides zu, daß die Annahme eines "aus-sich-selbst-seienden Wesens" sowohl der buddhistischen These vom "leidhaften" bzw. unbefriedigenden Charakter des Vergänglichen, als auch der Auffassung von der Aufhebbarkeit des Leidens widersprechen würde.

ontologisch, da es zunächst um die Affirmation des "pratîtyasamutpâda" als Negation unvergänglicher Wesenheiten geht. Zum anderen führt diese Negation aber auch dazu, daß *das Prinzip des bedingten Entstehens als eine nur vorläufige Vorstellung entlarvt und überwunden wird.* Die Leugnung der "Leerheit" im ersten Sinne, also die Annahme unabhängiger, aus-sich-selbst-seiender Wesenheiten, würde das Prinzip des bedingten Entstehens überhaupt leugnen, d.h. die Einnahme des Heilmittels käme erst gar nicht zustande: "Since there is no dharma (hier im Anschluß an die "Dharma-Theorie" als kleinste ontische Einheit; Anm. v. mir) whatever originating independently, no dharma whatever exists which is not empty. If all existence is not empty, there is neither origination nor destruction." (MK 24, 19 u. 20a).[11] Aber in der Konsequenz der Negation eines "aus-sich-selbst-seienden Wesens" liegt für Nâgârjuna, wie gezeigt, notwendig die Destruktion der Kategorien von Sein und Nicht-Sein, die Destruktion jeglicher Abgrenzung von Identität und Differenz, so daß auch der "pratîtyasamutpâda" unvermeidlich in den Sog dieser Kritik hineingezogen wird. Die Leugnung der "Leerheit" im zweiten Sinne, also das Festhalten am "pratîtyasamutpâda" als gültiger Theorie, würde die Ausscheidung des Heilmittels verhindern. *Damit kommt Nâgârjuna unvermeidlich zu dem verblüffenden Ergebnis, daß ohne "Leerheit", d.h. wenn es "aus-sich-selbst-seiende Wesen" gibt, kein Entstehen und Vergehen möglich ist, und daß es mit "Leerheit", d.h. ohne "aus-sich-selbst-seiende Wesen", ebenfalls kein Entstehen und Vergehen gibt:* "Origination and disappearence does not obtain for that which is empty. Origination and disappearence does not obtain for that which is non-empty." (MK 21,9).[12]

Die Ausscheidung des Heilmittels, d.h. die "Leerheit" im zweiten Sinne, ähnelt der Ausscheidung der Krankheitsstoffe, oder anders gesagt, die auf dem buddhistischen Heilsweg erzielte Todlosigkeit ähnelt rein äußerlich der zunächst zu beseitigenden Todesverdrängung. Im Modus der Todesverdrängung wird die Vergänglichkeit aller Dinge negiert, bei der Realisation des Todlosen ist erkannt, daß die Vorstellung von Dingen, die vergehen, unzutreffend ist. Beide Haltungen können dann leicht miteinander verwechselt werden, wenn übersehen wird, daß im zweiten Fall die Gültigkeit aller begrifflichen Kategorien negiert ist, während im ersten Fall die Vorstellung von Objekten, von Vorgängen an diesen Objekten, von einer Nicht-Existenz oder Existenz der Objekte und der Vorgänge, beibehalten wird. Um die Verwechslung dieser beiden Haltungen zu vermeiden, muß also ein Verständnis der "Leerheit" als ontologische Theorie unbedingt abgelehnt werden, obwohl die spannungsvolle Identifikation der "Leerheit" mit dem für Nâgârjuna durchaus ontologische Implikationen besitzenden "pratîtyasamutpâda", die leicht zu einem solchen führen könnte, beizubehalten ist. Ein Verständnis der "Leerheit" als ontologische Theorie würde den eigentlich angezielten existentiellen Vorgang, die Befreiung von den gewöhnlichen Denkkategorien, nicht erfassen, sondern ebenso notwendig zu den abgelehnten Positionen des

---
[11] Streng, Emptiness... a.a.O. 213f.
[12] Ebd. 208. Vgl. auch MK 20,17f u. 23.24f.

Eternalismus und Nihilismus führen, wie dies nach Nâgârjuna auch die Konsequenz der Annahme von "aus-sich-selbst-seienden Wesen" ist. Der nicht-deskriptive Gebrauch der "Leerheit" macht daher beides, Affirmation und Negation des Prinzips der bedingten Entstehung, notwendig. *Der vorläufige Charakter dieses Prinzips ist zugleich eine absolute Notwendigkeit. Der Heilsweg ist trotz seiner Selbstaufhebung im Heilsziel ein absolut notwendiger, da das Ziel allein über diesen Weg erreicht wird. Der angezielte Existenzwandel kann sprachlich nur durch ständige paradoxe Negation vermittelt werden, d.h. der Affirmation und gleichzeitigen Negation des Prinzips der bedingten Entstehung.* Daher kann die Ununterscheidbarkeit von Samsâra und Nirvâna, von Todesverdrängung und Todlosigkeit, in der evokativen Vermittlung durch die Erkenntnis der Allvergänglichkeit nur paradox formuliert werden.

Angesichts des vorläufigen und doch zugleich unabdingbar notwendigen Charakters des Prinzips des bedingten Entstehens, d.h. angesichts dessen, daß es trotz seiner Vorläufigkeit durch kein anderes ersetzbar ist, wird es in Umkehrung des Ergebnisses unseres ersten Abschnitts[13] möglich zu sagen, daß *die Logik der Vermittlung als solche bei Nâgârjuna die Logik des Todes und des Todlosen ist!* Er beginnt immer mit der buddhistischen Lehre und dem im Prinzip der bedingten Entstehung kondensierten Zusammenhang von Vergänglichkeit, Anhaftung und Leid. Und dies ist der notwendig unverzichtbare Ausgangspunkt aller weiteren Erkenntnisse. Dabei erweist sich der "pratîtyasamutpâda" als selbst aporetisch und führt so zu seiner eigenen Überwindung. Der "pratîtyasamutpâda" beschreibt die Realität der vergänglichen Welt und der Leidentstehung noch am richtigsten, aber er beschreibt sie so, daß er dabei zugleich zum evokativen Paradox wird, das aus dieser Wirklichkeit und dem an Beschreibbarkeit orientierten Wirklichkeitszugang befreit.

Die Befreiung vom Todesproblem ist einerseits eine subjektive, da das Subjekt durch Befreiung von Durst und Anhaftung von der Leidhaftigkeit der Vergänglichkeit erlöst wird und zur Erfahrung erfüllender Seligkeit kommt. Aber da für Nâgârjuna die Befreiung von Anhaftung notwendig auch die Befreiung von anhaftender Denkweise und der dieser entsprechenden, in Kategorien von Objekten und Subjekten arbeitenden, Wirklichkeitsbeschreibung sein muß, ist diese Befreiung andererseits zugleich nicht nur eine subjektive! *Die Vorstellung einer rein subjektiven Befreiung gehört ebenso wie die Vorstellung von vergänglichen Objekten noch in die anhaftende Denkweise des "prapañca", die in der Befreiung beendet wird.* Damit holt Nâgârjuna den doppelten Sinn des "Todlosen", der sich im ursprünglichen Buddhismus feststellen läßt, ein: *die subjektive Befreiung von der Vergänglichkeitsproblematik und die Befreiung vom ontischen Eingebundensein in die Allvergänglichkeit.* Aber während die Tradition letzteres durch die Rede von der Befreiung aus dem Samsâra ausgedrückt hatte, steht für Nâgârjuna solche Redeweise noch zu sehr in der Gefahr, im anhaftenden Denken stek-

---
[13] Vgl. oben S. 538.

ken zu bleiben. *Sollen, was auch schon traditionell als Merkmal vollendeter Anhaftungslosigkeit gilt, die Fragen nach dem postmortalen Schicksal des Vollendeten erst gar nicht mehr aufkommen (denn sie entspringen nach alter buddhistischer Auffassung ja "Durst" und Anhaftung)*[14], *dann müssen die zu diesen Fragen führenden Kategorien von Subjekt und Objekt, von Ich und Dingen, von Identität und Differenz, von Sein und Nicht-Sein aufgehoben und muß das Verhältnis von Samsâra und Nirvâna als paradoxe (nicht monistische) Ununterscheidbarkeit artikuliert werden.* Da der "pratîtyasamutpâda" sowohl die angemessenste Beschreibung der Unheilssituation ist, als auch gerade als solcher bei sorgfältiger Analyse notwendig zur paradoxen Vermittlung des "Todlosen", einer Negation von Entstehen und Vergehen führt, legitimiert er sich nicht nur durch die Tradition, sondern bestätigt umgekehrt unabhängig von ihr deren Gültigkeit. Man kann selbst erkennen, daß die Dinge entstehen und vergehen und daß dies nach einer kausal eindeutigen Ordnung geschieht. Geht man dieser Erkentnis konsequent nach, so wird mittels der sich dabei als unvermeidlich erweisenden, von Nâgârjuna herausgearbeiteten, Aporien die grundsätzliche Unhaltbarkeit begrifflicher Wirklichkeitsrepräsentation deutlich. Daher kann Nâgârjuna von der in der Lehre Buddhas (deren Herzstück für ihn im "pratîtyasamutpâda" zusammengefaßt ist) enthaltenen Erkenntnis als einer "unsterblichen" reden, die auch dann immer wieder neu entsteht, wenn die Lehre vergangen ist (MK 18, 11f).[15] Auf diese Weise holt Nâgârjuna den autonomen Zug buddhistischer Heilsvermittlung ein.

3.2.2 "Doppelte Wahrheit" und "geschicktes Mittel" als Prinzipien traditionsimmanent-hermeneutischer Deutung des Wesens der heilsvermittelnden Lehre

Aller Rede unterliegen wie dem diskursiven Denken begriffliche Einteilungen und die Kategorien von Identität und Differenz. Hält man das von der buddhistischen Lehre Gesagte für eine wirklichkeitsgetreue Deskription, so sind die Konsequenzen von Eternalismus oder Nihilismus unvermeidlich. Daher urteilt Nâgârjuna, daß dort, wo der Bereich des Denkens (in diesen Kategorien) aufhört, auch die Möglichkeit des deskriptiv adäquaten Sprechens (das "Benennbare") aufhört. Nun hat aber Buddha geredet und den "pratîtyasamutpâda" verkündet, und auch Nâgârjuna redet und verkündet den "pratîtyasamutpâda". Hinter seiner Identifikation des "pratîtyasamutpâda" mit der diesen benutzenden und zugleich destruierenden "Leerheit", steht das heilspragmatische Konzept einer sich selbst zugunsten ihres in der Erfahrung liegenden Zieles aufhebenden Lehre, das sich letztlich nur in deskriptiv paradoxen, aber performativ effektiven Formulierungen vermittelt.

---

[14] Vgl. oben S. 484f und 512ff.
[15] Nâgârjuna greift hierzu die alte buddhistische Theorie eines Verfalls der Lehre und die Vorstellung des "pratyekabuddha", der die Lehre in sich ohne einen unmittelbaren Anstoß durch die Lehrverkündigung erkennt, auf.

Nâgârjuna zieht diese Konsequenz mit äußerster Radikalität: Vom Buddha, auf dessen Lehre er sich immer wieder beruft, kann er zugleich sagen: "No dharma (hier wohl im Sinne von "Lehre" gebraucht; Anm. v. mir) anywhere has been taught by the Buddha of anything." (MK 25,24b).[16] "Daß alles wahr, nicht wahr, sowohl wahr als auch nicht wahr und weder wahr noch nicht wahr ist, das ist die Lehre der Buddha." (MK 18,8)[17] Das Heilsziel, das unter dem Aspekt der Leerheit erreicht wird, ist etwas, das nicht erreicht wird (MK 24,39a). *Die paradoxen Formulierungen sind notwendig um das Ziel zu erreichen, auch wenn die Vorstellung des Erreichen eines Zieles ebenfalls der Kritik verfällt. Die Vermittlung des buddhistischen Heilszieles kann nur unter Zuhilfenahme solcher Mittel erzielt werden, die um der Vermittlung selbst willen zerstört werden müssen, so wie das die Heilung herbeiführende Mittel dazu eingenommen und wieder ausgeschieden werden muß.*[18] Dies ist für Nâgârjuna das Prinzip der "doppelten Wahrheit", das zugleich den *Sinn der "Leerheit"* und den *Sinn der buddhistischen Lehre*, wie Nâgârjuna ihn versteht, markiert.

Gegenüber einem imaginären Opponenten, der aus der von Nâgârjuna gezogenen Konsequenz, daß es unter dem Aspekt der Leerheit kein Entstehen und Vergehen gebe, ein ontologisches Verständnis der Leerheit ableitet und daran den Vorwurf anknüpft, hiermit werde die buddhistische Lehre dispensiert (MK 24,1-6), antwortet Nâgârjuna: "We reply that you do not comprehend the point of emptiness; you eliminate both 'emptiness' itself and its purpose from it. The teaching by the Buddhas of the dharma has recourse to two truths: the world-ensconced truth and the truth which is the highest sense. Those who do not know the distribution (vibhâgam) of the two kinds of truth do not know the profound 'point' (tattva) in the teaching of the

---

[16] Streng, Emptiness... a.a.O. 217. Vgl. auch die Übersetzung Frauwallners: "Nirgends ist irgendwem irgendeine Lehre von Buddha verkündet worden." (Frauwallner, Die Philosophie... a.a.O. 199).
[17] Frauwallner, Die Philosophie... a.a.O. 184.
[18] Daß die Negation jeglichen deskriptiven Verständnisses der Lehre ganz unter dem Vorzeichen der Verwirklichung des Heilszieles steht, hat eine einzigartig prägnante Fassung in einem der berühmtesten Texte der Prajñâpâramitâ-Gruppe gefunden, dem *Prajñâpâramitâ-Hrdaya-Sûtra* ("Herz-Sûtra"): "...here in this emptiness there is no form, no perception, no name, no concept, no knowledge. No eye, ear, nose, tongue, body, and mind. No form, sound, smell, taste, touch, and objects... There is no knowledge, no ignorance, no destruction (of ignorance), till we come to 'there is no decay and death, no destruction of decay and death; there are not (the Four Truths, viz.) that there is pain, origin of pain, stoppage of pain, and the path to it. There is no knowledge, no obtaining, no not-obtaining of Nirvâna. Therefore, O Sâriputra, as there is no obtaining (of Nirvâna), a man who has approached the Prajñâpâramitâ of the Bodhisattvas, dwells (for a time) enveloped in consciousness. But when the envelopement of consciousness has been annihilated, then he becomes free of all fear, beyond the reach of change, enjoying final Nirvâna." (Buddhist Mahâyâna Texts [unveränderter Nachdruck des Bd. XLIX der Sacred Books of the East], New York [Dover], ohne Jahr, Part II, 148).

Buddha. The highest sense (of the truth) is not taught apart from practical behaviour, and without having understood the highest sense one cannot understand nirvâna." (MK 24,7-10).[19]

Das Prinzip der "doppelten Wahrheit" bringt jene Notwendigkeit zum Ausdruck, die darin besteht, daß das unbeschreibbare Heilsziel nicht vermittelt werden kann, ohne den Durchgang durch die vorläufige Beschreibung der Unheilssituation, d.h. die dem Vergänglichkeits- und Leidenszusammenhang angemessene "Theorie" der "bedingten Entstehung", die allerdings zu ihrer eigenen Zerstörung als "Theorie" führt. Obwohl man also unter dem Aspekt der Leerheit schließlich ebenso zu einer Negation von Entstehen und Vergehen kommt, wie dies bei den Positionen des Eternalismus und Nihilismus der Fall ist, unterscheidet sich die "Position" der "Leerheit" von den "Theorien" dadurch, daß sie die von ihr zunächst eingenommene Position des "pratîtyasamutpâda" selbst zerstört und damit letztlich allein einer *positionslosen Dialektik* verpflichtet bleibt, wohingegen Eternalismus und Nihilismus ihren Charakter als theoretische Positionen behalten. Die Unbeschreiblichkeit des buddhistischen Heilszieles, die "Wahrheit im höchsten Sinn" (paramârthasatya) kann jedoch nicht vermittelt werden ohne den Rückgriff auf weltliche oder relative Wahrheit (samvrti). Das Ziel ist nicht ohne einen bestimmten Weg zu erreichen. Aber nur in der Vermittlung ist die "höchste Wahrheit" abhängig von der relativen. Der Sache nach ist sie es als unbeschreibliches Absolutum nicht, weil das Absolute als Gegenbegriff zur Welt von dieser abhängig und somit auch beschreibbar bliebe. Gerade deshalb verlangt die Unbeschreibbarkeit des Absoluten auch die Unbeschreibbarkeit der Welt, was in der Vermittlung eben durch die Selbstaufhebung der "relativen Wahrheit" zum Ausdruck gebracht wird. Der evokativ-performative Charakter dieser durch Selbstaufhebung sich vollziehenden Vermittlung durchbricht jede logische oder ontologisch-deskriptive Abhängigkeit des Absoluten von der Welt.

Doch dürfen die "zwei Wahrheiten" wiederum nicht auseinandergerissen werden. Zwar läßt sich die "höchste Wahrheit" allein der Unsagbarkeit zuordnen und die "relative Wahrheit" der Rede, aber nicht jedes Schweigen muß Ausdruck höchster Erleuchtung sein, und nicht jedes Reden ist bereits eine relative Wahrheit. Nur jenes Schweigen, das das Resultat einer Er-

---

[19] Streng, Emptiness... a.a.O. 213. Strengs Übersetzung des letzten Verses dieser Stelle ist allerdings etwas einseitig und steht im Zusammenhang mit seiner Nâgârjuna-Interpretation (vgl. oben S. 522f, Anm. 18). Frauwallner z. B. übersetzt: "Wenn man sich nicht auf die *gewöhnliche Auffassung* (vyavahârati) stützt, kann man das Wahrhafte nicht lehren. Und wenn man das Wahrhafte nicht erfaßt, kann man das Nirvâna nicht erlangen." (Frauwallner, Die Philosophie... a.a.O. 189; Hervorhebung von mir). Die meisten Interpreten verstehen "vyavahâra" hier i. S. der niederen bzw. relativen Wahrheit (samvrti). Vetter übersetzt: "Gestützt auf die im praktischen Leben geltende Wahrheit (vyavahâra) wird die höchste Wahrheit (paramârtha) gelehrt." (T. Vetter, Die Lehre Nâgârjunas... a.a.O. 106).

kenntnis der unbeschreibbaren Wirklichkeit (und zwar im Sinne Nâgârjunas als eine mit Anhaftungslosigkeit einhergehende Erkenntnis) ist, die auf einem bestimmten Weg erreicht wird, läßt sich so qualifizieren. Daher dispensiert die Leerheit keineswegs die buddhistische Lehre, sondern macht sie zu einem trotz aller Vorläufigkeit unvermeidbaren und keineswegs beliebigen Weg. *Nâgârjunas prononcierte Verteidigung des "pratîtyasamutpâda" gegenüber anderen Ansichten, läßt es kaum zu, ihn so zu interpretieren, daß er einfach jede Theorie als "relative Wahrheit" angesehen habe.* Vielmehr scheint er dies allein für die buddhistische Lehre zu beanspruchen, deren Kern für ihn im "pratîtyasamutpâda" gegeben ist. Nur dieser erfaßt einerseits die Unheilssituation am adäquatesten, andererseits aber gerade in einer Weise, die zu seiner Selbstaufhebung führt, worin er der Dynamik einer nach Heil drängenden Unheilssituation gerecht wird. Im "pratîtyasamutpâda" allein wird die Radikalität der Allvergänglichkeit deutlich und dennoch die Vergänglichkeit überwunden, wird durch Beschreibung die Unbeschreibbarkeit erkennbar, wird in einer Anhaftung voraussetzenden Denkweise dieselbe durchbrochen. Es ist eben etwas grundsätzlich anderes, ob man die Allvergänglichkeit negiert, weil man ewige Wesenheiten annimmt (und damit nach buddhistischer Auffasssung in gefährlicher Weise den "Durst" durch Hypostasierung eines metaphysischen Subjekts festigt), oder aber die Allvergänglichkeit soweit radikalisiert, daß auch noch der geringste Versuch, Vergänglichkeit als das Vergehen von "etwas", d.h. als akzidentelle Veränderung an einem für sich seienden Substrat, als anhaftend, da wiederum essentiell Unvergängliches hypostasierend, gebrandmarkt wird, und so natürlich ebenfalls gesagt werden muß, daß nichts, eben nicht irgendein Wesen, vergeht. Aber weil Entstehen und Vergehen eben nur als Entstehen und Vergehen von *etwas* gedacht werden können, und damit gerade durch die in der Konsequenz des "pratîtyasamutpâda" liegende Negation eines solchen "etwas" deutlich wird, daß Entstehen und Vergehen überhaupt nicht adäquat gedacht werden können, ist es eben dieser "pratîtyasamutpâda", der das *anhaftende*, die "Vielheitswelt" konstituierende *Denken* als inadäquat entlarvt und somit allein die Unbeschreibbarkeit des Heilszieles korrekt, d.h. nicht als eine beliebige, sondern als die eines auf die Vergänglichkeitsproblematik bezogenen Zieles vermittelt. So ist der "pratîtyasamutpâda", der stellvertretend für die buddhistische Lehre schlechthin steht, die adäquateste Theorie, weil sie zur Aufhebung aller Theorien führt. "Absolute Wahrheit" ist die unbeschreibliche Erleuchtungswirklichkeit, "relative Wahrheit" ist, da sie noch etwas beschreibt, falsch, aber eben "relativ wahr", weil sie zur Erleuchtung hinführt. Die Doppelseitigkeit der Wahrheit der buddhistischen Lehre scheint für Nâgârjuna gerade in dem paradoxen Charakter zu bestehen, daß sie sich als wirklich das Heilsziel vermittelnde nur durch ihre Selbstnegation konstituiert.

Nâgârjuna grenzt sich mit seinem Konzept gegen zwei Einwände ab, was durch die Betonung je einer Seite der "doppelseitigen" Wahrheit geschieht. Gegenüber dem Einwand, daß seine Kritik aller Positionen notwendig auch ihn selbst treffe und damit seine Kritik entwerte, weist er auf die Positionslosigkeit der "shûnyatâ"-Lehre hin, gegenüber dem Einwand, daß damit die buddhistische Lehre außer Kraft gesetzt werde, betont er, daß die "shûnyatâ"-Lehre nicht unabhängig von der Lehre Buddhas gesehen werden darf, sondern gerade deren Sinn repräsentiert. Bei der Zurückweisung beider Einwände rekurriert er auf das Konzept der "Doppelten Wahrheit" (MK 24,10 u. VV 28). Gerade die logische Abhängigkeit der "shûnyatâ"-Lehre (im engeren Sinn von der buddhistischen Lehre und im weiteren Sinn von den logischen Aporien deskriptiven Denkens) zeigt ihren eigenen "leeren", d.h. ebenfalls bedingt entstandenen Charakter. Sofern über "Leerheit" noch geredet wird, ist auch sie nur eine "relative Wahrheit". Doch kann sie nie eine theoretische Position sein. Der Aufweis grundsätzlicher logischer Widersprüchlichkeit in den deskriptiven Aussagen aller theoretischen Positionen ist selber keine Position. Denn es ist möglich, die Kritik aller Positionen mit den eigenen Mitteln dieser Positionen durchzuführen. So wird diese Kritik nicht durch sich selbst entwertet.[20] Die "Leerheit" wird nicht durch einen positiven Beweis demonstriert, sondern durch die Offenlegung der Aporien einer jeglichen vorgebrachten Theorie. Über diesen Nachweis geht die positionslose negative Dialektik nicht hinaus. Der eigene paradoxe Charakter der "Leerheit", ihre Abhängigkeit von der buddhistischen Lehre, die sie zugleich als Theorie ebenfalls zerstört, ist daher nicht ihre Selbstwiderlegung, sondern ihre Bestätigung. Widerlegt wäre sie allein durch eine kohärente Demonstration der von ihr kritisierten Positionen. Dies aber ist nicht möglich, da die dazu notwendige Annahme selbstevidenter Beweisgründe in sich gerade die Grundstruktur des zirkulären Charakters des Denkens verrät.[21]

Die im Prinzip der "doppelten Wahrheit" ausgesagte Abhängigkeit der "shûnyatâ"-Lehre von der buddhistischen Lehre in der Weise, daß die "shûnyatâ"-Lehre gerade den Sinn der buddhistischen Lehre als einer "relativen Wahrheit" enthüllt, rückt Nâgârjunas Prinzip der "doppelten Wahrheit" in unverkennbare Nähe zu einem anderen Grundkonzept des Mahâyâna: dem *"geschickten Mittel"* (upâya oder upâya-kaushalya). Sowohl beim Konzept des "geschickten Mittels" als auch dem der "doppelten Wahrheit" handelt es sich um *Metakategorien des traditionimmanenten hermeneutischen Reflexionsprozesses auf das Wesen der buddhistischen Lehre*. Bei dem im Lotus-Sutra, den Prajñâpâramitâ-Sutren und dem Vimalakîrti-Nirdesha auftretenden Begriff des "geschickten Mittels" geht es nach M. Pye, der diesen Begriff auf westlicher Seite erstmals gründlich untersucht hat,[22] um das Problem, wie das buddhistische Heilsziel den unerleuchteten Wesen vermittelt werden kann. Die unter dem Begriff des "geschickten Mittels" gesehene buddhistische Lehre muß einerseits der Denkweise des Unerleuchteten

---

[20] Nâgârjuna gebraucht das Bild von einem magischen Phantom, das ein von ihm selbst geschaffenes Phantom auch zerstören kann; vgl. VV 23.
[21] Vgl. oben S. 529f. Dies ist das zentrale Argument von Nâgârjunas "Vigrahavyâvartani"; vgl. Streng, a.a.O. 222-227.
[22] Michael Pye, Skilful Means. A Concept in Mahayana Buddhism, London 1978.

entgegenkommen, und andererseits diesen zugleich "geschickt" zum Heilsziel hinführen. Da das Heilsziel die Beendigung aller Anhaftung beinhaltet, darf die Lehre selber nicht Gegenstand der Anhaftung sein. Ihren rein heilseffektiven Sinn zu erkennen, heißt zugleich ihren vorläufigen Charakter einzusehen. Die Vermittlung des Heilszieles erscheint als eine doppelte Bewegung, indem der unerlöste Mensch zur Heilserfahrung hingeführt und gleichzeitig diese Hinführung von dem unternommen wird, der vom Heilsziel her auf die Welt hin denkt. Die Verbindung dieser Bewegungen konstituiert den paradoxen Charakter der Lehre, die nur in ihrer Selbstaufhebung sie selbst ist. Folglich bedient sich der Erleuchtete der Lehre, ja der Sprache überhaupt, nur mehr aus Mitleid mit den unerleuchteten Wesen, die er zur Erleuchtung hinführen will. Für ihn selbst hat die sprachlich bzw. begrifflich verfaßte Wirklichkeitsstruktur keinerlei Gültigkeit mehr.

Nach M. Pye ist mit diesem Konzept der heilspragmatische Charakter der buddhistischen Lehre grundsätzlich (d.h. nicht nur im Hinblick auf den Mahâyâna-Buddhismus) zutreffend erfaßt: "... there is a profound consistency in the manner in which the style and intention of Buddhist teaching is understood."[23] Dies gilt nach Pye auch für die Ähnlichkeit des "geschickten Mittels" mit dem Prinzip der "doppelten Wahrheit" bei Nâgârjuna, der selber den Begriff des "geschickten Mittels" nicht verwendet.[24] Aber die von Nâgârjuna und der sich auf ihn berufenden Mâdhyamika-Schule prononciert hervorgehobene Positionslosigkeit wirft nach Pye das Problem auf, ob nicht ihre Methodik, trotz aller Positionslosigkeit, gewisse Implikationen über ihr Wirklichkeitsverständnis besitzt: "...it would seem that not everything has yet been said about their manner of not advancing a position, for it is possible both not to advance a position and not to be a Mahayanist or a Mâdhyamika. Is there perhaps some way of taking seriously their non-advancement of a position while at the same time indicating how their mode of going about these matters has definite significance? Could there possibly be something about the way things are, which, if different, would have some effect on the way in which the Mâdhyamikas go about them?... Their way of taking things is after all not everybody's way of taking things, and it does have something to do with the way in which they understood the nature of experience."[25]

Diese von Pye selbst unbeantwortete Frage läßt sich wenigstens zum Teil beantworten, wenn man, wie ich zu zeigen versuchte, die Logik der Vermittlung bei Nâgârjuna als Logik des Todes und des Todlosen versteht. Dann ist es gerade jene von der buddhistischen Tradition vorausgesetzte Allvergänglichkeit der Dinge, die gemeinsam mit Durst und Anhaftung den leidhaften Charakter der unerlösten Existenz konstituiert, welche Nâgârjuna veranlaßt, eine Logik zu etablieren, die die der Leidaufhebung dienende Befreiung von Anhaftung bis in den Bereich der Begriffsbildung hinein radi-

---

[23] Ebd. 136.
[24] Ebd. 112ff.
[25] Ebd. 117.

kalisiert. Das Wesen der Erfahrung ist eben für den Unerlösten ein anderes, da er die Wirklichkeit im Modus der sie verstellenden Anhaftung erfährt, als für den von aller Anhaftung Befreiten. Aber da es notwendig in der Konsequenz von Nâgârjunas Logik liegt, auch solche Unterscheidungen, die eben noch deskriptiv sind, zu zerstören, wird es auf der Basis dieser Logik schwierig, überhaupt irgendeine Erkenntnistheorie hinsichtlich der Erfahrung zu konstituieren. Die Unbeschreibbarkeit des Heilszieles macht auch die *Erfahrung des Heilszieles unbeschreibbar. Wenn aber in Nâgârjunas Logik die Unbeschreibbarkeit des Heilszieles notwendig die Unbeschreibbarkeit der Wirklichkeit überhaupt nach sich zieht, muß jeder beschreibbaren Erfahrung (wenn Erfahrung denn Wirklichkeitserfahrung sein soll) der Charakter der Erfahrung abgesprochen werden.* Im folgenden Abschnitt soll am Beispiel des Yogâcâra-Philosophen Dharmakîrti gezeigt werden, in welcher Richtung dieses Problem in einer späteren Entwicklung des indischen Mahâyâna aufgegriffen wurde.

Wie wir oben sahen, kennt der Buddhismus jedoch drei Prinzipien der Vermittlung des Heilsweges. Neben der dem Menschen zunächst heteronom zukommenden Lehre und der autonomen Erkenntnis als eigener Erfahrung, steht die Sittlichkeit, das Kriterium dessen, was zu "Segen und Wohl" führt. Daher sollen im folgenden Abschnitt nicht nur die erkenntnistheoretischen Probleme bedacht werden, die aus dem logischen Neuansatz Nâgârjunas resultieren, sondern auch die damit eröffnete Konstitution des für das Mahâyâna bezeichnenden Bodhisattva-Ideals. Die Berücksichtigung der erkenntnistheoretischen und ethischen Konnotationen vermag die Strukturen der logischen Explikation der Heilsbotschaft im indischen Mahâyâna weiter zu verdeutlichen.

3.3 Erkenntnistheoretische und ethische Konnotationen

3.3.1 Die Frage nach den heilseffektiven Erkenntnismitteln bei Dharmakîrti

Der buddhistische Logiker und Erkenntnistheoretiker Dharmakîrti (1. Hälfte des 7. Jhd.) gilt als einer der letzten großen Lehrer in der Tradition der Yogâcâra- bzw. Viñjânavâda-Schule, die auf Asanga und Vasubandhu (4. - 5. Jhd.) zurückgeht. Obwohl der gleichen Grundtendenz des Denkens und den religiösen Artikulationen der Shûnyatâ-Lehre in den Prajñâpâramitâ-Sûtren verpflichtet, lehnte diese Schule eine rein negative Dialektik, wie sie von Nâgârjuna begründet und von Buddhapâlita und Candrakîrti (6. - 7. Jhd.) noch radikalisiert wurde, ab, vor allem um zu gewissen erkenntnistheoretischen Fragen überhaupt noch etwas sagen zu können.[1]

Für Dharmakîrti ist Erkenntnistheorie vor allem die Frage nach den *gültigen Erkenntnismitteln*.[2] Dafür lassen sich drei Gründe angeben, die gemeinsam in einem gewissen zirkulär-apologetischen Zusammenhang stehen. *Erstens* muß durch eine Feststellung der gültigen Erkenntnismittel die *Autorität Buddhas* als eines Erlösungslehrers legitimiert werden. *Zweitens* fordert Buddha selbst *innerhalb seiner Lehre* zur Beseitigung der von ihm verkündeten Leidensursachen "Durst" und "Nichtwissen" (avîdyâ) die "rechte Erkenntnis" und vermittelt ein Wissen darüber, wie man sie erlangt. *Drittens* muß sich, was Buddha *als Erkenntnismittel verkündet* (also das, worum es im zweiten Punkt geht), mit dem decken, was seine eigene Autorität zu legitimieren vermag (dem, worum es im ersten Punkt geht), womit sich der Zirkel schließt.[3]

Die *Autorität Buddhas* in Fragen erlösungsrelevanter Erkenntnis bezieht sich nach Dharmakîrti primär auf zwei Dinge: erstens beansprucht sie, daß Buddha die Erlösung selber erfahren hat, zweitens, daß der von ihm gelehrte Weg zur Erfahrung der Erlösung führt. Damit ist einerseits die *Er-*

---

[1] Vgl. dazu: A. Bareau, Der indische Buddhismus, in: Ch. M. Schröder (Hg), Die Religionen der Menschheit, Bd. 13 (Die Religionen Indiens, Bd. III), Stuttgart 1964, bes. 144ff.

[2] Im folgenden stütze ich mich vor allem auf die gründlichen Untersuchungen und Übersetzungen, die Tilmann Vetter zu Dharmakîrti vorgelegt hat:
Tilmann Vetter, Erkenntnisprobleme bei Dharmakîrti, Wien 1964;
Ders., Dharmakîrti's Pramânavinishcaya, 1. Kapitel: Pratyaksam, Wien 1966;
Der Buddha und seine Lehre in Dharmakîrtis Pramânavârttika. Der Abschnitt über den Buddha und die vier edlen Wahrheiten im Pramânasiddhi-Kapitel. Eingeleitet, ediert und übersetzt von Tilmann Vetter, Wien 1984.

[3] Dieser Zirkel, den Vetter als historisch und sachlich berechtigt bezeichnet (Vetter, Erkenntnisprobleme... a.a.O. 31ff), hängt mit der bereits festgestellten Grundspannung von autonomen und heteronomen Faktoren buddhistischer Heilswegvermittlung zusammen, vgl. oben S. 506ff.

fahrung, die Dharmakîrti als *Wahrnehmung* interpretiert, als *Erkenntnismittel* vorausgesetzt und andererseits etwas, das seine Lehre *schlüssig* macht. Da nicht von vornherein jeder über die Wahrnehmung Buddhas i. S. der Erlösungserfahrung verfügt, muß eine auch dem Unerfahrenen verstehbare und schlüssige Lehre Anleitung geben, deren Befolgung zu jener Erfahrung hinführt. So kann die Autorität Buddhas nur durch die Gültigkeit der beiden Erkenntnismittel Wahrnehmung und Schlußfolgerung legitimiert werden. Erkenntnistheoretisch aber ist dann vor allem zu klären, wie jemand durch das Wort der Lehre zu einer Wahrnehmung i.S. persönlicher Erlösungserfahrung hingeführt werden kann.

Innerhalb der Lehre Buddhas steht nach Dharmakîrti die Leidensursache des "Durstes" in enger Verbindung mit dem "Nichtwissen", speziell mit der unheilsamen Ich-Identifikation: "Die durch das (falsche) Erfassen eines Selbst und von Meinigem verursachte, endliche Faktoren (samskara) zum Objekt habende (begehrende) Liebe ist die Ursache (des Leids). Das entgegengesetzte (richtige) Erblicken der Nichtselbsthaftigkeit ist dasjenige, was diese (Ursache des Leids) aufhebt."[4] Das Nichtwissen besteht darin, fälschlicherweise Unangenehmes für angenehm zu halten, d.h. es sieht am für angenehm gehaltenen Unangenehmen nicht das Nachteilige.[5] Wohl in diesem Sinne nennt auch Dharmakîrti das "bedingte Entstehen", welches immer auch die Vergänglichkeit bezeichnet, das Leidhafte.[6] In der Erlösung dagegen wird essentielles Glück erfahren.[7] Der Kern jenes Nichtwissens, das in leiderzeugender Weise das scheinbar Angenehme begehrt, ist nach Dharmakîrti die Ich-Identifikation. Denn nicht weil man fälschlicherweise Vorzüge sehe, komme man zum Ich-Gedanken, sondern vielmehr ist der Ich-Gedanke die Voraussetzung für das fälschliche Sehen von Vorzügen (Dharmakîrti greift auf die Alltagserfahrung zurück, daß man Dinge allein deswegen fälschlicherweise für gut hält, weil man sie sich selbst zuschreibt).[8] Zentrum des Durstes bzw. Begehrens und des Nichtwissens ist also die egozentrische Selbst-Liebe.[9] Aus ihr lassen sich alle weiteren Übel ableiten: "Wer (in oder über den Konstituenten) ein Selbst sieht, der ist mit einer nie aufhörenden, (dauernd) 'ich' sagenden Liebe zu diesem (Selbst) versehen. Aufgrund (dieser) Liebe dürstet er nach angenehmen (Dingen). (Dieser) Durst verdeckt die Nachteile (dieser als angenehm geltenden Dinge)... (Nur) Vorzüge sehend dürstet man (nach den Dingen, die angenehm zu sein scheinen, und) ergreift in dem Gedanken »(diese müssen) mir gehören« Mittel (, um) sie (zu erlangen...). Solange man sich also an (dies) Selbst klammert,

---

[4] Pramânavârttika 135. Der Buddha... a.a.O. 42.
[5] Vgl. ebd. 80, 117 u. 134.
[6] Vgl. ebd. 147. Siehe auch ebd. 172: "...was immer dem Entstehen unterliegt, das alles ist dem Vergehen unterworfen".
[7] Vgl. ebd. 31 und 110, Anm. 1.
[8] Vgl. ebd. 142f.
[9] Vgl. ebd. 101. Das Begehren ist das Streben nach dem Glück des eigenen Selbst. Im Gegensatz dazu hat nach Dharmakîrti der Buddha seine eigene Erlösung bereits nicht aus egozentrischer Selbstliebe erstrebt, sondern von Anfang an dabei das Heil aller Wesen im Auge gehabt.

befindet man sich im Samsâra. Wenn das (Erblicken eines) Selbst besteht, (gibt es auch) die Vorstellung von einem anderen. Aus der Aufteilung in Eigenes und einem anderen (Zugehöriges entstehen) Ergreifen und Haß. Mit diesen beiden verbunden entstehen alle (anderen moralischen) Fehler."[10] Die Ich-Identifikation ist für Dharmakîrti demnach als Zentrum des Nichtwissens zugleich die Wurzel des leiderzeugenden Begehrens (in ihrer egozentrischen Dynamik), konstituiert die Unterscheidungen, die Possessivität und die moralischen Fehlhaltungen von Gier und Haß. *"Nichtwissen" ist für Dharmakîrti gerade wegen dieses Zusammenhangs mit "Durst" und "Ich-Identifikation" nicht einfach das Fehlen des Wissens, also kein bloßer Ausfallswert, sondern eine positiv falsche Auffassung, die Annahme eines Ichs,*[11] *d.h. die Betrachtung dessen als eines Ichs, was dieses nicht ist* (so kann und muß m.E. formuliert werden, selbst wenn freilich auch bei Dharmakîrti nicht irgendetwas anderes als das "wahre Ich" ausgewiesen wird). Das Gegenmittel ist die richtige Wahrnehmung, die Dharmakîrti ebenfalls positiv als das "Sehen der Leerheit" bezeichnet, dem zu erreichen alle Übungen dienen.[12]

Mit diesem Ansatz sind für Dharmakîrti einige notwendige Implikationen verbunden, die für seine erkenntnistheoretischen Überlegungen konsequenzenträchtig sind:
1. Leid und Begierde sind prinzipiell und zwar bereits in diesem Leben bleibend beendbar. D. h., Begierde ist nicht einfach eine Folge physischer Existenz (sie ist kein Produkt der Körpersäfte), sondern ein geistiges Produkt. Leid ist verursacht und vergänglich und kann daher bei Ausfall der Ursachen nicht mehr neu entstehen. Leid ist nicht von etwas Ewigem verursacht, da es sonst selbst nicht vergänglich sein könnte, sondern ständig verursacht würde (und überhaupt für die Logiker der "bedingten Entstehung" etwas Ewiges nie Ursache sein kann, da es sonst in eine Abhängigkeit vom Verursachten geriete, und Abhängiges nicht ewig sein kan, also wesentlich Ursache zu sein sich nicht verträgt mit wesentlichem Aus-sich-selbst-Sein, da etwas Ursache nur im Hinblick auf die Wirkung ist. Aus-sich-selbst-seiende Wesenheiten wären allein ewig, und Ursache kann etwas nie aus sich selbst, sondern nur im Hinblick auf anderes sein).
2. Allein durch die Erkenntnis des Nachteiligen kann das Begehren nicht überwunden werden, wenn nicht gleichzeitig auch die Ich-Identifikation aufgegeben wird. Die Aufhebung des Nichtwissens muß sich also unbedingt auch auf den Irrtum der Ich-Identifikation beziehen. Andernfalls kommt es immer nur zu einer partiellen Überwindung des Begehrens, bei der die Dynamik der egozentrischen Selbstliebe erhalten bleibt und beständig auf's Neue Unterscheidungen, Possessivität und Attraktivität konstituiert.
3. Wenn die falschen Vorstellungen schwinden kann auch das Glück kein Begehren mehr hervorrufen (Dies ist wohl so zu verstehen, daß das Glück nicht mehr als "eigenes" Glück festgehalten wird).

---

[10] Pramânavârttika 217ff; ebd. 117ff.
[11] Vgl. ebd. 114.
[12] Vgl. ebd. 115 u. 147.

4. Mitleid ist möglich ohne die falsche Vorstellung, die einzelne Wesen unterscheidet. Während für Gier und Haß die Vorstellung von "Ich" und "anderen" konstitutiv ist, d. h. diese sich eben daran entzünden, ist Mitleid gerade beim Aufgeben dieser Vorstellungen möglich, da Leid erkannt und nicht verdrängt, aber keine Abgrenzung vorgenommen wird.

Nachdem festgestellt ist, daß die Erlösung durch *richtige Erkenntnis* bewirkt wird (weil "Nichtwissen" die eigentliche Ursache des Unheilszusammenhangs ist und Erlösung vom Leid Beseitigung dieser Ursache bedeutet), beansprucht Dharmakîrti hinsichtlich des dritten Punktes des apologetischen Zirkels, daß Buddha nur zwei Erkenntnismittel gelehrt habe, die *Wahrnehmung* (dies gilt für Dharmakîrti als sicher) und zumindest indirekt (da von Buddha nicht abgelehnt und zugleich vielfach gebraucht) die *Schlußfolgerung*. Auf die Gültigkeit dieser beiden Erkenntnismittel dürfe denn auch allein die Autorität Buddhas gegründet werden, oder anders: Buddha ist nur deswegen selbst Erkenntnismittel (i. S. der Überlieferung seiner Worte und seines Lebens), weil die philosophisch einzig legitimen Erkenntnismittel auch von ihm gelehrt wurden. Die erkenntnistheoretische Aufgabe besteht nun nicht nur darin zu zeigen, wie diese beiden Erkenntnismittel zusammenspielen, d.h. wie Schlußfolgerung zu Wahrnehmung führen kann, sondern auch darin, ihre inhaltliche Konsistenz mit jenem Lehrgebäude aufzuweisen, das das Nichtwissen als soteriologisches Hauptproblem erscheinen läßt, und daher die Frage nach den gültigen Erkenntnismitteln so dringlich macht.

Das primäre Erkenntnismittel ist für Dharmakîrti die Wahrnehmung, was wohl einerseits daraus folgen dürfte, daß er die Erleuchtung, die vollkommene Erkenntnis der heilsrelevanten Wahrheit, als Wahrnehmung versteht, und andererseits die Schlußfolgerung allein mit Begriffen arbeitet, denen die Denker des Mahâyâna im Anschluß an die logische Kritik Nâgârjunas keine naive Realität mehr unterstellen konnte. Die Frage, die die von der rein negativen Dialektik der Mâdhyamika-Schule abweichenden Denker der Yogâcârins vor allem bewegte, war nicht etwa eine Restauration des unkritischen Begriffsrealismus, sondern vielmehr *das Problem, inwiefern man, auch wenn die grundsätzliche Irrigkeit des Begriffsrealismus akzeptiert ist, der mit Begriffen arbeitenden Schlußfolgerung dennoch eine Erkenntnisrelevanz, also Erkenntnismittel-Charakter, zusprechen könne.* Auch Dharmakîrti erweist sich hierin als grundsätzlich dem heilspragmatischen Ansatz des "geschickten Mittels" verpflichtet: "Auch wenn alles irrig ist, besteht doch der Unterschied von Erkenntnismittel und Scheinerkenntnismittel, weil sich bis zur Umgestaltung der Grundlage (âshrayaparâvrttih)[13] das, was als zur Erfüllung eines Zwecks fähig angenommen wird, bewährt."[14] Trotz der Irrigkeit aller begrifflich verfaßten Aussagen, soll also auf pragmatischem Wege ein Unterschied zwischen solchen irrigen Aussagen, die zum Ziele führen, und solchen, die dies nicht vermögen, etabliert werden.

---

13 Vgl. dazu unten S. 560.
14 Zitat nach: Vetter, Erkenntnismittel... a.a.O. 37.

Jeder Begriff ist für Dharmakîrti eine Vorstellung, die ein an sich unwirkliches Allgemeines denkt. *Das vorstellende Denken ist das Wesen des "Nichtwissens"*, das ja nach Dharmakîrti kein reiner Ausfallswert ist, sondern die irrige Annahme, etwas für real zu halten, was es nicht ist (vor allem eben die falsche Annahme von Wesenheiten und einem Ich). Die Sprache bezieht sich immer nur auf Vorstellungen, wohingegen die eigentliche Wirklichkeit, wie sie in der höchsten vorstellungsfreien Erkenntnis wahrgenommen wird, unbeschreibbar, d.h. sprachlich adäquater Repräsentation entzogen ist. Um aber angesichts dieses auch für die Mâdhyamika-Schule grundlegenden Dualismus von unbeschreibbarer Wirklichkeit und sprachlich artikulierbarem, aber eigentlich irrigem Begriffssystem, dennoch die nun einmal ausschließlich mit Begriffen arbeitende Schlußfolgerung als positives Erkenntnismittel zu retten, muß dieser Dualismus umgangen werden, was Dharmakîrti dadurch versucht, *daß er Wahrnehmung und Begriff über die auf Wahrnehmung ausgerichtete und vom Begriff geleitete Handlung zu verbinden sucht.*

Dazu ist es nötig, den Begriff so zu denken, daß er nicht primär ein als solches existierendes Allgemeines bezeichnet, sondern an sich je verschiedene Einzeldinge von anderen Dingen unter dem Aspekt eines ihnen trotz ihrer individuellen Verschiedenheit gegenüber anderen *gemeinsamen Unterschieds in der Wirkung absondert* (als "Topf" werden z.B. alle die Dinge bezeichnet, die trotz ihrer individuellen Verschiedenheit sich von anderen Dingen dadurch *gemeinsam unterscheiden*, daß sie in der Lage sind, Flüssigkeit zu bewahren, auch wenn sie dies auf je individuell verschiedene Weise tun). Der Begriff bezeichnet also immer eine gewisse Gruppe von Dingen unter dem Aspekt, daß ihre Wirksamkeit eine bestimmte Handlungserwartung zuläßt, die von anderen Dingen nicht erfüllt werden könnte, die sich also auch in der Wahrnehmung bewährt. Obwohl auch damit der Begriff als Spiegel der Realität immer noch grundsätzlich irrig bleibt, er also im Gegensatz zur Wahrnehmung nie das konkret Individuelle erfaßt (und seine begriffsrealistische Deutung als Erfassung eines positiv seienden Allgemeinen ausgeschlossen ist), lassen sich mittels der Interpretation des Begriffs als "Sonderung" von dieser *prinzipiellen Irrigkeit des Begriffs* nun dennoch Begriffe, die im *engeren Sinne irrig* sind, unterscheiden. Denn die im engeren Sinn irrigen Begriffe verfehlen die im Begriff ausgedrückte, zum Handeln in Bezug stehende, Wirkungserwartung (wer z.B. Perlmutt für Silber hält, sondert nach einem für die in "Silber" enthaltene Wirkungserwartung und Handlungszielsetzung, wie etwa Zahlungsmittel, zu weit aus, da die Absonderung nur nach dem Kriterium der Ähnlichkeit der Gestalt vollzogen wird, die an sich nicht mehr falsch, d.h. das Individuelle verfehlend, ist, als alle anderen begrifflichen Sonderungen auch, aber eben darüberhinaus auch der konkreten, im Wort vereinbarten Handlungserwartung nicht entspricht).[15]

---

[15] Vgl. dazu auch: E. Steinkellner, Wirklichkeit und Begriff bei Dharmakîrti, in: Wiener Zeitschrift für die Kunde Südasiens 15 (1971) 179-211.

Auch nach dieser Sonderungs-Lehre ist jeder Begriff notwendig unvollständig, da ein Ding nie hinsichtlich aller Aspekte seiner Wirksamkeit bestimmt werden kann. Die im Begriff vollzogene Sonderung der Dinge hinsichtlich eines gemeinsamen Wirkungsunterschiedes kann auf zweifache Weise geschehen, nämlich einmal hinsichtlich eines gemeinsamen Unterschiedes von anderen in der *Wirkungserwartung* (Sonderung nach *Klassen*, wie z.B. "Topf") und hinsichtlich gemeinsamer Unterscheidung von anderen *Verursachungsmöglichkeiten* (Sonderung nach *Eigenschaften*, wie z.B. "gebrannt").[16] Die Annahme eines bestimmten *Beschaffenheitsträgers* (einer *Substanz*) wird so durchaus verzichtbar: es ist der jeweils unbestimmte, nicht unterschiedene, da für das angestrebte Handlungsziel belanglose Rest des Wirkungsfeldes, der als solcher fungiert.[17]

Mit dieser Sonderungslehre (Apoha-Lehre) kann Dharmakîrti zwar die Annahme von Substanzen und realistischen Gattungen als konkret Allgemeinem vermeiden, aber angesichts der Frage, welcher Unterschied denn damit eigentlich gegeben sei, wenn man Dinge aufgrund ihrer Wirkungen von den Wirkungen anderer absondert oder statt dessen einfach gleiche Wirkungen der zu einer Gattung gehörenden Dinge annimmt, muß Dharmakîrti (auch wenn er den Einwand zurückgibt und feststellt, daß die Annahme realer Gattungen ebenfalls mit Sonderung arbeitet) doch zugeben, daß das Identitäts- und Differenz-Problem mit der Sonderungslehre im letzten nicht gelöst ist (wenn es vielleicht auch ein Stück weit mehr mit der Leugnung von Wesenheiten vereinbar ist, den "Begriff" der Sonderung zuzuordnen): "Denn wie man es auch macht, Fehler lassen sich nicht ganz vermeiden."[18] *Eine solche Lösung kann aber auch gar nicht beabsichtigt sein. Vielmehr ist es trotz der ungelösten Aporien von Identität und Differenz mittels der Apoha-Lehre möglich, dem Prinzip, daß nicht einfach alles aus allem entsteht gerecht zu werden und hierfür die Schlußfolgerung als gültiges, Unterschiede feststellendes Erkenntnismittel zu gewinnen, das seinen Zweck letztlich nicht in der zutreffenden Beschreibung hat, sondern zur Handlungsorientierung hinreicht.* Es kommt ihm darauf an, die Gemeinsamkeit von Wirkungen, i. S. eines gemeinsamen Unterschieds von anderen Wirkungen (da es ja eine wirkliche Identität verschiedener Dinge nicht gibt), *erst im Subjektiven* zu einer wirklichen Identität werden zu lassen, d.h. die Wirkungen werden als Gegenstand einer *gleichen Beurteilung* gesondert.[19] Die begrifflich verfaßte Vorstellung wird als Sonderung also erst durch das die Dinge unter einer jeweiligen Intention aussondernde Subjekt möglich.

Gegen die These, daß nur Wahrnehmung und nicht auch Schlußfolgerung als Erkenntnismittel zuzulassen sei, wendet Dharmakîrti ein, daß eine solche These 1. selbstwidersprüchlich ist, da sie sich ja mittels Schlußfolgerung zu beweisen suche, 2. auf der intersubjektiven Ebene das Denken eines ande-

---

[16] Vgl. ebd. 192.
[17] Vgl. ebd. 200.
[18] Zitat nach: Vetter, Erkenntnisprobleme... a.a.O. 60.
[19] Vgl. ebd. 59.

ren Menschen in der Regel nicht direkt wahrgenommen, sondern nur aus seinen Äußerungen und Gebärden erschlossen werden könne, und 3. Negationen immer ein Akt der Schlußfolgerung seien.[20] Die Schlußfolgerung ist für die Handlungsorientierung allgemein wichtig, und mittels der Schlußfolgerung lassen sich nach Dharmakîrti im besonderen grundlegende, handlungsrelevante Aussagen der buddhistischen Lehre beweisen, wie etwa die essentielle Vergänglichkeit der Dinge. Das Vergehen von etwas ist sein Nichtsein. Ein Nichtsein kann jedoch nicht bewirkt werden, da eine Wirkung immer etwas Seiendes ist. Nichtsein zu wirken, bedeutet für Dharmakîrti, überhaupt nichts zu wirken. Das sogenannte Bewirken eines Nichtseins ist in Wahrheit die Bewirkung eines anderen Dinges (z.B. vernichtet das Feuer nicht das Holz, sondern bewirkt, daß Asche entsteht). Wenn es den Dingen aber wesentlich ist, zu vergehen, d.h. wenn ihr Vergehen ursachelos ist, dann vergehen sie ständig, ohne jede Dauer. Sie sind ein Konglomerat von atomaren Daseinspartikeln, die im Augenblick ihres Entstehens sogleich wieder vergehen. Die vermeintliche Dauer eines Dinges ist nichts anderes als das ständige Neuentstehen eines ähnlichen Atomkonglomerates am gleichen Ort (Feuer bewirkt insofern die Neuentstehung eines noch unähnlicheren Konglomerates, eben Asche).

Wahrnehmung bleibt jedoch gegenüber der notwendig mit irrigen Vorstellungen arbeitenden Schlußfolgerung das primäre Erkenntnismittel. Dies zeigt sich auch an den von Dharmakîrti anerkannten Gültigkeitskriterien der Schlußfolgerung und ihrem Nutzen. *Denn durch die Feststellung notwendiger Verbindungen vermag die Schlußfolgerung vorläufige Handlungszwecke zu entwerfen und das Handeln daher so zu leiten, daß es zu neuen Wahrnehmungen kommt.*[21] Richtige Schlußfolgerung stellt entweder die *logisch notwendige Umfassung* des syllogistischen Mittelbegriffs, der eine offenbare Eigenschaft des logischen Subjekts ist, durch das Prädikat fest, das so dem Subjekt zugeordnet werden kann, oder die *ontologisch notwendige Umfassung* des Mittelbegriffs durch das Prädikat i. S. einer *notwendigen Kausalverknüpfung*.[22] Steht die erste Form der Schlußfolgerung nur indirekt mit der Wahrnehmung in Zusammenhang, da sie von sprachlichen Eigenschaftsfestlegungen als Ausdruck der Handlungserwartungen ausgeht und erst der Handlungsvollzug zur Wahrnehmung führt, so ist die zweite Form darüber hinaus (denn da sie mit Begriffen arbeitet, gilt dieses freilich auch für sie) doch noch direkter mit der Wahrnehmung verbunden, da auch die *Wahrnehmung von Dharmakîrti als Wirkung einer Ursache verstanden wird.* D.h., die Adäquation mit dem Gegenstand der Wahrnehmung ist nicht als Gleichartigkeit von Bild und Gegenstand, sondern als Gleichartigkeit der Wirkung mit

---

[20] Vgl. Vetter, Dharmakîrti's Pramânavinishcaya, a.a.O. 37.
[21] Vgl. Vetter, Erkenntnisprobleme... a.a.O. 36f.
[22] Eine dritte Schlußfolgerungsmöglichkeit beruht auf der Nichtwahrnehmung von etwas, das eigentlich wahrgenommen werden müßte. Diese Form ist allerdings nur negierend und nicht positiv beweisend. Vgl. Vetter, Erkenntnisprobleme... a.a.O. 28f.

der Ursache zu bestimmen.[23] Erkenntnismittel sind nur aufgrund notwendiger Verbindungen möglich, und die *primäre notwendige Verbindung* ist für Dharmakîrti die von *Ursache und Wirkung*, da ja auch die logische Verbindung vermittels der Sonderungslehre ihren "realen Ort" in der Eindeutigkeit der Kausalität hat.

Wahrnehmung ist *vorstellungsfrei* (und als solche "klar", d.h. sie hat nicht ein unklares Allgemeines zum Objekt) und daher gegenüber der mit irrigen Vorstellungen arbeitenden Schlußfolgerung im Vorteil. Doch auch für sie muß als zusätzliches Gültigkeitskriterium noch die Bestimmung *"nicht irrig"* hinzutreten. Denn nicht jeder Erkenntnisirrtum resultiert nach Dharmakîrti aus der immer irrigen Vorstellung, sondern es kann auch irrige Wahrnehmung als Folge einer defekten oder trägen Physis auftreten. "Irrige Wahrnehmung" bewährt sich jedoch nicht im Handeln.

3.3.2 "Leerheit" zwischen erkenntnistheoretischem Idealismus und negativer Dialektik

Auch bei der Wahrnehmung zeigt sich allerdings bei näherer Untersuchung, daß sie wie die Vorstellung ebenfalls erst im Subjekt konstituiert wird. Dafür gibt es drei Gründe: Erstens ist die Wahrnehmung – wie bereits gesagt – nach Dharmakîrti als *Wirkung* zu denken. Als Wirkung besteht die Wahrnehmung in einem einheitlichen Erkenntnisbild. Insofern stimmt sie, obwohl sie anders als der Begriff durchaus mit dem konkret Individuellen in Kontakt kommt, dennoch mit dem Charakter der Dinge als einzelner, nur augenblicklich entstehender und sogleich wieder vergehender Atome (oder Atomkomplexe; Dharmakîrti bezieht sich auf die Dharma-Theorie) nicht überein. Zweitens ist die Wahrnehmung nie unabhängig von dem in ihr Wahrgenommenen gegeben. Wahrnehmung und Wahrgenommenes aber sind beide *nur Erkenntnis-Gegebenheiten*, nie das Ding selbst. Drittens ist Wahrnehmung immer selbstbewußt, da ein infiniter Regress von Wahrnehmung, die wiederum Wahrnehmung registriert, nur durch die Annahme einer selbstbewußten Wahrnehmung vermieden werden kann.

Wenn Wahrnehmung aber selbstbewußte Erkenntnis und zugleich Wirkung ist, dann setzt die Ähnlichkeit von Wirkung und Ursache voraus, *daß es durchgängig kein Getrenntsein von Wahrnehmungsobjekt und Erkenntnis gibt. Fällt aber ein "äußeres", erkenntnisunabhängiges Objekt weg, dann fällt auch die davon unterschiedene "innere" Realität des wahrnehmenden Subjekts.* Damit sind weder der Wirkungscharakter der Wahrnehmung noch der Zwang der Wahrnehmungserkenntnis aufgegeben, da man beides auch rein erkenntnisimmanent als Wirkungsabfolge von Momenten innerhalb eines kausal eindeutigen Erkenntnisstromes erklären kann. Nicht nur die "äußere" (erkenntnisunabhängige) Disposition der Dinge, sondern auch die innere Disposition des Erkenntnisstromes vermag die Bewährung von Wahrnehmung

---
[23] Vgl. Vetter, Dharmakîrti's Pramânavinishcaya... a.a.O. 39.

zu erklären, wobei freilich durch den Wegfall des "Äußeren" auch nicht mehr von einem "Inneren" geredet werden kann. *Mit dem Wegfall der äußeren erkenntnisunabhängigen Realität der Erkenntnisobjekte und dem damit notwendig gegebenen Wegfall einer von der Objektivität unterschiedenen Subjektivität, entfällt die Subjekt-Objekt-Spaltung als konstitutive Größe der Erkenntnis selbst.* Die Annahme einer äußeren erkenntnisunabhängigen Realität des Erkenntnisobjekts ist für Dharmakîrti jedenfalls *unerweisbar und überflüssig.* Gibt man sie auf, so lassen sich eine Reihe erkenntnistheoretischer Probleme viel leichter lösen, insbesondere auch das Problem, warum bereits in der Wahrnehmung und nicht erst in der Vorstellung ein Ding von dem einen als angenehm und dem anderen als unangenehm erlebt wird: "Auch wenn es einen äußeren Gegenstand gibt, ist nur das (Selbstbewußtsein) als Ergebnis berechtigt, denn der Gegenstand ist (nur) so erwiesen, wie er selbstbewußt ist. So wie das Eigenwesen des Gegenstandes ist, teilt es (seine Form der Erkenntnis) nicht mit, weil sonst alle Erkenntnisse (d.h. die Erkenntnisse aller Wesen hinsichtlich desselben Objekts) die gleiche Form tragen müßten. Es wird aber die Form vielfältig bewußt, denn man sieht, daß das *eine* Eigenwesen dem einen erfreulich..., dem anderen unerfreulich ist..".[24]

Fällt die Subjekt-Objekt-Spaltung in der Erkenntnis aus, bzw. wird erkannt, daß ihr keine Realität entspricht, dann ist die *"Umgestaltung der Grundlage"* (âshrayaparâvrtti) *als Vollgestalt wirklicher Erkenntnis erreicht.*[25] *Auf der Basis dieser Erkenntnis handelt man nicht mehr für eigene Zwecke.* Das Lehren, gerade wenn es noch eine Subjekt-Objekt-Spaltung voraussetzt, paßt sich lediglich dem gewöhnlichen Verständnishorizont an, um zur wahren Erkenntnis, die sich nur mehr negativ verbalisieren läßt, hinzuführen.

Die erkenntnistheoretischen Konsequenzen mahâyânistischer Denkrichtung führen an einem Punkt jedoch definitiv über die rein negative Dialektik der Mâdhyamika-Schule hinaus. Wenn Leiden, wie alles andere, aus sich heraus vergänglich ist und demzufolge dann nicht mehr entsteht, wenn keine neuen Ursachen mehr zustande kommen, und wenn Leiden dem Nicht-Wissen korrespondiert, das mit dem Leiden zu beseitigen ist, so stellt sich die Frage nach dem ontologischen Charakter des Erkennens, das nach Yogâcâra-Auffassung als letzte Qualität auch bei der "Umgestaltung der Grundlage" bestehen bleibt. *Wenn die wahre Erkenntnis bei der Aufhebung des Nichtwissens übrigbleibt, dann scheint die Erkenntnis von Anfang an dem Prinzip*

---

[24] Ebd. 89.
[25] Vgl. dazu auch Masaaki Hattori, The Transformation of the Basis (âshraya-parâvrtti) in the Yogâcâra System of Philosophy, in: Dieter Henrich (Hg), All-Einheit. Wege eines Gedankens in Ost und West, Stuttgart 1985, 100-108. Die völlige "Umgestaltung der Grundlage kann in der Yogâcâra-Tradition auch als Einswerdung mit dem "Dharmakâya" bezeichnet werden (vgl. E. Frauwallner, Die Philosophie des Buddhismus, a.a.O. 356). Der "Dharmakâya" ist nach der mahâyânistischen Drei-Leib-Lehre die höchste Form der Buddha-Wirklichkeit, die mit der von der Lehre angezielten absoluten Wahrheit identisch ist.

der bedingten Entstehung enthoben gewesen zu sein. Alles Nichtwissen war dann nur Verdeckung des in sich reinen Erkennens - eine Position, die von der Mâdhyamika-Schule als Rückfall in die Metaphysik kritisiert wurde. Dharmakîrti nimmt diese Position in der Tat an einigen Stellen ein, spricht aber andererseits davon, daß auch der Begriff "erkennbar", in Sätzen wie "alles ist erkennbar", nach der Sonderungslehre als rein zweckorientierte Aussage verstanden werden müsse.

Die Streitfrage zwischen Mâdhyamika- und Yogâcâra-Schule, ob zur logischen Explikation der Heilsbotschaft mehr als eine rein negative Dialektik möglich ist, hebt zwar durchaus zunächst als bloß methodisches Problem an, aber sie führt doch in jenen für den Buddhismus grundsätzlichen Problemkreis, in dem jedes Habhaftwerden der Realität durch den Begriff als Form des in Metaphysik gekleideten anhaftenden Wirklichkeitszuganges verdächtigt wird. Auch wenn man von unbeschreibbarer Erfahrung spricht, so ist "Erfahrung" als Erkenntniskategorie doch schon wieder eine Beschreibung, die sich nur allzu leicht, quasi durch die Hintertüre, zu einer ontologischen, dem Bedingtheitsverhältnis enthobenen, Kategorie verselbständigt. Wie in Nâgârjunas Logik des "Todes und des Todlosen" schließlich auch die Gültigkeit der Allvergänglichkeit als ontologischer Bestimmung aufgehoben wird (allerdings in deutlicher Abgrenzung von Eternalismus und Nihilismus), *so muß für die konsequenten Mâdhyamikas auch die ontologische Bestimmung des Erkennbarseins i. S. absoluter Wahrheit negiert werden.* Genau diesen radikalen Standpunkt nimmt Shântideva, in kritischer Haltung gegenüber der Yogâcâra-Schule ein: "Die verhüllte Wirklichkeit (samvrti) und die absolute Wirklichkeit (paramârtha), diese zwei Wirklichkeiten nehmen wir an. Die (absolute) Wirklichkeit ist nicht Gegenstand von Erkenntnis. *Die Erkenntnis wird als verhüllte Wirklichkeit bezeichnet.*" (Bodhicaryâvatâra [im folgenden abgk. BC] IX, 2).[26] Die "absolute Wirklichkeit bzw. Wahrheit" ist somit ein rein negativer Begriff, dessen Aussagewert sich auf die Kritik der "relativen Wahrheit", d. h. des bedingten Entstehens, beschränkt (BC IX, 107f). Der Erkenntnisunterschied in der Erkenntnis des Weisen gegenüber dem gewöhnlichen Menschen läßt sich nur so bestimmen, daß der Weise um den illusionären Charakter dessen weiß, was der Verblendete für wirklich hält (BC IX, 3-5).

Die Tendenz in der Position der Yogâcârins, den Geist oder das Erkennen als gültiges Attribut der letzten Wirklichkeit zuzuschreiben, wird von Shântideva in der gewohnten Weise der Logik Nâgârjunas kritisiert. Wenn nach Yogâcâra-Auffassung alles Gedachte illusorisch ist, wie soll dann das Denken oder Erkennen selbst diesem enthoben sein (BC IX, 17ff)? Der illusionäre Charakter des Gedachten kann nicht vom Denken getrennt werden (BC IX, 27). Gerade wegen des von der Yogâcâra-Schule angenommenen (und von der Mâdhyamika-Schule abgelehnten, weil der Struktur von Selbstverursa-

---

[26] Shântideva, Eintritt in das Leben zur Erleuchtung (Bodhicaryâvatâra), übers. von Ernst Steinkellner, Düsseldorf, Köln, 1981, 114; Hervorhebung von mir.

chung entsprechenden) Selbstbewußtseins des Erkennens, kann die Trennungslinie der Wirklichkeiten oder Wahrheiten nicht zwischen dem Geist und seinen illusorischen Produkten gezogen werden (BC IX, 18ff). Vorstellung und Vorgestelltes bedingen sich wechselseitig (BC IX, 109); ist aber das Objekt irreal, dann ist es die Erkenntnis nicht minder (BC IX, 61). "Wenn sich nämlich der Gegenstand kraft der Erkenntnis ergibt, wie ergibt sich dann wieder die Wirklichkeit der Erkenntnis? Oder, wenn sich die Erkenntnis kraft des Erkannten ergibt, wie ergibt sich dann wieder die Wirklichkeit des Erkannten? Oder die Wirklichkeit (beider) ist wechselseitig begründet, dann wären wohl beide nicht wirklich. Wenn es keinen Vater gibt ohne einen Sohn, wodurch soll dann der Sohn entstehen? Gibt es keinen Sohn, gibt es (auch) keinen Vater. Ebenso sind (auch) diese beiden nicht wirklich." (BC IX, 112b-114).[27] *Wegen der Bedingtheit der Erkenntnis kann sie nicht vom Samsâra als eigenständiges Absolutes abgehoben werden* (BC IX, 28f).

Die Mâdhyamika-Interpretation der Leerheit will alle Tendenzen und Affinitäten zu irgendwelchen Verabsolutierungen, auch der der Leerheit, verhindern: "Wenn man sich der Tendenz zur Leerheit versichert, schwindet die Tendenz zum Sein, und später schwindet durch die Einübung der (Erkenntnis), daß nichts existiert, auch diese (Tendenz zur Leerheit). Wenn man auf kein Sein mehr stößt, von dem man annehmen könnte, daß es nicht existiere, wie könnte sich dann dem Geist ein anhaltloses Nichtsein bieten? Wenn sich dem Geist nicht Sein noch Nichtsein bietet, dann findet er, anhaltlos, die Ruhe, denn eine andere Möglichkeit gibt es nicht." (BC IX, 33-35).[28]

Im Rahmen der Erfahrungswelt aber (hier ist wohl an die relative Wahrheit zu denken), werde die Gültigkeit der Erkenntnismittel auch von der Mâdhyamika-Schule nicht bestritten (BC IX, 26). Entscheidendes Kriterium bleibe das buddhistische Heilsziel, auch wenn die Vorstellung eines Zieles selbst ein der relativen Wahrheit entsprechender Irrtum sei (BC IX, 77), und in Wirklichkeit kein Unterschied zwischen Erlösten und Unerlösten bestehe (BC IX, 151). Der Irrtum eines Heilszieles wird als relative Wahrheit akzeptiert, um das (natürlich letztlich ebensowenig absolut wirkliche) Leid zu beenden. Die Leidbeendigung ist das eigentliche Ziel, dem alle Mittel dienen (BC IX, 77).

3.3.3 Das Bodhisattva-Ideal - ethisches Korrelat der "Leerheit"

Shântideva kann von seiner logisch, ontologisch und erkenntnistheoretisch radikal negativen Position aus mit um so größerer Unbefangenheit die relative Wahrheit der buddhistischen Lehre benutzen und ethisch entfalten. Der

---

[27] Ebd. 133.
[28] Ebd. 120. Diese Argumentation setzt natürlich die Mâdhyamika-Position voraus, daß Sein und Nichtsein wechselseitig relative Begriffe sind.

Bodhisattva, d. h. der, der das Ziel der Buddhaschaft anstrebt, akzeptiert in der Ausübung des Mitleids die irrige Annahme der Existenz anderer Wesen, auf die sich sein Mitleid richtet, um das Ziel zu erreichen. Aber das Ziel ist die Beendigung des Leids, und das Leid entspringt gerade der irrigen Ich-Identifikation. *So übt der Bodhisattva den heilsamen Irrtum, der in der Annahme anderer Wesen besteht, um das Mitleid zu betätigen, und bekämpft gleichzeitig den unheilsamen Irrtum der Ich-Identifikation durch die Übung der Ich-Losigkeit* (IX, 76-78).[29] Dieses Paradox ist für Shântideva der Kerngedanke, von dem her er seine Sicht der buddhistischen Ethik entwickelt. Es ist ein höchst fruchtbares Paradox, da allein die Betrachtung der Ich-Losigkeit das nichtunterscheidende Mitleid ermöglicht und nur der radikale Altruismus, der die anderen als Wesen ansieht, die Ich-Losigkeit völlig von versteckter Egozentrik reinigt. In drei Schritten legt er diese dialektische Sicht dar.

Das *nichtunterscheidende Mitleid* wird *erstens* entfaltet durch die Betrachtung der "Gleichheit des anderen und des Selbst". Bei allen Wesen ist die prinzipielle Struktur der Leiderfahrung und Glückssehnsucht die gleiche (BC VIII, 90ff). Wenn aber jedes Wesen das gleiche Glück ersehnt und das gleiche Leid verabscheut, wie kann sich dann die Glücksbemühung und die Leidabwehr nur auf das eigene Glück und Leid beziehen (BC VIII, 95f)? Die Antwort, daß es nur das selbst empfundene Leid ist, das man abwehrt, kann angesichts der Nicht-Ich-Lehre für den Buddhisten nicht gültig sein. Denn, so argumentiert Shântideva (in hier freilich einseitiger Überspitzung der übrigen Tradition[30]), man bemühe sich ja auch um die Leidabwehr hinsichtlich einer zukünftigen Wiedergeburt, und dieses Leid sei nicht das Leid eines identischen Ichs, sondern eines anderen Leid (BC VIII, 97f).

Sein eigentliches Argument aber ist, daß die Radikalisierung der Nicht-Ich-Lehre durch die Shûnyatâ-Lehre alle Unterscheidungen als relativ entlarvt. Nirgendwo kann mit logischem oder ontologischem Recht eine von anderem abgegrenzte Einheit festgelegt werden: "Wenn nur der das Leid abwehren soll, der es empfunden hat, (dann) ist der Schmerz des Fußes nicht Sache

---

[29] Shântideva entspricht damit der paradoxen Kennzeichnung des Bodhisattva in der Prajñâpâramitâ-Literatur wie z. B. in "Vajracchedikâ Prajñâpâramitâ 3: "Wer immer hier... sich auf das Fahrzeug der Bodhisattvas gestellt hat, soll diesen Gedanken erwecken: »Soviele Lebewesen in dem Element (dhâtu) der Lebewesen durch den Begriff 'Lebewesen' zusammengefaßt werden..., die alle sind durch mich im restlosen Nirvâna-Element zum Erlöschen zu bringen. Und so, nachdem auch unermeßliche Lebewesen zum völligen Erlöschen gebracht sind, ist nicht irgendwelches Lebewesen zum völligen Erlöschen gebracht. Aus welchem Grunde? Wenn... bei einem Bodhisattva der Begriff von Lebewesen wirksam ist, so ist er nicht als 'Bodhisattva' zu bezeichnen." (Max Walleser, Prajña Pâramitâ. Die Vollkommenheit der Erkenntnis, Göttingen 1914, 141).

[30] Vgl. etwa die berühmte Antwort im Milinda Pañha auf die Frage, wer wiedergeboren wird: "Weder derselbe, noch ein anderer." (Milindapañha... a.a.O. 65); siehe oben S. 527f Anm. 15.

der Hand. Warum behütet sie ihn?" (BC VIII, 99).³¹ Dieses Bild entspricht hier weder dem römisch-griechischen noch dem paulinischen Zusammenhang, sondern muß auf dem Hintergrund des von Shântideva an anderer Stelle ausgeführten, spezifischen Denkansatz der Mâdhyamika-Schule gesehen werden: Der Körper ist keine eigenständige Realität, die sich irgendwo innerhalb oder außerhalb der Glieder befände, sondern als Begriff eine irrige Vorstellung, die auf die Gesamtkomposition der Glieder als Einheitsfestlegung appliziert wird. Das gilt in gleicher Weise für die einzelnen Glieder. Auch der Fuß befindet sich nicht innerhalb oder außerhalb seiner Teile. Ebenso die Zehe, das Zehenglied usw. Das Atom läßt sich ebenfalls in seine sechs Richtungsabschnitte zergliedern. Nirgendwo gelangt das Denken zu einer letzten Einheit (BC IX, 79ff). Die Einteilung der Menschen in Ich und andere ist ebenso irreal wie die eines einzelnen Menschen in seine Daseinsfaktoren oder Atomkontinua (BC VIII, 101). Daher gibt es keine berechtigte Unterscheidung von solchen, denen allein das Leid zugehört. Nur wegen der Leidhaftigkeit und nicht wegen der Zugehörigkeit (zu mir oder einem anderen) ist das Leid zu beseitigen. Wenn es zu beseitigen ist, dann für alle, wenn nicht, dann auch nicht für einen selbst (BC VIII, 102f).

Ist die Ichlosigkeit in ihrer radikalisierten Gestalt der Substanzlosigkeit *erstens* Grundlage für das nichtunterscheidende Mitleid, so ist sie darüber hinaus *zweitens* traditionell natürlich auch das *Gegenmittel* gegen die *egozentrische, leidverursachende Anhaftung.* "Die unglücklich sind in der Welt, sie alle sind es durch das Verlangen nach eigenem Glück." (BC VIII, 129a).³² Die Dynamik der egozentrischen Selbstliebe, die Dynamik des Durstes, wird von Shântideva ähnlich radikal beurteilt wie von Dharmakîrti: "Die dem Leiden entfliehen wollen, eilen bloß auf das Leiden zu. Schon durch den Wunsch nach Glück, zerstören sie, Feinden gleich, töricht ihr Glück." (BC I, 28).³³ Das perverse Gegenstück zum nichtunterscheidenden Mitleid ist die Zuneigung aus Eigennutz, denn sie "...ist nichts als Zuneigung für sich selbst, wie Kummer über den Verlust von Besitz..." (BC VIII, 25).³⁴

Den Kontrast zur leiderzeugenden Ich-Identifikation und der egozentrischen Zuneigung bildet die Hingabe, der *radikale Altruismus*: "Die glücklich sind in der Welt, sie alle sind es durch das Verlangen nach dem Glück der anderen." (BC VIII, 129b).³⁵ "Die Verblendeten verzichten darauf, sich gegenseitig Glück zu bereiten – der Ursprung des Glücks in der sichtbaren und in der unsichtbaren (Welt) – und, da sie einander leiden lassen, wählen sie grausiges Leid." (BC VIII, 133).³⁶ Angesichts der erstens in der Betrachtung der "Gleichheit des anderen und des Selbst" gewonnenen Einsicht, daß alle Wesen in gleicher Weise Glück begehren und Leid verabscheuen und das

---
³¹ Shântideva, Eintritt... a.a.O. 103.
³² Ebd. 107.
³³ Ebd. 25.
³⁴ Ebd. 94.
³⁵ Ebd. 107.
³⁶ Ebd. 107.

Leid unterschiedslos zu beseitigen ist, muß entsprechend der zweitens vorausgesetzten Leidentstehung aus egozentrischer Selbstverhaftung im *dritten Schritt* die Konsequenz gezogen werden, daß die Leidbeseitigung allein durch selbstlosen Altruismus bewirkt wird. Die Betrachtung der "Gleichheit des anderen und des Selbst" wird überführt in die altruistische Ungleichheit, die in der Betrachtung der "Austauschung des anderen und des Selbst" entwickelt wird. Die anderen Wesen sollen geliebt werden wie einst das Selbst in seiner egozentrischen Selbstliebe (BC VIII, 140). Das Selbst muß "aus dem Glück vertrieben" und "in das Leid der anderen gezwungen" werden, es wird an die "verkauft", deren Leid es einst negierte (BC VIII, 161 u. 173). Soll man durch die Übung der Ich-Losigkeit lernen, daß man in unheilvoller, fälschlicher Weise das als sein Selbst betrachtete, was dieses nicht ist (d.h. die fünf Daseinsfaktoren), so sollen nun (in nicht minder fälschlicher, aber eben heilvoller Weise) die anderen als das Selbst angesehen werden, und die Lebenspraxis muß allein auf ihren Vorteil bedacht sein (BC VIII 111, 140ff u. 158).

Durch die Betrachtung der "Gleichheit des anderen und des Selbst" fällt der moralische Gegensatz von Altruismus und Hedonismus, aber durch die für die Leidbeseitigung unabdingliche Betrachtung der "Austauschung des anderen und des Selbst" kann die Erlösung von Selbst und anderen nur über die radikal altruistische Selbstlosigkeit, die allein das Heil der anderen sucht, verwirklicht werden. Das Herzstück der voll in den buddhistischen Heilsweg integrierten Bodhisattva-Ethik läßt sich also wiederum nur paradox formulieren: "Um das eigene Leid zu stillen und um der anderen Leid zu stillen, gebe ich deshalb das Selbst den anderen hin und nehme die anderen an als mein Selbst." (BC VIII, 136).[37] "Wenn du das Selbst liebst, darfst du dich selbst nicht lieben. Wenn du das Selbst schützen mußt, darfst du es nicht schützen." (BC VIII, 173).[38] Die Bodhisattvas, die die ganze Welt zu ihrem Selbst gemacht haben (BC VI, 126), streben die eigene Erleuchtung ausschließlich zum Heil aller Wesen an (BC III, 22f u. V, 101). "Verdienstübertragung", die Widmung der eigenen karmischen "Verdienste" bzw. Fortschritte für andere Wesen, ist kein magischer Akt, sondern die innere paradoxe Einstellung, die religiöse "Verdienste" nur durch ein Leben für andere erwirkt, dabei aber nicht die anderen zum Zweck für das eigene "Verdienst" macht. "Verdienst" ist Leben für andere (vgl. BC III, 6ff). Das Prinzip der Hingabe (dāna), das durchgängiges Prinzip buddhistischer Ethik ist, beginnt mit der Spende von Almosen und führt bis hin zum Lebensopfer: "Zu Anfang hält der Meister an zur Gabe von Gemüse und anderem. Dann wirkt er allmählich dahin, daß man später auch sein eigenes Fleisch hingäbe." (BC VII, 25).[39]

---

[37] Ebd. 108.
[38] Ebd. 112.
[39] Ebd. 83. In gewisser Weise bedeutet das durchaus auch, für das Wohl anderer Leiden auf sich zu nehmen, aber es ist nach Shântideva doch ein anders geartetes Leid als das bedrückende, unbefriedigende Leid der Verblendeten (vgl. BC VII, 20ff).

Die starke Betonung der Gesinnung, die sich in Shântidevas Entfaltung buddhistischer Ethik findet, darf wiederum nicht so mißverstanden werden, als werde damit die tätige Ethik negiert. Shântideva fordert geradezu das Gegenteil, den unermüdlichen tätigen Eifer (BC VII, 62-66). Die Betonung der Gesinnung steht auch hier in voller Kontinuität mit der traditionell buddhistischen Auffassung, daß die Taten der Gesinnung entspringen und die Gesinnung entscheidend ist. So kann Shântideva auch das Prinzip der Epikie formulieren: "Selbst Verbotenes ist dem Mitleidigen gestattet, der den Nutzen erkennt." (BC V, 84).[40] Weil Heilsames wie Unheilsames der Gesinnung entspringt, gibt es keinen Widerspruch zwischen der Bodhisattva-Gesinnung und dem Konzept der Leerheit.[41] *Vielmehr entspricht die paradoxe Haltung des Bodhisattva dem Konzept der Leerheit als Annäherung an die höchste Wahrheit, die nicht als isoliert epistemologische Größe verstanden werden darf, sondern bei der es ganzheitlich um die Befreiung vom leiderzeugenden Anhaften geht.* Weil Leid bedingt entsteht, kann es beendet werden, und der verblendeten Gesinnung entspringen die auch ethisch unheilsamen Faktoren Gier und Haß.[42] In's Denken sind sie eingedrungen, und durch Einsicht (prajñâ) sind sie zu besiegen (BC IV, 28f, 46f u. V, 6). Dem Erlöschen des "Durstes" soll schließlich die unter dem Stichwort "Leerheit" stehende Erkenntnis des illusionären Charakters unserer Vorstellungen dienen (BC IX, 99). So ist gerade auch in der Ethik des Bodhisattva-Ideals das Konzept der "Leerheit" an die grundsätzliche buddhistische Unheilsdeutung zurückgebunden!

Der "Durst" ist auch für Shântideva das auf das unbefriedigende Vergängliche gerichtete Begehren. Im Bodhicaryâvatâra bricht die ursprüngliche Anknüpfung der buddhistischen Botschaft an die Vergänglichkeitserfahrung wieder in ihrer vollen Stärke und in unveränderter Form durch: *Unvermeidlich* ist der Tod, aber das Bewußtsein dieser Unvermeidlichkeit wird *verdrängt* (vgl. bes. BC II, 33-66 u. VII, 4ff). In *Todesfurcht* lebt der, der sein Leben auf die vergängliche Welt ausrichtet (BC VIII, 17f), das auf die Erleuchtung gerichtete Denken aber ist das "Elixier, das entstanden ist, *um den Tod der Wesen zu vernichten.*" (BC III, 88).[43] Verblendung - Shântideva nennt es "Verrücktheit" - ist es, das Vergängliche zu begehren: "Die Welt ist voll von Verrückten, die eifrig dabei sind, sich selbst zu täuschen. Natürlich graut dir auf dem Leichenacker beim Anblick einiger Skelette; im Leichenacker des Dorfes, in dem die wandelnden Skelette sich drängen, bist du vergnügt." (BC VIII, 69f).[44] Von dieser Welt bleibende Befriedigung zu er-

---

[40] Ebd. 59.
[41] Nach Steinkellner ist es in den letzten Jahrzehnten "gelungen, das Problem des Verhältnisses der 'Philosophie der Leerheit' zur 'Ethik des Bodhisattva' als Scheinproblem der abendländischen Interpreten zu erkennen..."; ebd. 8.
[42] Gerade auch aus dieser Einsicht ergibt sich für Shântideva, daß man gegenüber dem sittlich übel Handelnden nicht Zorn, sondern Mitleid empfinden solle (BC VI, 38).
[43] Shântideva, Eintritt... a.a.O. 40; Hervorhebung von mir.
[44] Ebd. 99.

warten, heißt das Unmögliche zu verlangen (BC VIII, 175f). Nutzlos ist das Leben, das allein für das Vergängliche gelebt wurde. Beim Tod erscheint ein solches Leben, ob es nun kurz oder lang war, wie ein Traum (BC VI, 57-61). Es gilt die Chance der menschlichen Existenz nicht unnütz zu vertun (BC IV, 12ff). Wer das Vergängliche nicht für sein Selbst hält, für den ist das Vergehen auch nicht leidvoll (BC V, 60). Der begehrende Mensch verkennt in seiner possessiv-egozentrischen Lebensausrichtung, daß er im Tod alles aufgeben muß (BC II, 35). Wer aber der Welt schon vorher gestorben ist, trauert nicht, wenn er stirbt (BC VIII, 36). Er macht das Bewußtsein seiner Vergänglichkeit religiös-ethisch fruchtbar durch das Prinzip des Gebens: *"Das Erlöschen (nirvâna) ist das Aufgeben von allem: und mein Geist strebt nach dem Erlöschen. Wenn ich alles aufgeben soll, ist es besser, es den Wesen hinzugeben."* (BC III, 11).[45] Der Tod wird den Körper zwangsweise den Geiern übergeben — der Bodhisattva übergibt ihn freiwillig vorher schon als "Krücke beim Handeln" den Wesen (BC III, 12ff u. V, 66ff).

Es mag verwunderlich erscheinen, daß in der Reifezeit des indischen Mahâyâna, in der sich dessen Untergang schon abzuzeichnen beginnt, die Ausgangsposition des ursprünglichen Buddhismus noch so deutlich greifbar ist, und das bei einem Denker, der der Mâdhyamika-Schule in ihrer radikal negativen Interpretation der Shûnyatâ-Lehre verpflichtet ist. M. E. aber ist dies eine Bestätigung dafür, daß auch für die im Mahâyâna unter dem Stichwort der "shûnyatâ" durchgeführte logische Explikation der Heilsbotschaft gilt, daß sich ihr Sinn von der spezifisch buddhistischen Anknüpfung an die Vergänglichkeitserfahrung her erschließen läßt, und sich der vorgeschlagene hermeneutische Weg bewährt. Ich stimme Micheal Pye in seinem Urteil zu: "...the Mahâyâna seems to say that all items of doctrine are both essential and dispensable, and that any item of doctrine may be contrary to the essence, depending on the attitude of the person concerned."[46] Aber eben diese von der Haltung des angesprochenen Menschen abhängige Bestimmtheit der sonst so unbestimmt und alles ins Vage auflösend erscheinenden Shûnyatâ-Lehre richtet sich nach wie vor an dem unbefriedigenden und leidhaften Charakter aus, den nach buddhistischer Auffassung das in der Vergänglichkeit befangene Leben hat.

---

[45] Ebd. 38; Hervorhebung von mir.
[46] M. Pye / R. Morgan (ed), The Cardinal Meaning... a.a.O. 44.

3.4 Zusammenfassung

Bereits im frühen indischen Mahâyâna-Buddhismus entwickelt sich ein ausgeprägter traditionsimmanent-hermeneutischer Reflexionsprozeß, der das Wesen der buddhistischen Lehre und die Bedingungen ihrer rechten Verstehbarkeit thematisiert. Im Zentrum dieses Reflexionsprozesses stehen die logischen Erwägungen Nâgârjunas. Diese lassen erkennen, daß die traditionsimmanent-hermeneutische Reflexion vor allem durch das Problem der metaphysischen Fragen motiviert ist, die von Buddha unbeantwortet gelassen und deren Genese auf die Unheilsfaktoren zurückgeführt wurde. Um Fragen wie die nach dem Verhältnis von Wiedergeburtslehre und Nicht-Ich-Lehre, nach der Identität des Vollendeten zu Lebzeiten oder posthum und nach der nihilistischen oder eternalistischen Interpretation des Nirvânas gar nicht mehr aufkommen zu lassen, sieht sich Nâgârjuna veranlaßt, das Material, aus dem sich die entsprechenden Theorien konstituieren und das daher die Entstehung der jeweiligen Fragen ermöglicht, durch logische Kritik zu destruieren. Dieses Material besteht nach Nâgârjuna aus nichts anderem als den Grundkategorien des Denkens selbst, wie den Kategorien von Substanz und Attribut, Subjekt und Objekt oder - allgemeiner noch - Identität und Differenz. Nâgârjunas Kritik versucht die relationale Abhängigkeit aller Begriffe voneinander aufzuzeigen, die bei der Applikation des Begriffssystems auf die vergängliche Wirklichkeit notwendig zu Aporien und Beweisnot führt.

Damit ist jedoch nicht nur den schon von der buddhistischen Tradition zurückgewiesenen Fragen und Theorien der Boden entzogen, sondern jegliche Möglichkeit einer adäquaten begrifflichen Wirklichkeitserfassung negiert. Aus diesem Grunde kann auch die notwendig mit begrifflichen Differenzierungen arbeitende Sprache nicht mehr als adäquate Wirklichkeitsbeschreibung verstanden werden. Weil die Entstehung der abgelehnten Theorien schon traditionell auf die Unheilsfaktoren Durst und Anhaftung zurückgeführt wird, erscheint nun das logisch-begriffliche Material der Theoriebildung und jeglicher Beschreibungsversuche als die intellektuelle Dimension der Anhaftung, wenn man glaubt, dadurch die Wirklichkeit zu erfassen. Dem Ende der Anhaftung korrespondiert das Ende einer begrifflich faßbaren "Vielheitswelt". Und dies darf nicht als ein rein subjektives Geschehen interpretiert werden, da zum Ende der "Vielheitswelt" auch das Ende der Subjekt-Objekt-Differenzierung gehört.

Weil die Ursache der unheilsamen Theoriebildung in der Auffassung einer begrifflich differenzierbaren und als solche beschreibbaren Wirklichkeit erblickt und dieses als Form der Anhaftung verstanden wird, muß auch allen begrifflichen Differenzierungen der buddhistischen Lehre eine deskriptive Gültigkeit abgesprochen werden. Nichts ist letztlich adäquat beschreibbar und als solches sprachlich repräsentierbar. Jede sprachliche Artikulation ist nur dann legitim, wenn sie zur Erkenntnis der Inadäquatheit aller begrifflichen Wirklichkeitsrepräsentation und damit zur Freiheit von der Anhaftung an einer mit dem Begriffssystem verwechselten Wirklichkeit führt (wobei eben Anhaftung, da notwendig differenzierend, von der Auffassung, die Wirklichkeit sei begrifflich differenzierbar, nicht zu trennen ist). Dies ist die Aufgabe der buddhistischen Lehre. Sie selbst bedient sich der begrifflichen Differenzierung nur, um zur Überwindung der Anhaftung zu führen, und muß sich daher und dazu schließlich selbst überwinden. Insofern die buddhistische Lehre selbst noch den Eindruck einer adäquaten Beschreibung erweckt, partizipiert sie an der grundsätzlichen Irrigkeit aller Wirklichkeitsbeschreibungen. Insofern sie dies jedoch unvermeidlich tun muß, um über die begriffliche Verhaftung hinauszuführen, ist sie dennoch als performative Größe "relativ wahr". Vom Standpunkt der in der Erleuchtung gewonnenen Erkenntnis "absoluter Wahrheit" her muß jede begriffliche Differenzierung, ja jede Applikation logischer Kategorien – auch die der Identität i.S. eines monistischen Einheitssystems – verworfen werden. Um jedoch den noch Unerleuchteten zur Erleuchtung zu führen, muß auf dessen noch begrifflich verfaßte Wirklichkeitssicht zurückgegriffen und diese allmählich überwunden werden. Die buddhistische Lehre ist für die gesamte Tradition des Mahâyâna in dieser Weise ein "geschicktes Mittel", d.h. allein unter heilspragmatischen Aspekten legitim. Für Nâgârjuna ist das zentrale Stichwort, unter das er die aus heilspragmatischen Gründen notwendige Destruktion aller Theorien stellt, das der "Leerheit" (shûnyatâ). "Leerheit" ist ein reiner Gegenbegriff, der selbst nichts beschreibt, sondern für die Möglichkeit steht, die Irrigkeit aller Begriffssysteme von ihren eigenen Voraussetzungen her zu erweisen.

Den Ausgangspunkt der Überlegungen Nâgârjunas bildet immer wieder die im "pratîtyasamutpâda" beinhaltete Auffassung von der Allvergänglichkeit und der auf diese bezogenen Deutung der Unheilssituation. Erst durch die Einsicht in die Unbeständigkeit aller Dinge und in den kausal strukturierten Wirklichkeitsprozeß wird die Kritik des notwendig statischen Begriffssystems möglich und unvermeidlich, die schließlich auch zur Negation von Vergänglichkeit und Kausalität führt. Weil aber die Vergänglichkeitserfahrung den Ausgangspunkt der buddhistischen Lehre und der radikalen Kritik bildet, ist die intendierte Erkenntnis prinzipiell jedem Menschen autonom zugänglich. Die heteronome Heilsvermittlung hat als positionslose negative Dialektik die Destruktion aller Theorien zu betreiben (da sich in ihnen Anhaftung manifestiert), und so der Erleuchtungserkenntnis den Weg zu öffnen. Über das Heilsziel kann jedoch keine positiv gültige Aussage gemacht werden, da diese das Heilsziel in eine begrifflich faßbare Abhängigkeit von den immer erforderlichen Gegenbegriffen bringen würde. Alle Aussagen über das Heilsziel, wie etwa die der Befreiung vom Samsâra, sind daher letztlich durch Negation, wie dementsprechend die Negation eines Unterschieds von Nirvâna und Samsâra, zu überwinden, weil nur über die Überwindung aller begrifflich strukturierten Anhaftung das Heilsziel zu verwirklichen ist. Weil die Unbeschreiblichkeit des Heilszieles auch die Erfahrung des Heilszieles unbeschreiblich macht, und weil die Unbeschreiblichkeit des Heilszieles die Unbeschreiblichkeit aller Wirklichkeit nach sich zieht, ist letztlich jegliche authentische (d.h. begrifflich unverstellte) Erfahrung unbeschreiblich.

Um den Nachweis einer positiven Verknüpfbarkeit zwischen der mit Begriffen arbeitenden Schlußfolgerung und der Erfahrung geht es Dharmakîrti, der darin stellvertretend für die philosophische Arbeit der Yogâcâra-Schule steht und einen Höhepunkt in ihrer Entwicklung verkörpert. Auch Dharmakîrti zeigt sich einerseits der grundsätzlichen buddhistischen Unheilsdeutung und andererseits dem mahâyânistischen Konzept der Deutung der Lehre als "geschicktes Mittel" verpflichtet. Er versucht die Schlußfolgerung mit der Erfahrung über eine pragmatische, handlungsorientierte Interpretation der Begriffsbildung zu verbinden, wonach die Schlußfolgerung das Ziel hat, zu bestimmten Handlungen zu führen, die neue Erfahrungen hervorbringen. Begriffsbildung und Erfahrung erweisen sich letztlich jedoch als rein subjektive, intentional verfaßte Erkenntnisvorgänge. Wird dies erkannt, dann ist eingesehen, daß die begrifflich differenzierte und strukturierte Wirklichkeitssicht irrig ist, dann ist das Nicht-Wissen als ein falsches Wirklichkeitsbild entlarvt, das auf der egozentrischen Subjekt-Objekt-Struktur beruhte und die wahre Erkenntnis nur verdeckte. Während Nicht-Wissen und Leid so als bedingte, d.h. verursachte, Faktoren erscheinen, die durch Beseitigung der Ursachen verschwinden, scheint die in der Erleuchtung erreichte, nun von allen Begriffen und Strukturen gereinigte Erkenntnis, dem Bedingtheitszusammenhang immer schon enthoben gewesen zu sein. Diese Position rief immer wieder die Kritik der Mâdhyamika-Schule hervor, die darin einen Rückfall in Metaphysik erblickte und folglich auch nicht bereit war, die Erkenntnis als absolute Größe anzuerkennen.

Sowohl in den Überlegungen der Yogâcâra-Schule als auch in denen der Mâdhyamika-Schule zeigt sich jedoch ein Konsens darin, daß es bei der buddhistischen Lehre um die Verwirklichung der nun auch in den Bereich der Begriffsbildung erstreckten Anhaftungslosigkeit geht, in deren Zentrum nach wie vor die Überwindung der Ich-Identifikation gesehen wird. Entsprechend der Tatsache, daß bereits im älteren Buddhismus die Überwindung von Ich-Identifikation und Anhaftung eine starke ethische Komponente besitzt, und bereits dort die sittlichen Auswirkungen als Kriterium zur Beurteilung von Lehre und die sittliche Grundhaltung als Prinzip der Lehrverkündigung angesehen wird, korreliert im Mahâyâna-Buddhismus die im Bodhisattva-Ideal ausgedrückte ethische Grundhaltung der vertieften Reflexion auf die Vermittlungsdynamik der Lehre. Bei dem hier exemplarisch anhand der Ausführungen Shântidevas vorgestellten Bodhisattva-Ideal zeigt sich, daß die unter dem Stichwort der "Leerheit" angestrebte Negation aller begrifflichen Abgrenzungen ihren existentiell/sittlichen Ort in der Entfaltung der nicht-differenzierenden Liebe besitzt. Diese wird realisiert durch einen radikalen Altruismus, in dem sich durch das uneingeschränkte "Geben" die Freiheit von aller Anhaftung als eine dem Tod ebenbürtige erweist. Der Bodhisattva gibt, was der Unerleuchtete vergeblich angesichts der Allvergänglichkeit festzuhalten sucht.

So zeigt sich, daß die unter dem Stichwort der "Leerheit" stehende traditionsimmanent-hermeneutische Reflexion des Mahâyâna auf das Wesen der buddhistischen Lehre in ungebrochener Kontinuität mit den Grundkonstellationen des älteren Buddhismus verbleibt. Sie ist einerseits untrennbar von der soteriologischen Ausgangsposition der Verkündigung eines "Todlosen" angesicht der Allvergänglichkeit und andererseits untrennbar von den existentiell/sittlichen Realisationsformen der die Todesverfallenheit überwindenden Anhaftungslosigkeit. Wie oben gezeigt, führte im Pâli-Buddhismus die primär an der Vergänglichkeitserfahrung orientierte buddhistische Deutung der Unheilssituation dazu, daß das Verständnis von Freiheit und Liebe in spezifischer Weise vom Heilsziel der "Todlosigkeit" her geprägt ist. An zwei weiteren Entwicklungsformen der mahâyâna-buddhistischen Tradition, dem frühen Zen- und dem Jôdo-Shin-Buddhismus Shinrans, werde ich nun aufzuzeigen versuchen, wie Freiheit und Liebe auf dem Hintergrund der vorgestellten mahâyânistischen Deutung der Heilsvermittlungsfunktion der buddhistischen Lehre weiter thematisiert werden.

4. DIE SPIRITUELLE EXPLIKATION DER HEILSBOTSCHAFT IM ZEN- UND JODO- SHIN-BUDDHISMUS

4.1 Hui-neng und die Freiheit

Rund 700 Jahre nach dem ersten Vordringen des Buddhismus in China wird in der sich im 8.-9. Jhd. formierenden Bewegung des Zen bzw. Ch'an[1] nun unter veränderten kulturellen Vorzeichen und inmitten einer großen Vielfalt chinesischer buddhistischer Schulen erneut die Frage nach dem eigentlichen Wesen der buddhistischen Lehre zu einem zentralen Thema. Alle Schulen des Zen führen sich auf die völlig von Legenden umwobene Gestalt des Bodhidharma zurück, den ersten der chinesischen Patriarchen des Zen, der (falls sich hinter ihm eine historische Persönlichkeit verbirgt) im 5. - 6. Jhd. den Geist der wahren Lehre des historischen Buddha nach China gebracht habe[2]. Jedoch wird der Zen-Buddhismus als eine eigenständige Richtung des chinesischen Buddhismus erst im 8. Jhd. deutlich greifbar - ein Prozeß, der seinen signifikanten Abschluß darin findet, daß zu Beginn des 9. Jhd. *Hui-neng* (meist datiert auf 638-713) als der *Sechste Patriarch* in der Nachfolge Bodhidharmas von den Zen-Schulen allgemein anerkannt wird. Ma-tsu Tao-i (709-788) und Shih-t'ou Hsi-Ch'ien (700-790), die beiden herausragenden Gestalten und Häupter der Hauptlinien des Zen in der T'ang-Zeit, werden als Schüler der dritten Generation mit Hui-neng verbunden. Aus der Linie Ma-tsus generiert später das "Lin-chi-Haus", aus der des Shih-t'ou das "Ts'ao-tung-Haus", deren Lehren im 12. - 13. Jhd. als Rinzai- und Sôtô-Zen nach Japan verpflanzt werden.[3] Dieser Befund mag es rechtfertigen, daß

---

[1] "Zen" ist die japanische Bezeichnung für das chinesische "Ch'an", was wiederum die Übersetzung des sanskritischen "dhyâna" (pâli: "jhâna = Versenkung) ist. Bisweilen wird zur besseren religionsgeschichtlichen Unterscheidung der Begriff "Zen" für die japanischen und "Ch'an" für die chinesischen Richtungen reserviert. Ich verwende im folgenden durchgehend "Zen" auch für den chinesischen Ch'an-Buddhismus, da Person und Lehre Hui-nengs, des Sechsten Patriarchen des Ch'an, für alle Richtungen des Zen- bzw. Ch'an-Buddhismus seit dem 9. Jhd. zu einem einheitlichen Bezugspunkt geworden sind.

[2] Bodhidharma wird mit dem historischen Buddha über die lückenlose Sukzessionsreihe von 28 indischen Patriarchen verbunden - ein Topos, der sich im Zusammenhang mit der Konstitution des Zen als eigenständiger Richtung herausbildet und i. S. traditionsimmanenter Hermeneutik die Legitimität des Zen als genuiner Interpretation der Lehre Buddhas betonen will. Oft werden auch noch die dem historischen Buddha vorangegangenen vorzeitlichen Buddhas der Patriarchenliste vorangestellt, womit Zen, vermittelt über den historischen Buddha, auf die überzeitliche Wahrheit der Lehre rückbezogen wird (vgl. dazu die ausführliche Darstellung von Ph. Yampolsky in: The Platform Sutra of the Sixth Patriarch. The Text of the Tun-Huang Manuscript with Translation, Introduction, and Notes by Philip B. Yampolsky, New York and London 1967, 1 - 57).

[3] Vgl. dazu die Traditionstafeln in H. Dumoulin, Geschichte des Zen-Buddhismus. Bd. I: Indien und China, Bern 1985, 355ff.

ich mich für die weitere exemplifikarische Anwendung des von mir vorgeschlagenen hermeneutischen Ansatzes hinsichtlich des Zen-Buddhismus auf die Gestalt und Lehre des Hui-neng beschränke.

Von Hui-neng - ebenso wie von Bodhidharma - existieren keinerlei eigene Aufzeichnungen. Zur Abrundung jenes für die weitere Zen-Tradition charakteristischen Bildes Hui-nengs hat jedoch maßgeblich ein Text beigetragen, der beansprucht die Lehren Hui-nengs wiederzugeben, und dessen älteste bislang gefundene Version (vermutlich aus dem Zeitraum zwischen 830 - 860)[4] den Titel trägt: "Das Höchste Mahâyâna-Sûtra der Vollkommenen Weisheit über die Lehre der Plötzlichkeit der Südschule - Das Sûtra der Dharma-Predigt des Sechsten Patriarchen, des Großmeisters Hui-neng, gesprochen vom Hochsitz im Tempelkloster von Ta-fan in Shao-chou." Die Authentizität zumindest von Teilen dieses "Sûtras" (eine Ehrenbezeichnung, die meist nur für solche Texte gebraucht wird, in denen Buddha als der Redende auftritt - im folgenden kurz "Hochsitz-Sûtra" genannt) ist bis heute umstritten. Als Ganzes zeigt es fraglos die Spuren jüngerer Redaktion. Während eine Forschungsrichtung mit Ui der Meinung ist, daß sein Inhalt durchaus über einen Schüler Hui-nengs namens Fa-hai als Kompilator auf den Sechsten Patriarchen selbst zurückgehen könnte, aber später noch weitere Einschübe erhielt, vertritt Hu Shih, daß es der Schule Shen-huis[5] entstammt und nichts Authentisches von Hui-neng enthält.[6] Nach Yanagida[7] ist es aus einem komplizierten Prozeß hervorgegangen, bei dem vor allem Material aus der "Ochsenkopfschule"[8] und aus Shen-huis Jüngerkreis miteinander verbunden wurde. Nach Nagashima ist für die Lehraussagen des Hochsitz-

---

[4] Es handelt sich dabei um die in *Tun-Huang* aufgefundene Version. Sie findet sich ediert, übersetzt (englisch), kommentiert und eingeleitet bei Ph. Yampolsky, The Platform Sutra... a.a.O. (dort auch die angegebene Datierung; ebd. 90). Das Hochsitz-Sûtra hat später immer wieder neue Erweiterungen erfahren (vgl. ebd. 103ff).

[5] Shen-hui wird im Hochsitz-Sûtra als Jünger Hui-nengs genannt. Nach Auffassung Nagashimas hat jedoch Shen-hui Hui-neng nicht gekannt, da in einer frühen Inschrift, die von Wang-Wei im Auftrag Shen-huis über Hui-neng verfaßt wurde, keine Informationen über Hui-nengs Geburt und Tod enthalten sind. Der durch die Finanzierung der Niederwerfung eines Aufstandes zu politischem Einfluß gelangte Shen-hui habe sich durch diese Inschrift mit einem bedeutenden Lehrer schmücken wollen, den er eigens zu diesem Zweck erst zu einem solchen hochstilisieren mußte (vgl. T. S. Nagashima, Truths and Fabrications in Religion - An investigation from the documents of the Zen [Ch'an] Sect [Probsthain's Oriental Series XXIX], London 1978, 1 - 106).

[6] Vgl. Yampolsky, The Platform Sutra... a.a.O. 89f und H. Dumoulin, Geschichte des Zen-Buddhismus, Bd. I, a.a.O. 117f.

[7] Vgl. dazu H. Dumoulin, Geschichte des Zen-Buddhismus, Bd. I, a.a.O. 118ff.

[8] Zur "Ochsenkopfschule" siehe H. Dumoulin, ebd. 112ff. Die "Ochsenkopfschule" stand der chinesischen Richtung der Mâdhyamikas, der San-lun-Schule, nahe.

Sûtras besonders das "Tun-wu ju-tao yao-men lun" des Ta-chu[9] (im folgenden kurz "Tun-wu" genannt) als wesentlichste Bezugsquelle anzusehen.[10]

Wie immer es auch um die Authentizität des Hochsitz-Sûtras bestellt sein mag - es gibt uns Einblick in jene Gedankenwelt, in der sich der Zen-Buddhismus formiert, und die Hui-neng zu jener Symbolfigur des Selbstverständnis des Zen werden läßt, die weit deutlicher und konturenreicher als Bodhidharma das ausfüllt, was diesem spätere Generationen in dem berühmten Vers als einen das Wesen des Zen artikulierenden Ausspruch zugeschrieben haben:

"Eine besondere Überlieferung außerhalb der Schriften,
unabhängig von Wort und Schriftzeichen:
Unmittelbar des Menschen Herz zeigen, -
die (eigene) Natur schauen und Buddha werden."[11]

4.1.1 Die "besondere Überlieferung": Distanz zur Tradition als Traditionstreue

Die im Hochsitz-Sûtra als Reden, Verse und Dialoge Hui-nengs erscheinenden Lehren sind eingespannt in eine biographische Skizze, die zwei Schwerpunkte setzt: Hui-nengs Initiation zum Sechsten Patriarchen und Hui-nengs Tod.
Der Fünfte Patriarch, Hung-jen, habe seine Schüler aufgefordert einen Vers zu dichten, an dem er erkennen könne, wer zum eigentlichen Sinn der Lehre ("cardinal meaning") erwacht und somit der Nachfolge im Patriarchat würdig sei. Zunächst formuliert allein Shen-hsiu[12] einen Vers, auf den jedoch Hui-

---

[9] "A Treatise on the Essential Gateway to Truth by Means of Instantaneous Awakening". Eine englische Übersetzung dieses wichtigen Textes hat John Blofeld vorgelegt als: The Zen Teaching of Hui Hai on Sudden Illumination, London 1973.
[10] Vgl. Nagashima, Truths and Fabrications... a.a.O. 107-158. Nagashima nimmt für das Tun-wu ju-tao yao-men lun eine Abfassungszeit vor Shen-huis Tod, d.h. vor 762 an (vgl. ebd. 111), und versucht sowohl eine direkte Abhängigkeit des Hochsitz-Sûtras vom Tun-wu, als auch eine über die "Recorded Sayings of Shen-hui" (Shen-hui yü-lu) vermittelte indirekte Abhängigkeit nachzuweisen. Aufgrund der wesentlichen Übereinstimmung in zentralen inhaltlichen Aussagen zwischen dem Hochsitz-Sûtra, den "Recorded Sayings" und dem Tun-wu des Ta-chu, sieht Nagashima in Ta-chu den eigentlichen Schöpfer der unter dem Namen Hui-nengs stehenden Zen-Lehre (vgl. ebd. 133f).
[11] H. Dumoulin, Geschichte des Zen-Buddhismus, Bd. I, a.a.O. 83.
[12] Shen-hsiu wird später von seinen Schülern als das Haupt der "Nordschule" angesehen im Gegensatz zu der sich auf Hui-neng zurückführenden "Südschule". Man darf annehmen, daß die Autorität des hochgelehrten Shen-hsiu als des legitimen Nachfolgers im Patriarchat erst durch die Angriffe der Südschule, besonders Shen-huis und dessen Jüngerkreis, in Frage gestellt wurde. Zum Hauptvorwurf wurde dabei, daß Shen-hsiu den Heilsweg als einen allmählichen Stufenprozeß ver-

neng eine Replik dichtet. Hung-jen habe dann den Analphabeten Hui-neng dem hochgelehrten Shen-hsiu vorgezogen und ihm heimlich die Patriarchenwürde übertragen.

Hui-nengs Tod ist deutlich den traditionellen Berichten über den Tod Buddhas nachgebildet.[13] Sein angeblicher Jünger Shen-hui bleibt bei Huinengs Todesankündigung frei von Trauer, wie einst die erleuchteten Jünger beim Tode Buddhas.[14] Der Tod Hui-nengs wird, wie der Tod Buddhas, von außergewöhnlichen Naturphänomenen begleitet, und Hui-neng wird mit dem buddhologischen Ehrentitel des "Tathâgata" apostrophiert.[15]

Die beiden biographischen Brennpunkte des Hochsitz-Sûtras markieren den Rahmen seines inhaltlichen Anliegens. Mit Hui-nengs Initiation zum Sechsten Patriarchen wird er *rückwärtsgewandt* in die Linie der überkommenen,

---

standen habe, Hui-neng dagegen die von höherer Erkenntnis zeugende "Plötzlichkeit der Erleuchtung" gelehrt habe (vgl. dazu H. Dumoulin, Geschichte des Zen-Buddhismus, Bd. I, a.a.O. 103ff. Zu meiner Deutung dieser Problematik siehe unten S. 599ff).

[13] Vgl. zu diesem Urteil auch H. Dumoulin, Geschichte... Bd. I., a.a.O. 131.

[14] So heißt es im Mahâparinibbâna-Sutta des Pâlikanons (Dîgha-Nikâya 16): "Als der Erhabene verschieden war, da weinten von den Bhikkhu's, die von Leidenschaften noch nicht frei waren, manche laut... und klagten: ›Zu früh hat der Erhabene, der Pfadvollender, das Zeitliche gesegnet, zu früh ist das Auge der Welt erloschen‹. Die aber, die schon von Leidenschaft frei waren, nahmen alles besonnen und mit klar urteilendem Geiste hin, weil sie sich sagten: ›Vergänglich ist alles Erscheinende, wie wäre es anders wohl möglich?‹" (Franke, Dîghanikâya, a.a.O. 246). Eventuell ist spezieller noch eine Analogie des Verhältnisses von Shen-hui und Hui-neng zu Kashyapa und Buddha beabsichtigt. Kashyapa (pâli: Kassapa) gilt nach der Zen-Tradition als erster indischer Patriarch in der direkten Nachfolge Buddhas und genießt daher im Zen höchstes Ansehen. Im Zusammenhang mit den Ereignissen um den Tod Buddhas wird in vielen Fassungen des Mahâparinirvâna-Sutra folgende Episode überliefert: Kashyapa, der beim Tode Buddhas nicht anwesend ist, trifft auf den Anhänger einer anderen Sekte, der soeben von Kusinârâ, dem Ort von Buddhas Abscheiden, kommt und vom Tod des Erhabenen berichtet. Auch hier heißt es, daß die unerleuchteten Mönche in Begleitung Kassapas zu trauern und klagen beginnen, die erleuchteten, wie Kassapa selbst, jedoch gleichmütig bleiben. Allerdings zeigt sich ein Mönch namens Subhadda erfreut darüber, daß man nun endlich den lästigen Buddha, der einen mit seinen Vorschriften gegängelt habe, los sei (vgl. Dîgha-Nikâya 16,6,19f, sowie die von E. Waldschmidt zusammengetragenen Parallel-Versionen in: E. Waldschmidt, Die Überlieferung vom Lebensende des Buddha, II. Abteilung, Göttingen 1948, 248ff). Auffallend an der Schilderung des Hochsitz-Sûtras ist nun, daß Hui-neng sein Lob des Gleichmutes Shen-huis mit den Worten ergänzt: "and you are not moved by judgements of praise and blame" (Yampolsky, The Platform Sutra... a.a.O. 174). Diese Bemerkung macht hier aber keinerlei Sinn, da sich beim Tod Hui-nengs niemand findet, der ähnlich wie Subhadda ein Wort des Tadels spricht. Die Bemerkung im Hochsitz-Sûtra ist also durchaus geeignet die Assoziation einer Parallelität von Shen-hui und Kashyapa hervorzurufen.

[15] Yampolsky, The Platform Sutra... a.a.O. 182f.

durch die Sukzession der Patriarchen auf den historischen Buddha selbst zurückgeführten Tradition gestellt. Mit der Schilderung seines Todes wird nochmals Hui-nengs "Buddhaschaft" unterstrichen, und, *vorwärtsgewandt*, die Frage des Fortbestandes seiner Lehre so beantwortet, daß sie durch den Text des Hochsitz-Sûtras selbst in Zukunft authentisch weitergegeben wird.[16] So stilisiert das Hochsitz-Sûtra Hui-neng zur verbindlichen *Symbolfigur* jenes *"eigentlichen Sinns" (cardinal meaning) der Lehre*, von dem im Text durchgängig die Rede ist. Die Lehre Hui-nengs bzw. des Hochsitz-Sûtras erhält den Rang der authentischen Interpretation der inzwischen weit aufgefächerten buddhistischen Lehr- und Schulen-Tradition!

Mit drei weiteren Aussagen des Hochsitz-Sûtras unterstreicht dieses die Parallelität von Hui-neng und Buddha und erhebt so Hui-neng nicht nur zum "gültige(n) Bild des idealen Zen-Meisters"[17], sondern zum Idealtypus der Verwirklichung buddhistischer Lehre schlechthin: Wenn man die Lehre Hui-nengs, wie sie das Hochsitz-Sûtra bezeugt, verstehe und praktiziere, verliere man nicht die Essenz der buddhistischen Lehre und werde Hui-neng gleich.[18] Nicht auf die leibhafte Gegenwart des Meisters komme es an, sondern auf die Praxis seiner Lehre, was bereits zu dessen Lebzeiten gegolten habe, und so auch nach seinem Tod.[19] Wer die Lehre Hui-nengs praktiziert, ist dem Meister nahe, auch wenn er weit entfernt weilt, wer sie nicht praktiziert, ist ihm fern, auch wenn er ihm unmittelbar gegenüber ist.[20] Es handelt sich hierbei um klassische Aussagen über die Vermittlungsdynamik der Heilsbotschaft, die in der Identifikation von Buddha und Lehre gipfeln. Angesichts des bevorstehenden Todes Buddhas heißt es, daß dann kein Mangel an Vollendeten in der Welt sein werde, wenn die Jünger "richtig" lebten, d.h. durch die Praxis der Lehre wird Gleichheit mit Buddha erreicht. Die Aussage, daß es unabhängig davon, ob der Buddha lebt oder nicht, allein auf die Zuflucht zu sich selbst und zur Lehre ankomme, findet sich ebenfalls im Mahâparinibbâna-Sutra, und das Bild von der Nähe zu Buddha durch Befolgung der Lehre ist im Pâli-Kanon geläufig.[21] So werden diese Aussagen vom Hochsitz-Sûtra als Topoi gebraucht, die Hui-neng und seine Lehre vollends in eine Linie mit Buddha stellen. Die auf den historischen Buddha zurückgehende und bis zu Hui-neng reichende Tradition, wird von letzterem so vollkommen verkörpert, daß für die sich auf ihn stützende Tradition die gleichen Aussagen gelten wie für die auf Buddha zurückgehende, in der Hui-neng selber steht. So erschließt sich das Anliegen des Hochsitz-Sûtras als ein durch und durch *traditionsimmanent-hermeneuti-*

---

[16] Vgl. ebd. 173f. Mit Hui-neng erlischt das Patriarchat innerhalb des Zen-Buddhismus. Das Hochsitz-Sûtra tritt an die Stelle von "Gewand und Schale" Bodhidharmas, d. h. den Insignien der Patriarchatswürde, die angeblich von den ersten fünf chinesischen Patriarchaten als äußere Zeichen an den jeweiligen Nachfolger weitergegeben wurden.
[17] H. Dumoulin, Geschichte... a.a.O., Bd. I, 131.
[18] Vgl. Yampolsky, The Platform Sutra... a.a.O. 174f.
[19] Vgl. ebd. 181f.
[20] Vgl. ebd. 161f.
[21] Vgl. oben S. 518ff.

sches, versehen mit dem Anspruch auf die *richtige* und *im Einklang mit der älteren Tradition stehende Interpretation* des "eigentlichen Sinns" der buddhistischen Lehre.

Die unverkennbare Bemühung des Hochsitz-Sûtras um die Demonstration der Kontinuität seiner Lehren mit der Tradition scheint allerdings in Spannung zu dem ersten Teil des oben zitierten und für das Selbstverständnis des Zen allgemein anerkannten Bodhidharma-Verses zu stehen: "Eine besondere Überlieferung außerhalb der Schriften, unabhängig von Wort und Schriftzeichen..." Augenfällig wird diese Spannung durch das Hochsitz-Sûtra selbst, denn ein *Text*, der noch dazu mit dem Ehrentitel "Sûtra" ausgezeichnet ist, legt eine verbindliche Lehre fest, als deren Symbolfigur nicht der gelehrte und schriftenkundige Shen-hsiu, sondern der Analphabet Hui-neng fungiert.[22] Um einem Verständnis der Eigenart des Zen und dessen, was von ihm als "eigentlicher Sinn" der buddhistischen Lehre betrachtet wird, näher zu kommen, ist daher zunächst das *Traditionsverständnis* des Hochsitz-Sûtras unter dem Aspekt dieser Spannung zu klären.

Bedenkt man den ursprünglichen Ort jener zuletzt genannten Topoi, die Hui-neng in eine Linie mit Buddha stellen, so fällt auf, daß sie in den Kontext der Vermittlungsproblematik der buddhistischen Heilsbotschaft, besonders der dort auftretenden Spannung von heteronomen und autonomen Prinzipien, gehören. Lehrer (Buddha) und Lehre verweisen als zunächst heteronome Faktoren den Adepten auf sich selbst zurück, um dessen autonome Erkenntnis und Praxis zu initiieren, die allein als solche im Einklang mit der Intention von Lehrer und Lehre steht.[23] Indem das Hochsitz-Sûtra dieses Schema auf den Lehrer Hui-neng überträgt, den es gleichzeitig als in der Tradition stehend auszuweisen sucht, werden die *Prinzipien der ursprünglichen Heilsvermittlung* zu solchen der *Traditionstreue*. Nicht der befindet sich im Einklang mit der Tradition, der die Tradition selbst, in ihrer überlieferten Gestalt, zum Objekt religiösen Lebens macht, sondern der, der sich von der Tradition zu eigener Erkenntnis und Praxis anstoßen läßt. Die bloße Sûtrenrezitation wird im Hochsitz-Sûtra als für das Heil unwirksam verurteilt, ebenso wie die bloße Schriftgelehrsamkeit und die Disputationskunst[24] (die im Streit der buddhistischen Schulen und ihrer zunehmenden philosophischen Artikulation wieder an Ansehen gewonnen hatte). Doch dürfe man - so Hui-neng im Hochsitz-Sûtra - nicht die Schriften an sich verwerfen, da dies bedeute, jegliche Möglichkeit heilseffizienter sprachlicher Artikulation zu leugnen.[25] Es komme auf die *spirituelle Praxis* an, deren Zentrum das Erblicken der *"eigenen Natur"* ist, und ein guter Lehrer kann dazu

---

[22] Im Rahmen der idealtypischen Zeichnung Hui-nengs durch das Hochsitz-Sûtra kommt der wiederholten Bemerkung über dessen Illiteralität weniger eine biographische als vielmehr eine paradigmatische Bedeutung zu (vgl. dazu auch Yampolsky, The Platform Sutra... a.a.O. 71, Anm. 35 und Nagashima, Truths and Fabrications... a.a.O. passim).
[23] Vgl. oben S. 506ff.
[24] Vgl. Yampolsky, The Platform Sutra... a.a.O. 132, 136, 145f.
[25] Vgl. ebd. 173.

durchaus verhelfen.[26] Wie die Lehre seit den buddhistischen Anfängen als heilspragmatisches und heilseffizientes Mittel verstanden wird, das in der Erfüllung seines Zwecks über sich hinausweist (vgl. besonders das Floßgleichnis[27]), so kann auch die die Lehre überliefernde Tradition ihrer Funktion nur gerecht werden, wenn sie sich durch ihre Selbstaufhebung je neu konstituiert und bewahrt.[28]

In unnachahmlicher Weise ist es dem Zen-Buddhismus immer wieder gelungen, dieser seiner Option innerhalb des traditionsimmanenten hermeneutischen Reflexionsprozesses Ausdruck zu verleihen, wofür die folgende kurze Wechselrede des Zen-Meisters Huang-Po (gest. 850) als Beispiel dienen möge: "F(rage): Welches ist der Weg und wie muß er befolgt werden? A(ntwort): Welcher Art sollte deiner Meinung nach der Weg sein, dem du folgen willst?"[29] Auf die Frage nach dem Weg (eben wohl dem *rechten* Weg unter dem inzwischen vielfältigen Angebot buddhistischer – eventuell auch nichtbuddhistischer – Lehren und Wege) wird in diesem Beispiel mit der unmittelbaren Demonstration des Weges geantwortet, indem Huang-Po den Fragesteller auf seine eigene spirituelle Verfassung verweist, mit dem Ziel, ihn in ein (kritisches, achtsames) neues Selbstverhältnis zu versetzen.[30]

Doch dürfte mit diesem ersten Ergebnis der Gehalt dessen, was jene "besondere Überlieferung außerhalb der Schriften, unabhängig von Wort und Schriftzeichen" bezeichnet, noch nicht ausgeschöpft sein. Vielmehr müssen die logischen Erwägungen der auf Nâgârjuna zurückgehenden Mâdhyamika-Schule zur Interpretation dieser Aussage herangezogen werden.[31] Dafür ist

---

[26] Vgl. ebd. 135 u. 151f.
[27] Oben S. 511.
[28] M. E. bedarf daher das Urteil Nagashimas, daß sich mit dem Zen-Buddhismus seit Hui-neng ein original chinesischer Buddhismus formiert habe, der erstmals vom indischen unabhängig sei, der Modifikation (vgl. Nagashima, Truths and Fabrications... a.a.O. 326f). Vielmehr wird gerade in der dialektischen Spannung, in der autonome und heteronome Prinzipien der buddhistischen Heilsvermittlung schon immer gestanden sind, jene *"Unabhängigkeit"* erzielt, die *zugleich* die *höchste Übereinstimmung mit der Tradition* bedeutet (vgl. dazu auch das Urteil E. Conzes: "Die Absicht des *chan* war es, den Buddhismus als spirituelle Lehre wiederherzustellen... Obschon sich der kulturelle Hintergrund und die gesellschaftlichen Bedingungen im China der Tang-Zeit fast in jeder Hinsicht vom Indien des Buddha Shâkyamuni unterschieden, sind Buddhisten dem Geist ihres Stifters kaum jemals so nahe gekommen wie die großen Meister der *chan*-Schule." E. Conze, Eine kurze Geschichte des Buddhismus, Frankfurt a. M. 1984, 110 u. 113f).
[29] Die Zen-Lehre des chinesischen Meisters Huang-Po, Weilheim/Obb. 1960, 44.
[30] Zum Modell dieser Vermittlungsstruktur siehe oben S. 509f.
[31] Zur Bedeutung der Mâdhyamikas in ihrer chinesischen Form der San-lun-Schule für die Entstehung des Zen-Buddhismus siehe auch H. Dumoulin, Geschichte des Zen-Buddhismus, Bd. I, a.a.O. 71ff und Hsueh-Li Cheng, Zen and San-lun Mâdhyamika Thought: Exploring the Theoretical Foundation of Zen Teachings and Practices, in: Religious Studies 15

nicht nur bezeichnend, daß Nâgârjuna vom Zen als einer der indischen Patriarchen angesehen wird, sondern auch die wachsende Hochschätzung, die das "Diamant-Sûtra" (Vajracchedikâ-Prajñâpâramitâ) seit Hui-neng innerhalb des Zen genießt.[32] Wie alle Texte der Prajñâpâramitâ-Gruppe steht auch das Diamant-Sûtra mit seiner Betonung der über alle relativen Gegensätze hinausreichenden absoluten Negation der Mâdhyamika-Lehre nahe – ein Motiv, das hier gemeinhin unter dem Stichwort der "Leerheit" bzw. "Leere" (shûnyatâ) behandelt wird. Dementsprechend betont das Diamant-Sûtra auch die Unbeschreiblichkeit der von der buddhistischen Lehre intendierten Wirklichkeit: "...that thing which was known or taught by the Tathâgata is incomprehensible and inexpressible."[33] In paradoxen Aussagen, in denen das zuvor Gesagte jeweils negiert und als Negiertes neu affirmiert wird, artikuliert das Diamant-Sûtra die Funktion der Lehre im Sinne der Vermittlung des Unbegreiflichen: "...what was preached by the Tathâgata as the Prajñâpâramitâ, that was preached by the Tathâgata as no-Pâramitâ. Therefore it is called the Prajñâ-pâramitâ."[34] Alles, was der Buddha lehrt, sei wahr, doch in jeder seiner Lehren sei zugleich weder Wahrheit noch Falschheit.[35] Nichts wurde von Buddha gelehrt.[36] Das Wesen der Lehre kann nicht verstanden oder verständlich gemacht werden.[37] Und doch habe die Lehre einen heilseffektiven Wert, denn durch die Predigt, Erläuterung und Rezitation des Diamant-Sûtras können die Wesen zur Erleuchtung kommen.[38] Das Floßgleichnis[39] wird im Diamant-Sûtra zitiert mit dem Verweis auf die Notwendigkeit, alle Gegensätze, alle Begriffe und ihre Verneinungen zu transzendieren.[40]

Gerade die Aussage des Diamant-Sûtras, daß durch seine Rezitation die Erleuchtung erlangt werden kann, schreibt nun das Hochsitz-Sûtra dem Fünften Patriarchen Hung-jen zu: "...I heard the Master encourage the

---

(1979) 343-363. Cheng ist der Meinung, "that Zen-Buddhists followed San-lun Mâdhyamika philosophy and had main San-lun doctrines as their major philosophical basis in their creation and development of Zen religion" (ebd. 363). Zur San-lun-Schule selbst siehe J. Takakusu, The Essentials of Buddhist Philosophy, Honolulu³ 1956, 96-107.

[32] Im Hochsitz-Sûtra wird ein deutlicher Trend greifbar, dem "Diamant-Sûtra" den Vorrang gegenüber dem der Yogâcâra-Lehre nahestehenden "Lankavatâra-Sûtra" einzuräumen (vgl. dazu Nagashima, Truths and Fabrications... a.a.O. 61f; Yampolsky, The Platform Sutra... a.a.O. 5f u. 34; H. Dumoulin, Geschichte des Zen-Buddhismus, Bd. I, a.a.O. 106, 138 und 303, Anm. 18).

[33] Zitiert nach der von Max Müller besorgten Übersetzung in: Buddhist Mahâyâna Texts (Dover edition), New York 1969, Part II, 118.

[34] Ebd. 125. "Prajñâ-pâramitâ" ist die vollkommene bzw. transzendente (pâramitâ) Weisheit (prañjâ).

[35] Vgl. ebd. 128f.

[36] Vgl. ebd. 125 u. 137f. Siehe auch die ähnlichen Aussagen bei Nâgârjuna, oben S. 545f.

[37] Vgl. ebd. 141.

[38] Vgl. ebd. passim.

[39] Siehe oben S. 511.

[40] Buddhist Mahâyâna Texts, Part II, a.a.O. 118.

monks and lay followers, saying that if they recited just the one volume, the Diamond Sutra, they could see into their own natures and with direct apprehension become Buddhas."[41] Letzteres entspricht nahezu exakt der vierten Zeile des Bodhidharma Verses: "die (eigene) Natur schauen und Buddha werden." So ist nach dem Hochsitz-Sûtra denn auch Hui-neng beim Hören des Diamant-Sûtras erleuchtet worden,[42] bei der Übertragung der Patriarchenwürde erläutert ihm Hung-jen das Diamant-Sûtra,[43] und schließlich predigt auch Hui-neng, daß das Diamant-Sûtra den Blick in die eigene Natur ermögliche.[44] Wiederum also die gleiche Spannung: ein Text wird prononciert hervorgehoben und dabei in direkten Bezug zu dem gesetzt, was gerade die "besondere Überlieferung außerhalb der Schriften" ausmacht, das Schauen der eigenen Natur und das Buddha-Werden.

So läßt sich für das Traditionsverständnis des Zen feststellen, daß es sich dabei nicht einfach um eine platte Ablehnung der schriftlichen Tradition handelt, sondern *um eine Deutung der Tradition, die diese gerade durch eine gewisse Distanz zu ihr zu wahren sucht. Diese Distanz bestimmt sich erstens vom altbuddhistischen Heilspragmatismus her und zweitens von der im Mahâyâna-Buddhismus unter dem Stichwort der "Leere" betonten Unmöglichkeit einer adäquaten Repräsentation der Wirklichkeit in Wort und Begriff. Keineswegs abgelehnt wird von der Zen-Bewegung der heilseffiziente Wert von Wort, Schrift und Tradition.* Angesichts dieses Befundes drängt sich jedoch die Frage auf, worin denn nun eigentlich noch das "Besondere" der Überlieferung, die das Zen für sich beansprucht, besteht - fußen doch die beiden genannten Aspekte auf der breiten altbuddhistischen und mahâyânistischen Tradition. Offensichtlich ist es im zweiten Teil des Bodhidharma-Verses: "Unmittelbar des Menschen Herz zeigen - die (eigene) Natur schauen und Buddha werden" zu finden.

4.1.2 Die "ursprüngliche" bzw. "eigene Natur": Quelle der Tradition und "eigentlicher Sinn" der Lehre

Nach dem Hochsitz-Sûtra entspringen der Buddha, die Lehre und die Lehrer (die hier wohl die traditionelle Stelle des Samgha einnehmen) - die drei Garanten der Tradition - einer einzigen gemeinsamen Quelle. Die in den Schriften des Hînayâna und Mahâyâna überlieferte Lehre generiert aus der den hinter diesen Schriften stehenden Menschen innewohnenden Weisheit (prajñâ).[45] Durch Sûtren wie das Diamant-Sûtra kann sich der eigene Geist für diese Weisheit öffnen, und daher ist man durch den direkten Gebrauch der Weisheit zugleich unabhängig vom geschriebenen Wort.[46] Ein guter Leh-

---

[41] Yampolsky, The Platform Sutra... a.a.O. 127.
[42] Vgl. ebd. 126f.
[43] Vgl. ebd. 133.
[44] Vgl. ebd. 149.
[45] Vgl. ebd. 150ff.
[46] Vgl. ebd. 149.

rer verhilft den Schülern zu der Erkenntnis, daß der wahre Lehrer und die Schriften in der eigenen wahren Natur des Geistes zu finden sind,[47] wie auch der wahre Buddha:

> "In our mind itself a Buddha exists,
> Our own Buddha is the true Buddha.
> If we do not have in ourselves the Buddha mind,
> Then where are we to seek the Buddha?"[48]

In dieser Sichtweise zeigt sich nun erstmals jene erstaunliche Parallelität des Hochsitz-Sûtras mit dem Tun-wu des Ta-chu, auf die Nagashima hingewiesen hat.[49] Nicht selten finden sich in der Abhandlung des Ta-chu Einzelaussagen des Hochsitz-Sûtras in systematisch geordneter und durchdachter Form wieder, so daß die Relektüre des Hochsitz-Sûtras im Lichte des Tun-wu in vielen Interpretationsproblemen weiterzuhelfen vermag. Was das Traditionsverständnis betrifft, so formuliert es Ta-chu mit wünschenswerter Präzision: Der Dharma geht als ungesprochener und ungeschriebener den Buddhas voran, d.h. erst durch die Erkenntnis des Dharma werden diese zu "Buddhas". Dieser ungeschriebene und ungesprochene Dharma ist der "Lehrer aller Buddhas". Haben sie ihn erkannt, so formulieren und predigen sie ihn zur Bekehrung der Wesen. Insofern gehen die Buddhas dem Dharma (als mündlich oder schriftlich artikuliertem) voran. Durch die Befolgung des verkündeten Dharmas können die Wesen selbst die Buddhaschaft erreichen, so daß ihnen wiederum die Lehre vorangeht.[50] Die Vielfalt der buddhistischen Lehren entspricht der Vielfalt in der spirituellen Verfassung der Menschen.[51] Doch wie die eine Sonne sich im Wasser vieler verschiedener Behälter spiegelt, so geht es letzlich nur um eine Botschaft, von der in verschiedener Weise gesprochen wird.[52] Alle Lehren sollen diesen einen Sinn des Dharma offenlegen, aber wenn dieser erkannt ist, dann ist die von der Tradition vermittelte Lehre abgeworfen, weil die in ihr vermittelte Wahrheit eben unaussprechlich ist.[53] Die Verkündigung, die die Unheilsfaktoren tadelt, befreit den Menschen von der Unwissenheit und setzt so jenen Prozeß in Gang, bei dem, wenn die Unwissenheit völlig überwunden ist, die Unheilsfaktoren nicht mehr neu entstehen können und "als eine natürliche Konsequenz" die Erlösung verwirklicht ist, bei der der ursprüngliche Geist leuchtend hervorscheint.[54] Daher ist es unmöglich, die Erleuchtung allein dadurch zu erreichen, daß man auf die Schriften vertraut, wenn man nicht zugleich auch den Geist befreit. Durch eigene Praxis hat man die Erlösung zu gewinnen.[55]

---

[47] Vgl. ebd. 152f.
[48] Ebd. 188.
[49] Siehe oben S. 574 Anm. 10.
[50] Vgl. The Zen Teaching of Hui Hai, a.a.O. 66f.
[51] Vgl. ebd. 78.
[52] Vgl. ebd. 65.
[53] Vgl. ebd. 62.
[54] Vgl. ebd. 59.
[55] Vgl. ebd. 77f.

Das "Besondere" der Tradition scheint also jene *Quelle* zu sein, der die Tradition aus der Sicht des Zen entspringt, und zu deren Entdeckung sie durch die Initiation spiritueller Praxis führen soll. Weil es die Quelle der Tradition ist, ist es von ihr unabhängig, weil die Tradition zu seiner Entdeckung verhilft, steht es jedoch nicht im Gegensatz zu ihr. Was aber versteht das Zen unter dieser "Quelle", die als "Weisheit" (prajñâ), "ungesprochener und ungeschriebener Dharma", "eigene" oder "ursprüngliche Natur", "Geist" bzw. "Herz" (chin. "hsin", zurückgehend auf skt. "citta") oder auch "Buddha-Geist" und "Buddha-Natur" usw. bezeichnet wird?

In der Auseinandersetzung zwischen Mâdhyamika- und Yogâcâra-Schule sind wir bereits dem Problem begegnet, ob nicht die erkenntnistheoretischen Erörterungen der Yogâcârin zur heterodoxen Restitution eines metaphysischen, der Allvergänglichkeit enthobenen Prinzips führen.[56] Im Zen ist der Einfluß beider Schulen des indischen Mahâyâna virulent. Auf den Einfluß der Mâdhyamika-Logik habe ich bereits hinweisen, und gerade die zuletzt wiedergegebene Konzeption Ta-chus, wonach die Erlösung ein durch Beseitigung des Nichtwissens hervortretendes Leuchten des "ursprünglichen" Geistes ist, erinnert deutlich an die Lehre der Yogâcârin.[57] Aber auch das Metaphysikkritische, spirituell-praktische Anliegen des ursprünglichen Buddhismus vermochte sich bereits in Sätzen zu artikulieren wie dem ersten Vers des Dhammapada: "Den Dingen geht der Geist voran..."[58] und damit auf die buddhistische Grundanschauung zu verweisen, derzufolge Rede und Tun der Gesinnung entspringen, und Erlösung als Befreiung von Durst und Anhaftung ihren "Ort" primär in einem grundlegenden Wandel des "Geistes" bzw. der "Gesinnung" hat. Der spirituell-praktische Ansatz des alten Buddhismus, die logische Explikation der Heilsbotschaft durch die negative Dialektik Nâgârjunas und das erkenntnistheoretische Anliegen der Yogâcârin mit der latenten (aber von diesen selbst abgewiesenen) Tendenz aus der Erkenntnistheorie in positive Erkenntnismetaphysik zu verfallen, sind im Zen-Buddhismus derart amalgamiert, daß eindeutige Zuordnungen, denen nicht widersprechende andere Aussagen entgegenstünden, unmöglich sind. Dennoch nötigt gerade der traditionsimmanent-hermeneutische Anspruch des Zen auf die "besondere Überlieferung", die den "eigentlichen Sinn" der Lehre verkörpere, auch den christlichen Interpreten, der im dialogischen Verstehensprozeß steht, die Frage nach der Deutung des Spezifischen des Zen innerhalb des Buddhismus nicht aufzugeben. Was heißt: "Unmittelbar des Menschen Herz zeigen, - die (eigene) Natur schauen und Buddha werden" im Kontext der buddhistischen Heilsbotschaft?

Geradezu programmatisch ist der Beginn des Tun-wu: "Q(uestion): What method must we practise in order to attain deliverance? A(nswer): It can be attained only through a sudden Illumination. Q: What is a sudden Illumination? A: Sudden means ridding yourselves of deluded thoughts instanta-

---

[56] Vgl. oben S. 559ff.
[57] Vgl. oben S. 560f.
[58] K. Schmidt, Sprüche und Lieder, a.a.O. 13.

neously. Illumination means the realization that Illumination is not something to be attained. Q: From where do we start this practice? A: You must start from the very root. Q: And what ist that? A: *Mind* is the root ... If you desire deliverance, you must first know all about the root."[59] Im folgenden werde ich mich auf dem umgekehrten Wege zum Verständnis der "Wurzel" oder Quelle vorantasten, indem zunächst nach dem Verständnis der *spirituellen Praxis* des Zen in Bezug zum buddhistischen Heilsweg gefragt und dann das Konzept der *"plötzlichen Erleuchtung"* aufgehellt werden soll, das mit Hui-neng zu einem charakteristischen Schlagwort für den Zen-Buddhismus geworden ist, um schließlich zu einer Interpretation jener als "Geist" bzw. "ursprüngliche Natur" bezeichneten "Wurzel" zu gelangen.

---

[59] The Zen Teaching of Hui Hai... a.a.O. 43f.

4.1.3 Die "ursprüngliche" bzw. "eigene Natur": Identität von "Sammlung" und "Weisheit" in anhaftungsloser Freiheit

Wie bereits der Name "Zen" bzw. "Ch'an" (skt. "dhyâna" = "Versenkung") anzeigt, liegt die Betonung der Zen-Bewegung auf der Meditation. Schon Bodhidharma wird mit einer besonderen Meditationsweise oder vielleicht auch Meditationsauffassung, der sogenannten "Wandschau", in Verbindung gebracht, über die wir jedoch nichts näheres wissen.[1] Der den buddhistischen Heilsweg umfassende Edle Achtfache Pfad wird in der traditionellen buddhistischen Interpretation in die drei Prinzipien "*Sittlichkeit*" (sîla = chin.: "chieh"), "*Sammlung*" (samâdhi = chin.: "ting") und "*Weisheit*" (pâli: "paññâ", skt.: "prajñâ" = chin.: "hui") eingeteilt.[2] Die dem Zen seinen Namen gebende "*Versenkung*" ("dhyâna" = "ch'an") ist dabei dem Prinzip der "Sammlung" ("samâdhi" = "ting") integriert. Im Hochsitz-Sûtra führt Huineng die drei Prinzipien, Sittlichkeit, Sammlung und Weisheit, auf ein *einziges Prinzip*, den "*Geistesgrund*" ("mind ground") und eine *einzige Praxis*, die "*plötzliche Praxis mit plötzlicher Erleuchtung*" zurück. Der von Irrtum, Verwirrung und Unwissenheit freie "Geistesgrund" sei die Sittlichkeit, Sammlung und Weisheit der "*Selbst-Natur*", zu der man "*plötzlich*" erwache.[3]

Besondere Aufmerksamkeit schenkt das Hochsitz-Sûtra den beiden Prinzipien "*Sammlung*" und "*Weisheit*". Sie werden als die *Grundlage* der Lehre Huinengs bezeichnet, wobei ihr Verhältnis als *essentielle Identität bei funktionaler Differenz* beschrieben wird. Weisheit sei die Funktion der Sammlung, beide aber sind nie getrennt voneinander und keinem dürfe eine Priorität über das andere zuerkannt werden.[4]

In der buddhistischen Tradition wird "*Sammlung*" (samâdhi) als ein Geisteszustand verstanden, der in der Versenkung erreicht werden kann (aber auch mit anderen Gliedern des Heilspfades verbunden ist), und wird bisweilen mit der "*Einspitzigkeit des Geistes*" (pâli: "citt'ekaggatâ") gleichgesetzt (z.B. in Majjhima-Nikâya 44). Diese "Einspitzigkeit des Geistes" erklärt nun Huineng als die *beständige* Offenheit und Integrität des Geistes ("straightforward mind at all times") beim Gehen, Stehen, Sitzen und Liegen. Sie bedeute, *nicht* an den Dingen bzw. ihren Charakteristika *anzuhaften*, so daß der Geist sich *frei* bewege. Es sei ein unheilvolles Mißverständnis zu glauben, die "Sammlung" (samâdhi) der "Einspitzigkeit" bedeute "sitting without moving and casting aside delusions without letting things arise in the mind."[5] Analog dazu heißt es von der "*Weisheit*", daß auch sie allezeit praktiziert werden müße, und dies bedeute keineswegs, den Geist auf die "Leerheit" zu fixieren, ihn "leer" zu machen und nicht zu denken. Alle Dinge wie den "leeren Himmel" anzusehen, heiße vielmehr sie weder zu ver-

---
[1] Vgl. H. Dumoulin, Geschichte des Zen-Buddhismus, Bd. I, a.a.O. 95f.
[2] Vgl. oben S. 494.
[3] Vgl. Yampolsky, The Platform Sutra... a.a.O. 164f.
[4] Vgl. ebd. 135ff.
[5] Ebd. 136.

werfen noch an ihnen zu haften.⁶ Die Einheit von "Sammlung" und "Weisheit" bedeute schließlich auch, daß es keine Diskrepanz zwischen Rede und spiritueller Praxis geben dürfe: "If mind and speech are both good, then the internal and the external are the same and meditation (Yampolsky übersetzt so "ting" = "Sammlung"; Anm. v. mir) and wisdom are alike."⁷ Faßt man diese Aussagen des Hochsitz-Sûtras zusammen, so besagt die *Einheit von "Sammlung" und "Weisheit" die beständige, anhaftungslose Freiheit.*

Wie aber steht es dann um die *Meditation im technischen Sinne*, als einer Methode zur Herbeiführung des "samâdhi"-Zustands? Sie beschreibt das Hochsitz-Sûtra wiederum unter Verwendung des "innen-außen"-Bildes. Nach "außen" "Form" (d.h. die phänomenale Erscheinung der Dinge) nicht auszuschließen und dennoch von "Form" getrennt sein, ist "*Versenkung*" (ch'an), nach "innen" unverwirrt und unberührt sein, ist "*Sammlung*" (ting). Bei "*in Versenkung sitzen*" (tso-ch'an; also – sollte man meinen – die sitzende Meditationsübung) bedeute "sitzen", nach "außen" *unter allen Umständen* "keine Gedanken zu aktivieren" und "Versenkung", innerlich unverwirrt zu sein und die "ursprüngliche Natur" zu sehen.⁸ Es bedeute jedoch nicht, den "Geist" oder die "Reinheit" zu sehen.⁹ Diese eigenartige Erklärung des "Sitzens" im Hochsitz-Sûtra als "without any obstruction anywhere, outwardly and under all circumstances not to activate thoughts",¹⁰ scheint "sitzen" eher im bildlichen Sinn einer beständigen Ruhe zu verstehen als im Sinne einer technisch-methodischen Meditationshaltung. Sieht man sie im Zusammenhang mit der Interpretation der "Einspitzigkeit des Geistes" als "straightforward mind at all times, walking, staying, sitting and lying",¹¹ so muß damit zwar noch nicht die Meditations*übung* im eigentlichen traditionellen Sinn verworfen sein, wohl aber doch ihr *Verständnis als einer besonderen Technik*, als spirituell ausgegrenztes Mittel zu einem besonderen spirituellen Zweck. Vielmehr scheint das "Sitzen" i. S. der Meditationsübung nur mehr ein konkreter Fall des bildlich gemeinten "Sitzens", zumindest aber der "Einspitzigkeit des Geistes" zu sein. *Auch im konkreten Sitzen der Meditationsübung wird nur das vollzogen, was durchgängig gilt: die Praxis der Einheit von Weisheit und Sammlung – die Nicht-Anhaftung als Prinzip des Existenzvollzuges!*

---

6   Ebd. 146f. Die Dinge wie den "leeren Himmel" anzusehen, ist eventuell eine Reminiszenz an den Vers aus dem Diamant-Sûtra:
"*As in the sky*:
Stars, darkness, a lamp, a phantom, dew, a bubble.
A dream, a flash of lightning, and a cloud –
thus we should look upon the world (all that was made)."
(Buddhist Mahâyâna Texts, Part II, a.a.O. 144; Hervorhebung von mir).
7   Yampolsky, The Platform Sutra... a.a.O. 135f. Vgl. auch ebd. 136 und 147.
8   Vgl. ebd. 139ff.
9   Vgl. ebd. 139f.
10   Ebd. 140.
11   Ebd. 136.

Als *Grundlage der Lehre* wird im Hochsitz-Sûtra nicht nur, wie bereits gesagt, die Einheit von Sammlung und Weisheit bezeichnet, sondern auch das *"Nicht-Verweilen"* ("non-abiding"), das ebenfalls als Anhaftungslosigkeit erklärt wird.[12] Das Bild vom "Sitzen" als Ausdruck der Unbewegtheit und das Bild vom "Nicht-Verweilen" scheinen sich paradox zu widersprechen, aber sie artikulieren hervorragend die buddhistische Anhaftungslosigkeit als gleichmütiges, eben ruhiges und "unbewegtes" "Nicht-Verweilen" im Sinne des nicht an die Dinge Gebunden-Seins. "Nicht-Verweilen", heißt es im Hochsitz-Sûtra, sei aber nichts anderes als die *"ursprüngliche Natur"* des Menschen (*"Non-abiding is the original nature of man"!*) und wird erklärt als "in the midst of successive thoughts... no place for attachment to anything."[13]

Unter dem Aspekt der spirituellen Praxis erscheint für das Verständnis des Zen *die Anhaftungslosigkeit das Wesen dessen zu sein, was mit "ursprünglicher Natur" des Menschen gemeint ist*: "If in all things successive thoughts do not cling, then you are unfettered. Therefore non-abiding is made the basis... If you give rise to thoughts from your self-nature, then although you see, hear, perceive, and know, you are not stained by the manifold environments, and are *always free*."[14] So zeigt sich der *buddhistische Freiheitsbegriff der Anhaftungslosigkeit als die Grundlage der Lehre Hui-nengs!* Denn zum einen wird die *Einheit von Weisheit und Sammlung* als Grundlage der Lehre bezeichnet und zugleich als anhaftungslose Freiheit erklärt, und zum anderen wird das *"Nicht-Verweilen"* als Grundlage der Lehre bezeichnet und ebenfalls als anhaftunglose Freiheit erklärt. Die Lehre Hui-nengs hat also nur eine Grundlage, die anhaftungslose Freiheit, und diese wird (in Gestalt des "Nicht-Verweilens") als die *"ursprüngliche Natur"* des Menschen bezeichnet. Da aber die "ursprüngliche Natur" des Menschen nach dem Hochsitz-Sûtra das Grundprinzip der traditionell drei Prinzipien des buddhistischen Heilsweges und die Quelle der gesamten buddhistischen Tradition ist, *ist die anhaftungslose Freiheit das Zentrum der hier vorliegenden traditionsimmanenten Hermeneutik, bzw. der "eigentliche Sinn" der buddhistischen Lehre, wie ihn das Hochsitz-Sûtra und mit ihm der frühe Zen-Buddhismus versteht.*

4.1.4 "Nicht-Denken": Anhaftungslosigkeit als Freiheit vom dualistischen Denken

Einige anscheinend widersprüchliche Aussagen in Hui-nengs Ausführungen über die spirituelle Praxis drängen jedoch nach einer weiteren Deutung der "ursprünglichen Natur". Zum einen kritisiert Hui-neng jene Meditationsauffassung, die "Leerheit" mit Gedankenleere verwechsle und Bewußtlosigkeit zu praktizieren suche, spricht aber seinerseits davon, daß "Sitzen" "not to

---

[12] Vgl. ebd. 136 u. 138.
[13] Ebd. 138.
[14] Ebd. 138f; Hervorhebung von mir.

activate thoughts" bedeute. Dann ist wiederum die Rede davon, daß man von der "Selbst-Natur" her Gedanken entstehen lassen könne. Des weiteren wird gesagt, daß es bei der Versenkung nicht darum gehe, den "Geist" oder die "Reinheit" zu sehen, wohl aber die "ursprüngliche Natur". "Geist" und "ursprüngliche Natur" scheinen jedoch nicht selten synonym gebraucht zu werden.

Das "*Nicht-Denken*" erfährt im Hochsitz-Sûtra eine paradoxe Bestimmung: "No-thought is not to think even when involved in thought."[15] Daß mit dem "Nicht-Denken" nicht Bewußtseinsleere oder Unbewußtheit gemeint ist, stellt das Hochsitz-Sûtra deutlich heraus. "Nicht zu denken inmitten der Gedanken" zielt vielmehr erneut auf die *Anhaftungslosigkeit* ab: "To be unstained in all environments is called no-thought. If on the basis of your own thoughts you seperate from environment, then, in regard to things, thoughts are not produced."[16] Daß auch das "Nicht-Denken" Anhaftungslosigkeit meint, wird denn auch explizit gesagt, wenn es von Huni-neng mit der Grundlage seiner Lehre, der Einheit von Weisheit (prajñâ) und Sammlung (samâdhi), sowie der "ursprünglichen Natur" (hier als "original mind") identifiziert wird. Und diese Identifikation kann nur vorgenommen werden, weil es jedesmal zentral um die anhaftungslose Freiheit geht: "If you know your *original mind*, this then is deliverance, this then is the *prajñâ samâdhi*. If you have awakened to the prajñâ samâdhi, this then is *no-thought*. What is no-thought? The Dharma of no-thought means: even though you see all things, you do *not attach to them*... This is the prajñâ samâdhi, and *being free* and having achieved release is known as the practice of no-thought."[17]

Das das Leitmotiv von Hui-nengs Interpretation der spirituellen Praxis bildende buddhistische Verständnis der Freiheit als Anhaftungslosigkeit erfährt unter dem Aspekt des "Nicht-Denkens" jedoch eine Vertiefung, die von den Lehren des Diamant-Sûtras und der diesen nahestehenden Logik der Mâdhyamika-Schule bestimmt ist. Wiederum ist hierfür der Vergleich des Hochsitz-Sûtras mit dem Tun-wu des Ta-chu aufschlußreich. Auch das Tunwu betont die Einheit von Weisheit und Sammlung im Prinzip der Anhaftungslosigkeit.[18] "Sammlung" (samâdhi; chin.: ting) sei die Kontemplation der "ursprünglichen Natur", "Versenkung" (dhyâna; chin.: ch'an) das *Aufhören des "falschen Denkens"*.[19] Unter "*falschem Denken*" versteht das Tun-wu das Denken *in Begriffen von Sein und Nicht-Sein, Gut und Böse, ja allen Gegensätzen schlechthin.* "*Richtiges Denken*" bedeute das *Aufgeben des "falschen Denkens" in Gegensätzen*, und *dieses "richtige Denken" werde auch "Nicht-Denken" genannt!*[20] Folgt man dieser Erklärung des Tun-wu, so bezeichnet "Denken" in dem Terminus "Nicht-Denken" das *dualistische Denken*

---

[15] Yampolsky, The Platform Sutra... a.a.O. 138.
[16] Ebd. 138.
[17] Ebd. 153; Hervorhebung von mir.
[18] Vgl. The Zen Teaching of Hui Hai... a.a.O. 60f.
[19] Vgl. ebd. 45.
[20] Vgl. ebd. 49f.

in Gegensätzen. Die mit dem Terminus "Nicht-Denken" intendierte Negation des dualistischen Denkens muß somit zugleich als "richtiges Denken" bezeichnet werden, da die *absolute Negation* (die eben selber nicht nach dem Modell dualistischer Gegensätzlichkeit verstanden werden darf, weil sie sonst lediglich eine im Raster der abgelehnten Gegensätzlichkeit verbleibende *relative Negation* wäre) nach der Mâdhyamika-Logik zugleich eine Affirmation ist, i. S. der Ununterscheidbarkeit des sich *absolut* (nicht relativ) Widersprechenden.[21] Daher kann das Hochsitz-Sûtra denn auch, wie wir oben sahen, die paradoxe Bestimmung geben: "No-thought is not to think even when involved in thought." "Richtiges Denken" im absoluten Sinn ist also die Negation des dualistischen Denkens und somit auch die Negation des Denkens in den relativ aufeinander bezogenen Kategorien von "richtig" und "falsch". Insofern ist "richtiges Denken" im absoluten Sinn zugleich "Nicht-Denken", aber gerade "Nicht-Denken inmitten des Denkens", weil die absolute Negation des dualistischen Denkens als solche nur zutreffend artikuliert werden kann, wenn das "Nicht-Denken" als absolute Negation des dualistischen Denkens zugleich paradox mit dem dualistischen Denken identifiziert wird. Denn die absolute Negation ist die Negation aller relativen, dualistischen Negation. Die angezielte absolute Negation der relativen Negation wäre nicht gewonnen, wenn die absolute Negation selber im Modus eines relativen Gegenübers zur relativen Negation verbliebe. Um ihren Charakter einer absoluten Negation zu verdeutlichen, muß sie also zugleich paradox mit dem absolut Negierten identifiziert werden.[22]

Wie bereits in der Logik Nâgârjunas geht es auch hier um eine Freiheit von Anhaftung, die sich im Bereich des Denkens als Freiheit von begrifflicher Differenzierung, von der immer relativ bleibenden Gegensatzkonstruktion, von Attraktion bei Angenehmem und Aversion bei Unangenehmem, ausdrückt. Die logische Form der Nicht-Anhaftung, die im Begriff des "Nicht-Denkens" gemeint ist, wird im Tun-wu durchgängig mit spiritueller Akzentuierung in Bezug zur Freiheit von "Liebe und Haß" gesetzt, wobei "Liebe" im Sinne der possessiven, anhaftenden "Liebe" zu verstehen ist.[23] Der mahâyânistische Zentralbegriff der "Leerheit" (shûnyatâ) bezeichnet nach dem Tun-wu immer jenen anhaftungslosen Existenzvollzug, der weder Zuneigung noch Aversion konstruiert. "The voidness of all forms implies mind dwelling upon nothing whatsoever; and the latter implies the void nature of all forms – these are two ways of saying the same thing... What I mean by not letting the mind dwelling upon anything whatsoever is keeping your minds free from hatred

---

[21] Vgl. oben S. 535f.
[22] Diese Struktur durchzieht das Diamant-Sûtra, das viele seiner Aussagen nach der Form prägt: A ist nicht von Nicht-A verschieden, deshalb wird es A genannt. M.a.W., A ist im absoluten Sinne erst A, wenn die relative Negation von A und Nicht-A i. S. der Ununterscheidbarkeit negiert ist. Nirvâna oder Erleuchtung z.B. sind im absoluten Sinn erst sie selbst, wenn die relative Gegenüberstellung (und damit die wechselseitige Abhängigkeit) von Nirvâna und Samsâra, Erleuchtung und Nichtwissen, negiert ist.
[23] Vgl. oben S. 495ff.

and love. This means that you must be able to see attractive things without love for them arising in your minds, which is termed having minds free from love; and also that you must be able to see repulsive things without hatred for them arising in your minds, which is termed having minds free from hatred. When these two are absent, the mind is unstained and the nature of forms is seen as void."[24] Ta-chus Aussage, daß die anhaftungslose Freiheit des Geistes ("mind dwelling upon nothing whatsoever") und die "Leerheit" zwei Wege sind, das Gleiche auszudrücken, zeigt wiederum in vorzüglicher Weise die *Eigenart des zen-buddhistischen, ja buddhistischen Denkens überhaupt, die darin besteht, nie ontologisch und existentiell getrennt zu denken!* Wie man die Welt wirklich betrachtet, so verhält man sich in ihr. "Zu handeln wie die Buddhas handeln" erklärt Ta-chu als "not acting as if things really are or are not, and not acting from motives of aversion, love and all the rest."[25] Die Freiheit vom Denken in den Kategorien des Seins und Nicht-Seins ist die Freiheit von Anhaftung entspringender Liebe und Abneigung. Daher ist die Freiheit vom Denken in den Kategorien des Seins und Nicht-Seins, die Freiheit vom Denken in allen Gegensätzen, also das *"Nicht-Denken"*, nichts anderes als die *Freiheit der Anhaftungslosigkeit.*

Ich habe oben zu zeigen versucht, wie die Logik Nâgârjunas im Hinblick auf das Verhältnis von Unheil und Heil, Samsâra und Nirvâna, die Anhaftungslosigkeit als Freiheit vom dualistischen Denken auch auf die Gegenüberstellung von Samsâra und Nirvâna bezieht, und den *beschreibenden*, sich in Gegensätzlichkeit und unterscheidender Begrifflichkeit artikulierenden Wirklichkeitszugang negiert.[26] Die Verwirklichung des Nirvânas als des anhaftungslosen Heilszustandes des Erleuchteten, kann nach dieser Logik nicht als das *Erreichen eines Zieles beschrieben* werden, da es gerade um die Befreiung von solchen auf begrifflicher Differenzierung beruhenden Vorstellungen geht. Dieser Gedanke kehrt nun bei Ta-chu, vermittelt über das Diamant-Sûtra,[27] als tragendes Prinzip wieder, jedoch nicht wie bei Nâgâr-

---

[24] The Zen Teaching of Hui Hai... a.a.O. 83ff.
Eine amüsante Illustration dieses Grundsatzes bietet folgende Zen-Anekdote: "Yamaoka Tesshu, ein junger Schüler des Zen, besuchte einen Meister nach dem anderen. Er sprach auch bei Dokuon von Shokoku vor. Da er seine Errungenschaften zu zeigen wünschte, sagte er: »Der Geist, Buddha und die Lebewesen existieren letztlich nicht. Die wahre Natur der Erscheinungen ist Leere. Es gibt keine Verwirklichung, keine Täuschung, keine Weisheit, keine Mittelmäßigkeit. Es gibt kein Geben und nichts, was empfangen wird.« Dokuon, der still vor sich hin rauchte, sagte nichts. Plötzlich schlug er mit seiner Bambuspfeife auf Yamaoka los. Das machte den jungen Mann recht wütend. »Wenn nichts existiert«, erkundigte sich Dokuon, »woher kommt dann dieser Zorn?«" (Paul Reps [Hg], Ohne Worte - ohne Schweigen, Bern-München-Wien³ 1980, 93).
[25] Ebd. 50f.
[26] Vgl. oben S. 536.
[27] Zum Beispiel in Aussagen des Diamant-Sûtra wie "»What do you think, O Subhûti, does an Arhat think in this wise: The fruit of an Arahat has been obtained by me?« Subhûti said: »Not indeed, O Bhagavat, an Arhat

juna mit logischer, sondern *spiritueller* Akzentsetzung. Den Zustand der Anhaftungslosigkeit, in dem das Denken in Gegensätzen überwunden ist, zu erreichen, bedeute, so Ta-chu, "...achieving this state without any thought of »Now I see that opposites are void« or »Now I have relinquished all of them«."[28] Dementsprechend ist, wie es in der Eröffnung des Tun-wu heißt, "Illumination... the realization that Illumination is not something to be attained",[29] oder umgekehrt ausgedrückt: "Having a mind free from the concepts of delivered and undelivered is called real deliverance."[30] Absolute Verwirklichung und absolute Leerheit ist, weil jenseits allen dualistischen Denkens, jenseits jeden Gedankens an ein erreichbares oder erreichtes Ziel. Die spirituelle Betonung wird deutlich, wenn Ta-chu schreibt: "...although we practise fixing the mind (gemeint ist wohl die in der Meditation vollzogene wache, "einspitzige", Aufmerksamkeit; Anm. von mir), we do not regard (success in this practice) as realization, because we entertain no thought of fixity. Likewise, although we attain purity, we do not regard it as realization, because we entertain no thought of purity. Even when we attain to fixed concentration, to purity and to the state of letting the mind dwell upon nothing whatsoever, if we permit any thought of our having made progress to enter our minds, that thought will be an erroneous thought and we shall be caught in a net – that cannot be called deliverance!"[31] Dieses Gegengift gegen jedes geistliche Erfolgsdenken und geistlichen Hochmut zielt vor allem auf die für das buddhistische Verständnis von Freiheit entscheidende Verwirklichung der Ichlosigkeit. *Die anhaftungslose Freiheit ist nur dann erreicht, wenn mit ihr nicht nur die Vorstellung eines erreichten Zieles, sondern, weil beides einander bedingt, auch die eines das Ziel erreichenden Subjekts fällt. Darin erst ist jegliche Dualität im Denken, auch die dualistische Vorstellung eines transzendenten Heilszieles und einer weltlichen Unheilssituation, überwunden:* "Wordly is a term only in contradistinction to transcendental. The latter derives its meaning from the former. If you do not accept the one as a valid concept, the other cannot be retained. But if you are speaking of the *real* Transcendental that pertaines neither to the worldly nor to the transcendental. The Diamond Sûtra says: »If their minds grasp the Dharma they will still cling to the notion of an ego...; if their minds grasp the Non-Dharma, they will still cling to the notion of an ego... Therefore, we should not grasp at and hold on to the notion either of Dharma or of Not-Dharma.« This is holding the true

---

does not think in this wise...«", oder: "»What do you think then, O Subhûti, is there anything which has been known by the Tathâgata in the form of the highest perfect knowledge?« The venerable Subhûti said: »Not indeed, O Bhagavat, there is nothing, O Bhagavat, that has been known by the Tathâgata in the form of the highest perfect knowledge.« Bhagavat said: »So it is, Subhûti, so it is. Even the smallest thing is not known or perceived there, therefore it is called the highest perfect knowledge.«" (Buddhist Mahâyâna Texts, Part II, a.a.O. 121 u. 138).

[28] The Zen Teaching of Hui Hai... a.a.O. 52.
[29] Ebd. 43.
[30] Ebd. 81.
[31] Ebd. 82f.

Dharma. If you understand this doctrine, that is true deliverance – that, indeed, is reaching the gate of non-duality."[32] So wird es zur Grundfigur der Interpretation aller auf das Heilsziel bezogener Aussagen, daß ihr "eigentlicher Sinn" dann verwirklicht ist, wenn erkannt (und zwar nicht rein intellektuell, sondern ähnlich der Doppelbedeutung von "to realize" als Erkenntnis und Verwirklichung in untrennbarer Einheit[33]) wird, daß es sich nicht um die Erlangung eines Ziels durch ein Subjekt handelt. *In der Befreiung von der Subjekt-Objekt-Struktur des "falschen Denkens", erkennt bzw. verwirklicht das Subjekt seine subjektlose Freiheit.*[34]

Von dieser Grundfigur her wird es verständlich, warum Hui-neng im Hochsitz-Sûtra davon spricht, daß es in der "Versenkung" (ch'an, und zwar nicht im Sinne einer exklusiven Technik) nicht darum gehe, den "Geist" oder die "Reinheit" zu sehen.[35] Solange das spirituelle Ziel als ein beschreibbares, abgrenzbares, partielles erstrebt wird, wird es als ein Objekt gedacht, und solange verbleibt man in der relativen, dualistischen Begrifflichkeit und der Anhaftung, von der freizuwerden gerade das spirituelle Ziel ist. *Die Negation des Heilszieles als eines erstrebbaren oder erreichbaren Zieles soll also gerade dem Erreichen des Zieles dienen!* Die Überwindung des "falschen", dualistischen Denkens, die Überwindung der Unheilsursache "Verwirrung" bzw. "Nicht-Wissen", als die das dualistische Denken angesehen wird, bedeutet also nicht nur, nicht an den Dingen der Welt zu haften, sondern auch nicht an einem im relativen Gegensatz dazu verstandenen Heilsziel. Ein Verständnis von "Leerheit", das diese als Heilsziel im Gegensatz zu "Form" versteht (d.h. zu jener aus und in Anhaftung bestehenden und generierenden "Vielheitswelt" [prapañca], von der Nâgârjuna spricht), wäre ein falsches Verständnis von "Leerheit", da "Leerheit" zum Gegenstand der Anhaftung würde, anstatt ihr Gegenmittel zu sein. Im Hochsitz-Sûtra heißt es: "If within and without you are not deluded then you are apart from duality. If on the outside you are deluded you cling to form; if on the inside you are deluded you cling to emptiness. If within form you are apart from form and within emptiness you are seperated from emptiness, then within and without you are not deluded."[36] Das Tun-wu bringt die Funktionalität des Begriffs "Leerheit", der als Gegenmittel gegen alle Anhaftung dienen soll und nicht selbst Gegenstand der Anhaftung werden darf (was

---

[32] Ebd. 72. Das Zitat des Diamant-Sûtras findet sich daselbst im Abschnitt 6: "Wenn, o Subhûti, bei jenen Bodhisattvas Mahâsattvas der Begriff des dharma wirksam wäre, so wäre das bei ihnen Ergreifen eines Selbstes, Ergreifen eines Lebewesens, Ergreifen eines Lebenden, Ergreifen einer Person; wenn der Begriff des Nicht-dharma wirksam wäre, so wäre dies bei ihnen Ergreifen eines Selbstes... Aus welchem Grunde? Nicht ist, Subhûti, durch einen Bodhisattva Mahâsattva ein dharma zu erfassen, nicht ein Nicht-dharma." (Max Walleser, Prajñâ Pâramitâ, Göttingen 1914, 143).
[33] Vgl. hierzu K. Nishitani, Was ist Religion?, Frankfurt a. M. 1982, 44f.
[34] Zum Konzept der subjektlosen Freiheit siehe oben S. 484.
[35] Vgl. oben S. 585.
[36] Yampolsky, The Platform Sutra... a.a.O. 166.

unweigerlich der Fall wäre, wenn unter ihm ein objekthaftes, im relativen Gegensatz zur Unheilssituation stehendes Heilsziel verstanden würde), nach dem Modell der absoluten Negation auf die Formel: "Ultimate voidness is beyond voidness and non-voidness."[37]

In der idealtypischen biographischen Skizze, die das Hochsitz-Sûtra von Hui-neng zeichnet, hat diese Grundfigur ihren adäquaten Ausdruck in jenem Dichterstreit gefunden, der den Ausschlag über die Initiation Hui-nengs zum Sechsten Patriarchen gab. Shen-hsius Vers, auf den sich das Gegen-Gedicht Hui-nengs bezog, lautete:

> "The body is the Bodhi tree,[38]
> The mind is like a clear mirror.
> At all times we must strive to polish it,
> And must not let the dust collect."[39]

Zur Zeit der Niederschrift der Tun-huang Version des Hochsitz-Sûtras, also der ältesten derzeit noch vorhandenen Version, herrschte offenbar bereits Unklarheit über den genauen Wortlaut des Antwortgedichtes Hui-nengs, denn der Text gibt davon kommentarlos zwei Versionen:

(I)   "The mind is the Bodhi tree,
       The body is the mirror stand.
       The mirror is originally clean and pure;
       Where can it be stained by dust?"

und

(II)   "Bodhi originally has no tree,
       The mirror also has no stand.
       Buddha nature[40] is always clean and pure;
       Where is there room for dust?"[41]

---

[37] The Zen Teaching of Hui Hai... a.a.O. 82.
[38] D.h. der "Baum der Erleuchtung", traditionell jener Baum, unter dem Buddha einst die Erleuchtung erlangte, der in der frühen anikonischen buddhistischen Kunst nicht selten als Symbol für den nicht dargestellten Buddha dient.
[39] Yampolsky, The Platform Sutra... a.a.O. 130.
[40] "Buddha-Natur" ist ein im späteren Mahâyâna geläufiger Begriff, der meist die Fähigkeit der Wesen zur Erlangung der Buddhaschaft bezeichnet. Er steht im Mittelpunkt der einflußreichen mahâyânistischen Version des Mahâparinirvâna-Sûtras. Im Zen wird er meist, so auch hier, synonym mit der "ursprünglichen Natur" gebraucht.
[41] Yampolsky, The Platform Sutra... a.a.O. 132. Im Tun-Huang Text erscheinen die Versionen (I) und (II) allerdings in umgekehrter Reihenfolge, die ich aus den unten geschilderten Gründen (S. 593f) umgestellt habe.

Berühmt wurde aber schließlich eine dritte Version, die sich nur in späteren Fassungen des Hochsitz-Sûtras findet und in der die *dritte Zeile* gegenüber der sonst mit ihr übereinstimmenden Version (II) nochmals geändert ist in:

(III) "From the first not a thing is"[42]

Alle drei Versionen des Antwortgedichts Hui-nengs stimmen darin überein, daß sie der Auffassung, man müsse durch spirituelle Übung ("polieren") die Unheilsfaktoren ("Staub") beseitigen und dadurch die "Reinheit" bewirken, entgegenhalten, es gäbe für die Unheilsfaktoren keinen Raum, d.h. von einer bestimmten Warte aus gesehen, verlieren diese ihre Realität, und "Reinheit" ist somit kein zu bewirkendes Ziel. *Damit geht es in dem Antwortgedicht Hui-nengs eben um die Betonung jener Grundfigur, derzufolge die wahre "Reinheit" zu ihrer Verwirklichung nicht als etwas zu Verwirklichendes angesehen werden darf.*

Auffallend jedoch ist der Wandel der diese Entgegnung begründenden dritten Zeile in den drei Versionen. In *Version (I)* wird die ursprüngliche Reinheit betont, wobei das "Ursprüngliche" offensichtlich eine grundsätzliche Reinheit besagt, die nicht wirklich getrübt werden kann. Die beiden ersten Strophen könnten im Vergleich zum Gedicht Shen-hsius eventuell dessen direkte Identifikation des "Geistes" mit dem "Spiegel" in Frage stellen. Immerhin läßt die Version (I) offen, was der "Spiegel" sei, da der Geist bereits mit dem Bild des Bodhi-Baumes belegt ist. In der *Version (II)* fällt der Begriff des "Geistes" völlig aus, und der "Spiegel" der dritten Zeile ist durch die "Buddha-Natur" ersetzt, die "immer" rein sei. Die beiden ersten Zeilen sind eindeutig nicht mehr auf das Gedicht Shen-hsius bezogen, sondern auf die Version (I) des Antwortgedichts Hui-nengs, denn von einem Ständer des Spiegels ist erst in dieser die Rede. Dies legt es nahe, auch die dritte Zeile der Version (II) von Version (I) her zu interpretieren, und sie nicht als eine unabhängige Replik auf das Gedicht Shen-hsius anzusehen. Der Austausch von "ursprünglich" durch "immer" wäre somit eine Korrektur an Version (I), da die Begründung für die vierte Zeile, durch die "immer" gegebene Reinheit stringenter ist, als die durch eine "ursprüngliche" Reinheit. Der Wegfall von "Geist" und der Austausch von "Spiegel" durch "Buddha-Natur" in der dritten Zeile würde die Ablehnung einer einfachen Identifikation des Geistes mit dem, was "ursprünglich" oder "immer" rein ist, verstärken. "Geist" und "Reinheit" aber dürfen, wie wir bereits an anderer Stelle des Hochsitz-Sûtras sahen, nicht als objekthafte Gegenstände der spirituellen Praxis verstanden werden.[43] Weiter fällt an der Version (II) auf, daß die beiden ersten Zeilen der Version (I) hier eine volle Negation erfahren, der, was die beiden Gegenstände dieser Zeilen, Geist und Körper, betrifft, kein neues Positivum korreliert. Diese negative Tendenz wird schließlich in der *Version (III)* durch die nochmalige Änderung der dritten Zeile vollendet: "From the first not a thing is". Damit ist aller Spekulation über Spiegel,

---

[42] Ebd. 94, Anm. 14.
[43] Vgl. oben S. 585.

Geist, Buddha-Natur, ursprünglicher oder immerwährender Reinheit ein Ende bereitet, zugunsten der radikalen Negation, die nun in der Tat überzeugend die vierte Zeile begründet. Und die Version (III) hat sich denn auch in der Tradition des Zen durchgesetzt. An den drei Versionen von Hui-nengs Gegen-Gedicht läßt sich ablesen, wie allein die negative Dialektik der Prajñâpâramitâ-Sûtren und der Mâdhyamika-Schule in der Lage ist, jene Auffassung vom Heilsweg, derzufolge zur Verwirklichung des Heilszieles dieses nicht als ein zu verwirklichendes konzeptualisiert werden darf, zu begründen, weil jedes dualistische Denken als Ausdruck der zu überwindenden Anhaftung negiert wird.

Hui-nengs Erklärung des "Sitzens in Versenkung"[44] liest sich wie ein Kommentar zu diesem Dichterstreit: "If someone speaks of 'viewing the mind', (then I would say) that the 'mind' is of itself delusion, and as delusions are just like fantasies, there is nothing to be seen. If someone speaks of 'viewing purity', (then I would say) that man's nature is of itself pure, but because of false thoughts (eben dem dualistischen Denken; Anm. von mir) True Reality is obscured. If you exclude delusions then the original nature reveals its purity. If you activate your mind to view purity without realizing that your own nature is originally pure, delusions of purity will be produced. Since this delusion has no place to exist, then you know that whatever you see is nothing but delusion. Purity has no form, but, nonetheless, some people try to postulate the form of purity... People who hold this view obstruct their own original natures and end up by being bound by purity."[45] Eine solche Anhaftung am geistlichen Ziel führe, so fährt der Text fort, zu geistlichem Hochmut gegenüber anderen Menschen.[46]

4.1.5 Unmittelbarkeit und Transzendentalität der Freiheit

Die Ablehnung des dualistischen Denkens führt, wie gezeigt, zwangsläufig zur Ablehnung eines als erreichbar vor- und damit gegenübergestellten Heilszieles. Mit der Negation der dualistisch aufeinander bezogenen Pole von Unheil und Heil fällt unweigerlich auch die Vorstellung vom Heilsweg als eines vom Unheil ausgehenden und zum Heil gelangenden "Werdens". So finden sich im Zen die drei grundlegenden Ansatzpunkte von Nâgârjunas Kritik der deskriptiven Logik (hier allerdings in spiritueller Akzentuierung) wieder: das Problem der Begriffsrelativität, das Problem von Identität und Differenz und das Problem des Übergangs.[47] Die beiden letzten Punkte bedürfen nun abschließend nochmals einer eingehenderen Betrachtung, da sie die zen-buddhistische Interpretation der Freiheit als des zentralen Prinzips des buddhistischen Heilsweges, des "eigentlichen Sinns" der Lehre und des Wesens der "ursprünglichen Natur", um zwei weitere wichtige

---

[44] Vgl. oben S. 585.
[45] Yampolsky, The Platform Sutra... a.a.O. 139f.
[46] Ebd. 140.
[47] Vgl. oben S. 526ff.

chern: anstatt der *Differenz* von Unheil und Heil wird die *Unmittelbarkeit der Freiheit* postuliert, anstatt des prozessualen *Werdens* (Problem des Übergangs) die *"Plötzlichkeit"*, d.h. *die dem Werdeprozeß enthobene Transzendentalität der Freiheit.* Beides gehört auf's engste zusammen. Gibt es keine Differenz, dann gibt es auch kein Werden – positiv gesagt: die Transzendentalität der Freiheit ist eine unmittelbare!

Von Zen-Meister Huang-Po ist folgendes Gleichnis überliefert: "Stell dir einen Krieger vor, der vergessen hat, daß er seine Perle auf der Stirn trägt und sie überall sucht. Er könnte die ganze Welt durcheilen und würde sie doch nicht finden. Würde ihm aber jemand, der Bescheid wüßte, seinen Irrtum aufklären, würde er sogleich erfassen, daß die Perle alle Zeit dort war. Ebenso werdet ihr Schüler des Weges, die ihr euren wirklichen Geist nicht als Buddha erkennt, diesen überall suchen, euch in verschiedenste Handlungen und Übungen einlassen, und durch solche stufenweise Versuche das Ziel zu erreichen suchen."[48]

Als Ta-chu, der Autor des Tun-wu, seinen Meister Ma-tsu erstmals aufsuchte, fragte ihn dieser nach dem Grund seines Kommens. Ta-chu antwortete, daß er den Dharma suche, worauf ihn Ma-tsu tadelte: "Instead of looking to the treasure house which is your very own, you have left home and gone wandering far away." Ta-chu bittet den Meister um Erklärung: "Please tell me to what you alluded when you spoke of a treasure house of my very own", und Ma-tsu antwortet: "That which asked the question is your treasure house. It contains absolutely everything you need and lacks nothing at all. It is there for you to use freely, so why this vain search for something outside yourself?" Daraufhin wurde Ta-chu erleuchtet "and recognized his own mind!"[49]

Der berühmte "Ochsenpfad"[50] beginnt die Erklärung des ersten Bildes, das den Titel "Die Suche nach dem Ochsen" trägt, mit den Worten: "Wozu das Suchen? Seit jeher ist der Ochse niemals vermißt worden. Doch es geschah, daß der Hirte sich von sich selbst abwandte: da ward ihm sein eigener Ochse fremd und verlor sich zuletzt in staubiger Weite." Und wenig später heißt es in deutlicher Parallelität zu den beiden letzten Zeilen der Version (III) von Hui-nengs Gedicht: "Im Anfänglichen läuft keine Spur. Wer könnte da suchen?"[51]

---

[48] Die Zen-Lehre des chinesischen Meisters Huang-Po, a.a.O. 33f.
[49] The Zen Teaching of Hui Hai, a.a.O. 87f.
[50] Eine mit Bild-Text-Kombination arbeitende Darstellung der Zen-Interpretation des Heilsweges; vgl. dazu H. Dumoulin, Geschichte des Zen-Buddhismus, Bd. I, a.a.O. 261ff, sowie die Einführung in der unten unter Anmerkung 51 angegebenen Übersetzung.
[51] Der Ochs und sein Hirte. Eine altchinesische Zen-Geschichte erläutert von Meister Daizohkutsu R. Ohtsu mit japanischen Bildern aus dem 15. Jahrhundert, übersetzt von Kôichi Tsujimura und Hartmut Buchner, Pfullingen[4] 1981, 13f.

Diese drei Beispiele sind charakteristisch für die im Zen-Buddhismus seit Hui-neng immer wiederkehrende Ablehnung des Verständnisses des geistlichen Weges als Suche nach einem entfernten, von der Unmittelbarkeit der eigenen Wirklichkeit getrennten Ziel. Man wird sich hüten müssen in diese Betonung der Unmittelbarkeit, in das Nie-Verloren-Gegangensein der Perle und des Ochsen, in die Anwesenheit der Schatzkammer in der eigenen geistigen Wirklicheit, eine Art "Sündenfallstheologie" hineinzulesen, die aus dieser eine Vergeßlichkeits-Theologie machen würde. Es geht hier weder um den Ursprung noch um das Wesen des Unheils. Der Mutterboden der hier artikulierten Unmittelbarkeit ist nach wie vor die Grundtendenz buddhistischer Soteriologie, Fragen nach der Entstehung des Leides nur soweit zu beantworten, wie es zur Aufhebung des Leides nötig ist, und auch dies nicht in primär deskriptiv-theoretisierender Absicht, sondern in jener evokativ-performativen Weise, die das Heil direkt zu vermitteln sucht. So wollen auch diese drei Beispiele in ihrem originären Kontext nicht irgendeinen Sachverhalt illustrieren, vielmehr sind sie Mittel, "geschickte Mittel"[52], zur spontanen Veränderung ihres Adressaten.[53] Der Mensch wird in seiner Heilssuche auf sich selbst verwiesen, auf jene Unmittelbarkeit, in der die anhaftungslose Freiheit eine Option seiner eigenen, und zunächst nur *seiner*, Wirklichkeit ist. Die Freiheit der Anhaftungslosigkeit kann nie "außen", nie in heteronomer Orientierung, sondern nur in autonomer Spontaneität "gefunden" werden. Bei der Aussage, daß sie nie "verloren" war und somit nicht "gesucht" werden muß, geht es um die mit diesem Topos in direkter, performativer Sprachhandlung vollzogene Negation des dualistischen Denkens. Da die Freiheit von aller Anhaftung eben als Freiheit vom dualistischen Denken verstanden wird (weil die Konstruktion der Gegensätze die Grundstruktur der anhaftenden Existenzform in Zuneigung zu dem als angenehm Erstrebten und in Abneigung zu dem als unangenehm Gehaßten ist, und somit der Modus des sich selbst erhaltenden, unbefriedigten "Durstes"), darf sie nicht selber als ein erstrebbares, suchbares Objekt einem strebenden und suchenden Subjekt gegenübergestellt werden. Jede Interpretation der Unmittelbarkeit, von der der Zen-Buddhismus spricht, geht fehl, wenn sie nicht beachtet, daß mit ihr alles gegensätzliche Denken an sich negiert wird. "Unmittelbarkeit" bezeichnet nicht das "da"-Sein von etwas im Rahmen des Gegensatzes von "da" und "nicht-da", "nah" und "fern", sondern zielt vielmehr auf die Negation solcher Skalen selbst. Aber diese Negation dient weder sophistischer Spielerei, noch ist sie Ausdruck von Irrationalismus oder Nihilismus, sondern sie bezweckt den Durchbruch zur anhaftungslosen Freiheit.

Freiheit im Sinne der Anhaftungslosigkeit kann man nicht "besitzen", sie kann nicht selbst Gegenstand der Anhaftung sein. Da jede possessive Denkfigur das eigentlich Gemeinte verfehlt, kann sie auch nicht "weitergegeben",

---

[52] Zum Konzept des "geschickten Mittels" siehe oben S. 545ff.
[53] Dies erklärt auch die im Zen-Buddhismus, vor allem in der Form der Rinzai-Schule, geläufige Koan-Übung, bei der Anekdoten oder paradoxe Aussprüche als Meditationsgegenstand verwendet werden.

d.h. vermittelt werden, so als besäße hier jemand etwas, das er einem anderen gibt, oder das sich ein anderer ebenfalls aneignen soll. Die natürlich gerade bei dem noch Anhaftenden waltende Vorstellung, in den Besitz dieser Freiheit zu kommen, wird daher mit performativen Paradoxien belegt wie, sie sei nie verloren worden, oder es gehe darum, Nicht-Erreichbares zu erreichen, und die Vorstellung, daß diese Freiheit als der "eigentliche Sinn" der Lehre vermittelbar sei, mit dem Paradox, daß der Buddha nichts gelehrt habe.[54] Freiheit läßt sich nicht in Worte oder Schriften fassen, so als könnte sie beschrieben werden. Jede "Beschreibung" würde sie zwangsläufig vergegenständlichen. Aber Worte und Schriften können ihr durchaus entspringen, da diese Freiheit die Quelle jeglichen Existenzvollzugs des Nicht-Anhaftenden ist. *So kann Freiheit sich zwar artikulieren, sich spontan zeigen, aber entdeckt werden, positiv gesehen werden, kann sie von dem noch Anhaftenden an oder in ihren Artikulationen durch den Existenzvollzug des Freien (seine Handlungen, Worte und deren in Schriften überlieferter Verlängerung) nicht, sondern nur in ihrer eigenen, unmittelbaren "Wahrnehmung" (und zwar in dem doppelten Sinn den der deutsche Sprachgebrauch hier hat: "erfahren" und – wie in "eine Chance wahrnehmen" – "verwirklichen") als eigener "Natur" des Anhaftenden, der in dieser "Wahrnehmung" zum Freien wird.* Wer so zu seiner eigenen Freiheit erwacht, der erkennt sie dann auch im Verhalten und Sprechen anderer Freier. Insofern versteht der frei gewordene Analphabet Hui-neng – wie das Hochsitz-Sûtra zu betonen nicht müde wird – den Sinn der buddhistischen Schriften besser als die noch anhaftenden Schriftgelehrten. Wer in diesem Sinne seine "(eigene) Natur schaut" ist dem Buddha gleich. Und die Tradition dieser Freiheit muß in der Tat als eine "besondere Überlieferung außerhalb der Schriftzeichen..." bezeichnet werden, in der Menschen "ihr Herz zeigen", d.h. ihre Freiheit zeigen, diese aber letztlich nur in der "(eigenen) Natur" erblickt wird. Zen lehnt nicht die schriftliche Tradition ab, sondern ordnet sie ein in die umfassende Artikulation des erleuchteten Meisters, die am Lebendigsten in dem Zusammenleben des Schülers mit dem Meister erfahren wird. Doch lernen kann man auch in dieser Tradition das "eigentlich" Tradierte nur, indem man selbst diese Freiheit erfährt, sich selbst als den wahren Lehrer erkennt,[55] wozu die Tradition denn auch, Anstöße gebend, führen soll. Wenn der Zen-Buddhismus die "Selbst-Praxis" hervorhebt, so spricht er von dieser Unmittelbarkeit und gerade nicht von einer "Selbsterlösung" im Rahmen eines dualistischen Denkschemas!

Die im Zen-Buddhismus seit Hui-neng signifikanteste Formel für diese Unmittelbarkeit lautet: "Der Geist ist Buddha". Sie wird von einigen Quellen auch Hui-neng zugeschrieben,[56] erscheint jedoch in der Tun-Huang Version des Hochsitz-Sûtras nicht. Viele Aussagen des Hochsitz-Sûtras drängen aber

---

[54] Vgl. oben S. 597.
[55] Vgl. dazu oben S. 580f.
[56] Vgl. Yampolsky, The Platform-Sutra... a.a.O. 83 und Nagashima, Truths and Fabrications... a.a.O. 49.

deutlich in diese Richtung: Unsere eigene Natur ist der Dharmakâya,[57] die Buddha-Natur ist im eigenen Geist,[58] allein im Geist existiert der wahre Buddha,[59] die Zuflucht zu Buddha, Dharma und Samgha ist die Zuflucht zu Erleuchtung, Wahrheit und Reinheit im eigenen Geist.[60] Zu vielleicht noch radikaler wirkenden Formulierungen der Unmittelbarkeit kommt das Hochsitz-Sûtra allerdings mit Sätzen wie: die reine Natur ist nicht außerhalb der zügellosen Natur,[61] oder: die Leidenschaften selbst sind die Erleuchtung.[62] Eine Aussage wie die letzte, deren Ziel es gerade ist, jedem dualistischen Denken als der eigentlichen Struktur der Leidenschaften zu wehren, die somit die ins Spirituelle gewandte Form von Nâgârjunas Ununterscheidbarkeit von Nirvâna und Samsâra ist, ist natürlich in hohem Maße mißverständlich, wenn ihr paradox-performativer Charakter übersehen und darunter die Sanktionierung der Leidenschaften verstanden wird. Eine als Gegenmittel gegen das dualistische Denken gerichtete Aussage wie diese, die im dualistischen Denken die "Verblendung", die Wurzel des Leides sieht, ist daher begleitet und ergänzt von anderen Aussagen, die die Notwendigkeit einer Veränderung deutlich betonen, wie z. B.:

"True reality and a pure nature – this is the true Buddha;
Evil views and the three poisons[63] – this is the true demon...
If from the evil views within the nature the three poisons are produced,
This means that a demon king has come to reside in the home.
If correct views of themselves cast aside the mind of the three poisons,
The demon *changes* and *becomes* a Buddha, one that is true, not false."[64]

Aber da die Rede von einer Veränderung der Existenz ihrerseits mißverständlich ist, insofern darunter die Sanktionierung des dualistischen Denkens, das eine solche Redeweise ja notwendig voraussetzt, das sie aber gerade für die zu beseitigende Struktur der "üblen Ansichten" hält, verstanden würde, muß sie immer wieder negiert werden:

"From the outset the Dharma has been in the world;
Being in the world, it transcends the world.
Hence do not seek the transcendental world outside,
By discarding the present world itself.
Erroneous views are of this world,
Correct views transcend the world.

---

[57] Vgl. Yampolsky, The Platform Sutra... a.a.O. 141. "Dharmakâya" bezeichnet in der Trikâya-Lehre die im Dharma gegenwärtige, höchste Realität Buddhas.
[58] Vgl. ebd. 179f.
[59] Vgl. ebd. 180.
[60] Vgl. ebd. 145f.
[61] Vgl. ebd. 181.
[62] Vgl. ebd. 148; vgl. auch ebd. 149 u. 164.
[63] Gier, Haß und Verblendung.
[64] Yampolsky, The Platform Sutra... 180f; Hervorhebung von mir.

If you smash completely the erroneous and the correct,
(Then the nature of enlightenment [bodhi] will be revealed as it is)."[65]

Der Negation des dualistischen Denkens unter dem Aspekt der Unmittelbarkeit (anstatt der Objekthaftigkeit des Heilszieles) entspricht die Negation des dualistischen Denkens unter dem Aspekt der *"Plötzlichkeit"* (anstatt des prozessualen Werdecharakters des Heilsweges). Das "Werden" ist für buddhistisches Denken ein grundlegendes Charakteristikum des "Samsâra", der vergänglichen Welt, in der alles, was entsteht, "wird", auch vergeht. Die Transzendierung der Werdewelt von Geburt und Tod aber bleibt das eigentliche Anliegen. Als Hung-jen, der Fünfte Patriarch, seine Schüler zu dem erwähnten Dichterstreit auffordert, ermahnt er sie zunächst mit den Worten: "For people in this world birth and death are vital matters. You disciples make offerings all day long and seek only the field of blessings, but you do not seek to escape from the bitter sea of death... how can you be saved?"[66] Die im Mittelpunkt der Lehre Hui-nengs stehende anhaftungslose Freiheit ist letztlich die Freiheit von Geburt und Tod. Über die Anhaftung heißt es im Hochsitz-Sûtra: "When you are attached to environment, birth and destruction arise."[67] *Der Durchbruch zur Freiheit von der "Werdewelt" kann nicht in den Kategorien der "Werdewelt" selbst gefaßt werden, da es keine begriffliche Kontinuität zwischen der "Werdewelt" des Vergänglichen und der Freiheit des "Todlosen" gibt.* Somit wird von dem in der Erleuchtung erreichten Durchbruch als einem "plötzlichen" gesprochen. "Plötzlichkeit" in diesem Zusammenhang als zeitliche Kategorie zu verstehen, würde an der eigentlichen Stoßrichtung dieser Aussage vorbeigehen. Rein zeitlich gesehen ist der Eintritt der Erleuchtung immer ein plötzlicher, auch wenn ihm ein langer Weg vorangeht. Ein rein zeitliches Verständnis der "Plötzlichkeit" würde die "Lehre von der plötzlichen Erleuchtung" ihrer Brisanz berauben. *Die "Plötzlichkeit" der Erleuchtung meint vielmehr die Negation aller zeitlich gebundenen Vorstellungen, die Negation des "Werdens" als einer Kategorie des Samsâra und des diesem entsprechenden dualistischen Denkens.*[68] Wer nicht die "Plötzlichkeit" der Erleuchtung lehrt, sondern den prozessualen Werdecharakter des Heilsweges, der hat, dies ist die notwen-

---
[65] Ebd. 161; Hervorhebung von mir.
[66] Ebd. 128.
[67] Ebd. 147.
[68] Damit ist freilich auch die altbuddhistische Karma-Lehre, derzufolge das Freiwerden als prozessuale Karmaabschichtung verstanden ist, als adäquater Ausdruck des Freiheitsgewinnung erledigt, aber nicht unbedingt in ihrer Gültigkeit als "relative Wahrheit". Im Anschluß an die Mâdhyamika-Logik Nâgârjunas sieht der Zen-Buddhismus die Freiheit völlig von ihrem Aspekt der Karmalosigkeit her und muß die Kontinuität des Übergangs von "nur noch wenig Karma" zu "kein Karma mehr" negieren. Tritt somit die Karma-Lehre als Gegenstand theoretischer Erwägungen zurück, so bleibt sie doch in der Praxis gegenwärtig. Denn ebenso wie die Negation einer Erreichbarkeit der Erleuchtung letztlich gerade ihrem Erreichen dienen will, so soll auch die Negation des "Werdens" den Eifer und die "Entwicklung" des Adepten fördern, anstatt beides zu blockieren.

dige Konsequenz dieser Position, noch nicht den eigentlichen Sinn und Charakter der Lehre, die um zum Heilsziel zu führen sich selbst und ihre unvermeidlich dualistischen Kategorien aufheben muß, erkannt. Er verabsolutiert die Lehre und verdunkelt dadurch ihre heilseffektive Funktion. Das Traditionsverständnis des Zen verbindet sich also konsequent mit seiner Lehre von der "Plötzlichkeit" der Erleuchtung.

"Sudden means ridding yourselves of deluded thoughts (eben dem dualistischen Denken; Anm. von mir) instantaneously. Illumination means the realization that Illumination is not something to be attained"[69], heißt es bei Ta-chu, und im Hinblick auf die drei Zeiten, in die alles Werden eingespannt ist, bemerkt er: "When there is no clinging to any of those three periods, they may be said not to exist."[70] Die ontologisch klingende Aussage, von den drei Zeiten könne gesagt werden, daß sie für den Anhaftungslosen nicht existieren, muß innerhalb der untrennbaren Einheit von ontologischen und existentiellen Aussagen gesehen werden, auf die oben bereits hingewiesen wurde.[71] Die in der anhaftungslosen Freiheit gegebene Unabhängigkeit von den drei Zeiten ist die Freiheit vom Samsâra. Nach dem Hochsitz-Sûtra ist sie als solche der Quellgrund der Buddhaschaft: "It does *not stay*, it does *not leave*, *nor* does it *come* and all the Buddhas of the three worlds issue from it."[72] Dieser Satz des Hochsitz-Sûtras entfaltet seine eigentliche Tragweite denn auch erst bei der Schilderung von Huinengs Tod. Weil das Denken in zeitlichen Kategorien der Ausdruck leidvoller Verhaftung in der vergänglichen Welt, d.h. samsârischer Existenz, ist, ist der Ernstfall des Todes der Testfall par excellence für die Demonstration der Freiheit, für das "Zeigen des Herzens des Menschen". Als Hui-neng für immer "geht", ermahnt er die trauernden Schüler: "If you knew where I was going you wouldn't be crying. The nature itself is without birth and without destruction, without going and coming... Do not, in the teaching of the Mahâyâna, cling to the knowledge of birth and death."[73] Allein Shen-hui zeigt in seinem Gleichmut angesichts des Todes Hui-nengs sein "Herz", seine Freiheit, die nichts anderes ist als seine "ursprüngliche Natur" - jenseits von Geburt und Tod inmitten von Geburt und Tod.

Die unter dem Begriff der "Plötzlichkeit der Erleuchtung" stehende Kritik des Denkens in den Kategorien des "Werdens" hinsichtlich der Erlangung des Heilszieles enthüllt sich letztlich als eine Kritik des Denkens in den Kategorien von "Geburt und Tod", da ein solches Denken der Anhaftung am Vergänglichen entspricht, aus der das Leid unter der Vergänglichkeit entspringt. Die Unfreiheit ist die *in sich widersprüchliche* Fixierung auf das

---

[69] The Zen Teaching of Hui Hai, a.a.O. 43; vgl. oben S. 582f.
[70] Ebd. 56.
[71] Vgl. oben S. 589f.
[72] Yampolsky, The Platform Sutra... a.a.O. 148; Hervorhebung von mir. Die Aussage ist dort unmittelbar auf die "Weisheit" (prajñâ) bezogen. Es muß jedoch bedacht werden, daß für Hui-neng "Weisheit" nicht von "Sammlung" zu trennen und die Einheit beider die anhaftungslose Freiheit ist.
[73] Yampolsky, The Platform Sutra... a.a.O. 174f.

Vergängliche, die dieses erstrebt und zugleich wegen seiner Vergänglichkeit haßt. Die Freiheit dagegen ist das nur *widersprüchlich artikulierbare* Getrenntsein vom "Kommen und Gehen" inmitten des "Kommens und Gehens", "non-motion postulated on motion"[74], in sich aber die Überwindung der Gegensätze und Widersprüche, die Überwindung von Lebensgier wie Todessehnsucht gleichermaßen, die sich in Gleichmut zeigende Freiheit angesichts menschlicher Sterblichkeit! *So ist die Transzendierung der vergänglichen Werdewelt allein in der Verwirklichung der Freiheit, aber dort auch vollständig und unmittelbar, immanent!* Hier gewinnt die Negation der zeitlichen Kategorien unter dem Titel der "Plötzlichkeit" ihren tiefsten, von der Unmittelbarkeit nicht zu trennenden Sinn. Hier zeigt sich die *absolute Negation als Affirmation* im Sinne der Identität des sich absolut Widersprechenden. "Sudden Illumination means deliverance while still in this life"[75], sagt Ta-chu, und die zunächst trauernden Jünger Hui-nengs erkennen nach dessen Ermahnung, daß es für die eigentliche "Natur", also die Heilswirklichkeit anhaftungsloser Freiheit, kein "Kommen und Gehen" gibt, "that the Master would not stay in this world forever."[76] Erlösung mitten in diesem Leben ist Erlösung von der Welt inmitten ihrer ganz konkreten Welthaftigkeit und Vergänglichkeit. Es ist eine immer wiederkehrende buddhistische Grundaussage, daß erst der Erleuchtete die Dinge so sieht, wie sie wirklich sind, und das meint im Besonderen auch, daß erst er die Vergänglichkeit frei von jeder Verdrängung erlebt, gerade weil die Freiheit von ihr erreicht ist. Die Freiheit von Durst und Anhaftung ist unerschütterliche Ruhe und gestillter Friede inmitten der vollen, unverzerrten Wirklichkeitswahrnehmung: "If in your own minds you take refuge in enlightenment (the Buddha), heterodoxies and delusions are not produced, you have no desires and are content with yourself *as you are*, and stand apart from the passions and physical wants."[77] Die Verwirklichung dieser freien, gestillten und *schlichten* (eben von Anhaftung und Verzerrung befreiten) Sicht der Wirklichkeit in ihrer "Soheit" ist zu einem tragenden Motiv des Zen-Buddhismus geworden, wie es etwa auf einzigartige Weise in dem berühmten Zen-Wort ausgedrückt ist:

"Before I studied Zen for thirty years, I saw mountains as mountains, and waters as waters. When I arrived at a more intimate knowledge, I came to the point where I saw that mountains are not mountains, and waters are not waters. But now that I have got its very substance I am at rest. For it is just that I see mountains once again as mountains, and waters once again as waters."[78]

---

[74] Ebd. 175.
[75] The Zen Teaching of Hui Hai, a.a.O. 76.
[76] Yampolsky, The Platform Sutra... a.a.O. 176.
[77] Ebd. 145.
[78] Zitiert nach: Hsueh-li Cheng, Zen and San-Lun Mâdhyamika... a.a.O. 359f. Diese Haltung prägt auch die sogenannten "Zen-Künste". Von Rikyu, der als einer der größten Meister der Tee-Zeremonie gilt, ist z. B. folgende Anekdote überliefert. Als er einst nach dem Geheimnis der Teezeremonie gefragt wurde, antwortete er:

Die Realisation dieser Freiheit ist nach Auffassung des Zen-Buddhismus zugleich der einzig rettende Wegweiser, der andere Wesen zur "Wahrnehmung" ihrer eigenen "ursprünglichen Natur" = Freiheit anstoßen kann, und somit die einzige Möglichkeit zur Erfüllung des Bodhisattva-Weges: "To save all people of the world you must practice yourself."[79] Alles Handeln, alle Worte, alle Schriften, die dieser Freiheit entspringen, vermögen die Menschen auf ihre "ursprüngliche Natur" hinzuweisen. Nehmen sie sie wahr (im doppelten Sinne), so werden sie Buddhas. Die Freiheit, die Hui-neng als das wesentliche Prinzip des buddhistischen Heilspfades und den "eigentlichen Sinn" der buddhistischen Lehre ansieht, ist eine Freiheit von der Welt, in der Welt und für die Welt.

">Tee ist nichts als dies.
　Erst läßt du das Wasser kochen,
　Dann gießt du den Tee auf,
　Dann trinkst du ihn, wie es sich geziemt.
　Das ist alles, was du können mußt.‹
›All dies kann ich bereits‹, erwiderte der andere mit einem Anflug von Unmut. ›Nun, wenn es irgend jemanden gibt, der dies schon kann, so würde ich gerne sein Schüler werden‹, antwortete Rikyu." (Hugo Munsterberg, Zen-Kunst, Köln 1978, 90).
[79] Yampolsky, The Platform Sutra... a.a.O. 181.

4.1.6 Zusammenfassung

Mehr als ein Jahrtausend nach der Entstehung des ursprünglichen Buddhismus und in einem anderen Kulturkreis läßt sich bei der frühen chinesischen Zen-Bewegung erneut eine intensive traditionsimmanent-hermeneutische Reflexion auf den "eigentlichen Sinn" der buddhistischen Lehre feststellen. In der Tun-Huang Version des Hochsitz-Sûtras und in dem diesem eng verwandten "Tun-wu ju-tao yao-men lun" des Ta-chu Hui Hai kreist diese Reflexion um die drei Pole des Traditionsverständnisses, der spirituellen Praxis und des Heilszieles.

Die ursprünglichen Prinzipien der Heilsvermittlung werden in dieser Phase des Zen unter Rückgriff auf die logischen Erörterungen Nâgârjunas hinsichtlich der Vermittlungsdynamik buddhistischer Lehre auf das Traditionsverständnis ausgedehnt. Die Tradition der buddhistischen Lehre ist nur dann authentisch, wenn sie sich - wie die buddhistische Lehre selbst - zugunsten der Verwirklichung des Heilszieles aufhebt. In kritischer Distanz zu einer auf die Tradition selbst fixierten Spiritualität versteht sich die Zen-Bewegung daher als legitime Fortführung der buddhistischen Tradition. Sie richtet das Augenmerk auf die Quelle der Tradition, die sie unter der Bezeichnung "ursprüngliche" oder "eigene Natur" mit der im Heilsziel verwirklichten "Weisheit" (prajñâ) identifiziert. Als Quelle der Tradition bildet sie zugleich den Kern der spirituellen Praxis und wird durchgehend als Verwirklichung der Freiheit i. S. von Anhaftungslosigkeit verstanden.

Die im Zen vorausgesetzten logischen Erörterungen Nâgârjunas werden hier jedoch nicht nur hinsichtlich des Verhältnisses zur Tradition aktiviert, sondern erfahren zugleich eine spirituelle Akzentuierung. Als "Nicht-Denken" erscheint die Anhaftungslosigkeit als Freiheit von jedem begrifflich dualistisch verfaßten Wirklichkeitszugang. Im Hinblick auf die spirituelle Praxis bedeutet dies eine Freiheit von Attraktion und Aversion, die dem begrifflich differenzierenden Wirklichkeitszugang korrespondieren. Die angezielte Freiheit darf zu ihrer Verwirklichung jedoch nicht als ein zu erreichendes Ziel verobjektiviert werden, da sie gerade in der Überwindung aller Subjekt-Objekt-Dichotomie besteht. So kann sie als "ursprüngliche" oder "eigene Natur" bezeichnet werden, um ihre jenseits der Subjekt-Objekt-Dichotomie bestehende Unmittelbarkeit zu verdeutlichen. Die Betonung der Unmittelbarkeit der Freiheit steht ihrerseits wieder im Zusammenhang mit der Beurteilung der Tradition. Unmittelbarkeit besagt dann, daß keine Lehre in der Lage ist, diese Freiheit adäquat zu beschreiben, und sie daher auch nicht - in Lehre gefaßt - vermittelt werden kann. Vielmehr entspringt alle Lehre dieser Freiheit und vermag lediglich durch performative Anwendung den Adepten zu eigener Erkenntnis und Verwirklichung anzustoßen.

Eine weitere spirituelle Akzentuierung erfahren die Erörterungen Nâgârjunas durch die unter dem Stichwort der "Plötzlichkeit" stehende Betonung der Transzendentalität der Freiheit. Da die im Heilsziel verwirklichte Freiheit der Anhaftungslosigkeit die Befreiung aus der vergänglichen Werdewelt ist, vermag sie nicht mittels zeitlicher Kategorien charakterisiert zu werden, sondern nur als deren Negation. Gegen die Vorstellung vom Heilsweg als eines prozessualen Übergangs vom Unheils- zum Heilszustand wird daher die "Plötzlichkeit" der Erleuchtung i. S. einer Negation jeglicher Vorstellung einer Erreichbarkeit der Erleuchtung gestellt. Der aller Innerweltlichkeit und allen innerweltlichen Kategorien enthobene Charakter des Heilszieles kann jedoch wiederum nicht zutreffend erfaßt werden, wenn er begrifflich als das transzendente Gegenstück zur Immanenz vorgestellt wird. Das Heilsziel ist daher als die absolute Negation des Unheils mit diesem paradox zu identifizieren. Dieser widersprüchlichen Artikulation des Heilszieles entspricht jedoch eine spirituelle Haltung, die – weil in ihr die restlose Befreiung von der Vergänglichkeit und der Anhaftung am Vergänglichen erreicht ist – in der Lage ist, die Allvergänglichkeit ohne Verdrängung in ihrer "Soheit" zu erkennen und sich in dieser Erkenntnis als leidfreier Gleichmut zu erweisen. Als solche ist sie die einzige Möglichkeit, andere Wesen ebenfalls zur Heilsverwirklichung anzustoßen und damit den Bodhisattva-Weg, der nach der Befreiung aller strebt, zu erfüllen.

Im Jôdo-Shin-Buddhismus Shinran Shônins, dem ich mich nun als letztem Beispiel für die Anwendung des von mir vorgeschlagenen hermeneutischen Ansatzes zuwende, rückt jene für den Bodhisattva-Weg bezeichnende nichtdifferenzierende Liebe, die bereits im Pâli-Buddhismus das Korrelat zur anhaftungslosen Freiheit als zweiter Aspekt existentieller Heilsrealisation bildet, in den Mittelpunkt der spirituellen Explikation der buddhistischen Heilsbotschaft.

4.2 Shinran Shônin und die Liebe

4.2.1 Das "Ur-Gelübde" als das "Eine Fahrzeug": Shinrans Traditionsverständnis

Neben dem Zen- bzw. Ch'an-Buddhismus entwickelte sich die Amida-Frömmigkeit zur zweiten herausragenden Strömung des chinesischen Buddhismus. Sie stützte sich vor allem auf drei Mahâyâna-Sûtren[1], in denen von einem transzendenten Buddha namens "*Amitâyus*" ("unendliches" oder "unermeßliches Leben") bzw. "*Amitâbha*" ("unendliches" oder "unermeßliches Licht") – in Japan meist "Amida" genannt – und seinem wunderbaren "Buddha-Land", dem "westlichen" oder "reinen Land" (jap.: jôdo) berichtet wird. Die Verehrung Amidas durchzog zunächst die verschiedensten Schulrichtungen des Mahâyâna, bevor sie sich mehr und mehr zu einer eigenen Schulrichtung des Mahâyâna entwickelte. Gemeinsam mit den chinesischen Schulen des Buddhismus fand auch die Amida-Frömmigkeit ihren Weg nach Japan, wo sie in der Kamakura-Zeit[2] zwei bedeutende eigene Schulen hervorbrachte: die "*Jôdo-Schule*", die sich auf *Hônen Shônin* (1133-1212) zurückführt, und die "*Jôdo-Shin-Schule*", die sich auf den Schüler Hônens, *Shinran Shônin* (1173-1262)[3], beruft.[4]

---

[1] Das sog. "Längere" *Sukhâvatîvyûha-Sûtra* (jap.: Dai muryôju kyô oder muryôju kyô), das "Kürzere" *Sukhâvatîvyûha-Sûtra* (jap.: Amida kyô) und das *Amitâyur-dhyâna-Sûtra* (jap.: Kan muryôju kyô). Alle drei Texte finden sich in englischer Übersetzung im Bd. 49 von "The Sacred Books of the East", nachgedruckt als: Buddhist Mahâyâna Texts (ed. by E. B. Cowell a.o.), New York 1969. Die beiden Sukhâvatîvyûha-Sûtren sind indischen Ursprungs und wurden mehrfach ins Chinesische übersetzt. Älteste chinesische Übersetzungen von Sûtren, die über Amida berichten, gehen bereits ins 2. Jhd. n.Chr. zurück (vgl. A. Bareau, Der indische Buddhismus, a.a.O. 151). Der indische Ursprung des Amitâyurdhyâna-Sûtra ist nach wie vor umstritten.

[2] Zum Buddhismus der Kamakura-Zeit siehe: Y. Takeuchi, Der neue Buddhismus der Kamakurazeit, in: H. Waldenfels / Th. Immoos (Hg), Fernöstliche Weisheit und christlicher Glaube, Mainz 1985, 221 – 233.

[3] Shinran Shônin wird 1173 nahe Kyoto geboren und bereits 1181 ordiniert. Er verbringt ca. 20 Jahre als Tendai-Mönch auf dem Berg Hiyei, einem der wichtigsten Klöster der Tendai-Schule. Nachdem er in Kyoto mit Hônen Shônin bekannt wird, schließt er sich diesem als Schüler an. Hônen wird, wie auch Shinran, wegen religiöser Aktivitäten exiliert. Während Hônen in die Tosa Provinz verbannt wird, muß Shinran nach Echigo gehen. 1211 werden Hônen und seine Schüler begnadigt, doch als Shinran 1212 vom Tod Hônens erfährt, kehrt er nicht nach Kyoto zurück, sondern läßt sich in Inada nieder. Von seiner Frau Eshin, einer ehemaligen buddhistischen Nonne, die Shinran inzwischen geheiratet hatte, werden ihm fünf Kinder geboren. Shinran versteht sich nunmehr als "weder Mönch noch Laie". Zwischen 1232 und 1233 übersiedelt Shinran schließlich doch wieder nach Kyoto, von wo aus er durch Briefe, Schriften und Boten die wachsende Bewegung der Anhänger der von ihm verkündeten Lehre geistlich zu betreuen sucht. 1262 stirbt er in seinem 90. Lebensjahr in Zembôin, nahe Kyoto (vgl. The Life of Shinran Shônin,

Von Shinran Shônin sind eine größere Anzahl eigener Schriften erhalten geblieben, in denen er der aus China überkommenen Amida-Frömmigkeit eine einheitliche Lehrgestalt verleiht und sie derart in die Leitmotive des Mahâyâna integriert[5], daß er den Amida-Buddhismus als den reinsten Ausdruck des Mahâyâna versteht[6], und, da bereits das Mahâyâna beanspruchte den eigentlichen Sinn der Buddha-Lehre am deutlichsten zu artikulieren, damit zugleich als den *reinsten Ausdruck des Buddhismus* schlechthin.

Unter den drei klassischen Sûtren des Amida-Buddhismus ist für Shinran das *Längere Sukhâvatîvyûha-Sûtra* das bedeutendste. Nach Shinran enthält es die "wahre Lehre", indem es von Amidas rettender Liebe berichtet und von dieser als dem eigentlichen Ziel und Höhepunkt der Verkündigung Shâkyamunis, des historischen Buddha.[7] In diesem Sûtra erzählt Buddha die Geschichte des Bhikkhu *Dharmâkara*, der einst unter dem vorzeitlichen Buddha "Lokesvararâja" 48 Gelübde abgelegt habe, in denen er gelobte, die Buddhaschaft zu erreichen und die mannigfachen Segnungen beschrieb, die sein Erreichen der Buddhaschaft für die Wesen mit sich bringen sollte. Es wird dann weiter erzählt, daß Dharmâkara sein Ziel erreichte und zum Buddha "Amida" wurde, was die Erfüllung seiner Gelübde beinhaltete. Für Shinran ist unter den 48 Gelübden Dhamâkaras das 18. Gelübde das Zentral- oder Ur-Gelübde (jap.: hongan):

---

by Gesshô Sasaki, in: D. T. Suzuki, Collected Writings on Shin Buddhism, Kyoto 1973, 203-206).

[4] Sie wurde nicht von Shinran selbst, sondern erst von seinem Ur-Enkel Kakunyo (1270-1351) organisiert (vgl. Christiane Langer-Kaneko, Das Reine Land. Zur Begegnung von Amida-Buddhismus und Christentum [Beihefte der Zeitschrift für Religions- und Geistesgeschichte XXIX], Leiden 1986, 16).

[5] Vgl. dazu das Urteil von Yoshifumi Ueda: "Shinran brought the Pure Land tradition, which up to his day had been nothing more than a side current in Mahayana thought, into the mainstream of the Mahayana tradition..." (Y. Ueda, The Mahayana Structure of Shinran's Thought, Part I: The Eastern Buddhist [NS], vol. XVII, no. 1 [1984] 57-78, Part II: The Eastern Buddhist [NS], vol. XVII, no. 2 [1984] 30-54; ebd., Part I, 60f).

[6] "Shin Buddhism is the consummation of Mahayana Buddhism". Letters of Shinran. A Translation of Mattôshô (ed. by Y. Ueda), Kyoto 1978 (Shin Buddhism Translation Series), 21.

[7] Vgl. den Beginn des "Kyôgyôshinshô", des monumentalen Hauptwerkes Shinrans, sowie folgendes Zitat aus Shinrans "Jôdo monrui jushô", einer knappen Zusammenfassung des "Kyôgyôshinshô": "Assuredly this sutra is the true teaching for which the Tathagata appeared in the world. It is the preeminent scripture, rare and most excellent. It is the consummate and ultimate exposition of the One Vehicle." Passages on the Pure Land Way. A Translation of Shinran's Jôdo monrui jushô (ed. by Y. Ueda), Kyoto 1982 (Shin Buddhism Translation Series), 30.

"If I were to attain Buddhahood and the sentient beings of
the ten quarters, with sincere mind entrusting themselves,
aspiring to be born in my land, and saying my Name even
ten times, were not to be born there,
then may I not attain the supreme enlightenment.
Excluded are those who commit the five grave offences and
those who slander the true dharma."[8]

Als Spitze des Längeren Sukhâvatîvyûha-Sûtra ist das Ur-Gelübde somit für Shinran der höchste Ausdruck des eigentlichen Kerns der buddhistischen Lehre überhaupt. Die Verkündigung des Ur-Gelübdes und seiner Erfüllung ist für Shinran nicht nur die Essenz der Lehre Shâkyamunis, sondern Ziel und Grund des Erscheinens aller Buddhas und aller Bodhisattvas[9], denn es offenbart in Shinrans Augen das *Wesen* des letzten Urgrundes der buddhistischen Heilsbotschaft und jener Wirklichkeit, die Erlösung möglich macht. *Das Ur-Gelübde*, so Shinrans These zur traditionsimmanenten Hermeneutik des Buddhismus, *ist das "Eine Fahrzeug", das als tragender Grund alle "Fahrzeuge" (yâna) durchzieht*.[10] Alle Meister der "Fahrzeuge" des Mahâyâna und des Hînayâna erreichen die Erlösung in Wirklichkeit nur aufgrund des "Einen Fahrzeugs", also aufgrund von Dharmâkaras Ur-Gelübde bzw. der Erfüllung des Ur-Gelübdes durch die Amida-Werdung Dharmâkaras.[11]

"Patriarchen" sind für Shinran dementsprechend nur jene Lehrer, die die wahre Bedeutung des Erscheinens Shâkyamunis, eben die Verkündigung des

---

[8] Zitiert nach der Übersetzung der Wiedergabe durch Shinran in seinem "Songô shinzô meimon": Notes on the Inscriptions on Sacred Scrolls. A Translation of Shinran's Songô shinzô meimon (ed. by Y.Ueda), Kyoto 1981 (Shin Buddhism Translation Series), 33. Die "fünf schweren Vergehen" (p.: ânantarika-kamma) sind nach alter buddhistischer Tradition: 1. Muttermord, 2. Vatermord, 3. die Ermordung eines Arahat, 4. das Blut eines Buddha vergießen, 5. die Harmonie des Samgha zerstören, bzw. Schismen verursachen. Im Mahâyâna werden sie wiedergegeben als: 1. Die Zerstörung buddhistischer Kultgüter (Tempel, Bildnisse, Schriften), ihre Veranlassung oder die Freude darüber, 2. Verleumdung der Meister, Buddhas und der Lehre, 3. Die Praxis eines Mönchs stören oder seinen Tod verursachen, 4. die fünf schweren Vergehen der alten Tradition, 5. Den buddhistischen Sittlichkeitskodex mit der Überzeugung verletzen, daß es keine karmische Wirkung gebe und andere so zu lehren (vgl. zu Letzterem: Notes on the Inscriptions... a.a.O. 105).

[9] Vgl. z.B.: Jôdo Wasan. Hymnen über das Reine Land (hg. v. E.Sasaki), Kyoto 1986, 44 u. 59; Notes on Once-calling and Many-calling. A Translation of Shinran's Ichinen-tanen mon'i (ed. by Y. Ueda), Kyoto 1980 (Shin Buddhism Translation Series), 42 u. 45; Notes on the Inscriptions... a.a.O. 71; Passages on the Pure Land Way... a.a.O. 57.

[10] Vgl. z.B.: Jôdo Wasan... a.a.O. 67; Notes on the Inscriptions... a.a.O. 71; Passages on the Pure Land Way... a.a.O. 30.

[11] Vgl. Letters of Shinran... a.a.O. 56 und Notes on 'Essentials of Faith Alone'. A Translation of Shinran's Yuishinshô-mon'i (ed. by Y. Ueda), Kyoto 1979 (Shin Buddhism Translation Series), 38.

Ur-Gelübdes, erfaßt und erschlossen haben.[12] Anders als im Zen bedarf es hierbei keiner direkten, ungebrochenen Sukzession von Patriarchen, sondern allein der inhaltlichen Sukzession in der Deutung und Entfaltung des eigentlichen Sinns des Ur-Gelübdes. Shinran, der die Patriarchenliste bis zu seinem Lehrer Hônen führt, läßt sie mit Nâgârjuna und Vasubandhu, zwei Zentralfiguren der beiden großen Zweige des indischen Mahâyâna, der Mâdhyamika- und der Yogâcâra-Richtung, beginnen.[13] Nâgârjunas Beitrag sieht Shinran nicht nur in der Verfassung einer (eventuell fälschlicherweise) Nâgârjuna zugeschriebenen Schrift über den für die Amida-Frömmigkeit bedeutsamen Glauben[14], sondern, und damit das eigentliche Anliegen Nâgârjunas treffend, auch in dessen *"Widerlegung" der "Ansichten von Sein und Nichts".*[15] Vasubandhu habe das Ur-Gelübde hinsichtlich des *"kreuzweisen Überspringens"*[16] ausgelegt und der chinesische Meister T'an-luan in einem Kommentar zu Vasubandhus Abhandlung gezeigt, daß im Vertrauen auf das Ur-Gelübde die *Identität von Samsâra und Nirvâna* erkannt werde.[17] Damit sind die Leitmotive des Mahâyâna angesprochen, unter denen Shinrans systematische Interpretation des Ur-Gelübdes steht, und von denen her erst deutlich wird, warum Shinran die zunächst völlig abwegig erscheinende Aussage treffen kann, die Verkündigung des Ur-Gelübdes sei der Kern der buddhistischen Lehre. Doch im Rahmen dieser mahâyânistischen Grundmotive setzt Shinran unverkennbar seinen eigenen Akzent, der dem Jôdo-Shin-Buddhismus einen markant eigenen Platz in der traditionsimmanenten Selbstauslegung des Buddhismus verleiht.

Die interpretatorische Bemühung um ein Verständnis der Lehren Shinrans i.S. des von mir vorgeschlagenen hermeneutischen Ansatzes muß sich den

---

[12] Vgl. Passages on the Pure Land Way... a.a.O. 43 und Shôshinge. Hymne über das wahre Vertrauen in das Nembutsu (hg. von E. Sasaki u. H. Nishi), Kyoto 1984, 22.
[13] Die sieben Patriarchen des Jôdo-Shin sind
 - die Inder:
 1. *Nâgârjuna*
 2. *Vasubandhu*
 - die Chinesen:
 3. *T'an-luan* (jap.: Donran)
 4. *Tao-sh'ao* (jap.: Dôshaku)
 5. *Shan-tao* (jap.: Zendô)
 - die Japaner:
 6. *Genshin*
 7. *Hônen*, auch "Genkû" genannt.
 Zum Verständnis der einzelnen Patriarchen in Shin-buddhistischer Sicht vgl.: Buddhistische Religion. Die Grundlehren der Jôdo Shinshû, Kyoto 1959.
[14] Das Dashabhûmivibhâsâshâstra, ein Kommentar über die zehn Stufen des Bodhisattwaweges, in dessen neuntem Abschnitt der "leichte Weg" des Glaubens behandelt wird (vgl. Buddhistische Religion..., a.a.O. 11f).
[15] Vgl. Shôshinge... a.a.O. 22f und Passages on the Pure Land Way... a.a.O. 43.
[16] Zu Shinrans Verständnis dieses Begriffs siehe unten S. 629.
[17] Vgl. Shôshinge... a.a.O. 25f.

verschiedenen Bezugs- und Bedeutungsebenen stellen, denen die von Shinran verwendete Terminologie durch dessen traditionsimmanent-hermeneutische Auffassung vom Amida-Buddhismus als der Essenz des Mahâyâna-Buddhismus - und demzufolge der Buddha-Lehre überhaupt - unterliegt. Die spezifischen Begriffe des Amida-Buddhismus, wie z. B. "Amida", "Ur-Gelöbnis", "Reines Land", "Hingeburt" (jap.: ôjô), "Vertrauen" bzw. "Glauben" (jap.: shinjin), "Eigenkraft" und "Fremdkraft" (jap.: jiriki und tariki), "Natur" bzw. "Spontaneität" (jap.: jinen) und "Nembutsu" (Kurzform für die vertrauensvolle, Zuflucht-nehmende Anrufung Amidas: "Namu Amida Butsu"), sind in ihrer Erklärung durch Shinran interdependent, d. h. jeder Einzelbegriff bleibt von der Erklärung der anderen abhängig. Der geschlossene Kreis dieses Begriffsinventars ist darüber hinaus für Shinran als Ganzes ein Interpretationsansatz der traditionellen Mahâyâna-Lehre und nur von deren Logik, Buddhologie, Transzendenzverständnis, etc. her verstehbar. Diese wiederum greift, wie ich bisher zu zeigen versuchte, die ursprüngliche Konstitution der buddhistischen Heilsbotschaft auf und sieht deren inhaltliche Aussagen vor allem unter der schärfer wahrgenommenen und durchdachten Vermittlungsproblematik. Erst im Durchgang durch diese drei Schichten (1. die Interdependenz der Jôdo-Shin-Terminologie, 2. ihre Abhängigkeit von den Grundmotiven des Mahâyâna, 3. ihr durch das Mahâyâna vermittelter Rückbezug auf den ursprünglichen Buddhismus) wird die charakteristische Akzentsetzung Shinrans in seiner Explikation des eigentlichen Wesens der Heilsbotschaft deutlich. Jede Verkürzung dieses Weges, die im unmittelbaren phänomenologischen Zugriff auf den Jôdo-Shin-Buddhismus dessen Einbettung in die buddhistische Tradition abschneidet, muß sein Verständnis verfehlen und kann dem von Shinran selbst deutlich artikulierten traditionsimmanent-hermeneutischen Anliegen nicht gerecht werden. Allerdings macht die Verschachtelung dieser Bezugs- und Bedeutungsebenen die Darstellung, wie sich die Grundlinien meines hermeneutischen Ansatzes auf den Jôdo-Shin-Buddhismus anwenden lassen, nicht gerade einfach, und ein größeres Maß an Redundanz ist kaum vermeidbar.

4.2.2 Die Offenbarung des Wesens der "Weisheit" als Liebe und Mitleid

Jene Mehrschichtigkeit macht sich bereits bei Shinrans Verständnis von "*Amida-Buddha*" bemerkbar, denn Amida ist für ihn weit mehr als nur der Name des zum Buddha gewordenen Dharmâkara. So schreibt Shinran im Jôdo Wasan:

"Seit Amida die Buddhaschaft erlangt hat,
Sind zehn Weltzeitalter vergangen.
- So heißt es im Sûtra.
Doch Er scheint ein Buddha zu sein,
Der älter ist als unzählige Kalpas."[18]

---

[18] Jôdo-Wasan... a.a.O. 60. "Sûtra" bezieht sich auf das Längere Sukhâvatîvyûha-Sûtra, "Kalpa" bezeichnet ein "Weltzeitalter".

Die hier Amida zugeschriebene Unermeßlichkeit des Anfangs seiner Buddhaschaft ist offensichtlich beeinflußt vom 16. Kapitel des Lotus-Sûtra, wo die Unermeßlichkeit der Lebensdauer Shâkyamunis beschrieben wird und der Kritik eines rein auf die historische Existenz Shâkyamunis bezogenen Verständnisses von Buddhaschaft dient.[19] Buddha wird hier zu einer transzendenten Größe erhoben, und der historische Buddha ist nur eine Konkretion oder ein Aspekt jener transzendenten Wirklichkeit, auf die er verweist. Shinran übernimmt diese Sicht und schreibt an späterer Stelle, ebenfalls im Jôdo Wasan:

> "Amida, der seit unendlichen Zeiten existierende Buddha,
> Bemitleidete die gewöhnlichen Narren in der Welt der 'Fünf Entartungen'
> Und erschien in der Hauptstadt von Gayâ,
> Sich selbst als Shâkyamuni Buddha offenbarend."[20]

Die Zuordnung von Shâkyamuni, dem historischen Buddha, zu Amida als seinem transzendenten Hintergrund entspricht der mahâyânistischen Trikâya-Lehre (Lehre von den drei Leibern Buddhas[21]), und dementsprechend bezeichnet Shinran "Amida" als "Samboghakâya"-Tathâgata.[22]

Doch erhebt Shinran Amida noch über die Stufe nur eines der zumeist fünf Tathâgatas des Samboghakâya hinaus, indem er, im Anschluß an T'an-luan den höchsten "Leib" innerhalb der Trikâya-Lehre, den Dharmakâya, als das unfaßbare Prinzip der Buddhaschaft, das mit dem Wesen der Lehre (dharma) identisch ist, unter einem Doppelaspekt sieht: den *"Dharmakâya als Soheit"* (jap.: hosshô hosshin), d.h. die aller Beschreib- und Begreifbarkeit entzogene letzte Wirklichkeit, und den *"Dharmakâya als 'geschicktes Mittel'"* (jap.: hôben hosshin), d.h. in seiner sich zur Unbegreiflichkeit vermittelnden Expressivität[23]. Zur Erklärung des Wesens Amidas zitiert Shinran T'an-luan: "The two modes are distinguishable in the Dharmakâya, whose manifestations are Buddhas and bodhisattvas. One mode is the Dharmakâya as Dharma-in-itself; the other is the Dharmakâya in its manifested form. The

---

[19] Dieses Kapitel wurde von "Nichiren Shônin" (1222-1282), einem anderen buddhistischen Reformator der Kamakura-Zeit und jüngeren Zeitgenossen Shinrans, für die entscheidende Aussage des Lotos-Sûtras gehalten, das Nichiren wiederum als das wichtigste Sûtra überhaupt ansah (vgl. dazu: M. von Borsig, Leben aus der Lotos Blüte, Freiburg i. Br. 1976). Zu dem vermuteten Einfluß des Lotos-Sûtras auf Shinran siehe: A. Bloom, Shinran's Vision of Absolute Compassion, in: The Eastern Buddhist (NS), vol. X, no. 1 (1977) 111-123.

[20] Jôdo-Wasan... a.a.O. 75. Die "fünf Entartungen" sind: 1. die zunehmende Steigerung des Elends in einem dekadenten Zeitalter, 2. die Unwissenheit über das Karma-Gesetz, 3. die verdorbene Natur der Leidenschaften, 4. der geistig-körperliche Verfall, 5. die Verkürzung der Lebensdauer (vgl. Jôdo-Wasan... a.a.O. 99, Anm. 50).

[21] Siehe auch oben S. 560 Anm. 25.

[22] Vgl. Letters of Shinran... a.a.O. 35.

[23] Zum Konzept des "Geschickten Mittels" siehe oben S. 545ff.

manifested form exists depending on the Dharma-in-itself, and the Dharma-in-itself is known by expressing itself in its manifestations. These two modes are distinguishable but are not to be regarded as two independent existences. They are one and yet not to be identified."[24] *"Amida" ist für Shinran der "Dharmakâya als 'geschicktes Mittel'", d.h. die Weise, in der sich der unbeschreibliche "Dharmakâya als Soheit" den Wesen erkennbar macht.*[25]

Die Bewegung von "unten nach oben", d.h. das Ablegen der Bodhisattva-Gelübde Dharmâkaras, Dharmâkaras Erlangen der Buddhaschaft, durch die er zum Amida-Buddha wurde, und durch die er seine Gelübde erfüllte, wird von Shinran somit zugleich als Bewegung von "oben nach unten" interpretiert, indem Dharmâkara, der zum Amida wurde, nichts anderes ist als der formlose, unbeschreibbare und unbegreifbare Dharmakâya, der sich formhaft manifestiert und in seiner Formlosigkeit nur vermittels der Form erkannt werden kann[26], und "Amida", zu dem Dharmâkara wurde, ist zugleich, als der sich selbst vermittelnde Aspekt des Dharmakâya, dem Dharmâkara vorgeordnet. Dharmâkara, der zum Amida wurde, ist in diesem Sinne also selbst schon eine Manifestation "Amidas", der wiederum für die Dynamik der sich durch Form vermittelnden Formlosigkeit der höchsten Wirklichkeit des Dharmakâya steht. *"Amida" ist der Schnittpunkt, in dem sich die Bewegung von "oben nach unten", die Manifestation des Formlosen in Form, mit der Bewegung von "unten nach oben", die nur mittels der Form mögliche Erkenntnis der Formlosigkeit, kreuzen und zur Einheit werden: beide Bewegungen bedingen und qualifizieren einander.*

Die *Einheit* der beiden Aspekte des Dharmakâya ("Dharmakâya als Soheit" und "Dharmakâya als 'geschicktes Mittel'") ist Formlosigkeit als *absolute Negation*, d.h. weder Form noch Formlosigkeit i. S. der relativen Abhängigkeit des Gegensatzes.[27] Absolute Negation ist zugleich die absolute Bejahung, die jede relative Gegensätzlichkeit transzendiert. So zitiert Shinran T'an-luan: "A double 'No' does not mean 'Yes' in opposition to 'No'. It is an absolute 'Yes' with no 'No' standing against it. It is 'Yes' all by itself. It is not waiting for any 'No' to come up and negate it. This kind of 'Yes' is, therefore, neither 'Yes' nor 'No'. No amount of 'No's can designate it. Therefore, it is called the Pure [i.e., the Absolute]. The Pure is prajñâ which is true and real..."[28] Diese *Einheit der beiden Aspekte des Dharmakâya, die Einheit seiner Formlosigkeit und seiner Manifestation als Erkennbarkeit durch Form, ist für Shinran das Wesen von prajñâ*, womit er ganz in der mahâyânistischen Tradition steht. Prajñâ, die Erlösungsweisheit, ist für

---

[24] Gutoku Shaku Shinran, The Kyôgyôshinshô. The Collection of Passages Expounding the True Teaching, Living, Faith, and Realizing of the Pure Land, translated by D. T. Suzuki, Kyoto 1973, 189; im folgenden abgk. als "Suzuki-Ausgabe".
[25] Vgl. Notes on Once-calling... a.a.O. 46.
[26] Vgl. Notes on 'Essentials of Faith Alone'... a.a.O. 42f.
[27] Vgl. Kyôgyôshinshô (Suzuki-Ausgabe)... a.a.O. 190.
[28] Ebd. 190.

ihn die "Gelichtetheit" der Existenz, durch die Erlösung überhaupt möglich ist. "Amida" aber ist sozusagen die vorzüglichste Manifestation dieser als "prajñâ" verstandenen Einheit der zwei Aspekte des Dharmakâya und der "Gelichtetheit" der Existenz. Amida ist, worin Shinran die alte Bedeutung von "Amitâbha" aufgreift, eben das "unendliche" oder "unermeßliche Licht", und dieses "strahlt unbegrenzt in die Dunkelheit der Welt".[29] "Wen dieses Licht erleuchtet, der wird befreit vom 'Sein' und vom 'Nichts'".[30] Amida alias Dharmâkara erlangte durch dieses Licht, das er selbst ist, die Buddhaschaft[31] – ein Paradox, das eben für die untrennbare Einheit von "Dharmakâya als Soheit" und "Dharmakâya als 'geschicktes Mittel'" steht, die in ihrer Einheit dennoch unterschieden werden müssen. *Der Name "Amida" bezeichnet für Shinran die Wirklichkeit der buddhistisch verstandenen Erlösungsmöglichkeit, deren Eigenart sich entsprechend der Grundauffassung des Mahâyâna als absolute Überschreitung aller Formgebundenheit qualifizieren läßt*: "In order to make us realize that the true Buddha is formless, it is expressly called Amida Buddha...".[32]

Die absolute Überschreitung der Formgebundenheit schließt, da vom Mahâyâna formgebundenes Denken als Grundmodus der Anhaftung und der leiderzeugenden Verblendung begriffen wird, die Befreiung vom Leid ein, d.h. die Verwirklichung des Nirvânas als Erlöschen der leiderzeugenden Faktoren, womit allein die Wirklichkeit ohne Verblendung, so wie sie ist – für den Erleuchteten ist – , erfahren wird: ein Erfahrungsmodus frei von der unbefriedigenden bis leidhaften Vergeblichkeit (dukkha) gewöhnlicher Existenz. Shinran nennt das Nirvâna "extinction of passions, the uncreated, peaceful happiness, eternal bliss, true reality, dharmakaya, dharma-nature, suchness, oneness, and Buddha-nature."[33] *Das von Amida in der Verwirklichung seiner Gelübde geschaffene "Reine Land" ist nichts anderes als der "Ort" des Erreichens der Erleuchtung, der Verwirklichung des Nirvânas*, jener transzendent-immanente "Bereich", in dem das Leid beendet ist.[34] So ist die *"Hingeburt"* ins Reine Land, die im Ur-Gelübde verheißen wird, die "augenblickliche" Verwirklichung der Erleuchtung bzw. des Nirvânas.[35] Die Geschichte von Dharmâkara, der in der Erfüllung seiner Gelübde die Erleuchtung erreichte, so zum Buddha "Amida" wurde und damit das Reine Land kreierte, ist der ins Zeitliche gefaßte, in "Form" gebrachte, Ausdruck für die überzeitliche, aber in Zeit gegenwärtige, alle Form und alles Be-

---

[29] Jôdo Wasan... a.a.O. 39. Vgl. auch: Notes on Once-Calling... a.a.O. 46: "This Tathagata is light. Light is none other than wisdom; wisdom is the form of light. Wisdom is, in addition, formless; hence this Tathagata is the Buddha of inconceivable light. This Tathagata fills the countless worlds in the ten quarters, and so is called 'Buddha of boundless light'."
[30] Jôdo Wasan... a.a.O. 40.
[31] Vgl. ebd. 43.
[32] Letters of Shinran... a.a.O. 30.
[33] Notes on 'Essentials of Faith Alone'... a.a.O. 42.
[34] Vgl. ebd. 41f.
[35] Vgl. Letters of Shinran... a.a.O. 63.

greifen übersteigende, aber nur mittels Form erkennbare Wirklichkeit der prinzipiellen Erreichbarkeit der Erlösung. Es ist eine Art *Urgeschichte*, die sich in jeder Buddha-Werdung eines Wesens sichtbar ereignet und dadurch in ihrer Realität bezeugt wird. Da die 48 *Gelübde Dharmâkaras* die segensreichen Konsequenzen umschreiben, die sein Erreichen der Buddhaschaft für die Wesen hat, sind sie in diesem urgeschichtlichen Verständnis eine *Entfaltung der Konsequenzen der buddhistisch verstandenen Heilswirklichkeit überhaupt*. Weil "Amida-Buddha" der höchste Ausdruck der buddhistischen Heilswirklichkeit ist, und weil das zum Amida-Buddha-Werden Dharmâkaras, untrennbar mit der Erfüllung seiner Gelübde verbunden ist, entfalten die Gelübde die Essenz buddhistischer Heilswirklichkeit. Und da unter den 48 Gelübden für Shinran das 18. Gelübde das *Ur-Gelübde* ist, ist die Verkündigung des Ur-Gelübdes und seiner Erfüllung das eigentliche Ziel der Verkündigung Shâkyamunis wie aller Buddhas, und zugleich die historisch konkrete Verkündigung dieser Lehre nichts anderes als die geschichtliche Manifestation der mit "Amida" bezeichneten Heilswirklichkeit.

Das Ur-Gelübde ist für Shinran das Zentrum der 48 Gelübde, *weil es die Wirklichkeit der Erlösungsmöglichkeit, die Lichthaftigkeit von "prajñâ"*, als *"the boundlessness of great love and compassion" offenbart.*[36] In ihm gelobt Dharmâkara, daß "die bewußten Wesen der zehn Richtungen" ins Reine Land geboren werden[37], und das heißt für Shinran, "*alle Wesen*"[38]. "This Vow is the Vow to make us all attain the supreme Buddhahood".[39] Wenn aber die Erlösungsverheißung allen gilt, was hat es dann mit dem letzten Satz des Ur-Gelübdes auf sich, in dem die von der Verheißung ausgeschlossen werden, die die fünf schweren Vergehen begangen haben und die Verleumder des Dharmas sind? Gerade in der Interpretation dieses Widerspruchs wird deutlich, warum für Shinran die Wirklichkeit der Erlösungsmöglichkeit allumfassend gilt, und warum die Lichthaftigkeit von "prajñâ" die "Grenzenlosigkeit der großen Liebe und des Mitleids" ist. Denn für Shinran gilt auch der Ausschluß allen Wesen und macht erst so die grenzenlose Liebe der Verheißung offenbar.

Shinran radikalisiert die Interpretation der "fünf schweren Vergehen" und der "Verleumdung des Dharmas" in einer Weise, die an die Radikalisierung der alttestamentlichen Gebote durch die Bergpredigt Jesu zu erinnern vermag: Wer z.B. auf die Lehrer des Dharmas herabsieht, der ist ein Verleumder des Dharmas, oder wer übel von seinen Eltern redet, ist der fünf schweren Vergehen schuldig.[40] Für Shinran kann die Gradualität menschlichen Fehl-

---

[36] Notes on Once-calling... a.a.O. 41. Vgl. auch das Urteil Y. Uedas: "The compassion that forms the foundation of Pure Land Buddhism... is but another name for the wisdom that lies at the heart of all Mahayana..." (Y. Ueda, The Mahayana Structure... a.a.O., Part I, 60).
[37] Vgl. oben S. 607.
[38] Notes on the Inscriptions... a.a.O. 33.
[39] Letters of Shinran... a.a.O. 29f.
[40] Vgl. ebd. 58f. Dieser Prozeß der Radikalisierung hebt freilich schon in der Tradition des Mahâyâna an (vgl. oben S. 607 Anm. 8).

verhaltens solange keinen qualitativen Unterschied anzeigen, wie die verschiedenen Formen und Grade des Fehlverhaltens einer identischen Wurzel entspringen: der Kulmination von Verblendung, Anhaftung und Karma in egozentrischer Ich-Verhaftung; "...wenn die Zeit kommt und die jeweiligen karmischen Bedingungen es veranlassen, wird jeder alles Mögliche begehen können!"[41] Shinran setzt durchgängig die *traditionelle buddhistische Lehre von der einen Ursache der Leiderfahrung und Leidenszufügung*[42] voraus: Verblendung, die mit anhaftender Existenz einhergeht – er nennt es "blinde Leidenschaften" – und sich primär in Ich-zentrierter Haltung ausdrückt.[43] Die Verblendung bedingt, daß wir nicht erkennen können, was im letzten gut und böse ist: "Ich weiß überhaupt nicht, was gut und was böse ist... Bei mir gemeinem und blinden Wesen voller Begierde... und in dieser Welt, die so unbeständig und vergänglich ist wie ein brennendes Haus, ist doch alles und jedes einfach nichts anderes als Lug und Trug..."[44] Das "Ich" ist "unable to distinguish right from wrong, good from evil" und "has no claim even for little deeds of love and compassion..."[45]. Niemand kann, gestützt auf sein "Ich", die Erlösung erlangen.[46] Der letzte Satz des Ur-Gelübdes, *der Ausschluß der Verleumder des Dharmas und derer, die die "fünf schweren Vergehen" begangen haben*, zeigt nach Shinran die völlige Unmöglichkeit, *auf sich selbst gestützt die Erlösung zu erlangen, da aus der egozentrischen Haltung, aus den "blinden Leidenschaften", alle Formen des Übels entspringen*, wenn nur die zeitlichen und karmischen Umstände gegeben sind. Der Ausschluß gilt also allen![47]

Der *Weg zur Erlösung* – dies zeigt der Ausschluß – kann nicht darin bestehen, besondere Formen des Fehlverhaltens zu vermeiden, sondern die *Wurzel des Übels* auszuroden, *die auf sich selbst konzentrierte Lebensweise,*

---

[41] Tan-ni-sho. Die Gunst des Reinen Landes. Begegnung zwischen Buddhismus und Christentum, von Ryogi Okochi und Klaus Otte, Bern 1979, 46.
[42] Vgl. oben S. 497ff.
[43] Vgl. Kyôgyôshinshô (Suzuki-Ausgabe) a.a.O. 193, wo Shinran als erstes Hindernis der Erleuchtung "the greedy attachment to oneself" zitiert!
[44] Tan-ni-sho. Die Gunst... a.a.O. 61.
[45] Tract on Steadily Holding to the Faith (jap.: Shūji) in: D. T. Suzuki, Collected Writings on Shin Buddhism... a.a.O. 122f.
[46] "...there is no one... who can attain supreme nirvana through his own self-cultivated wisdom...". "Know that it is impossible to be born in the true, fulfilled Pure Land by simply observing precepts, or by self-willed conviction, or by self-cultivated good." (Notes on 'Essentials of Faith Alone'... a.a.O. 31 u. 38f).
[47] Vgl. auch ebd. 49f: "All beings lack a true and sincere heart, mock teachers and elders, disrespect their parents, distrust their companions, and favour only evil... People of this world have only thoughts that are not real, and those who wish to be born in the Pure Land have only thoughts of deceiving and flattering. Even those who renounce this world have nothing but thoughts of fame and profit. Hence, know that we are not good men, nor men of wisdom; that we have no diligence, but only indolence, and within, the heart is ever empty, deceptive, vainglorious, and flattering. We do not have a heart that is true and real."

die vom "Ich" selbst nicht überwunden werden kann. *Weil so aber alle vom "Ausschluß" betroffen sind, eröffnet das Ur-Gelübde zugleich allen - ohne Ausnahme - die Erlösungsmöglichkeit.* Shinran kommentiert den "Ausschluß": "By showing the gravity of these two kinds of wrongdoing, these words make us realize that all the sentient beings throughout the ten quarters, without a single exception, will be born in the Pure Land."[48] Die "eigentliche Absicht Amida-Buddhas" besteht daher nach Shinran "in nichts anderem ..., als daß der Böse Buddha werde"[49], *und darin zeigt sich der mitleidvolle und liebende Charakter des Ur-Gelübdes*: "Weil wir wegen unserer Begierden nicht imstande sind, durch irgendein gutes Werk dem ewigen Kreislauf von Geburt und Tod zu entrinnen, hat Amida-Buddha aus tiefem Trauern und Erbarmen sein Gelöbnis abgelegt."[50] *Dem Ich-verhafteten Leben, das "keinen Anspruch selbst auf kleine Taten der Liebe und des Mitleids" hat, steht Amida-Buddha gegenüber, der "great love knowing how to save inferior beings" ist.*[51] Das Ur-Gelübde, das von Amida erfüllt wurde, kann durch keine Art karmischer Bindung und blinder Leidenschaft gehindert werden.[52]

Wie gezeigt, steht "Amida" im Denken Shinrans für die Wirklichkeit der mahâyânistisch verstandenen Heilsmöglichkeit, in der alle dualistische Trennung überwunden ist. So gilt auch für das Ur-Gelübde, durch dessen Erfüllung Dharmakâra zu Amida "wurde", daß in ihm keine Unterscheidung Platz haben kann, sondern "Gute" und "Böse" gleichermaßen gemeint sind. Da die Überwindung des Dualismus keine Flucht ins Allgemeine ist, sondern die Wahrnehmung des Konkreten in quasi *absoluter Konkretheit*, d.h. allem begriffsrelativen Verständnis, in dem das Konkret-Individuelle nur als Gegensatz zum Allgemeinen erscheint, enthoben ist, ist der *einzelne Mensch in seiner absoluten Konkretheit* das Ziel des *nicht-unterscheidenden* Ur-Gelübdes: "Good people, bad people, noble and low, are *not differentiated* in the Vow of the Buddha of unhindred light, in which the guiding of *each person is primary and fundamental*."[53] Da "Amida", die Wirklichkeit der Heilsmöglichkeit, als Erfüllung des unterschiedslos allen geltenden bzw. allen Dualismus transzendierenden Ur-Gelübdes verstanden wird, in dem sich diese Wirklichkeit als "große Liebe und großes Mitleid" kundtut, kann der einzelne Mensch sich in seiner unverwechselbaren Konkretheit als Ziel dieser Liebe verstehen, und zwar gerade nicht als Teil einer alle umfassenden allgemeinen Liebe, sondern i. S. der absoluten Konkretion, zu der die absolute Negation führt: "Wenn ich das fünf Kalpas lang durchdachte Gelöbnis Amidas tief erwäge, finde ich, daß es nur für mich, Shinran, allein abgelegt worden ist."[54] *Die hoffnungslose Selbstverhaftetheit wird verwandelt in die*

---

[48] Notes on the Inscriptions... a.a.O. 35.
[49] Tan-ni-sho. Die Gunst... a.a.O. 27.
[50] Ebd. 27.
[51] Tract on Steadily Holding... a.a.O. 127.
[52] Vgl. Notes on Once-calling... a.a.O. 46.
[53] Notes on 'Essentials of Faith Alone'... a.a.O. 39; Hervorhebung von mir.
[54] Tan-ni-sho. Die Gunst... a.a.O. 60. Vgl. zu diesem Punkt die aufschlußreichen Überlegungen Keiji Nishitanis in: ders., The Problem of Time in Shinran, in: The Eastern Buddhist (NS), vol. XI, no. 1 (1978) 13-26.

personale Authentizität, in der "ich allein" von der erlösenden Liebe Amidas gemeint bin: "Realize that great love and compassion protect this self."[55] Das "Ich" oder "Selbst" besitzt also in *soteriologischer Hinsicht* einen *radikal ambivalenten Status*: Was für die Unfähigkeit des Menschen zur Erlösung steht, insofern buddhistische Erlösung ja gerade die Befreiung von aller Ich-Identifikation impliziert, ist zugleich unter dem Aspekt der nicht-differenzierenden Erlösungswirklichkeit der absolut konkrete Ort, an dem sich die Möglichkeit der Erlösung als ganz persönliche, in Liebe auf das als Zentrum des Unheils verstandene "Ich" zukommende Wirklichkeit enthüllt. So schreibt der Kompilator des Tannishô, daß sich Shinrans Wort von dem "ihm allein" geltenden Ur-Gelübde nicht unterscheidet von der Erkenntnis: "... ich bin der Mensch, der von sich aus keine Chance hat, dem Kreislauf von Geburt und Tod zu entrinnen!"[56] Im Zentrum des Unheils eröffnet sich das Heil.

---

[55] Notes on the Inscriptions... a.a.O. 58. Vgl. auch: Notes on 'Essentials of Faith Alone'... a.a.O. 30f: "It is evident that Amida, distinguishing every sentient being in the ten quarters, guides each to salvation."
[56] Tan-ni-sho. Die Gunst... a.a.O. 61.

4.2.3 Die Überwindung des Liebe-losen "Ich"

Die Überwindung des dualistischen Denkens, die hinter Shinrans Verständnis des Ur-Gelübdes steht, geht jedoch noch einen entscheidenden Schritt weiter, wodurch denn auch die mahâyânistische Reflexion zum Transzendenzverständnis voll eingeholt und gleichzeitig wiederum Shinrans charakteristische Akzentsetzung deutlich wird. Da das Ur-Gelübde je mir gilt, gerade also "mir" in meiner unheilsamen "Ich-Identifikation", von der die Erlösung geschehen muß, setzt es keinerlei Leistung des "Ichs" als Bedingung der Erlösung voraus. Die Befreiung, um die es im Buddhismus geht, gleicht nach Shinran vielmehr der Verwandlung eines Kieselsteins in Gold.[1] Radikaler und deutlicher noch ist ein anderes Bild, das Shinran verwendet: *Amida gibt sein Herz dem Menschen, dessen Herz aller Heilsmächtigkeit entbehrt*: "... the sentient beings of the ten quarters are utterly evil and defiled and completely lack a mind of purity. Being false and poisoned, they lack a true and real mind. Thus, for the Tathagata, when performing practices as a bodhisattva in the stage leading to his Buddhahood, there was not a single moment – not an instant – in his endeavor in the three modes of action when his heart was not pure, true, and real. The Tathagata directs this pure, true mind to all sentient beings."[2]

Im Ur-Gelübde werden vier "Bedingungen" für die Hingeburt ins Reine Land, also für die Verwirklichung des Nirvânas, aufgeführt: 1. "with sincere mind", 2. "entrusting themselves", 3. "aspiring to be born in my land" und 4. "saying my name even ten times".[3] Die in den drei ersten Bedingungen genannten Haltungen sind nach Shinran Ausdruck einer *einzigen Gesinnung*, die er "*shinjin*" (chin.: hsin-hsin = glaubendes bzw. vertrauendes Herz) nennt.[4] "Shinjin" wiederum ist untrennbar mit der vierten Bedingung, der Anrufung Amidas ("nembutsu"), verbunden.[5] Die drei Geisteshaltungen sind nach Shinran drei Aspekte der einen, lauteren Gesinnung Dharmâkaras bzw. Amidas, aus der heraus er das Ur-Gelübde schuf und in der er dieses verwirklichte. "Sincere mind" (shishin) ist der Geist vollendeter Tugend und Reinheit, in dem er die Buddhaschaft erstrebte. "Entrusting" (shingyô) ist das ungebrochene, freudige Vertrauen Dharmâkaras in das Erreichen seines Zieles. "Aspiration for birth" (yokushô) ist die Bodhisattva-Gesinnung, in der Dharmâkara seine Buddhaschaft mit dem Ziel der Erlösung aller Wesen anstrebte. Die Einheit dieser drei Aspekte besteht darin, daß sie völlig frei von Zweifel und Ausdruck großen Mitleids sind: dies ist "shinjin"![6] Tragend aber ist das Mitleid, denn für Shinran ist "shinjin" deshalb frei von Zweifel,

---

[1] Vgl. Notes on 'Essentials of Faith Alone'... a.a.O. 40f.
[2] Passages on the Pure Land Way... a.a.O. 49.
[3] Vgl. oben S. 607.
[4] Passages on the Pure Land Way... a.a.O. 47ff.
[5] Letters of Shinran... a.a.O. 40; vgl. dazu unten S. 644ff.
[6] Vgl. Passages on the Pure Land Way... a.a.O. 48ff.

weil es der Geist des Mitleids ist.[7] *In dem großen Mitleid, das "shinjin" ist, überträgt Dharmakâra/Amida diese seine Gesinnung den Wesen.*

"Shinjin" ist für Shinran die *Grundhaltung des buddhistischen Heilsweges*: "This mind is the mind of great enlightenment. The mind of great enlightenment is true and real shinjin. True and real shinjin is the aspiration for Buddhahood. The aspiration for Buddhahood is the aspiration to save all beings. The aspiration to save all beings is the mind that grasps sentient beings and brings them to birth in the Pure Land of happiness. This mind is the mind of ultimate equality. It is great compassion. This mind attains Buddhahood. *This mind is Buddha*."[8] Mit dem letzten Satz greift Shinran auf, was in der Tradition des Zen längst zum Schlagwort für die Unmittelbarkeit der Heilswirklichkeit geworden war: "Der Geist ist Buddha"[9], und gibt diesem seine prononcierte Deutung als *Geist des großen Mitleids, die allumfassende Liebe, als die sich Amida im Ur-Gelübde enthüllt – dieser Geist ist Buddha!* Es ist der Geist "*absoluter Gleichheit*" ("ultimate equality"), der als großes Mitleid verstanden wird. "Shinjin" beinhaltet den Durchbruch durch alle Unterscheidung und Ungleichheit. *Wem das "Herz Amidas", wem seine Gesinnung gegeben wird, der ist dem Buddha gleich*[10]*, der ist Buddha. Das Herz, das von "shinjin" erfüllt ist, lebt schon immer im Reinen Land*[11], denn:

"Sobald in einem gewöhnlichen Menschen voller Verblendung
und Leidenschaften das Vertrauen erwacht,
wird er sich augenblicklich bewußt, daß (der Kreislauf von)
Geburt und Tod ist mit Nirvâna identisch."[12]

Allein durch "shinjin" also wird das Nirvâna erreicht[13] und zwar im mahâyânistischen Sinne der Ununterscheidbarkeit von Samsâra und Nirvâna. Die Unfähigkeit der Wesen, auf sich selbst gestützt die Erlösung zu erreichen,

---

[7] Vgl. ebd. 50f; zu dieser Auffassung Shinrans vgl. auch unten S. 631.
[8] Ebd. 53.
[9] Vgl. oben S. 597f. Shinran greift hier allerdings nicht auf den Zen-Buddhismus zurück, sondern auf das Amitâyur-dhyâna-Sûtra, wo diese Formulierung meines Wissens erstmals innerhalb des Buddhismus auftaucht ("In fine, it is your mind that becomes Buddha, nay, *it is your mind that is indeed Buddha*". Buddhist Mahâyâna Texts... a.a.O. Part II, 178). Die umgekehrte Vermutung liegt näher, daß nämlich der Zen-Buddhismus diesen Satz ebenfalls jenem Sûtra der Amida-Tradition entnommen hat, zumal es – wenn auch nicht diese Stelle – in der Tun-huang Version des Hochsitz-Sûtras zitiert wird.
[10] Vgl. Letters of Shinran... a.a.O. 48 u. 50f.
[11] "In the Hymn of Meditation on the Presence of the Buddha Shan-tao, the Master of Kuang-ming Temple, explains that the heart of the person of shinjin already and always resides in the Buddha Land. 'Resides' means that the heart of the person of shinjin is always in the Buddha Land." (Ebd. 27).
[12] Shôshinge... a.a.O. 26.
[13] Passages on the Pure Land Way... a.a.O. 47.

bedeutet demnach, daß ihnen "shinjin" fehlt.[14] Nicht das Erreichen der Erleuchtung ist die große Schwierigkeit, sondern das Erlangen von "shinjin", denn "shinjin" ist das Samenkorn, aus dem - wenn es vorhanden ist - die Erleuchtung als Frucht hervorgeht.[15] "...foolish people caught in the cycle of birth-and-death - beings turning in transmigration - never awaken shinjin, never give rise to a mind that is true"[16], ja, *es ist unmöglich "shinjin" auf sich selbst gestützt zu erreichen*[17], denn "shinjin" ist nicht der Geist, der im Vertrauen auf das "Ich" entsteht, "...is not the mind of self-power of foolish beings."[18] *"Self-power", "jiriki"*, charakterisiert nach Shinran "those who have full confidence in themselves, trusting in their own hearts and minds, striving with their own powers, and relying on their own various roots of good."[19] Und: "The foolish being is none other than ourselves."[20] Da das Ur-Gelübde aber gerade den zur Erlösung unfähigen Wesen gilt, *ist die Erkenntnis der eigenen Unfähigkeit bereits das Ende des Vertrauens in sich selbst und kann der Anfang von "shinjin" sein, wenn die Hoffnungslosigkeit einer Erlösung vom "Ich" durch das "Ich" im "Ich" (d.h. in der je absolut konkreten Existenz) als die Situation erkannt wird, in der die Wirklichkeit der Heilsmöglichkeit gilt.*

"Shinjin", das Unerreichbare, entsteht, wo es als *Gabe Amidas* und nicht als Leistung des "Ichs" gesehen wird: "true and real shinjin,... is given by Amida Tathagata."[21] Die dualistische Unterscheidung von Samsâra und Nirvâna fällt dort, wo die Gegensätzlichkeit zum Äußersten getrieben ist. *Die Identität des Geistes mit Buddha läßt sich erst da behaupten, wo zugleich die radikalste Trennung zwischen Buddha, der für die Verwirklichung der Erlösung steht, und dem Ich-verhafteten Menschen, der in den Samsâra gebunden ist und sich auf sich gestützt nicht daraus zu befreien vermag, postuliert ist.* Die in den Anfängen des Mahâyâna primär logisch (wenngleich immer im soterio-logischen Kontext) formulierte Identität des sich absolut Widersprechenden, derzufolge absolute Negation alle relative Gegensätzlichkeit transzendiert, wird in der spirituellen Explikation Shinrans zur *Figur buddhistisch verstandener Liebe*. Die Bodhisattva-Gesinnung "großer Liebe und großen Mitleids", die als Kern der Erleuchtung und Erlösung angesehen wird, kann nur realisiert werden, wenn sie nicht als eigene Leistung, nicht als Fähigkeit des "Ichs" verstanden wird. Gerade so aber wird der Geist zum Buddha, ja erkennt er, daß er Buddha ist!

Diese Grundstruktur wird eingefangen in *zwei unterschiedlichen Aspekten*, unter denen Shinran die Heilsaneignung zu erläutern vermag: die *völlige Getrenntheit von Samsâra und Nirvâna* einerseits, die sich in der Unmög-

---

[14] Ebd. 50.
[15] Vgl. ebd. 34 und Notes on the Inscriptions... a.a.O. 63 u. 70.
[16] Passages on the Pure Land Way... a.a.O. 56f.
[17] Ebd. 34.
[18] Ebd. 53.
[19] Notes on Once-calling... a.a.O. 44.
[20] Ebd. 47.
[21] Notes on the Inscriptions... a.a.O. 70.

lichkeit zeigt, auf sich selbst gestützt die Erlösung zu erlangen und als einzige Alternative das Vertrauen auf die *"Andere Kraft"* (tariki) Amidas zuläßt, und *andererseits der in diesem Vertrauen auf die "Andere Kraft" sich ereignende "Austausch des Herzens"*, bei dem Amida seine Gesinnung den Wesen gibt, so daß die Unterscheidung zwischen den samsârischen Wesen und dem nirvânischen Wesen, Buddha, fällt, und Buddhas Wirklichkeit als die eigene Wirklichkeit erkannt wird, *Samsâra und Nirvâna identisch sind* - ein "Ereignis", das Shinran *"natürliche Spontaneität"*, *"jinen"*, nennt.

Das Vertrauen auf die "Andere Kraft" (tariki) des Ur-Gelübdes Amidas steht *zunächst im Gegensatz* zum Vertrauen auf das Selbst, der "Selbst-Kraft" (jiriki). Wer nicht erkennt, daß Erlösung im buddhistischen Sinn nie gestützt auf das "Ich" oder "Selbst" zu erreichen ist, oder, anders gesagt, Erlösung die Befreiung von aller "Ich"-Fixierung bedeutet, verfehlt nach Shinran das Verständnis der buddhistischen Erlösungslehre. Dieser Grundirrtum kann sich auf doppelte Weise in der Interpretation des buddhistischen Heilsweges auswirken: entweder glaubt man, die Erlösung werde erreicht, weil man *selbst* gut ist, oder man glaubt, die Erlösung könne nicht erreicht werden, weil man *selbst* schlecht ist.[22] In beiden Fällen lebt der Adept in einem Zustand, den Shinran *"self-power-calculation"* nennt[23], d.h. die Wirklichkeit der Heilsmöglichkeit wird von einer auf das "Ich" gestützten "Berechnung" abhängig gemacht. Von diesem Grundfehler sieht Shinran auch die Amida-Frömmigkeit bedroht. Die Auffassung, daß die Bedingung für die Erlösung dem Adepten von Amida selbst gewährt wird, würde viel zu kurz greifen, wollte man die Gabe Amidas lediglich im Sinne einer ergänzenden Funktion sehen, wonach Amida das hinzufügt, was dem Adepten noch fehlt. Diesem Irrtum entspricht die Position: "Wenn schon die Bösen hingeboren werden können, dann erst recht die Guten."[24] Nach Shinran aber ist damit das Verständnis der "Anderen Kraft" völlig verfehlt. Da jeder Rest des Vertrauens auf die "Selbst-Kraft" - wie es sich in dieser Position bekundet - das eigentliche Hindernis der Erlösung ist, gilt vielmehr umgekehrt: "Wenn schon die Guten hingeboren werden können, dann erst recht die Bösen!... Denn wer durch seine eigene Kraft das Gute leisten will, dem fehlt der Glaube, sich einzig und allein auf die Andere Kraft zu verlassen."[25] Alle im traditionellen Sinn des buddhistischen Heilsweges als "gut" verstandenen "Taten", seien sie meditativer oder nicht-meditativer Art, können, solange sie noch als "Taten" der "Selbst-Kraft" verstanden werden, bestenfalls nur provisorische Wege, "geschickte Mittel", sein, die den Adepten zur Erkenntnis der eigentlichen Heilsaneignung in der Befreiung von Selbst-Bezogenheit durch das restlose Vertrauen auf die "Andere Kraft", führen sollen.[26]

---

[22] Vgl. Letters of Shinran... a.a.O. 23.
[23] Ebd. 23.
[24] Tan-ni-sho. Die Gunst... a.a.O. 27.
[25] Ebd. 27.
[26] Vgl. Letters of Shinran... a.a.O. 20 u. Notes on Once-calling... a.a.O. 45.

Wird der Grundirrtum der "self-power-calculation" in seiner doppelten Form vermieden, wird also erkannt, daß die Erlösung weder eine Folge der auf das "Ich" gestützten "guten Taten" ist, noch von der grundsätzlichen Unmöglichkeit einer auf das "Ich" gestützten Erlösung gehindert wird, erkennt so der Adept *sich selbst bzw. sein Selbst*, seine eigene, ausweglose Lage, im Licht des einzigen Auswegs, dem Vertrauen auf das gerade *ihm selbst* in dieser ausweglosen Lage, *die er ist*, geltende Ur-Gelübde, dann, so Shinran, entsteht das eigentlich Gute, das ihm selbst fehlt, *spontan in ihm*, aber eben nicht mehr als ein Werk seines "Ichs": "Je tiefer wir uns auf die Kraft des Gelöbnisses verlassen, indem wir das Böse in uns merken, desto mehr wird sich die Gewißheit von Sanftmut und Geduld wohl von selbst, das heißt, aus natürlicher Spontaneität ergeben... Darin spricht sich die Spontaneität der Natur aus. Natur ist, was ohne eigenes Zutun geschieht. Sie ist nichts anderes als die Andere Kraft."[27] *Die "natürliche Spontaneität" (jinen) bezeichnet somit jene Aneignung des Erleuchtungsgeistes, die nicht als Werk der "Selbst-Kraft" verstanden wird. Es ist jener Punkt, wo die Gegensätzlichkeit von "Selbst-Kraft" (jiriki) und "Anderer Kraft" (tariki) auf die Spitze getrieben ist, und wo das sich absolut Widersprechende in existentieller Aneignung als identisch bzw. den Gegensatz transzendierend erfahren wird*, der Gläubige das Herz Amidas erhält, der Böse zum Buddha wird, in "natürlicher Spontaneität". Shinran erläutert diese mit "jinen" bezeichnete "Wandlung": "...without the practicer's calculating in any way whatsoever, *all his past, present, and future evil karma is transformed into highest good*. To be transformed means that evil karma, *without being nullified or eradicated*, is made into the highest good, just as all waters, upon entering the great ocean, immediately become ocean water. We are made to acquire the Tathagata's virtues through entrusting ourselves to his Vow-power... Since there is no contriving in any way to gain such virtues, it is called jinen."[28] Gerade die Betonung, daß diese Verwandlung keiner vorgängigen Tilgung des Karmas bedarf, macht deutlich, daß Shinran sie ganz auf der Linie des mahâyânistischen Transzendenzverständnisses begreift. Er befindet sich hier in deutlicher Parallelität zum Zen-Buddhismus, wo die Vorstellung einer Karma-Abschichtung, von den gleichen mahâyânistischen Voraussetzungen her, ebenfalls als unzureichend kritisiert wird.[29]

Shinran geht es nicht, wie man bei oberflächlicher Betrachtung meinen könnte, um die Einführung eines neuen Heilsweges. Es geht ihm vielmehr um eine Interpretation des traditionellen buddhistischen Heilsweges, die allerdings bereits die mahâyânistische Interpretation dieses Heilsweges voraussetzt und auf ihr aufruht. Genausowenig wie die Kategorie der "Selbsterlösung" dem ursprünglichen Buddhismus gerade wegen seines völlig originalen Verständnisses des "Selbst" gerecht zu werden vermag, trifft die Kategorie der "Gnaden- oder Fremderlösung" auf den Jodô-Shin-Buddhismus zu, und zwar wegen des gleichen originalen Verständnisses von "Selbst". Der Kern-

---

[27] Tan-ni-sho. Die Gunst... a.a.O. 55.
[28] Notes on 'Essentials of Faith Alone'... a.a.O. 32f; Hervorhebung von mir.
[29] Vgl. oben S. 599 Anm. 68.

punkt in Shinrans Verwendung der Begriffe "Selbst-Kraft" (jiriki) und "Andere Kraft" (tariki) wird erst deutlich, wenn zu ihrem Verständnis das Konzept der "natürlichen Spontaneität" (jinen) hinzugezogen wird: *das alte Ziel der Befreiung vom "Ich" kann nicht erreicht werden, solange diese Befreiung als "Tat" des "Ich" angestrebt wird.* Die Erlösung gleicht vielmehr einem Statuswandel, der wie ein passiv widerfahrender Austausch der Persönlichkeit gesehen werden muß. In der Befreiung vom "Ich" wird aber auch der Gegensatz zum anderen aufgehoben. *Mit "jinen" ist der Gegensatz von "Selbst-Kraft" und "Anderer Kraft" gerade in seiner absoluten Verschärfung transzendiert. "Jinen" ist die "Andere Kraft",* wo diese nicht länger im Gegensatz zur "Selbst-Kraft" steht, sondern als das Ende aller "Selbst-Kraft", die *einzige* (d.h. nicht-dualistische) Realität des Heilsgeschehens enthüllt, wo der Geist zum Buddha wird, bzw. erkennt, *daß er Buddha ist.*[30] Nicht um einen neuen Heilsweg also geht es Shinran, sondern um die *richtige spirituelle Haltung,* die dem *einen* Heilsweg, dem "Einen Fahrzeug", zugrunde liegt![31]

Shinran wäre kein Mahâyâna-Buddhist, wenn diese Haltung nicht auch *eine Überschreitung aller formhaften Bildlichkeit* implizierte, die gerade ihrer Verwirklichung dient: die Geschichte von Dharmakâra und seiner Amida-Werdung durch das Ur-Gelübde, dem allein es zu vertrauen gilt, und durch das die Gesinnung Amidas allen Wesen übertragen wird. "This Vow is the Vow to make us all attain the supreme Buddhahood. The supreme Buddha is formless, and because of being formless is called jinen... In order to make us realize that the true Buddha is formless, it is expressly called Amida Buddha... Amida is the medium through which we are made to realize jinen."[32] *"Amida" ist und bleibt für Shinran in seiner Bildhaftigkeit nur Mittel, "geschicktes Mittel", um die Erlösung wirklich werden zu lassen, die Erlösung in ihrer alles Leid und alle Formverhaftung überschreitenden Ab-*

---

[30] Vgl. dazu auch Kyôgyôshinshô (Suzuki Ausgabe) a.a.O. 123: "Since I have not yet heard of anyone who has presented his view on self-obstruction and self-concealment, I give mine here. Nothing is like attachment in obstructing one's view; nothing is like doubt in concealing one's [light]. Let these two minds, attachment and doubt, be thoroughly cleared away. Then we shall find that *there has never been anything keeping us away from the gate of the Pure Land.*" (Hervorhebung von mir).

[31] Mit wünschenwerter Deutlichkeit hat Chr. Langer-Kaneko in ihrer Untersuchung diese buddhistische Eigenart des Glaubensverständnisses bei Shinran heraus- und den früheren christlichen Mißverständnissen desselben (Haas, Butschkus, Barth) entgegengestellt. Nach ihr versteht Shinran "Glaube" (shinjin) als "die Einheit des Herzens Buddhas und des menschlichen Herzens" und zugleich "das Leerwerden von jeglicher Eigen-Kraft, das Leerwerden von sich selbst, die Ich-losigkeit... Es geht im Glauben nicht um den Glauben an eine außerhalb des Menschen stehende höhere Macht, sondern es geht um die Überwindung des falschen Ich, das die Ursache für alles Leiden ist..." (Langer-Kaneko, Das Reine Land... a.a.O. 134f).

[32] Letters of Shinran... a.a.O. 10.

solutheit. "Amida" steht eben für den "Dharmakâya als 'geschicktes Mittel'", der sich zum "Dharmakâya als (unbeschreibbare) Soheit" vermittelt und, obwohl von diesem in einer quasi letzten, äußersten Unterscheidung noch abgrenzbar, dennoch untrennbar mit ihm eins ist.[33]

Das Ur-Gelübde aber ist ein unverzichtbares Bild für die Liebesdynamik, die in der Heilswirklichkeit impliziert ist. Das Ur-Gelübde ist das Wesen des Nirvânas[34], *das Shinran ganz vom Bodhisattva-Gedanken her sieht.* Das Vertrauen (shinjin) auf das Ur-Gelübde, das Vertrauen, das selbst nichts anderes ist als jene Geisteshaltung Amidas, die er den Wesen überträgt, ist als solches "*große Liebe und großes Mitleid*". Im Vertrauen auf das Ur-Gelübde partizipiert der Gläubige an jener unbeschreibbaren Wirklichkeit, die die Erlösung aller Wesen gewährt und anstrebt: "...this true and real shinjin is non other than the aspiration to become a Buddha. This is the great thought of enlightenment of the Pure Land. This aspiration for Buddhahood is none other than the wish to save all beings. The wish to save all beings is the wish to carry all beings across the great ocean of birth-and-death. *This shinjin* is the aspiration to bring all beings to the attainment of supreme nirvâna; it *is the heart of great love and great compassion*. This shinjin is Buddha-nature and Buddha-nature is Tathagata."[35]

Da der Mensch mit "shinjin" "in das Herz Amidas" aufgenommen wird[36], vollzieht sich die durch "shinjin" erreichte "Hingeburt ins Reine Land", d.h. die Erleuchtung, der "Eintritt" in das Nirvâna, zugleich als *"Rückkehr" in den Samsâra zur Befreiung der Wesen*: "When a person attains this enlightenment, with great love and great compassion immediately reaching their fullness in him, he returns to the ocean of birth-and-death to save all sentient beings..."[37] Das Bild von der "Hingeburt ins Reine Land", die gleichzeitig eine "Rückkehr" in die "Wälder der blinden Leidenschaften"[38] ist, der Eintritt in das Nirvâna als Befreiung aus dem Samsâra, die sich zugleich als erneute Rückkehr in den Samsâra zur Befreiung der Wesen vollzieht, ist formhafter Ausdruck für die jegliche Beschreibbarkeit überschreitende Erkenntnis der Identität von Nirvâna und Samsâra, die in der Erleuchtung erreicht wird – formhafter Ausdruck, der das Heilsgeschehen jedoch unter den Aspekt der "großen Liebe und des großen Mitleids" stellt. Der Schnittpunkt der Bewegung "von unten nach oben" (der nur mittels Form erreichbaren Erkenntnis der Formlosigkeit) und der Bewegung "von oben nach unten" (der Manifestation des Formlosen in und durch Form), eben die Einheit dieser beiden Bewegungen in der absoluten Formlosigkeit, die zugleich absolute Konkretheit ist, bildet für Shinran als Grundstruktur

---

[33] Vgl. oben S. 610f.
[34] Vgl. Notes on Once-calling... a.a.O. 46.
[35] Notes on 'Essentials of Faith Alone'... a.a.O. 46; Hervorhebung von mir.
[36] Vgl. ebd. 41.
[37] Ebd. 33f.
[38] Shôshinge... a.a.O. 24.

von "prajñā"[39] auch die Folie für die Einheit der "Hingeburt ins Reine Land", der Befreiung aus dem Samsâra, mit der "Rückkehr" in den Samsâra, verstanden als Partizipation an (oder besser: absolute Konkretion) der Wirklichkeit "großer Liebe und großen Mitleids", wie sie sich in Amidas Gelübden zeigt: "The realization attained in the Pure Land way is the wondrous fruition brought about by Amida's perfect benefiting of others. It is revealed in the Vow of unfailing attainment of nirvana, also known as the 'Vow of the realization of the great nirvana'. It may further be called 'the Vow of realization, which is Amida's directing of virtue for our going forth.'... When one necessarily attains nirvana, [one attains] eternal bliss. Eternal bliss is great nirvana. Great nirvana is the fruit that manifests itself in the field of benefiting and converting others. This body is the uncreated dharmakâya. The uncreated dharmakâya is the body of ultimate equality. The body of ultimate equality is tranquility. Tranquility is reality. Reality is dharma-nature. Dharma-nature is suchness. Suchness is oneness... Second is Amida's directing of virtue for our return to this world. This is the activity we participate in the field of benefiting and converting others... this is the working of the universal Vow of great love and great compassion; it is the benefit all-embracing and beyond conceivability. Through it one enters the thick forest of blind passion to guide beings, compassionately leading them...".[40]

Das "Ich", das "keinen Anspruch selbst auf kleine Taten der Liebe und des Mitleids hat", wird verwandelt in die Haltung Amidas, der "die große Liebe ist, wissend wie die geringen Wesen zu retten sind."[41] Diese Wandlung vollzieht sich auf der Grundlage der absoluten Überschreitung aller Dualität, die die Erleuchtung im mahâyânistischen Verständnis ist. Die erleuchtete Erkenntnis bzw. Verwirklichung *absoluter Gleichheit* ("ultimate equality") zeigt den Menschen in seiner unterschiedslosen Verbundenheit mit allen Wesen in der Situation des Leides und gleichzeitig in der ebenso unterschiedslosen Einheit mit "Buddha", als dem Ausdruck der Erlösung. Der Kompilator des Tannishô berichtet, daß Shinran einst behauptete, sein Glaube (shinjin) sei "ein und derselbe" wie der Glaube seines Lehrers Hônen: "Es gibt gar keinen Unterschied."[42] Als Hônen von den anderen Schülern darüber befragt wurde, habe er dies mit den Worten bestätigt: "Mein Glaube ist der Glaube, den mir Tathagata schenkte, und Shinrans Glaube ist auch der Glaube, den ihm Tathagata schenkte. Folglich ist es doch wohl ein und derselbe Glaube."[43]

So herrscht sowohl auf der Ebene samsârischer Unheilssituation als auch auf der Ebene nirvânischer Heilswirklichkeit "absolute Gleichheit". Die Heilswirklichkeit enthüllt sich für Shinran, wie gezeigt, als "große Liebe

---

[39] Vgl. oben S. 611f.
[40] Passages on the Pure Land Way... a.a.O. 35 u. 37f.
[41] Vgl. oben S. 615.
[42] Tan-ni-sho. Die Gunst... a.a.O. 59.
[43] Ebd. 59.

und großes Mitleid" gerade dort, wo *diese beiden Ebenen ihrerseits in ihrer äußersten Gegensätzlichkeit zusammenfallen*, in "shinjin" und "jinen", worin die Identität von Samsâra und Nirvâna und somit *"absolute Gleichheit" im äußersten Sinn* erkannt und verwirklicht wird.[44] Bedenkt man, daß diese nicht-dualistische "absolute Gleichheit" das Fundament jener "Liebe" ist, die Shinran als das Wesen der Heilsbotschaft versteht, so enthüllt sie sich als durch und durch *subjektlose Liebe*, analog zur subjektlosen Freiheit des Zen! Zwar ist "Amida" ihr Subjekt auf einer vorläufigen Ebene, aber in der Transzendierung des Gegensatzes von Liebe-loser "Selbst-Kraft" und Amidas liebender "Anderen Kraft" durch die Identität von Geist und Buddha, ist "Amida" ihr *einziges* Subjekt in einem *nichtdifferenzierten* Sinn. Als sich selbst zur Formlosigkeit des unbeschreibbaren und unbegreifbaren Dharmakâya vermittelndes Bild, *hebt sich seine "Subjekthaftigkeit"*, der als allumfassender kein Objekt mehr gegenübersteht, *in Subjektlosigkeit auf*. Und weil diese Bewegung "von unten nach oben" getragen ist von der umgekehrten Bewegung, ist die *Subjektlosigkeit der tragende Grund* dieser "Liebe", unbeschadet ihrer absoluten Konkretheit, die sie im einzelnen Wesen gewinnt.

4.2.4 Transzendentalität und Unmittelbarkeit des auf Liebe aufruhenden und Liebe verwirklichenden Vertrauens (shinjin)

Subjektlose Liebe und subjektlose Freiheit bestimmen sich beide von der *Überwindung des "Ichs"* her, das eben einmal i. S. egozentrischer Abgrenzung Kern des unsittlichen, lieblosen Lebens ist und zugleich Kern der anhaftenden Bindung, der Unfreiheit. Was oben zusammenfassend über die Stellung der menschlichen Grunderfahrung des Lebens in und aus Beziehungen im ursprünglichen Buddhismus ausgeführt wurde, nämlich daß ihr unter dem Aspekt der Heilszusage eine "nichtdifferenzierende Güte" korreliert, die nach der Befreiung aller Wesen vom Leid trachtet, so wie alle Wesen vom gleichen Leidzusammenhang betroffen sind,[45] gilt auch für den Jôdo-Shin-Buddhismus. Von "Freiheit" und "Liebe" in ihrem spezifisch buddhistischen Sinn wurde jedoch hinsichtlich der Konstitution der buddhistischen Heilsbotschaft die These vertreten, daß sie ihre Bedeutung in Abhängigkeit von der primären Anknüpfung an die Grunderfahrung der Vergänglichkeit erhalten, in der der Buddhismus seine Deutung der Unheilssituation und seine Heilszusage artikuliert.[46] Wenn aber die mahâyânistischen Grundmotive, die das Verständnis der subjektlosen Freiheit im Zen, ebenso wie das der subjektlosen Liebe im Jôdo-Shin, tragen, primär auf die Vermittlungsproble-

---

[44] Vgl. Y. Ueda: "...the person who has realized nirvana experiences the sameness (samatâ) of sentient beings in samsara and himself, that is, the fact that the minds of sentient beings and his own are one" (Ueda, The Mahayana Structure... a.a.O. Part I, 58), und "The nonduality of sentient beings and Buddha established in dharmakâya (suchness) is the foundation upon which great compassion functions" (ebd. Part II, 38).
[45] Vgl. oben S. 505.
[46] Vgl. oben die Thesen auf S. 592 und 505.

matik der buddhistischen Heilsbotschaft bezogen sind, und die mahâyânistische "Logik der Vermittlung" als solche eine "Logik des Todes und des Todlosen" ist (wie auch umgekehrt)[47], dann müßte sich im Jôdo-Shin, ähnlich wie im Zen, zeigen lassen, daß die subjektlose Liebe analog zur subjektlosen Freiheit, ihre Gültigkeit in der *Überwindung der Todesproblematik* erweist. Dieser Aufweis könnte allein bereits durch den allgemeinen, wenngleich wesentlichen, Hinweis erbracht werden, daß auch für Shinran nur die *nicht-differenzierende* Liebe (weil darin *anhaftungslos* und *nicht-egozentrisch*) Ausdruck der Heilswirklichkeit ist. Denn nur *die* Liebe, die in ihrem nicht-differenzierenden Charakter ihre Anhaftunglosigkeit erweist, kann Ausdruck der Überwindung der Todesproblematik sein.[48] Aber es gibt noch einen konkreteren Anhaltspunkt, indem im Jôdo-Shin, wie im Zen, der Allvergänglichkeit die Lehre von der "*Plötzlichkeit*" entgegengehalten und darin alle Verhaftetheit an die zeitlich strukturiert erfahrene, vergehende Welt als überwunden angesehen wird. Findet das Todesproblem als solches bei Shinran keine ausführliche eigene Behandlung, abgesehen von einigen wenigen Bemerkungen (allerdings an exponierten Stellen[49]), so ist es doch deutlich greifbar in den mahâyânistischen Grundlagen, auf die er die "Plötzlichkeit" der Befreiung gründet.

In der Amida-Frömmigkeit vor Shinran herrschte die Auffassung vor, daß man durch das Vertrauen auf die Gelübde Amidas beim Tod in Amidas Reinem Land wiedergeboren werde. Mit dieser posthumen Hingeburt erreiche man die Stufe des "*Nicht-mehr-Zurückfallens*" (skt.: avinivartanîya[50]) und nach Vollendung der im Reinen Land weiterhin ausgeführten Praxis des Heilsweges schließlich die *vollkommene Erleuchtung*.[51] Nach dieser Tradition ist der Augenblick des Todes die heilsentscheidende Situation, da es darauf ankommt, zur Todesstunde festes Vertrauen auf Amida zu haben, der dann komme, um den Sterbenden ins Reine Land zu bringen. Für Shinran jedoch entspringt diese Auffassung noch der "Selbst-Kraft" und verfehlt den Sinn des völligen Vertrauens (shinjin) auf die "Andere Kraft".[52] Der Tod kann jeden Augenblick unvorhergesehen eintreten.[53] Wollte man die Erlösung von einem zeitlich bestimmten Akt des Glaubens, wie dem Glauben in der Todesstunde, abhängig machen, so müßte man sich ständig um den Glauben bemühen, und dieser würde unweigerlich als eigenes Werk angesehen. Wahrer Glaube (shinjin) ist aber Gabe Amidas und entsteht gerade dann, wenn die

---

[47] Vgl. oben S. 538 und 544.
[48] Vgl. oben S. 496.
[49] Wie z. B. an der bereits zitierten Stelle aus dem Tannishô: "Bei mir gemeinem und blindem Wesen voller Begierden aber *und in dieser Welt, die so unbeständig und vergänglich ist wie ein brennendes Haus*, ist doch alles und jedes einfach nichts anderes als Lug und Trug: nichts ist wahr." (Tan-ni-sho. Die Gunst... a.a.O. 61; Hervorhebung von mir).
[50] Sie gilt als die erste Stufe auf dem Bodhisattva-Weg zur Erleuchtung.
[51] Vgl. Y. Ueda, The Mahayana Structure... a.a.O. Part I, 71.
[52] Vgl. Letters of Shinran... a.a.O. 19.
[53] Vgl. Tan-ni-sho. Die Gunst... a.a.O. 49.

Aussichtslosigkeit jeder "Tat" des "Ichs" – auch des Bemühens um den Glauben – erkannt wird. Daraus ergeben sich zwei Konsequenzen:

1. Wer die Erlösung abhängig macht vom Glauben in der Todesstunde, dem fehlt wahrer Glaube (shinjin), und das Todesproblem ist für ihn nicht gelöst, sondern er sieht seiner Todesstunde in *ängstlicher Fixierung* entgegen, weil er meint, daß er hier *seinen* Glauben (eben als Werk seiner "Selbst-Kraft.") zu bewähren habe: "...those who await Amida's coming at the end of life have yet to realize shinjin and so are filled with anxiety, anticipating the moment of death."[54]

2. Solange der Glaube noch in zeitlichen Kategorien faßbar ist, ist er noch Ausdruck von "Selbst-Kraft" oder anders gesagt: um Gabe Amidas zu sein, muß "shinjin" den *Durchbruch durch alle zeitlichen Kategorien* beinhalten. Ist dies aber der Fall, dann kann die "*Hingeburt ins Reine Land*" nicht von einem *bestimmten* zeitlichen Augenblick, wie dem Augenblick des Todes abhängig gemacht werden, sondern *ist bereits im Glauben (shinjin), wann immer er entsteht, gegeben*. Dies ist Shinrans Position. *Nicht erst beim Lebensende geschieht die Hingeburt, sie geschieht identisch mit dem Aufbrechen von "shinjin", unabhängig von einem bestimmten Zeitpunkt.*[55]

Der Mensch, dem "shinjin" gegeben ist, hat die Stufe des "Nicht-mehr-Zurückfallens" bereits erreicht. So schreibt Shinran in einem seiner Briefe: "It is saddening that so many people, both young and old, men and women, have died this year and last. But the Tathagata taught the truth of life's transience for us fully, so you must not be distressed by it. I, for my own part, attach no significance to the condition, good or bad, of a person in his final moments. People in whom shinjin is determined do not doubt, and so abide among the truly settled. For this reason their end also – even for those ignorant and foolish – is a happy one."[56] Diese Sätze Shinrans zeigen deutlich, wie die grundlegende Anknüpfung des Buddhismus an die Vergänglichkeitserfahrung auch im Denken Shinrans virulent ist, und er sie ohne weitere Erläuterung bei seinen Anhängern als bekannt und vertraut voraussetzen konnte! Darüber hinaus deuten sie aber auch an, daß Shinran gerade mit seiner Interpretation des in "shinjin" erreichten Heilszustandes eine Lösung der Todesproblematik gegeben sah. Nicht in der Todesstunde ist die Befreiung vom Samsâra zu erwarten, sondern: "Aspire to part *immediately and without delay* from birth-and-death!"[57]

Die *augenblickliche* bzw. *"plötzliche" Befreiung vom Samsâra* geschieht im Glauben (shinjin). So bemerkt Shinran zu dem Vers aus dem Längeren Sukhâvatîvyûha-Sûtra, "Sentient beings, as they hear the Name, realize even one thought-moment of shinjin and joy, which is Amida's sincere mind gi-

---

[54] Notes on the Inscriptions... a.a.O. 54.
[55] Dies kann, als Ausnahmefall sozusagen, natürlich auch noch im letzten Augenblick des Lebens geschehen (vgl. Letters of Shinran... a.a.O. 19; Notes on the Inscriptions... a.a.O. 54).
[56] Letters of Shinran... a.a.O. 30f.
[57] Notes on the Inscriptions... a.a.O. 62; Hervorhebung von mir.

ving itself to them, and aspiring to be born in that land, they then attain birth and dwell in the stage of non-retrogression": "...*then* (soku) means immediately, without any time elapsing, without a day passing... *Attain* means to have attained what one shall attain. When one realizes true and real shinjin, one is immediately grasped and held within the heart of the Buddha of unhindred light, never to be abandoned... When we are grasped by Amida, immediately – without a moment or a day elapsing – we ascend to and become established in the stage of the truly settled; this is the meaning of *attain birth*."[58] Zu dem einen Augenblick ("one thought-moment") von "shinjin" bemerkt Shinran: "*One thought-moment* is time at its ultimate limit, where the realization of shinjin takes place."[59] Damit ist weit mehr als die äußerste Kürze von Zeit gemeint, nämlich die *Transzendierung der Zeit als solcher*, was in der Formulierung "without any time elapsing", bzw. "without any passage of time"[60] angedeutet wird.[61]

Shinran bezieht sich in seiner Schrift "Notes on Once-calling and Many-calling" (Ichinen-tanen mon'i) auf eine kurze Abhandlung seines Mitschülers unter Hônen, Ryûkan, in der dieser versucht die Streitfrage, ob es zur Erlösung nur einer einmaligen oder der ständigen Anrufung des Namens Amidas bedarf[62], dadurch zu lösen, daß das Leben nichts weiter als eine Folge einzelner Augenblicke und daher auch die ständige Anrufung Amidas nur eine Folge einzelner Anrufungen ist. Ryûkan setzt dabei die mit der Dharma-Theorie in engem Zusammenhang stehende alte buddhistische Auffassung voraus, daß man jeweils nur in der Kürze des Bewußtseinsaugenblicks lebt und mit jedem neuen Augenblick neu geboren wird und stirbt.[63] Gerade gegenüber dieser Position, die für Shinran immer noch zu sehr in der alten Denkstruktur der Amida-Frömmigkeit verbleibt, derzufolge es auf den letzten Augenblick ankommt, setzt Shinran sein radikaleres und typisch mahâyânistisches Denken entgegen, daß in der grundsätzlichen Transzendierung, die mit "shinjin" gegeben ist, alle zeitliche Folge bzw. das anhaftende Eingebundensein in diese überschritten ist.

---

[58] Notes on Once-calling... a.a.O. 33; vgl. die ähnliche Formulierung in Notes on 'Essentials of Faith Alone'... a.a.O. 34f.
[59] Notes on Once-calling... a.a.O. 32.
[60] Notes on 'Essentials of Faith Alone'... a.a.O. 35.
[61] Vgl. zu dieser Interpretation wiederum Y. Ueda: "The ocean of Amida's Vow transcends time, for Amida is 'one' with and 'inseparable' from timeless dharmakâya as suchness. Thus a person living within time naturally and spontaneously enters that which transcends time through entering the ocean of the Vow. In this way, to realize shinjin is none other than to enter the realm of nirvana. This takes place in the immediate present, not at the moment of death. In the realization of shinjin, timelessness and time mutually interpenetrate and fuse. This is the 'one thought-moment of [the realization of] shinjin' (shin no ichinen), which Shinran explains as 'time at its ultimate limit'." (Y. Ueda, The Mahayana Structure... a.a.O. Part II, 41).
[62] Zu Shinrans Verständnis der Amida-Anrufung siehe unten S. 644ff.
[63] Vgl. Ryûkans "The Clarification of Once-calling and Many-calling" in: Notes on Once-calling... a.a.O. 51-55.

Shinran kontrastiert, wie der Zen-Buddhismus, die Lehre von der "plötzlichen Verwirklichung" ("sudden attainment") mit der Lehre von der "allmählichen Verwirklichung" ("gradual attainment") und rechnet Jôdo-Shin und Zen zur Lehre der "Plötzlichkeit".[64] Die Lehre der "Plötzlichkeit" aber beinhaltet im Zen wie im Jôdo-Shin eine grundsätzliche Position zum Verhältnis von Samsâra und Nirvâna, die jedes rein zeitliche Verständnis von "Plötzlichkeit" ausschließt und nur die Deutung als Transzendierung der Zeit (und zwar im mahâyânistischen Sinn von Transzendenz als dem Überschreiten auch des Gegensatzes von Transzendenz und Immanenz) zuläßt. Shinran bemerkt zu dem von ihm selbst gedichteten Vers,

"When one realizes shinjin, seeing and revering and attaining great joy,

One immediately leaps crosswise, severing the five evil courses"[65]:
"*Immediately* means that the person who realizes shinjin becomes settled in the stage of the truly settled without any lapse of time or passage of days. *Crosswise* means laterally or transcendently... *Leaps* means to go beyond. It means easily going crosswise beyond the vast ocean of birth-and-death and realizing the enlightenment of supreme nirvâna."[66] Das Gegenstück zum "kreuzweisen Sprung", mit dem der Samsâra verlassen wird, wäre nach Shinran "'lengthwise' and 'going around'" und kennzeichnet das Vertrauen auf die "Selbst-Kraft", während allein die Auffassung vom "kreuzweisen Sprung" dem Wirken der "Anderen Kraft" i. S. von "jinen" entspricht: "he cuts off and abandons the five evil courses naturally, by jinen."[67]

Befreiung vom Samsâra geschieht also für Shinran in der *Transzendierung jeder Zeitlichkeit*, die zugleich der *Befreiung von aller Selbstbezogenheit als dem Grundmodus der Anhaftung ("Selbst-Kraft")* entspricht. Die Lösung der Vergänglichkeitsproblematik kann nach Shinran nicht in der zuwartenden Fixierung auf ein hinter dem faktischen Tod liegendes todloses Jenseits erreicht werden, sondern, wie Yoshifumi Ueda in diesem Zusammenhang treffend bemerkt: "*The solution lies in completely severing attachements to life and parting from samsara while one still has one's physical existence.*"[68] *Damit hat Shinran für die Amida-Frömmigkeit die buddhistische Grundlinie voll zum Zuge gebracht!*

Shinran bringt diese Grundlinie freilich ganz innerhalb der mahâyânistischen Perspektive ein, derzufolge die Überschreitung des Samsâra und damit das Erreichen des Nirvânas sich als Überschreitung allen dualistischen Wirklichkeitszuganges vollzieht und somit die Erkenntnis der Ununterschie-

---

[64] Vgl. Letters of Shinran... a.a.O. 35 und Notes on the Inscriptions... a.a.O. 65f.
[65] Notes on the Inscriptions... a.a.O. 70. Die "fünf üblen Fährten" sind die fünf möglichen Bereiche der Wiedergeburt, bezeichnen hier also den Samsâra.
[66] Ebd. 73.
[67] Ebd. 37.
[68] Ueda, The Mahayana Structure... a.a.O. Part II, 36.

denheit (und in diesem Sinne Identität) von Samsâra und Nirvâna impliziert - in Shinrans Worten: "... that the heart of the person of shinjin is always in the Buddha Land."[69] In seinem Hauptwerk "Kyôgyôshinshô" zitiert Shinran eine Stelle aus T'an-luans Kommentar zu Vasubandhu, in der die Unwirklichkeit bzw. Vorläufigkeit aller Unterscheidungen, wie sie sich aus Nâgârjunas Kritik von Ursache und Wirkung, Identität und Differenz ergibt[70], auf die samsârische Existenz und die Hingeburt ins Reine Land bezogen wird: "...what ordinary people see – such as sentient beings, which they conceive as real, or the acts of being born and dying, which they view as real – is ultimately non-existent... the 'birth' to which Bodhisattva Vasubandhu aspires (d.h. die Hingeburt ins Reine Land; Anm. v. mir) refers to being born through causal conditions. Hence it is provisionally termed 'birth'. This does not mean that there are real beings or that being born and dying is real, as ordinary people imagine... The provisionally-called 'person' of this defiled world and the provisionally-called 'person' of the Pure Land cannot be definitely called the same or definitely called different."[71] "Shinjin", *bei dessen Erwachen der Mensch sich der Ununterscheidbarkeit von Nirvâna und Samsâra bewußt wird, ist somit der Eintritt in die "wahre Realität" wie sie jenseits allen begrifflichen Zugangs, jenseits aller Unterscheidungen von Identität und Differenz, erfahren wird, und als solche auch die Befreiung von der Vergänglichkeitsproblematik, die nach mahâyânistischer Auffassung durch die intellektuelle Komponente des "Durstes", die Verblendung, verstanden als begriffliche Fixierung, konstituiert wird.* Shinran faßt dies so zusammen: "Faith is the heart and mind without doubt; it is shinjin, which is true and real. It is the heart and mind free from that which is empty and transitory. Empty means 'vain'; transitory means 'provisional'. Empty means 'not real' and 'not sincere'; transitory means 'not true'. To be free of self-power, having entrusted oneself to the Other Power of the Primal Vow – this is faith alone."[72] Shinran spricht hier nicht von der "Leerheit" im Sinne der "shûnyatâ", sondern von der unbefriedigenden Leere und Vergeblichkeit samsârischer Existenz, die immer mit Verblendung, mit unzutreffender, unheilsamer Sicht der Dinge einhergeht. Aus der vergänglichen Welt, in der nach dem Zitat aus dem Tannishô "alles und jedes nichts anderes als Lug und Trug" ist[73], befreit der in "shinjin" sich vollziehende Eintritt in die unbeschreibliche, alle Dualität transzendierende Heilswirklichkeit des "dharmakâya", die als "*absolute Gleichheit*" der Grund dafür ist, daß "shinjin" nicht nur völliges Vertrauen auf die "Andere Kraft",

---

[69] Letters of Shinran... a.a.O. 27.
[70] "The reason is that if they (hier bezogen auf das Grundmuster sukzessiver Gedankenfolge; Anm. v. mir) were one and the same, then there would be no causaltity; if they were different, there would be no continuity." (The True Teaching, Practice and Realization of the Pure Land Way. A Translation of Shinran's Kyôgyôshinshô. Volume I [ed. by Y. Ueda], Shin Buddhism Translation Series, Kyoto 1983, 95). Zu der Grundstruktur dieses Arguments bei Nâgârjuna vgl. oben S. 527f.
[71] The True Teaching... a.a.O. 94f.
[72] Notes on 'Essentials of Faith Alone'... a.a.O. 29.
[73] Vgl. oben S. 614.

sondern *primär Partizipation an der "großen Liebe und dem großen Mitleid" ist*, das ohne alle "Selbst-Kraft", in dem nochmals als Gabe angesehenen Vertrauen von Amida empfangen wird, und das Liebe-lose Selbst in das liebende Herz Amidas wandelt.

In "shinjin" ereignet sich die Selbstvermittlung des "dharmakâya als (unbeschreibbare) Soheit" durch den "dharmakâya als 'geschicktes Mittel'" (= Amida) und zwar in der "absoluten Gleichheit" mit allen Wesen. Weil in dieser Selbstvermittlung nicht nur "absolute Gleichheit" auf der Ebene samsârischer Existenz und "absolute Gleichheit" auf der Ebene nirvânischer Existenz vorausgesetzt ist, sondern in "shinjin" Samsâra und Nirvâna selbst in äußerster Gegensätzlichkeit zur "absoluten Gleichheit" zusammenfallen, ist das Ur-Gelübde schon erfüllt, d.h. gibt es auf der Ebene nirvânischer Erkenntnis keinen Unterschied mehr zwischen Erlösten und Nicht-Erlösten. Amida "fills the hearts and minds of the ocean of all beings."[74] *Der doppelte und sich absolut widersprechende Befund Shinrans, daß allen Wesen das Herz Amidas, die Haltung von "shinjin" fehlt, und Amida die Herzen aller Wesen füllt, spiegelt diese beiden Perspektiven wider.* In "shinjin" wird diese logisch paradoxe, soteriologisch aber allein effektive Vermittlung Wirklichkeit: "Since it is with this heart and mind of all sentient beings (eben den von Amida erfüllten, also auf der Ebene letzter "absoluter Gleichheit" von Nirvâna und Samsâra, die die Gleichheit auf samsârischer und nirvânischer Ebene einschließt; Anm. v. mir) that they entrust themselves to the Vow of the dharmakâya-as-compassion[75], this shinjin is none other than Buddha-nature. This Buddha-nature is dharma-nature. Dharma-nature is the dharmakâya."[76] "Shinjin" ist für Shinran somit zugleich Vertrauen auf Amida als den "dharmakâya als 'geschicktes Mittel'" und als solches der "dharmakâya" selbst. Das Vertrauen auf die in Amida sich zeigende "große Liebe" ist selbst Ausdruck dieser "großen Liebe". So klärt sich, warum Shinran die sonderbare Feststellung treffen kann, daß "shinjin" deshalb frei von Zweifel sei, weil es der Geist "großen Mitleids" ist.[77] Glaube ist nur möglich, weil sich die letzte, unbeschreibbare Heilswirklichkeit als Liebe zeigt. Als solche zeigt sie sich, hermeneutisch zirkulär, jedoch nur im Glauben, und dieser Zirkel ist nur im "kreuzweisen Sprung" zugänglich durch "jinen", dem Überschritt aller begrifflichen Scheidung von Samsâra und Nirvâna.

Auch bei Shinran dient somit die Ablehnung jeglicher begrifflicher Kontinuität zwischen Samsâra und Nirvâna gerade dem Ziel, das Nirvâna als Unvermittelbares zu vermitteln. Und diese Vermittlung, die um ihrer selbst willen sich ständig negieren muß, erfordert letztlich auch die Negation von "plötzlich" und "allmählich", sofern sie noch als zutreffende Beschreibungs-

---

[74] Notes on 'Essentials of Faith Alone'... a.a.O. 42.
[75] So wird in den Ausgaben der Shin Buddhism Translation Series durchgängig "hôben hosshin" (Dharmakâya als 'geschicktes Mittel') übersetzt.
[76] Notes on 'Essentials of Faith Alone'... a.a.O. 42.
[77] Vgl. oben S. 617f.

kategorien gelten könnten: "As I think of the great ocean of faith, I find it makes no choice between the noble and the humble, between the black-robed and the white-robed. It does not distinguish between male and female, between the old and the young; it does not weigh the duration of discipline one has gone through; nor has it anything to do with discipline or morality, *with suddenness or gradualness*, with the contemplative or practical states of mind, with the right views or the wrong views, with thought or no-thought[78], with living moments or the moment to die, with many thoughts or one thought. The faith is just one, beyond thinkability, describability, or explicability."[79] Mahâyânistisch gesehen ist das Nirvâna als Verlassen des Samsâra eben immer auch die Negation aller Unterscheidungen, auch der Unterscheidung von Nirvâna und Samsâra.[80] Um das Nirvâna zu erreichen, müssen letzlich auch Begriffe wie "plötzlich" oder "allmählich", unter denen seine Erreichbarkeit thematisiert wird, zurückgelassen werden, da Erreichbarkeit noch Unterscheidung voraussetzt. Weil sich für Shinran diese vermittelnde Negation aber *in* "shinjin" abspielt ("shinjin" eben die Doppelstruktur von einem noch gegenüberstehenden "Objekt" einerseits und der Ununterschiedenheit andererseits umfaßt), "shinjin" daher nicht das zu Überwindende, sondern *Ort und Modus der Überwindung* ist, ist für ihn *Glaube, der auf Liebe aufruht und Liebe verwirklicht*, der einzige Ausdruck, der wegen seiner ins Unbeschreibbare zielenden und im Unbeschreibbaren gründenden Qualität allein dem buddhistischen Verständnis der Erlösungsweisheit, "prajñâ", gerecht zu werden vermag, bzw. sich mit "prajñâ" deckt.

---

[78] In einem Brief bemerkt Shinran: "The shinjin of the selected primal Vow has nothing to do with either 'thought' or 'no-thought'. 'Thought' refers to meditation on the color and form of an object; 'no-thought' means that no form is conceived and no color envisioned, so that there is no thought whatever." (Letters of Shinran... a.a.O. 20f) Shinran ordnet den Zen-Buddhismus der Lehre vom "Nicht-Denken" im letzteren Sinne zu, womit er definitiv dessen Selbstverständnis, wie es sich zumindest bei Hui-neng zeigt, verfehlt, in der Intention der Ablehnung einer "Gedankenleere" allerdings mit diesem eins ist (vgl. oben S. 584).

[79] Kyôgyôshinshô (Suzuki Ausgabe), a.a.O. 118f; Hervorhebung von mir.

[80] Vgl. ebd. 129, wo Shinran vom "kreuzweisen Sprung" ausführt: "it leaps over and ignores in one thought – immediately, instantly – all differences of any sort and attains to the incomparable perfect Supreme Enlightenment" und erklärt dann weiter, daß damit der Samsâra endgültig verlassen ist (vgl. ebd. 130).

4.2.5 Die Konkretion der Heilsvermittlung in "shinjin" als Haltung spirituell fruchtbarer Spannung

Diese Eigenart mahâyânistischer Vermittlungsdynamik und die spezifische Position Shinrans, wonach "shinjin" als das 'auf Liebe aufruhende und Liebe verwirklichende Vertrauen' nicht selbst etwas zu überwindendes, sondern Modus und Ort der Überwindung ist, muß vorausgesetzt werden, wenn man die *Konkretion der Heilsvermittlung* im Jôdo-Shin verstehen will. Bei diesem letzten Punkt der Behandlung des Jôdo-Shin konzentriere ich mich auf folgende vier Aspekte: 1. die Differenz zwischen der Stufe des "Nicht-mehr-Zurückfallens" und der vollkommenen Erleuchtung, 2. das Problem des Determinismus, 3. das "Nembutsu" (die Anrufung Amidas) und 4. den Stellenwert des gläubigen "Hörens" in Shinrans Schriftauslegung.

4.2.5.1 Differenz und Einheit der Stufe des "Nicht-mehr-Zurückfallens" und der vollkommenen Erleuchtung

Sofern mit "shinjin" die Befreiung aus dem Samsâra, die "Hingeburt ins Reine Land" *plötzlich* vollzogen wird, ist man über alle Unterscheidungen hinaus, und damit ist eigentlich das verwirklicht, was in der Tradition des Mahâyâna die Erleuchtung ist. Andererseits aber spricht Shinran von einem Unterschied zwischen der Stufe des "Nicht-mehr-Zurückfallens", die mit "shinjin" in diesem Leben erreicht wird, und der vollkommmenen Erleuchtung, derer man mit "shinjin" versichert ist: "...the person of shinjin... rises to the stage of non-retrogression in his present life and will unfailingly attain the enlightenment of supreme nirvana."[1] Obwohl Shinran meist in zeitlich unbestimmtem Sinn von der in der Zukunft liegenden Erleuchtung, derer man vergewissert ist, spricht, wird diese bisweilen auch auf den Augenblick des Todes des Gläubigen terminiert.[2] Der Kompilator des Tannishô berichtet als Ausspruch Shinrans: "Ich habe gehört und gelernt, daß man bei der Jodoshin-Schule in diesem Leben an das Gelöbnis Amidas glaubt und erst in jenem Land zur vollkommenen Erweckung gelangt"[3] und kommentiert, es sei "wirklich erbärmlich" zu meinen, die Erleuchtung werde "in diesem Leben mit diesem Leib" erreicht.[4] So hat es den Anschein, daß Shinran die traditionelle Auffassung der Amida-Frömmigkeit, derzufolge man beim Tod mit der "Hingeburt ins Reine Land" die Stufe des "Nicht-mehr-Zurückfallens" erreicht und dann, nach weiterer Übung, die vollkommene Erleuchtung[5], nur insoweit verändert, als daß man zwar bereits in diesem Leben die "Hingeburt" und mit ihr die Stufe des "Nicht-mehr-Zurückfallens" erreicht, die vollkommene Erleuchtung jedoch erst nach oder mit dem Tod. So würde es eine doppelte "Hingeburt" geben, eine zu Lebzeiten durch

---

[1] Notes on Once-calling... a.a.O. 35.
[2] Eindeutig z.B. in Kyôgyôshinshô (Suzuki-Ausgabe)... a.a.O. 138.
[3] Tan-ni-sho. Die Gunst... a.a.O. 53.
[4] Ebd. 53.
[5] Vgl. oben S. 626.

"shinjin" und eine beim Tod, bei der erst wirklich das Reine Land i.S. der Erleuchtung erreicht wäre. Damit wäre jedoch nicht nur die buddhistische Grundposition aufgegeben, die die Erleuchtung im Leben erstrebt und vertritt, daß sie prinzipiell auch zu Lebzeiten erreichbar ist, sondern es scheint auch allem zu widersprechen, was über "shinjin" als plötzliche Befreiung aus dem Samsâra und Überschreitung aller Unterscheidung von Shinran gesagt wird.[6]

Die Interpretation dieses Widerspruchs muß m.E. einerseits die mahâyânistischen Grundlagen von Shinrans Verständnis von "shinjin" heranziehen und andererseits den durch sie vermittelten Rückbezug auf den ursprünglichen Buddhismus. Der Glaube bzw. das Vertrauen ist im ursprünglichen Buddhismus durchgängiges Prinzip des Heilspfades bis zum Erlangen der Erleuchtung. Gestützt auf den Anspruch Buddhas, die Erleuchtung erreicht zu haben, ist das Vertrauen die Drehscheibe, an der die leiderzeugenden Unheilsfaktoren umschlagen in jene Dynamik, die schließlich zur Erleuchtung führt.[7] *Shinran behält diese dynamische Beziehung zwischen Vertrauen und Erleuchtung bei* und gebraucht dafür verschiedene Bilder: "shinjin" ist der Same der Erleuchtung, aus dem das Nirvâna als Frucht hervorgeht[8]; es ist die Ursache, deren Wirkung die Erleuchtung ist[9]; die mit shinjin erreichte Stufe des "Nicht-mehr-Zurückfallens" gleicht dem Rang eines Kronprinzen, dem die Krönung (d.h. das vollkommene Nirvâna, die vollkommene Erleuchtung) gewiß ist[10]. Im älteren Buddhismus wird die Stufe, ab der das Erlangen der Erleuchtung gewiß ist, der erste Heiligkeitsgrad des "sotâpanna",

---

[6] Dieses Problem bereitet in der Shinran-Interpretation immer wieder Schwierigkeiten. Entweder verschafft sich hier die alte Tradition der Amida-Frömmigkeit neuen Raum und versteht alles, was über die "plötzliche Hingeburt" in "shinjin" gesagt wird, nur als überschwenglichen, bildlichen Sprachgebrauch, so als wolle Shinran damit allein die Gewißheit der erst beim Tod stattfindenden "Hingeburt" anzeigen, oder die Spannung bleibt als ungelöstes Rätsel stehen, wie etwa bei Chr. Langer-Kaneko: "Wenn wir auch diese Spannung des einerseits zukünftigen, andererseits doch bereits gegenwärtigen, die Spannung des 'Noch-nicht' und 'Doch-schon' und die damit verbundene Problematik klar sehen, so muß doch an der so wichtigen Aussage festgehalten werden: Mit dem Erlangen des gläubigen Herzens ereignet sich schon hier die Befreiung. Was nach dem Tod geschieht, kann der Mensch nicht wissen." (Langer-Kaneko, Das Reine Land... a.a.O. 149). In die richtige Richtung einer Lösung dieses Problems verweist m.E. klar Y. Ueda mit der Feststellung, daß gerade vom mahâyânistischen Verständnis der Erleuchtung her, die Unterscheidung zwischen dem Erlangen von "shinjin" in diesem Leben (als Ursache der vollen Erleuchtung) und dem zukünftigen Nirvâna (als Wirkung von "shinjin") letztlich entfällt, "...that enlightenment is nirvana (result), and at the same time this nirvana is nondual with the stage of the truly settled (cause)." (Y. Ueda, The Mahayana Structure... a.a.O. Part I, 77).
[7] Vgl. oben S. 516f.
[8] Notes on the Inscriptions... a.a.O. 63.
[9] Ebd. 70.
[10] Notes on Once-calling... a.a.O. 48.

durch die Freiheit von den ersten drei Fesseln ("samyojana") erreicht: die Freiheit von "Ich-Wahn", Zweifelsucht und dem Hängen an Regeln und Riten.[11] Ich habe bereits gezeigt, daß für Shinran "shinjin" die Freiheit von aller Selbstbezogenheit, der "Selbst-Kraft", und die Freiheit von Zweifel impliziert. Gemäß einer Bemerkung im "Ichinen-tanen mon'i" gehört für Shinran zur "Selbst-Kraft" auch die Abhängigkeit von ritueller Reinigung.[12] So zeigt sich eine erstaunliche Parallelität in der Beurteilung der alles entscheidenden Wende des Eintritts in die Heilswirklichkeit, die für Shinran mit "shinjin" gegeben ist.

Die Heilswirklichkeit, in die man mit "shinjin" eintritt, versteht Shinran jedoch nach der mahâyânistischen Konzeption von Transzendenz als Transzendierung auch des Gegensatzes von Transzendenz und Immanenz. *Ist die Erleuchtung erreicht, so enthüllt sie sich als nicht-verschieden von jener Dynamik, in der sie erst aus "shinjin" (dem Vertrauen auf die "Andere Kraft") und in "shinjin" (der "absoluten Gleichheit", die als Liebe dieses Vertrauen trägt und ermöglicht) erwächst. Das aber heißt: Das Nirvâna sicher zu erreichen, ist als solches bereits das Nirvâna*: "As they abide in the company of the rightly assured, they are sure of attaining Nirvâna; *as they are sure of attaining Nirvâna*, they are eternally blessed; eternal bliss *is* ultimate peace; peace *is incomparable Nirvâna...*"[13] *Daraus kann Shinran nun umgekehrt ableiten, daß das Erlangen des Nirvânas (es erreicht zu haben) bedeutet, zu wissen, daß man es erreichen wird*: "Nirvana *is* attained: Know that one *attains* realization of the supreme nirvana."[14] *So ist "shinjin" als Vertrauen, das noch einen Zielpunkt hat, und zugleich bereits der Eintritt in die Transzendierung aller Unterscheidungen ist, in dieser Doppelstruktur "the great mind of enlightenment."*[15]

Die Spannung von "shinjin", die darin besteht, daß in "shinjin" einmal die Differenz zwischen der Stufe des "Nicht-mehr-Zurückfallens" und der vollkommenen Erleuchtung vorausgesetzt wird (so daß die Erleuchtung noch aussteht) und gleichzeitig alle Differenz transzendiert ist (so daß die Erleuchtung bereits gegeben ist), ist für Shinran keineswegs nur eine unvermeidbare und unliebsame Konsequenz aus der vollen Integration der Amida-Frömmigkeit in die Denkweise mahâyânistischer Philosophie, sondern diese Spannung ist für ihn vielmehr eine spirituell höchst fruchtbare. Denn es gilt für ihn nunmehr nicht nur das im Zen prononciert hervorgehobene Paradox, daß, um das Nirvâna zu erreichen, seine Erreichbarkeit negiert werden muß, sondern auch das Paradox, daß das Nirvâna schon erreicht ist, wo es im Glauben, "shinjin", als sicher erreichbares erscheint. In der Terminologie Shinrans gesagt: der Glaube entsteht nicht nur, weil das Ur-Gelübde schon erfüllt, Amida bereits im Herzen aller Wesen ist und diese immer

---

[11] Vgl. oben S. 488f Anm. 39.
[12] Notes on Once-calling... a.a.O. 43.
[13] Kyôgyôshinshô (Suzuki-Ausgabe) a.a.O. 175; Hervorhebung von mir.
[14] Notres on the Inscriptions... a.a.O. 71; Hervorhebung von mir.
[15] Letters of Shinran... a.a.O. 20.

schon im Reinen Land sind, sondern die "Hingeburt" im Glauben, "shinjin", ereignet sich gerade dann (gegenwärtig, "plötzlich"), wenn sie ganz als Tat Amidas (zukünftig) erwartet wird.[16] Erst letzteres aber läßt den für Shinran so essentiellen Aspekt hervortreten, daß Vertrauen auf die "Andere Kraft" dem unheilvollen "Ich" gerade in dieser unheilvollen Verfaßtheit entspricht, eben genau das gleiche "Ich", das zur Erlösung unfähig ist, nichts anderes ist als der absolut konkrete Ort der Erlösung.[17] Die Erlösung wird dort wirklich, wo das "Ich", das sich als völlig zur Liebe unfähig und hoffnungslos durch die Leidenschaften in den Samsâra verstrickt erkennt, genau als solches die Gewißheit der Erlösung im Glauben zu ergreifen vermag. Aus diesem inneren spirituellen Akt kann dann in "natürlicher Spontaneität" (jinen) die Liebe entspringen.[18] Weil "shinjin" Vertrauen ist, das auf Liebe aufruht und Liebe verwirklicht, entsteht mit "shinjin" Liebe (im buddhistischen Sinne der heilsamen, nicht-differenzierenden Liebe) erst, wo sie nicht als Werk des "Ich", als Fähigkeit der "Selbst-Kraft" angesehen wird. Weil diese Liebe aber auch die immer schon in "absoluter Gleichheit" dagewesene ist, besagt ihre Vermittlung durch die radikale Differenz von "Selbst-Kraft" und "Anderer Kraft", in der sie empfangen wird, daß die heilsame, Ich-lose Liebe, die hier vermittelt wird, nur nicht-differenzierende Liebe sein kann (als das radikal andere der selbstbezogen bleibenden, differenzierenden, unheilsamen "Liebe").

Shinran kreiert für diese innere Dynamik von "shinjin" ein eindrucksvolles Bild: Zu "shinjin", das sich auf das (nach Shinrans Meinung bzw. nach Aussage des Sukhâvatîvyûha-Sûtra) von Shâkyamuni, dem historischen Buddha, verkündete Ur-Gelübde stützt, wird man nach Shinran von Shâkyamuni und Amida wie von einem gütigen, liebevollen Vater und einer liebenden, mitleidsvollen Mutter geführt.[19] Die Buddhas denken an die Wesen "wie an ihr einziges Kind" und die Wesen denken an Buddha "wie ein Kind an seine Mutter".[20] Im Wunsch nach und im Leben zum Heil der anderen Wesen wird diesen gegeben, was man Buddha (als seinen Eltern[21]) schuldet[22],

---

[16] Vgl. dazu Keiji Nishitani: "In the attainment of shinjin, the Pure Land which is always the future is also the present, without ceasing to be the future" (ders., The Problem of Time in Shinran, The Eastern Buddhist [NS] vol. XI, no. 1 [1978] 24).
[17] Vgl. oben S. 615 und 619.
[18] Vgl. oben S. 621.
[19] Vgl. Notes on 'Essentials of Faith Alone'... a.a.O. 33 u. 47.
[20] Jôdo Wasan... a.a.O. 86. Eventuell handelt es sich bei dieser Formulierung Shinrans um eine Reminiszenz an den Vers aus dem populären Güte-Sutta:
"Wie eine Mutter ihren eigenen Sohn,
Ihr einzig Kind mit ihrem Leben schützt,
So möge man zu allen Lebewesen
Entfalten ohne Schranken seinen Geist!"
(Sutta-Nipâta, übers. v. Nyanaponika, Konstanz, 2. rev. Aufl., 1977, 59).
[21] In der Tradition des Jôdo-Shin wird die Buddha-Wirklichkeit Amidas, die dessen Inkarnation als Shâkyamuni einschließt, als "Oya" = Vater-Mutter, angeredet (vgl. dazu: Claudia Lenel, Lotosblüten im Sumpf, Freiburg

"denn" – so berichtet der Kompilator des Tannishô als Ausspruch Shinrans – "alles Lebende verhält sich im Kreislauf des Lebens wie Eltern und Geschwister"[23], womit Shinran ebenfalls ein altes Motiv der Samsâra-Lehre aufgreift[24]. Diese nicht-differenzierende Liebe darf selbstverständlich auch die Feinde nicht ausschließen.[25]

Gerade auch in diesem Aspekt von "shinjin" macht sich die Differenz zwischen der Stufe des "Nicht-mehr-Zurückfallens" und der vollkommenen Erleuchtung in ihrer Spannung zur Augenblicklichkeit der befreienden "Hingeburt" bemerkbar. So zählt Shinran im Kyôgyôshinshô unter den Segnungen, die die Gläubigen zu Lebzeiten sicher empfangen, auf: "They will be able to convert evils into good... They will be able to practice the great compassionate heart all the time"[26], und da Shinran in der gleichen Aufzählung noch die Stufe des "Nicht-mehr-Zurückfallens" nennt ("they will attain to the group of the right definite assurance"), ist es ausgeschlossen, diese Zusagen in einem zukünftigen Sinn zu verstehen. In einem Brief dagegen schreibt Shinran, daß man den Übeltätern erst wirklich hilfreich entgegenzukommen vermöge, wenn man mit dem Erlangen des Nirvânas in den Samsâra zurückkehre[27], also erst zukünftig. Im Tannishô heißt es: "In diesem Leben kann man, wie viel Mit-leid- und Mit-trauergefühl man auch aufbringen mag, dem anderen kaum so helfen, wie man möchte. Deshalb kommt diese Barmherzigkeit nie zu ihrer Erfüllung." Erst wenn die Buddhaschaft erlangt ist, "kommt man aus dem Mit-leid- und Mit-trauergefühl der Großen Barmherzigkeit eben dieser Buddhaschaft dem anderen Lebenden so zu Hilfe, wie Buddha es will."[28]

---

i. Br. 1983. Diese Anekdotensammlung gibt einen vorzüglichen Einblick in die gelebte Spiritualität des Jôdo-Shin-Buddhismus.).

[22] Vgl.: The Private Letters of Shinran Shonin, by Kosho Yamamoto, Tokyo 1956, 62 u. 74.
[23] Tan-ni-sho. Die Gunst... a.a.O. 29.
[24] Im Pâli-Kanon (Samyutta-Nikâya XV, 14-19) heißt es, daß es nicht einfach sei, im Samsâra ein Wesen zu finden, das nicht bereits irgendwann einmal in der unermeßlich langen Vergangenheit der Geburtenfolge die eigene Muter, der eigene Vater, Bruder, Schwester, Sohn oder Tochter war. Nach Buddhaghosa (Visuddhi-Magga IX,1; vgl. Nyanatiloka, Der Weg zur Reinheit... a.a.O. 349) soll sich dies jeder bewußt machen, der gegenüber einer bestimmten Person den Haß nicht überwinden kann. Dieses ethische Motiv der Samsâra-Lehre war auch im Mahâyâna geläufig. So heißt es im Astasâhasrika-Prajñâpâramita-Sûtra XVI: "Ein Bodhisattva Mahâsattva... soll sich allen Lebewesen gegenüber gleich verhalten, allen Lebewesen gegenüber den gleichen Gedanken erwecken... mit dem Gedanken der Liebe sind die anderen zu betrachten... auf alle lebenden Wesen den Begriff der Mutter übertragend, den Begriff des Vaters, den Begriff des Sohnes, den Begriff der Tochter übertragend soll man alle betrachten." (M. Walleser, Prajña Pâramitâ. Die Vollkommenheit der Erkenntnis, Göttingen 1914, 105).
[25] Vgl. The Private Letters... a.a.O. 64 u. 68.
[26] Kyôgyôshinshô (Suzuki-Ausgabe) a.a.O. 126f.
[27] Letters of Shinran... a.a.O. 62.
[28] Tan-ni-sho. Die Gunst... a.a.O. 28.

Wir haben oben bereits gesehen, daß nach Shinran die Erlangung des vollkommenen Nirvânas sich als Rückkehr in den Samsâra zur Befreiung der Wesen vollzieht[29], denn "great nirvana is the fruit that manifests itself in the field of benefiting and converting others."[30] Wird die Rückkehr in den Samsâra als aktive Partizipation an der rettenden Liebe, die das Wesen des Nirvânas ist und für die Amida steht, allerdings erst nach dem Tod wirklich, so würde dies im Widerspruch zu der Aussage Shinrans stehen, daß schon in diesem Leben die Fähigkeit zu großen Mitleid erlangt wird und der Gläubige nicht weniger als Amidas Gesinnung selbst empfängt. Dieser Widerspruch klärt sich jedoch als spirituell fruchtbare Spannung, wenn auch hier, wie im Falle des Glaubensaspekts von "shinjin", die Doppelstruktur von "shinjin" zugrunde gelegt wird. *Denn dann ist gerade die Liebe, die noch ihrer Vervollkommnung harrt, die bereits vollkommen hilfreiche Liebe!*

Die eigentliche Gabe der Liebe zu allen Wesen besteht für Shinran, wie für den ganzen Buddhismus, darin, diese zur Erlösung zu führen und sie somit vom Leiden zu befreien. Da der entscheidende Schritt dazu die Erweckung des Vertrauens auf die "Andere Kraft" ist, zielt die wahre Liebe darauf ab, in den Wesen dieses Vertrauen entstehen zu lassen. Und dies geschieht gerade dadurch, daß der Mensch durch seine eigene wirkliche (nach der Unheilsordnung) und zugleich scheinbare (nach der Heilsordnung) Unvollkommenheit auf Amida verweist. Die Patriarchen sind für Shinran Menschen, die "eine Vielzahl äußerst verdorbener und übler Menschen befreit" haben.[31] Dies kann nichts anderes bedeuten, als daß er in den Patriarchen solche Wesen sieht, die bereits im Modus der "Rückkehr" gelebt haben, d.h. an der Heilsaktivität Amidas partizipierten, und als solche andere Wesen zum erlösenden Vertrauen auf Amidas Ur-Gelübde hinführten.[32] Von sich selbst sagt Shinran, daß er nicht einen einzigen Schüler habe, da niemand durch seine (Shinrans) Kraft zum Glauben komme, sondern allein durch die Kraft

---

[29] Vgl. oben S. 623.
[30] Passages on the Pure Land Way... a.a.O. 37. Vgl. auch Kyôgyôshinshô (Suzuki-Ausgabe)... a.a.O. 175: "I reverentially wish to expound upon the nature of the realization which is true and real. It is no other than the wonderful situation where the others-benefiting work is brought to perfection; it is the ultimate fruit that is the incomparable Nirvâna."
[31] Shôshinge... a.a.O. 30.
[32] Der Gedanke, daß "Rückkehr" Partizipation am Wirken Amidas ist z.B. klar ausgesprochen in Shinrans Jôdo monrui jushô ("Second is Amidas's directing of virtue for our return to this world. This is the activity we participate in the field of benefiting and converting others"; Passages on the Pure Land Way... a.a.O. 37) und im Tannishô ("Dann erst werden wir mit dem nach allen zehn Himmelsrichtungen unbehindert strahlenden Lichtglanz der Buddhaschaft ganz und gar vereint werden und allem Lebenden Hilfe bringen"; Tan-ni-shô. Die Gunst... a.a.O. 52). Für die zumindest hinsichtlich Hônens bei Shinran zu belegende Identifikation eines Patriarchen mit Amida vgl. auch: M. Pye, Tradition and Authority in Shin-Buddhism, in: The Pure Land 3 (1986) 37-48.

Amidas.³³ Nach dem ganzen Konzept Shinrans kommt dieser Aussage eine grundsätzliche Bedeutung zu, d.h. jeder Patriarch, jedes Wesen das im Modus der "Rückkehr" lebt, führt die Menschen nur durch die Kraft Amidas zum Glauben, indem es an der Heilsaktivität Amidas partizipiert. So hat denn auch Shinrans Urenkel Kakunyo, der den Jôdo-Shin-Buddhismus zur eigenen Schule formierte, Shinran als Inkarnation Amidas verstanden.³⁴ Es liegt nahe, die ganze Frage der "Rückkehr" analog zur "Hingeburt" so zu verstehen, daß auch sie sich bereits in "shinjin" ereignet, und zwar so, daß sie schon ist, was sie noch vor sich hat, *indem* sie es noch vor sich hat. *Wer sich selbst nicht als schon Zurückgekehrter begreift, sondern auf das Zurückkehren im Vertrauen auf Amida hofft, der verweist über sich hinaus auf die "Andere Kraft" Amidas und ist darin die große Hilfe für die anderen Wesen, also ein bereits Zurückgekehrter.* Die eigentliche Hilfe, die anderen Wesen gegeben werden kann, besteht in der Demonstration des Vertrauens auf Amida. Und genau darin lebt der Vertrauende bereits im Modus der Rückkehr, partizipiert an dem universalen Heilswirken Amidas. Im Gegensatz zu dem Menschen ohne "shinjin", dessen Eingebundensein in den Samsâra nach Shinran ein Leben nichtiger Leere und Vergänglichkeit bedeutet, gilt für Shinran, daß "no one who has shinjin meaninglessly remains in the world of birth-and-death."³⁵ Das einzig sinnvolle Verweilen im Samsâra, das Shinran und mit ihm die ganze Tradition des Mahâyâna kennt, ist aber die Bodhisattva-Existenz zum Heil aller Wesen.

Wie der Zen-Buddhismus legt Shinran den Schwerpunkt auf eine spirituelle Explikation des unter den Vorzeichen der logischen Erörterungen des indischen Mahâyâna gesehenen Heilsweges. Paradoxe Denkfiguren wie die, daß gerade der die "Hingeburt" bereits verwirklicht hat, der sie im Glauben als sicher erwartet, und gerade der schon "zurückgekehrt" ist, der die "Rückkehr" im Glauben als sicher erwartet (und zwar beidemale in dem Sinn, daß das Zukünftige gegenwärtig ist, *weil* und *indem* es als Zukünftiges im Vertrauen sicher ist), werden nicht mehr im Hinblick auf ihren logischen Stellenwert thematisiert, da dies, als von der mahâyânistischen Tradition bereits geleistet, vorausgesetzt wird, sondern der Fokus liegt nun ganz auf ihrer spirituellen Fruchtbarkeit, in getreuer Anwendung des Konzepts des "geschickten Mittels" bzw. der "doppelten Wahrheit".³⁶

Die spirituelle Fruchtbarkeit der in "shinjin" liegenden Spannung läßt sich an zwei wesentlichen Aspekten weiter verdeutlichen, dem Problem des Todes und dem Problem der Leidenschaften.
Ren'i, ein Schüler Shinrans, berichtet in einem Brief von dem ruhigen, gleichmütigen Sterben des Kakushin-bô und merkt dazu an, daß ein Gläubiger ja sterbe, um helfend zurückzukehren. Diese Zuversicht trage über das

---
[33] Tan-ni-sho. Die Gunst... a.a.O. 30.
[34] So in seiner Shinran-Biographie Godenshô, vgl.: D. T. Suzuki, Collected Writings on Shin Buddhism, Kyoto 1973, 171 u. 175.
[35] Notes on Once-calling... a.a.O. 47.
[36] Vgl. oben S. 545ff.

Leid des Todes, denn, so Ren'i: "Whether one is left behind or goes before, it is surely a sorrowful thing to be parted by death."[37] Im Tannishô werden folgende Sätze Shinrans zitiert: "Uns befällt die Angst, vielleicht zu sterben, sobald wir uns nur ein wenig unwohl fühlen oder krank werden. Es fällt uns schwer, die alte Heimat des Leidens zu verlassen, in der wir seit unendlich langen Zeiten umherirren. Auch nach dem Reinen Land, in das wir noch nicht hingeboren sind, sehnen wir uns kaum. Gerade das aber ist die Übermacht heilloser Begierden."[38] Das Haften an der Welt, die "heillosen Begierden", die die Leidhaftigkeit des Todes konstituieren, sind dort im Ansatz durchbrochen, wo als integrative Seite von "shinjin" die "Hingeburt ins Reine Land", die sich als helfende "Rückkehr" in den Samsâra vollzieht, erwartet wird. Die Liebe, die darin vollkommen ist, daß sie ihrer Vollendung harrt, liegt somit zentral der Überwindung der Leidhaftigkeit des Todes zugrunde, denn: "So soll man durch seine eigene Hingeburt zu Buddha im anderen Leben hier allen zur Buddhaschaft verhelfen."[39] Die leidhafte Todesfurcht ist schon dort im Ansatz überwunden, wo inmitten der leiderzeugenden Leidenschaften der Glaube, "shinjin", aufbricht, der den Tod nur mehr unter dem Aspekt von "Hingeburt" als helfender "Rückkehr" zu sehen vermag, und dadurch "Hingeburt" und "Rückkehr" sich bereits ereignen. Denn die "Rückkehr", die sich hier als erwartete bereits vollzieht, ist nicht die samsârische Wiedergeburt, sondern eine "Rückkehr", die von Anhaftung und Egozentrik frei, Ausdruck vollendeter, nicht-anhaftender, nicht-egozentrischer Liebe ist. In und durch "shinjin" erhalten somit die "Leidenschaften" eine radikal andere Funktion: sie werden verwandelt in Instrumente der heilswirkenden Liebe.

Für die Verwandlung der Leidenschaften bei dem Menschen, dessen Herz von "shinjin" erfüllt ist, gebraucht Shinran zwei Bilder, die wiederum die Doppelstruktur von "shinjin" einfangen:

> "When the ignorant and wise, even grave offenders and slanderers
>   of the dharma, all alike turn about and enter shinjin,
> They are like waters that, on entering the ocean, become
>   one in taste with it.
> The light of compassion that grasps us illumines and
>   protects us always,
> And the darkness of our ignorance is already broken through;
> Still the clouds and mists of greed, desire, anger, and hatred
> Cover as always the sky of true and real shinjin.
> But though the light of the sun is veiled by clouds and mists,
> Beneath the clouds and mists there is brightness, not dark."[40]

---

[37] Lettrers of Shinran... a.a.O. 49.
[38] Tan-ni-sho. Die Gunst... a.a.O. 34f.
[39] Ebd. 29.
[40] Notes on the Inscriptions... a.a.O. 69f.

Das Bild von den Flüssen, die in den Ozean fließen, dabei unverzüglich den Geschmack des Salzwassers annehmen und ununterscheidbar vom Ozean sind, steht für den "augenblicklichen" und vollkommenen Eintritt in die transzendente Heilswirklichkeit, bei dem der Gläubige nicht mehr von Buddha verschieden ist – wie Shinran in einem Brief schreibt, ohne dabei einen anthropologischen Dualismus im Sinn zu haben: "You should know that the person of true shinjin can be called equal to Tathagatas because, even though he himself is always impure and creating karmic evil, his heart and mind are already equal to Tathagatas'."[41]

Das Bild vom Licht und den Wolken dagegen beschreibt die Situation des Gläubigen angesichts der Leidenschaften als einen Zwischenzustand zwischen der völligen Dunkelheit samsârischer Verblendung und dem hellen Licht jenseits der Wolken. Shinran verdeutlicht dies, indem er anmerkt: "The compassionate light of the Buddha of unhindred light always illumines and protects the person who has realized shinjin; hence the darkness of ignorance has already cleared, and the long night of birth-and-death is already dispelled to dawn."[42] Die Leidenschaften, die den Menschen ohne "shinjin" an den Samsâra binden, verlieren diese ihre karmische Wirkung, sobald "shinjin" entsteht. Im Glauben, "shinjin", machen sie dem Menschen immer wieder bewußt, daß er die Befreiung nicht auf sein "Ich" gestützt erlangt, sondern daß sie ganz und gar Werk der "Anderen Kraft" ist. So sagt Shinran im Hinblick auf die Leidenschaften, die die Sehnsucht nach dem "Reinen Land" (als der Vollkommenheit der Liebe und der neuen Sicht des Todes) blockieren: "Barmherzigkeit wird gerade denen geschenkt, welche sich nicht so sehr danach sehnen können, schnell dahin zu gelangen. Gerade deshalb vertrauen wir uns dem erhabenen Gelöbnis des Großen Erbarmens an und sind gewiß, daß wir hingeboren werden."[43] So kann keine Leidenschaft mehr ein karmisches Hindernis für den Gläubigen sein, im Gegenteil, die Leidenschaften, die im Glauben zum Bewußtsein kommen, verstärken den Glauben und werden so zum Quell der Tugend:

> "Obstructing evils have become the substance of virtues;
> It is like the relation of ice and water:
> The more ice, the more water;
> The more hindrances, the more virtues."[44]

Der Grund dafür liegt in der Dynamik von "jinen", d.h. darin, daß die Liebe nicht als Werk des "Ich", sondern aus Dankbarkeit in "natürlicher Spontaneität" entspringt, wo der Glaube die Unfähigkeit des "Ich" und die gerade diesem geltende Erlösung zusammensieht. Weil die karmische, an den Samsâra bindende Kraft der Leidenschaften in "shinjin" grundsätzlich

---

[41] Letters of Shinran... a.a.O. 26f.
[42] Notes on the Inscriptions... a.a.O. 72.
[43] Tan-ni-shô. Die Gunst... a.a.O. 35.
[44] Kôsô wasan 40, zitiert nach Y. Ueda, The Mahayana Structure... a.a.O. Part II, 46.

durchbrochen ist, sind die "Flüsse" bereits zu "Ozeanwasser" geworden, weil die Wahrnehmung der Leidenschaften in "shinjin" nur mehr dem Entstehen der Tugend dienen kann, gleichen sie der sich aufhellenden Dämmerung.

4.2.5.2 Das Problem des Determinismus

Wenn dies alles im Glauben, "shinjin", jedoch nur als Werk der "Anderen Kraft" angesehen werden kann – wie auch dieser Glaube selbst –, es sich also nicht als Werk des "Ich", sondern durch "natürliche Spontaneität", "jinen", im Menschen vollzieht, muß dann Shinran ein *deterministisches Menschenbild* attestiert werden? Shinran erklärt "jinen" als "to be made to become so"[45] und erläutert: "'To be made to become so' means that without the practicer's calculating in any way whatsoever, all his past, present, and future evil karma is transformed into the highest good. To be transformed means that evil karma, without being nullified or eradicated, is made into the highest good, just as all waters, upon entering the great ocean, immediately become ocean water. We are made to acquire the Tathagata's virtues through entrusting ourselves to his Vow-power; hence the expression, 'made to become so'. Since there is no contriving in any way to gain such virtues, it is called jinen."[46] In einem Brief formuliert er noch stärker: "Jinen means that *from the very beginning* one is made to become so. Amida's Vow is, from the very beginning, designed to have each person entrust himself in namu-amida-butsu and be received in the Buddha Land..."[47]. Und weil Amida "die Sonne ist, die alle erleuchtet", sagt Shinran: "Necessarily, then: We will reach the dawn of supreme, pure shinjin...".[48]

Diese geradezu extrem deterministisch klingende Lehre Shinrans führte dazu, daß einige seiner Anhänger der Meinung waren, sie könnten nun getrost ihren Leidenschaften nachgehen, da ihre Erlösung von Amida vorherbestimmt sei. Die Vehemenz, mit der Shinran sich jedoch gegen diese Deutung seiner Lehre richtet, zeigt, daß sie entgegen allem vordergründigen Schein kein Determinismus zu sein beabsichtigt: "You must not do what should not be done, think what should not be thought, or say what should not be said, thinking that you can be born in the Buddha Land regardless of it. Human beings are such that, maddened by the *passions of greed*, we desire to possess; maddened by the *passions of anger*, we hate that which should not be hated, seeking to go against the law of cause and effect; led astray by the *passions of ignorance*, we do what should not even be thought. But the person who purposely thinks and does what he should not, saying that it is permissible because of the Buddha's wondrous Vow to save the foolish being, does not truly desire to reject the world, nor does he consciously

---

[45] Notes on 'Essentials of Faith Alone'... a.a.O. 32.
[46] Ebd. 32f.
[47] Letters of Shinran... a.a.O. 29; Hervorhebung von mir.
[48] Passages on the Pure Land Way... a.a.O. 42.

feel that he himself is a being of karmic evil."[49] Wer diese Haltung einnehme, der werde schwerlich ins Reine Land geboren. Shinran ist sich allerdings der Gefahr dieses Mißverständnisses seiner Lehre sehr wohl bewußt, denn er schreibt: "I have not once said that we may do evil because it makes no difference to birth in the Pure Land. *This is most difficult to understand.*"[50]

Der entscheidende Punkt, der die Ursache des Mißverständnisses und damit zugleich den eigentlichen Sinn des vermeintlichen Determinismus zu klären vermag, liegt in der Aussage Shinrans, daß diejenigen, die ihn so mißverstehen, in Wahrheit nicht wünschen, die Welt zu verwerfen, und sich ihres Charakters als von karmischem Übel gebundene Wesen nicht bewußt sind. Wer sich der Krankheit nicht bewußt ist und sich folglich nicht danach sehnt, von ihr frei zu werden, der versteht auch nicht den Sinn der Medizin. Shinran selbst wählt dieses Bild und vergleicht die Menschen, die seine Lehre deterministisch als Sanktionierung des Übels verstehen, mit solchen, die sagen: "Here's some medicine, so drink all the poison you like."[51] Damit ist der entscheidende Hinweis gegeben, wie Shinran die Lehre versteht: sie ist therapeutisches Mittel gegen die Krankheit des "Leidens" im vollen buddhistischen Sinn. Shinran befindet sich auch damit ganz auf der Linie der buddhistischen Tradition. Wir haben oben gesehen, daß das "Vertrauen" im ursprünglichen Buddhismus, um wirklich Drehscheibe zum Eintritt in den Heilsweg zu sein, eine zumindest vorläufige Erkenntnis des Leids voraussetzt[52], und wir haben gesehen, wie die mahâyânistische Interpretation der Vermittlungsfunktion der Lehre ganz von einem therapeutischen Ansatz bestimmt ist.[53] Shinrans vermeintlicher Determinismus wäre dann wirklich Determinismus, wenn er seine Lehre primär deskriptiv verstehen würde. Aber da er sie jedoch traditionell buddhistisch als primär performativ und heilseffektiv ansieht, wollen gerade auch die deterministisch klingenden Aussagen nichts anderes als die Veränderung des Menschen herbeiführen. Dies können sie nur auf dem Hintergrund der buddhistischen Leidenslehre, die in Gier, Haß und Verblendung die Wurzeln der Leiderfahrung und Leidenszufügung erblickt. Shinran setzt für das rechte Verständnis seiner Lehre eine Selbsterkenntnis des Menschen i. S. des traditionellen Buddhismus voraus: "When people first begin to hear the Buddha's Vow, they wonder, *having become thoroughly aware of the karmic evil in their hearts and minds*, how they will ever attain birth as they are. *To such people* we teach that since we are possessed of blind passion, the Buddha receives us without judging whether our hearts are good or bad."[54] Erst auf dieser Grundlage kann die "Medizin" der Lehre ihre Wirkung entfalten, denn: "When, upon hearing this, a person's trust in the Buddha has grown deep, he comes to abhore such a

---

[49] Letters of Shinran... a.a.O. 57; Hervorhebung von mir.
[50] The Private Letters... a.a.O. 67; Hervorhebung von mir.
[51] Letters of Shinran... a.a.O. 61.
[52] Vgl. oben S. 516f.
[53] Vgl. oben S. 540ff.
[54] Letters of Shinran... a.a.O. 61.

self and to lament his continued existence in birth-and-death; and he then joyfully says the Name of Amida Buddha deeply entrusting himself to the Vow. That he seeks to stop doing wrong as his heart moves him, although earlier he gave thought to such things and comitted them as his mind dictated, is surely a sign of his having rejected this world."[55] Und in dieser Haltung, die die Änderung des Herzens herbeisehnt und das "Ich" als Grundübel erkannt hat, bewirkt das völlige Vertrauen auf die "Andere Kraft" dann in der Tat die grundlegende Änderung, die, weil nicht vom "Ich" kommend, deterministisch erscheint: "Moreover, since shinjin which aspires for attainment of birth arises through the encouragement of Sakyamuni and Amida, once the true and real mind is made to arise in us, how can we remain as we are, possessed of blind passion?"[56]

Es zeigt sich hier abermals, daß es Shinran nicht um die Einführung eines neuen Heilsweges geht. Er setzt vielmehr als integrativen Bestandteil seiner Lehre die Grundzüge des ursprünglichen Buddhismus und der mahâyânistischen Tradition voraus, und sein Anliegen muß geradezu notwendig mißverstanden werden, wenn es nicht auf dem Hintergrund der buddhistischen Leiderklärung gesehen wird. *Shinran geht es um das Herausstellen jener Haltung, die als Kern des Heilsweges die entscheidende Wende zur Freiheit von Leid, Leidenszufügung und "Ich-Verhaftung" markiert, und die er "shinjin" nennt. Die vermeintliche Freiheit weltlicher Leidenschaften, die in Wahrheit Ich-verhaftete Unfreiheit ist, soll gewandelt werden in die vermeintliche Unfreiheit, die alles der "Anderen Kraft" (und zwar letztlich im nicht-differenzierenden absoluten Sinn, in dem dem "anderen" nichts mehr gegenübersteht) verdankt, in Wahrheit aber Freiheit von "Ich", Leid und Leidenschaften ist.* Die "Welt", die in dieser Haltung verworfen und verlassen wird, ist jedoch - und das darf nicht übersehen werden - *allein* die samsârische Welt der Verstrickung, die Welt, wie sie als unbefriedigend bleibender Zielpunkt menschlichen Strebens erfahren wird, d.h. die von "Durst" und "Anhaftung" konstruierte "Welt". Für Shinran ist die "Welt" in diesem Sinne immer der Lebensraum der Lieblosigkeit, des leiderzeugenden Übels, die von der "absoluten Gleichheit" "großer Liebe und großen Mitleids" überwunden wird und - da es in dieser Überwindung nicht anders gesagt werden kann - überwunden *ist*.

4.2.5.3 Das "Nembutsu"

Ebensowenig wie Shinran also einen Determinismus vertritt, ist das "Nembutsu", die vertrauensvolle Anrufung Amidas, ein magischer Akt: "One must seek to cast of the evil of this world and to cease doing wretched deeds; *this* is what it means to reject the world and to live the nembutsu. When

---

[55] Ebd. 61f.
[56] Ebd. 62.

people who may have pronounced the nembutsu for many years abuse others in word or deed, there is no indication of rejecting this world."[57]

"Nembutsu" geht zurück auf skt.: "buddhânusmrti", d.h. "die Aufmerksamkeit auf Buddha richten".[58] Im Jôdo-shin wird es synonym mit "namu-amida-butsu" (skt.: "namo amitâbhâya buddhâya" = "Verehrung dem Buddha des Unendlichen Lichts") gebraucht.[59] Dieses "namu-amida-butsu" – *und keineswegs nur "amida-butsu"* – ist für Shinran der Name (jap.: "myôgô") Amidas[60], von dem es im Ur-Gelübde heißt, daß sein auch nur zehnmaliges Aussprechen gemeinsam mit "shinjin" die "Hingeburt" sichert. "Namu", die Verehrungsformel, wird vom Patriarchen Shan-tao als "Zufluchtnahme" (im traditionell buddhistischen Sinn wie er der dreifachen Zuflucht zu Buddha, Dharma und Samgha zugrunde liegt) erklärt, was Shinran erläutert als "to respond to the command and follow the call of the two honored ones, Shâkyamuni and Amida."[61] *So steht das "Nembutsu" als Bezeichnung des "Namens" (des "namu-amida-butsu") im Doppelbezug zum Ur-gelübde einerseits, in dem zur Anrufung des Namens aufgefordert wird, und zum Gläubigen andererseits, dessen Zuflucht-nehmende Haltung integrativer Bestandteil des Namens selbst ist.*

So wie für Shinran das Längere Sukhâvatîvyûha-Sûtra die Essenz der Lehre Buddhas und die Verkündigung des Ur-Gelübdes die eigentliche Absicht dieses Sûtras ist, so ist für ihn der Name die Essenz des Ur-Gelübdes schlechthin.[62] *Im "Nembutsu" schwingt also alles das mit und findet in ihm seinen dichtesten Ausdruck, was bisher über Shinrans Verständnis des Buddhismus gesagt werden konnte.* Das "Nembutsu" als der "Name" ist nicht verschieden vom Ur-Gelübde, und beide existieren nicht getrennt voneinander.[63] Ebensowenig ist "shinjin", das ja als vertrauensvolle Haltung integrativer Bestandteil des "Namens" ist, getrennt vom "Nembutsu": "...there is no shinjin seperate from nembutsu... there can be no nembutsu seperate from shinjin. Both should be understood to be Amida's Vow. Nembutsu and shinjin on our part are themselves the manifestations of the Vow."[64]

Die Streitfrage, die viele Amida-Buddhisten seiner Zeit bewegte, ob die im Ur-Gelübde genannte Bedingung des Sagens des Names ("even ten times") nun schon durch ein einmaliges Aussprechen erfüllt werde oder eine vielfache Wiederholung erfordere, setzt für Shinran völlig falsch an, da die "Hingeburt" nicht Wirkung einer vom Menschen zu erbringenden Leistung

---

[57] Ebd. 52.
[58] Vgl. Kyôgyôshinshô (Suzuki-Ausgabe), a.a.O. 229, Anm.79.
[59] Vgl. ebd. 229f, Anm. 80.
[60] "The holy Name is namu-amida-butsu", Notes on 'Essentials of Faith Alone'... a.a.O. 30; vgl. auch: Notes on the Inscriptions... a.a.O. 50.
[61] Notes on the Inscriptions... a.a.O. 51.
[62] Vgl. Passages on the Pure Land Way... a.a.O. 30.
[63] Vgl. Letters of Shinran... a.a.O. 37 und Tan-ni-sho. Die Gunst... a.a.O. 38f.
[64] Letters of Shinran... a.a.O. 40.

oder von ihm zu erfüllenden Bedingung ist – auch nicht in Gestalt des "Nembutsu"-*Sagens* –, sondern ganz das Werk der "Anderen Kraft".[65] Auch das "Nembutsu"-Sagen entspringt im Sinne der "natürlichen Spontaneität", "jinen", aus Dankbarkeit als Geschenk des Glaubens.[66] Nicht einmal auf den genauen Wortlaut kommt es an, sondern auf die Bedeutung.[67] Zwar ist das Aussprechen des Namens wichtig, doch nie unabhängig von der inneren Haltung.[68] Allein das Hören des Namens kann, nach einer Aussage Shinrans im "Songô shinzô meimon", ausreichend sein für die "Hingeburt".[69] Da das "Nembutsu"-Sagen keine Leistung ist, durch die man die "Hingeburt" erlangt, sondern dankbarer Ausdruck des empfangenen Glaubens, wird es gesagt in der Haltung der Liebe und des Mitleids, die diesen Glauben trägt, als Fanal zum Wohl und zum Frieden der Welt und zur Verbreitung der buddhistischen Lehre.[70]

Da "shinjin" und "Nembutsu" für Shinran die einheitliche Manifestation des wirksamen Ur-Gelübdes sind, kennt er nicht nur das "Nembutsu"-Sagen, sondern spricht auch von "das 'Nembutsu' leben"[71] bzw. einer umfassenden Praxis des "Nembutsu", die bedeutet: "to amend and rectify the unsettledness of the heart and say the nembutsu".[72] Im "Nembutsu" sammelt sich die Bedeutungsfülle der Veränderung des Herzens, um die es nach Shinran im buddhistischen Heilspfad geht: "To say namu-amida-butsu is to repent all the karmic evil one has committed since the beginningless past... To say namu-amida-butsu is to desire to be born in the Pure Land of peace. Further, it is to give this virtue to all sentient beings."[73]

So verweist das "Nembutsu" in jene alles Begreifen und Beschreiben übersteigende transzendente Heilswirklichkeit, deren Ausdruck es durch diesen Verweischarakter ist. Zu Shan-taos Vers: "Amida Buddha welcomes those who, at the upper limit, spend their entire lives in the nembutsu" bemerkt Shinran: "... *at the upper limit* means top, to advance, to ascend. It means 'to the end of one's life'. *Spend* means 'until exhausted'. *Lives* indicates form; it also means to manifest. Thus, 'saying the nembutsu to the very end of life'."[74] Das "Ende des Lebens" ist für Shinran hier weit mehr als der Tod. Es geht ihm um die Transzendierung des Lebens als "Form" und "Manifestation", die ein Grundmotiv des Mahâyâna ist. Geburt und Tod als

---

[65] Diese Argumentation ist das Hauptanliegen seiner Schrift "Ichinen-tanen mon'i" (Notes on Once-calling and Many-calling, a.a.O.).
[66] Vgl. The Private Letters... a.a.O. 59, 62 u. 74, sowie Tan-ni-sho. Die Gunst... a.a.O. 33, 48ff.
[67] Vgl. Letters of Shinran... a.a.O. 46.
[68] Vgl. Notes on 'Essentials of Faith Alone'... a.a.O. 51f.
[69] Vgl. Notes on the Inscriptions... a.a.O. 53.
[70] The Private Letters... a.a.O. 59.
[71] "to live the nembutsu" (Letters of Shinran... a.a.O. 52), vgl. oben S. 644.
[72] Notes on Once-calling... a.a.O. 43.
[73] Notes on the Inscriptions... a.a.O. 50.
[74] Notes on Once-calling... a.a.O. 44.

die Eckdaten der "Formhaftigkeit" des Lebens werden transzendiert in jenem Akt von "shinjin", dessen Bildhaftigkeit von "Hingeburt" und "Rückkehr" die Verwirklichung des Nirvânas in seinem Doppelaspekt der absoluten Transzendenz und gleichzeitigen Ununterscheidbarkeit von Transzendenz und Immanenz andeutet. So gilt für das "Nembutsu": "The holy Name of the Tathagata surpasses measure, description, and conceptual understanding; it is the Name of the Vow embodying great love and compassion, which brings all sentient beings into the supreme nirvana."[75] Weil das "Nembutsu", wie auch "shinjin", das Teil des "Nembutsu" ist, als Manifestationen des Ur-Gelübdes in sich die Dynamik bergen, die über alle Manifestation hinaus zur absoluten, unbeschreiblichen Realität führen, gilt für Shinran: "...in dieser Welt, die so unbeständig und vergänglich ist wie ein brennendes Haus, ist doch alles und jedes einfach nichts anderes als Lug und Trug: nichts ist wahr. Wahr bleibt Nembutsu allein!"[76] Der Kompilator des Tannishô sieht folglich den einzigen Sinn der Schriftgelehrsamkeit, der langen Studien der inzwischen so unermeßlich angewachsenen buddhistischen Sûtren-Sammlungen, darin, sich darüber Klarheit zu verschaffen, daß der Sinn des Ur-Gelübdes allein darin besteht, daß es zur Erlösung nicht auf Gelehrsamkeit, sondern auf "shinjin" und "Nembutsu" ankommt.[77]

4.2.5.4 Gläubiges "Hören" als Prinzip der Schrifthermeneutik

In einem ebenso erschütternden wie grandiosen Wort legt Shinran Zeugnis von seinem *Schrift- und Traditionsverständnis* ab: "Was mich, Shinran, angeht, gibt es nichts anderes, als der erteilten Lehre des Guten Lehrers zu gehorchen und zu glauben, daß man einzig und allein durch das Nembutsu-Sagen von Amida errettet wird. Ob Nembutsu wirklich der Grund ist, ins Reine Land hingeboren zu werden, oder ob es nicht auch zum karmischen Anlaß werden kann, in die Hölle zu versinken, weiß ich mit Sicherheit allerdings nicht. Indessen würde es mich nie gereuen, auch wenn ich von meinem Lehrer Honen betrogen sein und durch Nembutsu der Hölle verfallen sollte. Falls ich indessen durch mein Beharren auf das Nembutsu-Sagen der Hölle verfiele, obwohl ich durch andere Übungen hätte Buddha werden können, dann würde es mich gereuen und ich fühlte mich betrogen. Das aber ist irreal: Ich bin keiner guten Werke fähig, deshalb müßte die Hölle ohnehin mein Platz sein. Wenn Amidas Gelöbnis wahr ist, kann die Lehre Buddha Shakyamunis keine Lüge sein. Wenn Buddhas Lehre wahr ist, können auch Zendos (der Patriarch "Shan-tao"; Anm. von mir) Auslegungen keine Lüge sein. Wenn Zendos Auslegungen wahr sind, können auch Honens Weisungen keine eitlen Worte sein. Und wenn Honens Weisungen wahr sein können, dürfte auch das, was ich, Shinran, euch sage, nicht unsinnig sein. Kurz

---

[75] Notes on 'Essentials of Faith Alone'... a.a.O. 30; vgl. auch Letters of Shinran... a.a.O. 37 und Tan-ni-sho. Die Gunst... a.a.O. 36.
[76] Tan-ni-sho. Die Gunst... a.a.O. 61.
[77] Ebd. 40.

gesagt: Mit meinem Glauben bei Leib und Seele[78] verhält es sich so. Ob ihr euch auf das Nembutsu einlaßt und daran glaubt, oder es verwerft, das müßt ihr entscheiden..."[79] Shinran ist sich des Glaubenscharakters seines Glaubens vollauf bewußt und verwechselt ihn nicht mit Wissen. Er *weiß* vielmehr um seine eigene Unfähigkeit zum Guten, und angesichts dieser Erkenntnis ist sein Glaube getragen vom Ur-Gelübde Amidas als der Wirklichkeit "großer Liebe und großen Mitleids". Der Glaube an die Wahrheit des Gelübdes aber ist angewiesen auf das Zeugnis der Patriarchen, das bis zu dem historischen Buddha zurückreicht. So ist der letztlich entscheidende Widerpart zu Shinrans Einsicht in die Hoffnungslosigkeit seines "Ichs" die Lehre Shâkyamunis, die gemeinsam mit dieser Einsicht den Glauben Shinrans trägt. Doch die Lehre Shâkyamunis ist für Shinran nur wahr, wenn das Gelübde Amidas wahr ist. Buddhas Anspruch, der sich in seiner Lehre kundtut, ist für Shinran nichts anderes als der Anspruch auf die Wahrheit all dessen, was Shinran im Ur-Gelübde ausgedrückt sieht, und so ist der historische Buddha für Shinran der letzte greifbare Garant für diese Wahrheit.

Dies gilt für Shinran in einem weit umfassenderen Sinn als nur dem, daß die grundlegenden Sûtren des Amida-Buddhismus dem historischen Buddha zugeschrieben sind. In ihnen, besonders dem Längeren Sukhâvatîvyûha-Sûtra, drückt sich nach Shinran ja die Essenz der ganzen Lehre und der eigentliche Sinn der Erscheinung des historischen Buddhas aus. Der Zeugnischarakter Buddhas für die Wahrheit des Ur-Gelübdes umfaßt vielmehr seine ganze Lehre und vor allem seine Buddhaschaft selbst, aus der die Lehre kommt und auf dessen Autorität sie ruht. An einer anderen Stelle, an der Shinran von der "großen Schwierigkeit", "shinjin" zu erlangen, spricht (die für das "Ich" eine Unmöglichkeit ist[80]), führt er aus: "But Shâkyamuni Tathagata, appearing in this evil world of five defilements, put this dharma that is difficult to accept into practice and attained the supreme nirvana."[81] *Es ist der Anspruch Buddhas, das Nirvâna verwirklicht zu haben, dem bei Shinran, wie in der ganzen buddhistischen Tradition der Glaube gilt, solange nicht die eigene Erleuchtung erreicht ist.* Wie gezeigt, behält auch Shinran die Spannung zwischen Erleuchtung und Glaube bei, doch da für ihn der "Glaube" nur ein Aspekt von "shinjin" ist, der auf Liebe aufruht und Liebe verwirklicht, muß er keinen essentiellen Unterschied zwischen Glaube und Erleuchtung aufrechterhalten (was er bei einem rein epistemologischen Verständnis sonst müßte), sondern kann, in der dargestellten Spannung, die Erleuchtung als zukünfiges Ziel bereits im Glauben anwesend sein lassen. Indem Shinran diesen Anspruch Buddhas im Sinne des Ur-Ge-

---

[78] Shinran kennt keinen anthropologischen Dualismus. Es geht hier um einen Hinweis auf seine schlichte, menschliche Realität, vgl. die Übersetzung dieser Stelle in: Tannishô. Das Büchlein vom Bedauern des Abweichenden Glaubens, übers. v. Michio Sato, Kyoto 1977, 3: "Alles in allem, ist es der Glaube von mir, einem einfältigen Mann."
[79] Tan-ni-sho. Die Gunst... a.a.O. 25f.
[80] Vgl. oben S. 619.
[81] Notes on 'Essentials of Faith Alone'... a.a.O. 46.

lübdes deutet, besagt die Historizität Buddhas als des letzten durch die Tradition greifbaren Zeugen: *Wenn angesichts der totalen samsârischen Verstrickung des "Ich", mit seiner absoluten Unfähigkeit, sich von sich zu befreien, auch nur ein Mensch die Befreiung dennoch erlangt hat – und das ist der Anspruch Buddhas –, dann muß die Befreiung, weil sie nicht das Werk des "Ich" sein kann, allen ohne Unterschied und Ausnahme gelten, da alle von der gleichen samsârischen Unheilssituation bestimmt sind. Die Lehre Buddhas, in der sich dieser Anspruch kundtut, ist daher die Verheißung dessen, was im Ur-Gelübde enthalten ist:* "The Primal Vow is clearly the Buddha's promise."[82]

Shinran versteht somit Lehre und Leben Buddhas als die prinzipielle Zusage des Heils, aber auch als einen Appell, der den Menschen aus der Hoffnungslosigkeit seiner unerlösten Verstrickung herausruft. "Zuflucht nehmen" ist daher für ihn, "...to respond to the *command* and follow the *call* of the two honored ones, Shâkyamuni and Amida."[83] Dieser Ruf wird von der Tradition an den einzelnen Menschen weitergegeben: "Ob ihr euch auf das Nembutsu einlaßt... das müßt ihr entscheiden..." Die sterotype Einleitungsformel buddhistischer Sûtren, "So habe ich gehört...", deutet Shinran auf den Glauben, "shinjin". "So", das heiße "mit shinjin" gehört.[84] "Hören" verweise ebenfalls auf "shinjin".[85] Die buddhistische Lehre ruft nach Glauben, Vertrauen, "shinjin", und in "shinjin" eröffnet sich erst ihr volles Verständnis, nämlich daß es in ihr um nichts anderes geht, als die Offenbarung des Ur-Gelübdes als der Heilswirklichkeit "großer Liebe und großen Mitleids". Die hermeneutische Zirkularität dieses Konzepts ist für Shinran möglich, weil er alles und alle immer schon von dieser Wirklichkeit der Liebe umfaßt glaubt, nie jemand außerhalb dieses Zirkels steht.

Shinran selbst gibt ein Musterbeispiel dieser seiner Schrifthermeneutik. Zu Beginn des Amitâyur-dhyâna-Sûtra, einer der drei grundlegenden Schriften des Amida-Buddhismus, wird eine ebenso grauenvolle wie durchaus der Rea-

---

[82] Letters of Shinran... a.a.O. 64. Insofern bietet Shinrans Lehre eine Variante der alten buddhistischen Deutung des Anspruchs Buddhas, wie sie sich in der berühmten Stelle aus Udâna VIII,3 ausdrückt: "Wenn es, ihr Mönche, dieses nicht Geborene, nicht Gewordene, nicht Geschaffene, nicht Gestaltete nicht gäbe, dann wäre hier ein Entrinnen aus dem Geborenen, Gewordenen, Geschaffenen, Gestalteten nicht zu erkennen. Weil es nun aber, ihr Mönche, ein nicht Geborenes, nicht Gewordenes, nicht Geschaffenes, nicht Gestaltetes gibt, darum läßt sich ein Entrinnen aus dem Geborenen, Gewordenen, Geschaffenen, Gestalteten erkennen." (K. Seidenstücker, Udâna... a.a.O. 94, vgl. oben S. 515). Auch hier ist die Erleuchtung Buddhas, sein Anspruch, den Ausweg erkannt zu haben, der Garant dafür, daß es die Wirklichkeit dieser Befreiung gibt. Shinrans besonderer Akzent liegt darin, daß er mit dem Anspruch Buddhas auf die erreichte Erlösung die Wirklichkeit der Befreiung als "große Liebe und großes Mitleid", eben als Wirklichkeit des Ur-Gelübdes, gedeutet sieht.
[83] Notes on the Inscriptions... a.a.O. 51, vgl. oben S. 645
[84] Vgl. Passages on the Pure Land Way... a.a.O. 55.
[85] Vgl. Notes on Once-calling... a.a.O. 32.

Vetter und ehemaliger Anhänger, der sich in schismatischer Absicht von ihm getrennt hat, stachelt Ajâtashatru, den Sohn des mit Buddha befreundeten Königs Bimbisara, zur Revolte gegen seinen Vater an. Ajâtashatru nimmt seinen Vater gefangen und sperrt ihn in eine Zelle, in der dieser den qualvollen Hungertod sterben soll. Doch König Bimbisaras Frau Vaidehî, der Mutter Ajâtashatrus, gelingt es, regelmäßig heimlich Nahrung in die Zelle ihres Gatten zu schmuggeln. Eines Tages wird ihr Tun entdeckt, und Ajâtashatru läßt auch sie sicher einsperren. Vaidehî versinkt in tiefe Verzweiflung. Als ihr in dieser Situation durch seine magischen Kräfte der Buddha erscheint, fragt sie ihn: "O World-Honoured One! What former sin of mine has produced such a wicked son? And again, O Exalted One, from what cause and circumstances hast thou such an affinity (by blood and religion) with Devadatta (Buddha's wicked cousin and once his disciple)?"[86] Buddha lobt diese Fragen als wirklich angemessen, doch ohne sie zu beantworten, predigt er der Königen Vaidehî die Botschaft vom Reinen Land und der Hingeburt durch den Namen Amidas. Shinran aber versteht genau dies als die Antwort auf Vaidehîs Fragen. So deutet Shinran die Übeltäter Devadatta und Ajâtashatru als Heilige, die zu der Offenbarung beitrugen, daß auch die größten Übeltäter in die Heilswirklichkeit des Ur-Gelübdes einbezogen sind.[87] Die Schrifthermeneutik des Glaubens – wie Shinran sie hier durchführt – vermag, weil dieser Glaube sich auf nicht-differenzierender Liebe aufruhend und nicht-differenzierende Liebe verwirklichend erfährt, jeden Leidzusammenhang, dessen Abgründigkeit nicht verdrängt, sondern in äußerster Schärfe gesehen wird, doch nur in jenem neuen Licht zu erblicken, in dem das Leid von Liebe unterfangen und überwunden ist, dem "unermeßlichen, grenzenlosen Licht": Amitâbha!

---

[86] Buddhist Mahâyâna Texts (ed. by E. B. Cowell a.o.), a.a.O. Part II, 165.
[87] Vgl. dazu den Beginn des Kyôgyôshinshô, sowie Jôdo Wasan... a.a.O. 70.

4.2.6 Zusammenfassung

Wie bei Nâgârjuna und der frühen chinesischen Zen-Bewegung ist auch bei Shinran die Interpretation der buddhistischen Heilsbotschaft gekennzeichnet von der traditionsimmanent-hermeneutischen Frage nach ihrem eigentlichen Wesen. Shinran sieht dieses in dem von ihm als "Ur-Gelübde" bezeichneten 18. Gelübde Dharmakâras ausgedrückt, dessen Verkündigung für Shinran die eigentliche Absicht aller Buddhas ist. Das "Ur-Gelübde" offenbart das Wesen der Heilswirklichkeit als die "Grenzenlosigkeit großer Liebe und großen Mitleids". Es offenbart, daß alle Wesen unfähig sind, auf sich gestützt das Heil zu erlangen, daß zugleich aber alle Wesen das Heil erlangen sollen, erlangen können und bereits erlangt haben. Den eigentlichen Garanten hierfür sieht Shinran in dem historischen Buddha bzw. in dessen Anspruch, die Erlösung erreicht zu haben. Denn wenn alle Wesen gleichermaßen durch ihre Ich-Bezogenheit ins Unheil verstrickt sind und sich so durch ihr "Ich" nicht daraus zu befreien vermögen, dann bedeutet die Tatsache, daß ein Wesen dennoch die Erlösung erreicht hat, daß die Erlösung allen offen steht.

Shinran setzt bei seiner Interpretation der buddhistischen Heilsbotschaft durchgängig die paradoxe Logik des Mahâyâna und ein streng heilspragmatisch orientiertes Verständnis der buddhistischen Lehre voraus. Zwei Grundzüge dieser Soterio-Logik ziehen sich durch alle Einzelausführungen Shinrans hindurch:
1. Zur Verwirklichung des Heils (Nirvâna) ist es nötig, alle Unterscheidungen zu überwinden, also auch die von Unheil (Samsâra) und Heil (Nirvâna), da der (begrifflich wie lebenspraktisch) differenzierende Wirklichkeitszugang Bestandteil der Unheilssituation ist.
2. Das Heil (Nirvâna) ist die absolute Negation des Unheils (und somit aller Differenzierungen), d.h. es steht dem Samsâra nicht als eine relative Negation gegenüber, sondern beinhaltet die Negation der Gültigkeit aller relativen (wechselseitig voneinander abhängigen und aufeinander bezogenen) Unterscheidungen. Daher muß das Heil als die absolute Negation mit dem Unheil paradox identifiziert werden, so daß die relativen Unterscheidungen nicht nur negiert, sondern zugleich auch affirmiert sind.
Beide Prinzipien dienen gleichermaßen der Verwirklichung des Heils; sie markieren die Struktur der therapeutischen, heilseffektiven Funktion der buddhistischen Lehre i.S. des Konzepts des "geschickten Mittels".

Diese beiden Prinzipien kommen zunächst in Shinrans Verständnis von "Amida-Buddha" zum Tragen. "Amida" steht in einem umfassenden Sinn für die sich mittels "Form" (also Differenzierung, Begreifbarkeit, etc.) zugänglich machende "formlose" Heilswirklichkeit, die in diesem Prozeß jede Form transzendiert. Diese dynamische (Form mittels Form transzendierende) Einheit von Form und Formlosigkeit ist für Shinran das Wesen der Erlösungsweisheit ("prajñâ"). Sie besagt, daß alle Existenz prinzipiell durch die Wirklichkeit der Erlösungsmöglichkeit "gelichtet" ist. "Amida" ist jene Weisheit", jenes "grenzenlose Licht", das zur Überwindung aller Formgebundenheit in und durch Form führt. Dieser Grundstruktur verpflichtet erläutert Shinran sie immer wieder als Grundstruktur der im "Ur-Gelübde" offenbarten Liebe.

Shinran setzt voraus, daß im Kern der Unheilssituation die "Ich"-Zentrierung steht, die eine differenzierende Grundhaltung bedingt (Differenzierung in "Ich" und "andere", Subjekt und Objekt, Angenehmes und Unangenehmes, etc.). Weil das "Ur-Gelübde" zeigt, daß alle Wesen wegen ihrer Ich-Zentrierung (bzw. der damit einhergehenden differenzierenden Grundhaltung) unfähig sind, die Erlösung auf sich gestützt zu erlangen, zeigt es auch, daß die verheißene Erlösung allen ohne Ausnahme gilt. Das "Ur-gelübde" ist somit von nicht-differenzierender Art.

Als solches gilt es wiederum jedem Einzelnen in seiner konkreten "Ich"-Zentrierung, von der er erlöst werden soll. Die erlöste bzw. erleuchtete Grundhaltung, die an die Stelle der "Ich"-Zentrierung treten soll, ist die (zugleich als Weisheit verstandene) Grundhaltung Amidas, der Geist nicht-differenzierender Liebe. Da dieser Geist nicht vom "Ich" erreicht werden kann, wird er dem Menschen als Gabe zuteil. Dies bedeutet, daß mit der Einsicht in die völlige Unfähigkeit des "Ichs" zur Erlösung das Vertrauen auf das Zuteilwerden der Erlösung verbunden sein muß. Grund dieses Vertrauens ist der nicht-differenzierende Charakter der Liebe (verstanden als Wesen der Heilswirklichkeit) selbst, weil er allein die Möglichkeit der Erlösung sichert. Vertrauen beruht daher auf dem Charakter der Heilswirklichkeit als Liebe.

Die differenzierende Vorstellung von einem "Ich", das von einem anderen (Amida) den Erlösungsgeist empfängt, wird in diesem Geschehen transzendiert, indem gesagt wird, daß zwischen Amida und den Wesen kein Unterschied besteht, also die Erlösung bereits Realität ist. Durch diese Transzendierung ereignet sich die Vermittlung der nicht-differenzierenden Liebe als der Erleuchtungsgesinnung, so daß sie dem Menschen wirklich als die "seine" zuteil wird. Sie ist die "seine" aber nur als subjektlose. Das zur wirklichen (= nicht-differenzierenden) Liebe unfähige "Ich" wird zu dieser Liebe wirklich fähig, wenn sie kein "Ich" mehr als Subjekt besitzt. Dieser Prozeß wird umschrieben mit den Termini "jiriki" (Selbst-Kraft), "tariki" (Andere Kraft) und "jinen" (natürliche Spontaneität). In der Erkenntnis der Unfähigkeit der Selbst-Kraft kann das Vertrauen auf die Andere Kraft so wirken, daß das, was die Andere Kraft vermitteln will im Menschen selbst in natürlicher Spontaneität aufbricht. So ist in "jinen" zugleich die Unterscheidung von "jiriki" und "tariki" transzendiert.

Das Vertrauen (shinjin) auf die Andere Kraft ist 1. ermöglicht durch die nicht-differenzierende Liebe der Anderen Kraft und verwirklicht 2. die nicht-differenzierende Liebe durch die sich in "jinen" ereignende "Übertragung". "Shinjin", das auf Liebe aufruhende und Liebe verwirklichende Vertrauen, ist für Shinran der Kernbegriff für den buddhistischen Heilsaneignungsprozeß. Es ist die den Wesen durch Amida geschenkhaft zuteil werdende Haltung Amidas selbst. Daher hat "shinjin" eine Doppelstruktur: Es ist der Modus, in dem das Unheil (und damit die Differenzierung) durch Differenzierung (das vom Subjekt "Ich" auf das Objekt "Amida" gerichtete Vertrauen) überwunden wird, und es ist der "Ort" dieser Überwindung, indem es zugleich die nicht-differenzierende Liebe Amidas als Ausdruck höchster "Formlosigkeit" verwirklicht. So ist "shinjin" zugleich der Same der Erleuchtung, wobei Shinran auf die altbuddhistische Auffassung vom heilsamen Initialcharakter des Vertrauens zurückgreift, und der höchste Geist der Erleuchtung selbst (im mahâyânistischen Sinn der Freiheit von aller Differenzierung bzw. Form).

Diese Doppelstruktur wirkt sich nach Shinran als eine spirituell fruchtbare Spannung aus. In "shinjin" kann der Mensch darauf vertrauen, daß ihm die Erleuchtung bzw. Erlösung (bei Shinran: die "Hingeburt ins Reine Land") sicher ist (als zukünftige, sich mit dem Tod ereignende), und zugleich ist in "shinjin" bereits die Erleuchtung als Überwindung aller Differenzierung erreicht (bei Shinran: die Hingeburt ist eine mit "shinjin" "plötzlich", "augenblicklich" sich ereignende; jede zeitliche Kategorie ist ungültig). In der Erwartung der Erlösung ist die Erlösung bereits vollkommen da, und die Erlösung ist vollkommen erreicht, wenn sie als noch ausstehende erwartet wird. Es handelt sich hierbei um eine spirituelle Anwendung des Grundmusters, daß die absolute Negation aller relativen Gegenüberstellungen nur in der paradoxen Identifikation mit den absolut negierten Gegenüberstellungen ausgesagt werden kann.

Mit der Verwirklichung der Erlösung, der "Hingeburt", kehrt der vom Samsâra Befreite augenblicklich wieder in den Samsâra zurück, um als Bodhisattva alle Wesen zur Erlösung zu führen. Als solcher partizipiert er an dem universalen Heilswirken Amidas. Der beste Dienst, den er den Wesen zuteil werden lassen kann, ist jedoch nichts anderes als der Hinweis auf die Andere Kraft Amidas und die eigene Unfähigkeit. Die Konfrontation des Menschen mit seiner "Ich"-Verhaftung und den dieser entspringenden Leidenschaften ist der Nährboden für das Entstehen von "shinjin" als Vertrauen in die Andere Kraft und als Erwartung der Hingeburt, und ist als solche bereits die Hingeburt und ein Leben im Modus der Rückkehr, da durch das praktizierte Vertrauen die anderen Wesen auf den Weg des Vertrauens gebracht werden. So ist die Liebe als noch unvollkommene (mit "Ich"-Verhaftung und Leidenschaften konfrontierte) zugleich bereits die vollkommene (da so schon den anderen die entscheidende Hilfe gewährend). Die Leidenschaften können kein Hindernis mehr für die Erlösung sein. Doch folgt daraus keine Sanktionierung der Leidenschaften, sondern ihre Verwandlung, denn durch das noch differenzierende Vertrauen geschieht in "jinen" gerade die spontane Vermittlung der nicht-differenzierenden Liebe, wenn das Vertrauen mit der klaren Erkenntnis der Leidzusammenhänge einhergeht.

Shinrans Interpretation der buddhistischen Heilsbotschaft bleibt daher auf die grundsätzliche buddhistische Analyse des Leidzusammenhangs bezogen. Sie wird vorausgesetzt, damit die Deutung des "Ur-Gelübdes" ihre therapeutische Wirkung entfalten kann. Neben dem inneren Aufbau von Shinrans Verständnis der Heilsbotschaft zeigen verschiedene Bemerkungen Shinrans, daß er dabei die Grundbedeutung der Vergänglichkeitsproblematik als bekannt voraussetzt. Die das Unheil erzeugende Anhaftung am Vergänglichen, die doch zugleich die Vergänglichkeit fürchtet - was sich am deutlichsten in der Todesfurcht zeigt - ist im Ansatz überwunden, wenn das auf Liebe aufruhende und Liebe verwirklichende Vertrauen (shinjin) aufbricht. Die Existenz inmitten der Vergänglichkeit ist dann ihrer Sinnlosigkeit und Vergeblichkeit beraubt, wird gesehen als Weg der Hingeburt und Rückkehr und steht ganz unter dem Zeichen einer jegliches Unheil überwindenden Liebe, die der höchste Ausdruck des unbegreiflichen Heils ist.

5. EINHEITSMOMENTE DER BUDDHISTISCHEN HEILSBOTSCHAFT

Wie oben dargelegt, bin ich der Auffassung, daß die Entwicklung einer christlich-buddhistischen Hermeneutik nicht an der traditionsimmanenten Hermeneutik des Buddhismus vorbeisehen darf und dadurch unausweichlich mit der Frage nach der Einheit des Buddhismus konfrontiert wird.[1] Daher sollen nun jene Einheitsmomente der buddhistischen Heilsbotschaft, die sich in Anwendung des hermeneutischen Ansatzes bei den menschlichen Grunderfahrungen zeigen, in einer Zusammenschau der behandelten vier Phasen buddhistischer Tradition dargestellt werden.

5.1 Auf der Ebene der Anknüpfung an die menschlichen Grunderfahrungen

Im Pâli-Buddhismus, im indischen Mahâyâna, im Zen- und im Jôdo-Shin-Buddhismus lassen sich hinsichtlich der Anknüpfung der buddhistischen Heilsbotschaft an die menschlichen Grunderfahrungen deutliche *Unterschiede in der Akzentuierung* ausmachen. Während im Pâli-Buddhismus die Priorität der Anknüpfung an die Vergänglichkeitserfahrung offensichtlich und explizit ist, ist bei den philosophischen Schulen des indischen Mahâyâna, Mâdhyamika und Yogâcâra, die Aufmerksamkeit vor allem auf die logischen Aspekte und erkenntnistheoretischen wie ethischen Konnotationen der Vermittlungsproblematik gerichtet. Auf deren Grundlage begegnet im Zen- und Jôdo-Shin-Buddhismus eine starke Akzentuierung des spirituellen Aspekts, d.h. jener buddhistischer Praxis zugrunde liegenden Haltung, die nach Hui-neng primär in Freiheit, nach Shinran Shônin primär in Liebe gründet.

Trotz dieser unterschiedlichen Akzentuierungen läßt sich jedoch deutlich eine *gemeinsame Struktur* erkennen: die logischen Erwägungen Nâgârjunas zur Vermittlungsproblematik sind nicht abgelöst von jener im Pâli-Buddhismus evidenten Anknüpfung der Heilsvermittlung an die in der Deutung der Unheilssituation zentrale *Vergänglichkeitserfahrung*, sondern sie sind vielmehr präzise durch die bereits dort aufgetretene Konstellation motiviert und vorstrukturiert, wonach das Heilsziel einerseits im Hinblick auf die Anknüpfung an die Vergänglichkeitserfahrung als das "Todlose" erscheint, andererseits von diesem "Todlosen" jeder Bestimmungsversuch negiert wird, der es in eternalistischer oder nihilistischer Manier in einer an der vergänglichen Welt gebildeten Begrifflichkeit einzufangen sucht. Bei Dharmakîrti ließ sich zeigen, daß er um ein erkenntnistheoretisches Instrumentarium bemüht ist, das einerseits die Behauptung der Allvergänglichkeit begründen kann und zu entsprechenden Handlungen Anstoß gibt, und andererseits die Erfahrbarkeit der Heilsrealität zu deuten vermag. An der Kritik Shântidevas (der darin stellvertretend für die Kritik der Mâdhyamika-Schule an den Yogâcârin steht), daß mit den idealistischen Konsequenzen der Yogâcârin die Gefahr einer Restitution unvergänglicher und in metaphysischer Begrifflichkeit gefaßter Entitäten gegeben ist, wurde erneut deutlich, daß auch die

---
[1] Vgl. oben S. 449ff.

rein negative Mâdhyamika-Dialektik essentiell an den Ausgangspunkt der Vergänglichkeitserfahrung anknüpft, was dann sein offenes Pendant in Shântidevas Erläuterung des Bodhisattva-Ideals besitzt, d.h. der Deutung des Bodhisattvas als Ausdruck mitleidvollen Gebens, der Hingabe all dessen, was der Tod ohnehin nimmt, an die Wesen zu ihrem Heil, worin nochmals der im Pâli-Buddhismus festgestellte Konnex zwischen sittlichem "Geben" als heilsamer Alternative zu dem durch die Vergänglichkeit bedingten "Verlieren", dem sich das Anhaften unheilsam widersetzt, wirksam ist.

Das Verständnis jener *Freiheit*, die bei Hui-neng in spiritueller Hinsicht akzentuiert wird, zeigt sich als maßgeblich durch Anhaftungs- und Ich-Losigkeit charakterisiert und stimmt insofern mit dem Verständnis von Freiheit überein, das im Pâli-Buddhismus als Aussage über den nirvânischen Zustand des Erleuchteten zugelassen wird. Daß im Zen-Buddhismus Freiheit im Rückgriff auf die Erörterungen des indischen Mahâyâna zur Logik der Vermittlung auch als Freiheit gegenüber der Einbindung in einen dualistisch-begrifflich verfaßten Wirklichkeitszugang charakterisiert ist, ändert nichts an der grundlegenden Bezogenheit jenes Freiheitsverständnisses auf die ursprüngliche buddhistische Analyse der Vergänglichkeitsproblematik, die deren Konstituion wie Lösung entlang der Konzepte von Anhaftung und Ich-Identifikation begreift - kann auch nichts daran ändern, da die logischen Erörterungen des indischen Mahâyâna von der gleichen Problematik vorstrukturiert und bestimmt sind.

Gleiches kann parallel dazu bei Shinrans Verständnis der *Liebe* festgestellt werden. Auch sie ist - vermittelt über ihren nicht-differenzierenden Charakter - als anhaftungslos und vermittelt über ihren "Anderer Kraft" (tariki) verdankten, wie in "natürlicher Spontaneität" (jinen) realisierten Charakter - als Ich-los gekennzeichnet. Insofern stimmt sie mit jener Haltung Ich-loser, nicht-differenzierender Güte des Pâli-Kanons überein und bleibt, wie diese, auf die in Anhaftungs- und Ich-Losigkeit erreichte Lösung der Vergänglichkeitsproblematik bezogen. Auch hier ändert es nichts an diesem Befund, daß Shinran mittels der mahâyânistischen Vermittlungslogik in dieser Liebe die Grenze zwischen Unheilssituation und Heilsziel überschritten sieht. Vielmehr bleibt die Bezogenheit von Unheilssituation und Heil konstitutiv für ein Verständnis des Heils, auch wenn dieses erst komplettiert wird durch die, vom Heilsziel her gesehen, notwendige Negation der Dualität dieser Bezogenheit in der Vermittlung des Heils.

Das Verständnis der Freiheit bei Hui-neng knüpft also ebensowenig *unmittelbar* an die allgemeine Existenzerfahrung von subjektiver Urheberschaft gewisser Lebensvollzüge an, wie das Verständnis der Liebe bei Shinran Shônin an die allgemeine Existenzerfahrung des Lebens in und aus Beziehungen. Vielmehr sind die Bezüge des Freiheits- und Liebesverständnisses in Zen- und Jôdo-Shin-Buddhismus zu den allgemeinen Existenzerfahrungen subjektiver Urheberschaft und eines in Beziehungen eingespannten Lebens *primär vermittelt* von der *buddhistischen Grundanknüpfung an die allge-*

meine Existenzerfahrung der Vergänglichkeit und der spezifisch buddhistischen Analyse und Deutung der Unheilssituation. So präsentiert sich Freiheit als Freiheit von Todesfurcht (*anhaftungslos*) und Freiheit vom ontologischen Unterworfensein unter die Vergänglichkeit (*Ich-los*), und Liebe als jene Form bezogener Verbundenheit, die alle differenzierenden Formen der Liebe als *Anhaftungsweisen*, die einer Existenz in ungelöster Vergänglichkeitsproblematik entsprechen, im Keim überwunden hat, und in ihrer *Ich-Losigkeit* die gemeinhin verdrängte allgemeine Partizipation der Wesen an der Vergänglichkeit zu einem Bewußtsein der allgemeinen Partizipation an der unterschiedslos geltenden Heilswirklichkeit aufhebt.

Daß die implizit vorausgesetzte primäre Anknüpfung an die allgemeine Existenzerfahrung der Vergänglichkeit in der pronuncierten Hervorhebung von Freiheit und Liebe in Zen und Jôdo-Shin, die sich bei näherem Hinsehen klar als das jeweilige Verständnis strukturierend zeigt, dennoch nicht in gleicher Weise explizit wird, wie bei dem in den Texten des Pâli-Kanons konservierten älteren Buddhismus, läßt sich daher verstehen, daß sich Zen und Jôdo-Shin in einem traditionsimmanent-hermeneutischen Reflexionsprozeß formieren, sich also nicht als missionarische Vorposten der Ausbreitung in noch nicht buddhistischen Kulturen etablieren, sondern vielmehr in bereits buddhistisch geprägten Ländern[2] eine Reformkraft bilden, deren Anliegen die Wiedergewinnung der spirituellen Haltung dessen ist, was sie als das Wesen des älteren Buddhismus verstanden.[3] So erscheint es natürlich,

---

[2] In Chinas lag z. Zt. der Formation der Zen-Bewegung bereits eine mehrere Jahrhunderte währende Mission durch hînayânistische und vor allem mahâyânistische Schulen vor, und Japan war z. Zt. Shinrans ebenfalls seit mehreren Jahrhunderten buddhistisch missioniert. Zwar gelangte der Buddhismus nach Japan nur in Gestalt mahâyânistischer Schulen, doch überlieferten diese auch immer in einem erheblichen Ausmaß (konserviert in den "Agamas", den mahâyânistischen Varianten der "Nikâyas" des Pâli-Kanons) ihre älteren nicht-mahâyânistischen Grundlagen.

[3] Diese Situation durchläuft heute eine radikale Veränderung in dem Maße, wie Zen, Jôdo-Shin und andere spätere buddhistische Schulen nun in Länder vordringen, in denen keine buddhistische Kultur besteht. Dies wirft nicht nur erhebliche Verständnisprobleme für jene Nicht-Buddhisten auf, die ihre ersten Kontakte mit dem Buddhismus in der Form von Zen oder Jôdo-Shin erfahren, sondern auch für diese Schulen selbst, denen sich dadurch die Frage aufdrängt, wieviel oder wiewenig sie, damit sie verstanden werden, von der buddhistischen Tradition, auf der sie fußen und in der sie stehen, mitverbreiten müssen, oder inwieweit sie unter Umgehung ihrer ursprünglich traditionsimmanenten Optionen direkt an andere Weltanschauungen anschließen können. D. T. Suzukis These etwa, daß Zen sich so aus dem Buddhismus herausentwickelt habe, daß es problemlos sein Anliegen ohne den spezifisch buddhistischen Horizont geltend machen könne, ist nur auf dem Hintergrund dieser Situation möglich, und spielt dementsprechend auch eine gewisse Rolle in der christlichen Diskussion zur Möglichkeit der Adaption von Elementen der Zen-Meditation. Wenn Suzuki allerdings diese These mit dem Hinweis auf solche traditionskritischen Aussagen des Zen stützt, wie sie uns auch im Hochsitz-Sûtra begegnen, so wird doch unterschlagen, daß es bei

daß nicht erneut die Vergänglichkeitsproblematik explizit wach gerufen werden mußte, sondern vor allem jene Haltungen neuer Betonung bedurften, in denen der Buddhismus eine Überwindung der Vergänglichkeitsproblematik, die seiner Deutung derselben entspricht, gegeben sah. Die explizite Abwehr gilt daher weniger der Todesverdrängung (obwohl auch dies bisweilen explizit wird, da nach wie vor inhaltlich von konstitutiver Bedeutung), sondern, und hier in großer Übereinstimmung zwischen Zen und Jôdo-Shin, spirituellen Fehlformen, die an jenen, für die Lösung der buddhistisch gedeuteten Vergänglichkeitsproblematik essentiellen Zielen der Anhaftungs- und Ich-Losigkeit vorbeigehen, wie intellektuell fixierte Schriftgelehrsamkeit, ritualistische Traditionsverehrung, meditative Psychotechniken, die nur mehr auf die Produktion singulärer, aus dem Kontext der insgesamt erstrebten Geisteshaltung gelösten Geisteszustände gerichtet sind, usw. Da diese Fehlformen sich am Material der buddhistischen Tradition selbst zu bilden drohten, konnten Zen und Jôdo-Shin ihre spirituelle Akzentuierung auf jene mahâyânistische Grundlage stützen, die das Wesen der buddhistischen Lehre primär unter dem Aspekt der Vermittlungsproblematik erfaßte, und somit geeignet war, solchen Tendenzen zu wehren, die die tradierte Lehre in Gefahr brachten, entgegen ihrer ursprünglichen Absicht, selbst zum Anhaftungsgegenstand zu werden.

Auf der Ebene der Anknüpfung an die menschlichen Grunderfahrungen läßt sich somit als einheitlicher Grundzug der buddhistischen Heilsbotschaft eine klare *Hierarchie der Grunderfahrungen* erkennen, derzufolge die inhaltlich primäre Anknüpfung der Vergänglichkeitserfahrung gilt, und deren Deutung prägend bleibt auch für das in Beziehung zu anderen Grunderfahrungen stehende Verständnis von Freiheit und Liebe. Die Problematik der Erfahrung subjektiver Handlungsverursachung und die Problematik des in Beziehungen eingespannten Lebens kommen also nur insofern in den Blick, als sie für die buddhistische Lösung der buddhistisch gedeuteten Vergänglichkeitserfahrung relevant sind.

---

ihnen gerade um eine Wahrung des Anliegens buddhistischer Tradition geht. Merton hat dies frühzeitig und hellsichtig erkannt, und die Schriften Suzukis selbst zeugen doch deutlich genug davon, wieviel Buddhismus - und keineswegs nur Zen-Buddhismus - er heranziehen muß, um sich verständlich zu machen.
Obwohl die hier gestreifte Problematik also an verschiedenen Indizien klar greifbar ist, erscheint es mir doch noch zu früh, hierzu weitergehende analytische oder gar prognostische Aussagen machen zu können. Allerdings läßt sich wohl noch sagen, daß gerade der hermeneutisch sensible interreligiöse Dialog, bei dem der Dialogpartner nicht naiv an eine buddhistische Schule herangeht unter eventuell gar religionsgeschichtlich uninformierter Ausblendung ihrer Verwobenheit in die buddhistische Tradition, eindeutig ein Gegengewicht zu einem unkontrollierten und unreflektierten Synkretismus bildet, statt daß er dieses, wie seine Gegner undifferenziert meinen (und damit nur bei dem naiven, hermeneutisch unsensiblen Dialog Recht haben könnten), befördert.

Aber nicht allein in der formalen Struktur der in der Anknüpfung vorliegenden Hierarchie der Grunderfahrungen zeigt sich ein dem Buddhismus wesentlicher und einheitlicher Grundzug, sondern auch in der damit verbundenen inhaltlichen Deutung der Vergänglichkeitserfahrung, ohne die ja die strukturell gleiche Hierarchie gar nicht als solche zu erkennen wäre. So bleibt die These, daß ein Leben, das in der Weise auf Vergängliches ausgerichtet ist, daß es von ihm letzte Befriedigung erwartet, unbefriedigend bis leidvoll ist, charakteristisch für die verschiedenen Richtungen des Buddhismus, also das Grundverständnis von "dukkha" und seinen Komponenten, Allvergänglichkeit, Durst und der in Ich-Identifikation kulminierenden Anhaftung. Seine hohe Plausibilität schöpft dieses Verständnis daraus, daß es die allgemeinen Erfahrungen von Leid in diese Deutung integriert, und daher die hier zu erwartende Zustimmung auf das bezieht, was über diese Erfahrungen hinausgeht. So wird z.B. diese Ausdehnung auf die gemeinhin nicht gerade als leidhaft und unbefriedigend erfahrene Bindung an die Sinnenfreuden dadurch plausibel gemacht, daß die in der Analyse der Leiderfahrung gewonnene Struktur der Leidkonstitution, die Anhaftung, auch hier aufgezeigt wird. Nur wer sich an nichts mehr bindet, kann von keiner Trennung, die ja durch Vergänglichkeit notwendig kommt, enttäuscht werden. Doch damit ist nach buddhistischer Auffassung eben nicht, wie viele christliche Interpreten es mißverstanden haben und immer noch mißverstehen, die Aufgabe der Freude der Preis, der für die Leidfreiheit gezahlt wird, sondern die an der Bindung an Vergängliches sich entzündende Freude gilt dem Buddhismus an sich bereits als schal und trügerisch: nicht nur, weil auch sie vergänglich ist, nicht nur, weil die Vergänglichkeit mit Sicherheit einst die Trennung jeder freudigen Bindung setzt, sondern weil die Bindung an Vergängliches prinzipiell nicht in der Lage sei, wirkliche Befriedigung zu geben, auch nicht wenn sie ewig währte! Diese Auffassung, die mit dem Bild des im vollen Reichtum lebenden, aber dennoch unbefriedigten Menschen zwar stark, aber nicht stringent genug illustriert ist, greift auf die mit der Samsâra-Lehre zur Verfügung stehende Vorstellung ewiger – immerwährender – Vergänglichkeit aus. Wem diese Vorstellung einer Existenz, die ihre Befriedigung in ewig wiederholter Bindung an in ewiger Permanenz Vergängliches sucht, unbefriedigend und leidvoll erscheint, der vermag zu erkennen, daß von der auf Befriedigung ausgerichteten Bindung an Vergängliches grundsätzlich eine solche nicht zu erwarten ist. Um diese Einsicht geht es dem Buddhismus in seiner Samsâra-Lehre, und um sie zu erzielen rekurriert er in allen seinen Richtungen immer wieder auf sie.[4] Sie dient ihm dabei als Topos, der jene in der Anknüpfung an

---

[4] Das bedeutet m.E. jedoch gerade nicht, daß mit einer möglichen Widerlegung der Wiedergeburtslehre (von der ich mir allerdings auch nicht vorstellen kann, wie sie als absolut sichere aussehen sollte) auch der Buddhismus erledigt sei, sondern lediglich, daß er die Wiedergeburtslehre in diesem Fall nicht mehr als Argument für seine Auffassung vom prinzipiell unbefriedigenden Charakter der Bindung an Vergängliches heranziehen könnte. Er könnte sie dann jedoch immer noch, wie dies z.B. K. Nishitani tut, als hilfreiche und erhellende Denkbewegung einsetzen. Für den christlich-buddhistischen Dialog heißt dies, daß er sich auf irre-

die Vergänglichkeitserfahrung deutend gegebene Grundaussage markiert, daß die Existenz, die ihre Befriedigung in Bindung an Vergängliches sucht, prinzipiell unbefriedigend und leidvoll, eben "dukkha", ist. Und in allen Richtungen des Buddhismus ist daher der Vollendete jemand, der, vom Samsâra befreit, auch von "dukkha" befreit ist. Die mahâyânistische Aussage einer Ununterscheidbarkeit von Samsâra und Nirvâna ändert an diesem Befund nichts, denn sie dient, als eine im Kontext der Vermittlungsfunktion der Lehre gemachte, gerade dem Erreichen dieser Freiheit.

Der Samsâra bezeichnet jedoch in allen Schulen des Buddhismus auch jenes ontologische Unterworfensein der Wesen unter das Gesetz der (hier in permanenter Fortsetzung gedachten) Vergänglichkeit, das im Modus der Todesverdrängung nicht für die heilsame Reflexion der eigenen Existenzausrichtung fruchtbar gemacht wird, und insofern noch der Erkenntnis von "dukkha" vorausliegt. Es bleibt eine in der Anknüpfung an die Vergänglichkeitserfahrung durchgängig vorausgesetzte Struktur, daß Todesfurcht ein Bewußtsein eigener Sterblichkeit impliziert, das als anthropologische Gegebenheit in Spannung zur existentiellen Todesverdrängung steht. Ist es daher nach buddhistischer Auffassung heilsam, zunächst die Todesverdrängung mit Hilfe des sich in Todesfurcht zeigenden Todesbewußtseins aufzuheben, so richtet sich doch gerade die Zielsetzung einer Befreiung von "dukkha" auch gegen die Todes*furcht* als eine geradezu typische Form von durch Anhaftung erzeugtem Leid. Das Bewußtsein des eigenen Unterworfenseins unter das ontologische Gesetz der Vergänglichkeit im Modus der Todesfurcht bedarf einer Transformation in existentielle Freiheit von Todesfurcht, bei der jedoch das Todesbewußtsein nicht aufgegeben ist. Gleichzeitig wird damit auch ein Freisein vom Samsâra als der existentiell realisierten Freiheit vom ontologischen Unterworfensein unter die Vergänglichkeit verbunden. Wie aber verträgt sich durchgehaltenes Todesbewußtsein, also das Bewußtsein einer Partizipation an der Allvergänglichkeit, mit existentiell realisierter Freiheit vom Unterworfensein unter die Vergänglichkeit? Aus dieser Problematik resultieren die in der Buddhismus-Interpretation immer wieder auftauchenden Fragen nach der Einordnung der Aussagen über das Heilsziel, die zwischen den Positionen des Eternalismus und des Nihilismus oszillieren. Die mahâyânistische Rede von der Ununterscheidbarkeit von Samsâra und Nirvâna, mit der offensichtlich die ältere Bestimmung des Heilszieles als

---

führende und unnötige Abwege begeben würde, wollte er die Wiedergeburtslehre *an sich*, also unabhängig von ihrem buddhistischen Kontext, problematisieren (die als solche ja auch nichts spezifisch Buddhistisches ist), statt die Aufmerksamkeit jener Auffassung über die Vergänglichkeit zu schenken, die von der buddhistischen Wiedergeburtslehre unterstützt wird. Und das heißt, daß die buddhistische Position zur Vergänglichkeit auch unter Absehung von der Frage, ob es denn nun wirklich Reinkarnation gibt, sinnvoll diskutiert werden kann. Vgl. dazu auch: P. Schmidt-Leukel, Sterblichkeit und ihre Überwindung. Ein Beitrag zur Diskussion um Reinkarnationslehren aus der Perspektive des christlich-buddhistischen Dialogs, in: Münchener Theologische Zeitschrift 39 (1988), 281-304.

Freiheit vom Samsâra nicht außer Kraft gesetzt sein, sondern diese Freiheit befördert werden soll, trägt anscheinend noch das Ihre zur Maximierung des Interpretationsproblems bei.

Aus der Analyse der buddhistischen Anknüpfung an die allgemeine Vergänglichkeitserfahrung allein läßt sich also noch nicht der nähere Charakter des so nur als "Todloses", "Freiheit vom Samsâra" oder "Freiheit von 'dukkha'" bezeichenbaren Heilszieles bestimmen. Bedenkt man aber, daß die Ablehnung der Positionen von Eternalismus und Nihilismus bereits ein altbuddhistisches Motiv ist, das in den Anfängen des Mahâyâna explizit aufgegriffen und in den Zusammenhang einer Reflexion der Eigenart des Vermittlungscharakters der buddhistischen Lehre gestellt wird, dann bestätigt sich, daß eine Interpretation des buddhistischen Verständnisses des Heilszieles erst möglich wird, wenn man die Eigenart der Heilsvermittlung berücksichtigt.[5] Auch hier ist nun also nach der Einheit im buddhistischen Verständnis der Vermittlungsfunktion der Lehre zu fragen.

---

[5] Vgl. oben S. 444ff.

5.2 Auf der Ebene des Verständnisses der Vermittlungsfunktion der Lehre

In der Tat läßt sich mit Michael Pye "a profound consistency in the manner in which the style and intention of Buddhist teaching is understood"[6] in den verschiedenen Schulen des Buddhismus feststellen. Von seinen ältesten greifbaren Artikulationen bis hin zum Jôdo-Shin-Buddhismus Shinrans zeigt sich in den Metareflexionen des Buddhismus auf den Charakter seiner Lehre eine Betonung jenes *Heilspragmatismus*, demzufolge die Lehre primär Mittel zur Herbeiführung einer veränderten Existenzausrichtung ist, die zentral ein neuartiges Selbstverhältnis mit sich führt. Der Sinn der Lehre liegt letztlich nicht in einer zutreffenden Beschreibung philosophischer Sachverhalte, die einen Wert für sich beanspruchen würde, sondern in ihrer instrumentalen Ausrichtung auf das Heilsziel.

Für den älteren Buddhismus wird dieser Heilspragmatismus mit unmißverständlicher Klarheit in den beiden berühmten Gleichnissen vom Floß und vom vergifteten Pfeil reflektiert. Die mit einem Floß verglichene Lehre hat ihr Ziel erfüllt, wenn das "andere Ufer" des Flußes erreicht ist, und wird dann nicht mehr benötigt. Das Pfeilgleichnis präzisiert den funktionalen Charakter der Lehre: um den Pfeil herauszuziehen, muß man nicht wissen, wer ihn mit welcher Art Bogen abgeschossen hat, d.h. die Erklärung der Ursachen von "dukkha" muß nicht weiter gehen, als es zur Beseitigung von "dukkha" erforderlich ist. Dieses heilspragmatische Verständnis der Lehre ist der Kernpunkt auch in Nâgârjunas Reflexion auf das Wesen der Lehre als einer "doppelten Wahrheit". Die Lehre gilt ihm primär als eine Art Heilmittel, das gegen eine bestimmte Krankheit eingesetzt wird. Dieses therapeutische Konzept ist bereits Strukturprinzip der Vier Edlen Wahrheiten, wonach die erste Wahrheit die Symptome der Krankheit feststellt, die zweite ihre Ursache diagnostiziert, die dritte eine Heilungsprognose und die vierte den Therapieplan erstellt. Im Rahmen dieses therapeutisch gefaßten Heilspragmatismus bewegen sich denn auch die Reflexionen des Zen- und Jôdo-Shin-Buddhismus. Geht es im Zen um die Frage, welche Haltung zur Tradition am besten der eigentlichen, nämlich heilseffektiven Intention der tradierten Lehre gerecht wird, so fragt Shinran nach den Implikationen, die ein solches heilseffektives Verständnis der Lehre besitzt, und sieht in ihrem Charakter als "geschicktem Mittel" die Wirksamkeit universaler Liebe offenbart, Amida, der die Lehre als "geschicktes Mittel" verkörpert.

Innerhalb dieses Grundkonzepts des Verständnisses der Lehre lassen sich drei Themenkreise ausmachen, die eine weitere Konkretisierung des buddhistischen Heilspragmatismus erlauben: *1. das Verhältnis der Lehre gegenüber sich primär deskriptiv verstehenden Theorien; 2. ihr evokativ-performativer Charakter im Zusammenhang mit der angezielten Änderung der Existenzausrichtung; 3. ihre Stellung innerhalb der Spannung von heteronomen und autonomen Faktoren der Heilsvermittlung.* Diese drei Themen sind jedoch eng

---

[6] M. Pye, Skilful Means, London 1978; vgl. oben S. 550.

miteinander verflochten, bedingen sich wechselseitig in ihrer Behandlung und konstituieren so gemeinsam ein buddhistisches Grundverständnis.

Im Pâli-Buddhismus wird die Antwort auf Fragen verweigert, wenn diese zur Beseitigung von "dukkha" unerheblich ist. Darunter fallen vor allem Fragen, deren Beantwortung in ein *Theoriekonzept*, z.B. über den postmortalen Zustand des Vollendeten oder über die Erklärung der Welt, münden würde. Die unter dem Vorzeichen jener heilseffektiv auf das Ziel "Todlosigkeit" und der Aufhebung von "dukkha" gerichteten Lehre stehende Antwortverweigerung Buddhas, beruht jedoch keineswegs nur auf der Irrelevanz solcher Antworten für die Vermittlung des Heilszieles, sondern vor allem darauf, daß die entsprechenden Theoriekonzepte selbst als Ausdruck der zu beseitigenden Unheilsfaktoren gewertet werden. In diesem Sinne würde ein antwortendes Sich-Einlassen auf das Theoriekonzept der heilseffektiven Funktion der Lehre widersprechen, weil damit implizit die der Theoriegenese zugrunde liegenden Unheilsfaktoren bestätigt anstatt kritisiert wären. Die Antwortverweigerung Buddhas ist daher ergänzt von einer Kritik der Theoriegenese, d.h. der Freilegung von Durst und Anhaftung als deren Wurzeln. Die Theorien sind nicht in der Lage, eine befriedigende Lösung der Vergänglichkeitsproblematik zu geben, weil sie selbst Ausdruck jener existentiellen Fehlhaltung sind, die die Vergänglichkeitsproblematik konstituiert. Als solche sind sie intellektuelle Konstrukte, in denen sich ein Mangel an Heilserfahrung und ein Leben im Unheil zeigt. Um das Heilsziel der "Todlosigkeit" und Freiheit von "dukkha" zu vermitteln, muß so geredet werden, daß die Ursachen der Unheilssituation bloßgelegt und die Mittel zu ihrer Beseitigung beigebracht werden.

An diese Ausgangsposition knüpft Nâgârjuna, der Buddha als den preist, "who taught the real dharma for the destruction of all views"[7], mit seiner Reflexion über den logischen Stellenwert der buddhistischen Lehre im Vergleich zu den abgelehnten Theorien an. Soll die Lehre zur Destruktion der Wurzeln der abgelehnten Theoriekonzepte und der unbeantworteten Fragen beitragen, dann muß sie bewirken, daß die den abgelehnten Theoriekonzepten entsprechenden Fragen erst gar nicht mehr auftreten. Für Nâgârjuna aber bleiben die unbeantworteten Fragen und die abgelehnten Antwortmodelle unvermeidbar und unangreifbar, wenn nicht der Status des Materials, mit dem die buddhistische Lehre arbeitet, also ihre Begrifflichkeit, geklärt wird. Solange eine prinzipielle Gültigkeit des Begriffs als Abbild der Realität unkritisch vorausgesetzt ist, kann die Lehre ihre Funktion nicht erfüllen, die Wurzeln der als unheilsam gewerteten Theoriebildung zu destruieren. Solange der Eindruck besteht, die buddhistische Lehre gebe eine grundsätzlich richtige Beschreibung der Wirklichkeit als dessen, was ist, und dessen, was nicht ist, solange sie also den Kategorien des Seins und des Nicht-Seins unterworfen bleibt, solange entstehen auch die Fragen, ob der Vollendete nach dem Tod ist oder nicht ist. Wird aber von der Lehre selbst eine Bestätigung sowohl der einen, als auch der anderen Position (inklusive

---

[7] Vgl. oben S. 523.

aller logisch möglichen Kombinationen und Modifikationen bis hin zum "weder noch") abgelehnt, dann muß die von ihr zugelassene Begrifflichkeit anders als im rein deskriptiven Sinn verstanden werden. Will die Lehre zur Beseitigung der Ursachen der abgelehnten Theorien beitragen, dann muß sie sich notwendig auch gegen ein Verständnis ihrer eigenen Begrifflichkeit im Sinne zutreffender Beschreibung wenden. Sind Durst und Anhaftung die Ursachen der Theoriebildung, dann muß die Vorstellung einer im Begriff faßbaren Wirklichkeit Ausdruck von Durst und Anhaftung sein. Heilsam im Sinne der Heilseffektivität der Lehre kann nur ein Begriffssystem sein, das die in ihr enthaltene Begrifflichkeit als deskriptiv gültige zerstört. Der der Wirklichkeit angemessenste "Begriff" ist nicht der, der sie im Begriff adäquat umfaßt, sondern der, der zur Befreiung aus der leidhaften Verhaftung, auch in ihrer begrifflichen Variante, führt.

Trotz dieser Forderung sind jedoch der Beliebigkeit heilseffektiver Aussagen Grenzen gesetzt, die allerdings nur z.T. aus den Überlegungen zum logischen Status der Lehre gewonnen werden. Lassen sich von diesen her zwar alle jene Theorien ausschließen, die nicht über die Destruktion ihres begrifflichen Materials zu ihrer Selbstaufhebung führen, so müssen doch zusätzlich auch solche Aussagen ausgeschlossen werden, die der ursprünglichen und primären Anknüpfung an die Vergänglichkeitsproblematik in der buddhistischen Analyse der Unheilssituation nicht gerecht werden. Unter dem Aspekt der Abwehr von Todesverdrängung und der Stützung des Todesbewußtseins bzw. des Bewußtseins der Allvergänglichkeit bleiben für Nâgârjuna der "pratîtyasamutpâda" und die Vier Edlen Wahrheiten die angemessensten "Theorien", und das Ziel der heilspragmatischen Funkton der Lehre läßt sich in ihrem Rahmen nach wie vor bestimmen, wenn auch notwendigerweise zu dessen Vermittlung dann die anfänglich unerläßlichen Vorstellungen der Erreichbarkeit eines Zieles oder der Abgrenzbarkeit von Heil (Nirvâna) und Unheil (Samsâra) destruiert werden müssen.

Spielt die Frage des Verhältnisses der buddhistischen Lehre zu den abgelehnten Theorien im Zen und Jôdo-Shin keine besondere Rolle mehr, so heißt dies nicht, daß die dahinter stehende Problematik unwichtig geworden wäre, sondern daß inzwischen die Bestimmung dieses Verhältnisses durch Nâgârjuna akzeptiert worden war. Denn der von ihm zu diesem Zweck eingeschlagene Weg einer Destruktion des begrifflich verfaßten Wirklichkeitszugangs und die Negation letztgültiger begrifflicher Abgrenzungen, die auch den Ausweg eines monistischen Superrealismus in der Bewahrung nur *eines* allumfassenden Begriffs durch die Betonung paradoxer Ununterscheidbarkeit versperrt, bleibt im Zentrum der nun wieder stärker spirituell gewendeten Aufmerksamkeit.

Im Zen und Jôdo-Shin tritt die zweite Thematik des buddhistischen Verständnisses der Vermittlungsfunktion der Lehre, ihr *evokativ-performativer Charakter* im Zusammenhang mit der angezielten Änderung der Existenzausrichtung in den Vordergrund. Historisch gesehen stellt die Schule der

Yogâcârin das Bindeglied dar, für deren Bemühung ich stellvertretend den relativ gut erforschten Dharmakîrti herausgegriffen haben. Wenn er, obwohl doch auch ihm gilt, daß "alles irrig ist", dennoch Kriterien für einen "Unterschied von Erkenntnismittel und Scheinerkenntnismittel"[8] in der jeweils mit dem Begriff verbundenen Handlungs- und Erfahrungsorientierung zu gewinnen sucht, so wird damit die Heilseffektivität der Lehre in Bezug zu Erfahrungen gesetzt, die als Erfahrungen des Heilsweges oder des Heilszieles "spirituell" genannt werden können.[9] Dieser Ansatz wird noch nicht von der Kritik der negativen Dialektik Nâgârjunas und der sich auf ihn stützenden Mâdhyamika-Schule getroffen. Der Streit zwischen Yogâcârin und Mâdhyamika bezieht sich im wesentlichen vielmehr erst auf die Frage, inwieweit positive Zuordnungen nicht wiederum einer erneuten Negation bedürfen, um spirituell effektiv zu sein und die Restitution einer metaphysischen Theorie zu vermeiden. Als "relative Wahrheit" ("samvrti satya") können auch die Mâdhyamikas positive Aussagen zulassen. Indem es also dem Mahâyâna trotz der Kritik der Begrifflichkeit der buddhistischen Lehre möglich bleibt, die Lehre in Bezug zur Erfahrung zu setzen (sei es, wie nach Mâdhyamika Auffassung, auch nur vorläufig), wird eine Einheit zwischen Lehre und spiritueller Haltung bewahrt, die für die Heilsvermittlung im älteren Buddhismus essentiell ist.

Angefangen von den Gleichnissen Buddhas zieht sich über die destruktive Aufhebung der Beschreibbarkeit in Unbeschreibbarkeit bei Nâgârjuna bis hin zu den paradoxen Aussagen des Zen und z.B. der Art, wie Shinran ein deterministisches Verständnis seiner Lehre ablehnt, ein roter Faden des Verständnisses der Lehre im performativ-evokativen Sinn durch ihre Handhabung und Metareflexion. Die Lehre ruft den Menschen auf, sich von aller Anhaftung zu lösen, und dazu muß sie ihn performativ in einen inneren Gegensatz zu seiner bisherigen Existenzausrichtung versetzen: sie will zentral ein neues Selbstverhältnis bewirken. Wer die buddhistische Lehre lehrt, greift in den intimsten Bereich seines Mitmenschen, in sein Selbstverhältnis, ein. Buddhas Verkündigung zieht den, der in den Abgrund stürzt, im letzten Augenblick empor, und es käme einer Tötung gleich, würde die Verkündigung nicht oder nicht mehr erfolgen.[10] Um den Menschen von "dukkha" zu befreien, muß ihm als leidhaft gezeigt werden, was ihm lieb ist, nämlich vor allem sein "Ich", und muß ihm jegliche vermeintliche Sicherheit, auf die er sein "Ich" zu gründen sucht, als trügerisch entlarvt werden. Die tiefe Irritation, die von den logischen Operationen Nâgârjunas ausgeht, deren erklärtes Ziel es ist, jeder Position den Boden unter den Füßen wegzuziehen[11],

---

8 Vgl. oben S. 555.
9 Die erkenntnistheoretischen und logischen Arbeiten der Yogâcâra-Schule waren denn auch von jeher eng an der spirituellen Versenkungspraxis der buddhistischen "Yogin" orientiert.
10 Vgl. oben S. 511.
11 Vgl. dazu auch die charakteristische Tendenz vieler Zen-Kôans, wie sie etwa meisterlich im fünften Kôan des Mumonkan zum Ausdruck kommt: "Meister Hsiang-yen sprach: Es ist wie ein Mann, der auf einen Baum gestiegen ist. Mit dem Mund hält er einen Ast. Seine Hände ergreifen

ist die zunächst notwendige Folge eines sich als heilswirkend verstehenden Eingriffs, der, wie schon im Pâli-Kanon, wahre Worte, die unlieb sind, gerechtfertigt sieht, wenn sie zum Ziel führen.[12] Die Destruktionen Nâgârjunas aber gelten nicht nur jeder Vorstellung, sondern gerade auch dem, was als das eine Vorstellung habende Subjekt vorgestellt wird.[13] Für Dharmakîrti ist "die durch das (falsche) Erfassen eines Selbst oder von Meinigem verursachte, endliche Faktoren (samskara) zum Objekt habende (begehrende) Liebe... die Ursache (des Leids)"[14], und für Shântideva gilt: "Die unglücklich sind in der Welt, sie alle sind es durch das Verlangen nach eigenem Glück."[15] "Welcher Art sollte deiner Meinung nach der Weg sein, dem du folgen willst?"[16] ist bei Zen-Meister Huang-Po die exemplarische Antwort auf die Frage nach dem rechten Weg, nicht im Sinne eines billigen Oportunismus, sondern im Sinne einer letzten, unüberbietbaren Infragestellung dessen, der die Lehre zu befragen und beurteilen können glaubt. Bis hin zu dem Punkt, an dem dem "Ich", wie bei Shinran, jeglicher Anspruch selbst auf kleine Taten der Liebe und des Mitleids abgesprochen wird, dem "Ich", das zu allem fähig ist, nur nicht dazu, sich von sich und damit der Leidverstrickung zu befreien[17], geht der performative Eingriff der buddhistischen Lehre in das Selbstverhältnis des Menschen.

Von diesem buddhistischen Hintergrund her vermag Keiji Nishitani hinsichtlich der Frage nach Wesen und Zweck von Religion zu formulieren: "Wenn diese Daseins- und Denkweise, in der wir uns zum *telos* aller anderen Dinge machen, erschüttert wird und die dieser Haltung entgegengesetzte Frage auftaucht: »Wozu existieren wir denn?«, tut sich erst der eigentliche Ort auf, von dem aus Religion in Sicht kommt... Wenn wir also dahin gelangen, den Sinn unserer Existenz zu bezweifeln und wenn wir uns selbst zur Frage werden, dann steigt das religiöse Bedürfnis in uns auf. Dies geschieht, wenn unsere Seinsweise, in der wir alles in unserer besonderen Perspektive sehen und denken, durchbrochen wird und unsere Lebensart

---

keinen Zweig, seine Füße treten auf keinen Baumstamm. Unter dem Baum steht jemand und fragt ihn nach der Bedeutung des Kommens (Bodhidharmas) vom Westen. Wenn er nicht antwortet, wird er der Frage jenes nicht gerecht. Wenn er antwortet, wird er Leib und Leben verlieren. Wie soll er in diesem Augenblick antworten?" Der Gesang zu diesem Kôan unterstreicht nochmals die performative Funktion:
"Hsiang-yen redet wirklich ins Blaue hinein,
Er sprengt sein böses Gift ohne Maß.
Den Mönchen schließt er den Mund.
Aus dem ganzen Leib preßt er ihnen die Teufelsaugen."
(Mumonkan. Die Schranke ohne Tor. Aus dem Chinesischen übersetzt und erläutert von Heinrich Dumoulin, Mainz 1975, 50).

[12] Vgl. oben S. 511.
[13] Vgl. oben S. 533.
[14] Vgl. oben S. 553.
[15] Vgl. oben S. 564.
[16] Vgl. oben S. 578.
[17] Vgl. oben S. 613ff

umgestürzt wird, nach der wir uns zum Mittelpunkt machen."[18] So zielt die Performation der buddhistischen Lehre eine Änderung der Existenzausrichtung an, die präzise dort ins Schwarze trifft, wo der Angelpunkt unserer Existenzausrichtung selbst, das "Ich" als der archimedische Punkt unserer Welt- und Selbsterfahrung, zur Disposition gestellt wird. Auf das jeweilige Ich-Konzept bleibt sie individuell abgestellt – was trotz aller Verschriftlichung im Buddhismus der direkten, individuellen Lehrvermittlung durch den persönlichen Meister ihren wichtigen Platz bewahrt hat –, der Überwindung der Ich-Identifikation an sich dient sie, und eine Haltung, die über die Ich-Identifikation hinausführt und jenseits von ihr möglich bleibt, bezweckt sie.

Mit der Aufhebung des "Ichs" als Brennpunkt unserer Welt- und Selbst*erfahrung* ändert sich notwendig auch die Erfahrung selbst. Das jeweilige Ich-Konzept bildet den je individuell verschieden gearteten Filter, der Erfahrungs-selektiv wirkt und den Preis von "dukkha" zahlt. Die Ich-Identifikation an sich strukturiert die Erfahrung nach dem Subjekt-Objekt-Schema und ist nicht minder Ursache des eigenen wie auch des anderen zugefügten Leids. Wer sich nicht länger aus- und abgrenzt, überwindet eigenes wie fremdes Leid im universalen Mitleid, dem diese Unterscheidung von vornherein fremd ist. Die Destruktion der Ich-Abgrenzung ist eine Entgrenzung, die von einer für alle gleichermaßen geltenden Leidgenese und einem innerlich für alle gleichen (und somit einzigen) Heilsweg ausgeht. Dies rechtfertigt letztlich für den Buddhismus jenen unerhörten Eingriff in das intime Selbstverhältnis des Menschen. Was die gewohnte Denk- und Lebensweise, was ihren subjektiven Angelpunkt so grundsätzlich in Frage stellt, wird vom Buddhismus als eine heilsame Infragestellung angesehen, die im Menschen selbst *autonom* hervorbrechen kann und, um wirklich heilsam zu sein, auch muß, die von der Lehre nur angestoßen, wachgerufen und befördert wird, und die daher auch nicht unbedingt allein und in jedem Fall dazu des Wortes der Lehre bedarf.

Wir haben oben gesehen, daß sich schon im Pâli-Buddhismus die Reflexion auf die Vermittlungsfunktion der Lehre in die Spannung zwischen *autonomen und heteronomen Prinzipien* einordnen läßt. Nur *die* Erkenntnis, die, wenn auch angestoßen durch die Lehre, letztlich zur eigenen Erkenntnis aufgrund eigener Erfahrung wird, auf die die Lehre hinzuweisen und zu der sie im Falle meditativer Erfahrung auch Instruktion zu geben vermag, gilt als heilsam. Die eigene Erkenntnis will Buddha durch sein Lehren hervorrufen, zur eigenen Erkenntnis soll die meditative Übung führen.[19] Für Nâgârjuna gilt, daß die buddhistische Erkenntnis immer wieder neu entsteht, auch wenn die Lehre vergangen ist, weil jeder Versuch, die Dinge zu begreifen, wenn er nur sorgfältig genug durchgeführt wird, zunächst zur Erkenntnis ihrer Bedingtheit und Vergänglichkeit, wie sie für ihn im "pratîtyasamutpâda" ausgedrückt ist, führen muß, und von dort aus, über die darin gege-

---

[18] K. Nishitani, Was ist Religion?, Frankfurt a. M. 1982, 41.
[19] Vgl. oben S. 506ff

benen grundsätzlichen logischen Probleme, in die heilsame Dynamik der auch begrifflich zu vollziehenden Loslösung einmündet.[20] Im Zen geht es zentral um die eigene Erfahrung jener Quelle, aus der die buddhistische Tradition entspringt, in der "Wahrnehmung" der Freiheit (die nur in, bei und von sich selbst wahrgenommen werden kann, und doch gerade als solche keine "eigene" Freiheit i.S. des abgegrenzten "Ich" ist)[21], und im Jôdo-Shin ist präzise das zur Erlösung unfähige "Ich" in absoluter Konkretion der Ort, an dem allein sich die Erlösung eröffnet.[22]

Die Performation der Lehre ist also nur dann heilsam und erreicht somit erst dort ihr Ziel, wo sie als heteronomer Eingriff in das Selbstverhältnis des Menschen eine innere Spannung und Widersprüchlichkeit *in* dessen Selbstverhältnis wachruft, wo sie an ihn heranträgt, was bereits in ihm vorausgesetzt wird, und so einen autonomen Prozeß der allerdings konfliktgetragenen Selbsterkenntnis befördert. Und eben hierin enthüllt sich der Bezug des Vermittlungscharakters der Lehre zu ihrer Anknüpfung an die Vergänglichkeitserfahrung: Es ist jene Grundspannung von Todesverdrängung und dem sich in Todesfurcht zeigenden Todesbewußtsein, in der der Mensch steht. So wie die Gewahrnis der Vergänglichkeit dem Menschen quasi von "außen" zukommt als Bedrohung seines "Ichs" und gewaltsame Verfügung über seine Freiheit, da er die Vergänglichkeit weder selbst gewählt hat, noch jemals wählen konnte, so trifft ihn die Lehre zunächst heteronom und gemahnt ihn, daß alle Dinge vergänglich sind. Doch legt sie damit in ihm nichts anderes als sein Todesbewußtsein frei. An der Leidhaftigkeit dieser Spannung soll der Mensch die verborgene, eigentliche Intention seines Lebens als Suche nach dem "Todlosen" erkennen, die ihrer Erfüllung harrt. Todesverdrängung oder Todesbewußtsein allein wären Resignation angesichts dieser "Suche". Indem jedoch die Lehre diese Spannung bewußt macht, soll der Mensch zur bewußten Aufnahme seiner ansonsten verborgen das Leben verschattenden "Suche" provoziert werden.

Doch treibt ihn die von der Lehre wachgerufene Spannung in ein kafkaesk anmutendes Trilemma: Um die "Suche" überhaupt bewußt aufzunehmen, so sagt ihm die Lehre, darf sie nicht auf Vergängliches gerichtet werden, denn vom Vergänglichen ist das "Todlose" nicht zu erwarten. Alle Dinge aber sind vergänglich, sagt ihm die gleiche Lehre. Wo also das "Todlose" suchen? Und die "Suche" als vergeblich aufzugeben, ist ebenfalls kein Ausweg, sondern Quelle anhaltenden Leids und Unbefriedigtseins. In ihrer heilsvermittelnden Funktion vermittelt die Lehre den Menschen zunächst zu einer Selbsterkenntnis seiner Existenz im Sinne dieses Trilemmas. Die abgelehnten Theorien des Eternalismus und Nihilismus wären je für sich die ideologische Verfestigung von Todesverdrängung oder Todesbewußtsein. Durch ihre Abwehr soll die "Suche" bewußt gehalten und vor vorzeitiger Aufgabe bewahrt werden. So evoziert die Lehre die Aufnahme der "Suche" und wird nicht

---

[20] Vgl. oben S. 545.
[21] Vgl. oben S. 580ff und 596f.
[22] Vgl. oben S. 614ff.

müde zu ihr anzustacheln. Doch nirgendwo anders als "in sich selbst" wird dem Menschen die Richtung seiner "Suche" von der Lehre gewiesen, allein "in sich selbst" und "in der Lehre", die ihm diese Richtung weist, soll er seine "Zuflucht" suchen.[23] In sich selbst, dort also, wo er, so zu sich selbst vermittelt, gerade jenes Trilemma vorfindet, verheißt ihm der Buddhismus auch die Lösung. Dort, wo sich das Unheil am deutlichsten zeigt, liegt auch die Lösung. Transzendenz findet sich unmittelbar im tiefsten Innern der Immanenz. Die "Suche" ist erfüllt, wo das "Ich" nicht länger für ihr Subjekt gehalten wird, sondern vielmehr als jene unheilvolle Tarnkappe enthüllt ist, die das Ziel der "Suche" unsichtbar macht, als Schleier der Illusion und Zwangsjacke der Isolation, die den Menschen an das Vergängliche bindet und ihn, paradoxerweise, von seinen Mitwesen und sich selbst entfremdet.

---

[23] Dîgha-Nikâya XVI,2,26; vgl. oben S. 507.

5.3 Auf der Ebene des Transzendenzverständnisses

Trotz aller Unsagbarkeit des Nirvânas läßt sich das buddhistische Verständnis von Transzendenz durch das *Was* und das *Wie* des Transzendierens "orten". Ob im Pâli-Buddhismus oder im indischen Mahâyâna, ob im Zen- oder im Jôdo-Shin-Buddhismus, transzendiert wird der Samsâra im Sinne seiner beiden Komponenten des ontologischen Unterworfenseins unter die Allvergänglichkeit und der unbefriedigenden Leidhaftigkeit des auf Vergängliches gerichteten Daseins.

In der Lehre von den drei Daseinsmerkmalen, nach der alle Gebilde vergänglich (anicca), leidhaft (dukkha) und nicht das "Ich" (anattâ) sind, deuten die beiden ersten Daseinsmerkmale auf die beiden Komponenten des Samsâra als das "Was" des zu Transzendierenden hin. Das dritte Daseinsmerkmal verweist jedoch auf das "Wie" des Transzendierens. Dies zeigt sich deutlich am stereotypen Aufbau der "anattâ"-Lehre: Zunächst wird hier jeweils gefragt, ob die fünf Daseinsfaktoren (khandhas) vergänglich oder unvergänglich seien. Auf die Antwort, sie seien vergänglich (erstes Daseinsmerkmal), folgt die Frage, ob das, was vergänglich ist, leidvoll sei oder Glück bringe. Und erst auf die Antwort, daß das, was vergänglich ist, auch leidvoll sei (zweites Daseinsmerkmal), folgt die dritte Frage: "Und was veränderlich, leidvoll, vergänglich ist, kann man das etwa in diesem Sinne betrachten: ›Das gehört mir, das bin ich, das ist mein Ich‹?". An ihre Verneinung (drittes Daseinsmerkmal) knüpft sich die Aufforderung an, nichts als das "Ich" oder dem "Ich" gehörend anzusehen, dadurch von der Bindung an die Dinge frei zu werden und die Erlösung zu erlangen.[24] An anderer Stelle gebrauchte Buddha dafür ein Gleichnis: "Gleichwie, ihr Mönche, ein Hund, der mit einem Ledergurt an einen festen Pfahl angebunden oder an eine Säule festgebunden ist, um eben diesen Pfahl oder diese Säule fort und fort herumläuft, sich fort und fort herumdreht, – genau so, ihr Mönche, betrachtet ein unwissender gemeiner Mann, der... von der Lehre der Edlen nichts weiß..., die Körperlichkeit als sein Ich... (dasselbe wird dann von allen fünf khandhas gesagt; Anm. v. mir); und so läuft er fort und fort um die Körperlichkeit usw. ... herum und dreht sich fort und fort um sie herum. Und indem er fort und fort... herumläuft..., wird er von der Körperlichkeit (usw.) nicht befreit... von Geburt, Alter und Tod, von Kummer und Wehe, Schmerz und Herzeleid und Verzweiflung, er wird nicht befreit vom Leiden. Aber ein verständiger edler Jünger, ihr Mönche, der... die Lehre der Edlen versteht..., der betrachtet die Körperlichkeit (usw.) nicht als sein Ich... und so läuft er nicht fort und fort um die Körperlichkeit usw. herum, und indem er sich nicht fort und fort um sie herumdreht, wird er von der Körperlichkeit usw. befreit; und er wird befreit – sage ich euch – von Geburt, Alter und Tod, von Kummer, Wehklage, Schmerz, Herzeleid und Verzweiflung, er wird befreit vom Leiden."[25]

---

[24] Z.B. Mahâvagga I,6; vgl. oben S. 483.
[25] Samyutta-Nikâya 22,99; vgl. M. Winternitz, Der ältere Buddhismus, Tübingen 1929, 47f.

Diese Trennungslinie in der Lehre von den drei Daseinsmerkmalen gilt es, will man Mißverständnisse vermeiden, zu beachten: Vergänglichkeit und "dukkha" sollen transzendiert werden, von ihnen wird Freiheit verheißen! Aber das dritte Daseinsmerkmal, "anattâ", bezeichnet nicht etwas, das zu transzendieren und wovon Freiheit verheißen wäre, sondern ist das Mittel des Transzendierens! Dies impliziert, daß Vergänglichkeit und "dukkha" transzendiert werden in der Überwindung des "Ichs". Demzufolge heißt es in der "anattâ"-Formel weiter, daß in dem, der die Haltung des Nicht-Ich vollständig verwirklicht habe, die Erkenntnis aufsteige: "Erlöst bin ich; erschöpft hat sich die Wiedergeburt; gelebt ist der heilige Wandel; was zu tun war, ist getan; nicht mehr ist diese Welt für mich."[26] *Obwohl, ja weil er nichts mehr als sein "Ich" ansieht, weiß er: "Erlöst bin ich!"* Der Erlöste ist in ein neues Selbstverhältnis eingetreten, in dem ihm sein "Ich" und die "Welt" des Samsâra, die Welt von Vergänglichkeit und "dukkha", geschwunden sind.

Der Grundwiderspruch der unerlösten Existenz ist aufgehoben in einer nur paradox artikulierbaren, aber existentiell kohärenten Haltung. Das Bewußtsein der Allvergänglichkeit und die Freiheit von der Allvergänglichkeit sind beide in ihr gewahrt, da der Vollendete sich der Vergänglichkeit aller Daseinsfaktoren bewußt ist, aber sich nicht mehr mit ihnen als seinem "Ich" identifiziert. Da das "Ich" nicht erneut jenseits der "khandhas" hypostasiert wird, führt diese Freiheit von der Vergänglichkeit nicht zum Postulat eines unvergänglichen "Ichs" und somit nicht zur Leugnung der Allvergänglichkeit. Die mit dem Bewußtsein der Allvergänglichkeit einhergehende Freiheit von der Vergänglichkeit ist ohne Subjekt. Daher kann der Vollendete bereits zu Lebzeiten nicht mehr identifiziert werden, und weil er weder mit den vergänglichen Daseinsfaktoren identisch, noch jenseits von ihnen (und nicht einmal mit dieser Aussage bestimmbar) ist[27], und der endgültige Zerfall der "khandhas" bei seinem Tod nichts an seiner schon vorher geltenden Unidentifizierbarkeit ändert, erübrigt sich die Frage nach seinem postmortalen Zustand. Sie i.S. der Vernichtungslehre zu beantworten, hieße, ihn mit den "khandhas" zu identifizieren, eine Antwort i.S. des Ewigkeitsglaubens würde ihn jenseits der "khandhas" hypostasieren. Beides verfehlt das Wesen seiner Freiheit, beides verfehlt den sich jeder Eingrenzung entziehenden Charakter von Transzendenz.

Nicht also weil sie ein unvergängliches Subjekt hätte, kann die Freiheit des Vollendeten vom Tod nicht mehr bedroht werden, sondern weil sie sich subjektlos im Vergänglichen realisiert, dem Tod in ihrer freiwilligen Loslösung zuvorkommt und so von keiner Trennung mehr bedroht werden kann. Damit aber nimmt diese Freiheit gerade die Vergänglichkeit, von der sie in Frage gestellt zu sein schien, zu ihrer Voraussetzung. Diese bereits im An-

---

[26] Vgl. oben S. 483.
[27] Vgl. oben S. 483ff. Klar ausgesprochen ist diese schon zu Lebzeiten geltende Unidentifizierbarkeit des Vollendeten im Samyutta-Nikâya 22,85 und Majjhima-Nikâya 22.

satz des Pâli-Buddhismus implizierte Konsequenz hebt Nâgârjuna mit aller Deutlichkeit hervor. Nur weil es keine "aus-sich-selbst-seienden" und als solche notwendig unvergänglichen Wesenheiten gibt, ist Erlösung möglich.[28] Nirvâna ist mit Samsâra in absoluter Widersprüchlichkeit identisch, weil es einerseits keinen anderen "Inhalt" hat als die samsârische Welt, und doch zugleich die absolute Überwindung von Vergänglichkeit und Leidhaftigkeit ist. Daher muß Nâgârjuna jenes Transzendenzverständnis ablehnen, das die "Todlosigkeit", die Negation von Entstehen und Vergehen, auf ewige Wesenheiten gründet, und statt dessen ein Transzendenzverständnis bejahen, bei dem die "Todlosigkeit" keine andere Voraussetzung hat als das Entstehen und Vergehen. Obwohl beide Vorstellungen in der Phänomenologie ihres Zieles (als Negation von Entstehen und Vergehen) nicht unterscheidbar sind, sind sie es doch von den Wegen her, die sie als zum jeweiligen Ziel führend implizieren. So unterscheiden die Wege die rein äußerlich nicht unterscheidbaren Ziele. Absolute Transzendenz ist eben für Nâgârjuna nur dann gegeben, wenn im Akt des Transzendierens alle logischen und ontologischen Raster, die nochmals Transzendenz und Immanenz gleich gültig umfassen würden, verlassen werden. Und so ist Transzendenz, weil sie in jeder Hinsicht in unendlichem Abstand zu Immanenz ist, als solche unmittelbar "da". "Da" nicht im Gegensatz zu "abwesend", sondern "da" *als* unendlich fern, "da" im absoluten Sinn der Negation des Rasters von "da" und "abwesend". Im Raster der Unterscheidungen wird sie vergeblich gesucht. Fällt aber mit der Ich-Identifikation als dessen Stützpfeiler der Raster der Unterscheidungen selbst, so zeigt sich das Gesuchte als das, was immer schon in jener absoluten Überschreitung "da" ist.

Wird die Ich-Identifikation überwunden, dann fällt notwendig auch die Ich-Abgrenzung. Die Todesverdrängung reagiert auf die Konfrontation durch die Vergänglichkeitserscheinungen mit Depression, Entsetzen und Ekel. Sie zeigt sich darin als der universalen Partizipation der Wesen an der Vergänglichkeit entfremdet.[29] Ebensowenig wie sie die Vergänglichkeitserscheinungen an den Mitwesen ertragen kann, kann sie sie bei sich selbst ertragen, sondern steht in Opposition zu ihnen. So wie in der erlösten Haltung das Bewußtsein der Allvergänglichkeit seiner Leidhaftigkeit entkleidet, selbst aber nicht verdrängt, sondern auch in der Freiheit von der Allvergänglichkeit bewahrt ist, so wird in der Liebe des Vollendeten die durch die Ich-Abgrenzung gegebene Entfremdung von den Mitwesen und sich selbst aufgehoben, und die Partizipation aller an der Vergänglichkeit ist die nicht mehr verdrängte Grundlage nicht-differenzierender Güte und universalen Mitleids. So gilt, analog zu oben[30], auch hier: *Obwohl, ja weil der Vollendete nichts mehr als sein "Ich" ansieht, vermag er sich in allen Wesen wiederzuerkennen, d.h. sich nicht mehr von ihnen zu unterscheiden.*

---

[28] Vgl. oben S. 542.
[29] Vgl. oben S. 460f
[30] Vgl. oben S. 671.

Freiheit und Liebe sind nicht zwei voneinander unabhängige Ausdrucksweisen erlöster Haltung, sondern durch ihre gemeinsame Bezogenheit auf die Vergänglichkeitsproblematik sind sie soteriologisch untrennbar. Die Freiheit von in Ich-Identifikation kulminierender Anhaftung zeigt sich in ethischer Hinsicht als das die Ich-Abgrenzung überwindende "Geben".[31] Der Gaben größte aber ist für den Buddhismus die Lehre, und so hat, was über die Lehre gesagt wird, auch Konsequenzen für das Verständnis der Ethik. Wer die von der Lehre intendierte Erkenntnis als autonome erlangt hat, ist – wie paradigmatisch von Buddha gesagt – mit der Lehre identisch. Zuflucht nur zu sich selbst und zur Lehre zu nehmen, ist für den Buddhismus eine einzige Zuflucht. Doch genau da, wo der Erlöste die Lehre vollständig autonom erkannt und verwirklicht hat, ist er fleischgewordene Lehre für seine Mitwesen und gibt, wenn er die Lehre als der Gaben größte gibt, sich selbst, ohne sich dabei anders zu verlieren, als eben im Sinne der in dieser Erkenntnis realisierten Ich-Losigkeit. Ist er in seiner Erleuchtung mit allen Erleuchteten eins[32], so ist er es antizipierend auch mit den noch Unerleuchteten, denen er zur Lehre wird, denen er sich als die Lehre gibt, die auch sie zur gleichen Erleuchtung führen soll. Da die erlösende Erkenntnis immer eigene Erkenntnis sein muß, ist diese antizipierte Einheit zugleich auch eine untergründig schon gegebene: die Einheit der bei allen Wesen vorausgesetzten grundsätzlichen Erkennbarkeit und Realisierbarkeit des Heils, die das Mahâyâna als ihre "Buddhanatur" bezeichnet. Diese vorausgesetzte Einheit in der grundsätzlich autonomen Erkennbarkeit der Lehre aber gründet eben in der Partizipation aller an der Grundspannung unerlöster Existenz. Und so gilt auch für die Liebe wie für die Freiheit, daß sie eine Verwandlung der Partizipation an der Vergänglichkeit ist, die von der Vergänglichkeit und ihrer Leidhaftigkeit befreit, sich dennoch in ihr realisiert.

Kein Widerspruch herrscht daher zwischen der in der mahâyânistischen Shûnyatâ-Lehre ausgesagten absolut widersprüchlichen Identität von Samsâra und Nirvâna und dem mahâyânistischen Bodhisattva-Ideal. Der Bodhisattva realisiert die Erleuchtung vollkommener Ich-Losigkeit in seiner ganz auf die Erlösung aller Wesen gerichteten Existenz. Sein Verzicht auf den Eintritt in ein von den Wesen abgeschiedenes Nirvâna ist die Verwirklichung des Nirvânas. Wer meint, hier einen essentiellen Unterschied zwischen Mahâyâna und älterem Buddhismus sehen zu können, der übersieht, daß im älteren Buddhismus nicht nur die Aussage, der Vollendete erscheine wieder, als unzutreffend abgelehnt wird, sondern auch die Aussage, er erscheine nicht wieder, und – gewichtiger noch – daß die Ablehnung dieser Aussagen im Kontext der Frage nach der Identität des Vollendeten geschieht, die hinsichtlich seines postmortalen Zustands ebensowenig bestimmt werden kann, wie zu seinen Lebzeiten. M.a.W., ob der Vollendete gestorben ist oder noch lebt, er ist in beiden Fällen gleich unidentifizierbar, da er sich an

---
[31] Vgl. oben S. 501f.
[32] Vgl. auch Anguttara-Nikâya V, 31: "Zwischen Erlösung und Erlösung..., da freilich gibt es keine Verschiedenheit." (Nyanaponika, Die Lehrreden des Buddha..., a.a.O., Bd. III, 26).

nichts mehr als sein "Ich" bindet. Frei ist der Vollendete vom Samsâra als dem Unterworfensein unter das Vergängliche und als leidhafter Existenz, den beiden Daseinsmerkmalen, die er in der Ich-Losigkeit überwunden hat. Doch vom Samsâra ist nach mahâyânistischer Auffassung auch der in ihm verbleibende Bodhisattva frei. Und weil diese in Ich-Losigkeit bestehende Freiheit vom Samsâra als absolute Transzendenz auch Überwindung der Ich-Abgrenzung ist, ist der Vollendete vor und nach seinem Abscheiden den Wesen in gleicher Weise unzugänglich und nah zugleich. Das mahâyânistische Bodhisattva-Ideal, das die Nähe des Erleuchteten auch nach seinem Tod durch die Vorstellung seines freiwilligen heilswirkenden Verbleibens im Samsâra ausdrückt, beruft sich jedenfalls sachlich zurecht auf den Buddha, der als Erleuchteter in der Welt verblieb, um die Lehre zu verkünden und nicht der Versuchung Maras, aus ihr abzuscheiden, folgte.

Erlauben also das *Was* und *Wie* des Transzendierens eine "Ortung" des buddhistischen Transzendenzverständnisses, so markiert die Relevanzhierarchie in der Anknüpfung an die menschlichen Grunderfahrungen auch etwas von der "Richtung", dem *Wohin* der Transzendenz. Freiheit und Liebe werden im Buddhismus subjektlos gedacht, d.h. sie entspringen nicht dem "Ich", sondern realisieren sich in der Aufhebung des "Ichs". Freiheit und Liebe sind im buddhistischen Verständnis in gewisser Weise selbst "Subjekte". Sie sind die Weise, in der sich die nirvânische Heilswirklichkeit des "Todlosen" zeigt und als die sie erfahren wird. Daher kann die mahâyânistische Grundüberlegung zum Verhältnis von Samsâra und Nirvâna im Zen- und Jôdo-Shin-Buddhismus auf Freiheit und Liebe bezogen werden. Freiheit und Liebe sind in ihrer Transzendentalität unmittelbar – nicht wahlweise, sondern so, daß der im buddhistischen Sinn Freie die liebende, rettende Existenz des Bodhisattvas lebt, und der in Liebe von seinem "Ich" Entgrenzte auch der schon Befreite ist. Freiheit und Liebe sind umgekehrt in ihrer Unmittelbarkeit auch transzendent – der Samsâra (Vergänglichkeit und "dukkha") ist in ihnen überschritten, sie "bleiben" auch jenseits des Samsâra.

Weil dies aber nicht für alles und jedes gilt, was als Freiheit und Liebe verstanden wird, sondern nur für die nicht-anhaftende Freiheit und die nicht-differenzierende Liebe, bzw. für die Ich-Losigkeit als die gleichzeitige Überwindung von Ich-Identifikation und Ich-Abgrenzung, und weil dabei dennoch die Grunderfahrungen subjektiver Handlungsverursachung und des in Beziehung eingespannten Lebens von diesem Verständnis nicht unberührt, sondern eben auf diese bestimmte Weise einbezogen sind, qualifiziert das buddhistische Verständnis von Transzendenz nicht nur das buddhistische Verständnis von Freiheit und Liebe, sondern zeigt letzteres umgekehrt auch die Richtung der Transzendenz an. Nochmals kann daher analog formuliert werden: *Obwohl, ja weil der Vollendete unidentifizierbar ist, ist er doch die Vergegenwärtigung von Freiheit und Liebe in und für eine von Gier und Haß verblendete und an sich selbst gebundene, Tod und Tötung verfallene Welt.*

6. RELIGIONSTHEOLOGISCHE CHANCEN DES HERMENEUTISCHEN ANSATZES BEI DEN MENSCHLICHEN GRUNDERFAHRUNGEN

Das Ziel, das diese Studie auf ihrem langen Weg beständig verfolgte, lag von Anfang an darin, einen hermeneutischen Ansatz zu finden, der einerseits die Chance bieten sollte, ein Verständnis der buddhistischen Botschaft zu eröffnen, das sich von Verzerrungen dieser Botschaft frei zu halten vermag, bzw. - positiv ausgedrückt - sich am Selbstverständnis des Buddhismus orientiert. Andererseits sollte dieser Ansatz ein dezidiert (christlich-) theologischer sein, d.h. er sollte dem Umstand Rechnung tragen, daß die Bemühung um ein Verständnis der buddhistischen Botschaft nie im Horizont eines weltanschaulichen oder religiösen Vakuums stehen kann, so daß es in der hier konkret untersuchten Situation um die hermeneutische Tragweite des christlichen Glaubens angesichts der Begegnung mit der buddhistischen Botschaft geht.

Nachdem die Anwendung dieses Ansatzes an vier Phasen der buddhistischen Tradition exemplifiziert wurde, soll nun zum Beschluß dieser Untersuchung das noch einmal zusammengefaßt werden, worin ich die bedeutsamsten theologischen Chancen des vorgelegten hermeneutischen Ansatzes sehe. Sie erstrecken sich auf drei Bereiche. In der christlichen Begegnung mit der buddhistischen Botschaft ermöglicht der hermeneutische Ansatz bei den menschlichen Grunderfahrungen *erstens*, daß sich auch der Christ von der buddhistischen Botschaft betroffen erfahren kann - eine Betroffenheit, deren theologische Dimension sich mittels der beiden Pole, *Resonanz und Herausforderung*, verdeutlichen läßt. *Zweitens* ermöglicht dieser Ansatz eine theologische Evaluation der buddhistischen Botschaft bzw. ihres Anspruchs, eine *Heilsbotschaft* zu sein. *Drittens* schließlich vermag er Wege zu erschließen, auf denen es möglich erscheint, auch im streng theologischen Sinn vom Buddhismus zu lernen, was voraussetzt, seiner Heilsbotschaft *Wahrheit* und *Offenbarungsrelevanz* zuzuerkennen.

6.1 Resonanz und Herausforderung

Wie oben ausgeführt[1], hat J. Cahill in kritischer Absicht gegenüber der traditionellen, betont distanzierten Vorgehensweise vergleichender Religionswissenschaft nicht nur die hermeneutische Notwendigkeit der theologischen Fragestellung betont, sondern darüber hinaus die Aufgabe letzterer so gefaßt, daß sie vor allem darum bemüht sein solle, "transcendent, immediate, and ultimate meaning as actual possibility and a demand made upon the interpreters"[2] zu verstehen. Gegenüber dieser Forderung könnte man leicht geneigt sein, eine solche Aufgabenbestimmung theologischer Arbeit allein für den Bereich traditionsimmanenter Hermeneutik gelten zu lassen. D.h., es erscheint einsichtig, daß z.B. christliche Theologie sich darum zu

---
[1] Vgl. oben S. 128ff.
[2] J. Cahill, Mended Speech, a.a.O. 117.

bemühen hat, den in den Urkunden des christlichen Glaubens implizierten Anspruch so freizulegen, daß er als eine aktuelle Herausforderung vernehmbar wird. Und eine ähnliche Aufgabenbestimmung ließe sich auch für das Selbstverständnis einer buddhistischen "Theologie" bzw. ihr theologisches Analogon annehmen. Aber kann dies auch im interreligiösen Horizont Aufgabe der Theologie sein? Kann es m.a.W. ernstlich als eine Aufgabe der christlichen Theologie angesehen werden, z.B. den impliziten Anspruch buddhistischer Texte so zu verdeutlichen, daß er für Christen als eine reale Herausforderung aktuell vernehmbar wird?

Diese Untersuchung ist durchgängig von der Auffassung bestimmt, daß es aus *hermeneutischen Gründen* unvermeidlich ist, die Funktion der Theologie im Rahmen interreligiöser Begegnung so zu fassen. Denn wenn man die Botschaft einer anderen Religion so verstehen will, wie sie gemeint ist, dann muß man diese Botschaft in ihrem herausfordernden Charakter verstehen, oder man versteht sie eben nicht. Und wenn die Verdeutlichung dieser Herausforderung Aufgabe der "Theologie" innerhalb einer jeden religiösen Tradition ist, dann ist sie es unausweichlich auch für die am interreligiösen Verstehen interessierte Theologie. Denn – um beim konkreten Fall zu bleiben – die christliche Theologie kann es nicht ihrem buddhistischen Analogon allein zuweisen, zu verdeutlichen, welche Herausforderung die buddhistische Botschaft für den Christen beinhaltet, da der Buddhist sich dabei und dazu auch um ein angemessenes Verständnis der christlichen Botschaft zu bemühen hat. Will man aber christlicherseits dem Buddhisten bei seinem Bemühen, die christliche Botschaft zu verstehen (wenn ein solches erkennbar ist), theologisch entgegenkommen, dann muß die christliche Theologie sich umgekehrt ebenfalls nach der Bedeutung der buddhistischen Botschaft für den Christen fragen.

In diesem beiderseitigen hermeneutischen Ringen um Verstehen und Verdeutlichung liegt die besondere hermeneutische Schwierigkeit darin, daß die jeweilige Herausforderung für jemand vernehmbar werden soll, dessen Existenz und dessen Verstehenshorizont von einer Religion geprägt sind, auf die die Botschaft der zu verstehenden Religion ursprünglich nicht ausgerichtet war. D.h., es ist nicht von vornherein klar, was es für einen Christen bedeutet, wenn in dieser Botschaft z.B. gesagt wird, ein als "Buddha" bezeichneter Mensch habe das Nirvâna erlangt und den mit Sicherheit zum Nirvâna führenden Weg gewiesen. Und es ist folglich eine unumgängliche Aufgabe interreligiös orientierter christlicher Theologie im Dialog mit dem Buddhismus nach einer Verdeutlichung dieser Botschaft und ihrer Herausforderung für den Christen zu streben.

Das Ansinnen, es müsse im interreligiösen Horizont allen Ernstes als eine Aufgabe christlicher Theologie angesehen werden, jene Herausforderungen, die von den Botschaften anderer Religionen ausgehen, so zu verdeutlichen, daß sie den Christen aktuell betreffen, erschiene weit weniger suspekt, wenn man von vornherein davon ausgehen könnte, daß in der Botschaft des anderen die Stimme Gottes ebenso erklinge, wie man es von der in der eigenen religiösen Tradition vernommenen Botschaft glaubt. Doch ist es keineswegs nur religiöser Chauvinismus, der eine solcherart aprioristische Sanktionierung alles "Religiösen" als untragbaren Leichtsinn erscheinen läßt. Es ist auch das von der je eigenen Tradition bewahrte Wissen um das Faktum und die Notwendigkeit religiöser Religionskritik, das einen Christen ebenso wie einen Buddhisten davon abzuhalten vermag, all jenes ungeprüft gut zu heißen, was im religiösen Gewand erscheint. Es ist also nicht einfach apriori auszuschließen, daß sich die christliche Theologie bei dem Bemühen, die Botschaften anderer Religionen so zu verdeutlichen, daß sie zu einer Herausforderung für den Christen werden, unter Umständen auch auf gefährlichem Boden bewegt.

Hat man allerdings aus rein innerchristlichen Gründen seine berechtigten Zweifel an einem Gottesbild, wonach das heilsstiftende und sich offenbarende Wirken Gottes exklusiv auf die menschheitsgeschichtlich gesehen äußerst kleine Schar der Christen begrenzt ist, dann kann jedoch auch nicht einfach von vornherein ausgeschlossen werden, daß es vielleicht die Stimme Gottes ist, die in der Botschaft anderer Religionen vernehmbar wird. Sollte dies in dem ein oder anderen Fall wirklich so sein, dann würde die Theologie, die sich um die Verdeutlichung und Aktualisierung der in jener Botschaft liegenden Herausforderung bemüht, nichts wesentlich anderes tun als das, was sie bereits innerhalb der eigenen Tradition anstrebt.

Es ist demnach nicht zu vermeiden, daß die im interreligiösen Begegnungsprozeß arbeitende Theologie sich um eine adäquate (und das heißt immer am Selbstverständnis des anderen orientierte) Verdeutlichung der Herausforderung bemüht, die sie in seiner Botschaft vernimmt. Sondern zu vermeiden ist m.E. vielmehr sowohl die aprioristische theologische Vereinahmung alles (Fremd-)Religiösen als auch seine aprioristische theologische Verachtung. Während sich aus der ersten dieser beiden Optionen ergibt, daß im interreligiösen Verstehensprozeß nicht bei der Wirklichkeit des Göttlichen als einer Art gemeinsamer hermeneutischer Nenner angesetzt werden sollte, folgt aus der zweiten, daß der hermeneutische Ansatz dennoch für eine theologische Evaluation offen sein muß, daß sich also die Frage nach Heilswirken und Offenbarung Gottes in einer anderen Religion im Verlaufe des interreligiösen Verstehensprozesses konstruktiv stellen lassen muß. Die theologische Evaluation kann demnach nicht unabhängig und keinesfalls im vorhinein zu jener Aufgabe der Theologie in Angriff genommen werden, die in der Verdeutlichung der Herausforderung besteht, und die theologisch begriffene interreligiöse Hermeneutik muß umgekehrt den hermeneutischen Ansatz so wählen, daß der Weg zur kritischen Evaluation nicht verbaut ist.

Es ist der hermeneutische Ansatz bei den menschlichen Grunderfahrungen, der diese theologische Offenheit gewährleistet und doch zugleich den in der buddhistischen Botschaft liegenden Anspruch so zutage fördert, daß er auch für den Christen vernehmbar wird. Wie gezeigt, enthält die buddhistische

Unheilsdeutung eine starke, ja m.E. primäre Anknüpfung an die Vergänglichkeitserfahrung. Andere menschliche Grunderfahrungen werden in einer Weise berührt, die deutlich von der zentralen Anknüpfung an die Vergänglichkeitserfahrung geprägt ist, so daß sich hinsichtlich der soteriologischen Struktur der buddhistischen Botschaft von einer Hierarchie der Grunderfahrungen sprechen läßt.[3] Insofern nun dem christlichen Interpreten deutlich wird, wie sich die buddhistische Botschaft auf menschliche Grunderfahrungen bezieht, kann dieser seine eigene Existenz bzw. die in seiner Existenz vorherrschende Deutung eben jener Grunderfahrungen nicht aus dem Verstehensprozeß ausklammern. Sie stellt vielmehr von Anfang an den in dieser Hinsicht entscheidenden Anteil seines Verstehenshorizontes dar.

Was der Buddhismus im Hinblick auf die Sterblichkeit des Menschen sagt, betrifft den Christen ebenso wie jeden anderen Menschen. Dennoch kann sich die von der buddhistischen Botschaft ausgehende existentielle Betroffenheit auf recht unterschiedliche Weise vollziehen. Obwohl das, was ich als "menschliche Grunderfahrungen" bezeichne[4], notwendig zum zeit- und kulturinvarianten Allgemeingut der Erfahrung menschlicher Existenz gehören muß, gilt doch auch, daß die menschlichen Grunderfahrungen im Rahmen durchaus variabler Vorstellungen und Deutungen gemacht werden. Daher betreffen die buddhistischen Aussagen über die menschliche Sterblichkeit den Christen zwar durchaus existentiell, aber eben als jemanden, der bereits in einer bestimmten Deutungstradition dieser Grunderfahrung steht. Die *hermeneutische Tragweite des christlichen Glaubens* ist demnach also *in seinem Bezug zu den menschlichen Grunderfahrungen* zu sehen. Und gerade im Ansatz bei den menschlichen Grunderfahrungen zeigt sich denn auch wieder die Unmöglichkeit, im interreligiösen Verstehensprozeß die eigene religiöse oder weltanschauliche Überzeugung auszuklammern. Denn niemand verfügt z.B. über ein schlichtweg "neutrales" Verständnis des Todes, bei dem er hermeneutisch ansetzen könnte, und es ist nicht einmal denkbar, was ein solch "neutrales" Verständnis des Todes überhaupt sein sollte.

Für den Verstehensprozeß ist es nun jedoch nicht nur wichtig, eventueller Unterschiede und Gemeinsamkeiten zwischen buddhistischer und christlicher Todesdeutung gewahr zu werden. Weitaus bedeutsamer erscheint vielmehr die Wahrnehmung einer unterschiedlichen Stellung der jeweiligen Grunderfahrung in dem, was ich die "Hierarchie der Grunderfahrungen" genannt habe. Und gerade dies kann im und durch den Verstehensprozeß selbst ausgelöst werden. Die oben anstelle der Epoche geforderte reflektierte Subjektivität[5] könnte z.B. die Erkenntnis hervorbringen, daß die Vergänglichkeitserfahrung, auf die sich der Buddhismus in seiner Deutung der Unheilssituation bezieht, zwar auch im Christentum im Kontext der Unheilsdeutung thematisiert ist, aber dennoch in einem anderen Bezugsrahmen steht. So lassen sich nicht

---
[3] Zur ausführlicheren Darlegung des damit Gemeinten vgl. oben S. 440f und 655.
[4] Vgl. dazu oben S. 434ff.
[5] Vgl. oben S. 112ff.

nur die jeweiligen Kontexte entschlüsseln, sondern eventuell auch die mehr oder weniger subtilen Unterschiede in den Fragestellungen und Bewertungen, deren Mißachtung zu schwerwiegenden Mißverständnissen führen kann.

Es hat den Anschein, daß die christliche Anknüpfung an die Vergänglichkeitserfahrung in ähnlicher Weise von der hier primären Anknüpfung an die Beziehungserfahrung vorstrukturiert ist, wie im Buddhismus die Beziehungserfahrung vor allem in einer Perspektive anvisiert ist, die primär durch die Deutung der Vergänglichkeitserfahrung geprägt ist. Heil und Unheil werden in der jüdisch-christlichen Tradition in zentraler Weise mittels solcher Kategorien gefaßt, die der zwischenmenschlichen Beziehungerfahrung entlehnt sind. Schon vom Alten Testament her ist "Gott" vor allem so gedacht, daß man in einen Bund mit ihm eintreten kann, der in der prophetischen Tradition immer wieder mit dem Ehebund verglichen wird. Das eigentliche Unheil besteht in der gebrochenen Gottesbeziehung, was mehr und mehr zum entscheidenden Inhalt des Sündenbegriffs wird. In der Anwendung der Beziehungskategorie zeigt sich eine deutliche Kontinuität vom Bundesgedanken bis zum Motiv der Nachfolge, vom prophetischen Motiv des Ehebundes bis zur neutestamentlichen Auffassung von Christus als dem Bräutigam. "Heil" ist die erneuerte Beziehung, die durch den interpersonalen Akt der Vergebung konstituiert wird. Die Liebe zu Gott wie zum Mitmenschen wird zum zentralen Charakteristikum und Inhalt des Heils. Die Liebe ist größer als Glaube und Hoffnung (1 Kor 13). Das Heil ist durch die uns zugewandte Liebe Gottes ermöglicht, ja Gott selbst ist die Liebe (1 Jo 4, 16b). Der Tod wird als Teil der Unheilssituation anvisiert, insofern er als Zeichen verletzter Gottesbeziehung erscheint; d.h. im Alten Testament zunächst wohl nur der zu früh hereinbrechende, wie eine Strafe Gottes wirkende Tod, dann aber auch der kreatürliche Tod, weil er die Frage nach dem postmortalen Fortbestand der Gottesbeziehung aufwirft. Im Neuen Testament schließlich wird die Botschaft von jener Beziehung verkündet, die auch durch den Tod, den "Sold der Sünde", nicht mehr getrennt werden kann.

Trifft diese Darstellung in ihren Grundlinien zu, dann kann m.E. gesagt werden, daß von der soteriologischen Grundstruktur her der Vergänglichkeitserfahrung und der Beziehungserfahrung in Christentum und Buddhismus eine je anders gelagerte Stellung zukommt. Die ihre Botschaften tragenden Kategorien und die in diesen Botschaften implizit vorausgesetzten Fragen sind daher nicht die gleichen. Dennoch gibt es eine gewisse Konvergenz darin, daß diese beiden Grunderfahrungen in beiden Religionen eine eminente Rolle spielen, und mehr noch darin, daß in beiden Botschaften ein enger Zusammenhang zwischen der Deutung beider Grunderfahrungen gesehen wird, der sich grob in etwa so wiedergeben läßt: Im Buddhismus ist die Thematisierung der Beziehungserfahrung durch ihr Verhältnis zur Überwindung der Vergänglichkeitsproblematik qualifiziert, während umgekehrt im

Christentum die Thematisierung der Vergänglichkeitserfahrung durch ihr Verhältnis zur Überwindung der Beziehungsproblematik qualifiziert ist.[6]

Im Buddhismus stellt sich also z.B. die Frage, welche Rolle die Beziehungen des Menschen im Hinblick auf das Problem der Anhaftung und Ich-Identifikation spielen, die ihrerseits jedoch überhaupt erst von der Deutung der Vergänglichkeiterfahrung her problematisiert sind. Daher erfährt die anhaftende Beziehung auch dann noch eine negative Beurteilung, wenn in ethisch-sozialer Hinsicht eine Kritik nicht geboten ist, wie etwa in dem des öfteren thematisierten Fall der Trauer um den Tod des geliebten Kindes, Ehepartners, etc.[7] Andererseits beinhaltet die Überwindung der Vergänglichkeitsproblematik zwangsläufig die Überwindung jener Haltungen, die sich – wie im Falle von Gier und Haß – auch auf der Beziehungsebene unheilsam auswirken. Und dies geschieht keineswegs als rein unbeabsichtigter Nebeneffekt, sondern der soteriologische Zusammenhang in der Deutung der unterschiedlichen Grunderfahrungen ist durchaus so gesehen, daß die Lösung des Grundproblems auch als Schlüssel zur Lösung der anderen existentiellen Probleme erscheint.

Läßt sich der Christ existentiell von der buddhistischen Botschaft betreffen, so kann jene spezifische Betroffenheit des Christen gemäß dieser unterschiedlichen und doch ineinandergreifenden Ordnung der soteriologischen Struktur beider Religionen als Herausforderung und Resonanz umschrieben werden. D.h., die dem Christen in der buddhistischen Botschaft begegnende Herausforderung erweckt gewisse Resonanzen mit jener Herausforderung, unter der er in der Nachfolge Christi steht. Doch wird er dabei zugleich eines eigenartigen Unterschieds gewahr. Es muß z.B. auf christlicher Seite eine tiefe Resonanz auslösen, wenn die buddhistische Botschaft bei ihrer Bezugnahme auf den Bereich der Beziehungserfahrung ohne jede Zweideutigkeit allein die nicht-differenzierende und darin selbstlose Form der Liebe in einem genuinen Zusammenhang mit der Heilswirklichkeit sieht. Hört doch der Christ im Evangelium von Gott als dem, der unterschiedslos – und folglich auch den Sünder – liebt, und der diese Liebe in der Gestalt Jesu bis in das Lebensopfer hinein bewährt. Signifikanter Ausdruck jener Resonanz ist das in beiden Botschaften verkündete Charakteristikum der Feindesliebe, das im biblischen Bericht ebenso als Kriterium jener Liebe erscheint, die den Jünger vom Heiden unterscheidet, wie es im Säge-Gleichnis Buddhas das Kriterium für die Realisation des von ihm verkündeten Dharma ist. Daß die buddhistische Botschaft in diesem Zusammenhang allerdings nicht von der Liebe Gottes spricht, in der die Feindesliebe nicht nur ihr Urbild und ihren Maßstab hat, sondern durch die allein sie nach christlicher Auffassung auch

---

[6] Von Vergänglichkeits*problematik* im Unterschied zu Vergänglichkeitserfahrung bzw. von Beziehungs*problematik* im Unterschied zu Beziehungserfahrung ist hier deshalb die Rede, weil auf diese Erfahrungsbereiche im Rahmen der jeweiligen Deutung der Unheilssituation, also problematisierend, Bezug genommen ist.

[7] Vgl. oben S. 479.

eine menschliche Möglichkeit wird, bringt in das Erleben der Resonanz für den Christen eine Befremdlichkeit, die nach theologischer Erklärung verlangt. Hier aber - wie es sich bei den frühen apologetischen Vergleichen beobachten läßt - die buddhistische Rede von der nicht-differenzierenden Liebe einfach als Ausdruck von Gesetzeserkenntnis und versuchter Werkgerechtigkeit bzw. Selbsterlösung zu interpretieren, bedeutet, daß man der anders gelagerten Begründung der nicht-differenzierenden Liebe im Buddhismus gar nicht erst nachgeht.

Sucht man jedoch nach jener anders gelagerten Begründung und stößt dabei auf den durch das Prinzip der Anhaftung bzw. Anhaftungslosigkeit vermittelten soteriologischen Zusammenhang zwischen der buddhistischen Deutung der Beziehungserfahrung und der Vergänglichkeitserfahrung, so kann es auch hier auf christlicher Seite erneut zum Erleben von Resonanzen kommen, wenn auch quasi entfernteren, die die vorhin genannte Befremdlichkeit verstärken und dabei zugleich der spezifischen Herausforderung weitere Konturen verleihen können. Das buddhistische Insistieren auf der Notwendigkeit, die Todesverdrängung zu überwinden, weckt auf christlicher Seite die Erinnerung an das einst traditionsreiche, inzwischen jedoch eher verblaßte "Memento mori". Doch auch ein lebendiges christliches Denken an die eigene Sterblichkeit wird diese vor allem im Rahmen jener grundlegenden, an der Beziehungserfahrung orientierten Kategorien sehen. Die Mahnung des Todes erscheint hier weitgehend identisch mit der Mahnung, das Verhältnis zu Gott zu überprüfen und im Gebet, vor allem in der Bitte um Vergebung, seine Erneuerung zu suchen. Zwar ist auch dem christlichen Bedenken des Todes keineswegs der Gesichtspunkt fremd, daß die vergänglichen Güter nicht die eigentlich zu erstrebenden seien, doch das Nicht-Haften an ihnen, ist vor allem dadurch motiviert, daß die Beziehung zu dem Einen und Ewigen keine Konkurrenz verträgt, erst recht nicht diejenige durch ihm in der Liebe vorgezogene vergängliche Güter. Dementsprechend erscheint die Freude am Vergänglichen nur dann legitim, wenn es - eingegliedert in die Gottesbeziehung - als Gabe des Schöpfers verstanden wird.

Ist dem Christen somit durchaus der Ernst vertraut, den die buddhistische Botschaft der menschlichen Sterblichkeit für die Heilsfrage zumißt, so wird der Christ von der buddhistischen Botschaft doch auf eine neuartige Weise in seiner Sterblichkeit angesprochen und herausgefordert, indem diese Botschaft das Ganze der menschlichen Existenz nicht von der Beziehungserfahrung sondern von der Vergänglichkeitserfahrung her in den Blick nimmt. Doch weil es zugleich jene Resonanzfelder gibt, deren deutlichstes für den Christen im Thema der nicht-differenzierenden Liebe liegen dürfte, kann und darf er sich der buddhistischen Herausforderung, die in der völligen perspektivischen Verschiedenheit der Daseinsdeutung für den Christen eine ganz spezifische Gestalt annimmt, nicht einfach entziehen, ohne der Frage nach der theologischen Bedeutung des so anders gelagerten buddhistischen Blickwinkels weiter nachzugehen. Die offene Frage, ob sich in der buddhistischen Botschaft eine Erfahrung jener absoluten und transzendenten Wirklichkeit niedergeschlagen hat, die christlich als "Gott" bezeichnet wird, obwohl sich in der buddhistischen Lehre kein Äquivalent zum christlichen Gottesbegriff findet (und die Suche nach solchen in immer neue hermeneutische Sackgassen führt), läßt sich m.E. dann sinnvoll weiterführen, wenn hierbei eben jene perspektivische Verschiedenheit berücksichtigt wird, die der hermeneutische Ansatz bei den menschlichen Grunderfahrungen enthüllt.

Der verkündete Dharma handelt vom Nirvâna als dem "Todlosen", vom Transzendieren existentieller wie ontologischer Todesverhaftung hin zu anhaftungsloser Freiheit und nicht-differenzierender Liebe, ein Transzendierungsprozeß, der unter dem Stichwort der "Shûnyatâ" hinsichtlich seiner Vermittlungsstruktur nochmals metatheoretisch thematisiert ist. Dabei sind weder Dharma, noch Nirvâna, noch Shûnyatâ äquivalent mit dem christlichen Gott, der als Vater liebend um uns, als Sohn liebend unter uns und als Geist liebend in uns ist. Ebenso wie die buddhistische Terminologie bezeugt auch die christliche eine bestimmte *Richtung* ihres Transzendenzverständnisses. Sie handelt von der nicht-differenzierenden Liebe Gottes, in der die Sünde, die gebrochene Beziehung, transzendiert wird zur Freiheit der Kindschaft und Freundschaft, einer Beziehung, die vom Tod nicht mehr getrennt werden kann. Obwohl die buddhistische und die christliche Botschaft explizit von einer letzten Unsagbarkeit jener Wirklichkeit sprechen, in die alle Transzendenz mündet, läßt sich diese doch insofern bezeichnen, als sie sich im Akt des Transzendierens erschließt. Bei der Frage nach dem Niederschlag einer eventuell gegebenen Erfahrung jener christlich als "Gott" bezeichneten Wirklichkeit in der buddhistischen Botschaft wäre also zu berücksichtigen, daß die Botschaften beider Religionen quasi unterschiedliche "Richtungen" von Transzendenz bezeugen, Unterschiede im Was, im Wie und im Wohin des Transzendierens.[8] Das Wohin des Transzendierens ist trotz einer letzten Unsagbarkeit nicht der näheren Bestimmung entzogen, weil sich dieses Wohin des Transzendierens einerseits von der jeweiligen Deutung der Unheilssituation her (z.B. als Überwindung einer auf ganz spezifische Weise gedeuteten Todesproblematik) charakterisieren läßt und sich andererseits gewisse Kriterien realisierter Transzendenz aus den Bezügen zu weiteren Grunderfahrungen ergeben (z.B. daß nur die nicht-differenzierende Liebe anhaftungslos ist und daher allein sie Zeichen einer Überwindung der im buddhistischen Sinn verstandenen Todesproblematik sein kann). So ist es m.E. legitim von einer *Partikularität hinsichtlich der Richtung des Transzendierens* zu sprechen, unbeschadet dessen, daß sie in eine letzte Unsagbarkeit mündet, und auch unbeschadet dessen, daß dabei jeweils das Ganze des menschlichen Lebens mit einem absoluten Bezugspunkt in den Blick genommen wird.

Der hermeneutische Ansatz bei den menschlichen Grunderfahrung kann also verdeutlichen, daß es zwischen Christentum und Buddhismus eine Verschiedenheit der Perspektive gibt, in der die *menschlichen Grunderfahrungen* soteriologisch anvisiert werden. D.h. er geht als hermeneutischer Ansatz *nicht* aprioristisch von einer perspektivischen Verschiedenheit im Hinblick auf

---

[8] Vgl. oben S. 674.

jene Wirklichkeit aus, die vom Christentum als "Gott" bezeichnet wird. Die perspektivische Verschiedenheit in der Anknüpfung an die menschlichen Grunderfahrungen zeigt vielmehr, daß in der buddhistischen Auffassung von Transzendenz (resp. Überwindung, Befreiung, Erlösung) eine andere Richtung vorliegt bzw. ein anderer Weg (auch ein anderer Denkweg) eingeschlagen ist. Die hermeneutische Konsequenz davon ist, daß jene im Transzendierungsprozeß auftretenden Konzepte wie Dharma, Nirvâna, Shûnyatâ, Buddha etc. nicht in christliche Konzepte übersetzbar sind, da sie ihre Bedeutung allein im Kontext des anders gelagerten buddhistischen (Denk-)Weges haben. Sie lassen sich auch nicht dergestalt ineinander übersetzen, daß das Konzept einer der beiden Religionen etwas bezeichnet, was einen deutlich abgegrenzten Unter-Aspekt eines Konzepts der anderen Religion bildet. Doch haben jene Konzepte gemeinsame existentielle Bezugspunkte, so daß es keineswegs auszuschließen ist, daß sich in ihnen existentielle Erfahrungen der gleichen absoluten Wirklichkeit reflektieren, eben jener, die christlich als "Gott" bezeichnet, aber nie von dieser Bezeichnung umfaßt wird. Es sind vor allem die Resonanzen, derer ein Christ bei der Begegnung mit der buddhistischen Botschaft gewahr wird, denen weiter nachzugehen ist bei der Frage nach dem Niederschlag einer Gotteserfahrung in der buddhistischen Botschaft. Da nach christlicher Auffassung Gott in dieser Welt als der *heilsstiftende* und als der *sich offenbarende* erfahren wird, sollen nun noch kurz die Bezüge des hermeneutischen Ansatzes bei den menschlichen Grunderfahrungen zu diesen beiden Themenkreisen verdeutlicht werden.

6.2 Die Heilsfrage

Im Zentrum der theologischen Auseinandersetzung mit den nichtchristlichen Religionen, steht die Frage nach deren Heils- und Offenbarungsrelevanz. "Heil" und "Offenbarung" sind dabei natürlich nicht i.S. allgemeiner, religionsphänomenologischer Kategorien zu verstehen, sondern als christlich gefüllte und auf den vom Christentum bekannten Gott bezogene Konzepte, wonach sich Gott in der Offenbarung dem Menschen eröffnet, damit diesem in der Gottesbeziehung das Heil zuteil werde. Da also das christliche Verständnis von Heil und Offenbarung nicht loslösbar ist vom christlichen Gottesbegriff, ist auch die religionstheologische Fragestellung abhängig von der christlichen Gottesvorstellung. Insofern hebt die Frage nach der Heils- und Offenbarungsrelevanz anderer Religionen als ein innertheologisches Problem an.

Damit ist jedoch nicht gesagt, daß sich dieses Problem allein i.S. eines dogmatischen Apriorismus klären läßt. Allemal aber gilt, daß die Antwort auf die Frage, ob andere Religionen Heilswege sind, in einem nicht unwesentlichen Ausmaß davon abhängt, was man christlicherseits unter "Heil" versteht. Und dies gilt in gleicher Weise auch für die Frage nach ihrer Offenbarungsrelevanz. Eine Position, die es als dogmatisch aprioristisch vorentschieden ansieht, daß die heilsstiftende Offenbarung Gottes auf das explizite Christentum beschränkt ist, gerät nicht nur – wie es sich bei solchen Versuchen immer wieder unmittelbar zeigt – in ernste Schwierigkeiten mit dem Zeugnis vom Gott unbegrenzter Liebe, sondern auch – was auf den ersten Blick weniger evident ist – mit der Füllung des Heilsbegriffs. Der Heilsbegriff muß dann nämlich hinsichtlich seiner existentiellen und kognitiven Gehalte dermaßen eingeengt werden, daß jeder Nachweis von Übereinstimmungen zwischen den ihm zugedachten Gehalten und Erscheinungen ausserhalb des expliziten Christentums apriori ausgeschlossen erscheint, weil sonst der empirische Nachweis für die Existenz heilshafter Momente außerhalb des Christentums erbracht werden könnte. Dies kann jedoch nur dann aprioristisch außgeschlossen werden, wenn man den Heilsbegriff aller diesseitigen Aspekte entkleidet und das Heil ganz auf ein "jenseitiges" Geschehen beschränkt, wenn man also den Preis einer enormen Entleerung des Heilsbegriffs zu zahlen gewillt ist.[1] Sobald sich jedoch der Bedeutungsgehalt von Heil auch auf existentielle und kognitive Aspekte des "Diesseits" erstrecken soll, ist eine Heilsteilhabe des einzelnen Nichtchristen nicht mehr aprioristisch auszuschließen.

---

[1] Typisch dafür ist jene theologische Hypothese, die – um einen exklusiven Heilsanspruch des Christentums mit dem Bekenntnis zum allgemeinen Heilswillen Gottes verbinden zu können – davon ausgeht, daß dem Nichtchristen nach seinem Tode die Möglichkeit einer für sein Heil ausschlaggebenden Entscheidung für Jesus Christus zuteil wird. Damit wird nicht nur der Heilsbegriff entleert, sondern das Leben des Nichtchristen der Belanglosigkeit, ja der Absurdität ausgeliefert

Ist dieses soweit konzediert, dann ist es für die Bewertung der nichtchristlichen Religionen wesentlich, den Einfluß zu berücksichtigen, den sie auf das Leben von Menschen haben können, weil es so möglich wird, auch nach ihrem Einfluß auf das Heil oder Unheil in diesem Leben zu fragen. Wenn aber die Heilsfrage an ausweisbare existentielle und kognitive Gehalte gebunden und ein diesbezüglicher Einfluß der Religionen aufgrund ihrer soziokulturellen Gestalt und aufgrund eines vollen Heilsbegriffes, der in einem genuin christlichen Sinn der sozialen Dimension des Menschen im Hinblick auf das Heil eine zentrale Bedeutung verleiht, nicht zu leugnen ist[2], dann läßt sich die Frage nach der Heilsbedeutung nichtchristlicher Religionen nicht mehr rein aprioristisch beantworten. Ihre Antwort ist dann vielmehr von Fall zu Fall in der konkreten Auseinandersetzung mit den einzelnen Religionen bzw. ihren unterschiedlichen Erscheinungsformen zu suchen. Dazu bedarf es allerdings der Entwicklung und Anwendung einer klaren Kriteriologie.[3]

---

[2] Die sozio-kulturelle Verfaßtheit der Religionen war bekanntlich der Hauptgrund dafür, daß K. Rahner ihnen eine positive Heilsbedeutung zusprach. Dabei ging er einerseits von der "sozialen Natur" des Menschen aus, andererseits aber auch von dem gerade dieser sozialen Natur des Menschen Rechnung tragenden Heilsbegriff des Christentums selbst. Den Einfluß der nichtchristlichen Religionen auf die Heilssituation des Menschen zu leugnen, würde nach Rahner dem "Wesen des Menschen" widersprechen, "der auch in seiner personalsten Geschichte immer noch ein Wesen der Gesellschaftlichkeit ist, dessen innerste Entscheidungen vermittelt sind durch die Konkretheit seines gesellschaftlichen und geschichtlichen Lebens, und nicht in einem von vornherein getrennten Sonderbereich sich abspielen". Und dies hätte zur Folge, daß "das Heilsgeschehen völlig unsozial und ungeschichtlich gedacht" wäre, was nach Rahner "fundamental dem geschichtlichen und gesellschaftlichen (kirchlichen) Charakter des Christentums" widerspricht (alle Zitate: K. Rahner, Grundkurs des Glaubens, Freiburg-Basel-Wien[9] 1976, 306). Schon in seinem religionstheologisch grundlegenden Aufsatz "Das Christentum und die nichtchristlichen Religionen" (K. Rahner, Schriften zur Theologie, Bd. V, Einsiedeln-Zürich-Köln 1964, 136-158) hatte Rahner in dieser Hinsicht argumentiert: "Wollte man ... dem außerchristlichen Menschen zumuten, er habe seine echte, ihn rettende Gottesbeziehung schlechthin außerhalb der ihm gesellschaftlich vorgegebenen Religion vollziehen müssen, dann würde eine solche Vorstellung aus Religion ein unfaßbar Innerliches, ein immer und überall nur indirekt Getanes, eine nur transzendentale Religion ohne jede kategoriale Greifbarkeit machen und würde das ... Prinzip der notwendigen Gesellschaftlichkeit jeder konkreten Religion aufheben, so daß dann auch das kirchliche Christentum die notwendige Voraussetzung allgemein menschlicher, naturrechtlicher Art für den Erweis seiner Notwendigkeit nicht mehr besäße." (ebd. 151f).

[3] Die Entwicklung einer solchen Kriteriologie hat mit aller Deutlichkeit Max Seckler gefordert (vgl. bes. M. Seckler, Theologie der Religionen mit Fragezeichen, in: Theologische Quartalschrift 166 [1986] 164-184). Dabei sieht er den "*Weg des Gewissens* und die *ethische* Dimension der Praxis, sei sie religionshaft verfaßt oder nicht" als das an, "was *theologisch* als *Ort der Heilsentscheidung* und als *Stoff der Heilswege* zu bestimmen ist" (ebd. 179; Hervorhebung im Original). Mit Rahner akzeptiert Seckler, daß

Im Hinblick auf die Frage nach einer solchen Kriteriologie hat W. Pannenberg eine kurze Skizze vorgelegt.[4] Im Anschluß an Mt 25, 31ff plädiert Pannenberg dafür, daß "die Lehre Jesu mit ihrem Gebot der Nächstenliebe" als "das Kriterium des letzten Gerichts, und zwar auch für Menschen, die Jesus nicht kannten" anzusehen sei.[5] In "Jesus und seine(r) Botschaft" das "eschatologische, endgültige *Kriterium* des Heils für alle Menschen" zu erblicken, bedeute "noch nicht, daß die ausdrückliche Gemeinschaft mit ihm auch die unumgängliche Form geschichtlicher *Vermittlung* der Heilsteilhabe für jeden Menschen sein muß".[6] Die Heilsteilhabe jener, die Jesus nicht kannten, entscheide sich daran, daß "ihr Leben faktisch dem Kriterium der Lehre Jesu entsprach"[7], was – so Pannenberg – "auch von den Christen"[8] gilt. Den Zusammenhang zwischen der Lehre Jesu und dem Gebot der Nächstenliebe bzw. der faktischen "Zuwendung zum Mitmenschen, die der in der Sendung Jesu offenbaren Zuwendung Gottes selbst zu den Menschen entspricht"[9], sieht Pannenberg i.S. eines Begründungsverhältnisses, wonach "die Forderung der Nächstenliebe ... ihren *Grund* (hat) in Jesu Botschaft von Gott, von der Nähe Gottes, die mit dem ganzen Gewicht des ersten Gebotes verbunden wird und so die Herrschaft Gottes schon anbrechen läßt bei dem, der sich auf sie einläßt."[10] Angesichts dieser zunächst primär individuell orientierten Kriteriologie, brauchen nach Pannenberg die nichtchristlichen Religionen "doch nicht bedeutungslos zu sein für das Verhältnis der in ihnen lebenden Menschen zu dem einen Gott und zu der damit verbundenen Möglichkeit ihres ewigen Heils."[11] Folglich werde "der Christ auch *die außerchristlichen Religionen auf ihre Nähe oder Ferne zur Botschaft Jesu* zu befragen haben, und die Urteilsbildung darüber wird in jedem Einzelfall unterschiedlich ausfallen."[12]

---

die Religionen "faktisch den soziokulturellen Kontext für die kategoriale Ausgestaltung der Gewissensentscheidung abgeben" (ebd.), wehrt sich jedoch entschieden gegen ihre pauschale theologische Legitimation, die Seckler offensichtlich ebenfalls bei Rahner meint entdecken zu können. Rahner hat allerdings keineswegs bestritten, "daß eine solche konkrete Religion auch negative Wirkungen auf das Heilsgeschehen in einem einzelnen nichtchristlichen Menschen haben kann" (Rahner, Grundkurs... a.a.O. 306). Die Ablehnung eine pauschalen Legitimation aller Religionen ist m.E. gerade deshalb geboten, *weil ein Einfluß der Religionen auf die Heilssituation des Menschen* (und zwar keineswegs nur des einzelnen Menschen) *anzunehmen ist*, d.h. ihre pauschale Bejahung ist aus exakt dem gleichen Grund abzulehnen wie ihre pauschale Verneinung.

[4] Vgl. W. Pannenberg, Religion und Religionen. Theologische Erwägungen zu den Prinzipien eines Dialoges mit den Weltreligionen, in: A. Bsteh (Hg), Dialog aus der Mitte christlicher Theologie, Mödling 1987, 179-196.
[5] Vgl. ebd. 188.
[6] Ebd. 188f; Hervorhebungen im Original.
[7] Ebd. 189.
[8] Ebd. 189.
[9] Ebd. 190.
[10] Ebd. 190.
[11] Ebd. 189.
[12] Ebd. 190; Hervorhebung im Original.

Die hier von Pannenberg vorgelegte Unterscheidung des *Heils-Kriteriums* von seinem *Grund* einerseits und der historischen *Vermittlung* der Heilsteilhabe andererseits schafft für die Bearbeitung der religionstheologischen Aufgabe eine hilfreiche Klärung. Dazu ist allerdings zunächst die Beziehung dieser drei Aspekte zueinander etwas weiter zu reflektieren.[13]

Das *Heils-Kriterium* der Nächstenliebe kann wohl kaum so verstanden werden, daß es sich dabei um eine Leistung handelt, die der Mensch erbringen muß, um dafür zur Belohnung das (eventuell dann sogar wieder nur "jenseitig" gedachte) Heil zu erhalten. Aus einer ganzen Reihe von Gründen ist die Nächstenliebe selbst bereits als Zeichen und Teil der Heilswirklichkeit zu begreifen.[14] Solche Gründe wären z.B. theologische Optionen wie die paulinische Auffassung, daß es der dem Menschen zuteil werdende göttliche Geist ist, durch den "die Liebe Gottes in unsere Herzen ausgegossen ist" (Röm 5, 5); anthropologische Einsichten wie z.B. die, daß nur lieben kann, wer selbst Liebe empfangen hat und moralphilosophische Erkenntnisse wie die, daß es keine Nächstenliebe ist, wenn sie primär einem anderen Ziel dient als dem Wohl des Nächsten. Gerade wenn Gott selbst als der angesehen wird, der den Menschen in nicht-differenzierender Liebe zugewandt ist, dann ist die Verwirklichung von Nächstenliebe zentraler Teil dessen, was die "Herrschaft" dieses Gottes – also sein "Reich" – ausmacht. Denn, wie Jesus lehrt, heißt "Herrschaft" im Hinblick auf Gott etwas diametral anderes als im Hinblick auf die "Herren dieser Welt" (vgl. Mt 20, 24-28 u. Par.). Insofern der Anbruch des Reiches Gottes "Heil" ist, realisiert sich in der Nächstenliebe bereits das Heil. Deshalb und in diesem Sinne ist die Nächstenliebe *Heils-Kriterium*! Und in diesem Sinne hat dann freilich auch die Forderung der Nächstenliebe ihren *Grund* in Jesu Botschaft von der Nähe Gottes.

Doch kann und muß dieses Begründungsverhältnis wohl auf zweifache Weise verstanden werden. Zum einen ist zweifellos die *explizite* Botschaft Jesu etwas, das auf direkte Weise den Weg in ein Leben der Nächstenliebe eröffnen kann. Die Geschichte des Christentums ist voll von spektakulären Bekehrungen, bei denen ein in die Praxis der Nächstenliebe führender

---

[13] Die folgenden Reflexionen sind dabei freilich nicht mehr als Referat Pannenbergs gemeint, noch erheben sie den Anspruch, seine Überlegungen weiterzuführen. Sie arbeiten lediglich mit der von ihm vorgeschlagenen begrifflichen Einteilung.

[14] Vgl. hierzu auch die von K. Rahner in seinem berühmt gewordenen Aufsatz: "Über die Einheit von Nächsten- und Gottesliebe" (in: ders., Schriften zur Theologie, Bd. 6, Zürich - Einsiedeln - Köln 1965, 277-298) vertretene Auffassung, wonach "in der Nächstenliebe ... das ganze christliche Heil, das ganze Christentum schon gegeben ist" (ebd. 297f), und "der Akt der Nächstenliebe ... der einzige kategoriale und ursprüngliche Akt (ist), in dem der Mensch die kategorial gegebene ganze Wirklichkeit erreicht, sich ihr gegenüber selbst total richtig vollzieht und *darin* schon immer die transzendentale und gnadenhaft unmittelbare Erfahrung Gottes macht" (ebd. 294).

Glaube aus dem Hören der Botschaft erwuchs. Und auf weniger spektakuläre Weise mag ungezählte Male das Vernehmen des Wortes zu jenem stärkenden "Brot" geworden sein, aus dem sich ein Leben der Nächstenliebe speist. Der Glaube an die Vergebung, das Vertrauen auf das unerschütterliche Angenommensein von Gott, ruft und befähigt dazu, auch dem Mitmenschen zu vergeben und ihm zugewandt zu bleiben. Zum einen gibt es also einen Begründungszusammenhang i.S. einer inneren Konsequenz zwischen dem Inhalt der Botschaft und ihrer existentiellen Wirkung auf den, *der sie vernimmt.* Ich möchte dies daher das *existentielle Begründungsverhältnis* nennen.

Zum anderen aber muß, gerade weil die Nächstenliebe als Teil der Heilswirklichkeit Heils-Kriterium ist, *Gott selbst* in ihr als wirksam angesehen werden. Die Nähe Gottes ermöglicht und inspiriert die Nächstenliebe nicht nur durch die christliche Botschaft von dieser Nähe, sondern darüber hinaus in einem unmittelbar existentialen Sinn. D.h., wo immer wirkliche Nächstenliebe ist, ist die Nähe Gottes ihr Grund: "denn die Liebe ist aus Gott, und jeder, der liebt, stammt von Gott und erkennt Gott" (1 Jo 4, 7b). Dieses nenne ich das *existentiale Begründungsverhältnis*.[15] Das Zusammenspiel beider Begründungsverhältnisse läßt sich mit dem Bild illustrieren, daß die das Heil existentiell begründende Botschaft als Kanal für das das Heil existential begründende Wirken Gottes dient.[16]

Nun läßt es sich m.E. zeigen, daß ein Leben der Nächstenliebe nicht minder konsequent auch auf andere Weise, d.h. durch andere "Botschaften", begründet und inspiriert werden kann als durch die Botschaft Jesu. Und ich hoffe, daß es mir in der Durchführung des hermeneutischen Ansatzes bei den menschlichen Grunderfahrungen gelungen ist, dies für den Fall der buddhistischen Heilsbotschaft auf plausible Art darzutun. Wenn nun die Nächstenliebe im vollen christlich-theologischen Sinn das *Heils-Kriterium* ist, weil und indem sie Teil der Heilswirklichkeit ist, und wenn ferner gilt, daß es wirkliche Nächstenliebe nicht nur auch außerhalb des expliziten Christentums gibt, sondern daß sie auch von den Botschaften anderer Religionen konsequent motiviert und induziert werden kann, legt sich dann nicht die Auffassung nahe, daß sich Gott auch dieser anderen Botschaften als Kanäle seines Wirkens bedient? Oder anders gefragt, muß die existentielle Heilsbegründung nicht notwendig in einem inneren Zusammenhang mit der existentialen Heilsbegründung stehen? Genau dies ist die Frage nach der Rolle der Religionen bei der *geschichtlichen Vermittlung* der Heilsteilhabe. Die Unterscheidung zwischen einer existentiellen und einer existen-

---

[15] Während dieser Sprachgebrauch in der Tradition von Rahners Heideggerrezeption steht, hat die Unterscheidung einer existentiellen und einer existentialen Begründung der Nächstenliebe ihr inhaltliches Vorbild in der traditionellen Unterscheidung von zwei Ursachen des Glaubens, wonach der Glaube einerseits aus dem Hören der Botschaft kommt und andererseits von Gott selbst gegeben ist.

[16] Bei der Konzentration auf die Botschaft handelt es sich freilich nur um *einen* Aspekt der letztlich sakramental sehr viel breiter zu verstehenden Heilsvermittlung.

tialen Heilsbegründung impliziert also zugleich die Unterscheidung zwischen einer existentiellen und einer existentialen Heilsvermittlung. Daraus ergeben sich mehrere neue gewichtige Konsequenzen und Fragen.

Eine erste Konsequenz besteht darin, daß zur theologischen Evaluation anderer Religionen diese nur insofern nach ihrer "Nähe oder Ferne zur Botschaft Jesu" zu beurteilen wären, als es um den kriteriologischen Status der Nächstenliebe geht. D.h. die Frage, ob den Heilsvorstellungen verschiedener Religionen christlich-theologisch zugestimmt werden kann, ist vor allem eine Frage nach dem Vorkommen und der Rolle der Nächstenliebe in diesen Heilsvorstellungen. Wenn die Nächstenliebe einen prominenten, ja vielleicht sogar ebenfalls kriteriologisch unverzichtbaren Platz in der Heilsbotschaft einer anderen Religion einnimmt, dann wäre es kriteriologisch nicht so sehr von primärer Bedeutung, wieweit sich auch die *Begründung* der Heilshaftigkeit der Nächstenliebe mit jener Begründung deckt, die sie im Evangelium erfährt. Viel wichtiger wäre vielmehr die Frage, welchen Grad an Plausibilität und Konsequenz solche Begründungen einer Heilshaftigkeit der Nächstenliebe haben, die sich anders vollziehen als im Christentum.[17]

Wer mit dieser Möglichkeit anderer Begründungswege nicht rechnet, läuft Gefahr, die Botschaft der anderen Religion auf eben jene Weise mißzuverstehen, wie es oben deutlich für den Fall der apologetischen Religionsvergleiche gezeigt werden konnte.[18] Denn - grob gesagt - geschah genau dies, daß man in Anbetracht der alles fundierenden Position der Gottesidee im Christentum davon ausging, daß der (als Leugnung Gottes gedeuteten) Abwesenheit einer Gottesidee im Buddhismus die gleiche, alles begründende Stellung zukomme, und schloß dann, daß dem Buddhismus auch alle jene Qualitäten der Heilserkenntnis und -verwirklichung fehlen müßten, die im Christentum ihren Grund in der Gottesvorstellung haben. Man mußte dies aus der inneren logischen Konsequenz des hermeneutisch falsch angesetzen

---

[17] Insofern zeigt denn auch die von W. Pannenberg entworfene Skizze in ihrer Durchführung eine starke Einseitigkeit, als er auf die Möglichkeit anderer Begründungen des Heils-Kriteriums nicht eingeht und die Botschaften anderer Religionen so vor allem an ihrer Nähe oder Ferne zur christlichen *Begründung* der Heilshaftigkeit der Nächstenliebe mißt. Obwohl ihm dies mit faszinierender Feinfühligkeit gelingt, kommt ein möglicher Eigenwert der gedanklichen Wege anderer Religionen von vornherein nicht recht in den Blick. Ganz anders dagegen der Beitrag von A. Pieris auf dem gleichen Symposium, der bereits mit der Feststellung beginnt: "Das Thema dieses Symposiums lädt uns zu einem Dialog mit dem Buddhismus 'aus der Mitte christlicher Theologie' ein. Das Thema meines Beitrages will noch einen Schritt weiter gehen und dazu aufrufen, daß ein solcher Dialog immer auch ein Dialog 'mit der Mitte buddhistischer Tradition' sein muß. Denn nur ein Dialog, der aus der Mitte *beider* Traditionen kommt, verdient in Wahrheit so bezeichnet zu werden." (A. Pieris, Christentum und Buddhismus im Dialog aus der Mitte ihrer Traditionen, in: A. Bsteh [Hg], Dialog aus der Mitte christlicher Theologie, Mödling 1987, 131-178, hier S. 131).
[18] Vgl. oben S. 36-68.

Weges schließen - wider allen textlichen Befund, der klar das Gegenteil belegte, und der dementsprechend umgebogen wurde, und es bis heute häufig immer noch wird. Eine der religionstheologischen Chancen des hermeneutischen Ansatzes bei den menschlichen Grunderfahrungen liegt im konkreten Fall der Auseinandersetzung mit dem Buddhismus somit darin, eben von vornherein die Eigengestalt der buddhistischen Botschaft und ihres inneren Sinnzusammenhangs in den Blick zu bekommen, und dies doch zugleich auf eine theologisch relevante Weise. Denn nur wenn der Sinn- und Begründungszusammenhang der buddhistischen Botschaft genuin erfaßt wird, und dazu die Möglichkeit offen gehalten wird, daß die buddhistische Botschaft von einer Heilswirklichkeit spricht, die sich in wesentlichen Zügen mit der vom Christentum bekannten Heilswirklichkeit deckt, sie aber auf anderen, vom Christentum verschiedenen Wegen begründet, kann christlicherseits die buddhistische Heilsbotschaft nicht nur als eine solche anerkannt, sondern auch in ihrem für den Christen herausfordernden Charakter vernommen werden. Und es liegt auf der Hand, daß sich dabei, weil nun die anders verlaufende Vermittlung des Heils nicht mehr einfach nur als defiziente erscheinen muß, dem Christentum gewichtige theologische Lernmöglichkeiten eröffnen.

Angesichts dieser soeben gezeigten Möglichkeit einer Verbindung der hermeneutischen mit der religionstheologischen Fragestellung, ergeben sich jedoch vor allem in zwei Richtungen weitere Fragen. Einerseits wäre in Richtung auf die Heilsvorstellungen selbst weiter zu erörtern, was es theologisch bedeutet, daß sich diese in einem kriteriologisch so zentralen Punkt wie dem der Nächstenliebe berühren, deshalb aber noch keineswegs deckungsgleich miteinander sind. Immer vorausgesetzt, daß eine solche vergleichende Erörterung der Heilsvorstellungen nicht einfach religionsphänomenologisch ansetzen kann, sondern den in dieser Untersuchung vorgeschlagenen (Um-)Weg über den Erfahrungsbezug der Unheilsdeutung und die spezifische Vermittlungsdynamik berücksichtigt[19], wären dann vor allem weitere Konstitutivelemente der jeweiligen Heilsvorstellungen im Verein mit dem kognitiven Status der über sie vorliegenden Aussagen zu thematisieren. Ein Beispiel dafür wäre etwa die Erörterung des im Zusammenhang mit der christlichen und buddhistischen Heilsvorstellung stehenden jeweiligen Freiheitsverständnisses, das beidemal einen durchaus wesentlichen Platz für die Bestimmung des Heiles einnimmt, aber deutlich von den jeweils anders orientierten Hierarchien in der Anknüpfung an die Grunderfahrungen gefärbt ist: im Christentum Freiheit also primär im Hinblick auf die Freiheit in der glückenden Beziehung gesehen wird (Freiheit der Kindschaft und Freundschaft, bzw. Freiheit von der Sünde) und im Buddhismus im Hinblick auf die Erfüllung des menschlichen Strebens nach dem Todlosen, so daß dieses nicht mehr von den letztlich unbefriedigenden Reizen des Vergänglichen gebunden ist, wobei es sich sowohl im Christentum als auch im Buddhismus um eine Freiheit handelt, in der die Entfaltung personaler Autonomie proportional zur Freiheit von Ich-Fixierung verstanden wird.

---

[19] Vgl. besonders oben S. 349 und 352.

Eine andere bedeutsame Fragerichtung muß sich auf den existentialen Begründungsaspekt der Heilswirklichkeit konzentrieren. D.h. es wäre näherhin zu prüfen, wie sich die existentialen Begründungen zueinander verhalten, die die christliche und die buddhistische Botschaft jeweils für ihre Heilsvorstellungen geben. Auch hier ist zunächst wiederum darauf hinzuweisen, daß dies - will man hermeneutische Verzerrungen vermeiden - nicht einfach durch einen phänomenologischen Vergleich der Konzepte geschehen kann. Für die christliche Seite könnte sich eine solche Prüfung vielleicht so darstellen: Es wäre davon auszugehen, daß es im Buddhismus zu einer konsequenten Begründung der Heilshaftigkeit der Nächstenliebe kommt, ohne daß bei dieser Begründung ein Gottesbegriff, noch ein wie auch immer geartetes Äquivalent desselben, eine Rolle spielt. Gleichzeitig aber beinhaltet die christliche Botschaft, daß die Realisation der Nächstenliebe Zeichen und Teil des Heils ist, d.h. daß sie immer und überall existential von der Zuwendung Gottes ermöglicht ist. Muß dies dann zwangsläufig bedeuten, daß - trotz aller inneren Stringenz, die sich bei jener existentialen Begründung entdecken läßt, die die buddhistische Botschaft für die Heilshaftigkeit der Nächstenliebe gibt, - diese hinsichtlich des *wahren* existentialen Ermöglichungsgrundes der Nächstenliebe im unklaren ist? Eine umgekehrte Fragestellung ergäbe sich natürlich auch von der buddhistischen Seite her, die - ausgehend von dem primär im Sinne der "Todlosigkeit" begriffenen Heil und dem Kriterium der Anhaftungslosigkeit - angesichts der christlichen Rede von der Zentralität Gottes, von seiner Ewigkeit und dem in der von Christus vermittelten Beziehung zu ihm empfangenen "ewigen Leben", fragen könnte, ob der Christ sich eigentlich und *wirklich darüber im klaren sei*, daß das Heil (bzw. das Nirvâna) nur dann wahrhaft realisiert sein kann, wenn das Haften an allen metaphysischen Vorstellungen überwunden ist. So kommt bei der Frage nach der existentialen Begründung des Heils unweigerlich die *Wahrheitsfrage* ins Spiel. Und für die christliche Seite ist - weil sie im Evangelium Gott als den Ursprung allen Heils verkündet - die Frage nach der Wahrheit jener existentialen Begründung des Heils, die der Buddhismus gibt, im Kern die Frage nach der *Offenbarungsrelevanz* seiner Botschaft.

6.3 Die Offenbarungs- und die Wahrheitsfrage

Als eine jener zentralen Fragen, denen eine Theologie der Religionen nachzugehen habe, hat M. Seckler im Anschluß an die Konzilserklärung "Nostra aetate" formuliert: "Mit welcher *Hermeneutik* und nach welchen *Kriterien* läßt sich ausmachen, was die anderen Religionen im Sinne des Zweiten Vatikanischen Konzils an 'Wahrem' und 'Gutem' enthalten?".[1] Daß eine theologische Kriteriologie m.E. auch in interreligiöser Hinsicht zunächst von der Heilsfrage auszugehen hat, habe ich im vorangegangen Abschnitt zu zeigen versucht. Dabei ergab sich jedoch, daß sich gerade in Anwendung des zentralen Heils-Kriteriums für den Christen die Frage nach der Wahrheit und der Offenbarungsrelevanz anders gelagerter Heilsbegründungen aufdrängt. Der zweite Abschnitt von "Nostra aetate", auf den sich Seckler mit seiner Frage bezieht, verortet die Annahme der Existenz von "Wahrem" und "Gutem" in anderen Religionen denn theologisch auch eindeutig in der Offenbarungstheologie. Insofern ist dem ersten, auf eine interreligiöse Hermeneutik abzielenden Teil von Secklers Frage vom Konzil eine Antwort vorgezeichnet, die mit sachlichem Recht eine Verbindbarkeit von interreligiöser Hermeneutik und Offenbarungstheologie verlangt. Zeigt nun aber der hermeneutische Ansatz bei den menschlichen Grunderfahrungen einen Weg, auf dem der buddhistischen Heilsbotschaft eine Offenbarungsrelevanz zuerkannt werden kann, obwohl sie weder einen Gottesbegriff noch ein Äquivalent desselben aufweist?

6.3.1 Kriteriologisch

Auf die Notwendigkeit, zur Entwicklung einer religionstheologisch brauchbaren Kriteriologie die Heilsfrage mit der Wahrheits- und der Offenbarungsfrage zu verbinden, ist seit den Tagen der Abgrenzung einer sich theologisch verstehenden Religionswissenschaft von einer rein phänomenologisch ausgerichteten immer wieder hingewiesen worden. Inzwischen wird jedoch immer deutlicher, daß das früher hierzu meist in Anschlag gebrachte – und primär am christlichen Verständnis des "Alten Bundes" orientierte – Erfüllungsschema (das Christentum als die Fülle der in anderen Religionen nur bruchstückhaft vorhandenen Wahrheit und als Hort der Erfüllung der in anderen Religionen mehr im Modus der Sehnsucht und Erwartung gegebenen Offenbarung Gottes) der Revision oder zumindest der Modifikation bedarf, weil es einerseits – worauf schon sehr früh Theologen wie H. Kraemer hingewiesen haben[2] – in der vorausgesetzten Kontinuität zwischen Erwartung

---

[1] M. Seckler, Theologie der Religionen mit Fragezeichen, a.a.O. 167; Hervorhebung im Original.

[2] Vgl. z.B. Kraemers Position auf der Weltmissionskonferenz von Tambaram (1938): "there are facts which everyone can recognise and verify if he takes the trouble to inverstigate them, demonstrating that the reality of the various religions of mankind simply forbids us to construe a relation of preparation and fulfilment between these religions and the Christian revelation...", in: ders., Continuity or Discontinuity, in: The

und Erfüllung nicht ohne weiteres dem faktischen Befund der Religionsgeschichte entspricht (andere Religionen verkünden ja zumeist nicht nur Erwartungen, sondern eben auch Erfüllungen, von denen nicht einfach klar ist, wie sie sich zur christlichen Botschaft verhalten), und weil es andererseits kaum geeignet sein kann, eine dialogische Lernbereitschaft zu begründen.³ Neue religionstheologische Vorschläge dazu, wie in *kriteriologischer Hinsicht* (!) die Heilsfrage mit der Wahrheits- und Offenbarungsfrage zu verbinden sei, sind bisher jedoch immer noch selten und stehen meist auf der Stufe erster, skizzenförmiger Entwürfe. Die derzeit wohl wichtigste Frage dürfte dabei sein, von *woher* eine solche Kriteriologie zu entwickeln ist (was auch die Frage einschließt, welche Autorität den jeweiligen Kriterien zukommt), ohne wieder in die Aporien des Erfüllungsschemas zurückzufallen.

In mehreren Anläufen hat H. Küng versucht, die Grundpfeiler einer solchen Kriteriologie auszumachen.⁴ Zunächst betont Küng, daß die Frage nach der "wahren Religion" weder rein pragmatisch noch rein kognitiv gestellt werden dürfe, sondern gerade im Fall von Religion das Ineinander von Theorie und

---

Authority of Faith (Tambaram Madras Series, vol. I), London 1939, 1-23; hier S. 5.

³ Als nur ein Beispiel, das deutlich zeigt, wie auch auf dem Boden einer eher konservativen Theologie vor allem diese beiden Gründe eine Modifikation ja teilweise Revision des Erfüllungsschemas verlangen, sei nochmals auf den religionstheologischen Umriß verwiesen, den M. Seckler vorgelegt hat. Gegen die Auffassung, daß unhinterfragt von einer inneren auf die Gottesoffenbarung bezogenen Kontinuität zwischen den Religionen ausgegangen werden kann, vertritt Seckler: "... die Annahme, daß die Religionen grundsätzlich als Orte der ausdrücklichen Wahrnehmung der Selbstbekundung der göttlichen Wirklichkeit anzusehen seien, kann einer kritischen Analyse nicht standhalten" (ders., Synodos der Religionen. Das 'Ereignis von Assisi' und seine Perspektive für eine Theologie der Religionen, in: Theologische Quartalschrift 169 (1989) 5-24, hier 21). Und im Hinblick auf das Gebot dialogischer Lernoffenheit vermerkt er: "Das christliche Wahrheitsverständnis und die Wahrheit der Offenbarung muß zwar unstreitig die ganze theologische Arbeit tragen und leiten. Aber das schließt die Dynamik der *theologischen* Wahrheitsfindung und die Offenheit *ihrer* Horizonte nicht aus. Der Glaube, der sich auf den Gott der Offenbarung und sein Wort einläßt, findet und hat darin sein ein und alles, aber die Theologie als Wissenschaft vom Glauben hat und weiß längst nicht alles, sondern ist in Rätsel und Gleichnis, in Ungewißheit und Wagnis, auch in Irrtum und Lüge *unterwegs* zu jener Weise des Innewerdens der Sache des Glaubens, zu dem sie auf ihre ganz spezifische Weise, auf der Ebene des kategorialen kognitiven Innewerdens, berufen ist. Hier hat der interreligiöse Dialog auch für die Theologie seinen Ort und seine Funktion." (ders., Theologie der Religionen mit Fragezeichen, a.a.O. 175).

⁴ Vgl. bes. H. Küng, Zu einer ökumenischen Theologie der Religionen, in: Concilium 22 (1986) 76-80, sowie die weitaus breitere Entwicklung dieses Ansatzes in: H. Küng, Theologie im Aufbruch. Eine ökumenische Grundlegung, München 1987, 274-314.

Praxis zu berücksichtigen sei.⁵ Davon ausgehend schlägt er folgende drei Kriterien vor:

"a. Nach dem *generellen ethischen Kriterium* ist eine Religion wahr und gut, wenn und insofern sie *human* ist, Menschlichkeit nicht unterdrückt und zerstört, sondern schützt und fördert.
b. Nach dem *generellen religiösen Kriterium* ist eine Religion wahr und gut, wenn und insofern sie ihrem eigenen *Ursprung* oder *Kanon* treu bleibt: ihrem authentischen »Wesen«, ihrer maßgeblichen Schrift oder Gestalt, auf die sie sich ständig beruft.
c. Nach dem *spezifisch christlichen Kriterium* ist eine Religion wahr und gut, wenn und insofern sie in ihrer Theorie und Praxis den Geist Jesu Christi spüren läßt. *Direkt* kann dieses Kriterium nur auf das Christentum angewandt werden ... *Indirekt* - und ohne Überheblichkeit - läßt sich dasselbe Kriterium gewiß auch auf die anderen Religionen anwenden: zur kritischen Aufklärung der Frage, ob und inwiefern sich auch in anderen Religionen ... von jenem Geist etwas findet, den wir als christlichen bezeichnen."⁶

Küng geht zunächst davon aus, daß "auch der Christ ... *kein Wahrheitsmonopol* (besitzt)", daß "die *Grenzen* zwischen *Wahrheit und Unwahrheit* ... auch *durch die jeweils eigene Religion* (gehen)."⁷ Folglich sucht Küng nach generellen Kriterien, die "nicht nur der subjektiven Willkür entspringen oder aber den anderen einfach übergestülpt werden sollen."⁸ Zwar, so Küng weiter, "wird keine Religion ganz darauf verzichten können, ihre ganz *spezifischen ... Wahrheitskriterien* an die anderen Religionen anzulegen. ... Aber: in jeder Religion sollte man sich darüber im klaren sein, daß diese Kriterien zunächst nur für sie selbst und nicht für die anderen relevant, gar verbindlich sein können. Sollten nämlich die je anderen ebenfalls schlicht auf ihren eigenen Wahrheitskriterien insistieren, wird ein echter Dialog von vornherein aussichtslos."⁹

Nun fragt es sich allerdings, inwieweit Küngs eigener Vorschlag, diesen von ihm selbst benannten Maximen zu entsprechen vermag. Beginnen wir mit dem zweiten Kriterium. Wie kann die "Treue" einer Religion zu ihrem eigenen Ursprung Kriterium für die Wahrheit oder das Gutsein einer solchen Religion sein? Sie kann dies nur in dem Maße sein, in dem eine solche "Treue" zu den Ursprüngen überhaupt beabsichtigt und behauptet wird. M.a.W. wenn jemand beansprucht, mit dieser oder jener praktischen bzw. theoretischen Schlußfolgerung dem Ursprung seiner Religion zu entsprechen, dann kann in etwa geprüft werden, ob dies der Fall ist bzw. sein kann, oder welche Bedenken es hier gibt, also ob der *Anspruch* auf Treue zum Ursprung als gerechtfertigt bzw. wahr erscheint. Damit ist jedoch noch nichts über die

---

⁵ Vgl. H. Küng, Theologie im Aufbruch, a.a.O. 275ff.
⁶ H. Küng, Zu einer ökumenischen..., a.a.O. 77.
⁷ Küng, Theologie im Aufbruch, a.a.O. 286; Hervorhebung im Original.
⁸ Ebd. 287.
⁹ Ebd. 288; Hervorhebung im Original.

Wahrheit und Güte der "Ursprünge" selbst ausgemacht, die doch nicht allein deshalb, weil ihnen Ursprungscharakter für religiöse Bewegungen zukommt, der kritischen Prüfung entzogen sein dürfen. Von der Beurteilung der "Wahrheit" und "Güte" der "Ursprünge" hängt dann aber erst ab, ob es die Treue oder gerade die Untreue zum Ursprung sind, die als "wahr" bzw. "gut" erscheinen mögen. Das zweite Kriterium ist somit nur von äußerst begrenzter und insofern nicht von der intendierten "generellen" Bedeutung.[10]

Das erste Kriterium zeigt sich bei näherer Hinsicht nun umgekehrt als zu "generell" gefaßt, um noch wirklich eine kriteriologische Funktion ausüben zu können. Bei den Erläuterungen, die Küng selbst gibt, wird die Schwierigkeit deutlich, hier inhaltsleere Tautologismen zu vermeiden, ohne gegen die eigene Absicht doch auf die spezifisch christlichen Vorstellungen von Humanität zurückgreifen zu müssen. So führt Küng aus: "Die Grundfrage für unsere Suche nach Kriterien also lautet: Was ist g u t für den Menschen? Die Antwort: Was ihm hilft, *wahrhaft Mensch zu sein*! Ethische Grundnorm ist daher: Der Mensch soll nicht unmenschlich, sondern menschlich leben; er soll sein Menschsein in allen seinen Bezügen verwirklichen! Sittlich gut ist also, was menschliches Leben in seiner individuellen und sozialen Dimension auf Dauer *gelingen und glücken* läßt, was eine optimale Entfaltung des Menschen in allen seinen Schichten und Dimensionen ermöglicht. ... Das heißt indessen gleichzeitig: Menschsein würde sich im Kern verfehlen, würde die Dimension des ›Trans-Humanen‹, Unbedingten, Umgreifenden, Absoluten geleugnet oder ausgeblendet. Menschsein ohne diese Dimension wäre ein Torso."[11] (kursive Hervorhebung von mir). Bei diesem Zitat liegen die Tautologien auf der Hand. Denn wenn von "wahrhaftem" Menschsein die Rede ist, vom "Gelingen und Glücken" des menschlichen Lebens, dann ist keineswegs in einer generell kriteriologisch anwendbaren Weise, also unabhängig von den Vorstellungen der jeweiligen Religionen, klar, was darunter zu verstehen sein soll. Sie sind es doch, die Vorgaben machen, hinsichtlich dessen, was "wahrhaftes" Menschsein ist und worin jener Sinn liegt, an dem sich dann bemißt, ob ein Leben als gelungen und geglückt anzusehen ist. Auch Küngs Forderung, daß sich Menschlichkeit in allen Schichten und Dimensionen des Lebens realisieren solle, erweist sich letztlich als tautolo-

---

[10] Im interreligiösen Dialog und damit auch im Hinblick auf eine Theologie der Religionen spielt dieses Kriterium eine gewisse Rolle, weil - wie oben ausgeführt (vgl. oben S. 449ff) - interreligiöse Hermeneutik nicht an traditionsimmanenter Hermeneutik vorbeisehen kann. Diesem Kriterium kommt in evaluativer Hinsicht dann eine größere Bedeutung zu, wenn die "Ursprünge" einer Religion bereits mittels anderer Kriterien eine Beurteilung erfahren haben, und es bei der interreligiösen Evaluation nun auch um die Frage nach der Bandbreite jener Beurteilungsmöglichkeiten geht, die eine religiöse Tradition selbst hinsichtlich ihrer Ursprünge in Anwendung bringt. Nach meiner Meinung enthalten die Quellentexte verschiedener Religionen eine ganze Reihe von einzelnen Optionen, deren treue Befolgung wenig wünschenswert erscheint.
[11] Küng, Theologie im Aufbruch, a.a.O. 292f; gesperrte Hervorhebung im Original.

gisch. Denn kriteriologisch-evaluativ ist damit noch nicht gesagt, wie der Mensch sich in diesen verschiedenen Dimensionen verstehen und welche praktischen Schlüsse er daraus ziehen soll. Gesagt ist lediglich, daß keine Dimension zu vernachlässigen sei, was aber im Begriff der Ethik selbst, die ja in allen Bereichen des Menschseins ihre Bedeutung haben muß, schon angelegt ist.[12] Allein nicht tautologisch und daher wirklich von kriteriologischer Bedeutung ist Küngs Behauptung, daß Menschsein bei der Leugnung der Dimension des "Umgreifenden" verfehlt werde. Aber genau dem wird von atheistischer Seite - und z.T. eben auch unter Berufung auf ethische Argumente - widersprochen! Der Rahmen des generell ethischen Kriteriums wäre also mit diesem Aspekt bereits in Richtung auf eine religiös spezifizierte Ebene verlassen. Daraus ergibt sich m.E. jedoch keineswegs, daß die ethische Dimension für eine interreligiöse Kriteriologie ausfallen muß, sondern daß auch in ethischer Hinsicht die veranschlagten Kriterien in den spezifischen religiösen Grundanschauungen wurzeln und *als solche* angewandt werden sollen und können! Denn es ist keineswegs das Ende des Dialogs, wenn über ethische Fragen von unterschiedlichen religiösen Perspektiven aus diskutiert wird. Das ganze Spektrum zwischen Divergenz und Übereinstimmung bleibt hier durchaus möglich, weil Unterschiede in den religiösen Grundlagen zur Beantwortung ethisch relevanter Fragen nicht zwangsläufig zu unterschiedlichen Antworten auf dieselben führen müssen!

So bleibt in Küngs Versuch letztlich doch allein das dritte von ihm benannte Kriterium ausschlaggebend, die Nähe und Ferne zum "Geist Jesu Christi" in "Theorie und Praxis" einer anderen Religion, womit das gesamte kriteriologische Problem erneut auf die Frage nach der wahren Heilsbegründung bzw. nach der Offenbarung zurückgeworfen ist. Denn Küng kann den "Geist Jesu Christi" nur deshalb zum endgültigen Maßstab machen, weil er ihm Offenbarungscharakter beimißt, weil er glaubt, "daß der Gott Abrahams, Isaaks (Ismaels) und Jakobs ... sich in einer unvergleichlichen und für uns entscheidenden Weise kundgetan hat im Leben und Wirken, Leiden und Sterben dieses Jesus von Nazaret."[13] So gelangen - wie Küng selbst zugibt - die drei benannten Kriterien darin zur Deckung, daß "wahre Humanität" als Konsequenz der in der Schrift bezeugten "Verkündigung des Reiches und Willens Gottes" begriffen wird.[14] Daß damit aber in der Tat die kriteriologische Fragestellung wieder an den Anfang zurückverwiesen ist, erhellt aus der ungeklärt neben jener theologischen Option stehenden Fest-

---

[12] Die Berechtigung dieser Kritik wird vollkommen deutlich, wenn man beachtet, daß Küng unter "allen Dimensionen" ausdrücklich "auch die Trieb- und Gefühlsschicht" nennt (ebd. 293) und gleichzeitig - zur Illustration der Anwendbarkeit des ethischen Kriteriums - die Frage stellt: "Wird Prostitution zum Gottesdienst, weil sie im Tempel geschieht?" (ebd. 289). Denn hier erweist es sich, daß es Küng nicht so sehr darum geht, daß innerhalb der ethischen Dimension einer Religion alle Bereiche des menschlichen Lebens berücksichtigt werden, sondern eben doch vielmehr darum, *wie* sie berücksichtigt sind!

[13] Ebd. 301.

[14] Vgl. ebd. 303.

stellung Küngs, daß wir bei der Entscheidung für den "Gott Jesu Christi" - soll sie eine "vernünftig verantwortbare" sein - "um die Mühe einer inhaltlichen empirischen Begründung der Bedeutsamkeit Jesu Christi nicht herum" kommen, die "auch im kritischen Vergleich mit mit anderen großen religiösen Gestalten" vollzogen werden müsse.[15] Aber, so drängt es sich doch nun wieder unabweisbar als Frage auf, nach welchen Kriterien?

Genau diese Frage hat John Hick aufgegriffen.[16] Zwar, so Hick, stelle sich rein faktisch die Situation nach wie vor weitgehend so dar, daß man jene Religion als die wahrste und beste ansehe, in die man hineingeboren sei, und alle anderen Religionen daher am Maß der eigenen messe. Doch bleibe ja rein logisch die Möglichkeit bestehen, daß man eventuell nicht jenes glückliche Geschick hatte, in der besten aller religiösen Traditionen aufzuwachsen, so daß die Frage nach anderen Kriterien als jenem der "congruence or lack of congruence with the features of one's own tradition"[17] durchaus bedrängend bleibe. Inwiefern aber gelingt Hick die Entwicklung einer darüber hinausgehenden Kriteriologie?

Bei der Suche nach solchen Kriterien greift Hick vor allem auf die Entstehungssituation von Stifterreligionen zurück, da angesichts solcher religiöser Aufbrüche gefragt werden kann, was der Person und der Botschaft des Stifters jene große Akzeptanz gewährte, die zur Entstehung der Religion führte. Hierbei ist nach Hick das ethische Kriterium von herausragender Bedeutung. D.h., "when we encounter, whether directly or indirectly, one who claims or is claimed to be a mediator of the divine or religious truth, we take note of the supposed mediator's moral character, and would be unable to accept that person as genuine if he or she seemed to us morally questionable."[18] Aber - so läßt sich gegenüber Hick fragen - kommt diesem Kriterium wirklich ein *genereller* Rang zu? Immerhin kennt die Geschichte ebenso wie die Gegenwart Führerfiguren, deren Botschaften große Akzeptanz finden, obwohl der moralische Charakter ihrer Verkünder durchaus fragwürdig ist, ja nicht einmal unbedingt von jenen als ethisch besonders hochstehend angesehen werden muß, die ihnen folgen. Hick bringt das Beispiel, daß "if Jesus had taught hatred, selfishness, greed, and the amassing of wealth by exploiting others, he would never have been regarded as a true

---

[15] Ebd. 302.
[16] So zunächst in J. Hick, On Grading Religions, in: ders., Problems of Religious Pluralism, London² 1988, 67-87 und inzwischen ausführlicher in: ders., An Interpretation of Religion. Human Responses to the Transcendent, London 1989, 297-376. Allerdings geht es Hick - als einem Vertreter des pluralistischen Ansatzes in der Religionstheologie (vgl. unten S. 704) - dabei nicht um den konkreten Aufweis einer Überlegenheit Jesu oder des Christentums gegenüber anderen Stifterfiguren oder Religionen, sondern darum, den pluralistischen Theorieansatz vor einem kritikunfähig machenden Relativismus zu bewahren.
[17] Hick, Problems of Religious Pluralism, a.a.O. 73.
[18] Ebd. 76.

'son of God', revealing the divine to mankind."[19] Aber haben nicht bis heute viele Gefolgschaft gefunden, die genau solches predigten (ja z.T. sogar weil sie es predigten) oder es zumindest nicht verurteilten? Um solche Fälle aus der kriteriologischen Diskussion auszugliedern, müßte Hick die Frage allein auf die Bedeutung der Ethik bei der Akzeptanz *religiöser* Führer eingeengt sein lassen. Abgesehen davon, daß auch im religiösen Bereich die Auffassungen hinsichtlich moralischer Qualifikationen und der ihnen beizumessenden Bedeutung bisweilen doch gravierende Abweichungen zeigen, stellt sich die Frage, ob hinter der dann unterstellten besonderen Verbindung von Ethik und Religion nicht bereits eine verborgene Ausweitung des ethischen Kriteriums auf nichtethische Inhalte steckt, wie sie eben von bestimmten religiösen Traditionen vermittelt werden. Mit dem von Hick gegebenen Beispiel wird zumindest deutlich, daß das ethische Kriterium nicht losgelöst ist von einer bestimmten, bereits vorgegebenen religiösen bzw. weltanschaulichen Situation. Denn woher sollte sonst die Auffassung kommen, daß der "true 'son of God'" jemand sein muß, dessen Leben und Lehre dem Gebot der Nächstenliebe zu entsprechen hat, wenn solches nicht bereits in einer religiösen Tradition grundgelegt war?

So konzediert denn auch Hick, daß in der Entstehungssituation großer Stifterreligionen "the general religious backgrounds ... were of course importantly relevant. But human discriminative capacities must also have been at work, operating in accordance with at least implicit criteria, in the initial response to these great religious figures ..."[20]. Natürlich kann und soll im Hinblick auf eine interreligiöse Kriteriologie nicht die menschliche Entscheidungsfreiheit geleugnet werden. Doch fragt es sich allerdings, ob diese wirklich *nur faktisch* (und zumeist) auf dem Hintergrund eigener religiöser bzw. weltanschaulicher Auffassungen ausgeübt wird, oder ob nicht vielmehr notwendig und unausweichlich interreligiöse Kriteriologie immer bei den eigenen, spezifischen religiösen bzw. weltanschaulichen Gegebenheiten ansetzen muß! Zumindest scheint alles, was für eine generelle interreligiöse Kriteriologie infrage kommt, nicht in einer reinen, von solchen *spezifischen* Voraussetzungen unabhängigen Form gegeben zu sein.

Als zweites Kriterium, das in der Akzeptanz von Stifterpersonen wirksam sei, benennt Hick den Umstand, daß der Stifter "opens up a new, exciting and commanding vision of reality in terms of which people feel called to live."[21] Da dieses zweite – kognitive – Kriterium eine eindeutige existentielle bzw. pragmatische Orientierung besitzt, ist es eng verbunden mit dem dritten Kriterium, nämlich der lebenspraktischen Bewährung jener neuen Vision, bei denen, die sie sich zu eigen machen.[22] Das dritte Kriterium ist somit, wie Hick selbst sagt, eine "Erweiterung" ("extension"[23]) des zweiten, die

---

[19] Ebd. 76.
[20] Ebd. 74.
[21] Ebd. 77.
[22] Vgl. ebd. 77f.
[23] Ebd. 77.

sich zudem letztlich wiederum stark dem ersten annähert, da für Hick das ethische Kriterium nicht nur das in lebenspraktischer Hinsicht zentrale ist, sondern er ein ethisches Leben auch als den Mittelpunkt jenes neuen Lebens der Heiligkeit begreift, das durch die neue Vision erschlossen wird. So gesehen stellt das dritte Kriterium Hicks m.E. das Bindeglied zwischen dem ersten und zweiten dar, geht es doch um die Praktikabilität und Effektivität des Begründungsverhältnisses zwischen dem ersten und dem zweiten Kriterium. Konnte aber für das erste Kriterium bereits festgestellt werden, daß dieses nicht einfach in dem Sinne "generell" ist, daß es dabei von den jeweils spezifischen ethischen Optionen und kognitiven Vorgaben unabhängig ist, sondern immer nur von einem bereits bestehenden weltanschaulich bzw. religiös geprägten Hintergrund aus angewandt werden kann, so gilt nun auch für das zweite - explizit kognitive - Kriterium: "His vision (die vom Religionsstifter neu eröffnete; Anm. v. mir) must of course be capable of being plausible to his hearers; and this has always required a sufficient continuity between the new message and the basic assumptions of the culture in which both mediator and hearers participate."[24] Dies aber impliziert m.E., daß die kriteriologische Frage nach der Wahrheit einer "neuen Vision der Wirklichkeit" ebenfalls nicht einfach "generell" gestellt werden kann, sondern immer nur von einer bereits vorhandenen Wirklichkeitssicht aus. Der Grund dafür, daß dies nicht nur faktisch sondern durchaus notwendig der Fall ist, ist dabei ein *hermeneutischer*: damit die neue Wirklichkeitssicht überhaupt adäquat verstanden und auf ihre Wahrheit hin beurteilt werden kann, muß es eine für dieses Verständnis ausreichende inhaltliche Verbindung zwischen der alten und der neuen Wirklichkeitssicht geben. Was aber, wenn sich - wie in der heutigen Situation - nun solche "Visionen der Wirklichkeit" begegnen, die, wie im Falle von Christentum und Buddhismus, ohne solche unmittelbar historischen Verbindungen ihrer Inhalte entstanden sind? Hierin bewährt sich somit der hermeneutische Ansatz bei den menschlichen Grunderfahrungen, der ja - wie oben ausführlich dargelegt wurde - den gemeinsamen Bezugspunkt nicht bei der transzendenten Realität ansetzt, deren gemeinsame Erfassung (bzw. der Grad derselben) religionstheologisch ja gerade zur Debatte steht, sondern eben bei der menschlichen Wirklichkeit, deren gemeinsame Thematisierung unbestritten ist.

Daß auch das Kriterium der Wahrheit nie generell, d.h. unabhängig von einem spezifisch geprägten Hintergrund aus, angewandt werden kann, gilt auch und im besonderen für die jeweilige Konzeption von "Wahrheit". Es macht daher wenig Sinn, im Hinblick auf die Entwicklung einer interreligiösen Kriteriologie die Einschaltung der Wahrheitsfrage zu verlangen, ohne gleichzeitig in einen dialogischen Diskurs über das Wahrheitsverständnis einzutreten. Welchen Sinn würde es z.B. haben, einfach den Wahrheitsanspruch der "Vier Edlen Wahrheiten" zu bestreiten, ohne Berücksichtigung der diffizilen und subtilen buddhistischen Wahrheitskonzepte, sagt doch auch das hochverehrte und im Mahâyâna weitverbreitete Prajñâpâramitâ-Hrdaya-Sûtra: "there are not (the Four Truths, viz.) that there is pain, origin of

---

[24] Ebd. 77.

pain, stoppage of pain, and the path to it".[25] Unterschiede in den Wahrheitskonzeptionen sind also besonders zu berücksichtigen, wenn zu prüfen ist, ob zwischen den Aussagen einer anderen Religion und denen der eigenen unversöhnliche Widersprüche bestehen.[26]

Insgesamt zeigt sich somit, daß die Frage nach der "wahren" oder "guten" Religion kriteriologisch nicht *von einem "neutralen" oder "generellen" Grund aus* gestellt werden kann, sondern immer auf der Basis einer bereits religiös bzw. weltanschaulich verfaßten Kriteriologie![27] Damit ist natürlich nicht bestritten, daß in verschiedenen Religionen unter Umständen durchaus gleiche Kriterien vorliegen, im Dialog entdeckt und nun bewußt zur eigenen und wechselseitigen Kritik angewandt werden können. Und mit der Festlegung des kriteriologischen Ausgangspunktes auf die eigene weltanschauliche bzw. religiöse Tradition und Position ist auch keineswegs gesagt, daß sich die Frage der Konversion nicht stelle, sondern nur daß diese dann tatsächlich eine Frage der *Konversion* ist. Man wird eben nicht einfach von irgendwelchen "generellen" Kriterien her die *heilsbezogene* (!) Frage nach der Wahrheit einer Religion stellen können, sondern dabei immer von dem ausgehen, was man bislang für heilshaft hält und als eine tragfähige (sprich: wahre) Begründung dafür ansieht. Doch beides kann i.S. konstitutiver Elemente Kriterien und Maximen[28] enthalten, die gegebenenfalls, also unter Beachtung neuer Informationen, neuer Aspekte, neuer Erfahrungen etc., zur Revision der bisherigen Auffassung bis hin zur Konversion nötigen. In diesem Sinne werden also kleine und große "Konversionen" mit jedem kleineren und grösseren Erkenntnisfortschritt bzw. dem, was man als einen solchen ansieht, vollzogen. Doch das, was zur Akzeptanz des Neuen führt, steht in einem expliziten oder impliziten Zusammenhang mit dem Alten!

---

[25] Buddhist Mahâyâna Texts, a.a.O., Part II, 148; vgl. oben S. 546 Anm. 18.
[26] Es ist daher m.E. sehr zu begrüßen, daß sich J. Hick inzwischen von einer Engführung der Wahrheitsfrage i.S. eines rein kognitiv-deskriptiven Wahrheitsverständnisses freigemacht und eine weitaus differenziertere Position eingenommen hat, wonach auch in interreligiös kriteriologischer Hinsicht gemeinsam mit den verschiedenen Bezugsebenen von Wahrheitsansprüchen auch unterschiedlichen Konzeptionen hinsichtlich des Bedeutungsgehaltes religiöser Aussagen Rechnung zu tragen ist (vgl. hierzu bes. J. Hick, An Interpretation of Religion, a.a.O. 343-376).
[27] Vgl. hierzu auch H. Coward, The Possibility of Paradigm Choice in Buddhist-Christian Dialogue, in: Journal of Ecumenical Studies 25 (1988) 370-382. Coward wehrt sich gegen eine Auffassung, die den einzelnen Menschen angesichts des religiösen Pluralismus in einer "Supermarkt-Situation" der freien Auswahl begreift, und weist mit Recht darauf hin, "that there is no neutral consciousness from which to choose between religious paradigms" (ebd. 382).
[28] Und natürlich können sich auch die Kriterien und Maximen selbst ändern, wobei, wenn dieser Prozeß reflektiert abläuft, jedoch von der Kontrolle durch gewisse Leitkriterien auszugehen ist, die unter neu gewonnen Aspekten eine Veränderung in den Subkriterien erforderlich machen kann.

Einen anderen kriteriologischen Vorstoß, der im Unterschied zu den Versuchen Küngs und Hicks von Anfang an seinen Ausgangspunkt dezidiert bei der spezifisch christlichen Position nimmt, hat Peggy Starkey vorgelegt.[29] Als Kriterium zur christlichen Beurteilung der Wahrheitsansprüche anderer Religionen schlägt sie vor: "from a Christian perspective it can be said that other religions contain truth insofar as they contain revelation that requires a human response of love (*agape*) toward other human beings." Starkey begründet dieses Kriterium in mehreren Schritten. Zunächst optiert auch sie dafür, "Wahrheit" im christlichen und allgemein religiösen Sinn nicht allein als Aussagen-Wahrheit zu verstehen, sondern als heilswirksame Offenbarung Gottes. Religionen *enthalten* in diesem Sinne Wahrheit, wenn und insofern sie "wahre Offenbarung" enthalten.[30] Nach dem Zeugnis des Neuen Testaments besteht für Starkey das Zentrum der Offenbarung Gottes in der Offenbarung seiner Liebe, die als das eigentliche Wesensmerkmal Gottes ausgewiesen wird. Die allein angemessene Antwort des Menschen auf diese Offenbarung bestehe darin, daß er die Gestaltung der zwischenmenschlichen Praxis in dieser Liebe begründet sein lasse. "Thus, the Jesus tradition teaches that one's response to God's love is rooted in God's way of relating to humanity – with totally impartial and unconditional *agape*."[31] Wo immer andere Religionen zu einer Verhaltensweise auffordern, die die gleichen Charakteristika wie die im Neuen Testament bezeugte Agape tragen, könne davon ausgegangen werden, daß diese wahre Offenbarung enthalten.

Starkey macht somit die Liebe, die m.E. unbedingt als das entscheidende *Heils-Kriterium* anzusehen ist, zugleich zum Wahrheitskriterium. Der Grund dafür liegt dabei eindeutig darin, daß sie – m.E. mit Recht – darauf besteht, die Wahrheitsfrage als Frage nach der Offenbarungsrelevanz zu stellen, es im christlichen Verständnis von Offenbarung aber um die Selbtmitteilung des Gottes, der die Liebe ist, geht. Nun übersieht Starkey nicht, daß die Agape bzw. analoge Verhaltensweisen in anderen Religionen anders begründet werden als im Christentum, doch widmet sie diesem Umstand keine weitere Aufmerksamkeit, sondern stellt lediglich fest, daß dadurch die kriteriologische Validität der Agape nicht eingeschränkt werde.[32] Das bedeutet aber, daß auch der kriteriologische Vorstoß von Starkey noch nicht jene Problematik löst, die gerade von der Gültigkeit der Agape als Heils-Kriterium aufgeworfen wird: nämlich was es theologisch – und zwar offenbarungstheologisch – bedeutet, wenn die Heilshaftigkeit der Nächstenliebe in anderen Religionen anders begründet wird als im Christentum! Sind dann

---

[29] P. Starkey, Agape: A Christian Criterion for Truth in the Other World Religions, in: International Review of Mission 74 (1985) 425–463. Dieses Heft (Oktober 1985, No. 296) enthält zugleich eine von mehreren Autoren bestrittene Diskussion der These von Starkey.
[30] Vgl. ebd. 426–430.
[31] Ebd. 432.
[32] Vgl. ebd. 433: "I also acknowledge the different reasons for and the varied emphases placed upon *agape* in other religions without denying the validity of *agape* as a criterion for truth in the world religions." und die ähnliche Aussage ebd. 463.

vom Standpunkt des Christentums aus die anderen Begründungen – obzwar sie offensichtlich effektiv und plausibel sind – dennoch als unzureichend und letztlich falsch anzusehen, weil sie über den wahren Grund, die Zuwendung Gottes in Jesus Christus, keine Auskunft geben? Ist dies die einzig mögliche Konsequenz, die aus der Einsicht folgt, daß keine generellen Kriterien zur interreligiösen Evaluation vorliegen, die nicht vom eigenen, spezifischen religiösen Hintergrund vorgeprägt sind? Oder können solche anderen existentialen Begründungen als andere, die Offenbarung Gottes in Jesus Christus ergänzende, modifizierende oder variierende Formen der Offenbarung gewertet werden? Zeigt sich der eine wahre Grund des Heils hier vielleicht nur auf eine andere Weise? Die kriteriologischen Überlegungen zur Frage nach der Wahrheit und der Offenbarungsrelevanz anderer existentialer Begründungen der Heilshaftigkeit der Nächstenliebe drängen unausweichlich zur inhaltlichen Beurteilung.

6.3.2 Inhaltlich

Verschiedene Gründe erkenntnistheoretischer, sprachphilosophischer und vor allem christologischer Art haben dazu geführt, *Offenbarung* immer deutlicher als *Selbstmitteilung Gottes* aufzufassen.[1] Bei dieser Konzeption von Offenbarung läßt sich nicht zuletzt jener theologische Zusammenhang klarer fassen, wonach das Heil in der bedingungslosen Zuwendung Gottes zum Menschen besteht, die in Jesus Christus offenbar geworden ist und in ihm die erkennbare Mitte ihrer Realität hat. An und durch Jesus Christus wurde Gott selbst in seiner Zuwendung zum Menschen als der eigentliche existentiale Grund des Heils erkannt. Nun kann aber – wie gezeigt – mit guten Gründen davon ausgegangen werden, daß Jesus Christus und die Botschaft von ihm nicht immer und überall auch im existentiellen Sinn das Heil begründen, sondern bei der existentiellen Heilsbegründung eine Wirksamkeit der anderen Religionen nicht ausgeschlossen werden kann, ja daß sie sich – wie ich mit Starkey meine – überall da nahelegt, wo sie ein Leben der Nächstenliebe als heilshaft begründen und evozieren. Was aber bedeutet dies dann für die Auffassung von der Offenbarung i.S. einer Selbstmitteilung Gottes in Jesus Christus als dem wahren Heilsmittler für alle? Bedarf diese Auffassung der Revision, oder muß man von einer verborgenen Heilsmittlerschaft Christi in und durch jene Religionen ausgehen, bei denen sich die Annahme ihres Heilswegcharakters nahelegt? Ist – und wenn ja wie – eine solche existentiale Heilsmittlerschaft Jesu Christi überhaupt denkbar, ohne allein als eine undurchschaubare Behauptung zu erscheinen? Und was bedeuten die bei diesen Fragen jeweils möglichen Antworten für die christliche Bewertung der in den Botschaften anderer Religionen benannten anderen existentialen Heilsbegründungen? Kann beispielsweise angesichts des Verständnisses von Offenbarung i.S. der Selbstmitteilung Gottes, die ihren vollendeten Ausdruck in Jesus Christus hat, überhaupt sinnvoll nach einer Offenbarungsrelevanz der buddhistischen Heilsbotschaft gefragt werden, wo doch in ihr nicht nur Jesus Christus keine Rolle spielt, sondern sich auch kein Äquivalent zum Gottesbegriff findet?

Gegenwärtig vollzieht sich die religionstheologische Auseinandersetzung um die Heilsmittlerschaft und Offenbarungsrelevanz Jesu Christi hauptsächlich zwischen zwei Richtungen.[2] Die Vertreter der einen Richtung geben die Vor-

---

[1] Zu den Entwicklungen im Verständnis von Offenbarung vgl. die Zusammenfassung von H. Döring, Paradigmenwechsel im Verständnis von Offenbarung, in: Münchener Theologische Zeitschrift 36 (1985) 20-35, sowie die dort angegebene Literatur.

[2] Kaum eine größere Rolle spielt in der gegenwärtigen religionstheologischen Diskussion die *exklusivistische* Interpretation der Heilsvermittlung, die grundsätzlich die Möglichkeit eines positiven Beitrages nichtchristlicher Religionen zur Heilsrealisation bestreitet. Gegenwärtig sind als gewichtige, aber zugleich auch gemäßigte Vertreter dieser Richtung vor allem zu nennen: N. Anderson, Christianity and World Religions. The Challenge of Pluralism, Leicester – Downers Grove 1984; G. A. Lindbeck,

stellung einer Heilsmittlerschaft Christi für die Menschen anderer Religionen auf. Sie begreifen die Heilsmittlerschaft Jesu Christi allein i.S. der geschichtlichen bzw. existentiellen Begründung, wonach diese folglich auf die christliche Tradition beschränkt ist. Insofern ist Jesus Christus denn auch nur für die Christen eine Offenbarung Gottes. In anderen religiösen Traditionen gebe es gleichranglge Mittlergestalten, die, weil sie aus einer ähnlich dichten Beziehung zur göttlichen Wirklichkeit lebten wie Jesus Christus, in den sich an ihnen entzündenden religiösen Bewegungen in ebenso gültiger Weise wie dieser das Heil und die Erkenntnis der göttlichen Wirklichkeit vermitteln. Der einzige Grund des Heils aber ist die göttliche Wirklichkeit selbst, die auf mannigfache Weise erfahren und jeweils unterschiedlich konzeptualisiert werde. Durch den interreligiösen Dialog vermögen die verschiedenen großen religiösen Traditionen der Menschheit heute die Zeugnisse und Spuren der Wirksamkeit jener heilsstiftenden göttlichen Wirklichkeit beim jeweils anderen zu entdecken und dadurch voneinander zu lernen.[3]

Die Vertreter der anderen Richtung versuchen zu erkunden, ob nicht auch die Heilsvermittlung in und durch andere Religionen christologisch gedacht werden kann, ja sogar gedacht werden muß, wenn der Relativismus vermieden werden soll. Dabei versuchen sie die christologische Heilsvermittlung so zu konzipieren, daß aus diesem theologischen Axiom nicht notwendig eine christliche Verzerrung der Gestalt und Botschaft anderer Religionen folgen muß, und zugleich dem Christentum trotz dieses Axioms nicht apriori die Möglichkeit versperrt wird, in theologisch relevanter Weise von anderen zu lernen. Jesus Christus wird dann meist nach wie vor als die zentrale Offenbarung Gottes angesehen, jedoch als eine, deren volle Erkenntnis noch nicht abgeschlossen ist, sondern durch die Gewahrwerdung des Wirkens Christi in den anderer Religionen erst heraufzieht.[4]

The Nature of Doctrine. Religion and Theology in a Postliberal Age, Philadelphia 1984; L. Newbigin, The Open Secret, Grand Rapids 1978.

[3] Zu den bedeutendsten Anregern dieser *pluralistisch* (bzw. *theozentrisch*) orientierten Interpretation der Heilsvermittlung gehört W. C. Smith (vgl. die oben S. 132ff genannten Werke). Über Smith hinaus wären als gewichtige Beiträge zu nennen: P. Knitter, No Other Name? A Critical Survey of Christian Attitudes Toward the World Religions, New York² 1986 (1. Aufl. 1985; gekürzte deutsche Ausgabe: ders., Ein Gott - viele Religionen. Gegen den Absolutheitsanspruch des Christentums, München 1988); A. Race, Christians and Religious Pluralism. Patterns in the Christian Theology of Religions, London 1983, und vor allem die Werke John Hicks, der inzwischen als einer der radikalsten und zugleich profiliertesten Vertreter dieser Richtung angesehen werden kann; siehe bes. die drei Aufsatzsammlungen: J. Hick, God Has Many Names, Philadelphia² 1982; ders., God and the Universe of Faiths, London³ 1988; ders., Problems of Religious Pluralism, London² 1988, sowie die große systematische Darlegung: ders., An Interpretation of Religion. Human Responses to the Transcendent, London 1989.

[4] Immer noch sind für diese *inklusivistisch* (bzw. *christozentrisch*) orientierte Interpretationsrichtung die Werke K. Rahners von Bedeutung. In der gegenwärtigen Diskussion sind als wichtige Beiträge vor allem zu nennen: A. Camps, Partners in Dialogue. Christianity and Other World

Der hier im Hinblick auf ein christliches Verständnis der buddhistischen Heilsbotschaft vorgeschlagene hermeneutische Ansatz bei den menschlichen Grunderfahrungen ist an sich nicht exklusiv an eine dieser beiden theologischen Richtungen gebunden.[5] Doch scheint er mir, obwohl in der buddhistischen Heilsbotschaft weder von Jesus Christus die Rede ist, noch sich in ihr ein Äquivalent zum christlichen Gottesbegriff findet, dennoch für eine christologisch orientierte theologische Evaluation der buddhistischen Heilsbotschaft fruchtbarer zu sein. Und zwar deshalb, weil – wie nun noch etwas näher gezeigt werden soll – das Konzept einer Offenbarung i.S. der Selbstmitteilung Gottes in Jesus Christus ein Verständnis von Gott beinhaltet, wonach dieser nie unabhängig vom Menschen denkbar ist. Wenn aber Gott nicht unabhängig vom Menschen gedacht werden kann, dann kommt allem Denken über den Menschen, das in eine heilshafte Situation führt, eine herausragende Bedeutung für den Gottesgedanken selbst zu.

Die Aussage, daß Gott nicht unabhängig vom Menschen denkbar ist, kann zunächst auch unabhängig von einer christologischen Perspektive rein epistemologisch verstanden werden. So hat John Hick in seinen religionstheologischen Überlegungen immer wieder eine Explikation des *Transzendenzgedankens* vorgenommen, wonach die *Wahrnehmung* und *Benennung* von Transzendenz notwendigerweise über sich selbst als eine menschlich begrenzte hinaus verweisen muß, da es in ihr ja gerade um das alle Begrenztheit übersteigende, eben das "Transzendente" geht. Folglich erfordert der Transzendenzgedanke eine Unterscheidung in einerseits den jenseitigen Zielpunkt der transzendierenden Bewegung, den Hick "the Real *an sich*" nennt, und andererseits jenen Ausgangspunkt der transzendierenden Bewegung in der generellen und spezifischen Verfaßtheit menschlicher Existenz.[6] Hick verankert diese beiden Pole des Transzendenzgedankens vor allem erkenntnistheoretisch und sprachphilosophisch. D.h. sie lassen sich erstens *erkenntnistheoretisch* verstehen in Anlehnung an Kants Unterscheidung von Phainomenon und Noumenon als bestimmte menschliche Erfahrungsweisen der transzendenten Wirklichkeit einerseits und diese selbst als der unfaßbare

---

Religions, New York 1983; R. Panikkar, Der unbekannte Christus im Hinduismus, Mainz 1986; J. B. Cobb, Beyond Dialogue. Toward a Mutual Transformation of Christianity and Buddhism, Philadelphia 1982, und vor allem: G. D'Costa, Theology and Religious Pluralism. The Challenge of Other Religions, Oxford – New York 1986; ders., John Hick's Theology of Religions. A Critical Evaluation, Lanham – New York – London 1987. Einen guten Einblick in die Diskussion vermittelt der Dokumentationsband: L. Swidler (Hg), Toward a Universal Theology of Religion, New York 1987, mit wichtigen Beiträgen von u.a. W. C. Smith, J. Cobb, R. Panikkar, H. Küng, P. Knitter u. L. Swidler selbst.

[5] Es wäre m.E. jedoch darauf zu insistieren, daß die Erfahrung des Absoluten nicht zum hermeneutisch geforderten, gemeinsamen Ausgangspunkt eines Verstehensprozesses gemacht werden kann (vgl. hierzu oben S. 4126ff).

[6] Dieser Gedanke erscheint in den meisten der religionstheologischen Arbeiten J. Hicks; für eine ausführliche Darlegung vgl. J. Hick, An Interpretation of Religion, a.a.O. 223-296.

Grund dieser Erfahrungen andererseits. Und zweitens lassen sie sich sprachphilosophisch in Anlehnung an die Analogielehre Thomas von Aquins so verstehen, daß unsere an der menschlichen Erfahrungswelt gebildeten Aussagen nur in analoger, über ihren strikten Sinn hinausweisender Form auf die göttliche Wirklichkeit anwenden lassen.[7] Im Sinne dieser doppelten Verortung der zwei Pole des Transzendenzgedankens gilt also auch für die pluralistische Theorie, daß Gott nicht unabhängig vom Menschen denkbar ist. In einer christologisch orientierten Religionstheologie ist die Verbindung von Gott und Mensch jedoch weitaus dichter gedacht.

In früheren Arbeiten hat John Hick selbst die Unterscheidung von zwei Polen des *Transzendenzgedankens* mit einer Unterscheidung von zwei Polen des Deszendenz- bzw. *Immanenzgedankens* korreliert, die damals noch eindeutig christologisch fundiert war. So schreibt er in seinem Beitrag zu "The Myth of God Incarnate": "Alles Heil ... ist das Werk Gottes. Die unterschiedlichen Religionen haben ihre unterschiedlichen Bezeichnungen *für Gott* und *sein rettendes Handeln am Menschen*. Das Christentum hat mehrere Bezeichnungen, die sich überschneiden: der ewige Logos, der kosmische Christus, die zweite Person der Trinität, Gott der Sohn, der Heilige Geist. Wählen wir aus unserer christlichen Begrifflichkeit einen heraus und nennen wir *Gott, wie er am Menschen handelt*, den Logos, dann müssen wir sagen, daß a l l e s Heil in allen Religionen das Werk des Logos ist und daß die Menschen in unterschiedlichen Kulturen und Glaubensrichtungen unter ihren vielfachen Bildern und Symbolen dem Logos begegnen und in ihm Heil finden können. Was wir jedoch nicht sagen können, ist, daß alle, die gerettet werden, diese Rettung durch Jesus von Nazareth erfahren. Das Leben Jesu war ein Punkt, an welchem der Logos – d.h. *Gott in seiner Beziehung zum Menschen* – gehandelt hat."[8] Die epistemologische Unterscheidung von den menschlich begrenzten Vorstellungen über Gott und diesem selbst als ihrem transzendenten Zielpunkt ist hier also nochmals unterfangen von der soteriologischen und revelatorischen Unterscheidung zwischen Gott an sich und Gott in seiner aktiven Beziehung zum Menschen (dem "Logos"), so daß nun die epistemologische Unterscheidung als von der soteriologischen und revelatorischen ermöglicht gedacht werden muß. M.a.W., *die immanente Wirksamkeit des transzendenten Gottes in der menschlichen Wirklichkeit ist der existentiale Grund für die in dieser Wirklichkeit ihren Ausgang nehmende transzendierende Gotteserkenntnis*. Oder noch anders gesagt, Gottes Offenbarung, seine Selbstmitteilung, liegt jeder echten Gotteserkenntnis zugrunde. An anderer Stelle hat Hick denn auch ausdrücklich dieses heilsstiftende Handeln Gottes

---

[7] Vgl. ebd. 246ff. Die folgenden Überlegungen habe ich inzwischen deutlicher ausgeführt in: P. Schmidt-Leukel, Der Immanenzgedanke in der Theologie der Religionen, in: MThZ 41 (1990) 43-71.

[8] Hier zitiert nach der deutschen Ausgabe: J. Hick, Jesus und die Weltreligionen, in: ders. (Hg), Wurde Gott Mensch? Der Mythos vom fleischgewordenen Gott, Gütersloh 1979, 175-194, hier 190f; gesperrte Hervorhebung im Original, kursive Hervorhebung von mir.

in der Welt als ein sich selbst offenbarendes Handeln beschrieben (und in analoger Weise auf eine Pluralität von Offenbarungen geschlossen).⁹

Über die beiden epistemologisch aufweisbaren Pole des Transzendenzgedankens hinaus zwei Pole des Immanenzgedankens zu postulieren, die wirklich noch etwas anderes als den epistemologischen Aspekt zum Ausdruck bringen sollen, ist nur dann sinnvoll und berechtigt, wenn die Erkennbarkeit Gottes in der menschlichen Wirklichkeit nicht als selbstverständlich vorausgesetzt wird. D.h. die Unterscheidung von Gott und Logos, des Transzendenten von seiner Immanenz in der menschlichen Wirklichkeit, bezeichnet nur dann etwas anderes als die epistemologische Unterscheidung, wenn damit eine wie auch immer geartete *Aktivität* des Transzendenten zum Ausdruck gebracht wird, die zumindest darin besteht, daß das Transzendente sich selbst zu einem in der menschlichen Wirklichkeit erkennbaren gemacht hat.¹⁰ Ein

---

[9] Vgl. J. Hick, God Has Many Names, a.a.O. 48: "Let us then think of the Eternal One as pressing in upon the human spirit, seeking to be known and responded to by man ... But we are supposing that the source of revelation was always seeking to communicate to mankind ... From this point of view it seems natural that the revelation should have been plural, occurring seperately in the different centers of human culture."

[10] Vgl. hierzu auch die (kritisch gegen K. Barth gerichtete) Bemerkung Pannenbergs: "... soweit dem religiösen Leben und Kultus ein Wissen von Gott zugrunde liegt, kann solches Wissen nur als von Gott selbst gewährt verstanden werden. Ein Wissen von göttlichen Mächten, das diesen ohne ihr Zutun oder gar gegen ihren Widerstand abgerungen wird, raubt ihnen zugleich das Prädikat der Göttlichkeit und reduziert sie zu endlichen Größen. Der Gedanke eines Wissens von Gott, das nicht durch ihn selber frei gewährt wird, also auf Offenbarung beruht, würde den Gottesbegriff zerstören" (W. Pannenberg, Religion und Religionen, a.a.O. 184). An anderer Stelle hat Pannenberg (worauf oben bereits hingewiesen wurde; vgl. S. 276 Anm. 43) diesen Gedanken in abgewandelter Form gegenüber der existentiellen Komponente der negativen Dialektik innerhalb der Logik des soku-hi geltend gemacht und für den darin artikulierten Transzendierungsprozeß die Notwendigkeit einer "Aktivität, die uns überwältigt" postuliert (W. Pannenberg, Auf der Suche nach dem wahren Selbst, a.a.O. 143). Pannenberg weist sodann darauf hin, daß in dieser Aktivität ein Grund für die personale Deutung der absoluten Wirklichkeit zu sehen ist (ebd.), betont jedoch gleichzeitig, daß dies nicht einfach ein dualistisches Verständnis von Gott und Welt implizieren muß. Gerade gegenüber der buddhistischen Kritik des dualistischen Denkens müsse der trinitarische Gottesbegriff als "Antwort auf die Frage" expliziert werden ..., wie Gott und die Welt in solcher Weise verschieden sein können, daß die Welt dennoch nicht von Gott getrennt, noch Gott von der Welt getrennt ist" (ebd. 141). Ich stimme Pannenberg zu, daß die Aktivität, die mit dem Immanenzgedanken postuliert ist, nicht nach dem Modell unterpersonaler Dynamis gedacht werden darf, und daß daraus jedoch noch nicht folgt, daß sie immer nur i.S. eines *personalen Gegenübers* vorgestellt werden müsse. Die Dominanz der Vorstellung des personalen Gegenübers im Rahmen der christlichen Fassung des Immanenzgedankens ist, wie noch zu zeigen sein wird, m.E. eng mit der Dominanz der Beziehungserfahrung verbunden. Im Rahmen dieser Kategorien hat diese auch ihre bleibende Berechtigung. Doch liegen in der

christologischer Grundgedanke aber ist nun, daß die in einer Aktivität Gottes wurzelnde Immanenz weder rein punktuell noch reversibel ist, sondern die Verbindung der göttlichen mit der menschlichen Natur so zu verstehen sei, daß "er, der Sohn Gottes, ... sich in seiner Menschwerdung gewissermaßen mit jedem Menschen vereinigt (hat)."[11] Dies aber bedeutet dann, daß nicht allein aus epistemologischen (bzw. erkenntnistheoretischen und sprachphilosophischen) Gründen Gott nicht unabhängig vom Menschen gedacht werden kann, sondern daß dies deshalb so ist, weil Gott selbst sich unauflöslich mit dem Menschen verbunden hat.

Indem diese unauflösliche Verbindung Gottes mit dem Menschen christologisch gedacht ist, eignet ihr zugleich eine soteriologische und revelatorische Bedeutung. Besagt die soteriologische Komponente, daß in Gottes Verbindung mit dem Menschen das Heil des Menschen grundgelegt ist, so besagt die revelatorische, daß eine Offenbarung Gottes i.S. seiner Selbstmitteilung immer auch eine Offenbarung des Menschen sein muß.[12] Wenn nun aber der soteriologisch und revelatorisch gefaßte bipolare Immanenzgedanke als Grundlage des ebenfalls bipolaren Transzendenzgedankens verstanden wird, dann heißt dies, daß Gott in seiner Immanenz sich als der Transzendente offenbart. Offenbarung i.S. einer christologisch gedachten Selbstmitteilung Gottes besagt dann, daß in ihr der Mensch als ein auf Transzendenz hin eröffneter geoffenbart ist. Hierin findet das Idolatrie-Verdikt ebenso seine Grundlage wie der mit Christus verbundene Mittlergedanke. Nichts Innerweltliches darf - aus dieser Sicht - verabsolutiert werden und damit die Stelle Gottes einnehmen. Gott selbst ist innerweltlich präsent als der über alles Innerweltliche hinaus verweisende; er offenbart sich in der Erfahrungswelt der menschlichen Natur als ihre transzendente Eröffnung.

Von diesem christologisch orientierten Offenbarungskonzept aus erscheint es nun möglich, der buddhistischen Heilsbotschaft Offenbarungsrelevanz zuzusprechen. *Von einer Offenbarung Gottes im Buddhismus - und zwar i.S. einer christologisch gedachten Selbstmitteilung Gottes - kann gesprochen werden, insofern hier der Mensch in seiner Eröffnung auf Transzendenz und Transzendenz in ihrer heilswirkenden Gegenwart im Menschen verstanden ist.* Dies ist möglich unbeschadet dessen, daß die Konzepte, in denen sich das buddhistische Transzendenzverständnis artikuliert, keine Äquivalente zum christlichen Gottesbegriff darstellen und eine andere Richtung des

---

Pneumatologie, obwohl auch hier die Beziehungsstruktur (der Geist, der Christus verherrlicht) grundlegend ist, zweifellos Möglichkeiten vor, die mit der Immanenz verbundene Aktivität personal, aber nicht nur als personales Gegenüber zu denken ("Gott in uns").

[11] Gaudium et Spes 22; zitiert nach: K. Rahner, H. Vorgrimmler (Hg), Kleines Konzilskompendium, Freiburg i. Br.[13] 1979, 469.

[12] Vgl. nochmals Gaudium et Spes 22: "Christus, der neue Adam, macht eben in der Offenbarung des Geheimnisses des Vaters und seiner Liebe dem Menschen den Menschen selbst voll kund ... Der 'das Bild des unsichtbaren Gottes' (Kol 1, 15) ist, er ist zugleich der vollkommene Mensch ..."; ebd. 468.

Transzendierens bezeugen. Es ist deswegen möglich, weil es erstens auch in dieser anderen Richtung des Transzendierens zu einer eindeutigen existentialen Begründung der Heilshaftigkeit der Nächstenliebe (bzw. nicht-differenzierenden, an der Feindesliebe ihren Maßstab findenden Liebe) kommt, und weil zweitens auch in dieser anderen Richtung des Transzendierens jegliche Verabsolutierung bzw. Vergöttlichung der Welt vermieden ist.

Welchen Bezug aber hat dann eine solcherart christologisch gedachte Offenbarungsrelevanz der buddhistischen Heilsbotschaft zur Offenbarung Gottes in Jesus Christus? Alle zukünftige theologische Evaluation der buddhistischen Heilsbotschaft wird an dieser Frage nicht vorbeikommen. Denn sie wird – im beständigen Dialog mit Buddhisten – einerseits klären müssen, was die Botschaft von Jesus Christus für den Buddhismus bedeutet, und andererseits, was die christlich theologische Reflexion auf das Evangelium von der buddhistischen Botschaft lernen kann. Hatte schon R. Guardini mit einzigartigem Scharfblick die Notwendigkeit und Herausforderung einer solchen theologischen Evaluation des Buddhismus gesehen[13], so ist sie freilich bis heute eine Aufgabe geblieben, zu deren Bearbeitung bislang immer noch erst die hermeneutischen Grundlagen geklärt werden müssen, wie es sich ja bei der oben durchgeführten Analyse der verschiedenen Dialog-Ansätze gezeigt hat.

Einen Vorstoß zur Beantwortung der Frage nach dem Verhältnis einer als offenbarungsrelevant anerkannten buddhistischen Heilsbotschaft zur Offenbarung Gottes in Jesus Christus hat John Cobb vorgelegt.[14] Gegen J. Hick und andere Vertreter der pluralistischen Orientierung in der Religionstheologie merkt Cobb kritisch an, daß der Versuch, die Einheit der Religionen allein in einem gemeinsamen transzendenten Bezugspunkt zu verankern, in der Gefahr stehe, den Immanenzgedanken zu vernachlässigen: "Since what is thought to be common to the religious Ways is what is more radically transcendent, along with Christology all concern for divine immanence is

---

[13] Angesichts der ebenso eilfertigen wie leichtfertigen Urteile, die die apologetischen Zeitgenossen Guardinis über den Buddhismus fällten, ragen seine kurzen Bemerkungen über den Buddhismus in "Der Herr", wonach die Bedeutung Buddhas und seiner Botschaft vom Nirvana für das Christentum noch von keinem verstanden und beurteilt worden seien, wie einsame Marksteine hervor. Theologisch sind wir heute jedoch wohl erst soweit, daß sich allmählich die Einsicht verbreitet, wie sehr diese Bemerkung Guardinis immer noch zutrifft, so daß nun langsam das mit ihr vorgegebene Programm in Angriff genommen werden kann. Zu Guardinis Vorstellungen im Hinblick auf eine religionstheologische Annäherung an den Buddhismus vgl. J. A. Cuttat, Buddhistische und christliche Innerlichkeit in Guardinis Schau, in H. Kuhn / H. Kahlefeld / K. Forster (Hg), Interpretation der Welt (Festschrift für Romano Guardini), Würzburg² 1965, 445-471.
[14] Vgl. John B. Cobb, Beyond Dialogue. Toward a Mutual Transformation of Christianity and Buddhism, Philadelphia 1982 und ders., Toward a Christocentric Catholic Theology, in: L. Swidler (Hg), Toward a Universal Theology of Religion, New York 1987, 86-100.

downplayed."¹⁵ Gegenüber einer Konzentration auf "the noumenal Absolute and its conditioned appearences" ruft Cobb nach einem vom Immanenzgedanken geleiteten christozentrischen Ansatz in der Religionstheologie, durch den das theologische Interesse "on the *revealing* and *saving presence of God* in ourselves and in our world" gelenkt werde.¹⁶ Die sich offenbarende und heilsstiftende Immanenz Gottes in der Welt versteht Cobb i.S. altkirchlicher Logos-Christologien als den *Logos* oder die *Sophia*, die sich in Jesus inkarniert hat, aber zugleich überall wirksam ist.¹⁷

Jenen Logos-Sophia-Christus vermag Cobb innerhalb des Buddhismus in Gestalt des Amida wiederzuerkennen. Dies bedeutet für Cobb jedoch keine Isolation des Jôdo-Shin-Buddhismus aus dem Gesamt der buddhistischen Tradition.¹⁸ Vielmehr setzt Cobb zu jenem Verständnis Amidas, das ihm schließlich eine Adäquation mit Christus erlaubt, mit Recht bei dem soteriologischen Universalismus an, der bereits im alten Buddhismus deutlich greifbar ist.¹⁹ "Buddhism" - so Cobb an anderer Stelle - "points to a salvific condition that is deeper than all history and accessible always and everywhere."²⁰ Dieser soteriologische Universalismus habe im Buddhismus Shinrans und dessen Interpretation Amidas seinen besten Ausdruck gefunden.²¹ Cobb bezieht Christus also insofern auf Amida, als er im Jôdo-Shin-Buddhismus das soteriologische Grundanliegen der gesamten buddhistischen

---

15 Cobb, Beyond Dialogue, a.a.O. 44.
16 Ebd. 45; Hervorhebung von mir. Cobb bezieht sich mit diesem christologischen Ansatz hier ausdrücklich auf die Christologie von *Redemptor Hominis* (im Text leider fälschlich als "Redemptor Humanis") bezeichnet. Dies ist umso bedeutsamer, als die religionstheologischen Vorstöße von *Redemptor Hominis* (siehe dazu oben S. 158) auf jenen beiden oben theologisch eingeordneten christologischen Aussagen aus Gaudium et Spes 22 (vgl. oben S. 698) fußen (vgl. RH 8).
17 Vgl. bes. Cobb, Toward a Christocentric ..., a.a.O. 88f.
18 Gegen immer wieder neu auflebende Versuche, die Nähe des Jôdo-Shin zum Christentum so zu begreifen, daß diese Nähe nur möglich sei, weil sie in gleichem Maße eine Ferne zum Buddhismus darstelle (vgl. dazu jüngst: J. van Bragt, Buddhismus, Jôdo Shinshû, Christentum, in: E. Gössmann / G. Zobel [Hg], Das Gold im Wachs [Festschrift f. Thomas Immoos], München 1988, 453-463), muß m.E. Cobb in der Tendenz, den Jôdo-Shin-Buddhismus entsprechend seines Selbstverständnisses konsequent vom Mahâyâna her zu verstehen, voll bestätigt werden. Nur so kann ein Dialog mit dem Jôdo-Shin hermeneutisch verantwortlich und letztlich für den christlich-buddhistischen Dialog insgesamt hilfreich sein.
19 Vgl. Cobb, Beyond Dialogue, a.a.O. 121: "Gautama sought the salvation of all sentient beings".
20 J. Cobb, Epilogue, in: P. O. Ingram / F. J. Streng (Hg), Buddhist-Christian Dialogue. Mutual Renewal and Transformation, Honolulu 1986, 231-235; hier 234.
21 Vgl. Cobb, Beyond Dialogue, a.a.O. 123: "With great insight Shinran understood that if salvation is for all it may not depend on any human merit but solely on the grace of Amida. ... Shinran was correct that the universal compassion of Buddhism could best come to expression through his doctrine of salvation by grace through faith alone ...".

Tradition repräsentiert sieht. Da nun Amida nicht einfach nur als ein Buddha unter anderen verstanden wird, sondern als die absolute Realität von Weisheit und Mitleid, die in allen Buddhas gegenwärtig ist, und insofern die Realität von Weisheit und Mitleid wirklich als der *unüberbietbare* Grund der Erlösung verstanden werden[22], lasse sich sagen: "the feature of the totality of reality to which Pure Land Buddhists refer when they speak of Amida is the same as that to which Christians refer when we speak of Christ. This does not mean that Buddhists are completely accurate in their account of this reality – nor that Christians are. It does mean that Christians can gain further knowledge about Christ by studying what Buddhists have learned about Amida. It means also that Buddhists can gain further knowledge about Amida by studying what Christians have learned about Christ."[23]

Ausgehend von dieser Identifikation des kosmischen Christus mit der Gestalt Amidas schlägt Cobb den Bogen zu Jesus von Nazareth. Vom Standpunkt der modernen Geschichtswissenschaft aus, könne der Bodhisattva Dharmâkara, von dessen Amida-Buddha-Werdung die Sukhâvatîvyûha-Sûtren berichten, nur als eine mythologische Gestalt betrachtet werden. So stelle sich für den Jôdo-Shin-Buddhismus die Frage, wie er auf diese Feststellung reagiere. Cobb diskutiert drei Möglichkeiten, die er jedoch alle verwirft, um dann dem Jôdo-Shin vorzuschlagen, gemeinsam mit den Christen die Inkarnation des Logos-Amida-Christus in Jesus von Nazareth zu bekennen.[24] Die

---

[22] Cobb legt auf diese Einschränkung besonderen Wert, da er bei der Verbindung der Lehre von Amida mit der Shûnyatâ-Lehre die Gefahr sieht, daß Weisheit und Mitleid als gestalthafte Konzepte möglicherweise der Shûnyatâ i.S. absoluter Form- bzw. Gestaltlosigkeit untergeordnet werden. Cobb selbst bemerkt dazu jedoch: "All Buddhists expect that Buddhas will be wise and compassionate. In standard Buddhist teaching this wisdom and compassion express their full realization of ultimate reality. There is no apparent evidence of a higher state in which wisdom and compassion are left behind" (ebd. 127). Die Korrelation von Amida als dem "Dharmakâya als geschicktes Mittel" mit dem absolut formlosen "Dharmakâya als Soheit" muß nach Cobb nicht subordinationistisch verstanden werden, sondern kann erstens epistemologisch verstanden werden: "In our concrete situation, Amida is ultimate. Amida is ultimate reality *for us*, because ultimate reality for us *is* wise and compassionate" (ebd. 126), und zweitens existentiell: "It may well be that in order to realize ultimate reality with its wisdom and compassion ..., one must detach oneself completely from any concern about wisdom and compassion" (ebd. 128).

[23] Ebd. 128.

[24] Vgl. ebd. 136-140. Dieser Vorschlag ist keineswegs neu. Bereits R. Drummond hatte in seiner Studie: Gautama the Buddha. An Essay in Religious Understanding, Grand Rapids 1974, zustimmend auf den vom Jôdo-Shin zum Christentum konvertierten Kamegai Ryôun verwiesen, von dem Drummond berichtete (ebd. 202): "Kamegai came to be dissatisfied with the form of Amida faith that he knew in his own experience and environment. He longed for some specific, historical manifestations of Amida by which he could know that Amida was more than human ideal or mythological symbol."

erste Möglichkeit bestehe darin, sich mit dem rein mythologischen Charakter des Dharmâkara/Amida-Berichtes zu begnügen. Damit, so Cobb, werde die Glaubenspraxis des Jôdo-Shin-Buddhismus (Nembutsu) zwangsläufig zu einer spirituellen Technik und verliere so ihren Charkater des Glaubens bzw. Vertrauens. Eine zweite Möglichkeit bestehe darin, sich auf den historischen Gautama Buddha in der Weise zu berufen, daß die Dharmâkara/Amida-Erzählung wesentliche Züge der Lehre Gautamas selbst wiedergebe. Dies, so Cobb, sei allerdings schwerlich nachweisbar. Die dritte Möglichkeit bestehe in der Berufung auf Shinran; doch sie scheitert nach Cobb daran, daß Shinran selbst seine Autorität von der "Anderen Kraft", dem Ur-Gelübde Dharmâkaras/Amidas herleite. Durchforsche der Jôdo-Shin-Buddhismus nun die Geschichte auf der Suche nach wirklichen historischen Ereignissen, die sich mit seinen bestimmten Glaubensauffassungen verbinden lassen[25], dann stoße er auch auf die Geschichte Israels und das Ereignis Jesu: "The history that supports the Christian understanding of the graciousness of God supports equally the Jôdoshinshû understanding of the wisdom and compassion that characterize ultimate reality."[26]

Mit diesem Vorschlag zur Verbindung einer christologisch interpretierten Offenbarungsrelevanz der buddhistischen Heilsbotschaft mit der Offenbarung Gottes in Jesus Christus übersieht Cobb jedoch zwei eng zusammenhängende Punkte: *erstens*, daß es eine weitere, vierte Möglichkeit gibt, die Dharmâkara/Amida-Erzählung historisch zu verankern, nämlich - wie oben dargelegt[27] - in dem Anspruch des historischen Buddhas, das Nirvâna erlangt zu haben, dessen universale Bedeutung in der Interpretation der Dharmâkara/Amida-Erzählung herausgestellt wird, und *zweitens*, daß im Buddhismus niemals eine historische Einmaligkeit für das Erlangen der Buddhaschaft behauptet wurde. Der in Amidas Ur-Gelübde ausgedrückte universale Heilsoptimismus (in dem die letzte Wirklichkeit als grenzenlose Liebe erscheint) stützt sich darauf, daß die Erlösung dann allen offen steht, wenn sie niemals das Werk des "Ichs" sein kann und doch von mindestens einem Menschen wirklich erlangt wurde. Der Anspruch des historischen Buddhas ist der historisch letzte, auf den Shinran in diesem Sinne explizit zurückgreift. Davon ausgehend kann dann aber das Wirken Amidas in jedem Patriarchen erkannt werden, wie es sich bei Shinrans Verständnis der Patriarchen eindeutig zeigen läßt.[28] Insofern erschiene es durchaus nicht unvorstellbar, daß auch Jesus von Nazareth unter Buddhisten Anerkennung als eine Inkarnation Amidas oder - jenseits des Amida-Buddhismus - als ein Erleuchteter finden könnte. Aber ich sehe keinen Grund dafür, daß Buddhisten auf diesem Wege Jesus von Nazareth eine *primäre* Bedeutung zuerkennen könnten, wie es Cobb wohl doch meint, wenn er im Hinblick auf den Jôdo-Shin-Buddhismus schreibt: "It can indeed find in Gautama himself and in the history of Buddhism much to support it, but its most distinctive teaching is the

---

[25] Vgl. Cobb, Beyond Dialogue, a.aO. 138f.
[26] Ebd. 140.
[27] Vgl. oben S. 648f.
[28] Vgl. oben S. 638f.

one that is least adequately supported in this tradition prior to Shinran himself ... It is in Palestine, *rather than in India*, that history, when it is read as centering in Jesus, provides *the strongest basis* for believing that we are saved by grace through faith."[29]

Legt man zugrunde, was oben über die im Rahmen eines christologisch orientierten Ansatzes gegebene Möglichkeit gesagt wurde, der buddhistischen Heilsbotschaft Offenbarungsrelevanz zuzuerkennen, nämlich daß von einer Offenbarung Gottes im Buddhismus gesprochen werden kann, insofern in ihm der Mensch "geoffenbart" ist in seiner Eröffnung auf Transzendenz und diese i.S. heilswirkender Präsenz verstanden ist[30] (wobei das entscheidende Kriterium dafür, daß hierbei auch im christlichen Sinne von "Heil" gesprochen werden kann, in der konsequenten existentialen Begründung der Heilshaftigkeit der Nächstenliebe zu sehen ist[31]), dann erschließt der hermeneutische Ansatz bei den menschlichen Grunderfahrungen noch einmal andere Möglichkeiten einer Inbezugsetzung der Offenbarung Gottes im Buddhismus zu seiner Offenbarung in Jesus Christus als dieser von John Cobb anvisierten. Dazu ist zunächst danach zu fragen, wie von den menschlichen Grunderfahrungen her die *Bedeutung* zu verstehen ist, die den *historischen* Menschen Jesus von Nazareth und Siddhârtha Gautama mittels der Entfaltung der Christologie bzw. Buddhologie gegeben wurde.[32] Dieser Weg soll nun abschließend noch kurz angedeutet werden.

Für die jüdisch-christliche Tradition gilt, daß sich in den Aussagen zu Heil und Unheil des Menschen ein Verständnis des Menschen niederschlägt, das diesen primär von der Beziehungserfahrung her sieht. Im Ausgang von der Grunderfahrung des Lebens in und aus Beziehungen kann der Mensch jedoch nie unabhängig von einem *Gegenüber* verstanden werden, zu dem er in Beziehung steht. Für die Beziehungserfahrung ist das jeweilige Gegenüber schlechthin konstitutiv, und folglich ist dieses Gegenüber dann auch konstitutiv für die Heilsfrage, wenn Heil und Unheil eben primär von der Beziehungserfahrung her gedacht werden. So wird in der Entfaltung der jüdischen Tradition von "Gott" als dem geheimnisvollen "jenseitigen" Bezugspunkt menschlicher Transzendenz-Eröffnetheit vornehmlich in Begriffen und Kategorien der Beziehungserfahrung geredet und die Gotteserfahrung im Feld der Beziehungserfahrung angesiedelt.[33] Im Rahmen der christologischen

---

[29] Cobb, Beyond Dialogue, a.a.O. 139f; Hervorhebung von mir. Fällt Cobb hier nicht selbst wieder in die Gefahr, zur Stützung seiner Argumentation den Jôdo-Shin-Buddhismus gegen die übrige buddhistische Tradition auszuspielen?

[30] Vgl. oben S. 708.

[31] Vgl. oben S. 684-691.

[32] Und zwar in dem Wissen, daß wir in der historischen Forschung nicht allzuweit über jene Interpretation der Bedeutung Jesu und Siddharthas hinaus kommen, die ihnen bereits in den ältesten Zeugnissen zuteil wird.

[33] So ursprünglich vor allem in der Erfahrung des Lebens in und aus *den* Beziehungen, die vom Erleben des *Volkes* vorstrukturiert sind.

Überlegungen werden nun jedoch das *menschliche Gegenüber* und das *transzendente Gegenüber*, d.h. der bereits in den Kategorien der Beziehungserfahrung anvisierte "jenseitige" Pol des Transzendierens, auf die dichteste Weise zusammengedacht, die möglich erscheint, wenn eine simple Identifikation (die letztlich entweder pantheistisch oder atheistisch ausfallen müßte) vermieden werden soll.

Diese Konzentration von menschlichem und transzendentem Gegenüber, die den reinen Monotheismus sprengte bzw. über die christologischen Erwägungen zum trinitarisch ausdifferenzierten Monotheismus führte, fand ihren Anlaß in der historisch konkreten Begegnung mit Jesus von Nazareth und wohl auch mit dessen Anspruch bzw. dem, was als sein Anspruch vernommen und in Schrift und Tradition überliefert wurde, dem Anbruch des Reiches Gottes in seiner Person bzw. der einzigartigen Bedeutung seiner Person für die Gottesbeziehung des Menschen. In Jesus, dem Mittler, zeigt sich Gott selbst in seiner Beziehung zu uns als der in nichtdifferenzierender Weise Liebende, der seine Feindesliebe bis in den ihm zugefügten gewaltsamen Tod am Kreuz bewährt (vgl. Röm 5, 6-11). In der Beziehung zu Jesus – der Nachfolge – realisiert sich umgekehrt die Beziehung des Menschen zu Gott. Die Beziehung zu Jesus aber wird wiederum konkret gelebt in der Beziehung zum Mitmenschen. Christologisch gedeutet, d.h. von dem bis zur Menschwerdung Gottes gesteigerten Immanenzgedanken her, kann dann gesagt werden, daß die Christusbeziehung und damit die Gottesbeziehung in der Nächstenliebe gelebt wird, vor, während und nach der Lebenszeit Jesu von Nazareth. Aber diese christologische Deutung wurde erst ermöglicht durch die Begegnung mit Jesus.

In dieser Perspektive läßt sich auch deuten, warum Jesus nach christlicher Auffassung sowohl einzigartig als auch universal ist. Zumindest retrospektiv läßt sich wohl sagen, daß im Rahmen eines an der Beziehungserfahrung orientierten Gottesverständnisses, in dem Gott als ein Gegenüber gedacht wird, jene äußerste Radikalisierung des Immanenzgedankens, die in der Christologie entfaltet wurde, bei der Begegnung mit *einem konkreten Gegenüber, einem bestimmten Menschen*, anheben mußte. Die Beziehung zu dem *einen* transzendenten Gott ist unter dem Aspekt des Immanenzgedankens quasi auf das *eine* immanente Gegenüber des Menschen Jesus von Nazareth fokussiert. Zugleich aber impliziert dieser bei dem einen historischen Menschen ansetzende Immanenzgedanke dann jedoch notwendig – geht es doch nach wie vor um den allumfassenden Gott – eine Universalisierung, indem die Beziehung zu Jesus von Nazareth, die nun als die dichteste Beziehung zu Gott verstanden ist, in der Beziehung zu jedem Mitmenschen realisiert wird. Der christologisch zur Menschwerdung Gottes radikalisierte Immanenzgedanke, wonach Gott nicht unabhängig vom Menschen gedacht werden kann (und zwar in einem weitaus stärkeren als dem allein epistemologischen Sinn), der – wie oben ausgeführt – die Grundlage dafür bietet, der buddhistischen Botschaft nicht nur Heilscharakter sondern auch Offenbarungsrelevanz zuzusprechen, entwickelte sich innerhalb des Christentum faktisch also a) im Rahmen eines im Judentum grundgelegten Verständnisses von Gott und Mensch, das primär an der Beziehungserfahrung orientiert ist, und b) daher im Ausgang der konkret erfahrenen Beziehung zu dem *einen* Menschen Jesus von Nazareth, in dessen Leben, Anspruch und Botschaft diese Radikalisierung des Immanenzgedankens ihre Wurzel hat. Die innere Logik des Immanenzgedankens sowie seine faktische Verfaßtheit im Sinne nicht-differenzierender Liebe beinhalten dabei allerdings geradezu notwendig einen universalistischen Aspekt, wonach Gott sich "gewissermaßen mit jedem Menschen" vereinigt hat, und so seine *Selbst-Offenbarung* immer zugleich eine Offenbarung ist, in der der *Mensch* geoffenbart wird.

Die von der buddhistischen Tradition überlieferte und ausgestaltete Heilsbotschaft Siddhârtha Gautamas, das "Todlose" und den Weg zu ihm gefunden zu haben, zeugt von einer perspektivisch anderen Sicht des Menschen, die Unheil und Heil seines Daseins primär von der Grunderfahrung der Vergänglichkeit bzw. Sterblichkeit her versteht. Obwohl die Erfahrung des Todes anderer einen bedeutenden Anteil an der Vergänglichkeitserfahrung trägt, ist das *Gegenüber* nicht in vergleichbarer Weise konstitutiv für die Vergänglichkeitserfahrung, wie es dies für die Beziehungserfahrung ist. Während niemand sein Leben aus sich allein empfängt, sondern von der Zeugung an ganz aus der Beziehung zu anderen und vom Gegenüber her lebt, geht doch jeder allein und für sich seinem Tod entgegen. Noch stärker wird dieser Unterschied zwischen Beziehungs- und Vergänglichkeitserfahrung in der Unheilsdeutung der jüdisch-christlichen Tradition einerseits und der buddhistischen andererseits deutlich. Während die Sünde ein Konzept ist, das ohne ein Gegenüber gar nicht denkbar ist, knüpft die buddhistische Unheilsdeutung gerade da an die Vergänglichkeitserfahrung an, wo sich in der Todesfurcht das Todesbewußtsein als ein Bewußtsein der *je eigenen* Sterblichkeit, der je eigenen – vergeblich verdrängten – Partizipation an der Allvergänglichkeit meldet.

Auch für die buddhistische Heilsbotschaft ist es keineswegs unwichtig, daß ein historisch konkreter Mensch, Siddhârtha Gautama, das "Todlose" verwirklicht und den Weg zu ihm gefunden hat.[34] Doch zielt die Heilsvermittlung darauf, den Menschen primär in ein neues Selbstverhältnis zu versetzen, da sich die Überwindung des Todesproblems in der Überwindung der Ich-Identifikation vollzieht.[35] So kann und soll ein jeder "selbst"[36] die Er-

---

[34] Vgl. oben S. 515f.
[35] Das neue Selbstverhältnis, welches von der Vermittlungsdynamik der buddhistischen Heilsbotschaft angezielt wird, besteht ja gerade nicht in egozentrischer Verschlossenheit, sondern führt zugleich in ein neues Verhältnis zu den Mitmenschen, ebenso wie die Beziehung zu Jesus, die ein neues Verhältnis zu Gott und Mitmensch ist, umgekehrt auch in ein neues, von der Ich-Verhaftung befreites Selbstverhältnis führt.
[36] Nicht im Sinne jenes apologetischen Vorwurfs der "Selbsterlösung" wonach das Selbst sich in einen Gegensatz zu Gott setzt und zum letzten Grund der Erlösungsmöglichkeit erhebt, sondern schon eher i.S. des

leuchtung und in der Erleuchtung das "Todlose" verwirklichen, kann und soll - wie es das Mahâyâna sagt - zum "Buddha" werden. Weil Unheil und Heil primär in den Kategorien der Vergänglichkeitserfahrung gedeutet werden, die jeder für sich und in sich macht, spielt in der buddhologischen Ausdeutung der Botschaft und des Anspruchs Siddhârtha Gautamas dieser selbst i.S. eines einzigartigen Gegenübers keine Rolle, sondern liegt die Betonung vielmehr auf der allgemeinen Buddhanatur, an der jedes Wesen ebenso partizipiert wie an der Vergänglichkeit, nämlich i.S. einer es je selbst betreffenden Wirklichkeit.

Die Unterschiede zwischen Buddhologie und Christologie, zwischen der Deutung Siddhârtha Gautamas und der Deutung Jesu von Nazareth, sind somit zu einem guten Teil von der jeweils anders gelagerten Hierarchie der menschlichen Grunderfahrungen bei der Deutung des Menschen zu verstehen. Zumindest läßt sich so erkennen, warum dem einen historischen Menschen Jesus für den christlichen soteriologischen Universalismus eine ganz andere Stellung zukommt als Siddhârtha Gautama für den buddhistischen soteriologischen Universalismus. Die Einzigartigkeit Jesu hat ihre Bedeutung einerseits im Kontext jenes von den Kategorien der Beziehungserfahrung strukturierten Denkens und andererseits im Kontext ihrer christologisch-universalistischen Ausweitung. Wenn die Einzigartigkeit Jesu aus diesem doppelten Kontext nicht herausgelöst wird, müssen Jesus von Nazareth und Siddhârtha Gautama nicht in Konkurrenz zueinander gesehen werden. Vielmehr wird es gerade auf dem Boden der mit Jesus von Nazareth untrennbar verbundenen christologischen Radikalisierung des Immanenzgedankens i.S. der Menschwerdung Gottes nun nicht nur möglich, jener *anderen Sicht des Menschen*, die von der buddhistischen Heilsbotschaft eröffnet wird, eine eindeutige Offenbarungsrelevanz zuzuerkennen, sondern auch im theologisch engeren Sinn von ihr zu lernen, da auf diesem Wege nicht nur denjenigen Anteilen des Buddhismus Offenbarungsrelevanz zugesprochen wird, die sich so (oder zumindest so ähnlich) auch im Christentum finden, sondern gerade auch dem, was in ihm anders ist als im Christentum. In *kriteriologischer* Hinsicht ist das, was am Buddhismus dem Christentum gleich oder ähnlich ist, unverzichtbar und kann vor allem in der an der Feindesliebe ihr Maß nehmenden nichtdifferenzierenden Liebe gesehen werden. Aber in Hinblick auf einen dialogischen *Lernprozeß* ist es nicht das Ähnliche, sondern das *andere*, dem das theologische Interesse gelten muß!

Ich sehe diese christologisch fundierte Lernmöglichkeit vornehmlich in zwei Bereichen: *erstens* im Bereich der *existential-anthropologisch* und *zweitens* im Bereich der *logisch-begriffskritisch* orientierten Analyse der Transzendenzeröffnetheit des Menschen. Im ersten Bereich kann es dabei getrost offen bleiben, ob sich schließlich eine Sicht des Menschen ergibt, in der sich jene bei der Beziehungserfahrung ihren Ausgang nehmende christliche Sicht und die bei der Vergänglichkeitserfahrung ansetzende buddhistischen

---

"Ortes", an dem sich die (buddhistisch verstandene) Erlösung entscheidet.

Sicht synthetisieren lassen, oder ob diese Pluralität der Perspektiven ebenso legitim wie unaufhebbar ist. Zumindest sind die Berührungsfelder zahlreich genug, in denen sich christliche und buddhistische Transzendierungen so überschneiden, daß sie sich in einzelnen Aspekten ergänzen und bereichern können. Ganz allgemein gesagt, denke ich, daß der Buddha auch für Christen jener "große Lehrer des Todes" sein kann, als den ihn Max Scheler bezeichnet hat[37], ohne daß sie dadurch Jesus Christus untreu werden müßten. Wir mögen bei Buddha für ein seiner Sterblichkeit bewußtes und darin befreites Lebens vieles lernen, was uns wirklich neu ist, sich aber durchaus integrieren läßt in ein Leben, das dem Ruf Jesu nachzufolgen sucht. Wir können lernen, daß die menschliche Natur, in die sich Gott inkarniert hat, weitaus facettenreicher ist, als wir es bisher dachten, daß sie auf mehr Weisen durch die Immanenz Gottes für seine Transzendenz eröffnet ist, als wir es bisher sahen und erfuhren. Darüber hinaus können wir besonders von den metatheoretischen Überlegungen, die in der philosophischen Tradition des Buddhismus hinsichtlich der logischen Struktur des Heilsvermittlungsprozesses angestellt wurden, lernen. In dieser Hinsicht halte ich die Einsichten Nâgârjunas nicht nur für zentral, sondern auch für grundsätzlich zutreffend. Im Bereich des Mahâyâna haben sie sich rational und spirituell als enorm fruchtbar erwiesen; vielleicht könnten sie es auch innerhalb des Christentums sein. Eventuell vermag eine Rezeption der Shûnyatâ-Lehre Nâgârjunas, in der wie kaum sonst irgendwo, die Unvermeidlichkeit gewisser paradoxer Ausdrucksfiguren, eine rational plausible und heilspragmatisch effektive Erläuterung erfährt, neue Wege zur Explikation auch jener Paradoxie eröffnen, in der und aus der Christen seit fast zweitausend Jahren leben: dem Paradox der Einheit von Gnade und Freiheit, dem Paradox der Einheit von Gott und Mensch, dem Paradox Christi.

---

[37] Vom Sinn des Leides, in: M. Scheler, Liebe und Erkenntnis, Bern 1955, 49.

LITERATURVERZEICHNIS

A. Übersetzungen und Anthologien buddhistischer Quellentexte

1. Pâli-Buddhismus

A Manual of Abhidhamma being Abhidhammattha Sangaha of Bhadanta Anuruddhâcariya. Edited in the Original Pali Text with English Translation and Explanatory Notes by *Nârada Mahâ Thera*, Kandy 1980.

Buddha-Vacanam. The original Pâli texts in Roman script as translated in The Word of the Buddha by *Nyanatiloka*, Kandy 1968.

Buddha. Die Lehre des Erhabenen. Aus dem Palikanon ausgewählt und übertragen von *P. Dahlke*. Eingeleitet von Martin Steinke – Tao Chün, 3. Aufl., München 1979.

Buddhas Reden. Majjhimanikaya. Die Sammlung der mittleren Texte des buddhistischen Pali-Kanons. In kritisch, kommentierter Neuübertragung von *K. Schmidt*, Berlin 1978.

Buddhist-Sutras (transl. by *T. W. Rhys Davids*), Sacred Books of the East, Bd. 11 (Neuausgabe Motilal Banarsidass), Delhi 1973.

Buddhistische Märchen (Jâtakas). Herausgegeben von *J. Mehlig*, Wiesbaden, Leipzig 1982.

Buddhistische Märchen aus dem alten Indien (Jâtakas). Ausgewählt und übertragen von *E. Lüders*. Nachwort von H. Lüders, Düsseldorf-Köln 1979.

Das Leben des Buddha. Eine Zusammenstellung alter Berichte aus den kanonischen Schriften der südlichen Buddhisten. Aus dem Pâli übersetzt und erläutert von *J. Dutoit*, Leipzig 1906.

Das Wort des Buddha. Eine systematische Übersicht der Lehre des Buddha in seinen eigenen Worten. Ausgewählt, übersetzt und erläutert von *Nyanatiloka*, 4. rev. Aufl., Konstanz 1978.

Der ältere Buddhismus nach Texten des Tipitaka, von *M. Winternitz* (Religionsgeschichtliches Lesebuch, hg. von A. Bertholet, Heft 11), 2. erw. Aufl., Tübingen 1929.

Der Weg zur Erlösung. In den Worten der buddhistischen Urschriften. Ausgewählt, übersetzt und erläutert von *Nyanatiloka*, Konstanz 1956.

Der Weg zur Reinheit (Visuddhi-Magga). Die grö?te und älteste systematische Darstellung des Buddhismus. Aus dem Pali übersetzt von *Nyanatiloka*, 3. verb. Aufl., Konstanz 1975.

Dialogues of the Buddha [Dîgha-Nikâya], Bd. I (Sacred Books of the Buddhists II): transl. by *T. W. Rhys Davids*, London – Boston⁴ 1973, Bd. II (Sacred Books of the Buddhists III): transl. by *T. W.* and *C. A. F. Rhys Davids*, London⁵ 1971, Bd. III (Sacred Books of the Buddhists IV): transl. by *T. W.* and *C. A. F. Rhys Davids*, London⁴ 1971.

Die Lehrreden des Buddha aus der Angereihten Sammlung. Anguttara-Nikâya. Aus dem Pâli übersetzt von *Nyanatiloka*. Überarbeitet und herausgegeben von *Nyanaponika*, Bd. I-V, Freiburg i. Br., 4. überarb. Aufl. 1984.

Dîghanikâya. Das Buch der langen Texte des buddhistischen Kanons. In Auswahl übersetzt von *R. O. Franke* (Quellen der Religionsgeschichte Bd. IV), Göttingen, Leipzig 1913.

Gautama Buddha. Die vier edlen Wahrheiten. Texte des ursprünglichen Buddhismus. Herausgegeben und übertragen von *K. Mylius*, München 1985.

Itivuttaka. Das Buch der Herrenworte. Eine kanonische Schrift des Pâli-Buddhismus. In erstmaliger deutscher Übersetzung aus dem Urtext von *K. Seidenstücker* (Nachdruck, ohne Ort und Datum).

Karl Eugen Neumanns Übertragungen aus dem Pâli-Kanon. Gesamtausgabe in drei Bänden. Bd. I: Die Reden Gotamo Buddhos aus der Mittleren Sammlung, Zürich, Wien⁴ 1956; Bd. II: Die Reden Gotamo Buddhos aus der Längeren Sammlung, Zürich, Wien³ 1957; Bd. III: Sammlungen in Versen, Zürich, Wien 1957.

Khuddaka-Pâtho. Kurze Texte. Aus dem Pâli übersetzt und erläutert von *K. Seidenstücker*, München-Neubiberg (Oskar-Scloβ-Verlag) ohne Datum.

Kommentar zur Lehrrede von den Grundlagen der Achtsamkeit (Satipatthâna) mit Subkommentar in Auswahl. Übersetzt von *Nyanaponika*, Konstanz 1973.

Milindapañha. Die Fragen des Königs Milinda. Zwiegespräche zwischen einem Griechenkönig und einem buddhistischen Mönch. Aus dem Pâli übersetzt von *Nyanatiloka*. Herausgegeben und teilweise neu übersetzt von *Nyanaponika*, Interlaken 1985.

Reden des Buddha. Aus dem Pâli-Kanon übersetzt von *I.-L. Gunsser*. Mit einer Einleitung von H. v. Glasenapp, Stuttgart 1981

Samyutta Nikâya. An Anthology, Part I by *J. D. Ireland* (The Wheel Publication No. 107-109), Kandy 1981; Part II by *Bhikkhu Ñânananda* (The Wheel Publication No. 183-185), Kandy 1972; Part III by *M. O' C. Walshe* (The Wheel Publication NO. 318-321), Kandy 1985.

Schmidt, K., Worte des Erwachten. Vom Leben Buddhas und vom Achtfachen Pfad, München-Planegg 1951.

Sprüche und Lieder. Dhammapada – Das Buch der Sprüche. Udana – Aphorismen Buddhas. Aus Suttanipata und Theragatha. Aus dem Pali übersetzt von *K. Schmidt*, Konstanz 1954.

Sutta-Nipâta. Früh-buddhistische Lehr-Dichtungen aus dem Pali-Kanon. Mit Auszügen aus den alten Kommentaren. Übersetzt, eingeleitet und erläutert von *Nyanaponika*, zweite rev. Auflage, Konstanz 1977.

The Book of the Discipline [Vinaya-Pitaka], Bd. IV [Mahâvagga]: transl. by *I. B. Horner* (Sacred Books of the Buddhists XIX), London 1951.

The Book of the Gadual Sayings [Anguttara-Nikâya] (Pali Text Society, Translation Series No. 22, 24–27), Bd. I: transl. by *F. L. Woodward*, London^3 1960, Bd. II: transl. by *F. L. Woodward*, London^4 1973, Bd. III: transl. by *E. M. Hare*, London^4 1973, Bd. IV: transl. by *E. M. Hare*, London^2 1955, Bd. V: transl. by *F. L. Woodward*, London^2 1955.

The Book of the Kindred Sayings [Samyutta-Nikâya] (Pali Text Society, Translation Series No. 7, 10, 13, 14, 16), Bd. I: transl. by *C. A. F. Rhys Davids*, London^2 1950, Bd. II: transl. by *C. A. F. Rhys Davids*, London^2 1952, Bd. III: transl. by *F. L. Woodward*, London^2 1954, Bd. IV: transl. by *F. L. Woodward*, London^3 1972, Bd. V: transl. by *F. L. Woodward*, London^3 1965.

The Dhammapada, being a collection of moral verses in pâli (übers. und hg. von *V. Fausböll*), London 1900.

The Discourse on The All-Embracing Net of Views. The Brahmajâla Sutta and its Commentarial Exegesis. Translated from the Pali by *Bhikkhu Bodhi*, Kandy 1978.

The Middle Length Sayings [Majjhima-Nikâya] (Pali Text Society, Translation Series, No. 29–31), transl. by *I. B. Horner*, Bd. I: London 1954, Bd. II: London^2 1970, Bd. III: London^2 1967.

The Path of Freedom (Vimuttimagga) by the Arahant Upatissa. Translated into Chinese (Gedatsu Dô Ron) by Tipitaka Sanghapâla of Funan. Translated from the Chinese by Rev. *N. R. M. Ehara*, *Soma Thera* and *Kheminda Thera* (reprinted), Kandy 1977.

The Questions of King Milinda. Translated from the Pali by *T. W. Rhys Davids* in two parts (unveränderter Nachdruck der Bde. 35 u. 36 der Sacred Books of the East), New York (Dover Publications) ohne Datum.

Udâna. Das Buch der feierlichen Worte des Erhabenen. In erstmaliger Übersetzung aus dem Urtext von *K. Seidenstücker*, München-Neubiberg (Oskar-Schloβ-Verlag) ohne Datum.

Vinaya Texts, Part II (transl. by *T. W. Rhys Davids* and *H. Oldenberg*), Sacred Books of the East, Bd. 17 (Neuausgabe Motilal Banarsidass), Delhi 1973.

2. Indischer Mahâyâna-Buddhismus

Buddhist Mahâyâna Texts. Part I: The Buddha-karita of Asvaghosha. Translated by *E. B. Cowell*. Part II: The Larger Sukhâvatî-vyûha, The Smaller Sukhâvatî-vyûha, The Vagrakkhedikâ, The Larger Pragñâ-pâramitâ-hridaya-sûtra, The Smaller Pragñâ-pâramitâ-hridaya-sûtra. Translated by *F. M. Müller*. The Amitâyur-dhyâna-sûtra. Translated by *J. Takakusu* (unveränderter Nachdruck des Bd. XLIX der Sacred Books of the East), New York (Dover Publications) ohne Datum.

Der Buddha und seine Lehre in Dharmakîrtis Pramânavârttika. Der Abschnitt über den Buddha und die Vier Edlen Wahrheiten im Pramânasiddhi-Kapitel. Eingeleitet, ediert und übersetzt von *T. Vetter* (Wiener Studien zur Tibetologie und Buddhismuskunde Heft 12), Wien 1984.

Der Mahâyâna-Buddhismus. Nach Sanskrit- und Prâkrittexten von *M. Winternitz* (Religionsgeschichtliches Lesebuch Heft 15), Tübingen 1930.

Inada, K. K., Nâgârjuna. A Translation of his Mûlamadhyamakakârikâ with an Introductory Essay, Tokyo 1970.

Lindtner, Chr., Nagarjuniana. Studies in the Writings and Philosophy of Nâgârjuna, Copenhagen 1982 (enthält eng. Übers. mehrer kleiner, Nâgârjuna zugeschriebener Schriften).

Prajña Pâramitâ. Die Vollkommenheit der Erkenntnis. Nach indischen, tibetischen und chinesischen Quellen von *M. Walleser* (Quellen der Religionsgeschichte Bd. 8), Göttingen, Leipzig 1914.

Saddharma-Pundarîka or The Lotus of the True Law. Translated by *H. Kern* (unveränderter Nachdruck des Bd. XXI der Sacred Books of the East), New York (Dover Publications) ohne Datum.

Shântideva. Eintritt in das Leben zur Erleuchtung (Bodhicaryâvatâra). Lehrgedicht des Mahâyâna aus dem Sanskrit übersetzt von *E. Steinkellner*, Düsseldorf-Köln 1981.

Streng, F., Emptiness. A Study in Religious Meaning, Nashville, New York 1967 (enthält im Anhang eine Übersetzung von Nâgârjunas "Mûlamadhyamakakârikâs" [ebd. 181-220] und von Nâgârjunas "Vigrahavyâvartanî" [ebd. 221-227]).

Vetter, T., Dharmakîrti's Pramânavinishcayah. 1. Kapitel: Pratyaksam. Einleitung, Text der tibetischen Übersetzung, Sanskritfragmanete, deutsche Übersetzung (Veröffentlichungen der Kommission für Sprachen und Kulturen Süd- und Ostasiens Heft 3), Wien 1966.

3. Zen-Buddhismus

Bi-Yän-Lu. Meister Yüan-wu's Niederschrift von der Smaragdenen Felswand. Verfaßt auf dem Djia-schan bei Li in Hunan zwischen 1111 und 1115. Im Druck erschienen in Sitschuan um 1300. Verdeutscht und erläutert von *W. Gundert*, Bd. I-III (vollständige Ausgabe in einem Band), München 1983.

Der Ochs und sein Hirte. Eine altchinesische Zen-Geschichte erläutert von Meister Daizohkutsu R. Ohtsu mit japanischen Bildern aus dem 15. Jahrhundert, übersetzt von *K. Tsujimura* und *H. Buchner*, Pfullingen[4] 1981.

Die Zen-Lehre des chinesischen Meisters Huang-Po (Huang Po Ch'uan Hsin Fa Yao) (Deutsche Übersetzung [*U. v. Mangoldt*] der engl. Übers. von *J. Blofeld*), Weilheim/Obb. 1960.

Dôgen Zenji's Shôbôgenzô. Die Schatzkammer der Erkenntnis des Wahren Dharma, Bd. I (deutsche Übersetzung [*M. Eckstein*] der engl. Übers. von *K. Nishiyana* u. *J. Stevens*), Zürich (Theseus-Verlag) ohne Datum; Bd. II (deutse Übersetzung [*J. Renner*] der engl. Übers. von *K. Nishiyana* u. *J. Stevens*), Zürich 1983.

Mumonkan. Die Schranke ohne Tor. Meister Wu-men's Sammlung der achtundvierzig Kôan. Aus dem Chinesischen übersetzt und erläutert von *H. Dumoulin*, Mainz 1975.

Muralt, R. v. (Hg), Wei Lang. Das Sutra des Sechsten Patriarchen, Zürich 1958.

The Platform Sutra of the Sixth Patriarch. The Text of the Tun-Huang Manuscript with Translation, Introduction, and Notes by *Ph. B. Yampolski*, New York, London 1967.

The Zen Teaching of Hui Hai on Sudden Illumination. Being the Teaching of the Zen Master Hui Hai, known as the Great Pearl. Rendered into English by *J. Blofeld (Chu Ch'an)*. A complete translation of the Tun Wu Ju Tao Yao Mên Lun and of the previously unpublished Tsung Ching Record, London 1973.

4. Jôdo-Shin-Buddhismus

Gutoku Shaku Shinran, The Kyôgyôshinshô. The Collection of Passages Expounding the True Teaching, Living, Faith, and Realizing of the Pure Land. Translated by *D. T. Suzuki*, Kyoto 1973.

Okochi, R. / Otte, K., Tan-ni-sho. Die Gunst des Reinen Landes. Begegnung zwischen Buddhismus und Christentum, Bern 1979 (enthält eine vollständige Übers. des Tannisho).

Shinran Shônin, Jôdo Wasan. Hymnen über das Reine Land. Eingeleitet, aus dem Englischen übertragen und mit Anmerkungen versehen von *Shaku Kakuryô G. Kell*, Kyoto 1986.

Shinran Shônin, Shôshin Nembutsu Ge. Hymne über das Wahre Vertrauen in das Nembutsu. Eingeleitet, aus dem Englichen übersetzt und mit Anmerkungen versehen von *Shaku Kakuryô G. Kell*, Kyoto 1984.

Suzuki, D. T., Collected Writings on Shin Buddhism, Kyoto 1973.

Tannishô. Das Büchlein vom Bedauern des Abweichenden Glaubens. Übersetzt von *M. Sato*, Kyoto 1977.

The Private Letters of Shinran Shonin by *K. Yamamoto*, Tokyo 1956 (enthält die Sammlungen "Mattosho" und "Shinranshonin-Goshosokushu").

Ueda, Y. (Hg), Letters of Shinran. A Translation of Mattôshô (Shin Buddhism Translation Series), Kyoto 1978.

Ders. (Hg), Notes on 'Essentials of Faith Alone'. A Translation of Shinran's Yuishinshô-mon'i (Shin Buddhism Translation Series), Kyoto 1979.

Ders. (Hg), Notes on Once-Calling and Many-Calling. A Translation of Shinran's Ichinen-tanen mon'i (Shin Buddhism Translation Series), Kyoto 1980.

Ders. (Hg), Notes on the Inscriptions on Sacred Scrolls. A Translation of Shinran's Songô shinzô meimon (Shin Buddhism Translation Series), Kyoto 1981.

Ders. (Hg), Passages on the Pure Land Way. A Translation of Shinran's Jôdo monrui jushô (Shin Buddhism Translation Series), Kyoto 1982.

Ders. (Hg), The True Teaching, Practice and Realization of the Pure Land Way. A Translation of Shinran's Kyôgyôshinshô, vol. I (Shin Buddhism Translation Series), Kyoto 1983.

5. Schulenübergreifende Anthologien

Der einzige Weg. Buddhistische Texte zur Geistesschulung in rechter Achtsamkeit. Aus dem Pali und Sanskrit übersetzt und erläutert von *Nyanaponika*, Konstanz 1956.

Die Legende vom Leben des Buddha. In Auszügen aus den heiligen Texten. Aus dem Sanskrit, Pâli und Chinesischen, übersetzt und eingeführt von *E. Waldschmidt*, vermehrter und verbesserter Nachdruck der Ausgabe von 1929, Graz 1982.

Frauwallner, E., Die Philosophie des Buddhismus (Texte der indischen Philosophie Bd. 2), Berlin 1956.

Mehlig, J. (Hg), Weisheit des alten Indien, Bd. II: Buddhistische Texte, München 1987.

Muralt, R. v. (Hg), Meditations-Sutras des Mahayana-Buddhismus, Bd. I: Maha-Prajña-Paramita-Hridaya. Diamant-Sutra. Lankavatara-Sutra. Vertrauenserweckung (Mahayana Shraddhotpada Shastra). Dhyana für Anfänger, Zürich² 1979.

Pfad zur Erleuchtung. Buddhistische Grundtexte. Übersetzt und herausgegeben von *H. v. Glasenapp*, Düsseldorf-Köln 1980.

Waldschmidt, E., Die Überlieferung vom Lebensende des Buddha, I. Abteilung, Göttingen 1944, II. Abteilung: Göttingen 1948.

B. Dokumentationen, Monographien, Aufsätze

A Buddhist Critique of the Christian Concept of God (Diskussionsprotokoll), in: Dialogue (NS) vol. II (1975) 96-102 u. 105.

Abe, M., Buddhism and Christianity as a Problem of Today. A Methodological Consideraton, in: Japanese Religions vol. 3 (1963) no. 2: 11-22, no. 3: 8-13.

Ders., Answer to Comment and Criticism, in: Japanese Religions vol. 4 no. 2 (1966) 26-57.

Ders., God, Emptiness, and the True Self, in: The Eastern Buddhist (NS) vol. II no. 2 (1969) 15-30.

Ders., Man and Nature in Christianity and Buddhism, in: Japanese Religions vol. 7 no. 1 (1971) 1-10.

Ders., Non-Being and Mu. The Metaphysical Nature of Negativity in the East and the West, in: Religious Studies 11 (1975) 181-192.

Ders., The Crucial Points: An Introduction to the Symposion on Christianity and Buddhism, in: Japanese Religions vol. 8 no. 4 (1975) 2-9.

Ders., Substance, Process, and Emptiness, in: Japanese Religions vol. 11 no. 2/3 (1980) 3-34.

Ders., Toward the Creative Encounter Between Zen and Christianity, in: A Zen-Christian Pilgrimage. The Fruits of Ten Annual Colloquia in Japan 1967-1976, ohne Ort 1981, 36-44.

Ders., The Problem of Evil in Christianity and Buddhism, in: *Ingram, P. O. / Streng, F. J. (Hg)*, Buddhist-Christian Dialogue. Mutual Renewal and Transformation, Honululu 1986, 139-154.

Ders., Zen and Western Thought, London[2] 1986.

Ders., Umgestaltung im Verständnis des Buddhismus im Vergleich mit platonischen und christlichen Auffassungen, in: Concilium 24 (1988) 110-122.

Alwis, T. B. de, Christian-Buddhist Dialogue in the Writings of Lynn A de Silva, in: Dialogue (NS) vol. X no. 1 (1983) 33-38.

Amore, R. C., Two Masters, one Message, Abingdon-Nashville 1978.

Ders. (Hg), Developements in Buddhist Thought: Canadian Contributions to Buddhist Studies (S/R Supplements No. 9), Waterloo, Ontario 1979.

Anderson, N., Christianity and World Religions. The Challenge of Pluralism, Leicester - Downers Grove 1984.

Anderson, W., Die theologische Sicht der Religionen auf den Weltmissionskonferenzen von Jerusalem (1928) und Madras (1938) und die Theologie der Religionen bei Karl Barth (Fuldaer Hefte 16), Berlin, Hamburg 1966.

Apostolisches Schreiben "Evangelii nuntiandi" Seiner Heiligkeit Papst Pauls VI. an den Episkopat, den Klerus und alle Gläubigen der Katholischen Kirche über die Evangelisierung in der Welt von heute (8.12.1975), in: Verlautbarungen des Apostolischen Stuhls 2.

Aronson, H. B., Love and Sympathy in Theravâda Buddhism, Delhi 1980.

Art.: "Barlaam und Josaphat", in: Kindlers Literatur Lexikon, München 1974, Bd. IV, 1372ff.

Aufhauser, J., Buddha und Jesus in ihren Paralleltexten, Bonn 1926.

Bareau, A., Der indische Buddhismus, in: *Schröder, Ch. M. (Hg),* Die Religionen Indiens, Bd. III (Die Religionen der Menschheit, Bd. 13), Stuttgart 1964, 1-215.

Ders., Die Erfahrung des Leidens und der menschlichen Lebensbedingungen im Buddhismus, in: Concilium 14 (1978) 348-352.

Bechert, H. / Simson, G. v. (Hg), Einführung in die Indologie, Darmstadt 1979.

Benz, E. (Hg), Joachim Wach-Vorlesungen I, Leiden 1963.

Ders., Über das Verstehen fremder Religionen, in: *Eliade, M. / Kitagawa, J. (Hg),* Grundfragen der Religionswissenschaft, Salzburg 1963, 11-39.

Ders., Buddhismus in der westlichen Welt, in: *Dumoulin, H. (Hg),* Buddhismus der Gegenwart, Freiburg 1970, 188-204.

Ders. (Hg), Rudolf Ottos Bedeutung für die Religionswissenschaft und Theologie heute, Leiden 1971.

Ders., Die Bedeutung der Religionswissenschaft für die Koexistenz der Weltreligionen heute, in: *Lanczkowski, G. (Hg),* Selbstverständnis und Wesen der Religionswissenschaft, Darmstadt 1974, 243-256.

Ders. / Nambara, M. (Hg), Das Christentum und die Nichtchristlichen Hochreligionen, Leiden-Köln 1960.

Bertholet, A., Buddhismus und Christentum, Tübingen-Leipzig 1902.

Beyerhaus, P. / Betz, U. (Hg), Ökumene im Spiegel von Nairobi '75, Bad Liebenzell 1976.

Bhikkhu Bodhi, Transcendental Dependent Arising, Kandy 1980 (The Wheel Publications No. 277/278).

Bieder, W., Jesus Christus und der Zauber des Buddhismus, in: EMM (Neue Folge) 104 (1960) 109-111.

Bleeker, C. J., Die Zukunftsaufgaben der Religionsgeschichte, in: *Lanczkowski, G. (Hg),* Selbstverständnis und Wesen der Religionswissenschaft, Darmstadt 1974, 189-204.

Bloom, A., Shinran's Vision of Absolute Compassion, in: The Eastern Buddhist (NS), vol. X., no. 1 (1977) 111-123.

Borsig, M. von, Leben aus der Lotos Blüte, Freiburg i. Br. 1976.

Boxer, C. R., The Christian Century in Japan. 1549-1650, Berkeley-Los Angeles 1967.

Boyd, J. W., Satan and Mâra. Christian and Buddhist Symbols of Evil, Leiden 1975.

Bragt, J. van, Begegnung von Ost und West, in: *Waldenfels, H. / Immoos, Th. (Hg)*, Fernöstliche Weisheit und christlicher Glaube (Festschrift f. H. Dumoulin), Mainz 1985, 268-288.

Ders., Buddhismus, Jôdo Shinshû, Christentum, in: *Gössmann, E. / Zobel, G. (Hg)*, Das Gold im Wachs (Festschrift für Thomas Immoos, München 1988, 453-463.

Brear, D., Early Assumptions in Western Buddhist Studies, in: Religion vol. V part II (1975) 136-159.

Brück, Michael von, Müssen Wahrheiten sich ausschließen? Christlich-buddhistische Begegnung und Annäherung, in: Lutherische Monatshefte 12 (1988) 554-557.

Bsteh, A. (Hg), Erlösung in Christentum und Buddhismus, Mödling 1982.

Ders. (Hg), Dialog aus der Mitte christlicher Theologie, Mödling 1987.

Buddhadâsa Indapañño, Christianity and Buddhism, Bangkok 1967.

Ders., Toward the Truth (*hg. von Swearer, D.*), Philadelphia 1971.

Ders., Zwei Arten der Sprache – eine Analyse von Begriffen der Wirklichkeit, Zürich 1979.

Buddhistische Religion. Die Grundlehren der Jôdo Shinshû, Kyoto 1959.

Buri, F., Der Buddha-Christus als der Herr des wahren Selbst. Die Religionsphilosophie der Kyoto-Schule und das Christentum, Bern-Stuttgart 1982.

Cahill, J., Mended Speech. The Crisis of Religious Studies and Theology, New York 1982.

Camps, A., Die heutige Stellungnahme der römisch-katholischen Kirche zu den nichtchristlichen Religionen, in: *Paus, A. (Hg)*, Jesus Christus und die Religionen, Graz-Wien-Köln 1980, 233-264.

Ders., Partners in Dialogue. Christianity and Other World Religions, New York 1983.

Carpenter, J. E., Buddhism and Christianity. A Contrast and a Parallel, London 1923.

Catalano, M., A Western Cristian's Reaction to Dharmasiri's Critique, in: Dialogue (NS) vol. II (1975) 103-105.

Chandra, S., Das Phänomen des Todes im Denken Heideggers und in der Lehre Buddhas, Köln 1965.

Cheng, H.-L., Zen and San-lun Mâdhyamika Thought: Exploring the Theoretical Foundation of Zen Teachings and Practices, in: Religious Studies 15 (1979) 343-363.

Christen im Dialog mit Menschen anderen Glaubens, (Kandy Erklärung), in: Ökumenische Diskussionen, Bd. III (1967) 61-65.

Christian, W. A., Meaning and Truth in Religion, Chicago, London 1964.

Ders., Oppositions of Religious Doctrines. A Study in the Logic of Dialogue among Religions, London 1972.

Cobb, J. B., Beyond Dialogue. Toward a Mutual Transformation of Christianity and Buddhism, Philadelphia 1982.

Ders., Epilogue, in: *Ingram, P. O. / Streng. F. J. (Hg)*, Buddhist-Christian Dialogue. Mutual Renewal and Transformation, Honolulu 1986, 231-235.

Ders., Toward a Christocentric Catholic Theology, in: *Swidler, L. (Hg)*, Toward a Universal Theology of Religion, New York 1987, 86-100.

Collins, St., Selfless Persons. Imagery and Thought in Theravâda Buddhism, Cambridge 1982.

Conze, E., Buddhist Thought in India, London 1962.

Ders., Thirty Years of Buddhist Studies, London 1967.

Ders., Der Buddhismus. Wesen und Entwicklung, Stuttgart-Berlin-Köln-Mainz⁵ 1974.

Ders., Buddhism and Gnosis, in: ders., Further Buddhist Studies, London 1975, 15-32.

Ders., Buddhist Prajñâ and Greek Sophia, in: Religion vol. 5 (1975) 160-167.

Ders., Eine kurze Geschichte des Buddhismus, Frankfurt a.M. 1984.

Coward, H., Pluralism. Challenge to World Religions, New York 1985.

Ders., The Possibility of Paradigm Choice in Buddhist-Christian Dialogue, in: Journal of Ecumenical Studies 25 (1988) 370-382.

Cuttat, J. A., Buddhistische und christliche Innerlichkeit in Guardinis Schau, in: *Kuhn, H. / Kahlefeld, H. / Forster, K. (Hg)*, Interpretation der Welt (Festschrift für Romano Guardini), Würzburg² 1965, 445-471.

Dammann, E. (Hg), Glaube, Liebe, Leiden in Christentum und Buddhismus (Weltmission heute, Heft 26/27), Stuttgart 1965.

Dawe, D. G. / Carman, J. B. (Hg), Christian Faith in a Religiously Plural World, New York 1978.

D'Costa, G., Theology and Religious Pluralism. The Challenge of Other Religions, Oxford 1986.

Ders., John Hicks's Theology of Religions. A Critical Evaluation, Lanham - New York - London 1987.

Ders., Das Pluralismus-Paradigma in der christlichen Sicht der Religionen, in: Theologie der Gegenwart 30 (1987) 221-231.

Dharmasiri, G., A Buddhist Critique of the Christian Concept of God, Colombo 1974.

Ders., Comments on Responses to a Buddhist Critique, in: Dialogue (NS) vol. III (1976) 20f.

Dhirasekera, J., Die individuelle und soziale Dimension der Erlösung im Buddhismus, in: *Bsteh, A. (Hg)*, Erlösung in Christentum und Buddhismus, Mödling 1982, 73-87.

Dibelius, M., Die Formgeschichte der Evangelien, Tübingen[6] 1971.

Die Haltung der katholischen Kirche gegenüber den Anhängern anderer Religionen, in: Una Sancta 43 (1988) 201-209.

Döring, H., Paradigmenwechsel im Verständnis von Offenbarung, in: Münchener Theologische Zeitschrift 36 (1985) 20-35.

Dörmann, J., Theologie der Religionen, in: E. Lade (Hg), Christliches ABC heute und morgen, Handbuch für Lebensfragen und Kirchliche Erwachsenenbildung, Bad Homburg 1978ff (Ergängzungslieferung Nr. 2/1987), 131-169.

Dornberg, U., Kontextuelle Theologie in Sri Lanka. Neuere kirchliche und theologische Entwicklungen in einem asiatischen Land in ihrer exemplarischen theologischen Relevanz für die Weltkirche (unveröffentlichte Dissertation), Münster 1987.

Drummond, R. H., Gautama the Buddha. An Essay in Religious Understanding, Grand Rapids 1974.

Ders., Toward a New Age in Christian Theology, New York 1985.

Dumoulin, H., Zen. Geschichte und Gestalt, Bern 1959.

Ders., Östliche Meditation und christliche Mystik, Freiburg-München 1966.

Ders. (Hg), Buddhismus der Gegenwart, Freiburg 1970.

Ders., Christlicher Dialog mit Asien, München 1970.

Ders., Begegnung mit dem Buddhismus (Neuausgabe), Freiburg i. Br. 1982.

Ders., Christentum und Buddhismus und Buddhismus in der Begegnung, in: *Bsteh, A. (Hg)*, Erlösung in Christentum und Buddhismus, Mödling 1982, 32-51.

Ders., Die Öffnung der Kirche zur Welt. Eine neue Sichtweise des Buddhismus, in: *Klinger, E. / Wittstadt, K. (Hg)*, Glaube im Prozeß. Christsein nach dem II. Vatikanum. Festschrift für Karl Rahner, Freiburg-Basel-Wien 1984, 703-712.

Ders., Geschichte des Zen-Buddhismus, Bd. I: Indien und China, Bern-München 1985, Bd. II: Japan, Bern-München 1986.

Eliade, M. / Kitagawa, J. (Hg), The History of Religions. Essays in Methodology, Chicago 1959.

Ders. / Kitagawa, J. (Hg), Grundfragen der Religionswissenschaft, Salzburg 1963.

Enomiya-Lassalle, H. M., Zen-Buddhismus, Köln 1966.

Ders., Zen-Meditation für Christen, Weilheim/Obb.² 1971.

Ders., Zen – Weg zur Erleuchtung, Freiburg-Basel-Wien³ 1971.

Ders., Zen und christliche Mystik (3. überarb. Aufl. von "Zen-Buddhismus"), Freiburg i. Br. 1986.

Eysinga, G. A. van den Bergh van, Indische Einflüsse auf Evangelische Erzählungen, 2. verm. Aufl., Göttingen 1909.

Falke, R., Der Buddhismus in unserem modernen deutschen Geistesleben, Halle a.S. 1903.

Fernando, A., Buddhism and Christianty. Their Inner Affinity, Colombo² 1983.

Ders., A Tale of Two Theologies, in: *Swidler, L. (Hg)*, Toward a Universal Theology of Religion, New York 1987, 112-117.

Ders., Zu den Quellen des Buddhismus. Eine Einführung für Christen, Mainz 1987.

Frankfurter Erklärung zur Grundlagenkrise der Mission, in: Evangelische Missionszeitschrift (1970) 99-104.

Frauwallner, E., Geschichte der indischen Philosophie, Bd. I, Salzburg 1953.

Ders., Die Philosophie des Buddhismus, Berlin 1956.

Fromm, E., Psychoanalyse und Zen-Buddhismus, in: *ders. / Suzuki, D. T. / Marino, R. de*, Zen-Buddhismus und Psychoanalyse, Frankfurt a. M. 1972, 110-179.

Ders., Die Bedeutung des Ehrwürdigen Nyanaponika Mahâthera für die westliche Welt, in: *Frank, R. (Hg)*, Erich Fromm Gesamtausgabe, Bd. VI, Stuttgart 1980, 359-361.

Garbe, R., Indien und das Christentum. Eine Untersuchung religionsgeschichtlicher Zusammenhänge, Tübingen 1914.

Gay, J. L., La Liturgia en la Mission del Japon del Siglo XVI, Rom 1970.

Geisler, F., Beispiele der alten Weisen (Deutsche Akademie der Wissenschaften zu Berlin, Institut für Orientforschung, Nr. 52), Berlin 1960.

Gemeinsame Synode der Bistümer in der Bundesrepublik Deutschland. Beschlüsse der Vollversammlung. Offizielle Gesamtausgabe I, Freiburg 1976.

Glasenapp, H. v., Das Indienbild der deutschen Denker, Stuttgart 1960.

Glazik, J., Mission – der stets größere Auftrag. Gesammelte Vorträge und Aufsätze, Aachen 1979.

Gössmann, E., Religiöse Herkunft – profane Zukunft? Das Christentum in Japan, München 1965.

Gogler, E., Die "Liebe" im Buddhismus und im Christentum, in: *Dammann, E. (Hg),* Glaube, Liebe, Leiden in Christentum und Buddhismus (Weltmission heute, Heft 26/27), Stuttgart 1965, 27-49.

Goodall, N. / Müller-Römheld, W. (Hg), Bericht aus Uppsala 1968, Genf 1968.

Grasso, D., Zum Lernprozeß synodaler Arbeit – erläutert an der Entstehung von "Evangelii nuntiandi", in: *Waldenfels, H. (Hg),* "...denn ich bin bei Euch", Zürich-Einsiedeln-Köln 1978.

Grimm, G., Buddha und Christus, Leizig 1928.

Ders., Die Lehre des Buddho. Die Religion der Vernunft und der Meditation (*hg. v. Keller-Grimm, M. u. Hoppe, M.*), Wiesbaden ohne Datum.

Guidelines on Dialogue with People of Living Faiths and Ideologies, Genf 1979.

Gunaratna, N., God as Experience, in: Dialogue (NS) vol. II (1975) 91-95.

Haak, E., Christus oder Buddha?, Schwerin i.M. 1898.

Hallencreutz, C. F., Kraemer towards Tambaram, Uppsala 1968.

Ders., New Approaches to Men of Other Faith, Genf 1969.

Harder. R., Plotins Schriften, Bd. Vc Anhang, Hamburg 1958.

Hardy, E., Der Buddhismus nach älteren Pâli-Werken (neu aufgelegt und bearbeitet von *R. Schmidt*), Münster i.W. 1919.

Hattori, M., The Transformation of the Basis (âshraya-parâvrtti) in the Yogâcâra System of Philosophy, in: *Henrich, D. (Hg),* All-Einheit. Wege eines Gedankens in Ost und West, Stuttgart 1985, 100-108.

Heelas, P., Some Problems with Religious Studies, in: Religion 8 (1978) 1-14.

Heiler, F., Die buddhistische Versenkung. Eine religionsgeschichtliche Untersuchung, München 1918.

Ders., Das Gebet, 2. verm. u. verb. Aufl., München 1920.

Ders., The History of Religions as a Preparation for the Co-operation of Religions, in: *Eliade, M. / Kitagawa, J. (Hg),* The History of Religions. Essays in Methodology, Chicago 1959, 132-160.

Herman. A. L., An Introduction to Buddhist Thought. A Philosophical History of Indian Buddhism, Lanham – New York – London 1983.

Herrigel, E., Zen in der Kunst des Bogenschießens, München[19] 1979.

Hick, J., Jesus und die Weltreligionen, in: *ders. (Hg),* Wurde Gott Mensch? Der Mythos vom fleischgewordenen Gott, Gütersloh 1979, 175-194.

Ders., God Has Many Names, Philadelphia² 1982.

Ders., Religious Pluralism, in: *Whaling, F. (Hg)*, The World's Religious Traditions. Current Perspectives in Religious Studies. Essays in honour of Wilfred Cantwell Smith, Edinburgh 1984, 147-164.

Ders., God and the Universe of Faiths, London³ 1988.

Ders., Problems of Religious Pluralism, London² 1988.

Ders., An Interpretation of Religion. Human Responses to the Transcendent, London 1989.

Hisamatsu, Sh., Atheismus, in: Zeitschrift für Missions- und Religionswissenschaft 62 (1978) 268-296.

Ders., Die Fünf Stände von Zen-Meister Tosan Ryokai, Pfullingen 1980.

Ders., Die Fülle des Nichts, Pfullingen³ 1984.

Hoheisel, K., Buddhistische Entmythologisierung des Christentums, in: *Loth, H. J. / Mildenberger, M. / Tworuschka, U. (Hg)*, Christentum im Spiegel der Weltreligionen, Stuttgart² 1979, 50-61.

Holenstein, E., Menschliches Selbstverständnis. Ichbewußtsein - Intersubjektive Verantwortung - Interkulturelle Verständigung, Frankfurt a. M. 1985.

Hoppe, M., Georg Grimm (Sonderdruck der Zeitschrift Yâna), Utting 1973.

Hubbeling, H. G., Theology, Philosophy and Science of Religion and their Logical and Empirical Presuppositions, in: *Baaren, Th. P. van / Drijvers, H. J. (Hg)*, Religion, Culture and Methodology, The Hague-Paris 1973, 9-31.

Humphreys, Ch., Sixty Years of Buddhism in England (1907-1967). A History and Survey, London 1968.

Ders., Both Sides of the Circle. The Authobiography of Christmas Humphreys, London 1978.

Inada, K. K., Nâgârjuna. A Translation of his Mûlamadhyamakakârikâ with an Introductory Essay, Tokyo 1970.

Ingram, P. O. / Streng, F. J. (Hg), Buddhist-Christian Dialogue. Mutual Renewal and Transformation, Honolulu 1986.

Johnston, W., Der ruhende Punkt. Zen und christliche Mystik, Freiburg i. Br. 1974.

Ders., Christian Zen. A Way of Meditation, San Francisco² 1979.

Ders., Spiritualität und Transformation. Erneuerung aus den Quellen östlicher und westlicher Mystik, München 1986.

Jong, J. W. de, A Brief History of Buddhist Studies in Europe and America, in: The Eastern Buddhist VII (1974) Heft 1: 55-106, Heft 2: 49-82.

Kadowaki, J. K., Zen und die Bibel, Salzburg 1980.

Kalansuriya, A. D. P., Philosophical Reflections on Modern Empirico-buddhistic Claims, in: Dialogue (NS) vol. III (1976) 6-11.

Ders., Ethico-Religious Nature of the Conceptual Framework of Buddhism, in: Dialogue (NS) vol. IV (1977) 51-60.

Ders., Nibbana and the Language Game, in: Dialogue (NS) vol. V (1978) 123-32.

Kasulis, Th., The Kyoto School and the West. Review and Evaluation, in: The Eastern Buddhist (NS) vol. 15 no. 2 (1982) 125-144.

Kenntner, K., Die Wandlungen des Lebensbegriffs im Urbuddhismus und im Urchristentum, Bonn 1939.

Kippenberg, H. G. / Luchesi, B. (Hg), Magie. Die sozialwissenschaftliche Kontroverse über das Verstehen fremden Denkens, Frankfurt a. M. 1987

King, W., Buddhism and Christianity. Some Bridges of Understanding, London 1963.

Ders., A Thousand Lives Away. Buddhism in Contemporary Burma, Oxford 1964.

Ders., In the Hope of Nibbana. An Essay on Theravada Buddhist Ethics, LaSalle: Illinois 1964.

Ders., Theravâda-Meditation: The Buddhist Transformation of Yoga, Pennsylvania State University – London 1980.

Ders., No-Self, No-Mind, and Emptiness Revisited, in: *Ingram, P. O. / Streng, F. J. (Hg),* Buddhist-Christian Dialogue. Mutual Renewal and Transformation, Honolulu 1986, 155-176.

Kitagawa, J., Gibt es ein Verstehen fremder Religionen?, in: *Benz, E. (Hg),* Joachim Wach-Vorlesungen I, Leiden 1963, 37-66.

Klatt, N., Literarkritische Beiträge zum Problem christlich-buddhistischer Parallelen (Arbeitsmaterialien zur Religionsgeschichte, Bd. 8, *hg. v. Klimkeit, H. J.)* Köln 1982.

Klimkeit, H. J., Manichäische und buddhistische Beischtformeln aus Turfan. Beobachtungen zur Beziehung zwischen Gnosis und Mahâyâna, in: ZRGG 29 (1977) 194-228.

Ders., Das Kreuzsymbol in der zentralasiatischen Religionsbegegnung, in: *Stephenson, G. (Hg),* Leben und Tod in den Religionen. Symbol und Wirklichkeit, Darmstadt 1980, 61-80.

Ders., Christentum und Buddhismus in der innerasiatischen Religionsbegegnung, in: ZRGG 33 (1981) 208-220.

Ders., Gottes- und Selbsterfahrung in der gnostisch-buddhistischen Religionsbegegnung Zentralasiens, in: ZRGG 35 (1983) 236-247.

Ders., Buddha als Vater, in: *Waldenfels, H. / Immoos, Th. (Hg)*, Fernöstliche Weisheit und christlicher Glaube (Festschrift f. H. Dumoulin), Mainz 1985, 235-259.

Knitter, P., Katholische Religionstheologie am Scheideweg, in: Concilium 22 (1986) 63-69.

Ders., No Other Name? A Critical Survey of Christian Attitudes Toward the World Religions, New York[2] 1986.

Ders., Ein Gott - viele Religionen. Gegen den Absolutheitsanspruch des Christentums, München 1988.

Kraemer, H., The Christian Message in a Non-Christian World, London 1938.

Ders., Continuity or Discontinuity, in: The Authority of Faith (Tambaram Madras Series, vol. I.), London 1939, 1-23.

Kretser, B. de, Man in Buddhism and Christianity, Calcutta 1954.

Krieger, D., Das interreligiöse Gespräch. Methodologische Grundlagen der Theologie der Religionen, Zürich 1986.

Krüger, H., Ökumenische Bewegung 1973-1974. Beiheft zur Ökumenischen Rundschau Nr. 29, Stuttgart 1975.

Ders. / Müller-Römheld, W. (Hg), Bericht aus Nairobi 1975, Frankfurt a. M. 1976.

Kushima, T., Buddhism in America. The Social Organisation of an Ethnic Religious Institution, London 1977.

Küng, H. / Ess, J. v. / Stietencron, H. v. / Bechert, H., Christentum und Weltreligionen, München 1984.

Küng, H., Zu einer ökumenischen Theologie der Religionen, in: Concilium 22 (1986) 76-80.

Ders., Theologie im Aufbruch. Eine ökumenische Grundlegung, München 1987.

Lanczkowski, G., Einführung in die Religionswissenschaft, Darmstadt 1960.

Ders., Religionswissenschaft als Problem und Aufgabe, Tübingen 1965.

Ders., Begegnung und Wandel der Religionen, Düsseldorf-Köln 1971.

Ders. (Hg), Selbstverständnis und Wesen der Religionswissenschaft, Darmstadt 1974.

Ders., Einführung in die Religionsphänomenologie, Darmstadt 1978.

Langer-Kaneko, Chr., Das Reine Land. Zur Begegnung von Amida-Buddhismus und Christentum (Beihefte der Zeitschrift für Religions- und Geistesgeschichte XXIX), Leiden 1986.

Laube, J., Dialektik der absoluten Vermittlung. Hajime Tanabes Religionsphilosophie als Beitrag zum "Wettstreit der Liebe" zwischen Buddhismus und Christentum, Freiburg i. Br. 1984.

Laures, J., Takayama Ukon und die Anfänge der Kirche in Japan, Münster 1954.

Leeuw, G. van der, Phänomenologie der Religion, 2. erw. Aufl., Tübingen 1956.

Lehmann-Habeck, M. (Hg), Dein Reich komme. Bericht von der Weltkonferenz für Mission und Evangelisation in Melbourne 1980, Frankfurt a. M. 1980.

Lenel, C., Lotosblüten im Sumpf, Freiburg i. Br. 1983.

Lindbeck, G., The Nature of Doctrine. Religion and Theology in a Postliberal Age, Philadelphia 1984.

Lindtner, Chr., Nagarjuniana. Studies in the Writings and Philosophy of Nâgârjuna, Copenhagen 1982

Loth, H. J. / Mildenberger, M. / Tworuschka, U. (Hg), Christentum im Spiegel der Weltreligionen, Stuttgart² 1979.

Lubac, H. de, La rencontre du bouddhisme et de l'occident, Paris 1952.

Lüpsen, F. (Hg), Neu Delhi Dokumente, Witten 1962.

Lüttke, W., Christentum und Buddhismus, in: Religion und Geisteskultur, Göttingen 1914, 1-20 u. 161-176.

Lukes, S., Zur gesellschaftlichen Determiniertheit von Wahrheit, in: *Kippenberg, H. G. / Luchesi, B. (Hg)*, Magie. Die sozialwissenschaftliche Kontroverse über das Verstehen fremden Denkens, Frankfurt a. M. 1987, 235-258.

MacIntyre, A., Läßt sich das Verstehen von Religion mit religiösem Glauben vereinbaren?, in: *Kippenberg, H. G. / Luchesi, B. (Hg)*, Magie. Die sozialwissenschaftliche Kontroverse über das Verstehen fremden Denkens, Frankfurt a. M. 1987, 52-72.

Maraldo, J. C., Das Studium des Zen und Zen als Studium, in: *Waldenfels, H. / Immoos, Th. (Hg)*, Fernöstliche Weisheit und christlicher Glaube, Mainz 1985, 11-24.

Margull, H. J. (Hg), Zur Sendung der Kirche. Material aus der ökumenischen Bewegung, München 1963.

Ders., Der Dialog von Colombo, in: Ökumenische Rundschau 23 (1974) 225-234.

Ders., Verwundbarkeit. Bemerkungen zum Dialog, in: Evangelische Theologie 34 (1974) 410-420.

Ders., Die beschränkte Suche nach Gemeinschaft, in: Ökumenische Rundschau 25 (1976) 194-202.

Ders., Zu einem christlichen Verständis des Dialogs zwischen Menschen verschiedener religiöser Traditionen, in: Evangelische Theologie 39 (1979) 195-211.

Ders., Der "Absolutheitsanspruch" des Christentums im Zeitalter des Dialogs, in: Theologia Practica 15 (1980) 67-75.

Ders. / *Samartha, S. J. (Hg)*, Dialog mit anderen Religionen. Material aus der ökumenischen Bewegung, Frankfurt a. M. 1972.

Masutani, F., A Comparative Study of Buddhism and Christianity, Tokyo 1957.

May, J., 'Making Sense of Death' in Christianity and Buddhism, in: ZMR 65 (1981) 51-69.

Ders., Vom Vergleich zur Verständigung, in: ZMR 66 (1982) 58-66.

Ders., Meaning, Consensus and Dialogue in Buddhist-Christian-Communication. A Study in the Construction of Meaning, Bern-Frankfurt-New York 1984.

Ders., Einige Voraussetzungen interreligiöser Kommunikation am Beispiel Buddhismus und Christentum, in: Neue Zeitschrift für Missionswissenschaft 40 (1984) 26-35.

McCloy Layman, E., Buddhism in America, Chicago[2] 1978.

Mensching, G., Die Bedeutung des Leidens im Buddhismus und im Christentum (2. völlig neu bearb. Aufl.), Gießen 1930.

Ders., Rudolf Otto und die Religionsgeschichte, in: *Benz, E. (Hg)*, Rudolf Ottos Bedeutung für die Religionswissenschaft und Theologie heute, Leiden 1971, 49-69.

Ders., Der offene Tempel. Die Weltreligionen im Gespräch miteinander, Stuttgart 1974.

Ders., Buddha und Christus - ein Vergleich, Stuttgart 1978.

Merton, Th., Weisheit der Stille. Die Geistigkeit des Zen und ihre Bedeutung für die moderne christliche Welt, München-Wien 1975.

Mildenberger, M. (Hg), Denkpause im Dialog. Perspektiven der Begegnung mit anderen Religionen und Ideologien, Frankfurt a. M. 1978, 48-82.

Mizuno, K., Buddhist Sutras. Origin, Development, Transmission, Tokyo 1982.

Monier-Williams, M., Buddhism, in its Connexion with Brâhmanism and Hinduism, and in its Contrast with Christianity, London[2] 1890.

Müller-Krüger, Th. (Hg), In sechs Kontinenten. Dokumente der Weltmissionskonferenz Mexico 1963, Stuttgart 1964.

Müller-Römheld, W. (Hg), Bericht aus Vancouver 1983, Frankfurt a. M. 1983.

Munsterberg, H., Zen-Kunst, Köln 1978.

Murti, T. R. V., The Central Philosophy of Buddhism. A Study of the Mâdhyamika System, London[3] 1980.

Nagashima, T. S., Truth and Fabrications in Religion – An investigation from the documents of the Zen (Ch'an) Sect (Probsthain's Oriental Series XXIX), London 1978.

Nakamura, H., Buddhism in Comparative Light, Bombay 1975.

Nambara, M., Die Idee des absoluten Nichts in der deutschen Mystik und seine Entsprechungen im Buddhismus, in: Archiv für Begriffsgeschichte, Bd. IV, Bonn 1960, 143-277.

Neuner, J. / Roos, H. (Hg), Der Glaube der Kirche in den Urkunden der Lehrverkündigung (neubearbeitet von *K. Rahner* und *K.-H. Weger*), 10. Aufl., Regensburg 1971.

Newbigin, L., The Open Secret, Grand Rapids 1978.

Nishitani, K., The Problem of Time in Shinran, in: The Eastern Buddhist (NS), vol. XI, no. 1 (1978) 13-26.

Ders., Was ist Religion?, Frankfurt a. M. 1982.

Notz, K. J., Der Buddhismus in Deutschland in seinen Selbstdarstellungen, Frankfurt a. M. 1984.

Nyanatiloka, Buddhistisches Wörterbuch (2. rev. Aufl.), Konstanz 1976.

Oberhammer, G. (Hg), Transzendenzerfahrung, Vollzugshorizont des Heils, Wien 1978.

Ders. (Hg), Epiphanie des Heils, Wien 1982.

Ders., Versuch einer transzendentalen Hermeneutik religiöser Traditionen, Wien 1987.

Okochi, R., Absolute Wahrheit: Ihre Selbstverneinung als Selbstverwirklichung. Das Problem des Hoben im Jôdo-Buddhismus, in: *Papenfuss, D. / Söring, J. (Hg),* Transzendenz und Immanenz. Philosophie und Theologie in der veränderten Welt, Stuttgart u.a. 1977, 277-281.

Ders., Otte, K., Tan-ni-sho. Die Gunst des Reinen Landes. Begegnung zwischen Buddhismus und Christentum, Bern 1979.

Oldenberg, H., Buddha. Sein Leben, seine Lehre, seine Gemeinde, von *H. v. Glasenapp* hg. Neuauflage, Stuttgart ohne Jahr.

Ott, E., Thomas Merton – Grenzgänger zwischen Christentum und Buddhismus, Würzburg 1977.

Ott, H., Einander verstehen. Thesen und Bemerkungen zum Dialog, in: *Mildenberger, M. (Hg),* Denkpause im Dialog. Perspektiven der Begegnung mit anderen Religionen und Ideologien, Frankfurt a. M. 1978, 48-82.

Palihawadana, M., Is there a Theravada Buddhist Idea of Grace?, in: *Dawe, D. G. / Carman, J. B. (Hg),* Christian Faith in a Religiously Plural World, New York 1978, 181-195.

Panikkar, R., The internal dialogue - the insufficiency of the so-called phenomenological "epoche" in the religous encounter, in: Religion and Society vol. XV no. 3 (1968) 55-66.

Ders., Faith and Belief: A Multireligious Experience. An Objectified Autobiographical Fragment, in: Anglican Theological Review 53 (1971) 219-237.

Ders., Verstehen als Überzeugtsein, in: *Gadamer, H. G. / Vogler, P. (Hg),* Neue Anthropologie, Bd. 7, Stuttgart 1975, 132-167.

Ders., The Intrareligious Dialogue, New York 1978.

Ders., Der unbekannte Christus im Hinduismus, Mainz 1986.

Ders., The Invisible Harmony: A Universal Theory of Religion of a Cosmic Confidence in Reality, in: *Swidler, L. (Hg),* Toward a Universal Theology of Religion, New York 1987, 118-153.

Pannenberg, W., Auf der Suche nach dem wahren Selbst. Anthropologie als Ort der Begegnung zwischen christlichem und buddhistischem Denken, in: *Bsteh, A. (Hg),* Erlösung in Christentum und Buddhismus, Mödling 1982, 128-146.

Ders., Religion und Religionen. Theologische Erwägungen zu den Prinzipien eines Dialoges mit den Weltreligionen, in: *Bsteh, A. (Hg),* Dialog aus der Mitte christlicher Theologie, Mödling 1987, 179-196.

Ders., Die Religionen als Thema der Theologie. Die Relevanz der Religionen für das Selbstverständnis der Theologie, in: Theologische Quartalschrift 169 (1989) 99-110.

Paus, A. (Hg), Jesus Christus und die Religionen, Graz-Wien-Köln 1980.

Pérez-Remón, J., Self and Non-Self in Early Buddhism, The Hague - Paris - New York 1980.

Ders., Early Buddhism: life after death?, in: Studia Missionalia 32 (1983) 95-122.

Pieris, A., The Legitimacy and the Limitations of the Academic Approach to Inter-Faith Dialogue, in: Dialogue (NS) vol. I (1974) 39-43.

Ders., A Buddhist Critique and a Christian Response, in: Dialogue (NS) vol. II (1975) 83-85.

Ders., God-Talk and God-Experience in a Christian Perspective, in: Dialogue (NS) vol II (1975) 116-128.

Ders., Towards an Asian Theology of Liberation: some Religio-Cultural Guidelines, in: Dialogue (NS) vol. VI (1979) 29-52 (deutsche Fassung als: Auf dem Wege zu einer asiatischen Theologie der Befreiung: einige religiös-kulturelle Richtlinien, in: *ders.,* Theologie der Befreiung in Asien (s. u.), 131-160.

Ders., Monastic Poverty in the Asian Setting, in: Dialogue (NS) vol. VII (1980) 104-118.

Ders., Western Christianity and Asian Buddhism. A Theological Reading of Historical Encounters, in: Dialogue (NS) vol. VII (1980) 49-85.

Ders., Lynn A. de Silva. A Tribute, Supplement to Dialogue (NS) vol. IX (1982).

Ders., Ideology and Religion: Some Debatable Points, in: Dialogue (NS) vol. X (1983) 31-41 (deutsche Fassung in: *ders.*, Theologie der Befreiung in Asien (s.u.) 43-53.

Ders., The Political Vision of the Buddhist, in: Dialogue (NS) vol. XI (1984), 6-14.

Ders., Asien: Welches Inkulturationsmodell?, in: Orientierung, Jg. 49 (1985) 102-106.

Ders., Theologie der Befreiung in Asien. Christentum im Kontext der Armut und der Religionen, Freiburg i. Br. 1986.

Ders., Asiens nichtsemitische Religionen und die Mission der Ortskirchen, in: *ders.*, Theologie der Befreiung in Asien (s.o.), 55-78.

Ders., Der Buddhismus als Herausforderung für die Christen, in: *ders.*, Theologie der Befreiung in Asien (s.o.), 122-130.

Ders., Der Ort der nichtchristlichen Religionen und Kulturen in der Entwicklung einer Theologie der Dritten Welt, in: *ders.*, Theologie der Befreiung in Asien (s.o.), 161-200.

Ders., Sprechen vom Sohn Gottes in Asien, in: *ders.*, Theologie der Befreiung in Asien (s.o.), 112-121.

Ders., Westliche Inkulturationsmodelle – inwieweit sind sie im nicht-semitischen Asien anwendbar?, in: *ders.*, Theologie der Befreiung in Asien (s.o.), 79-91.

Ders., Christentum und Buddhismus im Dialog aus der Mitte ihrer Traditionen, in: *A. Bsteh (Hg)*, Dialog aus der Mitte christlicher Theologie, Mödling 1987, 131-178 (engl. Fassung: *ders.*, Christianity in a Core-to-Core Dialogue with Buddhism, in: Dialogue (NS) vol. XIII/XIV (1986/87) 52-93.

Ders., Liebe und Weisheit. Begegnung von Christentum und Buddhismus, Mainz 1989.

Potter, Ph. A. (Hg), Das Heil der Welt heute. Ende oder Beginn der Weltmission? Dokumente der Weltmissionskonferenz Bangkok 1973, Stuttgart 1973.

Przyluski, J., Die Erlösung nach dem Tod in den Upanishaden und im ursprünglichen Buddhismus, in: Eranos V (1937) 93-116.

Pummer, R., Religionswissenschaft or religiology?, in: Numen 19 (1972) 91-127.

Ders., The Study Conference on 'Methodology of the Science of Religion' in Turku, Finnland 1973, in: Numen 21 (1974) 156-159.

Pye, M. / Morgan, R. (Hg), The Cardinal Meaning. Essays in Comparative Hermeneutics: Buddhism and Christianity, The Hague, Paris 1973.

Pye, M., Skilful Means. A Concept in Mahayana Buddhism, London 1978.

Ders., The Buddha, London 1979.

Ders., Tradition and Authority in Shin-Buddhism, in: The Pure Land 3 (1986) 37-48.

Race, A., Christians and Religious Pluralism. Patterns in the Christian Theology of Religions, London 1983.

Rahner, K., Das Christentum und die nichtchristlichen Religionen, in: *ders.,* Schriften zur Theologie, Bd. V, Einsiedeln-Zürich-Köln 1964, 136-158.

Ders., Über die Einheit von Nächsten- und Gottesliebe, in: *ders.,* Schriften zur Theologie, Bd. VI, Einsiedeln-Zürich-Köln 1965, 277-298.

Ders., Grundkurs des Glaubens, Freiburg-Basel-Wien[9] 1976

Ders. / Vorgrimmler H. (Hg), Kleines Konzilskompendium, Freiburg i. Br.[13] 1979.

Ratschow, C.-H., Leiden und Leidensaufhebung im Buddhismus und Christentum, in: *Dammann, E. (Hg),* Glaube, Liebe, Leiden in Christentum und Buddhismus (Weltmission heute 27/28), Stuttgart 1965, 50-68.

Reat, R., Notes on "Absolute Extinction" in Buddhism, in: Dialogue (NS) vol. III (1976) 22-24.

Redemptor hominis, Verlautbarungen des Apostolischen Stuhls Nr. 6, Bonn 1979.

Riley, Ph. B., Theology and/or religious studies: A case study of Studies in Religion/Sciences religieuses, 1971-1981, in: Studies in Religion/ Sciences religieuses vol. 13 no. 4 (1984) 423-444.

Rosenkranz, G., Upayakaushalya (geschickte Anwendung der Mittel) als Methode buddhistischer Ausbreitung, in: ders., Religionswissenschaft und Theologie, München 1964, 101-109.

Rothermundt, G., Buddhismus für die moderne Welt. Die Religionsphilosophie K. N. Jayatillekes, Stuttgart 1979.

Ruegg, D. S., The Literature of the Madhyamaka School of Philosophy in India (*Gonda, J. [Hg],* A History of Indian Literature, Bd. VII, Fasc. 1), Wiesbaden 1981.

Rzepkowski, H., Das Menschenbild bei Daisetz Teitaro Suzuki. Gedanken zur Anthropologie des Zen-Buddhismus (Studia Instituti Missiologici Societas Verbi Divini 12), St. Augustin 1971.

Saeki, P. Y., The Nestorian Documents and Relics in China, Tokyo² 1951.

Samartha, S. J. (Hg), Dialogue Between Men of Living Faith, Genf 1971.

Ders. (Hg), Towards World Community. The Colombo Papers, Genf 1975.

Ders., An Interpretation of the Nairobi Debate, in: ders., Courage for Dialogue, Genf 1981, 49-61.

Ders., Courage for Dialogue, Genf 1981.

Scheler, M., Liebe und Erkenntnis, Bern - München 1955.

Schlette, H. R., Indisches bei Plotin, in: ders., Aporie und Glaube, München 1970, 125-151.

Schlingloff, D., Die Religion des Buddhismus, Bd. I: Der Heilsweg des Mönchtums, Berlin 1962, Bd. II: Der Heilsweg für die Welt, Berlin 1963.

Schmidt, H. G. (Hg), Wie der Mond stirbt. Das letzte Tagebuch des Thomas Merton, Wuppertal 1970.

Schmidt, K., Leer ist die Welt, Konstanz 1953.

Schmidt-Leukel, P., Die Bedeutung des Todes für das menschliche Selbstverständnis im Pāli-Buddhismus, St. Ottilien 1984.

Ders., Individual and Collective Aspects of Buddhist Ethics, in: Dialogue (NS) vol. XII (1985) 17-27.

Ders., Zur Funktion der Gleichnisrede bei Buddha und Jesus, in: MThZ 37 (1986) 116-133.

Ders., Die Suche nach einer Hermeneutik des interreligiösen Dialogs: Phasen der ökumenischen Diskussion, in: Una Sancta 43 (1988) 178-188.

Ders., Shinran, Hui'neng and the Christian-Buddhist Dialogue, in: The Pure Land (N.S.) 5 (1988) 20-34.

Ders., Sterblichkeit und ihre Überwindung. Ein Beitrag zur Diskussion um Reinkarnationslehren aus der Perspektive des christlich-buddhistischen Dialogs, in: MThZ 39 (1988) 281-304.

Ders., Der Immanenzgedanke in der Theologie der Religionen. Zum Problem dialogischer Lernfähigkeit auf der Basis eines christologischen Ansatzes, in: MThZ 41 (1990) 43-71.

Schmithausen, L., Ich und Erlösung im Buddhismus, in: Zeitschrift für Missions und Religionswissenschaft 53 (1969) 157-170.

Ders., Spirituelle Praxis und philosophische Theorie im Buddhismus, in: Zeitschrift für Missions- und Religionswissenschaft 57 (1973) 161-186.

Ders., Die vier Konzentrationen der Aufmerksamkeit: Zur geschichtlichen Entwicklung einer spirituellen Praxis im Buddhismus, in: Zeitschrift für Missions- und Religionswissenschaft 60 (1976) 241-266.

Ders., Zur buddhistischen Lehre von der dreifachen Leidhaftigkeit, in: Zeitschrift der Deutschen Morgenländischen Gesellschaft, Supplement III, 2, Wiesbaden 1977, 918-931.

Ders., Zur Struktur der erlösenden Erfahrung im indischen Buddhismus, in: *Oberhammer, G. (Hg)*, Transzendenzerfahrung, Vollzugshorizont des Heils, Wien 1978, 97-119.

Ders., On Some Aspects of Descriptions or Theories of 'Liberating Insight' and 'Enlightenment' in Early Buddhism, in: *Bruhn, K. / Wezler, A. (Hg)*, Studien zum Jainismus und Buddhismus (Gedenkschrift für Ludwig Alsdorf), Wiesbaden 1981, 199-250.

Ders., Versenkungspraxis und erlösende Erfahrung in der Shrâvakabhûmi, in: *Oberhammer, G. (Hg)*, Epiphanie des Heils. Zur Heilsgegenwart in indischer und christlicher Religion, Wien 1982, 59-85.

Schneider, U., Einführung in den Buddhismus, Darmstadt 1980.

Schomerus, H. W., Buddha und Christus. Ein Vergleich zweier großer Weltreligionen, Halle-Saale 1931.

Schrader, F. O., Wille und Liebe in der Lehre Buddhas, Berlin 1905.

Ders., Kleine Schriften (Glasenapp-Stiftung, Bd. 19, hg. v. *Sprockhoff, J. F.*), Wiesbaden 1983.

Schütte, J. F., Valignanos Missionsgrundsätze für Japan, Bd. I, Teil 1 u. 2, Rom 1951 u. 1958.

Schumacher, E. F., Small is Beautifull. Die Rückkehr zum menschlichen Maß, Reinbeck bei Hamburg 1985.

Schumann, H. W., Der historische Buddha, Olten[3] 1981.

Ders., Samkhâra im frühen Buddhismus, Bonn[2] 1982.

Schurhammer, G. / Voretzsch, E. A. (Hg), P. Luis Frois S. J., Die Geschichte Japans, Leipzig 1926.

Ders., Die Disputationen des Pater Cosme de Torres mit den Buddhisten von Yamaguchi, Tokyo 1929.

Schweitzer, A., Die Weltanschauung der indischen Denker. Mystik und Ethik, München 1982 (Taschenbuchausgabe der zweiten, auf Grund der englischen Ausgabe von 1935 neugefaßten Auflage von 1965).

Scott, A., Buddhism and Christianity. A Parallel and a Contrast (Neudruck der Ausgabe von 1890), Port Washington-New York-London 1971.

Scott, D., Christian Responses to Buddhism in Pre-Medieval Times, in: Numen 32 (1985) 88-100.

Seckler, M., Theologie der Religionen mit Fragezeichen, in: Theologische Quartalschrift 166 (1986) 164-184.

Ders., Synodos der Religionen. Das 'Ereignis von Assisi' und seine Perspektive für eine Theologie der Religionen, in: Theologische Quartalschrift 169 (1989) 5-24.

Seydel, R., Das Evangelium von Jesus in seinen Verhältnissen zu Buddha-Sage und Buddha-Lehre, Leipzig 1882.

Ders., Die Buddha-Legende und das Leben Jesu nach den Evangelien, Leipzig 1884.

Sharpe, E. J., Comparative Religion. A History, Bristol 1975.

Shimizu, M., Das "Selbst" im Mahâyâna-Buddhismus in japanischer Sicht und die "Person" im Christentum im Licht des Neuen Testaments (Beiheft der Zeitschrift für Religions- und Geistesgeschichte XXII), Leiden 1981.

Siegmund, G., Buddhismus und Christentum. Vorbereitung eines Dialogs, St. Augustin² 1983.

Silva, L. A. de, Why Can't I Save Myself? The Christian Answer in Relation to Buddhist Thought, Colombo 1966.

Ders., Buddhist-Christian Dialogue, in: *Singh, J. (Hg),* Inter-Religious Dialogue, Bangalore 1967, 170-203.

Ders., Reincarnation in Buddhist and Christian Thought, Colombo 1968.

Ders., Why Believe in God? The Christian Answer in Relation to Buddhism, Colombo 1970.

Ders., Anatta and God, in: Dialogue (NS) vol. II (1975) 106-115.

Ders., The Problem of the Self in Buddhism and Christianity, Colombo 1975.

Ders., Emergent Theology in the Context of Buddhism, Colombo 1979.

Ders., Buddhism and Christianity Relativised, in: Dialogue (NS) vol. IX (1982) 43-72.

Singh, H. J. (Hg), Inter-Religious Dialogue, Bangalore 1967.

Slater, R. L., World Religions and World Community, New York-London 1963.

Ders. / Lewis, H. D., World Religions. Meeting Points and Major Issues, London 1966.

Smart, N., Reasons and Faiths. An Investigation in Religious Discourse, Christian and Non-Christian, London² 1971.

Smith, W. C., Comparative Religion: Wither - and Why?, in: *Eliade, M. / Kitagawa, J. (Hg),* The History of Religions. Essays in Methodology, Chicago 1959, 31-58.

Ders., The Meaning and End of Religion (Neuauflage), San Francisco 1978.

Ders., Faith and Belief, Princeton 1979.

Ders., Towards a World Theology. Faith and the Comparative History of Religion, London 1981.

Ders., Theology and the World's Religious History, in: *Swidler, L. (Hg)*, Toward a Universal Theology of Religion, Maryknoll-New York 1987, 51-72.

Sprung, M. (Hg), The Problem of Two Truths in Buddhism and Vedânta, Dordrecht 1973.

Ders., The Mâdhyamika Doctrine of Two Realities as a Metaphysic, in: *ders. (Hg)*, the Problem of Two Truths in Buddhism and Vedânta, Dordrecht 1973.

Ders. (Hg), The Question of Being. East-West Perspectives, London 1978.

Ders., Being and the Middle Way, in: *ders. (Hg)*. The Question of Being. East-West Perspectives, London 1978, 127-139.

Ders., The Problem of Being in Madhyamika Buddhism, in: *Amore, R. C. (Hg)*, Developements in Buddhist Thought: Canadian Contributions to Buddhist Studies (S/R Supplements No. 9), Waterloo, Ontario 1979, 8-25.

Starkey, P., Agape: A Christian Criterion for Truth in the Other World Religions, in: International Review of Mission 74 (1985) 425-463.

Steinkellner, E., Wirklichkeit und Begriff bei Dharmakîrti, in: Wiener Zeitschrift für die Kunde Südasiens 15 (1971) 179-211.

Straelen, H. van, Selbstfindung oder Hingabe. Zen und das Licht der christlichen Mystik, Abensberg 1983.

Streng, F., Emptiness. A Study in Religious Meaning, Nashville, New York 1967.

Sundermeier, Th., Gott im Buddhismus, in: Evangelische Theologie 48 (1988) 19-35.

Suzuki, D. T., Collected Writings on Shin Buddhism, Kyoto 1973.

Swearer, D., Buddhism in Transition, Philadelphia 1970

Ders., Neueste Entwicklungen im thailändischen Buddhismus, in: *H. Dumoulin (Hg)*, Buddhismus der Gegenwart, Freiburg i. Br. 1970, 66-71.

Ders., Dialogue: The Key to Understanding Other Religions, Philadelphia 1977.

Ders., Reformist Buddhism in Thailand: The Case of Bhikkhu Buddhadasa, in: Dialogue (NS) vol. VIII (1981) 27-42.

Swidler, L., Wahrheitsfindung im Dialog. Plädoyer für einen Paradigmenwechsel in der systematischen Reflexion, in: Una Sancta 39 (1984) 201-208.

Ders. (Hg), Toward a Universal Theology of Religion, Maryknoll-New York 1987.

Takakusu, J., The Essentials of Buddhist Philosophy, Honolulu³ 1956.

Takayanagi, Sh., Weisheit und Sprache in Dôgens 'Shôbôgenzô', in: *Waldenfels, H. / Immoos, Th. (Hg),* Fernöstliche Weisheit und christlicher Glaube (Festgabe für Heinrich Dumoulin), Mainz 1985, 43-55.

Takeuchi, Y., Probleme der Versenkung im Ur-Buddhismus, Leiden 1972.

Ders., Die Bedeutung der 'anderen Kraft' im buddhistischen Heilspfad, in: *Bsteh, A. (Hg),* Erlösung in Christentum und Buddhismus, Mödling 1982, 175-193.

Ders., The Heart of Buddhism. In Search of the Timeless Spirit of Primitive Buddhism, New York 1983.

Ders., Der neue Buddhismus der Kamakurazeit, in: *Waldenfels, H. / Immoos, Th. (Hg),* Fernöstliche Weisheit und christlicher Glaube (Festgabe für Heinrich Dumoulin), Mainz 1985, 221-233.

Takizawa, K., Was hindert mich noch, getauft zu werden?, in: *Wolf, E. u.a. (Hg),* Antwort – Karl Barth zum siebzigsten Geburtstag, Zürich 1956, 911-925.

Ders., Zen-Buddhismus und Christentum im gegenwärtigen Japan, in: *Yagi, S. / Lutz, U. (Hg),* Gott in Japan, München 1973, 139-159.

Ders., "Rechtfertigung" im Buddhismus und im Christentum, in: Evangelische Theologie 39 (1979) 182-195.

Ders., Reflexionen über die universale Grundlage von Christentum und Buddhismus (Studien zur interkulturellen Geschichte des Christentums 24), Frankfurt-Bern-Cirencester 1980.

Terazono, Y., Die Christologie Karl Barths und Takizawas. Ein Vergleich, Bonn 1976.

The Authority of Faith. Tambaram Madras Series, vol 1 (IMC), London 1939.

Thelle, N. R., A Barthian Thinker between Buddhism and Christianity: Takizawa Katsumi, in: Japanese Religions vol. 8 no. 4 (1975) 54-86.

Titschak, H., Christentum – Buddhismus. Ein Gegensatz, Wien 1980.

Ueda, Sh., Die Gottesgeburt in der Seele und der Durchbruch zur Gottheit, Gütersloh 1965.

Ders., Die Bewegung nach oben und die Bewegung nach unten: Zen-Buddhismus im Vergleich mit Meister Eckhart, in: Eranos Jahrbuch 51 (1982) 223-272.

Ders., Das Erwachen im Zen-Buddhismus als Wort-Ereignis, in: *Strolz, W. / Ueda, Sh. (Hg),* Offenbarung als Heilserfahrung in Christentum, Hinduismus und Buddhismus, Freiburg-Basel-Wien 1982, 209-233.

Ueda, Y., The Mahayana Structure of Shinran's Thought, Part I in: The Eastern Buddhist (NS), vol. XVII, no. 1 (1984) 57-78, Part II in: The Eastern Buddhist (NS), vol. XVII, no. 2 (1984) 30-54.

Vetter, T., Erkenntnisprobleme bei Dharmakīrti, Wien 1964.

Ders., Die Lehre Nāgārjunas in den Mūla-Madhyamaka-Kārikas, in: *Oberhammer, G. (Hg),* Epiphanie des Heils, Wien 1982, 87-108.

Ders., Zum Problem der Person in Nāgārjunas Mūla-Madhyamaka-Kārikas, in: Strolz, W. / Ueda., Sh. (Hg), Offenbarung als Heilserfahrung im Christentum, Hinduismus und Buddhismus, Freiburg- Basel-Wien 1982, 167-185.

Ders., The Ideas and Meditative Practices of Early Buddhism, Leiden 1988.

Wach, J., Zur Methodologie der allgemeinen Religionswissenschaft, in: *Lanczkowski, G. (Hg),* Selbstverständnis und Wesen der Religionswissenschaft, Darmstadt 1974, 30-56.

Waldenfels, H., A Critical Appreciation, in: Japanese Religions 4 (1966) 13-25.

Ders., Das Verständnis der Religionen und seine Bedeutung für die Mission in römisch-katholischer Sicht, in: Evangelische Missionszeitschrift (1970) 125-159.

Ders., Das schweigende Nichts angesichts des sprechenden Gottes, in: Neue Zeitschrift für Systematische Theologie und Religionsphilosophie 13 (1971) 315-334.

Ders., Meditation - Ost und West, Einsiedeln-Zürich-Köln 1975.

Ders., Die neuere Diskussion um die "anonymen Christen" als Beitrag zur Religionstheologie, in: Zeitschrift für Missions- und Religionswissenschaft 60 (1976) 161-180.

Ders., Absolutes Nichts. Zur Grundlegung des Dialogs zwischen Buddhismus und Christentum, Freiburg i. Br. 1976.

Ders., Searching for Common Ways, in: Japanese Religions 9 (1976) 36-56.

Ders., Theologie im Kontext der Weltgeschichte, in: Lebendiges Zeugnis 32 (1977) 5-18.

Ders. (Hg), "...denn ich bin bei Euch", Zürich-Einsiedeln-Köln 1978.

Ders., (Einleitung zu:) *Hisamatsu, Sh.:* Atheismus, in: Zeitschrift für Missions- und Religionswissenschaft 62 (1978) 268-272.

Ders. (Hg), Begegnung mit dem Zen-Buddhismus, Düsseldorf 1980.

Ders., Der Dialog mit dem Zen-Buddhismus - eine Herausforderung für die europäischen Christen, in: *ders. (Hg),* Begegnung mit dem Zen-Buddhismus, Düsseldorf 1980, 62-85.

Ders., Faszination des Buddhismus. Zum christlich-buddhistischen Dialog, Mainz 1982.

Ders., (Rezension zu) *F. Buri:* Der Buddha-Christus als der Herr des wahren Selbst, in: Neue Zeitschrift für Mission 39 (1983) 141-146.

Ders., Theologie der nichtchristlichen Religionen. Konsequenzen aus "Nostra Aetate", in: *Klinger, E. / Wittstadt, K. (Hg).* Glaube im Prozeß (Festschrift für Karl Rahner), Freiburg-Basel-Wien 1984, 757-775.

Ders., Zen und Philosophie, in: Zen Buddhism Today. Annual Report of the Kyoto Zen Symposium, No. 2, 1984, 1-28.

Ders. / Immoos, Th. (Hg). Fernöstliche Weisheit und christlicher Glaube (Festgabe für Heinrich Dumoulin), Mainz 1985.

Ders., Sprechsituationen: Leid – Ver-nicht-ung – Geheimnis. Zum buddhistischen und christlichen Sprechverhalten, in: *Ders. / Immoos, Th. (Hg)*, Fernöstliche Weisheit und christlicher Glaube (Festgabe für Heinrich Dumoulin), Mainz 1985, 289-312.

Ders., Kitaro Nishida, in: Neue Zeitschrift für Systematische Theologie und Religionsphilosophie 27 (1985) 199-206.

Ders., Kontextuelle Fundamentaltheologie, München-Wien-Zürich 1985.

Ders., Buddhismus und Christentum im Gespräch. Anmerkungen zu den geistigen Voraussetzungen, in: Internationale Katholische Zeitschrift "Communio" 17 (1988) 317-326.

Ders., An der Grenze des Denkbaren. Meditation – Ost und West, München 1988.

Ders., Sterben und Weiterleben im Buddhismus, in: *ders. (Hg)*, Ein Leben nach dem Leben? Die Antwort der Religionen, Düsseldorf 1988, 30-49.

Ders. (Hg), Ein Leben nach dem Leben? Die Antwort der Religionen, Düsseldorf 1988.

Waldschmidt, E., Die Überlieferung vom Lebensende des Buddha, Göttingen 1944 u. 1948.

Warder, A. K., Is Nâgârjuna a Mahâyânist?, in: *Sprung, M. (Hg)*, the Problem of Two Truths in Buddhism and Vedânta, Dordrecht 1973, 78-88.

Wayman, A., The Religious Meaning of Concrete Death in Buddhism, in: Studia Missionalia 31 (1982) 273-295.

Wecker, O. / Koch, W., Christentum und Weltreligionen, Rottenburg a.N. 1910.

Weinrich, F., Die Liebe im Buddhismus und im Christentum, Berlin 1935.

Welbon, G. R., The Buddhist Nirvâna and its Western Interpreters, Chicago 1968.

Whaling, F. (Hg), The World's Religious Traditions. Current Perspectives in Religious Studies. Essays in honour of Wilfred Cantwell Smith, Edinburgh 1984.

Wiebe, D., Religion and Truth. Towards an Alternative Paradigm for the Study of Religion. The Hague-Paris-New York 1981.

Winch, P., Was heißt "eine primitive Gesellschaft verstehen"?, in: *Kippenberg, H. G. / Luchesi (Hg)*, Magie. Die sozialwissenschaftliche Kontroverse über das Verstehen fremden Denkens, Frankfurt a. M. 1987, 73-119.

Wittgenstein, L., Philosophische Untersuchungen, Frankfurt a. M. 1971.

World Missionary Conference, 1910. Report of the Commission IV. The Missionary Message in Relation to Non-Christian Religions, Edinburgh, London, New York, Chicago, Toronto 1910.

Wu Ch'êng-ên, Monkeys Pilgerfahrt, München 1983.

Yagi, S. / Lutz, U. (Hg), Gott in Japan, München 1973.

Yagi, S., Die Front-Struktur als Brücke vom buddhistischen zum christlichen Denken, München 1988.

Yeshe, Lama Thubten, Gedanken eines tibetischen Lama über Weihnachten, Zürich 1978.

Yu, Ch.-Sh., Early Buddhism and Christianity. A Comparative Study of the Founders' Authority, the Community and the Discipline, Delhi 1981.

Zwi Werblowski, R. J., Die Rolle der Religionswissenschaft bei der Förderung des gegenseitigen Verständnisses, in: *Lanczkowski, G. (Hg)*, Selbstverständnis und Wesen der Religionswissenschaft, Darmstadt 1974, 180-188.

NAMENREGISTER

Kursive Seitenzahlen verweisen auf Fundorte nur im Anmerkungsteil.

Abe, M. 264, *268f.*, 273ff., 276, 278, *280*, 295, 322ff.
Ajâtusatta, Ajâtashatru *486*, 650
Alwis, T.B. de *185*
Ammonios Sakkas 30
Amore, R.C. 22ff, 137, *531*
Anderson, N. *703*
Anderson, W. *161*
Angulimala 60
Anuruddha *89*, 502
Aronson, H. 180ff.
Asanga 552
Ashoka 10, *64*
Aufhauser, J. *21*
Augustinus 45

Baaren, Th.P. van *123*
Bareau, A. *9*, *55*, *552*, *605*
Barth, K. *161*, 274f., *313*, *316*, 317, 320f., *323*, *622*, *707*
Barthèlemy Saint-Hilaire, J. 14ff., 52
Basilides 29
Bechert, H. *12*, *66f.*, *181*, 515
Benz, E. *21*, 30, *37*, *108*, 114, 117, *121*
Bertholet, A. 39f, 45f, *48*, 49f., 51ff., *57*, 59, *62*, 63, 65
Betz, U. *146*
Beyerhaus, P. *146*
Bieder, W. *22*
Bimbisara 650
Bleeker, C.J. 120
Blofeld, J. *574*
Bloom, A. *610*
Bodhi, Bhikkhu *516*
Bodhidharma 572ff., 580, 584, *666*
Boethius 277
Borsig, M. von *610*
Boxer, C.R. *243*
Boyd, J.W. *56*
Bragt, J. van *47*, *538*, *710*

Brear, D. 18
Brück, M. von 3
Bruhn, K. *483*
Bruns, J.E. 24
Bsteh, A. *222*, *268*, *276*, *493*, *686*, *689*
Buber, M *169*
Buchner, H. *595*
Buddhadâsa, I. *192*, 202ff., *207*, 208f., 211ff., *216*, 220f., *264*, 337f., 358
Buddhaghosa 87, *88*, *93*, *469*, 477, 495f., 502, *637*
Buddhapâlita 552
Buri, F. 253, 283-297, 306, 331, 332, 342, 344f., 353f., 360, 368
Burnouf, E. 10, 13
Butschkus, H. *622*

Cahill, J. 128ff., 140, *402*, *433*, *675*
Camps, A. *165*, *704*
Candrakîrti 522, 552
Carpenter, J.E. 71, 76f., *83f.*, *94*, 96ff., 104ff., 112, 328
Catalano, M. *195*
Chandra, S. *517f.*
Chantepie de la Saussaye 72
Cheng, H.-L. *578f.*, *601*
Childers, R.C. 17
Christian, W.A. 374f., *425*, 434
Clemens von Alexandrien 31
Cobb, J. *213*, *705*, 709ff.
Conze, E. 33, *241*, *483*, *578*
Coward, H. *700*
Cowell, E.B. *605*
Cuttat, J.A. *709*

Dahlke, P. 79, *461*, *463*, *466*
Dahlmann, J. 32
D'Alwis, J. 11, 16f.
Dammann, E. 56, 71, 74, 90

D'Costa. G. *705*
Deussen, P. 9
Devadatta 649f.
Devanandan. P. 162
Dharmakîrti *261*. 522, 551–561, 564, 570, 655, 665f.
Dharmasiri. G. 191, 194ff., 220, *222*, *224f.*, 281, 332, 337, 359
Dhirasekera, J. *493*
Dibelius, M. 26
Dignâga 522
Dionysius Areopagita (Pseudo-Dionysius) 30, 252
Döring, H. *703*
Dörmann, J. *165*
Dörrie, H. 30
Dôgen 260, 309f., 319
Dokuon *589*
Drijvers, H.J. *123*
Drummond, R. *711*
Dumoulin, H. *32*, *37*, 47, 203, *243*, 257–266, 330, *332*, 334, 341, 348, 358f., *407*, 455, *572ff.*, 595, *666*
Dutoit, J. *460*

Eckhart, Meister 30, 269, *271*
Ehara, N.R.M. *478*, *510*
Eliade, M. *114*, *118*
Enomiya-Lassalle, H.M. 232, 240–248, 255, 266, 306, 330, 339ff., 345ff., 356f., 359
Eshin *605*
Ess, J. van *67*
Evans-Pritchard, E.E. *408*
Eysingha, G.A. van den Bergh van 21f, 25

Fa-hai 573
Falke, R. 37
Fausböll, V. *457*
Fernando, A. 213–221, 329, 338, 344f., 353, 360
Filliozat, J. *12*
Forster, H. *709*
Foucaux, P.E. 16
Franck, A. 15
Frank, R. *215*
Franke, R.O. *474*, 495, *499*, 504, *507*, *511f.*, *518*, 575
Frauwallner, E. *11f.*, 19, *86*, *483*, *515f.*, *526*, *541f.*, *546f.*, *560*
Freud, S. 223
Frois, L. *242f.*
Fromm, E. *215*

Gadamer, H.G. 170, *381*
Garbe, R. 12, 22f., 25f., 29, 32, *34*, 137
Gay, L. *243*
Geiger, W. *192*, *478*, *501*
Geissler, F. *31*
Genshin *608*
Glasenapp, H. von *11*, *18*, *37*, 262
Glazik, J. 156
Gössmann, E. *243*, *710*
Gogler, E. *90*
Goldschmidt, H.L. *169*
Goodall, N. *156*
Gordian III. 30
Grasso, D. *165*
Grimm, G. 41ff., 46, *48*
Guardini, R. 709
Gunaratne, N. 196

Haack, E. *38f.*, *44f.*, 50, 52, 54, 57, *62f.*
Hacker, P. *17*
Hallencreutz, C.F. *161*
Hardy, E. *39*, *48*, 49, 51f., *54f.*, *56f.*, 60, *62*, 68
Hart, J. 39
Hartmann, E. von 38
Haas, H. *622*
Hattori, M. *560*
Heelas, P. 124f.
Heidegger, M. 83, 268, 275, *517f.*, *688*
Heiler, F. *74*, *88*, 112, 117f.
Heinrichs, J. *310*
Henrich, D. *560*
Herrigel, E. *254*
Hick, J. *136*, 697ff, *700*, 701, *704*, 705f., *707*, 709
Hideyoshi *242*
Hisamatsu, S. *267*, *270*, *272f.*, 277, *295*, 318

Hodgson, B.H. 10
Hoheisel, K. 211
Holenstein, E. 2, 372
Hônen 260, 298, 605, 608, 624, 628, 638, 647
Hoppe, M. 41
Hsüan-Tsang 8
Hu Shi 573
Huang-Po 578, 595, 666
Hubbeling, H.G. 123f.
Hui-neng 572ff., 583f., 586f., 591ff., 632, 655f.
Humphreys, Chr. 37, 98
Hung-jen 574f., 580
Immoos, Th. 32, 47, 260, 272, 408, 538, 605, 710
Inada, K. 522
Ingram, P.O. 183, 322, 710
Jacobi, H. 12
Jakobus 67
Jânussoni 478
Jayatilleke, K.N. 67, 199
Job (Hiob) 436
Johannes (Evangelist) 209, 310
Johannes-Paul II 166
Johannes von Capua 31
Johnston, W. 232, 248-256, 306, 330, 340, 345ff., 356f., 359
Jong, J.W. de 9, 10, 12f.
Judas 88
Julius Caesar 149
Jung, C.G. 248ff.

Kadowaki, J.K. 208
Kahlefeld, H. 709
Kakunyo 606, 639
Kakushin-bô 639
Kalansuriya, A.D.P. 199
Kamegai Ryônin 711
Kant, I. 705
Kâshyapa (Kassapa) 541, 557
Kasper, W. 277
Kasulis, Th. 268
Keith, A.B. 12
Kenntner, K. 69, 71, 73, 74f., 77, 79ff., 84, 90ff., 97, 99, 104, 106f., 110f., 174
Kern, H. 10f.

Kheminda Thera 478
King, W. 172ff., 175f., 178ff., 182f., 201f., 205, 220, 230, 328, 335f., 345ff., 355, 357, 359, 424
Kippenberg, H.G. 399, 408, 417
Kirfel, W. 17
Kitagawa, J. 108f., 113f., 118, 121f.
Klatt, N. 25ff., 33
Klimkeit, H.J. 25, 32, 33
Klinger, E. 263, 398
Knitter, P. 704f.
Koch, W. 39
Kraemer, H. 161, 171, 692
Kreiner, A. 200
Kretser, B. de 70, 71, 75, 77ff., 81, 84ff., 90, 92, 95ff., 98f., 104, 106f., 109ff., 176
Krieger, D. 402, 403, 408, 409, 411ff., 417, 427, 429f., 432, 434f.
Krüger, H. 146, 149, 152
Küng, H. 66f., 164, 181, 693ff., 701, 705
Kuhn, H. 709
Kushima, T. 37

La Vallée Poussin, L. de 11f., 20, 51
Lade, E. 165
Lanczkowski, G. 9, 69, 72, 82, 107ff., 120, 121f., 374
Langer-Kaneko, Chr. 606, 622, 634
Laube, J. 268, 283
Laures, J. 243
Leeuw, G. van der 112f.
Lenel, C. 636
Lewis, H.D. 121, 123
Lindbeck, G. 406f., 408f., 418f., 420, 425, 430, 432, 434, 437, 703
Ling, T. 194
Loth, H.-J. 211
Lotz, J.B. 264
Lovejoy, A.O. 19
Lubac, H. de 9, 31
Luchesi, B. 399, 408, 417
Lüders, E. 500
Lüders, H. 30, 507
Lüpsen, F. 143, 150, 162
Lüttke, W. 69

Lukes, S. *417*
Luther, M. 290, 418
Lutz, U. *318*

MacIntyre, A. 399
Magandiya *486*
Magha 500
Mahâkaccâna 524ff.
Malalgoda, A. 67
Maraldo, J.C. *408*
Marcion 406
Marco Polo *39*
Margull, H.J. *143ff., 254, 157, 160, 165,* 169
Maria 405
Marino, R. de *215*
Marx, K. 316
Masutani, F. 70, *71,* 75, 77, 83f., 94f., 97, 101, 104, 107
Ma-tsu Tao-i 572, 594
May, J. *14,* 25, 33f., *372,* 401, 408, 412ff., 424, *425,* 434ff., 442, *444,* 455
McCloy Layman, E. *37*
McGregor, A.B. 19
Mehlig, J. *522*
Mensching, G. *61,* 70f., *72,* 74f., 77, 79ff., 84, 90ff., 97, 100f., 104, 106f., *108,* 110f., *121,* 174, *277*
Merton, Th. 232-240, 247f., 252, 255f., 265, 330, 339ff., 348, 358, *359, 658*
Mildenberger, M. *147, 151, 167, 170,* 211
Mizuno, K. *8*
Mohl, J. 14f.
Monier-Williams, M. 39, 43ff., *47ff.,* 51f., 54, *56f.,* 58f., *62,* 64, 67
Morgan, R. *449, 567*
Müller, M. 11, 16, *109, 579*
Müller-Krüger, Th. *143, 150, 163*
Müller-Römheld, W. *146, 149, 156f.*
Munsterberg, H. *602*
Murti, T.R.V. *522, 530f.*

Nâgârjuna 6, 16, *192,* 233, 261, 268, 270, 272, 522-552, 555, 561, 568f., 578f., 582, 588ff., 594, 598, *599,* 603, 608, 630, 651, 655, 662ff., 672, 717
Nagashima, T.S. *577ff.,* 581, 573, *574, 597*
Nakamura, H. 70, *71, 73,* 76f., 82ff., 92ff., 97, 102ff, 107, *178, 188,* 262
Nambara, M. *21,* 29f., 34f.
Nenjitsu *242*
Neumann, K.E. 19, *470, 499, 501, 511*
Neuner, J. *369*
Newbigin, L. *704*
Nichiren *610*
Nicolaus Cusanus 30
Nishi, H. *608*
Nishida, K. *253, 269, 283, 313,* 314, 316, 318
Nishitani, K. *253,* 264, *267ff.,* 272, 277f., *280, 294f., 433, 591, 615, 636, 659, 666, 667*
Notz, K.J. *20, 37,* 67
Nyanaponika *1, 215, 457, 460, 469, 471, 478, 481f., 484, 487, 490, 492f., 496f., 501f., 506, 508, 510, 515, 519, 528, 636, 673*
Nyanatiloka *93, 470, 489, 496, 503, 516, 539, 637*

Oberhammer, G. 420f., 431f., *530f.*
Obry, J.B. 15f.
Okochi, R. 297-306, 313, 331, 342f., 354, *427,* 614
Oldenberg, H. 11f., 18
Ott, E. *236f.*
Ott, H. 170
Otte, K. 283, 297-306, 313, 323, 331, 342, 344f., 354, *359,* 368, 427, *614*
Otto, R. *74, 108*

Palihawadana, M. 182f., 200
Panikkar, R. 3, 47, 114, *141, 377f.,* 381ff., 398f., 402, 405f., 412f., 429ff., *705*
Pannenberg, W. *276,* 686f., *689, 707*
Paulus 30, 67, 310f., *365,* 418, 564, 687
Paus, A. *165*

Pérez-Remón. J. *483f.*
Pieris. A. *14.* 19. 31. 47. 67. *194.* 221-232. *241f.,* 329. *338f.,* 345ff.. 355. 357. 360f.. *689*
Pilatus 390
Potter. P.A. *145*
Potthapâda 474
Przyluski. J. *484*
Pummer. R. 125. *126*
Pye. M. 449. 499. 500. 549f.. 567. *638.* 662
Pythagoras 42
Plotin 29ff.
Porphyrius 30f.

Race. A. *704*
Radhakrishnan 61
Rahner. K. *144. 156. 163. 263.* 271. 275. 279. *369. 685ff., 704. 708*
Ratthapâla 473
Ratschow. C.-H. *56. 74. 81. 100*
Ratzinger. J. 277
Reat. R. *201*
Ren'i 639f.
Renon. L. *12*
Reps. P. *589*
Rhys Davids. C.A.F. 11
Rhys Davids. T.W. 10f.
Rikyû. Sen no *242. 601f.*
Riley. Ph.B. *117*
Rogers. C.M. *141*
Roos. H. *369*
Rosenkranz. G. *445*
Rothermundt. G. *67. 199*
Ruegg. D.S. *522*
Ryokai. Tosan 277
Ryûkan 628
Rzepkowski. H. *232*

Saeki. P.Y. *32*
Samartha. S.J. *144ff.. 154f.. 157. 165*
Sariputta (Shâriputra) *472. 546*
Sasaki. E. *607f.*
Sasaki. G. *606*
Sato. M. *648*
Scheler. M. 717

Schlette. H.R. 30
Schlingloff. D. *12. 86. 488*
Schmidt. H.G. 232ff.
Schmidt. K. *61. 457. 473. 483. 485. 488. 491. 494. 497f., 502. 506. 510. 512ff., 524. 582*
Schmidt. R. *39.* 68. *89.* 108
Schmidt-Leukel. P. *48. 142. 457. 478f., 494. 507. 510. 525. 660. 706*
Schmithausen, L. *483.* 509. *531*
Schneider. U. *483.* 486. *487*
Schomerus. H.W. *42f.,* 46. *48ff., 51ff., 59. 62f.,* 107
Schopenhauer. A. 38. 53
Schrader. F.O. 61f., *73.* 89f.
Schröder. Ch.M. *9. 552*
Schütte. J.F. *243*
Schumacher. E.F. 500
Schumann. H.W. *17, 491*
Schurhammer. G. *242f.*
Schweitzer. A. 294. 452f., *454*
Scott. A. 40. 45f.. *48f.,* 50. 52ff.. 57ff., 63ff.
Scott. D. *32*
Scotus Eriugena 30
Seckler. M. *398f., 685f.,* 692. *693*
Seeberg. E. 30
Seidenstücker. K. 19. *41,* 191, *207. 458. 471. 478. 485. 497. 501f., 515. 533. 649*
Senart. E. *12*
Seydel, R. 21f.
Shankara 522
Shan-tao (Zendô) *608. 618.* 645ff.
Shantideva *498. 522. 561-566. 570. 655f.. 666*
Sharpe. E.J. *98. 117f.*
Shen-hsiu 574f.. 577. *592f.*
Shen-hui 573. *574.* 575. 600
Shih-t'ou Hsi-Ch'ien 572
Shimizu. M. 307-313. 323. 331. 343. 343. 345ff.. 356. *359*
Shinran 6. 260, 290. *297f.,* 301. 303f., 309f., 319. 452f., 571. 604. 605-654, 655f., *657,* 662. 665f., 710. 712f.
Siegmund. G. *43. 62*
Sîha 487

Silva. L. de 149. 185-202. 220f.. 222. 224. 262. 266. 280f., 329. 332. 336f.. 339. 341. 348. 357. 359ff.
Simson, G. von *12*
Singh. H.J. *141. 187*
Sittler. J. 162
Slater. R.L. *118, 121. 122. 123*
Smart, N. *194*. 446
Smith. W.C. *118ff., 132ff.. 141.* 166. 170. *398. 402. 416.* 431. *450f.. 704*
Soma Thera *478*
Spengler, O. *38*
Spiro, M. *180*
Sprockhoff. J.F. *73. 89*
Sprung. M. *523.* 530
Starkey. P. 701. 703
Stcherbatsky. Th. *11.* 262
Steinkellner. E. *498. 556. 561. 566*
Stephenson. G. *32*
Stietencron. H. von *67*
Straelen. H. van *43*
Streng. F.J. *183. 322. 522f.. 526. 531. 534. 539ff., 710*
Strolz. W. *271. 523*
Subhadra (Subhadda) 87. *575*
Subhuti *589ff.*
Sumedhā *470*
Suzuki. D.T. *215. 232f.. 252f..* 257. 307. *308. 606. 611. 614. 639. 657f.*
Swearer. D. *202f.. 206ff.. 220f..* 329. 337f.. 348. 357f.. *359*
Swidler. L. *132. 213. 398. 705. 709*

Ta-chu Hui Hai 574. 581f. 587. 589f.. 595. 600f.. 603
Takakusu. Y. *579*
Takayanagi. S. *260*
Takeuchi. Y. *88. 260,* 262. *268.* 294. *495. 605*
Takizawa. K. 313-324. 331. 343f., 354, 360. 368
Tanabe. H. *253. 268. 283*
T'an-luan (Donran) 608. 610f.. 630
Tao-sh'ao (Dôshaku) *608*
Taylor. R.W. *141*
Terazono, Y. 323

Thelle. N.R. *322*
Thomas, M.M. 162
Thomas von Aquin 706
Titschack. H. *43*
Torres. C. de *242*
Tsujimura, K. *595*
Tworuschka. U. *211*

Ueda, Sh. *253. 271. 523*
Ueda. Y. *606f.. 625f.. 628.* 629. *630. 634, 641*
Ui. H. 573
Ukon. Takayama *243*
Upatissa 477. *478*

Vacchagotta 78f.
Vaidehî 650
Valignano *243*
Vâsattha 199
Vasubandhu 552. 608. 630
Vetter. T. *483. 523f., 530f., 547, 552, 555, 557ff.*
Vogler. P. *381*
Voretzsch. E.A. *243*
Vorgrimmler, H. *144, 156, 163, 708*

Wach. J. *108. 111ff.,* 374
Waldenfels. H. *32, 47,* 147, *148, 165, 253, 260,* 266-281. 283. 293, 295, 305f., 331, 341f.. 348. 359, *398f..* 403. 408, *538, 605*
Waldschmidt. E. 11. 460. 575
Walleser, M. *270.* 522. 563. 591, 637
Wang-Wei *573*
Warder. A.K. *523*
Wayman, A. 508
Weber. A. 12, 16
Wecker, O. *39f..* 44. 46, *49,* 50, 52, 53, 54, 57, 59. *63,* 65
Weger. K.-H. *369*
Weinrich. F. *70f.., 73f.,* 77, 81, 84, 87ff.. 92. *94,* 97, 99, 104, 106f.. 109ff.
Welbon, G.R. *9f., 12ff.,* 16
Welte. B. 275
Wezler. A. *483*
Whaling. F. *136*
Wiebe. D. *115. 125ff.*

Winch, P. *408*, 411f., *417*, 434f., 437, *438*
Winternitz, M. *472*, 474, *518*, 670
Wittgenstein, L. *408*, 410, 412, *434*, 435, 445
Wittstadt, K. *263*, *398*
Wolf, E. *316*
Wu Ch'êng-ên *8*

Xaverius, Franz *242*

Yagi, S. *318*
Yamaoku, T. *589*
Yampolsky, Ph.B. *572f.*, *575ff.*, *591f.*, *594*, *597f.*, *600ff.*
Yanagida, S. 573
Yu, Ch.-Sh. *71*, *73*, 75, 77, 83f., 95ff., 103ff., 107, *176*

Zobel, G. *710*
Zwi Werblowski, R.J. 113, 118

SACHREGISTER

Abendland: abendländisch 9. 13. 15f., 19f., 29ff.. 34. 36. 38. 43, 51f., 65. 114. 302. *411*. 566

Abhängigkeiten, historische 4. 20f.. 25f., 35f.. 66. 137f.. 405. *406*

Abhidhamma 11. 16. 286. *516*

Absolute, das: absolut 14f.. 34. 79f.. 91f.. 173. 191ff.., 198. 205ff.. 223. 226. 236f.. 240f., 243ff.. 248f.. 253. 263ff.. 267. 269. *270.* 273f.. 277. 279f.. 295. 299f.. 302f.. 308ff.. 320. 322. 324. 329ff.. 337. 339. 342. 353ff.. 368ff.. *407.* 425ff.. 434. 440. 492. *530f..* 532. 535f.. 547. 562. 570. 588. 590. 601. 611f.. 615f., 619. 621ff.. 631. 635f.. 644. 647. 668. 672ff.. 682. 695. 705. 710f.

Absolutheitsanspruch 132. 145. 155. 160. 169f.. 368. 402f.. 428. 430

Achtfacher Pfad (siehe Edler Achtfacher Pfad)

Achtsamkeit. rechte: achtsam 217. 509. 578

Affirmation: Bejahung. absolute *270.* 273. *276.* *308*, 309. 588. 601. 611. 651

Agape: agapeisch 87. 89. 95. 222ff.. 230. 274. 339. 701

Agnostizismus: agnostisch: Agnostiker 44. 297. 512

Aktivität: aktiv 57. 61. 91. 93. 172. 181. 206. 300. 329. 440

Allvergänglichkeit 307. 458f.. 461f.. 464. 466f.. 474. 477. 479. 481f.. 492. 503. 518. *531.* 542. 544. 548. 550. 561. 569ff.. 582. 604. 626. 655. 659f.. 664. 670ff.., 715

Almosen 58. 101. 103. 500. 565

Alter: altern 438f.. 457. *472.* 481. 501. 512. 517

Alter, Krankheit, Tod 52. *53.* 79f.. 214. 438. 460f.. 464ff.. 473. 477f.. 670

Alter Bund 59. 66

Altes Testament 67. 168. 679

Altruismus: altruistisch 57ff.. 62. 93. 109. 181. 198. *270.* *563ff..* 570

amerikanisch 37

Amida 298f.. 302f.. 319f.. 605-654. 662. 710ff.

—. Name 298. 301. 320. 607. 617. 628. 644f.. 647. 650

Amida-Buddhismus: Amida-Frömmigkeit 75. 84. 92. 260. 268. *298.* 605f.. 609. *618.* 620. 626. 628f.. 633. *634,* 635. 648f.

Amitâbha 605. 612. 650

Amitâyur-dhyâna-Sûtra *605.* *618.* 649

Amitâyus 605

Anâgâmi *489*

Analogie-Lehre 263. 706

anâtman: anattâ: Anattâ-Lehre 13. 16. 61. 78f. *81.* 82f.. 86f.. 93. 95f.. 185ff.. 198. 209f.. 215. 224. 272. 307. 309. 335ff.. 405. 439. *468,* 483f., 503. 518. *527,* 670f. (s.a. Ichlosigkeit: Nicht-Ich: Selbstlosigkeit u.ä.)

Andere Kraft. die; tariki 300ff.. 318. 354. 609. 620ff.. 629f.. 635f., 638f.. 614f.. 644. 646. 652f.. 656. 712

Angst 187. 210. 214. 299f.. 478. 484. 497. 501. *546.* 627. 640

Anhaftung: Verhaftung: anhaften 55f.. *56.* 60f.. *81.* 82ff.. 95f.. *100.* 186f.. 201f., 207ff.. 215f., 227f.. 244. 252. 272f.. 284. 287. 296. 307. 336. 464ff.. 476. 479ff.. 492ff.. 505. 507. 512. 514. 519ff.. 525. 536ff.. 544f.. 548. 550f.. 561. 564. 566. 568ff.. 582. 585f.. 594. 597. 599f.. 612. 614. *622.* 625f.. 628f.. 640. 644. 654. 656f.. 659f.. 663f.. 673. 680f.. 691

Anhaftungslosigkeit: Nicht-Anhaften *81.* 178. 181. 204. 206ff.. *249.* *286.* 291. 296. 324. 337. 341. 355. 495f.. 509. 519. 521. 524. 526. *531.* 537. 545. 548. 570f.. 584ff., 596ff.. 626. 640. 656ff.. 674. 681f.. 691

anicca 185ff. 198. 466. 640

Annihilation; Annihilisation 15, 79, 82f., 190f., 195, 200
"anonymer Christ" 168, 259, *267*
Ansicht, rechte 539, 598
Ansichten 485, *499*, 523, 541, 548, 598, 608, 632
Anstrengung, rechte; Bemühen, rechtes 61, 217, 495
Anthropologie; anthropologisch 34, 78f, *81*, 87, 163, 166, 181, 258, 290, 299f., 335f., 355, 366f., 370f., 395, 431, 458f., *472*, 641, *648*, 660, 687, 716
anthropomorph 205, 218f., 246, 264
Anthropozentrik 213, 269
Apologetik; apologetisch; Apologeten 4f, 20, 36-68, 69f., 72f., 77f., 81f., 92, 98, 105ff., 115, 117, 121ff., 130, 138ff., 185, 200f., 234, *241*, 264, 294, 326ff., 426, 449, 552, 555, 681, 689, *709*, *715*
-, buddh. Gegen- 67, 139, 200
apophatisch 235, 361, 363ff.
Aporie; aporetisch 314, 331, 334, 353, 409, *415*, 510, 526f., 530, 536, 542, 544f., 549, 557, 568
Arahat; Arhat; Arahant 58, 60, 79, 86, 89, *90*, 98, *101*, 175, 177, 197, 210, 285, 474, 478, *489*, *519*, *589*, *607*
Archetypen; archetypisch 193, 249
Armut; arm 103, 226ff., 499
Asien; asiatisch 63, 67, 114, 117, 137, 146, 149, 227ff., *232*, 237ff., 277, 356
Askese; Asket; asketisch 24, 37, 41, 226, 235, 494
Atembeobachtung 242
Atheismus; Atheist; atheistisch *15*, 37f., 41, 43ff., 49ff., 55, 65ff., 73f., 81, 87, 92, 106, 109f., 123, 136, 138f., 163, 193, 219, *267*, 327ff., *362*, 430, 696, 714
Atman, 15, 483f, 486
Auferstehung 220, 236, 302
Aufklärung 16, 304
Ausbreitung; Verbreitung d. Buddh. 63, 70f., 103, 227
Aus-sich-selbst-Seiendes; svabhāva 526, 528, 532ff., 542ff.,
554, 672
Aussätziger 60
Außenperspektive 132f., 137, 141, 376ff.
Außenwelt 481, 524f., 559f.
Autointerpretation 139, 153, 267, 270, 275, 450ff.
Autonomie; autonom 199, 216f., 236, 287f., 297, 306, 309, 313ff., 323, 325, 342, 345, 354, 360, 368ff., 408f., 417, 491f., 507, 510f., 515, 517, 520, 540, 545, 551, *552*, 569, 577, *578*, 596, 662, 667f., 673, 690
Autorität 49, 75, 85, 102, 168, 230, 259, 335, 382, 506, 511, 513, 648, 712
Avatār 23f, 26f., *137*

Befreiung 57, 83, 85, 88, 93, 95f., 98, 104, *127*, 161, 175, 182, 206, 214, 216f., 219, 222ff., 228, 233, 240, 243, 247, 260, 272f., 279, 281, 307, 336, 355, 357, 468, 474ff., 484, 491, 504ff., 520, 524, 538, 542ff., 550, 566, 569, 589, 591, 601, 604, 612, 616f., 620, 622ff., 633f., 638, 641, 649, 660, 664, 683
– vom begrifflichen Denken 233
– vom Dasein 57
– vom Durst 227, 474ff., 505, 520, 544, 582
– von Egozentrik; Selbstsucht 85, 93, 95f., 215, 229, 236, 272, 355
– vom Ich; Selbst 240, 272, 307, 484, 616, 622
– von Ich-Abgrenzung 505
– vom Leid 189, 205, 214, 240, 251f., 474, 612, 660
– vom Nichtwissen 80
– von Sünde 80
– von Wiedergeburt 88, 468
–smöglichkeit 73, 503
Befriedigung 84, 186, 215, 469ff., 478f., 491, 500, 515, 520, 566, 659f.
Begehren; Begierde 80, 215f, 236, 240, 300, 464ff., 486, *489*, 491, 494, *498*, 524, 553f., 566f., 601, 614f. *626*, 640, 666

Begriffsbildung: Konzeptualisierung 197, 219, 524f., 550, 570, 594
Bekehrung; bekehren; Konversion 36, 65, 91, 157, 305f., 376ff., 412ff., 430, 456, 581, 687, 700
Bekenntnis 147, 148, 233, 350
Bergpredigt 95, 100, 206, 613
Beschreibbarkeit 531, 535ff, 544, 623, 632, 665
Beschreibung; beschreiben; Deskription; deskriptiv 202, 251, 336ff., 344f., 357f., 419f., 514f., 520, 530, 535ff., 545, 546, 547ff., 557, 561, 568f., 589, 591, 594, 596f., 603, 631f., 643, 646f., 662ff.
Besitz 97, 99, 101, 215, 227, 307, 457, 469f., 473f., 479, 481, 494, 497, 501, 514, 519, 521, 597
Betrachtung 483, 496, 508, 563, 565
Bewegung 526ff., 601
Bewußtsein 215, 236, 249, 283, 307, 416, 458, 461f., 466, 471f., 476f., 481, 483, 485, 494, 499, 509, 516, 566f., 641, 657, 660, 664, 671f., 715
-, Entleerung des 242, 244, 584, 586f
Beziehung 54, 78, 80f., 143f., 163, 165f., 176, 189, 193, 207, 251, 259, 273f., 277, 309ff., 323, 338, 343, 419f., 436, 439, 441, 445, 476, 505, 520, 625, 656, 658, 674, 679ff., 690f., 713ff.
-, zwischenmenschliche 85, 166, 176, 309, 440f., 505, 714
- unter den Völkern 144
- zu Christus 274, 310f., 343, 714f.
- zu Gott in nichtchristlichen Religionen 165
- zwischen Gott und Mensch 54, 78, 80f., 86, 163, 165, 189f., 207, 211, 259, 269, 274, 278, 323, 439, 691, 706, 714
-scharakter 358, 440
-sdimension 92, 223, 349, 358f.
-skategorie 329, 349, 679
-skontext 346
-sproblematik 680

-sverhältnis 439
Bezogenheit 278, 289f., 310f., 441, 448, 493f., 503, 520, 531
Bibel; biblisch 168, 185, 187ff., 207, 222, 224, 264, 317, 680
bodhi 49, 241, 592, 599
(s.a. Erleuchtung)
Bodhicaryâvatâra 498, 561, 566
Bodhisattva 31, 94, 241, 270, 298, 461, 546, 563, 565ff., 570, 591, 607, 610, 617, 623, 630, 637, 639, 653, 656, 673f., 711
Bodhisattva-Ethik 565
Bodhisattva-Gelöbnis 298, 611
Bodhisattva-Gesinnung 566, 617, 619
Bodhisattva-Ideal 89, 94, 241, 268, 270, 286, 290, 310, 551, 562, 566, 656, 673f.
Bodhisattva-Weg 602, 604, 608, 626
Böse, das 56, 288, 322, 621
Brahma 463, 504
Brahman 15, 45, 53, 192
Brahman-Atman-Lehre 405, 483
Brahmanismus; brahmanisch 12f., 52, 78, 190, 192, 217, 455, 490
brahmavihāra 88, 93, 217, 495
(s.a. Vier göttliche Verweilzustände)
Buddha (Gotama; Gautama) 1, 8, 10f., 15, 19, 26f., 38ff., 42, 44f., 47ff., 55ff., 60, 63, 73ff., 78ff., 82ff., 86, 89, 93, 98ff., 101ff., 173ff., 178ff., 181ff., 190, 192f., 195ff., 204, 209, 213ff., 223, 226, 228, 233f., 244, 250, 254, 257ff., 262, 281, 284ff., 298, 303, 307, 317, 319ff., 328, 338, 353, 405, 436, 445, 452f., 454, 459ff., 472, 473f., 477ff., 494, 496, 499ff., 506ff., 522ff., 533, 537, 539, 541, 545ff., 552f., 555, 568, 572ff., 580f., 589, 592, 595, 597f., 600ff., 615, 618ff., 628, 634, 636f., 640ff., 651, 663, 665, 667, 673f., 676, 680, 683, 709f., 711ff.
-, Autorität des 49, 85, 101, 511, 552f., 555, 648
-, Erleuchtung des 503
-, historischer 10f., 193, 290,

298. 303. 319. 321. 572. 576. 606. 610. 636. 648. 651. 712
-. identisch mit Lehre 518. 576. 673
-. Person ohne Bedeutung 48
-. Schweigen des 46. 51. 79. 190. 192. 233. 286. 291ff., 512ff., 663
-. Shakyamuni 38. 257, 319f.. *578*. 606f.. 610. 613. 636. 644f.. 647ff.
-. Tod des 48. 507. 518. 575f.
-. transzendenter 91. 193
-. Wirken zum Heil aller Wesen 181
- als Arzt 510
- als Erlöser 45
- als Gott 45
- als Lehrer 45. 48. 217. 509ff.
- als Philosoph 47. 50
- als Wegweiser 510
- oder Christus? 38f.. 42
-schaft 26. 48. 298. 319. 519. 563. 576. *592*. 600. 606f.. 609ff.. 617f., 622f.. 637. 648. 712
Buddha-Geist 236. 582
Buddha-Legende 10. 23, 26f.. 31. *460*
Buddha-Natur 251f.. 261f.. *265*. 582. 592ff., 598. 623. 631. 673. 716
Buddha-Vita 10f.. 58
Buddha-Werdung; Buddha werden 298. 574. 580. 582. 602. 613
Buddhismusbild 4. 6. 67. 106f.. 111. 138. 140. 171. 202. 230. 326ff.
Buddhismusforschung 9. 20. 34. 136f.. 361
Buddhist 1. 6. 18. *43*. 68. 71. 88. 93. 114. 138. 199. 210. 220. 225. 230. 234. 239. 245ff.. 252. 254. 264. 276. 279. 281. 291. 296f.. 312. 342f.. *377*. 406. 426. 499. 532. 563. *578*. 677. 711f.
Buddhologie; buddhologisch 286. 290. 304. 401f.. 609. 713. 716
Burma 10. *100*. 172

Cakravartin 103f.
Ceylon; ceylonesisch; Sri Lanka 10. 17, 38. *67*. *100*. 149. 185. *194*. *222*. 238
Ch'an (siehe Zen-Buddhismus)
China; chinesisch 6ff.. 63; 103. 249. *415*. *451*. 455. *460*. *541*. 572. *573*. *578*. 603. 605f.. 651. *657*
Christ 3. 14. 51. 54. 68. 71. 98. 143. 149. 156ff.. 164. 167f.. 178. 191. 201. 210. 219f., 225. 232. 234. 241. 243. 248. 252. 278f.. 281. 291. 296. 342. 355. 359. 375. *377*. 389f.. 402. 405. 456. 582. 675ff.. 686. 691f.. 694. 704. 711. 717
Christologie; christologisch 7. 26f.. 29. *137*. 143. 162. 167. 193. 208. 237. 254f.. 269. 276. 286. 299. 302f.. 337. 365f.. 703ff.. 712ff.
Christozentrismus; christozentrisch *213*. 251. 274f.. 310. 312. 343. 358. *704*. 710
Christus 38f.. 42f.. 47ff.. 54. 143. 187. 193. 198. 207f.. 214. 217. 234. 236. *237*. 239. 259. 274. 276f.. 279. 290.f.. 310f.. 320f.. 356. 365f.. 429. 679. 706. 710f.. 717
-, Auferstehung; auferstandener 48; 193. 209. 237. 254f.. 311
-. Botschaft von 158f.
-. Einsenkung in 57
-. Erlösung in 96. 187
-. kosmischer 254. 706. 711
-. leben in; sein in 95. 209ff.. 251. 276. 290. 311. 337
-. Wiederkunft 291
- als neuer Adam 311
- als Zentrum der christlichen Lehre 48
- in nichtchristlichen Religionen 255. 279. 429
- in uns 236. 251
- und Amida 710ff.
- und Logos 207. 303. 310f.. 706. 710
-beziehung; -begegnung 161. 164. 170. 366. 714
-ereignis; -geschehen 194. 291. 321. 354. 358
-erkenntnis 157

(s.a. Jesus Christus)

Dämon: Gespensterreich 468; *470*, *490*, 598

Dank: Dankbarkeit 98, 238, 641, 646

Dasein 52f., 55, 57f., 77f., 84, 186, 207, 268, 284, 291, 359, 468, 474, 477, 493, 512, 517, 670, 715
—sanalyse 106, 187ff., 328f.
—sangst 348
—sdeutung 370, 681
—serscheinungen 210
—sfaktoren 175, *186*, 200f., 215, 474, 509, 523, 564, 670f.
—slust 512
—spartikel 558
—verständnis 55, 330

Daseinsmerkmale, drei (tilakkhana) 185ff., 193, 198, 216, 467, 670f., 674

Dekadenz 64, 103, 451

Destruktion 522f., 536ff., 545, 568f., 663ff.

Determinismus; deterministisch 37, 489ff., 633, 642ff., 665

Deutschland 37, *88*

Devotion; devotional 117, 260

Dhamma-Sprache 203ff., 208, 211

Dharma; Dhamma 64, 85, 95, 102, 104, 173ff., 178f., 192, 204ff., 302, 317, 328, *375*, 463, 523, 543, 546, 573, 581f., 587, 590f., 598, 607, 610f., 613f., 624, 640, 645, 648, 663, 680, 682f.

Dharmākara (Hôzo) 298, 303, 319ff., 606f., 609, 611ff., 622, 651, 711f.

dharmakâya *193*, 238, 286, *560*, 598, 610ff., 623f., *625*, *628*, 630f., *711*

Dharma-Theorie *11*, 261f., 265, 284, 294, 469, 509, 543, 559, 628

Dharmaguptaka 23, 515

Dialektik; dialektisch 233, 238f., 272, 302, 547, 549, 552, 555, 559, 561, 563, 569, *578*, 582, 594, 665, *707*

Dialektische Theologie 75, 161

Dialog; dialogisch; Dialogansätze 1ff., 18, 34, 66f., 111f., 119ff., 127f., 131, 140f., 142–172, 185, 200, 203, 220ff., 230ff., 240f., 248, 254ff., 258f., 265f., 271, 275f., 278ff., 293f., 297, 305f., 310f., 317, 325ff., 332, 334f., 342ff., 350ff., 372, 398ff., 414, 416, 430, 433, *443*, 454, 509f., 582, *658f.*, 676, *689*, 693f., *695*, 696, 699f., 704, 709, *710*, 716
—, Begründungsfelder des 142, 158f., 171, 326f., 350
—, Wechselseitigkeit des 149ff., 169, 171
—partner; Gesprächspartner 114, 146, 150, 154, 164, 170, 268, 350, 360, 366, 382, 401, *443*, 454, 510, *658*

Diamant-Sûtra (Vajracchedikâ-Prajñâpâramitâ) *563*, 579f., *585*, 587, *588*, 589f., *591*

Differenz 318, 411, 527ff., 543, 545, 557, 568, 584, 594f., 630, 633, 635ff.

Dogma; dogmatisch; Dogmatismus 39f., 59, 62, 73, 76, 155, 161, 167, 170, 183, 211, 220, 233, 297, 307, 344, 429, *434*, 684

Dualismus; dualistisch; Dualität 245, 263, 273f., *277*, 278, 280, 296, *309*, 323, 556, 586ff., 594, 596ff., 603, 615, 617, 619, 624, 629f., 641, *648*, 707

dukkha 54ff., *56*, 185ff., 198, 204, 438ff., 463ff., 493f., 513f., 535, 540, 612, 659ff., 670f., 674
(s.a. Leid)

Durst 52f., 56f., 82f., 92, 202, 227f., 260, 272, 284, 464ff., 476, 478f., 482f., 485f., 488, 491ff., 505, 524, 520, *525*, 544f., 548, 550, 552f., 564, 566, 568, 582, 596, 601, 630, 644, 659, 663f.

Edler Achtfacher Pfad 19, 60f., 91, 181, 214, 216f., 292, 494f., 500, 539, 584

Ego 93, 215, 235f., 274, 590
(s.a. Ich)

Egoismus 198, 215, 235, 300

Egozentrik; egozentrisch 60, 82f., 85, 93, 95ff., 178, 189, 191, 206, 209f., 216, 224, 236, 277, 296,

309f., 328, 353, 366, 488, 491, 495, 503, 518, 520, 553f., 563ff., 570, 614, 625, 640, *715*
Ehe; Ehepartner 99, 102, 679
Eigenkraft: Selbstkraft (jiriki) 247, 299, 301, 310, 319, 609, 619ff., 626f., 629ff., 635f., 652
Einheit 80, 93, 96, 117f., 135, 144, 162, 166, 168, 177, 214, 235, 243ff., 249f., 253f., 257, 261, 264, *269*, 274, 289, 309, 315, 317f., 320, 331, 340, 354, *365*, 430, 450ff., 502, 519, *526*, 563f., 585ff., 600, 611f., 617, *622*, 623f., 633, 651, 655, 661, 673, 717
– der Religionen 117f., 120, 131, 169, 233f., 709
– des Seins 80, 241, 243, 253, 262
– zwischen/von Gott und Mensch 199, 207, 244f., 251, 264, 310f., 320f., 717
Einspitzigkeit des Geistes *525*, 584f., 590
Einssein 314f., 317, 319, 673
Emotion; emotional 215, 217, 223, 338, 396
Empfindung 466, 483, 485, 524, *532*
Endliches; endlich; Endlichkeit 294f., 299, 302f., 314, 318, 322, 337, *369*
Entfremdung 309f., 313, 319, 338, 342, 672
Entpersonalisierung; Depersonalisierung 81, 85, 92, 97, 109, 327f.
Entstehen 284, 316, *471*, 509, 517, 526f., 532, 542f., 545ff., 558ff., 599, 672
–, bedingtes; abhängiges 322, *471f.*, 526, 528, 530, 532, 535, 540ff., 553f., 561, 566
Epikie 566
epistemologisch *531*, 566, 648, 705ff., *711*, 714
Epoche 4f, 69f., 98, 107, 111ff., *115*, 120ff., 126ff., 139ff., 141, 332, 351, 373, *394*, 398, 456, 678
Erfahrung 6, 70f., 75, 86, 130, 155, 159, 161, 167ff., 172, 182, 191ff., 195ff., 204, 216, 218ff.,

223ff., 231ff., 240f., 243ff., 248ff., 257ff., 262ff., 271ff., 293, 295f., 300f., 303ff., 312f., 316, 330, 333-349, 351ff., 372, 425ff., 435ff., 446ff., 467, 472f., 476, 481, 498, 503, 506, 508ff., 517ff., 523f., 530, *531*, 532, *534ff.*, 544f., *550ff.*, 561, 569f., 597, 612, *655ff.*, 665, 667f., 674, 681, 705f., 715
–, allgemeine; gewöhnliche 76, 233, 240, 248, 250, 255, 258, 265, 272, 282, 339, 344ff., 354, 364, 446, 517, 519, 535, 656f., 659
–, Beziehungs- 251, 329, 339, 441, 649ff., *707*, 713ff.
–, befreiende 250f., 338f., 355
–, Daseins- 370f.
–, Einheits- 244f., 249f., 252, 262, *265*, 309, 318
–, Erleuchtungs- 91, 233, 240, 245, 248, 250f., 253, 255, 258f., 284, 307, 310, 339f., 345, 356, 503, 517
–, Erlösungs- 204, 224, 339, 553
–, Existenz- 215, 258, 260, 265, 282, 336, 338ff., 372, 438, 441f., 456, 476, 506, 517, 519, 521, 533, 535, 656f., 678
–, Freiheits- 492
–, Fremd- 437f., 479f.
–, Glaubens- *279*, 304, 431
–, Gottes- 174, 192, 218f., 235, 245ff., 255, 269, 342, 353, 355ff., 365, 367, 426, 429, 447, 683, *687*, 713
–, Grund- 6f., 260, 264, 324, 373, 434, 436ff., 442ff., 454ff., 505, 520, 625, 655, 658, 674ff., 688, 690, 692, 699, 705, 713, 716
–, Heils- 8, 229, 312, 335ff., 344ff., 355ff., 363f., 370, 446, 504, 535, 538, 550, 655, 663
–, identische in Christentum u. Buddhismus 183f., 234, 247, 250, 255, 335f., 338ff., 344, 346, 360
–, Leid- 83, 189, 214, 260f., 272, 341, 348, 498, 517, 519, 563, 614, 643, 659
–, meditative, kontemplative 232, 234, 239f., 244, 248, 254f., 356,

358, 667
-, mystische 195, *195f.*, 234f., 247ff., 253, *531*
-, reine 233f., 339
-, religiöse 193, 197, 222, 234, 258f, 265f., 301, 305, 312, 316, 339, 341ff., 354, 357, 430
-, Seins- 342ff., 354f.
-, Selbst- 338, 342, 344f., 353ff., 438, 667
-, Sinn- 425
-, Todes- 461, *518*
-, Tranzendenz- 76, 192, 236, 337, 344ff., 357, 370, 431f., 446, *531*
-, Unheils- 336, 338, 344, 347f., 357, 538
-, Ur- 338f.
-, Vergänglichkeits- 258, 260, 336ff., 348, 439ff., *444*, 445, 447f., 457, 462, 464f., 467f., 472f., 476, 479, 492, 505, 509, 517, 520, 566f., 569, 571, 627, 655f., 658ff., 668, 678ff., 715f.
-, Versenkungs- 291, 526, *531*, 536f.
-, Wirklichkeits- 263, *532*, 537, 551
- der absoluten Wirklichkeit 271, 370, 426ff., 440, 681ff., 705
- der Gnade 182f., 247, 255, 336
- des Nirvânas 223, 532
- der Sterblichkeit 282, 339
- der Verfallenheit 300
-sbereich 336f., 339, 344, 346ff., 352, 357, 370
-sbezug 272, 341f., 362f., 690
-sdenken 301
-sdimension 334ff., 352, 363f.
-sebene 340, 348, 352
-skategorie 342, 481
-svorsprung 507, 511, 521
-sweise 360, 427ff., 431f., 705
-swelt 438, 562, 706
-swirklichkeit 334, 338
-szugang 346
Erfüllung 259, 279, 297, 311, 474, 476, 692f.
-sschema 160f., 163, 259, 692f.
Erkenntnis: Erkennen 49, 70, 73ff.,

85f., 91, 97, 168, 172, 189, 192, 197, 199, 205, 210, 215ff., 225, 237, 241, 245, 257, 261, 263, 285ff., 293, 295ff., 300, 307, 312, 316, 320f., 331, 337, 339, 354, 358, 360ff., *369*, 384f., 409, 422, 429, 440, *443*, 457f., 461f., 471, 473f., 477, 480, 483f., 486, 490ff., 503, 506ff., 516ff., 523, *525*, *530*, 534, 540, 544f., *546*, 547f., 552, 554ff., 568ff., 575, 581, 591, 604, 611, 619, 623f., 631, 643, 648, 652f., 660, 667, 673, 678, 704
-, eigene; autonome 506ff., 513, 515ff., 521, 551, 577, 603, 667, 673
-, erlösende; befreiende 76, 85, 91, 172, 179, 199, 222f., 261, 329, 338, 346, 673
-, rationale; intellektuelle 77, 199, 237, 245, 287, 297
-, religiöse 74, 297, 307, 312, 354, 360, 368f.
-, Selbst- 360, 503, 518, 643, 668
-, wissenschaftliche, 70, 316
- der absoluten Wirklichkeit 263, 361, 363, 368ff.
- statt Glaube 73, 91, 261
- des Leidzusammenhangs 97, 471, 503
-fähigkeit 490f., 520
-fortschritt 490, 492, 521, 700
-prinzip 19, 261, 494f.
-spielraum 486, 490, 492
-theorie 289, 292, 295f., 331, 344f., 394f., 445, 476, 522, 551ff., 559f., 562, 582, 655, 703, 705, 708
-vorsprung 507, 511, 521
-wege 480, 486, 520
Erleuchteter; erleuchtet 54, 181f., 190, *241*, 281, 288, 293, 296, 309, 323, *478*, 489, 491, 503, 507, 518f., 521, 536f., 550, 589, 597, 612, 652, 656, 673f., 712
Erleuchtung 49, 51, 74ff., 90, 96f., *101*, *181f.*, *197f.*, 216, 230, 233, 237, 241, 243f., 246f., 247f., 252, 257ff., 262, 272, 279, 281, *285ff.*, 293, 306f., 319, 330, 339, 342f.,

463, 476, 478, 484, 489, 503f.,
507, 515ff., *525*, 537, 539, 547f.,
550, 555, 565f., 569f., 575, 579,
581ff., *588*, 590, *592*, 598ff., 607,
612, *614*, *618f.*, *623f.*, 626, *632*,
633ff., 648, *649*, 653, 673, 715f.
—, plötzliche *575*, 582ff., 599ff.
—sansprüche 294
—serkenntnis 287, 569
—sgeist 621
—swirklichkeit 307, 548
—swissen, *480*, 503, *525*
Erlöser 45, 174, *270*
Erlöster 80, 91, 483f., 515, 534,
562, 631, 671, 673
Erlösung 43ff., 48, 52ff., 57, 59f.,
62, 73, 80f., 85, 91f., 96ff., *101*,
160, *172ff.*, 179, 183, 199, 203,
205f., 223f., 235, 240f., 247,
259ff., *270*, 273f., 284f., 287,
301, 304, 310, 330, 340, 482f.,
489, 491, 508, 511, 515ff., 521,
552f., 555, 565, 581ff., 591, 601,
607, 612ff., 626ff., 636, 638,
641f., 647, 651ff., 668, 670ff.,
683, *710*, 711f.
—, Gemüts— 494, 496, *510*
—, Weisheits— 494
—slehre *19*, 285, 294, 620
—smöglichkeit *85*, 183, 252, 260,
328, 336, 515, 612f., 615, 651,
715
—sreligion 46, 73f., 76, 109, 198,
443
Erneuerungsbewegungen, 143, 149
Erwachen; Erwachung 318ff., 491,
513, 587
(s.a. Erleuchtung)
Erwachte, der 312, 318, 321, 461
(s.a. Buddha)
Eschatologie; eschatologisch 98,
104, 208, 211, 286, 290, 337,
369, 686
Eternalismus 190f., 201, 485f.,
492f., 523, 533, 535, 537f., 544f.,
547, 561, 568, 655, 660f., 668
Ethik; ethisch 15f., 23, 37, 45, 53,
57f., 66f., 82f., 89, 91, 93ff.,
96f., 102ff., 106, 173, 175,
179ff., 189f., 192, 195, 198f.,
208ff., 214, 223, 226, 264f., 270,

272, 274, 278, 280, 286, 288,
290ff., 301, 303, 322f., 327ff.,
355, *424*, 436, *454*, 493ff., 505,
522, 551f., 562f., 565f., 655, 673,
680, *685*, 694ff.
—, individual 55, 103, 226
—, sozial 55, 102ff., 226, 304
Europa; europäisch 13, 19, 36ff.,
67f., 117, 137, 298
Evaluation; evaluativ 363f., 370,
399, *402*, *403f.*, 419ff., 429f.,
433, 444, 446, 675, 677, 689,
695, 696, 702, 705, 709
Evangelisierung; Evangelisation;
evangelistisch 142, 149, 151f.,
156
Evangelium 73, 146, 149f., 152,
155, 157, 165, 171, 201, 208,
242, 375, 456, 680, 689, 691, 709
Evokation; evokativ 198, 202, 329,
337, 357f., 367, 538, 544, 547,
596, 662, 664f., 668, 703
Ewiges; ewig 337, *458*, 468, 470,
476f., 482f., 486, *526*, 532f., 548,
554, 624, 659, 672, 686
Ewiges Leben 17, 74, 79, 83, 187,
207, 691
Ewigkeit 210, 249, 482f., 523, 691
Existentialismus; existentialistisch
233, 294
existential 253, 283, 286, 288,
292, 329, 688f., 691, 702f., 706,
709, 713, 716
existentiell 77, 82, 84, 87, 92, 95,
106, 128f., 137, 140, 143, 179,
183, 185, 187, 189, 192, 202,
205f., 208, 210, 213, 216, 221,
257f., 270, 272f., 275, 277f., 281,
294ff., 303f., 307f., 316, 322ff.,
328ff., 343f., 349, 351, 351, 353,
356, 359, 421, 434, 436ff., 442,
456, 458f., 461f., 464, *472*, 474,
479, 481f., 486ff., 492f., 503,
506, 518ff., *531*, 543, 570f., 589,
600, 621, 660, 671, 678, 680,
682ff., 698, 704, *707*, 711
Existenz 53, 78, 80ff., 93, 100,
110, 148, 175, *180*, 185f., 189,
192, 194, 201, 209, 215, 224,
240, 268, 307f., 131ff., 320f.,
323ff., 338, 420, *433*, 436ff., 442,
444, 457, 461f., 464, 467f., 471f.,
476, 479, 482, 491, 503, 513,

763

518, 520f., 526, 530, 533, 537, 540, 543, 554, 563, 567, 598, 600, 612, 614, 619, 630f., 644, 651, 654, 657, 659f., 666, 668, 671, 673f., 676, 678, 681, 705
-, unerlöste 84, 457, 459, 464f., 473, 550, 671, 673
-analyse 185, 187, 201, 221
-angst 336
-ausrichtung 491, 660, 662, 665, 667
-bezug 259, 280
-grund 337
-philosophie 268
-veränderung; -wandel 458f., 471, 510, 544, 598
-verständnis 128, 145, 154, 295, 297
-vollzug 209f, 216, 296, 306f., 312, 315, 354, 488ff., 585, 588, 597
-weise 458f., 481, 537
Exklusivistät; exklusiv; exklusivistisch 44, 292, 323, 677, *684*, *703*, 705
Exotismus 374

Feind; Feinschaft 58, 491, 494ff., 501, 503, 564, 637
Feindesliebe 60f., 95, 496, 637, 680, 709, 714, 716
Fessel; Daseinsfessel 479f., *489*, 494, 497, 515, 635
Floß, Gleichnis vom 445, 511, 514, 578f., 662
Form; formhaft *270*, 302, 309, *546*, 560, 585, 588f., 591, 594, 611ff., 622f., 646f., 651ff.
Formlosigkeit; formlos; Nicht-Form 80, *270*, 302, 309, 594, 611f., 623, 625, 651, 653, *711*
Frankfurter Erklärung *152*, 165
Frau; Frauen 64, 89, 99, *101*, 467, 480
Frauenfeindlichkeit *480*
Freiheit *48*, 56, 61, 80, 94, 98, 101, 104, 110, 145, 148, 154, 178f., 182, 199, 210, 216, 226ff., 237, 252, 259, 269, 272, 278, 296, 300, 309f., 314, 324, 328, 331, 338, 342, 353f., *417*, 440, 462, 464, 466f., 474-492, 493, 495, 498, 501, 503, 514, 516, 518ff., 568, 570ff., 584ff., 594ff., 603, 625f., 635, 644, 653, 655ff., 663, 668, 671ff., 682, 690, 717
-sbegriff; -sverständnis 324, 586, 690
-sspielraum 490, 492
Freisein 240, 291, 482, 660
Fremderlösung 94, 290, 621
Freude 74, 216, 243, 474, 485, 627, 629, 644, 659, 681
Freund; Freundschaft 498f., 503, 682, 690
Friede; Frieden 54, 74, 83, 103, 120, 143, 147f., 162, 171, 230, 238, 243, 279, 461f., 464, 470, 475, *498*, 507, 601, 646
Funktion
-, ähnliche im Religionssystem 73, 173f., 183, 355, 429
- des Religionsbegriff 108
- des Religionsvergleichs 108f., 111, 139, 141

Geben; Gabe; Freigebigkeit 93f., 97, 237, 501, 519, 521, 565, 567, 570, 619f., 626f., 631, 638, 652, 656, 673, 681
Gebet 44, 165f., 172, 179, *242*, 243, 305, 439, 681
Gebot 58, 87f., *100*, 102, 291, 322, 446, 613, 686, 696
Geburt 295, 314, 319, 324, 435, 437, 461, 464ff., *472*, 481, 489, 512, 599f., 615f., 618f., 623, 627, 629, 641, 644, 646, 670
Geheimnis 252, 264, 275f., 279f., 289, 342
Geist (mind) 83, 103, 182, 209f., 213f., 219, 222, 224, 234, 243, 245, 249, 261, 305, 329, 336, 346, 355, 374, 431, 483, *488*, 492, 496f., 501, 503, *525*, 561f., 567, *575*, 580ff., 592ff., 617ff., 627, 630, 641, 643f., 652f.
-, identifiziert mit Buddha 581, 595, 597f., 618f., 622, 625
-esformationen 466, *471*, 483, 485
-eskräfte, höhere 503

-eszustände 509, 584
Geist, heiliger 154, 156, 164, 167f., 187, 209, 278, 288, 311, 706
Gemeinschaft 86, 91, 95ff., 103, 135, 143ff., 149f., 155f., 158, 162, 166f., 172, 176, 189, 227, 355, 413, 416
Gerechtigkeit 85f., 103, 148, 162, 211, 218, 226ff.
Gericht 164, 285, 290, 686
Geschichte; geschichtlich; historisch 70, 85, 98f., *100*, 128, 134, 143, 148, 154, 166f., 172, 174f., 194, 207f., 257, 274, 278ff., 283, 285, 290ff., 298, 303, 310f., 317, 319ff., *369*, 374, *408*, 451, 613, *685*, 686ff., 697, 699, 704, 710, 712, 714
Geschichtsphilosophie 286ff., 451f.
Geschichtsverständnis 98, 130, 292, 331
Geschicktes Mittel *302*, 445, 545, 549f., 555, 569f., 596, 610ff., 620, 622f., 631, 639, 651, 662, *711*
Gesellschaft; gesellschaftlich 64, *100*, 102ff., 143, 147f., 219, 222, 226f., 239, 411ff., 435, 438, 442, *450f.*, 499, *685*
Gesetz 58f., 85, 94, 98, 162, 192, 240, 290, 462, 466, 475f., 491, 526, 532, 642, 660, 680
Gesinnung 58, 60, *86*, 88, 93, 95, 96, 181, 210, 216, *472*, 487f., 492, 495, 497, 566, 582, 617f., 620, 622, 638
-, gütige; liebende 88, 94, 102, 216f.
Gewaltlosigkeit 24, *498*
Gewissen 80, 166, 223, 229, *685f.*
Gewißheit 70, 299, 621, 636
Gier; Habgier *90*, 102, 215f., 227f., 487, 491, 493ff., 519, 521, 554f., 566, *598*, 640, 642f., 674, 680
Glauben; Glaube 18, 49, 67, 70, 73, 76f., 84, 91, 96, 98, 118, 121, 132ff., 141, 146, 150ff., 164, 172, 176, 179, 187, 197, 206, 211, 234, 245, 252, 259ff., 279, 283, 288, 297, 299ff., 313, 317, 320, 351, 355, 382, *384*, 394ff., 414, 418, 430, 486, 516f., 541, 608f., 617, *622*, 624, 626f., 630f., 634ff., 646, 648ff., 675f., 678f., 688, *710*, 712f.
- an die Andere Kraft 300, 620
- des Buddhisten 176, 252, 260ff., 300
- und Erkenntnis 73, 91, 179, 197, 206, 211, 261, 287f., 516
- und Ethik 67, 96, 98
- und Gnade 67, 84, 91
- an Gott 49, 218f., 259, 430
- an Jesus Christus 251, 320f.
- an ein Selbst/Ich 224, 484
- und Unglaube 146f., 305
- an das Ur-Gelübde 300
- und Vernunft 76f., 306
- und Werke 206, 211
-sakt; -svollzug 252, 300, 303f., 312
-saussagen 383, 394f., *400*, 414, 431
-shaltung 75ff., 84
-slogik 297, 300f.
-sverständnis 300f., 516, *622*
-svorstellung 430, 434
-szirkel 301
Gleichgültigkeit 88f., 182, 495f.
Gleichmut; gleichmütig 62, *88*, 91, 93, 172, 177f., *178*, 181f., 217, 495f., 502, *525*, 600f., 604
Gleichnis 1, 60, 89, 208, 467, 496, 509f, 516, 665, 670
Glück 53, 83f., 465, *471*, 474, 494, 497, 501, 515f., *525*, 553f., 563ff., 612, 618, 624, 666, 670
Gnade 67, 73, 84f., 164, 166, 168, 172, 174, 182, 194, 199f., 206, 223, 237, 240, 246f., 254f., 290, 329ff., 621, 713, 717
Gnosis; gnostisch; Gnostiker 22, 29, 32f., 222ff., 230, 339, 356
Goldene Regel 94, 97, 502
Götterboten, drei 460
Gott 3ff., 39, 43ff., 55, 57, 64, 74f., 78, 80, 82, 85f., 91f., 100, 109, 118f., 124, 132, 151, 156, 158, 160, 162ff., 172ff., 179, 183, 187, 190ff., 198, 200, 205ff., 211, 214, 219, 222ff., 235, 239f.,

244ff., 251f., 254, 259, 263f., 267, 269, 274, 276, 279, 281, 288f., 303, 310f., 320ff., 337f., 342, 350, 352ff., 402, 405f., *407*, 418, 426, 429f., 445f., 677, 679ff., 696f., 701f., 705–717
-, Allgegenwart 170, 205, 208, 426
-, Ausschaltung 77
-, Barmherzigkeit 247
-, Ebenbild 85, 189, 251
-, Erkennbarkeit 707
-, Erfahrbarkeit 367
-, Existenz 124, 192, 198, 207, 219, 430
-, Geber des Nirvânas 191
-, Gegenwart 276
-, Geheimnishaftigkeit 264, 342, 359
-, Geist 156, 160, 187, 287f., 311, 682, 687, 706
-, Heilsangebot
-, Heilshandeln; Heilswirken 91, *134*, 157f., 167, 312, 677, 683ff., 706
-, Heilsplan 259
-, Immanenz 210, 366, 708
-, 14f., 44ff., 52, 58, 110, 172ff., 192, 195, 201, 240, 327, 329, *362*, 689
-, Liebe 57, 95, 259, 274, 278, 679f., 682, 687, 701
-, Menschwerdung 366, 708, 714, 716
-, persönlicher; personaler 34, 44ff., 54, 80, 110, 172, 223, 240, 298, 303
-, Reden 159f., 163, 170, 326, 350
-, Schöpfer 43ff., 49, 54, 78, 80f., 100, 110, 114, 174, 188, 218, 244, 246, 274, 288, 330, 405f., *407*, 677, 681
-, Selbstbezeugung 161f., 276, 426, 446f.
-, Selbstentäußerung 264, 269, 274
-, Selbstmitteilung 310f., *369*, 445, 701, 703, 705f., 708
-, Selbstoffenbarung; Offenbarung 342, 677, 683, 701f., 704, 715

-, Sohn 156, 160, 187, 206, 274, 310f., 682, 698, 706, 708
-, Trinität 187, 278
-, Unbegreiflichkeit; Unbeschreibbarkeit; Nicht-Konzeptualisierbarkeit 207f., 218, 223, 246, 252, 276, 279, 329, 357, 361f., *369*
-, Vater 156, 160, 166, 187, 218, 274, 279, 310f., 366, 405f., 682, *708*
-, Vereinigung mit 251
-, Wesen 274
-, Wille 274, 291, 696
-, Wirken; Handeln 50, 134f., 159, 162f., 165, 167f., 170f., *429*, 677, 688, 706ff.
-, Wirklichkeit 342, 356, 361
Gott-Mensch-Verhältnis 320, 322
Gottesbegegnung 98, 208, 211, 222, 337
Gottesbegriff 4ff., 34, 55, 77, 97, 110, 114, 140, 167, 170, 173ff., 179f., *188*, 192, 194ff., 205, 214, 219, 248, 266, 280, 328f., 337f., 352ff., 355, 357, 359ff., 426, 682, 684, 691f., 703, 705, *707*
-, Äquivalent zum 174, 179, 183, 328, 355, 682, 691f., 703, 705, 708
-, Einheit; Einheitlichkeit des 174f., 355
-, Funktionen des 361ff
Gottesbeziehung 86, 189ff., 207, 211, 356, 365, 679, 681, 684, *685*, 714
Gottesbild 198, 367, 677
Gottesdienst 214, 218
Gotteserkenntnis 287, 706
Gottesfrage 81f., 92, 106, 183, 217, 220, 328, 350ff., 366
Gottesgedanke 4ff., 705
Gottesidee 52, 81, 84, 139, 173f., 180, 195f., 214, 217f., 280, 327, 335, 340, 350, 354f., 360f., 689
-, Ausfall; Fehlen der 63, 66, 78, 81, 84, 106, 109f., 139, 173f., 179, 335, 340, 351f., 361, 689
- und Religionsbegriff *82*, 140
Gottesliebe 90, 247, 365
Gottesverständnis 110, 221, 267,

271, 342. 714
Gottesvorstellung 106, 110. 187, 192, 196. 217ff., 240. 254, 269, 329, 331, 353f., 360ff., 684. 689
Gottheit; Götter 80. 463, 468, *470*, 479, 485, 502, 504, 518
Gottsuche 356f.
Güte; Allgüte *88*, 102, 104, 181, 217, 492, 495ff., 502f., 505, 518, 520f., 625, 656, 672
Guidelines on Dialogue 147, *153*, 166ff.
Gut und Böse 91, 175, 210, 323, 435, 587, 614
Gute, das 322f., 621, 648

Handeln; Handlung; Tun 61, 91, 98, 164, 174f., 209ff., 216, 262, 265, 291f., 316, 355, 412ff., 435, 440, 442, *454*, 495, 500, 510, 514, 556, 558ff., 567, 570, 589, 597, 602, 655, 674.
Handlungsorientierung 557f., 570, 665
Handlungskonsens 413ff., *424*
Haß 87, 89, *90*, 97, 102, 181, 300, *471*, 487, 491, 493f., 496, 519, 521, 554f., 566, 588f., *598*, 640, 642f., 674, 680
Haus, brennendes (Gleichnis vom) 614, *626*, 647
Hauslosigkeit 268, 291f., 461, 501, *518*
Heil 39f., 43, 55, 57, 77, 79f., 91, 164ff., 181, 213, 224, 229, 247, 301, 327, 355, 363, 371, *443*, 447, 479, 500f., 504, 508, 513, 516, 518, 524, 533, 536, 548, 564, 577, 589, 594ff., 616, 636, 649, 651, 654, 656, 664, 673, 679, 684ff., 702ff., 713, 715f.
-, ekklesialer Charakter des 86
-, Wirken zum eigenen *94f.*, 497
-, Wirken zum fremden *94ff.* 105, 181f., 497, 565, 636
-saneignung 260, 619, 652
-sbedeutung 292, 685
-sbegriff 684f.
-sbotschaft; Botschaft 2f., 7f., 13, 20, 35, 67f., 115, 127, 138f., 141f., 171, 182, *201*, 208, 265,

297, 306, 325f., 332, 347, 349, 364, 372, *400*, 404, 439, 447f., 455, 457, 459, 462f., 474, 481, 522f., 538, 551, 561, 567, 572, 576, 582, 604, 607, 609, 625f., 651, 654f., 658, 675ff., 687ff., 699, 703, 705, 709, 712f., 715f.
-segoismus 94, 497
-sereignis 282, 298, 303, 312, 320
-sfrage 365, 681, 684f., 6927., 713
-sgewinnung 257, 524
-sgeschichtlich 105
-sindividualismus 57, 93f., 96, 139, 294, 327ff.
-s-Kriterium 687f., *689*, 692, 701
-slehre 214, 298
-smöglichkeit 345, 615, 619f.
-smöglichkeit (außerhalb des Christentums) 163ff., 365, 684
-soptimismus 299, 712
-sordnung 77ff., 175, 183, 312, 638
-spfad 264, 516f., 540, 584, 634, 646
-spragmatismus; -spragmatisch 76, 84, 87, 342, 347f., 358, 370, 511, 513, 515, 521, 545, 550, 555, 569, 578, 580, 651, 662, 664, 717
-ssituation 328, 502, 536, *688*
-sstreben; -ssuche 174, 459, 596
-steilhabe 686ff.
-svermittlung 8, 442, 444ff., 455, 509, 511, 513ff., 520, 538f., 545, 569, 571, 577, *578*, 603, 633, 655, 661, 665, 668, *688*, 689f., *703*, 704, 715, 717
-sverständnis 171, 220, 329, 447, 455
-sverständnis, buddh. 55, 81, 83, 327, 329, 363f., 522
-sverwirklichung 604, 689
-svorstellung 79, 83f., 363, 447, 689ff.
-sweg 84f., 90ff., 165f., 213, 230, 295, 355, *399*, 458f., 463, 621, 644, 665, 667, 684, *685*
-sweg, buddh. 19, 59, 62, 73, 86, 90ff., 96f., 104ff., 216f., 225,

231, *241*, 257, 259, 270f., 297, 327f., 458f., 463f., 471, 489, 492ff., 501, 504f., 515f., 518, 537f., 542ff., 565, *574*, 583f., 586, 594, 599, 604, 618, 620ff., 626, 639, 643
- -swirklichkeit 329f., 355, 357ff., 601, 613, 618, 623ff., 631, 635, 641, 646, 649ff., 657, 674, 680, 687f., 690f.
- -sziel 52, 73f., 83f., 91f., 98, 106, 110, 172, 174, 190f., 207, 220, 259, 300, 329, 337, 446, 458, 468, 492, 494, 506f., 511f., 514, 520ff., 533, 537, 544, 546f., 548ff., 562, 569, 571, 590ff., 600, 603f., 655f., 660ff.
- -szustand 91, 521, 589, 604, 627

Heilige, das 259, *402f.*, 430

Heiliger 178, 207, 465

Heiliger, buddh. 62, *90*, 175, 177, 198, 207, 210, 478, 507, 650

Heiligkeit 230, 290, 699

Heiligkeitsgrade *488f.*, 634

heilsam 181, 358, 459, *461*, 471, 478, 487, 493, 495, 498, 501, 506, 513, 516f., 524, 532f., 535, 563, 566, 636, 653, 656, 660, 664, 667f.

Herausforderung 1, 115, 128, 141, 143, 148, 150, 153f., 196, 208, 211, 218, 221, 267ff., 279f., 352f., 402f., 484, 675ff., 690, 709

Hermeneutik; hermeneutisch 1ff., 9, 13, 16, 19f., 24, 34f., 36f., 49, 51, 61, 65ff., 71ff., 79, 81, 107ff., 115, 122, 127f., 132f., 136ff., 142, 148, 150ff., 158, 161, 169ff., 172, 178ff., 194, 201, 205, 220f., 230f., 240f., 248, 255, 258, 265ff., 272, 281, *283*, 293, 297f., 301, 306, 312, 324ff., 334f., 338f., 341, 343ff., 350ff., 362ff., 372ff., 394, 396ff., 405-456, 567, 573, 576ff., 604, 607ff., 631, 649, 655ff., *658*, 675ff., 688ff., *695*, 699, 705, 709, *710*, 713
- interkulturelle *372*, *376*, 412, 435
- traditionsimmanente 7, 67f., 375, 448ff., 545, 549, 568, 571, *572*, 576ff., 582, 586, 603, 607, 609, 651, 655, 657, 675, *695*

Herz-Sûtra (Prajñâpâramitâ-Hrdaya-Sûtra) 546

Heterointerpretation 139, 153, 267, 275, 280, 440, 448ff.

Heteronomie; heteronom 95, 199, 310, 313ff., 506f., 510f., 515, 517f., 520, 551, *552*, 569, 577, *578*, 596, 662, 667f.

Hierarchie der Grunderfahrungen 440f., *444*, 447, 454, 658f., 674, 678, 690, 716

Himmel; Himmelswelt; Götterwelt 40, 77, 204, 468, *470*

Hînayâna *11*, 100, 260ff., 265, 285f., 294, 330f., 469, 580, 607, *657*

Hinduismus 75, 161, 218, 405

Hingabe 117, 564f., 656

Hingeburt (ins Reine Land) 298, 300, 609, 612, 615, 617f., 620, 623f., 626ff., 633, *634*, 636f., 639f., 642f., 645ff., 653f.

hôben 302, 610 (s.a. Geschicktes Mittel)

Hochsitz-Sûtra; Plattform-Sûtra *572*, 573ff., 580f., 584ff., 591ff., 603, *618*, 657

Hölle; Höllenwelt 468, *470*, 647

Hoffnung; hoffen 70, 167, 173, 187, 218f., 260f., 279, 281, 302, 342, 355, *411*, 509, 639, 679

hoffnungslos 615, 619, 636, 648f.

Hon-guan 298ff., 606 (s.a. Ur-Gelübde)

Humanismus; Humanität 213, 694ff.

Hunger 499

IAHR 117, 120

Ich 46, 82, 175, 186, 207f., 210, 240f., 243, 246, 249, 251, 262, 287, 292, 309f., 313f., 316ff., 461, 479, 481ff., 489, 491f., 496, 502f., 512, 533, 545, 553ff., 563f., 614ff., 624f., 627, 636, 641f., 644, 648f., 651ff., 665ff., 712

Ich-Abgrenzung 496, 505, 521, 667f., 672ff.

Ich-Bezogenheit 341, 651

Ich-Gedanke 524, 537, 553

Ich-Glaube 483

Ich-Identifikation 210, 477, 481ff., 492, 494, 503, 518, 520f., 540, 553f., 563f., 570, 616f., 656, 659, 667, 672ff., 680, 715
Ich-Konzept 486, 667
Ich-Losigkeit 178, 191f., 209, 268, 275, 279, 307, 563f., 590, 622, 636, 656ff., 673f.
Ich-Problematik 494
Ich-Spekulation 524
Ich-Sucht 80
Ich-Überschreitung; Ich-Überwindung 275, 339f.
Ich-Verhaftung 307, 310, 614f., 619, 644, 653
Ich-Vorstellung 307, 310, 494
Ich-Wahn 80, 489, 635
Ich-zentriert 482, 495f., 614, 652
Idealgesellschaft 104
Idealismus; idealistisch 261, 273, 559, 655
Identität 3, 129, 143, 147, 149, 155f., 158, 172f., 190f., 193, 236, 267, 270, 298, 307ff., 411, 415, 427f., 436, 452, 523, 527ff., 543, 545, 557, 568f., 584, 594, 601, 619, 630, 673
Ideologie; ideologisch 133, 146f., 151, 166ff., 235, 409, 411, 423, 668
Idiom; idiomatisch 222ff., 229f., 329, 338f., 346, 355, 407, 432
Idolatrie 365f., 368, 392, 708
Illusion; illusionär; illusorisch; Täuschung 176, 240, 243, 254, 287, 292, 294, 314, 318, 338, 470, 531, 532, 540, 561f., 566, 669
Immanenz; immanent 210, 269, 273ff., 302, 309f., 312, 322, 366, 601, 604, 612, 629, 635, 647, 669, 627, 709ff., 717
Immanenzgedanke 706ff., 714ff.
Immanuel 320f., 323
impersonal; apersonal 74, 85, 92, 110, 119, 172, 176, 183, 193, 253, 264, 269, 277, 299f., 302
Indien; indisch; Inder 6, 8f., 12f., 15, 23f., 28, 29ff., 32, 37, 52f., 62, 68, 100, 103, 137, 196, 217, 362, 451, 455, 508, 522, 551, 567, 572, 575, 578, 579, 582, 605, 608, 639, 655f., 670, 713
Indifferenz 54, 59, 62, 88, 91, 93, 97, 99
Individualität; Individualisierung 80, 175ff., 190, 215, 310f.
Individualismus; individualistisch 85f., 92, 94, 97, 134, 178, 189, 215, 328
Individuum; individuell 52, 59, 80f., 86, 94, 103, 165, 172, 175ff., 214f., 217, 219, 223, 226, 228f., 236, 253, 285, 311, 338f., 498, 502, 507, 511, 556, 559, 667, 686, 695
Inkarnation; inkarnatorisch 81, 207ff., 251, 264, 274, 302, 310, 337f., 365, 639, 711f., 717
Inkonsequenz des Buddhismus 54, 60, 66, 79, 87, 105f., 139
Inklusivismus; inklusivistisch; Inklusivität 151, 170, 323, 326, 402, 704
Inkulturation 150, 156
Innenperspektive 132f., 137, 141, 373f., 376ff.
Integrationsprozeß 249f.
Intentionalität 442ff., 462, 464ff., 476, 479, 482, 570
Interpretamente 97, 114, 136, 139ff., 158, 171, 326, 372, 448
Interpretationsraster 18, 36, 49ff., 55, 87, 92
Intuition; intuitiv 244f., 253, 255, 530f.
Irrationalität; irrational; Irrationalismus 74, 252, 271, 280, 288, 293, 297, 330f., 338, 411f., 596

Jainas; Jainismus 13, 86; 487, 488
Japan; japanisch 6ff., 63, 103, 242f., 318, 322, 455, 522, 572, 605, 657
Jenseits; jenseitig 57, 202, 216, 226, 281, 291, 301, 342, 492, 629, 684, 687, 705, 713f.
Jesus Christus; Jesus von Nazareth 3, 21, 23ff., 38f., 42f., 47ff., 54, 57f., 60, 63, 75, 84f., 88, 90f., 96, 99, 101, 104, 143, 146, 149f., 154, 157ff., 160ff., 208ff., 213, 217, 219f., 225, 229, 251, 276,

284f., 290, 292, 310f., 313, 320f., 323, 331, 342f., 353, 389f., 405f., 418f., *432, 443, 454*, 613, 680, *684*, 686ff., 694, 696ff., 701ff., 711ff.
-, buddh. Einfluß auf 24
-, Einzigartigkeit; Exklusivität 160, 323, 714, 716
- als Offenbarer 47, 75, 85, 342, 698, 702ff., 712f.
jinen 609, 620ff., 629, 631, 636, 641f., 646, 652f., 656
jiriki (siehe Eigenkraft)
Jôdo-Buddhismus 298ff., 309f., 317ff., 605
Jôdo-Shin-Buddhismus 6, *275, 297f.*, 331, 354, 455, 571f., 604f., 608f., 621, 625f., 629, 633, *637*, 639, 645, 655, 657f., 662, 664, 668, 670, 674, 710ff.
Johannes-Evangelium; johanneisch 94, 207, 210, 299, 303, 310, 337
Jude; jüdisch; Judentum 82, 110, 146, 151, 218, 366, 375, 389f., 405, 455, 679, 713, 715

Kambodscha *100*
Karma; kamma; karmisch; Karma-Lehre 50, 58, 60, 62, 85f., 88, 98, 173ff., 178f., 181, 190, 210, 216, 223, 249, 265, *275*, 328, 355, *472*, 486ff., 492, 495, *498*, 503, 507, *516*, 525, 565, *599, 607, 610*, 614f., 621, 641ff.
Karuna 225f., 238, 495 (s.a. Mittleid)
Kaste; Kastensystem *48*, 93, 104, 226, *490*
Kategorie 66, 108ff., 139, 235, 258, 263, 280, 288, 314, 402, 406f., *409*, 421, 425f., *481*, 523, 526, 530, 532, 534ff., 561, 568, 589, 599ff., 621, 627, 653, 663, 679, 681, *707*, 713f., 716
-, christliche *78*, 108, 139, 312, 351, *454*, 684
Kausalität; kausal 97, 175f., 228, 308, 526ff., 545, 558f., 569, 630
Kausalitätsgesetz 50, 172
Kenosis; kenotisch 193, 269, 276
Khandha *56*, 78, *186*, 189, *197*, 200, 215, 464, 466f., 474, 481ff., 523, 670f. (s.a. Daseinsfaktoren)
Kirche; Kirchen; kirchlich 142f., 147, 149, 154ff., 162, 164, 168, 229f., 234, *242*, 286, 291, 339, *685*
-, röm.-kath. 142, 155f., 158, 165
-nbegriff 90
Koan 208, 233, 243, 253, *596, 665*
König; Königtum 102ff., 473, 498ff., 650
Körper; Leib 78, 99, 304, 310 479, 481, 483, 485, 494, *498*, 508, 564, 567, 592f., 624, 633, 648, 670
-säfte 554
kollektiv 85, 94, 105, *214*, 217, 221, 228, 249, 413, 438, 497ff., 505
Komplementarität 186, 194, 224f., 230, 245, 339, 355, 414
Konsultationen des ÖRK
- Nagpur (1961) *143*
- Kandy (1967) 144, 154, 156, 158, 163f., 167, 170
- Ajaltoun (1970) 144
- Colombo (1974) 145ff., 155
- Zürich (1970) *145*, 154, 157f., 165, 167
- Chiang Mai (1977) 147, 151ff., 157f., 166ff., 170
Kontemplation; kontemplativ 94, 231f., 231f., 239f., *242*, 244, 248, 250, 252ff., 356, 587
Kontext; kontextuell 35, 47, 56, 67f., *85*, 111, 114, 134, 136f., 159, 185, 189f., 199, 202, 213, 243f., *256*, 266, 268, 270, 272, 280, 306, 325, 350, 367, 370, 396, 405ff., 417, *420*, 422, 425, 446, 449, 577, 582, 619, 660, 679, 683, *686*, 716
Konzeptualisierung; Konzeptualisierbarkeit 197, 201, 218f., 223, 252, 263, 283, 330, 338ff., 353, 355, 357f.
Konzil, II. Vatikanisches 144, *155*, 156, 160f., 163ff., *241*, 365, 692
kosmisch 78, 173, 227, 261ff., 395
kosmologisch 261, 269, 354, 366f., 370f.

Krankheit 52, 53, 438, 517, 541, 643, 662
Kranker 58, 60, 89
Kreuz 209, 224, 229, 285, 291f., 302, 714
Krieg 498, 524
Kriteriologie; kriteriologisch; Kriterium 287, 292, 294, 296, 352, 354ff., 364ff., 408ff., 417, 421f., 447, 506f., 562, 680, 685f., 689ff., 700ff., 713, 716
Kritik des Christentums; Christentumskritik 65, 138, 194, 198, 273, 275, 292, 323, 342, 359
Kult; Kulthandlungen 242, 378, 446
Kultur; kulturell; interkulturell 17, 25, 37, 63, 71, 97ff., 109, 111, 113, 115, 117, 119f., 124, 140, 143, 146, 151, 155, 170, 213, 229f.,264, 297f., 341, 358, 372, 374ff., 404, 407, 409, 411, 413, 415, 427, 434, 436ff., 449, 455, 538, 572, 578, 603, 657, 678, 699, 706
kulturschädlich; kulturfeindlich 62-65, 139
kulturschöpferisch 63f., 99, 104f.
Kyôto-Schule 252, 253, 268ff., 275, 278, 280, 283, 286, 292ff., 306, 313

Laien; Laienstand 91, 98, 100ff., 175f., 226f., 491, 501, 580
Laienethik 99f., 104f., 226, 327f.
Laien-Weg 175f., 179f.
Lalitavistara 460
Lankavatâra-Sûtra 579
Laos 100
Leben 44, 52ff., 57, 70f., 74, 79ff., 82f., 90, 98f., 101, 167, 173, 191, 206, 208ff., 216, 218ff., 233, 239, 250f., 255, 292, 294f., 300f., 311ff., 353, 407f., 411, 415f., 430, 434ff., 444, 453, 457, 462, 468, 470, 474, 476, 478, 489, 492, 497, 501f., 504f., 511, 521, 531, 554, 565ff., 601, 605, 615, 625, 628f., 633f., 637f., 646f., 653, 656, 658f., 663, 668, 682, 685, 695, 699, 703, 715, 717
-, gemeinsames 89, 502
-sbejahung 452

-sbezug 272
-serwerb, rechter 59f., 214, 216f., 495, 500
-sform 412f., 446
-sopfer 496, 565, 680
-spraxis; -spraktisch 412, 507, 698f.
-srausch 460ff., 465ff.
-sverneinung 79, 234, 452f., 454
-swandel 478, 519
-sweise 307, 446, 495, 614
Leere; Leerheit; leer; voidness; void 16, 94, 235, 237f., 240, 244ff., 261, 264f., 267, 270, 276, 288, 295f., 484, 523f., 539ff., 554, 559, 562, 566, 569ff., 579f., 584, 586, 588ff., 630 (s.a. Shûnyatâ)
– und absolute Wirklichkeit 261, 288
– und Bodhisattva-Ideal 94, 286, 566
– und Christologie 237, 276
– und Gott 252, 264, 267, 269, 276
– und Mitleid 238, 286
– und Sein 237, 240, 244
Lehre 174, 222, 234, 248, 253, 255ff., 265f., 272, 284, 292, 313, 329, 334-349, 351ff., 374, 415, 446, 452, 480, 487, 506, 520f., 539, 546, 550ff., 577, 580, 586f., 597, 603, 642ff., 667ff., 712
Lehre, buddh. 8, 11, 17f., 37, 48, 51, 73, 76, 85, 94, 96, 110, 173, 183, 221, 233, 240, 243, 248, 250, 255f., 259, 263, 265ff., 280ff., 284, 306f., 330, 332f., 335-349, 351ff., 415, 423, 424, 426ff., 445, 464f., 476, 478, 480, 485, 498, 504, 506ff., 520ff., 528, 532, 537f., 542, 544ff., 552f., 562, 567ff., 572, 576ff., 586f., 597, 600, 602f., 606f., 609, 614, 642ff., 651, 658, 660ff., 682
-, höchste/beste Gabe 97, 501, 519, 521, 673
-, Selbstaufhebung der 233f., 358, 514, 518, 545, 547f., 550, 569, 578, 581, 600, 603, 664
-, Verfall der 545
Lehrvermittlung 499, 667

Leib (siehe Körper)
Leichenbetrachtung 508
Leid; Leiden; Leidhaftigkeit; leidhaft 15, 31, 52f., 55f., 58, 62, 74, 77f., 80ff., 97, 102f., 105, 110, 161, 175ff., 185f., 198, 206, 209, 216, 220, 228, 234, 260, 272, 279, 284f., 299f., 307, 330, 341, 348, 436, 442, 455, 464f., 467ff., 476ff., 492, 494, 497f., 502f., 505, 513f., 516ff., 524, *533*, 535, 538, *542*, 544, *546*, 550, 553ff., 560, 562ff., 570, 596, 598, 600, 612, 622, 624f., 638, 640, 643f., 650, 659f., 664ff.
-beseitigung; -aufhebung 103, 176, 206, 234, 497, 524, 550, 554, 562f., 565, 612
-ensbegriff 81, 260
-ensdeutung 519
-ensdruck 436
-enssituation 505
-endsursache 260, 272, 307, 552f.
-ensvernichtung 489f.
-enszufügung 60, 83, *498*, 614, 643f.
-entstehung 516, 533, 544, 565, 596
-erklärung 498, 644
-freiheit 62, 207, 481, 604, 659
-verursachung 497
-zusammenhang 97, 486, 499f., 503, 547, 625, 650, 653f.
Leidenschaft; Leidenschaften 54, 57, 61, 83, 483, 524, *575*, 598, 601, 612, 614f., 618, 623f., 636, 639ff., 653
Lernbereitschaft, dialogische/theologische 6, 171, 326, 350ff., 366f., 693
Lernen, vom Buddhismus 178, 239, 351, 357f., 360f., 368, 372, 716
Lernmöglichkeit 361, 368, 429, 447, 675, 690, 716
Licht; Lichthaftigkeit 161, 166, 226, 300, 510, 513, 605, 612f., 615, 621, *622*, 628, *638*, 640f., 645, 650f.
Liebe 57, 59, 61, 86ff., 90, 93ff., 97, 102, 110, 117ff., 144, 149, 157, 161f., 177, 189, 193, 206, 222f., 225f., 233f., 237, 239, 251, 262, 264f., 274, 279, 299f., 328, 342, 356, 366, *454*, 477, 495ff., 553, 571, 588f., 604ff., 614ff., 633, 635ff., 644, 646ff., 652ff., 656ff., 662, 666, 672ff., 679ff., 701, 712
- Gottes 57, 157, 161f., 274, 312, 714
-, anhaftende; begehrende 61, 495f., 553, 588f., 666
-, buddh. Verständnis der 93ff., 178, 206, 619
-, christliche 90, 178, 191, 225, *432f.*
-, erlösende; rettende 222, 338, 346, 616, 638
-, Fehlen vergebender Liebe im Buddhismus 86
-, Idealgestalt der 102
-, nicht-differenzierende 570, 604, 626, 636f., 650, 652f., 656, 674, 680ff., 709, 714ff.
-, selbstlose 89, *90*, 96f., 110, 312, 328, 366, 680
-, subjektlose 625f., 652, 674
-, tätige 88, 90, 95, 97, 103, 176, 181, 206, *454*
-, Überwindung der 59, 61, 89
-, Weg zu Gott 117f.
-seinheit 311
-sverständnis 87, 94, 96, 178, 191
Logik; logisch 79, 196, 200, 222f., 233, 243, 253, *256*, 265, 268, 270, 280, 283, 293, 300, 304, 307f., 312, 316, 318, 379, 383, 387, 390, 397, *408*, 415, *417*, 506, 509, 522f., 526, 528ff., 539, 544, 547, 549ff., 561ff., 568f., 578, 582, 587ff., 594, *599*, 603, 609, 619, 626, 631, 639, 651, 655f., 663ff., 672, 689, 697, 715ff.
- des "sokuhi" 270, *270ff.*, 274, 277f., 280f., 302f., 306f., 310, 312, 324, 354, 356, *707*
Lohn; Lohngedanke 87, 89; *90*
Loslösung *100*, 172, 175, 207, 244, 249, 252, 272f., 275f., 324, 336, 341, 488, 492, 509, 668, 671
Lotus-Sūtra 32, 549, 610

Macht 101f., 227, 229
Madhyamika; Madhyamaka 233, 238f., 261, 498, 522, 550, 555f., 560ff., 570, 573, 578f., 582, 587f., 594, 599, 601, 608, 655f., 665
Mäeutik 509f.
Mahâvamsa 8
Mahâyâna; mahâyânistisch 6, 10, 11, 16, 20, 24, 32f., 34, 45, 91, 93f., 100ff., 106, 139, 183, 193, 203, 226, 231f., 240, 241, 249, 252, 256, 257, 260ff., 267f., 277, 281, 286ff., 294, 301f., 307, 312, 327f., 331f., 341f., 353f., 452f., 455, 469, 522f., 531, 541, 550f., 555, 560, 567ff., 573, 580, 582, 588, 592, 600, 605ff., 615, 617, 619, 621f., 624ff., 633ff., 643f., 646, 651, 653, 655f., 657, 658, 660f., 665, 670, 673f., 699, 710, 716f.
Mammon 227ff.
Manichäismus 32, 235
Mantra 238
Mâra 56, 479f., 484, 492, 504, 516, 674
Marxismus; marxistisch 194, 441, 444
Materialismus; materialistisch 13f., 37, 41, 43, 46, 49ff., 66, 109, 139, 173, 195, 200, 327ff.
mechanisch; mechanistisch 50, 173, 269, 491
Meditation; meditativ 19, 59, 62, 88, 93, 96f., 172, 175, 177, 179, 181f., 217, 232f., 235, 240-255, 257, 261, 270, 298, 330, 355f., 358, 378, 415, 446, 484, 495f., 508f., 511, 517f., 525, 584ff., 596, 620, 632, 657, 658, 667
Meister; Zen-Meister; Lehrer 102f., 251, 253, 257, 319, 356, 480, 499, 506, 513, 526, 565, 576ff., 580f., 589, 595, 597, 601, 607, 613, 624, 647, 666f.
memento mori 508, 681
Mensch 46, 50ff., 63, 75, 78, 82, 85, 91ff., 101, 117ff., 134, 144, 148, 157, 159, 161f., 164f., 180, 188, 190ff., 201, 203f., 208, 210, 213f., 216ff., 223f., 227f., 230, 233, 235f., 239f., 246, 248, 250f., 258ff., 264f., 269f., 274, 276ff., 286, 292, 296, 299ff., 308ff., 330f., 337f., 341, 343, 346, 353ff., 365ff., 374, 376, 382f., 391, 420f., 423f., 430f., 433ff., 442, 444f., 449, 457f., 460ff., 470ff., 499, 503f., 508, 517f., 520, 524, 531, 534, 536, 538, 550f., 561, 564, 567, 569, 574, 580ff., 594, 596f., 600, 602, 613, 615ff., 624, 627, 630, 638ff., 649, 652f., 659, 666ff., 676, 678, 684f., 687, 695f., 701, 705ff., 713ff.
-, Verbundenheit aller 218f., 624
-, Verfallenheit; Unfähigkeit des 299f., 304f., 616, 618f., 649, 653
-, Verständnis des 318, 713, 716
-, Wesen; Natur des 15ff., 43, 50, 70, 75f., 85, 189, 219, 245, 265, 300, 517, 685, 708
-enbild 145, 269, 350, 367, 642
-enbild, buddh. 78, 188, 262, 329
-enbild, christl. 78, 187f., 311
-enrechte 64
Menschheit 70, 132, 147f., 162f., 168, 227, 416, 482, 704
menschliches Selbstverständnis 283, 286, 289f., 292, 296, 342, 353, 391, 425, 434ff., 447, 456
Menschlichkeit 214, 694f.
Menschsein 311, 381, 695f.
Messias 42, 104, 285, 389f.
metakosmisch 227f.
Metaphysik; metaphysisch 16, 18f., 50, 53, 74, 76, 82, 126, 136, 183, 192, 197, 202, 205, 217, 232f., 235, 240, 252ff., 257, 261f., 271, 273, 280f., 285f., 288, 290f., 307, 330ff., 340ff., 349, 353, 356, 358, 512, 523, 548, 561, 568, 570, 582, 655, 665, 691
Methexis 112f., 115, 123, 140
Methodik; Methode; Methodologie 283, 316, 326, 331ff., 372, 377, 380f., 398f., 402ff., 412, 412, 454, 539, 550, 561, 585
- des Religionsvergleichs 36, 70, 107, 108, 111, 138f., 179, 183, 201, 305, 326, 328, 333f., 346f.

- der Religionswissenschaft 111, 113, 118, 120, 125f.
Mettâ; maitrî 61, 87ff., *90*, 177f.; 495f. (s.a. Güte; Liebe)
Mikro-Makro-Kosmos-Schema 261
Milinda Pañha 515, 519, *527f.*, *563*
Missio Dei 156, 158
Mission; missionarisch *100*, 104, 142f., 146, 149ff., 220, 230, *242*, 350, 374ff., 423, 440, 449, 455f., 657
-, buddh. *100*, 104, *657*
-sauftrag 148, 151, 153, 170
Missionar 122, 160, *242*
Mißverständnis 3, 18, 82, 135, 149, 173, 183, 200, 264f., 267, 271, 373, 394f., 405, 487, 584, *622*, 643f., 659, 671, 679, 689
Mitfreude *88*, 177, 181, 217, 495f., 502
Mitleid; Mitgefühl; compassion 58, 64, *88*, 94f., 102f., 161 177, 181, 210f., 217, 225, 236f., 237f., 264, 274, 277, 291, 294, 296, 299, 309f., 312, 322, *432f.*, 495f., 502, 504, 523, 550, 555, 563f., *566*, 609, 613ff., 617f., 623ff., 637f., 640f., 644, 646ff., 656, 666f., 672, *710*, 711f.
Mittlerer Pfad 464, 494, 540
modern 103, 135, 213
Modernismus, buddh. 67, 101, 176, 499
Mönch 97, 103, 175, 177, 226, 230, 239, *454*, 473, 480, 491, 501, 580
-sgemeinschaft; -sorden 11, 19, 176 (s.a. Orden)
-tum 31, *232*, 356
Mönchs-Weg 176, 179f.
monastisch 227, 230f., 239f., 327f., 446
Monismus; monistisch 240f., 243, 245, 248, 251f., 255, 261f., 280, *309*, 330, 340f., 358, 534f., 545, 569, 664
Monotheismus 240, 259, 358, 714
Moral; moralisch 16, 18f., 41, 44f., 50, 57, 59f., 61, 94, 100, 103, 109, 123, 161, 174, 197ff., 218, 499, 554, 565, 697f.
Mûlamadhyamakakârikâ *512ff.*

Mumonkan *205*
Mystagogie; mystagogisch 203, 266f., 271, 275f., 280, 293, 305, 342
Mystik; mystisch; Mystiker 14f., 18, 29f., 34ff., 46, 65, 74f., 77, 91f., 101, 110, 124, 136ff., 166, 174, 179, 195f., 227, 230f., 234ff., 244ff., 263, 269, 271, 274, 289, 327, 340, 345, 356, 359, 361, *369*, *531*
Mythos; mythologisch; mythisch 194, 289, 294, 431f., 479, 711f.

Nachfolge 3, 679f., 714
Nächstenliebe 90, 172, *225*, 247, 264, 305, 311, 356, 365, 423, *424*, 686ff., 698, 701, 703, 709, 713f. (s.a. Liebe)
Nächster, 58, 90, 164, 175, 235, 311, 356, 687
Natur *100*, 269, 600, 621
-, eigene; ursprüngliche 574, 577, 580ff., *592*, 594, 597f., 600ff.
-, göttliche 708
-, menschliche 246, 365, 708, 717
- und Gnade 240, 246, 255, *263*
- und Übernatur 80, 240, 246f., 273, 287f.
-wissenschaft 269, 316, 344, 420
Negation 263, *270*, 307, 309f., 314, 322f., 357f., 380f., 397, 409, 469, 517, 528, 542ff., 561, 569f., 588f., 591, 593f., 596, 598f., 601, 604, 631f., 651, 655f., 664f., 672
-, absolute *270*, 273, *276*, 579, 588, 592, 601, 604, 611, 615, 619, 651, 653
-, relative *270*, 273, 295, *308*, 588, 651
Negative Theologie 29, *258*, 263, 288, 353, 362f.
Nembutsu 301, 303, 310, 319ff., 609, 617, 633, 642, 644ff., 649, 712
Nepal 10
Nestorianer 32
Neues Testament 10, 21ff., 26f., 36, 67, 208f., *307*, 390, 509, 679,

Neuplatonismus 29f., 34
Neutralität: neutral 36, 69f., 87, 114, 121, 123, 126, 130, 139, 182, 373, 401, 411, 420, 514, 678, 700
Nicht-Denken 586ff., 603, 632
nicht-differenzierend: nicht-unterscheidend 243, 322f., 328, 496, 503, 505, 518, 563f., 570, 604, 615f., 625f., 644, 652f., 656, 672, 680
Nicht-Ich; Nicht-Ich-Lehre; Nicht-Selbst 16, 18, 61, 78, 86, 106, 185ff., 204, 224, 249, 262, *270*, 298, 307, 309, 312, 330f., 335, 518, 523, 533, 563, 568, 671 (s.a. anâtman)
Nicht-Schädigung 498, 519
Nicht-Sein 187, 264, 273f., 523, 533, 535, 537, 543, 545, 558, 562, 587, 589, 663
nicht-theistisch 214, 218
Nicht-Vergängliches; nicht-vergänglich; unvergänglich 467, 469ff., 476, 479, 483, 512, 520, 526, 543, 548, 655, 670ff.
Nicht-Zweiheit (siehe Non-Dualität)
Nichtkonzeptualisierbarkeit 329, 339f., 343
Nichtobjektivierbarkeit; nichtobjektivierendes Denken 283, 287, 289f., 292, 292, 295f., 342
Nichts 29f., 34f., 51, 74, 80, 179, 188ff., 263f., 267, *269*, 271f., 274ff., 280, 283, 286ff., 295, 303, 308f., 353, 359, 533, 608, 612
Nichtwissen; Verblendung; Unwissenheit; avidyâ; avijjâ *48*, 73f., 80, *90*, 92, 172, 175f., 209f., 215, 220, 236, 260, *265*, 284f., 287, *444*, 468, 471f., 487, *489*, 491, 493, 512, 515, 517, 519, 524, 532, *546*, 552ff., 560f., 566, 570, 581f., 584, *588*, 591, 594, 598, 601, 612, 614, 630, 640ff., 674
Nidânakathâ 23, 26
Nihilismus; nihilistisch 12f., 14ff., 36f., 41, 45, 52, 54ff., 65ff., 78, 82, 109, 136, 138f., 190f., 195f., 264, 269, 272, 274, 281, 327ff.,

485f., 492f., 523, 530, 533, 535, 537f., 542, 544f., 547, 561, 568, 596, 655, 660f., 668
nirmânakâya *193*
Nirvâna; Nibbâna 3, 12ff., 20, 26f., 51f., 54, 57, 74, 78ff., 82f., 88, 101, 106, 137, 172ff., 178ff., 189ff., 195ff., 204f., 207, 210, 216, 220, 222f., 226, 234, 239, *241*, 261, 267, 285, 307, 319, 328, 332, 335ff., 357, 407, 457, 459, *461*, 462, 464, 470f., 474f., 477, 484, *488f.*, 494, 501, 513f., 517, 519, 523f., *525*, 531, 532ff., *546*, 547, *563*, 567f., *588*, 589, 612, *614*, 617f., 623f., *625*, *628*, 629, 631ff., 647f., 651, 656, 664, 670, *673f.*, 676, 682f., 691, *709*, 712
-, Erreichen im Leben 54, 56, 83, 101, 175, 197f., 210, 216, 220, 223, *241*, 281, 285, 307, *489*, 517, 519
-, Ende des Leides 78, 204
-, Gnadencharakter des 179, 182, 210, 223
-, mystische Deutung des 14ff., 74, 174
-, nihilistische Deutung des 12, 14ff., 51f., 54, 79, 82f., 190f., 195f.
-, postmortales 190, 197, 216, 220, *241*, 281, 329, 357, *531*
-, Unbeschreibbarkeit des 197, 484, 514, 535f., 670
-, ununterscheidbar vom Samsâra 261, 268, 273, 286, 291, 534ff., 544f., 569, *588*, 598, 608, 618ff., 625, 629ff., 651, 660, 664, 672f.
-, Vernichtung der Individualität 80
- und Ewiges Leben 83, 192f., 204, 207
- und Gott 173f., 192, 267, 280, 337, 357
Non-Dualität; Nicht-Zweiheit 94, 245, 263, 302, 323, 591, 622, *625*, *634*
Nonnen; Nonnenorden 99, *101*, *480*
Nordschule *574*
Norm; normativ; Normativität 113, 124, 312, 322f., 340, 343, 364ff.,

412f., 424, 499
Numinose, das; numinos 74, 79ff., 84, 90, 92, 106, 110, 277, 426

Objektivität; objektiv 68ff., 87, 106, 112, 114, 121, 123ff., 128, 139f., 259, 296, 304, 418
Ochsenkopfschule 573
Ochsenpfad 595
ökonomisch 147, 226, 413, 499f.
Ökumenische Bewegung; ÖRK/WCC 142ff., 158, 163 (s.a. Konsultationen des ÖRK: Vollversammlungen des ÖRK Weltmissionskonferenzen)
Offenbarung; offenbaren 38, 43f., 47, 49, 74ff., 78, 85, 136, 160ff., 168, 195, 235, 240, 245f., 259, 263f., 284, 288, 290, 300, 311, 320, 340ff., 347, *369*, 402, 429f., 445, *538*, 609f., 613, 624, 649ff., 677, 684, 692f., 696, 701ff., 712f., 715
-srelevanz 675, 684, 691f., 701ff., 712, 714, 716
Ontologie; ontologisch 77, 79f., 81, 84, 87, 110, 183, 202, 215, 236, 251, 260, 264, 271ff., 280f., 288f., 292f., 295, 299, 318, 322ff., 327ff., 332, 335ff., 343f., 349, 354, *369*, 383, 418, 457ff., 464, *472*, 474, 476, 479, 481f., *483*, 492, 505, 509, 523, 529, *531*, 533, 535, 538, 540, 543, 546f., 558, 560ff., 589, 600, 657, 660, 670, 672, 682
ontologisieren 386, 518
Optimismus 83
Orden 94f., 102ff., *155*, *176*, 227
–, Aufgabe: Funktion des 96, 102, 104
–, Einheit im 95
–sleben 502
–sorganisation 96, 104
–smitglieder 98, 102, 104
–sregel; –ssetzung 95, *99*, 104, 226, 502 (s.a. Samgha)
Osten; östlich; fernöstlich 4, 30, 34, 94, 97f., 104, 106f., 111, 117, 120, *213*, 257, 259, *263*, 264f., 278, *295*, 312, 327ff.

Pädagogik; pädagogisch 217, 226
Palästina 23f.
Pâli-Buddhismus 6, 455, 457, *461*, 571, 604, 655f., 663, 667, 670, 672
Pâli-Kanon; Pâli-Texte 10f., *12*, 16f., *23*, 62, 94f., 101, *176*, 181, 196, 206, *286*, 294, *454*, 457, 460, *472*, 484, *488*, 493, *497*, 499, 503, 507, 509, *519*, 524f., 539, *540*, *575*, 576, *637*, 656f., 666
Pantheismus; pantheistisch 52, 235, 280, *407*, 714
Paradox; paradox 58, 178, 194, 243, 252f., 296, 300f., 304, *308*, 328, 336, 351, 354, 421f., 484, 518, 534, 536, 544ff., 563, 565f., 586ff., *596*, 597f., 604, 612, 631, 635, 639, 651, 653, 664f., 669, 671, 717
Parusie 286, 290f.
Passivität; passiv; Passivismus; Untätigkeit 57, 61f., 91, 139, 300, 327, 329, 487, 497, 622
Patriarch; Patriarchat 572ff., 579f., 592, 607f., 638f., 645, 648, 712
Pelagianismus 235
performativ 355, *417*, 418f., 514, *538*, 545, 547, 569, 596ff., 603, 643, 662, 664ff.
Perle, Gleichnis von der 595
Person; personal; Personale, das 87, 91f., 133f., 172, 174, 178, 192f., 197, 207, 223, 240, 251, 259, 262, 264ff., 277f., 299, *307*, 310ff., 329, 331, 341, 355, 388, 395f., 431, *483*, 533, *591*, 615f., 630, *685*, 690, *707f.*, 714
personale Elemente im Buddhismus 184, 235, 259f., 262, 265, 341
Personalismus; personalistisch 85f., 178, 189, 223, *253*, 274, 329f., 358
Personalisierung 119f., 166f.
Personalität; Persönlichkeit, persönlich 45f., 110f., 176, 187, 189ff., 205, 213f., 216ff., 22f., 239, 257, 263, 277, 280, 329ff., 341, 358f.
– Gottes 43, 49, 54, 92, 106, 110, 172, 192, 205f., 223, 240,

263ff., 269, 277, 298, 329ff., 341, 358
- des Menschen 54, 74, 78, 82, 85, 172, 189f., 216, 235, 243, 263, 265, 269, 277, 311, 329ff., 341, 355, 358f.
Personbegriff; Personidee; Personverständnis 34f., 224, 235, 248, 265, 277f., 280, 329, 331, 355
Personwerdung 311
Pessimismus; pessimistisch 37f., 41, 44, 52f., 55, 60, 65ff., 74, 82, 109, 139, 195, 200f., 216, 220, 260, 327ff., 452
Pfeilgleichnis 513, 662
phänomenologisch 5, 35, *37*, 69ff., 77, 97, 106ff., 114, 123f., 138ff., 173, 183, 201, 248ff., 326f., 329, 334, 340, 343, 345f., 351, 356, 406, 426, 609, 672, 691f.
Philosophie; philosophisch 13f., 19, 31, 44f., 47, 50, 77, 81f., 136, 209, 233, 248, 252, 257, 260ff., 268ff., 283, 286, 298, 301f., 307, *313*, 316, 361, *408*, 469, 482f., 485f., 522, *538*, 555, 570, 577, 579, 635, 655, 717
Plötzlichkeit; plötzlich; augenblicklich 573, *575*, 582ff., 594, 599ff., 612, 618, 626ff., 633f., 636f., 641f., 653
Pluralismus 411
-, religiöser 120ff., 127, 131f., 141, 372, *398f.*, *429*, *697*, *704*, 706, 709
Pluralität 371, 440, 450, 717
Pneuma 188, 190f., 193, 337, *708* (s.a. Geist, heiliger; Gott, Geist)
Politik; politisch 102, 144, 147, 226, 228f., 413, 499
Positionslosigkeit 548ff., 569
Possessivität; possessiv 212, 338, 445, 482, 520, 554, 567, 588, 596
pragmatisch 78, 555, 570, 693, 698
prajñā; paññā 19, 181, 196ff., 223, 226, 297, 478, 494f., 540, 566, 579f., 582, 584, 587, *600*, 603, 611ff., 632, 651 (s.a. Erkenntnis; Weisheit)
Prajñāpāramitā-Sūtra 261, *270*, 307, 523, *546*, 549, 552, *563*, 579, *591*, 594, *637*, 699

prapañca 522, 524ff., 532, 535ff., 544, 591
pratītyasamutpāda; paticcasamuppāda 273, 284f., 287, 294, 298, 322, *467*, *471f.*, 516, 526, 528, *531*, 535, 540ff., 569, 664, 667 (s.a. Entstehen, bedingte)
Pratyekabuddha *545*
Praxis; praktisch 110, 189, 203f., 206, 217, 226f., 229, 232f., 247, 250, 252, 257, 259, 261, 264, 266, 268, 270, 272f., 275, 279ff., 285, 293, 298, 301, 303, 306f., 322, 330, 341, 343, 355ff., 412, *415*, *420*, 439, 446, 500, 506, 508f., 511, 519, 547, 576f., 581ff., 597, *599*, 602f., *607*, 626, 646, 653, 655, *685*, 687, 694, 696, 701
Prthagjana; puthujjana 83, *461*
psychisch 236, 249ff., 255, 346
Psychologie; psychologisch 19, 50, 114, 213ff., 221, 223, 225f., 228f., 248ff., 255, 257, *258*, 338, 340f., 345, 361, 416, 486

Quelle Q 22ff., 27f.
Quietismus 57, 206, 235

rational; rationalistisch; Rationalität 42, 74ff., 81, 85, 119, 196, 213, 215, *253f.*, 257f., 260, *271*, 280, 287, 293, 296f., 301, 304ff., 330, 338, 342, 344f., 354f., 360, 411ff., 422, 444, 717
Ratnakūṭah 541
Realisation 179, 189, 297, 301, 309, 312, 459, 461, 474, 477, 543
Realismus; realistisch 214, 220, 273
Realität 233, 236, 254, 261f., 285, 300, 309, 316, 322f., 386, 419, 434, 524, 530, *531*, 534, 540, 544, 555f., 559ff., 593, *598*, 613, 622, 630, 647, 649, 652, 663, 699, 711 (s.a. Wirklichkeit)
Rechtfertigung 86, *319*
Rede, rechte 60, 216, 495, 585
Rede, religiöse 203, 211, 293, 342, 358, 361, 418, 511, 547
Referenzrahmen 396ff., 409f., 412, 422ff., 434, 437f., 440ff.

Reform: Reformbeweung; reformatorisch 64, 103, 657
Regierungen: Regierende 64, 104, 226, 499
Regress, infiniter 296, 532
Regression 236
Reich Gottes 74, 149, 191, 207f., 220, 230, 274, 285, 291, 687, 696, 714
Reife: Reifung 54, 216f., 219, 249f., 338, 340, 346, 353, 356
Reine Land, das: Buddha-Land: westliches Paradies 298, 300, 303, 605, 609, 612f., *614*, 615, 617f., *622*, 623f., 626f., 630, 633f., 636, 640ff., 653
Reinheit *28*, 94f., 97, 474, 585, 587, 590f., 593f., 598, 611, 617
Reinigung, innere 93, 96f., 181
Reinkarantionslehre *438*, *660* (s.a. Samsâra: Wiedergeburt)
Relationalität: relational: Relation 277, 308f., 312, 529, 533, 535, 568
Relativierung: relativieren 185, 245, 258, 312f., 321, 329, 337, 343, 355, 357f., 366f., 468
Relativismus: relativistisch 118, 145, 150f., 160, 297, *697*, 704
Relativität: relativ: Relatives 528ff., *562*, 563, 579, 588, 591f., 611, 619, 651, 653
Religion: Religionen 14ff., 33, 40, 43f., 47, 51, 55, 68f., 73, 75, 77, 79, 81f., 108, 112ff., 123ff., 132ff., 136, 141, 145-171, 173, 198, 200, 203ff., 213, 217, 223, 227ff., 239, 243, 255, 258f., 267ff., 272, 274f., 279, 283, 290, 298, 304ff., 313, 316f., 320, 323, 331, 335ff., 344ff., 353f., 368ff., 373ff., 394, 396, 398ff., 405-456, *538*, 666, 676f, 680, 685, 692ff., 709
-, absolute 14
-, abrahamitische 351
-, Einheit der 117f., 120, 131, 169, 205, 709
-, mystische 74, 101, 110, 250f.
-, prophetische 74, 101, 110
-, nichtchristliche; andere 39f., 57, 61, 65, 101, 115, 121, 142ff., 149, 151f., 157f., 160ff., 227, 229, *242*, 246, 254f., 259, 364, 367ff., *399*, 402, 677, 684f., 688f., 692ff.
-, wahre 69, 317, 321, 343, 693, 700
-, Wesen der 15, 18, 69, 72, 107ff., 117, 119, 132, 139, 204, 212ff., *267f.*, *399*, 449ff., 666
-, Zusammenarbeit der 118, 143, 163, 350
- der Faulheit 63
-sbegriff 18, 72f., 75, *82*, 108ff., 132ff., 139ff., 205, *206*, 334, 433f.
-sgeschichte 132, 134, 169, *286*, 693
-skritik 195, 677
-sphänomenologie; -sphänomenologisch 4, 66, 69, 107, 125, 165, 684, 690
-sphilosophie; -sphilosophisch 14, 36, 47, 49, 52, 73, 113, 125f., 138, 275
-sstifter; Stifter 33, 47, 57, 71, 213, 257f., 284, 345, 518, *578*, 697ff.
-stheologie; -, Theologie der 7, 117, 121, 131, 135, 151, 169f., 229, 259, 398f., 402f., 429, 675, 684, 687, 690, 692ff., *695*, 699, 703, 705f., 709f.
-svergleich; Vergleich 4ff., 9, 20, 36-117, 123, 128, 136ff., 153, 170ff., 179, 183, 194, 200f., 213, 218, 220, 230, 232, 258, 264, 294, 298, 304, 325ff., 334f., 340, 347, 351, 406, 426, *538*, 689ff.
-swissenschaft; -swissenschaftlich 3, 5, 14, 36, 39f., 69, 71f., 87, *98*, 107, 111ff., 117ff., 122ff., 140f., 258, *261*, 373ff., *399*, 426, *449f.*, 675, 692
republikanisch 102, 104
Rinderhirt, Gleichnis vom 516
Rinzai-Zen 572, *596*
Ritus; Riten; Ritualismus 214, 216ff., 233, 446, *489*, 635, 658
Rückkehr (in den Samsâra) 623f., 637ff., 647, 653f.

Saddharmapundarîka-Sûtra 10, 32

(s.a. Lotus-Sûtra)
Säge, Gleichnis von der 60, 89, 496, 680
säkular; Säkularismus 114, 119, 142ff., 162, 171, 213, 226, 268f., 286, 290, 292, 350, *403*
Sakadâgâmi *489*
Sakrament; sakramental 227, 230, 233, *688*
samâdhi 19, 181, 477, 494f., 584f., 587
samboghakâya *193*, 610
Samgha 64, 86, 96, 99, 102, 104, 204, 227, *478*, 499, 501f., 580, 598, *607*, 645 (s.a. Orden)
Sammlung 217, 243, 477, 584ff., 600
−sprinzip 19, 477, 494f., 584
Samsâra; samsârisch; Geburtenkreislauf 27, *56*, 172, 175, 190, 210, 216, 223, *241*, 249, 261, 268, 273, 284ff., 294f., 468, 482, 527, 535ff., 544, 554, 562, 569, 589, 599f., 619f., 623f., 627, 629ff., 633f., 636ff., 649, 651, 653, 660f., 664, 670ff. (s.a. Wiedergeburt)
Samsâra-Lehre 284f., 294f., 637, 659 (s.a. Reinkarnationslehre)
San-lun-Schule *573*, *578f.*, *601*
Sarvâstivâda-Schule 515
Satan; satanisch *56*, 42, *237*
Satipatthâna: Achtsamkeitsübung 509
Satori *241*, 243ff., 249, 251, 255, 318
Schlußfolgerung 553, 555ff., 570
Schöpfung 100, 110, 114, 162, 166f., 172, 187, 189, 240, 243f., 259, 264, 274, 288, 310f., *323*, 343, *365*, *369*, *407*
−slehre; −sglaube; −sgedanke 167, *205*, 291, 324, 330, 354
Schrift; Schriften 8f., 48, 165, 167f., 226, 254, 284, 321, 506, 574, 577f., 580f., 597, 602, 647, 694, 696, 714
Schüler 597, 600, *602*, 624, 638
Schuld 54, 78, 172
Schweigen; schweigen 203, *263*, 276, 289, 291f., 355, 512, 517f.,
547 (s.a. Buddha, Schweigen des)
Seele 14ff., 39, 43ff., 50, 54, 78, 82, 172, 187f., 191, 195, 198, 200, 222, 246, 249f., 304, 648
Sehnsucht 259, 491, 641, 692
Seiendes 469f., *472*, 474, 477, 481, 505, 558
Sein 29, 51f., 79f., 100, 187, 191, 209f., 237, 240, 243ff., 253, 264, 271ff., 283, 288ff., 299, 302, 305, 311, 314ff., 337, 342ff., 345, 353f., 457, *472*, 523, 533, 535, 537, 543, 545, 562, 587, 589, 608, 612, 663
−sauffassung 285
−sbegründung 322
−sdenken 202, 275, 295, 523
−sebene 277
−sgeheimnis 289f., 292, 295, 331, 353
−skonstituenten 466
−sordnung 319ff., 331, 343, 353
−ssicht 284
−sstrukturen 299, 342, 354
−sverhältnis 315, 321, 323
−sverhaftung 337
−sverständnis 237, 264, 272f., 275, 285, 299f., 305
−sweise 259
Selbst 51, 57, 59, 78ff., 82ff., 90, 93, 176ff., 184, 186, 189, 190, 204, 206f., 210, 215f., 219, 224, 236, 243ff., 251, 262, 265, 287, 289, 291ff., 307, 312, 317ff., 328, 336, 342, 345, 354, 393, 418, *484*, 523, 553f., 563ff., *591*, 616, 620f., 631, 644, 666 (s.a. Ich)
−, Gleichheit mit anderen 563, 565
−, Transzendierung des 184, 189f., 207, 236, 251, 262
−, unsterbliches; ewiges 187, 189
−, wahres; eigentliches 184, 216, 218, 249, 251, 262, *265*, 274f., 277, 283, 287ff., 296, 307, 309f., 317ff., 354
−aufopferung; −aufgabe 90, 191f., 209, 218, 485
−begrenzung 299
−bejahung 309
−bestimmung 314f., 342

-bezogenheit *90*, 178, 206, 228, 336, 620, 635f.
-bildnis 338
-entäußerung 278, 302
-erkenntnis 360, 503, 518, 643, 668
-erlösung 40, 44, 46, 57, 59, 66, 73, 75, 85, 87, 90, 92, 94, 139, 172, 183, *188*, 190, 194, 206, 290, 327, 329f., 597, 621, 681, *715*
-erlösungsreligion 85, 109, 328ff.
-erwachen 300
-gewinnung 343
-liebe 554, 564
-losigkeit: -los 93, 104, 109, 216f., 219, 275f., 279, 293, 309ff., 328, 337, 343, 366, 489, 492, 495, 501, 565, 680
-sein 353
-sucht 95f., 178, 189, 223f., 319, 355, 366
-überschreitung: -transzendierung 179, 189, 224, 239, 295, 312, 336, 339, 342f., 353, 355f., *495*
-verantwortung 354
-verhältnis 518, 662, 665ff., 715
-verhaftung 222, 353, 565, 615
-verleugnung 82, 95, 191, 193, 224, 276, 346
-verneinung 299, 302, 309, 356, *495*
-vernichtung 494
-verwirklichung 249, 251, 257, 315, 319, 343
-vollzug 309f., 312f., 353
-wahrnehmung 243
-werdung 336, 346, 356
-zentriertheit 309
Semantik; semantisch 412, 414ff.
Sendung 49, 102, 157, 171, 230
Sexualität 99, 435, *498*
Shamkhya 12
shinjin 609, 617ff., 625ff., 633–650, 652ff.
Shûnyatâ, Shûnyatâ-Lehre 13, 16, 94, 235, 237f., 261, 265, 268, 272, 277, 286f., 295, 298, 303, 307, 323, 523, 539ff., 549, 552, 563, 567, 579, 630, 673, 682f., *711*, 717 (s.a. Leere)
sîla 19, 181, 477, 494, 584
Sinn 110, 128, 130, 172, 218, 254f., 258, 267, 272, 284f., 289ff., 311, 342, 353, 408f., 412f., 416f., 421, 424f., 431, *433*, 434ff., 442, 444, 457f., 460, 477, 518, 600, 602f., 648, 666, 675, 695
-deutung 433, 441f., 447
-entwurf 439
-erkenntnis 459, 461f.
-gebung 425, 433ff., 440, 442ff.
-konsens 413ff., 424, 436, 442
-konstruktion 413, 416, *444*
-losigkeit 173, 216, 348, 409, 434, 459, 462, 654
-phänomen 436
-system 360, 369, 408, 417f., 427f., 434, 441, *444*, 447, 455
-totalität 354
-vermittlung 443
-vorstellungen 439ff.
Sinnenfreuden; Sinnenlust 204, 465, 473, 478, 493f., 498, 512, 659
Sinnzusammenhang 111, 139f., 173f., 180, 327ff., 351, 406, 690
Sittlichkeit; sittlich 74, 87f., 102, 163, 176, 210, 216, 219, 244, 247, 253, 264f., 293, 355, 477, 488, 492f., 496, 499, 501f., 506, 519, 551, 570f., 584, 656 (s.a. Ethik)
-sprinzip 19, 60, 181, 477, 494f., 584
Soheit; Sosein 233, 240, 601, 604, 610ff., 623, *628*, 631, 711
Solidarität; solidarisch 85, 143f., 160, 304, 309, 328, 461, 502, 518
Sonderungs-Lehre; Apoha-Lehre 556ff., 561
Sotâpanna *488*, 634
Soteriologie; soteriologisch 73, 85, 106, 148, 179, *188*, 196f., 199, 206, 209, 221, 225, *224*, 226f., 229f., 232, *242*, 270, 280f., 286, 288, 290, 294f., 327, 329ff., 339, 350, 354, 357, 362ff., 445f., 555, 571, 596, 616, 619, 631, 673,

678ff., 706, 708, 710, 717
Sôtô-Zen 260, 572
sozial 103, 105, 142, 147, 162, 174, 176, 178, 189, 194, 219, 225ff., 329, 355, 408, 413, 415f., 436, *490*, 499f., 685, 695
Spekulation; spekulativ 217f., 235, 257, 286, 301f., 512, 523f.
Spiritualität; spirituell 31, 104, 147, 166, 168, 174, 177f., 182f., 187, 193f., 202, 209ff., 220ff., 226ff., 232, 235, 254f., 257f., 280f., 329f., 336ff., 359, 489, 499, 502, 508, 572, 577f., 581ff., 594, 598, 603f., 619, 622, 633, 635f., *637*, 638f., 653, 655ff., 664f., 712, 717
Spontaneität; spontan 300, 320, 596f., 609, 620ff., *628*, 636, 641f., 646, 652f., 656
Srache; sprachlich 150, 207f., 224, 251, 254, 267, 271f., 276, 280, 295ff., 298, 303, 312, 338, 407, 411ff., 431f., 443, 445, 514, *531*, 544, 550, 556, 558, 577
-, Verweischarakter der 129, 254, *258*
-handlung 420, 596
-kritik 421f.
-lichkeit 129, 131, 278
-logisch 202, 445
-spiel; -spieltheorie 222, *408*, 411f., 417, *432*
Staat; Staatswesen 99, 102, 499
Standpunktlosigkeit der Religionswissenschaft 114f., 120ff. (s.a. Epoche)
Sterben 324, 341, 438, 457, 461, *472*, 477, 481, 501, 508, 512, 517, 630, 639f.
Sterblichkeit 83, 282, 339, 436, 457ff., 478, 477, 482f., 492, 497, 503, 507f., 517f., 520, 601, 660, 678, 681, 715, 717 (s.a. Tod)
Strafe 54, 57, 78, 103, 499, 679
Struktur; strukturell; struktural 73, 77, 85, 140, 169, 172f., 205, 208, 229, 237, 250, 283ff., 298ff., 307, 313, 316, 343ff., 353f., 406, 414ff., 427f., 432, 439, *444*, 447, 455, 530, 537, 551, 561, 563, 569f., 598, 651, 655, 659f., 680, 717
-gleichheit 79, 284
-parallelität 73, 76, 179, 283, 305, 313
Subjekt 82, 119, 135, 236, 262, 287, 289, 295f., 307, 309, 314, 316, 318, 337, 342, 353f., 390, 392, 421, 425, 492, 535, 544, 557ff., 590f., 625, 652, 666, 669, 671, 674
- und Objekt 287, 289, 292f., 296, 300, 309f., 395, 425, 445, 467, 535ff., 544f., 559f., 568, 570, 591, 596, 625, 652f., 667
Subjekt-Objekt-Spaltung; Subjekt-Objekt-Schema 233, 245, *270*, 283, 287, 293, 295, 534, 560, 568, 603, 667
Subjektivität; subjektiv 314, 524, 544, 557, 560, 568, 570, 656, 658, 667
-, reflektierte 113, 115, 124, 128f., 140, *394*, 678
Substanz; Substantialität; substantiell; substanzhaft 82, 236, 262, 273, 277, 307f., *309*, 557, 568
Substanzlosigkeit; substanzlos 308, 564
Suche 237, 252, 268, 311, 313, 315, 319, 358f., 429, 447, 461ff., 466f., 470f., 474, 476, 479, 485f., 493, 500, 595f., 668f.
Südschule 573, *574*
Sünde 44, 53ff. 78, 80, 82, 84, 86, 94, *100*, 160, 209, 224, 228, 240, *265*, 300, 349, 679, 682, 690
Sünder 86, 680
Suizid 438, 479
Sukhâvatîvyûha-Sûtra 298, *605*, 606f., *609*, 627, 636, 645, 648, 711
Superiorität; Vorrangstellung des Christentums 14ff., *36*, 40, 65f., 111, 138, 157, 160
Superioritätsanspruch 269, 292, *409*
Symbol; symbolisch; Symbolik 129, 167, 194, 196, 209f., 229, 263, 283, 287–296, 299, 342, 354, 395, 480, *592*, 706, *711*
-figur 574, 576f.
Synkretismus; synkretistisch 145f.,

150ff., 155, 451, *658*

tanhâ 53, 56, 83, 98, 201f., 215, 220, 224, 227f., 464, 486 (s.a. Durst)
Tannishô 297, 305, *614f.,* 616, *620f.,* 624, 626, 630, 633, 637, *638,* 640, *641, 645,* 647
Tantrismus *540*
Taoismus 249
Tat; Taten 98, 150, 176f., 181, 210, 319, 418, 486ff., 497, 502, 566, 614f., 620ff., 627, 644f. (s.a. Handeln)
Tathagata 79, 299, *472,* 575, 579, *590, 606,* 610, *612,* 617, 619, 621, 623f., 627, 640, 642, 648
Taufe 209, 229f., *242,* 285, *313,* 320, 355
Technik 227f., *412*
Tee-Zeremonie *242, 601*
Tendai-Schule *605*
Thailand *100,* 203, 213
Theismus; tehistisch; Theist 44, 55, 182, 193, 199, 214, 218, 322, 329, 430, 452
Theodizee 174, 195, 288
Theologie; theologisch 4f., 13, 24, 40, 69, 72, 90, 109, 113, 115, 121ff., 128ff., 132ff., 140ff., 159, 162ff., 168ff., 185, 195, 198, 201, 207, 211, 226, 234f., 240, 246, 248, 250, 254f., 258, 275f., 286, 288, 293, 302, 304f., 310, 312, 326f., 337f., 350ff., 372f., 398, 401ff., 428ff., 446ff., 596, 675ff., 684, 687, 689f., 692, *693,* 696, 701, 703ff., 716
Theorie 316, 486, 506, 512, 523f., 526, 536, 539ff., 568f., 662ff., 693f., 696
Theorienbildung 526, 568
Theozentrik *429, 704*
Therapie; therapeutisch *510,* 511, 643, 651, 654, 662
Theravâda; theravâda-buddhistisch 5, 10, 87, *100,* 101, 172f., 180ff., 190, 195, 203, *208, 215,* 220, *226, 241,* 257, *261,* 262, 266, 281, *286,* 294, 329, *424,* 453, *469, 497,* 515
Tier; Tierreich 180, 435, 468, 470,
490, 502
Tod 51f., *53,* 54, 79f., 82ff., 190, 193, *197,* 200, 202, 204, 216, 218, 220, 236, 238f., 251, 274, 281, 294, 314, 324f., 342, 434ff., 457f., 460, 462, 468, *469,* 477, 479ff., 492, 496, 498, 500f., 507f., 511ff., 522f., *525,* 534f., 538, 544, *546,* 550, 561, 566f., 570, 576, 599f., 615f., 618f., 623, 626f., 629, 633f., 638ff., 646, 653, 656, 663, 671, 674, 678f., 681f., *684,* 714f., 717 (s.a Sterben; Sterblichkeit)
–, großer 236
–esbetrachtung 508f.
–esbewußtsein 458f., 461f., 466, 472, 476, 478, 507, 517f., 520, 566, 660, 664, 668, 715
–esfürst 479, 484
–esfurcht 457ff., 464f., 467, 472, 476, 478, 484, 491f., 520, 566, 640, 654, 657, 660, 668, 715
–esproblem; –esproblematik 82, 207, 295, *444,* 464, 468, *480,* 496, 538, 544, 626f., 682, 715
–essehnsucht 601
–esverdrängung 458ff., 464, 472, 476, 478, 507, 517f., 520, 543f., 566, 658, 660, 664, 668, 672, 681
–esverfallenheit 519, 571
–esvorstellung 438
Todlose, das; Todlosigkeit; amata 83, 204, 207, *424,* 461ff., 470f., 474f., 477, 485, 520, 522, 538, 543ff., 561, 571, 599, 626, 629, 655, 661, 663, 668, 672, 674, 682, 690f., 715f.
Toleranz 63f., 101, 118, 127, 382f.
Tradition, monastische 94, 230f., 239
–, mündliche 8, *23, 286*
–, schriftliche 8, 284, *286,* 580, 597
–sverständnis 577, 580f., 600, 603, 605, 647
Trancezustand 234
Transformation 254
– des Bewußtseins 236, 239
– des Menschen 182, 208
transzendental 427f., *429,* 431f.,

594f., 603, 625, 674, 685
-theologisch 431
Transzendenz; transzendent; Transzendente, das 46, 74f., 79, 91, 117, 124, *127*, 128ff., 132ff., 173, 179, 189, 192, 193ff., 208, 210, 218f., 236, *241*, 245, 257, 259, 262f., 265, 269, 273ff., 288f., 303, 309, 312, 322, 330, 337, 353, 356, 358, 365f., 368ff., *407*, 431f., *434*, 437, 532, 535f., 590, 604, 610, 612, 629, 635, 641, 646f., 669ff., 682f., 699, 705ff., 713f., 716f.
-gedanke 330, 705ff.
-verständnis 263, 269, 274f., 288, *322*, 370, 442, 446f., 455, 609, 617, 621, 670, 672, 674, 682, 708
-vorstellung 106, 446
Transzendierung; transzendieren 295f., 302, 310, 313, 323, 327, 337f., 341, 343, 368f., 425, 532, 579, 598f., 601, 615, 625, 628ff., 635, 646f., 651f., 670ff., 682, 705, *707*, 709, 717
Trikâya-Lehre; Drei-Leib-Lehre 193, 286, *560*, *598*, 610
Trinität; trinitarisch 193, 237, 251, 286, 706, *707*, 714
Tropenklima 62
Trost; Tröster 58, 487, 507

Übel 53f., 78, 82, 103, 161, 174, 176, 209, 224, 228, 436, 486, 492, *540*, 553, 614, 637, 641, 643f., 646
Übersetzung: Übersetzungsproblematik 150f., 185, 267, 297f., 305
Umgestaltung der Grundlage: âshrayaparâvrtthih 555, 560
Umkehr 179, 285
Umkehrbarkeit 274, 322ff.
Unbefriedigtsein; unbefriedigend 336f., 464f., 468ff., 481, 491, 493, 520, 566f., 596, 612, 630, 644, 659f., 668, 670, 690 (s.a. dukkha; Leid)
Unbegreifbarkeit; Nicht-Konzeptualisierbarkeit 192, 253, 271, 446, 610f., 632, 647, 654
Unbeschreibbarkeit 346f., 446, 520f., 536ff., 547f., 551, 556, 561, 569f., 579, 581, 611, 623, 631f., 647, 665
Unbeständigkeit 509, 569
Unbewußte, das 249
Unerleuchteter; unerleuchtet; nicht-erleuchtet 80, 83, 102, 287f., 293, 517, 534ff., 549f., 569f., 673
Unerlöster; Nicht-Erlöster; unerlöst 520, 534, 536, 550f., 562, 631
Unfreiheit 520, 600, 625, 644
Unheil 53, 55, 73, 77ff., *100*, 172, 327, 363, 445, 465, 516, 524, 533, 535f., 555, 589, 594ff., 604, 616, 649, 651f., 654, 663f., 669, 679, 685, 713, 715f.
-sanalyse 84, 97, *443f.*, 465, 467f., 520
-sdeutung 348, 357, 442, 444ff., 566, 570, 678, 690, 715
-sfaktor 445, 520, 568, 581, 593, 634, 663
-ssituation; -szustand 54, 73, 80, 91f., 94, *127*, 213, 223, 309, 328, 348f., 370, *443*, 444ff., 454, 456f., 459, 465, 494, 502, 534, 536f., 542, 545, 547f., 569, 571, 590, 592, 604, 624f., 649, 651f., 655ff., 663f., 678f., *680*, 682
-sverständnis 171f, 522
-sverständnis, buddh. 55, 78, 81, 83f., 106, 110, 327f.
-svorstellung, buddh. 52, 54, 79, 82, 363f.
unheilsam 181, 192, 220, 236, 287, 337, 459, 487f., 493, 495, 506, 512, 514, 516, 523ff., 533, 535, 563, 566, 568, 617, 630, 636, 656, 663, 680
unio mystica 91, 274 (s.a. Mystik)
Unitarier *98*
Universalien; Universalienforschung 403f., 422
Universalität; universal; universell 16, 71, 85, 94f., 97, 145, 153, 155, 167, 169, 178, 193, 198, 206f., 250, 273, 277f., 292, 294, 299, 308, 317, 320, 323, 323, 328, 338, 354, 374, *375*, 411, 413, *417*, 419, 428, 435, *437*, 438ff., *444*, 446, 455f., 503, 514,

521, 624, 639, 653, 662, 667, 672, 712, 714f.
Universalsprache 411f.
Universum 218f., 262, 419, 425, 434
Unmittelbarkeit; unmittelbar 233, 314, 317, 320, 477, 594, 596ff., 603, 618, 625, 674, 688
Unsagbarkeit; unsagbar 271f., 276, 278, 280, 341, 349, 547, 670, 682
Unsterblichkeit 43f., 46, 189ff., 204, 468
Unterdrückung 96, 227f., 230
Unterscheidung; Differenzierung 210, 273f., 277f., 280, 287f., 291, 293, 296, 301, 411f., 445, 493, 534f., 551, 554, 563, 615, 618, 630, 632ff., 651ff., 672
Unumkehrbarkeit 315, 318ff., 331, 354
upâdâna (siehe Anhaftung)
upanishadisch 15, *483*
upâya; upâyakaushalya 302, 445, 549 (s.a. Geschicktes Mittel)
Ur-Gelübde; Gelübde; Gelöbnis 299, 303, 319f., 605ff., 612ff., 623, *628*, 630f., 633, 635f., 638, 641ff., 651f., 654, 712
Ursache und Wirkung 527ff., 558f., 630, 634, 642 (s.a. Kausalität)

Vandalismus, geistiger 61
Vedanta 522
vedisch 13
Veränderung 145, 153ff., 158, 171, 209, 226, 229, 260, 270, 350f., 366, 420, 453, *469*, 526, 528, 542, 596, 598, 643
Verantwortung; Veratwortlichkeit; verantwortlich 50, 54, 98, 105, 110, 144, 214, 218, 291, 301, 320, 338, 353, 490f.
Verantwortungslosigkeit 98
Verbundenheit aller Wesen 93ff., 97, 181, 284, 309, 503, 505, 521
Verdammnis, ewige 83
Verdienst 58, 60, *90*, 176, 206, 210, 565
-gerechtigkeit 60, 211 (s.a. Werkgerechtigkeit)
-streben 59f., *90*, 489

-übertragung 565
Verdrängung; verdrängen 458f., 462, 465, 467, 472, 476, 508, 517, 520, 555, 566, 601, 604, 657
Verfolgung 63f.
Vergänglichkeit; vergänglich; Vergängliches 31, 79, 82, 84, 185ff., 190ff., 210, 216f., 258, 260, 262, 272f., 278, 337, 341, 343, 348, 439ff., 457, 459, 461f., 464ff., 476ff., 491ff., 505, 507, 509, 514, 517f., 520f., 526, 528f., 534f., 538, 542ff., 553f., 558, 560, 566ff., *575*, 599ff., 614, 625, 627, 630, 639, 647, 654ff., 667ff., 681, 690, 715f.
-serscheinungen 460, 465, 672
-sproblematik 296, 468, 496, 505, 544, 548, 629f., 654, 656ff., 664, 673, 679
-sprozeß 438, *472*
-sstruktur 457
Vergebung 54, 57, 78, 86, 206, 218f., 240, *277*, 679, 681, 688
Vergehen 284, 467, 469f., 509, 532, 542f., 545ff., 558f., 567, 599, 672
Vergleich (siehe Religionsvergleich)
-sgrundlage 65f., 70ff., 109, 139
-sperspektive 56, 65, 77 108f., 139
-sraster 55, 65, 108, 138f.
Verhalten; Verhaltensweisen 210, 216, 290f., 304, 365, 408, 411-425, *432f.*, 433ff., 439, 442f., 445, 462, 477, *498*, 505, *531*, 547, 589, 701
-sänderung 458
-snormen 423f., 434
Verheißung 84, 266, 279, 300, 334, 492, 613, 649
Verkündigung 213, 284, 571, 607, 613, 645, 651, 674, 696
-, buddh. 1, 51, 93f., 96, 101f., 104, 220, 260, 338, 472, 476, 504, 509ff., 570f., 581, 607f., 613, 645, 651, 665
-, christl. 143, 149f., 152, 154ff., 171, 219, 320, 339
Verlangen 175, 236, 309, 467, 478, 486, 498

Verlöschen; Vernichtung; Auslöschung; Erlöschen 12, 14f., 17, 51, 53, 56, 79f., 82f., 179, 191, 195ff., 206, 240, 272, 461, 465, 485, 487, 493f., 523, *563*, 566f., 612

Verlust 468, 479, 481

Vermittlung 130, 165, 207, 254f., 265, 281, 297, 302f., 305, 319, 404, 415, 422, 438, 446, 504ff., 523, 538f., 544ff., 596f., 603, 626, 631, 636, 652f., 656, 663f., 669, 686ff.
- -saspekt 344
- -scharakter 267, 280, 282, 661
- -sdynamik 183, 202f., 211, 221, 231, 266, 270, 306, 333-349, 351, 570, 576, 603, 633, 690
- -sfunktion 266, 348f., 358, 364, 512, 539, 643, 660ff.
- -sproblematik 522, 577, 609, 625f., 655, 658
- -sstruktur 281, *578*, 682

Vernichtung (siehe Verlöschen)

Vernunft; vernünftig; Verstand 74ff., 85, 196, 219, 233, 245, 253, 255, *256*, 287, 301, 304ff., 323, 325, 342ff., 383, 417, 431, 506 (s.a. Rationalität)

Verobjektivierung; Objektivierung; Vergegenständlichung 260, *269*, 273, 280, 283, 287ff., 322, 324, 330f., 342, 353, 597, 603

Versenkung 49, 88, 91, 175, *176*, *196*, 261, 287, 291, 525, *531*, 537, *572*, 584f., 587, 591, 594, *665*

Verständnis; Verstehen
- von Personen 388ff., 396
- von Religionen 69, 108f., 113, 116ff., 121f., 125, 128ff., 132, 139, 141, 152, 169f., 298, 305f., 332, 373ff., *399*, 412f., 456, 676ff., *705*
- -hintergrund; -horizont 153, 370, 372, 398, 676, 678

Versuchung 480, 674

Vertrauen 43, 70, 75, 84, 225, 252, 260, 262, 298, 301, 463, 515ff., 521, 541, 581, 607, 609, 617ff., 625f., 629, 631ff., 643f., 649, 652ff., 688, 712

Vervollkommnung 54, 93, 179, 181, 192, 198, 336, 494, 638

Verweischarakter 129, 313, 361, 365f., 646

Verzerrung 61, 66, 106ff., 112f., 115, 121ff., 133, 136, 138f., 141, 153, 170f., 173, 267, 326, 332, 351f., 366, 372f., 402, 406, 426, 601, 691, 704

Vier Ausfahrten 258, 459f., 465f., 477, *517f.*

Vier Edle Wahrheiten 214, 258, 463ff., 481, 503, *510*, 513, 515, *525*, *538*, 540, *546*, 664, 699
- -, Erste Wahrheit 55, *56*, 78, 438, 464ff., 493, 497
- -, Zweite Wahrheit 56, 228, 464, 466, *471*, 485, 493, 497
- -, Dritte Wahrheit 464
- -, Vierte Wahrheit 214, 464, 494

Vier göttliche Verweilzustände *88*, 495f., 502f. (s.a. brahmavihâra)

Vietnam *100*

Vigrahavyâvartani 522, 549

Vimalakîrti-Nirdesha 549

Vimutti-Magga 477, *510*

Vinâya-Pitaka 95, 226

Visuddhi-Magga *56*, *88*, *93*, 182, 469f., 477, 495

Volk; Völker 222, 224f., 228ff., 355, 426, 499, *713*

Vollendeter 484f., 487, 516ff., 523f., 534, 540, 545, 568, 576, 663, 671ff.

Vollendung 288, 310, *369*, 484, 640

Vollkommenheit 198, 210f., 235, *241*, 318, 321, 492, 519, 640f., 653

Vollversammlungen des ÖRK/WCC
- -, Evanston (1954) 143
- -, Neu Delhi (1961) 143, 149, 162, 164f.
- -, Nairobi (1975) 146f., 149
- -, Uppsala (1968) 156, 158
- -, Vancouver (1983) 158, *164*

Vorstellung; Vorstellungen 255, 435ff., 433, 470, 494, 533f., 540, 543f., 554ff., 562, 564, 566, 589f., 597, 599, 604, 659, 664, 666, 672, 674, 678, 691, 695, 706

Wahrheit; wahr 40, 65, 69, 76, 85f., 94, 123, 125, 127, 129, 146, 150, 152, 16ff., 166, 168f., 175, 190, 195f., *203*, 206, 225, 253f., 283, 286, 300, 312, 316ff., 377, 381ff., 408f., 411f., 414ff., 430, *443*, 445, 471, *498*, 506f., 510ff., 524, 534, 536, 546ff., 555, 558, 561f., 572, 579, 581, 598, 630, 643f., 647f., 666, 675, 691f., 694f., 699ff.

-, absolute; höchste, letzte 86, *203*, 206, 208, 223, 511, 546ff., *560*, 561, 566, 569

-, doppelte; doppelseitige *203*, 539, 545ff., 561, 639, 662

-, erlösende; befreiende 85, 94

-, göttliche 168

-, religiöse *127*, 304, 417f., 445, 697

-, relative; konventionelle *203*, 546ff., 561f., 569, *599*, 665

-, tieferes Verstehen durch Dialog 164, 166

-, transzendente, 129, 196

-, Unteilbarkeit der 169

- des Christentums 160

- der Religion 69, 123, 125, 127

- in nichtchristlichen Religionen 65, 146, 150, 152, 161, 163, 254, 701

-sansprüche 41, 124, 127, 194, 415, 445, 699, *700*, 701

-sbegriff 337

-sfrage 69, 71, 113, 115, 123ff., 127, 139, 152, 392, 392, 394, 691ff., 699, *700*, 701

-skonsens 414ff.

-skonzeption 417f., 420, 445f., 699f.

-skriterium 245, 694

-snorm 259

-sverständnis *127*, 207, 699, *700*

Wahrnehmung 215, 219, 466, *472*, 481, 483, 485, 490, 524ff., *531f.*, 553ff., 597, 602, 615, 642, 668, 678, 705

Weg 76, 91, 96, 118, 172, 203, 205, 214, 216, 222f., 225, 235, 238f., 249, 271f., 275, 279, 285, 296, 300, 302, 319, 327f., 355, 367f., 370, 427, 456f., 461, 464, 477, 510, 514, 524, 544, 547f., 552, 578, 595f., 599, 614, 620, 654, 666, 672, 672, 676, 687, 715

Weise, der 48, 61, 73, 508, 510, 513, *531*, 532ff., 561, 640

Weisheit; weise 47, 75, 206, 226, 234, 262, 299, 439, 474, 477f., 502, 519, 534, 573, *579*, 580, 582, 584ff., 600, 603, 609, 651f., 711f.

Welt 50, 53, 55, 63, 74, 82ff., 88, 91, 93, 96, 98ff., *100*, 101ff., 114, 120, 135, 143f., 147f., 152, 155, 157ff., 170, 172ff., 189, 206, 208ff., 218, 226, 233, 261, 268f., 279f., 284ff., 291f., 300f., 311, 314, 328, 350, 367, 374, 405f., 412, 419, 421, 435f., 463, *469*, *471*, 473, 480f., 483f., 495, 501f., 504, 507, 516, 518, 520, 523, *531*, 532, 535ff., 544, 547, 550, 564ff., 576, *585*, 589, 591, 595, 598ff., 612, 614, 626, 630, 640, 642ff., 655, 662, 666, 671f., 674, 683, 707, 709f.

-, Interdependez der 132, 143, 145

-, Vielheitswelt 522, 524, 535ff., 548, 568, 591

-, Werdewelt 249, 599, 601, 604

-ablehnung 98, 206

-abwertung 261, 331

-anschauung; -anschaulich 5, 13, 36, 65, 69, 74, 109, 111f., 119, 124, 126, 138ff., 165, 233, 235, 243, 245, 250, 286, 315, 376, 408, 423, 441, *444*, 493, *657*, 675, 678, 698ff.

-auffassung 291, 453

-bejahung 452

-bewertung 261

-bild 179, 260, 269, 350

-einsatz 148, 226

-ende 284f., 291

-entsagung 285f.

-feindlichkeit 98, *100*

-flucht 62, 98f., 104, 206, 225f., 234, 278, *286*, 331

-gemeinschaft 120, 135, 145, 147, 416

-gestaltung 91, 101, 329

-grund 46
-probleme 118
-sicht 262, 274, 520
-situation 120, 416
-veränderung 226, 291
-verhältnis 62f., 84, 98, *100*, 104f., 174f., 226, 230, 327, 329, 331
-verhaftung 285, *531*
-verklärung
-verneinung 99, 101, 206, 226, 452f., *454*
-verständnis 330, 367
-zugewandtheit 96, 104, 174, 206, 291
Welten, drei 261, 600
Weltling 460, *461*, 465ff., 481, 512
Weltmissionskonferenzen
 -, Edinburgh (1910) 151, 160f.
 -, Jerusalem (1928) 151, 160f.
 -, Tambaram (1938) 142, 151, 161f., *692*
 -, Willingen (1952) 142
 -, Achimota (1958) 142f.
 -, Mexico (1963) 143, 150, 152, 156, 158, 163
 -, Bangkok (1973) 145
 -, Melbourne (1980) *162*
Werden 465, 485, 491, 493, 523, 594f., 599f.
Werke *90*, 176, 301, 304, 315, 468, 478, 487ff., *498*, 501f., 519, 615, 621, 626, 636, 642, 647, 649, 712
Werkgerechtigkeit 211, 681 (s.a. Verdienstgerechtigkeit)
Wertfrage 69, 113, 124, 139
Werturteil 112, 115, 123, 419
Wesen, die; Lebewesen 93ff., 102, 105, 175, 177f., 181, 198, 223, 239, *270*, 284, 296, 298f., 328, 391, 438, 441, 461, 468, 496f., *498*, 501ff., 519, 521, *527*, 549f., 555, 560, 563, 565ff., 579, 581, *591f.*, 602, 602, 606f., 611, 613ff., 622f., 625, 630, 635f., *637*, 638f., 643, 646f., 651ff., 656f., 660, 672ff.
 -, Heil; Erlösung aller 181, *270*, 495ff., *553*, 565, 602, 617f., 623, 639, 647, 653, 673

Wesen (der Dinge); Wesenheit 284, 302, 308, 469f., 477, 482, 485, 505, 534, 542ff., 554, 556f., 609, 672
Wesen des Buddhismus 173, 449ff., 549, 657
Westen; westlich 4, 9f., 17ff., 29, 34, 41, 45, 47, 49f., 52, 65, 67, 76, 81f., 94, 97f., 101, 105, 107, 110, 114, 117, 119f., 136ff., 172, 179, 184, 202, 206, 226ff., 234f., 248, 251, 260, 262, *263*, 264, *268*, 270, 273f., 277, 312, 327f., 332, 347, 352, 361, *362*, 407, 426, 452, *497*, *538*, 549
Widerspruch: Widersprüchlichkeit 383ff., *415*, 424, 440f., *454*, 457ff., 465f., 506, 549, 566, 586, 600f., 604, 638, 668, 673, 700
 -, absoluter 536, 588, 619, 621, 631
-sfreiheit; slosigkeit 459, 530
-sverbot 387, 390, 411
Wiedergeburt 15f., 18, 50, 52f., 55, 62, 88, 97, 175f., 181, 190, 198f., 204, 464, 468f., *471f.*, 473ff., 476, *478*, 482f., 486ff., 492f., 523, 563, *629*, 640, 671 (s.a. Reinkarnation; Samsâra)
 -, gute 91, 175, 177, 468, 486, 488, *490*, 493
 -, schlechte 486, 488, *490*
-enkreislauf 15, 26, 60, 468f.
-slehre 73, 79, 97, 180, *188*, 190, *194*, 198, 204, 468f., *471*, 477, 568, *659f.*
Wiedertodlehre 468
Wiederverkörperung 285
Wille; Willenskraft 61f., *89*, 210, 291, 299, 479f., 487, 491, *497*, 502
Wille zum Leben 53f.
Willensfreiheit 265
Wirklichkeit 187, 198, 204, 217 219, 222, 258f., *263*, 271, 279, 284, 287f., 300, 309, 338, 352, 354ff., 407ff., 416, *417*, 420ff., 431f., 483, 515, 530, 532, 534ff., 544, 548, 551, 556, 561f., 568ff., 579, 596, 601, 607, 612f., 615f., 619f., 623f., 631, 648f., 651, 663f., 682f., 698f., 704ff., 716

-, absolute; letzte; transzendente; wahre 159, 161, 191, 196f., 203, 205, 223, 240, 244, 246, 253, 258f., 261, 263, 265, 271, 275, 288, 323, 358, 368, *369*, 370, 426, 428, 446, 517, *531*, 532f., 561, 594, 598, 610ff., 623, 681f., 705f., *707*, 712
-srepräsentation, begriffliche 545, 568, 580
-ssicht; -swahrnehmung 208f., 222f., 240, 278, 480, 534, 537, 569f., 601, 699
-sstruktur 550
-sverständnis; -sauffassung 203, 411, 414, *530f.*, 550
-szugang 296, 407f., 421, 445, 532, 535, 537f., 544, 561, 889, 603, 629, 651, 656, 664
Wissen 73f., *134*, 196, 199, 228, 233, 263, 297, 385, 393f., 412, 459, 467, 471, 480, 511, 552, 554, 647f.
Wissenschaft; wissenschaftlich 37, 40, 69f., 107, 111, 114, 121, 123, 125f., 132, 139, 151, 179, 257, 274, 304, 316f., 321, 323f., 331, 344f., 373, *411*
Wort 268, 270f., 278, 284, 320f., 339, 342, 349, 358, *432*, 446, 484, 487ff., 497, *498*, 502, 506ff., 516ff., 574, 577f., 580, 597, 602, 645, 647, 666f., 688
Wort Gottes, Samenkörner; Saatkörner des 163, 165, 170, 371
Wundererzählungen 22, 33, 63

Yâma *460*
Yoga; yogisch 12, *175f.*, 525
Yogâcâra-Schule; Vijñânavâda *261*, 522, 551f., 555, 560f., 570, *579*, 582, 608, 655, 665

Zazen 246
Zeit; zeitlich 249, 302, 319, 374ff., 436, 438, 469, 512f., 527, 599ff., 612, 614, *615*, *626ff.*, 633, 653, 678
Zen-Buddhismus; Ch'an 6, 208, *215*, 232ff., 240ff., 257, 260, *261*, 262, *263*, 266ff., *271*, *275*, 298, 309f., 317f., 321ff., 330, 339f., 354, 356, 408, 455, 571-605, 608, 618, 621, 625f., 629, *632*, 635, 639, 651, 655ff., 662, 664f., 668, 670, 674
Zen-Erfahrung 235, *236*, *256* (s.a. satori)
Zen-Künste 248, *601*
Zeugnis 1, 143, 150, 154, 156ff., 162ff., 168, 170, 301, 648
Zoroastrismus 32
Zuflucht 102, *176*, 204, 507, 576, 598, 601, 609, 645, 649, 669, 673
Zukunft 119, 132, 291, 299, 526, 633, 636f., 639, 653
Zusammenleben 502
Zweifel; Zweifelsucht 243, 478, *489*, 512, 617, *622*, 630, 635

Beiträge zur ökumenischen Theologie
Begründet von Heinrich Fries, herausgegeben von Heinrich Döring

1 Harry J. McSorley
Luthers Lehre vom unfreien Willen
nach seiner Hauptschrift „De Servo Arbitrio" im Lichte der biblischen und kirchlichen Tradition
XII u. 340 S. kart. ISBN 3-506-70751-5

2 August Hasler
Luther in der katholischen Dogmatik
Darstellung seiner Rechtfertigungslehre in den katholischen Dogmatikbüchern
357 S., kart. ISBN 3-506-70752-3

3 Hans Waldenfels
Offenbarung
Das Zweite Vatikanische Konzil auf dem Hintergrund der neueren Theologie
XII u. 328 S., kart. ISBN 3-506-70753-1

4 Lorenz Wachinger
Der Glaubensbegriff Martin Bubers
298 S., kart. ISBN 3-506-70754-X

5 Frido Mann
Das Abendmahl beim jungen Luther
146 S., kart. ISBN 3-506-70755-8

6 Franz Konrad
Das Offenbarungsverständnis in der evangelischen Theologie
655 S., kart. ISBN 3-506-70756-6

7 Carlos Navaillan
Strukturen der Theologie Friedrich Gogartens
337 S., kart. ISBN 3-506-70757-4

8 Johannes Brosseder
Luthers Stellung zu den Juden im Spiegel seiner Interpreten
Interpretation und Rezeption von Luthers Schriften und Äußerungen zum Judentum im 19. und 20. Jahrhundert, vor allem im deutschsprachigen Raum
398 S., kart. ISBN 3-506-70758-2

9 Heribert Schützeichel
Die Glaubenstheologie Calvins
276 S., kart. ISBN 3-506-70759-0

10 Adam Seigfried
Das Neue Sein
Der Zentralbegriff der „ontologischen Theologie" Paul Tillichs in katholischer Sicht
186 S., kart. ISBN 3-506-70760-4

11 Paul Eisenkopf
Leibniz und die Einigung der Christenheit
Überlegungen zur Reunion der evangelischen und katholischen Kirche
234 S., kart. ISBN 3-506-70761-2

12 Jürgen Werbick
Die Aporetik des Ethischen und der christliche Glaube
Studien zur Fundamentaltheologie Gerhard Ebelings
358 S., kart. ISBN 3-506-70762-0

13 Eberhard Rolinck
Geschichte und Reich Gottes
Philosophie und Theologie der Geschichte bei Paul Tillich
299 S., kart. ISBN 3-506-70763-9

14 Hermann Wohlgschaft
Hoffnung angesichts des Todes
Das Todesproblem bei Karl Barth und in der zeitgenössischen Theologie des deutschen Sprachraums
361 S., kart. ISBN 3-506-70764-7

15 Peter Neuner
Religiöse Erfahrung und geschichtliche Offenbarung
Friedrich von Hügels Grundlegung der Theologie
362 S., kart. ISBN 3-506-70765-5

16 Harald Wagner
Die eine Kirche und die vielen Kirchen
Ekklesiologie und Symbolik beim jungen Möhler
334 S., kart. ISBN 3-506-70766-3

17 Bernhard Dieckmann
„Welt" und „Entweltlichung" in der Theologie Rudolf Bultmanns
Zum Zusammenhang von Welt- und Heilsverständnis
285 S., kart. ISBN 3-506-70767-1

18 Karl-Ernst Apfelbacher
Frömmigkeit und Wissenschaft
Ernst Troeltsch und sein theologisches Programm
285 S., kart. ISBN 3-506-70768-X

19 Peter Neuner
Döllinger als Theologe der Ökumene
265 S., kart. ISBN 3-506-70769-8

20 Michael Hardt
Papsttum und Ökumene
Ansätze eines Neuverständnisses für einen Papstprimat in der protestantischen Theologie des 20. Jahrhunderts
163 S., kart. ISBN 3-506-70770-1

21 Gabriele Lachner
Die Kirchen und die Wiederheirat Geschiedener
284 S., kart. ISBN 3-506-70771-X

22 Joachim Drumm
Doxologie und Dogma
Die Bedeutung der Doxologie für die Wiedergewinnung theologischer Rede in der evangelischen Theologie
341 S., kart. ISBN 3-506-70772-8